Springer-Lehrbuch

Friedrich Breyer · Peter Zweifel · Mathias Kifmann

Gesundheitsökonomik

6., vollständig erweiterte und überarbeitete Auflage

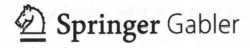 Springer Gabler

Friedrich Breyer
Universität Konstanz
Konstanz, Deutschland

Peter Zweifel
Universität Zürich
Zürich, Schweiz

Mathias Kifmann
Universität Hamburg
Hamburg, Deutschland

ISSN 0937-7433
ISBN 978-3-642-30893-2   ISBN 978-3-642-30894-9 (eBook)
DOI 10.1007/978-3-642-30894-9

Die Deutsche Nationalbibliothek verzeichnet diese Publikation in der Deutschen Nationalbibliografie; detaillierte bibliografische Daten sind im Internet über http://dnb.d-nb.de abrufbar.

Springer Gabler
© Springer-Verlag Berlin Heidelberg 1992, 1996, 1999, 2003, 2005, 2013

Lektorat: Margit Schlomski

Gedruckt auf säurefreiem und chlorfrei gebleichtem Papier.

Springer Gabler ist eine Marke von Springer DE. Springer DE ist Teil der Fachverlagsgruppe Springer Science+Business Media
www.springer-gabler.de

Vorwort

Vorwort zur 6. Auflage

Wir freuen uns, der gesundheitsökonomisch interessierten Öffentlichkeit die 6. Auflage unseres Lehrbuchs zu präsentieren. Seit der letzten Auflage sind einige Jahre vergangen. Entsprechend haben wir unser Buch gründlich überarbeitet und aktualisiert. Einige Neuerungen sind bereits in der zweiten englischsprachigen Auflage eingeführt worden, die 2009 erschienen ist. Weitere Ergänzungen kommen in dieser Auflage hinzu. Besonders hinweisen möchten wir die mit unserem Buch vertrauten Leser auf die Kapitel 2, 5 und 10. Wir haben die Darstellung der Evaluationsmethoden erheblich ausgeweitet und diskutieren die vom IQWiG vorgeschlagene Extrapolation der Effizienzgrenze. Mögliche Gründe für ein Marktversagen auf Versicherungsmärkten werden in einem einheitlichen Modellrahmen behandelt. Der Rationierung medizinischer Leistungen wurde ein eigener Abschnitt gewidmet. Bei der Vergütung von Leistungserbringern diskutieren wir den zurzeit sehr populären Ansatz „Pay for Performance". Zudem haben wir praktisch alle weiteren Kapitel um neue Aspekte erweitert.

Anregungen und Hinweise unserer Leser sind uns sehr willkommen. Für diese Auflage möchten wir Jan Brosse, Stefan Felder, Kristin Grabe, Andreas Haufler, Konrad Himmel, Tobias Laun, Hansjörg Lehmann, Robert Nuscheler, Maximilian Rüger, Florian Scheuer, Carlo Schultheiss, Lukas Steinmann, Harry Telser, Silke Uebelmesser and Matthias Wrede danken. Besondere Anerkennung gebührt Jan Brosse, Christina Edingloh, Konrad Himmel und Franziska Straten, die einen großen Anteil an der technischen Anfertigung des Manuskripts hatten.

Konstanz, Zürich und Hamburg,
September 2012

Friedrich Breyer
Peter Zweifel
Mathias Kifmann

Vorwort zur 1. Auflage

Zur Thematik

Seit den sechziger Jahren ist die Gesundheitsökonomie als Teildisziplin der Wirtschaftswissenschaften in den angelsächsischen Ländern wohletabliert, und im letzten Jahrzehnt sind in englischer Sprache mindestens ein Dutzend Gesamtdarstellungen dieses Gebiets, meist als Lehrbücher, erschienen. Im deutschen Sprachraum ist der Beginn etwa ein Jahrzehnt später anzusetzen, und eine umfassende Lehrbuch-Darstellung der Gesundheitsökonomie fehlt noch. Die Abhandlung gesundheitsökonomischer Probleme in Lehrbüchern der Sozialpolitik ist in der Regel recht kurz und beschränkt sich fast ausschließlich auf eine Beschreibung des Systems der Gesetzlichen Krankenversicherung.

Mit diesem Lehrbuch wird also in doppelter Hinsicht Neuland betreten: Zum einen werden immer wieder alternative denkbare institutionelle Arrangements – ob sie in der Realität bereits vorkommen oder nicht – miteinander verglichen. Zum anderen steht die problemorientierte Anwendung des mikroökonomischen Instrumentariums auf Fragen des Gesundheitswesens im Vordergrund, wobei auch immer wieder empirische Evidenz zur Überprüfung der Ergebnisse herangezogen wird.

Zu den Lernzielen

Unter Gesundheitsökonomie verstehen die Autoren dieses Lehrbuches die systematische Anwendung ökonomischer Analysekonzepte – vor allem aus der mikroökonomischen Theorie – auf Probleme der Aufteilung von knappen Produktionsfaktoren innerhalb des Gesundheitswesens sowie zwischen diesem und anderen Wirtschaftsbereichen. Es soll gezeigt werden, wie man mit ökonomischen Begriffen wie Angebot und Nachfrage, Geldwert oder Produktionsfunktion auch Phänomene wie Gesundheit und Länge des Lebens erfassen kann, von denen vielfach geglaubt wird, daß sie sich ökonomischen Kategorien entziehen.

Damit sind gleichzeitig auch die Lernziele dieses Lehrbuches umrissen: Nach der Lektüre soll der Leser in der Lage sein, durch Anwendung des in der (mikro)ökonomischen Theorie erlernten Instrumentariums auf Entscheidungssituationen, die mit Gesundheit und Gesundheitsleistungen zu tun haben, die Besonderheiten der betreffenden Güter und Märkte herauszuarbeiten, aber auch das Vergleichbare zu erkennen und entsprechende Wohlfahrtsaussagen abzuleiten.

Der systematische Einsatz der mikroökonomischen Theorie verlangt dabei auch die Kenntnis der entsprechenden formal-mathematischen Hilfsmittel, wie sie in den Lehrbüchern zur Mathematik für Wirtschaftswissenschaftler dargestellt werden.

Zu den Autoren

Wie ein Blick ins Inhaltsverzeichnis dem Leser sofort deutlich macht, hat sich die Gesundheitsökonomie inzwischen zu einem recht großen und heterogenen Gebiet entwickelt. Daher ist es für den einzelnen Wissenschaftler heute schwer, auf jedem einzelnen der Teilbereiche ein Experte zu sein. Aus diesem Grund erwies es sich als hilfreich, daß dieses Lehrbuch von zwei Autoren mit unterschiedlichen Forschungs-schwerpunkten in Kooperation verfaßt wurde. Prof. Dr. Peter Zweifel (Universität Zürich) hat die Kapitel 3, 4, 8, 10 und 11 geschrieben, Prof. Dr. Friedrich Breyer die Kapitel 2, 5, 6, 7 und 9, und die Kapitel 1 und 12 sind Ergebnis einer echten Gemeinschaftsarbeit. Jeder Autor hat jedoch auch die Kapitel des anderen mehr-mals sorgfältig und kritisch gelesen, und der hier präsentierte Text ist das Ergebnis intensiver Diskussionen darüber. Insofern fühlen sich beide Autoren für das gesam-te Lehrbuch verantwortlich, während die Reihenfolge ihrer Nennung im Titel des Werks das Ergebnis eines Zufallsmechanismus ist.

Die gemeinsame Produktion durch einen schweizerischen und einen deutschen Autor bringt es auch mit sich, daß statistische Daten und institutionelle Details vor-wiegend aus dem Gesundheitswesen dieser beiden Länder entnommen wurden. Die österreichischen (und alle übrigen) Leser dieses Lehrbuches mögen uns dies nicht als Geringschätzung ihres Landes auslegen.

Danksagungen

Zahlreiche Personen haben maßgeblich am Entstehen dieses Lehrbuchs mitgewirkt. Unser Kollege Prof. Dr. J.-Matthias Graf v. d. Schulenburg (Hannover) hat sich die Mühe genommen, das ganze Manuskript im letzten Stadium vor dem Erscheinen gründlich durchzusehen und zahlreiche Verbesserungsvorschläge zu formulieren. Wertvolle Hinweise zu Teilen des Werks erhielten wir von Frau Dipl.-Vw. Anette Boom (Konstanz), Herrn Dr. Peter F. Clever (Hagen), Herrn lic.oec. Matteo Ferra-ri (Zürich), Herrn Dr. Massimo Filippini (Zürich), Prof. Dr. Robert E. Leu (Bern), Prof. Dr. Carl Hampus Lyttkens (Lund) und Frau Dipl.-Kffr. Birgit Sudhoff (Ha-gen). Die mühselige Arbeit der technischen Herstellung des mit FrameMaker ®, einer NeXTstation druckfertig vorbereiteten Textes oblag Herrn lic.oec. Luca Cri-velli, Herrn Dipl.-Kfm. Stefan Illmer, Frau Hanni Jeggli, Herrn stud.oec. Markus B. Meier, Frau lic.oec. Sandra Nocera und Herrn stud.oec. Jean-Robert Tyran, (alle Zürich).

Ihnen allen gilt unser herzlicher Dank.

Konstanz und Zürich,
Mai 1992

Friedrich Breyer
Peter Zweifel

Inhaltsübersicht

Inhaltsübersicht

Inhaltsverzeichnis

1

Einleitung

1.1 Gesundheit – ein unbezahlbares Gut?

Wenn man versucht, zwischen den Begriffen „Gesundheit" und „Ökonomik" eine Verbindung herzustellen, so fallen einem wohl als erstes zwei Allgemeinplätze ein:

(1) „Gesundheit ist das höchste Gut, und um die Gesundheit zu erhalten, ist nichts zu teuer."

(2) „Das Gesundheitswesen ist in einer Krise: Wenn die Kosten weiter im bisherigen Tempo steigen, können wir uns die Gesundheit bald nicht mehr leisten."

Beide Aussagen, so konträr sie auf den ersten Blick erscheinen, stimmen doch in einem Punkt überein, denn beide behaupten, dass Gesundheit „unbezahlbar" sei. Nun hat das Wort „unbezahlbar" zwei Bedeutungen, und in jeder der beiden Aussagen steht eine andere Bedeutung im Vordergrund, nämlich 1. „unendlich wertvoll" und 2. „zu teuer".

Wenn man fragt, warum sich Ökonomen mit dem Thema „Gesundheit" beschäftigen sollten, dann steht vermutlich bei den meisten der zweite Aspekt im Vordergrund, und in der Tat liefert dieser allein schon ausreichenden Anlass, das Gesundheitswesen näher unter die Lupe zu nehmen: In allen westlichen Industrieländern haben die Ausgaben für Gesundheit in den zurückliegenden Jahrzehnten stark gestiegen – nicht nur in absoluten Zahlen, sondern auch als Anteil am jeweiligen Bruttosozialprodukt (vgl. Tabelle 1.1). Eine 1975 in Deutschland vom damaligen rheinlandpfälzischen Sozialminister Heiner Geißler vorgenommene Modellrechnung zeigte, dass bei ungebrochenem Wachstumstrend noch vor Ende des 21. Jahrhunderts das gesamte deutsche Sozialprodukt vom Gesundheitswesen aufgezehrt werden würde.

Diese sogenannte „Kostenexplosion" hat in der Folgezeit in Deutschland zu einer Reihe von gesetzgeberischen Maßnahmen – beginnend 1977 mit dem „Krankenversicherungs-Kostendämpfungsgesetz" – geführt, die zumeist das erklärte Ziel hatten, den Anstieg des „Beitragssatzes", also des Anteils des Lohneinkommens, den

Tabelle 1.1. Gesundheitsausgaben als Anteil am Bruttoinlandsprodukt (in Prozent)

Jahr	1960	1970	1980	1990	2000	2010
Bundesrepublik Deutschland	-	6,0	8,4	8,3	10,4	11,6
Frankreich	3,8	5,4	7,0	8,4	10,1	11,6
Großbritannien	-	4,5	5,6	5,9	7,0	9,6
Italien	-	-	-	7,7	8,0	9,3
Japan	3,0	4,4	6,4	5,8	7,6	9,5
Kanada	5,4	6,9	7,0	8,9	8,8	11,4
Österreich	4,3	5,2	7,4	8,4	10,0	11,0
Schweden	-	6,8	8,9	8,2	8,2	9,6
Schweiz	4,9	5,5	7,4	8,2	10,2	11,4
USA	5,1	7,1	9,0	12,4	13,7	17,6

Für Japan Daten aus 2009 anstatt 2010.

Quelle: OECD (2012)

abhängig Beschäftigte zur sozialen Krankenversicherung abführen müssen, zu bremsen. Das Problem eines rasanten Anstiegs der Ausgaben für Gesundheit und das Bewusstsein einer „Krise" des Gesundheitswesens mit der Konsequenz staatlicher Maßnahmen zur Bekämpfung dieser Entwicklung hat aber auch vor anderen Ländern wie den USA nicht Halt gemacht, in denen eine soziale Krankenversicherung für die Gesamtbevölkerung gar nicht existierte.[1]

Nun ist die Gesundheitsversorgung nicht das einzige Beispiel für Güter, die sich in den vergangenen Jahrzehnten stark verteuert haben. Man denke etwa an ein Paar Schuhe oder an einen Haarschnitt. Dennoch hat man bis heute noch nichts von einer „Krise in der Haarpflege" gehört, und die Medien haben der Gefahr, dass wir vielleicht eines Tages barfuß laufen müssen, längst nicht die gleiche Aufmerksamkeit gewidmet wie dem Schreckensbild, dass wir uns die Krankenhausbehandlung nicht mehr leisten können. Versucht man, das Besondere an der Gesundheitsversorgung aufzuspüren, das solche Vergleiche (zumindest bisher) verhindert hat, so stößt man vor allem auf die folgenden drei Merkmale.

(1) *Größe des Gesundheitswesens:* Das Gesundheitswesen ist ein Wirtschaftszweig von beträchtlicher Größe. Sein Anteil am Bruttoinlandsprodukt liegt (abhängig vom Messverfahren und von der Abgrenzung) in den meisten westlichen Industrieländern heute um die 10% und höher (vgl. Tabelle 1.1). Dies bedeutet auf der anderen Seite, dass eine große Zahl von Menschen diesem Wirtschaftszweig ihr Einkommen verdanken. Diese Tatsache allein mag schon als Argument dafür gelten, dass einige Ökonomen sich auf diesem Gebiet Fachkenntnisse erwerben und diesen Wirtschaftszweig näher untersuchen. Vorbilder hierfür sind etwa die Agrar-, Energie- und Verkehrsökonomik.

---

[1] In den USA bestehen dafür direkt aus dem Staatshaushalt finanzierte Programme für die medizinische Versorgung der Rentner („Medicare") und der Sozialhilfeempfänger („Medicaid").

(2) *Staatliche Regulierung des Gesundheitswesens:* Wichtiger noch als der Hinweis auf die Größe scheint uns der Umstand zu sein, dass dieser Wirtschaftszweig in erheblichem Umfang staatlich reguliert ist. Man denke an die in vielen Ländern bestehende Versicherungspflicht, an die durch den Gesetzgeber vorgeschriebenen Leistungskataloge der sozialen Krankenversicherung, an die z.T. staatlich verordneten Gebührenordnungen sowie an die in Großbritannien und Italien existierenden nationalen Gesundheitsdienste, wo nahezu sämtliche Gesundheitsleistungen von festbesoldeten Angestellten des Staates erbracht werden. Diese weitgehende Ausschaltung der Marktkräfte wirft unmittelbar die Frage auf, ob auf diese Weise eine optimale Allokation knapper Ressourcen erreicht werden kann.

(3) *Konflikte zwischen verschiedenen Betrachtungsweisen:* Schließlich erweckt Gesundheit und alles, was mit ihr zusammenhängt, in weit größerem Maße Emotionen als andere menschliche Bedürfnisse, womit wiederum die erste der beiden oben genannten Bedeutungen des Begriffs „unbezahlbar" angesprochen ist. Damit sind Ökonomen aufgefordert zu untersuchen, welche Allokationsregeln dem speziellen Charakter dieser Gruppe von Bedürfnissen am ehesten gerecht werden. Insbesondere geht es hier um die Frage, ob es einen Konflikt zwischen der ökonomischen und der ethischen Betrachtungsweise gibt, wenn über die Aufteilung knapper Ressourcen innerhalb des Gesundheitswesens sowie zwischen Gesundheit und anderen Bedürfnissen entschieden werden muss.

Man sollte sich dennoch durch den Begriff der „Kostenexplosion" im Gesundheitswesen – zutreffender wäre „Ausgabenexplosion", da es sich nicht um ein immer gleiches Güterbündel handelt – den Blick nicht zu stark verengen lassen. Nicht die Entwicklung der Ausgaben in diesem Wirtschaftssektor ist das aus wohlfahrtstheoretischer Sicht Problematische, sondern allenfalls ihre absolute Höhe, eher noch ihre Struktur: Das ökonomische Prinzip verlangt allgemein, dass ein gegebenes Maß an Bedürfnisbefriedigung mit möglichst geringem Aufwand an knappen Ressourcen erreicht wird. Wenn nun die Bedürfnisse nach einer Gruppe von Gütern oder Leistungen stark steigen – wie es bei Dienstleistungen in den letzten Jahrzehnten ganz allgemein der Fall war –, so ist es möglich, dass trotz eines hohen Grades an Wirtschaftlichkeit der Gesamtaufwand an Ressourcen und damit die Gesamtausgaben stark expandieren. Umgekehrt folgt aus dem Schrumpfen eines Wirtschaftssektors noch lange nicht, dass dort effizient produziert wird.

Folgerung 1.1 *Aus ökonomischer Perspektive wird man sich weniger mit Ausgabengrößen beschäftigen als mit den Regeln, nach denen die Mittelverteilung im Gesundheitswesen erfolgt. Denn diese lassen Schlüsse darauf zu, ob die beteiligten Akteure – sowohl Anbieter als auch Nachfrager von Gesundheitsgütern – Anreize zur wirtschaftlichen Verwendung knapper Ressourcen haben.*

Einer der Gründe, die häufig für die Betrachtung der Ausgabenentwicklung angeführt werden, hat mit dem in Europa verbreiteten System der Sozialversicherung zu tun, bei dem in der Regel dem Arbeitnehmer ein Beitrag zur Krankenversicherung als Zwangsabgabe vom Gehalt abgezogen wird. Bei diesem Verfahren wird unterstellt, dass mit zunehmender Abgabenbelastung der Widerstand des Lohnempfängers gegen das System der sozialen Sicherung wächst und ein Anreiz zur Abwanderung in die „Schattenwirtschaft" entsteht bzw. verstärkt wird. Diesem auf den ersten Blick einleuchtenden Argument kann entgegengehalten werden, dass es bei einer solchen Betrachtung immer auf das Verhältnis von Leistung zu Gegenleistung ankommt.

1.2 Einzel- und gesamtwirtschaftliche Betrachtungsweisen der Gesundheit

In diesem Lehrbuch wird das Schwergewicht auf die einzelwirtschaftliche Betrachtungsweise gelegt: Das Verhalten des einzelnen Versicherten, eines Arztes, der Leitung eines Krankenhauses oder eines pharmazeutischen Unternehmens steht im Vordergrund. Demgegenüber herrscht in der öffentlichen Diskussion die gesamtwirtschaftliche Betrachtungsweise vor, wobei die Gesundheitsquote, d.h. der Anteil der Gesundheitsausgaben am Sozialprodukt, häufig als Referenzgröße dient. Deshalb erscheint es angebracht, die Verbindung zwischen beiden Betrachtungsweisen herzustellen und die oben formulierte Kritik an einer Festschreibung solcher Quoten zu verdeutlichen.

1.2.1 Eine vereinfachte einzelwirtschaftliche Sicht der Gesundheit

Für den Einzelnen hat gute Gesundheit eine doppelte Funktion. Einerseits stellt sie einen Wert an sich dar, ein Ziel, das man in möglichst hohem Maße erreichen möchte. Nun gibt es aber auch andere Ziele im Leben, und allein schon das Verhalten des Gourmets, der die (fette) Gänseleber einem bekömmlichen Salat vorzieht, lässt vermuten, dass auch im Umgang mit der Gesundheit ein Abwägen zwischen verschiedenen Zielen stattfindet. Und wer hat nicht schon eine befahrene Straße überquert, statt die Fußgänger-Unterführung zu benutzen, nur um ein wenig Zeit zu sparen? Diese Verhaltensweisen stehen im Gegensatz zu der Behauptung von der Gesundheit als höchstem Gut (vgl. Aussage Nr. 1 zu Beginn des Abschnitts 1.1).

Der Widerspruch tritt deshalb selten offen zu Tage, weil niemand seine Gesundheit in einem unmittelbaren Sinne opfert, sondern lediglich zulässt, dass die Wahrscheinlichkeit, nachfolgende Zeitperioden gesund zu verleben, etwas kleiner ist, als sie sein könnte. Diese Besonderheit wird im 3. Kapitel zur Sprache kommen, in dem wir das Gesundheitsverhalten genauer untersuchen. Für eine erste Einführung stellen wir ein einfaches Modell der individuellen Gesundheitsproduktion vor. [2] Es geht von

---

[2] Eine ähnliche Darstellung mit exogenem Einkommen findet sich in WAGSTAFF (1986a); in Abschnitt 3.3 behandeln wir das erweiterte Modell von GROSSMAN (1972a), in dem das

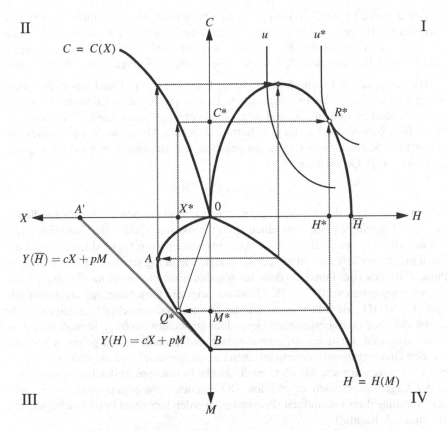

Abb. 1.1. Gesundheit, Konsum und optimale Gesundheitsquote

der Tatsache aus, dass die Individuen letztlich zwischen „Gesundheit" (*H*) und allen anderen Zielen, die kurzerhand unter dem Schlagwort „Konsum" (*C*) zusammengefasst werden sollen, abwägen. Dieses Abwägen wird – wie in der Mikroökonomik üblich – durch ein Indifferenzkurvenschema symbolisiert (vgl. den I. Quadranten der Abbildung 1.1). Gesundheit hat jedoch zwei weitere Eigenschaften, die sie in den Augen der meisten Menschen zu einem besonders wichtigen Mittel machen:

(1) Nur wer gesund ist, kann auf dem Arbeitsmarkt ein Einkommen erzielen, und

(2) der konsumtive Nutzen, den man aus seinem Einkommen ziehen kann, hängt vom Gesundheitszustand ab: So macht es die Depression als die am meisten verbreitete psychische Krankheit dem Betroffenen unmöglich, die schönen Dinge des Lebens zu genießen; im Falle einer Erkrankung der Verdauungsorgane wird auch der Gourmet mit einer Gänseleber nicht viel anfangen können.

Individuum seinen „Gesundheitskapitalbestand" optimal über sein gesamtes Leben steuert. Es berücksichtigt auch, dass das Individuum eigene Zeit für Prävention verwenden kann.

Diese zweite Eigenschaft lässt sich im I. Quadranten der Abbildung 1.1 durch die Form der Indifferenzkurven abbilden: Ist das Verhältnis von Gesundheit zu Konsum gering, so stiftet zusätzlicher Konsum keinen positiven Grenznutzen mehr, so dass im linken oberen Bereich dieses Quadranten die Indifferenzkurven senkrecht verlaufen.

Die erstgenannte Eigenschaft wiederum lässt sich im III. Quadranten darstellen, wo gezeigt wird, wie das Individuum sein Budget (verfügbares Einkommen, Y) auf medizinische Leistungen (M) und Konsumgüter (X) aufteilen kann. Dabei sind die Preise für medizinische Leistungen (Nettopreis p nach Abzug der Versicherungsleistungen) und Konsumgüter (c) exogen gegeben. Die Besonderheit an der Budgetrestriktion des III. Quadranten,

$$Y(H) = cX + pM, \tag{1.1}$$

besteht darin, dass das zur Verfügung stehende Einkommen Y vom Gesundheitszustand H abhängt, wobei wir einen streng konkaven Verlauf der Funktion $Y(H)$ sowie $Y(0) = 0$ unterstellen. Wäre das Einkommen vom Gesundheitszustand unabhängig, so verliefe die Budgetgerade linear, wie die gestrichelte Linie $A'B$ zeigt. Punkt B ist dabei der Punkt, an dem das gesamte Einkommen für medizinische Leistungen ausgegeben wird. Der IV. Quadrant zeigt die Gesundheitsproduktionsfunktion $H = H(M)$. Sie gibt wieder, welche Menge medizinischer Leistungen M die Gewährleistung eines bestimmten Gesundheitszustandes benötigt: je mehr medizinische Leistungen (kurativer Art), desto besser die Gesundheit. Wir gehen von abnehmenden Grenzerträgen der medizinischen Leistungen aus. Der Einfachheit halber sei $H(0) = 0$ angenommen, d.h. ohne medizinische Leistungen ist das Individuum nicht in der Lage, Einkommen zu erzielen. Die eigenen Anstrengungen der Individuen zur Erhaltung ihrer Gesundheit (Prävention) werden hier nicht berücksichtigt (siehe hierzu das 3. Kapitel).

Werden nun, von Punkt 0 ausgehend, die Ausgaben für medizinische Leistungen erhöht, so nimmt gemäß der Beziehung $H = H(M)$ der Gesundheitszustand H und somit auch das Einkommen $Y(H)$ im III. Quadranten zu. Dieser Anstieg sei so stark, dass sich die Gesundheitsausgaben nicht nur selbst finanzieren, sondern auch Einkommen für Konsumgüter verbleibt. Weitere Ausgaben für medizinische Leistungen erhöhen die Menge an Konsumgütern, die sich das Individuum kaufen kann, mit abnehmenden Raten bis zum Punkt A. Ab diesem Punkt bedingen weitere Erhöhungen der Gesundheit einen Konsumverzicht – eine Folge der abnehmenden Grenzerträge der Funktionen $H(M)$ und $Y(H)$. Schließlich wird der Punkt B erreicht, bei dem das ganze Einkommen für medizinische Leistungen ausgegeben wird.

Der II. Quadrant zeigt den positiven Zusammenhang zwischen Konsumgütern (X) und konsumierbarer Leistung („Konsum", C) gemäß der Gleichung $C = C(X)$. Diese Beziehung und die im IV. Quadranten dargestellte Beziehung $H = H(M)$ erlauben es nun, jedem Punkt auf der Budgetkurve einen Punkt im (C, H)-Diagramm des I. Quadranten zuzuordnen (vgl. die gestrichelten Pfeile in Abbildung 1.1). Die Menge aller dieser Punkte gibt dann die Grenze der Wahlmöglichkeiten des Individuums an. Diese verläuft – anders als wir es aus anderen ökonomischen Anwendungen kennen – durch den Ursprung, weil, wie oben angenommen, ein ganz schlechter Gesundheitszustand ($H = 0$) mit einem Einkommen von Null und damit auch mit einem Konsum von $C = 0$ verbunden ist. Mit zunehmendem Wert von H steigt diese Grenze zunächst an, d.h. verbesserte Gesundheit ermöglicht anfänglich mehr und nicht weniger Konsum.

Der Tangentialpunkt der höchsten erreichbaren Indifferenzkurve an diese Kurve der Wahlmöglichkeiten gibt dann das individuelle Nutzenmaximum (C^*, H^*) an. In Quadrant IV kann der zugehörige optimale Aufwand für medizinische Leistungen, M^*, gefunden werden, und in Quadrant II die optimalen Konsumgüterkäufe X^*. Schließlich zeigt der Punkt Q^* auf der Budgetkurve in Quadrant III die für das betrachtete Individuum optimale Aufteilung seines Budgets an. Verbindet man ihn mit dem Ursprung, so lässt sich die Steigung dieser Geraden als seine „optimale Gesundheitsquote" interpretieren: Je steiler sie verläuft, desto größer ist der Anteil an seinem Einkommen, den er im Optimum für medizinische Leistungen ausgibt. Diese Betrachtungen lassen sich zusammenfassen in der

Folgerung 1.2 *Das Abwägen zwischen den Zielen „Konsum" und „Gesundheit" lässt sich als konventionelles einzelwirtschaftliches Optimierungsproblem darstellen. Bei dessen Lösung ist zu berücksichtigen, dass die Gesundheit ihrerseits ein produktiver Faktor bei der Erzielung von Einkommen ist, mit dem Konsumgüter gekauft werden.*

1.2.2 Das Gesundheitswesen auf der gesamtwirtschaftlichen Ebene

Die in der Abbildung 1.1 gezeigten Größen und Zusammenhänge lassen sich grundsätzlich aggregieren. Sie haben deshalb auch auf gesamtwirtschaftlicher Ebene Gültigkeit, lassen sich aber nur noch zum Teil beobachten. Ausgerechnet jene beiden Größen, die für das Individuum von zentraler Bedeutung sind – der Gesundheitszustand H und die Konsumleistungen C – werden von den amtlichen Statistiken höchstens rudimentär erfasst. Recht gut bekannt sind hingegen die durch die individuellen Entscheidungen induzierten medizinischen Leistungen (M^* bzw. deren Geldwert pM^*) und Käufe von Konsumgütern (X^* bzw. cX^*). Versuche, das Gesundheitswesen zu steuern, setzen auch regelmäßig an diesen Größen an.

Wie kommt es überhaupt zu einem Steuerungsbedarf im Gesundheitswesen, der soeben als gegeben vorausgesetzt wurde? Auf diese Frage wird im 5. Kapitel eine Antwort gegeben. Begründet wird dort vor allem eine staatliche Subventionierung der Krankenversicherung, ggf. ein Versicherungszwang der Individuen und ein Kontrahierungszwang der Versicherer. Vorgaben wie die Stabilisierung des Anteils der Gesundheitsausgaben am Bruttoinlandsprodukt (BIP), die Begrenzung des Kostenanstiegs auf einen bestimmten Prozentwert oder die Festschreibung des Beitragssatzes in der deutschen Gesetzlichen Krankenversicherung (GKV) lassen sich demgegenüber nur schwer begründen. Wie wir im Folgenden zeigen, können sie mit Effizienzverlusten verbunden sein, die sich im Verlauf der Zeit kumulieren.

Sobald sich der Staat in irgendeiner Weise an den Kosten des Gesundheitswesens beteiligt, haben die individuellen Entscheidungen im Umgang mit der Gesundheit Rückwirkungen auf das öffentliche Budget. Je mehr der Einzelne medizinische Leistungen in Anspruch nimmt, desto größere Ausgaben fallen zumindest längerfristig für den Staat an: Neue Ausbildungsplätze für Medizinstudenten, erhöhte Zuschüsse für Investitionsvorhaben der Krankenhäuser, erhöhte Subventionen der Gemeinden (und der Kantone in der Schweiz) zur Deckung der Betriebsdefizite der Krankenhäuser, Anpassung der Zahlungen für die Gesundheitsversorgung der Rentner im Falle Deutschlands, um nur einige der Rückwirkungen auf das öffentliche Budget zu nennen. Diese Rückwirkungen existieren auch beim Kauf und der Nutzung von Konsumgütern (Müllabfuhr, Straßenbau), doch fallen sie dort weniger ins Gewicht als im Falle des Gesundheitswesens.

Andererseits bringen öffentliche Ausgaben auch Wählerstimmen und sind insofern für die Politiker ein Mittel zur Sicherung ihrer Wiederwahl. Auf diese Zusammenhänge wird im 13. Kapitel näher eingegangen; an dieser Stelle ist lediglich die Einsicht von Bedeutung, dass Politiker eine bestimmte Aufteilung des öffentlichen Budgets allen anderen Aufteilungen vorziehen, so wie das Individuum der Abbildung 1.1 die Aufteilung seines Budgets gemäß Punkt Q^* den anderen Aufteilungen vorzieht. Setzt aber eine Regierung ihre Präferenzen in Bezug auf das öffentliche Budget durch, so legt sie damit näherungsweise auch die gesamtwirtschaftliche Gesundheitsquote fest. Die Konsequenzen dieser Festlegung werden im Folgenden herausgearbeitet.

1.2.3 Die Problematik der Globalsteuerung: das Beispiel der gesamtwirtschaftlichen Gesundheitsquote

In ihrem Kampf gegen die „Kostenexplosion" im Gesundheitswesen argumentieren die Regierungen bevorzugt mit den Angaben der Tabelle 1.1, um zu begründen, dass die nationale Gesundheitsquote am Bruttosozialprodukt zu hoch sei. Angenommen, es würde nun gelingen, diese Quote auf einem bestimmten Prozentsatz zu stabilisieren: Was wäre damit gewonnen?

Zur Beantwortung dieser Frage wird der Schritt von der einzel- zur gesamtwirtschaftlichen Ebene auf einfachste Art vollzogen, indem die Zusammenhänge der Abbildung 1.1 für die Gesamtheit aller Menschen eines Landes gelten sollen, die zudem identisch seien. In der Abbildung 1.2 steht dann H für die Zahl gesund verbrachter Personen-Jahre, pM für die gesamtwirtschaftlichen Gesundheitsausgaben und cX für die Konsumausgaben. Die Aufteilung des BIP auf die beiden Ausgabenkategorien sei in der Ausgangssituation durch den Punkt Q^* im III. Quadranten gegeben, der das aggregierte Ergebnis der individuellen Entscheidungen symbolisiert. Einfachheitshalber soll in der Ausgangssituation die von der Regierung angestrebte Gesundheitsquote gerade mit dem Optimalwert Q^* übereinstimmen.

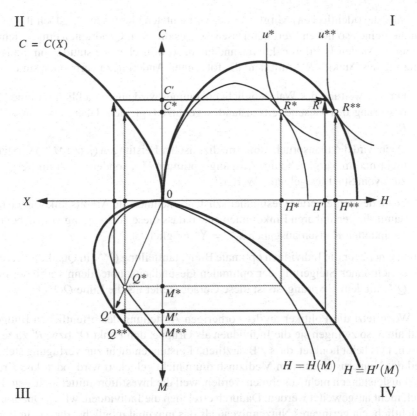

Abb. 1.2. Technologischer Wandel in der Medizin und Veränderung der optimalen Gesundheitsquote

Diese Übereinstimmung werde nun aber durch eine Veränderung, beispielsweise eine Verbesserung der medizinischen Technologie, gestört. Entsprechend verschiebt sich im IV. Quadranten der Abbildung 1.2 die Funktion $H(M)$ zu $H'(M)$, d.h. eine gegebene Versorgung mit medizinischen Leistungen gewährleistet im oberen Bereich jetzt einen besseren Gesundheitszustand als zuvor. Dadurch verschiebt sich die Budgetkurve nach außen, und unter Berücksichtigung der Zusammenhänge im II. und III. Quadranten verschiebt sich auch die Grenze der Wahlmöglichkeiten im I. Quadranten nach außen, so dass die Gesamtheit der Individuen neue, rechts und oberhalb vom alten Optimum R^* liegende (C,H)-Kombinationen erreichen könnte.

Angenommen, die Regierung erhalte Kenntnis von der verbesserten medizinischen Technologie, wolle aber die Gesundheitsquote konstant halten. Dies bedeutet, dass sie anstrebt, die Aufteilung des Budgets nicht zu ändern, so dass im III. Quadranten eine Verschiebung von Punkt Q^* zu Q' resultieren würde, der auf demselben Fahrstrahl vom Ursprung liegt wie Q^*. Dadurch würde eine (C,H)-Kombination erreicht, die durch Punkt R' in Quadrant I symbolisiert wird (vgl. die durchgezogenen Pfeile in Abbildung 1.2).

Falls die (identischen) Mitglieder der betrachteten Gesellschaft jedoch ihrer Gesundheit einen so hohen Wert beimessen, wie es die im I. Quadranten eingezeichneten relativ steilen Indifferenzkurven andeuten, so wünschen sie stattdessen die Realisierung des Punktes R^{**}, mit dem die folgenden Änderungen verbunden sind:

(1) Die Ausweitung des Wahlmöglichkeitsraumes wird ausschließlich für eine Verbesserung des Gesundheitszustandes genutzt (vgl. den Übergang von R^* zu R^{**}).[3]

(2) Dazu wird die Inanspruchnahme medizinischer Leistungen (jetzt: M^{**}) verstärkt, nicht nur im Vergleich zum Ausgangsoptimum M^*, sondern auch im Vergleich zum vom Staat festgelegten Wert M'.

(3) Dank des verbesserten Gesundheitszustands nehmen die Arbeitseinkommen und damit die verfügbaren Einkommen zu, so dass diese Ausweitung von M bei unveränderten Konsumausgaben $X^{**} = X^*$ möglich ist.

(4) Die neue für die Individuen optimale Budgetaufteilung Q^{**} (in Quadrant III) entspricht einer Steigerung der optimalen Gesundheitsquote, denn verbindet man Q^{**} mit dem Ursprung, so ist diese Gerade steiler als die Linie OQ^*Q'.

Wenn jetzt die Politiker an der vorherigen Aufteilung des öffentlichen Budgets festhalten, so zwingen sie die Individuen als Gruppe, den Punkt Q' bzw. R' zu realisieren. Das heißt konkret, dass z.B. ärztliche Leistungen nicht zur Verfügung stehen, weil der Numerus clausus im Medizinstudium nicht gelockert wird, oder dass Krankenhausleistungen nicht angeboten werden, weil die Investitionsmittel in diesem Bereich nicht ausgeweitet werden. Dadurch erreichen die Individuen, wie in Quadrant I ersichtlich, ein geringeres Nutzenniveau als das maximal mögliche, das sie in Punkt R^{**} haben könnten.

Das Beispiel des technologischen Wandels in der Medizin steht jedoch nur für eine von vielen möglichen Veränderungen, die zu Diskrepanzen zwischen der optimalen Gesundheitsquote aus der Sicht der Individuen und einer politisch festgeschriebenen Gesundheitsquote führen können. Geht man die vier Quadranten der Abbildung 1.2 der Reihe nach durch, so stößt man auf die folgenden Punkte:

(a) Die Präferenzen zwischen Gesundheit und Konsum können sich ändern, z.B. im Zuge einer Fitnesswelle.

(b) Der Zusammenhang zwischen Konsumgütereinsatz und konsumierbaren Leistungen bleibt nicht konstant. Je besser z.B. die Ausbildung eines Individuums, desto höher ist die Ausbeute an Konsumleistungen aus einem gegebenen Quantum von Konsumgütern.

---

[3] Dieser Fall wird hier einzig und allein mit dem Ziel vorausgesetzt, die Zeichnung nicht weiter zu komplizieren. Die gleichen Folgerungen ergeben sich auch bei einer nur überwiegenden Nutzung zur Verbesserung der Gesundheit.

(c) Die Budgetrestriktion ist immer wieder Veränderungen unterworfen. Steigende Lohnsätze und Vermögenseinkommen verschieben sie nach außen, steigende Preise der Konsumgüter lassen sie steiler verlaufen.

(d) Der Zusammenhang zwischen der Inanspruchnahme medizinischer Leistungen und dem Gesundheitszustand wird nicht nur durch technologischen Wandel in der Medizin modifiziert. Zu denken ist an Umwelteinflüsse, aber auch an eine Verstärkung oder Abschwächung der präventiven Anstrengungen auf Seiten der Individuen selbst, insbesondere in Abhängigkeit von der Versicherungsdeckung (vgl. dazu das 6. Kapitel). Außerdem bleiben die Leistungen der Ärzte und Krankenhäuser je nach Ausgestaltung des Honorierungssystems mehr oder weniger unterhalb des effizienten Niveaus, so dass sich der realisierte Zusammenhang $H = H(M)$ mit dem Honorierungssystem wandelt (vgl. dazu das 10. Kapitel).

Diese Überlegungen zeigen, dass es viele Gründe dafür gibt, dass eine politisch angestrebte Gesundheitsquote von der optimalen abweicht. Sie geben Anlass zur

Folgerung 1.3 *Viele Gründe sprechen gegen die Vorgabe einer bestimmten Quote der Gesundheitsausgaben am Bruttosozialprodukt. Sie läuft Gefahr, Effizienzverluste zu verursachen, die im Verlauf der Zeit zunehmen dürften.*

1.3 „Ökonomik der Gesundheit" vs. „Ökonomik des Gesundheitswesens": ein erster Überblick

Bis zu diesem Punkt wurde begründet, warum es eine spezielle „Gesundheitsökonomik" gibt. Zudem wurde die Beziehung zwischen der einzel- und der gesamtwirtschaftlichen Betrachtungsweise von Gesundheit und Gesundheitswesen beleuchtet. Jetzt wollen wir eine ganz grobe Klassifikation dieses Gebiets vornehmen, die uns später dazu dienen wird, einige der wichtigsten Fragestellungen zu erwähnen und einzuordnen.

1.3.1 Ökonomik der Gesundheit

In der Fachliteratur ist sowohl von der Ökonomik der Gesundheit („economics of health") als auch der Ökonomik des Gesundheitswesens bzw. der medizinischen Leistungen („economics of health care", „economics of medical care") die Rede. Diese Unterscheidung weist darauf hin, dass zunächst Gesundheit als solche ein interessantes Anwendungsfeld für die Wirtschaftswissenschaften ist und dass es eine Reihe von Fragestellungen im Zusammenhang mit der Gesundheit gibt, die noch gar nichts mit dem zu tun haben, was wir das „Gesundheitswesen" nennen, also mit der Erbringung medizinischer Leistungen durch Ärzte und andere professionelle Anbieter. Darunter sind sowohl positive als auch normative Problemstellungen.

Zu den wichtigsten normativen Fragen der Ökonomik der Gesundheit dürfte die nach der Bewertung der Gesundheit in Geld, d.h. der Abwägung zwischen Gesundheit und anderen menschlichen Zielsetzungen, z.B. dem Konsum „sonstiger" Güter zählen. Diese normative Frage („Auf wie viel Konsum sollte die Gesellschaft bereit sein zu verzichten dafür, dass die Lebenserwartung um durchschnittlich ein Jahr erhöht wird? Wie viel sollte ihr eine Verbesserung des Gesundheitszustands, gemessen durch einen geeigneten Indikator, wert sein? ") stellt sich vor allem im Zusammenhang mit öffentlichen Projekten, die aus Steuern oder Sozialversicherungsbeiträgen, also Zwangsabgaben, finanziert werden und die Auswirkungen auf die Lebenserwartung oder die Gesundheit von Bürgern haben. Da es in diesen Situationen typischerweise nicht möglich ist, dass jeder eine Abwägung zwischen Gesundheit und Konsum für sich selbst vornimmt, sondern Regierung und Parlament Entscheidungen für die Bürger treffen müssen, ist es eine Aufgabe der Gesundheitsökonomik, ihnen sinnvolle, d.h. wohlfahrtstheoretisch begründete Regeln für diese Entscheidungen in die Hand zu geben. Dies wird Gegenstand von Kapitel 2 sein.

Der positive Zweig der Gesundheitsökonomik beschäftigt sich dagegen damit, das Gesundheitsverhalten der Konsumenten mit Hilfe des Instrumentariums der modernen einzelwirtschaftlichen Theorie zu erklären. Dabei wird das Grundparadigma des Rationalverhaltens angewandt, d.h. das Individuum wird als rationaler Nutzenmaximierer angesehen, in dessen Nutzenfunktion u.a. materieller Konsum und Gesundheit eingehen. Im Rahmen eines solchen Modells (vgl. Kapitel 3) kann dann untersucht werden, wie sich z.B. eine Änderung der Budgetrestriktion, d.h. des Einkommens, oder eine Änderung der relativen Preise – etwa durch Änderungen im Krankenversicherungsschutz – auf die „Nachfrage" des Individuums nach Gesundheit, sprich: auf sein Gesundheitsverhalten auswirken.

1.3.2 Gesundheit und Konsum von Gesundheitsleistungen

Die Brücke zwischen der „Ökonomik der Gesundheit" und der „Ökonomik des Gesundheitswesens" bilden die Beziehungen, die zwischen dem Gesundheitszustand eines Individuums (oder der Bevölkerung insgesamt) und seiner (bzw. ihrer) Inanspruchnahme medizinischer Leistungen bestehen. Man kann zwei solcher Beziehungen unterscheiden, für die die Stichworte „Gesundheits-Produktionsfunktion" und „Nachfragefunktion nach medizinischen Leistungen" stehen.

Im ersten Fall geht es um die empirische Erfassung und Quantifizierung des Einflusses der medizinischen Versorgung auf die Gesundheit (siehe Kapitel 4). Allgemein wird man davon ausgehen,

(1) dass es sich um einen positiven Zusammenhang handelt: Ein höherer Konsum medizinischer Leistungen führt zu besserer Gesundheit.

Ferner gilt aus logischen Gründen,

(2) dass diese Wirkung mit einer zeitlichen Verzögerung eintritt: In empirischen Arbeiten ist daher zu erwarten, dass der Konsum von medizinischen Leistungen in einer Periode t sich erst in einer späteren Periode (etwa $t + 1$) in einer besseren Gesundheit bemerkbar macht.

Eine zweite Wirkungsrichtung geht vom Gesundheitszustand zur Inanspruchnahme medizinischer Leistungen, der sog. Nachfragefunktion nach medizinischen Leistungen. In dieser Funktion erscheint der Gesundheitszustand als erklärende Variable, wobei

(a) die theoretisch plausible Wirkungsrichtung negativ ist (schlechtere Gesundheit führt zu höherer Inanspruchnahme medizinischer Leistungen) und

(b) diese Beziehung für gleichzeitig gemessene Werte der beiden Größen gilt.

1.3.3 Ökonomik des Gesundheitswesens

Die zuletzt genannte Beziehung ist bereits Gegenstand der Ökonomik des Gesundheitswesens: Sie nimmt die Produktivität der medizinischen Leistungen als gegeben hin und fragt – in ihrem positiven Zweig – danach, wodurch die Menge und Qualität medizinischer Leistungen determiniert werden, die in einer Gesellschaft erbracht werden. In ihrem normativen Zweig geht es darum, Mechanismen der Erbringung dieser Leistungen und ihrer Aufteilung auf die Nachfrager zu untersuchen, die angesichts der Knappheit der zu ihrer Herstellung benötigten Ressourcen ökonomisch zweckmäßig sind. Damit ist das System der Organisation und der Finanzierung von medizinischen Leistungen angesprochen, und die einzelwirtschaftliche Analyse ist geeignet, mit ihrem Instrumentarium der Anreize die Wirkungen alternativer Regelungen zu untersuchen. Dabei sind die Begriffe „Finanzierung" und „Anreize" mit einer Medaille zu vergleichen, die zwei Seiten hat:

(1) Auf der einen Seite geht es darum, auf welche Weise die Empfänger medizinischer Leistungen (die „Patienten") für diese Leistungen zahlen. Hier ist das System der Krankenversicherung mit seinen Anreizwirkungen auf die Versicherten angesprochen, das uns in den Kapiteln 5, 6 und 7 beschäftigen wird.

(2) Auf der anderen Seite geht es darum, auf welche Weise das Geld an die Leistungserbringer weiterverteilt wird. Die ökonomische Analyse beschäftigt sich also mit den Anreizwirkungen alternativer Vergütungssysteme für Leistungserbringer (Kapitel 10) sowie mit den Herstellern von Arzneimitteln (Kapitel 12).

1.4 Eine Systemanalyse des Gesundheitswesens

Zum Abschluss dieser Einleitung sollen die meisten der Fragestellungen, die in diesem Buch behandelt werden, noch einmal an einem Ablaufdiagramm verdeutlicht werden, das als eine stark vereinfachte Systemanalyse angesehen werden kann (Abbildung 1.3). Am Anfang dieses Diagramms steht das Individuum mit seinen Zielen, möglichst lange und gesund zu leben und dabei möglichst viel zu konsumieren. Es wird in seinem gesundheitsrelevanten Verhalten von einer Reihe von Anreizen geleitet, die insbesondere von der Ausgestaltung seiner Krankenversicherung (vgl. Kapitel 5 bis 7) determiniert werden.

Zwar wird der Gesundheitszustand vom Individuum nicht völlig festgelegt; der Zufall spielt auch hinein (vgl. Kapitel 3). Doch das schließt nicht aus, dass sich bei der Betrachtung ganzer Bevölkerungsgruppen systematische Einflüsse herausschälen, welche die Individuen für mehr oder weniger Gesundheit optieren lassen. Denn ein zusätzlicher gesund verbrachter Tag hat seinen „Preis", auch wenn er nicht auf dem Markt gehandelt wird. Dieser Preis besteht in dem Verzicht auf eine Alternative, welche ebenfalls Kosten verursacht und die in dem Mehr an Konsum zusammengefasst ist, das sich das Individuum leisten könnte.

Gleichzeitig mit der Option für einen bestimmten Gesundheitszustand muss auch eine Entscheidung fallen, wie man diesen Zustand erreichen will (vgl. Kapitel 3; empirische Evidenz dazu in Kapitel 4). Sehr oft entscheiden sich die Leute dafür, eine Krankheitsepisode mit einem minimalen Einsatz von Medikamenten, im Übrigen jedoch ohne medizinische Leistungen, sondern vielmehr mit Hilfe eigener Zeit durchzustehen, und unsere Vermutung geht dahin, dass auch materielle Anreize die Wahl zwischen eigenen und fremden Inputs beeinflussen. Geht diese Wahl immer mehr in Richtung fremder Inputs, also zum Einsatz von Leistungen des Gesundheitswesens, so kann das Ergebnis eine Ausgabenexplosion im Gesundheitswesen sein.

Wie stark etwaige Änderungen im individuellen Gesundheitsverhalten auf die Ausgabenentwicklung im Gesundheitswesen durchschlagen, hängt jedoch nicht zuletzt vom Arzt ab, der in Abbildung 1.3 unmittelbar unter dem Patienten steht, also eine Funktion als „Türhüter" zum Gesundheitswesen wahrnimmt. Seine Entscheidung für ambulante oder stationäre Behandlung hat massive Folgen für die aufgewendeten Kosten, da ein Krankenhausaufenthalt heute typischerweise mit dem Einsatz sehr teurer Technologie verbunden ist. Wiederum werden wir nach materiellen Anreizen suchen, welche das Verhalten des Arztes im Hinblick auf den Einsatz seiner eigenen Leistungen (Kapitel 8, 10) steuern. Diese Auffassung steht natürlich in einem eklatanten Widerspruch zur traditionellen ärztlichen Ideologie, wonach die Wahl der Behandlungsmethode allein nach medizinischen Erfordernissen erfolge.

Durch eine Überweisung ins Krankenhaus gibt der Arzt einen Teil der Nachfrage nach medizinischen Leistungen an dieses weiter. Auch im Krankenhaus existieren bei näherem Hinsehen eine ganze Reihe von materiellen Anreizen, die das Verhalten besonders der Chefärzte steuern können (vgl. Kapitel 9, 10). Über die Art und Weise, wie gewinnmaximierende Unternehmungen auf Änderungen der Außenwelt

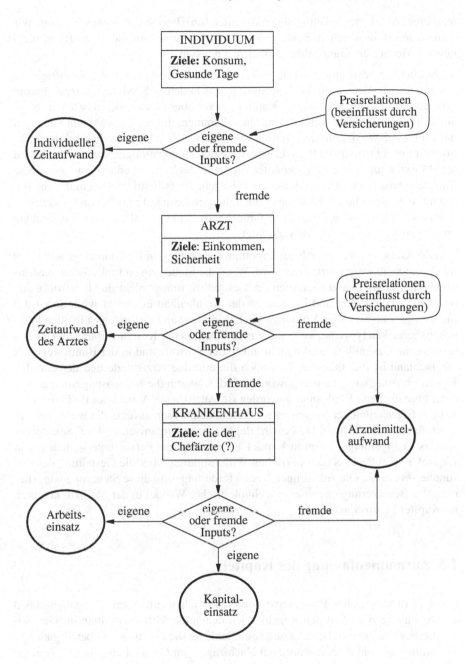

Abb. 1.3. Eine Systemanalyse des Gesundheitswesens

reagieren, ist von der traditionellen ökonomischen Theorie her einiges bekannt. Wir werden sehen, in welchem Maße sich diese Erkenntnisse auf die in der Regel nicht gewinnorientierten Krankenhäuser übertragen lassen.

Schließlich bestimmen sowohl Ärzte als auch Krankenhäuser die Nachfrage des Patienten nach Arzneimitteln als weitere Inputs in den Behandlungsprozess. In diesem Zusammenhang wird uns (in Kapitel 12) vor allem interessieren, wie die Preise auf den Märkten für Arzneimittel zustande kommen, mit welchen Mitteln vor allem der Preiswettbewerb gefördert werden kann und welchen Einfluss dies auf den technischen Fortschritt, also auf die Erweiterung der Therapiemöglichkeiten hat. Neben den Märkten für Arzneimittel könnten an dieser Stelle auch andere nachgeordnete Märkte untersucht werden, so beispielsweise jene für Hilfsmittel, psychiatrische Beratung, medizinische Apparate, aber auch die Arbeitsmärkte im Gesundheitswesen. Um den Umfang dieses Werkes in Grenzen zu halten, wird auf eine Behandlung dieser nachgeordneten Märkte verzichtet.

Die Kreise in unserem Ablaufdiagramm stehen für den Ressourcenaufwand, der im Gesundheitswesen verursacht wird. Wenn die Steuerung so funktioniert, dass individueller Zeitaufwand zugunsten der Gesundheit immer mehr durch ärztliche Arbeitszeit, Arzneimittel und Leistungen der Krankenhäuser ersetzt wird, so ist das nicht zu gleichbleibenden Kosten möglich. Ein Mehr an Leistungen ist in allen Wirtschaftsbereichen typischerweise mit einem Zuwachs der Kosten verbunden. Das Besondere am Gesundheitswesen nicht nur in der Schweiz und in der Bundesrepublik Deutschland ist die Tatsache, dass auch die einzelne Arztstunde und der einzelne Krankenhaustag so viel teurer geworden sind, wodurch die Kostensteigerung erst zu einer eigentlichen „Explosion" geworden ist. Auch dieser Aspekt des Problems geht auf die Eigenheiten der Steuerung im Gesundheitswesen zurück, die wir in diesem Buch darstellen möchten. Dabei wird die Frage der Organisation des Gesundheitswesens in allgemeiner Form in Kapitel 11 aufgegriffen. Ferner untersuchen wir in Kapitel 13 den Prozess der politischen Willensbildung über die Gestaltung des Gesundheitssystems. Die zukünftigen Herausforderungen an diese Steuerung wie Alterung der Bevölkerung und rascher technologischer Wandel in der Medizin kommen im Kapitel 14 zur Sprache.

1.5 Zusammenfassung des Kapitels

(1) Aus ökonomischer Perspektive wird man sich weniger mit Ausgabengrößen beschäftigen als mit den Regeln, nach denen die Mittelverteilung im Gesundheitswesen erfolgt. Denn diese lassen Schlüsse darauf zu, ob die beteiligten Akteure – sowohl Anbieter als auch Nachfrager von Gesundheitsgütern – Anreize zur wirtschaftlichen Verwendung knapper Ressourcen haben.

(2) Das Abwägen zwischen den Zielen „Konsum" und „Gesundheit" lässt sich als konventionelles einzelwirtschaftliches Optimierungsproblem darstellen. Bei dessen Lösung ist zu berücksichtigen, dass die Gesundheit ihrerseits ein produktiver Faktor bei der Erzielung von Einkommen ist, mit dem Konsumgüter gekauft werden.

(3) Viele Gründe sprechen gegen die Vorgabe einer bestimmten Quote der Gesundheitsausgaben am Bruttosozialprodukt. Sie läuft Gefahr, Effizienzverluste zu verursachen, die im Verlauf der Zeit zunehmen dürften.

(4) „Gesundheitsökonomik" lässt sich in die beiden Teilbereiche „Ökonomik der Gesundheit" und „Ökonomik des Gesundheitswesens" unterteilen. Die Brücke zwischen beiden Teilbereichen bilden die Beziehungen, die zwischen dem Gesundheitszustand und der Inanspruchnahme medizinischer Leistungen bestehen.

(5) Der normative Zweig der „Ökonomik der Gesundheit" untersucht, wie sich Gesundheit im Vergleich zu anderen Gütern bewerten lässt. Ziel ist es dabei, wohlfahrtstheoretisch begründete Regeln für öffentliche Entscheidungen zu entwickeln. Der positive Zweig der Gesundheitsökonomik beschäftigt sich dagegen damit, das Gesundheitsverhalten der Konsumenten mit Hilfe des Instrumentariums der modernen einzelwirtschaftlichen Theorie zu erklären.

(6) Die „Ökonomik des Gesundheitswesens" fragt in ihrem positiven Zweig danach, wodurch die Menge und Qualität medizinischer Leistungen determiniert werden, die in einer Gesellschaft erbracht werden. In ihrem normativen Zweig geht es dann darum, Anreizmechanismen der Erbringung dieser Leistungen und ihrer Aufteilung auf die Nachfrager zu untersuchen, die angesichts der Knappheit der zu ihrer Herstellung benötigten Ressourcen ökonomisch zweckmäßig sind.

1.6 Lektürevorschläge

International vergleichbare Daten zum Gesundheitsdaten enthält die jährlich aktualisierte Datenbank OECD HEALTH DATA. Für Deutschland gibt das BUNDESMINISTERIUM FÜR GESUNDHEIT jährlich die „Daten des Gesundheitswesens" heraus. Die Veröffentlichung ist unter http://www.bmg.bund.de verfügbar. Weiterführende Statistiken sind über die Gesundheitsberichterstattung des Bundes beim Statistischen Bundesamt (http://www.gbe-bund.de) oder direkt beim STATISTISCHEN BUNDESAMT erhältlich (http://www.destatis.de). Institutionelle Darstellung der Gesundheitssysteme europäischer Länder veröffentlicht das EUROPEAN OBSERVATORY ON HEALTH SYSTEMS AND POLICIES der WHO in seiner Reihe „Health Systems Profiles" (http://www.euro.who.int/observatory).

1.Ü Übungsaufgaben

1.1. Unterscheiden Sie die Begriffe „Kostenexplosion" und „Ausgabenexplosion". Wie lassen sich diese Phänomene empirisch abgrenzen?

1.2. Erläutern Sie das „ökonomische Prinzip" im Kontext des Gesundheitswesens. Warum ist es nicht zwangsläufig verletzt, wenn die Ausgaben steigen?

1.3. Erläutern Sie die Annahmen des Modells aus Abschnitt 1.2. Welche Größen sind endogen, welche exogen?

1.4. Nennen Sie Gründe für einen Anstieg der optimalen Gesundheitsquote. Was spricht für eine geringere Gesundheitsquote?

2

Zur ökonomischen Bewertung von Leben und Gesundheit

2.1 Problemstellung

„Das Leben ist das höchste Gut und lässt sich nicht in Geld aufwiegen." Dies ist ein Grundsatz, dem wohl die meisten Menschen zustimmen würden. Auf der anderen Seite werden (notwendigerweise!) nicht nur von Individuen, sondern auch von Parlamenten und Behörden regelmäßig Entscheidungen getroffen, die eine Abwägung zwischen der Erhaltung und Verlängerung menschlichen Lebens und dem Einsatz knapper Mittel (Geld) beinhalten. Beispiele für solche Entscheidungen im öffentlichen Bereich lassen sich nicht nur im Gesundheitswesen finden sondern auch in vielen anderen Bereichen, vor allem in der Verkehrs- und Umweltpolitik.

In allen Ländern, in denen entweder ein nationaler Gesundheitsdienst oder eine gesetzliche Krankenversicherung besteht, entscheiden politische oder zumindest politisch legitimierte Gremien regelmäßig über die Aufnahme neuer Arzneimittel, neuer Heilverfahren und neuer medizintechnischer Geräte in den Katalog der innerhalb dieses Gesundheitssystems finanzierten Leistungen. In aller Regel sind solche neuen Verfahren mit *zusätzlichem finanziellen Aufwand* verbunden – es handelt sich also nicht um kostensparende „Prozessinnovationen" – und versprechen therapeutische Vorteile, oft in Form einer Reduktion der Gefahr vorzeitigen Todes einer bestimmten Risikopopulation.

So kann die Bereitstellung von Defibrillatoren mit Gesamtkosten von mehreren Hunderttausend Euro dazu dienen, bei Herzinfarkt-Patienten bereits an Ort und Stelle Maßnahmen zur Wiederherstellung der Herzfunktion zu ergreifen und somit das Sterberisiko erheblich vermindern. Ebenso kann eine medikamentöse Dauertherapie von Hypertonikern mit blutdrucksenkenden Präparaten dem Risiko eines Herzinfarkts wirksam vorbeugen. Auch hier stehen dem verminderten Todesrisiko erhebliche volkswirtschaftliche Kosten der Entwicklung und Herstellung der Medikamente gegenüber. Ein nicht weniger bekannter Anwendungsbereich ist die Vorhaltung und der Betrieb von Dialysegeräten für Patienten mit chronischem Nierenversagen.

Außerhalb des Gesundheitsbereichs sind die Beispiele, in denen „Leben" gegen „Kosten" abgewogen werden müssen, nicht weniger zahlreich. So müssen Gemeinden und Landkreise entscheiden, ob sie bestimmte notorische Unfallschwerpunkte (z. B. enge, unübersichtliche Kurven) durch Begradigung oder Verbreiterung der Straße entschärfen sollen. In Wohngebieten kann umgekehrt gerade durch das Pflanzen von Bäumen und das Einziehen von Schwellen und anderen Hindernissen das Fahrtempo gesenkt und somit die Lebensgefahr für spielende Kinder verringert werden. Alle diese Maßnahmen sind mit zusätzlichen Ausgaben für die öffentlichen Haushalte verbunden.

Auch im Umweltbereich ist es nicht schwer, ähnliche Beispiele zu finden. So vermindert der Einbau kostspieliger „redundanter" Sicherheitssysteme in Kernkraftwerken nicht nur die Gefahr einer Katastrophe mit unmittelbaren Todesfällen, wie sie sich 1986 in Tschernobyl oder 2011 in Fukushima ereignet hat, sondern reduziert zudem die Abgabe radioaktiver Strahlung, welche die exponierte Bevölkerung einem erhöhten Risiko, Strahlenschäden zu erleiden, aussetzt. Aufwendige Filteranlagen zur Rückhaltung von Schwefeldioxid und anderen Schadstoffen aus Kohlekraftwerken verbessern die Luftqualität und senken damit u. a. das Risiko von Atemwegserkrankungen.

In allen genannten Anwendungsgebieten kann eine rationale Entscheidung der öffentlichen Instanzen nur dann getroffen werden, wenn eine umfassende und präzise Bewertung der mit einer Maßnahme verbundenen zukünftigen Vorteile (und gegebenenfalls Nachteile) vorgenommen wird, damit diese den Projekt- und Folgekosten gegenübergestellt werden können. Dabei leuchtet es sofort ein, dass eine derartige Kosten-Nutzen-Analyse die Entscheidungsbildung vor allem dann erleichtern kann, wenn die in die Berechnung eingehenden Größen kommensurabel sind, d. h. in einer gemeinsamen Recheneinheit ausgedrückt werden können. Da die Projektkosten generell in Geldeinheiten gemessen werden, erscheint es wünschenswert, auch alle Vorteile in Geldwerten auszudrücken. Dies gilt dann natürlich auch für die Verlängerung menschlichen Lebens oder die Verbesserung des Gesundheitszustandes, die mit der Realisierung eines Projekts verbunden sind.

Da einer monetären Bewertung der Gesundheit und erst recht des Lebens vielfältige Bedenken entgegengebracht werden, sind von Ökonomen alternative Evaluationsverfahren entwickelt worden, die ohne eine solche monetäre Bewertung auskommen. Auch diese Ansätze sollen im Folgenden auf ihre Möglichkeiten und Grenzen untersucht werden.

In diesem Kapitel wird in Abschnitt 2.2 zunächst ein allgemeiner Überblick über verschiedene Ansätze der Evaluation im Gesundheitsbereich gegeben. Anschließend werden in Abschnitt 2.3 die Kosten-Nutzwert-Analyse und in Abschnitt 2.4 die Kosten-Nutzen-Analyse ausführlich dargestellt. Diese beide Methoden werden in Abschnitt 2.5 verglichen. Abschnitt 2.6 diskutiert die vom Institut für Qualität und Wirtschaftlichkeit im Gesundheitswesen (IQWiG) entwickelte Methodik für die Kosten-Nutzen-Bewertung in Deutschland.

2.2 Verfahren der Evaluation im Gesundheitsbereich

Verfahren der Evaluation im Gesundheitsbereich vergleichen den Nutzen einer Gesundheitsmaßnahme mit ihren Kosten. Während die Kosten immer in Geldgrößen messbar sind, lassen sich die Verfahren danach unterscheiden, in welchen Maßeinheiten der Vorteil einer Maßnahme erfasst wird.

Hierbei werden die drei folgenden Möglichkeiten der Messung unterschieden:

(1) in natürlichen Einheiten auf einer eindimensionalen Skala,

(2) in Einheiten einer kardinalen Nutzenfunktion, mit der das mehrdimensionale Konzept der Gesundheit in einen skalaren Index abgebildet wird,

(3) in Geldeinheiten.

Messung der Vorteile in natürlichen Einheiten: Bei der angesprochenen „natürlichen" Skala kann es sich (i) um einen klinischen Parameter handeln, z.B. die Senkung des Blutdrucks um x mm Hg, oder (ii) um die Länge des Lebens in Jahren. Diese Messmethode ist nur dann sinnvoll anwendbar, wenn die zu vergleichenden Alternativen (z.B. Durchführung einer bestimmten Intervention oder Verzicht auf sie) lediglich eine einzige, qualitativ identische spezifische Wirkung und keine Nebenwirkungen haben. Im ersten Beispiel könnte es sich um zwei verschiedene (nebenwirkungsfreie) Medikamente zur Senkung des Blutdrucks handeln, im zweiten Beispiel um zwei sicherheitstechnische Maßnahmen zur Vermeidung tödlicher Verkehrsunfälle.

Das zugehörige Evaluationsverfahren heißt *Kosten-Effektivitäts-Analyse* (engl. „cost-effectiveness analysis", CEA). Zunächst seien zwei unabhängige Interventionen betrachtet, d.h. Interventionen, deren Kosten und Erträge nicht von anderen Maßnahmen beeinflusst werden. Beispiele sind Hüftgelenk-Operationen und Herztransplantationen. Der zu berechnende Maßstab ist die *durchschnittliche Kosten-Effektivitäts-Relation* (engl. „average cost-effectiveness ratio", ACER). Sie ist wie folgt definiert:

$$\text{ACER} = \frac{\text{Kosten in Geldeinheiten}}{\text{Vorteil in natürlichen Einheiten}}.$$

Falls die Interventionen sich gegenseitig ausschließen (z.B. zwei sich ausschließende Medikationen für dieselbe Krankheit), so kann man das Verhältnis von Zusatzkosten und Zusatzwirkung der besseren und teureren Therapie berechnen, das als *inkrementelle Kosten-Effektivitäts-Relation* (engl. „incremental cost-effectiveness ratio", ICER) bekannt ist [vgl. WEINSTEIN (2006)]. Die ICER einer Intervention ist definiert als das Verhältnis von Zusatzkosten zu Zusatzwirkung im Vergleich zur nächstbesten Intervention:

$$\text{ICER} = \frac{\text{Zusatzkosten}}{\text{Zusatzwirkung in natürlichen Einheiten}}.$$

Kasten 2.1. Die Berechnung der inkrementellen Kosten-Effektivitäts-Relation

Betrachtet sei eine Krankheit, an der 100 Patienten leiden und die mit drei sich ausschließenden Therapien A, B und C behandelt werden kann. Therapie A koste 300.000 € und verlängere das Leben jedes Patienten um 0,3 Jahre, so dass insgesamt 30 Lebensjahre gewonnen werden. Therapie B erziele 40 gewonnene Lebensjahre zu Kosten von 500.000 €, während Therapie C 600.000 € koste und mit 50 gewonnenen Lebensjahren verbunden sei. Alle Therapien können auch auf kleinerem Niveau angewendet werden, ohne dass sich die Wirkung und die Kosten pro Patient ändern. Würde man z. B. mit Therapie C nur einen einzigen Patienten behandeln, dann verlängert sich sein Leben um 0,5 Jahre bei Kosten von 6.000 €.

Intervention	Kosten in 1.000 €	Wirkung in Lebensjahren	ICER in 1.000 € mit B	ICER in 1.000 € ohne B
A	300	30	10	10
B	500	40	20	–
C	600	50	10	15

Die Therapie A muss mit der Alternative „Nichtstun" verglichen werden. Daher fallen die ACER und die ICER von Therapie A zusammen und betragen 10.000 € pro gewonnenem Lebensjahr. Die ICER von Therapie B erhält man, indem man das Verhältnis der Zusatzkosten und der zusätzlichen Lebensjahre im Vergleich zur nächstschlechteren Therapie, also A berechnet, also (500.000 € − 300.000 €)/(40 Jahre − 30 Jahre) = 20.000 € pro gewonnenem Lebensjahr. Therapie B kann daher im Vergleich zu A jedes zusätzliche Lebensjahr zu Kosten von 20.000 € gewinnen. Die ACER für Therapie B in Höhe von 12.500 € pro gewonnenem Lebensjahr würde hingegen deren Kosten-Effektivität überschätzen, da man außer Acht lässt, dass Therapie A bereits 75 Prozent des gesundheitlichen Gewinns von Therapie B zu nur 60 Prozent ihrer Kosten erreichen kann.

Um die ICER von Therapie C zu berechnen, muss man ihre Kosten und ihre Wirkung mit Therapie B vergleichen. Dies ergibt eine ICER von (600.000 € − 500.000 €)/(50 Jahre − 40 Jahre) = 10.000 € pro gewonnenem Lebensjahr, ein Wert, der unter dem ICER der Therapie B liegt. Therapie B kann daher nach dem Kriterium der erweiterten Dominanz ausgeschlossen werden und sollte daher aus der Auswahlmenge eliminiert werden, da ein Sprung von Therapie A zu Therapie C geringere Zusatzkosten pro gewonnenem Lebensjahr erfordert als ein Sprung von A zu B. Danach muss die ICER der Therapie C neu berechnet werden. Vergleicht man C jetzt mit A, so ergibt sich eine ICER von 15.000 €.

Ein Beispiel zeigt, warum Therapie B nicht kosteneffektiv ist. Es sei angenommen, dass für die Behandlung der 100 Patienten ein Budget in Höhe von 330.000 € zur Verfügung steht. Dies erlaubt es, einige Patienten mit einer der wirksameren Therapien B oder C zu behandeln. Würde B gewählt, so könnte man 15 Patienten mit ihr und 85 mit Therapie A behandeln, wodurch ein Gewinn von $15 \times 0,4 + 85 \times 0,3 = 31,5$ Lebensjahren erzielt würde. Kombiniert man dagegen Therapien A und C, so kann man 10 Patienten mit C behandeln und dadurch $10 \times 0,5 + 90 \times 0,3 = 32$ Lebensjahre gewinnen.

Bei einer Therapie, die für die betreffende Indikation die einzige ist, entspricht die durchschnittliche Kosten-Effektivitäts-Relation der inkrementellen, da sie nur mit der Alternative „Nichtstun" verglichen werden kann. Daher können alle Therapien gemäß ihrer inkrementellen Kosten-Effektivitäts-Relation geordnet werden. Abhängigkeiten zwischen den Nutzen und den Kosten von Therapien lassen sich berücksichtigten, indem man sich ausschließende Therapie-Kombinationen als Vergleichseinheiten bildet [vgl. WEINSTEIN (2006, S. 476)].

Bevor eine Rangordnung von Therapien aufgestellt wird, gilt es allerdings zu berücksichtigen, dass bestimmte Therapien auf keinen Fall kosteneffektiv sein können. Einen klaren Fall bilden Interventionen, die sowohl teurer als auch weniger wirksam sind als andere sich ausschließende Interventionen. Sie werden „streng dominiert" und deshalb nicht in der Rangordnung berücksichtigt. Darüber hinaus wird eine Intervention nach dem Kriterium der „erweiterter Dominanz" ausgeschlossen, falls ihre ICER größer ist als die einer teureren Intervention, sofern es möglich ist, die Interventionen proportional zu verringern, so dass das Kosten-Nutzen-Verhältnis gleich bleibt [WEINSTEIN (1990)]. Die ICERs werden nach Ausschluss dominierter Alternativen neu berechnet. Die Vorgehensweise wird anhand des Beispiels in Kasten 2.1 aufgezeigt.

Die Grenzen der Kosten-Effektivitäts-Analyse sind offensichtlich:

(a) Ihre Anwendung setzt voraus, dass es ethisch nicht von Bedeutung ist, bei welchen Personen die Lebensverlängerung eintritt und wie sich die Gesamtzahl von gewonnenen Lebensjahren auf Individuen verteilt. Dieser Kritikpunkt trifft allerdings auf alle hier und im folgenden dargestellten Evaluationsverfahren zu.

(b) Sie ist nicht geeignet zur Bewertung von Maßnahmen mit mehreren verschiedenartigen Wirkungen, weil sie keine Möglichkeit der Aggregation mehrdimensionaler Effekte vorsieht. Wenn etwa durch zwei sicherheitstechnische Maßnahmen nicht nur Todesfälle, sondern auch Körperverletzungen vermieden werden, stellt die CEA keine Entscheidungshilfe dar, wenn eine Maßnahme mehr Todesfälle, die andere aber mehr Körperverletzungen vermeidet.

(c) Sie liefert zwar eine Rangordnung der relativen Vorzugswürdigkeit von Maßnahmen, gibt aber keine Antwort auf die Frage, welche Maßnahmen überhaupt durchgeführt werden sollten. Insbesondere erfolgt keine Bewertung, ob eine bestimmte Maßnahme durchgeführt werden soll. Der einzige praktikable Fall, für den die CEA eine sinnvolle Antwort liefert, ist der eines fest vorgegebenen Budgets, das auf eine ebenfalls fest vorgegebene Menge möglicher Maßnahmen aufgeteilt werden soll. In diesem Fall ist mit jener Maßnahme zu beginnen, die den niedrigsten ICER-Wert aufweist, und so lange fortzufahren, bis das Budget aufgebraucht ist. Die Problematik dabei liegt aber darin, dass die Frage offen bleibt, wie die Höhe des Budgets selbst auf rationale Weise bestimmt werden kann.

Messung der Vorteile in Einheiten einer kardinalen Nutzenfunktion: Hierbei trägt man der Mehrdimensionalität des Gesundheitsbegriffs Rechnung und versucht, alle Wirkungen einer Maßnahme – Lebensverlängerung und Änderung des Gesundheits-zustands – durch ein geeignetes Gewichtungsschema bei der Bewertung zu berück-sichtigen. Hierzu sind verschiedene Methoden entwickelt worden, die wir in Ab-schnitt 2.3 ausführlicher vorstellen. Das bekannteste und am häufigsten verwendete Nutzenmaß sind die *qualitätsbereinigten Lebensjahre* (engl. „quality-adjusted life years", QALYs).

Bei dieser Methode werden alle denkbaren Gesundheitszustände auf einer Skala bewertet, auf welcher der Tod den Nullpunkt und der Zustand vollkommener Ge-sundheit den Wert 1 einnimmt. Die Werte dieser Nutzenfunktion sind so definiert, dass ein repräsentatives Individuum z.B. zwischen den beiden folgenden Szenarien indifferent wäre: „Überlebe ein Jahr lang bei einem Zustand mit dem Nutzenwert 0,5" und „Überlebe ein halbes Jahr lang im Zustand vollkommener Gesundheit" (die Einzelheiten der Bewertung werden in Abschnitt 2.3 erläutert). Auf diese Weise wer-den alle gesundheitlichen Auswirkungen einer Maßnahme vergleichbar gemacht, so dass man sie zu einem Index aufsummieren kann. Den Wert dieses Indexes kann man als „Zuwachs an QALYs" interpretieren.

Das entsprechende Evaluationsverfahren wird als *Kosten-Nutzwert-Analyse* (engl. „cost-utility analysis", CUA) bezeichnet. Der Vergleichsmaßstab ist analog zu dem in der CEA definiert. Für unabhängige Interventionen wird die *durchschnittliche Kosten-Nutzwert-Relation* (engl. „average cost-utility ratio", ACUR) herangezogen:

$$\text{ACUR} = \frac{\text{Kosten in Geldeinheiten}}{\text{Erträge in Nutzeneinheiten}}.$$

Für sich gegenseitig ausschließende Interventionen, wird die *inkrementelle Kosten-Nutzwert-Relation* (engl. „incremental cost-utility ratio", ICUR) verwendet. Sie ist analog zur ICER in der Kosten-Effektivitäts-Analyse definiert, d.h. die ICUR einer Intervention ist als das Verhältnis der zusätzlichen Kosten und Erträge im Vergleich zur nächstbesten Intervention definiert:

$$\text{ICUR} = \frac{\text{zusätzliche Kosten}}{\text{zusätzliche Erträge in Nutzeneinheiten}}.$$

Dieser Definition ist zu entnehmen, dass der Nutzen kardinal gemessen werden muss. Andernfalls hätten Differenzen in Nutzeneinheiten keine Aussagekraft. [1]

Gegenüber der CEA besitzt die CUA den Vorteil, dass der Vergleich auch auf medizinische Interventionen unterschiedlicher Art und darüber hinaus auf medizi-

---

[1] Kardinale Nutzenfunktionen sind bis auf positive affine (lineare) Transformationen eindeu-tig definiert. Daher lassen sich Nutzendifferenzen miteinander vergleichen, wie z.B. in der Form: „Die Nutzendifferenz zwischen den Maßnahmen *A* und *B* ist zweimal so groß wie die Nutzendifferenz zwischen den Maßnahmen *C* und *D*." Ordinale Nutzenfunktionen sind dagegen nur bis auf positive monotone Transformationen bestimmt. In diesem Fall ist nur eine Rangordnung der Nutzen der Interventionen festgelegt.

Tabelle 2.1. Hitliste medizinischer Interventionen: Kosten je gewonnenem QALY (Großbritannien, Preise in £ von 1990)

Medizinische Maßnahme	Kosten je QALY
Neurochirurgischer Eingriff bei einer Kopfverletzung	240
Rat des Hausarztes, das Rauchen einzustellen	270
Schrittmacherimplantation	1.100
Herzklappen-Ersatz bei einer Aortenstenose	1.140
Hüftendoprothese	1.180
Koronare Bypass-Operation wegen schwerer Angina Pectoris mit Links-Herzinsuffizienz	2.090
Nierentransplantation	4.710
Brustkrebs-Reihenuntersuchung	5.780
Herztransplantation	7.840
Koronare Bypass-Operation wegen leichter Angina Pectoris mit Ein-Gefäß-Leiden	18.830
Hämodialyse im Krankenhaus	21.970
Neurochirurgischer Eingriff bei bösartigen intrakraniellen Tumoren	107.780

Quelle: MAYNARD (1991)

nische und sonstige Maßnahmen anwendbar ist. Denn jetzt werden Wirkungen auf unterschiedlichen (z. B. klinischen) Ebenen durch die Nutzenbewertung kommensurabel gemacht. Ansonsten ähneln sich CEA und CUA stark und werden deshalb in der Fachliteratur gemeinsam behandelt. Zum Beispiel verwendet WEINSTEIN (2006) die Abkürzung ICER für die inkrementelle Kosten-Nutzwert-Relation.

Kosten-Nutzwert-Analysen können dazu dienen, sog. „Hitlisten" (engl. „league tables") medizinischer Interventionen aufzustellen, die dem Betrachter – und dem politischen Entscheidungsträger, der für die Ressourcenvergabe im Gesundheitswesen verantwortlich ist – vor Augen führen sollen, mit welch unterschiedlichem Aufwand ein vergleichbarer Zuwachs an Lebensqualität in verschiedenen Bereichen der Medizin erkauft wird. Ein Beispiel für eine solche Hitliste findet sich in Tabelle 2.1.

Auch dieser Ansatz unterliegt erheblichen Einschränkungen:

(a) Wie sich die gewonnene Lebensqualität auf die Individuen verteilt, spielt keine Rolle. Es kommt ausschließlich auf die Summe der Nutzwerte an.

(b) Es muss festgelegt werden, *wessen* Nutzenfunktion zur relativen Bewertung der verschiedenen Gesundheitszustände herangezogen werden soll.

(c) Auch die CUA liefert lediglich eine Rangordnung der relativen Vorzugswürdigkeit von sich gegenseitig ausschließenden Maßnahmen, trifft aber keine Aussage darüber, bis zu welchem ICUR-Wert eine Maßnahme noch durchgeführt werden sollte. Diese Frage lässt sich wiederum bei vorgegebenem Budget beantworten, wobei wie bei der CEA die Frage nach der optimalen Höhe des Budgets offen bleibt.

Selbst wenn über die Höhe des Budgets entschieden wurde, ist es keineswegs eine triviale Aufgabe, die optimale Menge von Interventionen zu bestimmen. Unteilbarkeiten und Größeneffekte begrenzen die Nützlichkeit des Hitlisten-Ansatzes und erfordern Techniken der mathematischen Programmierung [vgl. DRUMMOND ET AL. (2005, S. 129)]. Überdies sind Informationen über Kosten und Gesundheitserträge aller bekannten und möglichen Interventionen erforderlich, um das Budget effizient aufzuteilen. In der Praxis sind solche Informationen nicht verfügbar, so dass Hitlisten nur auf der Basis vorliegender Evaluationen konstruiert werden und daher den Entscheidern nur eine begrenzte Anleitung geben können. [2]

Als ein alternativer Ansatz werden Schwellenwerte für Kosten-Nutzwert-Verhältnisse eingesetzt. Beispielsweise verwendet das National Institute for Health and Clinical Excellence (NICE) in England und Wales zwei verschiedene Schwellenwerte für seine Empfehlungen [vgl. NATIONAL INSTITUTE FOR HEALTH AND CLINICAL EXCELLENCE (2008, S. 58–59)]. ICUR-Werte unter 20.000£ pro QALY führen normalerweise zur Aufnahme einer Intervention in den Leistungskatalog des Staatlichen Gesundheitsdienstes (NHS). Bei ICUR-Werten zwischen 20.000£ und 30.000£ müssen weitere Gesichtspunkte für die Intervention sprechen, z. B., dass sie mit zusätzlichen Vorteilen verbunden ist, die sich nicht in gewonnenen QALYs niederschlagen. Schließlich erfordert eine Intervention mit einem ICUR über 30.000£ „zunehmend starke Gründe" bezüglich dieser zusätzlichen Faktoren, damit sie finanziert wird.

Die Schwellenwert-Regel ist zwar einfach, jedoch stellt ihre Beachtung nicht notwendiger Weise sicher, dass die Gesundheitserträge aus einem gegebenen Budget maximiert werden [BIRCH UND GAFNI (2006a, 2006b)]. Dazu müsste der Schwellenwert die marginalen Opportunitätskosten der Finanzierung des Budgets messen, eine Größe, die man nur dann bestimmen kann, wenn man alle existierenden und möglichen Interventionen berücksichtigt. Ferner müsste man den Schwellenwert jedes Mal neu berechnen, wenn sich das Budget ändert oder neue Interventionen aufgenommen werden. Bislang sind Schwellenwerte noch nicht nach diesen Kriterien bestimmt worden, so dass es unklar ist, in welchem Ausmaß die Befolgung der Schwellenwert-Regel der Maximierung der Gesundheitserträge aus den verfügbaren Ressourcen dient. Eine Alternative besteht darin, den Schwellenwert durch die Zahlungsbereitschaft für ein QALY zu bestimmen (vgl. Abschnitt 2.5.1). In diesem Fall wird das Budget endogen und man wendet de facto die Kosten-Nutzen-Analyse an, die wir im Folgenden darstellen.

Messung der Vorteile in Geldeinheiten: Hier wird jeder Verlängerung des Lebens und jeder Änderung des Gesundheitszustandes ein monetäres Äquivalent zugeordnet (Abschnitt 2.4 stellt die Methode und ihre Probleme ausführlich dar). Hat man auf diese Weise sowohl die negativen als auch die positiven Wirkungen einer Maß-

---

[2] BIRCH UND GAFNI (1992) schlagen vor, den Gesundheitsgewinn durch eine neue Intervention mit dem Gesundheitsverlust zu vergleichen, der durch die Streichung der Interventionen entsteht, auf die man verzichtet, um die neue zu finanzieren. Dieser Ansatz stellt sicher, dass die neue Intervention zu einem Nettozuwachs an Gesundheit führt.

nahme in Geldwerten ausgedrückt, so lässt sich die *Kosten-Nutzen-Analyse* (engl. „cost-benefit analysis", CBA) anwenden. Als einzige der hier betrachteten Evaluationsverfahren ist sie dazu geeignet, jede einzelne in Frage stehende Maßnahme für sich genommen zu bewerten. Das Aufnahmekriterium lautet dabei:

$$\text{Nettonutzen} = \text{geldwerter Nutzen} - \text{Kosten} > 0.$$

Falls mit einer Intervention eine zeitliche Folge von Nettonutzen verbunden ist, werden zukünftige Nettonutzen durch Anwendung einer geeigneten Diskontrate in Barwerte umgerechnet. Die Summe der diskontierten Nettonutzen ergibt dann den „Nettobarwert" (engl. „net present value") als verallgemeinertes Entscheidungskriterium [vgl. BOADWAY UND BRUCE (1984, S. 294–295)].

Im Gegensatz zur Kosten-Effektivitäts-Analyse und Kosten-Nutzwert-Analyse beantwortet die Kosten-Nutzen-Analyse auch die Frage, welche Mittel insgesamt für Maßnahmen zur Erhöhung der Lebensdauer und -qualität ausgegeben werden sollen. Wohlfahrtsökonomisch wird die Kosten-Nutzen-Analyse mit dem Kriterium der „potentiellen Pareto-Verbesserung" („Kaldor-Hicks-Kriterium") begründet, das wir in Abschnitt 2.4.4 ausführlich diskutieren.

Folgerung 2.1 *Die Kosten-Effektivitäts-Analyse (CEA) eignet sich nur für den Vergleich zweier sich gegenseitig ausschließender Maßnahmen mit einer eindimensionalen Wirkung. Die Kosten-Nutzwert-Analyse (CUA) hingegen erlaubt auch eine Bewertung von Maßnahmen mit mehreren verschiedenartigen Wirkungen. Ohne Vorgabe eines Budgets treffen beide Verfahren jedoch keine Aussage darüber, ob eine Maßnahme auch durchgeführt werden sollte. Die Kosten-Nutzen-Analyse (CBA) nimmt eine monetäre Bewertung von Leben und Gesundheit vor und ermöglicht deshalb die Bewertung jedes einzelnen Projekts.*

Für die Kosten-Nutzen-Analyse spricht somit, dass sie eine klare Handlungsempfehlung gibt. Allerdings beruht sie auf einem anderen Konzept der Messung der Wirkungen einer Maßnahme. In der Regel geht sie vom subjektiven Nutzenkonzept aus und verwendet die Summe der Zahlungsbereitschaften der betroffenen Personen als Maß für den geldwerten Nutzen (siehe Abschnitt 2.4). Bei der Kosten-Effektivitäts-Analyse und der Kosten-Nutzwert-Analyse stehen jedoch Wirkungen auf den Gesundheitszustand im Mittelpunkt. Es handelt sich um eine grundsätzlich andere Herangehensweise an die Bewertung von Maßnahmen.

Im Rest dieses Kapitels erörtern wir die grundlegenden Unterschiede der beiden häufigsten angewandten Methoden – der Kosten-Nutzwert-Analyse und der Kosten-Nutzen-Analyse. Die Kosten-Effektivitäts-Analyse stellen wir nicht weiter dar, da sie nur sehr begrenzt anwendbar ist. In Abschnitt 2.3 diskutieren wir die Kosten-Nutzwert-Analyse. Dabei erläutern wir insbesondere das Konzept der QALYs. Abschnitt 2.4 stellt die Kosten-Nutzen-Analyse dar. In beiden Abschnitten untersuchen wir insbesondere die wohlfahrtstheoretischen Grundlagen der beiden Methoden. In Abschnitt 2.5 werden schließlich die Kosten-Nutzwert-Analyse und die Kosten-Nutzen-Analyse miteinander verglichen.

2.3 Kosten-Nutzwert-Analyse

2.3.1 Konzepte der Nutzenmessung

Verschiedene Nutzenkonzepte sind entwickelt worden, um die mehrdimensionalen Wirkungen einer Maßnahme in einem Index zusammenzufassen. Zu den bekanntesten gehören:

(1) Behinderungsbereinigte Jahre (Disability-Adjusted Life Years, DALYs).

Sie geben den Verlust an Jahren in voller Gesundheit ausgehend von standardisierten Lebenserwartungen an. Von Experten festgelegte Morbiditätsgewichte werden verwendet, um Zustände mit eingeschränkter Gesundheit zu bewerten. Zudem werden die Jahre unterschiedlich gewichtet, je nach dem, in welchem Alter sie verbracht werden. Der Verlust eines gesund verbrachten Jahres im Alter von 25 Jahren wird am höchsten bewertet. Der Nutzen von Maßnahmen lässt sich anhand der durch sie reduzierten DALYs messen. DALYs wurde zum ersten Mal 1993 im Weltentwicklungsbericht der Weltbank verwendet [WELT-BANK (1993)]. Sie werden z.B. von der WHO zum Vergleich der Gesundheit der Bevölkerung in unterschiedlichen Ländern verwendet. Eine detaillierte Darstellung findet sich in MURRAY (1994).

(2) Qualitätsbereinigte Jahre (Quality-Adjusted Life Years, QALYs)

Das QALY-Konzept wurde von KLARMAN ET AL. (1968) entwickelt, die in einer Studie zum ersten Mal explizit gewonnene Lebensjahre und Veränderungen der Lebensqualität in einem Index zusammenfassten. Wie bei den DALYs wird jedem Gesundheitszustand ein Morbiditätsgewicht zugeordnet. Allerdings werden diese Werte in der Regel durch Befragung potentiell Betroffener ermittelt. Im Gegensatz zu den DALYs stellen QALYs auch keinen Verlust von gesund verbrachten Jahren dar, sondern korrigieren die verbleibende Lebensdauer um die Lebensqualität, indem sie die erwartete Dauer jedes Gesundheitszustandes mit der Bewertung dieses Zustandes gewichten. Der Nutzen einer Maßnahme ergibt sich durch den von ihr erreichten Zugewinn an QALYs.

(3) Äquivalente gesunde Jahre (Healthy-Years Equivalents, HYEs)

Bei diesem von MEHREZ UND GAFNI (1989) entwickelten Konzept werden Individuen befragt, wie sie das durch eine Maßnahme hervorgerufene Gesundheitsprofil, d.h. die möglichen Entwicklungen des Gesundheitszustandes als Folge der Maßnahme, bewerten. Konkret sollen Individuen angeben, wie viele Jahre in perfekter Gesundheit dem Profil entsprechen.

Diese Konzepte unterscheiden sich darin, (i) wer die Bewertung der Lebensqualität vornimmt und (ii) ob die Reihenfolge der Gesundheitszustände berücksichtigt wird.

Ad (i): Bei dem DALY-Konzept wird die Lebensqualität von Experten bewertet, während sie bei den anderen beiden Konzepten in der Regel durch Befragung ermittelt wird. Die letztere Vorgehensweise erscheint insofern angemessen, als die Frage, wie ein Zustand zu *bewerten* ist, letztlich nur von den Betroffenen selbst entschieden werden kann. Experten haben lediglich eine höhere Kompetenz in technischen Aspekten. Das DALY-Konzept erscheint deshalb als Entscheidungsgrundlage wenig geeignet. Es wird entsprechend hauptsächlich für ländervergleichende Studien eingesetzt.

Ad (ii): Bei DALYs und QALYs spielt die Reihenfolge, in der Gesundheitszustände auftreten können, keine Rolle. Bei den HYEs hingegen wird das gesamte Gesundheitsprofil, d.h. die möglichen Entwicklungen des Gesundheitszustandes als Folge der Maßnahme, von den Individuen bewertet. HYEs sind deswegen grundsätzlich vorzuziehen, zugleich aber auch wesentlich aufwändiger, weil ein vollständiges Gesundheitsprofil eine umfangreiche Beschreibung verlangt. Deshalb sind HYEs bislang auch kaum in der Praxis angewendet worden.

Im Folgenden untersuchen wir mit den QALYs die bei weitem populärste Methode näher. So wird sie vom National Institute for Health and Clinical Excellence (NICE) in Großbritannien angewendet, um neue Medikamente auf ihre Kosteneffizienz hin zu untersuchen.[3] Insbesondere die Anforderungen an die Nutzenfunktion stehen dabei im Mittelpunkt.

2.3.2 Das Konzept der QALYs

2.3.2.1 Die Berechnung der QALYs

Bei der Bestimmung der QALYs werden zunächst die Nutzengewichte für die verschiedenen Gesundheitszustände aus einer Befragung gewonnen (vgl. hierzu Abschnitt 2.3.3). Das Gewicht für den Zustand bei perfekter Gesundheit wird dabei auf 1 normiert; dem Zustand „Tod" wird das Gewicht 0 zugeordnet. Mit diesen Gewichten wird dann die Qualitätsanpassung vorgenommen, indem die erwartete Dauer jedes möglichen Gesundheitszustandes mit dem entsprechenden Nutzengewicht multipliziert wird. Addition der entstehenden Produkte ergibt die QALYs.

Abbildung 2.1 illustriert, wie sich mit dem QALY-Modell

(a) eine Lebensverlängerung um x Jahre, die in einem schlechteren Gesundheitszustand, z.B. H_1, verbracht werden müssen, oder

(b) eine für x Jahre andauernde Veränderung des Gesundheitszustandes, z.B. von H_2 zu H_3,

bewerten lassen. Das Problem (a) wird in Abbildung 2.1a) illustriert. Der Nutzen daraus, x Jahre im Gesundheitszustand H_1 zu verbringen, ist durch die Fläche des Rechtecks $0xAB$ gegeben. Der gleiche Nutzen kann dadurch erreicht werden, dass $t(x, H_1)$ Jahre in vollkommener Gesundheit durchlebt werden ($0CDH^* = 0xAB$). Die Anzahl der QALYs, die x Jahre im Zustand H_1 entsprechen, ist somit durch $t(x, H_1) < x$ gegeben.

---

[3] Vgl. die Arbeit von SCHLANDER (2007) über die von NICE verwendeten Methoden der ökonomischen Evaluation.

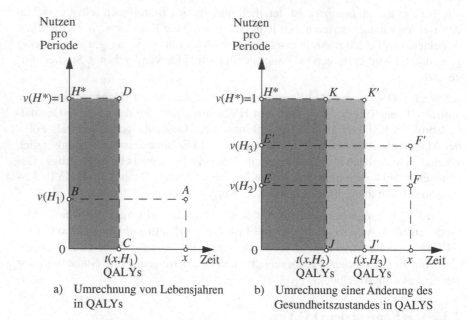

a) Umrechnung von Lebensjahren
    in QALYs

b) Umrechnung einer Änderung des
    Gesundheitszustandes in QALYS

Abb. 2.1. QALYs als Bindeglied zwischen Lebenslänge und -qualität

Zur Lösung eines Problems vom Typ (b) ist es nur noch ein kleiner Schritt:
Sei $t(x,H_2)$ die Anzahl der QALYs, die x Jahre in Zustand H_2 entsprechen, und
$t(x,H_3)$ die entsprechende Anzahl für den Zustand H_3, dann gibt die Differenz
$t(x,H_3) - t(x,H_2)$ die Anzahl von gewonnenen Lebensjahren im Idealzustand an, die
der zugrunde liegenden Änderung des Gesundheitszustandes für x Jahre von H_2 auf
H_3 wertmäßig äquivalent sind. Abbildung 2.1 illustriert diese Beziehung: Zunächst
werden x im Zustand H_2 verbrachte Jahre in $t(x,H_2)$ QALYs umgerechnet, wobei die
Gleichheit der Flächen $0xFE$ und $0JKH^*$ verwendet wird. Anschließend werden x
Jahre im Zustand H_3 in $t(x,H_3)$ QALYs umgerechnet. Die Differenz an QALYs gibt
dann die Änderung des Gesundheitszustandes an, wie das betroffene Individuum sie
bewertet.

Folgerung 2.2 *Das Konzept der qualitätsbereinigten Lebensjahre (QALYs)
erlaubt es auf einfache Weise, Änderungen der Lebensqualität mit Änderungen der Lebensdauer vergleichbar zu machen.*

2.3.2.2 Entscheidungstheoretische Fundierung

Das Konzept der QALYs zeichnet sich durch seine Einfachheit aus. Insbesondere wenn die Nutzengewichte bereits erfasst sind, lässt sich eine Maßnahme unkompliziert bewerten. Da QALYs jedoch Grundlage einer Entscheidung über die Finanzierung von Maßnahmen bilden sollen, sollten sie auch entscheidungstheoretisch fundiert sein. Wir untersuchen deshalb im Folgenden, wie QALYs auf Grundlage der bekanntesten Entscheidungstheorie bei Unsicherheit, der Erwartungsnutzentheorie, zu beurteilen sind.[4] Zwar ist die Maximierung des Erwartungsnutzens nur eine von mehreren deskriptiven Theorien des Verhaltens bei Unsicherheit,[5] aber sie kann durchaus als normative Leitlinie für rationale Entscheidungen dienen. Dies trifft zu, wenn man der Ansicht ist, dass von-Neumann-Morgenstern-Axiome – Vollständigkeit, Stetigkeit und Unabhängigkeit [vgl. LAFFONT (1989, Kapitel 1)] – eingehalten werden *sollen*.

Wir gehen zunächst von der geläufigsten Form des QALY-Modells ohne Diskontierung und ohne Risikoaversion bezüglich der Lebensdauer aus. Wie sich diese Faktoren einbeziehen lassen, diskutieren wir im Anschluss an die Darstellung des Modells. Der Einfachheit halber gehen wir von *dauerhaften* Gesundheitszuständen aus, d.h. alle möglichen Gesundheitszustände $H_h, h = 1, ..., m$, bleiben unverändert während der Restlebensdauer T_h. Diese Annahme wird lediglich getroffen, um die Darstellung zu vereinfachen und stellt keine Anforderung des QALY-Modells dar. Die Kombination (H_h, T_h) trete mit der Wahrscheinlichkeit π_h ein. Ein Individuum sieht sich somit einer Lotterie von Gesundheitszuständen $(\pi_h, H_h, T_h), h = 1, ..., m$ gegenüber, darunter auch der Tod H_1 und vollkommene Gesundheit H_m. Dazwischen befinden sich chronische Krankheitszustände. Bezeichnet man den Nutzen bei dem Zustand h mit $u(H_h, T_h)$, so beträgt der Erwartungsnutzen des Individuums

$$EU = \sum_{h=1}^{m} \pi_h u(H_h, T_h). \tag{2.1}$$

Damit sich der Erwartungsnutzen auf QALYs reduzieren lässt, muss die Nutzenfunktion folgende multiplikativ separable Form annehmen:

$$u(H_h, T_h) = v(H_h)T_h. \tag{2.2}$$

---

[4] BLEICHRODT UND QUIGGIN (1997) leiten das QALY-Konzept auch aus dem Modell des rangabhängigen Nutzens („rank-dependent utility") ab. Eine allgemeine Charakterisierung von QALYs unter den Annahmen der Erwartungsnutzen- und der Rangabhängigkeits-Theorie nimmt MIYAMOTO (1999) vor.

[5] Insbesondere das Unabhängigkeits-Axiom ist auf der Grundlage experimenteller Forschung kritisiert worden. Es besagt, dass, wenn zwei Lotterien L_1 und L_2 in gleichem Ausmaß mit einer dritten Lotterie L_3 gemischt werden, die Präferenzordnung der dadurch entstehenden Lotterie die gleiche ist wie die zwischen L_1 und L_2 und daher unabhängig von der dritten Lotterie. Das bekannteste Gegenbeispiel geht auf ALLAIS (1953) zurück und wird als Allais-Paradoxon bezeichnet [vgl. etwa LAFFONT (1989, S. 14)].

Unter Verwendung von (2.2) vereinfacht sich (2.1) dann zu

$$EU = \text{QALYs} = \sum_{h=1}^{m} \pi_h T_h v(H_h), \qquad (2.3)$$

d.h. der Erwartungsnutzen entspricht den mit ihrer erwarteten Dauer gewichteten Nutzen der einzelnen Gesundheitszustände. Da sich in der Erwartungsnutzentheorie die Nutzenfunktion $v(.)$ mit einer positiven Konstanten multiplizieren lässt, kann man $v(.)$ ohne Beschränkung der Allgemeinheit so festlegen, dass im Idealzustand der vollkommenen Gesundheit H_m bei perfekter Gesundheit $v(H_m) = 1$ ist und der Tod $v(H_1) = 0$ entspricht. Der Erwartungsnutzen des Individuums lässt sich dann als Zahl der qualitätsbereinigten Lebensjahre interpretieren.

Aus entscheidungstheoretischer Perspektive gründet die Einfachheit der QALY-Berechnung auf der speziellen Form der Nutzenfunktion in Gleichung (2.2). Diese Form unterstellt zunächst, dass die *Präferenzen über Gesundheitszustände über das ganze Leben stabil sind*, d.h., dass sich $v(H_h)$ nicht mit dem Alter ändert.

Des Weiteren folgt aus Gleichung (2.2), dass das Individuum *risikoneutral in Bezug auf die Lebensdauer* ist, d.h. für einen gegebenen Gesundheitszustand ist es indifferent zwischen einer Lotterie mit sicherer Lebensspanne T und einer Lotterie mit unsicherer Lebensdauer, aber gleicher Lebenserwartung.

Risikoneutralität in Bezug auf die Lebensdauer allein charakterisiert aber noch nicht die Form der Nutzenfunktion (2.2). Allgemein impliziert dies lediglich, dass die Nutzenfunktion in Abwesenheit von Diskontierung folgende Form annimmt:

$$\forall H \quad u(H,T) = g(H) + v(H)T \quad \text{mit} \quad v(H) > 0 \text{ für } H \neq H_1. \qquad (2.4)$$

Gleichung (2.2) verlangt zusätzlich, dass $g(H)$ für alle Gesundheitszustände Null ist. Weitere Annahmen sind deshalb nötig. In der Literatur sind hierzu zwei Ansätze beschritten worden. Die einfachste Lösung stammt von BLEICHRODT ET AL. (1997). Sie unterstellten eine ihrer Ansicht nach plausible *Null-Bedingung*, nach der bei einer Dauer von Null Lebensjahren alle Gesundheitszustände äquivalent sind. Dies heißt formal, dass

$$\forall H \quad u(H,0) = \text{const.} \qquad (2.5)$$

MIYAMOTO ET AL. (1998) führen an, dass die Null-Bedingung vollkommen evident sei, da alle Kombinationen von Gesundheitszuständen mit einer Dauer von null physisch identisch seien.[6] Das bedeutet bei Risikoneutralität, dass die Funktion $g(H)$ eine konstante Funktion ist. Da man bei einer von-Neumann-Morgenstern-Nutzenfunktion ohne Beschränkung der Allgemeinheit eine beliebige Konstante hinzuaddieren kann, lässt sich $g(H) = 0$ setzen und man erhält Gleichung (2.2). Risikoneutralität bezüglich der Lebenslänge und die Null-Bedingung sind daher hinreichend, um das QALY-Modell zu charakterisieren.

---

[6] Vgl. auch MIYAMOTO (1999, S. 208) für ein heuristisches Argument, das die Null-Bedingung stützt.

Eine andere Begründung des QALY-Modells unterstellt neben der Risikoneutralität bezüglich der Lebensdauer die beiden Eigenschaften „wechselseitige Nutzenunabhängigkeit" (engl. „mutual utility independence") und „Konstanter proportionaler Trade-off" [vgl. PLISKIN ET AL. (1980)]. Wechselseitige Nutzenunabhängigkeit liegt vor, wenn Präferenzen für Lotterien über die Lebenslänge bei konstantem Gesundheitszustand von diesem unabhängig sind und umgekehrt.[7] Konstanter proportionaler Trade-off besagt, dass der Anteil an Lebensjahren, die ein Individuum bereit ist, für eine Gesundheitsverbesserung aufzugeben, unabhängig von der Restlebensdauer ist. Formal bedeutet dies:

$$\forall H, H' \text{ mit } H' > H : \ \exists\, q \in (0,1), \text{ so dass } u(H,T) = u(H',qT) \ \forall T. \qquad (2.6)$$

Setzt man $T = 0$, so erhält man, wie vom QALY-Modell verlangt, dass $u(H,0)$ für alle Gesundheitszustände gleich ist, d. h. die Null-Bedingung.[8]

BLEICHRODT ET AL. (1997) zeigen, dass konstanter proportionaler Trade-off und wechselseitige Nutzenunabhängigkeit stärkere Annahmen sind als die Null-Bedingung. Ein weiteres Ergebnis von BLEICHRODT ET AL. (1997) ist, dass Risikoneutralität in der Lebenslänge bei allen Gesundheitszuständen, wie in (2.4) gefordert, genau dann gilt, wenn die beiden folgenden Voraussetzungen erfüllt sind:

(a) die Lebenslänge ist nutzenunabhängig vom Gesundheitszustand, d. h. die Präferenzen über Lotterien über die Lebenslänge in einem bestimmten Gesundheitszustand hängen von diesem nicht ab, und

(b) die Individuen sind risikoneutral für die Lebenslänge im Zustand vollkommener Gesundheit.

Daher können QALYs alternativ auch durch die Annahmen (a) und (b) sowie die Null-Bedingung charakterisiert werden.

Abbildung 2.2 gibt einen Überblick über die Zusammenhänge. Die dicken Pfeile symbolisieren die verschiedenen Mengen von hinreichenden Bedingungen für QALY-Präferenzen, die oben erläutert wurden. Deutlich wird dabei, dass Risikoneutralität bezüglich der Lebenslänge und die Null-Bedingung die schwächsten Annahmen für das QALY-Modell bilden.[9]

---

[7] KEENEY UND RAIFFA (1976, Abschnitt 5.2) erläutern das Konzept der Nutzenunabhängigkeit ausführlich.

[8] Die Eigenschaft des konstanten proportionalen Trade-offs ist von PLISKIN ET AL. (1980) noch weiter begründet worden. Sie zeigen, dass sie zutrifft, wenn zum einen wechselseitige Nutzenunabhängigkeit vorliegt und zum anderen lediglich unterstellt wird, dass ein konstanter proportionaler Trade-off für den besten und schlechtesten Gesundheitszustand gilt. Deshalb werden häufig Risikoneutralität bzgl. der Lebensdauer, wechselseitige Nutzenabhängigkeit und konstanter proportionaler Trade-off als Annahmen des QALY-Modells bezeichnet [vgl. DOLAN (2000, S. 1730)].

[9] Ein weiteres Ergebnis, das nicht in Abbildung 2.2 dargestellt ist, besagt, dass Risikoneutralität und konstanter proportionaler Trade-off wechselseitige Nutzenunabhängigkeit implizieren.

Umgekehrt sind auch die Implikationen des QALY-Modells interessant, die durch die dünnen Pfeile in Abbildung 2.2 dargestellt sind. Zunächst ist leicht einzusehen, dass die Null-Bedingung und Risikoneutralität nicht nur hinreichende, sondern auch notwendige Bedingungen des QALY-Modells sind [BLEICHRODT ET AL. (1997, Theorem 1)]. Des Weiteren implizieren QALYs konstanten proportionalen Trade-off, wobei q in Gleichung (2.6) dem Ausdruck $v(H)/v(H')$ entspricht. Schließlich ist wechselseitige Nutzenunabhängigkeit eine notwendige Bedingung für QALY-Präferenzen.[10]

In zwei Erweiterungen lassen sich die einschränkenden Annahmen des QALY-Modells etwas lockern. Zum einen lässt sich eine Diskontierung des zukünftigen Nutzens berücksichtigen, indem man anstatt von (2.2) von folgender Form der Nutzenfunktion ausgeht:

$$u_D(H_h, T_h) = \sum_{t=1}^{T_h} \beta_t^{t-1} v(H_h).$$ (2.7)

Dabei beschreibt $\beta_t \leq 1$ den Diskontfaktor in Periode t. Die QALYs betragen dann

$$\text{QALYs}_D = \sum_{h=1}^{m} \pi_h \sum_{t=1}^{T_h} \beta_t^{t-1} v(H_h).$$ (2.8)

Im Gegensatz zum Modell ohne Diskontierung unterstellt dieser Ansatz, dass die Individuen risikoneutral bezüglich der diskontierten Lebensdauer sind [vgl. JOHANNESSON ET AL. (1994)].

Zum anderen kann Risikoaversion bezüglich der Lebensdauer einbezogen werden, indem man die Nutzenfunktion folgendermaßen formuliert:

$$u(H_h, T_h) = v(H_h) w(T_h),$$ (2.9)

wobei $w(\cdot)$ eine zunehmende und streng konkave Funktion ist. Bei konstanter Lebenserwartung wird dann eine sichere Lebensdauer immer gegenüber einer unsicheren vorgezogen.[11] Mit der Nutzenfunktion in (2.9) entspricht die Zahl der QALYs in diesem Fall

$$\text{QALYs}_R = \sum_{h=1}^{m} \pi_h w(T_h) v(H_h).$$ (2.10)

Auch bei Berücksichtigung von Diskontierung und Risikoaversion stellt das QALY-Modell somit relativ starke Annahmen an die Struktur der Nutzenfunktion.

---

[10] Die Risikoneutralität in der Lebenslänge bei QALY-Präferenzen impliziert, dass die Lebenslänge nutzenunabhängig vom Gesundheitszustand ist. Unabhängig vom (festen) Gesundheitszustand werden Lotterien mit einer längeren Lebensdauer deshalb vorgezogen. Gleichermaßen hängen die Präferenzen für Lotterien über Gesundheitszustände nicht von der Lebenslänge ab. Um dies zu sehen, sei eine feste Lebensdauer T unterstellt. Dann vereinfacht sich Gleichung (2.3) zu QALYs $= T \sum_{h=1}^{m} \pi_h v(H_h)$. Daraus folgt, dass, wenn die Lotterie (π_h, H_h, T) gegenüber der Lotterie $(\hat{\pi}_h, \hat{H}_h, T)$ vorgezogen wird, dann auch die Lotterie (π_h, H_h, T') gegenüber der Lotterie $(\hat{\pi}_h, \hat{H}_h, T')$ für jede andere Lebensdauer T' vorgezogen werden muss.

[11] Dieses Modell wurde von BLEICHRODT UND PINTO (2005) näher untersucht.

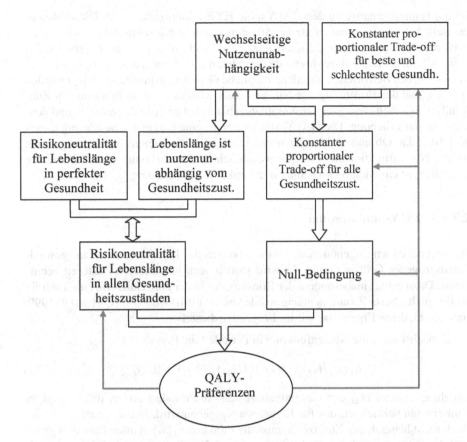

Abb. 2.2. Hinreichende (dicke Pfeile) und notwendige (dünne Pfeile) Bedingungen für QALYs in der Erwartungsnutzentheorie

> **Folgerung 2.3** *Eine entscheidungstheoretische Analyse auf der Basis der Erwartungsnutzentheorie zeigt, dass das Konzept der QALYs auf mehreren einschränkenden Annahmen beruht. So müssen die Präferenzen über Gesundheitszustände über das ganze Leben stabil sein. Bezüglich der Lebenslänge muss Risikoneutralität vorliegen. Des Weiteren müssen die Präferenzen die „Null-Bedingung" erfüllen. Teilweise lassen sich die Annahme lockern. Zum Beispiel lässt sich Risikoaversion bezüglich der Lebensdauer in einem erweiterten QALY-Modell berücksichtigen.*

Empirische Untersuchungen deuten darauf hin, dass die Anforderungen des QALY-Modells im Allgemeinen nicht erfüllt sind [vgl. DOLAN (2000) für einen Überblick]. Beispielsweise zeigen Studien, dass die Reihenfolge, in der Gesundheitszustände auftreten können, eine Rolle bei der Bewertung spielt [DOLAN (2000, S. 1743)]. QALYs berücksichtigen dies jedoch nicht. Es stellt sich somit die Frage, ob die Hauptalternative zu den QALYs, die HYEs, vorzuziehen sind. Diese Methode stellt bei weitem weniger starke Annahmen an die Nutzenfunktion. So müssen z. B. die Präferenzen über Gesundheitszustände nicht über das ganze Leben stabil sein. Allerdings leidet diese Methode darunter, dass sie äußerst aufwändig zu erheben ist, da den Betroffenen sämtliche mögliche Gesundheitsprofile vorgelegt werden müssen. Bei der Ermittlung des Nutzens einer Maßnahme besteht somit ein Zielkonflikt zwischen einer möglichst realitätsnahen Erhebung der Präferenzen und dem Umfang der Erhebung. Die QALY-Methode stellt eine pragmatische Lösung dieses Konflikts dar. Ob andere Methoden wie die HYEs, die weniger starke Annahmen an die Nutzenfunktion stellen, eine wesentlich bessere Erfassung der Präferenzen erreichen, ist ein wichtiges Thema für die zukünftige Forschung.

2.3.2.3 QALYs und Konsum

Bislang haben wir angenommen, dass der Nutzen des Individuums nur auf gesundheitsbezogenen Größen beruht. Er wird jedoch auch von anderen Faktoren beeinflusst. Dazu gehört insbesondere der Konsum, der in der Nutzentheorie eine zentrale Rolle spielt. Dieser Zusammenhang wurde von BLEICHRODT UND QUIGGIN (1999) untersucht, deren Ergebnisse wir im Folgenden darstellen.

Zunächst muss die Nutzenfunktion in Periode t die Form

$$U_t(y_t, H_{h,t}) = b_t(y_t)v(H_{h,t}), \ b_t(y_t) > 0, \forall y_t \tag{2.11}$$

annehmen, wobei $H_{h,t}$ den Gesundheitszustand in Periode t und y_t das verfügbare Einkommen bezeichnet, das für Konsum ausgegeben wird. Diese Annahme ist jedoch nicht hinreichend. Zusätzlich muss die Funktion $b_t(y_t)$ in allen Perioden gleich und der Konsum in allen Perioden konstant sein. Um dies zu zeigen, bestimmen wir den Erwartungsnutzen.

Sei $\pi_{h,t}$ die Wahrscheinlichkeit die Periode t im Gesundheitszustand h zu verbringen und $\hat{T}$ die maximale Lebensdauer. Der intertemporale Nutzen entspricht der Summe der Periodennutzen und es finde keine Diskontierung statt. Dann beträgt der Erwartungsnutzen eines Individuums

$$EU = \sum_{t=1}^{\hat{T}} \left(\sum_{h=1}^{m} \pi_{h,t} U_t(y_t, H_{h,t}) \right) = \sum_{t=1}^{\hat{T}} \left(\sum_{h=1}^{m} \pi_{h,t} b_t(y_t)v(H_{h,t}) \right)$$
$$= \sum_{t=1}^{\hat{T}} b_t(y_t) \left(\sum_{h=1}^{m} \pi_{h,t} v(H_{h,t}) \right).$$

Dies lässt sich nicht weiter vereinfachen, außer der Term $b_t(y_t)$ ist konstant. Hierfür reicht es nicht, eine einheitliche Funktion $b(y_t)$ anzunehmen, da diese Funktion nach den üblichen Annahmen streng konkav ist. Zudem muss deshalb ein konstanter Konsum unterstellt werden.

Dann vereinfacht sich Gleichung (2.12) zu

$$EU = b(y) \sum_{h=1}^{m} \sum_{t=1}^{\hat{T}} \pi_{h,t} v(H_{h,t}).$$ (2.12)

Der Term $\sum_{t=1}^{\hat{T}} \pi_{h,t}$ ist die erwartete Zeit, die das Individuum im Gesundheitszustand h verbringt. Entsprechend lässt sich $\sum_{h=1}^{m} \sum_{t=1}^{\hat{T}} \pi_{h,t} v(H_h)$ als QALYs interpretieren und wir erhalten

$$EU = b(y)\text{QALYs}.$$ (2.13)

Damit wird deutlich, dass QALYs grundsätzlich ein eigenständiges Argument einer herkömmlichen Nutzenfunktion unabhängig vom Einkommen sein können. Allerdings sind hierfür eine Reihe restriktiver Annahmen nötig. Gilt z. B. der Zusammenhang (2.11) nicht, ändert sich die Periodennutzenfunktion im Zeitablauf oder ist der Konsum nicht konstant, dann lassen sich Veränderungen gesundheitsbezogener Größen im Allgemeinen nicht durch QALYs erfassen. Eine Erhöhung bzw. Verringerung der QALYs einer Person muss dann nicht automatisch eine Nutzenverbesserung bzw. -verschlechterung bedeuten, da sich Gesundheitsänderungen nicht unabhängig vom Konsumverhalten bewerten lassen (siehe hierzu auch Übungsaufgabe 2.8).

Folgerung 2.4 *Berücksichtigt man, dass der Nutzen neben der Gesundheit auch vom Konsum abhängt, dann sind weitere restriktive Annahmen nötig, damit durch QALYs alle gesundheitsrelevanten Faktoren in einem Index erfasst werden.*

2.3.2.4 Aggregation der QALYs und Prinzipien der kollektiven Entscheidung

Die Kosten-Nutzwert-Analyse dient dazu, eine kollektive Entscheidung zu treffen. Unter Verwendung der QALYs lautet dabei die Regel, dass aus einer Menge möglicher Maßnahmen diejenigen ausgewählt werden sollen, die bei einem gegebenen Budget *die Summe der* QALYs maximieren. Diese Regel beruht auf zwei grundlegenden Werturteilen:

(1) Die Wohlfahrt einer betroffenen Person geht ausschließlich in Form ihrer QALYs in die kollektive Entscheidungsregel ein.

(2) Es ist irrelevant, bei wem die QALY-Erhöhung eintritt.

Welche Argumente lassen sich für und gegen diese Werturteile anführen? Wenden wir uns zunächst dem ersten Punkt zu: Wie wir schon im ersten Kapitel ausgeführt haben, hängt die Wohlfahrt einer Person nicht allein von ihrer Gesundheit, sondern auch von anderen Gütern ab. Diesem Punkt wird Rechnung getragen, wenn man bei einer kollektiven Entscheidung die gesamte Wohlfahrt einer Person einfließen lässt. In der Wohlfahrtsökonomik wird hier vom Prinzip des *Welfarismus* ausgegangen, nach dem jedes Individuum mit seinem individuellen Nutzen in die kollektive Entscheidung eingeht. Ausgehend von dieser Sichtweise greift das QALY-Konzept zu kurz. Stattdessen fordert der Welfarismus, den gesamten Nutzen der Person als Grundlage zu verwenden. Wie wir im vorhergehenden Abschnitt gezeigt haben, sind QALYs jedoch nur ein Argument des gesamten Nutzens einer Person und auch dies nur, wenn die Nutzenfunktion eine bestimmte Struktur besitzt.

Gegen die Berücksichtigung des gesamten Nutzens wenden sich die sogenannten *Extra-Welfaristen* [CULYER (1989,1990)]. Sie argumentieren, dass der individuelle Nutzen keine geeignete Basis für kollektive Entscheidungen ist, sondern dass es vielmehr darauf ankommt, die Voraussetzungen für ein gutes Leben zu schaffen. Eine zentrale Komponente ist dabei die Gesundheit. Deshalb sollten lediglich QALYs als präferenzbasiertes Gesundheitsmaß verwendet werden, weitere Nutzenkomponenten hingegen keine Berücksichtigung finden.

Gegen das zweite Werturteil lässt sich einwenden, dass auch die Verteilung der QALYs in die Bewertung mit eingehen sollte. Die extreme Gegenposition zur Maximierung der Summe der QALYs wäre das Maximin-Prinzip, nach dem die QALYs derjenigen Person mit den geringsten QALYs maximiert werden sollte. Eine mittlere Position würde die Anzahl der QALYs und eine mögliche ungleiche Verteilung gegeneinander abwägen.

Die verschiedenen Positionen lassen sich mit Hilfe einer gesundheitsbezogenen, gesellschaftlichen Wohlfahrtsfunktion

$$GW = GW\{\text{QALYs}_1, ..., \text{QALYs}_n\} \tag{2.14}$$

darstellen, die von den QALYs der betroffenen Personen $i = 1, ..., n$ bei Geburt abhängt.[12,13]

In Abbildung 2.3 wird dies für den Zwei-Personen-Fall illustriert. In der Ausgangssituation seien die QALYs bei Geburt $\overline{\text{QALYs}}_i$. Die konkav zum Ursprung ver-

---

[12] Dieser Vorschlag wurde von WAGSTAFF (1991) entwickelt. Eine ausführliche Darstellung findet sich auch in A. WILLIAMS UND COOKSON (2000). Auf Grundlage einer gesundheitsbezogenen gesellschaftlichen Wohlfahrtsfunktion leitet KIFMANN (2010) einen sozialen Gesundheitsindex her, mit dem eine Kosten-Nutzen-Bewertung vorgenommen werden kann.

[13] Ein alternatives Verfahren zur Bewertung von Gesundheitsergebnissen aus gesellschaftlicher Perspektive wurde von NORD (1992,1999) vorgeschlagen. Bei der „Person Trade-off" -Methode vergleichen die Befragten Maßnahmen für unterschiedliche Patientengruppen. Für eine Maßnahme wird die Anzahl der behandelten Patienten vorgegeben. Die Befragten sollen dann für die andere Maßnahme wiedergeben, wie viele Personen behandelt werden müssen, damit sie die Maßnahme als gleichwertig einstufen. Auf dieser Grundlage werden gesellschaftliche Präferenzen bezüglich unterschiedlicher Patientengruppen und Gesundheitszustände erhoben.

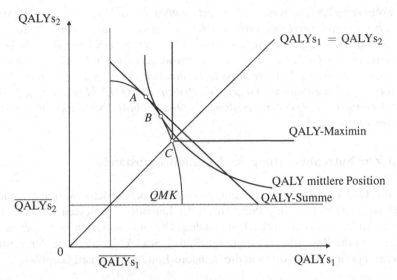

Abb. 2.3. Der Zielkonflikt zwischen Gleichverteilung und Gesamtzahl an QALYs

laufende Kurve QMK gibt die mögliche QALY-Verteilung auf beide Personen durch gesundheitsverbessernde Maßnahmen für ein vorgegebenes Budget an. Bei QALY-Maximierung verlaufen die Indifferenzkurven der Wohlfahrtsfunktion mit der Steigung -1. Entsprechend ist der Punkt A optimal. In diesem Beispiel führt dies zu einer ungleichen Verteilung der QALYs. Person 2 würde über mehr QALYs verfügen als Person 1. Sollen hingegen nach dem Maximin-Prinzip die QALYs der Person mit den geringsten QALYs maximiert werden, dann verlaufen die Indifferenzkurven L-förmig. Dies führt zu dem optimalen Punkt C, in dem beide Personen über gleich viele QALYs verfügen.[14] Bei einer mittleren Position verlaufen die Indifferenzkurven konvex zum Ursprung. Folglich ist der Punkt B optimal, der zwischen den Punkten A und C liegt.

Abbildung 2.3 zeigt, dass es grundsätzlich möglich ist, die Verteilung der QALYs in einer erweiterten Kosten-Nutzwert-Analyse zu berücksichtigen. Allerdings werden hierzu erheblich mehr Informationen benötigt als bei einer herkömmlichen Kosten-Nutzwert-Analyse. Zum einen muss der genaue Verlauf der QALY-Möglichkeitskurve bestimmt werden. Dies ist in der herkömmlichen Kosten-Nutzwert-Analyse nicht nötig, da nur der Zugewinn an QALYs bekannt sein muss, nicht aber die QALYs in der Ausgangssituation. Zum anderen muss eine gesundheitsbezogene Wohlfahrtsfunktion bestimmt werden, welche die Präferenzen der Gesellschaft bezüglich der Verteilung der QALYs ausdrückt.

---

[14] Das Maximin-Kriterium führt jedoch nicht immer zu einer Gleichverteilung. Weist die QMK-Kurve bei einer Gleichverteilung der QALYs eine positive Steigung auf, so liegt das Maximum der schlechter gestellten Person bei einer Ungleichverteilung.

Folgerung 2.5 *Die Kosten-Nutzwert-Analyse ist nicht mit einer welfaristischen Position vereinbar, nach welcher der gesamte Nutzen einer Person in die kollektive Entscheidung eingehen sollte. Verteidigen lässt sich die Verwendung von QALYs aber mit einer extra-welfaristischen Position, nach der allein die durch QALYs gemessene Gesundheit für die kollektive Entscheidung von Bedeutung ist. Gegen das Prinzip der QALY-Maximierung lässt sich einwenden, dass die Verteilung der QALYs ebenfalls berücksichtigt werden sollte.*

2.3.3 Zur Nutzenbewertung der Gesundheitszustände

Um die QALYs konkret zu bestimmen, müssen neben der erwarteten Dauer aller Gesundheitszustände die Präferenzen der Individuen gemessen werden. Hierzu sind mehrere Methoden entwickelt worden. Die am häufigsten verwendeten Verfahren sind die Bewertungsskala (engl. Rating Scale), die Methode der zeitlichen Abwägung (Time Trade-off) und die Standard-Lotterie (Standard Gamble). [15]

2.3.3.1 Die Bewertungsskala

Eine Bewertungsskala besteht aus einer Linie mit eindeutig definierten Endpunkten, die den schlechtesten Gesundheitszustand (normalerweise den Tod) und den besten Gesundheitszustand beschreiben. Die befragte Person soll einen bestimmten Gesundheitszustand bewerten, indem sie einen Punkt auf der Linie angibt, der diesem Gesundheitszustand entspricht. Die Linie wird anschließend auf eins normiert. Der Gewichtungsfaktor für die Berechnung der QALYs entspricht dann dem Wert, bei welchem der Gesundheitszustand eingezeichnet wurde.

Der Vorteil von Bewertungsskalen ist ihre einfache Anwendbarkeit. Die Methode liefert jedoch lediglich eine ordinale Rangordnung von Gesundheitszuständen. Dies reicht für einen Qualitätsindex nicht aus. Es sollten auch die Differenzen zwischen den einzelnen Nutzenniveaus bekannt sein. Zudem ist die Methode der Bewertungsskala anfällig für verschiedene Verzerrungen. So schrecken Individuen davor zurück, Gesundheitszustände in der Nähe der Endpunkte anzusiedeln (End-of-Scale Bias), oder sie bewerten mehrere Gesundheitszustände so, dass sie etwa gleichmäßig auf der ganzen Skala verteilt sind (Spacing-Out Bias). [16]

2.3.3.2 Die Methode der zeitlichen Abwägung (Time Trade-Off)

Bei dieser Methode wird folgende Frage gestellt:

> „Nehmen Sie an, Sie hätten eine Krankheit, die Sie ohne Behandlung für die restliche Lebensdauer von T Jahren in den Gesundheitszustand H_h versetzt. Die einzig mögliche Behandlung ist für Sie kostenlos und würde Sie

---

[15] Für weitere Methoden siehe DRUMMOND ET AL. (1997, Kapitel 6).
[16] Vgl. BLEICHRODT UND JOHANNESSON (1997).

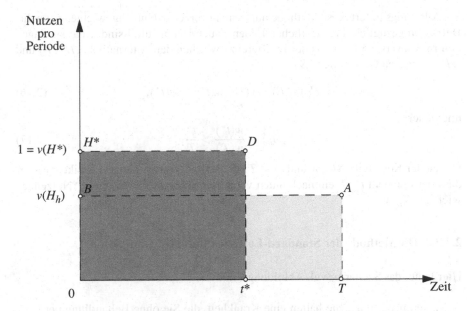

Abb. 2.4. Zeitliche Abwägung zur Bewertung von Gesundheitszuständen

vollständig heilen, verkürzt aber Ihre Lebensdauer auf t Jahre. Bei welcher Lebensdauer t sind Sie zwischen den beiden Alternativen „Behandlung" und „keine Behandlung" indifferent?"

Die Antwort auf diese Frage, $t^*(T, H_h)$, lässt sich in der einfachen Version des QALY-Modells ohne Diskontierung und Risikoaversion folgendermaßen interpretieren: Ohne Behandlung beträgt der Erwartungsnutzen $Tv(H_h)$, mit Behandlung aber $t^*(T, H_h)v(H^*) = t^*(T, H_h)$, da der Nutzen bei perfekter Gesundheit, $v(H^*)$, auf 1 normiert ist. Folglich erhalten wir aus der Indifferenz

$$v_{\text{TTO}}(H_h) = \frac{t^*(T, H_h)}{T},\qquad(2.15)$$

d. h. die Bewertung des Gesundheitszustandes entspricht dem Verhältnis t^*/T. Dadurch, dass diese Methode auf der Erwartungsnutzentheorie beruht, ist sie im Gegensatz zur Bewertungsskala theoretisch fundiert.

Abbildung 2.4 illustriert die Vorgehensweise graphisch. Dabei wird analog zu einer Umrechnung von Jahren in einem nicht perfekten Gesundheitszustand in QALYs vorgegangen (vgl. Abbildung 2.1a). Die einzige Modifikation ist, dass als Vergleichszeitraum x die restliche Lebensdauer T gewählt wird. Der Wert $t^*(T, H_h)$ in Abbildung 2.4 wird so bestimmt, dass die Flächen $0TAB$ und $0t^*DH^*$ gleich groß sind. Die Relation $t^*(T, H_h)/T$ wird dann als Nutzengewicht $v_{\text{TTO}}(H_h)$ interpretiert, mit dem der Gesundheitszustand H_h gewichtet wird.

Allerdings liefert diese Methode nur dann unverzerrte Nutzengewichte, wenn die Befragten bezüglich ihrer restlichen Lebensdauer risikoneutral sind. Sind sie dagegen risikoavers, so folgt aus der Indifferenz zwischen den Alternativen (H_h, T) und (H^*, t^*) wegen Gleichung (2.9)

$$v(H_h)w(T) = v(H^*)w(t^*) = w(t^*),\qquad(2.16)$$

und daher

$$v(H_h) = \frac{w(t^*)}{w(T)} > \frac{t^*}{T}\qquad(2.17)$$

wegen der Konkavität von w und $t^* < T$. In anderen Worten bewirkt Risikoaversion dass der Quotient t^*/T ein nach unten verzerrter Schätzer des „wahren" Nutzengewichts $v(H_h)$ ist.

2.3.3.3 Die Methode der Standard-Lotterie (Standard Gamble)

Hier lautet das Szenario (vgl. Abbildung 2.5):

„Nehmen Sie an, Sie hätten eine Krankheit, die Sie ohne Behandlung permanent in den Zustand H_h versetzt. Die einzige mögliche Behandlung ist für Sie kostenlos und würde Sie mit Wahrscheinlichkeit π vollständig heilen, mit der Wahrscheinlichkeit $1 - \pi$ aber zum sofortigen Tod führen. Bei welcher Wahrscheinlichkeit π sind Sie indifferent zwischen den beiden Alternativen „Behandlung" und „keine Behandlung"?"

Die Antwort auf diese Frage, $\pi^*(H_h)$, lässt sich in der einfachen Version des QALY-Modells ohne Diskontierung und Risikoaversion folgendermaßen interpretieren:[17] Bei einer restlichen Lebensdauer $\overline{T}$ beträgt der Erwartungsnutzen ohne Behandlung $v(H_h)\overline{T}$. Mit Behandlung erhalten wir $(1 - \pi^*) \times 0 \times 0 + \pi^* \times 1 \times \overline{T} = \pi^* \times \overline{T}$, da der Nutzen bei Tod auf 0 und der Nutzen bei perfekter Gesundheit auf 1 normiert ist. Man erhält für den Nutzen des Gesundheitszustands H_h folglich

$$v_{SG}(H_h) = \frac{\pi^* \times \overline{T}}{\overline{T}} = \pi^*,\qquad(2.18)$$

d.h. der Wert des Gesundheitszustandes entspricht einfach der Wahrscheinlichkeit $\pi^*(H_h)$.

Man beachte, dass der Wert π^* nicht von der Restlebenslänge $\overline{T}$ abhängt, da Präferenzen über Lotterien von Gesundheitszuständen im QALY-Modell von der Lebensdauer unabhängig sind. Dies folgt aus der wechselseitigen Nutzenunabhängigkeit, die eine notwendige Bedingung des QALY-Modells ist (siehe Abbildung 2.2).

---

[17] Dies setzt allerdings voraus, dass der Befragte den beschriebenen Gesundheitszustand H_h dem sofortigen Tod vorzieht. Für Zustände, die das Individuum schlimmer findet als den Tod, kann jedoch eine leicht veränderte Lotterie konstruiert werden. Vgl. dazu TORRANCE (1986, S.21f.).

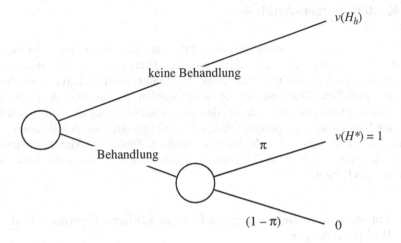

Abb. 2.5. Standard-Lotterie zur Bewertung von Gesundheitszuständen

Wie die Methode der zeitlichen Abwägung ist die der Standard-Lotterie durch die Erwartungsnutzentheorie fundiert. Darüber hinaus ist sie mit Risikoaversion bezüglich der Lebenslänge kompatibel, da das Nutzengewicht $w(\overline{T})$ sowohl im Zähler als auch im Nenner von (2.18) auftaucht und sich daher aufheben würde.

Folgerung 2.6 *Falls die Präferenzen der Befragten die Annahmen des QALY-Modells erfüllen, so führen sowohl die Methode der zeitlichen Abwägung als auch die der Standard-Lotterie zu dem gleichen Ergebnis, indem sie das Nutzengewicht des betreffenden Gesundheitszustandes auf einer Skala zwischen 0 (Tod) und 1 (perfekte Gesundheit) messen. Die Methode der Bewertungsskala eignet sich dagegen nicht zu einer Erhebung der Nutzengewichte, da sie nicht nutzentheoretisch fundiert ist.*

In der einfachen Version des QALY-Modells ohne Diskontierung und Risikoaversion müsste die Methode der zeitlichen Abwägung zum gleichen Wert eines Gesundheitszustands führen wie die der Standard-Lotterie. In der tatsächlichen Anwendung gelangen sie allerdings zu unterschiedlichen Ergebnissen. Dies kann in der Risikoaversion bezüglich der Lebensdauer begründet sein, aber auch daran liegen, dass die Annahmen der Erwartungsnutzentheorie verletzt sind. So gibt es eine ganze Reihe experimenteller Forschungsergebnisse, welche die Gültigkeit der Erwartungsnutzentheorie in Frage stellen [siehe STARMER (2000) für eine Übersicht]. Die Schwierigkeiten bei der Anwendung der beiden Methoden dürfen demnach nicht unterschätzt werden.[18]

---

[18] BLEICHRODT (2002) zeigt, dass die Methode der zeitlichen Abwägung zu einer geringeren Verzerrung führt als die der Standard-Lotterie, wenn die Befragten die Annahmen der Erwartungsnutzentheorie in einer plausiblen Weise verletzen.

2.4 Kosten-Nutzen-Analyse

Bei der Kosten-Nutzen-Analyse wird jeder Erhöhung der Lebensdauer oder Verbesserung der Gesundheit ein Geldwert zugeordnet. Hierzu sind in der Literatur mit
dem Humankapital-Ansatz und dem Ansatz der Zahlungsbereitschaft zwei vollkommen unterschiedliche Konzeptionen entwickelt worden. Wir diskutieren in Abschnitt
2.4.2 kurz den Humankapital-Ansatz, den wir aufgrund seiner ökonomischen und
ethischen Mängel nicht für geeignet halten. Unser Hauptaugenmerk gilt dann in Abschnitt 2.4.3 dem Ansatz der Zahlungsbereitschaft. Zunächst widmen wir uns jedoch in Abschnitt 2.4.1 grundsätzlichen Einwänden gegen die monetäre Bewertung
menschlichen Lebens.

2.4.1 Zur monetären Bewertung des Lebens: Ethische Einwände und Rechtfertigungen

Ökonomen gelten frei nach Oscar Wilde als Leute, „die von allem den Preis kennen,
aber von nichts den Wert". Dementsprechend begegnet die Idee, auch dem menschlichen Leben einen in Geld gemessenen Wert zuzuordnen, einer weit verbreiteten
Ablehnung. Die dagegen erhobenen Einwände liegen auf zwei verschiedenen Ebenen: Auf einer grundsätzlichen Ebene wird allein schon der Versuch, Leben mit Geld
zu vergleichen, als moralisch verwerflich angesehen. Auf einer mehr pragmatischen
Ebene wird die Notwendigkeit solcher Bewertungen zwar akzeptiert, es werden aber
Zweifel daran geäußert, ob eine akzeptable Vorgehensweise einen anderen Wert als
„unendlich" liefern könne. Im Folgenden setzen wir uns zunächst mit der ersten und
dann mit der zweiten Argumentationslinie auseinander.

2.4.1.1 Einwände gegen die Aufrechnung des Lebens in Geld

Moralischen Rigoristen, seien sie durch den christlichen Glauben, durch den Eid
des Hippokrates oder durch die humanistische Weltanschauung inspiriert, erscheint
es als frevelhaft, das Leben und die Unversehrtheit von Menschen gegen profane
Dinge wie Geld oder den dadurch symbolisierten Konsum von Gütern abzuwägen.
Im extremsten Fall werden ökonomische Ansätze zu einer derartigen Bewertung mit
Euthanasie-Programmen der Nationalsozialisten in einen logischen Zusammenhang
gebracht: Folgt nicht aus einer solchen Bewertung notwendigerweise, dass es gesell-
schaftlich akzeptabel wäre, diejenigen Menschen zu töten, deren „Wert" die Kosten
der Erhaltung des Lebens durch Ernährung und medizinische Versorgung nicht mehr
deckt?

Diese Schlussfolgerung verkennt zunächst den auch *moralisch relevanten Unterschied* zwischen Tun und Unterlassen, zwischen dem „Töten" und dem „Verzicht
auf künstliche Lebensverlängerung" etwa bei unheilbar Kranken durch zunehmend
komplizierte Medizintechnik – eine Unterscheidung, die auch in der Diskussion über

„humanes Sterben" eine wichtige Rolle spielt. Es kann zwar durchaus argumentiert werden, dass die Weigerung, einem Menschen die zum Überleben notwendige Nahrung kostenlos zur Verfügung zu stellen, dem „Töten" moralisch gleichkommt. Diese Gleichsetzung ist aber umso weniger gerechtfertigt, je größere Aufwendungen erforderlich sind, um das betrachtete Menschenleben zu erhalten. Nehmen wir etwa an, der Geldaufwand zur Rettung einiger nach einem Grubenunglück eingeschlossener Bergleute betrüge 2 Billion € (also etwas weniger als das Bruttosozialprodukt der Bundesrepublik Deutschland im Jahre 2003 – gerade so viel, dass alle übrigen Bürger „bei Wasser und Brot" überleben könnten). Kann dann die Weigerung der Rettung mit der Aufforderung gleichgesetzt werden, die Betroffenen umzubringen?

Weiterhin ist zu berücksichtigen, dass bei vielen öffentlichen Entscheidungen nicht „identifizierte", sondern *statistische Leben* auf dem Spiel stehen. Im Falle einer akuten Lebensgefahr für bestimmte, also identifizierte Menschen wie in dem Grubenunglück-Beispiel wird von den verantwortlichen Politikern allgemein verlangt, keinen Aufwand zur Rettung der Verunglückten zu scheuen – vermutlich in dem Bewusstsein, dass selbst der maximal mögliche (erfolgversprechende) Aufwand nur einen geringen Prozentsatz des Sozialprodukts aufzehren kann. Nehmen wir an, er betrage 10 Mio. € pro Eingeschlossenen. Dann folgt daraus nicht zwingend, dass die Bevölkerung damit einverstanden wäre, dass die Regierung den gleichen Betrag ausgibt, um z. B. ein Risiko von 1 zu einer Million von einer exponierten Einwohnerzahl von einer Million Personen abzuwenden, denn statistische Leben erregen weitaus weniger Emotionen als identifizierte.

Einen weiteren Beitrag zum Abbau von Emotionen könnte auch die Überlegung leisten, dass es hier nicht darum geht, „das Leben" mit Geld aufzuwiegen, sondern vielmehr dessen verbleibende *Dauer*. Es entspricht zwar dem üblichen Sprachgebrauch, dass medizinische Eingriffe oder öffentliche Sicherheitsmaßnahmen Menschenleben „retten", in Wahrheit verlängern jedoch sie diese lediglich (bei manchen heroischen Anstrengungen der hochtechnisierten Medizin bisweilen nur um wenige Monate), da jeder Mensch schließlich einmal sterben muss. Berücksichtigt man ferner, dass sich hinter dem Konzept des „Geldes" eine Erweiterung der Konsummöglichkeiten und damit eine Erhöhung der Lebensqualität verbergen, so geht es eigentlich um die Abwägung von Lebensdauer und Lebensqualität, und in diesem Kontext ist die moralische Unzulässigkeit schon weit weniger offensichtlich.

Das wichtigste Argument *für* die Erarbeitung und Anwendung eines expliziten ökonomischen Bewertungskalküls basiert jedoch auf der Beobachtung, dass politische Entscheidungen, wie sie in Abschnitt 2.1 aufgeführt wurden, ohnedies *regelmäßig getroffen* werden (und getroffen werden müssen) – sei es in Form eines Tuns oder eines Nicht-Tuns. Implizit werden damit auch immer wieder Abwägungen zwischen (der Verlängerung von statistischen) Menschenleben und Geld getroffen, und das ökonomische Kalkül ermöglicht es erst, diese Entscheidungen den Politikern bewusst zu machen und damit mehr Konsistenz in ihre Entscheidungen zu bringen.

Verzichtet man auf eine ökonomische Bewertung gewonnener Lebensjahre, so besteht die Gefahr, dass im gleichen Land Maßnahmen (wie die Einführung neuer medizinischer Geräte) ergriffen werden, durch die mit einem Kostenaufwand von 1 Mio. € pro „Leben" vorzeitige Todesfälle vermieden werden, andere mögliche Maßnahmen (z. B. im Straßenbau) jedoch unterbleiben, mit denen die erwartete Zahl von Unfallopfern für 50.000 € pro Lebensjahr reduziert werden könnten. Damit begibt sich die betrachtete Gesellschaft der Möglichkeit, sowohl eine längere durchschnittliche Lebenserwartung als auch mehr Konsum zu erreichen. [19]

Zudem ist es seit einigen Jahrzehnten in zahlreichen Ländern einschließlich der Bundesrepublik Deutschland üblich, dass öffentliche Großprojekte von den Parlamenten erst nach einer eingehenden Kosten-Nutzen-Bewertung bewilligt werden. In Ermangelung eines anerkannten Verfahrens zur Bewertung menschlichen Lebens in Geldgrößen hat es sich dabei eingebürgert, solche als „intangibel" bezeichneten Kosten und Benefits allenfalls zu erwähnen, nicht aber in das eigentliche Kalkül der Netto-Vorteile einzubeziehen. Die Konsequenz ist, dass Projekte, welche die Sicherheit von Menschen gefährden, zu leicht bewilligt und solche, die sie erhöhen, zu leicht abgelehnt werden. Ironischerweise führt damit die Ablehnung einer Bewertung des Lebens in Geld zu dem Gegenteil dessen, was diejenigen intendieren, die sich gegen sie sträuben.

Schließlich kann man von öffentlichen Entscheidungen in einem *demokratischen* Gemeinwesen nicht nur verlangen, dass sie im oben genannten Sinne in sich konsistent sind, sondern auch, dass sie die Präferenzen der von ihnen betroffenen Bürger widerspiegeln. Der moralischen Verurteilung einer Abwägung zwischen Leben und Geld steht also das demokratische Prinzip entgegen, dass eine solche Abwägung insofern geboten ist, als sie den Präferenzen der Betroffenen Ausdruck verleiht. [20] Zielsetzung der ökonomischen Analyse muss es demnach sein, die Präferenzen der Bürger bezüglich der Dauer und der Qualität ihres Lebens zu ermitteln.

Folgerung 2.7 *Da viele öffentliche Entscheidungen zwangsläufig eine Abwägung zwischen der Verlängerung statistischer Menschenleben und anderen Gütern implizieren, ist es für die Wohlfahrt der Gesellschaft besser, wenn eine Bewertung explizit vorgenommen wird. Diese sollte die Präferenzen der Bürger widerspiegeln.*

2.4.1.2 Argumente gegen die Endlichkeit der monetären Bewertung des Lebens

An dem zuletzt genannten Punkt, den Präferenzen der Individuen, knüpft eine weitere Kritik an, die zwar nicht die Idee einer ökonomischen Bewertung des Lebens

---

[19] Diese Aussage setzt allerdings voraus, dass es bei gewonnenen Lebensjahren bzw. vermiedenen vorzeitigen Todesfällen nicht darauf ankommt, wer sie erhält.

[20] Unter den Betroffenen sind alle handlungsfähigen Personen zu verstehen, die mit einer positiven Wahrscheinlichkeit an der Krankheit leiden bzw. leiden werden. Für nicht handlungsfähige Personen (Jugendliche, Geisteskranke) muss man sich auf die Präferenzangaben geeigneter Sachwalter stützen.

an sich ablehnt, sondern lediglich die Möglichkeit leugnet, dass dabei ein anderer Wert als „unendlich" resultieren kann. Sie geht von der Überlegung aus, dass es im Prinzip nur zwei denkbare Definitionen dafür gibt, wie viel Geld einem Individuum sein eigenes Leben wert ist:[21]

(a) Den Geldbetrag, den es bereit wäre zu bezahlen, um den sicheren (und sofortigen) Tod zu vermeiden.

(b) Den Geldbetrag, den man ihm als Entschädigung dafür bieten müsste, dass es seinen eigenen (sofortigen) Tod freiwillig in Kauf nimmt.

Der unter (a) genannte Betrag ist jedoch wenig informativ, da die meisten Menschen zur Abwendung einer unmittelbaren Lebensgefahr bereit sein dürften, ihr gesamtes Vermögen einschließlich ihres verpfändbaren zukünftigen Einkommens – vielleicht abzüglich einer geringen Reserve zur Aufrechterhaltung des Existenzminimums – zu opfern, und daher sagt er mehr über ihr Vermögen und ihre Verschuldungsmöglichkeiten aus als über ihre Präferenzen.

Die Regel (b) wird dagegen bei den meisten Menschen – zumindest in Abwesenheit eines Vererbungsmotivs – kein endlicher Betrag erfüllen, und zwar allein schon deshalb, weil man, wenn man tot ist, mit Geld nichts mehr anfangen kann. Die beiden alternativen Definitionen der Zahlungsbereitschaft unterscheiden sich voneinander in der Verteilung der „Eigentumsrechte", denn (nur) der Fragestellung in (b) liegt der Gedanke zugrunde, dass das Individuum ein Anrecht zu leben hat, das es freiwillig aufgeben kann. Bejaht man ein solches Recht auf Leben, so ist die korrekte „Bewertung eines identifizierten Lebens" unendlich groß.

John Broome, von dem diese Argumentation stammt, wendet sich nun gegen die oben eingeführte Unterscheidung zwischen identifiziertem und statistischem Leben, da das zweite Konzept lediglich auf der unvollkommenen Information darüber basiere, welche Person ihr Leben verlieren werde [vgl. BROOME (1982a,1982b)]. Ist etwa (aufgrund von Erfahrungswerten) bekannt, dass bei einer staatlichen Baumaßnahme ein Arbeiter getötet werden wird und steht es lediglich noch nicht fest, welcher, so ist dieses „statistische Leben" unendlich hoch zu bewerten, denn sobald der Schleier der Unwissenheit gelüftet und der Name des Opfers preisgegeben würde, würde dieses gemäß Regel (b) eine unendlich hohe Kompensation für den Verlust seines Lebens verlangen.

Der Mangel an der *Broomeschen* Argumentation liegt darin, dass der von ihm geschilderte Fall sich bei näherem Hinsehen als konstruiert erweist. Es ist schwer, sich ein Risiko vorzustellen, bei dem die Anzahl der Opfer vorher mit Sicherheit bekannt ist. Nicht einmal, dass es überhaupt Todesopfer geben wird, kann typischerweise als sicher gelten. Betrachten wir etwa eine Straßenkurve, der in der Vergangenheit im Durchschnitt jährlich ein Menschenleben zum Opfer gefallen ist. Hier kann man *keinesfalls* sicher sein, dass die Zahl der Opfer im kommenden Jahr wie-

---

[21] Beides sind alternative Formulierungen im Rahmen des Ansatzes der Zahlungsbereitschaft, auf den Abschnitt 2.3.2 im Detail eingeht.

der *genau 1* betragen wird. Vielmehr unterliegt jeder Verkehrsteilnehmer, der diese Straße benutzt, einem gewissen (kleinen) Risiko, dort tödlich zu verunglücken, sagen wir es seien 100.000 Personen mit einem Risiko von 1 zu 100.000 für jeden. Diese Wahrscheinlichkeiten zu addieren, hieße jedoch, eine (negative) Abhängigkeit zwischen den Einzelrisiken zu unterstellen. Nimmt man dagegen realistischer Weise stochastische Unabhängigkeit oder gar – was bei Unfällen plausibler ist – positive Korrelation an, so bewirken die Gesetze des Zufalls, dass mit gewisser, strikt positiver Wahrscheinlichkeit niemand, mit einer ebenfalls positiven, wenn auch extrem kleinen Wahrscheinlichkeit sogar alle 100.000 Personen verunglücken werden. Die Gesamtzahl ist also unbekannt, und daher ist das „statistische Leben" das relevante Konzept für eine ökonomische Bewertung des Nutzens von Sicherheitsmaßnahmen.

Geht es für jeden einzelnen jedoch um die Beseitigung (oder Inkaufnahme) *kleiner Risiken* für das eigene Leben, so ist durchaus damit zu rechnen, dass endliche Geldbeträge ausreichen, das Individuum für die Übernahme des Risikos zu kompensieren. Auch gibt es genügend Beispiele dafür, dass Menschen um ihres Genusses, ihrer Bequemlichkeit oder sogar um des Nervenkitzels willen Lebensgefahren freiwillig auf sich nehmen und damit zeigen, dass ihnen die Ausschaltung kleiner Risiken nicht unendlich viel wert ist. Bekannte Beispiele sind Rauchen, Autofahren ohne Sicherheitsgurt, Reisen mit Auto anstatt mit der Bahn, das Fahren mit Achterbahnen auf dem Rummelplatz.

Verhalten sich jedoch Individuen in ihrem Privatleben so, als ob sie ihrem Leben einen endlich hohen Wert beimessen, dann sollte auch der Staat bei öffentlichen Entscheidungen keinen (implizit oder explizit) unendlichen Wert des Lebens zugrunde legen. Andernfalls würden sich, wenn man von externen Effekten der staatlichen Entscheidung absieht, Ineffizienzen durch eine Diskrepanz zwischen den Grenzkosten der Sicherheit im privaten und im öffentlichen Bereich ergeben.

2.4.2 Der Humankapitalansatz

Den Wert einer Sache kann man daran bemessen, welche finanzielle Einbuße der Eigentümer erleidet, wenn er sie verliert. Diese wiederum bemisst sich an der Summe der Erträge, die er mit ihrer Hilfe hätte erwirtschaften können. Eine Anwendung dieser einfachen buchhalterischen Regel („Ertragswertprinzip") auf den Menschen führt zu einer monetären Bewertung des Lebens, die auf dem Verlust an Humankapital basiert, der mit dem Tod des Menschen verbunden wäre: Der monetäre Wert des Lebens ist demnach gleich der diskontierten Summe seiner zukünftigen (marginalen) *Beiträge zum Sozialprodukt* oder, was bei einer Entlohnung nach dem Wertgrenzprodukt gleichbedeutend ist, dem Barwert der Arbeitseinkommen, welche die Person noch erzielt.

Diese Definition ergibt einen Sinn, wenn man sich vorstellt, dass ein Mensch Opfer eines Arbeitsunfalls wurde und nun die Schadensersatzansprüche seiner Angehörigen festgestellt werden sollen. Noch einen Schritt weiter als diese Aufrechnung der gesamten entgangenen Verdienste („Brutto-Humankapital") geht die Berechnung des „Netto-Humankapitals", bei dem von den Verdiensten der zukünftige Konsum des Verstorbenen selbst abgezogen wird. Es verbleibt dann der materielle Verlust, den *andere* durch seinen Tod erleiden.

Implizit verbergen sich in dem Humankapital-Ansatz zwei Postulate:

(1) Die Wertschätzung des einzelnen wird durch den Beitrag bestimmt, den er zum Wohlergehen seiner Mitbürger leistet.

(2) Das geeignete Kriterium für das Wohlergehen der Gesellschaft ist das Bruttosozialprodukt.

Postulat 1 passt eher zu einer Sklavenhalter-Gesellschaft als zu einer freiheitlichen Demokratie des 21. Jahrhunderts. Zwischen einem Menschen und einer Maschine wird hier kein fundamentaler Unterschied gemacht. Darüber hinaus impliziert der Netto-Ansatz, dass das Individuum selbst nicht einmal als Mitglied der Gesellschaft gezählt wird, da sein eigener Verlust (an zukünftigem Konsum) nicht in die Berechnung der monetären Bewertung seines Lebens einbezogen wird.

Der Humankapitalansatz hat den Vorzug relativ leicht operationalisierbar zu sein und ist daher bei Kosten-Nutzen-Untersuchungen in der Vergangenheit häufig angewendet worden.[22] Er stellt jedoch in der ökonomischen Theorie, die sonst durchweg auf individuelle Wertungen abstellt, einen Fremdkörper dar. Zudem ist seine ethische Fundierung sehr angreifbar. Eine Stoßrichtung der Kritik setzt dabei am Ergebnis einer solchen Berechnung an, das viele für unakzeptabel halten: Danach wäre der monetäre Wert des Lebens von Rentnern und anderen Nicht-Arbeitsfähigen immer Null (nach der Netto-Methode sogar negativ)! Von noch grundsätzlicherer Natur ist der Einwand gegen das 2. Postulat, dass die *Freude am Leben* als solchem vollkommen vernachlässigt wird. Dieser Einwand hat den Humankapitalansatz nach der Auffassung der meisten Experten trotz seiner Anwendungsvorteile diskreditiert.

Folgerung 2.8 *Nach dem Humankapitalansatz ist der monetäre Wert des Lebens durch den Beitrag gegeben, den der Mensch noch zum Sozialprodukt leisten könnte. Seiner relativ leichten Anwendbarkeit stehen jedoch schwerwiegende ökonomische wie auch ethische Mängel gegenüber.*

2.4.3 Der Ansatz der Zahlungsbereitschaft

Der Standardansatz zur Nutzenmessung im Rahmen der Kosten-Nutzen-Analyse stellt die Zahlungsbereitschaft der betroffenen Personen für eine Maßnahme in den Mittelpunkt. Er geht davon aus, dass der Nutzen einer Person einerseits von seinem verfügbaren Einkommen und andererseits von seiner Lebensdauer und seiner

---

[22] Es verbleiben allerdings die bekannten Probleme der Berechnung des Beitrags von Hausfrauen und -männern zum Sozialprodukt sowie etwaige Diskrepanzen zwischen Lohn und Grenzproduktivität der Arbeit aufgrund unvollkommener Arbeitsmärkte.

Lebensqualität abhängt. In die Lebensqualität können dabei z.B. die möglichen Gesundheitszustände, die Wahrscheinlichkeiten, mit denen sie eintreten, und ihre Reihenfolge einfließen. Im Gegensatz zum QALY-Modell werden damit keine einschränkenden Annahmen an die Nutzenfunktion getroffen.

Da eine genauere Spezifikation aller Faktoren, welche die Lebensdauer und -qualität betreffen, nicht nötig ist, fassen wir diese Größen in einem Vektor θ_i zusammen. y_i sei das verfügbare Einkommen. Der Nutzen einer Person i ist somit

$$U_i = U_i(\theta_i, y_i). \tag{2.19}$$

In der Referenzsituation seien die Lebensdauer und -qualität durch den Vektor θ_i^1 beschrieben. Eine Maßnahme, die Kosten in Höhe von K verursacht, kann die Situation θ_i^2 herbeiführen. Die Zahlungsbereitschaft Z_i der Person i für diese Maßnahme ist definiert durch die Gleichung

$$U_i(\theta_i^1, y_i) = U_i(\theta_i^2, y_i - Z_i). \tag{2.20}$$

Durch Z_i wird damit der Geldbetrag erfasst, den die Person i maximal zahlen würde, damit die Maßnahme durchgeführt wird.[23] Die Entscheidungsregel der Kosten-Nutzen-Analyse besagt, dass die Maßnahme genau dann durchgeführt werden sollte, wenn

$$\sum_i Z_i > K, \tag{2.21}$$

d.h. , wenn die Summe der Zahlungsbereitschaften die Kosten der Maßnahme übersteigt.

Folgerung 2.9 *Der Ansatz der Zahlungsbereitschaft basiert auf dem subjektiven Nutzenkonzept. Im Gegensatz zum QALY-Modell macht er keine einschränkenden Annahmen bezüglich der Struktur der Nutzenfunktion.*

Falls sich die Wirkungen auf die Gesundheit in einer stetigen Größe wie etwa der Lebensdauer erfassen lassen, so kann eine *marginale Zahlungsbereitschaft* MZB_i bestimmt werden. In diesem Fall ist θ_i eine Zahl und wir erhalten

$$\text{MZB}_i = -\left.\frac{dy_i}{d\theta_i}\right|_{dU_i=0} = \frac{\dfrac{\partial U_i}{\partial \theta_i}}{\dfrac{\partial U_i}{\partial y_i}}. \tag{2.22}$$

Handelt es sich bei θ_i z.B. um die restliche Lebenserwartung in Monaten, so gibt diese Größe approximativ wieder, wie viel die Person für eine erwartete Lebensverlängerung um einen Monat bereit ist zu zahlen.

---

[23] Die hier verwendete Definition der Zahlungsbereitschaft wird auch als „kompensierende Variation" bezeichnet. Ein alternatives Konzept ist die „äquivalente Variation" EV_i. Sie ist definiert durch $U_i(\theta_i^1, y_i + EV_i) = U_i(\theta_i^2, y_i)$ und gibt den Geldbetrag wieder, der dem Individuum gezahlt werden müsste, damit es auf die Maßnahme verzichtet [vgl. hierzu BREYER UND KOLMAR (2010, S. 84), BOADWAY UND BRUCE (1984, Kapitel 7)].

Erfüllen die Präferenzen des Individuums die Axiome der Erwartungsnutzentheorie, dann lässt sich für die Reduktion des Sterberisikos die marginale Zahlungsbereitschaft genauer bestimmen. Hierbei sei π_i die Wahrscheinlichkeit, mit der das Individuum überlebt. Die Nutzenfunktion sei zustandsabhängig und lautet $u(T, y_i)$ im Todesfall und $u(L, y_i)$, falls das Individuum lebt [vgl. DRÈZE (1962) und JONES-LEE (1974)]. Der Erwartungsnutzen des Individuums beträgt dann

$$U_i = E[u(y_i)] = (1 - \pi_i)u(T, y_i) + \pi_i u(L, y_i). \tag{2.23}$$

Die Senkung des Sterberisikos entspricht einer Erhöhung der Überlebenswahrscheinlichkeit π_i. Entsprechend erhalten wir für die marginale Zahlungsbereitschaft für die Reduktion des Sterberisikos

$$\text{MZB}_i = -\left.\frac{\mathrm{d}y_i}{\mathrm{d}\pi_i}\right|_{\mathrm{d}U_i=0} = \frac{\dfrac{\partial U_i}{\partial \pi_i}}{\dfrac{\partial U_i}{\partial y_i}} = \frac{u(L, y_i) - u(T, y_i)}{E[u'(y_i)]}. \tag{2.24}$$

Sie ist damit umso höher, je mehr das Individuum das Leben dem Tod vorzieht und je geringer der erwartete Grenznutzen des Geldes $E[u'(y_i)]$ ist.[24]

Diese marginale Zahlungsbereitschaft kann auch als „monetärer Wert eines statistischen Lebens" (WSL) gedeutet werden. Dazu betrachte man eine Gesundheitsmaßnahme, die bei einer Bevölkerung einer Kleinstadt mit 20.000 Einwohnern das Sterberisiko um 0,1 Prozent verringern bzw. die Überlebenswahrscheinlichkeit π um $\Delta\pi = 0,001$ erhöhen kann. Angenommen, die nach der obigen Formel berechnete MZB eines repräsentativen Einwohners betrage 300.000 €. Falls die Intervention durchgeführt wird, werden im Erwartungswert $20.000 \times \Delta\pi = 20$ Leben „gerettet". Im Durchschnitt kann man die individuelle Zahlungsbereitschaft durch MZB $\times \Delta\pi = 300$ € approximieren. Die gesamte Zahlungsbereitschaft aller 20.000 Bürger beträgt daher 20.000×300 € $= 6.000.000$ €. D.h. für jedes der 20 geretteten statistischen Leben ist die Bevölkerung bereit, $6.000.000$ €$/20 = 300.000$ € zu bezahlen. Dies entspricht der marginalen Zahlungsbereitschaft, wie auch folgende Formel zeigt:

$$\text{WSL} = \frac{\text{ZB}}{\text{Statistische Leben}} = \frac{20.000 \times \text{MZB} \times \Delta\pi}{20.000 \times \Delta\pi} = \text{MZB} = 300.000 \text{€}.$$

Für kleine Änderungen des Sterberisikos in einer Bevölkerung stellt die MZB daher eine Approximation an die Zahlungsbereitschaft und damit den monetären „Wert" eines statistischen Lebens dar. Es muss betont werden, dass es sich dabei um eine *rein subjektive Bewertung* des „Weiterlebens" durch den Betroffenen selbst handelt. Damit ist keineswegs die Vorstellung verbunden, menschliches Leben besitze einen objektiven, in Geld messbaren Wert.

---

[24] Wie BREYER UND FELDER (2005) zeigen, hängt sie auch davon ab, ob das betrachtete Individuum Zugang zu (perfekten) Märkten für Lebensversicherungen und Leibrenten hat.

2.4.4 Aggregation der Zahlungsbereitschaften und Prinzipien der kollektiven Entscheidung

Die Kosten-Nutzen-Analyse befürwortet eine Maßnahme, wenn die Summe der Zahlungsbereitschaften höher ist als die Kosten der Maßnahme. Diese Regel beruht insbesondere auf zwei Werturteilen:

1. Allein die subjektiven Zahlungsbereitschaften sind relevant bei der Messung des Vorteils einer Maßnahme.

2. Es ist irrelevant, *wer* welche Zahlungsbereitschaft hat. Allein die Summe der Zahlungsbereitschaften ist von Interesse.

Im ersten Werturteil liegt der fundamentale Unterschied zur Kosten-Nutzwert-Analyse. Die Hypothese, dass Zahlungsbereitschaften Vorteile aus gesundheitsverbessernden Maßnahmen messen, basiert auf der subjektiven Nutzenlehre. Da die Kosten-Nutzen-Analyse ausschließlich Zahlungsbereitschaften als Informationsgrundlage verwendet, handelt es sich um einen welfaristischen Ansatz. Extra-Welfaristen würden dagegen einwenden, dass es nicht auf die Zahlungsbereitschaft ankommt, sondern allein auf die Verbesserung der Gesundheit durch die Maßnahme.

Das zweite Werturteil ist auf den ersten Blick attraktiv, weil die Zahlungsbereitschaft aller betroffenen Personen gleichermaßen in die Entscheidung einfließt. Ob eine Person von einer Maßnahme profitiert, hängt jedoch ebenso davon ab, welchen *Finanzierungsbeitrag* sie leistet. Ein Maß, das beide Aspekte berücksichtigt, ist der *Nettovorteil* einer Person. Dieser ist definiert durch

$$NV_i = Z_i - \alpha_i K. \qquad (2.25)$$

Hierbei sind K die Kosten der Maßnahme. α_i gibt den Finanzierungsanteil von Person i wieder, wobei $\sum_i \alpha_i = 1$.

Es ist leicht ersichtlich, dass aus der Bedingung der Kosten-Nutzen-Analyse

$$\sum_i Z_i > K \Leftrightarrow \sum_i NV_i > 0 \qquad (2.26)$$

nicht folgt, dass alle betroffenen Personen einen positiven Nettovorteil haben. Die Kosten-Nutzen-Analyse lässt sich deshalb nicht mit dem Pareto-Kriterium rechtfertigen. Dies wird in Abbildung 2.6 für den Fall zweier Personen A und B verdeutlicht. Der schraffierte Bereich gibt alle Kombinationen der Nettovorteile wieder, bei denen die Kosten-Nutzen-Analyse eine Maßnahme befürwortet. Nur im Bereich II findet jedoch eine Pareto-Verbesserung statt. In Bereich I wird Person A besser gestellt auf Kosten von Person B, in Bereich III ist es umgekehrt.

Wie lässt sich die Kosten-Nutzen-Analyse trotzdem begründen? Wir besprechen im Folgenden zwei Argumente, mit der die Kosten-Nutzen-Analyse gerechtfertigt wird. Zum einen berufen sich die Befürworter der Kosten-Nutzen-Analyse auf das potentielle Pareto-Kriterium. Zum anderen wird behauptet, dass bei der Bewertung

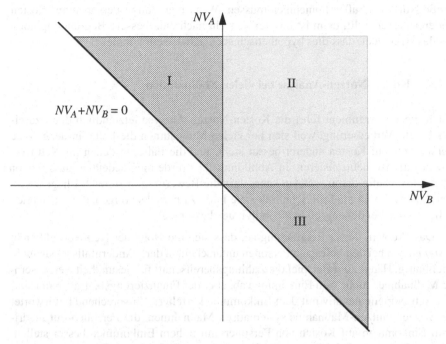

Abb. 2.6. Kosten-Nutzen-Analyse und Nettovorteile

vieler Maßnahmen es letztlich doch zu einer Pareto-Verbesserung kommt. Anschließend untersuchen wir, inwieweit die Kosten-Nutzen-Analyse mit einer Bewertung auf Grundlage einer gesellschaftlichen Wohlfahrtsfunktion vereinbar ist.

2.4.4.1 Kosten-Nutzen-Analyse und das potentielle Pareto-Kriterium

Das potentielle Pareto-Kriterium wird in der Wohlfahrtsökonomik häufig verwendet. Es besagt, dass eine Maßnahme durchgeführt werden sollte, wenn sie zu einer Pareto-Verbesserung führt oder wenn mögliche Verlierer durch die Gewinner der Maßnahme so entschädigt werden können, dass es zu einer Pareto-Verbesserung kommt. Ob die Entschädigung tatsächlich stattfindet, ist dabei irrelevant. Dies entspricht dem Kriterium der Kosten-Nutzen-Analyse. Gilt zum Beispiel $NV_A < 0$ und $NV_A + NV_B > 0$, dann könnte Individuum B einen Transfer in Höhe von $T = -NV_A$ an Individuum A leisten. Dieses wäre dann so gestellt wie ohne Durchführung des Projekts. Individuum B wäre besser gestellt, da $NV_B - T = NV_B + NV_A > 0$.

Von Erich Kästner stammt das berühmte Zitat „Es gibt nichts Gutes, außer man tut es". Das potentielle Pareto-Kriterium hingegen behauptet, dass schon die Möglichkeit, etwas Gutes zu tun, gut ist und es nicht darauf ankommt, ob man es tut oder nicht. Dies erscheint wenig überzeugend. Insbesondere ist es kein besonderer Trost, dass man alle hätte besser stellen können, falls tatsächlich einige Personen große Nutzeneinbußen hinnehmen müssen. Wenn man einige Personen auf Kosten anderer besser stellt, dann ist unserer Ansicht nach eine bessere Begründung nötig als das Argument, dass dies hypothetisch auch anders sein könnte.[25]

2.4.4.2 Kosten-Nutzen-Analyse bei vielen Maßnahmen

Nach diesem Argument führt die Kosten-Nutzen-Analyse letztendlich doch zu einer Pareto-Verbesserung, weil sich bei vielen Maßnahmen die Fälle, in denen eine Person sich auf Kosten anderer besser stellt, und die Fälle, in denen ihr Nettovorteil negativ ist, neutralisieren. In Abbildung 2.6 würde dies bedeuten, dass Person A genauso häufig damit rechnen kann, dass die Bewertung in Bereich I liegt wie in Bereich III. Somit sind im Schnitt nur die Fälle zu berücksichtigen, die im Bereich II liegen und bei denen sich beide Individuen besser stellen.

Das Problem dieser Begründung ist, dass sich die Höhe der Nettovorteile nicht *systematisch* bei den befragten Personen unterscheiden darf. Andernfalls ist sie nicht stichhaltig. Hängt zum Beispiel die Zahlungsbereitschaft für gesundheitsverbessernde Maßnahmen nicht vom Einkommen ab, aber der Finanzierungsbeitrag, dann sind die Nettovorteile negativ mit dem Einkommen korreliert. Entsprechend befürwortet die Kosten-Nutzen-Maßnahme systematisch Maßnahmen, die Personen mit niedrigem Einkommen auf Kosten von Personen mit hohem Einkommen besser stellen. Wäre z. B. Person A die Person mit dem niedrigen Einkommen, dann würden viele Bewertungen in Bereich I fallen, aber nur wenige in Bereich III. Ob dies wünschenswert sein kann, wollen wir offen lassen. In jedem Fall kann man sich auch hier nicht auf das Pareto-Kriterium berufen.

2.4.4.3 Kosten-Nutzen-Analyse und gesellschaftliche Wohlfahrtsfunktionen

In der Wohlfahrtsökonomik ist das Konzept der gesellschaftlichen Wohlfahrtsfunktion entwickelt worden. Ziel dieses Konzeptes ist es, die Wohlfahrt der Gesellschaft in einem Index W zu erfassen und dadurch alle möglichen Allokationen vergleichen zu können. Zwei Anforderungen werden in der Regel an eine gesellschaftliche Wohlfahrtsfunktion gestellt:

(1) *Welfarismus:* W hängt allein vom Vektor der Nutzen ab, die mit einer Allokation verbunden sind, nicht jedoch vom Prozess der Allokation.

(2) *Individualismus:* Maßstab für den Nutzen sind einzig und allein der vom Individuum selbst geäußerte Nutzen U_i.

---

[25] Hinzu kommt, dass unter Berücksichtigung von Gleichgewichtseffekten der Zusammenhang zwischen der Kosten-Nutzen-Analyse und dem potentiellen Pareto-Kriterium nicht eindeutig sein muss. Unter Umständen kann die Kosten-Nutzen-Analyse ein Projekt befürworten, obwohl eine potentielle Pareto-Verbesserung nicht möglich ist [vgl. hierzu BLACKORBY UND DONALDSON (1990)].

Sind diese Anforderungen erfüllt, dann lässt sich die gesellschaftliche Wohlfahrt in einer *Bergson-Samuelson-Wohlfahrtsfunktion*

$$W = W(U_1, ..., U_n) \quad \text{mit} \quad \frac{\partial W}{\partial U_i} \geq 0 \qquad (2.27)$$

erfassen. Je nachdem, wie eine Gesellschaft Ungleichheiten in der Nutzenverteilung für zulässig hält, kann diese Funktion unterschiedliche Formen annehmen. Ein bekanntes Beispiel ist die utilitaristische Wohlfahrtsfunktion

$$W = \sum_{i=1}^{n} U_i, \qquad (2.28)$$

bei der Nutzenungleichheiten irrelevant sind. Es kommt allein auf die Summe der Nutzen an. Die utilitaristische Wohlfahrtsfunktion erfüllt das *starke Pareto-Prinzip*, nach dem die Wohlfahrt W zunimmt, wenn ceteris paribus das Nutzenniveau eines Haushalts erhöht wird.

Die Maximin-Wohlfahrtsfunktion

$$W = \min[U_1, ..., U_n], \qquad (2.29)$$

hingegen setzt die gesellschaftliche Wohlfahrt mit dem Nutzen der am schlechtesten gestellten Person gleich. Sie verletzt das starke Pareto-Prinzip, da die Erhöhung des Nutzens einer Person nur dann die Wohlfahrt erhöht, wenn sie am schlechtesten gestellt ist. Das *schwache Pareto-Prinzip* wird jedoch von der Maximin-Wohlfahrtsfunktion erfüllt. Es besagt, dass die Wohlfahrt zunehmen muss, wenn sich der Nutzen aller Personen erhöht [vgl. BOADWAY UND BRUCE (1984, S. 146)].

Die verschiedenen Wohlfahrtsfunktionen unterscheiden sich in ihrer gerechtigkeitstheoretischen Begründung und ihren Informationserfordernissen [vgl. hierzu BREYER UND KOLMAR (2010, Kapitel 2)]. Ohne eine bestimmte Wohlfahrtsfunktion zu postulieren, gehen wir im Folgenden davon aus, dass eine Funktion (2.27) existiert. Der Einfachheit beschränken wir uns auf den Fall mit zwei Personen $i = A, B$. Im Ausgangspunkt sei die gesundheitsrelevante Situation dieser Person durch den Vektor θ_i^1 beschrieben. Die gesellschaftliche Wohlfahrt ist somit

$$W^1 = W(U_A(\theta_A^1, y_A), U_B(\theta_B^1, y_B)). \qquad (2.30)$$

Eine Maßnahme, die Kosten in Höhe von K verursacht, kann die Situation θ_i^2 herbeiführen. Die Zahlungsbereitschaft der Individuen für diese Maßnahme ist definiert durch

$$U_i(\theta_i^2, y_i - Z_i) = U_i(\theta_i^1, y_i). \qquad (2.31)$$

Trägt jedes Individuum einen Anteil α_i der Kosten, wobei $\alpha_A + \alpha_B = 1$, dann beträgt die gesellschaftliche Wohlfahrt bei Durchführung der Maßnahme

$$W^2 = W(U_A(\theta_A^2, y_A - \alpha_A K), U_B(\theta_B^2, y_B - \alpha_B K)). \qquad (2.32)$$

Die Änderung der gesellschaftlichen Wohlfahrt ist wie folgt definiert:

$$W^2 - W^1 = \Delta W \approx \frac{\partial W}{\partial U_A}\Delta U_A + \frac{\partial W}{\partial U_B}\Delta U_B. \tag{2.33}$$

Wegen (2.31) gilt für die Nutzenänderung

$$\Delta U_i = U_i(\theta_i^2, y_i - \alpha_i K) - U_i(\theta_i^1, y_i) \tag{2.34}$$
$$= U_i(\theta_i^2, y_i - \alpha_i K) - U_i(\theta_i^2, y_i - Z_i).$$

Schreiben wir $\hat{y}_i^2$ für $y_i - \alpha_i K$ und $\hat{y}_i^1$ für $y_i - Z_i$, dann gilt approximativ

$$U_i\left(\theta_i^2, \hat{y}_i^2\right) - U_i\left(\theta_i^2, \hat{y}_i^1\right) \approx \frac{\partial U_i}{\partial y_i}\left(\hat{y}_i^2 - \hat{y}_i^1\right). \tag{2.35}$$

Die Differenz $\hat{y}_i^2 - \hat{y}_i^1$ entspricht $Z_i - \alpha_i K$ und damit nach (2.26) dem Nettovorteil von Person i. Folglich lässt sich (2.34) umformen zu

$$\Delta U_i \approx \frac{\partial U_i}{\partial y_i}NV_i. \tag{2.36}$$

Einsetzen in (2.33) führt schließlich zu

$$\Delta W \approx GN_A NV_A + GN_B NV_B \quad \text{mit} \quad GN_i \equiv \frac{\partial W}{\partial U_i}\frac{\partial U_i}{\partial y_i}. \tag{2.37}$$

D.h. die Veränderung der Wohlfahrt entspricht approximativ der Summe der mit dem gesellschaftlichen Grenznutzen des Einkommens GN_i gewichteten Nettovorteilen der Maßnahme. Aus dieser Bedingung wird ersichtlich, dass die Kosten-Nutzen-Analyse nur dann *mit Sicherheit* zu einer Wohlfahrtserhöhung führt, falls die gesellschaftliche Grenznutzen des Einkommens von beiden Individuen gleich sind. Dann ergibt sich

$$\Delta W \approx GN_i(NV_A + NV_B), \quad i = A, B \tag{2.38}$$

und folglich

$$\Delta W > 0 \Leftrightarrow NV_A + NV_B > 0 \quad \Leftrightarrow \quad Z_A + Z_B > K. \tag{2.39}$$

Es stellt sich die Frage, unter welchen Bedingungen die gesellschaftliche Grenznutzen des Einkommens von beiden Individuen gleich sind. Hierzu betrachten wir das Problem der optimalen Einkommensverteilung bei einem exogenen Gesamteinkommen y:

$$\max_{y_A, y_B} W = W(U_A(\theta_A, y_A), U_B(\theta_B, y_B)) \quad \text{unter der NB} \quad y_A + y_B = y. \tag{2.40}$$

Ist die W-Funktion konkav und die U_i-Funktionen streng konkav, so lautet die hinreichende Bedingung 1. Ordnung

$$GN_A = \frac{\partial W}{\partial U_A}\frac{\partial U_A}{\partial y_A} = \frac{\partial W}{\partial U_B}\frac{\partial U_B}{\partial y_B} = GN_B. \tag{2.41}$$

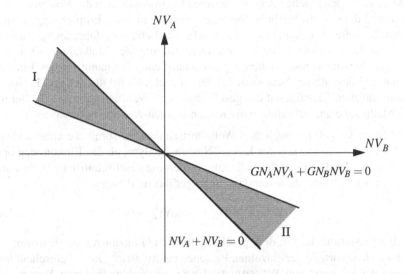

Abb. 2.7. Kosten-Nutzen-Analyse und gesellschaftliche Wohlfahrtsanalyse

Bei einer optimalen Einkommensverteilung stimmen somit die gesellschaftlichen Grenznutzen überein, d. h. eine Entscheidung gemäß der Kosten-Nutzen-Analyse führt genau dann immer zu einer Erhöhung der gesellschaftlichen Wohlfahrt, wenn das Einkommen optimal verteilt ist.

Ist dies jedoch nicht der Fall, dann kann eine von der Kosten-Nutzen-Analyse befürwortete Maßnahme die gesellschaftliche Wohlfahrt senken, falls für ein Individuum $Z_i < \alpha_i K$ ist und deshalb eine Nettobelastung besteht. Dies ist der Fall, wenn der gesellschaftliche Grenznutzen des Einkommens für diese Person besonders hoch ist. Umgekehrt kann die Kosten-Nutzen-Analyse eine Maßnahme ablehnen, obwohl sie aus Sicht der gesellschaftlichen Wohlfahrt positiv zu bewerten ist. Dieser Fall ist möglich, wenn positive Nettovorteile bei Personen mit hohem gesellschaftlichen Grenznutzen des Einkommens anfallen.

Abbildung 2.7 zeigt die unterschiedlichen Empfehlungen der Kosten-Nutzen-Analyse und der gesellschaftlichen Wohlfahrtsanalyse. Dort ist neben der Bedingung $NV_A + NV_B > 0$ auch Gleichung (2.37) für $\Delta W = 0$ abgetragen. Wir nehmen dabei an, dass $GN_A > GN_B$, d. h. dass der gesellschaftliche Grenznutzen des Einkommens bei Person A größer ist als bei Person B. Deshalb erhalten wir

$$-\frac{dNV_A}{dNV_B}\bigg|_{\Delta W=0} = \frac{GN_B}{GN_A} < 1,$$

d. h. die Grenze für eine Verbesserung der gesellschaftlichen Wohlfahrt verläuft (absolut) flacher als die Bedingung der Kosten-Nutzen-Analyse.

Die schraffierten Flächen zeigen die Bereiche, in denen sich die Kosten-Nutzen-Analyse und die gesellschaftliche Wohlfahrtsanalyse in ihren Empfehlungen unterscheiden. Im Bereich I befürwortet die gesellschaftliche Wohlfahrtsanalyse im Gegensatz zur Kosten-Nutzen-Analyse die Durchführung der Maßnahme. Dies liegt daran, dass Person A einen höheren gesellschaftlichen Grenznutzen des Einkommens hat und deshalb ihr Nettovorteil höher gewichtet wird als der von Person B. Aus dem gleichen Grund lehnt die gesellschaftliche Wohlfahrtsanalyse im Bereich II eine Maßnahme ab, während sie die Kosten-Nutzen-Analyse befürwortet.

Aus Sicht der gesellschaftlichen Wohlfahrtsanalyse ist somit die entscheidende Frage für die Anwendbarkeit der Kosten-Nutzen-Analyse, ob das Einkommen optimal verteilt ist. Ist dies nicht der Fall, dann fordert die gesellschaftliche Wohlfahrtsanalyse, dass eine Maßnahme nur dann durchgeführt wird, wenn

$$\Delta W \approx GN_A NV_A + GN_B NV_B > 0, \tag{2.42}$$

d.h. falls die Summe der mit dem gesellschaftlichen Grenznutzen des Einkommens gewichten Nettovorteile der einzelnen Personen positiv ist.[26] Dieses Entscheidungskriterium wurde zuerst von WEISBROD (1968) vorgeschlagen. Unter Verwendung der Definition der Nettovorteile $NV_i \equiv Z_i - \alpha_i K$ kann die gesellschaftliche Wohlfahrtsregel auch wie folgt formuliert werden

$$SB \equiv \underbrace{GN_A Z_A + GN_B Z_B}_{\text{gesellschaftlicher Nutzen}} > \underbrace{GN_A \alpha_A K + GN_B \alpha_B K}_{\text{gesellschaftliche Kosten}} \equiv SC, \tag{2.43}$$

wobei der gesellschaftliche Nutzen (engl. „social benefit", SB) durch die mit den gesellschaftlichen Grenznutzen des Einkommens gewichtete Summe der individuellen Zahlungsbereitschaften gegeben ist und die gesellschaftlichen Kosten (engl. „social cost", SC) durch die ebenso gewichtete Summe der individuellen Finanzierungsbeiträge.

Die Regel (2.43) macht deutlich, dass die Informationsanforderungen der gesellschaftlichen Wohlfahrtsanalyse höher sind als die der zur Kosten-Nutzen-Analyse. Neben der Zahlungsbereitschaft muss auch der Finanzierungsbeitrag $\alpha_i K$ sowie der Grenznutzen des Einkommens bestimmt werden. Des Weiteren muss sich die Gesellschaft auf eine gesellschaftliche Wohlfahrtsfunktion einigen, um den gesellschaftlichen Grenznutzen zu ermitteln. Hier werden die Ansichten in der Gesellschaften vermutlich auseinander gehen und es ist unklar, ob sich ein Konsens finden lässt. Dies ist jedoch kein Problem der gesellschaftlichen Wohlfahrtsanalyse, sondern der Tatsache, dass die Bewertung von medizinischen Maßnahmen grundsätzlich mit Werturteilen verbunden ist. Die Kosten-Nutzen-Analyse umgeht dieses Problem nur scheinbar, indem sie implizit unterstellt, dass die Einkommen in der Gesellschaft optimal verteilt sind.

---

[26] Hierfür lassen sich auch die sich zu eins summierenden Gewichte $w_i = \dfrac{GN_i}{GN_A + GN_B}$ verwenden.

Folgerung 2.10 *Die Kosten-Nutzen-Analyse lässt sich mit dem potentiellen Pareto-Kriterium rechtfertigen. Dieses leidet jedoch darunter, dass Pareto-Verbesserungen nur hypothetisch möglich sein müssen. Wenn viele Maßnahmen bewertet werden, kann es insgesamt zu einer Pareto-Verbesserung kommen, wenn die Nettovorteile sich nicht systematisch bei den befragten Personen unterscheiden. Aus Sicht einer gesellschaftlichen Wohlfahrtsfunktion kann die Kosten-Nutzen-Analyse nur befürwortet werden, wenn das Einkommen optimal verteilt ist. Ansonsten müssen die Nettovorteile im Gegensatz zur Kosten-Nutzen-Analyse unterschiedlich gewichtet werden.*

Der Unterschied zwischen Kosten-Nutzen-Analyse und gesellschaftlicher Wohlfahrtsanalyse könnte eine Arbeitsteilung zwischen der Einkommensbesteuerung und der ökonomischen Evaluation nahe legen, wobei erstere die Aufgabe hat, eine optimale Einkommensverteilung herbeizuführen, und letztere, die Kosten-Nutzen-Regel auf Gesundheitsmaßnahmen (und andere) anzuwenden. Im Lichte unseres Modells, in dem das Einkommen als exogen angenommen wurde, erscheint diese als eine angemessene Folgerung. Allerdings wurde diese Annahme nur zur Vereinfachung getroffen. In der Praxis wird das Einkommen weitgehend durch das Arbeitsangebot bestimmt. Dies begrenzt die Möglichkeiten, mit der Einkommensteuer umzuverteilen – ein Problem, das von der Optimalsteuertheorie untersucht wird, die den Zielkonflikt zwischen einer Verzerrung des Arbeitsangebots und einer Umverteilung von den produktiven zu den weniger produktiven Individuen analysiert.[27] Eine Lösung, welche die gesellschaftlichen Grenznutzen des Einkommens aller Individuen angleicht, ist wegen der damit verbundenen extrem hohen Grenzsteuersätze im Allgemeinen nicht optimal.

2.4.5 Die direkte Methode der Messung der Zahlungsbereitschaft: Fragebogenstudien

Generell gibt es zwei alternative Ansätze der Erfassung von Präferenzen: Man kann einerseits die Individuen nach Ihrer Zahlungsbereitschaft fragen. Dieser direkten Methode (auch als *Stated Preference-Methode* bezeichnet) steht die indirekte Methode gegenüber, bei der man – im Sinne einer *„revealed preference"* – versucht, die Zahlungsbereitschaft aus dem Verhalten der Individuen abzuleiten. Beide Methoden haben ihre spezifischen Vorzüge und Probleme, die im Folgenden für unsere Fragestellung erörtert werden sollen. In diesem Abschnitt befassen wir uns dabei mit der direkten Methode. Der indirekten Methode ist Abschnitt 2.4.6 gewidmet.

Bei der direkten Ermittlung der Zahlungsbereitschaft stehen zwei Ansätze zur Verfügung. Bei der *Contingent-Valuation-Methode* werden Personen mittels Fragebogen oder persönlichen Interviews direkt nach ihrer Zahlungsbereitschaft für ein

---

[27] An der Wurzel dieses Problems liegt die Tatsache, dass die Individuen private Informationen über ihre Fähigkeiten besitzen. Der klassische Beitrag hierzu ist MIRRLEES (1971). Für eine Einführung in die Optimalsteuertheorie siehe z.B.KEUSCHNIGG (2005, Kapitel VI), MYLES (1995, Kapitel 5) und SALANIÉ (2003, Kapitel 4).

Gut oder Programm befragt. Den befragten Personen wird dabei ein hypothetisches Szenario über das zu evaluierende Programm oder Gut vorgelegt. Für dieses Szenario wird mittels unterschiedlicher Techniken die maximale Zahlungsbereitschaft erfragt. *Discrete-Choice-Experimente* hingegen versuchen auf der Basis diskreter Entscheidungen der betroffenen Personen deren Präferenzen für die Eigenschaften einer Maßnahme zu erklären und vorauszusagen.

Bei der direkten Methode kann man eine weitere Unterscheidung danach treffen, was der Inhalt der Fragestellung ist:[28]

(a) Zum einen kann es um die Erhöhung der Überlebenswahrscheinlichkeit π um einen kleinen Betrag $\Delta\pi$ gehen (siehe Abschnitt 2.4.3). Anwendbar sind die Ergebnisse solcher Studien etwa im Verkehrsbereich oder in der Arbeitssicherheit, wo es um die Vermeidung von Todesfällen geht. Im Englischen heißt die entsprechende Bewertung „value of preventing a statistical fatality (VPF)".

(b) Zum anderen kann es darum gehen, das Leben eines Schwerkranken entweder noch um einige Monate oder Jahre zu verlängern oder aber sein Leiden zu lindern und damit seine Lebensqualität in den letzten Lebensjahren oder -monaten zu steigern. Diese Fälle treten typischerweise im Gesundheitswesen auf. Gefragt ist hier nach der monetären Bewertung eines Lebensjahres oder noch genauer eines „qualitätsbereinigten Lebensjahres", also eines QALYs.

Im Folgenden wird zunächst die Literatur zu Frage (a) zusammengefasst, während die zu Frage (b) in Abschnitt 2.5.3 behandelt wird. Zunächst erörtern wir die grundsätzlichen Probleme bei einer Ermittlung der Zahlungsbereitschaft durch Befragung.

2.4.5.1 Grundsätzliche Probleme von Fragebogenstudien

Die Befragung ist nicht nur die direkteste, sondern auch die transparenteste Methode zur Ermittlung von Präferenzen. Mögliche Schwierigkeiten können allerdings in dem Maße bestehen, wie die Befragten entweder die Fragen nicht richtig verstehen oder – da es sich ja um hypothetische Situationen handelt – Gründe haben, sich entweder nicht ernsthaft genug über ihre Antwort Gedanken zu machen oder sogar absichtlich ihre wahren Präferenzen verschleiern. Im Einzelnen treten folgende Probleme auf.

(1) *Umgang mit kleinen Wahrscheinlichkeiten:* Sollen die in den Fragebögen dargestellten Szenarien reale Entscheidungen annähernd widerspiegeln, so müssen sie sehr kleine Wahrscheinlichkeiten und -differenzen enthalten. Der explizite Umgang mit kleinen Wahrscheinlichkeiten ist jedoch für die meisten Menschen vollkommen ungewohnt, und es besteht die Gefahr, dass die Befragten zwi-

---

[28] Zwischen beiden Fragestellungen bestehen Beziehungen, die in MASON ET AL. (2009) untersucht werden.

schen mehreren Zehnerpotenzen keinen (wesentlichen) Unterschied machen.[29] Die Antworten sind in diesem Fall wenig verlässlich, und es fällt dem Interviewer nicht schwer, bei Konstruktion mehrerer ähnlicher Fragen mit unterschiedlichen Wahrscheinlichkeiten, Widersprüche gegen die Transitivität der Präferenzen oder gegen die Axiome der Erwartungsnutzentheorie zu entdecken. Liegen diese jedoch vor, so ist der in Abschnitt 2.4.3 entwickelte theoretische Rahmen nicht mehr anwendbar.

(2) *Emotionale Abwehr gegenüber der Fragestellung:* Ein weiteres Problem besteht in der Bereitschaft, Fragen zu beantworten, die ein so heikles Thema wie den Vergleich von Leben und Vermögen berühren. Allein schon die offene Weigerung eines Teils der (in der Regel zufällig ausgewählten) Testpersonen, die Fragen zu beantworten, könnte die Repräsentativität der Ergebnisse gefährden, wenn dies z. B. überwiegend Personen mit besonders hoher Einschätzung des Wertes des eigenen Lebens sind. Die emotionale Abwehr gegen eine solche Befragung könnte sich auch in einer bewussten oder unbewussten Verfälschung der Präferenzen äußern.

(3) *Fehlende Motivation der Befragten:* Auch bei grundsätzlicher Bereitschaft, die Fragen zu beantworten, fehlt – wie generell bei der Befassung mit hypothetischen Situationen – die Motivation, sich ernsthaft genug darüber Gedanken zu machen, wie man sich verhalten würde, wenn die hypothetische Situation eine reale wäre, und diese Präferenzen auch zu äußern. Die Individuen könnten versucht sein, stattdessen etwas zu äußern, wovon sie glauben, dass der Interviewer oder der Auftraggeber der Studie es gern als Antwort erhält, oder das ihnen selbst ein erwünschtes „Image" verleiht.

(4) *Strategisches Verhalten:* Dient die Fragebogenstudie erkennbar als Entscheidungsgrundlage für ein Projekt, dann besteht für die Befragten der Anreiz, sich strategisch zu verhalten. So kann eine Person, die Vorteile von dem Projekt erwartet, durch eine Übertreibung ihrer Zahlungsbereitschaft die Wahrscheinlichkeit erhöhen, dass die Fragebogenstudie das Projekt positiv beurteilt. Entsprechend kann eine Untertreibung der eigenen Zahlungsbereitschaft dazu dienen, das Projekt zu verhindern.

2.4.5.2 Die Contingent-Valuation-Methode

Die Contingent-Valuation-Methode (CV-Methode) ist bislang das vorherrschende Verfahren bei der Ermittlung von Zahlungsbereitschaften. Sie wurde in der Umweltökonomik entwickelt, um nicht-handelbar Güter zu bewerten wie z. B. den Erhalt bedrohter Tierarten oder die Verbesserung der Luftqualität.[30] Im Gesundheitswesen

---

[29] Dies wurde in einem anderen Zusammenhang bereits von KAHNEMAN UND TVERSKY (1979) festgestellt.

[30] Eine Übersicht zu diversen Anwendungen in diesem Bereich findet sich in RYAN ET AL. (2001).

wird die CV-Methode seit Mitte der 70er-Jahre angewendet. Bis heute wurden weit über hundert Studien durchgeführt. [31] Dabei werden die Individuen mit einem hypothetischen Szenario über das zu evaluierende Programm oder Gut konfrontiert. Es lassen sich zwei Vorgehensweisen unterscheiden:

(1) Bei der Verwendung *offener Fragen* (englisch „Open-Ended Technique") wird das Individuum direkt gefragt, wie viel es maximal für das hypothetische Szenario bezahlen würde. Die Befragten sind bei dieser Art Fragestellung allerdings häufig kognitiv überfordert. Deswegen wird meistens auf Hilfsmittel zurückgegriffen, um die Situation vertrauter zu machen. So versucht man z. B., die maximale Zahlungsbereitschaft mit einem sogenannten *Bidding Game* einzukreisen. Dabei wird das Individuum gefragt, ob es bereit ist, für das hypothetische Szenario einen bestimmten Betrag zu bezahlen. Bei einer positiven Antwort wird der Betrag so lange erhöht, bis die Person den Betrag nicht mehr akzeptiert. Bei einer negativen Antwort wird der Betrag so lange verringert, bis die Person ihn annimmt. Der resultierende Wert ist die maximale Zahlungsbereitschaft.

(2) Mit *Ja-Nein-Fragen* bzw. *binären Fragen* (englisch „Closed-Ended Technique") wird versucht, eine für die Befragten vertraute Situation nachzubilden, indem nur danach gefragt wird, ob die Person einen bestimmten Geldbetrag zu zahlen bereit wäre oder nicht. Der Geldbetrag wird von Person zu Person variiert. Mit diesem Vorgehen ist es möglich, den Anteil der Ja-Stimmen als Funktion des Preises zu berechnen. Wenn dieser Anteil mit der Anzahl der befragten Personen multipliziert wird, kann die Funktion als aggregierte Nachfragefunktion für das beschriebene Gut interpretiert werden.

Abbildung 2.8 zeigt, wie man auf Grundlage einer solchen Anteilsfunktion die Zahlungsbereitschaft berechnet. [32] Während die durchschnittliche Zahlungsbereitschaft auf dem arithmetischen Mittel beruht und somit das Integral unter der Anteilsfunktion ist, stellt die Median-Zahlungsbereitschaft denjenigen Geldbetrag dar, den fünfzig Prozent der Befragten gerade noch akzeptieren.

Die Frage, ob bei einer CV-Studie offene oder Ja-Nein-Fragen verwendet werden sollen, ist noch nicht abschließend geklärt. Für die binäre Fragestellung spricht allerdings, dass die Entscheidung für die Befragten näher an einer alltäglichen Marktsituation ist. Ein genereller Nachteil der CV-Methode ist die Anfälligkeit für Verzerrungen. Insbesondere treten folgende Probleme auf: [33]

(a) *Verzerrung durch Referenzwerte und die Reihenfolge der Fragen:* In CV-Studien besteht die Gefahr, dass die befragten Personen ihre Zahlungsbereitschaft auf-

---

[31] Für eine Übersicht über gesundheitsökonomische Contingent-Valuation-Studien siehe KLOSE (1999).

[32] Für einen Überblick über verschiedene Methoden zur Schätzung der Anteilsfunktion (engl. survival function) siehe NOCERA ET AL. (2003).

[33] Vgl. MITCHELL UND CARSON (1989, Kapitel 11) für eine ausführliche Darstellung möglicher Verzerrungen bei der Verwendung der Contingent-Valuation-Methode.

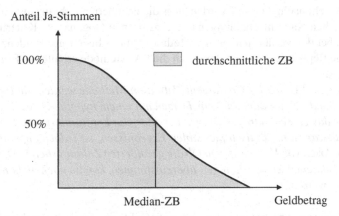

Abb. 2.8. Berechnung der Zahlungsbereitschaft aus einer Anteilsfunktion

grund eines Referenzwertes angeben, der nichts mit ihrer eigentlichen Zahlungsbereitschaft zu tun hat (sogenanntes „Anchoring"). So ist z. B. in einem Bidding
Game die Zahlungsbereitschaft häufig von den Startwerten abhängig („Starting
Point Bias"). Bei der Methode der Zahlungskarten kann die Zahlungsbereitschaft
aufgrund der Beträge auf den Karten verzerrt sein („Range Bias"). Ein Problem
besteht auch, wenn nach der Zahlungsbereitschaft für mehrere Programme gefragt wird. In diesem Fall kann die Beantwortung der ersten Frage die weiteren
Antworten beeinflussen („Question Order Bias").

(b) *Anfälligkeit für Fehlspezifikationen:* Die Resultate einer CV-Studie reagieren
äußerst anfällig auf Fehlspezifikationen. So ist es möglich, dass die Befragten
das präsentierte Gut oder Programm anders verstehen, als dies vom Forscher be-
absichtigt ist. Des Weiteren können kontext-spezifische Missverständnisse auftreten. Insbesondere die Spezifizierung der Eigentumsrechte oder das verwendete Zahlungsmedium können Verzerrungen der Zahlungsbereitschaft zur Folge
haben.

(c) *Einfluss der Einstellung zum Untersuchungsgegenstand:* Vor allem bei binären
Fragen besteht die Gefahr, dass die befragten Individuen Geldbeträge oberhalb
ihrer Zahlungsbereitschaft akzeptieren, um eine prinzipielle Zustimmung zum
Untersuchungsgegenstand auszudrücken [sogenanntes „Yea-Saying"; vgl. BLA-
MEY ET AL. (1999)].

Berücksichtigt man zusätzlich die grundsätzlichen Probleme bei Fragebogenstudien, so scheint es fraglich zu sein, ob eine CV-Studie durchgeführt werden kann, die
valide und zuverlässige Zahlungsbereitschaften ermittelt. Im Gesundheitswesen hat
sich aber zumindest gezeigt, dass die CV-Methode theoretisch plausible Resultate
liefert [vgl. KLOSE (1999)]. Insbesondere haben Individuen mit einem höheren Einkommen auch eine höhere Zahlungsbereitschaft, und die Zahlungsbereitschaft steigt
mit der Menge an Gesundheitsleistungen, die ein Programm anbietet. Es konnte

aber bislang nicht nachgewiesen werden, dass die geäußerten Zahlungsbereitschaften mit tatsächlichen Kaufentscheidungen übereinstimmen (sogenannte Kriteriumsvalidität). Auch bei der Verlässlichkeit der Methode gibt es bisher nur Evidenz für eine mittelmäßige Reproduzierbarkeit der durch die CV-Methode erhaltenen Ergebnisse.

> **Folgerung 2.11** *Bei der Contingent-Valuation-Methode werden die Individuen anhand offener oder Ja-Nein-Fragen mit einem hypothetischen Szenario über das zu evaluierende Programm oder Gut konfrontiert. Die Methode führt zwar zu theoretisch plausiblen Ergebnissen, ist jedoch anfällig für mehrere Arten von Verzerrungen. Ob die geäußerten Zahlungsbereitschaften mit tatsächlichen Entscheidungen übereinstimmen, konnte noch nicht nachgewiesen werden.*

In den letzten Jahrzehnten wurde eine Vielzahl von Studien durchgeführt, die sich mit dem monetären *Wert des statistischen Lebens* beschäftigen (siehe Abschnitt 2.4.3). In Überblicksartikeln von VISCUSI (1993) und HAMMITT UND GRAHAM (1999) wird über gut zwei Dutzend von Fragebogenstudien mit unterschiedlichem Stichprobenumfang (30 bis über 1.000 Testpersonen) – meist aus den USA oder aus Großbritannien – berichtet. In einigen Fällen wurden Studenten der Autoren befragt, in anderen handelte es sich um repräsentative Stichproben der Wohnbevölkerung im betreffenden Land. Alle Fragebögen waren mit realistischen „Szenarien" versehen, d. h. den hypothetischen Risikoänderungen wurden plausible Begründungen wie zusätzliche Sicherheitsvorkehrungen im Straßenverkehr, beim Betrieb von Kernkraftwerken oder bei der Beseitigung gefährlicher Abfälle beigefügt. Damit sollte den Testpersonen eine Motivation vermittelt werden, sich ernsthaft mit den Fragen auseinanderzusetzen.

Auffällig an den Ergebnissen ist die außerordentlich *große Streuung* der aus den Mittelwerten errechneten „Werte des Lebens" und ein recht enger Zusammenhang zwischen diesen Werten und der Größenordnung der unterstellten Risikoänderung: Für vergleichsweise beträchtliche Risikosenkungen in der Größenordnung von $1:10^3$ ist die mittlere geäußerte Zahlungsbereitschaft nicht wesentlich höher als für Reduktionen im Bereich von $1:10^5$ bis $1:10^6$, so dass sich aus den Studien des ersten Typs ein um mehrere Zehnerpotenzen geringerer Wert des „statistischen Lebens" errechnen lässt. So ermittelte FRANKEL (1979) in ein und *derselben* Studie Werte des Lebens zwischen 57.000 und 3,37 Mio. US$ je nach Größenordnung der unterstellten Risikoreduktion.

Diese Ergebnisse bestätigen die oben genannte Vermutung, dass die meisten Befragten im Umgang mit sehr kleinen Wahrscheinlichkeiten Schwierigkeiten haben und daher auch bei hypothetischen Fragen mit explizit genannten Größen Werte unterhalb einer bestimmten Schwelle (die etwa bei 1:1.000 liegen könnte) im Geiste nach oben „korrigieren".

JONES-LEE ET AL. (1985) berichten allerdings auch, dass der von ihnen gefundene (arithmetische) Mittelwert stark durch einige Ausreißer nach oben beeinflusst worden ist. Würde man statt des Mittelwerts den Median nehmen, so läge der Wert nicht mehr bei 1,5 Mio. £, sondern nur noch bei 800.000 £. Das nach dem potentiellen Pareto-Kriterium korrekte Vorgehen verlangt zwar als Basis den Mittelwert, aber der Median lässt sich durch das Mehrheitsprinzip rechtfertigen, wenn man sich vorstellt, dass über eine staatliche Maßnahme zur Risikoreduktion demokratisch abgestimmt werden soll.

Neben dem aufgezeigten Zusammenhang zwischen dem Messergebnis und der Größenordnung der hypothetischen Risikoänderung geben eine ganze Reihe weiterer bemerkenswerter Feststellungen Anlass, an der Deutung dieser Resultate als „wahre" Zahlungsbereitschaft zu zweifeln:

- Ein beträchtlicher Prozentsatz der Befragten gibt für *unterschiedlich* hohe Risikoänderungen beim selben Ausgangsniveau den *gleichen* Betrag für ihre Zahlungsbereitschaft an;

- einige geben sogar für *größere* Risikosenkungen *geringere* Beträge an [vgl. JONES-LEE ET AL. (1985), V. SMITH UND DESVOUSGES (1987)];

- ferner bestehen in derselben Studie beträchtliche Unterschiede zwischen der Zahlungsbereitschaft für kleine Risikominderungen und den Kompensationsforderungen für kleine Risikoerhöhungen.

Schließlich scheint auch die Art des in den Szenarien beschriebenen Todes (z. B. durch Krebserkrankung versus Verkehrsunfall) für die Höhe der geäußerten Zahlungsbereitschaft eine Rolle zu spielen. Da im ersten Beispiel in dem Gesamtbetrag auch die Zahlungsbereitschaft für die Vermeidung des mit Krebs assoziierten langen Leidens enthalten sein dürfte, ist bei der Interpretation der Ergebnisse solcher Fragebogenstudien zusätzliche Vorsicht geboten.

Folgerung 2.12 *Die erhebliche Streubreite in den Ergebnissen und die verbreiteten Inkonsistenzen in den Antworten auf hypothetische Fragen bestätigen die Zweifel an der Verlässlichkeit der „direkten Methode" der Messung der Zahlungsbereitschaft für Risikoreduktionen.*

Daneben zeigt sich in neueren Studien, dass auch das gesuchte Objekt selbst, die monetäre Bewertung einer Risikoänderung, nicht homogen ist, sondern z. B. vom Alter der betroffenen Person abhängt. So finden HAMMITT UND HANINGER (2010), dass die geäußerte Zahlungsbereitschaft von Eltern für das Leben ihrer Kinder nahezu doppelt so hoch ist wie die für ihr eigenes Leben. Einen Überblick über die betreffende Literatur gibt VISCUSI (2010).

2.4.5.3 Discrete-Choice-Experimente

Discrete-Choice-Experimente (DCE) sind eine Variante der *Conjoint-Analyse*, welche Ende der 60er-Jahre im Bereich der Psychologie entwickelt wurde [vgl. LUCE UND TUKEY (1964)]. Diese versucht, das Verhalten von Konsumenten aufgrund ihrer Präferenzen für Produkteigenschaften zu erklären und vorauszusagen. Bei DCE bilden dabei diskrete Entscheidungen der Individuen die Grundlage.

Seit Anfang der 80er-Jahre werden DCE im Bereich der Verkehrs- und seit etwa zehn Jahren auch in der Umweltökonomik eingesetzt [vgl. z.B. HENSHER (1997); BENNETT UND BLAMEY (2001)]. In der Gesundheitsökonomik wurden DCE Mitte der 90er-Jahre eingeführt [RYAN (1995); RYAN UND HUGHES (1997)]. Mittlerweile liegen bereits eine Vielzahl von Studien vor.[34]

Um ein DCE durchzuführen, müssen zunächst die Eigenschaften einer Maßnahme beschrieben werden. Folgende Eigenschaften können z.B. eine Knieoperation charakterisieren:

- Erwünschte Wirkung

- Mögliche Komplikationen

- Wartezeit bis zur Operation

- Dauer des Krankenhausaufenthaltes

- Kosten der Operation.

Durch verschiedene Ausprägungen lassen sich diese Eigenschaften zu unterschiedlichen (hypothetischen) Maßnahmen kombinieren. Jede Maßnahme wird somit durch einen Vektor von Eigenschaftsausprägungen charakterisiert. Das Experiment wird so gestaltet, dass die hypothetischen Alternativen in mehreren Teilmengen zusammengefasst werden, wobei jede aus mindestens zwei Alternativen besteht. Den befragten Personen werden anschließend die Teilmengen der Reihe nach vorgelegt, und bei jeder Teilmenge muss das Individuum diejenige Alternative bezeichnen, für die es sich entscheiden würde.

Die diskreten Entscheidungen über die Teilmengen bilden die Grundlage für die statistische Auswertung. Hierzu wird ein entscheidungstheoretisches Modell verwendet, aufgrund dessen sich Individuen zwischen verschiedenen Alternativen entscheiden, indem sie die Nutzen aus den Alternativen miteinander vergleichen. Dieses Verfahren ist in der neuen Nachfragetheorie von LANCASTER (1966,1971) verankert, in welcher ein Individuum Nutzen aus den Eigenschaften zieht, mit welchen ein Gut ausgestattet ist (vgl. dazu auch Abschnitt 12.2).

---

[34] Einen Überblick geben RYAN ET AL. (2008) und LOUVIERE UND LANCSAR (2009).

Bezüglich der Präferenzen der untersuchten Bevölkerungsgruppe trifft die DCE-Methode die folgenden Annahmen:

(1) *Existenz eines repräsentativen Konsumenten:* Diese Annahme besagt, dass sich die aggregierten Präferenzen der untersuchten Bevölkerungsgruppe durch eine Nutzenfunktion darstellen lassen. Unterschiede in den Präferenzen der einzelnen Individuen lassen sich aber teilweise durch einen Vektor mit sozioökonomischen Merkmalen in der Nutzenfunktion berücksichtigen.

(2) *Strukturannahmen an die Nutzenfunktion:* In fast allen Anwendungen wird eine lineare Nutzenfunktion verwendet. Diese impliziert, dass die Grenznutzen der Eigenschaften der Maßnahme konstant sind. In vielen Situationen ist diese Annahme jedoch zu restriktiv. Als Alternative bietet sich eine quadratische Nutzenfunktion an, die allerdings immer noch relativ starke Annahmen beinhaltet. [35]

Formal lässt sich das entscheidungstheoretische Modell folgendermaßen darstellen:[36] Die Alternative j sei durch den Preis p_j und den Vektor $b_j = (b_j^1, ..., b_j^z)$ mit den z Charakteristika gekennzeichnet. y_i bezeichne das Einkommen des Individuums i. Der indirekte Nutzen des Individuums i bei Alternative j lautet dann

$$V_{ij} = v(p_j, b_j, y_i, \varepsilon_{ij}).$$ (2.44)

Der Vektor ε_{ij} ist dabei für das Individuum eine bekannte Größe, für den Beobachter stellt er aber eine Zufallsvariable dar. Er erfasst insbesondere nicht entscheidungsrelevante Eigenschaften des Individuums, die nur dieses selbst kennt. Das Individuum wird sich für die Alternative j entscheiden, wenn der Nutzen in diesem Fall größer ist als für alle anderen Alternativen innerhalb der Teilmenge, wenn also gilt

$$v(p_j, b_j, y_i, \varepsilon_{ij}) > v(p_l, b_l, y_i, \varepsilon_{il}), \quad \forall l \neq j.$$ (2.45)

Für den Beobachter sind die Entscheidungen der Individuen jedoch Zufallsvariablen. Auf Grundlage der Theorie des stochastischen Nutzens können deshalb Wahrscheinlichkeit angegeben werden, mit der die Alternative j gewählt wird:

$$P_j = \text{Prob}[v_j(p_j, b_j, y_i, \varepsilon_{ij}) > v(p_l, b_l, y_i, \varepsilon_{il}), \forall l \neq j].$$ (2.46)

Nachdem man Annahmen über die funktionale Form der indirekten Nutzenfunktion $v(\cdot)$ und über die Verteilung der Störterme ε getroffen hat, lässt sich Gleichung (2.46) mit einem Probit- oder Logit-Modell schätzen.

Mit den Schätzergebnissen kann die Grenzrate der Substitution (GRS) zwischen zwei beliebigen Charakteristika berechnet werden. Sie gibt an, wie viel man von einem Charakteristikum aufzugeben bereit ist, um von einem anderen Charakteris-

---

[35] Eine quadratische Nutzenfunktion wird u.a. von GEGAX UND STANLEY (1997) sowie von PECKELMAN UND SEN (1979) verwendet.

[36] Eine ausführliche Beschreibung der Methode mit dem zugrundeliegenden theoretischen Modell findet sich z.B. bei LOUVIERE ET AL. (2000) und TELSER (2002).

tikum eine Einheit mehr zu bekommen. Mathematisch lässt sich die GRS zwischen zwei Attributen k und m einer Maßnahme als Verhältnis der beiden partiellen Ableitungen der indirekten Nutzenfunktion aus Gleichung (2.44) nach den Attributen k und m ausdrücken:

$$\text{GRS}_{k,m} = \frac{\dfrac{\partial v_j(p_j,b_j,y_i,\varepsilon_{ij})}{\partial b_j^k}}{\dfrac{\partial v_j(p_j,b_j,y_i,\varepsilon_{ij})}{\partial b_j^m}}. \tag{2.47}$$

Die GRS zwischen dem Attribut k und dem Preis p_j zeigt an, wie viel mehr man zu zahlen bereit wäre, um eine Einheit mehr vom Charakteristikum k zu erhalten. Das ist aber nichts anderes als die marginale Zahlungsbereitschaft (MZB) für das Attribut k:

$$\text{MZB}_k = \frac{\dfrac{\partial v_j(p_j,b_j,y_i,\varepsilon_{ij})}{\partial b_j^k}}{\dfrac{\partial v_j(p_j,b_j,y_i,\varepsilon_{ij})}{\partial p_j}}. \tag{2.48}$$

Auf diese Weise lassen sich für alle Eigenschaften die marginalen Zahlungsbereitschaften bestimmen. Im linearen Modell sind diese konstant, so dass sich die Zahlungsbereitschaften für nichtmarginale Änderungen berechnen lassen, indem man die GRS mit den jeweiligen Änderungen der Eigenschaften multipliziert.

Ein großer Vorteil von DCE im Vergleich zu CV-Studien ist, dass sie weniger anfälliger für strategisches Verhalten der Befragten sind, da der Zusammenhang zwischen den geplanten Projekten und den vorgelegten Alternativenmengen für die Befragten in der Regel nicht ersichtlich ist. Zudem lassen sich die Ergebnisse eines DC-Experiments durch die Konstruktion einer Nutzenfunktion auf eine Vielzahl möglicher Projekte anwenden. Demgegenüber stehen allerdings, ähnlich wie beim QALY-Modell in der Kosten-Nutzwert-Analyse, relativ einschränkende Annahmen bezüglich der Präferenzstruktur der Betroffenen. Bezüglich der Validität und Reliabilität der Methode deuten die Ergebnisse darauf hin, dass DCE auch im Gesundheitsbereich grundsätzlich eine valide und zuverlässige Methode zur Ermittlung der Zahlungsbereitschaft sind.[37]

Folgerung 2.13 *Discrete-Choice-Experimente (DCE) versuchen auf der Basis diskreter Entscheidungen der betroffenen Personen, deren Präferenzen für Eigenschaften von Maßnahmen zu erklären und vorauszusagen. Die großen Vorteile der DCE sind ihre geringe Anfälligkeit für strategisches Verhalten der Befragten und die Anwendbarkeit der Ergebnisse auf eine Vielzahl möglicher Projekte. Bezüglich der Präferenzstruktur der Betroffenen treffen DCE allerdings relativ einschränkende Annahmen.*

---

[37] Siehe RYAN ET AL. (1998), BRYAN ET AL. (2000), TELSER (2002), TELSER UND ZWEIFEL (2002), ZWEIFEL ET AL. (2006) sowie TELSER UND ZWEIFEL (2007).

2.4.6 Die indirekte Methode der Messung der Zahlungsbereitschaft: Auswertung von Marktdaten

Der große Vorteil der indirekten Methode im Gegensatz zu Befragungen ist, dass sie nicht auf hypothetische, sondern auf reale Situationen Bezug nimmt. Daher ist es prinzipiell möglich, die Risikopräferenzen von Individuen aus ihren Entscheidungen bezüglich der Vermeidung von Risiken abzulesen. Das bekannteste Beispiel hierfür ist die Wahl bzw. Nichtwahl eines Berufs, dessen Ausübung mit einer erhöhten Gefährdung von Leben und Gesundheit verbunden ist (z. B. Rennfahrer, Lkw-Fahrer, Stuntman, Minenarbeiter, Elektriker, Soldat). Aber auch alltägliche Situationen wie das Anlegen von Sicherheitsgurten können der Ableitung von Risikopräferenzen aus beobachtetem Verhalten dienen.

Jedoch ist auch die Methode der *Messung „offenbarter Präferenzen"* mit einer Reihe von Problemen behaftet, die hier am Beispiel der Berufswahl aufgezeigt werden sollen. Grundidee ist es, die Kompensationsforderungen von Individuen für die Übernahme eines erhöhten Risikos für das eigene Leben an der Differenz der Lohnsätze eines Berufes mit und eines ohne berufsbedingte Lebensgefahr abzulesen. Die dabei auftretenden Schwierigkeiten sind die folgenden:

(1) *Trennung des Risikos von anderen Einflüssen:* Anders als bei der Skizzierung hypothetischer Situationen in Fragebögen spielen bei realen Entscheidungen immer mehrere Aspekte eine Rolle, und der Einfluss einer einzelnen Größe lässt sich im Nachhinein nicht leicht isolieren. Denn man wird keine zwei Berufe finden, die sich nur im Risiko für Leben oder Gesundheit unterscheiden, ansonsten aber völlig gleich sind. So spiegeln Lohnsatzdifferenzen sicher auch Unterschiede in den Anforderungen an die Ausbildung, in der körperlichen und seelischen Belastung und in vielen anderen Merkmalen der Tätigkeiten wider. Solange man diese übrigen Charakteristika nicht konstant halten kann, ist es sehr gewagt, die Lohndifferenz allein als Risikoprämie zu interpretieren.

(2) *Diskrepanz zwischen subjektivem Risiko und relativer Häufigkeit:* Selbst wenn die Lohndifferenz eine reine Risikoprämie wäre, ist daraus die Grenzrate der Substitution des Arbeitnehmers zwischen Risiko und Vermögen nur dann ablesbar, wenn man dessen subjektive Einschätzung der relevanten Wahrscheinlichkeiten kennt, denn nach der Erwartungsnutzentheorie geht diese in seine Entscheidung ein. Was man stattdessen in der Regel beobachten kann, sind relative Häufigkeiten von berufsbedingten Todesfällen (z. B. Arbeitsunfällen). Gerade bei relativ geringen Werten dieser Größen ist keinesfalls sichergestellt, dass die betroffenen Arbeitnehmer diese Häufigkeiten kennen, geschweige denn, dass sie sie als Grundlage ihrer eigenen Wahrscheinlichkeits-Schätzungen verwenden. So ist aus Umfragen bei Autofahrern bekannt, dass nahezu jeder sein eigenes Unfallrisiko geringer einschätzt als die entsprechende relative Häufigkeit der Gesamtbevölkerung. Hinzu kommt die Frage, ob das beobachtete Verhalten tatsächlich als Maximierung des Erwartungsnutzens gedeutet werden kann, wie es die Theorie verlangt. Empirische Beobachtungen [z. B. schon von EIS-

NER UND STROTZ (1961)] deuten darauf hin, dass Individuen beim Umgang mit relativ kleinen Risiken – ähnlich wie bei der Beantwortung hypothetischer Fragen – auch in realen Situationen systematisch gegen diese Handlungsmaxime verstoßen.

(3) *Repräsentativität von Personen mit riskanten Berufen:* Schließlich muss man in Zweifel ziehen, ob Personen in riskanten Berufen für die Gesamtbevölkerung repräsentativ sein können. Allein schon die Tatsache, dass sie einen solchen Beruf gewählt haben und die anderen nicht, impliziert, dass selbst bei Außerachtlassung der unter (1) und (2) genannten Einwände die Lohnsatzdifferenz gleichzeitig eine *Obergrenze* für die Grenzrate der Substitution zwischen Leben und Vermögen (d.h. für die Zahlungsbereitschaft für eine Risikoreduktion) bei den betreffenden Personen und eine *Untergrenze* bei der restlichen (im Prinzip für den Beruf geeigneten) Bevölkerung darstellt. Eine solche Aussage hilft aber vor allem dann nicht weiter, wenn sich die „kompensierende Lohnsatzdifferenz" als sehr klein oder sogar negativ erweist. Dann bleibt nur der Schluss, dass die Angehörigen dieses Berufes eine besondere Vorliebe für riskante Situationen (etwa den damit verbundenen Nervenkitzel) haben, die in der Bevölkerung insgesamt nicht verbreitet ist. Allerdings ist fraglich, ob Personen, die beruflich oder privat wegen des „Nervenkitzels" hohe Risiken eingehen (Stuntmen, Fallschirmspringer), denselben Nervenkitzel auch bei einem gleich hohen, aber weniger spektakulären Risiko (z.B. einer Vergiftung durch Schadstoffe) verspüren.

Folgerung 2.14 *Auch die Messung der Zahlungsbereitschaft anhand „offenbarter Präferenzen" ist mit einer Reihe von Problemen behaftet. Es muss u.a. sichergestellt sein, dass dem Individuum die relevanten Risiken genau bekannt waren und dass dies das einzige Motiv für sein beobachtbares Verhalten war.*

Die monetäre Bewertung menschlichen Lebens aus Arbeitsmarktdaten hat sich von den ersten Anfängen in den 1970er Jahren bis heute zu einem umfangreichen Literaturzweig entwickelt. Eine neuere Übersicht über mehr als 60 Studien geben VISCUSI UND ALDY (2003). Noch aktuellere Arbeiten aus den USA finden einen Median der monetären Bewertung eines statistischen Lebens von 7-8 Millionen US$ und eine Einkommenselastizität von 1 oder größer [VISCUSI (2010)]. Auch in Deutschland und der Schweiz hat es einige Studien zu kompensierenden Lohndifferenzen gegeben. Die Median-Ergebnisse reichen von 0 bis ca. 6 Mio. € pro statistischem Leben, wie der Übersicht von KLUVE UND SCHAFFNER (2008) zu entnehmen ist.

Eine weitere Gruppe von empirischen Untersuchungen zielt darauf ab, den „Wert des Lebens" aus beobachtetem *Verhalten von Konsumenten* abzuleiten. Die verwendeten Daten beziehen sich u.a.

- auf den erhöhten Marktpreis von Häusern in Gegenden mit besserer Luftqualität,
- auf den Kauf und Einbau von Rauch-Detektoren in Holzhäusern,

- auf die Benutzung von Sicherheitsgurten und die Wahl der Geschwindigkeit beim Autofahren oder

- auf die Benutzung von Fußgängertunneln zur Überquerung vielbefahrener Straßen.

Ein Überblick über die Ergebnisse dieser Studien findet sich ebenfalls in VISCU-SI UND ALDY (2003, S. 25). Die implizierten monetären Werte des Lebens liegen zwischen 800.000 und 5 Millionen US$, bezogen auf das Jahr 2000.

2.5 Kosten-Nutzen, Kosten-Nutzwert und Gesellschaftliche Wohlfahrtsanalyse

2.5.1 Kosten-Nutzwert- und Kosten-Nutzen-Analyse im Vergleich

Vergleicht man die Kosten-Nutzwert-Analyse und die Kosten-Nutzen-Analyse, so fallen eine Gemeinsamkeit und zwei grundlegende Unterschiede auf. Beide Methoden teilen die Eigenschaft, dass sie bei der Verteilung der Vorteile einer Maßnahme keinen Unterschied machen, bei wem diese anfallen. Dies ist jedoch dann fragwürdig, wenn man der Ansicht ist, dass die Vorteile nicht zu ungleich auf die Betroffenen verteilt werden sollten. Wie wir gezeigt haben, lässt sich dieser Aspekt durch die Verwendung einer gesundheitsbezogenen bzw. gesellschaftlichen Wohlfahrtsfunktion berücksichtigen.

Der erste grundlegende Unterschied besteht darin, dass die Kosten-Nutzwert-Analyse im Gegensatz zur Kosten-Nutzen-Analyse allein noch keine Entscheidung darüber trifft, ob ein Projekt durchgeführt werden sollte. Erst die Festlegung eines Budgets macht dies möglich. Es bleibt jedoch offen, nach welchen Kriterien dieses Budget bestimmt werden sollte.

Zweitens unterscheiden sich beide Methoden in der Frage, wie die Wohlfahrt der betroffenen Personen in die Entscheidung einfließen sollte. Die Kosten-Nutzwert-Analyse stellt hier das extra-welfaristische Konzept der Gesundheit in den Mittelpunkt. Die Kosten-Nutzen-Analyse hingegen beruht auf dem in der Wohlfahrtsökonomik üblichen Nutzenkonzept. Die beiden Methoden gehen somit von unterschiedlichen Werturteilen aus und es handelt sich nicht um einen rein technischen Unterschied. Entsprechend wird mit der Verwendung einer Methode implizit eine Entscheidung darüber getroffen, welche Faktoren für die Wohlfahrt der Betroffenen als wichtig erachtet werden und welche nicht. Der Wissenschaftler kann hier nur versuchen, Klarheit über die wohlfahrtstheoretischen Zusammenhänge zu schaffen. Die Entscheidung darüber, welche Methode angewendet werden sollte, kann aber letztlich nur im gesellschaftlichen Diskurs getroffen werden.

Folgerung 2.15 *Die Kosten-Nutzwert-Analyse und die Kosten-Nutzen-Analyse unterscheiden sich nicht nur in ihrem technischen Vorgehen, sondern vor allem in der Frage, wie die Wohlfahrt der Betroffenen berücksichtigt wird. Bei der Kosten-Nutzwert-Analyse steht die Gesundheit im Mittelpunkt, bei der Kosten-Nutzen-Analyse der Nutzen. Die Methoden beruhen daher auf unterschiedlichen Werturteilen.*

Aus Sicht eines Vertreters der Kosten-Nutzen-Analyse stellt sich noch eine interessante Frage bezüglich der Vereinbarkeit der beiden Methoden: Lassen sich die Ergebnisse einer Kosten-Nutzwert-Analyse für eine Kosten-Nutzen-Analyse nutzbar machen? Insbesondere möchten wir zum Abschluss dieses Kapitels untersuchen, ob QALYs mit einem Geldwert belegt werden können, so dass sie Grundlage einer Kosten-Nutzen-Analyse sein können [vgl. BLEICHRODT UND QUIGGIN (1999)].

Hierzu müssen zunächst einmal die Annahmen des QALY-Modells erfüllt sein (siehe Abschnitt 2.3.2.2). Wie wir in Abschnitt 2.3.2.3 gezeigt haben, sind QALYs unabhängig vom Konsum y nur ein Argument einer herkömmlichen Erwartungsnutzenfunktion, falls einige restriktive Annahmen erfüllt sind. Der Erwartungsnutzen des Individuums beträgt dann

$$EU_i = b(y_i)\text{QALYs}_i. \tag{2.49}$$

Die übliche Annahme des abnehmenden positiven Grenznutzens des Einkommens impliziert $b'(y_i) > 0$ und $b''(y_i) < 0$. Für die marginale Zahlungsbereitschaft für ein QALY erhalten wir

$$\text{MZBQ}_i = -\left.\frac{\mathrm{d}y_i}{\mathrm{d}\text{QALYs}_i}\right|_{\mathrm{d}EU_i=0} = \frac{\dfrac{\partial EU_i}{\partial \text{QALYs}_i}}{\dfrac{\partial EU_i}{\partial y_i}} = \frac{b(y_i)}{b'(y_i)\text{QALYs}_i} > 0. \tag{2.50}$$

Folglich lässt sich für jedes einzelne Individuum die Zahlungsbereitschaft für eine Maßnahme approximieren, indem man seine QALY-Veränderung mit seiner Zahlungsbereitschaft für ein QALY multipliziert.

$$Z_i \approx \text{MZBQ}_i \times \Delta\text{QALYs}_i = \frac{b(y_i)}{b'(y_i)\text{QALYs}_i}\Delta\text{QALYs}_i. \tag{2.51}$$

Auf Grundlage dieser Zahlungsbereitschaften lässt sich dann eine Kosten-Nutzen-Analyse (oder auch eine gesellschaftliche Wohlfahrtsanalyse) erstellen. Da man auf die Ergebnisse der Kosten-Nutzwert-Analyse bzw. auf die aus Befragung gewonnenen Bewertungen der Gesundheitszustände zurückgreifen kann, wäre diese Analyse relativ einfach durchzuführen. Allerdings sind hierbei folgende Punkte zu beachten:

(a) Gleichung (2.49) gilt nur unter sehr einschränkenden Annahmen, die in der Praxis kaum erfüllt sein dürften (vgl. Abschnitt 2.3.2.3).

(b) Gleichung (2.50) zeigt, dass die Zahlungsbereitschaft einer Person für ein QALY von ihrem verfügbaren Einkommen und ihren QALYs in der Ausgangssituation abhängig ist. Die Zahlungsbereitschaft für ein QALY ist deshalb voraussichtlich von Person zu Person verschieden und müsste entsprechend getrennt erhoben werden. Insbesondere folgt aus Gleichung (2.50), dass die Zahlungsbereitschaft für ein QALY mit dem verfügbaren Einkommen steigen sollte, falls die übliche Annahme $b''(y) < 0$ gilt und der Grenznutzen des Einkommens ceteris paribus abnehmend ist. Diese Hypothese wird von empirischen Studien bestätigt, die einen positiven Einkommenseffekt auf die Zahlungsbereitschaft für ein QALY finden [siehe Abschnitt 2.5.3].

Ein pragmatischer Ansatz besteht darin, die durchschnittliche Zahlungsbereitschaft in der Bevölkerung zu verwenden. Diese Vorgehensweise ist jedoch problematisch. Sind die unterschiedlichen Einkommensgruppen in der Bevölkerung in unterschiedlichem Maße von der zu bewertenden Maßnahme betroffen, dann kommt es zu Verzerrungen. Profitieren z. B. hauptsächlich Personen mit niedrigem Einkommen von der Maßnahme und steigt die Zahlungsbereitschaft für ein QALY mit dem verfügbaren Einkommen, dann kommt es bei Anwendung der durchschnittlichen QALY-Zahlungsbereitschaft zu einer Überschätzung der gesamten Zahlungsbereitschaft.

Aus diesen Überlegungen geht auch hervor, dass es äußerst unrealistisch ist, dass die Kosten-Nutzwert-Analyse und die Kosten-Nutzen-Analyse zum gleichen Ergebnis führen. Hierfür müssen nicht nur die Annahmen des QALY-Modells erfüllt sein und sich die Präferenzen durch Gleichung (2.13) erfassen lassen. Des Weiteren muss die Zahlungsbereitschaft für ein QALY für alle Personen gleich sein, da die Kosten-Nutzen-Analyse sonst die QALY-Veränderungen unterschiedlich gewichtet. Schließlich muss noch das Budget der Kosten-Nutzwert-Analyse den optimalen Ausgaben bei der Kosten-Nutzen-Analyse entsprechen, damit beide Methoden auch zum gleichem Leistungsniveau führen.

Folgerung 2.16 *Sind QALYs unabhängig vom Konsum ein Argument einer herkömmlichen Erwartungsnutzenfunktion, dann lassen sich die Ergebnisse von Kosten-Nutzwert-Analysen auch für Kosten-Nutzen- und gesellschaftliche Wohlfahrtsanalysen verwenden. Hierbei müssen die Zahlungsbereitschaften für ein QALY einzeln erhoben werden, da sie vom verfügbaren Einkommen und den QALYs in der Ausgangssituation abhängen. In der Regel wird die Kosten-Nutzen-Analyse zu einem anderen Ergebnis führen als die Kosten-Nutzwert-Analyse.*

Die Methoden unterscheiden sich somit nicht nur in ihren Werturteilen, sondern es ist auch schwierig, die Ergebnisse der Kosten-Nutzwert-Analyse für die Kosten-Nutzen-Analyse zu verwenden. Letztlich handelt es sich um zwei grundsätzlich unterschiedliche Methoden der Bewertung von Gesundheitsmaßnahmen. Der große praktische Vorteil der Kosten-Nutzen-Analyse ist dabei, dass sie die Frage beantwortet, ob eine bestimmte Gesundheitsmaßnahme überhaupt durchgeführt werden soll.

Die Kosten-Nutzwert-Analyse hingegen bleibt insofern unbefriedigend, dass sie auf die Festlegung eines Budgets angewiesen ist. Die Frage, wie dieses Budget festgelegt werden soll, beantwortet sie nicht.

2.5.2 QALYs und Gesellschaftliche Wohlfahrt

In Abschnitt 2.4.4.3 haben wir diskutiert, wie die gesellschaftliche Wohlfahrtsanalyse zur Evaluation von Gesundheitsmaßnahmen verwendet werden kann. Diese Methode beruhte auf dem Konzept einer *Bergson-Samuelson Wohlfahrtsfunktion*,

$$W = W(U_1, ..., U_n).$$

Im Allgemeinen weichen die Ergebnisse einer gesellschaftliche Wohlfahrtsanalyse von denen einer Kosten-Nutzen-Analyse ab.[38] Während die Kosten-Nutzen-Analyse einfach die Zahlungsbereitschaften Z_i summiert, erfordert es eine gesellschaftliche Wohlfahrtsanalyse, die Zahlungsbereitschaft und den Finanzierungsbeitrag zu der Gesundheitsmaßnahme für jede Person einzeln zu betrachten. Diese Änderungen müssen mit dem gesellschaftlichen Grenznutzen des Einkommens des jeweiligen Individuums, GN_i, gewichtet werden, um die Änderung der gesellschaftlichen Wohlfahrt zu ermitteln. Wenn man die Gleichung (2.43) für eine Gesellschaft aus n Individuen verallgemeinert, lautet die gesellschaftliche Wohlfahrtsregel für die Annahme einer Gesundheitsmaßnahme

$$SB \equiv \underbrace{\sum_{i=1}^{n} GN_i Z_i}_{\text{gesellschaftlicher Nutzen}} > \underbrace{\sum_{i=1}^{n} GN_i \alpha_i K}_{\text{gesellschaftliche Kosten}} \equiv SC, \qquad (2.52)$$

wobei α_i den Anteil der Person i an der Finanzierung der Kosten der Intervention, K, bezeichnet. Im Folgenden werden wir untersuchen, wie die gesellschaftliche Wohlfahrtsanalyse unter Verwendung von QALYs durchgeführt werden kann. Insbesondere werden wir studieren, wie Änderungen in den QALYs und den Finanzierungsbeiträgen gewichtet werden müssen.

Angenommen, QALYs seien unabhängig vom Konsum ein Argument der Erwartungsnutzenfunktion, so dass die Präferenzen durch Gleichung (2.49) dargestellt werden können. Dann lautet der gesellschaftliche Grenznutzen des Einkommens

$$GN_i \equiv \frac{\partial W}{\partial U_i} \frac{\partial U_i}{\partial y_i} = \frac{\partial W}{\partial U_i} b'(y_i) \text{QALYs}_i, \qquad (2.53)$$

wobei U_i in diesem Fall gleich EU_i ist.

---

[38] Eine Ausnahme bildet der unwahrscheinliche Fall, in dem das Einkommen gemäß der gesellschaftliche Wohlfahrtsfunktion optimal verteilt ist.

Verwendet man die Zahlungsbereitschaft des Individuums für eine Gesundheitsmaßnahme aus Gleichung (2.51), so erhält man die folgende Näherungsformel für den
gesellschaftlichen Nutzen:

$$SB = \sum_{i=1}^{n} \frac{\partial W}{\partial U_i} b'(y_i) \text{QALYs}_i \times Z_i \approx \sum_{i=1}^{n} \frac{\partial W}{\partial U_i} b(y_i) \Delta\text{QALYs}_i.$$

Analog dazu folgt aus Gleichung (2.53), dass die gesellschaftlichen Kosten wie folgt
lauten:

$$SC = \sum_{i=1}^{n} \frac{\partial W}{\partial U_i} b'(y_i) \text{QALYs}_i \alpha_i K.$$

Daher lautet die gesellschaftliche Wohlfahrtsregel

$$\sum_{i=1}^{n} \frac{\partial W}{\partial U_i} b(y_i) \Delta\text{QALYs}_i > \sum_{i=1}^{n} \frac{\partial W}{\partial U_i} b'(y_i) \text{QALYs}_i \alpha_i K. \qquad (2.54)$$

Um konkretere Ergebnisse zu erhalten, muss man die gesellschaftliche Wohlfahrtsfunktion näher spezifizieren. Betrachten wir zunächst die utilitaristische gesellschaftliche Wohlfahrtsfunktion $W = U_1 + \cdots + U_n$, die $\partial W / \partial U_i = 1$ impliziert. Die Finan-
zierungsregel für Gesundheitsmaßnahmen lautet dann

$$\sum_{i=1}^{n} b(y_i) \Delta\text{QALYs}_i > \sum_{i=1}^{n} b'(y_i) \text{QALYs}_i \alpha_i K. \qquad (2.55)$$

Unterstellt man wie üblich abnehmenden Grenznutzen des Einkommens,
$b''(y) < 0$, so folgt daraus:

(a) Gesundheitsverbesserungen bei Individuen mit hohem Einkommen sollten wegen $b'(y) > 0$ höher bewertet werden. Dies ergibt sich aus der Nutzenfunktion
(2.49), nach der Gesundheit und Konsum Komplemente sind. Ferner spielt es
keine Rolle, ob die Person, gemessen an ihrer QALY-Ausstattung ursprünglich
gesund ist oder nicht. Dies folgt aus der Linearität der Nutzenfunktion (2.49)
bezüglich der QALYs.

(b) der Finanzierungsbeitrag $\alpha_i K$ hat einen größeren Effekt auf die gesellschaftliche
Kosten, wenn das Individuum ein geringes Einkommen hat. Aufgrund des abnehmenden Grenznutzens ist der Nutzenverlust für diese Individuen größer. Die
Beiträge der Personen mit einer hohen QALY-Ausstattung bzw. guter anfängli-
cher Gesundheit wiegen bei den gesellschaftlichen Kosten schwerer. Auch dies
ist eine Folge der Komplementarität zwischen Gesundheit und Konsum.

Das Werturteil, dass Gesundheitsverbesserungen für Personen mit hohem Einkommen wertvoller sind und dass Personen mit besserer Gesundheit bei der Berechnung
der gesellschaftlichen Kosten mehr Gewicht erhalten sollten, wird von den meisten nicht geteilt werden. Dies kann bedeuten, dass der Utilitarismus, der bei reinen
Verteilungsproblemen eher akzeptiert ist, die Werturteile der Bevölkerung in einem
breiteren Kontext nicht gut ausdrückt. Das Problem könnte aber auch in der spezifischen Form der Nutzenfunktion (2.49) liegen, welche Linearität in den QALYs und
Komplementarität zwischen QALYs und Konsum aufweist.

Anstatt die Nutzenfunktion (2.49) aufzugeben, betrachten wir im Folgenden Aggregationsregeln, die Ungleichheitsaversion nicht nur bezüglich des Einkommens, sondern auch bezüglich des Nutzens ausdrücken. Dazu gehen wir von gesellschaftlichen Wohlfahrtsfunktionen aus, die folgende Form besitzen:

$$W = \frac{1}{1-\rho} \sum_{i=1}^{n} U_i^{1-\rho}, \quad \rho \geq 0, \rho \neq 1.^{39} \tag{2.56}$$

Der Parameter ρ kann als Maß für die Ungleichheitsaversion im Nutzen interpretiert werden. Für $\rho = 0$ spielt diese keine Rolle und man erhält die utilitaristische gesellschaftliche Wohlfahrtsfunktion. Wenn ρ positiv ist, ist die Gesellschaft avers gegen Nutzenungleichheit.[40] Wenn ρ unendlich groß wird, geht die gesellschaftliche Wohlfahrtsfunktion gegen die Maximin-Funktion $W = \min\{U_1,...,U_n\}$. Aus der gesellschaftlichen Wohlfahrtsfunktion (2.56) folgt, dass der gesellschaftliche Grenznutzen des Einkommens $\partial W / \partial U_i = U_i^{-\rho}$ isoelastisch in U_i ist: Ein einprozentiger Anstieg des Nutzens U_i führt zu einer ρ-prozentigen Senkung des gesellschaftlichen Grenznutzens. Individuen mit geringem Nutzen erhalten also mehr Gewicht. Dadurch steigt das Gewicht der Individuen mit geringem Einkommen und einer niedrigen QALY-Ausstattung bei der Berechnung der gesellschaftlichen Kosten und Nutzen. Einsetzen aus (2.49) führt zu

$$\frac{\partial W}{\partial U_i} = U_i^{-\rho} = b(y_i)^{-\rho} \text{QALYs}_i^{-\rho}.$$

Eingesetzt in (2.54) ergibt sich die gesellschaftliche Wohlfahrtsregel

$$\sum_{i=1}^{n} b(y_i)^{1-\rho} \text{QALYs}_i^{-\rho} \Delta \text{QALYs}_i > \sum_{i=1}^{n} b'(y_i) b(y_i)^{-\rho} \text{QALYs}_i^{1-\rho} \alpha_i K. \tag{2.57}$$

Verglichen mit der utilitaristischen Regel ($\rho = 0$) gilt für den gesellschaftlichen Nutzen (linke Seite der Gleichung):

- für $\rho > 0$ erhalten Individuen mit schlechter Gesundheit ein höheres Gewicht;
- für $\rho > 1$ werden Gesundheitsverbesserungen für Personen mit geringem Einkommen stärker gewichtet.

In Bezug auf die gesellschaftlichen Kosten (rechte Seite der Gleichung) gilt:

- eine verstärkte Gewichtung der Geringverdiener bei $\rho > 0$. Der Faktor $b(y_i)^{-\rho}$ gibt ihren Beiträgen ein größeres Gewicht – unabhängig vom abnehmenden Grenznutzen des Einkommens;
- für $\rho > 1$ werden Individuen mit geringer Gesundheit stärker gewichtet.

---

[39] Für $\rho = 1$ kann die gesellschaftliche Wohlfahrt als $W = \sum_i \ln U_i$ definiert werden.
[40] Im Zwei-Personen-Fall verlaufen die Wohlfahrts-Indifferenzkurven im Nutzenraum konvex.

Bei Vorliegen von Aversion gegen Nutzenungleichheit scheinen die Ergebnisse damit verbreiteten Werturteilen wesentlich eher zu entsprechen. Falls diese Aversion stark ist ($\rho > 1$), erhalten Individuen mit geringem Einkommen und schlechter Gesundheit sowohl bei der Berechnung der gesellschaftlichen Nutzen als auch der gesellschaftlichen Kosten ein höheres Gewicht.

Damit erfordert eine gesellschaftliche Wohlfahrtsanalyse die Einbeziehung der Verteilung von Einkommen und Gesundheit in die ökonomische Evaluation, was die Analyse erschwert. Ein pragmatischer Ansatz würde darin bestehen, bestimmte Gruppen zu identifizieren, die sich im Einkommen und der Gesundheit von der Masse signifikant unterscheiden. Schließlich ist anzumerken, dass die gesellschaftlichen Kosten auch vom Finanzierungssystem für Gesundheitsleistungen abhängen, also von der Verteilung der Kostenanteile α_i, die auf die Individuen entfallen. Diese Anteile sind ebenfalls Politikvariablen, bezüglich derer optimiert werden kann.

Folgerung 2.17 *Eine gesellschaftliche Wohlfahrtsanalyse auf der Grundlage von QALYs kann verwendet werden, falls diese unabhängig von der Höhe des Konsums als Argument in der Erwartungsnutzenfunktion auftauchen. Wie Änderungen in den QALYs und in den Finanzierungsbeiträgen nach Einkommen und Gesundheit gewichtet werden sollten, hängt von der angenommenen gesellschaftlichen Wohlfahrtsfunktion ab. Falls die Ungleichheitsaversion bezüglich des Nutzens genügend stark ist, sollten Individuen mit geringem Einkommen und schlechter Gesundheit in beiderlei Hinsicht stärker gewichtet werden.*

2.5.3 Messung der Zahlungsbereitschaft für QALYs

In vielen Bereichen des Gesundheitswesens geht es nicht wie etwa in der Verkehrssicherheit darum, den plötzlichen Tod vollkommen gesunder Menschen zu verhindern, sondern kranken Menschen mehr Lebensqualität oder zusätzliche Lebensjahre oder -monate zu verschaffen. Da die dazu benötigten Interventionen Geld kosten, ist es für die Gestaltung des Leistungskatalogs einer Krankenversicherung wichtig, die Kosten mit dem Geldbetrag zu vergleichen, den die Betroffenen für die entsprechende Verbesserung ihrer Gesundheit zu zahlen bereit wären. Man interessiert sich daher eher für die *monetäre Bewertung eines QALYs* als für die *monetäre Bewertung eines statistischen Lebens*.

Gerade in Europa sind eine Reihe von Studien erstellt worden, die dieser Frage mit der Contingent-Valuation-Methode empirisch nachgegangen sind (etwa BYRNE ET AL. (2005), GYRD-HANSEN (2003), KING ET AL. (2005)). Innerhalb dieser Methode kann man noch zwei Varianten unterscheiden,

(a) die indirekte Variante, in der zunächst ein spezifischer Gesundheitszustand beschrieben wird, der auf einer 0-1-Skala und dann erst monetär zu bewerten ist, und

(b) die direkte Variante, bei der ohne Erwähnung einer spezifischen Krankheit eine Gesundheitseinbuße auf einer 0-1-Skala für einen bestimmten Zeitraum vorausgesetzt wird, die monetär bewertet werden soll.

Die Median-Zahlungsbereitschaften für ein QALY liegen typischerweise zwischen 10.000 und 30.000 € und damit in der Nähe des Schwellenwerts, der vom National Institute for Health and Clinical Excellence (NICE) in England und Wales verwendet wird. Jedoch steigt der Wert mit dem Einkommen der Befragten und hängt – bei gegebener Zahl von QALYs – von der Dauer und Schwere der zu bewertenden Erkrankung sowie von der Fragemethode ab.

2.6 Die Extrapolation der Effizienzgrenze

In Deutschland dient bisher keines der vorgestellten Evaluationsverfahren der Entscheidungsfindung im Gesundheitswesen. Der Gesetzgeber hat zwar mit dem GKV-Wettbewerbsstärkungsgesetz im Jahr 2007 die Grundlage für Kosten-Nutzen-Bewertungen geschaffen. Das Arzneimittelneuordnungsgesetz von 2011 sieht eine Kosten-Nutzen-Bewertung vor, wenn sich der Spitzenverband und der Krankenkassen und ein Pharmahersteller nicht über den Erstattungspreis eines neuen patentgeschützten Medikaments einigen können. Wie diese Kosten-Nutzen-Bewertungen durchgeführt werden sollen, ist jedoch noch ungeklärt. Hierzu entwickelte das Institut für Qualität und Wirtschaftlichkeit im Gesundheitswesen (IQWiG) gemeinsam mit einem internationalen Expertenteam eine Methodik [IQWIG (2009b)], die sich stark von den Standardverfahren unterscheidet, die in den Abschnitten 2.3 und 2.4 vorgestellt wurden. Wir prüfen im Folgenden, ob sie in eine Alternative zu den bisher dargestellten Methoden darstellt.

Zentrales Konzept der IQWiG-Methodik ist die Effizienzgrenze. Sie beschreibt die bisher effizienten Behandlungsmöglichkeiten für einen Indikationsbereich, wie z. B. Bluthochdruck. Zur Bestimmung dieser Grenze werden in ein Kosten-Nutzen-Diagramm die unterschiedlichen Therapien für eine Indikation eingetragen, wobei jeweils Kosten und Nutzen pro Patient bestimmt werden. Den Ursprung bildet dabei die Situation ohne Behandlung, in der keine Kosten anfallen. Die Kosten werden in Euro gemessen. Unter Nutzen versteht das IQWiG zunächst kein ökonomisches Nutzenmaß, sondern klinische Größen. Im Beispiel wäre dies die Senkung des Blutdrucks in mm Hg.

In Abbildung 2.9 wird das Vorgehen beispielhaft für fünf Therapien A bis E erläutert. Nachdem die Kosten und der Nutzen je Patient für diese Therapien bestimmt wurden, werden die Therapien gestrichen, die absolut dominiert werden, d. h. die bei gleichen oder höheren Kosten einen geringeren Nutzen bieten als eine andere Therapie. Im Beispiel trifft dies auf die Therapien D und E zu. Therapie D wird von A dominiert, E sowohl von B als auch von C. Somit verbleiben als effiziente Therapien A, B und C.

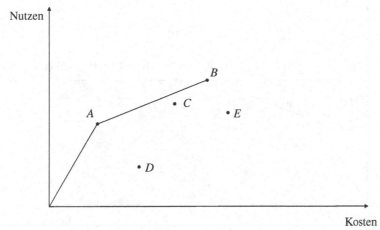

Abb. 2.9. Therapien und die Effizienzgrenze
Quelle: KIFMANN (2010), Abb. 1

Nach dem in Abschnitt 2.2 erläuterten Konzept der „erweiterten Dominanz" sind auch Therapien ineffizient, die unterhalb der Verbindungslinie zweier anderer Therapien liegen. Im Beispiel trifft dies für Therapie C zu. Dieses Argument setzt jedoch proportionale Teilbarkeit der Behandlungen voraus sowie die Bereitschaft, nicht alle gleich gut zu behandeln. Dann lässt sich im Durchschnitt ein höherer Nutzen bei gleichen oder geringeren Kosten als bei Therapie C erzielen, wenn ein Teil der Patienten mit A und ein Teil mit B behandelt wird. Die resultierende Effizienzgrenze ist entsprechend durch die Verbindung des Ursprungs mit der Therapie A und der Therapie A mit der Therapie B gegeben.

Die Effizienzgrenze ist im Bereich der gesundheitsökonomischen Evaluation kein neues Konzept. Üblicherweise wird sie in einem Diagramm bestimmt, in dem der Nutzen an der Abszisse und die Kosten an der Ordinate abgetragen werden. Die Steigung der Verbindungslinie zwischen zwei effizienten Alternativen entspricht dann der inkrementellen Kosten-Nutzenwert-Relation der teuren Alternative. Analog kann die Steigung der Effizienzgrenze als inkrementelle Nutzenwert-Kosten-Relation interpretiert werden. Diese gibt wieder, wie viele zusätzliche Nutzeneinheiten sich pro zusätzlich ausgegebenem Euro erzielen lassen.

Neu am Methodenvorschlag des IQWiG ist, dass allein auf Grund der Eigenschaften der Effizienzgrenze eine normative Aussage darüber getroffen wird, ob eine neue Therapie erstattet werden soll. Für den Fall, dass die neue Therapie von den bisherigen Therapien dominiert wird, ist diese Vorgehensweise unproblematisch (Bereich I in Abb. 2.10). Ebenso eindeutig ist grundsätzlich der Fall, in dem eine Therapie oberhalb der bisherigen Effizienzgrenze liegt (Bereich IIa und IIb). In Deutschland wird hier jedoch die zusätzliche Einschränkung getroffen, dass die neue Therapie wirksamer als die bisher beste Therapie sein soll, so dass nur Bereich IIb in Frage

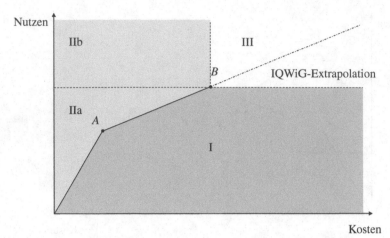

Abb. 2.10. Die Effizienzgrenze und Empfehlungen
Quelle: KIFMANN (2010), Abb. 2

kommt [IQWiG (2009b, S. iii)]. Für den häufig zu erwartenden Fall, dass die neue Therapie wirksamer und teurer ist (Bereich III), ist zunächst aus der Effizienzgrenze kein Schluss zu ziehen.

Das IQWiG will dieses Problem durch eine Extrapolation der Effizienzgrenze lösen. Folgt man der Methodenversion 1.1. des IQWiG [IQWiG (2008b, S. 5)], dann heißt dies, dass der letzte Abschnitt der Effizienzgrenze wie in Abb. 2.10 verlängert wird. Therapien, die oberhalb dieser Verlängerung liegen, sollten dann voll erstattet werden. Für eine Therapie, die sich unterhalb der Verlängerung und in Bereich III befindet, wird hingegen ein Höchstbetrag empfohlen, der dazu führt, dass die Therapie aus Sicht der GKV genau auf der Effizienzgrenze liegt.

Die Extrapolation der Effizienzgrenze ist auf starke Kritik gestoßen.[41] DRUMMOND UND RUTTEN (2008) sehen als Folge unterschiedliche Standards in den verschiedenen Indikationsgebieten. In einem Bereich, in dem bisher ineffiziente Therapien vorherrschen, fällt dieser Standard geringer aus und es besteht die Gefahr des „adding inefficiencies to inefficiences" [DRUMMOND UND RUTTEN (2008, S. 8)]. Generell kann es in zwei Indikationsgebieten, in denen der Nutzen mit dem gleichen Maß gemessen werden kann, zu inkonsistenten Ergebnissen kommen. So zeigt JOHN (2009), dass der Preiserhöhungsspielraum von dem in der Indikation vorherrschenden Kostenniveau abhängt. Dies kann dazu führen, dass neue Therapien mit gleichem Zusatznutzen und -kosten nur bei teuren Indikationen voll erstattet werden. Ein weiterer Kritikpunkt besteht in der strategischen Manipulierbarkeit der Effizienzgrenze.

---

[41] Für eine Sammlung der Stellungnahmen zum Methodenvorschlag 1.0, siehe IQWiG (2008c). Der Methodenvorschlag 2.0 wurde in einer gemeinsamen Stellungnahme vom AUSSCHUSS FÜR GESUNDHEITSÖKONOMIE IM VEREIN FÜR SOCIALPOLITIK UND DER DEUTSCHEN GESELLSCHAFT FÜR GESUNDHEITSÖKONOMIE (2009) kritisiert.

Wird eine weitere Therapie, deren Kosten und Nutzen in Abb. 2.10 zwischen *A* und *B* liegt und die sich oberhalb der Effizienzgrenze befindet, auf den Markt gebracht, dann wird die Extrapolationslinie flacher und der mögliche Höchstbetrag steigt.[42]

Ein weiteres Problem ist die Nutzenmessung. Das IQWiG steht dem Konzept der QALYs sehr kritisch gegenüber, hat aber bisher keine Alternative entwickelt. Deshalb ist noch völlig ungeklärt, wie entschieden werden soll, wenn sich die Therapien in mehr als einem Endpunkt unterscheiden.

Gegen die IQWiG-Methodik lässt sich noch ein grundlegender Einwand erheben. Er versucht aus dem Sein, den in der Indikation vorherrschenden Therapiemöglichkeiten, ein Sollen, eine Empfehlung über die Erstattung wirksamerer, aber teurer Therapien, abzuleiten und stellt insofern einen naturalistischen Fehlschluss dar. Dieser lässt sich nur auflösen, wenn explizit ein normatives Kriterium definiert wird, das die Ziele des Gesundheitswesens erfasst. Hier unterscheidet sich die IQWiG-Methode fundamental von den zuvor gestellten Methoden wie der Kosten-Nutzwert-Analyse und der Kosten-Nutzen-Analyse, die mit der Maximierung der aggregierten Gesundheit bzw. der Verwirklichung potentieller Pareto-Verbesserung klare Ziele postulieren.

Folgerung 2.18 *Die vom IQWiG vorgeschlagene Extrapolation der Effizienzgrenze stellt keine Alternative zu Standardmethoden der Kosten-Nutzen-Bewertung dar. Sie kann zu unterschiedliche Standards in den verschiedenen Indikationsgebiete und inkonsistenten Ergebnissen führen. Sie ist strategisch manipulierbar und lässt sich nicht mit einem normativen Kriterium begründen.*

2.7 Zusammenfassung des Kapitels

(1) Die Kosten-Effektivitäts-Analyse (CEA) eignet sich nur für den Vergleich zweier sich gegenseitig ausschließender Maßnahmen mit einer eindimensionalen Wirkung. Die Kosten-Nutzwert-Analyse (CUA) hingegen erlaubt auch eine Bewertung von Maßnahmen mit mehreren verschiedenartigen Wirkungen. Ohne Vorgabe eines Budgets treffen beide Verfahren jedoch keine Aussage darüber, ob eine Maßnahme auch durchgeführt werden sollte. Die Kosten-Nutzen-Analyse (CBA) nimmt eine monetäre Bewertung von Leben und Gesundheit vor und ermöglicht deshalb die Bewertung jedes einzelnen Projekts.

(2) Das Konzept der qualitätsbereinigten Lebensjahre (QALYs) erlaubt es auf einfache Weise, Änderungen der Lebensqualität mit Änderungen der Lebensdauer vergleichbar zu machen.

---

[42] Auch der Verweis auf andere Anwendungen des Effizienzgrenzenkonzepts in der Ökonomie ist nicht zielführend. Wie SCHWARZBACH ET AL. (2009) zeigen, lassen sich weder die Effizienzlinie in der Portfoliotheorie noch der effiziente Technologierand in der Produktionstheorie auf die Kosten-Nutzen-Bewertung übertragen.

(3) Eine entscheidungstheoretische Analyse auf der Basis der Erwartungsnutzentheorie zeigt, dass das Konzept der QALYs auf mehreren einschränkenden Annahmen beruht. So müssen die Präferenzen über Gesundheitszustände über das
ganze Leben stabil sein. Bezüglich der Lebenslänge muss Risikoneutralität vorliegen. Des Weiteren müssen die Präferenzen die „Null-Bedingung" erfüllen.
Teilweise lassen sich die Annahme lockern. Zum Beispiel lässt sich Risikoaversion bezüglich der Lebensdauer in einem erweiterten QALY-Modell berücksichtigen.

(4) Berücksichtigt man, dass der Nutzen außer von der Gesundheit auch vom Konsum abhängt, dann sind weitere restriktive Annahmen nötig, damit durch QALYs
alle gesundheitsrelevanten Faktoren in einem Index erfasst werden.

(5) Die Kosten-Nutzwert-Analyse ist nicht mit einer welfaristischen Position vereinbar, nach welcher der gesamte Nutzen einer Person in die kollektive Entscheidung eingehen sollte. Verteidigen lässt sich die Verwendung von QALYs aber
mit einer extra-welfaristischen Position, nach der allein die durch QALYs gemessene Gesundheit für die kollektive Entscheidung von Bedeutung ist. Gegen
das Prinzip der QALY-Maximierung lässt sich einwenden, dass die Verteilung
der QALYs ebenfalls berücksichtigt werden sollte.

(6) Falls die Präferenzen der Befragten die Annahmen des QALY-Modells erfüllen,
so führen sowohl die Methode der zeitlichen Abwägung als auch die der Standard-
Lotterie zu dem gleichen Ergebnis, indem sie das Nutzengewicht des betreffenden Gesundheitszustandes auf einer Skala zwischen 0 (Tod) und 1 (perfekte Gesundheit) messen. Die Methode der Bewertungsskala eignet sich dagegen nicht
zu einer Erhebung der Nutzengewichte, da sie nicht nutzentheoretisch fundiert
ist.

(7) Da viele öffentliche Entscheidungen zwangsläufig eine Abwägung zwischen der
Verlängerung statistischer Menschenleben und anderen Gütern implizieren, ist
es für die Wohlfahrt der Gesellschaft besser, wenn eine Bewertung explizit vorgenommen wird. Diese sollte die Präferenzen der Bürger widerspiegeln.

(8) Nach dem Humankapitalansatz ist der monetäre Wert des Lebens durch den Beitrag gegeben, den der Mensch noch zum Sozialprodukt leisten könnte. Seiner relativ leichten Anwendbarkeit stehen jedoch schwerwiegende ökonomische wie
auch ethische Mängel gegenüber.

(9) Der Ansatz der Zahlungsbereitschaft basiert auf dem subjektiven Nutzenkonzept. Im Gegensatz zum QALY-Modell macht er keine einschränkenden Annahmen bezüglich der Struktur der Nutzenfunktion.

(10) Die Kosten-Nutzen-Analyse lässt sich mit dem potentiellen Pareto-Kriterium
rechtfertigen. Dieses leidet jedoch darunter, dass Pareto-Verbesserungen nur hypothetisch möglich sein müssen. Wenn viele Maßnahmen bewertet werden, kann
es insgesamt zu einer Pareto-Verbesserung kommen, wenn die Nettovorteile
sich nicht systematisch bei den befragten Personen unterscheiden. Aus Sicht
einer gesellschaftlichen Wohlfahrtsfunktion kann die Kosten-Nutzen-Analyse

nur befürwortet werden, wenn das Einkommen optimal verteilt ist. Ansonsten müssen die Nettovorteile im Gegensatz zur Kosten-Nutzen-Analyse unterschiedlich gewichtet werden.

(11) Bei der Contingent-Valuation-Methode werden die Individuen anhand offener oder Ja-Nein-Fragen mit einem hypothetischen Szenario über das zu evaluierende Programm oder Gut konfrontiert. Die Methode führt zwar zu theoretisch plausiblen Ergebnissen, ist jedoch anfällig für mehrere Arten von Verzerrungen. Ob die geäußerten Zahlungsbereitschaften mit tatsächlichen Entscheidungen übereinstimmen, konnte noch nicht nachgewiesen werden.

(12) Die erhebliche Streubreite in den Ergebnissen und die verbreiteten Inkonsistenzen in den Antworten auf hypothetische Fragen bestätigen die Zweifel an der Verlässlichkeit der „direkten Methode" der Messung der Zahlungsbereitschaft für Risikoreduktionen.

(13) Discrete-Choice-Experimente (DCE) versuchen auf der Basis diskreter Entscheidungen der betroffenen Personen, deren Präferenzen für Eigenschaften von Maßnahmen zu erklären und vorauszusagen. Die großen Vorteile der DCE sind ihre geringe Anfälligkeit für strategisches Verhalten der Befragten und die Anwendbarkeit der Ergebnisse auf eine Vielzahl möglicher Projekte. Bezüglich der Präferenzstruktur der Betroffenen treffen DCE allerdings relativ einschränkende Annahmen.

(14) Auch die Messung der Zahlungsbereitschaft anhand „offenbarter Präferenzen" ist mit einer Reihe von Problemen behaftet. Es muss u. a. sichergestellt sein, dass dem Individuum die relevanten Risiken genau bekannt waren und dass dies das einzige Motiv für sein beobachtbares Verhalten war.

(15) Die Kosten-Nutzwert-Analyse und die Kosten-Nutzen-Analyse unterscheiden sich nicht nur in ihrem technischen Vorgehen, sondern vor allem in der Frage, wie die Wohlfahrt der Betroffenen berücksichtigt wird. Bei der Kosten-Nutzwert-Analyse steht die Gesundheit im Mittelpunkt, bei der Kosten-Nutzen-Analyse der Nutzen. Die Methoden beruhen daher auf unterschiedlichen Werturteilen.

(16) Sind QALYs unabhängig vom Konsum ein Argument einer herkömmlichen Erwartungsnutzenfunktion, dann lassen sich die Ergebnisse von Kosten-Nutzwert-Analysen auch für Kosten-Nutzen- und gesellschaftliche Wohlfahrtsanalysen verwenden. Hierbei müssen die Zahlungsbereitschaften für ein QALY einzeln erhoben werden, da sie vom verfügbaren Einkommen und den QALYs in der Ausgangssituation abhängen. In der Regel wird die Kosten-Nutzen-Analyse zu einem anderen Ergebnis führen als die Kosten-Nutzwert-Analyse.

(17) Eine gesellschaftliche Wohlfahrtsanalyse auf der Grundlage von QALYs kann verwendet werden, falls diese unabhängig von der Höhe des Konsums als Argument in der Erwartungsnutzenfunktion auftauchen. Wie Änderungen in den QALYs und in den Finanzierungsbeiträgen nach Einkommen und Gesundheit gewichtet werden sollten, hängt von der angenommenen gesellschaftlichen

Wohlfahrtsfunktion ab. Falls die Ungleichheitsaversion bezüglich des Nutzens genügend stark ist, sollten Individuen mit geringem Einkommen und schlechter Gesundheit in beiderlei Hinsicht stärker gewichtet werden.

(18) Die Extrapolations-Methode des IQWiG stellt keine Alternative zu Standardmethoden der Kosten-Nutzen-Bewertung dar. Sie kann zu unterschiedliche Standards in den verschiedenen Indikationsgebieten und inkonsistenten Ergebnissen führen. Sie ist strategisch manipulierbar und lässt sich nicht mit einem normativen Kriterium begründen.

2.8 Lektürevorschläge

Für eine vertiefende Beschäftigung mit den Evaluationsmethoden in der Gesundheitsökonomik empfehlen wir die Fachbücher zu diesem Thema von DRUMMOND ET AL. (2005), JOHANNESSON (1996) und SCHÖFFSKI UND SCHULENBURG (2012). In den HANDBOOKS OF HEALTH ECONOMICS (2000) und (2012) sowie im OXFORD HANDBOOK OF HEALTH ECONOMICS (2011) befassen sich verschiedene Beiträge mit den in diesem Kapitel behandelten Themen.

2.Ü Übungsaufgaben

2.1. Welche Gemeinsamkeiten und welche Unterschiede bestehen zwischen den in Abschnitt 2.2 beschriebenen Ansätzen zur ökonomischen Evaluation?

2.2. Diskutieren Sie mögliche Gerechtigkeitsprobleme bei der ökonomischen Evaluation. Wie können diese gelöst werden?

2.3. Welche Stärken und Schwächen hat das QALY-Konzept?

2.4. Diskutieren Sie Für und Wider der verschiedenen Ansätze zur Messung der Zahlungsbereitschaft für Gesundheit.

2.5. Gegeben seien die folgenden voneinander unabhängigen Gesundheitsmaßnahmen A bis E:

Maßnahme	Kosten in € 1000	Nutzen in QALYs
A	300	10
B	380	20
C	600	25
D	720	40
E	500	10

(a) Gehen Sie von einem Gesundheitsbudget von 2 Mio. € aus.

   (i) Reihen Sie die Maßnahmen nach den ACURs.

   (ii) Verwenden Sie Ihr Ergebnis aus Teil (i) um festzulegen, welche Maßnahmen durchgeführt werden sollten, wenn der Gesamtnutzen in QALYs maximiert werden soll.

   (iii) Betrachten Sie eine weitere Maßnahme F, die sich mit Maßnahme B ausschließt. Sie erbringt 28 QALYs zu Kosten von 700.000 €. Ermitteln Sie die ACUR und die ICUR der Maßnahme F. Zeigen Sie, dass es nicht optimal ist, F zu implementieren, obwohl ihre ACUR geringer ist als die einer anderen Maßnahme, die empfohlen wird. Erläutern Sie Ihr Ergebnis.

(b) Betrachten Sie erneut Maßnahmen A bis E und nehmen Sie an, das Budget sei auf 1,4 Mio. € gekürzt worden.

   (i) Nehmen Sie an, alle Maßnahmen könnten unbegrenzt proportional verringert werden. Welche Maßnahmen sollten nach der ACUR-Rangskala implementiert werden, um den Gesamtnutzen in QALYs zu maximieren?

   (ii) Welche Maßnahmen sollten implementiert werden, falls C unteilbar ist? Erläutern Sie Ihr Ergebnis und kommentieren Sie die Grenzen der Verwendung von Rangskalen bezüglich der Kosten-Nutzwert-Relationen.

2.6. Betrachten Sie die folgenden sich gegenseitig ausschließenden Gesundheitsmaßnahmen A bis E:

Maßnahme	Kosten in € 1000	Nutzen in QALYs
A	300	20
B	460	22
C	600	30
D	780	32
E	1.000	40

Alle Maßnahmen können unbegrenzt proportional verringert werden. Zeigen Sie,
dass eine Kombination anderer Maßnahmen die Maßnahmen B und D dominiert.
Beziehen Sie Ihr Ergebnis auf die ICURs der Maßnahmen B und D.

2.7. Ein Individuum habe eine Erwartungsnutzenfunktion gemäß des QALY-Modells.
Seine Gesundheit kann drei Zustände $h = 1,2,3$ annehmen, die mit der Wahrscheinlichkeit π_h eintreten. Der Gesundheitszustand h führe zu einem Nutzen $u(G_h)$ und
dauere bis ans Lebensende, das nach T_h Perioden eintritt. Die Tabelle fasst die Ausgangssituation zusammen:

h	$u(G_h)$	π_h	T_h
1	0,2	0,1	7
2	0,5	0,2	5
3	0,8	0,7	3

(a) Bestimmen Sie die QALYs und die Lebenserwartung in der Ausgangssituation.

(b) Ermitteln Sie jeweils die Änderung der QALYs und der Lebenserwartung für
drei Maßnahmen A, B und C mit folgenden Wirkungen:

   A: Senkung der Lebensdauer im Zustand 1 um 2 Perioden, im Zustand 2 um 1
   Periode, Erhöhung der Lebensdauer in Zustand 3 um 2 Perioden.

   B: Erhöhung der Wahrscheinlichkeit von Zustand 1 um 0,3. Senkung der Wahrscheinlichkeit der Zustände 2 und 3 um 0,2 bzw. 0,1.

   C: Erhöhung der Lebensdauer im Zustand 2 um 3 Perioden; Senkung der Wahrscheinlichkeit von Zustand 2 um 0,15, Erhöhung der Wahrscheinlichkeit von
   Zustand 3 um 0,15.

Erläutern Sie jeweils das Ergebnis und gehen Sie dabei auf den Zusammenhang
von QALYs und Lebenserwartung ein.

2.8. Der Erwartungsnutzen eines Individuums lasse sich durch

$$EU = \sum_{t=1}^{2} \sum_{h=1}^{2} \pi_{h,t} c_t^{0,5} u(H_h)$$

erfassen. Dabei sei $c_1 = 25$, $c_2 = 4$, $u(H_1) = 0,4$ und $u(H_2) = 0,6$.

(a) Bestimmen Sie für $\pi_{1,1} = 0,5$ und $\pi_{1,2} = 0,5$ den Erwartungsnutzen und die QALYs des Individuums.

(b) Gehen Sie jetzt von $\pi_{1,1} = 0,6$ und $\pi_{1,2} = 0,3$ aus. Bestimmen Sie erneut den Erwartungsnutzen und die QALYs des Individuums. Vergleichen Sie ihr Ergebnis mit dem aus (a) und erläutern Sie den Unterschied.

2.9. Der Erwartungsnutzen eines Individuums i mit der Überlebenswahrscheinlichkeit π sei

$$EU_i = \pi y_i^{0,5},$$

d. h. im Todesfall ist sein Nutzen gleich Null. Es gebe zwei Individuen A und B, die sich nur durch ihr Einkommen unterscheiden. Individuum A habe ein Einkommen $y_A = 1000$, Individuum B ein Einkommen $y_B = 500$. Die für beide gleiche Überlebenswahrscheinlichkeit in der Ausgangssituation sei 90%. Eine Maßnahme, die Kosten in Höhe von 64 verursacht, kann jedoch die Überlebenswahrscheinlichkeit auf 92% anheben.

(a) Führen Sie eine ungewichtete Kosten-Nutzen-Analyse durch und stellen Sie fest, ob sie die Maßnahme befürwortet.

(b) Wie müsste die Maßnahme finanziert werden, damit sie zu einer Pareto-Verbesserung führt?

(c) Nehmen Sie an, die gesellschaftliche Wohlfahrt sei $W = EU_A + EU_B$. Jedes Individuum trage die Hälfte der Kosten der Maßnahme.

   (c1) Bestimmen Sie die gesellschaftliche Wohlfahrt mit und ohne die Maßnahme.

   (c2) Ermitteln Sie approximativ die Gewichte für eine Kosten-Nutzen-Analyse, die eine Erhöhung der gesellschaftlichen Wohlfahrt genau dann anzeigt, wenn sie tatsächlich vorliegt.

2.10. Nehmen Sie an, es gebe zwei Individuen $i = A, B$ mit den Einkommen y_i und den QALY-Ausstattungen $QALYs_i$. Der Erwartungsnutzen des Individuums i sei gegeben durch

$$EU(y_i, QALYs_i) = \ln(y_i)QALYs_i.$$

Eine Gesundheitsmaßnahme erhöhe die $QALYs_i$ um $\Delta QALYs_i$. Jede Person trage die Hälfte der Kosten K der Maßnahme ($\alpha_A = \alpha_B = 0{,}5$). Betrachten sie die drei folgenden Fälle (i) bis (iii):

	(i)	(ii)	(iii)
y_A	100	100	100
$QALYs_A$	50	50	100
$\Delta QALYs_A$	1	4	1
y_B	200	200	200
$QALYs_B$	100	100	50
$\Delta QALYs_B$	2	1	3
K	30	40	35

Bestimmen Sie für jeden Fall das Ergebnis einer Kosten-Nutzen-Analyse. Verwenden Sie dabei die exakten Zahlungsbereitschaften Z_i der beiden Individuen. Diese können anhand folgender Formel bestimmt werden:

$$EU(y_i - Z_i, QALYs_i + \Delta QALYs_i) = EU(y_i, QALYs_i), \quad i = A, B.$$

Führen Sie des Weiteren eine Gesellschaftliche Wohlfahrtsanalyse auf der Grundlage einer utilitaristischen Wohlfahrtsfunktion und der Funktion (2.56) mit $\rho = 0{,}5$ durch. Vergleichen Sie dazu die Wohlfahrtsniveaus ohne und mit der betrachteten Gesundheitsmaßnahme. Diskutieren Sie Ihre Ergebnisse.

3

Das Individuum als Produzent seiner Gesundheit

3.1 Problemstellung

Als Ausgangspunkt der Überlegungen eignet sich das bekannte Sprichwort: „Gesundheit ist nicht alles im Leben, doch ohne Gesundheit ist alles Nichts". Dieses Sprichwort weist auf zwei Besonderheiten der Gesundheit hin.

(1) *Gesundheit als besonders hoch geschätztes Gut:* Manchmal wird sogar behauptet, nur die Gesundheit zähle im Leben. Das Sprichwort erinnert in seinem ersten Teil jedoch daran, dass es auch andere Güter und Ziele im Leben gibt, die allerdings im Vergleich mit der Gesundheit ein kleineres Gewicht in der *Präferenzstruktur* der allermeisten Menschen haben. Diese Ansicht soll im Folgenden als ein Faktum akzeptiert werden, schließt sie doch nicht aus, dass zumindest Gesundheitsrisiken (also die erhöhte Wahrscheinlichkeit einer schlechten Gesundheit) in Kauf genommen werden, um andere Ziele zu erreichen.

(2) *Gesundheit als Voraussetzung für andere Aktivitäten:* Der zweite Teil des Sprichworts stellt Gesundheit als zentrale Vorbedingung für den Erfolg anderer Aktivitäten heraus. Eine schlechte Gesundheit beschränkt die *Produktionsmöglichkeiten* des Betroffenen in einem umfassenden Sinn. Dazu gehören letztlich auch die Möglichkeiten, andere schöne Dinge des Lebens zu genießen, geben doch Konsumgüter ihre Leistungen nicht automatisch ab. Ihre Nutzung erfordert vielmehr Zeit, Wissen und Können, alles Dinge, die von einem schlechten Gesundheitszustand beeinträchtigt werden.

Nicht im Sprichwort enthalten ist dagegen die Idee, dass Gesundheit „machbar" sei, die auch der Gesundheitsökonomik nahezuliegen scheint, ist doch in der Überschrift des Kapitels von einem „Produzenten der Gesundheit" die Rede. Tatsächlich ist die Zeit noch nicht lange her, da man gute Gesundheit als Gottesgabe und schlechte Gesundheit als Schicksal auffasste. Die Erfolge der modernen Medizin haben demgegenüber der Überzeugung Vorschub geleistet, beinahe jeder könne bei entsprechendem Aufwand von Mitteln einen beinahe beliebig guten Gesundheitszustand erreichen. Wenn aber Gesundheit grundsätzlich als herstellbar aufgefasst wird, so stellt sich umgehend die Frage nach dem *Hersteller*. Auch wenn heute noch vielfach von einer Heilung des Patienten durch seinen Arzt gesprochen wird, so setzt sich in letzter Zeit vermehrt die Erkenntnis durch, dass jeder Gesundungsprozess letztlich in der Psyche und im Körper des betroffenen Individuums abläuft. Allein schon die Tatsache, dass viele Krankheiten von selbst ausheilen, weist darauf hin, dass der Einzelne selber als Produzent seiner Gesundheit aufgefasst werden muss.

Die Kurzformel „Produzent seiner Gesundheit" oder sogar „Gesundheitsproduktion" soll allerdings nicht über die Tatsache hinwegtäuschen, dass der einzelne (mit oder ohne Konsultation eines Arztes) seinen Gesundheitszustand zwar beeinflussen, nicht aber effektiv bestimmen kann. Vererbung und Umwelteinflüsse üben stets ihre Wirkungen aus, und zwischen den Anstrengungen zur Erhaltung bzw. Verbesserung der Gesundheit und den Ergebnissen steht der Zufall, der jederzeit massive Veränderungen des Gesundheitszustandes bewirken kann.

Wenn auch beides, Gesundheit und Konsumleistungen, als produzierte Güter aufgefasst werden können, so erinnert der zweite Teil des eingangs zitierten Sprichworts an eine *zweite Besonderheit* der Gesundheit: Eine gute Gesundheit ist eine wichtige Voraussetzung für den Erfolg anderer Tätigkeiten; „ohne sie ist alles Nichts". Insbesondere trägt die Gesundheit ihrerseits zur Herstellung konsumierbarer Leistungen bei. Je besser der Gesundheitszustand, desto mehr Zeit steht für produktive Tätigkeiten – darunter die Pflege der Gesundheit – zur Verfügung. Die Gesundheit erinnert hier an ein Kapitalgut: Je größer der Bestand an Kapitalgütern, desto mehr Güter und Leistungen lassen sich herstellen, die ihrerseits wieder für Investitionszwecke verwendet werden können.

Das Ziel dieses Kapitels besteht darin, die besonderen Bedingungen herauszuarbeiten, unter denen das Individuum als Produzent seiner Gesundheit handelt. Insbesondere geht es darum, die situationsbedingten Trade-offs zu bestimmen, d.h. herauszufinden, was an anderen Gütern aufgegeben werden muss, um eine Verbesserung der Gesundheit zu erreichen. Die Beantwortung der folgenden Fragen steht im Vordergrund:

(a) Was sind aus der Sicht des Individuums die Bedingungen, die eine *optimale Aufteilung* seiner Ressourcen auf Gesundheit und andere Güter bestimmen?

(b) Können die oft sprunghaft erscheinenden Verhaltensweisen („Sündigen gegen die Gesundheit" so lange es gut geht, extreme Opferbereitschaft im Krankheitsfall) noch mit *rationaler Entscheidungsfindung* in Übereinstimmung gebracht werden? Oder sind die Präferenzen der Individuen inkonsistent, so dass vielleicht medizinische Experten z.B. den richtigen Umfang präventiver Anstrengungen festlegen sollten?

(c) Lässt sich das ökonomische Konzept der *Substitution* auf die Gesundheitsproduktion übertragen, d.h. können medizinische Leistungen zumindest teilweise durch andere Leistungen ersetzt werden, auch wenn man sich leicht Situationen vorstellen kann, in denen einzig medizinische Leistungen Aussicht auf Heilung gewähren?

Vor dem Hintergrund dieser Fragen soll in diesem Kapitel versucht werden, eine Produktionsfunktion für Gesundheit zu entwickeln, die dann in Kapitel 4 als Grundlage zur Interpretation von empirischen Untersuchungen dient. Abschnitt 3.2 geht auf kritische Einwendungen gegen die Übertragung des ökonomischen Produktionskonzepts auf die Gesundheit ein. In Abschnitt 3.3 behandeln wir den Fall einer deterministischen Beeinflussung der Gesundheit. In einem Versuch, die genannten Bedenken zu vermindern, wird in Abschnitt 3.4 ein stochastisches Konzept vorgeschlagen, bei dem sich dem Individuum (und seinem Arzt) nur die Möglichkeit bietet, die Übergangswahrscheinlichkeit von einem Gesundheitszustand zu einem anderen marginal zu beeinflussen.

3.2 Zum Konzept der Gesundheitsproduktion

Für den ökonomischen Laien ist es zumindest seltsam, vielleicht sogar anstößig, von einer Produktion der Gesundheit zu sprechen. Er bringt den Begriff der Produktion mit Anbaumethoden in der Landwirtschaft und insbesondere Herstellungsverfahren in der Industrie in Verbindung und stellt sofort mindestens drei schwerwiegende Unterschiede fest, die einer Übertragung des Produktionsbegriffs auf die Gesundheit entgegenstehen.

(1) *Mangelnde Steuerbarkeit:* Produktionsprozesse in Landwirtschaft und Industrie lassen sich in hohem Maße steuern. Gesundheitliche Heilprozesse sind jedoch im erheblichen Maße dem Zufall unterworfen.

(2) *Mangelnde Lagerbarkeit:* In der Landwirtschaft und Industrie können Güter auf Vorrat hergestellt werden. Erwartet der Produzent eine Zunahme der Nachfrage in der Zukunft, so kann er auf Lager produzieren; rechnet er mit einem Nachfragerückgang, so wird er die Produktion einschränken oder Lagerbestände abbauen. Diese Möglichkeiten scheint es im Falle der Gesundheit nicht zu geben.

(3) *Mangelnde Handelbarkeit:* Das Ergebnis der Produktion wird an Dritte verkauft. Ein solcher Verkauf wäre im Falle der Gesundheit höchstens in einer Wirtschaft mit Sklavenhaltung denkbar, indem ein gesunder Sklave auf dem Markt einen höheren Preis erzielt als ein Kranker. In der heutigen Gesellschaft kann ein gesunder Erwerbstätiger zwar ein höheres Arbeitseinkommen erzielen [vgl. BARTEL UND TAUBMAN (1979)], doch spielen dabei auch andere Eigenschaften, wie beispielsweise seine Fähigkeiten, eine wichtige Rolle. Diese Fähigkeiten sind ihrerseits auch nicht handelbar, und so widerstrebt es dem Nicht-Ökonomen auch, von Bildungsproduktion zu sprechen.

Diese Einwendungen lassen sich zwar nicht vollständig entkräften, aber doch erheblich relativieren. Zum einen bedeutet eine unvollständige Kontrolle über den

Produktionsprozess noch nicht, dass kein systematischer Zusammenhang zwischen Inputs und Outputs besteht. Die Tatsache, dass der Ernteertrag in der Landwirtschaft in einem gegebenen Jahr erheblich vom Wetter abhängt, schließt ja auch nicht aus, dass der Mehreinsatz von Dünger den Ertrag in der Regel steigert, und die Bauern verhalten sich auch danach. Ebenso kann man Vorkehrungen zur Erhaltung der Gesundheit als Inputs in einem Produktionsprozess betrachten, die zwar nicht immer Krankheiten vermeiden helfen, aber doch im Ganzen gesehen zu einem besseren Gesundheitszustand beitragen.

Auch die mangelnde Lagerfähigkeit des Fertigprodukts „Gesundheit" tut dem Konzept eines Produktionsprozesses keinen Abbruch. Man könnte Gesundheit und Bildung als *unsichtbare Kapitalbestände* auffassen, in die investiert wird, die Leistungen abgeben und die einem Kapitalverzehr unterliegen (vgl. dazu Abschnitt 3.3). Die Leistung des Gesundheitskapitals kann man sich beispielsweise als die Quality-Adjusted Life Years (QALYs) des Abschnitts 2.3.2 vorstellen, diejenige des Bildungskapitals als erhöhtes Arbeitseinkommen. Der jährliche Urlaub, aber auch ein gesundheitsfördernder allgemeiner Lebensstil würden Investitionen in einen erhöhten Vorrat an Gesundheit entsprechen. Tritt danach ein Verlust an Gesundheitskapital („Abschreibung") infolge einer Krankheit auf, so ist der Restvorrat an Gesundheit bei einem Individuum, das zuvor investiert hat, immer noch größer als bei einem anderen. Und tatsächlich überstehen erholte Menschen die meisten Krankheiten besser als übermüdete, Nichtraucher besser als Raucher, Normalgewichtige besser als Übergewichtige. „Gesundheit auf Vorrat" lässt sich zwar nicht direkt beobachten und auch nicht an einen Dritten veräußern, ist aber dennoch als Konzept nicht von vornherein von der Hand zu weisen.

Ebenso wenig stellt die mangelnde Handelbarkeit des produzierten Gutes einen Hinderungsgrund dar, vom Konzept eines Produktionsprozesses bzw. einer Produktionsfunktion auszugehen. Das Individuum handelt sozusagen mit sich selbst, insofern es zur Erreichung eines verbesserten Gesundheitszustandes auf andere Dinge verzichten muss. Zugegebenermaßen sind in den meisten Industrieländern von heute dank umfassender Krankenversicherung medizinische Leistungen beinahe gratis; dennoch stellen sie aus ökonomischer Sicht Inputs dar, und ihre Inanspruchnahme kostet Zeit. Umgekehrt hat die Anwendung des Konzepts der Produktion und konkret der Produktionsfunktion im Bereich der Gesundheit ganz erhebliche Vorteile:

(a) *Eindeutige Optimalbedingungen als Referenzpunkt:* Produktion kostet etwas, und die Kosten zusätzlich produzierter Gesundheit stehen in einem bestimmten Verhältnis zu den Grenzkosten anderer Leistungen, insbesondere von Konsumleistungen. In einem optimalen Zustand müssten die Grenzrate der Transformation zwischen Konsum und Gesundheit und die Grenzrate der Substitution zwischen diesen beiden Gütern übereinstimmen (vgl. den I. Quadranten der Abbildung 1.1). Hierbei entspricht die Grenzrate der Transformation dem Verhältnis der Grenzkosten der Gesundheit zu den Grenzkosten des Konsums. Die Grenzrate der Substitution gibt die marginale Zahlungsbereitschaft für Gesundheit im Vergleich zu jener für Konsum wieder. Die relative (marginale) Zahlungsbereitschaft für Gesundheit lässt sich mit Hilfe der in Abschnitt 2.4.3 dargestellten Instrumente grundsätzlich ermitteln und mit den relativen Grenzkosten vergleichen. Es besteht einiger Anlass dazu, hier eine Diskrepanz zu erwarten, wird doch die marginale Zahlungsbereitschaft im Gesundheitswesen durch den Versicherungsschutz und das Angewiesensein auf ärztlichen Rat verzerrt, während die ausgehandelten Tarife für medizinische Leistungen mit ihren wahren Grenzkosten nicht viel gemein haben.

(b) *Frage nach der relativen Grenzproduktivität der Inputs:* Das Konzept der Produktionsfunktion erinnert daran, dass verschiedene Inputs unterschiedliche Beiträge zum Produktionsergebnis leisten. Im heutigen Gesundheitswesen gibt es die medizinischen Leistungen, deren wahre Grenzkosten sehr hoch sind. Der große Aufwand zu Gunsten der Medizin lässt sich aus gesamtwirtschaftlicher Sicht nur dann rechtfertigen, wenn ihm eine entsprechend hohe Grenzproduktivität im Vergleich zu alternativen Inputs der Gesundheitsproduktion gegenübersteht. In diesem Zusammenhang ist daran zu denken, dass z.B. eine Verbesserung der Umweltqualität vielleicht eine größere Grenzproduktivität (gemessen beispielsweise in QALYs, vgl. Abschnitt 2.3.2) aufweisen könnte als ein weiter zunehmender Aufwand an medizinischen Leistungen.

Insgesamt scheinen diese gewichtigen Vorteile für die theoretische Analyse den Versuch zu rechtfertigen, das ökonomische Konzept der Produktionsfunktion auf die Gesundheit zu übertragen. Diese Überlegungen lassen sich zusammenfassen in der

Folgerung 3.1 *Die Tatsache, dass der Gesundheitszustand des Menschen mit vom Zufall bestimmt ist, sowie die mangelnde Lagerfähigkeit und Handelbarkeit der Gesundheit schließen nicht aus, den Gesundheitszustand als Ergebnis eines Produktionsprozesses aufzufassen. Darüber hinaus ist das Konzept einer Produktionsfunktion der Schlüssel zur Bewertung der Optimalität des Verhaltens eines Individuums sowie des effizienten Einsatzes von knappen Ressourcen.*

3.3 Die Gesundheit als Teil des Humankapitals

Akzeptiert man die ökonomische Sicht der Gesundheit als eines produzierten Aktivums, dann lässt sich die Gesundheitsproduktion als eine Investition auffassen, die den Kapitalverzehr infolge von Alterung und Lebensstil wieder wettmacht und sogar zu einem Nettoanstieg des Kapitalbestandes „Gesundheit" führen kann. Die Investition kommt dabei durch den Einsatz (kurativer) medizinischer Leistungen und durch die Aufwendung eigener Zeit für präventive Anstrengungen zustande. Der Ertrag des Gesundheitskapitalbestandes besteht in weniger krank verbrachter Zeit. Diese kann einerseits den Nutzen direkt erhöhen, andererseits kann die gewonnene Zeit auch für die Erhöhung des Einkommens und einen damit verbundenen höheren Nutzen aus Konsum eingesetzt werden. Ein rationales Individuum wird versuchen, seinen

Gesundheitskapitalbestand über sein gesamtes Leben optimal zu steuern, so dass sein Nutzen maximal wird. Dieses dynamische Optimierungsproblem wurde von GROSSMAN (1972a) untersucht und als „Grossman-Modell" bekannt. Es ist eng verwandt mit der „Humankapitaltheorie", die untersucht, wie rationale Personen ihren Wissensbestand über die Zeit aufbauen [BECKER (1965), BECKER (1967), BEN-PORATH (1967), MINCER (1974)]. Wir stellen das Grossman-Modell im Folgenden in einer vereinfachten Form dar. Der Planungshorizont besteht hierbei aus nur zwei Perioden an Stelle von T Perioden. Durch diese Vereinfachung ändert sich nichts an den grundsätzlichen Schlussfolgerungen. Insbesondere die für empirische Untersuchungen wichtigen Nachfragefunktionen nach Gesundheit und medizinischen Leistungen lassen sich herleiten. Lediglich der Effekt der Alterung kann nicht im Modell mit zwei Perioden bestimmt werden. In Abschnitt 3.4 wird eine alternative Formulierung dargestellt, welche der limitierten Einflussnahme der Individuen auf ihren Gesundheitszustand Rechnung trägt.

3.3.1 Das vereinfachte Grossman-Modell

Man betrachte ein Individuum mit einem Planungshorizont über zwei Perioden. Während beider Perioden ist das Individuum eine nicht-negative Zeit t^k krank, welche sich durch ein höheres Gesundheitskapital H verringert. Mit anderen Worten, die Zeit in gesundem Zustand entspricht dem nicht handelbaren Ertrag des unbeobachteten Gesundheitskapitals. Das Individuum erfährt einen positiven Nutzen aus dem Konsum von Gütern X, während die verbrachte Zeit in krankem Gesundheitszustand $t^k(H)$ den Nutzen reduziert. Es wird angenommen, dass die Nutzenfunktion, welche die genannten Argumente beinhaltet, zeitunabhängig ist, d.h. die Grenzrate der Substitution zwischen Zeit in krankem Gesundheitszustand und Konsum von Gütern verändert sich nicht mit dem Alter des Individuums. Zukünftiger Nutzen wird mit einem subjektiven Faktor $\beta \leq 1$ diskontiert. Das Individuum maximiert demnach den diskontierten Nutzen $\mathcal{U}$,

$$\mathcal{U} = U\left(t^k(H_0), X_0\right) + \beta U\left(t^k(H_1), X_1\right), \tag{3.1}$$

$$\frac{\partial U}{\partial t^k} < 0, \frac{\partial^2 U}{\partial (t^k)^2} > 0, \frac{\partial U}{\partial X} > 0, \frac{\partial^2 U}{\partial X^2} < 0, \frac{\partial t^k}{\partial H} < 0.$$

Die ausschlaggebende Komponente des Grossman-Modells ist die Gleichung, welche die Änderung des Gesundheitskapitalbestandes über die Zeit definiert. Einerseits wird das Gesundheitskapital mit einer Rate δ abgeschrieben, was für sich genommen zu einer ständigen Reduktion des Bestandes H führt.[1] Andererseits kann das Individuum sein Gesundheitskapital durch eine Investition I erhöhen, indem es entweder medizinische Leistungen M nachfragt oder Zeit für präventive Anstrengungen t^I aufwendet.

---

[1] In einem mehrperiodigen Modell ist die Abschreibungsrate δ zeitabhängig. Sie hängt insbesondere vom Alter des Individuums ab. Außerdem kann sie auch positiv oder negativ vom Konsum X beeinflusst werden. Dies erlaubt, den Lebensstil einer Person zu modellieren.

Zusammenfassend ergibt sich

$$H_1 = H_0(1 - \delta) + I(M, t^I),\tag{3.2}$$

$$\frac{\partial I}{\partial M} > 0, \frac{\partial^2 I}{\partial M^2} < 0, \quad \frac{\partial I}{\partial t^I} > 0, \frac{\partial^2 I}{\partial (t^I)^2} < 0.$$

Gleichung (3.2) stellt eine Beschränkung dar, welche in das Maximierungsproblem des Individuums einfliesst. Über die Zeit verändert sich allerdings nicht nur der Gesundheitszustand eines Individuums, sondern auch sein Vermögen und seine Fähigkeiten. So können Ersparnisse aus der ersten Periode S_0 in der zweiten Periode für den Konsum verwendet werden. Ersparnisse werden mit einer Rate r verzinst, d.h. dem Individuum steht in der zweiten Periode RS_0 zur Verfügung, wobei $R \equiv 1 + r$. Aufgrund von Gleichung (3.2) erfolgen Investitionen in Gesundheit nur in der ersten Periode.

Lässt man eine mögliche Krankenversicherung außer Betracht, so bedeutet dies, dass die Gesundheitsausgaben, welche durch pM gegeben sind, durch Arbeitseinkommen oder anfängliches Vermögen A_0 finanziert werden müssen, wobei w_0 den Lohnsatz der ersten Periode bezeichnet und p den Preis für die medizinischen Güter und Dienstleistungen darstellt. Das Individuum konsumiert in den beiden Perioden X_0 bzw. X_1 zum Preis c. Die total zur Verfügung stehende Zeit wird in beiden Perioden auf 1 normiert. Daraus folgt, dass für den Gegenwartswert nach Abdiskontierung folgende Budgetbeschränkung gilt

$$A_0 + w_0 \left(1 - t^k(H_0) - t^I\right) + \frac{w_1(1 - t^k(H_1))}{R} \geq pM + cX_0 + \frac{cX_1}{R}.\tag{3.3}$$

Um dieses Maximierungsproblem zu lösen, betrachte man die folgende Lagrange-Funktion:

$$\begin{aligned}
\mathcal{L}(H_1, t^I, M, X_0, X_1, \mu, \lambda) = {} & U\left(t^k(H_0), X_0\right) + \beta U\left(t^k(H_1), X_1\right) \\
& + \mu[H_0(1 - \delta) + I(M, t^I) - H_1] \\
& + \lambda\left[A_0 + w_0\left(1 - t^k(H_0) - t^I\right) + \frac{w_1(1 - t^k(H_1))}{R}\right. \\
& \left. - pM - cX_0 - \frac{cX_1}{R}\right].
\end{aligned}$$

Die Bedingungen erster Ordnung für ein inneres Optimum erhalten wir, indem wir die Ableitungen der Lagrange-Funktion nach den jeweiligen Entscheidungsvariablen gleich null setzen. Die Ableitungen nach μ und λ gewährleisten, dass die Nebenbedingungen (3.2) und (3.3) erfüllt sind; sie werden an dieser Stelle nicht aufgeführt.

Unter der Annahme, dass H_0 und w_1 gegeben sind, lauten die Bedingungen erster Ordnung:

$$\frac{\partial \mathcal{L}}{\partial H_1} = \beta \frac{\partial U}{\partial t^k} \frac{\partial t^k}{\partial H_1} - \mu - \frac{\lambda}{R} w_1 \frac{\partial t^k}{\partial H_1} = 0 \tag{3.4}$$

$$\frac{\partial \mathcal{L}}{\partial t^l} = \mu \frac{\partial I}{\partial t^l} - \lambda w_0 = 0 \tag{3.5}$$

$$\frac{\partial \mathcal{L}}{\partial M} = \mu \frac{\partial I}{\partial M} - \lambda p = 0 \tag{3.6}$$

$$\frac{\partial \mathcal{L}}{\partial X_0} = \frac{\partial U}{\partial X_0} - \lambda c = 0 \tag{3.7}$$

$$\frac{\partial \mathcal{L}}{\partial X_1} = \beta \frac{\partial U}{\partial X_1} - \frac{\lambda}{R} c = 0. \tag{3.8}$$

Eine Vereinfachung dieser Bedingungen erleichtert die Interpretation. Zuerst dividiert man Gleichung (3.5) durch Gleichung (3.6). Dies führt zu

$$\frac{\partial I / \partial t^l}{\partial I / \partial M} = \frac{w_0}{p}. \tag{3.9}$$

Danach dividiert man Gleichung (3.7) durch Gleichung (3.8) und erhält die Euler-Gleichung

$$\frac{\partial U / \partial X_0}{\partial U / \partial X_1} = \beta R. \tag{3.10}$$

Gleichung (3.4) kann umgeschrieben werden, wenn man Gleichung (3.8) nach λ / R auflöst und einsetzt,

$$-\beta \frac{\partial t^k}{\partial H_1} \left[\frac{w_1}{c} \frac{\partial U}{\partial X_1} - \frac{\partial U}{\partial t^k} \right] = \mu. \tag{3.11}$$

Unter der Verwendung von Gleichung (3.6) und (3.7) erhalten wir

$$\mu = \frac{\partial U / \partial X_0}{\partial I / \partial M} \frac{p}{c}. \tag{3.12}$$

Substituiert man (3.12) in (3.11), ergibt sich schließlich

$$-\frac{\partial t^k}{\partial H_1} \left[\frac{w_1}{c} \beta \frac{\partial U}{\partial X_1} - \beta \frac{\partial U}{\partial t^k} \right] = \frac{\partial U / \partial X_0}{\partial I / \partial M} \frac{p}{c}. \tag{3.13}$$

Diese Bedingung verlangt, dass der Grenznutzen einer Investition in Gesundheit den Grenzkosten entspricht. Die linke Seite dieser Gleichung kann wie folgt interpretiert werden.

- *Effektivität als Vorbedingung.* Damit eine Investition in die Gesundheit einen positiven Ertrag hat, muss sie die krank verbrachte Zeit verringern. Ein negativer Wert von $\partial t^k / \partial H_1$ ergibt, in Verbindung mit positiven Werten der Ausdrücke in der Klammer, einen positiven Wert der linken Seite von (3.13) und damit einen positiven Grenznutzen.

- *Bewertung der Gesundheit als Investitionsgut.* Die Verringerung der krank ver-brachten Zeit t^k hat einen unmittelbaren Einfluss auf das Vermögen, abgebildet durch $-(\partial t^k/\partial H_1)$ und den realen Lohnsatz (w_1/c). Dieser Einfluss wird mit $\beta \partial U/\partial X_1$ bewertet, dem abdiskontierten Grenznutzen einer zusätzlich nachge-fragten Einheit an Konsumgütern. Daher hätte eine Investition in die Gesund-heit auch dann einen Ertrag (als zusätzliches Arbeitseinkommen und Vermögen), wenn krank verbrachte Zeit als solche nicht nutzenmindernd wäre. Da in diesem Fall Gesundheit ein Gut darstellt, das nicht um seiner selbst Willen geschätzt wird, sondern lediglich aufgrund eines Effekts auf das Vermögen des Indivi-duums, sind Versionen der Bedingung (3.13), die nur diese erste Komponente enthalten, als *reine Investitionsgut-Modelle* bekannt.

- *Bewertung der Gesundheit als Konsumgut.* Die Verringerung der krank (und so-mit die Zunahme der gesund) verbrachten Zeit erhöht den Nutzen direkt wegen $\partial U/\partial t^k < 0$. Wegen der subjektiven Diskontierung beträgt der Nutzengewinn so-mit $\beta \partial U/\partial t^k$. Versionen der Bedingung (3.13), die nur diese zweite Komponente des Grenznutzens einer Investition in Gesundheit enthalten, werden üblicher-weise *reine Konsumgut-Modelle* genannt. Dies unterstellt, dass krank verbrachte Zeit in der zweiten Periode keinen Einfluss auf das Arbeitseinkommen hat. [2]

Die rechte Seite der Bedingung (3.13) misst die Grenzkosten, die mit dem Halten einer zusätzlichen Einheit des Gesundheitskapitals verbunden sind. Sie lässt sich wie folgt interpretieren.

- Der Grenznutzen $\partial U/\partial X_0$ gibt den subjektiven Verlust aus dem entgangenen Konsum an, der für Gesundheit aufgegeben werden muss.

- Dieser Verlust wird jedoch gelindert, falls sich die medizinischen Leistungen als hoch effektiv erweisen ($\partial I/\partial M$ ist groß).

- Diese Produktivität muss den Preis der medizinischen Leistungen p berücksich-tigen, da eine Investition in Gesundheit nur eine geringe Anzahl an Einheiten M ermöglicht, wenn p hoch ist. Gleichermaßen muss der Nutzenverlust aus dem Verzicht auf Konsum deren Preis c berücksichtigen, weil mit einem hohen Wert von c nur auf wenige Einheiten X_0 verzichtet werden muss.

Folgerung 3.2 *Im Grossman-Modell stellen Gesundheit und Vermögen zwei miteinander verbundene Aktiva dar, deren Werte im Zeitablauf vom Indi-viduum optimal gesteuert werden. In Bezug auf die Gesundheit gilt, dass der Grenznutzen des Haltens einer zusätzlichen Einheit ihres Bestandes eine konsumtive und eine investive Komponente enthält, deren Summe den Grenz-kosten einer zusätzlichen gehaltenen Einheit des Kapitalgutes Gesundheit entsprechen muss.*

---

[2] Mit einem fixen Einkommen Y_1 in der zweiten Periode, wäre dann in Gleichung (3.3) der Term $\frac{w_1(1-t^k(H_1))}{R}$ durch $\frac{Y_1}{R}$ zu ersetzen.

Kasten 3.1. Zweiperiodiges Grossman-Modell

$$\mathcal{U} = U\left(t^k(H_0), X_0\right) + \beta U\left(t^k(H_1), X_1\right), \tag{3.1}$$

$$\frac{\partial U}{\partial t^k} < 0, \frac{\partial^2 U}{\partial (t^k)^2} > 0, \quad \frac{\partial U}{\partial X} > 0, \frac{\partial^2 U}{\partial X^2} < 0, \quad \frac{\partial t^k}{\partial H} < 0.$$

$$H_1 = H_0(1-\delta) + I(M, t^I) \tag{3.2}$$

$$\frac{\partial I}{\partial M} > 0, \frac{\partial^2 I}{\partial M^2} < 0, \quad \frac{\partial I}{\partial t^I} > 0, \frac{\partial^2 I}{\partial (t^I)^2} < 0.$$

$$A_0 + w_0\left(1 - t^k(H_0) - t^I\right) + \frac{w_1(1 - t^k(H_1))}{R} \geq pM + cX_0 + \frac{cX_1}{R}. \tag{3.3}$$

$$-\beta\frac{\partial t^k}{\partial H_1}\left[\frac{w_1}{c}\frac{\partial U}{\partial X_1} - \frac{\partial U}{\partial t^k}\right] = \frac{\partial U/\partial X_0}{\partial I/\partial M}\frac{p}{c}. \tag{3.13}$$

U:	Nutzen
H_0, H_1:	Gesundheitskapital in den Perioden 0,1
δ:	Abschreibungsrate des Gesundheitskapitals
w_0, w_1:	Lohnsatz
X_0, X_1:	Konsumgüter
A_0:	Anfangsvermögen
R:	Zinsfaktor $R = 1 + r$
c:	Preis der Konsumgüter pro Einheit
M:	Medizinische Leistungen
p:	Preis medizinischer Leistungen pro Einheit
I:	Investition in Gesundheit (Mengeneinheiten)
t^k:	Zeit, die im Zustand der Krankheit verbracht wird
t^I:	Zeit für präventive Anstrengungen
λ, μ:	Lagrange-Multiplikatoren

3.3.2 Die Nachfrage nach Gesundheit und medizinischen Leistungen

Aus dem Grossman-Modell lassen sich Nachfragefunktionen nach Gesundheit und nach medizinischen Leistungen ableiten. Hierfür werden spezifische funktionale Formen unterstellt, dies sowohl für die Nutzenfunktion wie auch für die Funktionen $t^k(H)$ und $I(M, t^I)$. Trotz ihrer Beschränkungen wird in den meisten Fällen eine Cobb-Douglas-Technologie für $t^k(H)$ und $I(M, t^I)$ angenommen. Insbesondere stellen die Gesundheitsinvestitionen den Output einer Cobb-Douglas-Produktionsfunktion mit medizinischen Leistungen M und eigenem Zeitaufwand t^I des Individuums als Input dar. Es wird angenommen, dass ein höherer Bildungsgrad E die Produktivität der Investition erhöht. Des Weiteren sind Annahmen über die Parameter des Modells nötig. Im Folgenden soll $\beta = R = \delta = 1$ gelten, d.h. keine Diskontierung, keine Zinserträge und vollkommene Abschreibung des Gesundheitskapitalbestandes. Diese Annahmen erlauben uns, Nachfragefunktionen herzuleiten, welche in Einklang mit dem mehrperiodigen Grossman-Modell stehen. In einem erweiterten Modell genügen zwar schwächere Annahmen, die jedoch immer noch anfechtbar sind. Im Folgenden dient die Spezifikation von WAGSTAFF (1986b) als Bezugspunkt.

3.3.2.1 Die strukturelle Nachfragefunktion nach medizinischen Leistungen

Die strukturelle Nachfragefunktion nach medizinischen Leistungen gibt die kostenminimierende Nachfrage nach medizinischen Leistungen für einen gegebenen (nicht zwingend optimalen) Gesundheitskapitalbestand H_1 an. Um eine explizite Form herleiten zu können, muss eine Annahme über die funktionale Form der Investitionsfunktion $I(M, t^I)$ getroffen werden. Falls die Gesundheitsinvestitionen gemäß einer Cobb-Douglas-Funktion erstellt werden, gilt

$$I(M, t^I) = M^{\alpha_M} (t^I)^{1-\alpha_M} e^{\alpha_E E}, \quad 0 < \alpha_M < 1, \; \alpha_E > 0. \tag{3.14}$$

Der Bildungsgrad E verstärkt den Effekt der medizinischen Leistungen M und des eigenen Zeitaufwands t^I nach Maßgabe von $\alpha_E > 0$. α_M und $(1-\alpha_M)$ sind die Produktionselastizitäten von M und t^I. Im Anhang 3.A wird gezeigt, dass aus der Investitionsfunktion (3.14) bei Kostenminimierung die nachstehende *strukturelle Nachfragefunktion nach medizinischen Leistungen* folgt.

$$\ln M = \chi_1 + \ln H_1 - (1 - \alpha_M)\ln p + (1 - \alpha_M)\ln w - \alpha_E E \tag{3.15}$$

Sie hat logarithmische Form (wie auch die anderen Nachfragefunktionen). χ_1 fasst die konstanten Terme zusammen. Diese Gleichung besagt, dass eine Erhöhung des optimalen Gesundheitskapitals eine Zunahme der Nachfrage nach medizinischen Leistungen M nach sich zieht. Die Auswirkung einer exogenen Veränderung der Variablen p und w_0 kann durch Substitutionseffekte erklärt werden, da die endogene Variable H_1 konstant gehalten wird:

- Je höher der Preis p der medizinischen Leistungen, desto geringer die nachgefragte Menge. Gegeben, dass nur zwei Faktoren in die Produktion eingehen, wird M durch eine Erhöhung des eigenen Zeitaufwandes in präventive Maßnahmen t^I substituiert.

- Je höher der Lohnsatz w_0, desto höher die Nachfrage nach medizinischen Leistungen (gegeben den Bildungsgrad E). Wegen der gestiegenen Opportunitätskosten der Zeit wird t^I durch M substituiert.

Ein höherer Bildungsgrad E hat einen negativen Effekt auf die Nachfrage nach medizinischen Leistungen gemäß (3.15). Weil ein höherer Bildungsgrad die Produktivität von medizinischen Leistungen erhöht, sind weniger medizinische Leistungen nötig, um ein gegebenes Gesundheitskapital zu erhalten. Im mehrperiodigen Modell findet man außerdem, dass die Nachfrage nach medizinischen Leistungen im Verlauf des Lebens zunimmt, da die Abschreibungsrate δ mit dem Alter ansteigt [vgl. WAGSTAFF (1986b)].

3.3.2.2 Die Nachfragefunktionen im reinen Investitionsgut-Modell

Die strukturelle Nachfragefunktion nach medizinischen Leistungen (3.15) ist abhängig vom Gesundheitskapitalbestand H_1, welcher vom Individuum optimal gewählt wird. Um diesem Umstand Rechnung zu tragen, muss man zuerst definieren, wie die krank verbrachte Zeit t^k vom Gesundheitskapitalbestand abhängt. Die folgende funktionale Form wird hierfür angenommen.

$$t^k(H) = \theta_1 H^{-\theta_2}, \quad \theta_1 > 0, \theta_2 > 0. \tag{3.16}$$

Im reinen Investitionsgut-Modell wird Gesundheit nur auf Grund ihres Einflusses auf das Vermögen gewertet. D. h., es wird $\partial U/\partial t^k = 0$ angenommen. Im Anhang 3.A wird gezeigt, dass man in diesem Fall die folgende *Nachfragefunktion nach Gesundheit* erhält,

$$\ln H_1 = \chi_2 - \varepsilon\alpha_M \ln p + \varepsilon\alpha_M \ln w + \varepsilon\alpha_E E, \tag{3.17}$$

mit $w \equiv w_0 = w_1$ und $\varepsilon \equiv 1/(\theta_2 + 1) < 1.$[3] Die Elastizität ε reflektiert die marginale Effizienz des Gesundheitskapitalbestandes H_1. Für das reine Investitionsgut-Modell werden die folgenden partiellen Korrelationen vorausgesagt:

- Ein Anstieg des Preises p für medizinische Leistungen verteuert Investitionen in H_1 und senkt deshalb den optimalen Wert von H_1.

- Ein höherer Lohnsatz w erhöht die Nachfrage nach Gesundheit als Kapitalgut. Dieser Effekt dominiert die höheren Zeitkosten in der Gesundheitsproduktion, da der Zeitaufwand durch den Einsatz medizinischer Leistungen geringer ist als der Arbeitszeitgewinn. Deshalb führt ein Lohnanstieg zu einem höheren optimalen Bestand von H_1.

- Ein höherer Bildungsgrad E erhöht die Produktivität der Investition in Gesundheit I. Folglich steigt der optimale Wert von H_1.

Im mehrperiodigen Modell gilt zusätzlich, dass mit zunehmendem Alter die Abschreibungsrate δ zunimmt und sich Investitionen in H deshalb weniger lohnen.

Durch Einsetzen von (3.17) in (3.15) erhalten wir die *reduzierte Nachfragefunktion nach medizinischen Leistungen*

$$\ln M = \chi_3 - (1 + \alpha_M(\varepsilon - 1))\ln p + (1 + \alpha_M(\varepsilon - 1))\ln w - (1 - \varepsilon)\alpha_E E. \tag{3.18}$$

Im Gegensatz zur strukturellen Nachfragefunktion (3.15) nach medizinischen Leistungen enthält diese Funktion nur exogene Argumente. Die vorhergesagten partiellen

---

[3] Durch Logarithmieren und Differenzieren von (3.16) erhalten wir $\partial \ln t^k/\partial \ln H_1 = -\theta_2$. Durch Multiplizieren beider Seiten mit (-1), Addieren von 1 auf beiden Seiten, und anschließendem Invertieren erhalten wir $1/[1 - \partial \ln t^k/\partial \ln H_1] = 1/(\theta_2 + 1) < 1$. Dieser Ausdruck ist positiv und steigend in $|\partial \ln t^k/\partial \ln H_1|$, solange $|\partial \ln t^k/\partial \ln H_1| < 1$.

Korrelationen sind identisch mit denen aus (3.15). Jedoch besagt $\varepsilon < 1$, dass die Effekte von w und p größer sind, während der Effekt von E kleiner ist als in (3.15). Dies folgt aus den gleichen Vorzeichen von p und w und dem gegensätzlichen Vorzeichen von E in den Gleichungen (3.15) und (3.17). Auch der Effekt des Alters ist im mehrperiodigen Modell weniger stark ausgeprägt.

3.3.2.3 Die Nachfragefunktionen im reinen Konsumgut-Modell

Im reinen Konsumgut-Modell wird unterstellt, dass krank verbrachte Zeit in der zweiten Periode keinen Einfluss auf das Arbeitseinkommen hat. Dann vereinfacht sich Gleichung (3.13) zu

$$\beta \frac{\partial t^k}{\partial H_1} \frac{\partial U}{\partial t^k} = \frac{\partial U / \partial X_0}{\partial I / \partial M} \frac{p}{c}. \tag{3.19}$$

Um die Nachfrage nach Gesundheit herzuleiten, müssen Annahmen über die Präferenzen getroffen werden. Wir gehen von folgender Nutzenfunktion aus, die in Bezug auf die Zeit im krank verbrachten Zustand t^k und den Konsum X separierbar ist [vgl. WAGSTAFF (1986b)],

$$U = \alpha_1(t^k)^{\alpha_2} + g(X), \quad \alpha_1 < 0, 0 < \alpha_2 < 1, g'(X) > 0, g''(X) < 0. \tag{3.20}$$

Im Anhang 3.A wird die folgende *Nachfragefunktion nach Gesundheit* hergeleitet,

$$\ln H_1 = \chi_4 - \kappa\alpha_M \ln p - \kappa(1 - \alpha_M)\ln w + \kappa\alpha_E E - \kappa\ln\lambda \tag{3.21}$$

mit $\kappa \equiv 1/(1+\alpha_2\theta_2)$, so dass $0 < \kappa < 1$. Diese Größe misst die Elastizität des Grenznutzens einer geringeren Zeit, die im Zustand der Krankheit verbracht wird in Bezug auf das Gesundheitskapital H_1. Die vorausgesagten partiellen Korrelationen lauten wie folgt.

- Der Lohnsatz w geht im reinen Konsumgut-Modell lediglich als Kostenfaktor in die Gesundheitsproduktion ein. Das Vorzeichen für den Lohnsatz ist im Gegensatz zum reinen Investitionsgut-Modell daher negativ.

- Ein höherer Preis p für medizinische Leistungen verteuert das Halten einer zusätzlichen Einheit des Gesundheitskapitalbestandes und resultiert in einer geringeren Nachfrage.

- Ein höherer Bildungsgrad senkt die Grenzkosten der Gesundheit durch den Produktivitätsgewinn der Investition in Gesundheit. Die Nachfrage nach Gesundheit ist deshalb größer.

- Ein großer Wert des Lagrange-Multiplikators λ besagt, dass die Vermögensbeschränkung stark bindet. Die Opportunitätskosten des Haltens einer zusätzlichen Einheit von Gesundheit sind damit hoch. Mit einer größeren Anfangsausstattung an Vermögen A_0 wäre die Beschränkung weniger stark bindend und der Wert des Multiplikators geringer. Entsprechend ist die Nachfrage nach Gesundheit größer. Gesundheit ist somit ein normales und kein inferiores Gut.

Tabelle 3.1. Vorausgesagte partielle Korrelationen

	NACHFRAGE NACH MEDIZINISCHEN LEISTUNGEN			NACHFRAGE NACH GESUNDHEIT	
	Strukt. Nachfr. (3.15)	Invest. Modell (3.18)	Konsum Modell (3.22)	Invest. Modell (3.17)	Konsum Modell (3.21)
Preis p	−	−	−	−	−
Lohnsatz w	+	+	+	+	−
Bildungsgrad E	−	−	−	+	+
Vermögen A_0	0	0	+	0	+
Gesundheit H_1	+	endogen	endogen	endogen	endogen
Alter	+	+	+	−	−

Die *reduzierte Nachfrage nach medizinischen Leistungen im Konsumgut-Modell* erhalten wir durch Einsetzen von (3.21) in (3.15):

$$\ln M = \chi_5 - [1 + \alpha_M(\kappa - 1)] \ln p + (1 - \kappa)(1 - \alpha_M) \ln w \qquad (3.22)$$
$$-(1 - \kappa)\alpha_E E - \kappa \ln \lambda.$$

Die vorausgesagten partiellen Korrelationen bezüglich p, w und E sind wiederum identisch mit denjenigen der strukturellen Nachfrage (3.15). Allerdings besagt $\kappa < 1$, dass die Effekte von w und E weniger stark ausgeprägt sind, da sich die Vorzeichen in (3.15) und (3.21) unterscheiden. Dagegen hat p einen stärkeren Effekt im Vergleich zu strukturellen Nachfragefunktion. Zusätzlich hat ein Anstieg in der anfänglichen Vermögensausstattung (ein geringerer Wert von λ) einen positiven Einfluss auf die Nachfrage nach medizinischen Leistungen, da Gesundheit ein normales Gut darstellt.

Analog zum Investitionsgut-Modell unterliegt das mehrperiodige Konsumgut-Modell einem Alterseffekt in beiden Nachfragefunktionen. Die Nachfrage nach Gesundheit sinkt mit steigendem Alter aufgrund des Anstiegs in der Abschreibungsrate. Trotzdem steigt die Nachfrage nach medizinischen Leistungen mit dem Alter an, um diesen Effekt teilweise zu kompensieren [vgl. WAGSTAFF (1986b)].

Folgerung 3.3 *Aus dem Grossman-Modell lassen sich Nachfragefunktionen nach Gesundheit und medizinischen Leistungen ableiten. Hierfür müssen spezifische Funktionszusammenhänge postuliert werden. Die Nachfrage lässt sich dann auf das Lohnniveau, den Preis der medizinischen Leistungen, den Bildungsgrad und das Vermögen zurückführen. Im mehrperiodigen Modell hängen beide Nachfragefunktionen zusätzlich vom Alter ab, wenn die Abschreibungsrate mit dem Alter ansteigt.*

Tabelle 3.1 gibt einen Überblick über die vorausgesagten partiellen Korrelationen.

3.3.3 Empirische Überprüfung des Grossman-Modells

Die Gleichung (3.13) erlaubt wichtige Einblicke in das Verhalten von Individuen, die eine marginale Änderung ihres Gesundheitskapitals optimal vornehmen wollen. Speziell die Unterscheidung zwischen der Gesundheit als Konsumgut und als Investitionsgut auf Grund der jeweiligen Grenzerträge ist von zentraler Bedeutung. Dies impliziert jedoch nicht, dass das individuelle Verhalten mit einem der beiden Motive genügend erklärt werden kann. Es hat sich gezeigt, dass empirisch überprüfbare Voraussagen nur gemacht werden können, wenn entweder die Konsum- oder die Investitionsvariante des Modells gewählt wird. Sogar dann muss eine sehr spezifische Produktionsfunktion eingeführt werden, welche den Gesundheitskapitalbestand H_1 mit der krank verbrachten Zeit t^k in Verbindung bringt, während eine Cobb-Douglas-Produktionsfunktion nötig ist, um die Investition I mit medizinischen Leistungen M, den eigenen Anstrengungen t^I und dem Bildungsgrad E in Verbindung zu bringen. In der empirischen Wirtschaftsforschung wurde diese Funktion schon vor langem durch flexiblere Alternativen ersetzt (z.B. durch die Translog-Funktion), weil ihre Substitutionselastizität von Eins durch empirische Befunde widerlegt wurde. Ähnliche Probleme ergeben sich durch die (additive) Nutzenfunktion der Konsumvariante. Jedoch würden flexiblere funktionale Formen zusätzliche Parameter einführen, welche die Voraussagen in hohem Maße formbar machen würden, so dass der empirische Gehalt des Modells gegen Null geht.

Erstmalig wurde das Modell von GROSSMAN selbst geschätzt [GROSSMAN (1972b)]. Viele weitere Schätzungen wurden seitdem durchgeführt. Je nach Wahl der funktionalen Form ergeben sich unterschiedliche Aussagen. Drei partielle Beziehungen sind davon besonders betroffen.

(1) *Gesundheit*: Eine wichtige Implikation der strukturellen Nachfragefunktion nach Gesundheit ist, dass ein besserer Gesundheitszustand und die Nachfrage nach medizinischen Leistungen positiv korreliert sind, weil medizinische Leistungen als Faktoren in die Produktion des (optimalen) Gesundheitskapitalbestandes eingehen. Die Studien von WAGSTAFF (1986b) und LEU UND GERFIN (1992) finden einen negativen Zusammenhang. Das Ergebnis der letzteren Studie ist besonders beunruhigend, weil die Autoren das Gesundheitskapital als latente Variable modellieren, um so die permanente Komponente der „Gesundheit" herauszufiltrieren, welche den Zielwert der optimalen Wahl des Individuums gemäß dem Grossman-Modell darstellt. Trotzdem weisen alle Komponenten der medizinischen Leistungen eine ausgeprägte und hochsignifikante negative partielle Korrelation mit der Gesundheit auf. Relativiert wird dieses Ergebnis allerdings durch eine Studie von NOCERA UND ZWEIFEL (1998) mit Panel-Daten. Mit diesen Daten werden Individuen über die Zeit in ihrem Versuch verfolgt, ihr Gesundheitskapital auf dem Zeitpfad der dynamischen Optimallösung zu halten. Panel-Daten sind deshalb besser als Querschnittsdaten geeignet, das Grossman-Modell zu testen. Hier bestätigt sich die vorhergesagte positive Korrelation.

(2) *Bildungsgrad*: Gemäß der strukturellen Nachfragefunktion (3.15) müsste ein höherer Bildungsgrad die Nachfrage nach medizinischen Leistungen senken. Bei seiner Schätzung der strukturellen Nachfragefunktion fand WAGSTAFF (1986b) allerdings, dass höhere Bildung die Nachfrage nach medizischen Leistungen erhöht, d.h. dass $\alpha_E < 0$ in Gleichung (3.22). Demgegenüber verlangt die reduzierte Nachfragefunktion (3.21), dass $(\kappa \alpha_E) > 0$. Weil $0 < \kappa < 1$ per Annahme, müsste dagegen $\alpha_E > 0$ sein.

(3) *Alter*: Das mehrperiodige Grossman-Modell sagt voraus, dass die Nachfrage nach Gesundheit mit dem Lebensalter abnimmt, die Nachfrage nach medizinischen Leistungen jedoch zunimmt, da es für das Individuum nicht optimal ist, das Gesundheitskapital parallel zum Anstieg der Abschreibung absinken zu lassen. Was die Empirie angeht, so wird die Vorhersage eines Absinkens des Gesundheitskapitals im Alter zwar bestätigt [LEU UND DOPPMANN (1986), LEU UND GERFIN (1992)]. Die Vorhersage bezüglich einer steigenden Nachfrage nach medizinischen Leistungen (bei gegebenem Gesundheitszustand) wird jedoch im Falle ambulanter ärztlicher Leistungen durchgängig widerlegt, vor allem wenn man die Wahrscheinlichkeit eines Arztkontakts als Indikator für eine Nachfrage heranzieht, die noch nicht durch den medizinischen Rat eines eigennützigen Arztes verzerrt ist [NEWHOUSE UND PHELPS (1976), DUAN ET AL. (1984), ZWEIFEL (1985)].

GROSSMAN (2000) gibt einen Überblick über diverse Lösungen, welche vorgeschlagen wurden, um diese Mängeln zu beheben. Er zählt auch Argumente auf, welche für das Modell sprechen. Im Speziellen betont er, dass die Schätzergebnisse der strukturellen Nachfragefunktion verzerrt sein könnten, weil Gesundheit nicht als endogen betrachtet wird.

Eine Modifizierung des Grossman-Modells von WAGSTAFF (1993) verdient eine genauere Betrachtung. Gemäss dieser Formulierung kann der gewünschte Gesundheitskapitalbestand nicht sofort an das gewünschte Niveau angepasst werden – eine weitverbreitete Annahme bei Investitionsmodellen mit zeitverzögerter Anpassung an den gewünschten Bestand. Die Modifizierung der strukturellen Nachfragefunktion (3.15) weist dann eine signifikant positive partielle Korrelation der Nachfrage nach medizinischen Leistungen und der Gesundheit auf. Ebenso hat der Bildungsgrad das vorhergesagte negative Vorzeichen. Jedoch stellt sich die Frage, wieso ein Individuum eine Abweichung vom optimalen Gesundheitspfad überhaupt erlaubt. In den üblichen Modellen mit verzögerter Anpassung an den gewünschten Zustand wird angenommen, dass bei einer Abweichung eine sofortige Rückkehr zum gewünschten Zustand zu kostspielig ist. Im Zusammenhang mit der Gesundheit ist diese Argumentation sinnvoll, wenn man den Lebensstil einer Person betrachtet. Allerdings werden die Konsumgüter in der Produktionsfunktion des Anhangs 3.A vernachlässigt. Die Einführung von Anpassungskosten macht viel weniger Sinn, wenn eine plötzliche Verschlechterung der Gesundheit eintritt, z.B. durch einen Unfall oder durch die Diagnose einer lebensbedrohlichen Krankheit. In diesem Fall ist eine Rückkehr zum gewünschten Gesundheitszustand schlicht nicht möglich.

Folgerung 3.4 *Das Grossman-Modell hat sich in empirischen Untersuchungen nur bedingt bewährt. Studien, die zeigen, dass der permanente Gesundheitszustand und die Nachfrage nach medizinischen Leistungen negativ und nicht wie vorhergesagt positiv korreliert sind, stellen insbesondere die Vorstellung in Frage, dass Ausgaben für medizinische Leistungen eine abgeleitete Nachfrage darstellen, die auf eine zugrundeliegende Nachfrage nach Gesundheit zurückgeht.*

Das letzte Wort über das Grossman-Modell ist noch nicht gesprochen. Mehr Aufschluss kann man sich von weiteren Studien mit Panel-Daten versprechen. Gegenwärtig kann man allerdings sagen, dass die Betonung der langfristigen Optimierung ganz allgemein die *Unsicherheit vernachlässigt*, die mit dem Überleben und dem Gesundheitszustand verbunden ist. Man läuft Gefahr, die Steuerbarkeit des Gesundheitszustands durch das Individuum zu übertreiben. Insbesondere könnte die Vernachlässigung der Unsicherheit zwei Schwächen des Grossman-Modells erklären:

(a) Die Abschreibungsrate δ ist in Gleichung (3.2) als *deterministisch definiert*. Folglich gibt es keine stochastischen Schocks wie z.B. Unfälle oder schwere Erkrankungen (im mehrperiodigen Modell hängt δ bloß vom Alter ab), die für sehr große Werte von δ verantwortlich sein können. Tatsächlich kann δ einen so großen Wert annehmen, dass das Individuum nicht mehr zum Optimalwert seines Gesundheitskapitals zurückfindet, weil die medizinischen Leistungen einfach nicht wirkungsvoll genug sind, um einen so großen Verlust an Gesundheitskapital auszugleichen. Daher könnte der momentane Gesundheitszustand *vom optimalen abweichen* – ein Fall, der im Grossman-Modell ausgeschlossen ist, zumindest in seiner ursprünglichen Formulierung.

(b) Die Abschreibungsrate und folglich der Verlust an Gesundheitskapital kann so lebensbedrohlich werden, dass der *Planungshorizont* auf wenige Tage oder sogar Stunden *zusammenschrumpft*.[4] In einem solchen Fall verlieren Regeln der langfristigen intertemporalen Optimalität, wie sie durch Bedingung (3.13) beschrieben werden, viel von ihrer Relevanz.

Aus diesen Gründen wird im folgenden Abschnitt 3.4 ein alternativer Ansatz untersucht, der im Gegensatz zum Grossman-Modell gerade die *mangelnde Kontrolle des Individuums über seinen Gesundheitszustand* betont.

---

[4] Man erinnere sich daran, dass die hier dargestellte zweiperiodige Formulierung eine Vereinfachung des ursprünglichen Modells mit T Perioden ist, wobei T normalerweise der restlichen Lebenserwartung entspricht.

3.4 Gesundheitsproduktion als Einflussnahme auf einen Zufallsprozess

In diesem Abschnitt nehmen wir an, dass der Gesundheitszustand durch einen stochastischen Prozess bestimmt wird. Das Individuum kann an diesem Prozess nur die Übergangswahrscheinlichkeiten von einem Zustand zum anderen beeinflussen (Abschnitt 3.4.1). Diese Sichtweise eröffnet die Möglichkeit, die Zahlungsbereitschaft für Gesundheit als zustandsabhängig zu erklären (Abschnitt 3.4.2). Darüber hinaus können auch die Produktionsmöglichkeiten des Individuums als zustandsabhängig dargestellt werden, wobei eine Technologie, die auf Präventionsanstrengungen beruht, im Zustand der Gesundheit gültig ist und eine andere, die auf kurativen Leistungen beruht, im Zustand der Krankheit. Das betreffende Modell wird in den Abschnitten 3.4.3 und 3.4.4 dargestellt.

3.4.1 Bedingte Produktionsfunktionen der Gesundheit

Der Gesundheitszustand einer bestimmten Periode (z.B. eines Tages) kann als Ausschnitt aus einer langen Abfolge von Zuständen aufgefasst werden. Das Individuum ist grundsätzlich dem Zufall ausgeliefert, kann also nicht zwischen zwei Abfolgen wählen. Unterscheidet man einfachheitshalber lediglich zwischen „gesund" (g) und „krank" (k), so besteht z.B. keine Freiheit der Wahl zwischen den Sequenzen

$$gggggkkkgggggggggggggk\ldots \text{und} \ldots ggkkkkkgggggkgggggggkgg\ldots$$

Das Individuum kann lediglich auf die Übergangswahrscheinlichkeiten Einfluss nehmen und dadurch das Eintreten einer gewünschten Abfolge begünstigen. Aus einer solchen Kette sollen im Folgenden nur zwei aufeinander folgende Perioden herausgegriffen werden. Beim Übergang von einer Periode 1 zur nachfolgenden Periode 2 sind vier Möglichkeiten denkbar: gg, gk, kg, kk (vgl. Tabelle 3.2). Entsprechend steht beispielsweise ϕ_{gk} für die Wahrscheinlichkeit, die Periode 2 krank zu verbringen, nachdem man in der Periode 1 gesund war. Bleiben die in der Tabelle 3.2 eingetragenen Wahrscheinlichkeiten im Verlauf der Zeit konstant, spricht man von einem Markov-Prozess.

Geht man davon aus, dass ein Individuum mit der Wahrscheinlichkeit π_1 in Periode 1 krank ist, dann ist die Wahrscheinlichkeit π_2, in der Periode 2 krank zu sein, gemäß Tabelle 3.2 gegeben durch

$$\pi_2 = \pi_1\phi_{kk} + (1 - \pi_1)\phi_{gk}. \tag{3.23}$$

Der erste Summand steht für die Möglichkeit, zwei Perioden hintereinander krank zu sein; dabei symbolisiert ϕ_{kk} die Wahrscheinlichkeit, krank zu bleiben. Der zweite Summand erinnert daran, dass man mit der Wahrscheinlichkeit ϕ_{gk} in Periode 2 krank wird, obwohl man in der Periode 1 gesund war.

Tabelle 3.2. Übergangswahrscheinlichkeiten und Zustandswahrscheinlichkeiten

Periode 1	Periode 2	
	krank (k)	gesund(g)
gesund(g)	ϕ_{gk}	$1 - \phi_{gk}$
krank (k)	ϕ_{kk}	$1 - \phi_{kk}$
π_2	$(1 - \pi_1)\phi_{gk} + \pi_1\phi_{kk}$	
$1 - \pi_2$		$(1 - \pi_1)(1 - \phi_{gk}) + \pi_1(1 - \phi_{kk})$

ϕ_{gk}:   Wahrscheinlichkeit, beim Übergang zu Periode 2 krank zu werden
ϕ_{kk}:   Wahrscheinlichkeit, beim Übergang zu Periode 2 krank zu bleiben
π_t: Wahrscheinlichkeit, in der Periode $t = 1,2$ krank zu sein; „Krankheitsrisiko"
       (vereinfachte Notation: $\pi_2 = \pi$)
$1 - \pi_t$:   Wahrscheinlichkeit, in der Periode $t = 1,2$ gesund zu sein; „Gesundheitschance"

Im Folgenden soll dem Individuum zu Beginn der Periode 1 bekannt sein, in welchem Gesundheitszustand es sich befindet. Ist es gesund, so gilt $\pi_1 = 0$, und es kann nur über ϕ_{gk} auf π_2 Einfluss nehmen. Dabei stehen ihm die Mittel eines Gesunden zur Verfügung, also eine breite Palette von präventiven Maßnahmen von der Ernährung bis hin zum entspannenden Urlaub. Diese Alternativen haben gemeinsam, dass sie *Zeitaufwand zu Gunsten der Gesundheit* kosten, der mit t^I symbolisiert wird. Im Krankheitsfall hingegen ist $\pi_1 = 1$, und laut Annahme können nur medizinische Leistungen (mit M bezeichnet), die Wahrscheinlichkeit ϕ_{kk} senken und so die Wahrscheinlichkeit π_2 senken. Damit hängt die Wahrscheinlichkeit, die Periode 2 krank zu verbringen, von jeweils unterschiedlichen Faktoren ab, je nach dem in Periode 1 gegebenen Gesundheitszustand.

$$\pi_2 = \begin{cases} \pi_2[\phi_{gk}(t^I, \ldots)] \text{ bei Gesundheit in Periode 1;} \\ \pi_2[\phi_{kk}(M, \ldots)] \text{ bei Krankheit in Periode 1.} \end{cases} \tag{3.24}$$

Folgerung 3.5 *In einem Konzept, das mit der alltäglichen Erfahrung über-einzustimmen scheint, ist die Produktionsfunktion für Gesundheit von dem Gesundheitszustand abhängig, der während der Entscheidungsperiode vor-herrscht. Die Gesundheitsproduktion besteht in der Einflussnahme auf die Übergangswahrscheinlichkeiten in einer Abfolge von Gesundheitszuständen, die im Wesentlichen durch den Zufall bestimmt wird.*

Im Gegensatz zum Grossman-Modell ist die Produktion von Gesundheit also nicht durch Ausdrücke der medizinischen Leistung (möglicherweise in Verbindung mit Vorsorge) uneingeschränkt bestimmt. Sie umfasst jeweils nur einen der zwei Inputs in Abhängigkeit von dem vorherrschenden Gesundheitszustand. Hinzu kommt, dass der Output dieses Prozesses kein Bestand an Gesundheit ist, sondern nur eine erhöhte Wahrscheinlichkeit, in der nächsten Periode sich in einem besseren Gesundheitszustand zu befinden.

3.4.2 Kurzfristige Optimierung und Zahlungsbereitschaft für Gesundheit

In den Abschnitten 2.4.5 und 2.4.6 wurden Methoden zur Abschätzung der (marginalen) Zahlungsbereitschaft für Verbesserungen des Gesundheitszustandes vorgestellt. Diese Zahlungsbereitschaft bedeutet nichts anderes als die Bereitschaft, zu Gunsten der Gesundheit auf andere Güter zu verzichten. Fasst man diese anderen Güter zu den Konsumleistungen oder kurz zum „Konsum" zusammen, so spiegelt diese Zahlungsbereitschaft das Grenznutzenverhältnis zwischen Konsum C und Gesundheit H wider und würde somit über die Steigung der Indifferenzkurven in einem (H, C)-Raum Auskunft geben, so wie dies in Abb. 1.1 summarisch dargestellt wurde.

Die Betrachtungen des vorhergehenden Abschnitts führten zum Ergebnis, dass sich die Gesundheit selbst nicht steuern lässt, sondern lediglich die Wahrscheinlichkeit, in der darauffolgenden Periode einen bestimmten Gesundheitszustand zu erreichen. In Analogie zur Gleichung (3.24), welche die Produktionsfunktion zustandsabhängig macht, lässt sich auch der Nutzen aus der Versorgung mit Konsumleistungen *zustandsabhängig* auffassen (siehe hierzu auch Abschnitt 6.3.2). Die Zielfunktion eines langfristig planenden Individuums könnte mithin lauten

$$EU = \sum_{t=0}^{T} \beta^t \left[(1-\pi_t) u_g(C_{g,t}) + \pi_t u_k(C_{k,t}) \right], \tag{3.25}$$

wobei π_t die Wahrscheinlichkeit in Periode t krank zu sein darstellt. $u_g(C)$ bezeichnet den Nutzen bei Gesundheit, $u_k(C)$ bei Krankheit.

Die Gleichung besagt, dass das Individuum zukünftige Nutzenströme mit einer subjektiven Rate der Gegenwartspräferenz $\beta < 1$ diskontiert und addiert. Der in jeder Periode erreichbare Erwartungsnutzen hängt dabei ab vom Konsum ($C_{g,t}$ bzw. $C_{k,t}$), wobei $u_g[C_{g,t}] > u_k[C_{k,t}]$ mit $C_{g,t} = C_{k,t} \equiv C$ für alle Werte von C und t gelten soll: Ein gegebener Umfang von Konsumleistungen stiftet in gesundem Zustand stets einen größeren Nutzen als bei Krankheit. Dies bedeutet, dass die Nutzenfunktion je nach Gesundheitszustand eine andere ist.

Im Folgenden soll der Planungszeitraum auf die Perioden 1 und 2 eingeschränkt werden. Weil die Periode sehr kurz definiert ist als jener Zeitraum, in welchem eine Einflussnahme auf die Übergangswahrscheinlichkeiten der Tabelle 3.2 möglich wird, kann man von einer Diskontierung absehen ($\beta = 1$) und Gleichung (3.25) vereinfachen zu

$$EU = (1-\pi_1) u_g(C_{g,1}) + \pi_1 u_k(C_{k,1}) + (1-\pi_2) u_g(C_{g,2}) + \pi_2 u_k(C_{k,2}). \tag{3.26}$$

Wie bei der Herleitung der Gleichung (3.24) soll in der Periode 1 der Gesundheitszustand schon feststehen, so dass beispielsweise $\pi_1 = 0$ (gesund in der Periode 1). Damit bleibt nur der Konsum dieser Periode $C_{g,1}$ als Entscheidungsvariable übrig. Wie im Abschnitt 3.4.3 gezeigt wird, bewirkt ein Verzicht auf Konsum in der Periode 1, dass die Wahrscheinlichkeit π_2, die Folgeperiode krank zu verbringen, zurückgeht. Insofern ist es sinnvoll, nach jener Reduktion von π_2 zu fragen, die einen Verzicht auf eine Einheit von $C_{g,1}$ bzw. $C_{k,1}$ (Konsum in Periode 1) kompensieren würde. Dabei wird außer dem Gesundheitszustand der Periode 1 auch der Konsum der Periode 2 konstant gehalten, also $C_{g,2} = C_{k,2} \equiv C_2$ gesetzt.

Diese Kompensationsbeziehung kann dazu verwendet werden, die marginale Zahlungsbereitschaft für verbesserte Gesundheit im Sinne einer Reduktion des Krankheitsrisikos π_2 herzuleiten. Setzt man $\pi_1 = 0$ in Gleichung (3.26), dann bedingt die Konstanz des Erwartungsnutzens

$$dEU = 0 = \frac{\partial u_g[C_{g,1}]}{\partial C_{g,1}} dC_{g,1} - \big\{ u_g[C_2] - u_k[C_2] \big\} d\pi_2. \qquad (3.27)$$

Diese Gleichung definiert eine Indifferenzkurve im $(C_{g,1}, \pi_2)$-Raum. Um das subjektive Abwägen zwischen Konsum und verbesserten Gesundheitschancen als zwei Güter darzustellen, wird π_2 durch die Gegenwahrscheinlichkeit ersetzt und aus der Gleichung (3.27) die Steigung der Indifferenzkurve im $(C_{g,1}, 1 - \pi_2)$-Raum hergeleitet:

$$\frac{dC_{g,1}}{d(1 - \pi_2)} = -\frac{dC_{g,1}}{d\pi_2} = -\frac{u_g(C_2) - u_k(C_2)}{\dfrac{\partial u_g(C_{g,1})}{\partial C_{g,1}}}. \qquad (3.28)$$

Der Ausgangspunkt dieser Überlegung hätte auch die Situation eines Individuums sein können, das in Periode 1 krank ist. Es würde sich dann die Frage stellen, welche Veränderung $d(1 - \pi_2)$ einen Verzicht auf Konsum in krankem Zustand $dC_{k,1}$ kompensieren könnte. Indem man in der Gleichung (3.26) $\pi_1 = 1$ setzt, erhält man über die Bedingung $dEU = 0$ die Steigung dieser Indifferenzkurve:

$$\frac{dC_{k,1}}{d(1 - \pi_2)} = -\frac{dC_{k,1}}{d\pi_2} = -\frac{u_g(C_2) - u_k(C_2)}{\dfrac{\partial u(C_{k,1})}{\partial C_{k,1}}}. \qquad (3.29)$$

Die Gleichungen (3.28) und (3.29) lassen sich wie folgt interpretieren:

- Beide Gleichungen geben *Grenzraten der Substitution* (GRS) zwischen Konsum und der Wahrscheinlichkeit an, gesund zu sein. Das Individuum ist bereit, für eine marginale Verbesserung der Chance, den folgenden Tag gesund zu verleben, auf Konsum während des laufenden Tages zu verzichten.

- Die GRS ist wie üblich durch das Verhältnis zweier Nutzendifferenzen (die im Grenzübergang zum marginalen Nutzen werden) gegeben. Je größer der nutzenmäßige *Unterschied zwischen „gesund" und „krank"* im Zähler der Gleichungen (3.28) und (3.29), desto größer der Absolutwert der GRS und damit die marginale Zahlungsbereitschaft für Gesundheit. Je größer umgekehrt der *Nutzenverlust*, der mit dem Verzicht auf Konsumleistungen jetzt und heute einhergeht (im Nenner der Gleichungen), desto geringer fällt die Zahlungsbereitschaft für eine Verbesserung der Gesundheitschancen aus.

- Die GRS ist *möglicherweise zustandsabhängig*. Der Grund dafür ist darin zu sehen, dass der Grenznutzen des Konsums je nach Gesundheitszustand einen anderen Wert annehmen könnte, insbesondere hoch bei guter Gesundheit [Nenner der Gleichung (3.28)] und niedrig im Krankheitsfall [Nenner der Gleichung (3.29)].

Der letzte Punkt wird in der Abbildung 3.1 illustriert. Zur Vereinfachung wird die Periodenunterscheidung fallengelassen und eine Einheit zusätzlicher Konsumleistungen zustandsunabhängig mit demselben Symbol C gekennzeichnet. Entsprechend verlaufen die eingetragenen Indifferenzkurven in einem $[C,(1-\pi)]$-Raum $(\pi = \pi_2)$, die eine mit Index g (gesunder Ausgangszustand), die andere mit Index k (kranker Ausgangszustand). Beide spiegeln durch ihren steilen Verlauf eine hohe marginale Zahlungsbereitschaft für Gesundheit wider. Die Kurve mit Index k hat aber eine noch größere (negative) Steigung, reflektiert also eine *nochmals gesteigerte Zahlungsbereitschaft für Gesundheit*, weil der Grenznutzen zusätzlichen Konsums im Nenner der Gleichung (3.29) geringer ausfällt als in Gleichung (3.28). Damit kann das Verhalten abgebildet werden, das viele Ärzte ihren Patienten ankreiden: „Sich mäßig um die Gesundheit kümmern, solange es gut geht; alles für die Gesundheit hergeben wollen, wenn sie verloren gegangen ist".

Folgerung 3.6 *Die kurzfristige marginale Zahlungsbereitschaft für Gesundheit lässt sich darstellen als ein subjektives Abwägen von „Konsum in der laufenden Periode" gegen „Wahrscheinlichkeit, in der Folgeperiode gesund zu sein". Zustandsabhängige Präferenzen können erklären, warum das Gesundheitsverhalten instabil ist, d.h. warum eine Verbesserung der Gesundheitschancen im Krankheitsfall höher bewertet wird als bei guter Gesundheit.*

Im Rest dieses Kapitels soll aber von dieser möglichen Instabilität der Präferenzen abstrahiert werden, vor allem aus drei Gründen:

(1) Das Argument, dass der Grenznutzen des Konsums im *kranken Zustand kleiner* sei als im gesunden, ist zwar einleuchtend, aber *nicht zwingend*. Möglicherweise ist gerade der Kranke auf gute Unterbringung und Verpflegung besonders angewiesen, so dass zusätzliche Konsumleistungen für ihn einen besonders großen Nutzen haben (vgl. dazu Abschnitt 6.3.2).

(2) Die *Krankenversicherung* ermöglicht es dem Individuum, das verfügbare Einkommen auf die beiden Zustände zu verteilen, so dass sich der jeweilige Grenznutzen zusätzlichen Einkommens bzw. Konsums *angleicht* und unter gewissen Bedingungen sogar gleich groß wird (vgl. dazu ebenso Abschnitt 6.3.2).

(3) Die GRS variiert auch entlang einer *unveränderten Indifferenzkurve*: Es genügt, dass bei guter Gesundheit ein Punkt wie Q_g^* in Abbildung 3.1 realisiert wird, im Krankheitsfall dagegen ein Punkt wie Q_k^*, um den Eindruck einer schwankenden Wertschätzung der Gesundheit hervorzurufen.

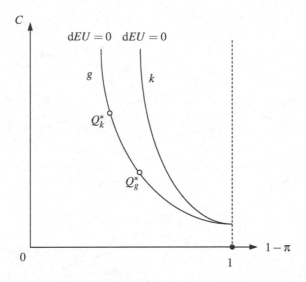

Abb. 3.1. Marginale Zahlungsbereitschaft für Gesundheit (kurzfristig)

Da sich dieses Kapitel vorwiegend mit dem Individuum als Produzent und weniger als Nachfrager von Gesundheit befasst, soll im Folgenden der Nachweis erbracht werden, dass die scheinbar instabile Wertschätzung der Gesundheit auf die objektiven, unter dem Einfluss des Zufalls schwankenden Produktionsmöglichkeiten des Individuums zurückgeführt werden kann.

3.4.3 Ein Modell mit zustandsabhängigen Produktionsmöglichkeiten: die kurze Frist

3.4.3.1 Zustandsabhängige Optimierung im Zufallsprozess

In Abschnitt 3.4.1 wurde Gesundheitsproduktion als Einflussnahme auf Wahrscheinlichkeiten in einem zufallsgesteuerten Prozess definiert und dann die subjektive Wertung verbesserter Gesundheitschancen eingeführt. Dabei kamen Begriffe wie Übergangswahrscheinlichkeiten, Zustandswahrscheinlichkeiten und Erwartungsnutzen zur Sprache. Diese Begriffe sollen hier nochmals mit der kurzfristigen Entscheidungssituation eines Individuums in Verbindung gebracht werden. Vor diesem Hintergrund lassen sich dann die zustandsbedingten Handlungsmöglichkeiten als Tradeoffs untersuchen.

Der betrachtete Ausschnitt aus einer Abfolge von Gesundheitszuständen ist in der Abbildung 3.2 dargestellt. In einer Vorperiode 0 entscheidet sich, ob das Individuum gesund oder krank ist. Damit sind seine Möglichkeiten festgelegt, während der Periode 1 auf die Übergangswahrscheinlichkeiten Einfluss zu nehmen und damit

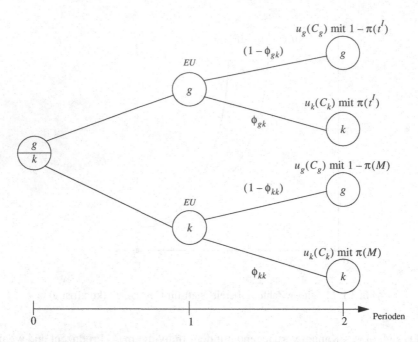

Abb. 3.2. Abfolge von Gesundheitszuständen als beeinflussbarer Zufallsprozess

die Zustandswahrscheinlichkeiten in der Periode 2 zu steuern. Ist das Individuum gesund (oberer Ast der Abbildung 3.2), so kann es über den Aufwand von Zeit zu Gunsten der Gesundheit (t^I) selbst auf die Erkrankungswahrscheinlichkeit ϕ_{gk} einwirken und so die Wahrscheinlichkeit π festlegen, in der Periode 2 krank zu sein (vgl. Tabelle 3.2). Mit Wahrscheinlichkeit $[1 - \pi(t^I)]$ kann es dann bei guter Gesundheit das Nutzenniveau $u_g(C_g)$ erreichen, mit Wahrscheinlichkeit $\pi(t^I)$ hingegen das niedrigere Niveau $u_k(C_k)$. Das *kurzfristige Ziel* besteht darin, t^I so zu wählen, dass der Erwartungsnutzen EU, gebildet aus den bedingten Nutzenwerten der Periode 2, maximal wird.

Ist der Zustand zu Beginn der Periode 1 „krank", so geht es darum, die Wahrscheinlichkeit ϕ_{kk} zu senken, um möglichst die Periode 2 nicht auch in krankem Zustand zu verbringen. Damit die Unterschiede zwischen den beiden Zuständen in der Periode 1 klar zu Tage treten, soll dies nicht durch eigenen Zeitaufwand t^I, sondern nur *durch die Inanspruchnahme medizinischer Leistungen M* möglich sein. Entsprechend beträgt die Wahrscheinlichkeit $[1 - \pi(M)]$, dass in der Periode 2 dennoch ein Nutzen in der Höhe von $u_g(C_g)$ erreicht werden kann. Mit Wahrscheinlichkeit $\pi(M)$ dagegen winkt am Ende der Periode 2 lediglich der Nutzen aus Konsum in krankem Zustand, $u_k(C_k)$. Das Bestreben des Individuums soll wiederum dahin gehen, durch Inanspruchnahme medizinischer Leistungen in optimalem Umfang den Erwartungsnutzen zu maximieren.

Die Besonderheiten des in Abbildung 3.2 dargestellten Produktionsprozesses können in den folgenden drei Punkten gesehen werden:

- Die Rolle des Individuums als Produzent seiner Gesundheit beschränkt sich auf die Beeinflussung von *Wahrscheinlichkeiten*.

- Nur im *gesunden Zustand* kann es diesen Einfluss durch den Einsatz eigener Mittel ausüben; im Krankheitsfall ist es auf Leistungen Dritter angewiesen.

- Der Gesundheitszustand ist nicht nur ein Ergebnis des Produktionsprozesses, sondern wirkt auch wie ein *zufallsbestimmter Inputfaktor*, der die jeweils gültige Produktionsfunktion $\pi(t^I)$ bzw. $\pi(M)$ festlegt.

Mit dem in Abbildung 3.2 dargestellten Produktionsprozess lässt sich somit die „Andersartigkeit" der Gesundheit aus der Sicht des Individuums in ökonomischen Begriffen darstellen. Zusammenfassend ergibt sich die

Folgerung 3.7 *Das Besondere an der Gesundheit kann darin gesehen werden, dass sie einerseits das vom Zufall beeinflusste Ziel eines Produktionsprozesses darstellt, andererseits aber die Möglichkeiten des Individuums festlegt, zu diesem Produktionsprozess beizutragen.*

3.4.3.2 Die Bestandteile des Modells

Das Individuum soll grundsätzlich seinen gegenwärtigen Gesundheitszustand kennen und beschränkt seinen Planungshorizont auf die laufende und eine Folgeperiode. Während sich die Produktionsmöglichkeiten zwischen den Situationen erheblich unterscheiden, wird eine gemeinsame, die beiden Zustände übergreifende Zielfunktion postuliert, wie sie in der Gleichung (3.26) hergeleitet wurde. Damit steht das in Kasten 3.2 formulierte Modell in der Tradition der „bedingten Güter" (contingent claims), deren Analyse von ARROW (1951) und DEBREU (1959, Kapitel 7) entwickelt wurde.

Solange das Individuum *gesund* ist, hat es selbst Einfluss auf die Gesundheitschancen, während annahmegemäß medizinische Leistungen keine Wirkung haben. Insbesondere kann es durch den Aufwand von Zeit zu Gunsten der Gesundheit t^I die Erkrankungswahrscheinlichkeit π senken. Dabei bleibt π allerdings strikt positiv:

$$\pi = \pi(t^I) \qquad \text{mit } \partial\pi/\partial t^I < 0,\ \partial^2\pi/\partial(t^I)^2 > 0 \text{ und } \pi > 0. \qquad (3.30)$$

Die *produzierten Konsumleistungen* hängen ihrerseits vom Zeitaufwand für den Konsum t_g^C bei Gesundheit, daneben aber natürlich auch vom Einsatz von Konsumgütern X_g ab. Das Modell folgt hier den Gedanken insbesondere von BECKER (1965):

$$C_g = C_g(X_g, t_g^C) \qquad \text{mit} \quad \partial C_g/\partial X_g > 0,\ \partial C_g/\partial t_g^C > 0. \qquad (3.31)$$

Im gesunden (und erwerbstätigen) Zustand erzielt das Individuum ein *Arbeitseinkommen*, das sich durch Multiplikation seiner Arbeitszeit t^W mit dem Lohnsatz w

ergibt und gerade für die Finanzierung der Käufe von Konsumgütern (deren Preis c beträgt) ausreichen soll:

$$wt^W = cX_g. \tag{3.32}$$

Schließlich steht insgesamt ein *Zeitbudget* im Umfang einer Periode zur Verfügung, das durch den Zeitaufwand zu Gunsten des Konsums t_g^C, der Gesundheitserhaltung t^I und der Arbeit t^W gerade ausgeschöpft wird:

$$t_g^C + t^I + t^W = 1. \tag{3.33}$$

Demgegenüber gestalten sich die *Produktionsmöglichkeiten im Krankheitsfall* deutlich anders. Als erstes wird unterstellt, dass die Wahrscheinlichkeit π, die Folgeperiode krank zu verbringen, nicht mehr durch eigene Mittel, sondern nur durch den Einsatz medizinischer Leistungen M verringert werden kann, wobei es wiederum nicht gelingt, die zugrundeliegende Wahrscheinlichkeit π auf Null zu reduzieren:

$$\pi = \pi(M) \quad \text{mit} \quad \partial\pi/\partial M < 0,\ \partial^2\pi/\partial M^2 > 0 \text{ und } \pi > 0. \tag{3.34}$$

Was die *Konsumleistungen* anbetrifft, so sind sie wie im gesunden Zustand das Ergebnis von Zeit- und Güteraufwand, doch ist damit zu rechnen, dass sie einen niedrigeren Wert annehmen, weil die Krankheit die produktiven Fähigkeiten gerade auch im Haushaltsbereich beeinträchtigt:

$$C_k = C_k(X_k, t_k^C) \quad \text{mit} \quad \partial C_k/\partial X_k > 0,\ \partial C_k/\partial t_k^C > 0. \tag{3.35}$$

Hinzu kommt der Umstand, dass das *Einkommen bei Krankheit* in den heutigen Industrieländern nicht mehr von der Arbeitszeit abhängt, sondern aufgrund der Leistungen der Sozialversicherungen einen festen Wert $\overline{Y}$ annimmt. Aus diesem Ersatzeinkommen muss andererseits nicht nur der Aufwand für Konsumgüter, sondern auch für medizinische Leistungen (deren Preis p beträgt) gedeckt werden.

$$\overline{Y} = cX_k + pM. \tag{3.36}$$

Das *Zeitbudget* umfasst nur noch den Zeitaufwand für den Konsum und für die Inanspruchnahme medizinischer Hilfe, wobei das Individuum als Patient je Arztstunde oder Krankenhaustag selber ψ Stunden bzw. Tage aufwenden muss. Die Arbeitszeit (t^W) wie auch der eigene Zeitaufwand zu Gunsten der Gesundheit (t^I) entfallen, erstere wegen der Sozialversicherung, letzterer wegen mangelnder Wirksamkeit:

$$1 = t_k^C + \psi M. \tag{3.37}$$

Diese Annahmen [(3.30) – (3.33), (3.34) – (3.37)] *überzeichnen* zugegebenermaßen die Unterschiede zwischen den beiden Zuständen. So suchen auch Gesunde den Arzt auf, um eine mögliche Gefährdung ihrer Gesundheit möglichst früh zu entdecken. Die Erkrankungswahrscheinlichkeit ϕ_{gk} und damit π hängt ihrer Einschätzung

Kasten 3.2. Ein Modell der zustandsabhängigen Gesundheitsproduktion

AUSGANGSSITUATION GESUND $(1 - \pi)$		AUSGANGSSITUATION KRANK (π)	
$\pi = \pi(t^I)$ mit $\partial\pi/\partial t^I < 0$, $\partial^2\pi/\partial(t^I)^2 > 0$ und $\pi > 0$	(3.30)	$\pi = \pi(M)$ mit $\partial\pi/\partial M < 0$, $\partial^2\pi/\partial M^2 > 0$ und $\pi > 0$	(3.34)
$C_g = C_g(X_g, t_g^C)$ mit $\partial C_g/\partial X_g > 0$, $\partial C_g/\partial t_g^C > 0$	(3.31)	$C_k = C_k(X_k, t^C)$ mit $\partial C_k/\partial X_k > 0$, $\partial C_k/\partial t_k^C > 0$	(3.35)
$wt^W = cX_g$	(3.32)	$\overline{Y} = cX_k + pM$	(3.36)
$1 = t_g^C + t^I + t^W$	(3.33)	$1 = t_k^C + \psi M$	(3.37)

g:	Zustand der Gesundheit (Subskript)
k:	Zustand der Krankheit (Subskript)
C:	Konsumleistungen
M:	Medizinische Leistungen
ψ:	Zeitaufwand je Einheit medizinischer Leistungen
c:	Preis der Konsumgüter
π:	Wahrscheinlichkeit, die Folgeperiode krank zu verbringen
p:	Nettopreis der medizinischen Leistungen
t^C:	Zeitaufwand zugunsten des Konsums
t^I:	Zeitaufwand zugunsten der Gesundheit
t^W:	Arbeitszeit
w:	Lohnsatz
X:	Konsumgüter
$\overline{Y}$:	Durch Sozialversicherung gewährleistetes Einkommen im Krankheitsfall

zufolge auch im gesunden Zustand von den medizinischen Leistungen M ab. Umgekehrt ist der Kranke öfter in der Lage, mit eigenen Anstrengungen t^I zur Verbesserung der Genesungsaussichten (Senkung von ϕ_{kk} und damit π) beizutragen. Vielfach arbeiten auch Selbständige trotz Krankheit weiter, so dass in ihrem Zeitbudget t^W unabhängig vom Gesundheitszustand erscheint. Auf diese Differenzierungen wird aber im Folgenden verzichtet, um die Kernaussagen klarer hervortreten zu lassen.

Folgerung 3.8 *Die produktiven Möglichkeiten eines Individuums erscheinen in verschiedener Hinsicht vom gerade herrschenden Gesundheitszustand abhängig. Bei guter Gesundheit kann es selber einen Beitrag zur Verlängerung der gesunden Phase leisten und erzielt ein Arbeitseinkommen, das für den Kauf von Konsumgütern verwendet werden kann. Bei schlechter Gesundheit ist es auf medizinische Hilfe angewiesen, arbeitet nicht und erhält ein Transfereinkommen, das nicht nur die Ausgaben für Konsumgüter, sondern auch die Nettoaufwendungen für medizinische Leistungen decken muss.*

3.4.3.3 Bedingte Grenzen der kurzfristigen Produktionsmöglichkeiten

Dieser Abschnitt ist der Untersuchung der beiden folgenden Grenzen der Produktionsmöglichkeiten (Trade-offs) gewidmet:

(1) Trade-off zwischen Konsum und Wahrscheinlichkeit, die Folgeperiode gesund zu verbringen; *guter* Gesundheitszustand in der laufenden Periode.

(2) Trade-off zwischen Konsum und Wahrscheinlichkeit, die Folgeperiode gesund zu verbringen; *Krankheit* in der laufenden Periode.

Der kurzfristige Trade-off bei guter Gesundheit

Den Trade-off zwischen Konsum und Gesundheit kann man sich am Beispiel eines Fußgängers, der bei Rot über die Straße geht, vorstellen. Er oder sie optiert damit nicht unmittelbar für einen schlechteren Gesundheitszustand, sondern für eine Verteilung mit *erhöhter Wahrscheinlichkeit ungünstiger Zustände*, im einfachsten Fall mit einer erhöhten Erkrankungs- bzw. Unfallwahrscheinlichkeit ϕ_{gk}, die gemäß Tabelle 3.2 eine kleinere Wahrscheinlichkeit $(1 - \pi)$ zur Folge hat, die nächste Periode gesund zu verleben. Dafür steht die eingesparte Wartezeit an der Ampel t^I den Individuen für zusätzlichen Konsum C_g zur Verfügung. Dieser Trade-off wird in Abbildung 3.3a als Transformationskurve im $(C_g, 1 - \pi)$-Raum dargestellt. Die Form der Transformationskurve ist durch ihre Steigung – die Grenzrate der Transformation (GRT) – gegeben. Mittels totaler Differenzierung der Gleichungen (3.30) bis (3.33) kann diese Steigung hergeleitet werden [vgl. den Anhang 3.A.2 zu diesem Kapitel, Gleichung (A.23)]:

$$\frac{dC_g}{d(1 - \pi)} = \frac{\frac{\partial C}{\partial t^C}}{\frac{\partial \pi}{\partial t^I}} < 0. \tag{3.38}$$

Der in der Abbildung 3.3a gezeigte, von unten konkave Verlauf der Grenze der Produktionsmöglichkeiten wird im Anhang [Gleichung (A.24)] nachgewiesen. Die beiden eingezeichneten Indifferenzkurven könnten grundsätzlich unterschiedlichen Familien entstammen, vgl. die Gleichungen (3.28) und (3.29). Um die Auswirkungen der bedingten Produktionsmöglichkeiten hervorzuheben, soll die Nutzenfunktion jedoch *homothetisch* sein. An einem Strahl durch den Ursprung haben die Indifferenzkurven dann jeweils die gleiche Steigung (GRS). Ist das Individuum gesund, wird es den Punkt Q_g^* als bestmögliche Lösung anstreben, wo die Grenzraten der Transformation (GRT) und der Substitution (GRS) gleich groß sind.

Mit Gleichung (3.38) kann der *technologische Wandel im Haushaltsbereich* untersucht werden. Er ist in der Hauptsache arbeitssparend, führt also zu einer Zunahme von $\partial C/\partial t^C$. Unter der Annahme, dass die Grenzproduktivität $\partial \pi / \partial t^I$ davon nicht berührt wird, fällt die Transformationskurve steiler ab, von A'_g zu B_g (vgl. Abbildung 3.3a). Falls die marginale Zahlungsbereitschaft für verbesserte Gesundheitschancen hoch ist, befindet sich das Optimum vor der Veränderung nahe beim Punkt B_g. Der

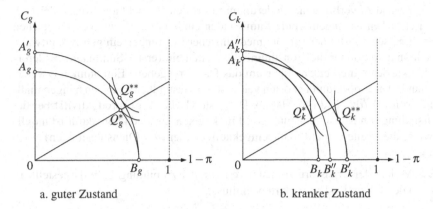

a. guter Zustand   b. kranker Zustand

Abb. 3.3. Trade-offs zwischen Konsum und Gesundheit bei exogenen Veränderungen

Bereich der Produktionsmöglichkeiten wird sich somit von Q_g^* vergleichsweise wenig in horizontaler Richtung ausweiten. Als neues Optimum ergibt sich z.B. Q_g^{**}. Die Ausbreitung zeitsparender Konsumtechnologie dürfte demnach keine durchgreifende Wirkung auf das Gesundheitsverhalten der Individuen haben – solange sie gesund sind.

Interessanterweise hat die *Zunahme des Reallohnsatzes* (w/c) in erster Näherung keinen unmittelbaren Einfluss auf die Transformationskurve [vgl. die Erklärung zur Gleichung (A.23) im Anhang für eine Begründung]. Grundsätzlich treibt eine Zunahme des Reallohnsatzes sowohl Arbeitseinkommen als auch die Zeitkosten des Konsums in diesem vereinfachten Modell in die Höhe, was zur Folge hat, dass sich beide Effekte aufheben.[5] Der Trade-off zwischen Konsum und gesund verlebter Zeit stellt sich in diesem Modell für „Arm" und „Reich" gleich dar.

Der kurzfristige Trade-off bei schlechter Gesundheit

Aufgrund der Gleichungen (3.34) bis (3.37) ergibt sich für die Grenze der Produktionsmöglichkeiten [vgl. Gleichung (A.30) im Anhang]

$$\frac{dC_k}{d(1-\pi)} = \frac{\overset{(+)}{\frac{\partial C_k}{\partial t^C}}\psi}{\underset{(-)}{\frac{\partial \pi}{\partial M}}} + \frac{\overset{(+)}{\frac{\partial C_k}{\partial X}}\frac{p}{c}}{\underset{(-)}{\frac{\partial \pi}{\partial M}}} < 0. \tag{3.39}$$

---

[5] Dies steht im Gegensatz zu dem Grossman-Modell, das einen negativen Effekt des Lohnsatzes auf die Nachfrage nach dem Bestand an Gesundheitskapital im reinen Konsumgut-Modell von einem positiven Effekt des Lohnsatzes im reinen Investitionsgut-Modell unterscheidet.

Die Gleichung (3.39) macht klar, dass eine Verbesserung der Chancen, die Folgeperiode gesund zu verbringen, wiederum nur über den Verzicht auf Konsumleistungen zu erreichen ist, indem beide Summanden eindeutig ein negatives Vorzeichen
haben. Einerseits kostet der Einsatz medizinischer Leistungen einigen Zeitaufwand
und schränkt von daher die Konsummöglichkeiten ein (erster Summand); andererseits konkurrieren die beiden Güter um das fest vorgegebene Einkommen (zweiter
Summand). Die Opportunitätskosten verbesserter Gesundheitschancen hängen maß-
geblich von $\partial C_k / \partial t^C$ und $\partial C_k / \partial X$ ab. Die erste Größe (Eigenproduktivität bei der
Bereitstellung von Konsumleistungen) ist im kranken Zustand klein, dafür ist mögli-
cherweise die zweite (Produktivität eingekaufter Güter bzw. Dienstleistungen) umso
größer.

Der Verlauf der Transformationskurve ist in der Abbildung 3.3b dargestellt. Er
wird von den folgenden Parametern beeinflusst.

- *Technologischer Wandel im Haushaltsbereich:* Er bewirkt wie im Zustand „gesund" einen steileren Verlauf der Transformationskurve (in der Abbildung 3.3b
  nicht eingezeichnet).

- *Behandlungsfortschritte in der Medizin:* Sie können durch einen erhöhten Absolutwert von $\partial \pi / \partial M$ dargestellt werden. Beide Summanden der Gleichung (3.39)
  nehmen dadurch im Absolutwert ab, was zur Folge hat, dass die Grenze der individuellen Produktionsmöglichkeiten flacher verläuft, dargestellt durch Veränderung von $A_k B_k$ nach $A_k B'_k$ in Abbildung 3.3b. Der Extrempunkt auf der C-Achse
  bleibt dabei der gleiche, weil die Konsummöglichkeiten der laufenden Periode
  vom technologischen Wandel in der Medizin nicht berührt werden. Der Extrempunkt auf der $(1 - \pi)$-Achse hingegen *verschiebt sich nach außen*, da angenommen werden kann, dass sich auch die maximal erreichbare Wahrscheinlichkeit,
  die Folgeperiode gesund zu verbringen, erhöht. Insgesamt ergibt sich die Verschiebung zur Grenze $A_k B'_k$, i.d.R. verbunden mit einer fühlbaren Verbesserung
  der Gesundheitschancen, wie in der Abbildung durch den neuen Optimalpunkt
  Q_k^{**} dargestellt.

- *Erhöhte Anbieterdichte:* Sie schlägt sich in einem Rückgang von ψ, dem vom
  Patienten zu leistenden Zeitaufwand für die Inanspruchnahme medizinischer
  Leistungen, nieder. Aufgrund des Zeitbudgets (3.37) können t_k^C und/oder M
  höhere Werte annehmen, so dass sich beide Extrempunkte nach außen verschieben. Der Mehreinsatz medizinischer Leistungen bei unverändertem Stand der
  medizinischen Technik stößt jedoch an *abnehmende Grenzerträge*, so dass der
  neue Endpunkt der Grenze bei B_k'', innerhalb von B_k' (Fall des Behandlungs-
  fortschritts) liegt. Da gemäß Gleichung (3.39) die neue Transformationskurve
  flacher verläuft, entspricht die neue Grenze der Produktionsmöglichkeiten der
  Kurve $A_k'' B_k''$ in Abbildung 3.3b. Es wird eine gewisse Verbesserung der Gesundheitschancen erreicht, verbunden mit einem Mehraufwand medizinischer Leistungen.

- *Ausweitung des Krankenversicherungsschutzes:* Sie bewirkt einen Rückgang
  von p/c, weil der Versicherte einen geringeren Anteil der Kosten einer Arztstun-

de, eines Arzneimittels oder eines Krankenhaustages selbst tragen muss. Sein Einkommen reicht also für mehr Konsumgüter und/oder medizinische Leistungen aus, was ebenfalls eine Verschiebung der Transformationskurve nach außen bewirkt (Abbildung 3.3b). Da aber bei unverändertem Stand der medizinischen Technik abnehmende Grenzerträge gleich rasch einsetzen wie zuvor, verläuft die neue Grenze der Produktionsmöglichkeiten wiederum wie $A_k'' B_k''$.

Folgerung 3.9 *Sowohl im Zustand „gesund" wie „krank" verläuft die kurzfristige Transformationskurve fallend und von unten konkav. Technologischer Wandel im Haushaltsbereich lässt sie in beiden Zuständen steiler verlaufen. Medizinisch-technologischer Wandel, erhöhte Anbieterdichte in der Medizin sowie der Ausbau des Krankenversicherungsschutzes verflachen sie und verschieben sie nach außen, verbunden mit einer Verbesserung der Gesundheitschancen im Zustand „krank".*

3.4.3.4 Zur Instabilität des Gesundheitsverhaltens

Im Abschnitt 3.4.2 wurde die vermutete Instabilität des Gesundheitsverhaltens angesprochen und dabei die Behauptung aufgestellt, diese gehe nicht auf eine wechselhafte Wertschätzung der Gesundheit zurück, sondern liege in der Zufallsbestimmtheit der individuellen Produktionsmöglichkeiten begründet. Diese Behauptung soll jetzt unter zwei Annahmen bewiesen werden:

Annahme 3.1 *Die Erwartungsnutzenfunktion ist homothetisch in $(C, 1 - \pi)$, d.h. die Indifferenzkurven weisen entlang eines Strahls durch den Ursprung gleiche Steigungen auf.*

Annahme 3.2 *Der Unterschied zwischen „gesund" und „krank" wirkt sich stärker auf die maximal erreichbare Wahrscheinlichkeit $(1 - \pi)$ aus, die Folgeperiode gesund zu verbringen, als auf das maximal erreichbare Niveau der Konsumleistungen.*

Unter diesen beiden Annahmen erreicht das Individuum im Zuge seiner kurzfristigen Optimierung z.B. den Punkt Q_g^* der Abbildung 3.4, wenn es gesund ist; in diesem Punkt sind GRS_g und GRT_g einander gleich. Im Krankheitsfall wird es zurückgeworfen auf Punkt Q_k^*, wo GRS_k und GRT_k wiederum gleich groß sind. Das neue Optimum muss allerdings in der Mehrzahl der Fälle *oberhalb* des Fahrstrahls $0Q_g^*$ liegen (wie in Abbildung 3.4 eingetragen), weil die Transformationskurve $A_k B_k$ gemäß Annahme 3.2 im Durchschnitt steiler verläuft als $A_g B_g$. Der Punkt $\overline{Q}_k$, der auf dem gleichen Fahrstrahl liegt wie Punkt Q_g^*, kommt als Optimum nicht in Frage; die GRS muss einen *höheren Wert* annehmen, um die Bedingung $GRS_k = GRT_k$ zu erfüllen.

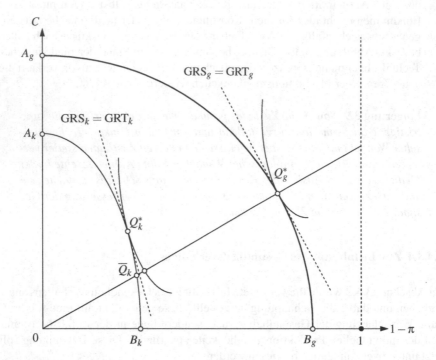

Abb. 3.4. „Instabilität" des Gesundheitsverhaltens

Diese Gegenüberstellung der zustandsabhängigen Produktionsmöglichkeiten führt also zum Ergebnis, dass im *Krankheitsfall oft ein höherer Wert* sowohl der Grenzrate der Substitution GRS wie auch der Transformation GRT realisiert wird. Das beobachtbare Gesundheitsverhalten der Individuen würde somit den Schluss nahelegen, dass eine Verbesserung der Gesundheitschancen im Krankheitsfall höher bewertet wird als bei guter Gesundheit. Diese Instabilität konnte im Abschnitt 3.4.2 durchaus ökonomisch begründet werden. Die gewöhnliche Erklärung der Ärzte, die von den meisten Ökonomen geteilt wird, weist auf die bereits erwähnte *Zustandsabhängigkeit der Präferenzen* hin. Man kümmere sich zu wenig um die Gesundheit, solange man gesund sei und dann würde man plötzlich alles für die Gesundheit hingeben, sobald eine Krankheit eingetreten ist.

Die erhöhte beobachtbare Wertschätzung der Gesundheitschance im Krankheitsfall ist in Abbildung 3.4 jedoch *nicht Ausdruck von zustandsabhängigen Präferenzen*, sondern geht auf die objektiven Produktionsmöglichkeiten und letztlich auf die durch den Einfluss des Zufalls bedingte Instabilität der Gesundheit selbst zurück. Genau genommen beobachten die Ärzte überdies nur die Zahlungsbereitschaft für medizinische Leistungen. Wenn es näherungsweise zutreffen sollte, dass medizinische Leistungen zur Verbesserung der Gesundheitschancen wenig oder nichts beitragen, solange der Gesundheitszustand gut ist, bleibt auch die Zahlungsbereitschaft für solche Leistungen gering. Die Nachfrage nach *medizinischen Leistungen* wird so zustandsabhängig, auch wenn die Nachfrage nach Gesundheit selbst stabil ist, ein Umstand, der für die empirischen Untersuchungen der Inanspruchnahme von Gesundheitsleistungen von zentraler Bedeutung ist, wie im Abschnitt 4.4 dargelegt wird.

Folgerung 3.10 *Die von den Ärzten vermutete Instabilität des individuellen Gesundheitsverhaltens erlaubt keinen Rückschluss auf einen Mangel an Rationalität auf Seiten des Einzelnen. Ebenso gut kann sie durch unterschiedliche zustandsabhängige Produktionsmöglichkeiten verursacht werden.*

Diese Folgerung ist deshalb von Bedeutung, weil die Gesundheit ein nicht handelbares Gut darstellt, bei dem die Trennung der subjektiven Präferenzen von den objektiven Produktionsmöglichkeiten besonders schwer fällt. Könnten Gesundheitschancen zwischen Käufern und Verkäufern gehandelt werden, so wären nicht nur Optimalpunkte wie Q_g^* und Q_k^* der Abbildung 3.4, sondern auch das jeweilige Austauschverhältnis (also ein Preisverhältnis) zu *beobachten*. Solche Preisverhältnisse könnten unmittelbar mit der GRT, also dem Grenzkostenverhältnis in der Produktion von Gesundheit und Konsum verglichen werden, um herauszufinden, ob sich die Individuen in der Nähe des Optimums befinden und welche Faktoren für systematische Abweichungen davon verantwortlich sind. Die mangelnde Handelbarkeit der Gesundheit verhindert jedoch die Beobachtung solcher Preisverhältnisse, die eine objektive Information darstellen und Anhaltspunkte für die Beurteilung gesundheitspolitischer Maßnahmen abgeben würden.

3.4.4 Ein Modell mit zustandsabhängigen Produktionsmöglichkeiten: die längere Frist

Wenn es einem Individuum gelingt, seine Gesundheitschancen bleibend zu verbessern, so hat dies wichtige Konsequenzen für die Zeit, die ihm zur Verfügung steht. Eine erhöhte Wahrscheinlichkeit, die jeweils folgende Periode gesund zu verbringen, schlägt sich längerfristig in einer Häufung gesunder Perioden nieder. Die so *gewonnene gesunde Zeit* kann ihrerseits dazu verwendet werden, mehr Konsumleistungen zu produzieren oder weiterhin zu Gunsten der Gesundheit aufzuwenden. Diese Vorstellung liegt auch dem Grossman-Modell zugrunde [vgl. Gleichung (3.2) im Abschnitt 3.3.1]. Umgekehrt führt eine Zunahme der Wahrscheinlichkeit, die Folgeperiode krank zu verbringen, zu einer erhöhten Zahl von Perioden mit schlechter Gesundheit.

Zur Vereinfachung wird im Folgenden angenommen, das Individuum extrapoliere seinen derzeitigen Gesundheitszustand und richte sich auf die entsprechenden Produktionsmöglichkeiten ein. Seine Optimierung bleibe aber insofern *kurzsichtig*, als es sich keine Strategie zurechtlegt für den Fall, dass sich nach Ablauf der gegenwärtigen Gesundheits- bzw. Krankheitsphase der Gesundheitszustand wieder ändert. Ein Kranker würde dieser Annahme zufolge keine Vorsätze darüber fassen, wie viel

Präventionsaufwand er treiben werde, sobald seine Gesundheit wiederhergestellt ist. Entsprechend geht es hier lediglich darum, durch Extrapolation der beiden kurzfristigen zwei längerfristige Trade-offs herzuleiten:

(1) Trade-off zwischen Konsum und mittlerer Dauer einer anschließenden Phase der Gesundheit; laufende Periode „*gesund*".

(2) Trade-off zwischen Konsum und mittlerer Dauer einer anschließenden Krankheitsphase; laufende Periode „*krank*".

3.4.4.1 Der längerfristige Trade-off bei guter Gesundheit

Für eine langfristige Analyse soll der in Tabelle 3.2 beschriebene Markov-Prozess jetzt über mehr als zwei Perioden ablaufen. Nimmt man an, die Zustandswahrscheinlichkeit π (das Krankheitsrisiko) bleibe nach einer einmaligen Beeinflussung durch das Individuum eine Konstante, so wird der Markov-Prozess mit nur zwei Zuständen zum Binomialprozess. Der Binomialprozess [krank mit Wahrscheinlichkeit π, gesund mit Wahrscheinlichkeit $(1-\pi)$] kann auch als sog. geometrische Verteilung formuliert werden, die darüber Auskunft gibt, *wie viele Perioden man durchschnittlich warten muss*, bis das Ereignis „Krankheit" eintritt. Da diese Perioden gesund verlebt werden, gilt [vgl. BHATTACHARYYA UND JOHNSON (1977, S. 154)]

$$T_g = \frac{1}{\pi} \qquad T_g : \text{mittlere Zahl der gesund verlebten Perioden.} \qquad (3.40)$$

Damit ändert sich aber zumindest längerfristig die Zeitrestriktion: t_g^C, t^I und t^W werden nicht mehr durch die eine laufende Periode begrenzt wie in der Gleichung (3.33) der Tabelle 3.2, sondern durch T_g:

$$T_g = t_g^C + t^I + t^W. \qquad (3.41)$$

Mittels totaler Differenzierung der Gleichungen (3.30) bis (3.32) sowie (3.41) lässt sich die Steigung der Transformationskurve bestimmen, die jetzt nicht mehr im $(C_g, 1-\pi)$-Raum, sondern im (C_g, T_g)-Raum verläuft [vgl. den Anhang zu diesem Kapitel, Gleichung (A.36)]:

$$\frac{\mathrm{d}C_G}{\mathrm{d}T_g} = \frac{\overset{(+)}{\dfrac{\partial C_g}{\partial t^C}} \left[\overset{(+/-)}{\dfrac{\partial T_g}{\partial \pi} \dfrac{\partial \pi}{\partial t^I}} - 1 \right]}{\underset{(-)\,(-)}{\dfrac{\partial T_g}{\partial \pi} \dfrac{\partial \pi}{\partial t^I}}} \gtreqless 0. \qquad (3.42)$$

Diese Transformationskurve hat für niedrige Werte von T_g eine *positive Steigung*. Dann ist der Zeitaufwand zu Gunsten der Gesundheit noch gering, seine Grenzproduktivität $\partial \pi / \partial t^I$ dagegen (im Absolutwert) groß. Das Produkt aus $\partial T_g / \partial \pi$ und

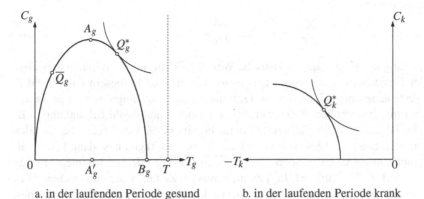

a. in der laufenden Periode gesund   b. in der laufenden Periode krank

Abb. 3.5. Längerfristige Trade-offs zwischen Konsum und gesund verbrachter Zeit

$\partial\pi/\partial t^l$ in der Klammer der Gleichung (3.42) zeigt nun an, ob eine zusätzliche Stunde Zeitaufwand im Erwartungswert mehr oder weniger als eine Stunde gesund verbrachter Zeit einbringt. Solange sie zu mehr als einer Stunde gesund verbrachter Zeit führt, ist der Zähler und damit der Wert der Gleichung (3.42) positiv, und die Transformationskurve hat eine positive Steigung. Anstrengungen zur Erhaltung der Gesundheit haben den Charakter eines *Investitionsgutes*: Sie machen gleichzeitig mehr Gesundheit und mehr Konsum möglich. Diese Sichtweise wurde schon früh in der Gesundheitsökonomik vertreten [vgl. MUSHKIN (1962)] und ist besonders im Fall der Entwicklungsländer relevant [SALA-I-MARTIN (2005)].

Der in Abbildung 3.5a gezeigte Verlauf der Transformationskurve kann auch als jener Trade-off gelten, der *auf aggregierter Ebene* zutrifft. Denn in jedem Zeitpunkt ist die Mehrheit der Bevölkerung gesund und hat die Möglichkeit, durch Einsatz von Zeit für präventive Anstrengungen während der laufenden Periode die Dauer der Gesundheitsphase zu verlängern. Dadurch erhöht sich die gesamtwirtschaftliche Produktivität, und somit können zunächst sowohl Gesundheit als auch Konsum gesteigert werden. Aus diesem Grunde entspricht der im ersten Kapitel charakterisierte Trade-off zwischen Konsum und Gesundheit dem in der Abbildung 3.5a dargestellten.

Entlang dieser Transformationskurve wird sich allerdings das Gesetz des abnehmenden Grenzertrags früher oder später durchsetzen und die Grenzproduktivität zusätzlicher Zeit zu Gunsten der Gesundheit unter den Grenzwert 1 zurückgehen. Dieser Punkt lässt sich bestimmen, indem man den Zähler der Gleichung (3.42) gleich Null setzt und aus Gleichung (3.40) den Ausdruck für $\partial T_g/\partial\pi$ herleitet:

$$\frac{\partial T_g}{\partial\pi} = \frac{\partial}{\partial\pi}\left[\frac{1}{\pi}\right] = -\frac{1}{\pi^2}, \quad \text{bzw.} \quad \frac{\partial T_g}{\partial(1-\pi)} = \frac{1}{\pi^2}. \tag{3.43}$$

Eingesetzt in Gleichung (3.42) ergibt sich ein *kritischer Wert* für die Grenzproduktivität $\partial\pi/\partial t^I$:

$$\frac{dC_g}{dT_g} \gtrless 0, \quad \text{falls} \quad \left|\frac{\partial\pi}{\partial t^I}\right| \gtrless \left|-\pi^2\right|. \tag{3.44}$$

Diese Bedingung zeigt, dass der kritische Wert $\partial\pi/\partial t^I$ für ein Individuum in hervorragender Gesundheit sehr gering ist. Dies impliziert, dass in diesem Fall t^I und T_g hohe Werte annehmen können, bevor Gesundheit ein Konsumgut wird. Für ein Individuum mit einer hohen Wahrscheinlichkeit einer zukünftigen Erkrankung (z.B. $\pi = 0,3$), ist die bedingte Grenzeffektivität bereits 0,09, was bereits beträchtlich ist. Geht man beispielsweise von einer Periode von 90 Tagen aus, dann könnte eine mögliche marginale Veränderung von t^I einem Tag oder 15 Minuten pro Tag ($90 \times 1/4$ Std. $= 22,5$ Std. ≈ 1 Tag) an präventivem Zeitaufwand entsprechen. Dies würde eine Reduktion von π von 0,3 auf 0,21 oder mehr bedingen, damit Gesundheit und Konsum immer noch positiv korreliert sind und nicht einen Trade-off darstellen.

Dieser kritische Wert von $\partial\pi/\partial t^I$ entspricht dem Maximumpunkt A_g der Abbildung 3.5a: Jenseits von A_g ist ein Einfluss auf die Erkrankungswahrscheinlichkeit zwar noch vorhanden, aber zu gering (zu nahe bei null), um zusätzlich aufgewendete Zeit zu Gunsten der Gesundheit noch durch eine Verlängerung der mittleren Gesundheitsphase wettzumachen. Der von unten konkave Verlauf der Grenze der Produktionsmöglichkeiten wird im Anhang [Gleichung (A.37)] begründet.

Was die Darstellung der Präferenzen betrifft, so können die Indifferenzkurven der Abbildung 3.1 bzw. Abbildung 3.3 in den (C_g, T_g)-Raum der Abbildung 3.5a überführt werden, nimmt doch T_g mit $(1-\pi)$ monoton zu [vgl. Gleichung (3.43)]. Dies bedeutet, dass ein Optimalpunkt Q_g^* notwendig jenseits des Maximumpunkts A_g liegt: Die Gesundheit wird zum *Konsumgut*. Eine Situation, in der Gesundheit immer noch ein Investitionsgut darstellt, kann mithin kein Optimum sein (Punkt $\overline{Q}_g$ in Abbildung 3.5a kommt nicht in Frage): Niemand strebt freiwillig eine kurze Phase der Gesundheit mit $T_g < A_g'$ an.

Schließlich müsste die Bedingung $\left|\partial\pi/\partial t^I\right| < \left|-\pi^2\right|$ in Gleichung (3.44) auch für den ersten *kurzfristigen Trade-off* des Abschnitts 3.4.3.3 gelten: Dies bedeutet, dass die Grenzproduktivität präventiver Anstrengungen in gesundem Zustand im Allgemeinen einen niedrigen Wert annehmen wird. Die Opportunitätskosten einer zusätzlichen Verbesserung der Gesundheitschancen erscheinen dann wegen Gleichung (3.38) hoch. Entsprechend wurde für das kurzfristige Optimum Q_g^* der Abbildung 3.3a eine Lage gewählt, die durch einen hohen Absolutwert der GRT und damit der Opportunitätskosten der Gesundheitschancen gekennzeichnet ist. Insgesamt kommt man zur

Folgerung 3.11 *Auf individueller Ebene hat gesund verbrachte Zeit im Optimum den Charakter eines Konsumguts, nicht eines Investitionsguts. Zugleich führt ihre Eigenschaft als Input in die Produktion von Konsumleistungen und Gesundheit dazu, dass stets lange Phasen der Gesundheit angestrebt werden.*

Die Tatsache, dass die Transformationskurve in Abbildung 3.5a ein Maximum wie den Punkt A_g aufweist, hat noch eine andere Konsequenz. Präferenzunterschiede dürften tendenziell *weniger Einfluss* auf das beobachtete Gesundheitsverhalten haben als Unterschiede in den Produktionsmöglichkeiten. Denn Präferenzunterschiede können nur zu Verschiebungen der Optimalpunkte zwischen A_g und B_g (und damit zwischen A'_g und B_g auf der T_g-Achse) führen, während unterschiedliche individuelle Produktionsmöglichkeiten die Punkte A'_g und B_g selber verschieben. Da die Obergrenze von T_g durch „Gesundheit für die gesamte restliche Lebensdauer" (T in Abbildung 3.5a) gegeben ist, bestehen hier erhebliche Unterschiede zwischen den einzelnen Menschen, die unmittelbar von ihrem Alter herrühren.

3.4.4.2 Der längerfristige Trade-off bei schlechter Gesundheit

Ist das Individuum in der laufenden Periode krank, so muss es sich auf eine Krankheitsphase einstellen. Analog zur Gleichung (3.40) ist deren Dauer im Erwartungswert gegeben durch

$$T_k = \frac{1}{1 - \pi} \qquad T_k : \text{mittlere Zahl der krank verlebten Perioden.} \qquad (3.45)$$

Das auf eine Periode bezogene Zeitbudget der Gleichung (3.37) der Tabelle 3.2 muss entsprechend ersetzt werden durch

$$T_k = t_k^C + \psi M. \qquad (3.46)$$

Das Interesse des Individuums wird sich darauf richten, diese Krankheitsphase möglichst abzukürzen. Deshalb wird der nachstehende Trade-off in einem $(C_k, -T_k)$-Raum eingetragen (vgl. Abbildung 3.5b). Seine Steigung ist entsprechend gegeben durch [vgl. Anhang, Gleichung (A.40)]

$$\frac{\mathrm{d}C_k}{-\mathrm{d}T_k} = -\frac{\dfrac{\partial C_k}{\partial t^C}\left[\dfrac{\partial T_k}{\partial \pi}\dfrac{\partial \pi}{\partial M} - \psi\right]}{\dfrac{\partial T_k}{\partial \pi}\dfrac{\partial \pi}{\partial M}} + \frac{\dfrac{\partial C_k}{\partial X}\dfrac{p}{c}}{\dfrac{\partial T_k}{\partial \pi}\dfrac{\partial \pi}{\partial M}} < 0. \qquad (3.47)$$

Diese Steigung ist durchweg negativ, und die Transformationskurve der Abbildung 3.5b verläuft *strikt fallend*. Eine Verbesserung der Gesundheitschancen hat in dieser Situation nie Investitionscharakter, denn sie kann nur durch den Einsatz medizinischer Leistungen bewerkstelligt werden. Diese tragen zwar in durchaus erwünschter Weise zur Verkürzung der Krankheitsphase bei, schmälern dadurch jedoch das Zeitbudget, das für Konsumleistungen zur Verfügung steht und kosten überdies ihrerseits Zeit [nach Maßgabe des Parameters ψ im Zähler des ersten Summanden der Gleichung (3.47)]. Je nach Höhe des relativen Preises (p/c) kosten die medizinischen Leistungen auch mehr oder weniger viel Geld, das beim Kauf von Konsumgütern fehlt [zweiter Summand der Gleichung (3.47)]. Im Übrigen entspricht die Gleichung (3.47) weitgehend der Gleichung (3.39), und aus diesem Grunde müssen die im Teilabschnitt 3.4.3.3 besprochenen Einflüsse auf Lage und Form der Transformationskurve nicht nochmals erörtert werden.

3.4.5 Komplementarität oder Substitutionalität in der Gesundheitsproduktion?

3.4.5.1 Bedeutung der Fragestellung

Wichtige Aussagen der Produktionstheorie beziehen sich auf die Beziehungen zwischen den Inputs: Wenn ein Faktor teurer wird und deshalb sparsamer eingesetzt werden muss, führt dies notwendigerweise zu einem Mehreinsatz aller anderen Produktionsfaktoren? Bei *nur zwei Produktionsfaktoren* und der Annahme der Kostenminimierung durch eine Unternehmung bei konstantem Output lautet die Antwort auf diese Frage eindeutig ja, d.h. es herrscht Substitutionalität. Bei drei und mehr Produktionsfaktoren hingegen werden immer mehr auch Komplementaritätsbeziehungen möglich. So spricht Einiges dafür, dass die Verteuerung der Energie in den siebziger Jahren einerseits zu einer ceteris paribus etwas arbeitsintensiveren Produktionsweise geführt hat, gleichzeitig aber die Einführung neuer Technologien und die damit verbundenen Investitionen behinderte, so dass zwischen Energie und Arbeit eine Substitutionsbeziehung, zwischen Energie und Kapital dagegen eher Komplementarität herrscht [vgl. MAGNUS (1979)].

Eine analoge Fragestellung ist auch im Bereich der Gesundheitsproduktion von erheblichem politischen Interesse. Eine Möglichkeit, die Kostenexpansion im Gesundheitswesen einzudämmen, besteht darin, die Nachfrage nach medizinischen Leistungen zu reduzieren, indem man ihren Nettopreis durch eine Verstärkung der Kostenbeteiligung in der Krankenversicherung anhebt. Da diese Maßnahme auf den Widerstand insbesondere älterer Bevölkerungsgruppen stößt, die in den heutigen Industrieländern die Mehrheit der Stimmbürger ausmachen, bietet sich als möglicher Ausweg die *Substitution medizinischer Leistungen* durch eigene (insbesondere präventive) Anstrengungen an. Eine Verbilligung dieser Anstrengungen kommt unmittelbar nicht in Frage, müsste sie doch bei der erwerbstätigen Bevölkerung auf eine Senkung des Lohnsatzes hinauslaufen, was einer Umkehr des bisherigen Wirtschaftswachstums gleichkäme. Zudem würde dieses Instrument bei den Rentnern nicht wirken, obschon gerade sie zu den wichtigen Nachfragern medizinischer Leistungen gehören. Der Einsatz eines Produktionsfaktors kann jedoch nicht nur durch eine Verbilligung seines Preises, sondern auch durch eine Erhöhung seiner (marginalen) Produktivität gefördert werden. Es stellt sich also die Frage, ob mit einer *verbesserten Produktivität eigener Anstrengungen* zur Erhaltung der Gesundheit medizinische Leistungen eingespart werden könnten.

Auf den ersten Blick scheint das im Abschnitt 3.4.4 entwickelte Modell auf eine solche Fragestellung keine Antwort zu liefern. Durch die Annahme, dass die Konsumgüter X keinen Einfluss auf den Gesundheitszustand haben, bleibt in der Gesundheitsproduktion *jeweils nur ein einziger Faktor* übrig: Bei guter Gesundheit der Einsatz eigener Zeit t^I, bei schlechter Gesundheit die Inanspruchnahme medizinischer Leistungen M [vgl. Tabelle 3.2, Gleichungen (3.30) und (3.34)]. Zwischen den beiden Inputs scheint mithin überhaupt keine Beziehung zu bestehen. Indirekt besteht jedoch sehr wohl eine Beziehung, die zudem je nach Ausgangssituation einen anderen Charakter annimmt.

3.4.5.2 Substitutionalität im gesunden Zustand

Im vorhergehenden Unterabschnitt wurde davon ausgegangen, dass es möglich sei, gezielt die marginale Produktivität eigener Anstrengungen zur Verbesserung der Gesundheitschancen zu erhöhen. Traditionell steht dabei eine verbesserte Ausbildung als Maßnahme im Vordergrund. Sie erhöht aber typischerweise die Produktivität im Markt- wie im Nichtmarktbereich. Auch wenn es gelingen würde, die Wirkung der Maßnahme auf den Nichtmarktbereich zu beschränken, so macht die Zeitrestriktion (3.33) des Modells darauf aufmerksam, dass das Zeitbudget nicht so sehr zu Gunsten von t^I, sondern von t^C, d.h. zu Gunsten der Produktion von Konsumleistungen umgestellt werden könnte. Sobald zudem auch marktfähige Kenntnisse vermittelt werden, kann das erwerbstätige Individuum auf dem Arbeitsmarkt einen höheren Lohnsatz erzielen, was den Eintritt z.B. von Frauen in den Arbeitsmarkt begünstigt und insofern zu einer Umstellung des Zeitbudgets zu Gunsten von t^W und möglicherweise zu Lasten von t^I führt.

Sollte es aber trotz dieser Vorbehalte zu einer Erhöhung von t^I kommen, sinkt die Krankheitswahrscheinlichkeit π und damit die Wahrscheinlichkeit, in Zukunft medizinische Leistungen in Anspruch zu nehmen. Zudem würden die Phasen der Gesundheit verlängert und insofern die Nachfrage nach medizinischen Leistungen zeitlich hinausgeschoben. Weil aber damit die *Lebenserwartung* insgesamt vergrößert wird, braucht über den ganzen Lebenszyklus betrachtet die Summe der konsumierten medizinischen Leistungen dadurch nicht notwendig abzunehmen, ein Effekt, der an das sog. Sisyphus-Syndrom im Gesundheitswesen erinnert (vgl. dazu Abschnitt 14.4.1). Kurz- bis mittelfristig hingegen würde die Nachfrage nach medizinischen Leistungen gedämpft, und es kommt zur angestrebten Substitution.

3.4.5.3 Komplementarität im kranken Zustand

Bildet Krankheit die Ausgangssituation, so fruchtet die Verbesserung der eigenen Produktivität annahmegemäß nicht. Man kann sich aber umgekehrt fragen, welche längerfristigen Auswirkungen eine Intensivierung der medizinischen Behandlung hätte. Sie würde die Genesungswahrscheinlichkeit erhöhen und damit die Voraussetzungen schaffen, dass das Individuum nachher seinen eigenen Beitrag t^I zur Erhaltung der Gesundheit leisten kann. In zeitlicher Hinsicht würde die Dauer der Erkrankung im Mittel reduziert, so dass die eigenen Anstrengungen zur Gesundheitserhaltung rascher zum Zuge kommen können. Aus dieser Sicht erweisen sich t^I und M plötzlich als Komplemente und nicht als Substitute. Diese Überlegungen münden in die

Folgerung 3.12 *Die Beziehung zwischen eigenen und medizinischen Inputs in die Gesundheitsproduktion ist zustandsabhängig. In gesundem Zustand sind die beiden Inputs Substitute und werden sehr langfristig zu Komplementen. In krankem Zustand sind sie Komplemente.*

Mit Blick auf die im vierten Kapitel darzustellende empirische Untersuchungen der Gesundheitsproduktion ergeben sich hieraus sehr differenzierte Voraussagen. Für grundsätzlich gesunde, junge Gruppen müsste sich zwischen eigenen präventiven Anstrengungen und der Nachfrage nach medizinischen Leistungen eine einigermaßen klare Substitutionsbeziehung ergeben. Je mehr aber eine Stichprobe auch ältere und weniger gesunde Individuen enthält, desto mehr dürften sich Komplementaritätsbeziehungen zwischen den beiden Inputs durchsetzen. Auch auf der regionalen und nationalen Aggregationsebene müsste die Komplementarität überwiegen, enthalten doch die ausgewiesenen Zahlen auch Fälle höchst intensiver Behandlung, die in Stichproben mit Individualdaten fehlen.

3.5 Zusammenfassung des Kapitels

In diesem Kapitel wurden Bedingungen herausgearbeitet, unter denen das Individuum als Produzent seiner Gesundheit handelt. Es wurde der Versuch unternommen, eine Produktionsfunktion für Gesundheit zu entwickeln, die dann im 4. Kapitel als Grundlage zur Interpretation von empirischen Untersuchungen dient. Unsere Hauptergebnisse sind:

(1) Die Tatsache, dass der Gesundheitszustand des Menschen mit vom Zufall bestimmt ist, sowie die mangelnde Lagerfähigkeit und Handelbarkeit der Gesundheit schließen nicht aus, den Gesundheitszustand als Ergebnis eines Produktionsprozesses aufzufassen. Darüber hinaus ist das Konzept einer Produktionsfunktion der Schlüssel zur Bewertung der Optimalität des Verhaltens eines Individuums sowie des effizienten Einsatzes von knappen Ressourcen.

(2) Im Grossman-Modell stellen Gesundheit und Vermögen zwei miteinander verbundene Aktiva dar, deren Werte im Zeitablauf vom Individuum optimal gesteuert werden. In Bezug auf die Gesundheit gilt, dass der Grenznutzen des Haltens einer zusätzlichen Einheit ihres Bestandes eine konsumtive und eine investive Komponente enthält, deren Summe den Grenzkosten einer zusätzlichen gehaltenen Einheit des Kapitalgutes Gesundheit entsprechen muss.

(3) Aus dem Grossman-Modell lassen sich Nachfragefunktionen nach Gesundheit und medizinischen Leistungen ableiten. Hierfür müssen spezifische Funktionszusammenhänge postuliert werden. Die Nachfrage lässt sich dann auf das Lohnniveau, den Preis der medizinischen Leistungen, den Bildungsgrad und das Vermögen zurückführen. Im mehrperiodigen Modell hängen beide Nachfragefunktionen zusätzlich vom Alter ab, wenn die Abschreibungsrate mit dem Alter ansteigt.

(4) Das Grossman-Modell hat sich in empirischen Untersuchungen nur bedingt bewährt. Studien, die zeigen, dass der permanente Gesundheitszustand und die Nachfrage nach medizinischen Leistungen negativ und nicht wie vorhergesagt positiv korreliert sind, stellen insbesondere die Vorstellung in Frage, dass Ausgaben für medizinische Leistungen eine abgeleitete Nachfrage darstellen, die auf eine zugrundeliegende Nachfrage nach Gesundheit zurückgeht.

(5) In einem Konzept, das mit der alltäglichen Erfahrung übereinzustimmen scheint, ist die Produktionsfunktion für Gesundheit von dem Gesundheitszustand abhängig, der während der Entscheidungsperiode vorherrscht. Die Gesundheitsproduktion besteht in der Einflussnahme auf die Übergangswahrscheinlichkeiten in einer Abfolge von Gesundheitszuständen, die im Wesentlichen durch den Zufall bestimmt wird.

(6) Die kurzfristige marginale Zahlungsbereitschaft für Gesundheit lässt sich darstellen als ein subjektives Abwägen von „Konsum in der laufenden Periode" gegen „Wahrscheinlichkeit, in der Folgeperiode gesund zu sein". Zustandsabhängige Präferenzen können erklären, warum das Gesundheitsverhalten instabil ist, d.h. warum eine Verbesserung der Gesundheitschancen im Krankheitsfall höher bewertet wird als bei guter Gesundheit.

(7) Das Besondere an der Gesundheit kann darin gesehen werden, dass sie einerseits das vom Zufall beeinflusste Ziel eines Produktionsprozesses darstellt, andererseits aber die Möglichkeiten des Individuums festlegt, zu diesem Produktionsprozess beizutragen.

(8) Die produktiven Möglichkeiten eines Individuums erscheinen in verschiedener Hinsicht vom gerade herrschenden Gesundheitszustand abhängig. Bei guter Gesundheit kann es selber einen Beitrag zur Verlängerung der gesunden Phase leisten und erzielt ein Arbeitseinkommen, das für den Kauf von Konsumgütern verwendet werden kann. Bei schlechter Gesundheit ist es auf medizinische Hilfe angewiesen, arbeitet nicht und erhält ein Transfereinkommen, das nicht nur die Ausgaben für Konsumgüter, sondern auch die Nettoaufwendungen für medizinische Leistungen decken muss.

(9) Sowohl im Zustand „gesund" wie „krank" verläuft die kurzfristige Transformationskurve fallend und von unten konkav. Technologischer Wandel im Haushaltsbereich lässt sie in beiden Zuständen steiler verlaufen. Medizinisch-technologischer Wandel, erhöhte Anbieterdichte in der Medizin sowie der Ausbau des Krankenversicherungsschutzes verflachen sie und verschieben sie nach außen, verbunden mit einer Verbesserung der Gesundheitschancen im Zustand „krank".

(10) Die von den Ärzten vermutete Instabilität des individuellen Gesundheitsverhaltens erlaubt keinen Rückschluss auf einen Mangel an Rationalität auf Seiten des Einzelnen. Ebenso gut kann sie durch unterschiedliche zustandsabhängige Produktionsmöglichkeiten verursacht werden.

(11) Auf individueller Ebene hat gesund verbrachte Zeit im Optimum den Charakter eines Konsumguts, nicht eines Investitionsguts. Zugleich führt ihre Eigenschaft als Input in die Produktion von Konsumleistungen und Gesundheit dazu, dass stets lange Phasen der Gesundheit angestrebt werden.

(12) Die Beziehung zwischen eigenen und medizinischen Inputs in die Gesundheitsproduktion ist zustandsabhängig. In gesundem Zustand sind die beiden Inputs Substitute und werden sehr langfristig zu Komplementen. In krankem Zustand sind sie Komplemente.

3.6 Lektürevorschläge

Die Beiträge von BOLIN (2011) und GROSSMAN (2000) befassen sich mit der intra- und intertemporalen Allokation der Zeit und des Vermögens. Sie enthalten das Grossman-Modell für den mehrperiodigen Fall und diskutieren Erweiterungen sowie empirische Studien.

3.A Anhang zu Kapitel 3

In diesem Anhang werden einerseits die Nachfragefunktionen des Grossman-Modells hergeleitet. Andererseits wird für das Modell aus Abschnitt 3.4 der Verlauf der Grenze der Produktionsmöglichkeiten dargestellt. Dies geschieht zuerst kurzfristig für den Zustand der Gesundheit, dann für den der Krankheit, und schließlich längerfristig unter der Annahme einer Extrapolation des geltenden Zustands.

Anhang zu Kapitel 3.3

Die strukturelle Nachfragefunktion nach medizinischen Leistungen

Um die strukturelle Nachfragefunktion nach medizinischen Leistungen herleiten zu können, wird die Investitionsfunktion (3.14) logarithmiert. Dies führt zu

$$\ln I = \alpha_M \ln M + (1 - \alpha_M) \ln t^I + \alpha_E E. \tag{A.1}$$

Man beachte, dass α_M und $(1 - \alpha_M)$ den Produktionselastizitäten von M bzw. t^I entsprechen,

$$\partial \ln I / \partial \ln t^I = (\partial I / \partial t^I)(t^I / I) = 1 - \alpha_M \tag{A.2}$$

$$\partial \ln I / \partial \ln M = (\partial I / \partial M)(M / I) = \alpha_M. \tag{A.3}$$

Gleichung (3.9) kann deshalb mit $w \equiv w_0 = w_1$ geschrieben werden als

$$\frac{M}{t^I} \times \frac{1 - \alpha_M}{\alpha_M} = \frac{w}{p}. \tag{A.4}$$

Logarithmieren führt wiederum zu

$$\ln M - \ln t^I + \ln \frac{1 - \alpha_M}{\alpha_M} = \ln w - \ln p. \tag{A.5}$$

Auflösen nach $\ln t^I$ und Einsetzen in Gleichung (A.1) liefert

$$\ln I = \ln M - (1 - \alpha_M) \ln w + (1 - \alpha_M) \ln p + \alpha_E E + (1 - \alpha_M) \ln \left(\frac{1 - \alpha_M}{\alpha_M} \right). \tag{A.6}$$

Wenn man diese Gleichung nach $\ln M$ auflöst , erhalten wir

$$\ln M = \ln I - (1 - \alpha_M)\ln p + (1 - \alpha_M)\ln w - \alpha_E E - (1 - \alpha_M)\ln\left(\frac{1 - \alpha_M}{\alpha_M}\right). \quad (A.7)$$

Da wir $\delta = 1$ annehmen, gilt $\ln I = \ln H_1$ nach Gleichung (3.2). Wird dieser Ausdruck in Gleichung (A.7) eingesetzt, erhalten wir die *strukturelle Nachfragefunktion nach medizinischen Leistungen*,

$$\ln M = \xi_1 + \ln H_1 - (1 - \alpha_M)\ln p + (1 - \alpha_M)\ln w - \alpha_E E. \quad (3.15)$$

mit $\chi_1 = -(1 - \alpha_M)\ln\left(\frac{1-\alpha_M}{\alpha_M}\right)$ als konstantem Term.

Herleitung der Nachfragefunktion im Investitionsgut-Modell

Im reinen Investitionsgut-Modell gilt $\partial U / \partial t^k = 0$. Gleichung (3.13) kann dann geschrieben werden als

$$-\frac{\partial t^k}{\partial H_1} w_1 \frac{\beta \partial U / \partial X_1}{c} = \frac{\partial U / \partial X_0}{\partial I / \partial M} \frac{p}{c}. \quad (A.8)$$

Setzt man $\beta = R = 1$ und verwendet (3.10), vereinfacht sich dies zu

$$-\frac{\partial t_k}{\partial H_1} w_1 = \frac{p}{\partial I / \partial M}. \quad (A.9)$$

Anhand der Gleichung (3.16) erhalten wir

$$\frac{\partial t^k}{\partial H_1} = -\theta_1 \theta_2 H_1^{-\theta_2 - 1}. \quad (A.10)$$

Die Nachfragefunktion nach Gesundheit kann anhand der Gleichungen (A.9) und (A.10) unter der Verwendung von $\partial I / \partial M = \alpha_M (I/M)$ aus (A.2) hergeleitet werden. Wir unterstellen $w = w_0 = w_1$. Durch Logarithmieren erhalten wir

$$\ln p = \ln w + \ln \alpha_M + (\ln I - \ln M) + \ln \theta_1 + \ln \theta_2 + (-\theta_2 - 1)\ln H_1. \quad (A.11)$$

Umformen von (A.7) führt zu

$$\ln I - \ln M = (1 - \alpha_M)\ln p - (1 - \alpha_M)\ln w + \alpha_E E. \quad (A.12)$$

Dies kann in Gleichung (A.11) eingesetzt werden. Mit $\varepsilon \equiv 1/(\theta_2 + 1) < 1$ erhält man die *Nachfragefunktion für Gesundheit im reinen Investitionsgut-Modell*,

$$\ln H_1 = \chi_2 - \varepsilon \alpha_M \ln p + \varepsilon \alpha_M \ln w + \varepsilon \alpha_E E. \quad (3.17)$$

Einfügen von (3.17) in (3.15) ergibt die *reduzierte Nachfragefunktion nach medizinischen Leistungen*

$$\ln M = \chi_3 - (1 + \alpha_M(\varepsilon - 1))\ln p + (1 + \alpha_M(\varepsilon - 1))\ln w - (1 - \varepsilon)\alpha_E E. \quad (3.18)$$

Herleitung der Nachfragefunktion im Konsumgut-Modell

Mit $\beta = 1$ und Gleichung (3.7) vereinfacht sich Gleichung (3.19) im reinen Konsumgut-Modell zu

$$\frac{\partial t^k}{\partial H_1}\frac{\partial U}{\partial t^k} = \mu = \lambda\frac{p}{\partial I/\partial M}. \tag{A.13}$$

Mit (3.16) und der Nutzenfunktion (3.20) erhalten wir

$$\frac{\partial U}{\partial t^k} = \alpha_1\alpha_2(t^k)^{\alpha_2-1} = \alpha_1\alpha_2\theta_1^{\alpha_2-1}H_1^{\theta_2(1-\alpha_2)} = const.\,H_1^{\theta_2(1-\alpha_2)}. \tag{A.14}$$

Substituieren von (A.14) in (A.13) und Verwenden von (A.10) führt zu

$$\frac{\partial t^k}{\partial H_1}const.\,H_1^{\theta_2(1-\alpha_2)} = const.\,H_1^{-\theta_2-1}H_1^{\theta_2(1-\alpha_2)} \tag{A.15}$$

$$= const.H_1^{-(1+\alpha_2\theta_2)} = \lambda\frac{p}{\partial I/\partial M}. \tag{A.16}$$

Man definiere $\kappa \equiv 1/(1+\alpha_2\theta_2) < 1$, verwende $\partial I/\partial M = \alpha_M(I/M)$ aus Gleichung (A.2) und logarithmiere, so dass

$$\ln H_1 = const. - \kappa[\ln p + \ln M - \ln I + \ln\lambda]. \tag{A.17}$$

Unter der Verwendung von (A.6) erhält man schließlich die *Nachfragefunktion für Gesundheit im reinen Konsumgut-Modell*,

$$\ln H_1 = \chi_4 - \kappa\alpha_M\ln p - \kappa(1-\alpha_M)\ln w + \kappa\alpha_E E - \kappa\ln\lambda. \tag{3.21}$$

Die *reduzierte Nachfragefunktion nach medizinischen Leistungen* im reinen Konsumgut-Modell erhalten wir, wenn wir (3.21) in die strukturelle Nachfragekurve (3.15) einsetzen. Dies ergibt

$$\ln M = \chi_5 - [1+\alpha_M(\kappa-1)]\ln p + (1-\kappa)(1-\alpha_M)\ln w_0 \tag{3.22}$$
$$- (1-\kappa)\alpha_E E - \kappa\ln\lambda.$$

Anhang zu Abschnitt 3.4

Produktion im gesunden Zustand, kurzfristig

In diesem Abschnitt geht es um die Bestimmung des Vorzeichens von $dC_g/d(1-\pi)$. Zu diesem Zweck wird zuerst die Gleichung (3.30) differenziert:

$$d(1-\pi) = -d\pi = -\frac{\partial\pi}{\partial t^I}dt^I \tag{A.18}$$

Die totale Differenzierung der Konsum-Produktionsfunktion (3.31) ergibt (einfachheitshalber teilweise ohne das Subskript *g*)

$$dC_g = \frac{\partial C_g}{\partial X}dX + \frac{\partial C_g}{\partial t^C}dt^C. \tag{A.19}$$

Aus der Budgetbedingung der Gleichung (3.32) geht hervor, dass zusätzliche Konsumgüter nur durch zusätzliche Arbeitszeit finanziert werden können:

$$dX = \frac{w}{c} dt^W.$$

(A.20)

Was die Änderung der für den Konsum verfügbaren Zeit (dt^C) betrifft, so ergibt sich aufgrund der Zeitrestriktion (3.33) der Ausdruck

$$dt^C = -dt^I - dt^W.$$

(A.21)

Setzt man die Ausdrücke (A.20) und (A.21) in die Gleichung (A.19) für dC_g ein, so erhält man

$$dC_g = \frac{\partial C_g}{\partial X}\left[\frac{w}{c}dt^W\right] - \frac{\partial C_g}{\partial t^C}(dt^I + dt^W)$$

$$= -\frac{\partial C_g}{\partial t^C}dt^I + \left[\frac{\partial C_g}{\partial X}\frac{w}{c} - \frac{\partial C_g}{\partial t^C}\right]dt^W.$$

(A.22)

Falls das Individuum Zeit und Güter in der Herstellung von Konsumleistungen optimal einsetzt, entspricht das Verhältnis der Grenzproduktivitäten $[(\partial C/\partial t^C)/(\partial C/\partial X)]$ dem Preisverhältnis w/c, wobei w den sog. Schattenpreis der Zeit (die zur Vergrößerung des Arbeitseinkommens verwendet werden könnte) angibt. Unter dieser Annahme beträgt der zweite Summand von (A.22) Null, und nach Division durch Gleichung (A.18) folgt der im Text [Gleichung (3.38)] besprochene Ausdruck

$$\frac{dC_g}{d(1-\pi)} = \frac{\dfrac{\partial C_g}{\partial t^C}}{\dfrac{\partial \pi}{\partial t^I}} < 0.$$

(A.23)

Die Krümmung der Transformationskurve ist durch das Vorzeichen der zweiten Ableitung $d^2C_g/d(1-\pi)^2$ gegeben. Behandelt man $\partial C/\partial t^C$ als Konstante, so erhält man mit Hilfe von (A.18) und (A.23)

$$\frac{d^2C_g}{d(1-\pi)^2} = \frac{d}{dt^I}\left[\frac{dC_g}{d(1-\pi)}\right]\frac{dt^I}{d(1-\pi)} = \frac{d}{dt^I}\left[\frac{\dfrac{\partial C_g}{\partial t^C}}{\dfrac{\partial \pi}{\partial t^I}}\right]\frac{(-1)}{\dfrac{\partial \pi}{\partial t^I}}$$

$$(+) \quad (+)$$

$$= \frac{0 \times \dfrac{\partial \pi}{\partial t^I} - \dfrac{\partial C_g}{\partial t^C}\dfrac{\partial^2 \pi}{(\partial t^I)^2}}{\left[\dfrac{\partial \pi}{\partial t^I}\right]^2}\frac{(-1)}{\dfrac{\partial \pi}{\partial t^I}} = \frac{\dfrac{\partial C_g}{\partial t^C}\dfrac{\partial^2 \pi}{(\partial t^I)^2}}{\left[\dfrac{\partial \pi}{\partial t^I}\right]^3} < 0.$$

$$(-)$$

(A.24)

Damit ist der von unten konkave Verlauf der Transformationskurve nachgewiesen.

Produktion im kranken Zustand, kurzfristig

Annahmegemäß kann die Genesungswahrscheinlichkeit nur durch den Einsatz medizinischer Leistungen erhöht werden. Die Differenzierung der Gleichung (3.34) ergibt somit

$$d(1 - \pi) = -d\pi = -\frac{\partial \pi}{\partial M} dM. \qquad (A.25)$$

In der Konsum-Produktionsfunktion ergeben sich keine Änderungen, außer dass die marginalen Produktivitäten sowohl der Konsumgüter wie auch der eingesetzten Zeit im Vergleich zur Situation im gesunden Zustand kleinere Werte annehmen dürften

$$dC_k = \frac{\partial C_k}{\partial X} dX + \frac{\partial C_k}{\partial t^C} dt^C. \qquad (A.26)$$

Aufgrund der krankheitsbedingten Budgetrestriktion der Gleichung (3.36) bedingt der Kauf zusätzlicher Konsumgüter einen Verzicht auf medizinische Leistungen:

$$dX = \frac{-p}{c} dM. \qquad (A.27)$$

Die totale Differenzierung der Zeitrestriktion (3.37) ergibt schließlich:

$$dt^C = -\psi dM. \qquad (A.28)$$

Jetzt können die beiden Ausdrücke (A.27) und (A.28) in die Gleichung (A.26) eingesetzt werden, mit dem Ergebnis

$$dC_k = \frac{-\partial C_k}{\partial X} \frac{p}{c} dM - \psi \frac{\partial C_k}{\partial t^C} dM. \qquad (A.29)$$

Die Division durch Gleichung (A.25) ergibt die Gleichung (3.34) im Text:

$$\frac{dC_k}{d(1 - \pi)} = \frac{\overset{(+)}{\frac{\partial C_k}{\partial t^C}} \psi}{\underset{(-)}{\frac{\partial \pi}{\partial M}}} + \frac{\overset{(+)}{\frac{\partial C_k}{\partial X}} \frac{p}{c}}{\underset{(-)}{\frac{\partial \pi}{\partial M}}} < 0. \qquad (A.30)$$

Das Vorzeichen dieses Ausdrucks ist eindeutig negativ. Behandelt man $\partial C/\partial X, p/c$ und $\partial C/\partial t^C$ als von M unabhängig, so kann analog zur Gleichung (A.24) gezeigt werden, dass

$$\frac{d^2 C_k}{d(1 - \pi)^2} < 0; \qquad (A.31)$$

die Transformationskurve verläuft wiederum konkav von unten.

Produktion im gesunden Zustand, längerfristig

In längerfristiger Betrachtung wird die Zeitrestriktion (3.33) durch (3.41) ersetzt, die ausgeschrieben lautet

$$T_g\{\pi(t^I)\} = t_g^C + t^I + t^W. \tag{A.32}$$

Die mittlere Dauer der Phase in gutem Gesundheitszustand kann durch einen Mehraufwand von Zeit t^I verlängert werden. Diese Verlängerung ist gegeben durch

$$dT_g = \frac{\partial T_g}{\partial \pi}\frac{\partial \pi}{\partial t^I}dt^I. \tag{A.33}$$

Die totale Differenzierung der Gleichung (A.32) und ihre Auflösung nach dt^C (mit Subskript g zur Vereinfachung weggelassen) ergibt aufgrund von (A.33)

$$dt^C = dT_g - dt^I - dt^W = dT_g - \frac{1}{\frac{\partial T_g}{\partial \pi}\frac{\partial \pi}{\partial t^I}}dT_g - dt^W$$

$$= \left[\frac{\frac{\partial T_g}{\partial \pi}\frac{\partial \pi}{\partial t^I} - 1}{\frac{\partial T_g}{\partial \pi}\frac{\partial \pi}{\partial t^I}}\right]dT_g - dt^W. \tag{A.34}$$

Setzt man die Ausdrücke (A.20) und (A.34) in die Gleichung (A.19) für dC_g ein, erhält man

$$dC_g = \frac{\partial C_g}{\partial X}\left[\frac{w}{c}dt^W\right] + \frac{\partial C_g}{\partial t^C}\left[\frac{\frac{\partial T_g}{\partial \pi}\frac{\partial \pi}{\partial t^I} - 1}{\frac{\partial T_g}{\partial \pi}\frac{\partial \pi}{\partial t^I}}dT_g - dt^W\right]$$

$$= \left[\frac{\frac{\partial C_g}{\partial t^C}\left[\frac{\partial T_g}{\partial \pi}\frac{\partial \pi}{\partial t^I} - 1\right]}{\frac{\partial T_g}{\partial \pi}\frac{\partial \pi}{\partial t^I}}\right]dT_g + \left[\frac{\partial C_g}{\partial X}\frac{w}{c} - \frac{\partial C_g}{\partial t^C}\right]dt^W. \tag{A.35}$$

In der Umgebung eines Optimums kann der Summand in dt^W vernachlässigt werden [vgl. die Begründung zu Gleichung (A.23)], so dass das Ergebnis lautet [vgl. Gleichung (3.42) im Text]

$$\frac{dC_G}{dT_g} = \frac{\overset{(+)}{\frac{\partial C_g}{\partial t^C}}\left[\overset{(+/-)}{\frac{\partial T_g}{\partial \pi}\frac{\partial \pi}{\partial t^I}} - 1\right]}{\underset{(-)\ (-)}{\frac{\partial T_g}{\partial \pi}\frac{\partial \pi}{\partial t^I}}} \gtrless 0. \tag{A.36}$$

Die Krümmung dieser Transformationskurve ist durch das Vorzeichen von d^2C_g/dT_g^2 gegeben. Behandelt man trotz der Veränderung der Zeitrestriktion $\partial C/\partial t^C$ als unabhängig von t^I, verwendet Gleichung (A.33) und setzt gemäß Gleichung (3.43) $\partial T_g/\partial \pi = -1/\pi^2$ ein, so erhält man

$$\frac{d^2 C_g}{dT_g^2} = \frac{d}{dt^I}\left[\frac{dC_g}{dT_g}\right]\frac{dt^I}{dT_g}$$

$$= \frac{d}{dt^I}\left[\frac{\frac{\partial C_g}{\partial t^C}\left[\frac{-1}{\pi^2}\frac{\partial \pi}{\partial t^I} - 1\right]}{\frac{-1}{\pi^2}\frac{\partial \pi}{\partial t^I}}\right]\frac{1}{\frac{\partial T_g}{\partial \pi}\frac{\partial \pi}{\partial t^I}}$$

$$= \frac{\partial C_g}{\partial t^C}\frac{d}{dt^I}\left[1 + \frac{\pi^2}{\frac{\partial \pi}{\partial t^I}}\right]\frac{1}{\frac{\partial T_g}{\partial \pi}\frac{\partial \pi}{\partial t^I}}$$

$$= \frac{\partial C_g}{\partial t^C}\left[2\pi\frac{\partial \pi}{\partial t^I} - \pi^2\frac{\partial^2 \pi}{\partial (t^I)^2}\right]\left[\frac{1}{\frac{\partial \pi}{\partial t^I}}\right]^2\frac{1}{\frac{-1}{\pi^2}\frac{\partial \pi}{\partial t^I}} < 0 \qquad (A.37)$$

$$\quad\quad (+) \quad\quad (-) \quad\quad\quad (+) \quad\quad (+) \quad\quad (+)$$

Damit ist der von unten konkave Verlauf auch dieser Transformationskurve nachgewiesen.

Produktion im kranken Zustand, längerfristig

Da die Zeitrestriktion (3.37) durch (3.46) ersetzt wird, ergibt ihre Differenzierung

$$dT_k = \frac{\partial T_k}{\partial \pi}\frac{\partial \pi}{\partial M}dM. \qquad (A.38)$$

Die zweite Modifikation betrifft die für den Konsum verfügbare Zeit; hier wird die Gleichung (A.28) unter Verwendung von (A.38) ersetzt durch

$$dt^C = dT_k - \psi dM$$

$$= \left[\frac{\partial T_k}{\partial \pi}\frac{\partial \pi}{\partial M} - \psi\right]dM. \qquad (A.39)$$

Im Verein mit (A.27) für dX ergibt sich für den Konsum [vgl. Gleichung (A.26)]:

$$dC_k = \frac{-\partial C_k}{\partial X}\frac{p}{c}dM + \frac{\partial C_k}{\partial t^C}\left[\frac{\partial T_k}{\partial \pi}\frac{\partial \pi}{\partial M} - \psi\right]dM. \qquad (A.40)$$

Die Division dieses Ausdrucks durch die Gleichung (A.38) führt zu

$$\qquad\qquad (+) \quad\ (-) \qquad\qquad\quad (+)$$

$$\frac{dC_k}{-dT_k} = -\frac{\frac{\partial C_k}{\partial t^C}\left[\frac{\partial T_k}{\partial \pi}\frac{\partial \pi}{\partial M} - \psi\right]}{\frac{\partial T_k}{\partial \pi}\frac{\partial \pi}{\partial M}} + \frac{\frac{\partial C_k}{\partial X}\frac{p}{c}}{\frac{\partial T_k}{\partial \pi}\frac{\partial \pi}{\partial M}} < 0. \qquad (A.41)$$

$$\qquad\qquad\qquad (+)(-) \qquad\qquad (+)(-)$$

Im Nenner erscheint der Negativwert von T_k, um den Vergleich mit dem Ausdruck (A.36) für den Fall der Gesundheit zu erleichtern.

3.Ü Übungsaufgaben

3.1. Beantworten Sie folgende Fragen zum Grossman-Modell:

(a) Erläutern Sie den Unterschied zwischen Gesundheit als (i) Investitions- und (ii) Konsumgut.

(b) Aus dem Grossman-Modell lassen sich Nachfragefunktionen nach Gesundheit und nach medizinischen Leistungen ableiten. Erläutern Sie den Unterschied zwischen beiden Nachfragefunktionen. Warum hängt die Nachfrage nach Gesundheit und medizinischen Leistungen vom Alter ab?

(c) Wie lässt sich mit dem Grossman-Modell erklären, dass in reicheren Gesellschaften die Ausgaben für medizinische Leistungen höher sind?

3.2. Interpretieren Sie die folgenden Funktionen:

$$U = \alpha_1 (t^k)^{\alpha_2} + g(X), \qquad \alpha_1 < 0, 0 < \alpha_2 < 1, g'(X) > 0, g''(X) < 0,$$

$$t^k(H) = H^{\frac{\varepsilon-1}{\varepsilon}}, \quad 0 < \varepsilon < 1,$$

$$I = M^{\alpha_M} (t^I)^{1-\alpha_M} e^{\alpha_E E}, \quad 0 < \alpha_M < 1, \alpha_E > 0.$$

3.3. Bestimmen Sie für das reine Investitionsgut- und das reine Konsumgut-Modell die Nachfragefunktionen nach Gesundheit im Grossman-Modell, wenn die Gesundheitsinvestitionen (i) ausschließlich durch medizinische Leistungen und (ii) ausschließlich durch eigenen Zeiteinsatz erfolgen können. Interpretieren Sie Ihr Ergebnis.

3.4. Betrachten Sie Abbildung 3.1.

(1) Geben Sie die Bedingung dafür an, dass die gezeigte Indifferenzkurve vollkommen senkrecht verläuft. Ist es auch denkbar, dass sie vollkommen waagerecht verläuft?

(2) Was für Konsequenzen hätten diese beiden Extremfälle für das beobachtete Verhalten?

3.5. Ein Sozialpolitiker macht den Vorschlag, durch einen Abzug vom Lohn der Erwerbstätigen das Krankengeld zu erhöhen. Was sind die zu erwartenden Auswirkungen in Bezug auf das Gesundheitsverhalten und die Gesundheit der Bevölkerung?

4

Empirische Untersuchungen zur Gesundheitsproduktion

4.1 Problemstellung

Das im vorhergehenden Kapitel eingeführte Konzept der Transformationskurve für Konsumleistungen und Gesundheit legt eine Reihe von Fragestellungen nahe, die für die Gesundheitspolitik von erheblicher Bedeutung sind. Zur Illustration sei die Zunahme der Lebenserwartung in verschiedenen Industrieländern herausgegriffen (vgl. Tabelle 4.1). Zwischen 1930 und 1950 stach Japan mit einem Zugewinn von 0,715 pro Jahr bei den Frauen heraus. Dann verlangsamte sich die Entwicklung bis 1980, mit der Ausnahme der Frauen in Deutschland. Sie verlief in den letzten zwei Jahrzehnten des 20. Jahrhunderts uneinheitlich; der massiven Verlangsamung in Japan stand eine Beschleunigung der Zunahme in anderen Ländern gegenüber, jedoch praktisch nur bei den Männern. Auch während der Periode 2000-2010 waren es (außer in Japan) vor allem die Männer, die (teilweise markant) von einer Zunahme der Lebenserwartung profitierten.

Da in allen OECD-Ländern in der Zeit zwischen 1950 und 2010 die realen Gesundheitsaufwendungen je Kopf der Bevölkerung stark angestiegen sind, haben viele Beobachter aus diesen Daten den Schluss gezogen, dass die moderne Medizin mit *sinkenden Grenzerträgen* zu kämpfen habe, sogar zu dem Punkt gelangt sei, dass der marginale Beitrag zur Medizin gegen null gehe [,,flat-of-the-curve medicine", vgl. ENTHOVEN (1978), FUCHS (2004)]. Lässt sich dieser Schluss aufrechterhalten, wenn das ökonomische Konzept der Gesundheitsproduktion zur Anwendung gelangt?

Insbesondere die Transformationskurve erinnert daran, dass für die eingetretene Entwicklung auch andere Gründe verantwortlich sein könnten, und zwar auf der Output- wie auch auf der Inputseite.

(1) *Wahl des Outputindikators:* Weder die Lebenserwartung noch die Sterblichkeit der Bevölkerung (ein anderer häufig verwendeter Indikator) gibt unmittelbar Auskunft über den Gesundheitszustand, d.h. jene Größe, die den einzelnen

Tabelle 4.1. Entwicklung der Lebenserwartung bei Geburt in einigen Ländern

		Jährliche Zunahme (in Jahren)				
		1900-1930	1930-1950	1950-1980	1980-2000	2000-2010
Deutschland[a)]	M	0,503	0,225	0,203	0,275	0,290
	F	0,483	0,275	0,303	0,250	0,180
Frankreich	M	0,300	0,480	0,226	0,255	0,270
	F	0,343	0,535	0,303	0,220	0,190
Großbritannien	M	0,343	0,385	0,150	0,265	0,310
	F	0,350	0,420	0,188	0,205	0,230
Japan	M	0,027	0,635	0,509	0,220	0,190
	F	0,057	0,715	0,585	0,290	0,180
Schweiz	M	0,330	0,385	0,203	0,235	0,330
	F	0,363	0,410	0,279	0,190	0,210
USA	M	0,327	0,395	0,166	0,205	0,210
	F	0,343	0,510	0,225	0,095	0,180

a) Bis 1991: Alte Bundesländer, danach vereinigtes Deutschland.

Quelle: OECD (1987, S.39), OECD (2012)

in diesem Zusammenhang interessiert. Nimmt man die im Abschnitt 2.3.2 beschriebenen QALYs zum Maßstab, so tragen zusätzliche Lebensjahre nur dann in vollem Ausmaß zur Zielerreichung bei, wenn sie bei guter Gesundheit verlebt werden. Genau dies wird von manchen Epidemiologen bestritten, indem sie auf den Vormarsch chronischer Krankheiten bei zunehmender Lebensdauer verweisen [vgl. VERBRUGGE (1984)]. Rheumatische Erkrankungen beispielsweise verlaufen selten tödlich, vermindern aber die Lebensqualität und verursachen darüber hinaus viele Absenzen vom Arbeitsplatz und damit erhebliche gesamtwirtschaftliche Kosten. Umgekehrt kann sich nach der gleichen Überlegung auch dann, wenn die Lebenserwartung nicht mehr oder nur mehr verlangsamt zunimmt, der Gesundheitszustand der Bevölkerung dennoch verbessert haben.

(2) *Konsum und Gesundheit als Output:* Falls die Individuen ihre Präferenzen auch nur einigermaßen durchsetzen können, müssen zusätzliche Konsumleistungen letztlich zu Lasten der Gesundheit gehen (vgl. Abbildung 3.5). Dieser Zusammenhang wird in jenen Fällen besonders deutlich, wo die zusätzliche Konsumleistung mit einem Mehreinsatz von gesundheitsschädigenden Gütern wie Alkohol und Tabak einhergeht. Falls beim Vergleich verschiedener Zeitperioden oder Individuen die Struktur der Präferenzen mitvariiert, besteht die Gefahr der falschen Zurechnung: Eine beobachtete Verschlechterung des Gesundheitszustands kann die Folge einer verstärkten Hinwendung zu Konsumzielen sein, deren negative Auswirkungen nicht vollständig durch eine Zunahme der Produktivität der medizinischen Leistungen ausgeglichen werden konnte.

(3) *Relative Produktivität der Inputs:* Auch wenn die Zunahme der Lebenserwartung mit erheblichem Mehraufwand zu Gunsten der Medizin einherging, ist der Rückschluss auf eine abnehmende Grenzproduktivität medizinischer Leistungen nicht zwingend. Nachlassende eigene Anstrengungen zur Krankheitsver-

meidung oder andere, bislang noch nicht betrachtete Faktoren (insbesondere Umwelteinflüsse) können für das beobachtete Gesamtergebnis verantwortlich sein. Dieses Argument erinnert daran, dass die *relative* Grenzproduktivität (zusammen mit den relativen Grenzkosten) über den optimalen Faktoreinsatz in der Produktion entscheidet: In den letzten Jahren könnte insbesondere die Grenzproduktivität einer verbesserten Verkehrssicherheit oder Luftqualität zugenommen haben.

(4) *Zusammensetzung der Bevölkerung:* Je größer der Anteil von betagten Personen mit einer vergleichsweise hohen Erkrankungswahrscheinlichkeit, desto mehr setzen sich die für den Zustand der Krankheit gültigen Trade-offs durch, in denen die Produktivität medizinischer Leistungen relativ zu ihren Alternativen sehr hoch, absolut jedoch eher gering ist.[1] Im Zuge der Alterung der Bevölkerung ist eine verstärkte Konzentration der medizinischen Aufwendungen in den oberen Altersklassen die Folge, also gerade dort, wo zumindest der in zusätzlicher Lebenserwartung gemessene Ertrag gering sein dürfte.

Im Folgenden sollen anhand einiger empirischer Untersuchungen diese Fragestellungen wenigstens zum Teil beantwortet werden. Dabei kommen zuerst die Untersuchungen mit Hilfe aggregierter Daten zur Darstellung, weil sie früher entstanden sind, aber auch weil sie einige Fragen aufwerfen, die dann an individuellen Daten besser abgeklärt werden können.

4.2 Untersuchungen anhand von aggregierten Daten

4.2.1 Mortalitätsraten und Lebenserwartung als Erfolgsmaßstab?

Weil die amtliche Bevölkerungsstatistik Sterbefälle, aber keine Krankheitsfälle zählt, ist die Auswahl an Indikatoren zur Beschreibung des aggregierten „Outputs" der Gesundheitsproduktion gering: Es handelt sich um (alters- und geschlechtsspezifische) Sterblichkeits- bzw. Mortalitätsraten sowie Lebenserwartungen, die aus der Absterbeordnung berechnet werden können.

Aus der Sicht des Individuums macht eine Mortalitätsrate als Outputgröße wenig Sinn, ist doch die *Sterbewahrscheinlichkeit langfristig gleich eins.* Bezogen auf ein Kollektiv und eine bestimmte Zeitperiode ist sie nur wenig informativ: Die Wahrscheinlichkeit, dass ein beliebig herausgegriffener Einwohner eines Gebiets das Ende des laufenden Jahres nicht mehr erleben wird, hat für die Mehrheit der Bevölkerung kaum Relevanz, weil fast jeder in einem oder mehreren persönlichen Merkmalen vom statistischen Durchschnitt abweicht. Dieser Einwand trifft auf Säuglinge weniger zu als auf ältere Gruppen der Bevölkerung, weil ihre Merkmale noch nicht

---

[1] Eine wachsende Literatur zeigt, dass nicht das Alter per se, sondern der zeitliche Abstand zum Tod die Gesundheitsausgaben beeinflusst (dies ist die sog. „Red-Herring"-Hypothese, siehe ZWEIFEL ET AL. (1999), ZWEIFEL ET AL. (2004) und FELDER ET AL. (2010)).

ausgeprägt sind. Insofern entbehrt die Gewohnheit, die Säuglingssterblichkeit für den Vergleich nationaler Gesundheitssysteme heranzuziehen, nicht einer gewissen Logik.

Die Definition des Gesundheitszustandes mit Hilfe von QALYs gemäß Abschnitt 2.3.2 macht aber – auch für den Fall des Säuglings – klar, dass eine Mortalitätsrate stets nur einen extremen „Gesundheitszustand" herausgreift und überdies lediglich über das Wahrscheinlichkeitsgewicht π_h dieses Zustands Auskunft gibt. Trotz dieser Mängel dienen Mortalitätsraten immer wieder als Outputindikator für empirische Untersuchungen zur Gesundheitsproduktion, weil sie von der amtlichen Statistik erhoben werden und zwischen Regionen und Ländern vergleichbar sind.

Als Alternative bietet sich die *Lebenserwartung*, insbesondere im Zeitpunkt der Geburt, an. Dieser Indikator fasst alle möglichen Gesundheitszustände mit Ausnahme des Todes zu einem einzigen zusammen und misst die Zeitdauer, während der sich das Individuum in diesen Zuständen befindet. Er spiegelt also die Tatsache wider, dass das Erleben eines bestimmten Alters nicht von der aktuellen Überlebenswahrscheinlichkeit, sondern von der gesamten Folge von Überlebenswahrscheinlichkeiten seit der Geburt abhängt. Die Lebenserwartung unterliegt damit notwendigerweise auch weit zurückliegenden Einflüssen auf den Gesundheitszustand, und bei ihrer Bestimmung müssen in besonderem Maße verzögerte Ursache-Wirkungs-Beziehungen berücksichtigt werden.[2]

4.2.2 Die Grenzproduktivität des Gesundheitswesens

Für die ökonomischen Klassiker lag es auf der Hand, dass der Gesundheitszustand sowie insbesondere die Mortalität einer Bevölkerung ganz maßgeblich von wirtschaftlichen Einflüssen abhängen [vgl. MALTHUS (1798)]. Erst gegen Ende des neunzehnten Jahrhunderts erhielt die Medizin die wissenschaftliche Grundlegung, welche ihre ersten Erfolge bei der Bekämpfung von Infektionskrankheiten ermöglichte. Doch erst in den 30er-Jahren des zwanzigsten Jahrhunderts, als mit den Sulfanomiden die ersten kausal wirkenden Arzneimittel auf den Markt kamen und innerhalb weniger Jahre die Tuberkulose weitgehend zum Verschwinden brachten, begann sich die Auffassung durchzusetzen, dass medizinische Maßnahmen den Gesundheitszustand breiter Bevölkerungsschichten zu verbessern vermögen.

---

[2] Die Betrachtung nur der Lebenserwartung greift allerdings bei risikoaversen Individuen von vornherein zu kurz. Die Gesundheitsausgaben könnten auch zu einer Verminderung der Varianz im Gesundheitszustand beitragen und im Extremfall den vorzeitigen Tod vermeiden. Tatsächlich finden SCHODER UND ZWEIFEL (2011), dass die sogenannte Rektangularisierung der Lebenserwartung (vgl. die Abbildungen 14.1 und 14.2) nicht nur auf Deutschland, sondern alle OECD-Länder zutrifft. Offenbar gelingt es den Einwohnern dieser Länder zunehmend, ihren Gesundheitszustand zu kontrollieren, wobei medizinische und nichtmedizinische Inputs in etwa gleichen Maße dazu beitragen. Dies dürfte sogar den US-Amerikanern eine weitere Steigerung der Gesundheitsausgaben um 10% wert sein, obwohl sich das Land weit im Bereich der „flat-of-the-curve" befindet.

4.2.2.1 Erste Evidenz aus den USA

Der Glaube an den entscheidenden Einfluss der Medizin wurde erstmals von AUS-TER ET AL. (1969) einer Überprüfung aus gesundheitsökonomischer Sicht unterzogen. Die Autoren wählten den amerikanischen Bundesstaat als Beobachtungseinheit und ersetzten vorab die gemessenen Mortalitätsraten durch jene Werte, die sich ergeben würden, wenn ein Bundesstaat die für die ganzen USA gültige Alters- und Geschlechtsstruktur aufweisen würde. Damit trugen sie dem Punkt (4) (Zusammensetzung der Bevölkerung), der im Abschnitt 4.1 genannt wurde, Rechnung. Ohne eine solche *Standardisierung* würde z.B. Florida mit seinem großen Anteil von Rentnern an der Bevölkerung von vorneherein schlecht abschneiden. Insgesamt wurden vier Gruppen von Faktoren herangezogen, um im Rahmen einer erweiterten Cobb-Douglas-Produktionsfunktion die verbleibenden Unterschiede der Sterblichkeit (S) zu erklären. Die Autoren unterstellen, dass die standardisierte Sterblichkeitsrate des *i*ten Bundesstaates gegeben sei durch (vgl. Tabelle 4.2):

$$S_i = c Z_i^\alpha X_i^\beta M_i^\gamma e^{D_i \delta} e^{u_i}. \tag{4.1}$$

Darin steht Z_i für wirtschaftliche, X_i für konsumbezogene und M_i für medizinische Inputfaktoren, während D_i zusätzliche Einflussgrößen symbolisiert, die mit der Organisation der Gesundheitsversorgung zu tun haben (eine Konkretisierung dieser Faktoren folgt in Tabelle 4.2). Die Variable u_i schließlich ist eine Zufallsvariable, die die Gesamtheit aller derjenigen Einflüsse auf den „Output" S_i in einem bestimmten Bundesstaat widerspiegelt, die vom Forscher nicht erfasst wurden. Die kompliziert erscheinende Form der Funktion (4.1) löst sich nach Logarithmierung auf in die lineare Gleichung

$$\ln S_i = \ln c + \alpha \ln Z_i + \beta \ln X_i + \gamma \ln M_i + \delta D_i + u_i, \tag{4.2}$$

$$\text{with, e.g.,} \qquad \frac{\partial \ln S_i}{\partial \ln Z_i} = \frac{\partial S_i / S_i}{\partial Z_i / Z_i} \equiv \varepsilon(S, Z) = \alpha,$$

Mit dem Parameter α kann die *Elastizität der Sterblichkeit* bezüglich wirtschaftlicher Einflüsse (z.B. bezüglich des Einkommens) geschätzt werden. Die Variablengruppe D_i erscheint im Gegensatz zu den übrigen in arithmetischer Form, weil sie auch eine sog. Dummyvariable oder kategorische Variable enthält, die nur die Werte 1 (Merkmal in einem Bundesstaat vorhanden) und 0 (Merkmal nicht vorhanden) annehmen kann.

Die Variablen der Gleichung (4.2) wurden von AUSTER ET AL. (1969) weiter differenziert in insgesamt zwölf erklärende Variablen, auch Regressoren genannt (vgl. Tabelle 4.2).

- *Wirtschaftliche Faktoren Z_i*: Das Einkommen pro Kopf steht für ein Bündel von Einflussfaktoren. Einerseits könnte es Präferenzunterschiede, d.h. einkommensabhängige Grenzraten der Substitution zwischen Konsum und Gesundheit, abbilden. Andererseits beeinflusst das Einkommen auch die aggregierte

Grenzrate der Transformation zwischen Konsum und Gesundheit (vgl. Abschnitt 1.2.2). Die mittlere Zahl der Schuljahre spielt deshalb eine Rolle, weil eine verbesserte Ausbildung vermutlich die Produktivität der Individuen nicht nur im Marktbereich, sondern auch im nichtmarktlichen Bereich, und dort insbesondere in der Erhaltung ihrer Gesundheit, steigert. Mit dem Grad der Verstädterung und der Industrialisierung werden zwei Indikatoren der Umwelteinflüsse auf die Gesundheit in der Gleichung aufgenommen.

- *Konsumbezogene Faktoren X_i:* Aus der Menge der konsumierbaren Güter und Leistungen werden jene beiden herausgegriffen, deren gesundheitsschädigende Auswirkungen auf der Aggregatebene am meisten ins Gewicht fallen: Alkoholkonsum und Zigarettenkonsum pro Kopf.[3]

- *Medizinische Faktoren M_i:* Aufgrund der in den 30er-Jahren einsetzenden Erfolge der medikamentösen Therapie wäre zu erwarten, dass die Arzneimittelausgaben je Kopf der Bevölkerung zu einer besonders niedrigen Mortalitätsrate des Bundesstaates beitragen. Der zweite Faktor ist die Ärztedichte, der international gebräuchlichste Indikator der (potentiellen) Versorgung mit medizinischen Leistungen. Die Autoren führen zudem das medizinische Hilfspersonal als Input in die Produktionsfunktion ein, werden doch viele Verrichtungen in den Praxen und Krankenhäusern von Schwestern und Pflegern wahrgenommen. Der vierte Faktor besteht im Pro-Kopf-Wert von Kapital, das den Krankenhäusern des betreffenden Bundesstaates zur Verfügung steht. Nach weitverbreiteter Auffassung entscheidet die Ausrüstung mit Kapitalgütern über die Möglichkeit, Spitzenmedizin zu betreiben und damit qualitativ hochstehende Behandlung anzubieten.

- *Organisatorische Faktoren D_i:* Neben den vier medizinischen Inputs werden auch zwei Aspekte der Organisation der medizinischen Versorgung berücksichtigt. Insbesondere verspricht man sich von Gruppenpraxen einen verbesserten Austausch der Information zwischen den Ärzten verschiedener Fachgebiete und auch eine gewisse gegenseitige Qualitätskontrolle. Entsprechend erscheint ihr Anteil am Total der Praxen als erklärende Variable. Der letzte Regressor ist eine Dummyvariable und zeigt an, ob im betreffenden Bundesstaat eine medizinische Fakultät existiert ($= 1$) oder nicht ($= 0$).

Eine Kleinstquadrate-Schätzung der in dieser Weise erweiterten Gleichung (4.2) ergab erstaunliche Resultate (vgl. erste Spalte der Tabelle 4.2; für Erläuterungen zu den statistischen Tests vgl. die Kästen 4.1 und 4.2):

- Entgegen herkömmlichen Vorstellungen aus der Entwicklungsökonomik trägt ein erhöhtes *Durchschnittseinkommen* möglicherweise nicht zu einer niedrigeren, sondern im Gegenteil zu einer *höheren* Sterblichkeit bei. Die Elastizität ist

---

[3] Damit wird versucht, dem Punkt (2) des Abschnitts 4.1 Rechnung zu tragen: Konsum (und damit Konsumgüter X_i) und Gesundheit sind zwei vom Individuum gleichzeitig festgelegte Größen. Dies bedeutet aber auch, dass die X_i streng genommen keine exogenen, sondern wie S_i selbst endogene, von einem zufälligen Fehler abhängige Variablen darstellen. Diese Komplikation wird im Teilabschnitt 4.3.4 aufgegriffen.

Tabelle 4.2. Bestimmungsgründe der Sterblichkeit in 48 US-Bundesstaaten, 1960[a)]

Erklärende Variable[b)]	OLS[c)]		2SL[c)]	
Konstante	–0,065	(0,157)	0,037	(0,251)
Pro-Kopf-Einkommen	0,105	(0,079)	0,183	(0,116)
Mittlere Zahl der Schuljahre	–0,161	(0,121)	–0,288	(0,216)
Bevölkerungsanteil in städtischen Agglomerationen	–0,001	(0,005)	–0,001	(0,005)
Beschäftigungsanteil Industrie	0,051**	(0,023)	0,042	(0,040)
Alkoholkonsum pro Kopf	–0,002	(0,037)	0,013	(0,044)
Zigarettenkonsum pro Kopf	0,094*	(0,053)	0,097	(0,058)
Arzneimittelausgaben je Kopf [d)]	–0,070*	(0,040)	–0,076	(0,066)
Zahl der Ärzte je Kopf [d)]	0,143**	(0,064)	0,044	(0,111)
Medizinisches Hilfspersonal je Kopf [d)]	–0,190**	(0,076)	–0,031	(0,195)
Kapitalbestand der Krankenhäuser je Kopf [d)]	–0,004	(0,048)	–0,109	(0,141)
Anteil der Gruppenpraxen	0,007	(0,012)	0,007	(0,021)
Existenz einer med. Fakultät (1=ja, 0=nein)	–0,034***	(0,012)	–0,024	(0,019)
R^2	0,639		0,586	
Elastizität in Bezug auf medizinische Leistungen (Arzneimittelausgaben, Zahl der Ärzte, medizinisches Hilfspersonal und Kapitalbestand, jeweils pro Kopf)	–0,121		–0,172	

*,**,*** signifikant auf dem 10, 5 und 1 Prozent Niveau.

a) Natürlicher Logarithmus der alters- und geschlechtsstandardisierten Mortalitätsraten
b) Natürlicher Logarithmus, ausgenommen die Dummyvariable „Existenz einer Fakultät";
   die ausgewiesenen Koeffizienten sind also Elastizitäten [vgl. auch Gleichung (4.2)]
c) Die Werte in Klammern geben die Standardfehler der geschätzten Koeffizienten an
d) Diese Regressoren gelten als endogen und werden im zweistufigen Verfahren durch ihre
   geschätzten Wert ersetzt (vgl. auch Kasten 4.2).

Quelle: AUSTER ET AL. (1969, Tabelle 6)

mit 0,105 vergleichsweise bedeutend, lässt sich aber auf Grund des hohen Standardfehlers von 0,079 nicht eindeutig von null unterscheiden.

- Eine verlängerte *schulische Ausbildung* scheint mit einer Elastizität von –0,161 zur Reduktion der Sterblichkeit beizutragen; auch diese Schätzung ist allerdings nicht gut gegen null gesichert. Die beiden anderen Variablen, die zu den Umwelteinflüssen im weiteren Sinne gezählt werden können, der Grad der Verstädterung und der Industrialisierung, ergeben sich widersprechende Resultate.

- Man könnte erstaunlicherweise behaupten, dass im „Kampf gegen den Tod" das medizinische Hilfspersonal und die Arzneimittelausgaben mit Elastizitäten von –0,19 und –0,07 erkennbaren Erfolg haben. Im Gegensatz hierzu lässt eine erhöhte *Ärztedichte* die Sterblichkeit im betreffenden Bundesstaat unter sonst gleichen Umständen nicht niedriger, sondern *höher* ausfallen.

Kasten 4.1. Eine einfache Produktionsfunktion für Gesundheit und ihre empirische Schätzung, Teil 1

Kleinstquadrate-Schätzung (ordinary least squares, OLS)

$$s_i = c' + \alpha z_i + \beta x_i + \gamma m_i + \delta D_i + u_i \tag{4.2}$$

mit $\quad s_i \equiv \ln S_i, c' \equiv \ln c, z_i \equiv \ln Z_i, x_i \equiv \ln X_i$ und $m_i \equiv \ln M_i$.

u_i: Zufallsvariable. *Annahme*: u_i ist normalverteilt mit Erwartungswert $E(u_i) = 0$ und konstanter Varianz $Var(u_i)$ in jedem Bundesstaat i, *unabhängig* von allen Regressoren (z_i, x_i, m_i, D_i).

- Die gesuchten Parameterwerte $\hat{c}, \hat{\alpha}, \hat{\beta}, \hat{\gamma}, \hat{\delta}$ werden so bestimmt, dass die Summe der quadrierten Abweichungen zwischen beobachteten (s_i) und berechneten Werten $(\hat{s}_i)$ der abhängigen Variablen minimal wird:

$$\min \sum_i \hat{u}_i^2 = \sum_i (s_i - \hat{s}_i)^2 = \sum_i (s_i - \hat{c}' - \hat{\alpha} z_i - \hat{\beta} x_i - \hat{\gamma} m_i - \hat{\delta} D_i)^2.$$

- Da s_i die Zufallsvariable u_i enthält, sind auch die Schätzwerte $\hat{c}, \hat{\alpha}, \hat{\beta}, \hat{\gamma}, \hat{\delta}$ Zufallsvariablen und haben eine Varianz bzw. einen Standardfehler $(\sigma_{\hat{\alpha}})$, der seinerseits geschätzt werden kann. *Beispiel* in Tabelle 4.2: $\hat{\alpha} = 0{,}105, \hat{\sigma}_{\hat{\alpha}} = 0{,}079$ für die Variable „Pro-Kopf-Einkommen".
- Die normierten Schätzkoeffizienten (z.B. $\hat{\alpha}/\hat{\sigma}_{\hat{\alpha}}$) sind t-verteilt. Beispielsweise hat die Regression von AUSTER ET AL. (1969) 35 Freiheitsgrade (48 Beobachtungen abzüglich 13 geschätzter Parameter). Dies bedeutet, dass eine Abweichung vom Nullwert im Betrage von $|\hat{\alpha}/\hat{\sigma}_{\hat{\alpha}}| - 0 \geq 1{,}690$ höchstens in 10% aller Fälle vorkommen wird, wenn tatsächlich zutrifft, dass $\alpha = 0$. Abweichungen im Betrag von $|\hat{\alpha}/\hat{\sigma}_{\hat{\alpha}}| - 0 \geq 2{,}030$ sollten sogar höchstens in 5% und solche von $|\hat{\alpha}/\hat{\sigma}_{\hat{\alpha}}| - 0 \geq 2{,}724$ in 1% aller Fälle auftreten (Signifikanzniveau von 10%, 5%, 1%). Beispiel in Tabelle 4.2: $\hat{\alpha}/\hat{\sigma}_{\hat{\alpha}} = 0{,}143/0{,}064 = 2{,}234$; der Koeffizient der Variablen „Zahl der Ärzte je Kopf" ist mit einer Irrtumswahrscheinlichkeit von 5% nicht von null verschieden. Das Signifikanzniveau von 1% erreicht er jedoch nicht.
- Die Güte der erreichten Anpassung an die beobachteten Werte der abhängigen Variablen wird ausgedrückt durch den *Bestimmtheitskoeffizienten* R^2, d.h. den Anteil an der Varianz der abhängigen Variablen, der nicht der Zufallsvariablen u_i zugeschrieben werden muss (= 0,639 oder 64% in Tabelle 4.2).

Solche überraschenden Schätzresultate geben Anlass zu kritischen Einwänden. Ein Einwand ergibt sich unmittelbar aus dem Teilabschnitt 4.2.1, wo darauf hingewiesen wurde, dass die in der laufenden Periode gemessene Lebenserwartung (und damit auch die aktuelle Mortalitätsrate) von Einflüssen abhängen, die mehr oder weniger weit zurück im Lebenslauf der Verstorbenen zu suchen sind. Die Mortalitätsraten eines amerikanischen Bundesstaates des Jahres 1960 dürften mithin von Verhältnissen bestimmt sein, die *viele Jahre zurückliegen* (über die jedoch kaum Daten vorhanden sind).

Kasten 4.2. Eine einfache Produktionsfunktion für Gesundheit und ihre empirische Schätzung, Teil 2

Zweistufige Schätzung (two stage least squares, 2SLS)

$$m_i = c'' + \alpha'' z_i + \kappa r_i + \tau s_i(u_i) + u_i'$$

- Diese Gleichung stellt den vermuteten umgekehrten Einfluss der Sterblichkeit auf m_i (z.B. die Ärztedichte) dar, wobei r_i für andere Bestimmungsfaktoren von m_i und u_i' für eine andere Zufallsvariable steht.
- Damit ist m_i ein Regressor, der über s_i vom *Störterm* u_i der Gleichung (4.2) *abhängt* und damit endogen ist.
- Eine Fehlerbereinigung von m_i kann mit einer Vorregression (1. Stufe) erfolgen, die OLS-geschätzten Parameterwerte $\hat{c}''$, $\alpha'' z_i$ und $\hat{\kappa}$ ergibt. Die bereinigten Werte von m_i sind dann gegeben durch

$$\hat{m}_i = \hat{c}'' + \hat{\alpha}' z_i + \hat{\kappa} r_i. \tag{4.3}$$

- Die Gleichung (4.2) wird in der 2. Stufe mit $\hat{m}_i$ statt m_i als Regressor geschätzt, wiederum mit OLS.

Weitergehende Erläuterungen finden sich in Lehrbüchern der Ökonometrie [vgl. z.B. GREENE (2011, Kapitel 12)].

Ein zweiter wichtiger Einwand betrifft die angenommene Richtung der *Kausalität*. Die Kleinstquadrate-Schätzung der Tabelle 4.2 legt die Interpretation nahe, dass zusätzliche Ärzte die Mortalität erhöhen, beispielsweise durch eine zu hohe Behandlungsintensität im Sinne der angebotsinduzierten Nachfrage (vgl. dazu Abschnitt 8.3). Die Kausalität könnte aber ebenso gut *umgekehrt* verlaufen: Dort, wo sich die Menschen einem erhöhten Sterberisiko ausgesetzt sehen, ist die Nachfrage nach ärztlichen Leistungen besonders groß, was die Ärzte veranlasst, sich vermehrt im betreffenden Bundesstaat niederzulassen. Eine ähnliche Umkehr der Kausalitätsbeziehung könnte auch auf die übrigen drei Komponenten der medizinischen Leistungen zutreffen.

Für die Variablen der medizinischen Leistungen (Arzneimittelausgaben, Zahl der Ärzte, medizinisches Hilfspersonal und Kapitalbestand, jeweils pro Kopf) sind also zusätzliche Regressionsgleichungen zu postulieren, die – neben anderen Faktoren – auch die Mortalitätsrate als erklärende Variable enthalten. Diese Regressoren werden damit vom gleichen zufälligen Störterm beeinflusst, der in der zu schätzenden Gleichung erscheint. Sie können mit Hilfe einer Vorregression auf sämtliche exogenen Größen der Tabelle 4.2 (und einige zusätzliche als exogen aufgefasste Größen) von ihrem sog. Endogenitätsfehler bereinigt werden (vgl. dazu die Kästen 4.1 und 4.2). Erst nach dieser Bereinigung gehen sie in einer zweiten Stufe als erklärende Variable in die Schätzgleichung ein (rechte Spalte der Tabelle 4.2).

Das zweistufige Schätzverfahren führt zu den folgenden Ergebnissen:

- Der Unterschied zwischen dem (gesundheitsschädigenden) Einkommen und der (gesundheitsfördernden) schulischen Ausbildung tritt noch stärker zu Tage, wobei beide Elastizitäten die üblichen Signifikanzgrenzen nicht ganz erreichen.

- Die beiden Umweltvariablen (Verstädterung, Industrialisierung) bleiben ohne statistisch gesicherten Einfluss.

- Die am stärksten mit dem individuellen Gesundheitsverhalten verbundenen Größen – der Alkoholkonsum und der Zigarettenkonsum – tragen nach wie vor nicht statistisch erkennbar zur Erklärung der Mortalitätsunterschiede bei.

- Drei von vier Komponenten der medizinischen Infrastruktur stehen in einer negativen Beziehung zur Mortalität, *mit Ausnahme wiederum der Ärztedichte*, deren Elastizität allerdings nicht von null unterscheidbar ist.

- Auf Grund der Summe der Koeffizienten der Variablen der medizinischen Faktoren würde eine durchgängige Verstärkung der medizinischen Infrastruktur um 10% die Sterblichkeit um rund 1,7% reduzieren (gegenüber nur 1,2% in der Kleinstquadrate-Schätzung), während man mit einer 10% längeren Schuldauer die Sterblichkeit um bis zu 2,9% senken könnte. Die „Gefahr" dieser zweiten Alternative bestünde darin, dass die verbesserte Ausbildung zu einem erhöhten Einkommen führt, was dem Koeffizienten des Pro-Kopf-Einkommens zufolge einem gesunden Lebensstil abträglich ist.

Folgerung 4.1 *Misst man den Beitrag verschiedener Inputs zur Gesundheitsproduktion an der Senkung der Mortalitätsrate, so gibt es Anzeichen dafür, dass die Grenzproduktivität der medizinischen Infrastruktur in den USA kleiner sein könnte als diejenige einer verlängerten Schulbildung.*

Einschränkend ist allerdings festzuhalten, dass diese Folgerung auf Beobachtungen basiert, die mehr als fünfzig Jahre zurückliegen und somit die Entwicklung der Spitzenmedizin noch nicht wiedergeben.

4.2.2.2 Neuere Evidenz aus den USA

Über die letzten Jahrzehnte hat sich das Gesundheitswesen der USA stetig verändert. Der Anteil der Gesundheitsausgaben am BIP stieg von 5,1 im Jahr 1960 auf 17,6 Prozent im Jahr 2010 [OECD (2012)]. AUSTER ET AL. (1969), SILVER (1972) und HADLEY (1982) fanden eine relativ geringe marginale Wirkung der medizinischen Versorgung auf die Reduktion der Mortalität, mit einer geschätzten Elastizität zwischen −0,10 und −0,15. Angesichts der Veränderungen ist die Nachschätzung von THORNTON (2002) mit Daten aus dem Jahre 1990 von Interesse. Sie berücksichtigt zusätzliche gesundheitsspezifische Faktoren sowie die Rassenzugehörigkeit. Die medizinische Versorgung und das Einkommen werden zudem als endogen behandelt.

Die aggregierte Gesundheitsproduktionsfunktion ist gegeben durch

$$\ln S_i = \beta_0 + \beta_M \ln M_i + \beta_S \ln X_i + \beta_L \ln L_i + \beta_E \ln E_i + \beta_C R_i + u_i \qquad (4.4)$$

Dabei steht S_i für die altersspezifische Sterblichkeit im Bundesstaat i, M_i für die Ausgaben für medizinische Versorgung, X_i ist ein Vektor sozioökonomischer Variablen, L_i ein Vektor von Lebensstil-Variablen, E_i ein Vektor umweltspezifischer Variablen, R_i steht für die Rassenzugehörigkeit und das Geschlecht, und u_i ist ein klassischer Störterm. Die einzelnen Variablen sind wie folgt definiert.

- *Medizinische Versorgung M_i*. Die Kosten für medizinische Versorgung pro Kopf werden als geeigneteres Mass angesehen als die absoluten Ausgaben (entgegen Kapitel 4.2.2.1 oben), da sie Unterschiede in Qualität und Quantität zwischen den Bundesstaaten besser abbilden. Da M_i abhängig vom Einkommen ist, muss diese Endogenität bei der Schätzung berücksichtigt werden (siehe Box 4.2 für eine Einführung in die Methode der zweistufigen Schätzung).

- *Sozioökonomische Variablen S_i*. Der sozioökonomische Status wird durch die Variablen Bildung und Einkommen repräsentiert. Die Bildung entspricht dabei dem prozentualen Bevölkerungsanteil der über 25-Jährigen mit einem High School-Abschluss oder weitergehende Ausbildung. Die Einkommensvariable gibt das pro Kopf Einkommen an und muss in der Schätzung ebenfalls um ihre Endogenität bereinigt werden.

- *Lebensstil-Variablen L_i*. Die verwendeten Indikatoren sind Zigaretten- und Alkoholkonsum pro Kopf sowie der Anteil der verheirateten Haushalte.

- *Umweltspezifische Variablen E_i*. Der Grad der Verstädterung wird gemessen am Anteil der Bevölkerung, der in einer städtischen Region wohnt („Standard Metropolitan Statistical Area"). Der Anteil der Beschäftigten in der verarbeitenden Industrie wiederspiegelt den Grad der Industrialisierung. Schließlich hat die Anzahl Gewaltdelikte pro 100.000 Einwohner einen unmittelbaren Einfluss auf die Gesundheit.

- *Rassenzugehörigkeit und Geschlecht R_i*. Die erste Variable gibt den Anteil der nicht-kaukasischen Bevölkerung an, die zweite Variable den Bevölkerungsanteil der Frauen.

Die Resultate der Schätzung erscheinen in Tabelle 4.3. Sie lassen sich wie folgt interpretieren.

- Obwohl die geschätzte Elastizität der Sterblichkeit in Bezug auf die Ausgaben für medizinische Versorgung negativ ausfällt, ist der Schätzkoeffizient nicht von null zu unterscheiden. Dies bestätigt die Resultate von AUSTER ET AL. (1969), welche die Anzahl Ärzte, Pflegepersonal und Investitionen in Krankenhäusern verwendeten. Da sich die Gesundheitsausgaben zwischen 1960 und 1990 vervielfachten, lässt dies Rückschlüsse auf sinkende Grenzerträge der medizinischen Versorgung zu (sog. „flat-of-the-curve" medicine).

Tabelle 4.3. Bestimmungsgrößen der Mortalitätsrate in den USA, 1990[a]

Erklärende Variable	2SLS		Vergleich mit Tabelle 4.2 (2SLS)
Konstante	6,590***	(1,430)	jetzt significant
Kosten Medizinischen Versorgung	−0,065	(0,151)	neue Variable
Einkommen[a]	−0,179*	(0,096)	Wechsel von nicht signifikant zu −
Bildung[b]	−0,200**	(0,083)	neue Definition der Variable[b]
Zigarettenkonsum	0,077***	(0,024)	Wechsel von nicht signifikant zu +
Alkoholkonsum	0,038	(0,040)	erneut nicht signifikant
Verheiratete Haushalte	−0,572***	(0,195)	neue Variable
Verstädterung	−0,025	(0,025)	erneut nicht signifikant
Industrialisierung	0,013	(0,019)	erneut nicht signifikant
Kriminalität	0,038***	(0,013)	neue Variable
R^2	0,800		
R^2 korrigiert	0,740		höherer Wert

*,**,*** signifikant auf dem 10, 5 und 1 Prozent Niveau.

a) Alterskorrigierte Sterberate; endogene Variablen, ersetzt mit deren geschätzten Werten.

b) Definiert als Anteil der Bevölkerung mit höherer Bildung, entgegen Tabelle 4.2 des Abschnitts 4.2.2.1, (Anzahl Schuljahre).

Quelle: THORNTON (2002, Table 1)

- Ein höheres Einkommen trägt zur Senkung der Mortalität bei. Dieses Resultat steht in Übereinstimmung mit der internationalen Literatur, jedoch im Widerspruch zu AUSTER ET AL. (1969).

- Mit einer Elastizität von −0,2 ist die Bildung der Inputfaktor mit der größten Wirkung.

- Zigarettenkonsum führt zu einer Erhöhung der Mortalität, die mit einer geschätzten Elastizität von 0,077 allerdings gering ausfällt. Dieses Resultat unterscheidet sich von AUSTER ET AL. (1969) durch den signifikant von null verschiedenen 2SLS-Schätzwert. Der Alkoholkonsum kann weiterhin nicht in einen positiven Zusammenhang mit der Mortalität gebracht werden.

- Der Zivilstand hat den größten Einfluss auf die Sterblichkeit. Ein Anstieg im Anteil verheirateter Haushalte um 10 Prozent (zum Beispiel von 0,6 auf 0,66) senkt die Mortalität um ganze 3,4 Prozent.

- Wie in der Originalstudie von AUSTER ET AL. (1969) haben Verstädterung und Industrialisierungsgrad keinen signifikanten Effekt auf die Mortalität. Im Gegensatz dazu geht von der Kriminalität ein geringer positiver Effekt aus.

Zusammenfassend kann gesagt werden, dass Ausgaben für die medizinische Versorgung keinen signifikanten Beitrag zur Reduktion der Sterblichkeit in den USA leisten, wie dies auch schon von AUSTER ET AL. (1969) festgehalten wurde. Aus

Tabelle 4.4. Geschätzte Gesundheitsproduktionsfunktionen mit konstanter Elastizität[a], 1985

Erklärende Variable	Restlebenserwartung bei Geburt	im Alter von 40	im Alter von 60
Konstante	−0,534*	−0,026	−0,895
Frauen (=1, Männer=0)	0,039***	0,100***	0,137***
Arzneimittelausgaben[a]	0,005	0,017*	0,040**
Gesundheitsausgaben ohne Arzneimittel[b]	0,005	−0,011	−0,015
Pro-Kopf-Einkommen	0,012	0,057**	0,088**
Anteil Raucher	−0,007	−0,010	0,002
Alkohol pro Kopf, in Liter	−0,009**	−0,014	−0,019
(Alkohol)×(Frauen)	0,017***	0,015**	0,031***
Konsum tierischer Fette, pro Kopf	1,404***	0,955***	0,910**
Konsum tierischer Fette, quadriert	−0,105***	−0,073***	−0,071**
Adjustiertes R^2	0,952	0,911	0,909

*,**,*** signifikant auf dem 10, 5 und 1 Prozent Niveau, $N = 42$.

a) Die pharmazeutischen Gesundheitsausgaben wurden gemäß pharmazeutischer Kaufkraftparität in US$ transformiert.

b) Die übrigen Gesundheitsausgaben wurden gemäß medizinischer Kaufkraftparität in US$ transformiert.

Source: MILLER UND FRECH (2000, Table 3)

dieser Sicht lässt sich der starke Anstieg des Anteils der Gesundheitskosten am BIP seit 1960 nicht rechtfertigen. Die Zahlungsbereitschaft der Bevölkerung kann jedoch aus verschiedenen Gründen weiterhin die Grenzkosten zusätzlicher Gesundheitsleistungen übersteigen.

4.2.2.3 Evidenz aus dem Vergleich von Industrieländern

MILLER UND FRECH (2000) untersuchen die Gesundheitsproduktion in 21 Industrieländern. Mittels einer Regressionsanalyse wird die Restlebenserwartung (als Indikator der Gesundheit) bei Geburt, im Alter von 40 und von 60 Jahren anhand von aggregierten OECD-Daten aus dem Jahr 1996 erklärt. Wie bei THORNTON (2002) verwenden sie als erklärende Variable die Gesundheitsausgaben und nicht den Personal- und Kapitalbestand. Diese werden durch Berücksichtigung der Kaufkraftparitäten nach OECD Berechnungen vergleichbar gemacht. Wie bei AUSTER ET AL. (1969) werden Arzneimittelausgaben separat betrachtet. In Tabelle 4.4 sind die Resultate der doppelt-logarithmischen Schätzung aufgeführt.

- Bei Geburt ist die Lebenserwartung bei Mädchen um 4 Prozent höher als bei Jungen. Dies entspricht 3 Jahren bei einer Lebenserwartung von 75 Jahren. Dieser Unterschied nimmt mit dem Alter zu. Mit 40 Jahren bzw. 60 Jahren liegt die

Lebenserwartung bei Frauen um 10 Prozent bzw. um 14 Prozent höher als bei Männern. Dies ist vermutlich auf unterschiedliche Lebensweisen der Geschlechter zurückzuführen.

- Die Arzneimittelausgaben haben eine markante Wirkung auf die Restlebenserwartung im Alter. Eine Verdoppelung dieser Ausgaben würde die Restlebenserwartung im Alter von 40 Jahren um 1,7 im Alter von 60 Jahren gar um 4 Prozent erhöhen. Bezogen auf die Lebenserwartung bei Geburt weisen die Arzneimittelausgaben jedoch keinen statistisch signifikanten Einfluss auf.

- Der Effekte einer marginalen Erhöhung der Arzneimittelausgaben um eine Einheit (d.h. um einen US$), gemessen in gewonnenen Lebenstagen, ist in Ländern mit relativ niedrigen (hohen) Ausgaben am höchsten (geringsten). Dieses Resultat folgt allerdings aus der doppelt-logarithmischen Schätzgleichung, die per Definition abnehmende marginale Effekte postuliert (aus der Tabelle 4.4 nicht ersichtliches Resultat).

Die Wirkungen der übrigen Regressoren lassen sich wie folgt zusammenfassen:

- Das Einkommen pro Kopf hat einen positiven und signifikanten Einfluss (außer bei der Lebenserwartung bei Geburt) auf die Restlebenserwartung. Eine Verdoppelung des Einkommens ist mit einer Erhöhung der Restlebenserwartung um 6 Prozent bei den 40-jährigen verbunden, während der erwartete Zuwachs bei den 60-jährigen gar 9 Prozent beträgt. Dieses Ergebnis bestätigt die Studie von THORNTON (2002) als auch weitere Studien mit OECD-Daten von GERDTHAM UND RUHM (2006) und ZWEIFEL ET AL. (2005), steht aber im Widerspruch zu AUSTER ET AL. (1969).

- Nichtpharmazeutische Gesundheitsausgaben haben dagegen in jeder der drei Schätzgleichungen keinen statistisch relevanten Einfluss auf die Restlebenserwartung. Miller und Frech schließen aus diesem Ergebnis, dass (1) die OECD-Länder der Stichprobe „on the flat of the curve medicine" sind, d.h. sich in einem Bereich befinden, wo zusätzliche Ausgaben effektiv keinen marginalen Einfluss mehr haben, oder (2) die Gesundheitsausgaben pro Kopf endogen sind, d.h. ihrerseits vom Gesundheitszustand abhängen, der sich kaum mehr verbessern lässt.

4.2.2.4 Evidenz aus dem Vergleich von zwei Nachbarregionen

Manchmal lässt sich aus dem direkten Vergleich zweier Gebiete, die in fast allen Merkmalen übereinstimmen, viel lernen [vgl. FUCHS (1974)]. Utah und Nevada eignen sich für einen solchen Vergleich, sind sie doch zwei aneinandergrenzende Bundesstaaten der USA, beide dünn besiedelt und mit demselben Wüstenklima, so dass Umwelteinflüsse auf die Gesundheit von Anfang an vernachlässigt werden können. Trotzdem unterschieden sich ihre Mortalitätsraten des Jahres 1970 ganz erheblich: Schon die Säuglingssterblichkeit lag in Nevada um 42% (Knaben) bzw. 35% (Mädchen) über dem Wert Utahs (vgl. Teil A der Tabelle 4.5). In der Altersklasse der 40-49-jährigen war die Sterblichkeit in Nevada sogar 54% (Männer) bzw. 69% (Frauen) höher.

Tabelle 4.5. Sterblichkeit und einige mögliche Einflussfaktoren in Nevada und Utah, 1970

		< 1	1-19	20-29	30-39	40-49	50-59	60-69
				Altersklassen				
A. Sterblichkeit in Nevada	M	142	116	144	137	154	138	126
(Utah=100)	F	135	126	142	148	169	128	117
B. Sterblichkeit infolge Leber-	M				690	211	306	217
zirrhose und Lungenkrebs	F				543	396	305	327
(Utah=100)								

C. Mögliche Einflussfaktoren	Nevada	Utah
1. Ärzte je 10.000 Einwohner	11,3	13,8
2. Nichtärztliches Personal je 10.000 Einwohner	161	180
3. Medianwert des Pro-Kopf-Einkommens (US$)	10.942	9.356
4. Medianwert der Schuljahre	12,4	12,5
5. Anteil der ländlichen Bevölkerung in %	19,1	19,4
6. Anteil der über 20-jährigen, die im gleichen Staat geboren sind, in %	10	63
7. Anteil der über 5-jährigen, die 1970 den gleichen Wohnort hatten wie 1965, in %	36,0	54,0
8. Anteil der 35-64-jährigen, die ledig, geschieden oder wieder verheiratet waren, in %	47,4	25,5

Quelle: FUCHS (1974)

Anstelle der globalen Sterblichkeit können die Mortalitäten infolge bestimmter Todesursachen betrachtet werden (Teil B der Tabelle 4.5). Dabei fällt auf, dass 30-39-jährige Männer in Nevada beinahe siebenmal so häufig an den Folgen einer Leberzirrhose oder eines Lungenkrebses (sog. „bösartiger Neubildungen in den Atemwegen") starben. An einer Unterversorgung mit medizinischen Leistungen in Nevada kann es kaum liegen, wiesen doch die beiden Gebiete eine vergleichbare Ausstattung mit Ärzten und anderen Beschäftigten im Gesundheitswesen auf (Variablen Nr. 1 und 2, Teil C der Tabelle 4.5).

Was die wirtschaftlichen Faktoren betrifft, so war zwar das durchschnittliche Einkommen (Variable Nr. 3) in Nevada 16% höher als in Utah, doch auf Grund der in Tabelle 4.2 vorgestellten Elastizitätsschätzungen könnte dieser Umstand die Mortalitätsrate um 1,6 bis höchstens 2,9% anheben, was bei weitem nicht genügen würde, um den Unterschied zwischen Utah und Nevada zu erklären. Die Dauer der schulischen Ausbildung schließlich war in beiden Bundesstaaten die gleiche (Variable Nr. 4, Medianwert der Schuljahre), und von den Vorzügen des Lebens auf dem Lande profitierten die Bewohner der beiden Bundesstaaten in gleichem Maße (Variable Nr. 5, Anteil der ländlichen Bevölkerung).

Auf der Suche nach Erklärungen stößt man schließlich auf Dinge, die einen sehr unterschiedlichen *Lebensstil* in den beiden Bundesstaaten verraten. So war Nevada offenbar zumindest bis in die siebziger Jahre von einer außerordentlich starken Zuwanderung geprägt, betrug doch der Anteil der Erwachsenen, die in Nevada selbst geboren sind, nur gerade 10%, in Utah immerhin 63% (vgl. Variable Nr. 6). Nach fünf Jahren wohnten in Nevada lediglich 36% am selben Ort (Variable Nr. 7), beinahe die Hälfte der 35-64-jährigen Männer war dort ledig oder aber nicht mehr mit der ersten Ehefrau verheiratet (Variable Nr. 8). Diese Angaben zeichnen das Bild einer außerordentlich *mobilen, ja instabilen Gesellschaft in Nevada* – und tatsächlich liegen ja Las Vegas und Reno mit ihren Spielkasinos in Nevada, während im benachbarten Utah die Mormonen mit ihren Abstinenzgeboten den Ton angeben. Daraus lässt sich der Schluss ziehen, dass die Lebensgewohnheiten einen vielfach größeren Einfluss auf die Sterblichkeit haben als die medizinische Versorgung.

4.2.2.5 Evidenz aus einem Entwicklungsgebiet (Länder Afrikas südlich der Sahara)

Nach einer Studie der Weltbank (WORLD BANK (2008)) hat ein neugeborenes Kind in den subsaharischen Ländern Afrikas eine Lebenserwartung von 50 Jahren. Wäre das selbe Kind in einem Industrieland geboren worden, betrüge die Lebenserwartung mindestens 70 Jahre. Zwischen den 1960er und 1990er Jahren nahm die Lebenserwartung bei Geburt in den subsaharischen Ländern nur um 7 Jahre zu, während der weltweite Durchschnitt bei etwa 11 Jahren lag. FAYISSA UND GUTEMA (2005) schätzen eine Gesundheitsproduktionsfunktion für 31 subsaharische Länder für den Zeitraum von 1990 bis 2000. Als Inputs verwenden sie zwei ökonomische Faktoren (Y_i), einen medizinischen (M), drei Lebensstil-bezogene und soziale Faktoren (L_j) und zwei umweltspezifische Faktoren (E_k). Die Gesundheitsproduktionsfunktion ist gegeben durch

$$\ln H = \ln \Omega + \sum \alpha_i(\ln Y_i) + \beta \ln M + \sum \gamma_j(\ln L_j) + \sum \delta_k(\ln E_k) + u \qquad (4.5)$$

wobei i=1,2, j=1,2,3 und k=1,2 die Anzahl Indikatoren angeben. H steht für den realisierten Gesundheitszustand und Ω für den Gesundheitszustand der Region bei Beginn der Behandlungsperiode. Alle Variablen werden in logarithmischer Einheit gemessen, wodurch die Koeffizienten direkt als Elastizitäten interpretieren werden können. Sie sind wie folgt definiert.

- *Gesundheit H.* Die abhängige Variable ist die Lebenserwartung bei Geburt. Sie gibt an, wie viele Jahre ein neugeborenes Kind voraussichtlich leben würde, bei gleich bleibenden Mortalitätsbedingungen über den gesamten Lebenszeitraum.

- *Ökonomische Faktoren Y_i.* Für das BIP pro Kopf (Y_1), berechnet in konstanten US\$, wird ein positiver Koeffizient erwartet. Ein höheres Einkommen ermöglicht den Zugang zu Waren und Dienstleistungen höherer Qualität, besserer Wohnbedingungen, sowie Zugang zu medizinischer Versorgung - alles Dinge, die einen positiven Effekt auf die Gesundheit haben dürften. Des Weiteren wird mit höherem Einkommen tendenziell ein Beruf mit weniger hohem Stress gewählt, was sich ebenfalls positiv auf die Gesundheit auswirkt. Ab einem gewissen Wohlstandsniveau dürfte zusätzliches Einkommen jedoch keinen positiven Effekt mehr auf die Gesundheit haben. Da aber das pro-Kopf-Einkommen in den sub-saharischen Ländern eher gering ist, wird diese Schwelle wohl nicht erreicht, was für den Einkommens-Koeffizient ein positives Vorzeichen erwarten lässt. Die Verfügbarkeit von Lebensmitteln (Y_2) wird als separater Faktor behandelt.

- *Medizinische Versorgung M.* Bei dieser Variable handelt es sich um die öffentlichen und privaten Gesundheitsausgaben pro Kopf. Das Vorzeichen lässt sich nicht a priori festlegen. Einerseits können höhere Ausgaben positiv zur Lebenserwartung beitragen, andererseits könnten dadurch Investitionen in Nahrungsmittel, Kleidung oder Unterkunft verdrängt werden, die für das Überleben in den Ländern südlich der Sahara von großer Bedeutung sind.

- *Lebensstil und soziale Faktoren L_j.* Analphabetismus im Erwachsenenalter (L_1) wird hier als Proxy für fehlende Bildung verwendet. Die Variable ist definiert als Anteil von Menschen an der über 15 jährigen Bevölkerung, die weder lesen, schreiben, noch einen einfachen Text verstehen können. Unter anderen argumentierte GROSSMAN (1972b), dass Bildung einen signifikanten Einfluss auf verschiedenste Entscheidungen hat (z.B. Berufswahl, ausgewogene Ernährung, Vermeidung ungesunder Gewohnheiten, effizienter Umgang mit medizinischen Leistungen), und somit auch auf die Lebensqualität. Die zweite Variable ist der pro-Kopf-Konsum von Alkohol durch Erwachsene (L_2). Drittens wird die Hypothese aufgestellt, dass eine wachsende Bevölkerung (L_3) den Zugang zu Nahrungsmitteln erschwert und so zu einer Reduktion der Lebenserwartung führt.[4]

- *Umweltbezogene Faktoren E_k.* Für den Grad der Verstädterung kann das Vorzeichen nicht a priori festgelegt werden. Einerseits gewährleisten Kliniken in städtischen Gebieten eine effektivere medizinische Behandlung. Andererseits wird Urbanisierung oft mit Verschmutzung und Verkehrsstaus assoziiert, welche sich negativ auf die Gesundheit auswirken. Für die Schätzung wurden die Kohlendioxid (CO2)-Emissionen (E_2) als Proxy verwendet.

Da es sich bei den von FAYISSA UND GUTEMA (2005) verwendeten Daten um ein Panel handelt (Beobachtungen für 31 Länder südlich der Sahara von 1990 bis 2000), schätzen die Autoren ein sogenanntes „two-way random effects" Modell. Der Störterm u aus Gleichung 4.5 wird in eine länderspezifische Komponente (μ_c) und eine über die Länder und Jahre variierende Komponente ($v_{c,t}$) aufgeteilt, so dass

$$u = \mu_c + v_{ct}. \tag{4.6}$$

Die Komponente μ_c induziert Autokorrelation über die Zeit, welche dem Koeffizienten einer Autokorrelation erster Ordnung entspricht.

---

[4] Diese Hypothese wurde von den Autoren der zitierten Studie aufgestellt. Sie ist insofern verwirrend, als der Zugang zu Nahrungsmitteln bereits in der Variablen Y_2 berücksichtigt wurde. Es sind jedoch sehr wohl andere Effekte einer wachsenden Bevölkerung vorstellbar. Zum Beispiel könnte von der Migration ein negativer Effekt auf die Gesundheit ausgehen, indem Immigranten nur teilweise von der medizinischen Versorgung profitieren, da sie sich im Gesundheitswesen des Gastlandes nur schwer zurechtfinden.

Tabelle 4.6. Gesundheitsproduktionsfunktion für die Länder Afrikas südlich der Sahara, 1990-2000

Erklärende Variablen	Abhängige Variable: Lebenserwartung bei Geburt	
	Elastizität	s.e.
Konstante	3,3206***	(0,3639)
BIP pro Kopf (Y_1)	0,0482**	(0,0235)
Zugang zu Nahrungsmitteln (Y_2)	0,1397***	(0,0496)
Gesundheitsausgaben pro Kopf (M)	–0,0947***	(0,0273)
Analphabetenrate (L_1)	–0,0028**	(0,0011)
Alkoholkonsum Erwachsene pro Kopf (L_2)	–0,0196	(0,0120)
Bevölkerung (L_3)	–0,0084	(0,0141)
Grad der Verstädterung (E_1)	0,0011	(0,0016)
CO2-Emissionen pro Kopf (E_2)	0,0000	(0,0001)

*,**,*** signifikant auf dem 10, 5 und 1 Prozent Niveau.

Quelle: FAYISSA UND GUTEMA (2005, Tabelle 2)

Die Resultate der Schätzung sind in Tabelle 4.6 aufgeführt. Sie lassen sich wie folgt interpretieren.

- Das BIP pro Kopf und der Zugang zu Nahrungsmitteln haben einen signifikant positiven Effekt auf die Lebenserwartung.

- Die Ausgaben für das Gesundheitswesen haben einen markant negativen Einfluss auf die Lebenserwartung, wahrscheinlich auf Grund einer ineffizienten Bereitstellung der medizinischen Versorgung.

- Die Analphabetenrate hat einen kleinen aber signifikanten Einfluss auf die Lebenserwartung. Der Effekt fällt wie vermutet negativ aus.

- Die Koeffizienten der Variablen Alkoholkonsum, Bevölkerung, Verstädterung und CO2-Emissionen haben zwar das erwartete Vorzeichen, es können aber keine signifikanten Effekte nachgewiesen werden.

Die Resultate zeigen eine beschränkte Wirkung der Bereitstellung medizinischer Versorgung auf die Lebenserwartung in den 31 Ländern südlich der Sahara. Ein verbesserter Zugang zu Nahrungsmitteln so wie die Förderung des Wirtschaftswachstums beeinflussen die Lebenserwartung stärker und sollten deshalb im Zentrum politischer Anstrengungen stehen.

4.2.3 Die Grenzproduktivität einzelner medizinischer Maßnahmen

Die gesundheitsökonomische Forschung hat sich vergleichsweise wenig mit dem Beitrag einzelner medizinischer Maßnahmen zum Gesundheitszustand der Behandelten befasst, wohl aus zwei Gründen. Erstens gab die international beobachtete „Kostenexplosion" Anlass zum Verdacht, dass der Aufwand im Gesundheitswesen ganz generell ein das Optimum übersteigendes Ausmaß angenommen habe. Zweitens erhielten die Ökonomen selten Zugang zu klinischen Daten, es sei denn, das Ziel

der Untersuchung bestand darin, für eine bestimmte pharmazeutische oder medizin-
technologische Innovation den Nachweis eines vorteilhaften Kosten-Nutzen-Verhält-
nisses zu erbringen.

Die Lücke zwischen der Betrachtung auf Makroebene und spezifischen, jedoch
nicht produktbezogenen Untersuchungen ist überwiegend von Epidemiologen und
Medizinsoziologen geschlossen worden. Sie untergliedern die globale Mortalität
nach *Sterbeursachen*, schätzen den jeweils möglichen Beitrag einzelner medizinischer Maßnahmen zu ihrem Rückgang ab und aggregieren die so erhaltenen Effekte
zu einer Gesamtwirkung. So hat beispielsweise MCKEOWN (1976) insbesondere den
historischen Verlauf der Sterblichkeit infolge von Infektionskrankheiten untersucht
und nachgewiesen, dass zu einer Zeit, als die entsprechenden Krankheiten (Typhus,
Pocken, Scharlach bis hin zur Tuberkulose und Lungenentzündung) noch gar nicht
medizinisch behandelt werden konnten, die entsprechenden Mortalitätsraten in einer
Reihe von Industrieländern bereits im Sinken begriffen waren. MCKINLAY ET AL.
(1989) beschränken ihre Untersuchung auf die USA, weiten sie dafür aber auf eine
Reihe von Krankheitskategorien aus.

- *Infektionskrankheiten:* Ihre Eindämmung ist für ungefähr 40% der Gesamtre-
  duktion der Mortalitätsrate zwischen 1900 und 1973 verantwortlich. Von zehn
  in dieser Kategorie zusammengefassten Krankheiten gelingt es nur bei dreien
  (Grippe, Keuchhusten und Kinderlähmung), namhafte Reduktionen der spezifischen Mortalitätsraten von 25% oder mehr mit einer medizinischen Innovation (Impfung) in Verbindung zu bringen. Aggregiert man diese drei Kategorien,
  so lassen sich etwa 3,5% des Rückgangs der Gesamtmortalität der Vereinigten
  Staaten seit 1900 medizinischen Fortschritten bei der Bekämpfung von Infektionskrankheiten zuschreiben.

- *Chronische Krankheiten:* Hier sind zwei Hauptgruppen zu unterscheiden, Herz-
  Kreislauf-Krankheiten(die zurzeit ein Drittel der Todesfälle überhaupt ausmachen) und Krebs. In der ersten Gruppe geht die Mortalitätsrate seit etwa 1978
  in den USA zurück, während sie beispielsweise in den alten Bundesländern
  Deutschlands bis Mitte der achtziger Jahre weiterhin anstieg [vgl. KANNEL
  UND THOM (1984)]. Der Umstand, dass die Mortalitätsrate vor allem außerhalb des Krankenhauses zurückgegangen ist, lässt einen Erfolg präventiver Anstrengungen vermuten; entsprechend konnten nur rund 9% der Mortalitätsre-
  duktion auf die Behandlung von Bluthochdruck zurückgeführt werden. Bei den
  Krebserkrankungen beschränkten sich die medizinischen Erfolge auf den Ho-
  denkrebs bei jungen Männern und die lymphozytische Leukämie bei Kindern,
  die aber zusammen nur etwa 8% der Erkrankungen ausmachen. Dagegen geht
  ein steigender Anteil der Sterbefälle auf Lungenkrebs zurück, bei dem nach-
  gewiesenermaßen das Rauchen insbesondere von Zigaretten den entscheidenden Risikofaktor ausmacht. Der Rückgang der Mortalität infolge des Herz-
  schlags schließlich scheint zur Hauptsache eine geringere *Häufigkeit* von Herz-
  Kreislauf-Erkrankungen und weniger den Erfolg der Behandlung widerzuspie-
  geln.

MCKINLAY ET AL. (1989) ergänzen das Bild einer nur bedingt erfolgreichen modernen Medizin durch zwei überraschende Tatsachen. Erstens nahm die Zahl der verlorenen Arbeitstage je Person und die Häufigkeit langfristiger gesundheitsbedingter Einschränkungen der üblichen Tätigkeit in den USA seit den fünfziger Jahren zu.[5] Zweitens verlängerte sich zwar zwischen 1964 und 1985 in den USA die Lebenserwartung bei Geburt um 4,4 Jahre bei den Männern und 4,5 Jahre bei den Frauen, nicht aber die *Lebensdauer frei von Behinderung*, die sich dann ergibt, wenn man die Überlebenswahrscheinlichkeit mit der bedingten Wahrscheinlichkeit multipliziert, ohne Behinderung weiterzuleben. Die so bereinigte Lebenserwartung ging im Zeitraum von 1964 bis 1985 um nicht weniger als 7,3 Jahre (Männer) bzw. 7,6 (Frauen) zurück. Gewinne von 3,9 bzw. 3,2 Jahren ergeben sich allerdings bei den über 65-jährigen.

Als Zwischenfazit ziehen wir:

Folgerung 4.2 *Studien anhand agrregierter Daten legen die Vermutung nahe, dass der auf nationaler Ebene kaum erkennbare oder sogar perverse Zusammenhang zwischen Indikatoren des Gesundheitszustandes und medizinischen Aufwendungen seine Entsprechung in der Sterblichkeitsentwicklung bei wichtigen Krankheitskategorien hat. In einer überwiegend gesunden Bevölkerung dürften andere Inputs bei der Produktion von Gesundheit eine entscheidendere Rolle spielen.*

4.2.4 Umwelteinflüsse auf den Gesundheitszustand

Auf der Ebene aggregierter Daten hat es seit AUSTER ET AL. (1969) kaum mehr Versuche gegeben, Umwelteinflüsse auf den Gesundheitszustand aufzuspüren, möglicherweise weil in jener Untersuchung weder der Urbanisierungsgrad noch der Industrialisierungsgrad systematisch mit den Mortalitätsraten in den Bundesstaaten der USA in Verbindung gebracht werden konnten (vgl. Teilabschnitt 4.2.2.1). Eine Ausnahme bildet die Untersuchung von LOPEZ ET AL. (1992), die zwischen der Wasserqualität und Sterblichkeit an Magen- und Darmkrebs in den 50 Gemeinden von Nuevo-León in Mexiko eine Verbindung nach der Art einer Transformationskurve der Abschnitte 3.4.3 und 3.4.4 herstellen. Die Individuen müssen *Konsum* und *Wasserverschmutzung* gegeneinander abwägen; zugleich haben sie auf beide Größen Einfluss:

- Einerseits erweitert die Schaffung von Arbeitsplätzen in der Industrie die Konsummöglichkeiten und verschärft dafür das Problem der Wasserverschmutzung;

---

[5] Ein Teil dieser Zunahme ist allerdings auf die verbesserte soziale Sicherung im Krankheitsfalle zurückzuführen. Es handelt sich dabei um die in den Abschnitten 6.4 und 6.4.2 diskutierten Moral Hazard-Effekte, die allerdings von MCKINLAY ET AL. (1989) als geringfügig eingeschätzt werden.

- Andererseits entschärft die Installation von fließendem Wasser und einer Kanalisation zwar das Problem der Wasserverschmutzung, schränkt dafür aber die Konsummöglichkeiten ein.

Die Autoren finden empirische Belege für die Existenz eines Trade-offs zwischen Konsum und Lebenserwartung. Im Wiederspruch zu FAYISSA UND GUTEMA (2005) stellt sich dabei überraschenderweise heraus, dass eine höhere Analphabetenquote und eine höhere Bevölkerungsdichte mit einer niedrigeren Krebssterblichkeit einhergehen.

4.2.5 Ökonomische Instabilität und Gesundheit

Auf der Ebene aggregierter Daten hat die Frage der Auswirkungen konjunktureller Schwankungen auf den Gesundheitszustand besondere Beachtung gefunden. Den Ausgangspunkt der Debatte bildete eine Untersuchung von BRENNER (1979), die anhand von Jahresdaten von 1936-1976 einen signifikanten statistischen Zusammenhang zwischen der *Mortalitätsrate* und der *Arbeitslosenquote* in England und Wales fand. Die beiden wichtigsten anderen erklärenden Variablen waren der Trendwert des realen Pro-Kopf-Einkommens, sowie die Abweichung des laufenden Einkommens von diesem Trend. Diese Zusammenhänge werden damit begründet, dass Arbeitslosigkeit den Betroffenen zu einer Neuaufteilung seines Zeitbudgets und die damit verbundene Einkommensreduktion zu einer Anpassung seines finanziellen Budgets zwingt. Beide Anpassungen stellen erhebliche Belastungen dar, die sich in einem schlechten Gesundheitszustand bis hin zu einer erhöhten Sterbewahrscheinlichkeit niederschlagen.

Im Rahmen des im 3. Kapitel entwickelten Modells lässt sich der Einfluss der wirtschaftlichen Instabilität durch eine plötzliche Veränderung mehrerer Produktivitäten darstellen. Im gesunden Zustand könnte durch die plötzliche Einkommensreduktion sowohl der Beitrag der eigenen Zeit zur Versorgung mit Konsumleistungen $(\partial C_g/\partial t^C)$ wie auch zur Senkung des Erkrankungsrisikos $(\partial \pi/\partial t^I)$ zurückgehen [vgl. Abschnitt 3.4.4.1, Gleichung (3.42)]. Beide Veränderungen lassen den längerfristig gültigen Bereich der Produktionsmöglichkeiten im (C_g, T_g)-Raum schrumpfen; die zweite verschiebt zudem den Maximumpunkt A_g der Transformationskurve nach innen, was cet. par. zu einer besonders ausgeprägten Verkürzung der Gesundheitsphase führt (vgl. Abbildung 3.5). Im kranken Zustand könnten die verschlechterten wirtschaftlichen Rahmenbedingungen insbesondere den Beitrag medizinischer Leistungen zur Genesung mindern [$(\partial \pi/\partial M)$ absolut kleiner in Gleichung (3.34)], mit dem Ergebnis einer erhöhten minimalen Krankheitsdauer. Diese Auswirkung *kann im Extremfall in eine erhöhte Sterblichkeit umschlagen*; insofern haben die von BRENNER (1983) gefundenen Zusammenhänge durchaus eine theoretische Grundlage.

Die Tabelle 4.7 enthält eine Schätzung für die globalen Mortalitätsraten in England und Wales, Schottland sowie eine gemeinsame Schätzung für alle Länder, die somit auf einer verdoppelten Zahl der Beobachtungen beruht [vgl. BRENNER (1983)].

Tabelle 4.7. Mortalitätsraten in England und Wales sowie Schottland, 1954-76

	[Lag]^a)	England und Wales 1954-76	Schottland 1954-76	Zusammen 1955-79
Konstante		–3,53	32,76†††	15,42†††
Reales Einkommen pro Kopf, Trend		–0,013†††	–0,025†††	–0,013†††
Reales Einkommen, Δ zum Vorjahr		–0,003†	ϕ	–
Arbeitslosenquote$^{b)}$	[1-6]	0,355††	31,62††	0,035†
Arbeitslosenquote, 20-40j. Männer	[1-2]	5,10†††	0,704†	0,986††
Arbeitslosenquote, 40+j. Männer	[0-2]	7,25†††	0,840†	0,981†
Wöchentliche Arbeitszeit, Industrie		ϕ	–0,344††	–
Zigarettenkonsum je Kopf	[2-5]	0,0027†††	0,0030†††	0,001†
Spirituosenkonsum je Kopf		ϕ	10,10†††	–
Gesundheitsausg./öff. Ausgaben	[0-1]	–20,56†††	–14,02	–4,53†
Mittlere Februartemperatur		–	–	–0,016†
Regionales Einkommensverhältnis		–	–	–3,33††
R^2		0,97	0,95	0,96
DW nach Cochran-Orcutt-Transformation$^{c)}$		1,90	2,68	2,08
N		23	23	50

$\dagger$, $\dagger\dagger$, $\dagger\dagger\dagger$ signifikant auf dem 5, 1 und 0,1 Prozent Niveau.
– : Nicht geschätzt.
ϕ: Wegen t-Wert bei null aus der Regression ausgeschlossen.
a) [Lag] = Verzögerung in Jahren, je nach Schätzgleichung.
b) Die Arbeitslosenquote Schottlands ist nicht durchwegs bekannt; sie wird durch diejenige des Vereinigten Königreichs ersetzt.
c) Die Cochran-Orcutt-Transformation ist ein Verfahren, um die Schätzgleichung von allfälliger sog. Autokorrelation in den Störgrößen zu befreien. Ein hoher Wert von $\hat{\rho} = Corr(\hat{u}_t, \hat{u}_{t-1})$, d.h. eine hohe Korrelation der Residuen über die Zeit hinweg, ist ein Indikator solcher Autokorrelation. Das Testmaß von Durbin und Watson (DW) nimmt im Falle $\rho = 0$ den Wert 2 an. Ist der DW-Wert signifikant von 2 verschieden, kann die Schätzgleichung mit $(1 - \hat{\rho})$ durchmultipliziert werden (Cochran-Orcutt-Transformation), um dann von der Autokorrelation bereinigte Schätzwerte für die Regressionskoeffizienten und ihre Standardfehler zu erhalten [vgl. GREENE (2011, Kapitel 19)].

Quelle: BRENNER (1983, Tables 1 und 19)

Die wichtigsten Ergebnisse sind die folgenden:

- Es gibt statistische Hinweise dafür, dass die gesamtwirtschaftliche Arbeitslosenquote und noch ausgeprägter die Arbeitslosenquote der über 20-jährigen Männer mit Verzögerungen von bis zu zwei Jahren die *Mortalitätsrate ansteigen* lässt.

- Der Zigaretten- und (in Schottland) der Spirituosenkonsum tragen statistisch erkennbar zur Erklärung der Mortalitätsrate bei.

- Die in Tabelle 4.7 gezeigte Schätzgleichung bewährt sich auch bei der Analyse der Sterblichkeit infolge von Herz-Kreislauf-Erkrankungen, Herzerkrankungen durch Hirnschlag, Leberzirrhose, Selbstmord, Mord, Autounfällen und bei Säuglingssterblichkeit, indem durchwegs sehr hohe Bestimmtheitskoeffizienten R^2 erreicht werden.

Eine genauere Betrachtung der geschätzten Regressionsgleichung zeigt jedoch Mängel. So sind die Koeffizienten bezüglich der Arbeitslosigkeit instabil, mit einer Bandbreite von 0,035 für die kombinierte Stichprobe bis zu 31,62 (einem Faktor von 1000) für Schottland. Unterschiede bis zu einem Faktor sieben charakterisieren auch die Koeffizienten, die zur Arbeitslosenquote der 20-40 und der über 40-jährigen Männer gehören. Zweitens sollen nicht die Gesundheitsausgaben, sondern deren Anteil an den öffentlichen Ausgaben die Mortalität reduzieren. Dies impliziert, dass jede Erhöhung der Staatsausgaben bei gleich bleibenden Gesundheitsausgaben einen negativen Effekt auf die Lebenserwartung hat. Drittens treten sehr unterschiedliche Wirkungsverzögerungen auf, die z.B. beim Zigarettenkonsum mit zwei bis fünf Jahren ausgewiesen werden (vgl. Tabelle 4.7). In einer vergleichenden Untersuchung von vier Industrieländern gehen die Verzögerungen sogar von null Jahren (Schweden) über 16 (Frankreich) bis hin zu 18 Jahren (Dänemark) [vgl. BRENNER (1983)].

Neben den genannten Schwächen dieser Untersuchung nannte GRAVELLE (1984) weitere Kritikpunkte, welche viele Studien dieser Art betreffen.

(1) *Ungenaue theoretische Grundlage:* Gemäß Tabelle 4.7 wirken Konsumgüter wie Tabak und Alkohol auf die Gesundheit, die nach Maßgabe des verfügbaren Einkommens beschafft werden können. Dann gehört jedoch das Einkommen selber nicht als Variable in die Gleichung, außer es wird als Indikator des allgemeinen Lebensstils verwendet. In der Studie von FAYISSA UND GUTEMA (2005) ist der Effekt des Einkommens ebenfalls unklar, da der Zugang zu Nahrungsmitteln als zusätzliche erklärende Variable verwendet wird.

(2) *Simultanitätsproblem:* Veränderungen des Gesundheitszustandes (die sich teilweise in der Sterblichkeit niederschlagen) beeinflussen das Arbeitseinkommen. Das Einkommen kann insofern nicht als vorherbestimmt aufgefasst werden, sondern enthält seinerseits eine stochastische Komponente, die mit der Mortalität positiv korreliert ist. Der Einfluss von Einkommensschwankungen auf die Mortalitätsrate wird dadurch überschätzt. Auch der Einfluss der Arbeitslosenquote wird überzeichnet, weil Einkommensentwicklung und Arbeitslosigkeit eng miteinander verbunden sind. Dieser Kritikpunkt trifft auf alle bisherigen Studien zu, mit der Ausnahme von THORNTON (2002).

(3) *Funktionale Form:* Da der Trendwert des Einkommens als Funktion der Zeit regelmäßig und auf Grund eines angenommenen Exponentialtrends sogar beschleunigt zunimmt, ist der Zeitpunkt absehbar, ab dem das Modell *negative* Mortalitätsraten voraussagt. Schließlich wird gänzlich vernachlässigt, dass die abhängige Variable nicht die Mortalitätsrate der Arbeitslosen, sondern eine Linearkombination der Raten von Arbeitslosen und dem Rest der Bevölkerung

darstellt. Da die Gewichte dieser Linearkombination näherungsweise durch die Arbeitslosenquote (UN_t) und ihr Komplement $(1 - UN_t)$ gegeben sind,[6] müsste die Schätzgleichung korrekterweise Regressoren wie UN_t^2 und $UN_t \Delta Y_t$ (ΔY_t: Veränderung des Realeinkommens) enthalten, deren Variation im Verlaufe des Konjunkturzyklus besonders ausgeprägt ist. Im Allgemeinen wird der Zusammensetzung der Bevölkerung auf der Makro-Ebene wenig Beachtung geschenkt. Eine vermehrte Verwendung von Interaktionstermen, wie zum Beispiel *Alkohol × Frauen* in MILLER UND FRECH (2004) würde hier Abhilfe schaffen.

Entgegen der theoretischen Argumentation weiter oben machen GERDTHAM UND RUHM (2006) geltend, dass Arbeitslosigkeit den Betroffenen mehr Zeit gibt, um in ihre Gesundheit zu investieren. Umgekehrt gehen konjunkturell günstige Phasen zwar mit höherem (Arbeits-)einkommen einher, bedingen aber auch mehr Stress am Arbeitsplatz. Die vorausgesagten Wirkungszusammenhänge sind demnach genau umgekehrt als die von BRENNER (1983) postulierten. Die Autoren erweitern die Datenbasis auf die Mehrheit der OECD-Länder und die Beobachtungsperiode auf 1960-1997 [vgl. auch RUHM (2000) mit Daten nur aus den USA].

Die Ergebnisse der ökonometrischen Schätzung sind in Tabelle 4.8 aufgeführt. Sie gewinnen dadurch an Glaubwürdigkeit, dass eine ganze Reihe zusätzlicher erklärender Variablen verwendet wurde (wobei deren Koeffizienten allerdings nicht angegeben werden, ebenso wenig wie die Bestimmtheitsmaße). Außerdem bleibt das Simultanitätsproblem sowie die mangelnde Fokussierung auf die betroffene Population [Kritikpunkte (2) und (3) oben] bestehen, indem sowohl die Arbeitslosenquote (*ALQ*) wie auch das Durchschnittseinkommen (*YREAL*) als exogen gelten und sich die Mortalitätsraten nicht auf die Beschäftigten bzw. die Arbeitslosen beziehen. Unter diesen Vorbehalten lassen sich die Koeffizienten der Mortalität insgesamt wie folgt interpretieren. Wenn die *ALQ* um 1 Prozentpunkt ansteigt, so nimmt die Mortalitätsrate im Durchschnitt der erfassten OECD-Länder um rd. 0,0067% ab, also von 0,00907 auf rd. 0,00901. Gemessen an den etwa 800 Mio. Einwohnern im Durchschnitt des Beobachtungszeitraums sind dies immerhin 48.000 Menschen jährlich. Wenn aber gleichzeitig *YREAL* um 1% sinkt (ein eher hoher Wert angesichts der ausgebauten Arbeitslosenversicherung), steigt die Mortalitätsrate um rd. 0,166%, was 12.000 zusätzlichen Todesfällen entspricht. Beide Zusammenhänge sind statistisch sehr gut gesichert. Insgesamt kann man also sagen, dass Rezessionsphasen „gut für die Gesundheit" sind, Expansionsphasen dagegen „schlecht".

Dieser Eindruck wird durch die übrigen Eintragungen der Tabelle 4.8 überwiegend bestätigt. So geht eine Zunahme von *YREAL* eindeutig mit einer erhöhten Mortalität infolge von Herz-Kreislauf-Erkrankungen einher. Ebenso eindeutig ist allerdings der Befund, dass die Zahl der krebsbedingten Todesfälle zurückgeht statt ansteigt. Bei den Autounfällen wird die Hypothese der Autoren nur in Bezug auf *ALQ* bestätigt, bei der Säuglingssterblichkeit (im Durchschnitt der Stichprobe etwa 15

---

[6] Die Arbeitslosenquote bezieht sich üblicherweise auf die erwerbstätige Bevölkerung und nicht auf die Gesamtbevölkerung. Dieser Unterschied wird einfachheitshalber hier vernachlässigt.

Tabelle 4.8. Mortalitätsraten und Arbeitslosigkeit in OECD-Ländern, 1960-1997[a]

Erklärende Variable	Insgesamt	Herz-Kreislauf	Krebs	Autounfälle	Säuglinge
ALQ	–0,0067***	–0,0017	0,0000	–0,0190***	–0,0119***
	(0,0010)	(0,0012)	(0,0008)	(0,0040)	(0,0024)
YREAL	–0,1660***	0,1185***	–0,0556**	0,1292	–0,5781***
	(0,0290)	(0,0359)	(0,0239)	(0,1151)	(0,0695)

*,**,*** signifikant auf dem 10, 5 und 1 Prozent Niveau
ALQ: Arbeitslosenquote in %
YREAL: Logarithmus des Pro-Kopf-Einkommens in US$ von 1990
a) Übrige Regressoren: Anteil der männlichen Bevölkerung, Anteil der 15-65-Jährigen, der 65-74-Jährigen und der über 75-Jährigen, Jahres-Dummies und länderspezifische Zeittrends. Die abhängige Variable ist logarithmiert. Standardfehler in Klammern. Daten gewichtet mit der Quadratwurzel der jeweiligen Bevölkerung.

Quelle: GERDTHAM UND RUHM (2006)

auf 1.000 Lebendgeburten) hingegen wieder in Bezug auf sowohl *ALQ* und *YREAL*. Eine um 1 Prozentpunkt erhöhte *ALQ* senkt die Säuglingssterblichkeit von 15 auf geschätzte 14,80 je 1.000; ein gleichzeitiger Rückgang von *YREAL* um 1% lässt sie auf 15,09 ansteigen. Der Nettoeffekt einer (milden) Rezession dürfte auch hier positiv sein. Möglicherweise verlieren zwar die Mütter ihren Arbeitsplatz, können sich dafür aber besser ihren Kindern widmen.

Folgerung 4.3 *Dass wirtschaftliche Instabilität sowohl die Eigenproduktivität des Individuums wie auch die Produktivität der medizinischen Leistungen mindern könnte, ist theoretisch an sich plausibel. Andererseits lockert aber die mit einer Rezession verbundene Arbeitslosigkeit die Zeitrestriktion der Betroffenen, während eine Expansionsphase vielfach mit Stress am Arbeitsplatz einhergeht. Die statistische Evidenz ist für beide Zusammenhänge noch nicht überzeugend, nicht zuletzt deshalb, weil sie sich auf die Sterblichkeit allgemein statt diejenige der jeweils Betroffenen stützt.*

4.3 Untersuchungen anhand von Individualdaten

4.3.1 Zur Messung des Gesundheitszustandes

Während auf aggregierter Ebene die Wahl der Outputgröße bei der Gesundheitsproduktion aus Gründen der Verfügbarkeit statistischer Daten stark eingeschränkt ist, eröffnen die meist auf Befragung beruhenden individuellen Messungen eine breite Palette von Möglichkeiten. Die theoretische Grundlage bildet dabei die Gleichung

(2.3) des Abschnitts 2.3.2, die den (subjektiv wahrgenommenen) Gesundheitszustand als eine Verteilung über verschiedene mögliche Zustände darstellt. Doch *welche* Realisierung wird gemessen – jene vor oder nach dem Aufwand medizinischer und anderer Mittel zu Gunsten der Gesundheit?

Wie bereits im Abschnitt 1.3 sowie in der Folgerung 3.7 herausgestellt, hat der Gesundheitszustand eine *doppelte Funktion:* Einerseits ist er eine zentrale Größe, um die Inanspruchnahme medizinischer Leistungen zu erklären, andererseits stellt er auch das Resultat eines Produktionsprozesses dar. Diese Doppelfunktion schafft solange keine Probleme, als die Inputs als Potentiale wie Ärztedichte, Bettendichte usw. definiert sind. Sobald aber die Inputs effektiven medizinischen Verrichtungen entsprechen, müsste bei der Messung des Gesundheitszustandes Anfang und Ende des Produktionsprozesses auseinandergehalten werden. Eine solche Trennung ist am ehesten möglich, wenn die Messung jeweils auf eine Phase der Gesundheit bzw. der Krankheit bezogen würde, was bislang jedoch [mit Ausnahme etwa von KEELER (1987)] kaum geschehen ist.

Abgesehen vom Zeitpunkt der Messung stellt sich bei Individualdaten auch viel unmittelbarer als bei aggregierten Daten die Frage nach der Quelle der Messung. Zu unterscheiden ist insbesondere zwischen

(a) Angaben des Individuums selbst und

(b) Angaben von Dritten, insbesondere von Ärzten und Pflegepersonal.

Die Kategorie (a) von Angaben wird oft als subjektiv und damit wenig zuverlässig eingestuft. Für manche Zwecke ist aber die Antwort des Hypochonders auf die Frage „Wie geht es Ihnen zur Zeit?" durchaus *informativ*. Sie kann nämlich seine besonders hohe marginale Zahlungsbereitschaft für bessere Gesundheit verraten und so den Rückschluss auf eine erhöhte Wahrscheinlichkeit der Inanspruchnahme medizinischer Leistungen erlauben. Die Angaben der Kategorie (b) sind zwar objektiv, weil sie wenigstens teilweise auf klinischen Messungen beruhen. Durch die Unterscheidung von latenten Variablen und deren fehlbare Indikatoren (siehe GOLDBERGER (1974) und JÖRESKOG (1973)) führen klinische Messungen zu Indikatoren mit geringem Messfehleranteil an der Varianz. Dafür besteht jedoch vielfach nur eine schwache, wenig signifikante Beziehung zwischen diesen Indikatoren und der theoretischen, latenten Größe „Gesundheit".

Ganz allgemein ist jedoch die Suche nach einem „objektiven", von der Zahlungsbereitschaft (und mithin auch Zahlungsfähigkeit) des Individuums unabhängigen Outputmaß in diesem Zusammenhang wenig sinnvoll. Denn sie geht von der (von den Ökonomen in Frage gestellten) Prämisse aus, dass unabhängig von konkurrierenden Zielen die *Maximierung des Gesundheitszustandes* angestrebt werden soll.[7] Lässt man hingegen konkurrierende Ziele zu, würde man auf die marginale Zahlungsbereitschaft für eine Verbesserung des Gesundheitszustands abstellen

---

[7] Damit soll nicht bestritten werden, dass nichtmonetäre (medizinische) Maße des Gesundheitszustandes z.B. bei der Wahl zwischen verschiedenen Behandlungsalternativen inner-

wollen. Insofern diese Zahlungsbereitschaft vom aktuellen subjektiven Gesundheitszustand abhängt, erscheinen Angaben des Individuums selbst als vergleichsweise
zweckmäßig.

4.3.2 Die Grenzproduktivität der medizinischen Infrastruktur auf individueller Ebene

In den USA wurde um 1960 eine Erhebung (Health Examinations Survey) durchgeführt, in deren Verlauf über 6.000 Individuen aus zufällig ausgewählten 39 Regionen auf verschiedene physiologische Aspekte des Gesundheitszustandes untersucht
wurden. Die Gesundheitsmessungen gehören mithin zur Kategorie (2) der im Teilabschnitt 4.3.1 genannten Indikatoren. Sie wurden von NEWHOUSE UND FRIED-
LANDER (1980) mit der örtlich vorhandenen medizinischen Infrastruktur einerseits
sowie Eigenschaften des Individuums und seiner Umwelt andererseits in Verbindung
gebracht. Neben den in der Tabelle 4.9 aufgeführten erklärenden Variablen wurden
in die Regressionsgleichungen auch kategorische Variablen für den Beruf, die Branche, den Familienstatus, die Familiengröße, selbständige Erwerbstätigkeit und das
Geschlecht aufgenommen; das Alter erscheint in linearer und quadrierter Form.

Die ersten fünf klinischen Indikatoren der Tabelle 4.9 beziehen sich auf Blutdruck und Blutfettspiegel, die nach den Erkenntnissen großangelegter epidemiologi-
scher Untersuchungen (vgl. den nachstehenden Teilabschnitt 4.3.3) maßgeblich zur
Mortalität infolge Herz-Kreislauf-Erkrankungen beitragen. Aus der Tabelle 4.9 gehen insbesondere folgende vier Punkte hervor:

- Auf die ersten vier Indikatoren haben weder die *medizinische Infrastruktur noch Ausbildung und Einkommen* des untersuchten Individuums einen statistisch nachweisbaren Einfluss.

- Im Falle der Indikatoren *Röntgenbild, Paradontose* und *Alterungsindex* scheint *verlängerte Ausbildung* die Individuen zu besseren Produzenten ihrer Gesund- heit zu machen, ohne dass ein erhöhtes Einkommen kontraproduktiv wirken würde. Am Alterungsindex gemessen, führt eine um 10% verlängerte Ausbil- dungsdauer dazu, dass das Individuum unter sonst gleichen Umständen physio- logisch 0,5% jünger ist als sein Kalenderalter.

- Mit dem Urbanisierungsgrad steht lediglich das Vorkommen eines *abnormalen Röntgenbilds* in einer positiven, statistisch signifikanten Beziehung.

- Die *Rassenzugehörigkeit* ist die Variable mit den meisten statistisch signifikan- ten Einflüssen. Die Nichtweißen erweisen sich gegenüber den Weißen überwie- gend als weniger gesund, wobei die blutdruck- und blutfettbezogenen Indikato- ren eher auf genetische, der Paradontose-Index dagegen auf verhaltens-, ja sogar präferenzbedingte Unterschiede schließen lassen.

---

halb eines bereits festgelegten Gesundheitsbudgets einen Beitrag zur optimalen Allokation
im Gesundheitswesen leisten (siehe Diskussion im Kapitel 2).

Tabelle 4.9. Geschätzte Einflüsse auf klinische Gesundheitsindikatoren, USA um 1960[a]

Klinische Indikatoren	Medizinische Infrastruktur[b]			Eigene Produktivität[c]		Umwelteinflüsse[d]	
	ALLG	AND	BETT	AUSB	EINK	URB	RASSE
Diastol. Blutdruck, bedingt[f]	–0,02	–0,003	0,009	0,01	–0,003	–0,007	2,48**
Überhöhter Blutfettspiegel[e]	0,39	–0,03	–0,13	–0,08	0,05	–0,000	–0,02**
Blutfettspiegel, bedingt[g]	0,02	–0,02	0,03	0,02	–0,003	0,031	–1,01
Abnormales EKG[e]	0,03	–0,06	0,06	–0,02	–0,04	0,000	0,15***
Bluthochdruck[e]	–0,06	0,20**	0,32*	–0,25*	–0,006	–0,001***	0,12***
Abnormales Röntgenbild[e]	–0,04	–0,07***	0,07**	–0,09***	–0,03**	0,002***	–0,082*
Krampfadern[e]	0,13	0,002	–0,44***	–0,19	–0,04	0,003	–0,05***
Paradontose-Index				–0,77***	–0,21***	–0,002	0,19***
Alterungsindex[h]	–0,004	0,001	0,01	–0,05***	–0,01***	0,002	0,72**

*,**,*** signifikant auf dem 10, 5 und 1 Prozent Niveau, $N = 4.769$.

a) Die angegebenen Werte sind Elastizitäten, berechnet aufgrund der Stichprobenmittelwerte, außer bei *URB* und *RASSE*, wo Regressionskoeffizienten erscheinen.

b) *ALLG* = Allgemeinpraktiker, Internisten und Frauenärzte, *AND* = andere Ärzte, *BETT* = Krankenhausbetten, alle je 100.000 Einwohner. Zwei zusätzliche Regressoren (Betten in vom Bundesstaat geführten Krankenhäusern und Zahnärztedichte) sind nicht aufgeführt. Alle Regressionen enthalten überdies Alter, (Alter)^2 und eine kategorische Variable für das Geschlecht.

c) *AUSB* = Zahl der Schuljahre, *EINK* = Familieneinkommen.

d) *URB* = Anteil der Bevölkerung des untersuchten Gebiets, die in Orten mit mehr als 2.500 Einwohnern lebt; *RASSE* = 1 für Nichtweiße, = 0 für Weiße.

e) Logit-Schätzung, da die abhängige Variable nur die Werte 0 und 1 annehmen kann.

f) Nur Fälle mit Bluthochdruck.

g) Nur Fälle mit überhöhtem Blutfettspiegel.

h) Beruht auf Regressionen des Alters auf die klinischen Indikatoren (ohne *Bluthochdruck* und *überhöhter Blutfettspiegel*); jedem Individuum kann mit Hilfe des Mittelwertes aus den acht errechneten Erwartungswerten ein „klinisches Alter" zugeordnet werden.

Source: NEWHOUSE UND FRIEDLANDER (1980)

4.3.3 Der Einfluss medizinischer Interventionen auf individueller Ebene

In den sechziger Jahren stellten in den USA Herz-Kreislauf-Erkrankungen die wichtigste Kategorie der Todesursachen dar, und es bestand die Vermutung, dass Bluthochdruck, hoher Blutfettspiegel und Tabakkonsum die maßgebenden Risikofaktoren sein könnten. Damals wurden mehrere Langzeitstudien begonnen, von denen diejenige von *Framingham* (Massachusetts) mit einer Beobachtungsdauer von bis zu achtzehn Jahren die berühmteste ist. Die Ergebnisse dieser Studien vermitteln Einblick in das Wesen der „Gesundheitsproduktion" in einem sehr konkreten, beinahe technischen Sinn. Als Output sei eine bestimmte Reduktion des Cholesterinspiegels im Blut vorgegeben mit dem Ziel, Bluthochdruck abzubauen. Der medizinische Input besteht aus der Behandlung mit einem einschlägigen Arzneimittel, der Eigenbeitrag des Patienten in der Einhaltung einer Diät. Genügt nun das Einhalten einer Diät für sich allein, um den Cholesterinspiegel im Blut zu senken, oder bedarf es dazu der Kombination mit einem Arzneimittel?

Weil Bluthochdruckpatienten ihr normales Leben wie Gesunde weiterführen können, führt das Modell der bedingten Produktionsmöglichkeiten mit der Folgerung 3.12 (vgl. Abschnitt 3.4.5) zur Vermutung, dass die eigenen Anstrengungen die Arzneimittel *substituieren* könnten. Die beobachteten Individuen machen allerdings im Verlauf der Jahre einige Krankheitsphasen durch und dürften dabei auf die Arzneimittel zurückgreifen. Insofern wäre mit einem erkennbaren Beitrag des medizinischen Inputs zum Überleben zu rechnen. Überraschenderweise kommt HOUSTON (1989, S. 928) in seiner umfassenden Überblicksstudie zum Schluss, dass die medikamentöse Therapie keinen gesicherten Einfluss auf die Sterblichkeit infolge Herz-Kreislauf-Erkrankungen hat, ja dass gewisse Therapieformen *den Erfolg der Diät untergraben* (ebenda, S. 929). Diese Schlussfolgerung passt ausgezeichnet zu der im Abschnitt 3.4.3 entwickelten Auffassung von der Produktion der Gesundheit durch das Individuum, wonach zwar im Krankheitsfall medizinische Leistungen nicht durch eigene gesundheitsfördernde Anstrengungen substituiert werden können, längerfristig hingegen schon. Somit geben die bisherigen Ergebnisse der Untersuchungen mit Individualdaten Anlass zu einer vorläufigen

Folgerung 4.4 *Das Konzept der Gesundheitsproduktion mit dem Eigenbeitrag des Individuums und medizinischen Leistungen als Inputs bewährt sich auch an Individualdaten, bis hin zu einem beträchtlichen Ausmaß von Substitutionalität bei spezifischen Erkrankungen.*

4.3.4 Umweltqualität und Gesundheitszustand

In den bisher dargestellten Studien wurden Umwelteinflüsse weitgehend vernachlässigt, oder sie erwiesen sich als statistisch vernachlässigbar. Der erste systematische Versuch, die Auswirkungen zumindest der Luftverschmutzung auf die menschliche Gesundheit zu erfassen, geht auf LAVE UND SESKIN (1977) zurück. Allerdings bildet in der Regel eine englische Grafschaft die Beobachtungseinheit, und es fehlen Indikatoren zur Beschreibung der individuellen Produktivität wie z.B. das Ausbildungsniveau oder das durchschnittliche Arbeitseinkommen. Üblicherweise muss [wie bei LOPEZ ET AL. (1992) im Teilabschnitt 4.2.4] die Bevölkerungsdichte die Rolle sowohl eines (inversen) Einkommensindikators wie auch eines die Ausbreitung von Krankheiten begünstigenden Faktors übernehmen, was entsprechend häufig zur Instabilität von Koeffizienten bis hin zu unplausiblen Resultaten führt.

4.3.4.1 Luftqualität und Rauchen als exogene Faktoren

Die mit der Verwendung von aggregierten Daten verbundenen Schwierigkeiten konnten erstmals von OSTRO (1983) überwunden werden, der die *individuellen Angaben* der Gesundheitsbefragung 1976 in den USA mit Messungen der Luftqualität in 84 Agglomerationen kombinierte. Auf Grund ihrer konsistenten Erhebung und ihrer Vergleichbarkeit mit früheren Untersuchungen wurden *TSP* (Total Suspended Particles, Konzentration aller Schwebestoffe in der Luft) und *SULF* (Konzentration aller Schwefelverbindungen in der Luft) aus einer größeren Zahl von Messgrößen ausgewählt und als Regressoren verwendet. Als Indikatoren des Gesundheitszustandes dient einerseits die Zahl der Tage mit eingeschränkter Aktivität aus gesundheitlichen Gründen, andererseits die Zahl der verlorenen Arbeitstage, beide bezogen auf den Zeitraum der beiden Wochen vor der Erhebung (vgl. Tabelle 4.10).

Die in der Spalte *A* der Tabelle 4.10 eingetragenen Regressionskoeffizienten lassen vermuten, dass die Schwebestoffe-Konzentration (*TSP*) auf die Zahl der Tage mit eingeschränkter Aktivität den erwarteten positiven Einfluss hat, während die Konzentration der Schwefelverbindungen (*SULF*) keine signifikante Wirkung zeigt. Wirtschaftlich relevant im engeren, traditionellen Sinne ist die Zahl der verlorenen Arbeitstage (Spalte *B*). Wiederum spielt die *TSP*-Konzentration eine statistisch erkennbare Rolle, mit einer an den Mittelwerten berechneten Elastizität von 0,45: Eine um 10% erhöhte *TSP*-Konzentration geht demnach mit einer um 4,5% erhöhten Zahl der verlorenen Arbeitstage einher – ein Wert, der OSTRO (1983) zufolge das Zehnfache früherer Schätzungen beträgt.

Bei der Analyse des Zusammenhangs zwischen Luftqualität und Gesundheitszustand kommt einmal mehr das Konzept der Gesundheitsproduktion durch das Individuum zum Tragen. Durch einen *Verzicht auf den Konsum von Tabak* kann der Einzelne die für ihn maßgebliche Luftqualität verbessern. Die Zahl der gerauchten Zigaretten (*ZIGARETTEN*) erscheint aus diesem Grunde in den Schätzgleichungen der Spalten *A* und *B* der Tabelle 4.10. Der dazugehörige Regressionskoeffizient erweist sich jedoch beide Male als statistisch nicht signifikant. Allerdings belegen die niedrigen Bestimmtheitskoeffizienten von 0,09 und 0,01, dass viele Faktoren, welche die Zahl der Tage mit eingeschränkter Aktivität und die Dauer der Arbeitsabsenzen beeinflussen, noch nicht erfasst wurden. Zu diesen Faktoren gehören möglicherweise auch Unterschiede zwischen Rauchern und Nichtrauchern, die mit der Zahl der gerauchten Zigaretten (*ZIGARETTEN*) nicht genügend abgebildet sind. So könnte beispielsweise die Zahl chronischer Gesundheitsprobleme (*CHRONISCH*) bei Rauchern infolge häufiger Atemwegserkrankungen eine ganz andere (und wahrscheinlich geschlechtsspezifische) Bedeutung haben als bei Nichtrauchern, mit dem Effekt, dass auch der Einfluss der Luftqualität auf den Gesundheitszustand verzerrt geschätzt würde.

Damit die Auswirkungen der Luftverschmutzung auf die Zahl der verlorenen Arbeitstage möglichst unverzerrt und unabhängig vom individuellen Verhalten ermittelt werden können, beruhen die Schätzungen der Spalten *C* und *D* der Tabelle 4.10 ausschließlich auf Daten von männlichen, erwerbstätigen Nichtrauchern. Die Aufspal-

Tabelle 4.10. Einfluss der Luftqualität auf den Gesundheitszustand, USA 1976

Variable[a]	Tage mit eingeschränkter Aktivität (A)[b]	Verlorene Arbeitstage (B)[c]	Wahrscheinlich-keit, dass $B > 0$ (C)[d]	Verlorene Arbeitstage, falls $B > 0$ (D)[d]
Konstante	−0,83***	−0,47***	−3,66***	−0,39
TSP	0,00282***	0,00145**	0,0071**	0,002
$SULF$	−0,00008	−0,001	−0,051*	−0,009
$CHRONISCH$	1,25***	0,25***	0,48***	0,93**
$ALTER$	0,0063***	0,0033***	−0,0048	0,075***
$EINKOMMEN$	−0,009***	−0,002	−0,004	0,012
$VERHEIRATET$	−0,011	−0,011	0,227*	−1,24***
$RASSE$	0,17***	0,045	−0,04	−0,46
$TEMPERATUR$	0,013***	0,0065***	0,003	0,097**
$ARBEITER$		−0,046*	0,29	−1,26***
$ERWERBSTÄTIG$	−0,114***			
$BEV.DICHTE$	0,0057	0,0056*	0,030**	−0,050
$NIEDERSCHLAG$	−0,0004	−0,0004	0,0097	−0,040*
$GESCHLECHTW$	0,093**	0,067***		
$ZIGARETTEN$	0,0032	−0,0006		
R^2	0,09	0,01		0,17
χ^2			25,8***	
N	13.230	8.294	4.473	263

*,**,*** signifikant auf dem 10, 5 und 1 Prozent Niveau.

a) TSP = Konzentration aller Schwebestoffe in der Luft, Jahresmittel (in Mikrogramm/m^3); $SULF$ = Konzentration aller Schwefelverbindungen in der Luft, Jahresmittel (in Mikrogramm/m^3); $CHRONISCH$ = Zahl der chronischen Beschwerden; $ALTER$ = Alter in Jahren; $EINKOMMEN$ = Familieneinkommen (in tausend Dollar); $VERHEIRATET$ = 1, falls Individuum verheiratet, = 0 sonst; $RASSE$ = 1, falls Nichtweiß, = 0 sonst; $TEMPERATUR$ = Temperatur im Jahresmittel (in Fahrenheit); $ERWERBSTÄTIG$ = 1, falls erwerbstätig, = 0 sonst; $ARBEITER$ = 1, falls Arbeiter, = 0 sonst; $BEV.DICHTE$ = Bevölkerungsdichte in der Agglomeration (in 1.000 je Quadratmeile); $NIEDERSCHLAG$ = Niederschlag im Jahresmittel; $GESCHLECHTW$ = 1, falls weiblich, = 0 sonst; $ZIGARETTEN$ = Zahl der gerauchten Zigaretten pro Tag.
b) Stichprobe umfasst 18-65-jährige Personen in 84 Agglomerationen.
c) Stichprobe umfasst nur Erwerbstätige ($ERWERBSTÄTIG$ = 1).
d) Stichprobe umfasst nur männliche, erwerbstätige Nichtraucher.

Source: OSTRO (1983, Tables I und III)

tung in zwei Schätzgleichungen soll überdies dem Umstand Rechnung tragen, dass 94% der Befragten in den beiden Wochen vor der Erhebung keine Arbeitsabsenz aufwiesen und nur 6% einen oder mehrere Arbeitstage verloren hatten.[8] Dies spricht

---

[8] Dies bedeutet, dass die abhängige Variable extrem linkssteil ist, was schlecht zur üblichen Annahme eines normalverteilten Störterms passt, ist doch die Normalverteilung eine um

dafür, zuerst die *Wahrscheinlichkeit* zu schätzen, dass es überhaupt zu einer Arbeits-absenz kommt (Spalte *C* der Tabelle 4.10), und dann die Dauer einer allfälligen Ab-senz zu untersuchen (Spalte *D*). Dementsprechend ist die abhängige Variable der Spalte *C* eine Dummyvariable, die den Wert 1 dann annimmt, wenn mindestens ein Arbeitstag aus gesundheitlichen Gründen verlorenging, und den Wert 0 sonst. Die-se Einschränkung des Wertebereichs der abhängigen Variablen kann durch die sog. Logit-Transformation aufgehoben werden, allerdings mit der Folge, dass die in der Spalte *C* eingetragenen Werte Koeffizienten einer logistischen Regression sind, die nicht als partielle Einflüsse auf die Wahrscheinlichkeit interpretiert werden dürfen [vgl. dazu GREENE (2011, Kapitel 19)]. Die Werte der Spalte *D* hingegen entstam-men einer Kleinstquadrate-Schätzung.

Die in den Spalten *C* und *D* der Tabelle 4.10 eingetragenen Schätzergebnisse sollten demnach weitgehend unabhängig vom Verhalten des Einzelnen Aufschluss über die Einflüsse der Luftqualität auf die Erwerbsfähigkeit geben. Die Luftqualität hat über die *TSP*-Konzentration einen statistisch gesicherten Einfluss auf die *Wahr-scheinlichkeit einer Arbeitsabsenz*, nicht aber auf deren *Dauer*. Ein Einfluss der an-deren Komponente der Luftqualität, der Schwefelverbindungen (*SULF*), lässt sich nicht nachweisen. Des Weiteren scheinen andere Umweltfaktoren wie die Lufttem-peratur oder die Niederschlagsmenge im Jahresmittel *keinen Einfluss* auf die Arbeits-absenzen (Wahrscheinlichkeit des Auftretens oder Dauer) zu haben.

4.3.4.2 Rauchen als endogener Faktor

Alle bisher vorgestellten Untersuchungen (darin eingeschlossen jene anhand von ag-gregierten Daten des Abschnitt 4.2) kranken an dem Umstand, dass sie lediglich den Aspekt „Gesundheit" analysieren, während das im Abschnitt 3.4.3 entwickelte Mo-dell des Gesundheitsverhaltens sowohl den *Konsum* als auch die *Gesundheit* erklärt. Dieses Vorgehen wird dann problematisch, wenn die Konsumentscheidung unmittel-bare gesundheitliche Konsequenzen hat wie im Falle des Rauchens (vgl. den Punkt (2) des Abschnitt 4.1). Aus diesem Grunde erschien die Zahl der gerauchten Zigaret-ten in der Tabelle 4.10 als Regressor. Die bloße Aufnahme eines solchen Regressors in die Schätzgleichung genügt ROSENZWEIG UND SCHULTZ (1983) zufolge jedoch noch nicht, um dem Verhaltensmodell in der empirischen Analyse gerecht zu wer-den. Es ist nämlich gut denkbar, dass nicht erfasste Größen sowohl auf die Gesund-heit (insbesondere der Atemwege) als auch auf den Tabakkonsum einwirken. Wenn beispielsweise ängstliche Leute zwar kaum rauchen, aber dennoch vergleichswei-se viel krank sind, entsteht eine *künstliche positive Korrelation* zwischen Gesundheit und Tabakkonsum in den Daten. Dieser Effekt schwächt die an sich gegebene negati-ve Korrelation (d.h. die gesundheitsschädigende Wirkung des Tabaks) ab und könnte der Grund für die mangelnde statistische Signifikanz des Regressors *ZIGARETTEN* in der Tabelle 4.10 sein.

---

den Erwartungswert symmetrische Verteilung (vgl. auch die Kästen 4.1 und 4.2 im Teilab-schnitt 4.2.2.1).

Offenbar muss die erklärende Variable *ZIGARETTEN* von ihrem sog. Endogenitätsfehler bereinigt werden. Dies ist möglich mit Hilfe einer Vorregression (analog zur ersten Stufe des zweistufigen Verfahrens, vgl. Kasten 4.2), in deren Zuge die beobachteten Werte von *ZIGARETTEN* durch geschätzte ersetzt werden.

MULLAHY UND PORTNEY (1990) haben ein solches Schätzverfahren, die sog. Generalized Method of Moments (GMM) auf die gleiche Stichprobe wie OSTRO (1983), jedoch mit Daten des Jahres 1979 statt 1976 angewendet. Die abhängige Variable ist die Zahl der *durch Atemwegserkrankungen bedingten* Tage mit eingeschränkter Aktivität während der beiden Wochen vor dem Befragungszeitpunkt. Sie müsste damit in einer engeren Beziehung mit der Luftqualität stehen als die abhängige Variable der Tabelle 4.10, die Zahl der Tage mit eingeschränkter Aktivität aus (allen) gesundheitlichen Gründen. Weil 96% der Befragten auch hier null solcher Tage aufweisen, wird in der Spalte *A* der Tabelle 4.11 vorab die Wahrscheinlichkeit untersucht, überhaupt Tage mit gesundheitsbedingten Einschränkungen der Tätigkeit verbracht zu haben. In der Spalte *B* erscheinen dann die Parameterschätzungen einer Gleichung, welche die Dauer dieser Einschränkungen erklären soll. Um zu veranschaulichen, wie wichtig die Bereinigung der Variablen *ZIGARETTEN* von ihrer endogenitätsbedingten Fehlerkomponente sein kann, erscheinen OLS- und GMM-geschätzte Parameterwerte in der Tabelle 4.11 nebeneinander. Die Ergebnisse lassen sich in den folgenden Aussagen zusammenfassen:

(1) *Einfluss des Tabakkonsums:* Wird der Tabakkonsum als eine exogene, vom Individuum nicht beeinflussbare Größe wie etwa die Ozonkonzentration in der Luft behandelt, so fehlen wie schon in der Untersuchung von OSTRO (1983) sämtliche Hinweise auf einen signifikanten Zusammenhang mit dem Gesundheitszustand, auch wenn er wie hier speziell auf die Atemwege bezogen wird (vgl. OLS-Schätzungen der Variablen *ZIGARETTEN* und *ZIGARETTEN*^{2}). Wird die Variable *ZIGARETTEN* hingegen von ihrem Endogenitätsfehler bereinigt, so erweist sie sich als *hochsignifikanter* Bestimmungsgrund des Gesundheitzustandes (vgl. GMM-Schätzungen der beiden den Zigarettenkonsum erfassenden Variablen). Zwar scheint das Rauchen einiger weniger Zigaretten pro Tag zunächst gesundheitsfördernde Wirkung zu haben (negative Koeffizienten der *ZIGARETTEN*), doch jenseits von etwa 16 Zigaretten überwiegen eindeutig die negativen Auswirkungen auf die Gesundheit der Atemwege.

(2) *Einfluss der Luftqualität:* Ozon muss als relevanter Luftschadstoff anerkannt werden. Seine gesundheitsschädigende Wirkung nimmt jedoch im Gegensatz zum Tabakkonsum bei hohen Konzentrationswerten (d.h. jenseits von etwa 0,06 Mikrogramm/m^3 bei einem Durchschnittswert der Stichprobe von 0,043) eher ab; dies geht aus den negativen Koeffizienten der *OZON*^{2} hervor. Eine hohe Ozonkonzentration *erhöht die Wahrscheinlichkeit*, eine Phase mit eingeschränkter Aktivität durchzumachen, verlängert aber deren Dauer nicht (vgl. Teil *B* der Tabelle 4.11). Dieser Befund entspricht den Erwartungen, sind doch erhöhte Ozonkonzentrationen (noch) vorübergehender Natur.

Tabelle 4.11. Luftqualität und Rauchen in der Gesundheitsproduktion, USA, 1979

Variable[a)	Wahrscheinlichkeit von Tagen mit eingeschränkter Aktivität[b) (A)		Zahl der Tage mit eingeschränkter Aktivität, gegeben A > 0 (B)	
	OLS	GMM[c)	OLS	GMM[c)
Konstante	0,035	0,185***	0,0078	0,789***
ZIGARETTEN	−0,060	−1,91***	−0,034	−8,44***
ZIGARETTEN²	0,25	5,81***	1,09	27,95***
OZON	0,064	0,51	4,25**	6,64**
OZON²	−1,60	−3,97	−23,7**	−35,8**
SULF	−0,20	−0,20	−1,52	−1,77
SULF²	0,65	0,56	4,87	5,07
TEMPERATUR	−0,055*	−0,090**	−0,44***	−0,61***
NIEDERSCHLAG	−0,017	−0,034	0,033	−0,028
ALTER	0,35	−0,16	2,14**	−0,90
ALTER²	−0,48*	0,077	−2,82**	0,60
DCHRONISCH	0,011	−0,0066	0,19	0,094
GESCHLECHTM	−0,00089	−0,032***	−0,045	−0,17***
N	2.331	2.331	89	89

*,**,*** signifikant auf dem 10, 5 und 1 Prozent Niveau.

a) *ZIGARETTEN* = Zahl der gerauchten Zigaretten pro Tag (/100); *ZIGARETTEN²* = Quadrat von *ZIGARETTEN*; *OZON* = Ozonkonzentration, gebildet aus den täglichen Maximalwerten der 14 Tage vor dem Erhebungszeitpunkt (in PPM, parts per million); *OZON²* = Quadrat von *OZON*; *SULF* = Konzentration von Schwefelverbindungen, Mittelwert aus den 14 täglichen Messungen vor dem Erhebungszeitpunkt; *SULF²* = Quadrat von *SULF*; *TEMPERATUR* = Mittlere Temperatur, gebildet aus 14 täglichen Maximalwerten (in Fahrenheit, /100); *NIEDERSCHLAG* = Mittelwert, gebildet aus den 14 täglichen Messwerten (in Zoll); *ALTER* = Alter in Jahren; *ALTER²* = Quadrat von ALTER; *DCHRONISCH* = 1, falls der Befragte wegen einer chronischen Krankheit nicht ungehindert seinen üblichen Tätigkeiten nachgehen kann, = 0 sonst; *GESCHLECHTM* = 1, falls der Befragte männlich ist, = 0 sonst.

b) Obschon die abhängige Variable nur die Werte 0 und 1 annehmen kann, wird sie hier wie eine beliebige kontinuierliche Variable behandelt. Die ausgewiesenen Koeffizienten können deshalb als geschätzte partielle Effekte des jeweiligen Regressors auf die Wahrscheinlichkeit interpretiert werden.

c) GMM = Generalized Method of Moments; Schätzverfahren, das eine Verallgemeinerung der in Kasten 4.2 skizzierten zweistufigen Schätzung darstellt.

Source: MULLAHY UND PORTNEY (1990, Table 3)

(3) *Schwefelkonzentration als Indikator der Luftqualität:* Trotz eng gefasster abhängiger Variable und verbesserter Schätzverfahren lässt sich kein Einfluss der Schwefelverbindungen auf den Gesundheitszustand nachweisen (vgl. Variablen *SULF* und *SULF²*). In diesem Punkt wird die frühere Untersuchung von OSTRO (1983) voll bestätigt (vgl. Tabelle 4.10, ebenfalls Variable *SULF*).

(4) *Vergleich der Einflussstärken:* Auf Grund der mit dem GMM-Verfahren geschätzten Parameterwerte lassen sich die Elastizitäten an den Mittelwerten wie folgt berechnen: Mit einer Zunahme des täglichen Zigarettenkonsums um 10% steigt ceteris paribus die Wahrscheinlichkeit einer Phase mit eingeschränkter Aktivität um 33%, gegenüber lediglich 13% bei einer Zunahme der Ozonkonzentration um 10%. Die Dauer einer solchen Phase nimmt infolge zusätzlichen Rauchens um 44% zu, infolge zusätzlichen Ozons etwa um 28%. Damit verschieben sich die geschätzten relativen Produktivitäten bei der Sicherung der Gesundheit der Atemwege vom exogenen Einfluss der Luftqualität *hin zu dem Inputfaktor Rauchen*, der vom Individuum frei festgelegt werden kann.

Die aus den beiden Untersuchungen zum Einfluss von Umweltfaktoren auf den Gesundheitszustand gewonnenen Erkenntnisse lassen sich zusammenfassen in der

Folgerung 4.5 *Mit Hilfe neu verfügbarer Individualdaten lassen sich Zusammenhänge zwischen der Luftqualität und dem Gesundheitszustand erkennen. Eine mindestens ebenbürtige Rolle spielt jedoch der Input „Tabakkonsum" in die gleichzeitige Produktion von Konsumleistungen und Gesundheit der Atemwege.*

Diese Folgerung spricht für die Vermutung, dass die Verlangsamung der Zunahme der Lebenserwartung vorderhand zu einem eher geringen Teil auf eine umweltbedingte Veränderung der relativen Produktivität der Inputfaktoren in der Gesundheitsproduktion zurückgeführt werden kann (dritter Punkt des Abschnitt 4.1).

4.4 Nachfrage nach Gesundheit, Nachfrage nach Gesundheitsleistungen

Das im Abschnitt 3.4.3 vorgestellte Modell des Gesundheitsverhaltens geht von der Vorstellung aus, dass das Individuum gleichzeitig Nachfrager und Anbieter bzw. Produzent von Gesundheit sei. Bis zu diesem Punkt wurde stillschweigend unterstellt, dass die empirisch ermittelten Zusammenhänge die Produktionsseite des individuellen Verhaltens widerspiegeln. In diesem Abschnitt soll die Frage abgeklärt werden, ob die Unterscheidung der Angebots- von der Nachfrageseite überhaupt notwendig ist, wie sie gegebenenfalls bewerkstelligt werden kann und welche Probleme sich bei der Schätzung der Produktionsfunktion für die Gesundheit ergeben.

Man kann sich auf den Standpunkt stellen, eine Erfassung der Nachfrage nach Gesundheit getrennt von den Produktionsmöglichkeiten sei nicht nötig. Werden nämlich „durchschnittlich gültige", zustandsunabhängige Präferenzen und Produktionsmöglichkeiten bezüglich Konsum und Gesundheit vorausgesetzt, so lässt sich von der beobachteten Grenzrate der Transformation (GRT) auf die Grenzrate der Substitution (GRS) schließen. Wie beispielsweise die Abbildung 1.1 des Abschnitts 1.2 zeigt, stimmen die beiden Größen im Optimum (Punkt R^*) überein. Die Lage dieses Optimalpunktes hängt zwar durchaus von den Präferenzen des betrachteten Individuums ab, doch solange die Präferenzunterschiede zwischen den Individuen *zufällig* sind, gehen sie in den Störterm der Schätzgleichung ein (vgl. die Variable u_i der Kästen 4.1 und 4.2) und verschlechtern die statistische Anpassung, haben aber sonst keine Konsequenzen. Dies ist die „klassische" Sicht, die sich an GROSSMAN (1972a) anlehnt [vgl. auch ROSENZWEIG UND SCHULTZ (1983)].

Diese Auffassung hält allerdings der genaueren Betrachtung auf der Grundlage der im Abschnitt 3.4.3 entwickelten Modellvorstellungen nicht stand. Diesen Vorstellungen zufolge ist das Individuum nicht in der Lage, seinen Gesundheitszustand zu wählen; seine Handlungsmöglichkeiten beschränken sich auf die *Beeinflussung der Wahrscheinlichkeit*, mit der ein bestimmter Gesundheitszustand eintritt. Dementsprechend wählt es eine bestimmte optimale Wahrscheinlichkeit $(1 - \pi_i^*)$, gesund zu bleiben bzw. zu werden, mit $0 < (1 - \pi_i^*) < 1$. In einer gegebenen Periode ist es aber (bei nur zwei Zuständen) entweder gesund $[h_i = 1]$ *oder* krank $[h_i = 0]$. Dies bedeutet nichts anderes, als dass das angestrebte Optimum von den meisten Personen in der überwiegenden Zahl der Perioden verfehlt wird. Diese Abweichungen heben sich erst im Durchschnitt einer größeren Gruppe oder einer längeren Abfolge von Perioden auf. Auf der Ebene des einzelnen Individuums und während einer kürzeren Beobachtungsdauer bilden die Abweichungen zwischen realisierter Gesundheit h_i und angestrebter Gesundheitschance $(1 - \pi_i^*)$ eine zusätzliche Fehlergröße $\tilde{u}_i$, die in der „klassischen" Sicht nicht vorkommt. Diese Fehlergröße wirkt allerdings auf die Inputs der Produktionsfunktion für Gesundheit zurück:

- $h_i = 1 > (1 - \pi_i^*) \rightarrow \tilde{u}_i > 0$: Das Individuum ist gesund, während es eine Gesundheitschance von lediglich $(1 - \pi_i^*) < 1$ anstrebt. Es wird zustandsgemäß seine eigenen Anstrengungen zur Erhaltung der Gesundheit (t_i^I, siehe Kasten 3.2) reduzieren. Die Korrelation zwischen t_i^I und $\tilde{u}_i$ ist *negativ* („zu gesund geht einher mit Vernachlässigung der Prävention").

- $h_i = 0 < (1 - \pi_i^*) \rightarrow \tilde{u}_i < 0$: Das Individuum ist krank, obschon es die Gesundheitschance $(1 - \pi_i^*) > 0$ anstrebt. Es wird zustandsgemäß medizinische Leistungen (M, siehe Kasten 3.2) nachfragen. Die Korrelation zwischen M_i und $\tilde{u}_i$ ist *negativ* („zu wenig gesund geht einher mit viel Medizin").

Diese Überlegungen zeigen, dass nicht nur mit Diskrepanzen zwischen GRT und GRS in den Beobachtungen auf individueller Ebene zu rechnen ist, sondern damit, dass diese Diskrepanzen auf die Produktion der Gesundheit *zurückwirken:* Die Kausalität geht nicht mehr eindeutig von M_i und t_i^I auf $(1 - \pi_i^*)$ sondern von den Diskrepanzen $\{h_i - (1 - \pi_i^*)\}$ zurück auf M_i und t_i^I. Um Verzerrungen in der Schätzung der Produktionsfunktion zu vermeiden, bieten sich zwei Wege an. Erstens können die Regressoren M_i und t_i^I vom sog. Endogenitätsfehler, befreit werden z.B. durch ein zweistufiges Verfahren (vgl. Kasten 4.2). Ein zweiter Ansatz besteht in der Bereinigung des Störterms von seiner mit den Regressoren korrelierten Komponente $\tilde{u}_i = h_i - (1 - \pi_i^*)$. Dieses Verfahren bedingt offensichtlich eine Messung des „angestrebten Gesundheitszustandes" $(1 - \pi_i^*)$ unabhängig vom „realisierten Gesundheitszustand" h_i.[9] Da immer bessere Messungen des Gesundheitszustandes verfügbar werden, soll die zweite Möglichkeit näher untersucht werden. Zu schätzen ist demnach eine Gleichung von der Form

$$h_i = c + \alpha M_i + \beta t_i^I + (u_i + \tilde{u}_i) \quad \text{mit} \quad \tilde{u}_i = h_i - (1 - \pi_i^*), \tag{4.7}$$

deren Komponente $\tilde{u}_i$ des Störterms mit den Regressoren M_i und t_i^I korreliert ist. Sind Messungen von $\tilde{u}_i$ verfügbar, so kann $\tilde{u}_i$ aus dem Störterm herausgenommen und wie ein *zusätzlicher Regressor* behandelt werden:

$$h_i = c + \alpha M_i + \beta t_i^I + \gamma \{h_i - (1 - \pi_i^*)\} + u_i \quad \text{mit} \quad \gamma = 1. \tag{4.8}$$

Diese Gleichung lässt sich nach dem Inputfaktor M_i auflösen, mit dem Ergebnis

$$M_i = -\frac{c}{\alpha} - \frac{\beta}{\alpha} t_i^I - \frac{1}{\alpha} \{h_i - (1 - \pi_i^*)\} + \frac{1}{\alpha} h_i - \frac{1}{\alpha} u_i. \tag{4.9}$$

Die Schätzung dieser Gleichung kann zu sehr unterschiedlichen Resultaten führen:

(a) Falls es wirklich gelingt, den angestrebten Gesundheitszustand $(1 - \pi_i^*)$ zu messen, so genügt $(1/\alpha)(1 - \pi_i^*)$ als erklärende Variable; der tatsächliche Gesundheitszustand h_i fällt aus der Gleichung (4.9) heraus. Da $\alpha > 0$, müsste die Beziehung zwischen medizinischen Leistungen und Gesundheitszustand *positiv* sein, wie von der Produktionsfunktion für Gesundheit vorausgesagt.

(b) Falls die Gesundheitsmessung so ausfällt, dass die Befragten ihren Gesundheitszustand als „gut" einstufen, wenn es ihnen besser geht, als an sich zu erwarten war, enthält die geschätzte Gleichung (4.9) den Term $(-1/\alpha)\{h_i - (1 - \pi_i^*)\}$. Zwischen dem erhobenen Gesundheitszustand und medizinischen Leistungen wird es in der Stichprobe zu einer *negativen* geschätzten Beziehung kommen.[10]

(c) Falls die Befragung nur gerade den realisierten Gesundheitszustand erfasst, geht der Term $(1/\alpha)h_i$ als erklärende Variable in die Gleichung (4.9) ein, und der Zusammenhang zwischen medizinischer Leistung und Gesundheit müsste positiv sein. Allerdings wird $(-1/\alpha)\{h_i - (1 - \pi_i^*)\}$ zum Störterm geschlagen, so dass wieder der Zustand der Gleichung (4.7) erreicht ist und α bzw. $(1/\alpha)$ nicht ohne Verzerrung geschätzt werden kann.

Einer der ambitioniertesten Versuche den angestrebten Gesundheitszustand herauszufiltern und somit der Variante (a) gerecht zu werden, wurde von LEU UND

---

[9] Sobald das Individuum nur noch die Wahrscheinlichkeiten verschiedener Zustände steuern kann, wird der als optimal angestrebte Gesundheitszustand durch diese Wahrscheinlichkeit definiert [vgl. Abbildung 3.3 des Abschnitts 3.4.3.3]. Deshalb kann $(1 - \pi_i^*)$ mit dem angestrebten und h_i mit dem realisierten Gesundheitszustand gleichgesetzt werden.

[10] Um unverzerrte Parameterschätzungen zu erhalten, müsste überdies der realisierte Gesundheitszustand als zusätzlicher Regressor erscheinen. Wird er zum Störterm u_i geschlagen, so ist der kombinierte Störterm $(1/\alpha)(h_i + u_i)$ wiederum mit den erklärenden Variablen M_i und t_i^I korreliert.

DOPPMANN (1986) unternommen. Die Autoren definieren den Gesundheitszustand als eine latente Variable, die durch eine Reihe von Faktoren beeinflusst wird. Jeder dieser Faktoren variiert nicht 1:1 mit dem Gesundheitszustand und enthält zudem Messfehler. Diese Art statistischer Modelle erinnert stark an die Methode der Faktorenanalyse. Sie unterscheidet sich jedoch insofern, als die verwendeten Restriktionen die Multiplikation des Systems mit einer beliebigen finiten Matrix (in der Faktorenanalyse die sog. „Faktorrotation") nicht zulassen. Zur Schätzung wird die Maximum Likelihood Methode verwendet [LISREL, siehe JÖRESKOG (1973)]. Im Zuge einer Gesundheitsbefragung der schweizerischen Bevölkerung mit 3.155 teilnehmenden Personen im Jahre 1980 wurde eine breite Palette von Gesundheitsindikatoren erhoben. LEU UND DOPPMANN (1986) fanden bei ihrer Analyse von ambulanten Spitalaufenthalten, Hospitalisationstagen und der Anzahl von Tagen in einer Kurklinik negative Elastizitäten in Bezug auf die latente Variable „Gesundheitszustand". Mit Blick auf die großen Anstrengungen, die Variante (a) umzusetzen, müsste die partielle Korrelation zwischen medizinischen Leistungen und dem Gesundheitszustand positiv sein, in Einklang mit dem GROSSMAN (1972b) Modell). Dieser Widerspruch wurde auch von GERFIN ET AL. (1992) bestätigt.

Folgerung 4.6 *Auch auf der Stufe disaggregierter Beobachtungen bewährt sich das Konzept einer situationsbedingten Produktionskorrespondenz mit Konsumleistungen und Gesundheit als Outputs. Die Nachfrage nach medizinischen Leistungen hängt nicht nur von Größen ab, die mit einem „Bedarf" verbunden sind, sondern auch von Faktoren, welche die Produktivität und die Kosten eigener Anstrengungen zu Gunsten der Gesundheit widerspiegeln. Die Situationsbedingtheit kommt darin zum Ausdruck, dass diese Faktoren zur Erklärung der Inanspruchnahme von medizinischen Leistungen in eindeutig krankem Zustand kaum mehr beitragen.*

Da im Zustand der Krankheit der Produktions- bzw. Behandlungsprozess nur noch in wenigen Aspekten vom Individuum gesteuert wird (Wahl des Arztes, Präferenz für ein Arzneimittel, Abbruch der Behandlung), erhält der Arzt einen Freiraum zur Verfolgung seiner eigenen Ziele.

Diese Überlegung spricht für eine Untersuchung der Entscheidungssituation des Arztes, die im 8. Kapitel geleistet wird. In einem gewissen Sinne werden natürlich diese Partialanalysen unbefriedigend bleiben, weil sie die Interaktion zwischen Arzt und Patienten nicht gesamthaft abzubilden vermögen. Durch einen Vergleich und die Kombination von statistisch einigermaßen gesicherten Implikationen solcher Partialmodelle lässt sich aber trotz allem ein gewisses Bild von den Wirkungen gesundheitspolitischer Maßnahmen gewinnen.

4.5 Zusammenfassung des Kapitels

(1) In diesem Kapitel wurde anhand von empirischen Untersuchungen das Konzept der Transformationskurve für Gesundheit und Konsumleistungen untersucht.

(2) Misst man den Beitrag verschiedener Inputs zur Gesundheitsproduktion an der Senkung der Mortalitätsrate, so gibt es Anzeichen dafür, dass die Grenzproduktivität der medizinischen Infrastruktur in den USA kleiner sein könnte als diejenige einer verlängerten Schulbildung.

(3) Studien anhand aggregierter Daten legen die Vermutung nahe, dass der auf nationaler Ebene kaum erkennbare oder sogar perverse Zusammenhang zwischen Indikatoren des Gesundheitszustandes und medizinischen Aufwendungen seine Entsprechung in der Sterblichkeitsentwicklung bei wichtigen Krankheitskategorien hat. In einer überwiegend gesunden Bevölkerung dürften andere Inputs bei der Produktion von Gesundheit eine entscheidendere Rolle spielen.

(4) Dass wirtschaftliche Instabilität sowohl die Eigenproduktivität des Individuums wie auch die Produktivität der medizinischen Leistungen mindern könnte, ist theoretisch an sich plausibel. Andererseits lockert aber die mit einer Rezession verbundene Arbeitslosigkeit die Zeitrestriktion der Betroffenen, während eine Expansionsphase vielfach mit Stress am Arbeitsplatz einhergeht. Die statistische Evidenz ist für beide Zusammenhänge noch nicht überzeugend, nicht zuletzt deshalb, weil sie sich auf die Sterblichkeit allgemein statt diejenige der jeweils Betroffenen stützt.

(5) Das Konzept der Gesundheitsproduktion mit dem Eigenbeitrag des Individuums und medizinischen Leistungen als Inputs bewährt sich auch an Individualdaten, bis hin zu einem beträchtlichen Ausmaß von Substitutionalität bei spezifischen Erkrankungen.

(6) Mit Hilfe neu verfügbarer Individualdaten lassen sich Zusammenhänge zwischen der Luftqualität und dem Gesundheitszustand erkennen. Eine mindestens ebenbürtige Rolle spielt jedoch der Input „Tabakkonsum" in die gleichzeitige Produktion von Konsumleistungen und Gesundheit der Atemwege.

(7) Auch auf der Stufe disaggregierter Beobachtungen bewährt sich das Konzept einer situationsbedingten Produktionskorrespondenz mit Konsumleistungen und Gesundheit als Outputs. Die Nachfrage nach medizinischen Leistungen hängt nicht nur von Größen ab, die mit einem „Bedarf" verbunden sind, sondern auch von Faktoren, welche die Produktivität und die Kosten eigener Anstrengungen zu Gunsten der Gesundheit widerspiegeln. Die Situationsbedingtheit kommt darin zum Ausdruck, dass diese Faktoren zur Erklärung der Inanspruchnahme von medizinischen Leistungen in eindeutig krankem Zustand kaum mehr beitragen.

4.6 Lektürevorschläge

Für dieses Kapitel empfehlen wir den Weltentwicklungsbericht der Weltbank aus dem Jahre 1993 [siehe WELTBANK (1993)]. Weitere empirische Studien zur Gesundheitsproduktion sind MILLER UND FRECH (2004) und COMANOR ET AL. (2006).

4.Ü Übungsaufgaben

4.1. Bei der Kritik der Schätzgleichung von BRENNER (1983) wird geltend gemacht, sie müsste Regressoren wie $UN_t \Delta Y_t$ und UN_t^2 enthalten, weil die abhängige Variable nicht die Mortalitätsrate der Arbeitslosen, sondern der (erwerbstätigen) Bevölkerung überhaupt sei. Dies habe zur Folge, dass der Zusammenhang zwischen der Mortalitätsrate und der Arbeitslosenquote nicht mehr konstant, sondern variabel sein müsste.

Beweisen Sie diese Aussagen, indem Sie zwei vereinfachte Schätzgleichungen [eine für S^u (die Mortalitätsrate der Arbeitslosen) und eine für S^e (die Mortalitätsrate der Beschäftigten)] je mit den Regressoren Nr. 1 bis 3 der Tabelle 4.7 aufstellen und dann die im Text genannte Linearkombination bilden.

4.2. Im Kommentar zur Untersuchung von MULLAHY UND PORTNEY (1990) wird ausgeführt, dass jenseits von 16 Zigaretten pro Tag zusätzlicher Tabakkonsum gesundheitsschädigend wirke, während jenseits von 0,06 Mikrogramm/m^3 eine erhöhte Ozonkonzentration keinen nachteiligen Einfluss mehr habe.

a) Erklären Sie nochmals anhand der Koeffizienten der Tabelle 4.11, wie es zu solchen Aussagen kommen kann. Zeichnen Sie den Verlauf der partiellen Funktionen $P = f(ZIGARETTEN)$ und $P = g(OZON)$ auf, mit P=Wahrscheinlichkeit einer Phase mit eingeschränkter Aktivität.

b) Schreiben Sie die Schätzgleichung auf, die der Tabelle 4.11 zugrundeliegt, und bestimmen Sie mittels partieller Differenzierung den Wert von $ZIGARETTEN$, wo zusätzlicher Konsum von einer gesundheitsfördernden in eine gesundheitsschädigende Wirkung umschlägt.

(c) Setzen Sie die GMM-geschätzten Koeffizienten der Tabelle 4.11 ein und berechnen Sie diesen Extrempunkt algebraisch. Berücksichtigen Sie dabei, dass $ZIGARETTEN$ die effektive Zahl geteilt durch 100 ist. Bestimmen Sie analog den Extrempunkt im Falle von $OZON$.

5

Gesundheitsgüter, Marktversagen und Gerechtigkeit

5.1 Problemstellung

Auch in westlichen Industrieländern, die sich ansonsten marktwirtschaftlichen Prinzipien verschrieben haben, können wir bei der Allokation von Gesundheitsgütern, d.h. insbesondere medizinischen Leistungen, erhebliche Abweichungen von diesen Prinzipien feststellen. Anders als etwa bei Kühlschränken wird im Allgemeinen weder die Entscheidung, eine medizinische Leistung (z.B. eine Blinddarm-Operation) anzubieten oder nachzufragen, von souverän entscheidenden und mit den vollen finanziellen Konsequenzen konfrontierten Individuen bzw. Firmen getroffen, noch werden die resultierenden einzelwirtschaftlichen Pläne durch den Preismechanismus koordiniert.

So haben beispielsweise Großbritannien und Italien nationale Gesundheitsdienste mit fest angestellten Ärzten, die ihre Leistungen für die Patienten kostenlos erbringen, da die Finanzierung vollständig aus allgemeinen Steuermitteln erfolgt. In anderen Ländern unterliegen alle oder zumindest die Mehrzahl der Bürger einem *gesetzlichen Zwang zur Mitgliedschaft* in einer Krankenversicherung. Daneben sind in manchen Ländern die Leistungskataloge der Krankenversicherung gesetzlich vorgeschrieben und die Preise für medizinische Leistungen durch staatlich verordnete Gebührenordnungen reguliert.[1]

Diese Abweichungen vom marktwirtschaftlichen System werden zum einen damit gerechtfertigt, dass Gesundheitsgüter besondere, mit anderen Gütern nicht vergleichbare Merkmale aufwiesen, die ein *„Marktversagen"* begründeten, d.h. dazu

---

[1] Dies gilt in der Bundesrepublik Deutschland unmittelbar für die „Gebührenordnung für Ärzte" (GOÄ), nach der privatärztliche Leistungen vergütet werden, während der „Einheitliche Bewertungsmaßstab" (EBM) für kassenärztliche Leistungen durch einen Ausschuss aus Ärzte- und Kassenvertretern verabschiedet wird, dessen Zusammensetzung wiederum gesetzlich geregelt ist. In der Schweiz sind nur die Tarife der SUVA (Schweiz. Unfallversicherungs-Anstalt) gesetzlich festgelegt; im Übrigen handeln kantonale Kassenverbände und Ärztegesellschaften die Tarife miteinander aus.

führten, dass das Gleichgewicht auf nicht-regulierten Märkten keine Pareto-optimale Allokation darstellt. Zum anderen wird die Verletzung allgemein anerkannter Kriterien der Gerechtigkeit als Begründung für die Ablehnung des Marktmechanismus angeführt.

Ausgangspunkt für die These vom Marktversagen ist der *Erste Hauptsatz der Wohlfahrtstheorie* [vgl. BREYER (2011, Kapitel 5)]. Dieser besagt, dass bei Vorliegen einer perfekten Eigentumsordnung und in Abwesenheit öffentlicher Güter jedes Gleichgewicht bei vollkommener Konkurrenz – d.h. eine Allokation, bei der jeder Konsument seinen Nutzen und jeder Produzent seinen Gewinn maximiert, alle Akteure den Marktpreis als gegeben hinnehmen und die daraus resultierenden Pläne miteinander vereinbar sind – ein Pareto-Optimum darstellt. Die Behauptung eines Marktversagens erfordert also zunächst den Nachweis, dass mindestens eine der im Ersten Hauptsatz der Wohlfahrtstheorie genannten Voraussetzungen im Falle der Gesundheitsgüter nicht erfüllt ist, oder dass ein Mengenanpasserverhalten nicht unterstellt werden kann. Mögliche Ursachen hierfür sind, dass

- Gesundheitsgüter den Charakter *öffentlicher Güter* aufweisen,

- der Konsum von Gesundheitsgütern aufgrund einer unvollständigen Eigentumsordnung mit *externen Effekten* verbunden ist,

- die Merkmale eines vollkommenen Marktes, d.h. *Markttransparenz*, nicht erfüllt sind, oder

- das Ideal des *souveränen Konsumenten*, der seinen Nutzen maximierende Nachfrageentscheidungen trifft, verletzt ist.

Im Folgenden werden wir die wichtigsten in der Literatur genannten Besonderheiten von Gesundheitsgütern rekapitulieren und daraufhin untersuchen, ob sie das Vorliegen eines dieser Gründe von Marktversagen nahelegen. Soweit dies der Fall ist, gilt es dann zu diskutieren, welche *alternativen* sozialen Institutionen (z.B. staatliche Bereitstellung der Güter, gesetzliche Versicherungspflicht) geeignet sind, einen höheren Grad an Effizienz herbeizuführen als der Markt. In diesem Zusammenhang ist allerdings stets zu berücksichtigen, dass Gesundheitsgüter in sich nicht homogen sind, so dass der Markt für die einen eine passende Allokationsform darstellt, während er im anderen Falle versagen mag.

Dabei wird sich eine weitere Unterscheidung möglicher Typen von Marktversagen als nützlich herausstellen:

(a) ein Versagen der Märkte für *medizinische Leistungen* selbst, das eine Begründung für staatliche Bereitstellung der Güter liefern könnte, bzw.

(b) ein Versagen *privater Versicherungsmärkte*, auf denen sich der Einzelne gegen das mit Krankheit verbundene finanzielle Risiko absichern kann.

Es sollte betont werden, dass wir uns ausschließlich mit den Kriterien für statische Effizienz beschäftigen und somit die existierende Technologie in der Herstellung von Gesundheitsgütern als gegeben voraussetzen. Damit klammern wir das

Problem der dynamischen Effizienz aus, das etwa mit dem Einfluss des Finanzierungssystems auf die Medizintechnologie verbunden ist. Diese Problematik wird in Kapitel 14 aufgegriffen.

Entsprechend der oben unterschiedenen Teilprobleme ist dieses Kapitel gegliedert. Abschnitt 5.2 ist Merkmalen von Gesundheitsgütern gewidmet, die ein Versagen der Märkte für diese Güter selbst begründen könnten. In Abschnitt 5.3 werden dann Eigenschaften behandelt, die ein Versagen privater Märkte für Krankenversicherungen nahelegen. Während in beiden Fällen Effizienzkriterien für die Beurteilung der Marktergebnisse herangezogen werden, werden in Abschnitt 5.4 Kriterien der Gerechtigkeit auf ihre Implikationen für die Regulierung der Märkte für Gesundheitsgüter bzw. Krankenversicherungen überprüft. Abschnitt 5.5 diskutiert die Rationierung medizinischer Leistungen. In Abschnitt 5.6 besprechen wir die sozialen Krankenversicherungssysteme in Deutschland und der Schweiz. Dabei diskutieren wir auch Vorschläge zur Reform der Gesetzlichen Krankenversicherung in Deutschland.

5.2 Marktversagen auf den Märkten für Gesundheitsgüter

5.2.1 Externe Effekte und die Kollektivgutproblematik

Werden durch den Konsum eines Gutes h durch einen Haushalt i Nutzenwirkungen bei einem anderen Haushalt j, also „externe Effekte", ausgelöst, so führt der Marktmechanismus bei vollkommener Konkurrenz im Allgemeinen nicht zu einer Pareto-optimalen Allokation. Hier bezieht in einem Gleichgewicht der Konsument i eine solche Menge von Gut h, dass sein eigener (in Geldeinheiten bewerteter) Grenznutzen aus der letzten Einheit des Gutes dem Güterpreis und damit den Grenzkosten der Herstellung des Gutes entspricht. Dagegen ist ein Pareto-Optimum dadurch gekennzeichnet, dass auf der Nutzenseite auch noch der Grenznutzen, den Haushalt j aus dem Konsum des Gutes h durch Haushalt i zieht, addiert, und die Summe daraus den Grenzkosten gegenübergestellt wird.

Positive externe Effekte sind daher in der Regel mit einem Unterkonsum des Gutes auf dem Markt verbunden, negative externe Effekte mit einem Überkonsum, jeweils verglichen mit einer Pareto-optimalen Lösung. Dabei wird allerdings noch keine Aussage darüber getroffen, ob es institutionelle Regelungen gibt, mit deren Hilfe eine solche Lösung erreicht werden könnte. Bei Gesundheitsgütern ist eher der Fall *positiver externer Effekte* relevant. So kann der Konsum des Gesundheitsguts h durch Individuum i

- direkt die Gesundheit von Individuum j erhöhen [CULYER (1971) nennt dies einen „physischen externen Effekt"] oder aber

- einfach zu einer höheren Zufriedenheit bei j führen [„psychischer externer Effekt"].

Physische externe Effekte: Sie entstehen durch die Behandlung oder Vorbeugung gegen ansteckende Krankheiten bei Individuum i, durch die sich die Wahrscheinlichkeit verringert, dass sich j (ebenfalls) diese Krankheit zuzieht. Im Zwei-Personen-Fall, wo j der Einzige ist, der außer i selbst einen Vorteil von i's Konsum, z.B. einer Impfung, hat, ließe sich ein Pareto-Optimum leicht durch einen freiwilligen Zuschuss von j zu i's Impfkosten herstellen.

In der Realität verteilen sich allerdings die externen Vorteile auf sehr viele Nutznießer, und da tritt als eine weitere Komplikation der *Kollektivgutcharakter* des externen Effekts hinzu. Ein „Kollektivgut" oder auch „öffentliches Gut" ist zum einen durch Nicht-Rivalität im Konsum gekennzeichnet: Bezieht ein Haushalt i eine Einheit von Gut h, so kann ein anderer Haushalt j ebenfalls daraus Nutzen ziehen, ohne dass dies den Genuss des Gutes durch i schmälert. Diese Eigenschaft ist bei dem externen Vorteil einer Impfung von Individuum i in idealer Weise erfüllt, denn er betrifft mehrere andere Individuen und verringert sich für den Einzelnen keineswegs mit der Zahl der weiteren Nutznießer.

Kollektivgüter sind zum anderen dadurch charakterisiert, dass das *Ausschlussprinzip* nicht anwendbar ist, d.h. niemand von ihrer Nutzung ausgeschlossen werden kann, auch wenn er zu ihrer Bereitstellung nichts beigetragen hat. Dann hat der einzelne Konsument keinen Anreiz, sich an der Finanzierung (hier: an der Aufbringung eines Zuschusses zur Impfung des Individuums i) zu beteiligen, kann er die Vorteile einer reduzierten Ansteckungsgefahr doch genauso nutzen, wenn andere Nutznießer die Finanzierung übernehmen. Daher ist auf einem reinen Wettbewerbsmarkt mit einer Unterversorgung mit diesen Gütern zu rechnen.

Diese Überlegungen sprechen dafür, dass vom Staat bereitgestellte und aus allgemeinen Steuermitteln finanzierte Reihenimpfungen gegen Ansteckungskrankheiten (wie Kinderlähmung oder gefährliche Grippeviren) ebenso wie andere, z. B. hygienische Maßnahmen gegen die Ausbreitung von Epidemien (wie Typhus oder Cholera) zu einer Pareto-Verbesserung führen können. Auf welcher Ebene des Staates (Gemeinde, Land oder Bund) dies zweckmäßigerweise zu geschehen hat, sollte von der geographischen Ausbreitung des externen Vorteils abhängig gemacht werden.

Angesichts des bis heute stark gesunkenen Anteils, den Infektionskrankheiten an den Gesamtausgaben für medizinische Leistungen einnehmen, kann diese Argumentation nicht mehr dazu herhalten, eine *generelle kostenlose Bereitstellung* medizinischer Versorgung durch den Staat zu rechtfertigen. Darüber hinaus sind nicht alle Bürger durch alle Infektionskrankheiten in gleichem Maße gefährdet. Ein positiver externer Effekt der Bekämpfung der Ausbreitung einer Epidemie entfällt z. B. bereits dann, wenn sich der Einzelne – wie bei AIDS – durch individuelle Vorsichtsmaßnahmen wirksam und kostengünstig vor einer Ansteckung schützen kann. Wird jedoch jemand, der selbst nicht gefährdet ist, durch Steuerfinanzierung gezwungen, zu den Kosten der staatlichen Bekämpfung einer Epidemie beizutragen, so führt die staatliche Bereitstellung bereits nicht mehr zu einer Pareto-Verbesserung gegenüber der reinen Marktlösung.

Ein Beispiel für einen negativen physischen externen Effekt ist die Resistenzbildung bei Antibiotika. Hierzu trägt praktisch jede Anwendung eines Antibiotikums bei. Als Folge sinkt die Wahrscheinlichkeit, dass das Antibiotikum in Zukunft wirkt. Negativ betroffen hiervon sind insbesondere Menschen mit Immunschwächen und HIV-Infizierte, die durch resistente Keime besonders bedroht sind. Dies spricht dafür, Antibiotika generell verschreibungspflichtig zu machen. Zur Internalisierung des externen Effektes sollten Ärzte darauf verpflichtet werden, strenge Maßstäbe bei der Verschreibung anzulegen, die mögliche Folgewirkungen berücksichtigen. Insbesondere bei Infektionen, die wahrscheinlich viral verursacht sind, sollte zunächst eine genauere Diagnose gestellt werden, bevor ein Antibiotikum verschrieben wird. Ebenso sollten Patienten aufgefordert werden, die Therapie konsequent zu Ende zu führen. Dies ist staatlich allerdings kaum zu kontrollieren. Anders sieht es bei der Verwendung von Antibiotika in der Viehzucht aus. Hier sollten staatliche Regeln und Aufsicht sicherstellen, dass ihr Einsatz auf ein absolutes Minimum begrenzt wird.

Psychische externe Effekte: Diese Effekte entstehen bei Personen, denen es besser geht, wenn Bedürftige medizinisch besser versorgt werden. Ökonomen sprechen von „altruistischen" Präferenzen, bei denen das Nutzenniveau des altruistischen Individuums *j* nicht nur von seinem eigenen Güterkonsum, sondern auch (ebenfalls in positiver Richtung) von dem des Individuums *i* abhängt. Allerdings besteht ein positiver externer Effekt in der Regel nur solange, wie der Konsum eines Mitbürgers als „unerträglich" niedrig empfunden wird. So bereitet es wohl den meisten Menschen Kummer, wenn sie sehen, dass andere aus Hunger oder Mangel an medizinischer Versorgung sterben, vor allem wenn sie unverschuldet in diese Notlage geraten sind.

Die Existenz altruistischer Einstellungen in der Gesellschaft wirft nun die Frage auf, ob die entsprechenden positiven externen Effekte

(1) auch allein durch private Hilfsmaßnahmen internalisiert werden können oder *staatliches* Eingreifen erfordern, und ob sie

(2) die Subventionierung oder sogar kostenlose Bereitstellung bestimmter Güter (z.B. medizinische Behandlung) erfordern oder durch Geldtransfers geregelt werden könnten, d.h. ob *Sachtransfers* („transfers in kind") gegenüber *Geldtransfers* („transfers in cash") nach Wohlfahrtskriterien überlegen sind.

Für die staatliche Organisation der Hilfe spricht wieder – wie im Falle der Infektionskrankheiten – ihr Kollektivgutcharakter. Denn in einer Gesellschaft mit vielen wohlhabenden Mitgliedern profitiert jeder davon, wenn ein anderer die Ärmsten unterstützt, und in Abwesenheit einer staatlichen Organisation würde es damit zu einer Unterversorgung mit Hilfsmaßnahmen für Bedürftige kommen.

Gütertransfers durch kostenlose Bereitstellung scheinen gegenüber Geldtransfers auf den ersten Blick den Nachteil zu haben, dass sie für den Bedürftigen die relativen Preise verzerren und ihn zu einem Überkonsum der subventionierten (hier: medizinischen) Güter relativ zu einem Pareto-Optimum verleiten. Diese Argumentation übersieht allerdings die spezifischen Wirkungen des Konsums des Transferempfängers auf den Geber: Ist dieser daran interessiert, nicht allgemein den *Nut-*

zen des Empfängers, sondern speziell dessen *Konsum eines bestimmten Gutes* zu erhöhen,[2] so steigt seine Bereitschaft zum Transfer, wenn er diesen *zweckgebunden* geben kann. Durch den erhöhten Umfang des Transfers kann damit auch der Nutzen des Empfängers über das Maximum bei Erhalt eines (kleineren) Einkommenstransfers steigen und somit diese Lösung Pareto-superior sein.[3]

Dabei dürften Ernährung, ausreichender Wohnraum und medizinische Grundversorgung zu den am ehesten als unterstützungswürdig angesehenen Bedürfnissen zählen, für die solche Zweckbindung den Interessen der Geber entspricht. Mit der kostenlosen Bereitstellung medizinischer Versorgung für besonders Bedürftige ist jedoch noch keineswegs impliziert, dass diese generell aus Steuermitteln finanziert werden sollte. Auf geeignete Institutionen zu ihrer Finanzierung wird in Teilabschnitt 5.3.2 näher eingegangen. Noch weniger begründen die hier diskutierten Besonderheiten von Gesundheitsgütern ein staatlich organisiertes Angebot, wie es ein nationaler Gesundheitsdienst darstellt, denn das mit externen Effekten und Kollektivgütern verbundene „Marktversagen" betrifft ausschließlich die Nachfrageseite, nicht jedoch die Angebotsseite von Märkten.

5.2.2 Optionsgutcharakter medizinischer Leistungen

Ein weiteres Charakteristikum der meisten medizinischen Leistungen besteht darin, dass der Bedarf des einzelnen Haushalts nach ihnen zum einen nicht voraussagbar ist, zum anderen aber, wenn er eintritt, oft höchste Dringlichkeit aufweist. Andererseits können Kapazitäten zur medizinischen Versorgung, vor allem im Krankenhaus, nicht kurzfristig geschaffen werden. Das Bestehen einer gewissen Reservekapazität hat damit den Charakter eines Optionsgutes. Das bedeutet, dass bereits die *Existenz* des Gutes dem Konsumenten Nutzen stiftet. Um nun den Krankenhäusern einen Anreiz zur Vorhaltung von Reservekapazität zu geben, muss diese für sich vergütet werden, d. h. die Einnahmen des Krankenhauses dürfen nicht nur von der Bettennutzung abhängen.

Impliziert dies die Notwendigkeit einer *staatlichen Bereitstellung*? Diese Frage ist zu verneinen, da die Optionsnachfrage durchaus im Rahmen von (privaten) Krankenversicherungsverträgen befriedigt werden kann, durch die sich die Versicherung verpflichtet, dafür zu sorgen, dass für den Versicherten im Bedarfsfall ein freies Krankenhausbett zur Verfügung steht. Ein Teil des Prämienaufkommens wird dann dazu verwendet, einem Krankenhaus im Einzugsgebiet des Versicherten ein Entgelt für die Vorhaltung von Reservekapazität zu zahlen. Einen solchen „Sicherstellungsauftrag" für die medizinische Versorgung haben die gesetzlichen Krankenkassen in

---

[2] Demgemäß spricht man hier von einer „Güterexternalität" im Gegensatz zu einer „Nutzenexternalität" und von „Konsumaltruismus" im Gegensatz zu „Nutzenaltruismus".

[3] Darüber hinaus können Gütertransfers auch sinnvoll sein, um Bedürftige zu erreichen, wenn Bedürftigkeit nicht beobachtbar ist. Siehe hierzu BLACKORBY UND DONALDSON (1988) und NICHOLS UND ZECKHAUSER (1982).

der Bundesrepublik Deutschland tatsächlich vom Gesetzgeber erhalten, aber er könnte durchaus auch durch private Verträge abgesichert sein. [4]

Lediglich insofern, als die Option selbst wieder den Charakter eines Kollektivgutes hat, wäre eine Finanzierung der Bettenvorhaltung aus Steuermitteln angebracht. In der Tat ist die Bedingung der Nicht-Rivalität erfüllt, da ein und dasselbe freie Krankenhausbett mehreren potentiellen Patienten gleichzeitig den Nutzen der Versorgungssicherheit verschaffen kann. Zu prüfen ist aber, ob darüber hinaus auch ein Verstoß gegen das *Ausschlussprinzip* vorliegt, welches fordert, dass im Fall eines Versorgungsengpasses derjenige Nachfrager diskriminiert werden muss, der keinen entsprechenden Versicherungsvertrag abgeschlossen hat, mit dem die Vorhaltung finanziert wird. Da im Notfall vermutlich aus vermeintlich humanitären Gründen gegen dieses Prinzip verstoßen werden dürfte, ist es gerechtfertigt, durch Steuerfinanzierung alle Bürger zu zwingen, zur Finanzierung der Option beizutragen. [5]

Folgerung 5.1 *Der Markt „versagt" bei der Allokation von Gesundheitsgütern insoweit, als diese Kollektivguteigenschaften aufweisen (Impfungen, Bereithaltung von Kapazitäten) oder mit Güterexternalitäten verbunden sind. In allen diesen Fällen sind geeignete, gegebenenfalls staatlich organisierte Institutionen der Finanzierung zu finden. Auf keinen Fall folgt jedoch aus dem Marktversagen die Notwendigkeit eines staatlich organisierten Angebots von Gesundheitsleistungen.*

5.2.3 Gründe für das Fehlen von Konsumentensouveränität

Ein weiterer, neben externen Effekten und der Kollektivguteigenschaft häufig angeführter Grund für das „Versagen" freier Märkte für Gesundheitsgüter wird in der Verletzung des Ideals des „souveränen Konsumenten" gesehen, der selbstbestimmte und rationale, d.h. seinen Nutzen maximierende Nachfrageentscheidungen trifft.

Dabei sind zwei Gründe für Abweichungen vom Rationalverhalten zu unterscheiden:

(1) Gründe, die für Konsumenten generell gelten, aber im Hinblick auf Entscheidungen, die die Gesundheit betreffen, besonders relevant sind,

(2) Gründe, die aus der spezifischen Situation der Krankheit erwachsen.

---

[4] In der Schweiz ist die Vorhaltung von Kapazität Sache der Kantone, die dazu (mitunter zweckgebundene) Steuermittel einsetzen [vgl. dazu ZWEIFEL (1988)].

[5] Eine analoge Situation ist die Option auf die Nutzung öffentlicher Verkehrsmittel, von der auch regelmäßige Autofahrer profitieren und die die Steuerfinanzierung der Vorhaltung der Leistung (Pflege des Schienennetzes bzw. des Fuhrparks) rechtfertigen.

Für jeden dieser Gründe stellen sich im Hinblick auf die wohlfahrtsökonomische Bewertung folgende Fragen:

(a) Ist eine Abweichung vom selbstbestimmten und rationalen Verhalten empirisch gesichert?

(b) Gibt es ein alternatives Verhaltensmodell, das das empirisch beobachtete Verhalten besser erklärt als das des rationalen Nutzenmaximierers?

(c) Kann man aus den beobachteten Abweichungen spezifische gesundheitspolitische Folgerungen ziehen, d.h. kann man konkrete Institutionen benennen, die ein besseres Allokationsergebnis erwarten lassen als freie Wettbewerbsmärkte?

5.2.3.1 Generelle Abweichungen vom Rationalverhalten

Entscheidungen, die die eigene Gesundheit betreffen, unterscheiden sich von den meisten alltäglichen Konsumentscheidungen durch zwei Besonderheiten:

(i) *Risiko:* Krankheit ist ein stochastisches Ereignis, bei dem in vielen Fällen sehr kleine Eintrittswahrscheinlichkeiten eine Rolle spielen.

(ii) *Intertemporale Entscheidungen:* Die Folgen einer Handlung oder einer Unterlassung (wie gesunder Ernährung und Bewegung, einer Impfung oder des Rauchens) treten erst nach sehr langer Zeit auf, so dass streng rationales Verhalten eine Planung über sehr lange Zeiträume erfordern würde.

Ökonomische Standardmodelle erklären Verhalten bei Vorliegen von Risiko mit der Maximierung des erwarteten Nutzens und intertemporale Entscheidungen mit dem Modell des exponentiellen Diskontierens (siehe z.B. das Grossman-Modell in Abschnitt 3.3.1). Gerade diese Verhaltensmodelle sind jedoch in den vergangenen Jahrzehnten durch eine Vielzahl von empirischen Studien in Frage gestellt worden. Markante Abweichungen sind z.B.

- die Schwierigkeit, mit kleinen Wahrscheinlichkeiten umzugehen, die bis zu einer Fühlbarkeitsschwelle wie null behandelt, über dieser Schwelle jedoch überbewertet werden [KAHNEMAN UND TVERSKY (1979)],

- die Abhängigkeit der Entscheidung von der Darstellung („framing") der Alternativen. Es macht beispielsweise einen erheblichen Unterschied, ob der Vorteil einer Strahlentherapie im Vergleich zu einer Operation als „Senkung des Risikos des unmittelbar bevorstehenden Todes von 10% auf 0%" oder als „Erhöhung der kurzfristigen Überlebensrate von 90% auf 100%" beschrieben wird [MCNEIL ET AL. (1982)],

- die Neigung, als richtig, aber unangenehm empfundene Verhaltensänderungen vor sich herzuschieben.

Für manche dieser typischen Verhaltensweisen sind alternative Erklärungsmodelle entwickelt worden, beispielsweise für das zuerst genannte Phänomen die „Prospect Theory" von KAHNEMAN UND TVERSKY (1979) oder für das zuletzt genannte das Modell der „hyperbolischen Diskontierung" [STROTZ (1956), LAIBSON (1997)].[6] Eine allgemein anerkannte generelle Theorie des Verhaltens bei Risiko und intertemporalen Entscheidungen, welche die beschriebenen Standardmodelle vollkommen abgelöst hätte, existiert allerdings noch nicht.

Unabhängig davon, ob es bereits ein „besseres" Erklärungsmodell für typisches Verhalten gibt als das der Maximierung des erwarteten Nutzens über die Zeit, stellt sich jedoch die Frage nach den normativen Konsequenzen aus den empirischen Beobachtungen für die „effiziente" Gestaltung des Gesundheitssystems.

Wollte man etwa die Forderung vertreten, dass Gesundheitsleistungen (vor allem diagnostische Leistungen, die ja der Feststellung von behandlungsbedürftigen Krankheiten dienen) grundsätzlich für den Patienten kostenfrei (und daher kollektiv finanziert) sein sollten, so ließe sich dies nur dann begründen, wenn der typische Bürger, der erste Symptome einer möglichen Krankheit wahrnimmt, die tatsächliche Wahrscheinlichkeit einer schweren Erkrankung systematisch unterschätzt [BREYER (1982)]. Dafür gibt es nicht nur keine klaren Belege, sondern es besteht vielmehr das Problem, dass viele Menschen die Wahrscheinlichkeit von Krankheiten, über die in den Medien berichtet worden ist, drastisch überschätzen.[7]

Noch weniger folgt aus den genannten Beobachtungen, dass es dem Wohlergehen der Bürger dienen würde, wenn man versuchte, dem Einzelnen die Entscheidungen über gesundheitsrelevantes Verhalten weitgehend abzunehmen und an „Experten" oder Politiker zu delegieren. Abgesehen davon, dass dies die Ausübung von Zwang voraussetzen würde, die in einer freiheitlichen Gesellschaft (vgl. Art. 2 Grundgesetz) stets einer triftigen Begründung – etwa der Abwehr von gefährlichen Epidemien – bedarf, muss bezweifelt werden, dass die neuen Entscheidungsträger weniger an den oben beschriebenen Anomalien leiden. So sind gerade Politiker dafür bekannt, dass sie wegen der begrenzten Wahlperiode Maßnahmen bevorzugen, die sich innerhalb kürzerer Zeit auszahlen, und dazu tendieren, langfristige Wirkungen zu ignorieren.

THALER UND SUNSTEIN (2008) haben als Mittelweg zwischen weitgehender individueller Freiheit und maximalem staatlichen Zwang das Modell des *libertären Paternalismus* entwickelt, das darin besteht, dass der Staat bestimmte Vorgaben setzt, dem Einzelnen jedoch das Recht belässt, durch aktive Handlung davon abzuweichen. Diese Strategie bezeichnen THALER UND SUNSTEIN als „Nudge" (sanftes Schubsen). Ein Beispiel ist das automatische Einschreiben in einen staatlich geförderten Sparplan für das Alter, das von den Betroffenen rückgängig gemacht werden kann. Im Rahmen eines Feldexperimentes zeigen CHOI ET AL. (2004), dass bei diesem

---

[6] Im Gegensatz zur exponentiellen Diskontierung hat das Individuum bei diesem Modell „zeitinkonsistente Präferenzen", d.h. es möchte seine einmal aufgestellten Pläne im Laufe der Zeit ändern, obgleich keine neue Informationen eintreffen.

[7] Dieses Phänomen beruht auf dem sog. „availability bias" [TVERSKY UND KAHNEMAN (1973)].

Nudge die Beteiligung um bis zu 50% höher ist, obgleich die Betroffenen die gleichen Optionen haben wie in der Situation, in der sie sich aktiv einschreiben müssen. Ein Nudge kann auch in der Aufforderung bestehen, einen konkreten Plan zu fassen. So zeigen MILKMAN ET AL. (2011), dass die Angestellten eines Unternehmens sich signifikant häufiger gegen die Grippe impfen lassen, wenn sie aufgefordert werden, den geplanten Impftermin aufzuschreiben.

Ein weiteres Beispiel aus dem Gesundheitsbereich ist die Einführung der Widerspruchslösung bei der Organspende, die dem Bürger eine Erklärung abverlangt, wenn er im Falle des Hirntods seine Organe *nicht* spenden möchte. Die Folge wäre ein sehr viel größeres Aufkommen an Spenderorganen, das sogar denen nützen könnte, die selbst ihre Organe nicht spenden wollen. Da jeder kostenlos widersprechen kann, wäre das damit verbundene Ausmaß von „Zwang" sehr gering. Die Tatsache, dass eine solche Reform, die vom NATIONALEN ETHIKRAT (2007) für Deutschland vorgeschlagen wurde, von allen Bundestagsparteien strikt abgelehnt wird, zeigt jedoch, dass selbst dieses einfache Beispiel von „Schubsen" durchaus umstritten ist.

5.2.3.2 Unfähigkeit eines Kranken zu selbstbestimmter und rationaler Entscheidung

Der Zustand der Krankheit stellt eine menschliche Ausnahmesituation dar, in der im extremsten Fall sogar das Leben auf dem Spiel steht. Es wird daher bezweifelt, ob ein Mensch in dieser Lage in das Schema des „souveränen Konsumenten" passt, der unter den ihm angebotenen Alternativen mittels rationaler Abwägung diejenige aussucht, die unter Berücksichtigung der mit ihr verbundenen Kosten seinen Nutzen maximiert. Abstrahiert man zunächst von dem Problem der Beurteilung der Qualität der Angebote (vgl. dazu Abschnitt 5.2.4), so lassen sich bezüglich der Fähigkeit zum Treffen einer selbstbestimmten und rationalen Entscheidung zumindest drei Stufen unterscheiden:

(i) *Vollkommene Unfähigkeit zu einer selbstbestimmten und rationalen Entscheidung:* Sie liegt z.B. bei Bewusstlosigkeit oder Geisteskrankheit vor. In dieser Situation nehmen aber medizinische Leistungen keine Sonderstellung ein, da der Betroffene überhaupt keine selbstbestimmten Entscheidungen treffen kann, und irgendjemand für ihn mit der Maßgabe entscheiden muss, so zu handeln, wie es der Betroffene tun würde, wenn er dazu in der Lage wäre. Die Frage ist lediglich, von wem ein solches „perfektes Sachwalterverhalten" am ehesten erwartet werden kann. Vieles spricht dafür, dass ein naher Verwandter dazu besser geeignet ist als ein Angestellter einer staatlichen Behörde.

(ii) *Eingeschränkte Fähigkeit zu einer selbstbestimmten Entscheidung:* Diesen Fall stellen lebensbedrohende, aber die geistige Kapazität nicht einschränkende Krankheiten dar. Hier ist der Patient zwar grundsätzlich zu einer rationalen Entscheidung fähig. Allerdings befindet er sich gegenüber dem Anbieter von Gesundheitsleistungen in einer prinzipiell schwächeren Position, da er bereit sein wird, jeden beliebigen Geldbetrag zur Wiederherstellung seiner Gesundheit zu zahlen. Sein selbstbestimmtes Handeln ist insofern eingeschränkt, dass er kaum nach kostengünstigen Angeboten Ausschau halten wird, sofern damit ein (auch nur vermeintlich) größeres Risiko des Misserfolgs verbunden ist. Jedoch lässt sich für eine derartige Situation durch den Abschluss eines *Krankenversicherungsvertrags* bei einem Versicherer vorsorgen, der mit Ärzten Vereinbarungen über die Vergütung ihrer Leistungen geschlossen hat. Ein Beispiel hierfür sind die in Kapitel 11 besprochenen Health Maintenance Organizations (HMOs), in welchen Versicherung und Leistungserbringung völlig integriert sind.

(iii) *Weitgehende Fähigkeit zu einer selbstbestimmten und rationalen Entscheidung:* Sie ist bei nicht lebensbedrohenden Krankheiten, wie sie in der größten Zahl der Behandlungsfälle vorliegen, gegeben. Da keine Bedrohung der Existenz vorliegt, ist die Fähigkeit zur rationalen Entscheidung nicht ernsthaft eingeschränkt, und die oben genannten Zweifel verlieren ihre Berechtigung.

Folglich scheint für keine der beschriebenen Stufen der Entscheidungsfähigkeit ein ausreichender Grund für die Vermutung vorzuliegen, dass eine andere Allokationsform als der Wettbewerbsmarkt zu einem höheren Grad an Effizienz führt: Entweder ist das Individuum selbst durchaus in der Lage, rationale Nachfrageentscheidungen zu treffen [Stufen (ii) und (iii)], oder ein ihm Nahestehender muss ihm diese Entscheidung abnehmen. Es ist nicht ersichtlich, wie staatliche Instanzen diese Aufgabe befriedigender bewältigen könnten. Noch weniger sprechen die genannten Gründe für ein staatlich organisiertes Leistungsangebot.

Folgerung 5.2 *Aus Beobachtungen, dass Individuen nicht immer zu selbstbestimmten und rationalen Entscheidungen in der Lage sind, folgt nicht, dass dem Einzelnen die Entscheidungen über gesundheitsrelevantes Verhalten abzunehmen und an „Experten" oder Politiker zu delegieren sind. Zudem steht mit „Nudges" eine Strategie zur Verfügung, das Verhalten in eine bestimmte Richtung zu lenken ohne die Handlungsoptionen der Individuen einzuschränken. Im Fall einer Krankheit sind Individuen selbst oder Nahestehende am besten geeignet, Entscheidungen zu treffen.*

5.2.4 Unvollkommene Information auf Gesundheitsmärkten

Eine weitere Voraussetzung für die Gültigkeit des in Abschnitt 5.1 angesprochenen Ersten Hauptsatzes der Wohlfahrtstheorie, die im Falle der Gesundheitsgüter verletzt zu sein scheint, ist die der vollkommenen Markttransparenz. Sie verlangt, dass die potentiellen Nachfrager über Qualität und Preisforderung der Angebote aller Anbieter auf dem Markt informiert sind. Insbesondere die vollkommene Kenntnis der Produktqualität ist bei Dienstleistungen, bei denen ja Erstellung und Konsum zeitlich zusammenfallen („Uno-actu-Prinzip"), generell nicht möglich: Vor der Entscheidung über die Nachfrage können die verschiedenen Angebote nicht in Augenschein genommen und miteinander verglichen werden.

In dieser Eigenschaft sind medizinische Leistungen nicht einzigartig. Sie gilt z.B. auch für die Leistungen von Friseuren, Banken (Anlageberatung) und Restaurants sowie für die Auftritte von Künstlern. Dennoch kann man drei zusätzliche Merkmale identifizieren, durch die sich Gesundheits- von den meisten anderen Dienstleistungen unterscheiden.

(1) *Mangelnde Möglichkeit der Stichprobe:* Die Qualität der Arbeit eines Friseurs oder auch eines Gastwirts kann man durch Ausprobieren erfahren und sich in gewissen Grenzen auch auf das Urteil anderer verlassen, die deren Leistungen bereits in Anspruch genommen haben. Dagegen konsumiert man medizinische Leistungen, vor allem die besonders wichtigen bei lebensbedrohenden Krankheiten, in der Mehrzahl unregelmäßig, so dass einem oft die eigene Erfahrung für eine Beurteilung fehlt. Ferner sind die Erfahrungen anderer nicht ohne weiteres übertragbar, da zum einen die gesundheitlichen Probleme nie ganz vergleichbar sind, und zum anderen der Behandlungsprozess eine starke individuelle Arzt-Patient-Komponente enthält. In dem letztgenannten Punkt unterscheiden sich Gesundheitsgüter auch von langlebigen Konsumgütern wie Waschmaschinen, die man zwar auch unregelmäßig kauft, bei denen aber eine objektive Qualitätsbeurteilung (z.B. durch Test-Institute) möglich ist.

(2) *Mangelnde Möglichkeit der Qualitätsbeurteilung:* Häufig lässt sich die Qualität einer medizinischen Leistung nicht einmal nach ihrer Inanspruchnahme richtig beurteilen, da der Kausalzusammenhang zwischen der Behandlung und der Änderung des Gesundheitszustands von anderen biologischen Vorgängen wie der Selbstheilungskraft des Körpers überlagert sein kann. Gesundheitsleistungen werden daher den „Vertrauensgütern" zugerechnet, deren Qualität nur selten feststellbar ist [DARBY UND KARNI (1973)] – im Gegensatz zu „Suchgütern" und „Erfahrungsgütern", deren Qualität vor bzw. nach ihrer Nutzung gemessen werden kann [NELSON (1970)].

(3) *Besondere Eigenschaften der Information:* Besonders für diagnostische Leistungen ist das nachgefragte Gut eine Information. Hier ist es a priori unmöglich, dass der Patient die Qualität der Leistung unmittelbar beurteilen kann, denn das würde voraussetzen, dass er die gesuchte Information vorher schon hatte. Der in der Natur der Sache liegende Informationsvorsprung des Anbieters gibt diesem natürlich ein gewisses Maß an Macht über den Nachfrager. Gerade in diesem Aspekt sind medizinische Leistungen allerdings nicht einzigartig. Man denke etwa an die Leistungen einer Automobil-Werkstatt, die ja in den meisten Fällen mit der Diagnose eines Schadens und der Feststellung eines Reparaturbedarfs beginnt. Auch Rechtsanwälte haben einen Informationsvorsprung bezüglich der Aussichten des Klienten, einen Prozess zu gewinnen.

Aus den genannten Gründen sind spezifische Eingriffe in Gesundheitsmärkte gerechtfertigt, die darauf abzielen, die Unterschreitung eines *Mindestniveaus der Qualität* zu verhindern. Zu denken ist hier an das staatliche Zulassungsverfahren für Ärzte und andere Heilberufe.[8] Ferner soll auch das ärztliche Haftungsrecht (Stichwort „Kunstfehlerprozesse") verhindern, dass die Unfähigkeit des Patienten zur Beurteilung der Leistungsqualität zu Schlamperei auf Seiten der Leistungsanbieter führt.

Auf der anderen Seite spricht keines der genannten Merkmale von Gesundheitsleistungen dafür, dass eine *staatliche Organisation des Angebots* bessere Wohlfahrtswirkungen erwarten ließe als eine Koordination durch den Markt. Wie zahlreiche Beispiele (z.B. das der Post) zeigen, ist gerade in bürokratisch strukturierten Institutionen, wie sie mit der staatlichen Organisation zwangsläufig einhergehen, die Überwachung der Leistungsqualität besonders schwierig und das Eingehen auf die Wünsche der Konsumenten nicht garantiert. Dazu kann vielmehr erst der Wettbewerbsdruck die Anbieter zwingen.

Folgerung 5.3 *Unvollkommene Information auf Gesundheitsmärkten liefert allerdings keine Rechtfertigung für staatliche Bereitstellung, sondern lediglich für staatliche Maßnahmen zur Verbesserung der Information der Konsumenten und zur Sicherung der Produktqualität. Hierzu gehören staatliche Zulassungsverfahren sowie das ärztliche Haftungsrecht.*

5.3 Marktversagen auf den Märkten für Krankenversicherung

Die in Abschnitt 5.2 aufgeführten Besonderheiten von Gesundheitsgütern legen zwar einige gezielte staatliche Eingriffe in die betreffenden Märkte nahe, sie rechtfertigen jedoch weder die Monopolisierung der Angebotsseite durch einen staatlichen Gesundheitsdienst noch die generelle Steuerfinanzierung aller Leistungen. Diese müssten demnach von den einzelnen Leistungskonsumenten bezahlt werden. Da Krankheitskosten jedoch stochastisch anfallen, können sich die Haushalte durch Abschluss eines Krankenversicherungsvertrags gegen die damit verbundene Unsicherheit ihres verfügbaren Einkommens absichern. Die im Folgenden zu beantwortende Frage ist, ob diese Aufgabe von privaten Versicherungsmärkten in optimaler Weise erfüllt wird, oder ob es Gründe für staatliche Eingriffe gibt.

5.3.1 Das Grundmodell der Versicherungsnachfrage

Wir betrachten ein Modell eines Krankenversicherungsmarktes, in dem es für jedes Individuum nur zwei mögliche Zustände der Natur geben kann, den Zustand der Krankheit (Kürzel k für „krank "), der mit der Wahrscheinlichkeit π eintritt ($0 < \pi < 1$), und den Zustand der Gesundheit (Kürzel g für „gesund "), der mit der

---

[8] Dazu ist allerdings anzumerken, dass eine nur einmalige Approbation bei Eintritt in das Berufsleben einen wesentlich schwächeren Schutz der Qualität beinhaltet, als es eine in bestimmten Abständen erforderliche Re-Approbation tun würde [vgl. dazu die treffenden Argumente von BENHAM (1991)].

Wahrscheinlichkeit $1 - \pi$ auftritt. Bei Krankheit benötigt das Individuum eine medizinische Behandlung, deren Kosten M betragen und welche die Gesundheit wiederherstellt. Gegen die Behandlungskosten kann sich das Individuum gegen Zahlung einer Prämie P (die auf jeden Fall bezahlt werden muss) versichern. Im Krankheitsfall wird dann die Versicherungsleistung I $(0 \leq I \leq M)$ an den Versicherten ausgezahlt.

Das Individuum bezieht ein exogen gegebenes Einkommen Y und zieht den Nutzen $u(y)$ aus seinem verfügbaren Einkommen y.[9] Es sei $u'(y) > 0$ und $u''(y) < 0$ angenommen, so dass die Nutzenfunktion streng konkav ist. Dies impliziert ein risikoaverses Individuum. Falls das Individuum gesund ist, beträgt sein verfügbares Einkommen $y_g = Y - P$, falls es krank ist, $y_k = Y - P - M + I$.

Wir gehen davon aus, dass das Individuum seinen erwarteten Nutzen maximiert.[10] Seine Zielfunktion lautet entsprechend

$$EU = (1 - \pi)u(y_g) + \pi u(y_k) = (1 - \pi)u(Y - P) + \pi u(Y - P - M + I). \qquad (5.1)$$

Es sei ferner angenommen, dass dem Versicherer keine Verwaltungskosten entstehen und dass er den erwarteten Gewinn maximiert. Auf dem Krankenversicherungsmarkt herrsche vollkommene Konkurrenz; die Versicherer bieten daher *versicherungsmathematisch (aktuarisch) faire* Verträge an, die durch $P = \pi I$ charakterisiert sind, d.h. die Prämie entspricht der erwarteten Versicherungsleistung.

Wegen $P = \pi I$ ist die optimale Höhe der Versicherungsleistung I durch die Lösung des folgenden Optimierungsproblems gegeben:

$$\max_I EU = (1 - \pi)u(Y - \pi I) + \pi u(Y - M + (1 - \pi)I) \qquad (5.2)$$

mit der Bedingung erster Ordnung für eine innere Lösung

$$\frac{dEU}{dI} = (1 - \pi)u'[Y - \pi I^*](-\pi) + \pi u'[Y - M + (1 - \pi)I^*](1 - \pi) = 0.$$

Wegen $u''(y) < 0$ ist die notwendige Bedingung zweiter Ordnung erfüllt. Eine Umformung der obigen Bedingung ergibt

$$u'[Y - \pi I^*] = u'[Y - M + (1 - \pi)I^*]. \qquad (5.3)$$

Im Optimum muss somit der Grenznutzen des Einkommens in beiden Zuständen gleich hoch sein. Wegen $u''(y) < 0$ impliziert dies, dass auch das verfügbare Einkommen in beiden Zuständen identisch ist. Daher ist Vollversicherung mit $I^* = M$ optimal

---

[9] Die Funktion $u(y)$, die den Nutzen in Abhängigkeit vom sicheren Geldeinkommen beschreibt, wird in der Literatur als von-Neumann-Morgenstern-Nutzenfunktion [vgl. etwa LAFFONT (1989, Kapitel 1)] oder Bernoulli-Nutzenfunktion [vgl. etwa MAS-COLELL ET AL. (1995, Kapitel 6)] bezeichnet. Es handelt sich um eine kardinale Nutzenfunktion, bei der positive affine Transformationen zulässig sind.

[10] Die Erwartungsnutzentheorie ist zwar nur eine von mehreren Theorien, um Entscheidungen bei Unsicherheit zu erklären, sie ist jedoch ein guter Ausgangspunkt, um Versicherungsentscheidungen zu erklären.

Kasten 5.1. Das Grundmodell der Versicherungsnachfrage

$$EU = (1 - \pi)u(y_g) + \pi u(y_k) \tag{5.1}$$

$$y_g = Y - P = Y - \pi I$$
$$y_k = Y - P - M + I = Y - M + (1 - \pi)I. \tag{5.4}$$

$$u'[Y - \pi I^*] = u'[Y - M + (1 - \pi)I^*] \quad \Rightarrow \quad I^* = M \tag{5.3}$$

EU:	Erwarteter Nutzen des Individuums
$u(y)$:	Nutzenfunktion, $u'(y) > 0, u''(y) < 0$
y_g:	Verfügbares Einkommen bei Gesundheit
y_k:	Verfügbares Einkommen bei Krankheit
π:	Krankheitswahrscheinlichkeit
Y:	Bruttoeinkommen
M:	Krankheitskosten
I:	Versicherungsleistung
$P = \pi I$:	Versicherungsmathematisch faire Prämie

und das Einkommen des Individuums hat die sichere Höhe $y_g = y_k = Y - \pi M$. Dieses Ergebnis charakterisiert eine effiziente Risikoaufteilung. Denn wenn aktuarisch faire Versicherungsverträge möglich sind, d.h. wenn der Versicherer das Risiko ohne Zusatzkosten übernehmen kann, ist es optimal, dass der Konsument voll versichert ist (vgl. auch Abschnitt 6.3.1.1).

Abbildung 5.1 illustriert die Wahl des optimalen Versicherungsvertrags im (y_g, y_k)-Diagramm. Die Ausgangssituation ohne Versicherung wird durch den Punkt A beschrieben, in dem $y_g = Y$ und $y_k = Y - M$ gelten. Der Abschluss eines Versicherungsvertrags ändert die zustandsabhängigen Einkommen zu

$$y_g = Y - P = Y - \pi I$$
$$y_k = Y - P - M + I = Y - M + (1 - \pi)I. \tag{5.4}$$

Löst man die erste Gleichung nach I auf und setzt sie in die zweite Gleichung ein, so erhält man die Budgetgerade b:

$$y_k = \frac{Y}{\pi} - M - \frac{1 - \pi}{\pi} y_g. \tag{5.5}$$

Sie schneidet die Sicherheitslinie $y_k = y_g$ bei dem Einkommen $Y - \pi M$.

Die Steigung der Indifferenzkurven des Individuums gibt die Grenzrate der Substitution zwischen den Einkommen in den beiden Zuständen wieder. Man erhält sie durch totale Differenzierung von Gleichung (5.1) und der Bedingung d$EU = 0$. Dies führt zu

$$\frac{dy_k}{dy_g}\bigg|_{dEU=0} = -\frac{\dfrac{\partial EU}{\partial y_g}}{\dfrac{\partial EU}{\partial y_k}} = -\frac{1 - \pi}{\pi} \frac{u'(y_g)}{u'(y_k)} < 0. \tag{5.6}$$

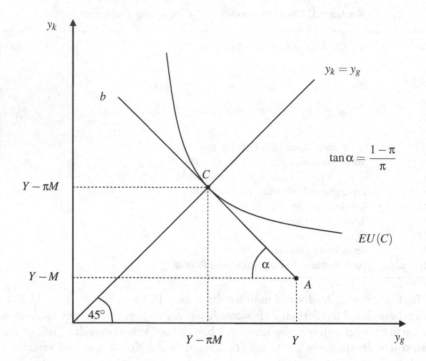

Abb. 5.1. Optimaler Versicherungsvertrag

Zudem impliziert $u''(y) < 0$ einen streng konvexen Verlauf der Indifferenzkurven:

$$\frac{\mathrm{d}^2 y_k}{\mathrm{d} y_g^2}\bigg|_{\mathrm{d}EU=0} = -\frac{1-\pi}{\pi} \times \frac{u''(y_g)u'(y_k) - u'(y_g)u''(y_k)\,\dfrac{\mathrm{d} y_k}{\mathrm{d} y_g}\bigg|_{\mathrm{d}EU=0}}{[u'(y_k(y_g))]^2} > 0. \qquad (5.7)$$

Auf der Sicherheitslinie $y_k = y_g$ erhalten wir für die Steigung der Indifferenzkurve

$$\frac{\mathrm{d} y_k}{\mathrm{d} y_g}\bigg|_{\mathrm{d}EU=0,\,y_g=y_k} = -\frac{1-\pi}{\pi}. \qquad (5.8)$$

Daher stimmen auf der Sicherheitslinie die Steigungen der Budgetgeraden und der Indifferenzkurve überein. Dies zeigt, dass das Optimum in Punkt C auf der Sicherheitslinie erreicht ist. Dort tangiert die höchste erreichbare Indifferenzkurve die Budgetgerade und das Einkommen in beiden Zuständen beträgt $Y - \pi M$.

5.3.2 Trittbrettfahrerverhalten

In Abschnitt 5.2.1 wurde mit Hilfe der Theorie der Güterexternalitäten begründet, warum in einer wohlhabenden Gesellschaft eine medizinische Grundversorgung für (unverschuldet) in Not geratene Mitbürger kostenlos zur Verfügung gestellt werden sollte. Es ist allerdings schwierig festzustellen, wann eine Notlage als „unverschuldet" gelten soll. Schon allein aus rein praktischen Gründen wird man sich darauf verständigen müssen, bereits die (geringe) Höhe des Einkommens und die Abwesenheit von Vermögen als Kriterien für den Anspruch auf kostenlose Behandlung gelten zu lassen. Wird beispielsweise eine Person mit einer schweren Verletzung oder schwerwiegenden Erkrankung in ein Krankenhaus gebracht, so wäre es in einer reichen Gesellschaft inakzeptabel, die medizinische Versorgung des Patienten von dessen Zahlungsfähigkeit abhängig zu machen. Die Verantwortlichen riskierten sonst eine Anklage wegen unterlassener Hilfeleistung. Stellt sich im Nachhinein heraus, dass die Person keine Krankenversicherung abgeschlossen hat und ihr Vermögen nicht zur Begleichung der Behandlungskosten ausreicht, so wird die Rechnung zwangsläufig aus Transfermitteln beglichen werden müssen.

Insofern Individuen, die mit ihrem Einkommen und Vermögen nicht allzu weit von den oben genannten Grenzen der „Bedürftigkeit" entfernt sind, dies antizipieren, verlieren sie jeglichen Anreiz, sich durch Abschluss einer Krankenversicherung selbst gegen das Krankheitskostenrisiko abzusichern. Mit dem Verzicht auf Versicherung sparen sie die Prämienausgaben ein und können, solange sie gesund bleiben, ein höheres Konsumniveau genießen. Werden jedoch hohe Ausgaben fällig, so erfüllen sie sehr rasch die Kriterien für kostenlose Behandlung, so dass sie ex ante – im Zustand der Ungewissheit über ihren zukünftigen Bedarf an Gesundheitsgütern – ohne Versicherung einen höheren Erwartungsnutzen realisieren.

Dieses Problem lässt sich im oben untersuchte Modell untersuchen, indem wir es um die folgenden Annahmen erweitern.[11]

(1) Allen Bürgern ist ein Mindesteinkommen (oder besser: Mindestkonsum) Y_{min} garantiert.

(2) Die Bürger unterscheiden sich in ihren Bruttoeinkommen Y, wogegen Krankheitswahrscheinlichkeit π und Behandlungskosten M für alle gleich hoch sind.

(3) Eine medizinische Behandlung kann im Krankheitsfall niemandem verweigert werden. Prinzipiell muss der Patient diese zwar bezahlen; da jedoch der Konsum (das verfügbare Einkommen) nicht unter Y_{min} fallen darf, muss der Staat einspringen, falls

$$Y - P - M + I < Y_{min}$$

gilt. Die Ausgaben für den Staat belaufen sich dann auf $Y_{min} - (Y - P - M + I)$.

---

[11] Eine weitergehende Analyse des Problems findet sich bei COATE (1995), der altruistisches Verhalten explizit modelliert und das gesellschaftliche Mindesteinkommen endogen bestimmt.

Die staatliche Mindestsicherung äußert sich somit in folgender Reformulierung des verfügbaren Einkommens im Krankheitsfall,

$$y_k = \max\{Y - P - M + I; Y_{\min}\}.$$

Mit der Versicherungsprämie $P = \pi I$ lautet der erwartete Nutzen:

$$EU = (1 - \pi)u(Y - \pi I) + \pi u(\max\{Y - \pi I - M + I; Y_{\min}\}). \tag{5.9}$$

Zunächst untersuchen wir, wie die optimale Versicherungsdeckung I^* vom Bruttoeinkommen des Individuums abhängt. Für $Y - M \geq Y_{\min}$ bleiben die Ergebnisse des Grundmodells bestehen. In diesem Fall ist die staatliche Mindestsicherung nicht relevant, denn das verfügbare Einkommen im Krankheitsfall liegt immer oberhalb von $Y_{\min}$, d.h. $\max\{Y - \pi I - M + I; Y_{\min}\} = Y - \pi I - M + I$, und das Entscheidungsproblem entspricht dem in Gleichung (5.2). Das Individuum wird daher in diesem Fall vollen Versicherungsschutz $I^* = M$ wählen.

Wenn hingegen $Y - M < Y_{\min}$ gilt, so kann es sich für das Individuum lohnen, sich nicht zu versichern. Hierzu betrachte man die Änderung des Erwartungsnutzens, der mit einer Erhöhung von I verbunden ist. Bei geringer Versicherung

$$I < \frac{Y_{\min} - Y + M}{1 - \pi} \equiv \hat{I},$$

ist das Einkommen im Versicherungsfall geringer als das Mindesteinkommen, d.h., $Y - \pi I - M + I < Y_{\min}$. In diesem Fall hängt der zweite Summand in der Gleichung (5.9) nicht von der Versicherungsdeckung ab, so dass die Ableitung nach I sich vereinfacht zu

$$\left.\frac{dEU}{dI}\right|_{I \leq \hat{I}} = (1 - \pi)u'(y_g)(-\pi) < 0. \tag{5.10}$$

Dieser negative Effekt für $I \leq \hat{I}$ erklärt sich dadurch, dass das verfügbare Einkommen im Krankheitsfall bei $Y_{\min}$ konstant bleibt, während das Einkommen bei Gesundheit fällt.

Übersteigt I hingegen die Schwelle $\hat{I}$, dann wächst der Erwartungsnutzen mit I, bis ein lokales Maximum bei $I = M$ erreicht ist. Wir erhalten

$$\left.\frac{dEU}{dI}\right|_{\hat{I} < I < M} = (1 - \pi)\pi\{u'(y_k) - u'(y_g)\} > 0, \tag{5.11}$$

da $u'(y_k)$ wegen $u''(y) < 0$ größer ist als $u'(y_g)$, solange $I < M$.

Aus den Gleichungen (5.10) und (5.11) folgt, dass es zwei lokale Optima gibt, $I = 0$ und $I = M$. Daher kommt es darauf an, ob

$$EU[I = M] - EU[I = 0] = u[Y - \pi M] - \{(1 - \pi)u[Y] + \pi u[Y_{\min}]\} \gtreqless 0.$$

Da diese Differenz mit dem Bruttoeinkommen Y zunimmt, ergibt sich

$$\frac{\mathrm{d}\left[EU[I=M] - EU[I=0]\right]}{\mathrm{d}Y} = u'(Y - \pi M) - (1 - \pi)u'(Y) > 0.$$

Folglich gibt es ein kritisches Einkommensniveau $\tilde{Y}$, so dass Individuen mit einem Einkommen über $\tilde{Y}$ eine Vollversicherung abschließen und solche mit geringerem Einkommen überhaupt keine Versicherung, d.h.

$$I^*(Y) = \begin{cases} 0 & \text{falls} \quad Y < \tilde{Y} \\ M & \text{falls} \quad Y \geq \tilde{Y}. \end{cases}$$

Inwieweit ist es problematisch, dass Geringverdiener keine Krankenversicherung abschließen? Für Individuen mit einem Bruttoeinkommen unter $Y_{\min}$ besteht kein Grund zur Besorgnis, denn sie erhalten immer staatliche Transfers, die das Mindesteinkommen sichern und sind dadurch de facto vollversichert.

Anders liegen die Dinge jedoch bei Individuen mit Einkommen $Y > Y_{\min}$. Insbesondere diejenigen, die sich im Prinzip eine Krankenversicherung leisten könnten, da sie ein Einkommen $Y - \pi M \geq Y_{\min}$ beziehen, könnten sich gegen eine Versicherung entscheiden. So erhalten wir für das Einkommensniveau $Y = Y_{\min} + \pi M$:

$$EU[I=M] - EU[I=0] = u[Y_{\min}] - \left\{(1 - \pi)u[Y_{\min} + \pi M] + \pi u[Y_{\min}]\right\} < 0.$$

Diese Individuen werden sich daher als „Trittbrettfahrer" der impliziten Versicherung verhalten, die der Staat mit seiner Garantie des Mindesteinkommens anbietet. Dies gilt auch für manche Individuen, deren Einkommen den Wert $Y_{\min} + \pi M$ übersteigt. Schließlich verzichten alle Individuen mit Bruttoeinkommen zwischen $Y_{\min}$ und $Y_{\min} + \pi M$ auf den Abschluss einer Versicherung. Sie hätten bei Kauf einer Vollversicherung Anspruch auf staatliche Transfers, stellen sich aber mit der kostenlosen impliziten Versicherung durch den Staat noch besser.

Insbesondere Trittbrettfahren von Individuen, die sich prinzipiell eine Krankenversicherung leisten können, wird vielfach von den Bürgern, die die Transfers finanzieren, als ungerecht empfunden werden. Die einfachste Gegenmaßnahme ist die Einführung einer *Versicherungspflicht*. Diese würde für Personen mit einem Einkommen unterhalb $Y_{\min} + \pi M$ bezuschusst. Auch für das unterste Einkommenssegment unterhalb von $Y_{\min}$ kann eine staatlich finanzierte Pflichtversicherung aus administrativen Gründen vorzuziehen sein, da der Staat zwar die Prämie übernimmt, die Prüfung der Leistungsansprüche aber dem Versicherer überlassen wird.

Eine Alternative ist eine hinreichend starke staatliche Subventionierung der Versicherungsprämien für Bedürftige.[12] Wir untersuchen diese Politikmaßnahme im

---

[12] Dies war die Grundkonzeption des schweizerischen Kranken- und Unfallgesetzes (KUVG, heute KVG) aus dem Jahre 1911. Die Subvention der Krankenkassenbeiträge wurde im Verlauf der Jahre allerdings so weit getrieben, dass vor seiner Neufassung 1994 rund 97% der Bevölkerung freiwillig kassenversichert waren. Dies wiederum bereitete den Weg für

Folgenden. Insbesondere vergleichen wir die Subvention σ mit dem Transfer, den der Staat bei Tolerierung des Trittbrettfahrens leistet. Die Subvention wird dabei nur gezahlt, wenn eine Vollversicherung abgeschlossen wird.

Zunächst berechnen wir den erwarteten Transfer, den Trittbrettfahrer bei Abwesenheit einer Versicherungspflicht erhalten. Sie tragen nur im Ausmaß von $Y - Y_{\min}$ zu ihren Behandlungskosten bei. Der Staat kommt für den Rest auf und zahlt daher einen Transfer in Höhe von $T = M - (Y - Y_{\min})$ mit dem Erwartungswert

$$ET = \pi\left[M - (Y - Y_{\min})\right]. \tag{5.12}$$

Ein Trittbrettfahrer hat einen Erwartungsnutzen von

$$EU_{TBF} = (1 - \pi)u[Y] + \pi u[Y_{\min}] \tag{5.13}$$

und ein erwartetes Einkommen in Höhe von

$$EY_{TBF} = (1 - \pi)Y + \pi Y_{\min} = Y - \pi M + ET. \tag{5.14}$$

Die Subvention σ erhält ein Individuum bei Abschluss einer Vollversicherung. Der Erwartungsnutzen beträgt dann $EU = u[Y - \pi M + \sigma]$. Die Mindesthöhe der Subvention, die das Individuum dazu bewegt, Vollversicherung abzuschließen, ist durch folgende Gleichung definiert:

$$u[Y - \pi M + \sigma] = EU_{TBF} = (1 - \pi)u[Y] + \pi u[Y_{\min}]. \tag{5.15}$$

Dann ist das Individuum genau indifferent zwischen dem Abschluss einer Versicherung mit Subvention und dem Verhalten als Trittbrettfahrer.

Die beiden Situation unterscheiden sich dadurch, dass Trittbrettfahren Unsicherheit bedingt, solange $Y > Y_{\min}$. Risikoscheue Individuen sind bereit, für die Beseitigung dieser Unsicherheit eine positive Risikoprämie ρ zu zahlen, die wie folgt definiert ist:

$$u[EY_{TBF} - \rho] = (1 - \pi)u[Y] + \pi u[Y_{\min}]. \tag{5.16}$$

In Verbindung mit Gleichung (5.15) erhalten wir $u[Y - \pi M + \sigma] = u[EY_{TBF} - \rho]$ und somit $Y - \pi M + \sigma = EY_{TBF} - \rho$. Einsetzen von EY_{TBF} aus Gleichung (5.14) ergibt dann

$$Y - \pi M + \sigma = Y - \pi M + ET - \rho \quad \Leftrightarrow \quad \sigma = ET - \rho.$$

Aus $\rho > 0$ folgt

$$\sigma < ET.$$

---

die Einführung einer allgemeinen Versicherungspflicht (mit freier Kassenwahl), die von Prämiensubventionen für die Armen begleitet war, im Jahr 1994 [vgl. ZWEIFEL UND BREUER (2006)].

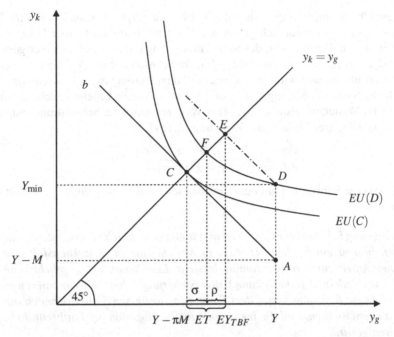

Abb. 5.2. Trittbrettfahren und Effizienzgewinne durch Versicherungspflicht

Damit ist die Subventionierung einer Vollversicherung für den Staat günstiger als die Tolerierung des Trittbrettfahrens. Dies liegt daran, dass die Vollversicherung eine Ineffizienz beseitigt: Trittbrettfahrer haben im Krankheitsfall ein geringeres verfügbares Einkommen als bei Gesundheit. Da aktuarisch faire Versicherungen prinzipiell verfügbar sind, ist diese Risikoallokation nicht optimal. Andererseits ist der freiwillige Abschluss einer Versicherung für Geringverdiener ohne Subvention nicht lohnend, da es ihren Konsum bei Gesundheit schmälert, ohne den Konsum bei Krankheit zu erhöhen, da der Abschluss einer Versicherung lediglich den Transfer reduziert, den sie vom Staat bei Krankheit erhalten. Eine Subvention, die nur bei Vollversicherung gezahlt wird, hebt diese Ineffizienz auf und fällt deshalb geringer aus als der erwartete Transfer bei Trittbrettfahren.

Abbildung 5.2 illustriert dieses Argument. Trittbrettfahrer befinden sich in Punkt D. Ihr Erwartungsnutzen ist höher als bei Vollversicherung (Punkt C), da sie im Krankheitsfall einen Transfer erhalten, der ihr Einkommen von $Y - M$ auf $Y_{\min}$ erhöht. Der Erwartungswert dieses Transfers ET kann mit Hilfe der Geraden ED abgelesen werden, die zur Budgetgeraden b parallel verläuft. In Punkt E ist das verfügbare Einkommen EY_{TBF} in beiden Zuständen gleich hoch; in Punkt C dagegen beträgt es $Y - \pi M$. Die Differenz zwischen beiden Einkommensniveaus ist ET [siehe Gleichung (5.14)]. Wenn eine Subvention σ bei Vollversicherung eingeführt wird, dann erreichen frühere Trittbrettfahrer den Punkt F mit dem sicheren Einkommen $Y - \pi M + \sigma$. An der y_h-Achse ist erkennbar, dass σ kleiner ist als ET. Die Differenz entspricht gerade der Risikoprämie ρ [siehe Gleichung (5.17)].

Diese Überlegungen zeigen, dass das Trittbrettfahrerproblem auch ohne eine Versicherungspflicht grundsätzlich gelöst werden kann, und dass hierbei Effizienzgewinne entstehen. Der Nachteil der Subventionierung im Vergleich zu einer generellen Versicherungspflicht sind allerdings höhere Staatsausgaben. Wichtig ist, dass die Subvention nur bezahlt wird, wenn eine Vollversicherung abgeschlossen wird. Eine einfache Subventionierung von Prämien erreicht dieses Ergebnis nicht, denn sie verzerrt die Versicherungsnachfrage. Des Weiteren muss die Subventionierung einkommensabhängig erfolgen. Aus Gleichung (5.16) folgt

$$\frac{d\sigma}{dY} = \frac{u'(Y) - u'(Y - \pi M - \sigma)}{u'(Y - \pi M - \sigma)} < 0.$$

Damit sinkt die Subvention mit dem Einkommen Y bis sie schließlich den Wert null annimmt.

Folgerung 5.4 *In einer Gesellschaft mit einem staatlichen Mindesteinkommen besteht ein implizite (teilweise) Absicherung im Krankheitsfall, die einen Anreiz zum Trittbrettfahren darstellt. Eine Versicherungspflicht kann dies verhindern. Alternativ kann Vollversicherungsschutz subventioniert werden. Diese Regelung kostet dem Staat zwar mehr, senkt aber dennoch die Transferausgaben, weil die ineffiziente Risikoallokation bei Trittbrettfahren beseitigt wird.*

Das Trittbrettfahrer-Problem stellt damit eine weitere Begründung für einen Staatseingriff dar. Es muss jedoch betont werden, dass es sich bei diesem Phänomen nicht um ein inhärentes Marktversagen handelt, sondern vielmehr um ein Problem, das erst durch einen anderen staatlichen Eingriff entsteht. Ohne die implizite Versicherung, die der Staat in Form eines Mindesteinkommens garantiert, würden mehr Individuen eine Vollversicherung abschließen. Allerdings sprechen für eine staatliche Mindestsicherung gute Gründe.

5.3.3 Asymmetrische Information über das Krankheitsrisiko

Wir wenden uns jetzt einem Effizienzproblem zu, das nicht die Folge eines Staatseingriffs ist. Es entsteht dadurch, dass die Individuen sich in ihren Krankheitsrisiken unterscheiden und diese nur selbst kennen. Diese *Informationsasymmetrie* zwischen Versicherung und Versicherungsnehmern wurde in den bahnbrechenden Arbeiten von ROTHSCHILD UND STIGLITZ (1976) und WILSON (1977) untersucht, deren Analyse wir im Folgenden wiedergeben. Ausgangspunkt ist dabei das Phänomen der *adversen Selektion*: Versicherer, die Verträge zu einer einheitlichen Prämie anbieten, müssen damit rechnen, dass vor allem Personen mit hohem Krankheitsrisiko umfangreichen Versicherungsschutz kaufen. Allerdings können Versicherungen mit „Preis-Mengen-Verträgen", die zusätzlich die Höhe des Versicherungsschutzes festlegen, diesem Phänomen entgegen wirken. ROTHSCHILD UND STIGLITZ (1976) und WILSON (1977) untersuchen Gleichgewichte auf dem Versicherungsmarkt bei diesen Verträgen.

5.3.3.1 Risikotypen

Das Grundmodell des Abschnitts 5.3.1 wird dadurch erweitert, dass es zwei Gruppen H und L gibt, die durch identische Bruttoeinkommen Y, aber unterschiedliche Krankheitswahrscheinlichkeiten gekennzeichnet sind. Der Anteil λ der Gesamtbevölkerung habe die niedrige Krankheitswahrscheinlichkeit π_L, der Anteil $(1-\lambda)$ die hohe Krankheitswahrscheinlichkeit π_H. Sei y_z^i das verfügbare Einkommen eines Individuums vom Typ i ($i = H, L$) im Zustand z ($z = g, k$). Der Erwartungsnutzen des Risikotyps i ist

$$EU_i = \pi_i u(y_k^i) + (1 - \pi_i)u(y_g^i), \quad i = H, L, \ 0 < \pi_L < \pi_H < 1. \tag{5.17}$$

Zunächst betrachten wir den Fall, in dem Information symmetrisch ist und die Versicherer das Risiko π_i jedes Versicherten beobachten können.

5.3.3.2 Das Marktgleichgewicht bei symmetrischer Information

Wie oben sei das Angebot fairer Versicherungsverträge unterstellt. Falls der Versicherer die Risikotypen auseinanderhalten kann, ist die Prämie für den Typ i durch

$$P_i = \pi_i I_i \tag{5.18}$$

gegeben. Wie in Abschnitt 5.3.1 gezeigt, werden alle Individuen zu diesen Prämien Vollversicherung nachfragen. Die Prämie für H-Typen („hohe Risiken") ist jedoch für die gleiche Versicherungsleistung I höher als die für L-Typen („niedrige Risiken"), da ihre Krankheitswahrscheinlichkeit höher ist.

Abbildung 5.3 illustriert dieses Ergebnis im (y_g^i, y_k^i) Raum, in dem Punkt A den für beide Risikotypen identischen Ausstattungspunkt beschreibt. Analog zu Gleichung (5.5) sind die Budgetgeraden b_L und b_H für die Risikotypen L und H durch

$$y_k^i = \frac{Y}{\pi_i} - M - \frac{1 - \pi_i}{\pi_i} y_g^i$$

gegeben. Wegen

$$\pi_H > \pi_L \quad \Leftrightarrow \quad \frac{1 - \pi_L}{\pi_L} > \frac{1 - \pi_H}{\pi_H}$$

ist die Budgetgerade der Niedrigrisiken steiler als die der Hochrisiken.

Die nutzenmaximierenden Verträge C_H und C_L für den jeweiligen Typ müssen die gleiche Tangentialbedingung erfüllen: die Steigungen der Budgetgerade und der Indifferenzkurve des Typs i müssen übereinstimmen. Analog zu Gleichung (5.6) erhalten wir für die Steigung der Indifferenzkurve

$$\left. \frac{dy_k^i}{dy_g^i} \right|_{dEU_i = 0} = -\frac{1 - \pi_i}{\pi_i} \frac{u'(y_g^i)}{u'(y_k^i)}. \tag{5.19}$$

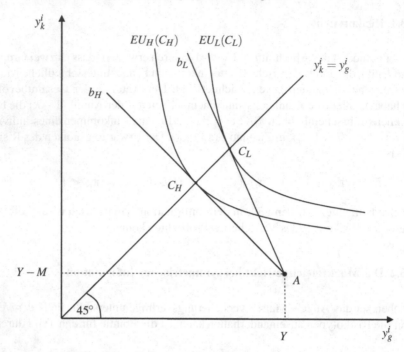

Abb. 5.3. Versicherungsverträge bei symmetrischer Information

Wegen Gleichung (5.8) ist die rechte Seite von (5.19) gleich $-(1-\pi_i)/\pi_i$, falls $y_k^i = y_g^i$. Daher ist die Tangentialeigenschaft einer Indifferenzkurve des Typs i mit der jeweiligen Budgetgeraden auf der Sicherheitslinie erfüllt. Dort finden sich entsprechend die beiden Optima C_H und C_L.

> **Folgerung 5.5** *Falls die Versicherer die Krankheitsrisiken beobachten und aktuarisch faire Versicherungen existieren, werden beide Risikotypen eine Vollversicherung abschließen. Die Prämie für hohe Risiken ist jedoch höher.*

5.3.3.3 Das Marktgleichgewicht bei asymmetrischer Information

Im Folgenden unterstellen wir, dass nur das Individuum selbst seinen Risikotyp kennt, während der Versicherer lediglich über den Anteil λ der Niedrigrisiken in der Bevölkerung Bescheid weiß. Ferner treffen wir zwei zusätzliche Annahmen.

(a) Versicherungsunternehmen bieten sog. „Preis-Mengen-Verträge" (P,I) an, die aus einer festen Versicherungsleistung I und einer Prämie P bestehen. Jeder solche Vertrag lässt sich durch einen Punkt im (y_g, y_k)-Raum darstellen.

(b) Jedes Individuum schließt genau einen Vertrag ab.

Bei asymmetrischer Information spielt die Definition eines Marktgleichgewichts eine entscheidende Rolle. Wir verwenden zunächst die Definition von ROTHSCHILD UND STIGLITZ (1976).

Definition 5.1 *Ein Rothschild-Stiglitz-Gleichgewicht (RS-Gleichgewicht) auf dem Markt für Krankenversicherungen ist charakterisiert durch eine Menge von Verträgen, für die gilt, dass*

    (*i*)   *jedes Individuum den Vertrag wählt, der seinen Erwartungsnutzen maximiert;*

    (*ii*)   *jeder dieser Verträge dem Versicherer einen nicht-negativen Erwartungsgewinn garantiert;*

    (*iii*)   *kein potentieller Vertrag außerhalb dieser Menge mit einem nicht-negativen Erwartungsgewinn verbunden wäre.*

Ein solches Gleichgewicht heißt *trennend*, falls Versicherungsnehmer mit unterschiedlichen Krankheitswahrscheinlichkeiten unterschiedliche Verträge nachfragen. Es heißt *vereinend*, falls alle Typen den gleichen Vertrag wählen.

Das Paar von Verträgen C_L und C_H mit Vollversicherung und differenzierten Prämien, das für den Fall symmetrischer Information als Gleichgewicht ermittelt wurde und in Abbildung 5.3 dargestellt ist, stellt offensichtlich kein RS-Gleichgewicht dar. Hochrisiken, die vom Versicherer nicht als solche identifiziert werden können, würden den Vertrag C_L kaufen, der für Niedrigrisiken gedacht ist, was zu erwarteten Verlusten der Versicherer führen würde.

Nicht-Existenz eines vereinenden Gleichgewichts

Zunächst untersuchen wir, ob ein vereinendes Gleichgewicht existiert. Ein Kandidat hierfür ist der Vertrag Z mit (P_Z, I_Z). Er hat die Eigenschaft

$$P_Z = \bar{\pi} I_Z \quad \text{mit} \quad \bar{\pi} = \lambda \pi_L + (1 - \lambda) \pi_H, \tag{5.20}$$

d.h. er beruht auf dem durchschnittlichen Krankheitsrisiko $\bar{\pi}$ und führt somit zu einem Erwartungsgewinn von Null, falls er von allen Individuen gewählt wird. In Abbildung 5.4 liegt Z auf der „Pooling-Geraden" p mit der Steigung $-(1 - \bar{\pi})/\bar{\pi}$. Aus Sicht der Niedrigrisiken ist dieser Vertrag nicht aktuarisch fair. Wie sich leicht zeigen lässt, muss deshalb die höchste erreichbare Indifferenzkurve dieser Typen die Pooling-Gerade unterhalb der Sicherheitsgeraden tangieren.[13] Der Vertrag Z ist somit der bestmögliche Vertrag für niedrige Risiken auf der Pooling-Geraden.

Die Indifferenzkurven von niedrigen Risiken verlaufen zudem in jedem Punkt steiler als diejenigen der hohen Risiken. Dies folgt aus Gleichung (5.19) und liegt daran, dass hohe Risiken für eine Geldeinheit mehr bei Krankheit bereit sind, auf

---

[13] Auf der Sicherheitsgeraden beträgt die absolute Steigung der Indifferenzkurven immer $(1 - \pi_L)/\pi_L$. Folglich schneidet die Indifferenzkurve dort die Pooling-Gerade von oben.

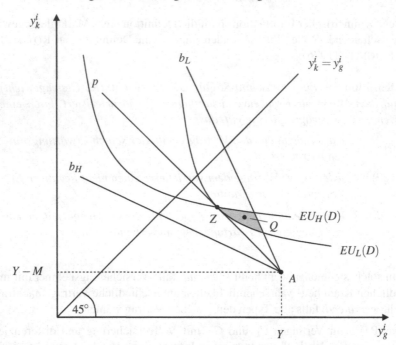

Abb. 5.4. Nicht-Existenz eines vereinenden Gleichgewichts bei asymmetrischer Information

mehr Geld bei Gesundheit zu verzichten, weil für sie der Krankheitszustand wahrscheinlicher und der gesunde Zustand weniger wahrscheinlich ist. Aus diesem Grund schneidet die Indifferenzkurve der hohen Risiken diejenige der niedrigen im Punkt Z von rechts.

Als nächstes sei ein Punkt in der schraffierten Fläche betrachtet, z.B. Vertrag Q. Dieser hat die folgenden Eigenschaften:

(1) Niedrigrisiken ziehen Vertrag Q gegenüber Z vor, da Q oberhalb ihrer Indifferenzkurve durch Z liegt und ihnen daher einen höheren Erwartungsnutzen stiftet;

(2) Hochrisiken ziehen Vertrag Z vor, da jeder Vertrag in der gefärbten Fläche unter ihrer (flacheren) Indifferenzkurve durch Z liegt;

(3) Vertrag Q sichert seinem Anbieter einen positiven erwarteten Gewinn, da er nur von Niedrigrisiken gewählt wird und unter deren Nullgewinnlinie liegt.

Falls der Vertrag Z auf dem Markt ist, lohnt es sich deshalb für einen Versicherer, den Vertrag Q anzubieten. Dann kann aber Vertrag Z kein Gleichgewicht darstellen, da die Eigenschaft (*iii*) aus der Definition 5.1 verletzt ist. Wie sich leicht zeigen lässt, existiert eine Fläche mit den Eigenschaften (1) bis (3) jedoch für jedes potentielle vereinende Gleichgewicht. Somit kann ein vereinendes Gleichgewicht generell ausgeschlossen werden.

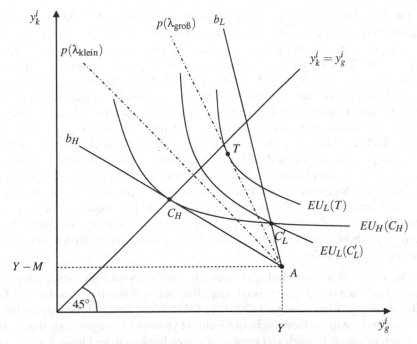

Abb. 5.5. Trennendes Gleichgewicht bei asymmetrischer Information

Mögliche Existenz eines trennenden Gleichgewichts

Ein trennendes Gleichgewicht kann jedoch existieren. Dann werden zwei verschiedene Verträge angeboten, die jeweils auf einen Risikotyp abzielen, und jeder Versicherte wählt einen davon. Anreizverträglichkeit erfordert, dass H-Typen den für sie gedachten Vertrag vorziehen und L-Typen den anderen.

Das mögliche Trennungsgleichgewicht ist in Abbildung 5.5 dargestellt. Auch wenn der genaue Prozess der Trennung der Risikotypen im Modell nicht explizit beschrieben ist, kann man ihn sich wie folgt vorstellen: Angenommen, die Versicherer böten einen Vollversicherung zur hohen Prämie $\pi_H M$ an. Falls Versicherte diesen Vertrag kaufen, so muss es sich bei ihnen um hohe Risiken handeln. Dies bedeutet, dass Punkt C_H für sie den Vergleichsmaßstab bildet. Insbesondere würden sie jeden Vertrag, der auf die Niedrigrisiken abzielt, vorziehen, der näher an der Sicherheitslinie liegt als der Punkt C_L'. Daher können die Versicherer, wenn sie die Anreizverträglichkeit bewahren wollen, den Niedrigrisiken nur eine Teilversicherung anbieten, wenn auch zu einer fairen Prämie. Diese Versicherten sind also gewissermaßen rationiert, da sie nicht den gesamten gewünschten Versicherungsschutz kaufen können, auch wenn sie bereit sind, den Preis zu zahlen, der den Grenzkosten ihrer Versicherung entspricht (nämlich dem Erwartungswert ihrer Gesundheitsausgaben $\pi_L M$).

Ob die beiden Verträge C_H und C_L' tatsächlich ein trennendes Gleichgewicht bilden, hängt allerdings vom Anteil der Niedrigrisiken λ ab. Wenn dieser Wert relativ groß ist, so schneidet die Nullgewinngerade für den Gesamtmarkt – die Pooling-Gerade – die Indifferenzkurve der Niedrigrisiken $EU_L(C_L')$. Dieser Fall wird durch die Gerade $p(\lambda_{\text{groß}})$ in Abbildung 5.5 dargestellt. Folglich existiert ein Vertrag wie T auf der Pooling-Geraden, der beide Risikotypen besser stellt als das betrachtete Vertragspaar und dennoch dem Versicherer nichtnegative erwartete Gewinne beschert. Wegen der Anforderung (*iii*) der Definition 5.1 bilden die Verträge C_H und C_L' in diesem Fall kein Gleichgewicht. Der vereinende Vertrag T seinerseits kann jedoch, wie oben gezeigt, durch eine Alternative ausgehebelt werden, die nur die Niedrigrisiken anzieht. Daher existiert in diesem Fall überhaupt kein Gleichgewicht. [14] Falls der Anteil der Niedrigrisiken λ dagegen klein ist, so schneidet die Pooling-Gerade die Indifferenzkurve $EU_L(C_L')$ der Niedrigrisiken nicht (dargestellt durch $p(\lambda_{\text{klein}})$ in Abbildung 5.5). In diesem Fall existiert kein vereinender Vertrag, den die Niedrigrisiken gegenüber C_L' vorziehen, so dass das Paar C_H und C_L' tatsächlich ein trennendes Gleichgewicht darstellt.

Der Fall, in dem kein Marktgleichgewicht existiert, wird bisweilen dahingehend interpretiert, dass der „Markt versagt" und allein schon dadurch ein Staatseingriff begründet sei [vgl. etwa CORNEO (2009, S. 135)]. Diese Schlussfolgerung ist jedoch nicht zulässig. Aus methodologischer Sicht ist vielmehr zu sagen, dass das Modell für einen gewissen Bereich von Parameterwerten bezüglich der Größe λ keine Aussage darüber trifft, was auf dem Markt passieren wird. Die richtige Reaktion darauf ist, das Modell abzuändern. Insbesondere kann die Definition des Gleichgewichts angepasst und die strategische Situation modifiziert werden, worauf wir in Abschnitt 5.3.3.5 eingehen.

Ausgehend von dem Fall, in dem ein trennendes Gleichgewicht existiert, wird die Bedeutung der Annahmen deutlich, dass (a) Versicherer Preis-Mengen-Verträge anbieten können und (b) jedes Individuum genau einen Vertrag abschließt. Wenn dagegen die Versicherer es ihren Kunden freistellen, die Versicherungssumme I zu einem festen Preis p pro Einheit Versicherungsschutz frei zu wählen, so dass die Prämie $P = pI$ beträgt, so ist es nicht möglich, die Niedrigrisiken auf den Versicherungsumfang zu beschränken, der dem Vertrag C_L' entspricht. Da dieser Vertrag auf der Nullgewinn-Geraden für L-Typen liegt, muss sein Einheitspreis $p = \pi_L$ betragen. Zu dieser fairen Prämie werden die L-Typen ihre Versicherungsdeckung bis auf M ausdehnen wollen. Damit wird jedoch der auf die L-Typen zugeschnittene Versicherungsschutz auch für die H-Typen attraktiv, wodurch das trennende Gleichgewicht zerstört wird. In ähnlicher Weise geht die Anreizverträglichkeit verloren, wenn jedes Individuum mehr als einen Vertrag gleichzeitig kaufen kann. Insbesondere können Hochrisiken vom einzelnen Versicherer eine Teilversicherung kaufen, was dieser als Indiz dafür nimmt, dass es sich um ein Niedrigrisiko handelt. Durch Kauf mehrerer

---

[14] Genauer gesagt existiert kein Gleichgewicht in „reinen Strategien". DASGUPTA UND MASKIN (1986) zeigen, dass es immer ein Gleichgewicht in „gemischten Strategien" gibt. Es ist allerdings unplausibel, dass die Versicherer bei ihrem Angebot von Verträgen ein Zufallsverfahren verwenden.

solcher Verträge könnten sie dann eine umfassendere Versicherung erwerben. Wenn z.B. der Vertrag C'_L einer Versicherungssumme $I_{C'_L} = M/3$ entspricht, so könnte jeder durch Kauf von 3 Verträgen eine Vollversicherung zum Preis $\pi_L M$ erreichen. Damit ist aber die Kalkulationsgrundlage – nur Niedrigrisiken kaufen diesen Vertrag – zerstört. In der Praxis wird die Strategie jedoch dadurch ausgeschlossen, dass die Versicherungssumme nur dann ausgezahlt wird, wenn der Versicherte Originalrechnungen einreicht (wie in der deutschen Privaten Krankenversicherung), oder dass den Versicherungen erlaubt wird, Informationen über ihre Versicherten auszutauschen [vgl. JAYNES (1978)].

5.3.3.4 Wohlfahrtssteigernde Staatseingriffe in Versicherungsmärkte

Im Folgenden gehen wir davon aus, dass der Anteil der Niedrigrisiken klein genug ist, so dass ein trennendes Gleichgewicht existiert. Da die Niedrigrisiken in diesem Gleichgewicht rationiert sind, gibt es Raum für eine Pareto-Verbesserung. Insbesondere drängt sich die Frage auf, ob der Staat eine solche Wohlfahrtssteigerung durch die Einrichtung einer Sozialversicherung, d.h. einer staatlichen Zwangsversicherung mit einheitlicher Prämie herbeiführen kann. Dazu sei Punkt G in Abbildung 5.6 betrachtet. Er stellt einen obligatorischen staatlichen Versicherungsschutz (P_G, I_G) dar, der kostendeckend ist, da er auf der Nullgewinn-Geraden für die Gesamtbevölkerung liegt. Falls die Individuen das Recht haben, private Zusatzverträge zu kaufen, entsteht ausgehend von Punkt G ein trennendes RS-Gleichgewicht auf dem Vertrag für Zusatzversicherungen. Dieses Vertragspaar (C^*_H, C^*_L) besitzt folgende Eigenschaften:

(1) C^*_H liegt im Schnittpunkt der Budgetgeraden $b_{H'}$ durch Punkt G mit der Sicherheitslinie;

(2) C^*_L liegt im Schnittpunkt der H-Indifferenzkurve $EU_H(C^*_H)$ mit der Budgetgeraden $b_{L'}$ durch Punkt G.

Abbildung 5.6 stellt den Fall dar, in dem das resultierende Vertragspaar (in der Summe aus obligatorischem und freiwilligem Teil) das RS-Gleichgewicht ohne Sozialversicherung Pareto-dominiert.[15] Dieses Resultat erklärt sich damit, dass die Hochrisiken von der Quersubvention innerhalb der staatlichen Zwangsversicherung profitieren, während Niedrigrisiken durch die Lockerung der Rationierung besser gestellt werden, da sie jetzt insgesamt einen besseren Versicherungsschutz als ohne die Zwangsversicherung erhalten. Hierdurch lässt sich eine „second-best effiziente" Lösung erreichen, d.h. eine Pareto-optimale Lösung unter Berücksichtigung der Informationsasymmetrie.[16] Es kann gezeigt werden, dass dieses Ergebnis immer dann gilt, wenn der Anteil der Niedrigrisiken einen kritischen Wert übersteigt, der mit der Existenz eines RS-Gleichgewichts vereinbar ist [vgl. CROCKER UND SNOW (1985a)].

---

[15] Vgl. WILSON (1977, S. 200) und DAHLBY (1981).

[16] CROCKER UND SNOW (1985b) zeigen, dass das gleiche Ergebnis auch erreicht werden kann, wenn der Staat Teilversicherungen besteuert und Vollversicherungen subventioniert.

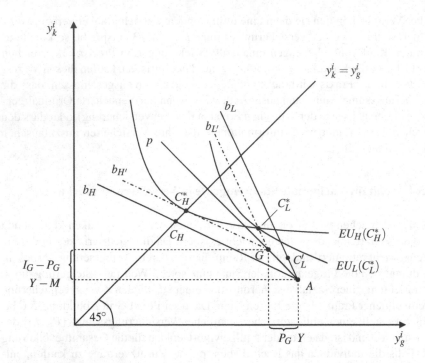

Abb. 5.6. Pareto-Verbesserung durch obligatorische Teilversicherung

Hervorzuheben ist, dass eine staatliche Zwangsversicherung einen stärkerer Eingriff als eine reine Versicherungspflicht darstellt. Sie erfordert entweder einen staatlichen Einheitsversicherer oder einen regulierten Wettbewerb von Versicherern, bei dem das Leistungspaket genau festgeschrieben ist. Ob eine Mindestversicherungspflicht ebenfalls Pareto-Verbesserungen herbeiführen kann, ist umstritten und hängt von der Formulierung des Gleichgewichtskonzepts ab. [17]

Dieses Ergebnis des Modells von ROTHSCHILD UND STIGLITZ (1976) und WILSON (1977) hat in der Literatur große Aufmerksamkeit erfahren. Insbesondere wird es häufig als Rechtfertigung für Staatseingriffe in Versicherungsmärkte verstanden. Bevor man diese Schlussfolgerung zieht, sollte man sich jedoch im Klaren sein, dass die positiven Wohlfahrtseffekte einer Sozialversicherung unter der Annahme eines ganz spezifischen Gleichgewichtskonzepts für diese Märkte abgeleitet wurden, nämlich des Rothschild-Stiglitz-Gleichgewichts. Es muss überprüft werden, ob es auch dann noch gilt, wenn andere, ebenfalls plausible Gleichgewichtskonzepte unterstellt werden.

---

[17] Siehe hierzu NEUDECK UND PODCZECK (1996), ENCINOSA (2001) und FINKELSTEIN (2004).

5.3.3.5 Alternative Gleichgewichtskonzepte

In Abschnitt 5.3.3.3 wurde gezeigt, dass kein RS-Gleichgewicht existiert, falls der Anteil der Niedrigrisiken zu groß ist. Für diesen Fall trifft das Modell keine Aussage über das Marktergebnis auf einem Versicherungsmarkt mit Wettbewerb und asymmetrischer Information über den Risikotyp. In der Literatur hat es eine Reihe von Versuchen gegeben, dieses Dilemma zu überwinden.[18] Im Folgenden betrachten wir zwei Erweiterungen des Gleichgewichtskonzepts. Zum einen hat WILSON (1977) eine Alternative vorgeschlagen (im Folgenden als W-Gleichgewicht bezeichnet), in der die Eigenschaft (*iii*) des RS-Gleichgewichts in Definition 5.1 ersetzt wird durch

(*iii'*)   *kein anderer Vertrag außerhalb der Menge von Gleichgewichtsverträgen nichtnegative erwartete Gewinne erbringt, wenn alle Verträge, die durch den neuen Vertrag unprofitabel geworden sind, vom Markt zurückgezogen werden.*

Mit dieser Eigenschaft soll erfasst werden, dass Versicherer, die mit einem neuen Vertrag in den Markt eintreten wollen, die Reaktionen ihrer Konkurrenten antizipieren und von einem Eintritt absehen, wenn sie unter Berücksichtigung dieser Reaktionen mit Verlusten zu rechnen haben. Diese Änderung der dritten Eigenschaft hat keine Auswirkungen, wenn der Anteil λ der Niedrigrisiken so gering ist, dass ein RS-Gleichgewicht existiert, da die Eigenschaft (*iii'*) eine zusätzliche Forderung hinzufügt, die in diesem Fall nicht relevant wird. Wenn dagegen λ zu groß ist, als dass ein RS-Gleichgewicht existieren könnte, so induziert sie ein W-Gleichgewicht vom vereinenden Typ.

Beispielsweise stellt in Abbildung 5.4 der Vertrag Z auf der Pooling-Geraden für diesen Fall ein W-Gleichgewicht dar. Im Unterschied zu Eigenschaft (*iii*) wird Eigenschaft (*iii'*) durch die Verträge in der schraffierten Fläche nicht verletzt. Ein Versicherer antizipiert, dass Vertrag Z zurückgezogen würde, wenn ein Vertrag in diesem Bereich angeboten würde. Die Folge wäre, dass Hochrisiken einen solchen Vertrag ebenfalls wählen würden und der Vertrag deshalb erwartete Verluste mit sich bringt. Deshalb verzichtet der Versicherer auf ein derartiges Angebot. Dabei muss übrigens Z der beste vereinende Vertrag für die Hochrisiken sein. Andere vereinende Verträge können kein Gleichgewicht darstellen, da bessere Verträge für die Niedrigrisiken existieren, die obendrein im Erwartungswert positive Gewinne versprechen, selbst wenn die zuerst genannten Verträge vom Markt zurückgezogen werden.

Aus wohlfahrtsökonomischer Sicht ändert das W-Gleichgewichtskonzept nicht die Schlussfolgerung des letzten Abschnitts. Da jedes W-Gleichgewicht auch ein RS-Gleichgewicht ist, falls dieses existiert, gilt weiterhin die Folgerung, dass die Einführung einer obligatorischen Teilversicherung eine Pareto-Verbesserung mit sich bringen kann.

---

[18] Vgl. DIONNE UND DOHERTY (1992) für einen Überblick.

Die zweite Erweiterung des RS-Gleichgewichts verzichtet auf die Anforderung, dass jeder einzelne angebotene Versicherungsvertrag einen nichtnegativen erwarteten Gewinn garantieren muss. Hierfür spricht, dass Versicherungsunternehmen durchaus in der Lage sind, Mischkalkulation zu betreiben und Quersubventionen zwischen ihren Vertragsangeboten vorzunehmen, wenn dadurch der Gesamtgewinn gesteigert wird. Diese Möglichkeit wurde bereits von WILSON (1977) betrachtet und von MIYAZAKI (1977) und M. SPENCE (1978) detailliert untersucht. Ihr Ansatz kann im folgenden Gleichgewichtskonzept zusammengefasst werden, das die Antizipation des Verhaltens der Konkurrenz aus dem W-Gleichgewicht mit der Möglichkeit der Quersubvention zwischen Versicherungsverträgen verknüpft:

Definition 5.2 *Ein Wilson-Miyazaki-Spence-Gleichgewicht (WMS-Gleichgewicht) im Krankenversicherungsmarkt besteht aus einer Menge von Verträgen mit den Eigenschaften*

(i)   *jedes Individuum wählt den Vertrag, der seinen Erwartungsnutzen maximiert;*

(ii)   *jedes Versicherungsunternehmen bietet eine Menge von Verträgen an, die gemeinsam einen nichtnegativen erwarteten Gewinn garantieren;*

(iii)   *keine Menge von Versicherungsverträgen außerhalb der in (ii) beschriebenen Menge erbringt einen nichtnegativen erwarteten Gewinn, wenn alle jene Verträge, die durch die Einführung der neuen Verträge unprofitabel geworden sind, vom Markt genommen werden.*

Dieses Konzept teilt mit dem W-Gleichgewicht die Eigenschaft, dass es immer existiert. Die Implikationen für die Effizienz des privaten Krankenversicherungsmarkts unterscheiden sich jedoch gravierend: Wie CROCKER UND SNOW (1985a) gezeigt haben, ist ein WMS-Gleichgewicht immer second-best effizient. Unter Beachtung der Restriktionen der Anreizverträglichkeit und der Ressourcenbeschränkung ist keine Pareto-Verbesserung mehr möglich. Dieses Resultat wird plausibel, wenn man bedenkt, dass die Quersubventionierung es den Versicherungsunternehmen erlaubt, zwischen den Individuen umzuverteilen. Dies war auch der Schlüssel zu der Pareto-Verbesserung durch den staatlichen Eingriff, der zu den Verträgen C_L^* und C_H^* in Abbildung 5.6 geführt hat. Private Versicherer können in einem WMS-Gleichgewicht derartige Verträge ohne staatliche Unterstützung anbieten. Der Vertrag für die Niedrigrisiken wird unterhalb der Nullgewinngeraden b_L liegen und daher im Erwartungswert zu Gewinne führen, die verwendet werden, um den Vertrag für die Hochrisiken zu subventionieren.

Stabil wird diese Quersubventionierung zwischen den Verträgen durch die Eigenschaft (iii) des WMS-Gleichgewichts. Sie verhindert, dass Versicherer im Wettbewerb bessere Verträge für L-Typen anbieten. Nach Eigenschaft (iii) antizipieren sie, dass der subventionierte Vertrag für die *H*-Typen zurückgezogen würde, die *H*-Typen den betrachteten Vertrag wählen und ihn damit unprofitabel machen würden. Ohne dieses antizipatorische Element wäre die Quersubventionierung allerdings unmöglich, und wir würden das gleiche Resultat erhalten wie im RS-Gleichgewicht.

Die Schlussfolgerungen aus dem RS-Gleichgewicht und dem WMS-Gleichgewicht unterscheiden sich somit wesentlich. Leider ist die Frage, welche Gleichgewichtsdefinition den Markt für Krankenversicherungen am besten beschreibt, nur sehr schwer zu beantworten. Die Möglichkeit der Mischkalkulation erscheint plausibel, da es den Unternehmen tatsächlich nur auf den Gesamtgewinn ankommt. Aber die Annahme, dass ein Unternehmen den Marktaustritt konkurrierender Verträge als Antwort auf den eigenen Marktzutritt antizipiert, bleibt kontrovers. HELLWIG (1987) hat diese Frage in einem spieltheoretischen Modell analysiert und fand heraus, dass dies entscheidend davon abhängt, in welcher Reihenfolge die Firmen ihre Entscheidungen treffen. Es ist jedoch unklar, ob eine solche Reihenfolge auf dem Krankenversicherungsmarkt beobachtet werden kann, ja, ob sie überhaupt existiert.

Folgerung 5.6 *Ob der Staat durch Eingriffe in den Krankenversicherungsmarkt eine Pareto-Verbesserung herbeiführen kann, hängt vom verwendeten Gleichgewichtskonzept ab. Insbesondere macht es einen Unterschied, ob ein Versicherer den Marktaustritt eines unprofitablen Vertrags als Reaktion auf den eigenen Markteintritt voraussehen kann und ob er zwischen den angebotenen Verträgen quersubventionieren kann. Falls beide Bedingungen erfüllt sind, liefert der Markt für private Krankenversicherungsverträge ein second-best effizientes Ergebnis. Andernfalls kann der Staat eine Pareto-Verbesserung durch eine obligatorische Teilversicherung herbeiführen.*

5.3.4 Prämienrisiko

Im vorangegangenen Abschnitt wurde mögliches Marktversagen behandelt, das dadurch entsteht, dass der Versicherer das Risiko eines Kunden nicht beobachten kann. Im Gegensatz dazu behandeln wir nun ein Problem, das erst dadurch entsteht, dass der Versicherer bestimmte Risikomerkmale seiner Kunden wie etwa Alter, Geschlecht oder bestimmte medizinische Daten beobachten kann. In einem privaten Krankenversicherungsmarkt, in dem die Prämien erwartete Behandlungsausgaben widerspiegeln, erheben die Versicherer gemäß diesen Kriterien unterschiedliche Prämien. Da einige dieser Merkmale jedoch unsicher sind, vor allem der Gesundheitszustand, besteht für ein Individuum das Risiko unsicherer zukünftiger Prämien. Dieses Problem bezeichnen wir als *Prämienrisiko*.

Wie schon zuvor betont, rechtfertigt die Existenz eines Problems allein noch nicht das Einschreiten des Staates. Grundsätzlich können auch private Versicherungsunternehmen das Prämienrisiko absichern. Erstens können sie eine *garantierte Vertragsverlängerung* anbieten, d.h. auf ein Kündigungsrecht einseitig verzichten und gegen eine Vorauszahlung die Höhe der Prämie dauerhaft garantieren [PAULY ET AL.

(1995a)]. Zweitens schlägt COCHRANE (1995) vor, das Prämienrisiko durch einen separaten Versicherungsvertrag abzudecken, der dem Individuum in dem Fall, in dem es ein hohes Risiko wird, eine Kompensationszahlung zusichert. Unter dieser *Prämienversicherung* würde die Versicherungssumme genau den Unterschied in der Krankenversicherungsprämie decken, den ein Individuum mit hohem Risiko zu zahlen hat. Schließlich könnte bei Prämienrisiko auch eine staatliche Regulierung effizienzsteigernd sein. Hier kommt insbesondere ein *Diskriminierungsverbot* in Frage, d.h. das staatliche Gebot, von allen Versicherten risikounabhängige Prämien zu verlangen.

5.3.4.1 Reine Marktlösungen

Um die Vor- und Nachteile einer reinen Marktlösung für das Problem des Prämienrisikos untersuchen zu können, wird im Folgenden ein einfaches Modell betrachtet. Alle Individuen seien anfangs identisch und leben zwei Perioden lang. In jeder Periode stehen sie einem Risiko gegenüber, krank zu werden und Gesundheitsausgaben in Höhe von M tätigen zu müssen. In Periode 1 hat jeder die gleiche Krankheitswahrscheinlichkeit π_L. In Periode 2 bleibt jedes Individuum mit der Wahrscheinlichkeit λ ein L-Typ und wird andernfalls ein Hochrisikotyp H mit der Krankheitswahrscheinlichkeit $\pi_H > \pi_L$. Die durchschnittliche Krankheitswahrscheinlichkeit in Periode 2 ist daher $\bar{\pi} \equiv \lambda\pi_L + (1 - \lambda)\pi_H$.

Wie zuvor nehmen wir an, dem Versicherer entstünden keine Verwaltungskosten und er habe das Ziel, die erwarteten Gewinne zu maximieren. Der Markt für Krankenversicherungsverträge sei durch vollkommene Konkurrenz gekennzeichnet. Dies impliziert, dass Versicherungsverträge aktuarisch fair sind und dass alle Konsumenten immer eine Vollversicherung nachfragen. Die Versicherer können den Risikotyp jedes Individuums beobachten. In Periode 2 werden sie daher von jedem eine Prämie verlangen, die den erwarteten Ausgaben seines Risikotyps entspricht. Folglich tragen Individuen, die nur Ein-Perioden-Versicherungsverträge abschließen, ein Prämienrisiko. Ihre Prämie in Periode 2 ist unsicher: Mit der Wahrscheinlichkeit λ beträgt sie $P_L = \pi_L M$ und mit der Wahrscheinlichkeit $1 - \lambda$ ist sie $P_H = \pi_H M$, wodurch sie einen möglichen Schaden in Höhe von $(\pi_H - \pi_L)M$ zu tragen haben. Risikoscheue Konsumenten würden sich gerne gegen dieses Prämienrisiko versichern.

Eine einfache Lösung dafür besteht darin, in Periode 1 einen langfristigen Vertrag abzuschließen, der für beide Perioden gilt. Da der Risikotyp ex ante nicht bekannt ist, sind Krankenversicherer bereit, eine solche Versicherung zu einer fairen Prämie zu versichern, deren Höhe den durchschnittlichen Gesundheitsausgaben in jeder Periode entspricht, d.h. sie würden eine Prämie $P_1 = \pi_L M$ in Periode 1 und eine Prämie $P_2 = \bar{\pi}M$ in Periode 2 verlangen. Dadurch wäre den Individuen das Prämienrisiko vollständig abgenommen. Diese Lösung hat jedoch zwei Probleme.

(1) In Periode 2 haben Individuen, die sich als Niedrigrisiken erweisen, einen Anreiz, den Vertrag zu kündigen und durch einen Ein-Perioden-Vertrag zu einer Prämie zu ersetzen, der ihren erwarteten Ausgaben $\pi_L M$ entspricht. Damit
würden sie in Periode 2 den Betrag $(\bar{\pi} - \pi_L)M$ sparen. Nur Hochrisiken würden
den ursprünglichen Vertrag einhalten und die Versicherer würden daher Verluste
realisieren. Natürlich könnten diese auf der Einhaltung des langfristigen Vertrags bestehen, jedoch mag dies vor Gericht nicht einklagbar sein. In diesem
Fall würden langfristige Verträge von vornherein nicht angeboten.

(2) Die Konsumenten müssen ihren Krankenversicherer bereits in Periode 1 aus-
wählen. Jedoch könnten sie damit noch warten wollen, etwa weil ihre Präferenzen sich ändern oder neue Anbieter in den Markt eintreten können. Außerdem
könnten die Versicherer die Tatsache ausnutzen, dass die Individuen nicht kostenlos wechseln können, indem sie z.B. Versicherungsleistungen ablehnen. Auch
könnte der Versicherer nicht die neuesten Entwicklungen in der Medizintechnologie anbieten. Gerade bei modernen Versorgungsformen mit eingeschränkter
Arztwahl („managed care") könnte der Wechsel zudem kostspielig sein, da der
neue Versicherer nicht dieselben Ärzte unter Vertrag hat wie der alte.

Das erste Problem ist ein *Selbstbindungsproblem* für den Konsumenten. Diejenigen,
die sich gegen das Prämienrisiko versichern wollen, würden sich gerne in Periode
1 binden und damit dem Versicherer garantieren, dass sie in Periode 2 nicht ab-
springen, falls sie sich als Niedrigrisiken herausstellen. Ob sie sich tatsächlich selbst
binden können, hängt vom Verhalten der Gerichte ab. Falls diese den Vertrag ex
post zu Gunsten der Konsumenten interpretieren, die zurücktreten wollen, kann das
Prämienrisiko nicht in Form eines Langfristvertrages versichert werden.

Das zweite Problem ist das sog. *Anbindungsproblem*. In Periode 2 könnten sich
Konsumenten in einem Vertrag eingeschlossen fühlen, der ihren geänderten Präferenzen nicht mehr entspricht. Zudem könnte der Versicherer die Tatsache ausnutzen,
dass es ex post kostspielig ist zu wechseln. Ob er das tut, wird davon abhängen, wie
genau ein Vertrag aufgesetzt und daher vom Versicherungsnehmer durchgesetzt werden kann. Es ist schwierig, jeden Eventualfall in einem Krankenversicherungsvertrag zu berücksichtigen, so dass es sich bei einem solchen um einen unvollständigen
Vertrag handelt, dessen Durchsetzung teuer und unsicher ist. Immerhin könnte ein
Versicherer von einem derartigen opportunistischen Verhalten absehen, falls er dadurch seinen Ruf gefährdet sieht. Dieser Anreiz ist dann stark, wenn neue Kunden
beurteilen können, ob ein Versicherer seine momentanen Kunden fair behandelt oder
nicht.[19] Das zweite Problem kann daher als ein Selbstbindungsproblem auf Seiten
des Versicherers aufgefasst werden.

---

[19] Ex ante haben Versicherer, da sie Konsumenten gewinnen wollen, ein Interesse daran zu
garantieren, dass sie aus der Abhängigkeit keinen Vorteil ziehen werden.

Die „Garantierte Vertragsverlängerung" und die „Prämienversicherung" versuchen diese Probleme zu überwinden. Während die Garantierte Vertragsverlängerung das Selbstbindungsproblem betont, versucht die Prämienversicherung, beide Probleme zu lösen.

Garantierte Vertragsverlängerung

PAULY ET AL. (1995a) schlagen vor, das Prämienrisiko durch eine Garantierte Vertragsverlängerung (GVV) zu versichern. Die Grundidee besteht darin, dass die Versicherung gegen eine Vorauszahlung eine Prämiengarantie ausspricht. Konsumenten können jederzeit den Versicherer wechseln (z.B. nach Aufdeckung ihres Typs), aber niemand hat hierzu einen Anreiz. Um dies zu zeigen, nehmen wir der Einfachheit halber an, dass der Zinssatz null beträgt. Dann kann ein GVV-Vertrag durch die folgenden Eigenschaften beschrieben werden: [20]

- In Periode 2 kann die Prämie P_2^{GVV} den Betrag $\pi_L M$ nicht überschreiten, da andernfalls alle Niedrigrisiken einen Ein-Perioden-Vertrag bei einem anderen Krankenversicherer abschließen würden. Es sei angenommen, dass P_2^{GVV} auf diese obere Grenze festgesetzt wird.

- Die Prämie in Periode 1, P_1, muss so festgesetzt werden, dass der Versicherer im Erwartungswert einen Gewinn von null macht, d.h.

$$P_1^{GVV} + P_2^{GVV} = \pi_L M + \bar{\pi} M. \tag{5.21}$$

Wegen $P_2^{GVV} = \pi_L M$ folgt daraus

$$P_1^{GVV} = \bar{\pi} M. \tag{5.22}$$

Da die erwarteten Krankheitskosten in Periode 1 nur $\pi_L M$ sind, leisten die Individuen folglich eine Vorauszahlung in Höhe von

$$Pre^{GVV} = (\bar{\pi} - \pi_L) M. \tag{5.23}$$

Der Hauptvorteil der GVV-Verträge liegt darin, dass Niedrigrisiken keinen Anreiz haben, sie zu kündigen, so dass sie selbst-durchsetzend sind (Hochrisiken werden ihnen ohnehin treu bleiben). [21] GVV-Verträge lösen daher das Selbstbindungs-Problem. Das Anbindungsproblem bleibt allerdings bestehen, zumindest bei H-Typen. [22] Wie bei einem einfachen Langfristvertrag müssen sich Individuen an einen

---

[20] Das GVV-Konzept kann ohne Weiteres auf mehr als zwei Perioden verallgemeinert werden [vgl. PAULY ET AL. (1995a)].

[21] Sie könnten allerdings vor Gericht ziehen wollen, um ihre Vorauszahlung zurück zu erhalten. Falls Gerichte geneigt sind, solche Forderungen anzuerkennen, haben GVV-Verträge keinen Vorteil mehr gegenüber einfachen Langfristverträgen.

[22] Falls die Prämie in Periode 2 $P_2^{GVV} = \pi_L M$ beträgt, sind die L-Typen nicht abhängig, da sie den Versicherer kostenlos wechseln können. H-Typen dagegen müssen zusätzliche Kosten in Höhe von $(\pi_H - \pi_L) M$ tragen, falls sie den Versicherer wechseln wollen.

Versicherer binden, bevor ihr Typ offenbart wird – eine Situation, die der Versicherer möglicherweise ausnutzen kann (siehe hierzu Übungsaufgabe 5.4).

Schließlich könnten manche Konsumenten Schwierigkeiten haben, die Vorauszahlung zu leisten, die mit einem GVV-Vertrag verbunden ist. Dazu betrachten wir ein Zahlenbeispiel. Ein Individuum habe ein Einkommen von 5.000€ in Periode 1 und von 10.000€ in Periode 2. Sei $\pi_L = 0{,}2$, $\pi_H = 0{,}6$ und $\lambda = 0{,}75$, so dass $\bar{\pi} = 0{,}3$. Mit $M = 10.000€$ erhalten wir $P_1^{GVV} = 3.000€$ und $P_2^{GVV} = 2.000€$. Die Vorauszahlung in Periode 1 beläuft sich daher auf 1.000€. Für einen Konsumenten, der in beiden Perioden die gleiche Nutzenfunktion hat und die Zukunft nicht abdiskontiert, sind die optimalen Konsumausgaben in beiden Perioden gleich groß und betragen 5.000€. Mit einem Einkommen von 5.000€ in der ersten Periode müsste dieser Konsument ein Darlehen in Höhe von 3.000€ aufnehmen, um seinen GVV-Vertrag zu erfüllen und den Konsum wie geplant zu finanzieren. Herrscht jedoch auf dem Kreditmarkt asymmetrische Information, so führt ein Einkommensstrom von (5.000€; 10.000€) wahrscheinlich zu einer Kreditaufnahmebeschränkung. Angenommen, diese Beschränkung liege bei 2.000€. In diesem Fall erzwingt eine GVV-Vorauszahlung von 1.000€ eine Abwägung zwischen der intertemporalen Konsumglättung und der Versicherung des Prämienrisikos.[23]

GVV-Verträge kommen in der australischen und der deutschen Privaten Krankenversicherung (PKV) vor. Versicherer sind gesetzlich verpflichtet, die Prämien so zu kalkulieren, dass sie (bis auf technologischen Wandel in der Medizin) über die Lebenszeit des Versicherten konstant bleiben. Da die Gesundheitsausgaben mit dem Lebensalter steigen, ist die Prämie für junge Versicherte höher als die erwarteten Kosten in der jeweiligen Periode, da sie eine Vorauszahlung enthält [siehe hierzu auch Abschnitt 14.4.3.2 und Übungsaufgabe 5.4].

Prämienversicherung

Während GVV-Verträge nur das Selbstbindungs-Problem lösen, kann das Konzept der Prämienversicherung (PV), das von COCHRANE (1995) entwickelt wurde, prinzipiell sowohl das Selbstbindungs- als auch das Anbindungsproblem lösen. Seine Idee ist einfach. Die PV ist ein separater Versicherungsvertrag, dessen Gegenstand der Risikotyp des Versicherten ist und der die Ein-Perioden-Verträge ergänzt. Diejenigen, die sich als Hochrisiken entpuppen, erhalten eine Kompensationszahlung oder, in den Worten von COCHRANE, eine Abfindung, die sie genau für die höhere Prämie entschädigt. Konsumenten können die Versicherung jederzeit wechseln. Sic sind nicht von ihrem Versicherer abhängig, da das Prämienrisiko voll versichert ist.

---

[23] FRICK (1998) zeigt, dass kreditbeschränkte Konsumenten entweder partielle GVV-Verträge kaufen können, d.h. Verträge mit einer garantierten Prämie in einer Höhe zwischen den erwarteten Krankheitskosten von Niedrig- und Hochrisiken, oder keinen GVV-Vertrag. Die subjektive Zeitdiskontrate ist für diese Entscheidung ausschlaggebend. Individuen mit einer ausgeprägten Minderschätzung zukünftiger Bedürfnisse (die relativ ungeduldig sind), werden keinen GVV-Vertrag abschließen, falls sie kreditbeschränkt sind.

In dem oben betrachteten Modell funktioniert eine einfache Form der Prämienversicherung wie folgt: In Periode 2 lauten die Krankenversicherungsprämien für den hohen und den niedrigen Risikotyp $\pi_H M$ bzw. $\pi_L M$. Die Prämienversicherung verpflichtet den niedrigen Risikotyp, eine Zahlung von $(\bar{\pi} - \pi_L)M$ zu leisten, die ausreicht, um den Ausgleich von $(\pi_H - \bar{\pi})M$ an die Hochrisiken zu zahlen. Im Endeffekt zahlt jeder die gleiche Prämie $\bar{\pi}M$.

COCHRANE weist darauf hin, dass diese einfache Form der Prämienversicherung versagt, falls der niedrige Risikotyp nicht gezwungen werden kann, ex post den Betrag $(\bar{\pi} - \pi_L)M$ zu zahlen. Er könnte z.B., sobald klar ist, dass er ein Niedrigrisiko ist, sein gesamtes Vermögen ausgeben, um die Quersubvention an die Hochrisiken zu umgehen. Der Autor schlägt daher vor, die PV so auszugestalten, dass bereits in Periode 1 ein Zuschlag gezahlt wird. Da der Anteil der Hochrisiken, $(1 - \lambda)$, die Abfindung $(\pi_H - \pi_L)M$ erhält, beläuft sich der Prämienzuschlag für alle (unter der Annahme eines Zinssatzes von null) auf

$$Pre^{PI} = (1 - \lambda)(\pi_H - \pi_L)M = (\bar{\pi} - \pi_L)M. \tag{5.24}$$

Ein Vergleich mit (5.23) zeigt, dass die PV die gleiche Vorauszahlung enthält wie GVV-Verträge. Daher kann die PV kreditbeschränkte Konsumenten ebenso daran hindern, von ihrem optimalen Konsumplan abzuweichen, wie es GVV-Verträge tun.

Im Prinzip ist die Prämienversicherung den GVV-Verträgen überlegen, da sie sowohl das Selbstbindungs- als auch das Anbindungsproblem löst. Aber sie stellt auch höhere Anforderungen als die GVV, da Verträge, die auf den Risikotyp abgeschlossen sind, durchsetzbar sein müssen. Während in der bisherigen Analyse angenommen wurde, dass der Risikotyp beobachtbar ist, könnte es in der Realität schwierig sein, diesen in einem Vertrag ex ante eindeutig zu beschreiben. Im Gegensatz zu anderen Versicherungsformen ist die Zahlung nicht an das tatsächliche Auftreten eines Verlustes geknüpft, sondern lediglich an die Neudefinition eines Risikotyps. Die beiden einzigen Indikatoren hierfür sind der Gesundheitszustand des Individuums (der unterschiedlich interpretiert werden kann) und die tatsächlich gezahlte Krankenversicherungsprämie. COCHRANE schlägt daher vor, die Abfindung an die gezahlte Prämie zu knüpfen, die den Risikotyp verrät. Dies jedoch schafft einen Anreiz für den niedrigen Risikotyp, sich mit seinem Krankenversicherer gegen den Prämienversicherer zu verbünden. Indem er offiziell eine hohe Prämie zahlt, in Wirklichkeit aber eine niedrige (oder für seine hohe Prämie zusätzliche Leistungen erhält), kann er von seinem Prämienversicherer eine höhere Zahlung erwirken.

Die Achillesferse der Prämienversicherung (PV) ist somit das Problem der Messbarkeit der Risikotypen. Sicherlich gibt es eine Vielzahl von Diagnosen, die unzweifelhaft sind und denen bestimmte (erwartete) Behandlungskosten zugeordnet werden können. Beispielsweise benötigt ein Patient mit Nierenversagen regelmäßige Dialyse, deren erwartete Kosten relativ leicht beziffert werden können. Dennoch gibt es mindestens ebenso viele Gesundheitszustände, die kaum in einem Vertrag gerichtsfest beschrieben und verifiziert werden können. Denn man müsste nicht nur das Auf-

treten als solches, sondern auch den Schweregrad von Änderungen im Gesundheitszustand spezifizieren. Man denke an das Beispiel der Depression. Ein Versicherter mag intensive Psychotherapie nachfragen, während der Versicherer gelegentliche
psychologische Beratung für ausreichend hält. Für ein Gericht ist es schwierig, Konflikte dieser Art zu lösen. PV-Verträge sind daher notwendigerweise unvollständig,
was Zweifel an ihrer Umsetzbarkeit nährt.

Zur Umsetzbarkeit der PV gibt es leider keine empirische Evidenz, da sie nicht
einmal in den USA existiert, in denen die private Krankenversicherung den Großteil
der Bevölkerung absichert. Dies kann einerseits an der mangelnden Realisierbarkeit
der Prämienversicherung liegen, andererseits könnte die bestehende Regulierung die
Entwicklung einer PV verhindern. So ist in den USA die vom Arbeitgeber angebotene Krankenversicherung eine steuerfreie Nebenleistung, die den Markt für individuelle Krankenversicherungsverträge stark einschränkt. Neben den USA gibt es nur
wenige Länder, in denen die private Krankenversicherung eine Rolle spielt und selbst
dort ist ihr Marktanteil meist gering.[24]

Folgerung 5.7 *Beide reinen Marktlösungen für die Versicherung des Prämienrisikos sind problembehaftet. Die Garantierte Vertragsverlängerung macht
die Versicherten von ihrem Versicherungsunternehmen abhängig. Prämienversicherungs-Verträge sind mit hoher Wahrscheinlichkeit unvollständig, da
es schwierig ist, den Risikotyp mit genügender Präzision zu beschreiben.
Beide Lösungen erfordern einen Prämienaufschlag für junge Versicherte.*

5.3.4.2 Diskriminierungsverbot als Lösung

Prämienrisiko tritt in Ländern mit einer umfassenden staatlichen Absicherung des
Krankheitskostenrisikos nicht auf. Beispielsweise wird im Vereinigten Königreich
die Gesundheitsversorgung überwiegend durch den steuerfinanzierten Nationalen
Gesundheitsdienst (NHS) bereitgestellt. Die Bürger erhalten die Leistungen gebührenfrei, und ihre Steuerpflicht hängt nicht vom Gesundheitszustand ab. Der Nachteil dieser Alternative ist, dass mangels Wettbewerbs der NHS nur geringe Anreize hat, Leistungen zu geringen Kosten und im Einklang mit den Präferenzen der
Bürger zu bereitzustellen. Aus diesem Grund mag eine private Krankenversicherung
wünschenswert sein. In anderen Ländern gibt es zwar Privatversicherer, diese können
die Prämien jedoch nicht frei bestimmen, sondern sind durch ein gesetzliches *Diskriminierungsverbot* (DV) eingeschränkt. Dieses verlangt, dass die Prämien eines
Versicherers für alle Individuen, die sich für einen bestimmten Leistungsumfang einschreiben, einheitlich sein müssen. Ein wünschenswerter Nebeneffekt eines DV ist,
dass es die Konsumenten von der (individuellen) Unsicherheit über ihre zukünftige
Prämie befreit.

---

[24] vgl. CHOLLET UND LEWIS (1997).

Im Unterschied zu den reinen Marktlösungen des Prämienrisiko-Problems bewirkt ein DV eine Ex-ante-Umverteilung zwischen hohen und niedrigen Risiken. In den meisten Industriestaaten wird diese Umverteilung als fair angesehen, da die Gesundheit zu einem großen Teil als außerhalb der Verantwortung des Einzelnen angesehen wird. Risikobezogene Prämien würden Menschen mit schlechter gesundheitlicher Ausstattung eine ungerechte Last auferlegen. Darüber hinaus könnte jeder das Diskriminierungsverbot bejahen, falls die Ex-ante-Umverteilung seine Prämie nicht zu stark erhöht und es keine andere Möglichkeit gibt, sich gegen das Prämienrisiko zu versichern. Um dies zu zeigen nehmen wir an, dass in Periode 1 ein Anteil μ aller Individuen Hochrisiken sei, die auch in Periode 2 Hochrisiken bleiben. Der Anteil $1 - \mu$ seien Niedrigrisiken. In Periode 2 bleiben sie mit der Wahrscheinlichkeit λ Niedrigrisiken, während sie mit der Wahrscheinlichkeit $1 - \lambda$ Hochrisiken werden. Das Diskriminierungsverbot führt dann zu folgenden Prämien in den Perioden 1 und 2:

$$P_1^{DV} = [\mu \pi_H + (1-\mu)\pi_L]M > \pi_L M$$
$$P_2^{DV} = [(\mu + (1-\mu)(1-\lambda))\pi_H + (1-\mu)\lambda\pi_L]M > [\lambda\pi_L + (1-\lambda)\pi_H]M.$$

In beiden Fällen ist die Prämie höher als die erwarteten Ausgaben der Niedrigrisiken in Periode 1. Ob diese vom Diskriminierungsverbot dennoch profitieren, hängt vom Anteil μ der ursprünglichen Hochrisiken und vom Grad ihrer Risikoaversion ab. Wenn μ nicht zu groß ist, könnte die Differenz der erwarteten Ausgaben geringer sein als die Risikoprämie, welche die Niedrigrisiken für die Beseitigung des Prämienrisiko zu zahlen bereit sind.

In der Praxis sind in Krankenversicherungssystemen mit einem DV auch altersdifferenzierte Prämien verboten, wodurch ein Element der Umverteilung zwischen den Generationen in die Krankenversicherung Einzug hält, denn in der Konsequenz zahlen junge Versicherte einen Teil der Gesundheitsausgaben der Älteren. In einer konstanten Bevölkerung und unter der Annahme, dass es keine Individuen gibt, die von Geburt an hohe Risiken sind, führt dies zu einer konstanten Prämie

$$P_1^{DV} = P_2^{DV} = \frac{(\pi_L + \bar{\pi})M}{2} = \pi_L M + \frac{(\bar{\pi} - \pi_L)M}{2}. \tag{5.25}$$

Das Diskriminierungsverbot bewirkt also einen Prämienaufschlag in der ersten Lebensperiode in Höhe von $[(\bar{\pi} - \pi_L)M]/2$. Dieser Aufschlag ist zwar geringer als der bei GVV oder PV [vgl. Gleichungen (5.23) und (5.24)]. Ferner binden Systeme mit DV häufig die Prämie an das Einkommen des Versicherten. Da junge Leute im Durchschnitt weniger verdienen als ältere (mit Ausnahme der Rentner), verringert dieser Effekt den Prämienaufschlag für die Jüngeren. Ein möglicher Nachteil der beschriebenen Umverteilung von Jung zu Alt ist jedoch, dass sie sich verstärkt, wenn die Bevölkerung altert (vgl. Abschnitt 14.3.1.2).

Das Diskriminierungsverbot wird typischerweise von zwei weiteren Interventionen in den Krankenversicherungsmarkt begleitet:

- Ein *Kontrahierungszwang* verlangt von den Krankenversicherern, jeden Antragsteller anzunehmen, denn bei einheitlichen Prämien haben Versicherer einen An-

reiz, Hochrisiken abzuweisen, die dann möglicherweise keinen Versicherungsschutz erhalten könnten.

- Eine *Versicherungspflicht* wird den Bürgern auferlegt, da andernfalls Niedrigrisiken es vorziehen könnten, ohne Versicherung zu bleiben, um sich nicht an der
  Subventionierung der Hochrisiken beteiligen zu müssen.

Die dreifache Regulierung bestehend aus Diskriminierungsverbot, Kontrahierungszwang und Versicherungspflicht findet man u.a. in Belgien, Deutschland, den Niederlanden und der Schweiz. Sie ist auch Teil von ENTHOVENs (1988) Reformvorschlag
für das Gesundheitssystem der USA.

Das Hauptproblem, das mit einem Diskriminierungsverbot verbunden ist, ist die
Differenz zwischen dem Beitrag einer Person und ihrer erwarteten Gesundheitsausgaben. Diese schafft einen Anreiz für den Versicherer, seine Anstrengungen nicht auf
eine effiziente Bereitstellung von Leistungen zu konzentrieren, sondern auf *Risikoselektion*, d.h. die Abschreckung hoher und die Anwerbung niedriger Risiken. Diesem
Thema widmen wir uns Kapitel 7.

Folgerung 5.8 *Ein Diskriminierungsverbot (DV) verlangt, dass die Präm i-
en eines Versicherers für alle Individuen, die ein bestimmtes Leistungspaket abschließen, einheitlich sein müssen. Dadurch werden risikobezogene
Prämien vermieden und eine Ex-ante-Umverteilung zwischen den Risikotypen induziert. Das DV wird meist von Kontrahierungszwang und Versicherungspflicht begleitet. Es bringt jedoch Anreize zur Risikoselektion seitens
des Versicherers mit sich.*

5.3.4.3 Ein Vergleich der Lösungen

Ob das Diskriminierungsverbot besser wirkt als die beiden anderen Lösungen, die
keine Staatseingriffe erfordern, hängt insbesondere von folgenden Einflussfaktoren
ab.

(1) *Können Zahlungen vom Risikotyp abhängen?*

Falls es unmöglich ist, in Verträgen Risikotypen zu beschreiben, kann eine
Prämienversicherung (PV) nicht funktionieren, während die Garantierte Vertragsverlängerung (GVV) davon unberührt ist. Ein Diskriminierungsverbot (DV)
verlangt nicht, dass Vertragsleistungen vom Risikotyp abhängig sind. Allerdings
erfordern Systeme des Risikoausgleichs Informationen über den Risikotyp, die
nur schwer erhältlich sind. Immerhin können, wie SELDEN (1998) und GLAZER
UND MCGUIRE (2000a) gezeigt haben, auch unvollkommene Risikoindikatoren
verwendet werden (vgl. Kapitel 7).

(2) *Wie unvollständig sind langfristige Krankenversicherungsverträge?*

Eine vollständige Spezifikation von Verträgen ist wichtig für die GVV-Lösung, die auf langfristigen Krankenversicherungsverträgen beruht. Insbesondere können Verträge Sanktionen gegen den Versicherer enthalten, wenn dieser nicht effizient arbeitet oder nicht die neueste medizinische Technologie bereitstellt. Bei einer PV und einem DV ist dieses Problem weniger gravierend, da alle Verträge kurzfristig sind und die Konsumenten ihren Versicherer jederzeit durch Abwanderung für schlechte Leistung bestrafen können.

(3) *Wie leicht kann das Leistungspaket reguliert werden?*

Bei einem Diskriminierungsverbot haben die Versicherungen den Anreiz, ihr Leistungspaket so zu gestalten, dass Niedrigrisiken angelockt und Hochrisiken abgeschreckt werden. Dies gilt immer dann, wenn kein perfekter Risikoausgleich existiert (vgl. Kapitel 7). Dann ist eine Regulierung des Leistungspakets sinnvoll. Die genaue Spezifizierung und Überwachung des Leistungspakets kann allerdings aufwändig sein. Bei der GVV und PV hingegen ist es den Versicherungen gestattet, risikoabhängige Prämien zu erheben. Es bestehen deshalb keine Anreize zur Risikoselektion und folglich auch keine Gründe, das Leistungspaket zu regulieren.

(4) *Wie heterogen sind die Präferenzen?*

Produktregulierung schränkt die Wahlmöglichkeiten für die Konsumenten ein und verursacht damit Effizienzverluste. Dies ist ein Nachteil des DV, betrifft aber weder die PV noch die GVV (vgl. Punkt (3) oben). Dieser mögliche Nachteil des DV ist dabei umso stärker, je heterogener die Präferenzen sind.[25] Die rein marktbasierten Systeme haben unter diesen Voraussetzungen einen Vorteil. Bei der PV können Individuen ihren gewünschten Krankenversicherungsvertrag wählen und sogar den Versicherer wechseln. Bei der GVV haben sie anfangs die Wahl. Wegen des Anbindungsproblems ist ihre Auswahl später jedoch beschränkt.

(5) *Sind Individuen kreditbeschränkt?*

Die Vorauszahlung, die unter der GVV und der PV erforderlich ist, könnte so groß werden, dass die Konsumpläne der Individuen, die kreditbeschränkt sind, verzerrt werden. Selbst in reichen Ländern hat die Mehrheit der Bürger neben ihren Altersversorgungsansprüchen kaum Ersparnisse, so dass sie auf Kredite angewiesen sein könnten, um GVV- oder PV-Verträge zu finanzieren. Banken begrenzen jedoch ihre Kreditvergabe häufig auf ein Jahreseinkommen und relativ kurze Fristen. Dieses Argument trifft auf ein DV weniger zu, das die Konsumenten zu einem späteren Zeitpunkt in ihrem Leben einschränkt, wenn sie schon über gewisse Ersparnisse verfügen. Kreditaufnahmebeschränkungen sollten in diesem Fall eine geringere Rolle spielen.

---

[25] In einem Discrete-Choice-Experiment (vgl. Abschnitt 2.4.5.3) stellten ZWEIFEL ET AL. (2006) eine substantielle Heterogenität der Präferenzen bezüglich des Angebots an Gesundheitsleistungen in der Schweiz fest.

Tabelle 5.1. Effizienzprobleme der Lösungen des Prämienrisiko-Problems

Kriterium	GVV	PV	DV
1. Spezifikation des Risikotyps	n	j	o
2. Spezifikation der langfristigen Krankenversicherung	j	n	n
3. Regulierung des Leistungspakets	n	n	j
4. Heterogene Präferenzen	o	n	j
5. Kreditaufnahmebeschränkungen	j	j	o

Tabelle 5.1 gibt einen Überblick über das Vorliegen (j) oder das Nicht-Vorliegen (n) der Probleme, während ein „o" eine mittlere Position anzeigt. Keine Alternative dominiert die anderen, so dass ihre Rangordnung von den Besonderheiten des einzelnen Gesundheitssystems abhängt.

Ein weiterer Aspekt betrifft die Frage, ob eine Ex-ante-Umverteilung erwünscht ist oder nicht. Hierbei ist ein DV das einzige System, das notwendigerweise eine solche Ex-ante-Umverteilung zwischen den Risikotypen induziert. Bei der GVV und der PV zahlt jedes Individuum eine Prämie, die seinem anfänglichen Risikotyp entspricht. Wer der Meinung ist, es gebe schon zu viel Umverteilung von Einkommen und Vermögen, wird eine dieser Lösungen favorisieren. Ein DV wird von jenen bevorzugt werden, die entweder mehr Umverteilung wollen oder Umverteilung in der Krankenversicherung gegenüber anderen Instrumenten (z.B. Einkommensbesteuerung) zur Erreichung dieses Ziels präferieren.

Folgerung 5.9 *Prämienrisiko kann durch reine Marktlösungen (Garantierte Vertragsverlängerung, Prämienversicherung) oder staatliche Regulierung (Diskriminierungsverbot) behandelt werden. Neben einer Präferenz für Umverteilung hängt eine Bewertung dieser Alternativen von Effizienzfragen ab, wie etwa dem Problem der Spezifikation des Risikotyps, der Möglichkeit langfristiger Verträge, der Regulierung des Leistungspakets, der Heterogenität der Präferenzen und der Verbreitung von Kreditbeschränkungen. A priori dominiert keine dieser Alternativen alle anderen.*

5.4 Gerechtigkeit als Begründung für staatliche Eingriffe in das Gesundheitswesen

Während in diesem Kapitel bislang staatliche Eingriffe in das Gesundheitswesen unter dem Aspekt einer größeren Effizienz der Allokation diskutiert wurden, werden vielfach auch Gerechtigkeitserwägungen angeführt, um solche Eingriffe zu rechtfertigen. In diesen Abschnitt möchten wir zwei häufig vorgebrachte Forderungen diskutieren:

(1) Unterschiede in der finanziellen Leistungsfähigkeit sollen keine Rolle beim Zugang zu Gesundheitsleistungen spielen. Deshalb ist die Zahlungsfähigkeit oder sogar die Zahlungsbereitschaft einer Person als Zugangskriterium auszuschließen.

(2) Unterschiedliche finanzielle Belastungen aufgrund von angeborenen Unterschieden in der Anfälligkeit für Krankheiten sind ungerecht und sollten vermieden werden.

5.4.1 Zahlungsfähigkeit und -bereitschaft und der Zugang zu Gesundheitsgütern

Im Bezug auf die finanzielle Leistungsfähigkeit als Zugangskriterium lassen sich zwei Forderungen unterscheiden. Erstens wird postuliert, dass der Zugang zu Gesundheitsgütern nicht von der *Zahlungsfähigkeit*, d.h. der finanziellen Leistungsfähigkeit einer Person abhängen sollte. Darüber hinaus wird zweitens gefordert, dass er auch nicht von der *Zahlungsbereitschaft*, d.h. dem Geldbetrag beeinflusst werden sollte, den eine Person bereit ist, für die Gesundheitsleistungen zu bezahlen. Stattdessen sollen allein medizinische Kriterien den Ausschlag geben.

Zunächst lässt sich festhalten, dass sich die zweite Forderung nur unter Rückgriff auf die erste Forderung begründen lässt. Denn wenn sich zwei Personen nicht in ihrer Zahlungsfähigkeit unterscheiden, dann spiegeln sich in einer unterschiedlichen Zahlungsbereitschaft für Gesundheitsgüter allein die Präferenzen für Gesundheit im Vergleich zu anderen Gütern wider. Wird die Zahlungsbereitschaft beim Zugang zu Gesundheitsgütern ausgeschlossen, so bedeutet dies folglich, dass diese Präferenzen keine Rolle spielen dürfen. Bei gleicher Zahlungsfähigkeit ist dies ethisch fragwürdig und kaum mit einer freiheitlichen Gesellschaft vereinbar. Wenn es also ein Argument für den Ausschluss der Zahlungsbereitschaft gibt, dann nur unter der Voraussetzung, dass sich die Personen in ihrer Zahlungsfähigkeit unterscheiden.

Die Tatsache, dass Personen über unterschiedliche Zahlungsfähigkeiten verfügen, ist jedoch allein nicht hinreichend dafür, diese als Zugangskriterium für Gesundheitsgüter zu verneinen. Vielmehr kommt es darauf an, ob Unterschiede in der Zahlungsfähigkeit als ungerecht zu betrachten sind. Entscheidend ist deshalb, auf welche Faktoren sich diese zurückführen lassen.

Hierzu gehören insbesondere

(a) persönliche Anstrengung,

(b) unterschiedliche Startchancen und

(c) unterschiedliches „Glück" im Leben

Ist allein der erste Grund für Unterschiede in der Zahlungsfähigkeit verantwortlich, dann gibt es keine Gründe dafür, die Verteilung der finanziellen Leistungsfähigkeit als ungerecht zu bezeichnen. Liegen jedoch die beiden letzteren Gründe vor, so erscheinen Unterschiede in der Zahlungsfähigkeit als ungerecht. In der Realität sind aller Wahrscheinlichkeit nach alle drei Gründe für Unterschiede in den Zahlungsfähigkeiten verantwortlich. Eine staatliche Umverteilungspolitik lässt sich dann grundsätzlich legitimieren. Daraus folgt jedoch nicht zwangsläufig, dass man den Zugang zu Gesundheitsgütern von der Zahlungsfähigkeit gänzlich unabhängig gestalten muss. Stattdessen erscheint es zuallererst angebracht, die *Zahlungsfähigkeit selbst* zum Ziel sozialpolitischen Eingreifens zu machen, indem an die untersten Gruppen der Einkommensskala Transfers gezahlt werden. Um die Steuerzahler für einen Transfer zu gewinnen, kann es dabei vorteilhaft sein, diesen zweckgebunden zu gestalten (vgl. Abschnitt 5.3.2), und zwar als Subventionierung des Beitrags zur sozialen Krankenversicherung. Über diesen Versicherungsschutz wird der Zugang zu einer medizinischen Grundversorgung ermöglicht.

Will man jedoch die Zahlungsfähigkeit als Kriterium für den Zugang zu Gesundheitsgütern vollkommen ausschließen, dann bleiben nur zwei Wege. Erstens kann man versuchen, eine vollkommene Gleichverteilung der finanziellen Leistungsfähigkeit zu erreichen. Dies erscheint jedoch wenig erstrebenswert. Zum einen ist dabei mit hohen Effizienzverlusten durch die notwendige hohe Besteuerung zu rechnen. Zum anderen ist eine Gleichverteilung insoweit ungerecht, wie die Verteilung der finanziellen Leistungsfähigkeit auf eigenverantwortlichen Entscheidungen beruht.

Zweitens kann man einen *spezifischen Egalitarismus* im Bereich der Gesundheitsgüter anstreben, indem man die Zahlungsbereitschaft und damit erst recht die Zahlungsfähigkeit als Zugangskriterium zu Gesundheitsleistungen ausschließt.[26] Damit wird zwar ebenfalls der Zugang zu einer größeren Menge von Gesundheitsgütern aufgrund einer größeren persönlichen Anstrengung ausgeschlossen. Für den spezifischen Egalitarismus wird jedoch angeführt, dass in Notlagen, in denen es um Leben und Tod geht, Zahlungsfähigkeit und -bereitschaft häufig übereinstimmen werden. Kommt hinzu, dass die Ressourcen begrenzt sind und deshalb nicht alle Personen behandelt werden können, z.B. nach einem größeren Unfall, dann würde letztlich allein die Zahlungsfähigkeit darüber entscheiden, wer behandelt wird. Bei einem Ausschluss der Zahlungsbereitschaft hingegen könnte die Behandlung nach medizinischen Kriterien, z.B. den Überlebenschancen, erfolgen.

---

[26] Den Begriff des spezifischen Egalitarismus hat TOBIN (1970) geprägt. Vertreter dieser Sichtweise sind u.a. B. WILLIAMS (1962) und WALZER (1983).

Die entscheidende Frage ist, wie häufig mit solchen Situationen zu rechnen ist. Dabei ist insbesondere zu beachten, dass die für Gesundheit zur Verfügung stehenden Ressourcen in der Regel nicht exogen vorgegeben sind, sondern durch Nachfrage und Angebot bestimmt werden. Steigt z.B. die Nachfrage nach physiotherapeutischen Behandlungen von Personen mit höherer Zahlungsfähigkeit, so geht dies nicht zu Lasten von Individuen mit geringerer Zahlungsfähigkeit, sondern führt über den Marktmechanismus zuerst zu einer Ausweitung des Angebots der Physiotherapeuten und schließlich zu einer Zunahme an Leistungsanbietern. Ein genereller Ausschluss der Zahlungsbereitschaft stellt deshalb vor allem die Personen mit höherer Zahlungsfähigkeit schlechter, ohne jemand anders besser zu stellen. Zudem sprechen noch weitere wichtige Gründe gegen den spezifischen Egalitarismus:

- Der Verzicht auf jegliche Zuzahlungen bedeutet, dass man ein wichtiges Steuerungsinstrument des Gesundheitsverhaltens nicht nutzt (siehe Kapitel 6). Es ist deshalb damit zu rechnen, dass Personen z.B. bei ihrer Ernährung, ihrem Konsum von Genussmitteln und ihren sportlichen Aktivitäten die finanziellen Konsequenzen ihres Verhaltens nicht berücksichtigen. Um eine Explosion der Kosten zu vermeiden, müsste man stattdessen das gesundheitsrelevante Verhalten der Individuen durch Zwangsmaßnahmen beeinflussen. Auch dadurch würde ein Konflikt mit den Grundprinzipien einer freiheitlichen Gesellschaft entstehen.

- Medizinische Leistungen sind, wie bereits in den Kapiteln 3 und 4 dargelegt, nicht die einzigen Güter, von deren Konsum die Gesundheit eines Menschen abhängt und vielleicht nicht einmal die entscheidenden. Andere Güter, wie eine ausreichende, vor allem aber „richtige" Ernährung sowie eine Wohnung ausreichender Größe und Qualität, spielen eine vergleichbare Rolle und müssten mit der gleichen Berechtigung gebührenfrei verteilt werden. Eine Außerkraftsetzung des Marktmechanismus in so weiten Teilen des Güterspektrums würde jedoch wegen der damit verbundenen negativen Anreizwirkungen die Effizienz der Wirtschaft insgesamt erheblich beeinträchtigen.

- Es ist damit zu rechnen, dass sich neben dem staatlichen System ein privater Markt für Gesundheitsleistungen höherer Qualität bzw. geringerer Wartezeit für zahlungskräftige und -bereite Kunden entwickeln wird. Will man nicht zu polizeistaatlichen Mitteln greifen, die im Widerspruch zu einer freiheitlichen Gesellschaft stehen, so wird man diesen Markt kaum unterbinden können.

- Die Entscheidungsfreiheit des Patienten wird insofern eingeschränkt, als dass er ausschließlich aufgrund von Kriterien behandelt wird, die entweder einem kollektiven (und wahrscheinlich bürokratischen) Entscheidungsprozess oder den individuellen Präferenzen des behandelnden Arztes entstammen.

Unserer Ansicht nach ist die Forderung, die Zahlungsbereitschaft als Kriterium für den Zugang zu Gesundheitsgütern auszuschließen, aus diesen Gründen verfehlt. Zwar sollte in akuten Notlagen, in denen nicht alle Personen ausreichend behandelt werden können, die Zahlungsbereitschaft keine Rolle bei der Behandlung spielen. Ansonsten ist aber das Gesundheitswesen kein Nullsummenspiel, in dem sich nur die Zahlungskräftigeren durchsetzen und die anderen auf der Strecke bleiben. Wir halten es deshalb für eine vernünftigere Strategie, die Zahlungsfähigkeit – insofern sie ungerecht verteilt ist – durch staatliche Umverteilungspolitik selbst zu beeinflussen und für eine angemessene medizinische Grundversorgung zu sorgen.

> **Folgerung 5.10** *Ungerechtfertigte Unterschiede in den Zahlungsfähigkeiten von Personen sollten nach Möglichkeit durch Transfers ausgeglichen werden. Zudem sollte jeder Bürger Zugang zu einer angemessenen medizinischen Grundversorgung haben. Ein genereller Ausschluss der Zahlungsfähigkeit oder sogar der Zahlungsbereitschaft als Kriterium für den Zugang zu Gesundheitsgütern ist jedoch nicht wünschenswert, da er den Prinzipien einer freiheitlichen Gesellschaft widerspricht und zudem zu hohen Effizienzverlusten führt. Eine Ausnahme besteht bei besonderen Notlagen, in denen nicht alle Personen ausreichend behandelt werden können. Hier sollte die Zahlungsbereitschaft für den Zugang zu Gesundheitsgütern keine Rolle spielen.*

5.4.2 Angeborene Unterschiede in der Krankheitsanfälligkeit und der Zugang zu Gesundheitsgütern

5.4.2.1 Umverteilung und der Schleier des Nichtwissens

Auf einem privaten Markt für Krankenversicherungen wird im Wettbewerbsgleichgewicht jeder Versicherte eine Prämie zu zahlen haben, die – bei gleichem Umfang des Versicherungsschutzes – dem Erwartungswert seiner zukünftigen Krankheitskosten entspricht. Personen, die von der Natur mit einer größeren Anfälligkeit für Krankheiten (z.B. einer angeborenen Krankheit oder Behinderung) ausgestattet wurden, müssen demnach eine höhere Prämie zahlen als weniger Anfällige. Diese Marktlösung wird vielfach als „ungerecht" empfunden, da die beschriebene Ungleichheit ohne das Zutun der Beteiligten, allein aufgrund ungleicher Startchancen zustande kommt. Stattdessen soll es einen finanziellen Ausgleich zwischen „niedrigen" und „hohen" Risiken geben, der dafür sorgt, dass von Natur aus benachteiligte Personen finanziell nicht schlechter gestellt werden als ihre gesunden Mitbürger.

Eine derartige Umverteilung lässt sich mit Hilfe des Konzepts des *Schleiers des Nichtwissens* untersuchen, das auf HARSANYI (1955) und RAWLS (1971) zurückgeht. Dabei wird ein Verteilungsprinzip als gerecht betrachtet, wenn ihm die betroffenen Personen in einer Situation zustimmen würden, in der sie noch nicht wissen, ob sie Vorteile durch dieses Prinzip haben oder nicht. In der hier betrachteten Situation wüssten die Individuen hinter dem Schleier des Nichtwissens nicht, als welcher Risikotyp sie geboren werden. Sie sind deshalb dem Risiko unterschiedlich hoher erwarteter Krankheitskosten und damit unterschiedlich hoher Aufwendungen für eine Krankenversicherung ausgesetzt. Geht man von der plausiblen Annahme aus, dass die Individuen hinter dem Schleier des Nichtwissens risikoscheu sind, dann würden sie in dieser Situation einer Versicherung gegen das Risiko unsicherer erwarteter Krankheitskosten zustimmen. Insofern man den fiktiven Schleier des Nichtwissens als Ausdruck einer fairen, nicht von individuellen Partikularinteressen geprägten Entscheidungssituation betrachtet, folgt daraus, dass ein Ausgleich zwischen hohen und niedrigen Risiken wünschenswert sein kann.[27]

Zu beachten ist allerdings noch ein Effizienzaspekt. Der Gesundheitszustand einer Person ist vielfach nicht nur Folge von unterschiedlichen Startchancen, sondern wird auch vom Verhalten wie der Art der Ernährung, dem Konsum von Genussgiften oder dem Ausmaß körperlicher Betätigung beeinflusst. Ein vollkommener Ausgleich zwischen hohen und niedrigen Risiken kann deshalb zu *ex-ante Moral Hazard* führen (vgl. Abschnitt 6.4), d.h. die Folgen des eigenen Verhaltens auf die Ausgaben für Gesundheitsgüter werden nur unzureichend berücksichtigt. Dies kann vermieden werden, indem die Individuen einen Teil der Gesundheitsausgaben selbst tragen. Hinter dem Schleier des Nichtwissens würden die betroffenen Personen dann nur einem teilweisen Ausgleich zwischen hohen und niedrigen Risiken zustimmen.

> **Folgerung 5.11** *Hinter einem Schleier des Nichtwissens würden risikoscheue Individuen einer Versicherung gegen das Risiko unsicherer erwarteter Krankheitskosten zustimmen. Bei ex-ante Moral Hazard kann allerdings nur ein teilweiser Ausgleich zwischen hohen und niedrigen Risiken optimal sein.*

5.4.2.2 Möglichkeiten eines Ausgleichs zwischen niedrigen und hohen Risiken

Das Gerechtigkeitsproblem, das durch die Existenz angeborener Unterschiede in der Anfälligkeit für Krankheiten aufgeworfen wird, ist eng verwandt mit dem Problem des Prämienrisikos, das in Abschnitt 5.3.4 diskutiert wurde. Beide Probleme verlangen eine Quersubventionierung zwischen hohen und niedrigen Risiken. Der einzige Unterschied besteht darin, dass das Prämienrisiko im Prinzip auf dem Markt versichert werden kann, da die Individuen in der Lage sind, Versicherungsverträge abzuschließen, bevor ihr Risikotyp sich ändert. Ein Ausgleich zwischen Individuen, die sich bereits ab Geburt in ihrem Risikotyp unterscheiden, erfordert demgegenüber einen Staatseingriff. Dazu sind in der Literatur drei grundsätzliche Konzepte vorgeschlagen worden:

---

[27] Ein weiteres Argument für eine Umverteilung zugunsten hoher Risiken beruht auf der empirisch gestützten Annahme, dass Gesundheit positiv mit produktiven Fähigkeiten korreliert ist. Gleiche Krankenversicherungsprämien bedeuten dann eine implizite Umverteilung von den Hochproduktiven zu den weniger Produktiven, wodurch der Effizienzverlust der Einkommensbesteuerung vermindert werden könnte [vgl. CREMER UND PESTIEAU (1996)].

(1) Personenspezifische Transfers in Abhängigkeit von der Krankheitsanfälligkeit. [28]

Bei diesem Konzept sollen die Transfers so ausgestaltet werden, dass Individuen für unterschiedliche Krankenversicherungsprämien aufgrund ihres Gesundheitszustands aus dem Steueraufkommen kompensiert werden. In den Krankenversicherungsmarkt selbst wird nicht eingegriffen.

Die entscheidende Frage bei diesem Vorschlag ist, wie präzise die individuellen Transfers das Risiko einer Person abbilden können. Idealerweise sollten die Kriterien, nach denen private Versicherer die Prämie differenzieren, zur Festlegung der Transfers benutzt werden. Dies ist jedoch äußerst aufwändig und wirft zudem große Datenschutz- und Kontrollprobleme auf. [29] In der Praxis werden wahrscheinlich nur einige leicht und eindeutig identifizierbare Krankheiten zur Bestimmung der Transfers verwendet werden können. Als Alternative zu einer direkten Erhebung des Risikos ist deshalb vorgeschlagen worden, die Höhe der Prämie als Indikator für das Risiko anzusetzen. In diesem Fall haben jedoch Versicherung und Versicherter den Anreiz, höhere Leistungen zu vereinbaren, um den Transfer zu erhöhen. [30]

Die Transferlösung ist bislang noch nicht in die Praxis umgesetzt worden. Einen optimalen Ausgleich der Prämienunterschiede zwischen hohen und niedrigen Risiken wird sie kaum erreichen können. Zu hoch sind die Informationsanforderungen an den Staat und zu schwerwiegend wären die negativen Anreize bei der vollen Erstattung der Krankenversicherungsprämie. Sollte sie eingeführt werden, wäre deshalb eine Ergänzung um eine staatlich organisierte „Notversicherung", die Grundleistungen gegen eine einheitliche Gebühr anbietet, sinnvoll. Ebenso könnte die Versorgung von bestimmten Krankheiten, die privat nur schwer versicherbar sind, wie z.B. psychische Krankheiten, separat organisiert werden. [31]

(2) Ein *Diskriminierungsverbot*, das Krankenversicherungen untersagt, Beiträge in Abhängigkeit von der Krankheitsanfälligkeit zu erheben.

---

[28] Diese Idee geht zurück auf PAULY ET AL. (1992). Für eine Diskussion dieses Vorschlags siehe auch VAN DE VEN ET AL. (2000).

[29] Einen Eindruck, welche Informationen bei einem weitgehenden Ausgleich benötigt werden, geben die Annahmerichtlinien einer privaten Krankenversicherung in Deutschland. Sie sehen 37 Krankheiten vor, die zu einem Beitragszuschlag führen oder gar nicht versicherbar sind. Den Beitrag erhöhen z. B. Asthma (20%), Gallensteine (40%), ein Halswirbelsäulensyndrom (40%), eine Magenschleimhautentzündung (20%) und Schuppenflechte (20%). Nicht versicherbar sind z.B. Personen, die einen Herzinfarkt erlitten haben oder unter einer Geisteskrankheit leiden. Bei Überschreitung des Normalgewichts um über 60% ist ebenfalls ein Versicherungsschutz ausgeschlossen. Wenn Gentests in Zukunft eine genauere Vorhersage des Krankheitsrisikos ermöglichen, dann wird diese Liste auch noch um die Ergebnisse dieser Tests ergänzt werden.

[30] Um dies zu vermeiden, könnte ein fester Leistungskatalog vorgeschrieben werden. Dann verzichtet man jedoch auf einen wichtigen Vorteil des Versicherungswettbewerbs.

[31] In der englischsprachigen Literatur wird dies als „carve-out" bezeichnet.

Ein Diskriminierungsverbot soll die Umverteilung zwischen hohen und niedrigen Risiken per Dekret erreichen. Dieser Weg wird u.a. in Deutschland und der Schweiz beschritten. Ein Diskriminierungsverbot allein reicht jedoch nicht aus, um das Grundproblem – die Benachteiligung hoher Risiken auf Versicherungsmärkten – zu lösen. Niedrige Risiken müssen zudem dazu gezwungen werden, höhere Prämien zu zahlen, als es ihrem Risiko entspricht. Ebenso müssen Krankenkassen verpflichtet werden, hohe Risiken zu versichern. Entsprechend sind eine *Versicherungspflicht* und *Kontrahierungszwang* notwendig.

Das zentrale Problem bei einem Diskriminierungsverbot ist das Auseinanderfallen von Beitragszahlung und erwarteten Gesundheitsausgaben. Dies schafft einen Anreiz für die Krankenkassen, sich nicht auf die effiziente Erbringung von Leistungen, sondern auf *Risikoselektion* zu konzentrieren, d.h. ihre Angebote so zu gestalten, dass sie für hohe Risiken unattraktiv, für niedrige Risiken aber interessant sind. Niedrige Risiken können zum Beispiel durch Leistungen aus dem Wellness- und Fitness-Bereich gewonnen werden. Hohe Risiken können abgeschreckt werden, wenn Leistungen bei chronischen Krankheiten wie Diabetes nur schlecht vergütet werden bzw. wenn diese Leistungen zunächst ein langwieriges Genehmigungsverfahren durchlaufen müssen. [32] Dieses Rosinenpicken (englisch „cream-skimming") ließe sich am einfachsten dadurch lösen, dass Personen einer Versicherung zugewiesen werden. [33] Will man jedoch nicht auf die freie Versicherungswahl verzichten, dann lässt sich Risikoselektion durch eine Regulierung des Leistungspakets und einen *Risikostrukturausgleich* (in der Schweiz als *Risikoausgleich* bezeichnet) einschränken. Letzterer leistet Transfers an Kassen mit schlechter Risikostruktur und besteuert Kassen mit guter Risikostruktur. Wie dadurch Anreize zur Risikoselektion gemindert werden können, diskutieren wir ausführlich in Kapitel 7.

(3) Ein steuerfinanzierter *nationaler Gesundheitsdienst*, der einen gebührenfreien Zugang zu Gesundheitsleistungen ermöglicht.

Bei einem nationalen Gesundheitsdienst haben alle Bürger einen gebührenfreien Zugang zu Gesundheitsleistungen. Da auf einen Versicherungswettbewerb verzichtet wird, besteht kein Risikoselektionsproblem auf der Versicherungsebene. Allerdings kann durch eine Ausschaltung des Wettbewerbs auch das Kind mit dem Bade ausgeschüttet werden. In Abwesenheit von anderen Anbietern bestehen in jedem Fall nur geringe Anreize, die Leistungen kostengünstig und den Wünschen der Patienten entsprechend zu erstellen.

Die Lösungen im Vergleich

Das Konzept der personenspezifischen Transfers zeigt, dass ein Außerkraftsetzen des Marktmechanismus grundsätzlich nicht nötig ist, um einen Ausgleich zwischen hohen und niedrigen Risiken zu erreichen. Auch ein Diskriminierungsverbot ist mit

---

[32] Weitere Beispiele werden in VAN DE VEN UND VAN VLIET (1992) genannt.

[33] Vgl. hierzu den Vorschlag von DIAMOND (1992), der auf Basis von festen Personengruppen einen Wettbewerb um die Versicherung dieser Gruppen organisieren möchte.

Versicherungswettbewerb vereinbar. Allerdings weist der Vergleich der drei Lösungen darauf hin, dass eine Gesellschaft vor einem Zielkonflikt steht. Wenn sie dem Ausgleich zwischen hohen und niedrigen Risiken Priorität einräumt, dann sind eher ein Diskriminierungsverbot oder ein staatlicher Gesundheitsdienst geeignet. Diese Konzepte leiden jedoch unter einer hohen Regulierungsdichte und mangelnder Wahlfreiheit. Wenn die freie Entscheidung der Bürger über den von ihnen gewünschten Krankenversicherungsschutz im Mittelpunkt stehen soll, dann sind risikoäquivalente Prämien vorzuziehen. Der Ausgleich zwischen hohen und niedrigen Risiken würde dann über personenspezifische Transfers erfolgen und wäre aller Wahrscheinlichkeit nach nur unvollkommen. Risikoäquivalente Prämien begünstigen allerdings eine größere Produkt- und Leistungsvielfalt als die anderen Alternativen.

Schließlich soll noch darauf hingewiesen werden, wie die drei Lösungen *ex-ante Moral Hazard* bezüglich des Gesundheitszustands vermindern können. Bei der Transferlösung könnte dies geschehen, indem der Ausgleich für einige Gesundheitszustände nur teilweise erfolgt. Bei einem Diskriminierungsverbot und bei einem staatlichen Gesundheitsdienst könnten Zuzahlungen vorgesehen werden. Insbesondere Ausgaben für Verletzungen, die eindeutig Folge eines absichtlich eingegangenen Risikos sind, wie z.B. ein Skiunfall, können dabei in Rechnung gestellt werden.

Folgerung 5.12 *Ein Ausgleich zwischen hohen und niedrigen Risiken lässt sich durch personenspezifische Transfers, ein Diskriminierungsverbot oder einen nationalen Gesundheitsdienst erreichen. Ein Außerkraftsetzen des Marktmechanismus ist grundsätzlich nicht nötig. Allerdings müssen bei der Transferlösung die personenspezifischen Transfers den Gesundheitszustand präzise erfassen. Ein Diskriminierungsverbot muss durch einen Kontrahierungszwang, eine Versicherungspflicht und Maßnahmen zur Vermeidung von Risikoselektion ergänzt werden. Ein vollständiger Ausgleich zwischen hohen und niedrigen Risiken ist nicht wünschenswert, wenn der Gesundheitszustand stark vom Verhalten beeinflusst wird.*

5.5 Rationierung medizinischer Leistungen

Politische Diskussionen über die Gestaltung des Gesundheitssystems konzentrieren sich zunehmend auf den Begriff der „Rationierung" medizinischer Leistungen. Während Ärzte und andere Gesundheitsexperten warnen, dass in Anbetracht des rapiden medizinischen Fortschritts (vgl. Kapitel 14) und der knappen Ressourcen eine Rationierung von Gesundheitsleistungen schon bald unausweichlich sein werde, beschwören zuständige Gesundheitsminister(innen) gerne, dass es während ihrer Amtszeit auf keinen Fall eine Rationierung geben werde. Dabei stimmen beide Seiten darin überein, dass sie den Begriff der Rationierung mit einer „Vorenthaltung notwendiger oder zumindest potentiell nützlicher medizinischer Leistungen" gegenüber dem Patienten gleichsetzen. Es kann nicht überraschen, dass diese Diskussionen oft hitzig geführt werden, vor allem wenn die Vereinbarkeit von Rationierung und Ethik in Frage steht. Um die Kontroversen zu versachlichen, wird bisweilen vorgeschlagen, das „R-Wort" zu vermeiden und durch den Begriff der „Priorisierung" zu ersetzen. Um der Klarheit willen ist es jedoch empfehlenswert, den Begriff der „Rationierung" so zu verwenden, wie es in der Wirtschaftswissenschaft allgemein üblich ist.

5.5.1 Der Begriff der Rationierung

Im weitesten Sinne ist „Rationierung" synonym mit „Allokation" d.h. mit der Entscheidung, welches von vielen konkurrierenden Bedürfnissen befriedigt wird, wenn dazu erforderliche Ressourcen knapp sind. Dieser Begriff kann am besten am Beispiel einer nicht vermehrbaren Ressource wie menschlichen Organen (z.B. Herzen) klar gemacht werden. Kurzfristig, d.h. bei gegebenen rechtlichen Regeln für die Entnahme von Organen, ist das Angebot an Organen durch die Zahl der hirntoten Patienten und deren Spendenbereitschaft determiniert. Die Nachfrage nach Herzen wiederum hängt von der Anzahl der Patienten mit terminalem Herzversagen auf der Warteliste ab. Die Allokation oder Rationierung der verfügbaren Spenderherzen auf die potenziellen Empfänger kann nun auf zweierlei Weise vorgenommen werden:

(a) durch Versteigerung an die Meistbietenden („Preis-Rationierung"), oder

(b) durch Verteilung nach anderen Kriterien wie medizinischer Dringlichkeit oder Wartezeit („Nicht-Preis-Rationierung").

Unabhängig davon, welcher dieser beiden Verteilungsmechanismen angewendet wird, würde wohl niemand behaupten, dass ein Herz, das an den Patienten A verteilt wird, dem Patienten B „vorenthalten" werde. In der öffentlichen Diskussion wird üblicherweise auf Nicht-Preis-Rationierung Bezug genommen, wenn der Begriff Rationierung verwendet wird.[34] Wir schlagen für diesen Typ der Nicht-Preis-Rationierung das Attribut „sekundär" vor, da die Notwendigkeit der Aufteilung aus der natürlichen Knappheit der medizinischen Ressource folgt.

Langfristig sind fast alle medizinischen Güter vermehrbar. Daher lautet die relevante Frage, welchen Anteil ihrer knappen volkswirtschaftlichen Ressourcen eine Gesellschaft der Produktion von Gesundheitsleistungen widmen und welchen sie für andere Güter bereit halten möchte. Auch diese Frage könnte prinzipiell mit Hilfe des Preismechanismus beantwortet werden. Dies würde zur Folge haben, dass die Zahlungsbereitschaft und -fähigkeit der Bürger darüber entscheidet, welche medizinischen Leistungen produziert und in Anspruch genommen werden. Da der Bedarf an diesen Leistungen stochastisch auftritt, wird es auch unter diesen Voraussetzungen Versicherungsunternehmen geben, die Krankenversicherungsverträge zur

---

[34] Diese Verwendung passt zur Verwendung des Begriffs Rationierung in der Kriegswirtschaft, in der der steigende Bedarf des Staates an Ressourcen und das dadurch sinkende Angebot an Konsumgütern zu einem dramatischen Anstieg der Preise dieser Güter führte. Um gravierende Ungleichheiten im Konsum lebensnotwendiger Güter zu vermeiden, setzten viele Regierungen den Preismechanismus außer Kraft und führten alternative Wege der Verteilung von Gütern auf die Konsumenten ein.

Deckung der Kosten für diese Leistungen anbieten. In einem unregulierten Versicherungsmarkt werden die Unternehmen eine Vielzahl unterschiedlicher Verträge anbieten, solche mit umfassenden Leistungen und hohen Prämien, andere mit begrenzten Leistungen und geringeren Prämien. Dadurch haben die Konsumenten die Wahl, im Einklang mit ihren Präferenzen einige Leistungsbegrenzungen gegen eine geringere Prämie abzuwägen. In gewisser Weise rationieren sie sich also durch die Wahl eines Versicherungsvertrages selbst. Sieht man von spezifischen staatlichen Programmen für bestimmte Bevölkerungsgruppen wie Medicare (für die Rentner) und Medicaid (für die Armen) ab, so beschreibt dieses Modell der Preis-Rationierung das Gesundheitssystem in den USA.

Medicare und Medicaid sowie der Großteil der Gesundheitssysteme in den übrigen OECD-Staaten stellen eine Alternative dazu dar. Hier hat der Staat die Aufgabe übernommen, Gesundheitsleistungen durch Steuern oder Beiträge zu einer obligatorischen Krankenversicherung zu finanzieren und den Bürgern kostenlos oder jedenfalls weit unterhalb des Marktpreises anzubieten. Da es unmöglich ist, unbegrenzte Mengen irgendeines Gutes an alle Bürger gratis abzugeben,[35] gibt es üblicherweise Grenzen für die kostenfreie Bereitstellung dieser Leistungen an die Bürger, und diese Grenzen definieren den Leistungskatalog des kollektiv finanzierten Gesundheitssystems. Wir schlagen für diese Grenzen den Begriff der „(primären) Rationierung" vor:

Definition 5.3 *„(Primäre) Rationierung" bedeutet die Bestimmung des Leistungskataloges eines kollektiv finanzierten Gesundheitssystems durch politische Entscheidungen.*

Mögliche Kriterien für die Aufnahme einer Leistung in den Leistungskatalog eines solchen Gesundheitssystems sind das Kosten-Nutzwert-Verhältnis einer Behandlung (vgl. Kapitel 2) und der Schweregrad der Krankheit.

5.5.2 Typen primärer Rationierung

Wenn kollektive Finanzierung von Gesundheitsleistungen mit einem einheitlich regulierten Leistungskatalog zusammentrifft, resultiert zwangsläufig eine Nicht-Preis-Rationierung. Daher lautet die relevante Frage nicht, *ob*, sondern *wie* Gesundheitsleistungen rationiert werden. Die Arten der Rationierung kann man nach zwei Kriterien unterscheiden (vgl. Abbildung 5.7), nämlich

(1) harte versus weiche Rationierung, und

(2) explizite versus implizite Rationierung.

---

[35] Für eine eng begrenzte Personengruppe wie die deutsche Bundeskanzlerin oder den Präsidenten der USA ist ein unbegrenzter Zugang zu allen Gesundheitsleistungen möglich. Jedoch weist VICTOR FUCHS (1984a) darauf hin, dass „Präsidenten-Medizin" für alle nicht finanzierbar ist.

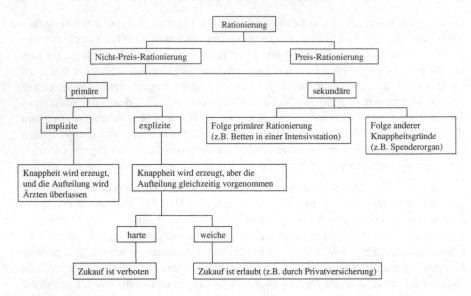

Abb. 5.7. Formen der Rationierung

Weiche Rationierung bedeutet, dass Märkte zugelassen sind, auf denen die Bürger zusätzliche Leistungen kaufen können, die vom kollektiv finanzierten Gesundheitssystem nicht gedeckt sind. *Harte Rationierung* bedeutet hingegen, dass derartige Märkte verboten sind. Eine Diskussion dieser Alternativen wurde oben in Abschnitt 5.4.1 vorgenommen.

Explizite Rationierung bedeutet, dass der Leistungskatalog durch klare und transparente Regeln abgegrenzt ist, während *implizite Rationierung* (auch Rationierung „am Krankenbett") genannt, bedeutet, dass solche Regeln nicht existieren, sondern Zuteilungsentscheidungen im Einzelfall von Ärzten getroffen werden. Da hierbei der Preismechanismus ausgeschaltet ist, läuft dies auf sekundäre Rationierung hinaus. Implizite Rationierung ist häufig die Folge von Budgetentscheidungen der Regierungen. Beispielsweise ist im Nationalen Gesundheitsdienst (NHS) des Vereinigten Königreichs die Anzahl der Herzoperationen in einem staatlichen Krankenhaus per se nicht begrenzt. Jedoch kann das staatlich gesetzte Jahresbudget die Ärzte daran hindern, diese Operationen gegen Jahresende noch durchzuführen, wenn das Budget erschöpft ist.

Bei der Wahl zwischen expliziter und impliziter Rationierung ist es klar, dass implizite Rationierung nicht vollständig vermieden werden kann. Insbesondere ist es nicht möglich, Regeln zu formulieren, die für jeden Einzelfall genau festlegen, welche Behandlungsform Ärzte wählen dürfen. Darüber hinaus scheinen viele Menschen eine implizite Rationierung sogar vorzuziehen, weil sie es erlaubt, die Fiktion aufrecht zu erhalten, dass der Tod schicksalhaft eintritt und nicht auf Grund einer bewussten Rationierungsentscheidung einschließlich der eigenen Entscheidung, sich gegen die Kosten einer bestimmten Leistung nicht zu versichern. Diese Einstellung hat jedoch einen Preis, da bei Abwesenheit expliziter Regeln die persönlichen Präferenzen der Leistungserbringer – und die Fähigkeit der Angehörigen eines Kranken, ihre Wünsche zu artikulieren – darüber entscheiden können, wer bei knappen Ressourcen behandelt wird. Aus diesem Grund kann eine explizite Rationierung in vielen Fällen nützlich sein. Beispielsweise verhindern explizite Regeln für die Allokation von Spenderherzen, dass diese nach der Sympathie der Ärzte für bestimmte Patienten verteilt werden. Ein weiteres Argument zugunsten expliziter Rationierung hängt mit der oben diskutierten Wahl zwischen harter und weicher Rationierung zusammen. Falls Konsens besteht, dass der richtige Typ von Rationierung der weiche ist, dann lautet die logische Folgerung, dass die Rationierung explizit sein muss, da der Abschluss einer privaten Zusatzversicherung zu einem Zeitpunkt, zu dem noch nicht feststeht, wer welche Krankheit bekommen wird, nur dann möglich ist, wenn die Grenzen des Leistungskatalogs der Pflichtversicherung in transparenter Weise definiert sind.

Folgerung 5.13 *Im weitesten Sinne des Wortes ist „Rationierung" synonym mit „Zuteilung". Daher werden Gesundheitsleistungen per definitionem immer rationiert. In einem engeren Sinne der Nicht-Preis-Rationierung werden Gesundheitsleistungen in den Ländern rationiert, in denen es ein kollektiv finanzierten Gesundheitssystem gibt. In diesen Fällen kann man nicht mehr das Ob, sondern nur noch das Wie der Rationierung debattieren, wobei die wesentlichen Alternativen hart vs. weich und explizit vs. implizit lauten.*

5.6 Zur Gestaltung einer Sozialen Krankenversicherung

5.6.1 Die Soziale Krankenversicherung in Deutschland und der Schweiz

Abschnitt 5.4 hat sich mit zwei Dimensionen der Umverteilung befasst. Einerseits wurde untersucht, inwieweit der Zugang zu Gesundheitsgütern von der finanziellen Leistungsfähigkeit einer Person abhängen sollte. Andererseits wurde erörtert, ob ein Ausgleich zwischen Personen mit unterschiedlichem Krankheitsrisiko wünschenswert ist. Wir haben argumentiert, dass ungerechtfertigte Unterschiede in den Zahlungsfähigkeiten von Personen durch Transfers ausgeglichen werden sollten. Zudem sollte jeder Bürger Zugang zu einer angemessenen medizinischen Grundversorgung haben, wobei der Finanzierungsbeitrag nicht vom individuellen Risiko abhängen sollte. In Deutschland und der Schweiz sind diese Anforderungen grundsätzlich erfüllt:

- Sowohl in Deutschland als auch in der Schweiz besitzen Personen mit geringem Einkommen ein Anrecht auf Transfers, die ihnen einen Mindestlebensstandard in Höhe des sozio-kulturellen Existenzminimums erlauben.

- In beiden Ländern richten sich die Beiträge zur sozialen Krankenversicherung nicht nach dem Risiko: In der für alle Einwohner obligatorischen Krankenversicherung in der Schweiz werden von jeder Kasse kasseneinheitliche Kopfpauschalen erhoben, die sich von Kasse zu Kasse unterscheiden können. Haushalte mit geringem Einkommen erhalten einen staatlichen Zuschuss, die sog. Prämienverbilligung. Für die Gesetzliche Krankenversicherung (GKV) in Deutschland, die ca. 90 Prozent der Bevölkerung versichert, legt der Bundesgesundheitsminister einen allgemeinen Beitragssatz fest, der für alle Kassen gültig ist. Dieser Teil der Beiträge steigt also proportional mit dem Lohn- und Lohnersatzeinkommen bis zur so genannten Beitragsbemessungsgrenze an und ist darüber konstant. Zusätzlich kann die einzelne Kasse einen pauschalen Zusatzbeitrag erheben. Es besteht eine individuelle Belastungsgrenze von 2 Prozent der beitragspflichtigen Einnahmen. Für diese ist jedoch der durchschnittliche Zusatzbeitrag relevant, nicht der konkrete Zusatzbeitrag der Kasse. Ein Sozialausgleich soll höhere Belastungen ausgleichen.

- Beide Länder haben Krankenversicherungssysteme mit Diskriminierungsverbot, Kontrahierungszwang und einer Versicherungspflicht. Ein Risikostrukturausgleich soll Risikoselektion seitens der Krankenversicherungen verhindern.

Sowohl in Deutschland als auch in der Schweiz besteht daher ein allgemeiner, nicht vom Einkommen abhängiger Zugang zu einer medizinischen Grundversorgung. Zudem weisen beide Länder im weltweiten Vergleich hohe Gesundheitsausgaben auf, die zum Großteil über risikounabhängige Prämien finanziert werden.

Allerdings unterscheiden sich die Länder auch in zwei wichtigen Aspekten:

(1) In Deutschland wird die Einkommensumverteilung in der Krankenversicherung selbst vorgenommen; in der Schweiz erfolgt der Ausgleich über das Steuer- und Transfersystem.

(2) In der Schweiz ist die gesamte Bevölkerung in der sozialen Krankenversicherung pflichtversichert. In der deutschen GKV sind nur Arbeiter und Angestellte versicherungspflichtig, deren Jahreseinkommen unter der Versicherungspflichtgrenze liegt. Von der Versicherungspflicht ausgenommen sind neben Beamten und Selbständigen die Arbeiter und Angestellten am oberen Ende der Einkommensskala. Diese haben die Option, sich freiwillig in der Gesetzlichen Krankenversicherung zu versichern oder in die Private Krankenversicherung (PKV) zu wechseln.

Folgerung 5.14 *Sowohl Deutschland als auch die Schweiz verfügen über soziale Krankenversicherungssysteme, in denen jeder unabhängig vom Einkommen Zugang zu einer medizinischen Grundversorgung auf relativ hohem Niveau besitzt. Beide Systeme erreichen den Ausgleich zwischen niedrigen und hohen Risiken über ein Diskriminierungsverbot. Die Länder unterscheiden sich im versicherungspflichtigen Personenkreis sowie in der Organisation der Einkommensumverteilung.*

5.6.2 Zur Beitragsgestaltung in einer Sozialen Krankenversicherung

5.6.2.1 Die Beitragsbemessung in Deutschland

In Deutschland wird die GKV seit ihrer Einführung im Jahr 1883 durch Arbeitnehmer und -geberbeiträge finanziert. Den Arbeitnehmersonderbeitrag von 0,9% tragen die Arbeitnehmer alleine. Der restliche Beitragssatz (2012: 14,6%) wird paritätisch von Arbeitnehmern und -gebern finanziert. Hinzu kommen Bundeszuschüsse (im Jahr 2010 waren dies 15,7 Mrd. € bei Gesamteinnahmen von 175,6 Mrd. €). Die Beitragshöhe bemisst sich an der Höhe des Lohn- und Lohnersatzeinkommens. Diese Art der Beitragsgestaltung kann so lange mit dem Äquivalenzprinzip begründet werden, wie sich auch der Leistungsanspruch zum größten Teil am Einkommen orientiert. Diese Bedingung war tatsächlich in den Gründerjahren der GKV erfüllt, als mehr als die Hälfte der Ausgaben der Krankenkassen auf die Lohnersatzleistung Krankengeld entfielen. Mit der wachsenden Bedeutung der Ausgaben für medizinische Leistungen und spätestens mit der Verlagerung der Lohnfortzahlung für die ersten 6 Krankheitswochen auf den Arbeitgeber im Jahre 1970 ist diese Begründung entfallen, da das Krankengeld heute nur noch ca. 8 Prozent der Leistungsausgaben der Kassen ausmacht. Der Rest entfällt auf Ausgaben für Leistungen, auf die jeder Versicherte den gleichen Anspruch hat.

Eine Bemessung am Einkommen lässt sich jetzt nur noch mit dem Prinzip der Leistungsfähigkeit bzw. der Idee des *Solidarausgleichs* zwischen den besser und den schlechter Verdienenden begründen. Für die Leistungsfähigkeit ist jedoch das Arbeitseinkommen ein sehr unvollkommenes Maß, dessen Güte umso mehr abnimmt, als der Anteil des Arbeitseinkommens am gesamten Volkseinkommen zurückgeht, wie es tatsächlich in den vergangenen Jahrzehnten der Fall war. Des Weiteren ist die Einkommensumverteilung durch die Existenz einer Beitragsbemessungsgrenze (2012: monatlich 3.825 €) regressiv. Dies steht im Gegensatz zur progressiven Ausrichtung des Steuersystems. Unter dem Gesichtspunkt der Effizienz ist aber vor allem die einseitige Verzerrung der Arbeitsangebotsentscheidung zu kritisieren, die durch die ausschließliche Berücksichtigung des Arbeitseinkommens entsteht.

Ein Nebeneffekt der Bemessung der Beiträge am Arbeitseinkommen bei gleichzeitigem Absinken der Lohnquote ist der Verlust an Transparenz: So entstand durch die ständig steigenden Beitragssätze der Gesetzlichen Krankenkassen in den vergangenen drei Jahrzehnten der Eindruck einer *Kostenexplosion* im Gesundheitswesen, obwohl die Hauptursache für diesen Anstieg nicht in nur im Wachstum der Gesundheitsausgaben, sondern auch in einem Zurückbleiben der Beitragsbemessungsgrundlage hinter der Entwicklung des Sozialprodukts insgesamt zu sehen ist. So stieg der Anteil der GKV-Leistungsausgaben am Bruttoinlandsprodukt zwischen 1975 und 2010 von 5,7% auf 7,1%, also um rund 25 Prozent an. Im gleichen Zeitraum erhöhte sich jedoch der durchschnittliche GKV-Beitragssatz von 10,5% auf 14,9%, also um 42 Prozent, weil sich gleichzeitig die Relation zwischen der Bemessungsgrundlage der Beiträge und dem BIP erheblich verringerte.

Ein zusätzliches Problem beim gegenwärtigen Beitragstarif besteht in den Abweichungen von der Proportionalität im Bereich *geringfügiger Beschäftigungsverhältnisse* unterhalb von 800 € monatlichen Arbeitseinkommens sowie durch die Beitragsbemessungsgrenze. In Kombination mit dem Individualprinzip (getrennte Veranlagung von Ehepartnern) führt diese Tarifgestaltung zu einer Ungleichbehandlung von Ehepaaren mit gleichem Haushaltseinkommen, aber unterschiedlicher Aufteilung, denn er begünstigt Paare mit ungleich hohen Einkommen, falls ein Einkommen über und das andere unter der Bemessungsgrenze liegt, gegenüber Paaren mit zwei gleich hohen Einkommen. Dieses Problem könnte durch einen Übergang zum Haushaltsprinzip (gemeinsame Veranlagung von Ehepartnern mit doppelter Bemessungsgrenze) beseitigt werden.

5.6.2.2 Die Beitragsbemessung in der Schweiz

In der Schweiz wird von einer Krankenkasse je erwachsenen Versicherten gegenwärtig ein einheitlicher pauschaler Beitrag erhoben. Für Kinder und Jugendliche bestehen reduzierte, aber jeweils kostendeckende Beiträge. Im Rahmen der *Prämienverbilligung* kann jeder Versicherte vom Staat einen Zuschuss erhalten, wenn der Gesamtbeitrag, den er und seine Familie zu entrichten haben, einen bestimmten Prozentsatz (zwischen 4 bis 12 Prozent je nach Kanton) des Haushaltseinkommens übersteigt.

Diese auf den ersten Blick unterschiedliche Beitragsbemessung ist der deutschen Regelung sehr ähnlich: Zunächst ist der faktische Beitrag zur Krankenversicherung ein prozentualer Anteil des Einkommens. Ist das Einkommen jedoch so hoch, dass kein Anrecht mehr auf einen Zuschuss besteht, ist der Beitrag eine Konstante. Somit besteht auch in der Schweiz eine implizite Beitragsbemessungsgrenze, die dem Einkommen entspricht, von dem an kein Zuschuss mehr gewährt wird.

Der Unterschied zur GKV in Deutschland liegt einerseits darin, dass die Bemessungsgrenze von der Haushaltsgröße und -zusammensetzung abhängt. Andererseits vermeidet diese Regelung eine einseitige Koppelung der Beiträge an das Arbeitseinkommen. Damit wird eine über die Einkommensteuer hinausgehende Verzerrung der Arbeitsangebotsentscheidung vermieden. Zudem erfolgt die Einkommensumverteilung über das progressive Steuersystem.

5.6.3 Zum Versichertenkreis in einer Sozialen Krankenversicherung

Während in der Schweiz die gesamte Wohnbevölkerung in der sozialen Krankenversicherung pflichtversichert ist, besteht in Deutschland seit 2007 zwar eine allgemeine Versicherungspflicht, jedoch müssen alle Arbeiter und Angestellte, deren monatliches Einkommen oberhalb der Versicherungspflichtgrenze liegt (4.237,50 €

im Jahre 2012), sowie Beamte und Selbständige nicht zwingend der Gesetzlichen Krankenversicherung angehören, sondern sie haben die Option, sich entweder freiwillig in der Gesetzlichen Krankenversicherung zu versichern oder in die Private Krankenversicherung (PKV) zu wechseln.[36] Dass gerade die Einkommensstärksten aus der GKV austreten können, ist deswegen bemerkenswert, weil die Regeln der Beitragsbemessung in der GKV eine *zweifache Umverteilung* erreichen sollen:

- Dadurch, dass der Beitrag nicht nach dem individuellen Krankheitsrisiko differenziert ist, findet eine implizite Umverteilung zugunsten der *Krankheitsanfälligen* statt.

- Dadurch, dass der Beitrag als fester Prozentsatz vom Einkommen (bis zu einer oberen Grenze) erhoben wird, werden ceteris paribus die *Einkommensschwachen* von den Einkommensstarken subventioniert.

Die Option, sich beim Überschreiten der Versicherungspflichtgrenze privat zu versichern, wirkt genau diesen beiden Umverteilungsdimensionen entgegen. Sie kann zum einen nur von den Einkommensstarken genutzt werden. Andererseits wird sie nur von niedrigen Risiken wahrgenommen, weil in der PKV in Deutschland die Prämie nach dem Krankheitsrisiko differenziert wird. Die Wechseloption schwächt deshalb die Umverteilung in der GKV.[37]

5.6.4 Die Reform der Gesetzlichen Krankenversicherung in Deutschland

Die beiden zentralen Unterschiede zur Schweiz – der Umfang des Versichertenkreises und die Art der Beitragsbemessung – sind auch Gegenstand wichtiger Reformvorschläge für die Gesetzliche Krankenversicherung. Eine Ausweitung des Versichertenkreises auf alle Bürger ist dabei Teil der Vorschläge von KNAPPE UND ARNOLD (2002) und BREYER ET AL. (2004). Bekannt ist auch das von Karl LAUTERBACH entworfene Konzept der *Bürgerversicherung* geworden, das eine allgemeine Versicherungspflicht in der GKV beinhaltet.[38] Die PKV würde dann in Zukunft nur noch Zusatzversicherungen anbieten. Begründet wird diese Ausweitung vor allem mit dem Solidaritätsgedanken und der möglichen Beitragsentlastung durch die Einbeziehung gesünderer und einkommensstarker Personen. So könnte nach der Studie von SEHLEN ET AL. (2004) der Beitragssatz um 0,6 Beitragssatzpunkte durch die Einbeziehung aller bisher nicht gesetzlich Versicherten gesenkt werden. Zum anderen wird eine Einbeziehung weiterer Einkunftsarten in die Einkommensumverteilung gefordert. Hier soll sowohl das Leistungsfähigkeitsprinzip besser verwirklicht als auch die Belastung des Faktors Arbeit verringert werden.

---

[36] Im Jahre 2010 waren ca. 69,8 Mio. Personen in der GKV und 8,9 Mio. Personen in der PKV vollversichert. Siehe BUNDESMINISTERIUM FÜR GESUNDHEIT (2011).

[37] Die Trennung in GKV und PKV äußert sich auch auf der Leistungsseite. So zeigen ROLL ET AL. (2012), dass PKV-Versicherte signifikant kürzer auf einen Arzttermin und in der Arztpraxis warten.

[38] Siehe hierzu den Abschnitt 4.3.1 des Berichts der „Rürup-Kommission" unter BUNDESMINISTERIUM FÜR GESUNDHEIT UND SOZIALE SICHERUNG (2003).

Bei der Einbeziehung weiterer Einkunftsarten in die Beitragsbemessung lassen sich zwei Varianten unterscheiden:

(1) Die Bemessungsgrundlage für die GKV-Beiträge wird auf alle persönlichen Einkünfte erweitert.

(2) In der GKV werden Kopfpauschalen eingeführt und die Einkommensumverteilung wird in das Steuer- und Transfersystem ausgegliedert.

Die Vertreter der *Bürgerversicherung* sprechen sich für Variante (1) aus. Dagegen spricht jedoch die Effizienz, da die Erhebungsbasis die gleiche wäre wie bei der Einkommensteuer und ein Nebeneinander zweier Umverteilungsinstrumente mit ähnlicher oder gleicher Basis nur unnötigen Erhebungsaufwand verursachen würde.

Die Variante (2) wird von KNAPPE UND ARNOLD (2002), BREYER ET AL. (2004) und von den Befürwortern des Gesundheitsprämien-Modells der Rürup-Kommission befürwortet.[39] Diese Vorschläge unterscheiden sich allerdings in der Behandlung der Haushalte, deren Einkommen so gering ist, dass es vollständig oder doch zum großen Teil durch die Kopfpauschalen für die Haushaltsmitglieder aufgezehrt würde. KNAPPE UND ARNOLD (2002) und die Befürworter des Gesundheitsprämien-Modells befürworten wie in der Schweiz Beitragszuschüsse. Der Versicherte soll vom Staat einen Zuschuss erhalten, wenn der Gesamtbeitrag, den er und seine Familie zu entrichten haben, einen bestimmten Prozentsatz des Haushaltseinkommens übersteigt. BREYER ET AL. (2004) hingegen sprechen sich für die Anpassung existierender Transfersysteme aus.

Tabelle 5.2 gibt einen Überblick über die verschiedenen Vorschläge. Sie macht deutlich, dass die in der öffentlichen Diskussion im Mittelpunkt stehenden Konzepte *Bürgerversicherung* und *Gesundheitsprämie* nur einen Teil der möglichen Reformoptionen abdeckt. Insbesondere zeigen die Vorschläge von KNAPPE UND ARNOLD (2002) und BREYER ET AL. (2004), dass sich eine Ausweitung des Versichertenkreises und ein Umstieg zu Kopfpauschalen kombinieren lassen.

Bislang ist keiner dieser Reformvorschläge in Reinform umgesetzt worden. Insbesondere ist es bei der Trennung von Gesetzlicher und Privater Krankenversicherung geblieben. Mit der Einführung des Gesundheitsfonds im Jahr 2009 ist jedoch ein Rahmen geschaffen worden, der Kopfpauschalen zur Finanzierung eines Teils der Gesundheitsausgaben zulässt. In den Gesundheitsfonds fließen die lohnbezogenen Beiträge der Versicherten, die sich nach einem bundeseinheitlichen Beitragssatz (2012: 15,5%) bemessen sowie staatliche Zuschüsse aus Steuermitteln. Die Mittel werden im Rahmen des Risikostrukturausgleichs an die Kassen verteilt (siehe hierzu Kapitel 7). Reichen sie nicht aus, dann müssen Kassen eine Pauschalprämie erheben, um ihre Ausgaben zu decken. Einige Kassen mussten bereits Zusatzbeiträge von bis zu 15 € erheben. Wenige Kassen leisteten pauschale Rückzahlungen an die Versicherten.[40]

---

[39] Vgl. hierzu den Abschnitt 4.3.2 des Kommissionsberichts.

[40] Der Gesundheitsfonds geht auf RICHTER (2005) zurück, der einen einheitlichen Beitragssatz und einen „Sonderhaushalt GKV" vorgeschlagen hat. Versicherungen sollten zusätz-

Tabelle 5.2. Die Reformvorschläge im Überblick

		Versicherungspflicht	
		Selektiv	Allgemein
1.	Einkommensabh. Beiträge		
1a.	Arbeitseinkommen	GKV	–
1b.	Sämtliche Einkommen	–	Bürgerversicherung
2.	Kopfpauschalen		
2a.	mit staatlichen Zuschüssen	Gesundheitsprämie,	Schweiz, KNAPPE UND ARNOLD
2b.	Anpassung existierender Transfersysteme	–	BREYER ET AL.

Durch die Einführung des Gesundheitsfonds hat sich an den Verteilungswirkungen der Finanzierung der GKV bisher praktisch nichts geändert. Der Kassenwettbewerb hat sich jedoch intensiviert, weil pauschale Zusatzbeiträge allein vom Versicherten getragen werden müssen; früher wurden höhere Beitragssätze von Arbeitnehmern und -gebern gemeinsam getragen. Zudem fällt der Vorteil beim Kassenwechsel aufgrund der Pauschalierung unabhängig vom Einkommen aus. Durch den Gesundheitsfonds ist allerdings der Übergang zu einem Kopfpauschalensystem erleichtert worden. Je geringer die Mittel des Gesundheitsfonds bemessen werden, desto höher wird die Finanzierung durch Kopfpauschalen ausfallen.

Abschließend möchten wir noch auf die *intergenerativen Folgen* einer Einführung einer allgemeinen Versicherungspflicht in der GKV, z.B. in Form der Bürgerversicherung, eingehen. Dadurch würde die Kapitaldeckung entfallen, die heute innerhalb des Anwartschaftsdeckungsverfahrens der PKV gebildet wird. In der GKV hingegen würden durch einen Rückgang der Beiträge auch die Rentner von der Ausweitung der Versicherungspflicht profitieren. Die Folge wäre eine Ausweitung der intergenerativen Umverteilung zu Lasten der jüngeren Generationen, die angesichts der demographischen Entwicklung wenig wünschenswert erscheint.

Durch zwei Maßnahmen ließe sich jedoch diese Wirkung vermeiden [vgl. hierzu FELDER UND KIFMANN (2004a) sowie Abschnitt (14.4.3)]:

(1) Die Einführung einer Kapitaldeckung innerhalb der GKV

Hier würde die Belastung der jungen Generation dadurch vermieden, dass ein kollektiver Kapitalbestand aufgebaut wird, der auch von den älteren Generationen mitfinanziert wird. Dieser Kapitalbestand würde für zukünftige Beitragsentlastungen verwendet.

---

lich einkommensunabhängige Pauschalprämien verlangen dürfen. In ähnlicher Weise hatte KIFMANN (2003) angeregt, eine zweckgebundene Krankenversicherungsabgabe einzuführen, deren Erlös an die Kassen im Rahmen des Risikostrukturausgleichs ausgezahlt würde. Die restlichen Ausgaben sollten die Kassen in Form von Kopfprämien aufbringen. Die Krankenversicherungsabgabe sollte sich allerdings auf das gesamte steuerpflichtige Einkommen beziehen.

(2) Neugestaltung der Beiträge in der GKV

Das Umlageverfahren in der GKV führt nicht zwangsläufig zu einer intergenerativen Umverteilung. Dies ist vor allem eine Folge des altersunabhängigen Beitragssatzes, der ältere Generationen begünstigt. So wurden in der Krankenversicherung der Rentner in Deutschland im Jahr 2008 insgesamt 74,8 Mrd. € ausgegeben, von denen nur 34,9 Mrd. € durch Beiträge der Rentner finanziert wurden. Eine Senkung des Beitragssatzes für die älteren Generationen durch eine Ausweitung der Versicherungspflicht würde diese Differenz auf Kosten der aktiv Beschäftigten noch erhöhen. Dies lässt sich vermeiden, wenn im bestehenden System der Beitragssatz für die älteren Generationen konstant gehalten und nur für die Jungen gesenkt wird. Auch der Umstieg auf Kopfpauschalen könnte diesen Effekt haben, wenn diese zu einem höheren Finanzierungsbeitrag der älteren Generationen führen.

Entscheidend ist bei beiden Varianten, dass der Beitrag der älteren Generationen nicht durch die Ausweitung der Versicherungspflicht gesenkt wird. Die zweite Variante hat den Vorteil, dass die Kapitalbildung privat erfolgen und aus der Beitragsentlastung der Jungen finanziert würde. Ein kollektiver Kapitalbestand weckt hingegen Begehrlichkeiten von Politikern und Interessenverbänden und läuft Gefahr, für andere Zwecke missbraucht zu werden.

Folgerung 5.15 *Die Vorschläge zur Reform der GKV unterscheiden sich vor allem in der Frage, ob der Versichertenkreis ausgeweitet werden soll und wie weitere Einkunftsarten bei der Beitragsbemessung berücksichtigt werden können. Vorschläge, die eine Umstellung auf Kopfpauschalen und die Verlagerung der Einkommensumverteilung in das Steuer-Transfer-System vorsehen, haben dabei den Vorteil, dass sie ein ineffizientes Nebeneinander zweier Umverteilungssysteme vermeiden. Die Einführung einer allgemeinen Versicherungspflicht in der GKV würde die Solidarität bei der Finanzierung der Gesundheitsausgaben stärken. Um eine weitere Umverteilung zu Ungunsten jüngerer Generationen zu vermeiden, sollten die Beiträge zur GKV so neu gestaltet werden, dass der Finanzierungsbeitrag der älteren Generationen nicht durch die Erweiterung des Versichertenkreises sinkt.*

5.7 Zusammenfassung des Kapitels

(1) Der Markt „versagt" bei der Allokation von Gesundheitsgütern insoweit, als diese Kollektivguteigenschaften aufweisen (Impfungen, Bereithaltung von Kapazitäten) oder mit Güterexternalitäten verbunden sind. In allen diesen Fällen sind geeignete, gegebenenfalls staatlich organisierte Institutionen der Finanzierung zu finden. Auf keinen Fall folgt jedoch aus dem Marktversagen die Notwendigkeit eines staatlich organisierten Angebots von Gesundheitsleistungen.

(2) Aus Beobachtungen, dass Individuen nicht immer zu selbstbestimmten und rationalen Entscheidungen in der Lage sind, folgt nicht, dass dem Einzelnen die Entscheidungen über gesundheitsrelevantes Verhalten abzunehmen und an „Experten" oder Politiker zu delegieren sind. Zudem steht mit „Nudges" eine Strategie zur Verfügung, das Verhalten in eine bestimmte Richtung zu lenken ohne die Handlungsoptionen der Individuen einzuschränken. Im Fall einer Krankheit sind Individuen selbst oder Nahestehende am besten geeignet, Entscheidungen zu treffen.

(3) Unvollkommene Information auf Gesundheitsmärkten liefert allerdings keine Rechtfertigung für staatliche Bereitstellung, sondern lediglich für staatliche Maßnahmen zur Verbesserung der Information der Konsumenten und zur Sicherung der Produktqualität. Hierzu gehören staatliche Zulassungsverfahren sowie das ärztliche Haftungsrecht.

(4) In einer Gesellschaft mit einem staatlichen Mindesteinkommen besteht ein implizite (teilweise) Absicherung im Krankheitsfall, die einen Anreiz zum Trittbrettfahren darstellt. Eine Versicherungspflicht kann dies verhindern. Alternativ kann Vollversicherungsschutz subventioniert werden. Diese Regelung kostet dem Staat zwar mehr, senkt aber dennoch die Transferausgaben, weil die ineffiziente Risikoallokation bei Trittbrettfahren beseitigt wird.

(5) Falls die Versicherer die Krankheitsrisiken beobachten und aktuarisch faire Versicherungen existieren, werden beide Risikotypen eine Vollversicherung abschließen. Die Prämie für hohe Risiken ist jedoch höher.

(6) Ob der Staat durch Eingriffe in den Krankenversicherungsmarkt eine Pareto-Verbesserung herbeiführen kann, hängt vom verwendeten Gleichgewichtskonzept ab. Insbesondere macht es einen Unterschied, ob ein Versicherer den Marktaustritt eines unprofitablen Vertrags als Reaktion auf den eigenen Markteintritt voraussehen kann und ob er zwischen den angebotenen Verträgen quersubventionieren kann. Falls beide Bedingungen erfüllt sind, liefert der Markt für private Krankenversicherungsverträge ein second best effizientes Ergebnis. Andernfalls kann der Staat eine Pareto-Verbesserung durch eine obligatorische Teilversicherung herbeiführen.

(7) Beide reinen Marktlösungen für die Versicherung des Prämienrisikos sind problembehaftet. Die Garantierte Vertragsverlängerung macht die Versicherten von ihrem Versicherungsunternehmen abhängig. Prämienversicherungs-Verträge sind mit hoher Wahrscheinlichkeit unvollständig, da es schwierig ist, den Risikotyp mit genügender Präzision zu beschreiben. Beide Lösungen erfordern einen Prämienaufschlag für junge Versicherte.

(8) Ein Diskriminierungsverbot (DV) verlangt, dass die Prämien eines Versicherers für alle Individuen, die ein bestimmtes Leistungspaket abschließen, einheitlich sein müssen. Dadurch werden risikobezogene Prämien vermieden und eine Ex ante-Umverteilung zwischen den Risikotypen induziert. Das DV wird meist von Kontrahierungszwang und Versicherungspflicht begleitet. Es bringt jedoch Anreize zur Risikoselektion seitens des Versicherers mit sich.

(9) Prämienrisiko kann durch reine Marktlösungen (Garantierte Vertragsverlängerung, Prämienversicherung) oder staatliche Regulierung (Diskriminierungsverbot) behandelt werden. Neben einer Präferenz für Umverteilung hängt eine Bewertung dieser Alternativen von Effizienzfragen ab, wie etwa dem Problem der
Spezifikation des Risikotyps, der Möglichkeit langfristiger Verträge, der Regulierung des Leistungspakets, der Heterogenität der Präferenzen und der Verbreitung von Kreditbeschränkungen. A priori dominiert keine dieser Alternativen
alle anderen.

(10) Ungerechtfertigte Unterschiede in den Zahlungsfähigkeiten von Personen sollten nach Möglichkeit durch Transfers ausgeglichen werden. Zudem sollte jeder
Bürger Zugang zu einer angemessenen medizinischen Grundversorgung haben.
Ein genereller Ausschluss der Zahlungsfähigkeit oder sogar der Zahlungsbereitschaft als Kriterium für den Zugang zu Gesundheitsgütern ist jedoch nicht
wünschenswert, da er den Prinzipien einer freiheitlichen Gesellschaft widerspricht und zudem zu hohen Effizienzverlusten führt. Eine Ausnahme besteht
bei besonderen Notlagen, in denen nicht alle Personen ausreichend behandelt
werden können. Hier sollte die Zahlungsbereitschaft für den Zugang zu Gesundheitsgütern keine Rolle spielen.

(11) Hinter einem Schleier des Nichtwissens würden risikoscheue Individuen einer
Versicherung gegen das Risiko unsicherer erwarteter Krankheitskosten zustimmen. Bei ex-ante Moral Hazard kann allerdings nur ein teilweiser Ausgleich
zwischen hohen und niedrigen Risiken optimal sein.

(12) Ein Ausgleich zwischen hohen und niedrigen Risiken lässt sich durch personenspezifische Transfers, ein Diskriminierungsverbot oder einen nationalen
Gesundheitsdienst erreichen. Ein Außerkraftsetzen des Marktmechanismus ist
grundsätzlich nicht nötig. Allerdings müssen bei der Transferlösung die personenspezifischen Transfers den Gesundheitszustand präzise erfassen. Ein Diskriminierungsverbot muss durch einen Kontrahierungszwang, eine Versicherungspflicht und Maßnahmen zur Vermeidung von Risikoselektion ergänzt werden.
Ein vollständiger Ausgleich zwischen hohen und niedrigen Risiken ist nicht
wünschenswert, wenn der Gesundheitszustand stark vom Verhalten beeinflusst
wird.

(13) Im weitesten Sinne des Wortes ist „Rationierung" synonym mit „Zuteilung". Daher werden Gesundheitsleistungen per definitionem immer rationiert. In einem
engeren Sinne der Nicht-Preis-Rationierung werden Gesundheitsleistungen in
den Ländern rationiert, in denen es ein kollektiv finanzierten Gesundheitssystem gibt. In diesen Fällen kann man nicht mehr das Ob, sondern nur noch das
Wie der Rationierung debattieren, wobei die wesentlichen Alternativen hart vs.
weich und explizit vs. implizit lauten.

(14) Sowohl Deutschland als auch die Schweiz verfügen über soziale Krankenversicherungssysteme, in denen jeder unabhängig vom Einkommen Zugang zu einer
medizinischen Grundversorgung auf relativ hohem Niveau besitzt. Beide Systeme erreichen den Ausgleich zwischen niedrigen und hohen Risiken über ein

Diskriminierungsverbot. Die Länder unterscheiden sich im versicherungspflichtigen Personenkreis sowie in der Organisation der Einkommensumverteilung.

(15) Die Vorschläge zur Reform der GKV unterscheiden sich vor allem in der Frage, ob der Versichertenkreis ausgeweitet werden soll und wie weitere Einkunftsarten bei der Beitragsbemessung berücksichtigt werden können. Vorschläge, die eine Umstellung auf Kopfpauschalen und die Verlagerung der Einkommensumverteilung in das Steuer-Transfer-System vorsehen, haben dabei den Vorteil, dass sie ein ineffizientes Nebeneinander zweier Umverteilungssysteme vermeiden. Die Einführung einer allgemeinen Versicherungspflicht in der GKV würde die Solidarität bei der Finanzierung der Gesundheitsausgaben stärken. Um eine weitere Umverteilung zu Ungunsten jüngerer Generationen zu vermeiden, sollten die Beiträge zur GKV so neu gestaltet werden, dass der Finanzierungsbeitrag der älteren Generationen nicht durch die Erweiterung des Versichertenkreises sinkt.

5.8 Lektürevorschläge

Die Beiträge von ARROW (1963) und PAULY (1988) gehören zu den klassischen Artikeln, die die Besonderheiten von Gesundheitsgütern diskutieren. Für eine ausführliche Darstellung von externen Effekten, öffentlichen Gütern und zunehmenden Skalenerträgen empfehlen wir das Lehrbuch „Grundlagen der Wirtschaftspolitik" von BREYER UND KOLMAR (2010). Zur tieferen Beschäftigung mit adverser Selektion auf Versicherungsmärkten sei auf den Überblicksartikel von DIONNE UND DOHERTY (1992) verwiesen. Dort werden insbesondere weitere Gleichgewichtsbegriffe und mehrperiodige Verträge diskutiert.

Gerechtigkeitsaspekte im Gesundheitswesen werden von A. MCGUIRE ET AL. (1988) und HURLEY (2000) erörtert. Lesenswert sind die Vorschläge von PAULY ET AL. (1992) und VAN DE VEN ET AL. (2000), die eine Alternative zu den Krankenversicherungssystemen in Deutschland und der Schweiz darstellen. Interessant ist auch der Vorschlag von ZWEIFEL UND BREUER (2006), risikobezogene Prämien mit Zuschüssen an diejenigen zu verknüpfen, deren Prämie einen bestimmten Anteil ihres Einkommens übersteigt. Dieser Vorschlag wird von KIFMANN UND ROEDER (2011) mit Sozialversicherungsmodellen verglichen. Die unterschiedlichen Rationierungskonzepte werden in BREYER UND SCHULTHEISS (2002) weiter erläutert. Ethische Argumente zur Rationierung von Gesundheitsleistungen finden sich in BUTLER (1999), MENZEL (1990), UBEL (2000) und den Beiträgen in BREYER ET AL. (2001).

5.Ü Übungsaufgaben

5.1. Diskutieren Sie folgende Fragen:

(a) Welche Gründe können für ein Marktversagen auf den Märkten für Gesundheitsgüter verantwortlich sein? Wie kann der Staat jeweils angemessen intervenieren?

(b) Mit welchen Argumenten kann eine Krankenversicherungspflicht begründet werden?

(c) Worauf kann die Forderung nach einer staatlichen Zwangsversicherung gestützt werden?

(d) Mit welchen Institutionen und Regelungen kann ein Ausgleich zwischen hohen und niedrigen Risiken erreicht werden?

5.2. Betrachten Sie das Modell aus Abschnitt 5.3.2. Gehen Sie von $\pi = 50\%$, $M = 25.000 €$ und $Y_{\min} = 2.500 €$ aus. Die Nutzenfunktion der Individuen sei $u(y) = y^{0,5}$.

(a) Ein Individuum mit einem Einkommen von $Y \geq 27.500 €$ hat niemals Anspruch auf staatliche Mindestsicherung. Zeigen Sie, dass es sich voll versichern wird.

(b) Bestimmen Sie das kritische exogene Einkommen $\tilde{Y}$, unter dem sich ein Individuum nicht versichern wird. Warum ist $\tilde{Y} < 27.500 €$?

(c) Gehen Sie von einer Person mit dem exogenen Einkommen $Y = 20.000 €$ aus. Zeigen Sie, dass durch eine Subvention σ bei Abschluss einer Vollversicherung (i) das Individuum besser gestellt werden und (ii) die erwartete Transferzahlung des Staates gesenkt werden kann. Begründen Sie Ihr Ergebnis.

5.3. Gehen Sie von dem Modell eines Versicherungsmarktes bei asymmetrischer Information in Abschnitt 5.3.3.3 aus. Alle Individuen besitzen die Nutzenfunktion $u(y) = -e^{-0,1y}$ und haben ein Anfangsvermögen von $Y = 100$. Die hohen Risiken haben eine Krankheitswahrscheinlichkeit von $\pi_H = 0,8$, die niedrigen Risiken von $\pi_L = 0,2$. Die Behandlungskosten bei Krankheit betragen $M = 80$. Der Anteil der niedrigen Risiken in der Bevölkerung sei λ. Gehen Sie im Folgenden vom RS-Gleichgewichtskonzept aus.

(a) Untersuchen Sie die Verträge in einem möglichen trennenden Gleichgewicht.

   (i) Erläutern Sie folgende Gleichung:

   $$(1 - \pi_H)u(Y - \pi_L \hat{I}) + \pi_H u(Y - \pi_L \hat{I} - M + \hat{I}) = u(Y - \pi_H M).$$

   Was entspricht $\hat{I}$?

   (ii) Zeigen Sie, dass $\hat{I} \approx 17,21$ (z.B. indem Sie mit einem Tabellenkalkulationsprogramm $\hat{I}$ variieren bis beide Seiten der obigen Gleichung übereinstimmen).

(iii) Bestimmen Sie den Erwartungsnutzen der beiden Risikotypen in einem möglichen trennenden Gleichgewicht.

(b) Bestimmen Sie den kritischen Wert von λ, bis zu dem ein trennendes Gleichgewicht existiert.

Gehen Sie dabei wie folgt vor: Bestimmen Sie die optimale Versicherungsdeckung $I^*(\lambda)$ für niedrige Risiken bei einem Pooling-Vertrag mit dem Preis $p = \bar{\pi} \equiv \lambda\pi_L + (1-\lambda)\pi_H$ pro Einheit Versicherungssumme. Mit $I^*(\lambda)$ lässt sich dann der maximale Nutzen der niedrigen Risiken bei einem Pooling-Vertrag bestimmen. Ist dieser höher als der Nutzen bei dem Vertrag im möglichen trennenden Gleichgewicht, dann existiert letzteres nicht. (Warum?) Verwenden Sie am besten wieder ein Tabellenkalkulationsprogramm und variieren Sie λ. Zeigen Sie, dass $\lambda \approx 0{,}17$.

(c) Nehmen Sie jetzt an, dass $\lambda = 0{,}1$. Eine staatliche Zwangsversicherung in Höhe von $\bar{I} = 20$ wird eingeführt.

(i) Bestimmen Sie für diesen Fall $\tilde{I}$, indem Sie folgende Gleichung verwenden:

$$(1-\pi_H)u\left(Y - \pi_L\tilde{I} - \bar{\pi}I_G\right) + \pi_H u\left(Y - \pi_L\tilde{I} - \bar{\pi}I_G - M + \tilde{I} + I_G\right)$$

$$= u\left(Y - \pi_H\left(M - I_G\right) - \bar{\pi}I_G\right).$$

Erläutern Sie diese Gleichung sowie $\tilde{I}$ und zeigen Sie, dass $\hat{I} \approx 12{,}23$.

(ii) Bestimmen Sie den Nutzen der beiden Risikotypen in einem möglichen trennenden Gleichgewicht und vergleichen Sie diesen mit der Situation ohne staatliche Zwangsversicherung.

(iii) Zeigen Sie, dass bei $\lambda = 0{,}1$ das trennende Gleichgewicht existiert.

(iv) Illustrieren Sie Ihre Ergebnisse in einem Diagramm.

5.4. In der Privaten Krankenversicherung in Deutschland muss die Prämie eines Versicherten über die Zeit konstant bleiben.

(i) Kalkulieren Sie anhand des Prämienrisiko-Modells des Abschnitts 5.3.4.1 die konstante Prämie P_{const}, die zum Nullgewinn führt, wenn kein Individuum in Periode 2 die Versicherung wechselt.

(ii) Vergleichen Sie die konstante Prämie mit den Prämien eines Vertrags mit Garantierter Vertragsverlängerung und zeigen Sie, dass

$$P_1^{GVV} > P_{const} > P_2^{GVV}.$$

Was folgt hieraus für einen Vertrag, der eine konstante Prämie P_{const} garantiert?

(iii) Nehmen Sie an, dass jeder Versicherte in Periode 2 eine Verschlechterung des Gesundheitszustands erfährt. Mit der Wahrscheinlichkeit ϕ beträgt die Krankheitswahrscheinlichkeit $\pi_M > \pi_L$, mit Wahrscheinlichkeit $1 - \phi$ ist sie $\pi_H > \pi_M$. Zeigen Sie, dass bei hinreichend großem π_M gilt: $P_{const} < P_2^{GR}$. Kommentieren Sie Ihr Ergebnis.

6

Optimale Ausgestaltung von Krankenversicherungsverträgen

6.1 Problemstellung

Die Frage nach dem optimalen Krankenversicherungsschutz aus der Sicht eines Individuums hat eine zweifache Motivation: In positiver Hinsicht dient sie dazu, zu erklären, warum die meisten Menschen auch bei Abwesenheit von Zwang einen Krankenversicherungsvertrag abschließen und welche typischen Eigenschaften man bei solchen Verträgen vorfindet. Die zweite Motivation ist normativer Natur: Im 5. Kapitel sind eine Reihe von Gründen dafür aufgeführt und diskutiert worden, dass eine entwickelte Gesellschaft eine soziale Krankenversicherung mit Zwangsmitgliedschaft besitzen sollte. Dies bedeutet, dass die Individuen nicht vollkommen frei in ihrer Entscheidung sind, welchen Versicherungsschutz gegen Krankheitskosten sie abschließen wollen, da sie ein Mindestmaß dieses Schutzes nicht unterschreiten dürfen.

Ein solcher Zwang lässt sich aber nur dann rechtfertigen, wenn der vom Gesetzgeber vorgeschriebene Versicherungsschutz nach Art und Umfang gewisse *Optimalitätseigenschaften* aufweist: Er muss so beschaffen sein, dass er von einem repräsentativen Individuum[1] auch freiwillig gewählt würde, falls dieses sich rational verhält und das in Abschnitt 5.3.2 beschriebene Trittbrettfahrer-Verhalten ausgeschlossen ist.

Diese Überlegung motiviert die Frage nach der optimalen Struktur von Krankenversicherungs-Verträgen aus der Sicht des Versicherungsnehmers. Natürlich würden die Konsumenten auf einem freien Markt in Abhängigkeit von ihren Risiken und ihren Präferenzen unterschiedliche Verträge wählen. Der Staat kann dem dadurch Rechnung tragen, dass er unterschiedliche Inhalte der Pflichtversicherung für unterschiedliche Personengruppen festlegt.

Eine der Kernfragen dieses Kapitels wird es sein, unter welchen Voraussetzungen eine komplette Überwälzung des Risikos vom Individuum auf den Versicherer durch

---

[1] Unter diesem Begriff kann man Verschiedenes verstehen, z.B. ein Individuum mit „durchschnittlichen" Eigenschaften bezüglich seiner Präferenzen und Ausstattung oder auch ein Mitglied einer Gruppe, die die Mehrheit der Bevölkerung umfasst.

eine Vollversicherung optimal ist und wann es sich für den Versicherten lohnt, eine Kostenteilung durch Selbstbeteiligung zu vereinbaren. Bei der Behandlung dieser Frage sind nun zum einen allgemeine Erkenntnisse aus der Versicherungstheorie zu berücksichtigen, zum anderen ist jedoch auch den Spezifika des Risikos *Krankheit* Rechnung zu tragen. Davon seien hier zwei genannt.

(1) *Doppelter Verlust bei Krankheit:* Mit dem Eintritt einer Krankheit sind zwei verschiedenartige Verluste verbunden. Zum einen erleidet das Individuum den finanziellen Verlust in Höhe der Kosten der Behandlung, welche die Krankheit erfordert, sowie des entgangenen Arbeitseinkommens. Darüber hinaus erleidet es den nicht-finanziellen Verlust an Gesundheit selbst, wenn die Krankheit so beschaffen ist, dass der Ausgangszustand nicht wieder erreicht werden kann. Krankheit ist also gleichzeitig mit einem versicherbaren und einem nicht-versicherbaren Risiko verbunden, und letzteres kann, wie wir sehen werden, Auswirkungen auf den optimalen Schutz gegen das versicherbare Risiko haben.

(2) *Zweifache Ausprägung von „Moral Hazard":* Das in der Versicherungstheorie bekannte Phänomen des „Moral Hazard" beschreibt den Anreiz der Versicherten, sich nach Vertragsabschluss anders zu verhalten, weil sie einen Informationsvorsprung besitzen.[2] Die Versicherung kann dabei die Aktionen des Versicherten nicht beobachten („hidden action") oder nicht beurteilen, ob eine Aktion den Umständen angemessen ist („hidden information").[3] Im Fall des Krankheitsrisikos kann Moral Hazard konkret in den zwei folgenden Formen auftreten:

   (a) *Ex-ante Moral Hazard*: Das Individuum kann durch Krankheitsvorbeugung bzw. durch seinen allgemeinen Lebenswandel die Wahrscheinlichkeit zu erkranken beeinflussen.

   (b) *Ex-post Moral Hazard*: Selbst bei bereits eingetretener Krankheit muss der damit verbundene finanzielle Verlust (Behandlungskosten) für den Versicherer nicht eindeutig ersichtlich sein, da er die genaue Schwere der Krankheit nicht beobachten kann. Dadurch hat der Versicherte Freiraum, mehr oder weniger Gesundheitsleistungen nachzufragen.

Im Fall (a) handelt das Individuum gewissermaßen *vor der „Natur"*, dem personifizierten Zufall, also „ex ante". Das Problem besteht in der „hidden action" der nicht beobachtbaren Vorbeugung. Im Fall (b) wir die Handlung jedoch erst *nach der Natur* („ex post") vorgenommen. Während ein Ex-ante-Einfluss auf das Risiko durch Vorbeugung bei fast jeder Schadensart, von der Diebstahls- bis hin zur Lebensversicherung, möglich ist, ist der Ex-post-Einfluss besonders beim Risiko „Krankheit" relevant. Das Problem der überhöhten Nachfrage nach Gesundheitsleistung ist

---

[2] Ins Deutsche wird „Moral Hazard" wenig treffend als „moralisches Risiko" übersetzt. Der Begriff „Verhaltensrisiko" hingegen erfasst das Problem, dass das von der Versicherung getragene Risiko vom Verhalten des Versicherten nach Vertragsabschluss beeinflusst wird.

[3] Moral Hazard wird von manchen Autoren nur mit dem ersten Fall identifiziert, während der zweite Fall separat als „hidden information" behandelt wird [siehe MAS-COLELL ET AL. (1995, S. 477)].

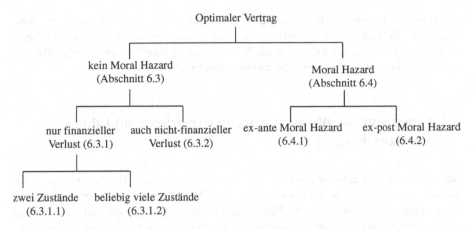

Abb. 6.1. Überblick über Modelle optimaler Krankenversicherung

hier eine Folge des „hidden information"-Problems, dass die Versicherung nicht die Krankheit und damit die adäquate Therapie feststellen kann. Deshalb kann die Leistung der Versicherung im Schadensfall bei Vertragsabschluss nicht einfach in einem Geldbetrag ausgedrückt werden (wie z.B. bei dem Zeitwert eines gestohlenen Gegenstandes), sondern nur indirekt umschrieben werden („die Kosten einer ausreichenden, zweckmäßigen und wirtschaftlichen Behandlung der Krankheit").

Dementsprechend ist dieses Kapitel gegliedert: Zunächst wird in Abschnitt 6.2 ein Überblick über denkbare und bereits erprobte Typen von Selbstbeteiligung sowie weitere Charakteristika von Krankenversicherungsverträgen gegeben. Dabei werden auch schon erste Überlegungen über die mit ihnen verbundenen Anreize bei der Nachfrage nach Gesundheitsleistungen angestellt. In den drei folgenden Abschnitten wird dann nach optimalen Formen der Krankenversicherung gefragt, und zwar in Abschnitt 6.3 für den Fall der Abwesenheit von Moral Hazard, also für eine vom Versicherten nicht beeinflussbare Schadensverteilung und in Abschnitt 6.4 für den Fall des Auftretens von Moral Hazard in den beiden genannten Versionen. Abbildung 6.1 gibt eine Übersicht über die behandelten Fälle. Abschnitt 6.5 enthält Schlussfolgerungen für die Gestaltung eines obligatorischen Krankenversicherungsschutzes.

Die formalen Modelle sind – dem einführenden Charakter dieses Textes gemäß – so einfach wie möglich gehalten. So haben sie grundsätzlich *statischen* Charakter, d.h. Versicherungsabschluss, etwaige Vorbeugung und das zufällige Ereignis Krankheit spielen sich alle in derselben Periode ab. Ferner wird angenommen, dass in der betrachteten Periode nur einmal ein Schadensfall („Krankheit") auftreten kann. Auch wird von jeder weiteren Unsicherheit, z.B. über die Wirksamkeit von Vorbeugungs- und Behandlungsaktivitäten, abgesehen. Daher können die Modellergebnisse auch nur recht allgemeine und grundlegende Einsichten in die Struktur eines optimalen Krankenversicherungsschutzes liefern.

Als weitere grundsätzliche Annahme kommt hinzu, dass die Krankenversicherung nicht die Funktion der Einkommensumverteilung übernehmen muss. Die Versicherungsprämie steht daher für jeden Versicherten in einer wohldefinierten Beziehung zu seinen erwarteten Versicherungsleistungen.

6.2 Typen von Krankenversicherungsverträgen und ihre Anreizwirkungen

Der einfachste Versicherungstyp ist der der *Vollversicherung*. Hierbei werden dem Versicherten sämtliche Krankheitskosten von der Versicherungsgesellschaft erstattet. Gesundheitsgüter haben für ihn daher einen effektiven Preis von null, und er hat einen Anreiz, soviel davon nachzufragen, bis sein Grenznutzen ebenfalls auf null gefallen ist („Sättigungsmenge").

Abweichungen von der Vollversicherung können sich (1) auf die Art des in Anspruch genommenen Gesundheitsgutes, (2) auf die Person des Leistungserbringers und (3) auf die Höhe der Erstattung durch die Versicherung beziehen.

(1) Eine Differenzierung der Versicherungsleistung *nach der Art des medizinischen Gutes* kann folgende Formen annehmen:

(a) *Beschränkungen bezüglich der globalen Leistungskategorie* (stationäre, ambulante bzw. zahnärztliche Behandlung): So sind in der privaten Krankenversicherung separate Verträge nach Leistungskategorien üblich, in den USA deckten in der Vergangenheit viele Verträge nur Krankenhausbehandlung ab, und in der Schweiz ist zahnärztliche Behandlung nicht Gegenstand der sozialen Krankenversicherung. Solche Versicherungen bringen den Anreiz mit sich, wo irgend möglich, nicht versicherte Leistungsarten durch versicherte zu substituieren.

(b) *Selektive Ausschlüsse*: Üblicherweise werden sog. „Bagatellarzneimittel" und nicht anerkannte Behandlungsmethoden von der Versicherung ausgeschlossen. Damit entsteht auch ein Anreiz, z.B. nicht erstattungsfähige Medikamente durch erstattungsfähige mit vergleichbarer Wirkung zu ersetzen.

(2) Der Versicherungsvertrag kann vorsehen, dass eine Kostenerstattung nur dann gewährt wird, wenn die Leistung *bei einem bestimmten Anbieter* oder einer Gruppe von Anbietern in Anspruch genommen wird. So finanziert die gesetzliche Krankenversicherung in Deutschland (GKV) ärztliche Behandlung nur bei zugelassenen Kassenärzten. Ebenso ist es denkbar, dass eine Krankenkasse fest angestellte Ärzte zur ausschließlichen Behandlung ihrer Versicherten beschäftigt,[4] deren Arztwahl also eingeschränkt ist. Damit wird dem Umstand Rechnung getragen, dass der Patient über seine Nachfrage nach medizinischer

---

[4] Dies entspricht in etwa dem Modell der Health Maintenance Organisation (HMO) in den USA, deren Ärzte ein Gehalt und eine Gewinnbeteiligung erhalten, vgl. Kapitel 11.

Behandlung nicht allein entscheidet, sondern zumindest im Zusammenwirken mit dem Arzt, so dass Anreize zu sparsamer Inanspruchnahme von Gesundheitsleistungen nicht allein beim Patienten ansetzen sollten (vgl. hier zu Kapitel 10).

(3) Schließlich können sich Differenzierungen bezüglich der Höhe der Versicherungsleistungen alternativ (a) auf die Menge der in Anspruch genommenen Leistung, (b) auf ihren Preis oder (c) auf das Produkt aus Menge und Preis, also die Ausgaben insgesamt beziehen:

(a) Beschränkungen bezüglich der *Menge* einer bestimmten medizinischen Leistung pro Zeiteinheit sind z.B. bei psychotherapeutischen Behandlungen oder bei Brillengestellen üblich.

(b) Beschränkungen bezüglich des *Preises* können beispielsweise in der Anwendung von Gebührenordnungen bestehen, durch die die Erstattung pro Einheit der medizinischen Leistung limitiert wird. Eine ähnliche Funktion haben die 1989 in der Gesetzlichen Krankenversicherung der Bundesrepublik (GKV) eingeführten Festbeträge für wirkstoffgleiche Arzneimittel, durch die ebenfalls der erstattungsfähige Preis festgelegt wird, während der darüber hinausgehende Betrag vom Patienten aus eigener Tasche bezahlt werden muss. Sie bringen zwar den Anreiz mit sich, Angebote wahrzunehmen, die sich im Preislimit befinden, wirken sich jedoch – falls dies getan wird – nicht auf die mengenmäßige Inanspruchnahme aus.

Die Erhebung einer *absoluten Gebühr pro Leistungseinheit* (z.B. die feste Gebühr je Verordnung auf Rezepten) führt ebenfalls einen von null verschiedenen Effektivpreis für den Patienten ein, wirkt aber bezüglich des Anreizes genau umgekehrt, da er hier umso mehr zahlen muss, je größer die von ihm bezogene Menge ist, während der Preis keine Rolle spielt.

(c) Beschränkungen bezüglich der Erstattung von *Ausgaben* stellen den allgemeinsten Fall dar, der meistens gemeint ist, wenn von „Selbstbeteiligung der Versicherten an den Krankheitskosten" die Rede ist. Dies ist wiederum in vielfältigen Formen verbreitet bzw. denkbar:

(i) *Proportionale Selbstbeteiligung*: Hier trägt der Versicherer generell einen Anteil k ($0 < k < 1$) aller Behandlungskosten, der Anteil $c = 1 - k$ („Selbstbeteiligungssatz") wird vom Patienten getragen. Dadurch ist der Effektivpreis der Behandlung für den Versicherten gleich dem Anteil c des vom Leistungsanbieter erhobenen Preises, und entsprechend nimmt mit steigendem Selbstbeteiligungssatz sein Interesse an sparsamer Inanspruchnahme zu.

(ii) *Absoluter Selbstbehalt pro Abrechnungszeitraum*: Hierbei trägt der Versicherte die ersten x Geldeinheiten (*GE*) seiner gesamten Gesundheitsausgaben pro Periode (Quartal oder Jahr) aus eigener Tasche. Der Effektivpreis für ihn ist also bei relativ geringen Gesamtausgaben (bis zu x *GE*) genauso hoch wie der Anbieterpreis, oberhalb dieser Schwelle jedoch gleich null. Erwartet ein Versicherter, die Schwelle im Laufe der

Periode ohnehin zu überschreiten, ist der Anreiz zum sparsamen Leistungskonsum von vornherein unwirksam. Dennoch ist diese Form der Kostenbeteiligung („Jahresfranchise") häufig anzutreffen, so auch bei den schweizerischen Krankenkassen, da sie den Kassen unter anderem die Abrechnung geringfügiger Erstattungsfälle erspart.

(iii) *Obergrenzen der Versicherungsleistungen pro Periode* haben die gerade entgegengesetzte Anreizwirkung, sind aber nur wenig verbreitet, da sie den Versicherungseffekt genau in den Situationen einschränken, in denen er am meisten benötigt wird, nämlich bei existenzbedrohenden Krankheitskosten.

Dennoch sahen z.B. in den USA bis 2010 viele Versicherungsverträge Obergrenzen für die Versicherungsleistung pro Jahr oder über die gesamte Lebensdauer des Versicherten vor. Diese sollen mit der Obama-Gesundheitsreform („Patient Protection and Affordable Care Act") nach und nach verboten werden.

(iv) Einen Grenzfall der Kategorie (c) stellt der sogenannte *Indemnit ätstarif* dar, bei der die Versicherungsleistung überhaupt nicht an die Behandlungskosten geknüpft ist, sondern lediglich an die Krankheit selbst und in einer nach Krankheitsart differenzierten Pauschalzahlung besteht. In diesem Fall bleiben sämtliche preisliche Anreize für den Versicherten voll intakt, da die Eigenbeteiligung an den Krankheitskosten 100% ausmacht, sobald sie die Pauschale übersteigen.

Natürlich sind auch Varianten dieser „reinen" Selbstbeteiligungsformen denkbar, z.B. eine nach der Ausgabenhöhe gestaffelte (also über- oder unterproportionale) Selbstbeteiligung, oder auch Mischformen, z.B. ein pauschaler Selbstbehalt, gekoppelt mit einer proportionalen Selbstbeteiligung an den darüber hinausgehenden Ausgaben.

Neben diesen Differenzierungen auf der Ebene der Versicherungsleistung können auch Anreize durch die Gestaltung der Versicherungsprämie vermittelt werden. Den einfachsten Fall stellt die *Beitragsrückerstattung* („Bonus") in Höhe von x *GE* bei Nichtinanspruchnahme der Versicherung dar. Diese braucht jedoch nicht näher betrachtet zu werden, da sie sich in dem hier betrachteten einfachen Modell mit nur einer Zeitperiode und voll rationalem Verhalten in ihren Anreizwirkungen nicht von einem pauschalen Selbstbehalt in gleicher Höhe unterscheidet.[5] Daneben kann die Prämie jedoch auch nach bestimmten verhaltensrelevanten Merkma-

---

[5] Die Erfahrung der Versicherer zeigt, dass der Erhalt der Beitragsrückerstattung für viele einen Wert an sich darstellt, so dass der Arzt hier mit einem besonderen Widerstand von seinem Patienten gegen überhöhte Rechnungen rechnen muss. Außerdem ermöglicht es die Beitragsrückerstattung, den Zeitpunkt der finanziellen Konsequenzen aus der Krankheitsperiode hinaus zu verschieben. Diese Unterschiede und mehr noch die Wirkungen dynamischer Bonussysteme, bei denen die Beitragsrückerstattung mit der Anzahl der „schadenfrei" verlaufenen Jahre zunimmt, sollen hier nicht weiter verfolgt werden; der interessierte Leser sei auf ZWEIFEL UND WASER (1992) verwiesen.

len des Versicherten differenziert sein, wie z.B. nach seinem Körpergewicht oder seinen Rauchgewohnheiten, wodurch Anreize vermittelt werden, die betreffenden gesundheitsschädlichen Verhaltensweisen aufzugeben und damit das Entstehen von Krankheiten zu bekämpfen.

6.3 Optimaler Versicherungsschutz bei Abwesenheit von Moral Hazard

In diesem Abschnitt wird das Phänomen des Moral Hazard noch ausgeklammert: Der finanzielle (und gegebenenfalls auch nicht-finanzielle) Schaden aus Krankheit habe den Charakter einer reinen Zufallsvariablen, auf deren Verteilung das betrachtete Individuum keinen Einfluss habe. Weder könne es durch Vorbeugung die Krankheitswahrscheinlichkeit herabsetzen noch bei eingetretener Krankheit die Höhe der Behandlungskosten beeinflussen.

6.3.1 Rein finanzielle Krankheitsfolgen

Wir treffen zunächst die weitere einschränkende Annahme, dass medizinische Behandlung die immateriellen Folgen einer Krankheit vollkommen beseitigen kann, die verbleibenden Nachteile also ausschließlich finanzieller Art sind und durch die Höhe der „Krankheitskosten" M ausgedrückt werden können. Dies ist eine Zufallsvariable, da ihr Wert bei Vertragsabschluss noch nicht feststeht. Sie könne in Abhängigkeit vom Zustand der Natur S verschiedene Werte M_s annehmen, wobei $s \in \{0, 1, \ldots, S\}$. Im Folgenden wird der Index $s = 0$ den Zustand vollkommener Gesundheit bezeichnen und die anderen Zustände werden nach der Höhe der mit ihnen verbundenen Behandlungskosten M_s geordnet, so dass

$$0 = M_0 < M_1 < \ldots < M_S. \tag{6.1}$$

Ferner bezeichne Y das anfängliche Einkommen des betrachteten Individuums und y sein für den Konsum *verfügbares Einkommen*. Dann ist dieses bei Abwesenheit einer Krankenversicherung selbst eine Zufallsvariable, deren Wert durch die Gleichung

$$y_s = Y - M_s \tag{6.2}$$

gegeben ist. Ein *Versicherungsvertrag* ist allgemein gekennzeichnet durch vom Zustand der Natur abhängige *Versicherungsleistungen* I_s und die *Prämie P*. Bei Existenz einer Krankenversicherung modifiziert sich deshalb Gleichung (6.2), die Bestimmungsgleichung für das verfügbare Einkommen, zu

$$y_s = Y - P - M_s + I_s, \quad s = 1, \ldots, S. \tag{6.3}$$

Der Nutzen des Individuums hängt in dem hier betrachteten Fall der Abwesenheit immaterieller Krankheitsfolgen nur vom Güterkonsum (und nicht vom Gesundheitszustand direkt) ab. Nimmt man die Konsumgüterpreise als konstant gegeben an und unterstellt man nutzenmaximierendes Verhalten, so kann man im Sinne der sog. indirekten Nutzenfunktion den maximal erreichbaren Nutzen u als Funktion des verfügbaren Einkommens y ausdrücken [siehe auch Abschnitt 5.3.1]. Üblicherweise wird angenommen, dass der „Grenznutzen des Einkommens" positiv, aber abnehmend ist, d.h. die Funktion u hat die Eigenschaften

$$u = u(y), \ u'(y) > 0, \ u''(y) < 0. \tag{6.4}$$

Die Eigenschaft $u''(y) < 0$ („strenge Konkavität") bedeutet, dass das Individuum *risikoavers* ist.

Schließlich wird wie in Kapitel 5 unterstellt, dass das Individuum das Ziel verfolgt, seinen *Erwartungsnutzen*, $EU \equiv E[u(y)]$, zu maximieren. Zumindest in normativer Hinsicht ist dies eine vertretbare Annahme, da diese Zielsetzung eine Reihe wünschenswerter Eigenschaften hat. Das Symbol E bezeichnet dabei den Erwartungswert. Bei S verschiedenen Ausprägungen der Zufallsvariablen y_s ergibt sich der Erwartungsnutzen, indem man die Nutzenwerte $u(y_s)$ mit den zugehörigen Eintrittswahrscheinlichkeiten π_s multipliziert und davon die Summe bildet:

$$EU = \sum_{s=1}^{S} \pi_s u(y_s). \tag{6.5}$$

Kasten 6.1 gibt einen Überblick über das im Folgenden behandelte Modell.

6.3.1.1 Ein Modell mit zwei Gesundheitszuständen

Im einfachsten Fall können nur zwei verschiedene Gesundheitszustände auftreten: Mit der Wahrscheinlichkeit π ($0 \leq \pi \leq 1$) werde das Individuum krank, und die Behandlungskosten M nehmen den Wert L an, mit der Wahrscheinlichkeit $1 - \pi$ bleibe es gesund, und es gelte $M = 0$. Folglich lassen sich alle denkbaren Versicherungsverträge durch nur zwei Parameter kennzeichnen: die (in jedem Fall zu zahlende) Prämie P und die Versicherungsleistung im Krankheitsfall I ($0 \leq I \leq L$).[6] Die zu zahlende Prämie P hängt von der Versicherungsleistung I ab:

$$P = P(I). \tag{6.6}$$

Aus diesem Grunde lässt sich unter Verwendung der Gleichung (6.3) in den beiden Zuständen „krank" ($M = L > 0$, $I > 0$) und „gesund" ($M = 0$, $I = 0$) der Erwartungsnutzen EU in Abhängigkeit von I ausdrücken:

$$EU(I) = \pi u[Y - P(I) - L + I] + (1 - \pi)u[Y - P(I)]. \tag{6.7}$$

---

[6] Man kann I auch als Anteil von L ausdrücken und diesen Wert $k = I/L$ als „Erstattungssatz" der Versicherung interpretieren. Umgekehrt stellt $c = 1 - k = (L - I)/L$ den „*Selbstbeteiligungssatz*" dar.

Kasten 6.1. Das Grundmodell der optimalen Krankenversicherung bei Abwesenheit von Moral Hazard und zwei Gesundheitszuständen

$$y_s = Y - P - M_s + I_s, \quad s = 1, \dots, S \qquad (6.3)$$

$$EU(I) = \pi u[Y - P(I) - L + I] + (1 - \pi)u[Y - P(I)] \qquad (6.7)$$

$$\frac{dEU}{dI} = \pi\{1 - P'[I^o]\}u'\{Y - P[I^o] - L + I^o\}$$

$$-(1-\pi)P'[I^o]u'\{Y - P[I^o]\} \begin{cases} \leq 0 \text{ falls } \quad I^o = 0 \\ = 0 \text{ falls } 0 < I^o < L \\ \geq 0 \text{ falls } \quad I^o = L \end{cases} \qquad (6.8)$$

$$P(I) = P^n(I) + C(I) = C_0 + \rho\pi + (1 + \lambda)\pi I \qquad (6.11)$$

s:	Zustand der Natur, $s = 1, \dots, S$
y_s:	verfügbares Einkommen des Individuums in Zustand s
Y:	Brutto-Einkommen
M_s:	Krankheitskosten in Zustand s (allgemein)
L:	Krankheitskosten im Zustand der Krankheit (2-Zustands-Modell)
π:	Wahrscheinlichkeit, krank zu sein
$u(y)$:	Nutzen des Individuums
EU:	Erwartungswert des Nutzen
I:	Versicherungsleistung
P:	Versicherungsprämie
P^n:	Nettoprämie, Erwartungswert der Versicherungsleistung
$C(I)$:	Kostenaufschlag auf die Nettoprämie in Abhängigkeit von I
C_0:	Fixkosten für Verwaltung
λ:	proportionaler Aufschlag auf die Nettoprämie
ρ:	Gebühr für die Abwicklung eines Schadens

Die Wahl einer optimalen Krankenversicherung reduziert sich in diesem einfachen Fall auf die Wahl des Wertes von I, der den Erwartungsnutzen EU in (6.7) maximiert und der hier mit dem Symbol I^o gekennzeichnet wird. Eine notwendige Bedingung hierfür erhält man nach dem Kuhn-Tucker-Theorem [7] aus der ersten Ableitung von EU:

$$\frac{dEU}{dI} = \pi\left[1 - P'[I^o]\right]u'\left[Y - P[I^o] - L + I^o\right]$$

$$-(1-\pi)P'[I^o]u'\left[Y - P[I^o]\right] \begin{cases} \leq 0 \text{ falls } \quad I^o = 0 \\ = 0 \text{ falls } \quad 0 < I^o < L \\ \geq 0 \text{ falls } \quad I^o = L. \end{cases} \qquad (6.8)$$

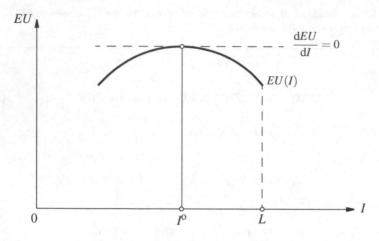

(a) Inneres Optimum: $0 < I^0 < L$

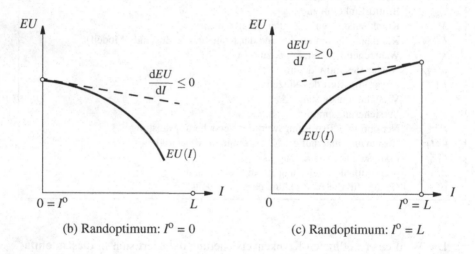

(b) Randoptimum: $I^0 = 0$ (c) Randoptimum: $I^0 = L$

Abb. 6.2. Typen von Optima unter der Nebenbedingung $0 \leq I^0 \leq L$

Die Abbildung 6.2 illustriert, warum die notwendige Bedingung 1. Ordnung in einem inneren Optimum (I^0 strikt zwischen 0 und L) anders aussieht als in einem Optimum am linken ($I^0 = 0$) oder rechten ($I^0 = L$) Rand des zulässigen Bereichs. Man erkennt sofort, dass die Lösung dieser Gleichung, I^0, außer von der Gestalt der Nutzenfunktion u auch vom Verlauf der Prämienfunktion $P(I)$ beeinflusst wird. Daher wollen wir im Folgenden einige plausible Annahmen über die Prämie treffen: Unterstellt man im Sinne einer sozialen Krankenversicherung einen nicht-gewinnorientierten Versicherungsanbieter, so muss die Prämie zum einen die (im

---

[7] Vgl. z.B. HOY ET AL. (2001, Kapitel 15).

Mittel) erwarteten Versicherungsleistungen, zum anderen die entstehenden Verwaltungskosten abdecken. Für die erste Komponente,

$$P^n(I) = \pi I, \tag{6.9}$$

ist der Begriff „*Nettoprämie*" gängig. Bezüglich der Verwaltungskosten C kann man unterstellen, dass sie ihrerseits in drei Komponenten zerfallen, von denen die erste (C_0) fix ist („Kosten des Vertragsabschlusses"), die zweite (ρ) proportional zur Wahrscheinlichkeit des Eintritts des Versicherungsfalls („Schadensabwicklungskosten") und die dritte (λ) proportional zur Nettoprämie (z.B. Risikozuschlag oder Provisionen):

$$C(I) = C_0 + \rho\pi + \lambda\pi I, \quad C_0, \rho, \lambda \geq 0. \tag{6.10}$$

Für die „*Bruttoprämie*" ergibt sich deshalb:

$$P(I) = P^n(I) + C(I) = C_0 + \rho\pi + (1+\lambda)\pi I. \tag{6.11}$$

Sie nimmt für Schäden mit strikt positiver Eintrittswahrscheinlichkeit ($\pi > 0$) mit einem Ausbau der Versicherungsleistung zu:

$$P'(I) = (1+\lambda)\pi > 0. \tag{6.12}$$

Man nennt eine Versicherung *fair*, wenn die Prämie mit der Nettoprämie übereinstimmt, d.h. wenn die Verwaltungskosten null sind. Sie heißt *marginal fair*, wenn der Kostenaufschlag nicht mit der erwarteten Auszahlung zunimmt, d.h. wenn $\lambda = 0$ ist.

Wir konzentrieren uns im Folgenden auf die Frage, unter welchen Bedingungen eine *vollständige Erstattung* aller Krankheitskosten, also die Wahl von $I^o = L$ optimal ist. Einsetzen dieses Werts in die Optimalitätsbedingung (6.8) und Ordnen der Terme mit $P'(L)$ ergibt die Ungleichung

$$\left(\pi - P'[L]\right) u'[Y - P[L]] \geq 0. \tag{6.13}$$

Da u' wegen (6.4) immer positiv ist, wird daraus unter Verwendung von (6.12)

$$\pi - (1+\lambda)\pi \geq 0. \tag{6.14}$$

Diese Bedingung ist genau dann erfüllt, wenn $\lambda \leq 0$.

Die notwendige Bedingung (6.8) für einen optimalen Versicherungsschutz ist also im Falle der Vollversicherung genau dann erfüllt, wenn *keine* zur erwarteten Auszahlung proportionalen Kosten auftreten, d.h. wenn die Versicherung marginal fair ist. Ist hingegen $\lambda > 0$, dann kann höchstens eine Teilversicherung optimal sein.

Die Erfüllung der Marginalbedingung (6.8) besagt jedoch streng genommen nur, dass das Individuum seinen Erwartungsnutzen nicht steigern kann, wenn es den Versicherungsschutz I geringfügig senkt. Damit Vollversicherung die (global) beste Lösung bei einer marginal fairen Versicherung ist, muss *zusätzlich sichergestellt* sein, dass der Erwartungsnutzen hier mindestens so hoch ist wie bei Verzicht auf Versicherung, d.h. $EU[I = L] \geq EU[I = 0]$ bzw.

$$u[Y - (C_0 + \rho\pi + \pi L)] \geq \pi u[Y - L] + (1 - \pi)u[Y]. \tag{6.15}$$

Aus der Definition der Risikoscheu in (6.4) folgt unmittelbar, dass sich das Individuum bei einer *fairen* Versicherung ($C_0 = \rho = \lambda = 0$) immer voll versichern wird,[8] denn es gilt wegen der strengen Konkavität der Nutzenfunktion

$$u[Y - \pi L] > \pi u[Y - L] + (1 - \pi)u[Y]. \tag{6.16}$$

Für eine marginal faire Versicherung zeigt der Vergleich von (6.16) mit (6.15) daher, dass auf Versicherung umso eher *verzichtet* wird,

- je größer der Fixkosten-Parameter C_0 ist,
- je größer die Schadenseintrittswahrscheinlichkeit π (bei $\rho > 0$) ist.

Das letzte Ergebnis mag auf den ersten Blick überraschen. Jedoch sollte man sich überlegen, dass – bei gleichem erwarteten Schaden – die Abdeckung eines kleinen, aber ziemlich wahrscheinlichen Schadens für den Versicherten teurer ist als die eines hohen, aber sehr unwahrscheinlichen Schadens, wenn die Versicherung für die Schadensabwicklung eine fixe Gebühr erhebt.

Das Zugangsmotiv

Bislang wurde der Abschluss einer Krankenversicherung mit der Annahme begründet, dass das Individuum risikoavers ist. Jedoch ist Risikoaversion keine notwendige Voraussetzung für die Versicherungsnachfrage. Ein weiterer möglicher Grund besteht darin, dass die Behandlungskosten für eine bestimmte Krankheit das Bruttoeinkommen des Individuums, Y, übersteigen, die Person jedoch ohne Behandlung sterben würde. In diesem Fall liegt die Bedeutung der Krankenversicherung darin, dass sie den „Zugang" zur Behandlung ermöglicht [vgl. NYMAN (1999b)]. Um dies zu zeigen, sei angenommen, die Behandlungskosten betrügen $L > Y$ und eine Kreditaufnahme sei – im Ein-Perioden-Modell konsistenterweise – unmöglich. Der Nutzen bei Gesundheit, u_g, sei linear im verfügbaren Einkommen, d.h. das Individuum sei risikoneutral. Eine unbehandelte Krankheit führe zum sofortigen Tod, den wir durch den Nutzenwert $u_T = -\kappa$ ausdrücken, wobei κ eine große Zahl sei.[9]

---

[8] Zusammen mit dem Ergebnis, dass bei $C_0 = \rho = 0$ und $\lambda > 0$ nur eine Teilversicherung optimal sein kann, wird dieses Resultat nach MOSSIN (1968) auch als *Mossins Theorem* bezeichnet. Diese Ergebnisse wurden zeitgleich auch von V. SMITH (1968) hergeleitet.

[9] Wir nehmen an, dass das Individuum im Krankheitsfall nicht mit der Hilfe anderer rechnen kann. Falls diese möglich wäre, würde es jeden Anreiz zum Versicherungsabschluss verlieren und gegenüber der Gesellschaft „Trittbrettfahren". Vgl. dazu Abschnitt 5.3.2.

Daher gilt:

$$u = \begin{cases} u_g = y & \text{bei Gesundheit oder behandelter Krankheit)} \\ u_T = -\kappa & \text{bei unbehandelter Krankheit.} \end{cases} \qquad (6.17)$$

Ferner werde auf dem Markt eine Vollversicherung angeboten, die im Krankheitsfall die vollen Behandlungskosten L übernimmt und eine faire Prämie in Höhe von $P = \pi L$ verlangt. Mit dieser Versicherung lautet der Erwartungsnutzen des Individuums

$$EU(I = L) = Y - \pi L, \qquad (6.18)$$

wohingegen er ohne Versicherung lautet:

$$EU(I = 0) = (1 - \pi)Y - \pi \kappa = Y - \pi(Y + \kappa). \qquad (6.19)$$

Wenn nun κ so groß ist, dass $L < Y + \kappa$ gilt, so lohnt sich der Abschluss der Versicherung, obwohl das Individuum nicht, wie im Falle der Nutzenfunktion (6.4), risikoavers ist. Der Grund, warum das Zugangsmotiv relevant wird, liegt darin, dass medizinische Behandlung als unteilbar angenommen wird, so dass im Krankheitsfall eine Mindestmenge davon konsumiert werden muss, bevor sie wirkt (und damit einen hohen Nutzenverlust verhindert). Damit kann man auch erklären, warum risikoaverse Individuen bisweilen trotz eines hohen Prämienaufschlags λ eine Versicherung abschließen (vgl. Übungsaufgabe 6.4).

Folgerung 6.1 *Bei Abwesenheit von Moral Hazard*

- *besteht eine notwendige Bedingung für die Wahl eines 100%igen Versicherungsschutzes darin, dass die angebotene Versicherung marginal fair ist, d.h. dass die Prämie neben der erwarteten Versicherungsleistung („Nettoprämie") keinen Aufschlag enthält, der zu ihr proportional ist; andernfalls wird generell eine positive Selbstbeteiligung gewählt,*

- *besteht eine hinreichende Bedingung für die Wahl eines 100%igen Versicherungsschutzes darin, dass die Versicherung fair ist, d.h. dass die Prämie mit der Nettoprämie übereinstimmt,*

- *wird selbst ein risikoneutrales Individuum eine Versicherung abschließen, wenn medizinische Leistungen unteilbar und lebensnotwendig sind und ihre Kosten das Vermögen des Individuums übersteigen können. Beispiele sind Nierendialyse und Organtransplantationen.*

6.3.1.2 Ein Modell mit beliebig vielen Gesundheitszuständen

Wir wenden uns nun dem realistischeren Fall zu, dass es viele verschiedene Gesundheitszustände gibt und daher die Krankheitskosten M irgendeinen beliebigen nicht-negativen Wert annehmen können.[10] In einem Modell kann man diesen Fall auf zweierlei Weise abbilden:

(a) M ist eine stetig verteilte Zufallsvariable mit bekannter Dichtefunktion $f(M)$,

(b) M kann endlich viele Werte M_s ($s = 0, ..., S$) mit gegebenen positiven Wahrscheinlichkeiten π_s annehmen (darunter auch den Wert $M_0 = 0$).

Fall (a) ist ein Grenzfall von (b), wenn die Anzahl S der möglichen Zustände (und daher Kostenwerte) gegen unendlich geht. Da aber Geldbeträge nicht beliebig teilbar sind und es obendrein eine Obergrenze für die Krankheitskosten eines Individuums geben wird (z.B. das Bruttosozialprodukt seines Landes), ist die Modellierung (b) realitätsgerecht. Zudem erlaubt sie die Anwendung der Lagrange-Methode anstelle der mathematisch anspruchsvolleren Kontrolltheorie, ohne dass sich die Ergebnisse substantiell unterscheiden würden.

Die Versicherungsgesellschaft sei risikoneutral und biete dem Individuum an, für jede Höhe der Krankheitsausgaben M_s eine Erstattung I_s frei zu vereinbaren, wobei lediglich die Restriktion[11]

$$0 \leq I_s \leq M_s \quad \text{für} \quad s = 0, ..., S \tag{6.20}$$

zu beachten ist, woraus wegen $M_0 = 0$ unmittelbar $I_0 = 0$ folgt. Mit jedem Vektor $I = (I_1, ..., I_S)$ ist eine entsprechende Prämienhöhe verbunden. Die Prämie P betrage

$$P(I) = C_0 + \sum_{s=1}^{S} \pi_s (I_s + C_I(I_s)) \tag{6.21}$$

und setzt sich somit zusammen aus den Kosten des Vertragsabschlusses C_0, der Nettoprämie $P^n(I) = \sum_{s=1}^{S} \pi_s I_s$ und einem Kostenaufschlag in Abhängigkeit von der Versicherungsleistung. Dabei gehen wir davon aus, dass eine Leistung I_s Kosten in Höhe von $C_I(I_s)$ verursacht, so dass der Kostenaufschlag insgesamt $\sum_{s=1}^{S} \pi_s C_I(I_s)$ beträgt. Bezüglich der Kostenfunktion C_I nehmen wir an, dass $C_I[0] = 0$ (keine Schadensabwicklungskosten) und $C_I' \geq 0$ (nicht abnehmender Kostenaufschlag auf die Versicherungsleistung). Vier Fälle stehen im Folgenden im Mittelpunkt:

(i) $C_I' = 0$: Es entstehen keine Kosten in Abhängigkeit von der Versicherungsleistung. Die Versicherung ist somit marginal fair.

(ii) $C_I' > 0, C_I'' = 0$: Die Kosten sind proportional zur Versicherungsleistung und damit proportional zur Nettoprämie.

---

[10] Diesen Fall haben GOULD (1969), ARROW (1974), RAVIV (1979) und HUBERMAN ET AL. (1983) untersucht.

[11] GOLLIER (1987) und BREUER (2006) haben den Fall untersucht, in dem auch negative Zahlungen I_s möglich sind.

(iii) $C_I' > 0, C_I'' > 0$: Die Kosten steigen überproportional mit der Versicherungsleistung an.

(iv) $C_I' > 0, C_I'' < 0$: Die Kosten steigen unterproportional mit der Versicherungsleistung an.

Die zu maximierende Erwartungsnutzen-Funktion des Individuums sei in Analogie zu den Gleichungen (6.3) und (6.5)

$$EU = \sum_{s=0}^{S} \pi_s u(Y - M_s + I_s - P). \tag{6.22}$$

Die Lagrange-Funktion für dieses Maximierungsproblem mit den Entscheidungsvariablen $I_1, ..., I_S$ und P sowie dem Lagrange-Multiplikator μ für die Nebenbedingung (6.21) lautet:

$$\Phi = \sum_{s=0}^{S} \pi_s u(Y - M_s + I_s - P) + \mu \left[P - C_0 - \sum_{s=1}^{S} \pi_s (I_s + C_I(I_s)) \right]. \tag{6.23}$$

Wegen der Bedingung (6.20) für die I_s ist das Kuhn-Tucker-Theorem anzuwenden. Wir erhalten daher die notwendigen Bedingungen erster Ordnung:

$$\frac{\partial \Phi}{\partial I_s} = \pi_s u'(Y - M_s + I_s^o - P^o) - \mu^o \pi_s (1 + C_I') \begin{cases} \leq 0 \text{ falls } & I_s^o = 0 \\ = 0 \text{ falls } 0 < I_s^o < M_s \\ \geq 0 \text{ falls } & I_s^o = M_s \end{cases} \tag{6.24}$$

$$(s = 1, ..., S)$$

$$\frac{\partial \Phi}{\partial P} = -\sum_{s=0}^{S} \pi_s u'(Y - M_s + I_s^o - P^o) + \mu^o \begin{cases} \leq 0 \text{ falls } P^o = 0 \\ = 0 \text{ falls } P^o > 0. \end{cases} \tag{6.25}$$

Wir nehmen im Folgenden an, dass es sich für das Individuum im Optimum lohnt, eine Versicherung abzuschließen, d.h. dass $P^o > 0$ gilt. Damit ist die Bedingung (6.25) mit Gleichheitszeichen erfüllt.

Für den Fall der Vollversicherung ($I_s^o = M_s$) lässt sich das Ergebnis aus dem Modell mit zwei Zuständen leicht verallgemeinern: In allen Zuständen der Welt beträgt das Einkommen dann $Y - P^o$. Somit müssen die Bedingungen erster Ordnung bei $P^o > 0$ folgendermaßen aussehen

$$\frac{\partial \Phi}{\partial I_s} = \pi_s u'[Y - P^o] - \mu^o \pi_s (1 + C_I') \geq 0 \tag{6.26}$$

$$\frac{\partial \Phi}{\partial P} = -u'[Y - P^o] + \mu^o = 0. \tag{6.27}$$

Damit muss gelten

$$u'[Y - P^o] \geq (1 + C_I')u'[Y - P^o]. \tag{6.28}$$

Dies ist nur möglich in Fall (i), d.h. falls die Versicherung marginal fair ist. In den Fällen (ii) bis (iv) muss deshalb eine Teilversicherung optimal sein.

Um die Struktur des optimalen Versicherungsvertrags für die vier genannten Fälle zu bestimmen, betrachten wir jeweils zwei Zustände z und t mit $M_z > M_t$. Wir untersuchen zunächst die beiden ersten Fälle, in denen die Grenzkosten konstant sind $(C''_I = 0)$.

Fälle (i) & (ii): Konstante Grenzkosten, d.h. $C''_I = 0$

Bei einer inneren Lösung folgt wegen der Annahme $\pi_z > 0, \pi_t > 0$ aus Gleichung (6.24):

$$u'[Y - M_z + I_z^o - P^o] = \mu^o(1 + C'_I) = u'[Y - M_t + I_t^o - P^o]. \qquad (6.29)$$

Wegen der strengen Konkavität der Nutzenfunktion ($u'' < 0$) können jedoch die Grenznutzen in zwei Zuständen z, t nur dann übereinstimmen, wenn die verfügbaren *Einkommen y_z, y_t selbst übereinstimmen:*

$$y_z \equiv Y - M_z + I_z^o - P^o = Y - M_t + I_t^o - P^o \equiv y_t. \qquad (6.30)$$

Daher gilt

$$M_z - I_z^o = M_t - I_t^o \equiv D. \qquad (6.31)$$

Die Größe D entspricht der vom Versicherten selbst zu tragenden Differenz zwischen Krankheitskosten und Versicherungsleistung und ist in allen Zuständen mit positiver Versicherungsleistung gleich groß. Wegen Gleichung (6.20) gilt überdies $D \geq 0$. Daraus folgt für den Vektor I^o der optimalen Auszahlungen

$$I_s^o = \begin{cases} 0 & \text{falls } M_s \leq D, \\ M_s - D & \text{falls } M_s > D. \end{cases} \qquad (6.32)$$

Die Größe D kann dabei als pauschaler *Selbstbehalt* (engl. „deductible") bezeichnet werden: Die Versicherung übernimmt alle Krankheitskosten, die über den Betrag D hinausgehen. In allen Fällen s, in denen die Krankheitskosten M_s mindestens D betragen, kommt das Individuum durch die Versicherungsleistung I_s^o damit auf das gleiche verfügbare Einkommen y^*, während für $M_s < D$ die Versicherungsleistung null ist und y_s größer ist als y^*:

$$y_s = \begin{cases} Y - P - D \equiv y^* & \text{falls } M_s \geq D, \\ Y - P - M_s > y^* & \text{falls } M_s < D. \end{cases} \qquad (6.33)$$

Während also durch eine solche Selbstbehalt-Regelung das verfügbare Einkommen durch y^* und damit auch der Nutzen durch $u[y^*]$ nach unten begrenzt wird, wird der Grenznutzen durch $u'[y^*] = \mu^o(1 + C'_I)$ [vgl. Gleichung (6.29)] nach oben begrenzt, denn es folgt aus (6.24) und (6.31):

$$u'[y_s] \leq u'[y^*] = \mu^o(1 + C'_I). \qquad (6.34)$$

Als Nächstes untersuchen wir, unter welchen Umständen der *optimale Selbstbehalt* positiv ist. Wir wissen bereits, dass ein Selbstbehalt von null impliziert, dass die Versicherung marginal fair ist. Der Umkehrschluss gilt ebenfalls: Für $C_I' = 0$ sind alle Kuhn-Tucker-Bedingungen erfüllt, falls $I_s^o = M_s$ in allen Zuständen s. Aus (6.25) folgt in diesem Fall $u'[Y - P^o] = \mu^o$ und damit ist die Bedingung (6.24) auch für alle Zustände s erfüllt. Dies ist auch die einzige Lösung, da die Zielfunktion aufgrund der Risikoaversion streng konkav und die Nebenbedingungen ebenfalls konkav sind. Folglich ist Vollversicherung optimal. Dies bedeutet wiederum, dass ein Selbstbehalt von null genau dann optimal ist, wenn die Versicherung marginal fair ist. Für Fall (i) mit $C_I' = 0$ beinhaltet der optimale Versicherungsvertrag somit Vollversicherung. Für Fall (ii) mit $C_I' > 0, C_I'' = 0$ ist jedoch der optimale Selbstbehalt positiv.

Dies lässt sich auch daran erkennen, dass der Erwartungsnutzen des Individuums ausgehend von $D = 0$ steigt, wenn D erhöht wird. Unter Berücksichtigung von (6.32) erhalten wir

$$EU(D)\big|_{D=0} = \pi_0 u(Y - P(D)) + \sum_{s=1}^{S} \pi_s u(Y - D - P(D)). \tag{6.35}$$

Im Zustand 0 wird hierbei kein Selbstbehalt abgezogen, da $I_0 = M_0 = 0$. Ableiten nach D ergibt

$$
\begin{aligned}
\frac{dEU}{dD}\bigg|_{D=0} &= -\pi_0 u'(Y - P(D)) \frac{dP}{dD}\bigg|_{D=0} - \sum_{s=1}^{S} \pi_s u'(Y - D - P(D))\left(1 + \frac{dP}{dD}\bigg|_{D=0}\right) \\
&= -\pi_0 u'(Y - P(0)) \frac{dP}{dD}\bigg|_{D=0} - \left(1 + \frac{dP}{dD}\bigg|_{D=0}\right) u'(Y - P(0)) \sum_{s=1}^{S} \pi_s \\
&= u'(Y - P(0))\left(\sum_{s=1}^{S} \pi_s - \frac{dP}{dD}\bigg|_{D=0}\right)
\end{aligned}
\tag{6.36}
$$

da $\sum_{s=0}^{S} \pi_s = 1$. Für die Prämie erhalten wir

$$P(D)\big|_{D=0} = C_0 + \sum_{s=1}^{S} \pi_s (M_s - D + C_I(M_s - D))$$

und deshalb

$$\frac{dP}{dD}\bigg|_{D=0} = -\sum_{s=1}^{S} \pi_s - \sum_{s=1}^{S} \pi_s C_I'(M_s).$$

Einsetzen in (6.36) führt zu

$$\frac{dEU}{dD}\bigg|_{D=0} = u'(Y - P(0)) \sum_{s=1}^{S} \pi_s C_I'(M_s) \begin{cases} = 0 & \text{falls } C_I' = 0, \\ > 0 & \text{falls } C_I' > 0. \end{cases} \tag{6.37}$$

Falls $C_I' > 0$ ist folglich der optimale Selbstbehalt positiv.

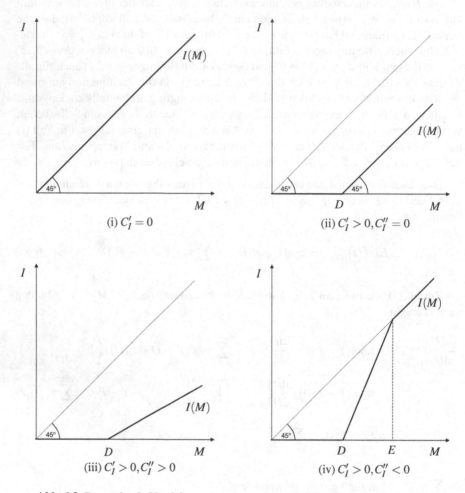

Abb. 6.3. Der optimale Versicherungsvertrag, viele mögliche Gesundheitszustände

In Abbildung 6.3 (i) und (ii) wird die Versicherungsleistung in Abhängigkeit der Ausgaben für beide Fälle dargestellt.

Folgerung 6.2 *Bei konstanten Grenzkosten der Versicherung ist der optimale Versicherungsvertrag durch einen pauschalen Selbstbehalt gekennzeichnet. Darüber hinaus gilt marginale Vollversicherung. Der optimale Selbstbehalt ist genau dann positiv, wenn die Grenzkosten positiv sind.*

Fall (iii): Steigende positive Grenzkosten, d.h. $C'_I > 0, C''_I > 0$

Aus der Bedingung (6.24) erhalten wir für eine innere Lösung bezüglich zweier Zustände z, t:

$$\frac{u'[Y - M_z + I_z^o - P^o]}{u'[Y - M_t + I_t^o - P^o]} = \frac{1 + C'_I(I_z^o)}{1 + C'_I(I_t^o)}. \tag{6.38}$$

Bei $M_z > M_t$ ist $I_t^o = I_z^o$ wegen der strengen Konkavität der Nutzenfunktion offensichtlich nicht möglich. Ebenso wenig kann $I_t^o > I_z^o$ sein. Dann wäre das Einkommen im Zustand t größer als im Zustand z und damit die linke Seite der Gleichung aufgrund der Konkavität der Nutzenfunktion größer als eins, während die rechte Seite wegen der Konvexität der Kostenfunktion kleiner als eins ist. Folglich gilt $I_z^o > I_t^o$. Schließlich lässt sich noch der Fall

$$I_z^o - M_z \geq I_t^o - M_t$$

ausschließen. Hier wäre die linke Seite von Gleichung (6.38) höchstens eins, die rechte Seite aber wegen $I_z^o > I_t^o$ größer als eins. Folglich gilt für eine innere Lösung $I_z^o - M_z < I_t^o - M_t$ bzw.

$$I_z^o - I_t^o = \Delta I^o < \Delta M = M_z - M_t,$$

d.h. bei steigenden Grenzkosten ist der optimale Versicherungsvertrag durch eine *marginale Selbstbeteiligung* gekennzeichnet.

Aus den Annahmen $C_I[0] = 0, C'_I > 0$ und $C''_I > 0$ folgt, dass die Grenzkosten für $I_s^o > 0$ positiv sein müssen bzw. dass die Versicherung nicht marginal fair ist. Dies wiederum impliziert, dass eine Vollversicherung nicht optimal sein kann. Ferner wissen wir aus (6.37), dass im Falle $C'_I > 0$ ein Selbstbehalt optimal ist. Daher ist der optimale Versicherungsvertrag durch einen Selbstbehalt und eine marginale Selbstbeteiligung an den darüber hinaus gehenden Kosten gekennzeichnet. Die Versicherungsleistung hat somit die in Abbildung 6.3 (iii) gezeigte Struktur. Die Intuition dieses Ergebnisses lässt sich wie folgt erläutern: Zum einen führen positive Grenzkosten dazu, dass es sich erst ab einer bestimmten Höhe der Krankheitskosten lohnt, diese zu versichern. Für darunter liegende Kosten übersteigt der Kostenaufschlag mögliche Vorteile der Risikoabsicherung. Zum anderen haben steigende Grenzkosten zur Folge, dass Krankheitskosten über dem Selbstbehalt nur teilweise versichert werden. Eine marginale Vollversicherung ist nicht optimal, weil die überproportional steigenden Kosten die Vorteile der Risikoabsicherung übersteigen.[12]

---

[12] Dieses Ergebnis ist übrigens auch in dem Fall möglich, in dem die Grenzkosten konstant sind, die Versicherung aber risikoavers ist. Die Intuition dieses Ergebnisses ist, dass es optimal ist, sich das Risiko marginal zu teilen, wenn beide Parteien risikoavers sind. Der interessierte Leser sei hierfür auf RAVIV (1979) verwiesen.

Fall (iv): Fallende positive Grenzkosten, d.h. $C_I' > 0, C_I'' < 0$

Aus der Bedingung (6.38) lässt sich für diesen Fall für eine innere Lösung analog

$$\Delta I^o > \Delta M$$

herleiten.[13] Die Versicherung beinhaltet folglich eine *marginale Überversicherung*: Eine Zunahme der Gesundheitsausgaben um eine Geldeinheit (GE) geht einher mit einer Zunahme der Versicherungsleistung um mehr als eine GE.

Bevor wir auf die Probleme eines derartigen Versicherungsvertrags eingehen, prüfen wir zunächst, ob eine innere Lösung mit der Eigenschaft überhaupt existiert. Alternativ könnte auch ein Vollversicherungsvertrag optimal sein, bei dem die Restriktion $0 \leq I_s \leq M_s$ an jeder Stelle bindet. Diese Möglichkeit wird allerdings durch die Bedingung (6.37) widerlegt, nach der wegen $C_I' > 0$ ein Selbstbehalt optimal ist. Geht man der Einfachheit halber davon aus, dass bei einer inneren Lösung $\Delta I^o = \gamma \Delta M$ mit $\gamma > 1$ gilt [vgl. HUBERMAN ET AL. (1983, S. 423)], dann nimmt der optimale Versicherungsvertrag im Fall (iv) daher folgende Form an [siehe Abbildung 6.3 (iv)]:

$$I_s = \begin{cases} 0 & \text{falls} \quad M_s \leq D \\ \gamma(M_s - D) & \text{falls} \quad D < M_s \leq E \ , \\ M_s & \text{falls} \quad M_s > E \end{cases} \qquad (6.39)$$

mit $E \equiv \gamma D/(\gamma - 1)$. Nach einem Selbstbehalt nimmt die Versicherungsleistung folglich mit den Ausgaben erst überproportional zu, bis sie schließlich den Ausgaben entspricht. Für hohe Ausgaben besteht eine marginale Vollversicherung. Da der Selbstbehalt damit für hohe Ausgaben keine Rolle spielt, spricht man auch von einem *verschwindenden Selbstbehalt* („disappearing deductible"). Dieser Versicherungsvertrag lässt sich folgendermaßen begründen: Für kleine Ausgaben lohnt sich eine Versicherung wegen der positiven Kosten $C_I(I_s)$ nicht; große Ausgaben lassen sich jedoch wegen der unterproportional steigenden Kosten günstig versichern.

Ein Problem dieses Versicherungsvertrags kann allerdings sein, dass er den Anreiz gibt, die Gesundheitsausgaben im Nachhinein künstlich zu erhöhen, da die Versicherungsleistung um mehr zunimmt als die Ausgaben. Will man diesem Anreiz vorbeugen, muss man zusätzlich die Restriktion $\Delta I \leq \Delta M$ einführen. In diesem Fall erhalten wir das gleiche Ergebnis wie im Fall (ii) mit konstanten Grenzkosten. Eine marginale Vollversicherung wäre optimal. Des Weiteren lässt sich zeigen, dass der Selbstbehalt positiv sein sollte.

Tabelle 6.1 fasst die Ergebnisse für die vier Fälle zusammen.

---

[13] Hierbei muss zusätzlich geprüft werden, ob die Bedingung zweiter Ordnung des Optimierungsproblems (6.23) erfüllt ist. Ihr Vorzeichen ist bei $C_I'' < 0$ nicht eindeutig.

Tabelle 6.1. Optimale Versicherung und Kosten der Versicherung

		Selbstbehalt $D=0$	$D>0$	marginale Versicherung Teil	Voll	Über
(i)	$C_I' = 0$	×			×	
(ii)	$C_I' > 0, C_I'' = 0$		×		×	
(iii)	$C_I' > 0, C_I'' > 0$		×	×		
(iv)	$C_I' > 0, C_I'' < 0$		×		×	×

Folgerung 6.3 *Bei positiven Grenzkosten der Versicherung ist immer ein Selbstbehalt optimal. Darüber hinaus besteht eine marginale Teilversicherung, falls die Grenzkosten steigen. Bei fallenden Grenzkosten hingegen nimmt die Versicherungsleistung über dem Selbstbehalt mit den Ausgaben überproportional zu, bis sie den Ausgaben entspricht. Bei diesem Versicherungsvertrag besteht allerdings ein Anreiz, die Ausgaben künstlich zu erhöhen.*

6.3.2 Direkte Nutzenwirkung der Krankheit

Im Folgenden wird die restriktive Annahme aufgehoben, dass die Krankheit für das Individuum neben den Behandlungskosten keine weiteren Auswirkungen hat. Hierzu verwenden wir das von COOK UND GRAHAM (1977) entwickelte Modell des *zustandsabhängigen Nutzens*. Die Nutzenfunktion hängt dabei nicht nur vom verfügbaren Einkommen y, sondern auch vom Gesundheitszustand H ab:

$$u = u(y, H). \tag{6.40}$$

Um der Einfachheit der Darstellung willen gehen wir jedoch zu dem in Abschnitt 6.3.1.1 behandelten Fall zurück, dass der Gesundheitszustand nur zwei verschiedene Werte annehmen kann, nämlich $H = k$ („krank") und $H = g$ („gesund"). Anstelle von $u(y,k)$ und $u(y,g)$ kann man dann vereinfachend $u_k(y)$ und $u_g(y)$ schreiben. Die Variable H wird also in der Weise berücksichtigt, dass bei jeder ihrer beiden Ausprägungen eine andere Nutzen*funktion* gültig ist, diese Funktionen selbst aber nur vom verfügbaren Einkommen des Individuums abhängen.

Ist die Wahrscheinlichkeit der Krankheit wiederum durch die bekannte Größe π gegeben, so lässt sich der erwartete Nutzen durch

$$EU = \pi u_k(y) + (1 - \pi)u_g(y) \tag{6.41}$$

ausdrücken. Wie im Modell des Abschnitts 6.3.1.1 sei Y das Bruttoeinkommen und L die Höhe der Krankheitskosten in Zustand k. Ferner sei I die vereinbarte Versicherungsleistung und $P(I)$ die zugehörige Prämie. Allerdings soll jetzt zugelassen werden, dass I auch größer sein kann als die Krankheitskosten L, da Krankheit auch einen immateriellen Schaden mit sich bringt. So könnte man eine etwaige, über L hinausgehende, Versicherungsleistung als „Schmerzensgeld" interpretieren.

Das Entscheidungsproblem des Individuums besteht darin, den Wert von I zu finden, der den Erwartungsnutzen

$$EU(I) = \pi u_k[Y - P(I) - L + I] + (1 - \pi)u_g[Y - P(I)] \qquad (6.42)$$

maximiert. Daher lautet die notwendige Bedingung erster Ordnung

$$\frac{dEU}{dI} = \pi\left(1 - P'(I^\circ)\right)u_k'\left(Y - P(I^\circ) - L + I^\circ\right) - (1 - \pi)P'(I^\circ)u_g'\left(Y - P(I^\circ)\right)$$

$$\begin{cases} \leq 0 \text{ falls } I^\circ = 0 \\ = 0 \text{ falls } I^\circ > 0. \end{cases} \qquad (6.43)$$

Diese Bedingung für ein inneres Optimum kann man in eine besser interpretierbare Form bringen, wenn man die verfügbaren Einkommen bei Krankheit bzw. Gesundheit mit y_k bzw. y_g bezeichnet:

$$\pi u_k'[y_k^\circ] = P'(I)\{\pi u_k'[y_k^\circ] + (1 - \pi)u_g'[y_g^\circ]\} \qquad (6.44)$$

Die linke Seite von (6.44) gibt den erwarteten Nutzengewinn bei Erhöhung der Erstattung I um eine (marginale) Geldeinheit an, die rechte Seite den erwarteten Nutzenverlust $E[u'(y)]$ durch die damit verbundene Prämienerhöhung. Beide Effekte müssen sich in einem inneren Optimum gerade gegenseitig aufheben.

Hat die Prämienfunktion die [gegenüber Gleichung (6.11) etwas vereinfachte] Form

$$P(I) = C_0 + (1 + \lambda)\pi I, \qquad C_0, \lambda \geq 0, \qquad (6.45)$$

so nimmt die Prämie mit der Versicherungsleistung dennoch wie in (6.12) zu:

$$P'(I) = (1 + \lambda)\pi > 0. \qquad (6.46)$$

Dann reduziert sich (6.44) auf

$$u_k'[y_k^\circ] = (1 + \lambda)\left(\pi u_k'[y_k^\circ] + (1 - \pi)u_g'[y_g^\circ]\right) \qquad (6.47)$$

bzw.

$$u_k'[y_k^\circ](1 - \pi(1 + \lambda)) = (1 - \pi)(1 + \lambda)u_g'[y_g^\circ]. \qquad (6.48)$$

Aus dieser Bedingung lassen sich die folgenden Schlüsse für einen optimalen Krankenversicherungsschutz bei gesundheitsabhängiger Nutzenfunktion ziehen:

(1) Ist die Versicherung *marginal fair*, d.h. gilt $\lambda = 0$, so reduziert sich Gleichung (6.48) auf

$$u_k'[y_k^\circ] = u_g'[y_g^\circ], \qquad (6.49)$$

d.h. die Versicherungsleistung wird gerade so hoch gewählt, dass der Grenznutzen des Einkommens in beiden Gesundheitszuständen *angeglichen* wird. Im Unterschied zu dem in Abschnitt 6.3.1.1 behandelten Modell bedeutet das jedoch

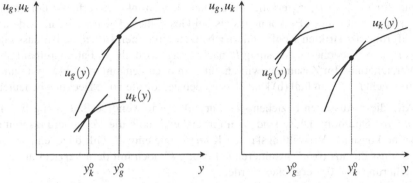

(a) Grenznutzen bei Krankheit geringer   (b) Grenznutzen bei Krankheit höher

Abb. 6.4. Direkte Nutzenwirkung der Krankheit, Optima bei marginal fairer Versicherung

nicht, dass auch das verfügbare Einkommen (durch Wahl von $I = L$) nivelliert wird, denn bei u_k und u_g handelt es sich ja um verschiedene Nutzenfunktionen. Wir können folgende weitere Unterscheidung treffen:

(a) Setzt Krankheit die *Genussfähigkeit des Individuums herab*, d.h. gilt bei gleichem verfügbaren Einkommen y in beiden Zuständen $u'_k[y] < u'_g[y]$, so ist Gleichung (6.49) wegen der Konkavität von u_k und u_g bei $y^o_k < y^o_g$ erfüllt, und es gilt $I^o < L$: *Teilweise* Versicherungsdeckung bzw. *Kostenbeteiligung* ist optimal. Man denke etwa an einen passionierten Golfspieler, der in Zeiten der Gesundheit viel Geld für sein Hobby ausgibt. Kann er wegen Krankheit nicht spielen, so hat er keine gleichermaßen nutzenstiftende Verwendung für sein Geld, und daher ist er an einer vollkommenen Nivellierung des verfügbaren Einkommens nicht interessiert.

(b) Umgekehrt ist es denkbar, dass der Grenznutzen des Einkommens im Krankheitsfall sogar *erhöht* ist, d.h. $u'_k[y] > u'_g[y]$. Dann erfordert (6.49) $y^o_k > y^o_g$ und somit $I^o > L$: *Überversicherung* bzw. Vereinbarung eines *Schmerzensgeldes* ist optimal. Eine ökonomische Begründung für diesen Fall wäre, dass im Krankheitsfall ein zusätzliches Bedürfnis nach bestimmten, nicht im eigentlichen Sinne medizinischen Konsumgütern (wie z.B. einer behindertengerechten Wohnung) entsteht.

Abbildung 6.4 zeigt beide Fälle. Die empirische Evidenz spricht dabei überwiegend für Fall (a). Dies zeigte sich in Studien mit unterschiedlichen Personengruppen von SLOAN ET AL. (1998), VISCUSI UND EVANS (1990) und FINKELSTEIN ET AL. (2012). Mit Befragungsdaten von Personen mittleren Alters konnten W. EVANS UND VISCUSI (1991) allerdings keinen Effekt von Krankheit auf den Grenznutzen feststellen.

(2) Ist dagegen die Versicherung *nicht marginal fair*, d.h. gilt $\lambda > 0$, so ist (6.48) nur für $u_k'[y_k^0] > u_g'[y_g^0]$ erfüllt: Im Zustand der Krankheit verbleibt ein größerer Grenznutzen des Einkommens als bei Gesundheit. Dies wiederum bedeutet aufgrund der strikten Konkavität der Nutzenfunktionen ($u_k'', u_g'' < 0$), dass eine *geringere* Versicherungsleistung I^0 nachgefragt wird als im Fall marginal fairer Versicherung. Im Zusammenwirken mit dem oben genannten Fall (a) gilt damit erst recht $I^0 < L$, in Fall (b) kann dies jedoch gerade die volle Deckung bedeuten.

(3) Alle diese Aussagen beziehen sich nur auf die notwendige Bedingung für ein *inneres* Optimum. Diese sind auch hinreichend, falls die Versicherungsprämie keine konstante Verwaltungskosten-Komponente enthält. Gilt dagegen $C_0 > 0$, so muss die aus (6.48) resultierende Lösung I^0 noch mit dem Verzicht auf Versicherung ($I = 0$) verglichen werden.

Folgerung 6.4 *Ist mit einer Krankheit außer dem finanziellen Schaden durch die Behandlungskosten noch ein immaterieller Schaden verbunden, so werden bei „marginal fairer" Prämie zwar die Grenznutzen des Einkommens einander angeglichen; dies kann aber bedeuten, dass die Versicherungsleistung größer oder kleiner ist als die Behandlungskosten.*

6.3.3 Fazit

Auch bei Ausklammerung möglicher Anreizwirkungen des Bestehens einer Versicherung („Moral Hazard") lassen sich zwei unabhängige Begründungen dafür anführen, dass der optimale Krankenversicherungsschutz nicht einfach die vollständige Abwälzung aller Krankheitskosten auf die Versicherung vorsieht, nämlich erstens die Existenz von *Transaktionskosten* und zweitens die Tatsache, dass Krankheit neben finanziellen auch *immaterielle Schäden* für den Versicherten mit sich bringt.

Transaktionskosten können konstant oder von der (erwarteten) Versicherungsleistung abhängig sein. Konstante Kostenkomponenten können einen vollständigen Verzicht auf Abschluss einer Versicherung bewirken. Bei positiven Grenzkosten der Versicherung ist es – bei Abwesenheit immaterieller Krankheitsfolgen – generell optimal, einen *Selbstbehalt* an den Krankheitskosten zu wählen, durch den das verfügbare Einkommen bei Krankheit geringer ist als bei Gesundheit. Sind die Grenzkosten konstant, dann besteht eine marginale Vollversicherung für Krankheitskosten, die den Selbstbehalt übersteigen. Bei steigenden Grenzkosten ist es jedoch optimal, dass der Versicherte einen Teil dieser Ausgaben selbst trägt.

Bringt Krankheit dagegen außer dem materiellen auch noch einen immateriellen Schaden mit sich, d.h. verändert sie den Grenznutzen aus sonstigem Konsum, so kann bei transaktionskostenfreier Versicherung eine optimale Lösung sowohl *mehr* als auch *weniger* als die volle Abdeckung der Krankheitskosten vorsehen.

6.4 Optimaler Versicherungsschutz bei Moral Hazard

6.4.1 Ex-ante Moral Hazard

Die der Analyse in Abschnitt 6.3 zugrundeliegende Annahme, die Krankheitskosten seien eine Zufallsvariable, auf deren Verteilung das Individuum keinen Einfluss habe, ist recht unrealistisch, denn jeder weiß, dass man mit seiner Lebensweise die Wahrscheinlichkeit des Auftretens von Krankheiten und deren Verlauf beeinflussen kann. Diesem Umstand wird im Folgenden Rechnung getragen: Das Individuum kann zwar durch Vorbeugung Einfluss auf die *Wahrscheinlichkeitsverteilung* der Krankheitskosten nehmen, nach Eintritt des zufälligen Ereignisses „Krankheit" seien die Behandlungskosten jedoch eindeutig determiniert. Das Problem des Moral Hazard in der Ex-ante-Version besteht dann, wenn die Vorbeugung vom Versicherer nicht beobachtet und deshalb nicht honoriert werden kann.

6.4.1.1 Annahmen

Zunächst wird angenommen, dass Krankheitsvorbeugung zwar Geld kostet, aber davon abgesehen keine (direkten) Auswirkungen auf den Nutzen des Individuums hat. Damit sind sportliche Aktivitäten zur Erhaltung der Gesundheit, die dem einen Freude, dem anderen eine Last bedeuten, ebenso ausgeklammert wie etwa die Enthaltsamkeit vom Alkohol. Ferner schmälern diese präventiven Ausgaben das Einkommen des Versicherten im vollen Umfang und werden nicht von der Krankenversicherung übernommen. Dies kann man zum einen damit begründen, dass sie vom Individuum bewusst gewählt werden und daher keinen zufälligen Charakter haben, also kein „versicherbares Risiko" darstellen. Zum anderen werden Vorbeugungsausgaben nicht selten für Güter getätigt, die nicht ohne weiteres als Gesundheitsgüter identifizierbar sind, z.B. gesundheitsfördernde, aber teurere Reformkost oder Luftbefeuchter zur Verhütung von Atemwegskrankheiten. Eine Deckung solcher Ausgaben durch die Krankenversicherung lässt sich in der Realität nur schwer vorstellen.

Um die Analyse so überschaubar wie möglich zu halten, gehen wir wieder vom Modell des Abschnitts 6.3.1.1 aus, in dem nur zwei Gesundheitszustände („krank" und „gesund") möglich sind. In diesem Modell könnte Krankheitsvorbeugung prinzipiell

(a) auf die *Krankheitswahrscheinlichkeit* bei gleich bleibenden Kosten im Krankheitsfall oder

(b) auf die Höhe der etwaigen *Krankheitskosten L* bei gleich bleibender Krankheitswahrscheinlichkeit π

wirken. Fall (b) ist beim Risiko „Krankheit" jedoch wenig plausibel,[14] so dass wir im folgenden Fall (a) unterstellen werden.

---

[14] Dagegen lassen sich in anderen Risikosparten leicht Beispiele hierfür finden. Man denke etwa an die Anschaffung eines Feuerlöschers: Dadurch wird die Wahrscheinlichkeit, dass ein Brand ausbricht, in keiner Weise beeinflusst, wohl aber der mögliche Schaden.

Die Krankheitswahrscheinlichkeit π hänge folgendermaßen von den Vorbeugungsausgaben V ab:

$$\pi = \pi(V) = \begin{cases} \pi_0 & \text{falls } V = V_0 = 0 \\ \pi_1 & \text{falls } V = V_1 > 0 \end{cases} \quad \text{mit } \pi_0 > \pi_1 > 0. \tag{6.50}$$

D.h. das Individuum kann genau zwischen zwei Vorbeugungsniveaus wählen.[15] Zum einen kann es auf Vorbeugung verzichten. In diesem Fall ist $V = V_0 = 0$ und die Krankheitswahrscheinlichkeit ist $\pi_0 \equiv \pi(V_0)$. Zum anderen kann es Vorbeugungsausgaben in Höhe von $V_1 > 0$ wählen. Dies senkt die Krankheitswahrscheinlichkeit auf $\pi_1 \equiv \pi(V_1) < \pi_0$.

Ein wichtiges Unterscheidungsmerkmal zwischen den verschiedenen Varianten des Modells wird es sein, ob die Versicherungsgesellschaft die Vorbeugungsmaßnahmen ihrer Klienten *beobachten* und damit in ihrer Prämiengestaltung *honorieren* kann. Zuvor (in Abschnitt 6.4.1.2) fragen wir jedoch nach den optimalen Vorbeugungsausgaben in Abwesenheit einer Krankenversicherung. Diese Analyse wird einen Vergleichsmaßstab dafür liefern, in welcher Beziehung Vorbeugung und Versicherungsschutz zueinander stehen.

Kasten 6.2 gibt einen Überblick über das Modell der optimalen Vorbeugung und des optimalen Versicherungsschutzes.

6.4.1.2 Optimale Vorbeugung ohne Versicherungsmöglichkeit

Vorbeugungsausgaben schmälern das verfügbare Einkommen des betrachteten Individuums auf jeden Fall, da sie per definitionem bereits getätigt werden müssen, bevor das zufällige Ereignis „Krankheit" eingetroffen ist. Daher gilt für den erwarteten Nutzen in Abwesenheit einer Versicherung gegen Krankheitskosten unter Berücksichtigung der Gleichungen (6.5) und (6.50)

$$EU_j = E[u(y(V_j))] \tag{6.51}$$
$$= \pi_j u[Y - V_j - L] + (1 - \pi_j)u[Y - V_j], \quad j = 0,1.$$

Die Bedingung für Vorbeugung ohne Versicherungsmöglichkeit lautet daher $\Delta EU = EU_1 - EU_0 > 0$ bzw.

$$\pi_1 u[Y - V_1 - L] + (1 - \pi_1)u[Y - V_1] - \left(\pi_0 u[Y - L] + (1 - \pi_0)u[Y]\right) > 0.$$

Umformen unter Verwendung von $\Delta\pi = \pi_1 - \pi_0$ führt zu

$$\Delta EU = \pi_0\left(u[Y - V_1 - L] - u[Y - L]\right) + u[Y - V_1 - L]\Delta\pi$$
$$+ (1 - \pi_0)\left(u[Y - V_1] - u[Y]\right) - u[Y - V_1]\Delta\pi.$$

---

[15] Der Fall eines stetigen Vorbeugungsniveaus wird z.B. von WINTER (2000) dargestellt.

Kasten 6.2. Ein Modell der optimalen Vorbeugung und Versicherung

---

Vorbeugung und Krankheitswahrscheinlichkeit:

$$\pi = \pi(V) = \begin{cases} \pi_0 & \text{falls } V = V_0 = 0 \\ \pi_1 & \text{falls } V = V_1 > 0 \end{cases} \quad \text{mit } \pi_0 > \pi_1 > 0. \tag{6.50}$$

Bedingung für Vorbeugung ohne Versicherungsmöglichkeit:

$$\left(u[Y - V_1] - u[Y - V_1 - L] \right) \left| \frac{d\pi}{dV} \right| > EU'(y). \tag{6.52}$$

Bedingung für Vorbeugung mit fairer Versicherung und beobachtbarer Vorbeugung:

$$Y - \pi_1 L - V_1 > Y - \pi_0 L \quad \Leftrightarrow \quad V_1 < (\pi_0 - \pi_1) L. \tag{6.56}$$

Bedingungen für Vorbeugung mit fairer Versicherung und nicht beobachtbarer Vorbeugung:

$$EU(V_1, I, P = \pi_1 I) = (1 - \pi_1) u[Y - \pi_1 I - V_1] + \pi_1 u[Y + (1 - \pi_1) I - V_1 - L]$$

$$\geq \underbrace{(1 - \pi_0) u[Y - \pi_1 I] + \pi_0 u[Y + (1 - \pi_1) I - L]}_{= EU(V_0, I, P = \pi_1 I)}. \tag{6.60}$$

$$EU(V_1, \tilde{I}, P = \pi_1 \tilde{I}) = (1 - \pi_1) u[Y - \pi_1 \tilde{I} - V_1] + \pi_1 u[Y + (1 - \pi_1) \tilde{I} - L - V_1]$$

$$> u[Y - \pi_0 L] = EU(V_0, L, P = \pi_0 L). \tag{6.61}$$

Y:	Brutto-Einkommen
y:	verfügbares Einkommen
L:	Kosten im Zustand „krank"
V_j:	Vorbeugungsausgaben, $j = 0,1$
π_j:	Wahrscheinlichkeit zu erkranken, $j = 0,1$
$u(y)$:	Nutzen des Individuums
EU:	Erwartungswert des Nutzens
I:	Versicherungsleistung
P:	Versicherungsprämie
$\tilde{I}$:	maximaler Wert von I der (6.60) erfüllt

Für marginale Änderungen $d\pi = \pi_1 - \pi_0$ und $dV = V_1 - V_0$ erhalten wir

$$dEU = -\pi_0 u'[Y - L] dV + u[Y - V_1 - L] d\pi - (1 - \pi_0) u'[Y] dV - u[Y - V_1] d\pi,$$

da $u[Y - V_1] - u[Y] = -u'(Y) dV$ und $u[Y - V_1 - L] - u[Y - L] = -u'(Y - L) dV$.

Berücksichtigt man, dass $\pi_0 u'[Y - L] + (1 - \pi_0) u'[Y]$ nichts anderes als den Erwartungswert des Grenznutzens $EU'(y)$ darstellt, vereinfacht sich die Bedingung $dEU/dV > 0$ zu

$$\left(u[Y - V_1] - u[Y - V_1 - L] \right) \left| \frac{d\pi}{dV} \right| > \pi_0 u'[Y - L] + (1 - \pi_0) u'[Y] \equiv EU'(y). \tag{6.52}$$

Die linke Seite von (6.52) gibt den Nutzenzuwachs aus einer Senkung der *Krankheitswahrscheinlichkeit* π bei Erhöhung von V um eine (marginale) Geldeinheit an, die rechte misst dagegen den erwarteten Nutzenverlust infolge der gleichzeitigen *Schmälerung* des verfügbaren Einkommens in *beiden* Zuständen. Um diesen zu berechnen, wird für jeden Zustand der Grenznutzen des Einkommens gebildet und dann die beiden Werte, mit den zugehörigen Wahrscheinlichkeiten π_0 bzw. $(1-\pi_0)$ gewichtet, addiert. Vorbeugung lohnt sich folglich umso mehr,

- je größer $|d\pi/dV|$ ist, d.h. je effektiver sie die Krankheitswahrscheinlichkeit senkt;

- je höher der Nutzenverlust durch Krankheit $u[Y-V_1]-u[Y-V_1-L]$ ist;

- je geringer der erwartete Nutzenverlust $EU'(y)$ in Folge des gleichzeitigen Rückgangs des verfügbaren Einkommens in beiden Zuständen ist.

6.4.1.3 Optimum des Versicherten bei beobachtbarer Vorbeugung

Das Individuum sei nun in der Lage, einen Versicherungsvertrag abzuschließen, der ihm im Krankheitsfall eine Versicherungsleistung in Höhe von I ($0 \leq I \leq L$) garantiert. Der Wert von I sei von ihm frei wählbar. Ferner sei der Versicherer in der Lage, die Vorbeugungsausgaben V zu *beobachten* und in der Prämiengestaltung zu berücksichtigen. Der Einfachheit gehen wir davon aus, dass die Prämie aktuarisch fair sei, d.h. es gelte

$$P(V,I) = \pi(V)I. \tag{6.53}$$

Das Ziel des Konsumenten sei es, durch geeignete Wahl seiner Aktionsparameter V (Vorbeugung) und I (Versicherung) seinen erwarteten Nutzen

$$EU(V,I) = \pi(V)u[Y-P(V,I)-V-L+I] + (1-\pi(V))u[Y-P(V,I)-V] \tag{6.54}$$

zu maximieren.

Unter Verwendung von (6.53) lautet die Bedingung für ein festgelegtes Vorbeugungsniveau

$$\frac{\partial EU(V,I)}{\partial I} = \pi(V)u'[Y-\pi(V)I^0-V-L+I^0](1-\pi(V))$$
$$+(1-\pi(V))u'[Y-\pi(V)I^0-V](-\pi(V)) = 0.$$

Daraus folgt

$$u'[Y-\pi(V)I^0-V-L+I] = u'[Y-\pi(V)I^0-V] \quad \Leftrightarrow \quad I^0 = L, \tag{6.55}$$

d.h. wie in Abschnitt 6.3.1 ist bei einer fairen Versicherung Vollversicherung optimal.

Annahmegemäß kann die Versicherung das Verhalten des Versicherten beobachten und durch ihre Prämiengestaltung honorieren bzw. bestrafen. Bei einer fairen Versicherung ist die Wahl von V_1 folglich genau dann optimal, falls

$$u[Y - \pi_1 L - V_1] > u[Y - \pi_0 L]$$

bzw. falls

$$Y - \pi_1 L - V_1 > Y - \pi_0 L \quad \Leftrightarrow \quad V_1 < (\pi_0 - \pi_1)L. \tag{6.56}$$

Diese Bedingung besagt, dass Vorbeugung genau dann optimal ist, wenn dadurch das erwartete Einkommen zunimmt. Dies ist äquivalent zu der Bedingung, dass die Vorbeugungsaufwendungen geringer sind als die Abnahme der erwarteten Ausgaben im Krankheitsfall.

Folgerung 6.5 *Kann der Versicherer das Ausmaß der Vorbeugung beobachten und ist die Versicherung fair, dann ist eine Vollversicherung optimal. Der Versicherte betreibt genau dann Vorbeugung, wenn dadurch das erwartete Einkommen zunimmt.*

In einem erweiterten Modell mit variabler Vorbeugung wäre entsprechend das Vorbeugungsniveau optimal, welches das erwartete Einkommen maximiert.

6.4.1.4 Optimum des Versicherten bei nicht beobachtbarer Vorbeugung

Im Folgenden wenden wir uns dem realistischeren Fall zu, dass der Versicherer die Vorbeugungsausgaben *nicht* beobachten kann. Folglich kann die Versicherungsprämie P auch nicht von der Höhe der Vorbeugung, V, sondern nur von der gewählten Erstattung I abhängen:

$$P = P(I). \tag{6.57}$$

Bedeutet dies, dass das Individuum überhaupt keinen Anreiz zur Vorbeugung hat und diese vollkommen unterlässt, oder gibt es dennoch eine Möglichkeit, durch die Gestaltung der Funktion (6.57) Einfluss auf die Wahl von V zu nehmen?

Eine „Belohnung" höherer Vorbeugungsausgaben könnte etwa wie folgt begründet werden: Je umfassender der Versicherungsschutz, umso geringer ist der Anreiz für den Versicherten, Vorbeugung zu betreiben, umso eher ist also die Krankheitswahrscheinlichkeit π_0 und umso teurer ist damit eine kostendeckende Versicherung *pro Einheit* der Erstattung I. Sind dem Versicherer diese Zusammenhänge bekannt, so kann er ihnen dadurch Rechnung tragen, dass er die Prämie für eine Vollversicherung überproportional teurer wählt als eine Versicherung mit Selbstbeteiligung. Das Individuum wird dies bei seiner Entscheidung berücksichtigen und eine Teilversicherung wählen sowie Vorbeugung betreiben. Alternativ könnte der Versicherte auf Vorbeugung auch gänzlich verzichten und dafür eine entsprechend hohe Prämie bezahlen.

Im Folgenden unterstellen wir, dass $V_1 < (\pi_0 - \pi_1)L$ gilt, d.h. bei beobachtbarer Vorbeugung ist es optimal, Vorbeugung zu betreiben [siehe Bedingung (6.56)]. Deshalb kann es sich auch bei nicht beobachtbarer Vorbeugung lohnen, dem Versicherten Anreize zur Vorbeugung zu geben. Die Beziehung zwischen Versicherungssumme und Prämie in Abhängigkeit von den Vorbeugungsausgaben lautet bei einer fairen Versicherung

$$P(I) = \pi(V(I))I. \qquad (6.58)$$

Hierbei stellt $V(I)$ das in Abhängigkeit von I gewählte Vorbeugungsniveau dar. Wie hoch darf die Versicherungsleistung I sein, damit der Versicherte Vorbeugungsausgaben V_1 tätigt, wenn diese nicht beobachtbar sind? Intuitiv einsichtig ist, dass I kleiner als die Kosten L im Krankheitsfall sein muss. Für $I = L$ würde der Versicherte sich sonst immer für einen Verzicht auf Vorbeugung entscheiden, da unabhängig von der Prämie P gilt

$$EU_0(I = L) = u(Y - P - V_0) > u(Y - P - V_1) = EU_1(I = L). \qquad (6.59)$$

Des Weiteren muss bei gegebenem Wert von I der Erwartungsnutzen bei den Vorbeugungsausgaben V_1 mindestens so groß sein wie bei V_0. Unter Verwendung von Gleichung (6.58) lautet diese Bedingung

$$EU(V_1, I, P = \pi_1 I) = (1 - \pi_1)u[Y - \pi_1 I - V_1] + \pi_1 u[Y + (1 - \pi_1)I - V_1 - L]$$

$$\geq \underbrace{(1 - \pi_0)u[Y - \pi_1 I] + \pi_0 u[Y + (1 - \pi_1)I - L]}_{= EU(V_0, I, P = \pi_1 I)}. \qquad (6.60)$$

Wie sich leicht zeigen lässt, steigt der Erwartungsnutzen des Versicherten ceteris paribus mit der Versicherungsleistung I solange $I < L$. Unter der Bedingung, dass der Versicherte Vorbeugung betreibt, ist der Erwartungsnutzen deshalb dann maximal, wenn I den höchsten Wert annimmt, für den die Bedingung (6.60) noch erfüllt ist. Dieser mit $\tilde{I}$ bezeichnete Wert gibt die maximale Versicherungsleistung an, bei der der Versicherte von selbst Vorbeugung betreibt.

Schließlich muss noch geprüft werden, ob der maximale Erwartungsnutzen unter der Bedingung, dass der Versicherte V_1 wählt, höher ist als der Erwartungsnutzen bei einer Vollversicherung in Abwesenheit von Vorbeugung. Falls

$$EU(V_1, \tilde{I}, P = \pi_1 \tilde{I}) = (1 - \pi_1)u[Y - \pi_1 \tilde{I} - V_1] + \pi_1 u[Y + (1 - \pi_1)\tilde{I} - L - V_1]$$

$$\geq u[Y - \pi_0 L] = EU(V_0, L, P = \pi_0 L), \qquad (6.61)$$

dann ist es auch bei nicht beobachtbarer Vorbeugung optimal, dass der Versicherte eine Teilversicherung $\tilde{I} < L$ wählt. Falls diese Bedingung jedoch nicht erfüllt ist, führt eine Vollversicherung, die keine Anreize zur Vorbeugung gibt, zu einem höheren Erwartungsnutzen. Für die optimale Versicherungsdeckung gilt daher

$$I^o = \begin{cases} \tilde{I} & \text{falls} \quad EU(V_1, \tilde{I}, P = \pi_1 \tilde{I}) \geq EU(V_0, L, P = \pi_0 L) \\ L & \text{falls} \quad EU(V_1, \tilde{I}, P = \pi_1 \tilde{I}) < EU(V_0, L, P = \pi_0 L). \end{cases} \qquad (6.62)$$

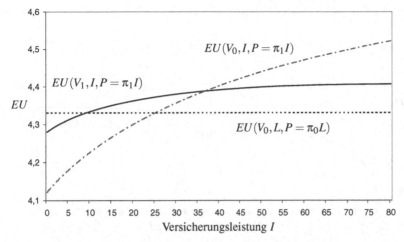

Abb. 6.5. Ex-ante Moral Hazard: $V_1 = 10$, $I^0 = \tilde{I} = 37$

An der Bedingung (6.61) lässt sich erkennen, welche Faktoren hierbei eine Rolle spielen. Für einen gegebenen Wert $\tilde{I}$ ist die Vorbeugungslösung umso eher vorzuziehen, je geringer π_1 und V_1, d.h. je effektiver die Vorbeugung das Krankheitsrisiko senkt. In jedem Fall ist der Versicherte aber schlechter gestellt als bei beobachtbaren Vorbeugungsanstrengungen, falls die Bedingung (6.56), $V_1 < (\pi_0 - \pi_1)L$, erfüllt ist. Im ersten Fall ist der Versicherte nicht voll versichert, während im zweiten Fall das erwartete Einkommen niedriger ist als bei den optimalen Vorsorgeausgaben V_1. Insofern handelt es sich auch nur um eine „zweitbeste Lösung" im Vergleich zum Optimum bei beobachtbarer Vorbeugung.

Zur Illustration der beiden Fälle betrachten wir ein einfaches Beispiel. Wir gehen dabei von der Nutzenfunktion $u(y) = \ln(y)$ aus. Ohne Vorbeugung betrage die Krankheitswahrscheinlichkeit $\pi_0 = 0{,}3$, mit Vorbeugung sei sie $\pi_1 = 0{,}1$. Das Einkommen des Individuums sei $Y = 100$. Im Krankheitsfall betragen die Ausgaben $L = 80$. Vorbeugung führe zu Kosten in Höhe von $V_1 = 10$. Vorbeugung ist grundsätzlich effizient, da $V_1 = 10 < (0{,}3 - 0{,}1) \times 80 = 16$.

Abbildung 6.5 zeigt den Verlauf der beiden Funktionen $EU(V_0, I, P = \pi_1 I)$ und $EU(V_1, I, P = \pi_1 I)$ aus Gleichung (6.60). Ihr Schnittpunkt bei $\tilde{I} = 37$ gibt den maximalen Wert der Versicherungsleistung an, bei der der Versicherte von sich aus Vorbeugung betreibt. Die horizontale Linie in Abbildung 6.5 zeigt den Wert von $EU(V_0, L, P = \pi_0 L)$, d.h. den Erwartungsnutzen bei Vollversicherung ohne Vorbeugung. Da $EU(V_1, \tilde{I}, P = \pi_1 \tilde{I}) > EU(V_0, L, P = \pi_0 L)$ ist der Versicherungsvertrag mit der Versicherungsleistung $\tilde{I} = 37$ zur Prämie $P = \pi_1 \tilde{I} = 3{,}7$ optimal.

Ein anderes Ergebnis erhalten wir jedoch, wenn die Vorbeugungsausgaben höher sind. Abbildung 6.6 stellt die Situation für $V_1 = 15$ dar. Bei beobachtbarer Vorbeugung wäre es ebenfalls effizient, Vorbeugung zu betreiben, da $V_1 = 15 < 16$. Bei nicht beobachtbarer Vorbeugung ist allerdings ein Vollversicherungsvertrag, der keine Anreize zur Vorbeugung gibt, optimal: Die Funktionen $EU(V_0, I, P = \pi_1 I)$ und

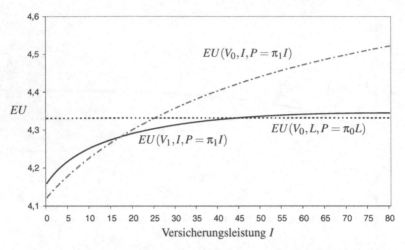

Abb. 6.6. Ex-ante Moral Hazard: $V_1 = 15$, $I^0 = L = 80$

$EU(V_1, I, P = \pi_1 I)$ schneiden sich schon bei $\tilde{I} = 17$, weil der Erwartungsnutzen $EU(V_1, I, P = \pi_1 I)$ durch die höheren Vorbeugungsausgaben niedriger ist als im ersten Beispiel. Da $EU(V_1, \tilde{I}, P = \pi_1 \tilde{I}) < EU(V_0, L, P = \pi_0 L)$ ist es optimal, auf Vorbeugung zu verzichten. Das Individuum bevorzugt deshalb einen Vollversicherungsvertrag zur Prämie $P = 0,3 \times 80 = 24$.

Folgerung 6.6 *Kann der Versicherer das Ausmaß der Vorbeugung nicht beobachten und ist die Versicherung fair, so kann es optimal sein, dem Versicherten durch eine Selbstbeteiligung Anreize zur Vorbeugung zu geben. Dies ist eine „zweitbeste Lösung", denn sein Erwartungsnutzen ist ceteris paribus geringer, als wenn seine Vorbeugungsausgaben beobachtbar wären.*

Der Versicherte muss nicht dazu gezwungen werden, den Vertrag mit der Teildeckung $\tilde{I}$ zu wählen, falls dieser optimal ist, denn dieser Vertrag ist in seinem Eigeninteresse. Durch den Abschluss des Vertrags bindet er sich de facto, Vorbeugung zu betreiben.

Auf ein Durchsetzungsproblem des Second-best-Vertrags hat PAULY (1974) hingewiesen. Ist der Versicherte in der Lage, durch den Kauf mehrerer Versicherungspolicen seinen Versicherungsschutz auszuweiten, dann bricht der Anreizeffekt der Versicherungen zusammen. Ist zum Beispiel $\tilde{I} = L/2$, dann führt der Kauf von zwei Verträgen zu einer Vollversicherung mit einer Gesamtprämie $\pi_1 L$. Der Versicherte verzichtet dann auf Vorbeugung und beide Versicherungen würden Verluste machen. Da die Versicherungen ein solches Verhalten voraussehen werden, kommt es gar nicht erst zu einem Angebot des Versicherungsvertrags mit der Leistung $\tilde{I}$ zur Prämie $\pi_1 \tilde{I}$. Stattdessen werden nur Verträge angeboten, bei denen von vornherein davon ausgegangen wird, dass der Versicherte keine Vorbeugung betreibt, d.h. die Versicherungen verlangen einen Preis π_0 pro Einheit Versicherungsleistung. Der Versicherte wird sich in diesem Fall zwar voll versichern. Falls die Bedingung (6.61) erfüllt ist, d.h. falls in der „zweitbesten Lösung" positive Vorbeugungsausgaben optimal sind, ist er jedoch schlechter gestellt, als wenn er glaubwürdig beweisen könnte, dass er nur einen Versicherungsvertrag unterzeichnet.

Folgerung 6.7 *Ist der Versicherte in der Lage, mehrere Versicherungspolicen abzuschließen, dann kann die in Folgerung 6.6 beschriebene „zweitbeste Lösung" eventuell nicht durchgesetzt werden. Bei einer fairen Versicherung wird sich der Versicherte dann voll versichern und keine Vorbeugung betreiben. In dieser „drittbesten Lösung" ist der Erwartungsnutzen noch geringer als in der „zweitbesten Lösung".*

Zu beachten ist jedoch, dass die „drittbeste Lösung" nur dann relevant ist, wenn es mehrere Anbieter von Krankenversicherungsverträgen gibt. Existiert nur eine Krankenversicherung, z.B. eine staatliche Einheitskasse, tritt dieses Problem nicht auf. Für den Fall mehrerer Anbieter lässt sich das Problem durch eine generelle *Meldepflicht* für alle Krankenversicherungspolicen vermeiden. Dann kann die Prämie vom insgesamt abgeschlossenen Versicherungsschutz abhängig gemacht werden, der das Ausmaß der Vorbeugung bestimmt. Des Weiteren kann die Erstattung durch mehrere Versicherungen verhindert werden, indem Versicherte ihre Originalbelege einreichen müssen. Dies ist zum Beispiel in der privaten Krankenversicherung in Deutschland und der Schweiz der Fall.

6.4.1.5 Empirische Bedeutung von Ex-ante Moral Hazard

Für andere Versicherungszweige, z.B. die Kraftfahrzeug-Kaskoversicherung gibt es Belege dafür, dass mit zunehmender Höhe des Versicherungsschutzes die Intensität der Vorbeugung abnimmt und die Unfallhäufigkeit steigt. In der Krankenversicherung erscheint ein solcher Effekt weniger plausibel, da der Eintritt des Risikos Krankheit schon als solcher (und nicht primär wegen seiner finanziellen Folgen) unerwünscht ist. Außerdem ist es schwierig, diese Effekte empirisch zu ermitteln, da der Krankenversicherungsschutz für viele Menschen nicht exogen ist, sondern von ihnen selbst gewählt wird.

Eine Studie von DAVE UND KAESTNER (2009) konnte jedoch das Verhalten einer Personengruppe nach einer exogenen Änderung des Krankenversicherungsschutzes untersuchen. Dabei handelt es sich um zuvor nicht-versicherte US-Bürger, die 65 Jahre alt geworden sind und damit automatisch den Medicare-Versicherungsschutz erhalten haben. Aus der oben skizzierten Theorie des Ex-ante Moral Hazard leiten die Autoren ab, dass diese Ausdehnung des Versicherungsschutzes zwei Wirkungen auf das Gesundheitsverhalten der Mitglieder dieser Gruppe (im Vergleich mit zuvor auch schon versicherten Personen) haben müsste:

- einen reinen Moral-Hazard-Effekt (weniger Vorbeugung) auf Grund der besseren Risikoabdeckung,

- mehr Prävention auf Grund einer höheren Zahl an Arztkontakten, da deren Preis gefallen ist und Ärzte häufig zu präventiven Anstrengungen raten.

Um diese Voraussagen zu testen, untersuchen die Autoren zum einen ein Panel von Individuen der 60jährigen und zum anderen einen Querschnitt von Personen im selben Alter. Das Gesundheitsverhalten wird durch vier Variablen gemessen: das Gewicht (durch den Body Mass Index, BMI), die Häufigkeit körperlicher Aktivität („vigorous physical exercise"), Rauchen und Alkoholkonsum.

Der oben genannte Preiseffekt wird in den Resultaten der Studie dadurch bestätigt, dass der Eintritt in die Medicare-Versicherung die Anzahl der Arztbesuche der zuvor nicht-versicherten Männer (Frauen) mit geringer Schulbildung um 31 (39) Prozent erhöhte, wobei beide Effekte signifikant waren. Der Aspekt des Gesundheitsverhaltens, der am stärksten auf die Ausdehnung des Versicherungsschutzes reagiert, war die Wahrscheinlichkeit, körperlich aktiv zu sein, die bei den Männern um 9,1 Prozentpunkte (oder 24 Prozent des Ausgangsniveaus) fiel. Bei einem Konstanthalten der Zahl der Arztbesuche ging die Bewegung bei den Männern sogar um 15,1 Prozentpunkte (oder 40 Prozent) zurück und bei den Frauen um 12,8 Prozentpunkte (oder 43 Prozent). Ähnliche, aber etwas kleinere und oftmals insignifikante Effekte wurden fürs Rauchen und den Alkoholkonsum gefunden. Die Autoren schließen aus ihren Ergebnissen, dass die beiden postulierten Effekte empirisch eine Rolle spielen.

6.4.1.6 Fazit

Der Verzicht auf vollen Versicherungsschutz ist also nicht nur dann ratsam, wenn keine Versicherung zu „marginal fairen" Konditionen erhältlich ist. Er kann auch damit motiviert werden, dass der Versicherte sich selbst Anreize zur Vorbeugung gegen die Entstehung von Krankheiten vermittelt. Denn muss man später einen Teil seiner Krankheitskosten aus eigener Tasche tragen, so wird man eher bereit sein, Aufwendungen zur Krankheitsvorbeugung zu tätigen als andernfalls. Ein solcher Anreiz setzt allerdings voraus, dass verhindert werden kann, dass der Versicherte mehrere Versicherungspolicen erwirbt. Sonst kann es unmöglich sein, den Versicherten zur Vorbeugung zu bewegen; die dann resultierende Lösung ist nach dem Kriterium des erwarteten Nutzens schlechter als in dem Fall, dass nur eine Versicherungspolice erworben werden kann. Voller Versicherungsschutz ist nur dann mit unverminderten Anreizen zur Vorbeugung vereinbar, wenn der (unrealistische) Fall gegeben ist, dass die Versicherungsgesellschaft die Vorbeugung direkt beobachten und damit in ihrer Prämiengestaltung honorieren kann.

6.4.2 Ex-post Moral Hazard

Im Unterschied zu Abschnitt 6.4 wird im Folgenden untersucht, wie sich das Vorliegen von Moral Hazard der Ex-post-Variante auf die Struktur eines optimalen Versicherungsschutzes gegen Krankheitskosten auswirkt. In diesem Modell ist es nicht möglich, durch Vorbeugung die Wahrscheinlichkeit einer Krankheit zu senken. Wohl aber verbleiben dem betrachteten Individuum Handlungsalternativen bei bereits eingetretener Krankheit.[16]

6.4.2.1 Annahmen

Wir gehen von der Bestimmungsgleichung für das verfügbare Einkommen aus Abschnitt 6.3.1,

$$y_s = Y - P - M_s + I_s, \tag{6.3}$$

aus, betrachten aber die Ausgaben für medizinische Behandlung, M_s, jetzt als endogene Größe, die vom Individuum gewählt wird. Ausgangspunkt ist dabei der Gesundheitszustand des Individuums ohne Behandlung, θ. Er ist eine Zufallsvariable, deren Realisierung vor Beginn der betrachteten Periode noch nicht bekannt ist. θ kann S verschiedene Werte $(\theta_1, ..., \theta_S)$ annehmen, die mit den (bekannten) Wahrscheinlichkeiten $(\pi_1, ..., \pi_S)$ auftreten. Durch Ausgaben für medizinische Leistungen lässt sich der Gesundheitszustand verbessern. Der verwirklichte Gesundheitszustand H_s sei

$$H_s = \theta_s + M_s. \tag{6.63}$$

Der verwirklichte Gesundheitszustand ist entscheidend für das Bruttoeinkommen des Individuums. Wir unterstellen folgende Beziehung

$$Y = f(H) \quad \text{mit} \quad f'[\theta_{max}] > 1^{17} \quad \text{und} \quad f'' < 0, \tag{6.64}$$

wobei θ_{max} den bestmöglichen Gesundheitszustand bezeichnet. Ist $\theta_s < \theta_{max}$, dann lässt sich dieser Gesundheitszustand folglich als Krankheitsfall interpretieren. Das Nettoeinkommen eines Individuums im Zustand s ist somit

$$y_s = f(H_s) - P - M_s + I_s \tag{6.65}$$
$$= f(\theta_s + M_s) - P - M_s + I_s.$$

---

[16] Ex-post-Moral Hazard wurde in einem formalen Modell erstmals von ZECKHAUSER (1970) untersucht. Vertieft wurde die Analyse insbesondere von A. SPENCE UND ZECKHAUSER (1971) sowie BLOMQVIST (1997).

[17] Die Annahme $f'[\theta_{max}] >$ impliziert, dass es bei θ_{max} für den Konsumenten optimal ist, medizinische Leistungen nachzufragen. Wir treffen sie lediglich, um die Analyse im Folgenden zu vereinfachen. Beachte aber Übungsaufgabe 6.6(c).

Der Nutzen des Individuums $u = u(y)$ sei eine strikt konkave Funktion des Konsumniveaus y, wobei der Gesundheitszustand H keinen direkten Einfluss auf den Nutzen habe. Gesundheit ist für diesen Konsumenten ein reines Investitionsgut (vgl. hierzu Abschnitt 3.3).

Eine Übersicht über die wichtigsten Gleichungen dieses Abschnitts und die verwendeten Abkürzungen gibt Kasten 6.3.

6.4.2.2 Optimaler Versicherungsschutz bei beobachtbarem Gesundheitszustand

Zunächst untersuchen wir den Referenzfall ohne Ex-post Moral Hazard, in dem der Gesundheitszustand von der Versicherung beobachtet wird. Das Individuum kann dann vor Beginn der Betrachtungsperiode, also noch unter dem „Schleier des Nichtwissens" über den zukünftigen Gesundheitszustand, sowohl seine Nachfrage nach medizinischer Behandlung M_s im Zustand s als auch die Versicherungsleistung I_s frei wählen, und zwar so, dass sein Erwartungsnutzen

$$EU = \sum_{s=1}^{S} \pi_s u(f(\theta_s + M_s) - M_s - P + I_s). \tag{6.66}$$

maximal wird. Wir nehmen im Folgenden an, dass eine aktuarisch faire Versicherung zur Verfügung steht. Die Prämie beträgt dann

$$P = \sum_{s=1}^{S} \pi_s I_s. \tag{6.67}$$

Um den optimalen Versicherungsvertrag zu bestimmen, maximieren wir die Lagrange-Funktion:

$$\Phi\left((M_s, I_s)_{s=1}^{S}, P, \mu\right) = \sum_{s=1}^{S} \pi_s u(f(\theta_s + M_s) - M_s - P + I_s) + \mu\left[P - \sum_{s=1}^{S} \pi_s I_s\right]. \tag{6.68}$$

Wir gehen von einer inneren Lösung aus. Die Bedingungen erster Ordnung lauten:[18]

$$\frac{\partial \Phi}{\partial M_s} = \pi_s u'[y_s^o][f'[H_s^o] - 1] = 0 \tag{6.69}$$

$$\frac{\partial \Phi}{\partial I_s} = \pi_s u'[y_s^o] - \mu^o \pi_s = 0 \tag{6.70}$$

$$\frac{\partial \Phi}{\partial P} = -\sum_{s=1}^{S} \pi_s u'[y_s^o] + \mu^o = 0 \tag{6.71}$$

$$\frac{\partial \Phi}{\partial \mu} = P^o - \sum_{s=1}^{S} \pi_s I_s^o = 0. \tag{6.72}$$

---

[18] Die Bedingung zweiter Ordnung ist aufgrund der strengen Konkavität der Funktion $u(y)$ und $f(H)$ erfüllt.

Kasten 6.3. Optimaler Versicherungsschutz und optimale Nachfrage nach medizinischen Leistungen

---

Beobachtbarer Gesundheitszustand

$$EU = \sum_{s=1}^{S} \pi_s u(f(\theta_s + M_s) - M_s - P + I_s) \qquad (6.66)$$

$$P = \sum_{s=1}^{S} \pi_s I_s. \qquad (6.67)$$

$$I_s^o = M_s^o + \alpha \qquad (6.75)$$

Nicht beobachtbarer Gesundheitszustand

$$I = (1-c)M \qquad 0 \le c \le 1 \qquad (6.80)$$

$$\frac{\partial M_s}{\partial c} = \frac{dH^o}{dc} < 0 \qquad (6.87)$$

$$EU(c) = \sum_{s=1}^{S} \pi_s u(f(\theta_s + M_s(c,\theta_s)) - cM_s(c,\theta_s) - P(c)). \qquad (6.88)$$

$$P(c) = \sum_{s=1}^{S} \pi_s(1-c)M_s(c,\theta_s) = (1-c)\sum_{s=1}^{S} \pi_s M_s(c,\theta_s). \qquad (6.89)$$

y:	Verfügbares Einkommen des Individuums
Y:	Brutto-Einkommen
θ_s:	Gesundheitszustand
π_s:	Wahrscheinlichkeit, dass Zustand θ_s eintritt
M_s:	Ausgaben für medizinische Leistungen im Zustand s
H_s:	Verwirklichter Gesundheitszustand
$u(y)$:	Nutzen des Individuums
EU:	Erwartungsnutzen des Individuums
I_s:	Versicherungsleistung im Zustand s
P:	Versicherungsprämie
c:	Selbstbeteiligungssatz
α:	Konstante

Aus Gleichung (6.69) folgt die Bedingung, dass der Grenzertrag der medizinischen Leistungen den Grenzkosten entspricht:

$$f'[\theta_s + M_s^o] = 1. \qquad (6.73)$$

Wegen der Annahme $f'(0_{\max}) > 1$ [vgl. Gleichung (6.64)] fragt das Individuum damit immer eine positive Menge an Gesundheitsleistungen nach.

In allen Zuständen s ist somit der Endgesundheitszustand H_s identisch. Definiert man H^o als den Gesundheitszustand, für den die Gleichung (6.73) erfüllt ist, so gilt

$$M_s^o = H^o - \theta_s. \tag{6.74}$$

Die minimalen Gesundheitsausgaben betragen $M_{min}^o = H^o - \theta_{max}$.

Aus (6.70) folgt $u'(y_s^o) = \mu^o$, d.h. der Grenznutzen und damit das Einkommen ist in allen Zuständen identisch. Daraus folgt für die optimale Versicherungsdeckung

$$I_s^o = M_s^o + \alpha, \tag{6.75}$$

wobei α eine frei wählbare Konstante ist. Zum Beispiel kommt eine Vollversicherung $(I_s^o = M_s^o)$ in Frage. Alternativ können alle Ausgaben, welche die minimalen Ausgaben übersteigen, erstattet werden $(I_s^o = M_s^o - M_{min}^o)$.

Ist daraus zu folgern, dass bei fairer Prämie die Versicherungsleistung einfach die gesamten marginalen Behandlungsausgaben ersetzen sollte? Um diese Frage zu beantworten, betrachten wir das nutzenmaximierende Verhalten des Individuums in der Ex-post-Situation, d.h. bei bereits realisiertem Grundgesundheitszustand θ_s, wobei der Versicherungsschutz und die Prämie gegeben sind. Unterstellen wir, dass die Versicherungsleistung irgendwie von den Gesundheitsausgaben abhängt, d.h. dass $I = I(M)$ gilt, so maximiert das Individuum seinen Nutzen

$$u(f(\theta_s + M_s) - P - M_s + I(M_s)) \tag{6.76}$$

durch Wahl des Wertes von M_s. Die notwendige Bedingung erster Ordnung lautet

$$\frac{\partial u(y_s)}{\partial M_s} = u'[y_s](f'[\theta_s + M_s] - 1 + I'[M_s]) = 0. \tag{6.77}$$

Diese Bedingung ist mit der globalen Optimalitätsbedingung (6.69) genau dann kompatibel, wenn $I'[M_s] = 0$ für alle Zustände s gilt, d.h. wenn die Versicherungsleistung *überhaupt nicht* von den Ausgaben des Individuums für medizinische Behandlung abhängt.

Dies setzt allerdings voraus, dass der Versicherer nicht nur die Gesundheitsausgaben des Individuums, sondern auch den Gesundheitszustand selbst beobachten kann und die Versicherungsleistung entweder die Form einer *Sachleistung* in Höhe von M_s^o oder einer *Indemnität*, d.h. einer Pauschalzahlung in Abhängigkeit des Zustands s annimmt. Im letzteren Fall löst das Individuum das Problem

$$\max_{M_s} u(f(\theta_s + M_s) - P - M_s + I_s). \tag{6.78}$$

Die Bedingung erster Ordnung lautet:

$$\frac{\partial u(y_s)}{\partial M_s} = u'(y_s)(f'(H_s) - 1) = 0 \quad \Rightarrow \quad f'(\theta_s + M_s) = 1 \tag{6.79}$$

Dies bedeutet, dass der Konsument selbst die Ausgaben M_s^o wählt.

Folgerung 6.8 *Kann der Versicherer den Gesundheitszustand des Versicherten beobachten, so sieht die optimale Vertragsform entweder eine Sachleistung in Höhe der optimalen Gesundheitsausgaben oder eine pauschale, d.h. nur vom Gesundheitszustand abhängige Versicherungsleistung („Indemnität") vor.*

6.4.2.3 Optimaler Versicherungsschutz bei nicht beobachtbarem Gesundheitszustand

In der Realität ist die oben charakterisierte globale Optimallösung deswegen nicht erreichbar, weil der Versicherer den Gesundheitszustand des Versicherten nicht zweifelsfrei beobachten kann. Stattdessen werden die krankheitsbezogenen Ausgaben als Indikator für die Krankheit selbst verwendet und folglich die Versicherungsleistung im Sinne einer Erstattungsfunktion $I(M)$ von ihnen abhängig gemacht werden. Um die Suche nach einer optimalen Erstattungsfunktion übersichtlich zu halten, seien im Folgenden nur Versicherungsverträge mit prozentualer Selbstbeteiligung betrachtet, so dass die Erstattungsfunktion die Form

$$I = (1-c)M \quad 0 \leq c \leq 1 \tag{6.80}$$

annimmt, wobei $100 \times c$ den Selbstbeteiligungssatz in Prozent misst.[19]

Das Individuum steht vor einem *zweistufigen Optimierungsproblem*. Ex post, d.h. nach Realisierung von θ_s, werden die nutzenmaximierenden Gesundheitsausgaben $M(c,\theta_s)$ gesucht, wobei der Selbstbeteiligungssatz c als exogen angesehen wird. Ex ante ist der Wert von c zu suchen, der unter Berücksichtigung des zuvor bestimmten Ex-post Verhaltens den Erwartungsnutzen maximiert.

Ex-post Optimierung

Wir beginnen mit der optimalen Nachfrage nach medizinischer Behandlung nach Realisierung von θ_s. Das Individuum steht dann vor folgendem Problem:

$$\max_{M_s} u(f(\theta_s + M_s) - P - cM_s). \tag{6.81}$$

Die Bedingung erster Ordnung für die optimale Menge an Gesundheitsleistungen M_s^* sowie das optimale Gesundheitsniveau $H_s^*(c)$ in Zustand s lautet

$$\frac{du}{dM_s} = u'[y_s](f'[\theta_s + M_s^*] - c) = 0 \quad \Rightarrow \quad f'[\theta_s + M_s^*] = f'[H^*] = c. \tag{6.82}$$

---

[19] In Abwesenheit dieser Restriktion ist die optimale Selbstbeteiligungsfunktion im Allgemeinen nichtlinear [vgl. A. SPENCE UND ZECKHAUSER (1971), und BLOMQVIST (1997)].

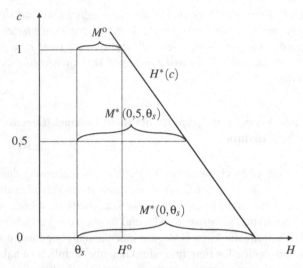

Abb. 6.7. Ex-post Moral Hazard

Die Bedingung zweiter Ordnung für ein Maximum ist erfüllt:

$$\frac{\mathrm{d}^2u}{\mathrm{d}M_s^2} = u''[y_s](f'[\theta_s + M_s^*] - c)^2 + u'(y_s)f''[\theta_s + M_s^*] < 0, \qquad (6.83)$$

da $u'' < 0$ und $f'' < 0$.

Aus $f'[\theta_s + M_s^*] = c$ erhalten wir unter Verwendung des Theorems der impliziten Funktionen mit $H^* = \theta_s + M_s^*$

$$\frac{\mathrm{d}H^*}{\mathrm{d}c} = \frac{1}{f''(H^*)} < 0, \qquad (6.84)$$

da $f'' < 0$. Für $c = 1$ (keine Versicherung) entsprechen H^* und M^* den Werten im First-best H^o und M^o [siehe Gleichung (6.73)]. Für $c < 1$ fallen die Ausgaben folglich höher aus als im First-best. Dies zeigt bereits den Zielkonflikt zwischen der Versicherung des Gesundheitsrisikos (c möglichst niedrig vor Eintritt der Krankheit) und einer effizienten Höhe der Gesundheitsausgaben (c möglichst hoch nach Eintritt der Krankheit).

Aus Gleichung (6.63), $H_s = \theta_s + M_s$, können wir die nutzenmaximierenden Gesundheitsausgaben in Abhängigkeit von c und θ_s bestimmen:

$$M_s(c, \theta_s) = H^*(c) - \theta_s. \qquad (6.85)$$

Die partiellen Ableitungen lauten:

$$\frac{\partial M_s}{\partial \theta_s} = -1 \qquad (6.86)$$

$$\frac{\partial M_s}{\partial c} = \frac{\mathrm{d}H^*}{\mathrm{d}c} < 0. \qquad (6.87)$$

Die Gesundheitsausgaben sind folglich umso niedriger, je besser der Gesundheitszustand ohne Behandlung θ_s ist und je höher der Selbstbeteiligungssatz c ist. Abbildung 6.7 illustriert die Zusammenhänge.

Folgerung 6.9 *Der nutzenmaximierende Konsument fragt umso mehr medizinische Leistung nach, je geringer der Selbstbeteiligungssatz ist („Moral Hazard der Ex-post Form").*

Ex-ante Optimierung

Gegen Ende des vorhergehenden Abschnitts wurde der Zielkonflikt bei der Bestimmung des optimalen Selbstbeteiligungssatzes angesprochen. Vor Eintreten der Krankheit sollte dieser idealer Weise null sein, nach Eintreten der Krankheit aber eins betragen. Hier wird dieser Konflikt durch eine ex-ante Betrachtung im Sinne einer optimalen Abwägung gelöst. Da die Nachfrage nach medizinischen Leistungen $M_s(c,\theta_s)$ sowie die Versicherungsprämie $P(c)$ vom gewählten Selbstbeteiligungssatz c abhängen, beträgt der Erwartungsnutzen des Individuums in Abhängigkeit von c

$$EU(c) = \sum_{s=1}^{S} \pi_s u\left(f(\theta_s + M_s(c,\theta_s)) - cM_s(c,\theta_s) - P(c)\right). \quad (6.88)$$

Für die Prämienfunktion $P(c)$ erhält man bei einer fairen Versicherung

$$P(c) = \sum_{s=1}^{S} \pi_s(1-c)M_s(c,\theta_s) = (1-c)\sum_{s=1}^{S} \pi_s M_s(c,\theta_s). \quad (6.89)$$

Setzt man Gleichung (6.89) in Gleichung (6.88) ein, so ist der optimale Selbstbeteiligungssatz die Lösung des folgenden Problems:

$$\max_{c} EU(c) = \sum_{s=1}^{S} \pi_s u\left[f(\theta_s + M_s(c,\theta_s)) - cM_s(c,\theta_s) - (1-c)\sum_{s=1}^{S} \pi_s M_s(c,\theta_s)\right]$$
$$(6.90)$$

unter der Nebenbedingung $0 \leq c \leq 1$.

Die Kuhn-Tucker-Bedingungen zu Problem (6.90) lauten

$$\frac{dEU}{dc} \begin{cases} \leq 0 \text{ falls} & c^* = 0 \\ = 0 \text{ falls} & 0 < c^* < 1 \\ \geq 0 \text{ falls} & c^* = 1 \end{cases} \quad (6.91)$$

wobei

$$\frac{dEU}{dc} = \sum_{s=1}^{S} \pi_s u'(y_s)\left[f'\frac{\partial M_s}{\partial c} - c\frac{\partial M_s}{\partial c} - M_s + \sum_{s=1}^{S} \pi_s M_s - (1-c)\sum_{s=1}^{S} \pi_s \frac{\partial M_s}{\partial c}\right].$$

Wegen der Gleichung (6.82) vereinfacht sich dies zu

$$\frac{dEU}{dc} = \sum_{s=1}^{S} \pi_s u'(y_s) \left[-M_s + \sum_{s=1}^{S} \pi_s M_s - (1-c) \sum_{s=1}^{S} \pi_s \frac{\partial M_s}{\partial c} \right]. \tag{6.92}$$

Die Terme in der eckigen Klammer lassen sich folgendermaßen interpretieren: $-M_s$ stellt die geringere Erstattung im Zustand s dar, wenn der Selbstbeteiligungssatz c marginal erhöht wird, während $\sum_{s=1}^{S} \pi_s M_s$ die Senkung der Prämie unter Nichtberücksichtigung von Wirkungen auf die Gesundheitsausgaben wiedergibt. Für positive Werte von c ist bei einem risikoaversen Individuum der gemeinsame Effekt dieser beiden Größen negativ. Positiv geht allerdings die Prämienentlastung durch die Verringerung des Überkonsums ein, die $-(1-c) \sum_{s=1}^{S} \pi_s \frac{\partial M_s}{\partial c} > 0$ beträgt.

Im Anhang zu diesem Kapitel zeigen wir, dass $c^* < 1$, d.h. es ist auf jeden Fall optimal, eine Versicherung abzuschließen. Dies liegt daran, dass bei der Einführung einer Versicherung die negativen Wirkungen in Form höherer Ausgaben zunächst vernachlässigbar sind, während der positive Versicherungseffekt von dem Individuum hoch bewertet wird. Des Weiteren können wir

$$\left. \frac{dEU}{dc} \right|_{c=0} = -u'(y) \sum_{s=1}^{S} \pi_s \frac{\partial M_s}{\partial c} > 0 \tag{6.93}$$

herleiten. Dies bedeutet, dass immer ein positiver Selbstbeteiligungssatz optimal ist. Der Grund hierfür ist, dass bei $c = 0$ das Individuum vollversichert ist und somit die Risikostreuung an der Grenze keine Rolle spielt. Es wirkt allein der Moral-Hazard-Effekt, der durch eine Erhöhung des Selbstbeteiligungssatzes vermindert wird.

Im Anhang zeigen wir auch, dass

$$\frac{dEU}{dc} = \sum_{s=1}^{S} \pi_s u'(y_s) \left[\theta_s - \sum_{s=1}^{S} \pi_s \theta_s - \frac{1-c}{c} \eta_{H,c} H^*(c) \right] \equiv F(c, \eta_{H,c}). \tag{6.94}$$

Hierbei ist $\eta_{H,c} = \frac{dH^*}{dc} \frac{c}{H^*} < 0$ die Elastizität der Gesundheitsnachfrage im Bezug auf den Selbstbeteiligungssatz, die wir als konstant unterstellen. Wie gehen auch davon aus, dass es genau eine optimale Selbstbeteiligungssatz c^* gibt, die durch die Bedingung $F(c^*, \eta_{H,c}) = 0$ charakterisiert ist. Mit Hilfe des Theorems der impliziten Funktionen erhalten wir dann

$$\frac{dc^*}{d\eta_{H,c}} = - \frac{\frac{\partial F}{\partial \eta_{H,c}}}{\frac{\partial F}{\partial c^*}} = \frac{\sum_{s=1}^{S} \pi_s u'(y_s) \frac{1-c^*}{c^*} H^*}{\frac{\partial^2 EU}{\partial (c^*)^2}} < 0. \tag{6.95}$$

Demnach ist der optimale Selbstbeteiligungssatz umso geringer, je größer $\eta_{H,c}$ und damit je weniger elastisch die Nachfrage nach Gesundheit bezüglich der Selbstbeteiligungskosten ist ($\eta_{H,c}$ ist negativ). Schließlich lässt sich die Elastizität der Nachfrage nach medizinischen Leistungen in Bezug zu $\eta_{H,c}$ setzen. Unter Verwendung von Gleichung (6.87) ergibt sich

$$\eta_{M,c} = \frac{\partial M}{\partial c}\frac{c}{M} = \frac{dH}{dc}\frac{c}{M} = \eta_{H,c}\frac{H^\circ}{M}. \tag{6.96}$$

Damit ist $\eta_{M,c}$ proportional zu der Elastizität $\eta_{H,c}$ für alle M. Somit erhalten wir das intuitive Ergebnis, dass der optimale Selbstbeteiligungssatz steigt, wenn die Nachfrage nach medizinischer Behandlung elastischer wird.

Folgerung 6.10 *Da die Nachfrage nach medizinischen Leistungen mit dem Selbstbeteiligungssatz sinkt, ist der optimale Selbstbeteiligungssatz positiv. Er ist ceteris paribus umso höher, je elastischer die Nachfrage nach medizinischen Leistungen.*

Das in diesem Abschnitt verwendete Modell lässt sich noch erweitern. Insbesondere haben wir die einschränkende Annahme getroffen, dass der Konsument Gesundheit nur als Investitionsgut betrachtet und selbst keinen direkten Nutzen aus Gesundheit zieht. Des Weiteren haben wir die Analyse auf Versicherungsverträge mit prozentualer Selbstbeteiligung beschränkt. Eine Analyse ohne diese Annahmen wurde von BLOMQVIST (1997) unternommen, der mit einem dynamischen Optimierungsverfahren die optimale nichtlineare Selbstbeteiligungsfunktion charakterisiert.

Schließlich möchten wir betonen, dass bei nicht beobachtbarem Gesundheitszustand die Ausgaben für Gesundheitsleistungen nicht der einzige mögliche Indikator für den Gesundheitszustand θ_s des Konsumenten sind. In der Praxis sind weitere Informationsquellen denkbar. In dem hier verwendeten Modell bietet sich noch das Einkommen an, das allerdings auch von den Individuen teilweise verschleiert werden kann. Auch aus der Art der Behandlung lassen sich Rückschlüsse über den Gesundheitszustand ziehen. Bei einer Blinddarmoperation kann man z.B. davon ausgehen, dass der Patient tatsächlich eine Blinddarmentzündung hatte. Bei Massagen gegen Rückenschmerzen ist es jedoch unklar, ob der Patient tatsächlich unter schweren Rückenschmerzen leidet oder nur die angenehme Wirkung einer Massage genießt. Entsprechend sollte der Selbstbeteiligungssatz von dieser Information abhängig sein. Bei einer Blinddarmoperation sollte deshalb keine Selbstbeteiligung, bei Massagen jedoch eine relativ hohe Selbstbeteiligung bestehen.

6.4.2.4 Der empirische Zusammenhang zwischen Versicherungsdeckung und Inanspruchnahme medizinischer Leistungen

Bereits in den 1970er Jahren erschienen in den USA zahlreiche empirische Untersuchungen über den Einfluss des Versicherungsschutzes auf die Inanspruchnahme medizinischer Leistungen. Die USA waren – anders als z.B. Deutschland, wo alle Kassenmitglieder den gleichen Versicherungsschutz genießen – für derartige Arbeiten wegen der enormen Vielfalt der dort gebräuchlichen Versicherungsverträge das ideale Anwendungsfeld.

Da der Selbstbeteiligungssatz den vom Versicherten zu tragenden (Effektiv-)Preis für medizinische Leistungen beeinflusst, war das primäre Ziel dieser Studien die Schätzung der Preiselastizität der Nachfrage nach diesen Leistungen.[20] Dazu mussten natürlich so weit wie möglich auch alle weiteren Einflussfaktoren auf die Leistungsnachfrage wie Alter, Geschlecht, Einkommen und Gesundheitszustand berücksichtigt werden, d.h. es handelte sich überwiegend um multiple Regressionsanalysen. Die in diesen Studien [vgl. z.B. PHELPS UND NEWHOUSE (1972), SCITOVSKY UND SNIDER (1972)] gefundenen *Werte für die Preiselastizität* liegen überwiegend im Bereich zwischen 0 und –0,2, d.h. sie haben das erwartete Vorzeichen, aber eine relativ geringe Höhe. Einzelne Untersuchungen [vgl. NEWHOUSE ET AL. (1980, S.378)] fanden aber auch weitaus höhere Werte bis zu –2,1.

In den 1980er Jahren erschienen dann auch einige Arbeiten aus dem deutschen Sprachraum: Anhand von Daten der Schweizerischen sozialen Krankenversicherung und deutscher privater Krankenversicherungen untersuchten SCHULENBURG (1987a) sowie ZWEIFEL UND WASER (1986) die Reaktion der Nachfrage auf feste periodenbezogene Selbstbehalte sowie Beitrags-Rückerstattungen. Es stellte sich heraus, dass insbesondere dynamische Bonus-Optionen, bei denen die Höhe der Rückerstattung mit der Dauer der Schadenfreiheit zunimmt, mit einer signifikanten Reduktion der Inanspruchnahme medizinischer Leistungen verbunden sind.

Die methodische Vorgehensweise in allen diesen Arbeiten wurde allerdings mit dem Hinweis darauf kritisiert, der negative Zusammenhang zwischen der Höhe der Selbstbeteiligung und der Inanspruchnahme medizinischer Leistungen könne auch durch den Konsumenten bedingt sein, der sich für einen bestimmten Versicherungsvertrag entscheidet: Personen, die (z.B. aufgrund ihrer robusten Gesundheit oder ihrer Skepsis gegenüber der Schulmedizin) einen geringen Bedarf an medizinischen Leistungen vorhergesehen haben, könnten demnach einen höheren Selbstbeteiligungssatz gewählt haben als andere, die sich selbst als stärkere Nutzer einstuften und für die sich daher Vollversicherung eher lohnte. Die Kausalbeziehung könnte demnach genau in der umgekehrten Richtung verlaufen [vgl. NEWHOUSE ET AL. (1980)].

Um diesen Effekt der „Selbstselektion" bei der Schätzung der Preiselastizität der Nachfrage nach medizinischer Behandlung auszuschalten, begann die RAND Corporation gegen Ende der 70er Jahre das groß angelegte (und über 80 Millionen Dollar teure) „RAND Health Insurance Experiment": An sechs verschiedenen, für die

---

[20] Im Allgemeinen handelt es sich bei der für die Analyse relevanten Elastizität um die Hicks'sche oder „kompensierte" Preiselastizität der Nachfrage nach Gesundheitsleistungen, die nicht direkt beobachtbar ist, sondern aus der beobachtbaren Marshall'schen Nachfragefunktion über die Slutzky-Zerlegung hergeleitet werden kann. In unserem speziellen Modell, in dem Gesundheit ein reines Investitionsgut ist, weist die Nachfrage nach medizinischen Leistungen keinen Einkommenseffekt auf, so dass die Hicks'sche und die Marshall'sche Nachfrage zusammenfallen. In einem allgemeineren Modell müssten die beiden Elastizitäten jedoch unterschieden werden. Auf diesen Punkt hat NYMAN (1999a,2001) hingewiesen. Er kritisiert die früheren Schätzungen des Wohlfahrtsverlustes durch Moral Hazard, die auf Marshall'schen Nachfrageelastizitäten beruhen.

USA insgesamt annähernd repräsentativen Orten wurden jeweils ca. 1.000 Personen
für 3 bzw. 5 Jahre in eine eigens dafür geschaffene Versicherungsgesellschaft aufgenommen, und jedem von ihnen wurde nach einem *Zufallsverfahren* einer von insgesamt 16 verschiedenen Krankenversicherungsverträgen zugewiesen. Der Selbstbeteiligungssatz variierte dabei zwischen 0 und 95%, und auch Verträge mit festem
Selbstbehalt kamen vor.

Die Auswertungen der Daten aus diesem Experiment [vgl. MANNING ET AL.
(1987)] ergaben Werte für die Preiselastizität der Nachfrage nach medizinischen
Leistungen etwa zwischen $-0,1$ und $-0,2$, also im (unteren) Bereich der früheren
Studien. Es zeigte sich insbesondere, dass Personen, die mit einer hohen Selbstbeteiligung konfrontiert sind, mit größerer Wahrscheinlichkeit innerhalb eines gegebenen
Zeitraums überhaupt keinen Arzt aufsuchen, dass aber, wenn einmal ein Arztkontakt
stattgefunden hat, die Leistungsmenge im Mittel kaum auf den Umfang der Versicherungsdeckung reagiert [vgl. KEELER UND ROLPH (1983)].

Der experimentelle Charakter der Studie erlaubte es ihren Planern auch, Informationen über den Gesundheitszustand der Beteiligten am Beginn und am Ende des
Untersuchungszeitraums zu erheben. Damit sollte die weit verbreitete „Folklore"
überprüft werden, die durch die Selbstbeteiligung errichtete finanzielle Hürde führe
zu einem Unterkonsum medizinischer Leistungen und mittelbar zu einer *Verschlechterung des Gesundheitszustands.*

Dazu wurden sechs verschiedene Indikatoren der Gesundheit gemessen [vgl.
BROOK ET AL. (1983)]. Es stellte sich heraus, dass bei drei dieser Indikatoren (hoher Blutdruck, Kurzsichtigkeit und Karies) voller Versicherungsschutz bei ärmeren
Versicherten tatsächlich mit einer leichten Verbesserung der Gesundheit einherging.
Die Autoren argumentieren aber, dass die gleichen Heilerfolge auch mittels vergleichsweise billiger spezifischer Reihenuntersuchungen hätten erzielt werden könnten und dass es dazu der aufwendigen „Rundum-Versicherung" nicht bedürfe. Einschränkend ist allerdings anzumerken, dass wegen des begrenzten zeitlichen Rah-
mens Langzeitfolgen für die Gesundheit nicht gemessen werden konnten.

Die seit dem erzielten Fortschritte in der ökonometrischen Methodik erlauben es
inzwischen, die beiden oben genannten Kausalbeziehungen besser zu trennen. Insbesondere ist es möglich, zunächst die Wahl des Versicherungsvertrags in Abhängigkeit vom Gesundheitszustand zu modellieren. Ein gravierender Verlust an Gesundheitskapital führt vermutlich zu einer neuen Einschätzung der Schwere zukünftiger
Krankheiten, die wiederum in einer gestiegenen Nachfrage nach Krankenversicherungsschutz resultiert. In dieser Gleichung läuft die Kausalität vom (erwarteten)
Gesundheitszustand zur gewählten Selbstbeteiligung. Im nächsten Schritt versucht
man dann die Nachfrage nach Gesundheitsleistungen bei gegebenem Versicherungsschutz zu erklären [CAMERON ET AL. (1988)]. Für die Schweiz zeigen GERFIN
UND SCHELLHORN (2006) sowie WERBLOW UND FELDER (2003), dass selbst bei
Berücksichtigung der Endogenität des Selbstbehalts dieser zu einer signifikanten Reduktion der Ausgaben führt.

Folgerung 6.11 *Die Nachfrage nach medizinischen Leistungen, insbesondere nach „Erstkontakten" mit einem Arzt reagiert signifikant auf den Umfang des Versicherungsschutzes, auch wenn nach dem „RAND Health Insurance Experiment" der Wert der Preiselastizität nur bei etwa −0,1 bis −0,2 liegt. Die mit der zusätzlichen Inanspruchnahme bei zunehmendem Versicherungsschutz einhergehende Verbesserung des Gesundheitszustands ist relativ bescheiden.*

Am Rande sei bemerkt, dass Moral Hazard nicht nur bei der Nachfrage nach medizinischen Leistungen eine Rolle spielt, sondern auch in Bezug auf das Krankengeld, das in vielen Krankenversicherungsverträgen enthalten ist. JOHANSSON UND PALME (2005) fanden, dass eine Verringerung der Lohnersatzrate beim Krankengeld in Schweden für kurze Episoden der Arbeitsunfähigkeit, die im Jahr 1991 vorgenommen wurde, die Häufigkeit dieses Typs von Fehlzeiten signifikant reduzierte. Sie erhöhte daneben die Länge der Arbeitsunfähigkeits-Episoden über 90 Tagen, da die Reform die Kosten der Rückkehr an den Arbeitsplatz erhöhte, indem sie es teurer machte, eine neue Fehlzeit zu beginnen.

6.4.2.5 Fazit

Die in den Abschnitten 6.3 und 6.4.1 aufgeführten Motive für den Verzicht auf vollen Versicherungsschutz gegen sämtliche Krankheitskosten müssen um ein weiteres ergänzt werden: Wenn der Versicherte bei bereits eingetretener Krankheit den Umfang der nachgefragten medizinischen Behandlung (unter Nutzenerwägungen) selbst beeinflussen kann, dann lohnt es sich für ihn, zum Zeitpunkt des Abschlusses einer Versicherung sich selbst durch Wahl eines Tarifs mit Selbstbeteiligung einen *Anreiz zur kostenbewussten Inanspruchnahme* von Gesundheitsgütern zu geben.

Volle Optimalität im Sinne eines maximalen erwarteten Nutzens ist dagegen nur dann zu erreichen, wenn der Grenznutzen der Ausgabe einer Geldeinheit in allen Verwendungsarten gleich groß ist. Dies setzt jedoch einen Versicherungsvertrag voraus, bei dem der Versicherte die vollen Grenzkosten der Behandlung selbst tragen muss, die Versicherungsleistung also von den getätigten Ausgaben unabhängig und nur an den Gesundheitszustand geknüpft ist („Indemnität"). Dazu müsste man jedoch voraussetzen, dass die Versicherungsgesellschaft den Gesundheitszustand des Versicherten zweifelsfrei beobachten kann.

Aus diesen Überlegungen wird deutlich, dass es sich bei einer Versicherung mit prozentualer Selbstbeteiligung in dem zuletzt betrachteten Fall, dass der Gesundheitszustand selbst nicht beobachtbar ist, nur um eine *„zweitbeste Lösung"* handeln kann: Das verfügbare Einkommen ist bei Krankheit geringer, der Grenznutzen des Einkommens daher größer als bei Gesundheit. Somit wird das in Abschnitt 6.4.2.2 abgeleitete globale Maximum des Erwartungsnutzens, das ja eine Gleichheit des Grenznutzens des Einkommens in allen Gesundheitszuständen erfordert, nicht erreicht.

Dies ist die Folge der Notwendigkeit, zwischen zwei Übeln abwägen zu müssen: Wählt der Versicherte einen niedrigen Selbstbeteiligungssatz, so veranlasst er sich selbst zum relativ reichlichen (und damit kostenträchtigen) Konsum medizinischer Leistungen, und er begegnet der „Scylla" einer *hohen Versicherungsprämie*. Entscheidet er sich dagegen für einen hohen Selbstbeteiligungssatz, so läuft er der „Charybdis" einer nur *unvollkommenen Risikoabwälzung* in die Arme. Welcher Mittelweg zwischen Scylla und Charybdis für ihn der „goldene" ist, hängt von der Preiselastizität seiner Nachfrage ab: Ist die Nachfrage z.B. vollkommen starr, so sind Anreize ohnehin nicht wirksam, und er kann volle Risikoabwälzung durch einen Vertrag ohne Selbstbeteiligung wählen. Ein privater Versicherungsnachfrager wird diese Effekte natürlich selbst berücksichtigen, wenn er seinen Versicherungsschutz wählt.

Hingegen sind die obigen Überlegungen für die Gestaltung einer Sozialversicherung mit Pflichtmitgliedschaft relevant, und sie weisen auf die große Bedeutung der empirischen Erforschung der Preiselastizität der Nachfrage nach medizinischen Leistungen hin, die Gegenstand des vorherigen Abschnitts ist. Hier zeigte sich im Rahmen des „RAND Health Insurance Experiment", dass die Nachfrage nach medizinischen Leistungen signifikant auf den Umfang des Versicherungsschutzes reagiert; allerdings war die Preiselastizität relativ gering.

Ferner wird Ex-post Moral Hazard oftmals mit der Beobachtung gleichgesetzt, dass versicherte Personen im Allgemeinen mehr medizinische Leistungen nachfragen als nicht versicherte. Auch wenn dies der Fall ist, beweist es nicht, dass die zusätzlichen Leistungen, die von den Versicherten in Anspruch genommen werden, notwendiger Weise ineffizient sind. Dies zeigt das oben (in Abschnitt 6.3.1.1) eingeführte *Zugangsmotiv*, das auf unteilbare Behandlungsformen wie Nierendialyse anwendbar ist, deren Kosten das Einkommen des Individuums übersteigen können Falls einige Individuen eine Versicherung abschließen, um sich eine Dialyse im Fall des Nierenversagens leisten zu können, so folgt daraus ganz natürlich, dass unter allen Personen mit Nierenversagen die Versicherten eine Dialyse nachfragen und die Unversicherten nicht. Dies bedeutet aber keineswegs, dass die Dialyse eine ineffiziente Leistung ist. Dieses Bespiel zeigt, dass eine etwaige empirische Beobachtung, dass versicherte Personen mehr Leistungen in Anspruch nehmen als unversicherte, noch nicht den Schluss zulässt, dass eine Krankenversicherung zu einem Überkonsum medizinischer Leistungen führt.

6.5 Schlussfolgerungen für die Gestaltung einer sozialen Krankenversicherung

In Kapitel 5 wurden Gründe für die Existenz einer gesetzlichen Versicherungspflicht aufgeführt. Diese dient insbesondere der Abwehr von „Trittbrettfahrer-Verhalten" und der Umverteilung zu Gunsten der von Natur aus gesundheitlich Benachteiligten. Eine Versicherungspflicht muss aber durch Festlegung eines (Mindest-)Versicherungsumfangs konkretisiert werden, damit sie nicht durch Abschluss von lediglich nominellen Verträgen unterlaufen wird.

In einigen Ländern ist dieses Problem dadurch gelöst, dass der Staat einen Krankenversicherungsschutz für alle Bürger ohne oder mit geringen Zuzahlungen für die meisten Leistungsarten anbietet.[21]

Auch in der GKV der Bundesrepublik Deutschland ist für fast das gesamte Spektrum medizinischer Behandlung ein Versicherungsschutz ohne Selbstbeteiligung vorgesehen. Ausnahmen bilden lediglich einzelne Leistungsausschlüsse (z.B. Sehhilfen) sowie

- bei Zahnersatz eine bis zu 50-prozentige Zuzahlung des Patienten.

- bei Arzneimitteln eine Zuzahlung in Höhe der vollen Preisdifferenz, wenn aus einer Wirkstoffgruppe, für die ein „Festbetrag" festgelegt ist, ein Präparat mit einem höheren Preis gewählt wird. Anders als eine proportionale Selbstbeteiligung fördert diese Regelung zwar den Preiswettbewerb unter Anbietern eines homogenen Produkts, sie bietet dem Versicherten dagegen keinen Anreiz, seine *mengenmäßige* Inanspruchnahme zu zügeln, solange er ein Präparat wählt, dessen Preis im Rahmen des Festbetrags liegt.

- darüber hinaus eine Zuzahlung je Verordnung, die je nach Wert der Verordnung 10 Prozent beträgt, aber nicht weniger als 5 € und nicht mehr als 10 €.

- eine Zuzahlung von 10 € beim ersten Arztbesuch im Quartal („Praxisgebühr") sowie bei jedem Facharztbesuch ohne Überweisung.

- eine Zuzahlung von je 10 € für die ersten 28 Krankenhaustage im Jahr.

Aufgrund der modelltheoretischen Analysen dieses Kapitels kann ein derartiger nahezu voller Versicherungsschutz nicht als optimal bezeichnet werden. Für diese Behauptung sprechen

(1) die mit dem Umfang der Versicherungsleistungen zunehmenden Verwaltungskosten (vgl. Abschnitt 6.3, Folgerung 6.1);

(2) der völlig fehlende Anreiz, Aufwendungen zur *Krankheitsvorbeugung* zu betreiben, da diese weder von der Krankenversicherung beobachtet werden noch sich in einer Prämienreduktion niederschlagen („Ex-ante Moral Hazard", vgl. Abschnitt 6.4.1, Folgerung 6.6);

(3) die zwar nicht sehr hohe, aber doch merkliche *Preiselastizität der Nachfrage* nach Gesundheitsleistungen („Ex-post Moral Hazard", vgl. Abschnitt 6.4.2 und Folgerung 6.11).

Bis zu einem gewissen Grad können die durch einen zu umfassenden Versicherungsschutz aufgeworfenen Probleme allerdings durch andere Maßnahmen gemildert werden:

---

[21] Dies gilt z.B. für Dänemark, Kanada, die Niederlande vor der Reform von 2006, Polen, Tschechien und Ungarn. In Ländern mit einem Staatlichen Gesundheitsdienst wie Italien, Portugal, Spanien und dem Vereinigten Königreich ist der Staat Versicherer und Leistungsanbieter in einem [vgl. etwa ZWEIFEL UND MANNING (2000)].

- Das Problem der Verwaltungskosten haben einige Länder, so auch die GKV in Deutschland durch das sogenannte „Sachleistungsprinzip" umgangen. Hier reichen die Versicherten nicht, wie bei privaten Versicherungsverträgen, die einzelnen Rezepte und Arztrechnungen bei der Krankenkasse ein, sondern diese erhält in jedem Quartal direkt von den Leistungsanbietern eine Pauschalrechnung für alle ihre Versicherten. Diese kostensparende Praxis behindert jedoch die *Transparenz des Leistungsgeschehens* enorm; nicht einmal der Versicherte selbst behält den Überblick darüber, welche Leistungen er in Anspruch genommen hat, geschweige denn welche Ausgaben damit verbunden waren;

- Ex-ante Moral Hazard kann in gewissem Ausmaß durch die Subventionierung präventiver Güter oder Aktivitäten bekämpft werden [ARNOTT UND STIGLITZ (1986)]. Zum Beispiel fördern viele Länder den Sport: Deutsche Krankenkassen bieten gebührenfreie Kurse in Nordic Walking und Inline Skating ebenso an wie Ernährungsberatung, mit der sie gesundes Essen fördern wollen. Umgekehrt kann der Konsum von Genussmitteln, die gesundheitsschädlich sind, insbesondere Tabak, durch Besteuerung behindert werden. Dennoch kann nur ein geringer Anteil aller gesundheitsrelevanten Konsumgewohnheiten auf diese Weise beeinflusst werden.

- Ex-post Moral Hazard kann auch dadurch verringert werden, dass man den Ärzten Anreize zur Begrenzung der Gesundheitsausgaben gibt. Diese Strategie hat allerdings eine Reihe negativer Nebeneffekte, die in Kapitel 10 diskutiert werden. Insbesondere besteht die Gefahr, dass Ärzte die Behandlungsqualität senken oder versuchen, teure Patienten abzuweisen.

Insgesamt ist es nicht zu erwarten, dass diese Maßnahmen die Notwendigkeit von Selbstbeteiligungsregeln in der sozialen Krankenversicherung gänzlich vermeiden können.

Ferner zeigte die formale Analyse, dass die *optimale Höhe* der Selbstbeteiligung – vgl. die Formel (6.48) sowie Gleichung (6.94) – entscheidend sowohl vom individuellen Krankheitsrisiko als auch von den individuellen Präferenzen abhängt und sich somit von Person zu Person *unterscheiden* wird. Daher kann eine für alle verbindlich vorgeschriebene Versicherungsdeckung nicht wohlfahrtsmaximierend sein.[22] Vielmehr scheint es sich zu empfehlen, dass der Gesetzgeber lediglich den Mindestumfang der Versicherungsdeckung verbindlich festlegt, jeder einzelne aber die Freiheit hat, seinen Versicherungsschutz durch Zusatzverträge aufzustocken.

Je umfassender der für alle verpflichtende Teil des Versicherungsschutzes ist, desto mehr Umverteilung zwischen den verschiedenen Risikogruppen kann erreicht werden, desto geringer sind natürlich andererseits die Anreize zur Vorbeugung und zur effizienten Inanspruchnahme von Gesundheitsleistungen. Hier scheint also die Notwendigkeit einer Abwägung zwischen dem Effizienzziel und dem Ziel des „Solidarausgleichs" vorzuliegen. Dies muss aber nicht heißen, wie in BREYER

---

[22] ZWEIFEL ET AL. (2006) zeigen empirisch, dass Präferenzen für Gesundheitsleistungen heterogen sind.

(1989b) gezeigt, dass es optimal ist, auf Effizienzanreize völlig zu verzichten und –
wie in der GKV-Vollversicherung – für alle vorzuschreiben, da auch die *Empfänger*
der beschriebenen Umverteilung davon profitieren, wenn bei den übrigen Versicherten Anreize zur sparsamen Leistungsnachfrage erhalten bleiben.

6.6 Zusammenfassung des Kapitels

In diesem Kapitel wurde die optimale Ausgestaltung von Krankenversicherungsverträgen untersucht. Im Mittelpunkt stand die Frage, unter welchen Umständen eine
Selbstbeteiligung des Versicherten optimal ist. Die Hauptergebnisse sind:

(1) Bei Abwesenheit von Moral Hazard

- besteht eine notwendige Bedingung für die Wahl eines 100%igen Versicherungsschutzes darin, dass die angebotene Versicherung *marginal fair* ist,
  d.h. dass die Prämie neben der erwarteten Versicherungsleistung („Nettoprämie") keinen Aufschlag enthält, der zu ihr proportional ist; andernfalls
  wird generell eine positive Selbstbeteiligung gewählt,
- besteht eine hinreichende Bedingung für die Wahl eines 100%igen Versicherungsschutzes darin, dass die *Versicherung fair* ist, d.h. dass die Prämie
  mit der Nettoprämie übereinstimmt,
- wird selbst ein risikoneutrales Individuum eine Versicherung abschließen,
  wenn medizinische Leistungen unteilbar und lebensnotwendig sind und ihre
  Kosten das Vermögen des Individuums übersteigen können. Beispiele sind
  Nierendialyse und Organtransplantationen.

(2) Bei konstanten Grenzkosten der Versicherung ist der optimale Versicherungsver-
    trag durch einen pauschalen Selbstbehalt gekennzeichnet. Darüber hinaus gilt
    marginale Vollversicherung. Der optimale Selbstbehalt ist genau dann positiv,
    wenn die Grenzkosten positiv sind.

(3) Bei positiven Grenzkosten der Versicherung ist immer ein Selbstbehalt optimal.
    Darüber hinaus besteht eine marginale Teilversicherung, falls die Grenzkosten
    steigen. Bei fallenden Grenzkosten hingegen nimmt die Versicherungsleistung
    über dem Selbstbehalt mit den Ausgaben überproportional zu, bis sie den Aus-
    gaben entspricht. Bei diesem Versicherungsvertrag besteht allerdings ein Anreiz,
    die Ausgaben künstlich zu erhöhen.

(4) Ist mit einer Krankheit außer dem finanziellen Schaden durch die Behandlungs-
    kosten noch ein immaterieller Schaden verbunden, so werden bei „marginal fai-
    rer" Prämie zwar die Grenznutzen des Einkommens einander angeglichen; dies
    kann aber bedeuten, dass die Versicherungsleistung größer oder kleiner ist als
    die Behandlungskosten.

(5) Kann der Versicherer das Ausmaß der Vorbeugung beobachten und ist die Versicherung fair, dann ist eine Vollversicherung optimal. Der Versicherte betreibt genau dann Vorbeugung, wenn dadurch das erwartete Einkommen zunimmt.

(6) Kann der Versicherer das Ausmaß der Vorbeugung nicht beobachten und ist die Versicherung fair, so kann es optimal sein, dem Versicherten durch eine Selbstbeteiligung Anreize zur Vorbeugung zu geben. Dies ist eine „zweitbeste Lösung", denn sein Erwartungsnutzen ist ceteris paribus geringer, als wenn seine Vorbeugungsausgaben beobachtbar wären.

(7) Ist der Versicherte in der Lage, mehrere Versicherungspolicen abzuschließen, dann kann die „zweitbeste Lösung" eventuell nicht durchgesetzt werden. Bei einer fairen Versicherung wird sich der Versicherte dann voll versichern und keine Vorbeugung betreiben. In dieser „drittbesten Lösung" ist der Erwartungsnutzen noch geringer als in der „zweitbesten Lösung".

(8) Kann der Versicherer den Gesundheitszustand des Versicherten beobachten, so sieht die optimale Vertragsform entweder eine Sachleistung in Höhe der optimalen Gesundheitsausgaben oder eine pauschale, d.h. nur vom Gesundheitszustand abhängige Versicherungsleistung („Indemnität") vor.

(9) Der nutzenmaximierende Konsument fragt umso mehr medizinische Leistung nach, je geringer der Selbstbeteiligungssatz ist („Moral Hazard der Ex-post Form").

(10) Da die Nachfrage nach medizinischen Leistungen mit dem Selbstbeteiligungssatz sinkt, ist der optimale Selbstbeteiligungssatz positiv. Er ist ceteris paribus umso höher, je elastischer die Nachfrage nach medizinischen Leistungen.

(11) Die Nachfrage nach medizinischen Leistungen, insbesondere nach „Erstkontakten" mit einem Arzt reagiert signifikant auf den Umfang des Versicherungsschutzes, auch wenn nach dem „RAND Health Insurance Experiment" der Wert der Preiselastizität nur bei etwa –0,1 bis –0,2 liegt. Die mit der zusätzlichen Inanspruchnahme bei zunehmendem Versicherungsschutz einhergehende Verbesserung des Gesundheitszustands ist relativ bescheiden.

6.7 Lektürevorschläge

Im HANDBOOK OF HEALTH ECONOMICS befassen sich die Artikel von CUTLER UND ZECKHAUSER (2000), T. MCGUIRE (2012), PAULY (2000) und ZWEIFEL UND MANNING (2000) mit der Ausgestaltung von Versicherungsverträgen und Moral Hazard. Für eine vertiefte Beschäftigung mit der Versicherungsökonomik können wir zudem das Lehrbuch von ZWEIFEL UND EISEN (2002) und die von DIONNE herausgegebenen Bände mit Überblicksartikeln empfehlen [siehe DIONNE (1992) und DIONNE (2000)]. Insbesondere die Beiträge von GOLLIER (2000), H. SCHLESINGER (2000) und WINTER (2000) untersuchen die optimale Ausgestaltung von Versicherungsverträgen. EECKHOUDT ET AL. (2005) geben eine allgemeine Einführung in ökonomische Entscheidungen bei Unsicherheit.

6.8 Anhang

Im Folgenden zeigen wir, dass der optimale Selbstbeteiligungssatz c^* im Ex-post Moral Hazard Modell aus Abschnitt 6.4.2 zwischen null und eins liegen muss. Des Weiteren leiten wir Gleichung (6.94) her.

Zunächst werten wir (6.92) an der Stelle $c = 1$ aus. Dies führt zu

$$\left.\frac{\mathrm{d}EU}{\mathrm{d}c}\right|_{c=1} = \sum_{s=1}^{S} \pi_s u'(y_s) \left[-M_s + \sum_{s=1}^{S} \pi_s M_s\right].$$

Der Term in Klammern ist positiv für kleine Werte von M_s und negativ für große Werte von M_s. Aufgrund der Risikoaversion ($u'' < 0$) nimmt ohne Versicherung $u'(y_s)$ mit M_s zu und damit mit dem Wert in Klammern ab, da die Ausgaben für medizinische Leistungen das Einkommen senken. Sei M_t der höchste Wert von M_s, für den der Term in Klammern positiv ist und y_t das korrespondierende verfügbare Einkommen. Dann gilt $u'(y_t) < u'(y_s)$, falls der Term in den eckigen Klammern negativ ist ($M_s > M_t$). Umgekehrt ist $u'(y_t) \geq u'(y_s)$, wenn der Termin in den eckigen Klammern positiv ist ($M_s \leq M_t$). Folglich erhalten wir

$$\left.\frac{\mathrm{d}EU}{\mathrm{d}c}\right|_{c=1} = \sum_{s=1}^{S} \pi_s u'(y_s) \left[-M_s + \sum_{s=1}^{S} \pi_s M_s\right] < \sum_{s=1}^{S} \pi_s u'(y_t) \left[-M_s + \sum_{s=1}^{S} \pi_s M_s\right].$$

Aus

$$\sum_{s=1}^{S} \pi_s u'(y_t) \left[-M_s + \sum_{s=1}^{S} \pi_s M_s\right] = u'(y_t) \sum_{s=1}^{S} \pi_s \left[-M_s + \sum_{s=1}^{S} \pi_s M_s\right]$$

$$= u'(y_t) \left[-\sum_{s=1}^{S} \pi_s M_s + \underbrace{\sum_{s=1}^{S} \pi_s}_{=1} \sum_{s=1}^{S} \pi_s M_s\right]$$

$$= 0$$

folgt schließlich

$$\left.\frac{\mathrm{d}EU}{\mathrm{d}c}\right|_{c=1} < 0.$$

d.h. das Individuum wird auf jedem Fall eine Versicherung abschließen.

Kann eine Vollversicherung optimal sein? Hierzu werten wir die erste Ableitung (6.92) an der Stelle $c = 0$ aus. Dem Individuum werden dann alle Gesundheitsausgaben von der Versicherung ersetzt und sein Einkommen ist folglich in allen Zuständen identisch, so dass $u'(y_s) = u'(y)$. Somit erhalten wir:

$$\left.\frac{dEU}{dc}\right|_{c=0} = \sum_{s=1}^{S} \pi_s u'(y) \left[-M_s + \sum_{s=1}^{S} \pi_s M_s - \sum_{s=1}^{S} \pi_s \frac{\partial M_s}{\partial c} \right]$$

$$= u'(y) \left[-\sum_{s=1}^{S} \pi_s M_s + \sum_{s=1}^{S} \pi_s \sum_{s=1}^{S} \pi_s M_s - \sum_{s=1}^{S} \pi_s \sum_{s=1}^{S} \pi_s \frac{\partial M_s}{\partial c} \right]$$

$$= u'(y) \left[-\sum_{s=1}^{S} \pi_s M_s + \sum_{s=1}^{S} \pi_s M_s - \sum_{s=1}^{S} \pi_s \frac{\partial M_s}{\partial c} \right]$$

und deshalb

$$\left.\frac{dEU}{dc}\right|_{c=0} = -u'(y) \sum_{s=1}^{S} \pi_s \frac{\partial M_s}{\partial c} > 0, \tag{6.93}$$

da $\partial M_s/\partial c < 0$. Folglich ist $c^* > 0$.

Schließlich leiten wir die Gleichung (6.94) her. Einsetzen von (6.63) und (6.87) in (6.92) und Verwenden von $\sum_{s=1}^{S} \pi_s = 1$ führt zu

$$\frac{dEU}{dc} = \sum_{s=1}^{S} \pi_s u'(y_s) \left[-M_s + \sum_{s=1}^{S} \pi_s M_s - (1-c) \sum_{s=1}^{S} \pi_s \frac{\partial M_s}{\partial c} \right]$$

$$= \sum_{s=1}^{S} \pi_s u'(y_s) \left[-(H^* - \theta_s) + \sum_{s=1}^{S} \pi_s (H^* - \theta_s) - (1-c) \sum_{s=1}^{S} \pi_s \frac{dH^*}{dc} \right]$$

$$= \sum_{s=1}^{S} \pi_s u'(y_s) \left[\theta_s - \sum_{s=1}^{S} \pi_s \theta_s - (1-c) \frac{dH^*}{dc} \right].$$

Unterstellt ma, dass die Elastizität der Gesundheitsnachfrage im Bezug auf den Selbstbeteiligungssatz, $\eta_{H,c} = \frac{dH^*}{dc} \frac{c}{H^*} < 0$, konstant ist, so erhält man

$$\frac{dEU}{dc} = \sum_{s=1}^{S} \pi_s u'(y_s) \left[\theta_s - \sum_{s=1}^{S} \pi_s \theta_s - \frac{1-c}{c} \eta_{H,c} H^*(c) \right] \equiv F(c, \eta_{H,c}). \tag{6.94}$$

6.Ü Übungsaufgaben

6.1. Beantworten Sie folgende Fragen:

a) Unter welchen Umständen ist bei Abwesenheit von immateriellen Krankheitsfolgen und von Moral Hazard ein voller Versicherungsschutz optimal, und wann ist der optimale Versicherungsvertrag durch einen positiven Selbstbehalt gekennzeichnet?

b) Warum kann der vollständige Verzicht auf Versicherungsschutz optimal sein, obwohl ein Krankheitsrisiko besteht?

c) Wodurch ist ein optimaler Krankenversicherungsschutz bei fairer Prämie charakterisiert, wenn mit einer Krankheit auch ein immaterieller Schaden verbunden ist? Argumentieren Sie ökonomisch.

6.2. Ein Individuum mit der Nutzenfunktion $u(y) = -e^{-ay}, a > 0$, dem Bruttoeinkommen Y und dem verfügbaren Einkommen y wird mit der Wahrscheinlichkeit π krank und sieht sich dann Ausgaben in der Höhe L gegenüber. Es kann die Versicherungsdeckung I zum Preis $(1+\lambda)\pi$ pro Deckungseinheit erwerben. Die Prämie P entspricht somit $(1+\lambda)\pi I$.

(a) Bestimmen Sie die optimale Versicherungsdeckung $I^\circ(Y, L, \pi, \lambda, a)$. Wie hoch ist die optimale Deckung für $\lambda = 0$? Interpretieren Sie Ihr Ergebnis.

(b) Bestimmen Sie für $\lambda > 0$ die Änderung der Versicherungsnachfrage

  (i) bei einer Zunahme von λ,

  (ii) bei einer Zunahme von a.

Diskutieren Sie Ihre Ergebnisse.

6.3. Betrachten Sie das gleiche Versicherungsproblem wie in Aufgabe 6.2 mit dem Unterschied, dass die Nutzenfunktion des Individuums zustandsabhängig sei. Die Nutzenfunktion bei Gesundheit sei wie oben $u_g(y) = -e^{-ay}, a > 0$, bei Krankheit jedoch $u_k(y) = -\beta e^{-ay}, \beta > 0$.

a) Bestimmen Sie die optimale Versicherungsdeckung $I^\circ(Y, L, \pi, \lambda, a, \beta)$.

b) Gehen Sie von $\lambda = 0$ aus und bestimmen Sie I° für $\beta \gtrless 1$. Erläutern Sie Ihr Ergebnis.

c) Welche Probleme könnten sich bei der Durchsetzung eines Versicherungsvertrags mit $I^\circ > L$ ergeben?

6.4. Ein Individuum mit einem Einkommen Y werde mit der Wahrscheinlichkeit $\pi = 0{,}25$ krank. Eine Behandlung sei mit Kosten in Höhe von $L = 500$ verbunden. Eine Versicherungsdeckung I sei zu einem Preis pro Einheit von $0{,}5$ erhältlich, so dass die Prämie $P = 0{,}5\,I$ beträgt. Der Nutzen ist gegeben durch

$$u = \begin{cases} u_h = v(y) & \text{bei Gesundheit oder behandelter Krankheit} \\ u_d = -350 & \text{bei unbehandelter Krankheit,} \end{cases}$$

wobei $y \geq 0$ das verfügbare Einkommen bezeichnet. Eine Behandlung muss vom Individuum finanziert werden. Eine Kreditaufnahme ist nicht möglich.

(a) Angenommen, $v(y) = y$ und $Y = 400$. Zeigen Sie, dass das Individuum den Vertrag $I^* = 200$ abschließen wird. Erläutern Sie.

(b) Nehmen Sie nun $v(y) = -e^{-0{,}002y}$ an.

    (i) Zeigen Sie, dass das Individuum keine Versicherung abschließen wird, falls $Y > 500$ gilt.

    (ii) Bestimmen Sie die optimale Versicherungsdeckung für $Y = 400$.

    Diskutieren Sie Ihre Ergebnisse.

6.5. Ein Individuum mit der Nutzenfunktion $u(y) = \ln y$ und dem Einkommen $Y = 10{,}08$ kann sich eine von zwei ausschließenden Krankheiten zuziehen. Mit Wahrscheinlichkeit $\pi_1 = 0{,}2$ trete Krankheit 1 ein und verursache Kosten in Höhe von $M_1 = 4$. Mit Wahrscheinlichkeit $\pi_2 = 0{,}1$ trete Krankheit 2 ein, die mit Kosten von $M_2 = 8$ verbunden ist. Das verfügbare Einkommen sei mit y bezeichnet und die Versicherungsleistung bei Krankheit $s = 1{,}2$ mit I_s. Die Prämie für die Versicherung sei gegeben durch

$$P = 1{,}2(\pi_1 I_1 + \pi_2 I_2).$$

(a) Nehmen Sie an, der Versicherungsvertrag lege einen proportionalen Selbstbeteiligungssatz c fest, so dass $I_s = (1 - c)M_s$. Zeigen Sie, dass der optimale Selbstbeteiligungssatz $c^o = 7{,}58$ Prozent beträgt, und berechnen Sie den zugehörigen Wert des Erwartungsnutzens.

(b) Nehmen Sie nun an, es gebe keine Beschränkung der Versicherungsdeckung. Bestimmen Sie die optimalen Werte I_s^o und den zugehörigen Wert des Erwartungsnutzens. Nutzen Sie dabei die Ergebnisse aus Abschnitt 6.3.1.2.

(c) Vergleichen Sie Ihre Ergebnisse mit der Folgerung 6.3.

6.6. Beantworten Sie folgende Fragen:

a) Was versteht man unter „Moral Hazard"? In welchen Formen kann Moral Hazard im Fall des Krankheitsrisikos auftreten?

b) Wann spielt es für den optimalen Versicherungsvertrag eine Rolle, ob der Versicherer die Vorbeugung des Versicherungsnehmers beobachten kann?

c) Wie hoch ist der optimale Selbstbeteiligungssatz im Ex-post Moral Modell aus Abschnitt 6.4.2, wenn es nur zwei Gesundheitszustände θ_1 und θ_2 gibt, wobei $f'(\theta_1) < 1$ und $f'(\theta_2) > 1$?

6.7. Nehmen Sie an, ein Individuum mit der von-Neumann-Morgenstern Nutzenfunktion $u(y) = \ln(y)$ könne entweder keine Vorbeugung betreiben oder ein vorgegebenes Vorbeugungsniveau wählen, das zu einer Auszahlung von $V_1 > 0$ führt. Ohne Vorbeugung betrage die Krankheitswahrscheinlichkeit $\pi_0 = 0{,}2$, mit Vorbeugung $\pi_1 = 0{,}1$. Im Krankheitsfall betragen die Ausgaben $L = 80$. Das Einkommen des Individuums sei $Y = 100$. Gehen Sie im Folgenden davon aus, dass die Erwartungsnutzen bei der Prämie $\pi_1 I$ für $V = 0$ und $V = V_1$ nur bei einem Wert $\tilde{I}$ identisch sind. Die Versicherung ist aktuarisch fair.

a) Nehmen Sie $V_1 = 4$ an.

   (i) Bestimmen Sie das optimale Vorbeugungsniveau im Fall ohne Informationsasymmetrie.

   (ii) Zeigen Sie, dass in der zweitbesten Lösung die kritische Versicherungssumme $\tilde{I}$ zwischen 40 und 50 liegt. Ist es in dieser Lösung optimal, Vorbeugung zu betreiben?

b) Gehen Sie nun von $V_1 = 7$ aus.

   (i) Bestimmen Sie das optimale Vorbeugungsniveau ohne Informationsasymmetrie in diesem Fall.

   (ii) Zeigen Sie, dass in der zweitbesten Lösung die kritische Versicherungssumme $\tilde{I}$ zwischen 20 und 30 liegt. Ist es in dieser Lösung optimal, Vorbeugung zu betreiben?

6.8. Gehen Sie von dem Ex-post Moral Hazard Modell aus Abschnitt 6.4.2 aus und unterstellen Sie folgende Funktionen

$$f(H) = \ln H - H + 100$$
$$u(y) = \ln y$$

Es gebe drei Zustände mit den Wahrscheinlichkeiten $\pi_1 = 0{,}2$, $\pi_2 = 0{,}5$ und $\pi_3 = 0{,}3$ und den Gesundheitszuständen $\theta_1 = -10$, $\theta_2 = -15$ und $\theta_3 = -40$.

a) Bestimmen Sie den Gesundheitszustand H^*, das Einkommen $Y^* = f(H^*)$, die Gesundheitsausgaben M_s und den Erwartungsnutzen im Optimum ohne Informationsasymmetrie.

b) Gehen Sie davon aus, dass der Gesundheitszustand nicht beobachtbar ist und dass eine Versicherung mit konstantem Selbstbeteiligungssatz angeboten wird.

(i) Bestimmen Sie die zustandsabhängigen Ausgaben für medizinische Leistungen in Abhängigkeit von c und θ_s.

(ii) Bestimmen Sie den Erwartungsnutzen in Abhängigkeit von c.

(iii) Berechnen Sie (am einfachsen mit einem Tabellenkalkulationsprogramm) den Erwartungsnutzen für unterschiedliche Werte von c zwischen null und eins. Welcher Selbstbeteiligungssatz führt zum höchsten Erwartungsnutzen?

7

Risikoselektion im Krankenversicherungswettbewerb

7.1 Problemstellung

In den 1990er Jahren haben mehrere Länder verstärkt Wettbewerb zwischen Krankenversicherern eingeführt in der Hoffnung, die Effizienz in der Krankenversicherung und im Gesundheitswesen zu erhöhen. Gleichzeitig sollte jedoch der Ausgleich zwischen hohen und niedrigen Risiken beibehalten werden. Hierzu wird den Krankenversicherern bzw. Krankenkassen (wir verwenden die beiden Begriffe synonym) sowohl ein *Kontrahierungszwang* als auch ein *Diskriminierungsverbot* auferlegt. Ersteres zwingt sie, jeden Antragsteller zu versichern, letzteres untersagt ihnen, die Prämien nach dem Risikotyp zu differenzieren. Dieses Krankenversicherungssystem wurde in Deutschland im Gesundheits-Strukturgesetz von 1993 und in der Schweiz im Krankenversicherungsgesetz von 1994 beschlossen und in beiden Ländern 1996 eingeführt.

Der Anreiz, Risikoselektion zu betreiben, ist eine direkte Folge dieses Krankenversicherungssystems. Das Verbot, risikoabhängige Prämien zu erheben, führt dazu, dass die Krankenversicherungen mit hohen Risiken Verluste und mit niedrigen Risiken Gewinne erzielen. Entsprechend sind hohe Risiken unerwünscht, während niedrige Risiken gern gesehene Kunden sind. Die Möglichkeit, dass niedrige und hohe Risiken auch von der Konkurrenz versichert werden können, schafft schließlich den Anreiz dafür, sich aktiv um niedrige Risiken zu bemühen, hohe Risiken aber abzuschrecken.

Risikoselektion tritt nicht auf, wenn man auf Wettbewerb um Versicherte oder auf ein Diskriminierungsverbot verzichtet. Werden die Versicherten einer Versicherung zugewiesen, kann die Versicherung den Bestand ihrer Versicherten nicht beeinflussen. Können andererseits die Versicherungen risikoabhängige Prämien erheben, dann besteht ebenfalls kein Anreiz zur Risikoselektion, falls es gelingt, von jedem einen Beitrag zu verlangen, der seinen erwarteten Leistungsausgaben entspricht. Dies ist dann der Fall, wenn Versicherungen den Risikotyp beobachten können bzw. in der

Lage sind, alle auch der zu versichernden Person bekannten Informationen über ihren Gesundheitszustand in Erfahrung zu bringen.

Wir unterscheiden in diesem Kapitel zwischen direkter und indirekter Risikoselektion.[1] *Direkte Risikoselektion* liegt vor, wenn eine Versicherung versucht, auf den Vertragsabschluss selbst Einfluss zu nehmen. Bei hohen Risiken kann sie z.B. die Antragsunterlagen „verlieren" oder Hürden für den Vertragsabschluss einführt, etwa die Notwendigkeit, einen persönlichen Termin mit langer Wartezeit zu vereinbaren. Niedrige Risiken hingegen können durch gleichzeitige Vermittlung von anderen Versicherungsangeboten, oder, im Extremfall, durch Geldzahlungen geworben werden. *Indirekte Risikoselektion* betreibt eine Versicherung, indem sie das Leistungspaket so gestaltet, dass es für niedrige Risiken attraktiv ist, aber nicht für hohe Risiken.[2]

Der Hauptunterschied zwischen den beiden Formen der Risikoselektion besteht darin, dass für direkte Risikoselektion Personen mit unterschiedlichen erwarteten Leistungsausgaben anhand von beobachtbaren Eigenschaften wie dem Geschlecht und dem Alter oder bestimmter Verhaltensweisen unterscheidbar sein müssen. Nutzen beispielsweise gesunde Personen häufiger das Internet, so besteht der Anreiz für Krankenversicherungen, sich auf diesen Vertriebskanal zu konzentrieren. Die Personen selbst brauchen dabei ihre erwarteten Ausgaben nicht zu kennen. Bei indirekter Risikoselektion ist es genau umgekehrt: Es reicht aus, dass sich die Personen ihres Risikotyps bewusst sind und deshalb unterschiedliche Präferenzen bezüglich des Leistungspakets haben. Die Versicherung hingegen braucht den Risikotyp nicht zu beobachten. Sie muss lediglich wissen, dass sich die Präferenzen der Personen aufgrund ihres Risikotyps unterscheiden.

Direkte und indirekte Risikoselektion können gleichzeitig auftreten. Maßnahmen, die einer Form entgegen wirken, können bei der anderen Form wirkungslos sein. Auch wenn beispielsweise das Leistungspaket stark reguliert ist, um indirekte Risikoselektion zu verhindern, besteht unvermindert der Anreiz zur direkten Risikoselektion. Umgekehrt kann eine strenge Kontrolle des Aufnahmeprozess nicht den Anreiz zur indirekten Risikoselektion über das Leistungspaket senken.

Um Risikoselektion zu verhindern, können verschiedene Maßnahmen getroffen werden, die sich in drei Gruppen unterteilen lassen. Dabei wird unterstellt, dass eine Versicherungspflicht besteht, so dass niedrige Risiken der Kreuzsubventionierung der hohen Risiken nicht durch den Verzicht auf Krankenversicherung ausweichen können.

---

[1] Dies korrespondiert zur Unterscheidung von GLAZER UND MCGUIRE (2002, p. 154) in das Zugangs- („individual access problem") und das Qualitätsproblem („quality problem").

[2] Indirekte Risikoselektion ist eng verwandt mit dem Phänomen der adversen Selektion, das auftritt, wenn asymmetrische Information über den Risikotyp vorliegt (siehe Abschnitt 5.3.3). Adverse Selektion tritt jedoch ohne einen staatlichen Eingriff in den Versicherungsmarkt auf, während indirekte Risikoselektion eine Folge des Diskriminierungsverbots ist [PAULY (1984)].

(1) *Gesetzliche Regelung des Aufnahmeprozesses*

Ein *Kontrahierungszwang* soll dafür sorgen, dass hohe Risiken nicht einfach abgewiesen werden können. Des Weiteren lassen sich offensichtliche Methoden der direkten Risikoselektion per Gesetz verbieten. Zum Beispiel kann es den Versicherungen untersagt werden, Geldzahlungen an niedrige Risiken bei Vertragsabschluss zu leisten.

(2) *Regulierung des Leistungspakets*

Die Regulierung des Leistungspakets soll in erster Linie indirekte Risikoselektion verhindern. Zum einen lassen sich Mindestleistungen festlegen, um zu vermeiden, dass Versicherungen wichtige Leistungen für hohe Risiken nicht anbieten. Zum anderen kann man mit einem Höchstleistungspaket verhindern, dass Versicherungen spezielle Leistungen für niedrige Risiken im Übermaß anbieten, um diese anzuziehen. Bestimmte Leistungsbereiche, die sich für Risikoselektion besonders eignen, wie die Versorgung chronischer Krankheiten, können auch ausgegliedert werden (sogenannte „carve-outs").

Die Regulierung des Leistungspaket kann zu Zielkonflikten führen. Ein wichtiger Bereich der Gestaltung des Leistungspaket aus Effizienzsicht ist die Auswahl der Leistungserbringer. Dies gilt insbesondere im Kontext von Managed Care [vgl. Abschnitt 11.4.2]. Allerdings kann dadurch auch versucht werden, niedrige Risiken zu attrahieren. Zum Beispiel kann die Versicherung versuchen, für sporttreibende gesunde Menschen attraktiv zu sein, indem sie Versorgungsverträge mit vielen Sportmedizinern schließt.

(3) *Risikostrukturausgleich und Ausgabenausgleich*

Diese Finanzausgleichssysteme zwischen Versicherungen haben zum Ziel, sowohl direkte als auch indirekte Risikoselektion verhindern. Ein *Risikostrukturausgleich* soll zu einem Transfer von Kassen mit guter Risikostruktur, d.h. vielen niedrigen Risiken zu Kassen mit einer schlechten Risikostruktur führen und so den Anreiz zur Risikoselektion senken. Die Transferzahlungen knüpfen dabei an beobachtbaren Eigenschaften der Risikostruktur einer Versicherung wie dem Alter und dem Geschlecht der Versicherten an.

Ein *Ausgabenausgleich* ersetzt Krankenversicherungen einen Teil der tatsächlich angefallenen Leistungsausgaben ihrer Versicherten. Hierbei soll der Anreiz zur Risikoselektion vermindert werden, indem die Kosten der hohen Risiken stärker erstattet werden als die der niedrigen Risiken. Allerdings schwächt der Ausgabenausgleich den Anreiz zu wirtschaftlichem Verhalten, weil er die Kostenverantwortung der Kassen senkt.

In diesem Kapitel untersuchen wir, inwieweit diese Maßnahmen geeignet sind, Risikoselektion zu vermeiden, und wie sie sich optimal ausgestalten lassen. Grundlage ist hierbei die Theorie der Risikoselektion, die wir im folgenden Abschnitt 7.2 erörtern. Im Anschluss diskutieren wir in Abschnitt 7.3 drei weitere Begründungen, die für einen Risikostruktur- bzw. Ausgabenausgleich ins Feld geführt werden.

Erstens sollen diese Ausgleichsmechanismen *ungerechtfertigte Prämienunterschie-de* vermeiden. Zweitens sollen sie dafür sorgen, dass bei einem Übergang zu einem Wettbewerbssystem Krankenversicherungen, die aus historischen Gründen über eine schlechte Risikostruktur verfügen, *Chancengleichheit im Wettbewerb* besitzen. Schließlich soll die *Stabilität des Krankenversicherungsmarktes* erhalten werden. Diese ist gefährdet, falls neu in den Markt tretende Versicherungen damit rechnen können, dass hauptsächlich niedrige Risiken zu einem Versicherungswechsel bereit sind. In den Abschnitten 7.4 und 7.5 stellen wir dar, wie der Risikostruktur- und der Ausgabenausgleich gestaltet werden können. Abschnitt 7.6 fasst die Ergebnisse dieses Kapitels zusammen.

7.2 Theorie der Risikoselektion

7.2.1 Direkte Risikoselektion

Direkte Risikoselektion ist die offensichtlichste Möglichkeit, hohe Risiken zu diskriminieren. Sie bedingt, dass der Versicherer aufgrund beobachtbarer Eigenschaften einer Person Rückschlüsse auf ihre erwarteten Ausgaben ziehen kann und in der Lage ist, den Vertragsabschluss zu beeinflussen. Personen mit hohen zu erwarteten Leistungsausgaben lassen sich beispielsweise durch unfreundliche Behandlung oder pedantisches Bearbeiten der Antragsunterlagen abschrecken. Niedrige Risiken hingegen können durch gezielte Werbung oder durch den Verkauf attraktiver Zusatzleistungen zu einem Preis unter den tatsächlichen Kosten gewonnen werden.

Direkte Risikoselektion lässt sich auf zweierlei Weise vermeiden. Einerseits können mögliche Selektionsmethoden per Gesetz verboten oder eingeschränkt werden, insbesondere die Vermittlung von Zusatzleistungen oder Geldzahlungen. Ebenso lässt sich der Kontakt zwischen Versicherungen und Versicherten vor Vertragsabschluss minimieren, indem die Antragsformulare so weit wie möglich vereinfacht und standardisiert werden. Weniger auffällige Selektionsmethoden wie das „Verbummeln" von Anträgen können so allerdings kaum vermieden werden. Die Kehrseite dieser Regulierung ist allerdings, dass Produktinnovationen der Versicherungen hierdurch behindert werden.

Die zweite Methode zur Vermeidung direkter Risikoselektion setzt an der Möglichkeit an, Rückschlüsse auf die zu erwartenden Kosten aus den beobachtbaren Eigenschaften von Personen zu ziehen. Wenn der Regulator diese Eigenschaften ebenfalls beobachten kann, dann lässt sich dies mit einem Risikostrukturausgleich verhindern. Dies kann mit einem einfachen Beispiel zeigen, in dem die Versicherten sich in einer eindeutigen Eigenschaft wie dem Geschlecht unterscheiden. Formal erfassen wir dies durch ein Signal s, das die Werte 0 oder 1 annehmen kann. Die durchschnittlich zu erwartenden Ausgaben einer Person mit dem Signal s seien M_s, der Anteil der Personen mit dem Signal $s = 1$ sei μ. Die durchschnittlichen Ausgaben sind somit $\overline{M} = (1 - \mu)M_0 + \mu M_1$. Wir unterstellen $M_1 > M_0$, so dass die Versicherungen einen Anreiz haben, Personen mit dem Signal $s = 1$ zu diskriminieren.

Kasten 7.1. Direkte Risikoselektion in der GKV

Schließt in Deutschland eine Kasse, dann sind andere Kassen dazu verpflichtet, deren Mitglieder aufzunehmen. Dieser Fall trat erstmals im Frühjahr 2011 ein, als die CityBKK Konkurs anmeldete. Die verbleibenden Mitglieder dieser Kasse galten in der Branche als hohe Risiken. Um eine Aufnahme dieser Versicherten zu verhindern, haben Kassen die gesetzliche Vorgabe auf folgende Weisen unterlaufen:

- Kassen verwiesen darauf, dass es besser wäre eine andere Versicherung zu wählen.
- Eine Kasse verwies auf mögliche Nachteile eines Wechsels zu ihrer Kasse, z.B. dass andere Medikamente zu nehmen seien. Als die Interessierten insistierten, äußerte die Mitarbeiterin, dass sie ihren Arbeitsplatz verliere, wenn City-BKK Versicherte zu ihnen wechselten und legte auf.
- In der Geschäftsstelle einer Kasse waren angeblich die Aufnahmeformulare ausgegangen. Der 80jährigen Versicherten wurde gesagt, sie müsse ein Beratungsgespräch in der Zentrale der Kasse führen. Dort seien aber erst in zwei Monaten Termine verfügbar.
- In Hamburg, wo viele City-BKK Mitglieder wohnen, sperrte eine Kasse die Internetseiten, auf denen die Antragsformulare verfügbar sind.
- Die Hotline einer Kasse war überlastet. Wenn die Versicherten jemanden erreichten, dann meldeten sich Sachbearbeiter, die angeblich nicht bei der Aufnahme aktiv werden durften.

Quelle: VERBRAUCHERZENTRALE HAMBURG (2011)

Kann der Regulator das Signal s beobachten, so lässt sich ein Risikostrukturausgleich einrichten, der die Anreize zur direkten Risikoselektion neutralisiert. Die Versicherungen müssen hierbei Transferzahlungen $\hat{z}_s$ auf Basis der beobachtbaren Eigenschaften der Versicherten leisten ($\hat{z}_0 < 0$) oder erhalten einen Transfer ($\hat{z}_1 > 0$) in Höhe von

$$\hat{z}_s = M_s - \overline{M}, \quad s = 0,1. \tag{7.1}$$

Aus Sicht der Versicherungen sind dann die erwarteten Ausgaben für alle Versicherten $\overline{M}$, da sie für jede Person mit $s = 0$ den Betrag $-\hat{z}_0 = \overline{M} - M_0 > 0$ abführen müssen, für jede Person mit $s = 1$ aber $\hat{z}_1 = M_1 - \overline{M} > 0$ erhalten. Des Weiteren ist das Budget des Regulators ausgeglichen, denn

$$(1-\mu)\hat{z}_0 + \mu\hat{z}_1 = (1-\mu)M_0 + \mu M_1 - \overline{M} = \overline{M} - \overline{M} = 0. \tag{7.2}$$

Grundsätzlich kann Ein *Risikostrukturausgleich* somit den Anreiz zu direkter Risikoselektion grundsätzlich neutralisieren. Diese Lösung setzt jedoch voraus, dass der Regulator das gleiche Signal wie die Versicherungen beobachten kann.

Steht dem Regulator diese Information nicht zur Verfügung, dann bleibt ein *Ausgabenausgleich* als Mittel, um die Differenz der erwarteten Leistungsausgaben für die Versicherung und somit den Anreiz zur direkten Risikoselektion zu mindern. Hier ist allerdings zu berücksichtigen, dass die Anreize zur Kostenkontrolle sinken. Da die Kosten der Versicherten hiervon unterschiedlich betroffen sein können, ist es a priori nicht klar, ob es gelingt, die Differenz der erwarteten Leistungsausgaben durch einen Ausgabenausgleich zu senken.

Um dies zu zeigen, sei ein Ausgabenausgleich angenommen, der einen Anteil γ der Kosten ersetzt. Die geringeren Anreize zu kosteneffizientem Verhalten bedeuten, dass M_s eine Funktion von γ mit $M_s{}'(\gamma) > 0$ wird. Muss eine Versicherung zur Finanzierung des Ausgabenausgleichs einen einheitlichen Beitrag $b(\gamma)$ je Versicherten abführen, dann entsprechen die erwarteten Ausgaben der Versicherung für einen Versicherten mit dem Signal s dem Betrag $(1 - \gamma)M_s(\gamma) + b(\gamma)$.

Die Anreize zur Risikoselektion hängen von der *Ausgabendifferenz* $\Delta M_A(\gamma)$ zwischen den beiden Personengruppen ab. Sie beträgt

$$\Delta M_A(\gamma) = (1 - \gamma)M_1(\gamma) + b(\gamma) - \big((1 - \gamma)M_0(\gamma) + b(\gamma)\big) \qquad (7.3)$$
$$= (1 - \gamma)(M_1(\gamma) - M_0(\gamma)).$$

Werden die Kosten vollständig erstattet, so beträgt $\Delta M_A(1) = 0$ und es bestehen keine Anreize zur Risikoselektion. Ebenso wenig lohnt es sich für die Versicherer jedoch, Anstrengungen zur Kostenkontrolle zu unternehmen. Folglich führt ein Ausgabenausgleich im Allgemeinen zu einem Zielkonflikt zwischen der Vermeidung von Risikoselektion und kosteneffizientem Verhalten. Für bestimmte Werte von γ kann ein Ausgabenausgleich sogar die Anreize zur Risikoselektion erhöhen. Dies zeigt die Wirkung des Erstattungsanteils γ auf die Ausgabendifferenz:

$$\frac{d\Delta M_A(\gamma)}{d\gamma} = -(M_1(\gamma) - M_0(\gamma)) + (1 - \gamma)(M_1{}'(\gamma) - M_0{}'(\gamma)) \gtrless 0. \qquad (7.4)$$

Der erste Term $-(M_1(\gamma) - M_0(\gamma))$ ist negativ, so lange $M_1(\gamma) > M_0(\gamma)$. Das Vorzeichen des zweiten Terms $(1 - \gamma)(M_1{}'(\gamma) - M_0{}'(\gamma))$ ist jedoch positiv, falls $M_1{}'(\gamma) > M_0{}'(\gamma)$, d.h. wenn die Kosten der Personen mit dem Signal 1 stärker durch die Verminderung der Anreize ansteigen als diejenigen mit dem Signal 0. In diesem Fall kann die Ausgabendifferenz mit γ steigen und der Ausgabenausgleich würde sowohl die Anreize zur Risikoselektion erhöhen als auch die Anreize zur Kosteneffizienz verringern. Nur falls γ hinreichend hoch ist, sind die Anreize zur Risikoselektion mit Sicherheit geringer als ohne Ausgabenausgleich, da $\Delta M_A(1) = 0$ (vgl. Übungsaufgabe 7.4).

Folgerung 7.1 *Direkte Risikoselektion lässt sich bis zu einem gewissen Grad vermeiden, indem Selektionsmaßnahmen wie die Vermittlung von Zusatzleistungen oder Geldzahlungen per Gesetz verboten werden. Des Weiteren können ein Risikostrukturausgleich, der auf den von den Versicherungen beobachteten Eigenschaften der Personen beruht, und ein Ausgabenausgleich den Anreiz zur direkten Risikoselektion reduzieren. Im Gegensatz zum Ausgabenausgleich kann ein Risikostrukturausgleich jedoch die Anreize zu kosteneffizientem Verhalten wahren, falls der Regulator die gleichen Eigenschaften beobachten kann wie die Versicherungen. Unter Umständen kann ein Ausgabenausgleich sogar die Anreize zur Risikoselektion erhöhen.*

7.2.2 Indirekte Risikoselektion

7.2.2.1 Grundsätzliche Überlegungen

Indirekte Risikoselektion ist die subtilere Variante der Diskriminierung zwischen Risikotypen, denn sie setzt nicht voraus, dass die Versicherungen gesundheitsrelevante Eigenschaften der Individuen beobachten können. Es ist lediglich nötig,

(1) dass die Versicherungen wissen, welche Risikotypen es in der Bevölkerung gibt, und

(2) dass die Individuen Kenntnis von ihrem Risikotyp haben und sich somit in ihren Präferenzen unterscheiden.

Dann besteht die Möglichkeit, das Leistungspaket so zu gestalten, dass es für hohe Risiken uninteressant, für niedrige Risiken aber attraktiv ist. Das einfachste Beispiel ist die Einführung einer Selbstbeteiligung. Diese ist für niedrige Risiken attraktiver als für hohe Risiken, da die Wahrscheinlichkeit, sie zu leisten, für sie geringer ist. Dies gilt analog für die Bereitstellung oder Vergütung von Leistungen, die besonders für hohe Risiken relevant sind. So kann z.B. eine Versicherung, die nur eine schlechte Versorgung von Diabetes-Patienten anbietet, damit rechnen, dass sich diese hohe Risiken nicht bei ihr versichern.[3]

Die direkte regulatorische Antwort auf diese Strategie der Verknappung des Leistungsangebots ist die Festlegung einer maximalen Selbstbeteiligung bzw. eines *Mindestleistungspakets*. Selbst wenn es effektiv durchgesetzt werden kann, ist es jedoch noch nicht hinreichend, um indirekte Risikoselektion auszuschließen. Versicherungen können zudem Risikoselektion betreiben, indem sie Leistungen anbieten, die für niedrige Risiken interessant sind, etwa sportmedizinische Behandlung oder Leistungen aus dem Wellness- und Fitness-Bereich. Sofern diese Leistungen medizinisch nicht hinreichend effektiv sind oder nicht in den Bereich einer sozialen Krankenversicherung fallen, geht dies zu Lasten der hohen Risiken, welche sie mitfinanzieren müssen [KIFMANN (2002)]. Über das Mindestleistungspaket hinaus müssen deshalb auch *Höchstleistungen* bzw. ein *Leistungsspektrum* festgelegt werden, das von Krankenversicherungen angeboten werden darf.

Das grundsätzliche Problem bei einer Regulierung des Leistungspakets ist die Durchsetzbarkeit. Bei der Vielfalt heute zur Verfügung stehender Behandlungsmethoden ist der Kontrollaufwand enorm. Des Weiteren müssen auch die Vergütungssysteme der Versicherer für die Leistungsanbieter auf ihre Anreize untersucht werden, denn sie steuern in entscheidendem Maße die Qualitäts- und Selektionsanreize auf der Ebene der Leistungsanbieter und eignen sich daher ebenfalls zur Risikoselektion (siehe Kapitel 10). Insbesondere kann Managed Care nicht nur dazu dienen, die Versorgung effizienter zu gestalten, sondern auch dafür eingesetzt werden,

---

[3] In der Wirtschaftstheorie wird dieses Verhalten als *Screening* bezeichnet [siehe MAS-COLELL ET AL. (1995, Chapter 13)].

Kasten 7.2. Wahlmöglichkeiten in der schweizerischen sozialen Krankenversicherung

In der Schweiz verfügen die Kassen über Spielraum bei der Gestaltung ihrer Leistungen, der sich teilweise auch zur Risikoselektion nutzen lässt. Das offensichtlichste Beispiel ist die Möglichkeit einer *Wahlfranchise*, d.h. einer Selbstbeteiligung über die vorgeschriebenen 300 sFr. hinaus. Diese Wahlfranchise kann bis zu 2.500 sFr. betragen und soll den Versicherten einen finanziellen Anreiz geben, Leistungen sparsamer in Anspruch zu nehmen. Dem gegenüber steht jedoch die Gefahr, dass die Wahlfranchise hauptsächlich von niedrigen Risiken gewählt wird, die so ihre Transfers an hohe Risiken vermindern können. Eine Begrenzung der zulässigen Prämienrabatte nach oben soll dies vermeiden. Ob der Anreiz- oder der Selektionseffekt der Wahlfranchise dominiert, wurde in empirischen Studien von SCHELLHORN (2001) und WERBLOW UND FELDER (2003) untersucht. Auf der Grundlage von Daten aus der schweizerischen Gesundheitsbefragung kommt Schellhorn dabei zu dem Schluss, dass die beobachtete Reduktion in der Anzahl der Arztbesuche bei Versicherten mit höheren Selbstbehalten zum Großteil auf Selbstselektion zurückzuführen ist. WERBLOW UND FELDER legen ihrer Untersuchung Daten einer großen schweizerischen Krankenkasse zu Grunde. Sie finden ebenfalls substantielle Selektionseffekte. Ungefähr ein Drittel der beobachteten Ausgabenreduktion bei Versicherten mit höheren Selbstbehalten lässt sich jedoch auf den Anreiz zu einer sparsameren Inanspruchnahme medizinischer Leistungen zurückführen.

In der Schweiz existieren auch Health Maintenance Organizations (HMOs) und anderen Varianten von Managed Care (vgl. hierzu auch Kapitel 11). Bei diesen Versorgern ist das Wahlrecht der Versicherten auf Leistungserbringer beschränkt, die der Versicherer im Hinblick auf eine kostengünstigere Versorgung auswählt. Dadurch erhofft man sich primär eine bessere Kostenkontrolle bei gleicher oder eventuell sogar besserer Versorgungsqualität. Allerdings lässt sich durch die Auswahl bzw. Nichtauswahl bestimmter Leistungserbringer auch Risikoselektion betreiben.

niedrige Risiken zu attrahieren.[4] Letztlich lässt sich indirekte Risikoselektion nur ausschließen, wenn man allen Versicherern vorschreibt, identische Leistungen anzubieten. Damit verzichtet man jedoch gerade auf einen der wichtigsten Vorteil, die der Wettbewerb zwischen Versicherern hervorbringen soll.

Im Folgenden untersuchen wir indirekte Risikoselektion anhand zweier Modelle. Zunächst betrachten wir in Abschnitt 7.2.2.2 den Fall, dass Versicherungen nur eine Leistung anbieten und allein über den Leistungs*umfang* Risikoselektion erreichen können. Abschnitt 7.2.2.3 geht dann davon aus, dass Versicherungen zwei Leistungen anbieten und Risikoselektion über die Leistungs*struktur* möglich ist. Im Mittelpunkt der Untersuchung steht insbesondere die Frage, wie ein Risikostrukturausgleich optimal ausgestaltet werden kann.

---

[4] Siehe Abschnitt 11.4.2 für eine empirische und KIFMANN (1999) für eine theoretische Analyse, die zeigt, dass eventuell eine Besteuerung oder Subventionierung von Managed Care Angeboten nötig ist, um alle Versicherten besser zu stellen. HMOs können deshalb trotz der Risikoselektionsgefahr eine sinnvolle Wahloption sein.

Folgerung 7.2 *Indirekte Risikoselektion lässt sich durch eine direkte Regulierung des Leistungspakets vermeiden. Dabei sollte sowohl ein Mindest- als auch ein Höchstleistungspaket festgelegt werden. Es ist jedoch fraglich, ob diese Maßnahmen auch ausreichend durchgesetzt werden können.*

7.2.2.2 Indirekte Risikoselektion über den Leistungsumfang

Das im Folgenden betrachtete Modell geht von zwei möglichen Risikotypen aus, die sich durch die Krankheitswahrscheinlichkeit $\pi_i, i = h, l$ („high" und „low risks") unterscheiden, wobei $0 < \pi_l < \pi_h \leq 1$. Der Anteil der niedrigen Risiken sei $0 < \mu < 1$. Das Durchschnittsrisiko beträgt folglich $\bar{\pi} = \mu \pi_l + (1 - \mu)\pi_h$. Falls ein Individuum gesund ist, dann entspricht sein Nutzen der Menge an Konsumgütern C.[5] Ist ein Individuum krank, dann setzt sich der Nutzen zusammen aus C und aus dem Nutzen $v(M)$ aus medizinischen Leistungen M. Die Nutzenfunktion habe dabei die Eigenschaften $v < 0, v' > 0, v'' < 0$, d.h. medizinische Leistungen können den Gesundheitszustand nicht vollständig wieder herstellen und haben abnehmende Grenzerträge. Des Weiteren sei $v'(0) > 1$. Der Erwartungsnutzen eines Individuums vom Typ i beträgt

$$EU_i(C,M) = C + \pi_i v(M).\tag{7.5}$$

Medizinische Leistungen werden gemäß dem Sachleistungsprinzip von Krankenversicherungen angeboten. Diese erheben abhängig vom Risikotyp i eine Prämie P_i. Bei einem Einkommen Y lautet die Budgetbeschränkung des Individuums folglich

$$Y = C + P_i, \quad i = h, l.$$

Durch Einsetzen in Gleichung (7.5) können wir den Erwartungsnutzen des Individuums in Abhängigkeit von Y, P_i und M erfassen. Wir erhalten

$$EU_i(Y, P_i, M) = Y - P_i + \pi_i v(M).\tag{7.6}$$

Auf dem Krankenversicherungsmarkt herrsche vollkommene Konkurrenz. Neben der erwarteten Versicherungsleistung entstehen den Versicherungen keine Kosten. Da wir den Preis der medizinischen Leistungen auf eins normalisiert haben, entsprechen die Kosten der Versicherungen damit den bereitgestellten medizinischen Leistungen. Des Weiteren nehmen wir an, dass sich Krankenversicherungsverträge nicht kombinieren lassen. Jedes Individuum erwirbt genau einen Vertrag (P_i, M).

---

[5] Wir blenden damit Risikoaversion als Versicherungsmotiv aus und konzentrieren uns auf die Rolle der Krankenversicherungen bei der Bereitstellung von medizinischen Leistungen, indem sie z.B. Honorierungssysteme mit den Leistungserbringern aushandeln und ihre Durchsetzung kontrollieren. Die zusätzliche Berücksichtigung von Risikoaversion würde die Darstellung lediglich komplizieren, ohne zu anderen Ergebnissen zu führen.

Kasten 7.3. Risikoselektion über den Leistungsumfang

$$EU_i(Y, P_i, M) = Y - P_i + \pi_i v(M) \tag{7.6}$$

$$P_i = \pi_i M \tag{7.7}$$

$$\left.\frac{\mathrm{d}P}{\mathrm{d}M}\right|_{\mathrm{d}EU_i = 0} = \pi_i v'(M) > 0 \tag{7.10}$$

$$\left.\frac{\mathrm{d}^2 P}{\mathrm{d}M^2}\right|_{\mathrm{d}EU_i = 0} = \pi_i v''(M) < 0 \tag{7.11}$$

$$\overline{P}^* = \overline{\pi} M^* \tag{7.12}$$

Y:	Bruttoeinkommen
M:	Medizinische Leistungen (Preis auf eins normiert)
M^*:	Effiziente Menge an medizinischen Leistungen
π_i:	Krankheitswahrscheinlichkeit von Typ $i = l, h, 0 < \pi_l < \pi_h \leq 1$
$\overline{\pi}$:	Durchschnittliche Krankheitswahrscheinlichkeit
$v(M)$:	Nutzenzuwachs durch medizinische Leistungen
EU_i:	Erwartungsnutzen
P_i:	Versicherungsprämie
$\overline{P}^*$:	Durchschnittliche Prämie für M^*

Zunächst untersuchen wir die Referenzsituation, in der die Versicherungen risiko-abhängige Prämien verlangen. Anschließend betrachten wir das Marktgleichgewicht bei einem Diskriminierungsverbot. Ein Überblick über dieses Model gibt Kasten 7.3.

Gleichgewicht auf einem unregulierten Versicherungsmarkt

Können die Versicherungen risikoabhängige Prämien verlangen, dann wird den Individuen bei vollständiger Konkurrenz auf dem Versicherungsmarkt eine aktuarisch faire Krankenversicherung angeboten. Die Prämie beträgt folglich

$$P_i = \pi_i M. \tag{7.7}$$

Durch Einsetzen in (7.6) erhalten wir die Erwartungsnutzenfunktion des Individuums in Abhängigkeit von M. Ein Individuum vom Typ i steht somit vor folgendem Entscheidungsproblem

$$\max_M EU_i(Y, M) = Y - \pi_i M + \pi_i v(M). \tag{7.8}$$

Wir gehen im Folgenden davon aus, dass das Einkommen Y des Individuums so hoch ist, dass im Optimum die Menge an Konsumgütern C positiv ist. Die Bedingung erster Ordnung lautet dann

$$\frac{\mathrm{d}EU_i}{\mathrm{d}M} = -\pi_i + \pi_i v'[M^*] = 0 \quad \Leftrightarrow \quad v'[M^*] = 1. \tag{7.9}$$

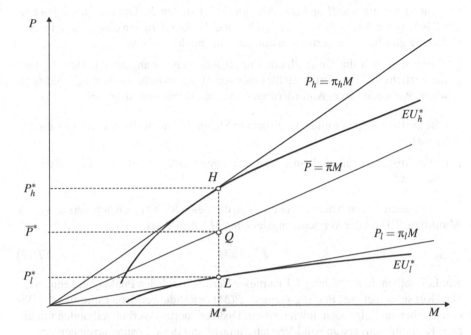

Abb. 7.1. Versicherungsmarktgleichgewicht bei Risikodiskriminierung

Die Bedingung zweiter Ordnung ist erfüllt, da $v'' < 0$. Aus der Bedingung (7.9) folgt, dass die effiziente Menge M^* unabhängig vom Risikotyp ist. Wegen des konstanten Grenznutzens des Konsums von eins ist es für beide Typen optimal, Versicherungs- schutz nachzufragen, bis ihre Grenznutzen ebenfalls eins entsprechen.

In Abbildung 7.1 wird das Marktgleichgewicht mit dem optimalen Vertrag (P_i^*, M^*) dargestellt. Die Ursprungsgeraden $P_i = \pi_i M$ stellen dabei den Zusammen- hang zwischen Versicherungsleistung und der Prämie für die beiden Risikotypen dar. Wegen $\pi_h > \pi_l$ verläuft die Gerade steiler für hohe Risiken. Die Eigenschaften der Indifferenzkurven lassen sich durch totales Differenzieren der Gleichung (7.6) ablei- ten. Wir erhalten

$$\frac{\mathrm{d}P}{\mathrm{d}M}\bigg|_{\mathrm{d}EU_i=0} = \pi_i v'(M) > 0; \tag{7.10}$$

$$\frac{\mathrm{d}^2P}{\mathrm{d}M^2}\bigg|_{\mathrm{d}EU_i=0} = \pi_i v''(M) < 0. \tag{7.11}$$

Die Indifferenzkurven verlaufen somit steigend und streng konkav. Für hohe Ri- siken sind sie steiler als diejenigen der niedrigen Risiken: Wegen der höheren Wahr- scheinlichkeit krank zu werden, führt eine Einheit von M zu einem höheren Nutzen- zuwachs als bei niedrigen Risiken. Entsprechend kann die Prämie bei einem hohen Risiko um einen höheren Betrag steigen, bis das ursprüngliche Nutzenniveau wieder erreicht ist. Die Punkte H und L in Abbildung 7.1 stellen die Optima für die jeweiligen Risikotypen dar. Es gilt $P_h^* > P_l^*$, d.h. hohe Risiken bezahlen eine höhere Prämie P_h^* für die gleiche Versicherungsleistung M^* als niedrige Risiken.

Betrachtet man die Unterschiede der Risikotypen als angeboren, dann besteht grundsätzlich eine Rechtfertigung für einen Ausgleich zwischen hohen und niedrigen Risiken. Wir stellen zwei Anforderungen an einen derartigen Ausgleich:

(1) Beide Risikotypen sollten die effiziente Menge M^* an medizinischen Leistungen erhalten.

(2) Die Ausgaben für medizinische Leistungen sollten nicht vom Risikotyp abhängen.[6]

Aus diesen beiden Anforderungen folgt, das beide Risikotypen den Vertrag Q aus Abbildung 7.1 mit der Versicherungsleistung M^* zum Preis

$$\overline{P}^* = \overline{\pi}M^* \tag{7.12}$$

erhalten sollten. In Abbildung 7.1 ist dieser Vertrag durch den Punkt Q gekennzeichnet. Dort schneidet die „Pooling-Gerade" $\overline{P}(M) = \overline{\pi}M$ die vertikale Linie zu M^*. Wir untersuchen im Folgenden, inwieweit ein Diskriminierungsverbot verbunden mit einem Kontrahierungszwang und Versicherungspflicht diese Lösung erreichen kann. [7]

Gleichgewicht auf einem Versicherungsmarkt mit Diskriminierungsverbot

Ein Diskriminierungsverbot untersagt den Versicherungen, die Prämien nach dem Risikotyp zu differenzieren. Dieser Eingriff hat ähnliche Folgen wie asymmetrische Information über das Krankheitsrisiko. Sie verhindert, dass die Versicherungen die Prämien differenzieren können, weil sie den Risikotyp nicht kennen. Die folgende Analyse ist deshalb eng verwandt mit dem im Abschnitt 5.3.3 vorgestellten Modell eines Krankenversicherungsmarktes bei adverser Selektion. Wir verwenden den gleichen Marktgleichgewichtsbegriff wie dort:

---

[6] Diese Forderung lässt sich auch mit einer gesellschaftlichen Wohlfahrtsfunktion rechtfertigen, in die eine Ungleichheit der Nutzen negativ eingeht. Bei einer Maximin-Wohlfahrtsfunktion, bei der die gesellschaftliche Wohlfahrt dem Nutzen der am schlechtesten gestellten Person entspricht, wäre sogar ein darüber hinausgehender Ausgleich zu rechtfertigen, da wir $v(M) < 0$ angenommen haben.

[7] Der gewünschte Ausgleich wäre auch durch personenspezifische Steuern und Transfers zu erreichen: Bei einer Steuer für niedrige Risiken in Höhe von $(\overline{\pi} - \pi_l)M^*$ und einem Transfer an hohe Risiken in Höhe von $(\pi_h - \overline{\pi})M^*$ wären alle so gestellt, als ob sie die Versicherung zur Durchschnittsprämie $\overline{P} = \overline{\pi}M^*$ erhielten. Diese Lösung verlangt jedoch, dass der Regulator die Risikotypen identifizieren kann.

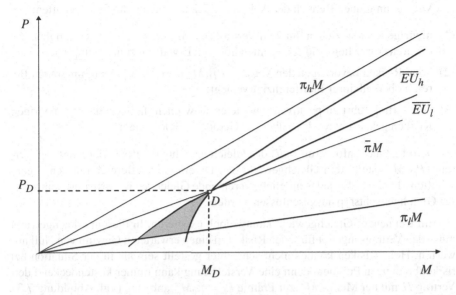

Abb. 7.2. Unmöglichkeit eines vereinenden Gleichgewichts

Definition 7.1 *Ein „Gleichgewicht auf dem Markt für Krankenversicherungen" ist charakterisiert durch eine Menge von Verträgen für die gilt, dass*

  (*i*)   *alle Individuen den Vertrag wählen, der ihren Erwartungsnutzen maximiert;*

  (*ii*)   *jeder dieser Verträge dem Versicherer einen nicht-negativen Erwartungsgewinn garantiert und;*

  (*iii*) *kein potentieller Vertrag außerhalb dieser Menge von Verträgen mit einem nicht-negativen Erwartungsgewinn verbunden wäre.*

Ein Gleichgewicht bezeichnen wir als *trennend*, wenn die beiden Risikotypen unterschiedliche Versicherungsverträge nachfragen; kaufen sie den gleichen Versicherungsvertrag, so heißt das Gleichgewicht *vereinend*.

Wir untersuchen zunächst, ob ein Diskriminierungsverbot zu einem vereinenden Gleichgewicht führen kann. Dieses würde auf der Pooling-Gerade $\bar{P}(M) = \bar{\pi}M$ liegen, die in Abbildung 7.2 dargestellt ist. Ein möglicher Kandidat ist der Vertrag (P_D, M_D) (siehe Punkt D). Da die Indifferenzkurven der hohen Risiken steiler verlaufen als die der niedrigen Risiken, schneidet die Indifferenzkurve der niedrigen Risiken im Punkt D die der hohen Risiken von rechts.

Ein Vertrag im grauen Bereich der Abbildung 7.2 hat jedoch die Eigenschaften:

(1) niedrige Risiken ziehen ihn dem Vertrag (P_D, M_D) vor, da er unterhalb ihrer Indifferenzkurve liegt und somit einen höheren Erwartungsnutzen impliziert;

(2) hohe Risiken bevorzugen den Vertrag (P_D, M_D), weil ein Vertrag im grauen Bereich oberhalb ihrer Indifferenzkurve liegt;

(3) der Vertrag führt zu positiven erwarteten Gewinnen, falls er nur von niedrigen Risiken gekauft wird, da er über der Gerade $P_l = \pi_l M$ liegt.

Damit ist die Anforderung (iii) des Gleichgewichtsbegriffs verletzt und der Vertrag (P_D, M_D) stellt kein Gleichgewicht dar. Da ein grauer Bereich mit den Eigenschaften (1) bis (3) für jedes mögliche vereinende Gleichgewicht existiert, kann dieser Gleichgewichtstyp ausgeschlossen werden.

Ein trennendes Gleichgewicht kann jedoch existieren. In diesem Gleichgewicht muss das Vertragsangebot für jeden Risikotyp einen erwarteten Gewinn von Null abwerfen. Hohe Risiken können nicht schlechter gestellt sein als in der Situation bei risikoabhängigen Prämien, denn eine Versicherung kann immer kostendeckend den Vertrag H mit der Menge M^* zur Prämie $P_h = \pi_h M^*$ anbieten (vgl. Abbildung 7.3). Ein besserer Vertrag ist jedoch in einem trennenden Gleichgewicht nicht möglich, weil die Versicherungen sonst bei diesem Vertrag Verlust machen würden (vgl. Anforderung (ii) des Gleichgewichtsbegriffs). Der Erwartungsnutzen von hohen Risiken in einem trennenden Gleichgewicht beträgt folglich

$$\overline{EU}_h = Y - \pi_h M^* + \pi_h v[M^*]. \tag{7.13}$$

Der Vertrag für niedrige Risiken in einem trennenden Gleichgewicht darf nicht rechts von der Indifferenzkurve zu $\overline{EU}_h$ liegen, denn sonst würde er auch von hohen Risiken gewählt. Nimmt man an, dass hohe Risiken bei Indifferenz zwischen zwei Verträgen denjenigen mit der höheren Leistungsmenge wählen und berücksichtigt man, dass im Gleichgewicht der Vertrag für niedrige Risiken zu erwarteten Nullgewinnen führen muss, dann ist der Vertrag L' in Abbildung 7.3 der einzige Kandidat für ein trennendes Gleichgewicht: Dieser Vertrag wird nicht von hohen Risiken gewählt und sichert niedrigen Risiken den höchstmöglichen Erwartungsnutzen unter dieser Bedingung.

Ob die Verträge H und L' tatsächlich ein trennendes Gleichgewicht darstellen, hängt vom Anteil λ der niedrigen Risiken ab. In Abbildung 7.3 wird die Pooling-Gerade für zwei Fälle gezeigt. Ist λ relativ groß, dann schneidet die Pooling-Gerade $P(M) = \overline{\pi} M$ die Indifferenzkurven der niedrigen Risiken zu Vertrag L'. Folglich gibt es einen Vertrag auf der Pooling-Gerade, z.B. E, der beide Risikotypen besser stellt und nicht-negative Gewinne macht. Die Anforderung (iii) des Gleichgewichtsbegriffs aus Definition 7.1 ist folglich nicht erfüllt. Da es aber kein vereinendes Gleichgewicht gibt, existiert in diesem Fall überhaupt kein Gleichgewicht. Anders verhält es sich jedoch bei einem geringen Anteil λ der niedrigen Risiken: In diesem Fall gibt es keinen abweichenden Vertrag auf der Pooling-Geraden, der niedrige Risiken attrahiert, und die Verträge H and L' stellen ein trennendes Gleichgewicht dar.

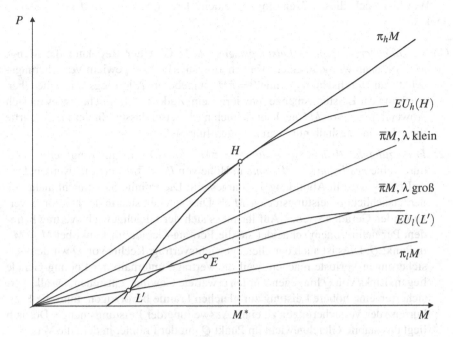

Abb. 7.3. Existenz eines trennenden Gleichgewichts

Die Nichtexistenz eines Gleichgewichts tritt nicht auf, wenn der Gleichgewichtsbegriff geeignet erweitert wird (vgl. Abschnitt 5.3.3.5). Wir wollen jedoch im Folgenden davon ausgehen, dass der Anteil der niedrigen Risiken hinreichend gering ist, so dass ein trennendes Gleichgewicht existiert. Dieser Fall zeigt die möglichen nachteiligen Wirkungen eines Diskriminierungsverbots auf: Anstatt einen Ausgleich zwischen hohen und niedrigen Risiken zu erreichen, kommt es zu einer Pareto-Verschlechterung. Die hohen Risiken erhalten den gleichen Vertrag wie bei risikoabhängigen Prämien, während die niedrigen Risiken eine geringere Leistungsmenge erhalten. Die Intuition dieses Ergebnisses ist, dass die Versicherungen durch den Vertrag L' Risikoselektion über die *Einschränkung des Leistungsumfangs* betreiben. Dadurch schrecken sie hohe Risiken ab, für die eine hohe Leistungsmenge wichtiger ist als für niedrige Risiken.

Folgerung 7.3 *In einem Modell, in dem Versicherungen nur eine Leistung in variabler Höhe anbieten, und das Gleichgewicht durch die Definition 7.1 beschrieben wird, kann nur ein trennendes Gleichgewicht vorliegen. In diesem Gleichgewicht wird Risikoselektion über den Leistungsumfang betrieben. Ein Ausgleich zwischen den Risikotypen wird nicht erreicht. Es werden lediglich die niedrigen Risiken schlechter gestellt, während hohe Risiken den gleichen Vertrag erhalten wie auf einem unregulierten Versicherungsmarkt.*

Wie lässt sich dieses Szenario vermeiden? Drei Lösungen sind grundsätzlich denkbar:

(1) *Vorgabe der effizienten Leistungsmenge M^*:* Gibt der Regulator die Menge M^* vor, dann würde in einem Versicherungsmarktgleichgewicht Versicherungsschutz zur Durchschnittsprämie $\bar{P} = \bar{\pi}M^*$ angeboten. Allerdings kann eine Überwachung der Leistungsmenge schwierig sein. Zudem ist fraglich, inwieweit sich Abweichungen von M^* auch tatsächlich nachweisen lassen. In der Praxis dürfte diese Lösung deshalb nur begrenzt durchführbar sein.

(2) *Festlegung der Prämienhöhe auf $\bar{P}^* = \bar{\pi}M^*$:* Das Diskriminierungsverbot kann durch eine *Festlegung der Prämie* in Höhe von $\bar{P}^* = \bar{\pi}M^*$ ergänzt werden. Diese Lösung wird in Abbildung 7.4 dargestellt. Die Prämie hängt nicht mehr von der tatsächlichen Leistungsmenge M ab. Dies spiegelt sich in der horizontal verlaufenden Geraden wieder. Auf ihr muss sich der Gleichgewichtsvertrag befinden. Per definitionem schneidet sie die Pooling-Gerade im Punkt bei $M = M^*$ in Punkt Q. Dies ist auch der Gleichgewichtsvertrag: Rechts von Q würden Versicherungen Verluste machen, weil die Verträge unterhalb der Pooling-Gerade liegen. Links von Q hingegen würden erwartete Gewinne entstehen. Da alle Versicherten eine höhere Leistung zur gleichen Prämie bevorzugen, führt die Konkurrenz der Versicherungen zu einer Ausweitung der Leistungsmenge. Deshalb liegt das stabile Gleichgewicht im Punkt Q mit der Prämie, in dem die Versicherungen erwartete Gewinne in Höhe von Null erzielen. Die Vorgabe der Prämie $\bar{P}^* = \bar{\pi}M^*$ kann damit Risikoselektion über den Leistungsumfang vermeiden. Sie schließt in diesem Modell aus, dass niedrige Risiken über geringere Leistungen selektiert werden. Wie in Abschnitt 7.2.2.3 gezeigt wird, ist die Festlegung der Prämienhöhe bei mehreren Leistungen jedoch nicht mehr geeignet, den gewünschten Ausgleich zwischen den Risikotypen zu erreichen.

(3) *Ein Risikostrukturausgleich:* Ein RSA könnte indirekte Risikoselektion leicht verhindern, wenn der Regulator den Risikotyp selbst beobachtet. Erhält ein Versicherer dann für ein hohes Risiko eine Zahlung in Höhe von $(\pi_h - \bar{\pi})M^*$, während er für ein niedriges Risiko er $(\bar{\pi} - \pi_l)M^*$ abführen muss, dann betragen aus seiner Sicht die erwarteten Ausgaben für jeden Versicherten $\bar{\pi}M^*$ und es besteht kein Anreiz mehr zur Risikoselektion. Interessanter und realitätsnäher ist jedoch der von SELDEN (1998) und GLAZER UND MCGUIRE (2000b) untersuchte Fall, dass die beobachtbaren Eigenschaften nur unvollkommene Indikatoren für den Risikotyp sind. Wir untersuchen dieses Szenario im Folgenden.

Der Risikostrukturausgleich bei unvollkommenen Indikatoren für den Risikotyp

Wir gehen davon aus, dass der Regulator ein mit den Risikotypen korreliertes Signal beobachten kann, dass wie in Abschnitt 7.2.1 den Wert $s = 0,1$ annehmen kann (z.B. das Geschlecht). Für die Wahrscheinlichkeiten q_i, dass ein Risikotyp $i = h, l$ das Signal $s = 1$ aussendet, gelte

$$0 \leq q_l < q_h \leq 1. \tag{7.14}$$

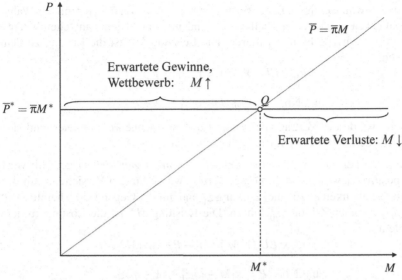

Abb. 7.4. Festlegung der Prämienhöhe auf $\overline{P}^* = \overline{\pi}M^*$

Ein hohes Risiko sendet deshalb mit höherer Wahrscheinlichkeit das Signal $s = 1$ aus als ein niedriges Risiko. Das Signal bezeichnen wir als vollkommen, falls $q_l = 0$ und $q_h = 1$.

Der RSA legt Zahlungen z_s an Versicherer in Abhängigkeit des Signals fest. Um Risikoselektion zu vermeiden, sollte er so gestaltet sein, dass eine Versicherung, die nur hohe Risiken versichert und die effiziente Leistungsmenge M^* anbietet, die Kostendifferenz $P_h^* - \overline{P}^*$ erstattet bekommt, wobei $P_h^* = \pi_h M^*$ und $\overline{P}^* = \overline{\pi}M^*$. D.h., die Zahlungen z_0^* und z_1^* müssen folgende Gleichung erfüllen:

$$q_h z_1^* + (1 - q_h)z_0^* = P_h^* - \overline{P}^*. \tag{7.15}$$

Analog muss eine Versicherung, die nur niedrige Risiken versichert, den Überschuss $\overline{P}^* - P_l^*$ an den RSA abführen, wobei $P_l^* = \pi_l M^*$. Dies führt zur zweiten Bedingung für die Zahlungen z_0^* and z_1^*,

$$q_l z_1^* + (1 - q_l)z_0^* = -(\overline{P}^* - P_l^*). \tag{7.16}$$

Erfüllen die Zahlungen die Bedingungen aus (7.15) und (7.16), dann wird im Gleichgewicht ein Versicherungsvertrag mit der Leistung M^* zur Prämie $\overline{P}^*$ angeboten, der von allen Individuen gewählt wird. Dieser Vertrag führt zu erwarteten Gewinnen in Höhe von Null. Es existiert auch kein anderer Vertrag, der von beiden Risikotypen gewählt wird und positive erwartete Gewinne macht, da die Leistungsmenge M^* effizient ist und deshalb nicht beide Risikotypen unter der Bedingung $\overline{P} = \overline{\pi}M$ besser gestellt werden können. Schließlich können wir ausschließen, dass es profitable alternative Verträge gibt, die nur von einem Risikotyp gewählt werden:

- Es existiert kein anderer Vertrag, der *nur von hohen Risiken* gewählt wird und positive Gewinne erzielt. Dieser Vertrag würde für den Versicherer mit der Wahrscheinlichkeit q_h zu einer Zahlung z_1^* und mit der Gegenwahrscheinlichkeit $(1-q_h)$ zu einer Zahlung z_0^* führen. Die Leistung M^* ist die Lösung zu dem Problem

$$\max_M EU_h(Y,M) = Y - P + \pi_h v(M)$$

u.d.Nb. $P = \pi_h M - [q_h z_1^* + (1-q_h)z_0^*].$

Deshalb würde der Vertrag ebenso die Leistungsmenge M^* anbieten und sich nicht von dem effizienten Vertrag unterscheiden.

- Es existiert kein anderer Vertrag, der *nur von niedrigen Risiken* gewählt wird und positive Gewinne erzielt. Dieser Vertrag würde für den Versicherer mit der Wahrscheinlichkeit q_l zu einer Zahlung z_1^* und mit der Gegenwahrscheinlichkeit $(1-q_l)$ zu einer Zahlung z_0^* führen. Die Leistung M^* ist die Lösung zu dem Problem

$$\max_M EU_l(Y,M) = Y - P + \pi_l v(M)$$

u.d.Nb. $P = \pi_l M - [q_l z_1^* + (1-q_l)z_0^*].$

Folglich gibt es auch hier keinen profitablen alternativen Vertrag.

Die Eigenschaften des optimalen RSA untersuchen wir noch genauer. Lösen wir (7.15) und (7.16) nach z_0^* und z_1^* auf, so erhalten wir

$$z_0^* = \frac{q_h P_l^* - q_l P_h^*}{q_h - q_l} - \overline{P}^* \quad \text{und} \quad z_1^* = \frac{(1-q_l)P_h^* - (1-q_h)P_l^*}{q_h - q_l} - \overline{P}^*. \tag{7.17}$$

Bei perfekten Signalen $q_l = 0$ und $q_h = 1$ vereinfacht sich dies zu

$$z_0^* = P_l^* - \overline{P}^* < 0 \quad \text{und} \quad z_1^* = P_h^* - \overline{P}^* > 0, \tag{7.18}$$

d.h. die RSA-Zahlungen gleichen die Differenz zwischen den erwarteten Kosten des beobachtbaren Risikotyps und den durchschnittlichen Kosten genau aus.

Von besonderem Interesse sind jedoch die Eigenschaften des optimalen RSA, falls das Signal nicht perfekt ist, d.h. falls $q_h < 1$ oder $q_l > 0$ zutrifft. Ableiten der Gleichungen (7.17) nach den Wahrscheinlichkeiten q_i ergibt

$$\frac{\partial z_0^*}{\partial q_h} = \frac{q_l(P_h^* - P_l^*)}{(q_h - q_l)^2} > 0, \tag{7.19}$$

$$\frac{\partial z_0^*}{\partial q_l} = \frac{q_h(P_l^* - P_h^*)}{(q_h - q_l)^2} < 0, \tag{7.20}$$

$$\frac{\partial z_1^*}{\partial q_h} = \frac{(1-q_l)(P_l^* - P_h^*)}{(q_h - q_l)^2} < 0, \tag{7.21}$$

$$\frac{\partial z_1^*}{\partial q_l} = \frac{(1-q_h)(P_h^* - P_l^*)}{(q_h - q_l)^2} > 0. \tag{7.22}$$

Falls das Signal nicht vollkommen ist, erhalten wir somit

$$z_0^* < P_l^* - \overline{P}^* \quad \text{und} \quad z_1^* > P_h^* - \overline{P}^*. \tag{7.23}$$

Der Risikostrukturausgleich kompensiert ungenaue Signale folglich mit einer Spreizung der Transferzahlungen. Dies lässt sich damit erklären, dass die „Bestrafung" für
Risikoselektion, d.h. die Zahlung für Personen mit dem Signal 0 umso mehr erhöht
werden muss, je geringer der Anteil der Versicherten mit diesem Signal bei erfolgreicher Risikoselektion ist. Analog muss die Belohnung für die Versicherung von
hohen Risiken in Form der Zahlung z_1^* umso höher sein, je niedriger der Anteil der
hohen Risiken mit dem Signal 1 ist.

Folgerung 7.4 *Bieten Krankenversicherungen nur eine Leistung in variabler Höhe an, dann lässt sich Risikoselektion über den Leistungsumfang
neben der Kontrolle des Leistungsumfangs durch zwei Maßnahmen vermeiden. Erstens kann die Prämie auf die Durchschnittsprämie bei dem effizienten Leistungsniveau festgelegt werden. Zweites kann ein Risikostrukturausgleich auf Basis beobachtbarer Signale über den Risikotyp eingeführt
werden. Je unvollkommener die Signale über den Risikotyp sind, desto höher
sind absolut die RSA-Zahlungen, um indirekte Risikoselektion zu vermeiden.*

Vergleich des Risikostrukturausgleichs bei direkter und indirekter Risikoselektion

In Abschnitt 7.2.1 haben wir den optimalen Risikostrukturausgleich bei direkter Risikoselektion hergeleitet. Dieser hatte zum Ziel, Risikoselektion nach den beobachtbaren Eigenschaften der Individuen zu vermeiden. Eine wichtige Frage ist, inwieweit
dieser RSA mit demjenigen zur Vermeidung indirekter Risikoselektion vereinbar ist.
Hierzu gehen wir davon aus, dass die Versicherungen ebenfalls nur das Signal s beobachten und direkte Risikoselektion auf Grundlage dieses Signals betreiben. Wir
bestimmen zunächst die optimalen RSA-Zahlungen zur Vermeidung direkter Risikoselektion und vergleichen diese anschließend mit den optimalen RSA-Zahlungen
zur Verhinderung indirekter Risikoselektion.

Der RSA zur Vermeidung direkter Risikoselektion gleicht die Durchschnittskosten M_s der beobachtbaren Gruppen aus [vgl. Gleichung (7.1)]. Die Kosten dieser
Gruppen hängen von dem Anteil an hohen und niedrigen Risiken mit dem jeweiligen Signal ab. Bei einem Anteil μ_s der hohen Risiken mit dem Signal s beträgt
die durchschnittliche Krankheitswahrscheinlichkeit aller Personen mit diesem Signal $\mu_s \pi_h + (1 - \mu_s)\pi_l$. Bei einer effizienten Leistungsmenge sind die beobachtbaren
Kosten der Gruppe s folglich

$$M_s = (\mu_s \pi_h + (1 - \mu_s)\pi_l)M^*, \quad s = 0,1. \tag{7.24}$$

Nach dem Satz von Bayes lässt sich der Anteil μ_s als bedingte Wahrscheinlichkeit
auffassen:

$$\mu_s = P(h|s) = \frac{P(s|h)P(h)}{P(s|h)P(h) + P(s|l)P(l)} \tag{7.25}$$

In der Notation des Modells der indirekten Risikoselektion sind $P(h) = 1 - \lambda$, $P(l) = \lambda$, $P(s = 1|h) = q_h$, $P(s = 1|l) = q_l$, $P(s = 0|h) = 1 - q_h$ und $P(s = 0|l) = 1 - q_l$. Für μ_0 und μ_1 ergibt sich folglich

$$\mu_0 = \frac{(1 - q_h)(1 - \lambda)}{(1 - q_h)(1 - \lambda) + (1 - q_l)\lambda} \quad \text{und} \quad \mu_1 = \frac{q_h(1 - \lambda)}{q_h(1 - \lambda) + q_l\lambda}. \tag{7.26}$$

Bei vollkommenen Signalen $q_l = 0$ und $q_h = 1$ erhalten wir $\mu_0 = 0$ und $\mu_1 = 1$ und folglich $M_0 = \pi_l M^*$ und $M_1 = \pi_h M^*$. Sind die Signale jedoch unvollkommen, dann sind $\mu_0 > 0$, $\mu_1 < 1$ und somit $M_0 > \pi_l M^*$ und $M_1 < \pi_h M^*$.

Wir können jetzt die Zahlungen des RSA zur Vermeidung direkter Risikoselektion ($\hat{z}_s$) bestimmen und mit denjenigen zur Verhinderung von indirekter Risikoselektion (z_s^*) vergleichen. Nach Gleichung (7.1) ist

$$\hat{z}_s = M_s - \overline{M} = M_s - \overline{\pi}M^*, \tag{7.27}$$

mit $\overline{\pi}M^*$ als durchschnittliche Gesamtkosten, wenn die Leistungsmenge effizient ist. Bei vollkommenen Signalen gilt $M_0 = \pi_l M^*$ und $M_1 = \pi_h M^*$. Dies impliziert

$$\hat{z}_0 = (\pi_l - \overline{\pi})M^* = P_l^* - \overline{P}^* \quad \text{und} \quad \hat{z}_1 = (\pi_h - \overline{\pi})M^* = P_h^* - \overline{P}^*. \tag{7.28}$$

Die Zahlungen zur Vermeidung indirekter Risikoselektion bei vollkommenen Signalen finden sich in Gleichung (7.18). Folglich gilt

$$\hat{z}_0 = P_l^* - \overline{P}^* = z_0^* \quad \text{and} \quad \hat{z}_1 = P_h^* - \overline{P}^* = z_1^*. \tag{7.29}$$

Der Zahlungen zur Vermeidung direkter und indirekter Risikoselektion stimmen somit bei vollkommenen Signalen überein (siehe Gleichung (7.18)) und es lassen sich beide Probleme gemeinsam lösen.

Sind die Signale allerdings unvollkommen, dann ist $M_0 > \pi_l M^*$ und $M_1 < \pi_h M^*$. Für die Zahlungen zur Vermeidung direkter Risikoselektion bedeutet dies

$$\hat{z}_0 > (\pi_l - \overline{\pi})M^* = P_l^* - \overline{P}^* \quad \text{und} \quad \hat{z}_1 < (\pi_h - \overline{\pi})M^* = P_h^* - \overline{P}^*.$$

In diesem Fall sind die Zahlungen geringer als bei vollkommenen Signalen, da sich die beobachtbaren Gruppen sowohl aus niedrigen als auch aus hohen Risiken zusammensetzen.

Vergleichen wir diese Zahlungen mit denen zur Vermeidung indirekter Risikoselektion in Gleichung (7.23), so ergibt sich

$$z_0^* < P_l^* - \overline{P}^* < \hat{z}_0 < 0 \quad \text{and} \quad z_1^* > P_h^* - \overline{P}^* > \hat{z}_1 > 0. \tag{7.30}$$

Direkte und indirekte Risikoselektion erfordern somit unterschiedliche RSA-Zahlungen bei unvollkommenen Signalen. Während indirekte Risikoselektion eine Spreizung der Zahlungen verlangt, sind die Zahlungen zur Vermeidung direkter Risikoselektion absolut geringer als bei vollkommenen Signalen. Bei unvollkommenen Signalen besteht folglich ein *Zielkonflikt zwischen der Vermeidung direkter und indirekter Risikoselektion*, wenn die Versicherungen auf Basis des Signals s direkte

Kasten 7.4. Risikostrukturausgleich bei unvollkommenen Indikatoren für den Risikotyp

$$z_0^* = \frac{q_h P_l^* - q_l P_h^*}{q_h - q_l} - \overline{P}^* \quad \text{und} \quad z_1^* = \frac{(1-q_l)P_h^* - (1-q_h)P_l^*}{q_h - q_l} - \overline{P}^* \tag{7.17}$$

$$M_s = (\mu_s \pi_h + (1-\mu_s)\pi_l)M^*, \quad s = 0,1 \tag{7.24}$$

$$\mu_0 = \frac{(1-q_h)(1-\lambda)}{(1-q_h)(1-\lambda)+(1-q_l)\lambda} \quad \text{und} \quad \mu_1 = \frac{q_h(1-\lambda)}{q_h(1-\lambda)+q_l\lambda} \tag{7.26}$$

$$\hat{z}_s = M_s - \overline{M} = M_s - \overline{\pi}M^*, \quad s = 0,1 \tag{7.27}$$

Bei vollkommenen Signalen, d.h. bei $q_l = 0$ und $q_h = 1$, gilt

$$z_0^* = P_l^* - \overline{P}^* = \hat{z}_0 \quad \text{und} \quad z_1^* = P_h^* - \overline{P}^* = \hat{z}_1. \tag{7.29}$$

Ansonsten

$$z_0^* < P_l^* - \overline{P}^* < \hat{z}_0 < 0 \quad \text{und} \quad z_1^* > P_h^* - \overline{P}^* > \hat{z}_1 > 0 \tag{7.30}$$

$s = 0,1$:	Signal, d.h. beobachtbare persönliche Eigenschaft
P_i^*:	Faire Prämie für Risikotyp $i = h,l$ und $M = M^*$
$\overline{P}^*$:	Durchschnittliche Prämie $M = M^*$
M^*:	Effiziente Menge an medizinischen Leistungen
z_s:	RSA-Zahlungen
z_s^*:	RSA-Zahlungen, die indirekte Risikoselektion verhindern
$\hat{z}_s$:	RSA-Zahlungen, die direkte Risikoselektion verhindern
q_i:	Wahrscheinlichkeit, dass Typ $i = h,l$ das Signal $s = 1$ sendet
π_i:	Krankheitswahrscheinlichkeit von Typ $i = h,l$
$\overline{\pi}$:	Durchschnittliche Krankheitswahrscheinlichkeit
μ_s:	Anteil hoher Risiken an Personen mit der Eigenschaft $s = 0,1$
λ:	Anteil an niedrigen Risiken

Risikoselektion betreiben können. Es ist nur noch eine „Second-best"-Lösung erreichbar, die je nach Gewichtung der beiden Ziele die Zahlungen z_s zwischen z_s^* und $\hat{z}_s$ festlegt. Bemerkenswert ist dabei, dass die gängige Praxis, Kostenunterschiede zwischen beobachtbaren Gruppen auszugleichen, nur dann optimal ist, wenn ausschließlich direkte Risikoselektion vermieden werden soll. Um durch den RSA auch indirekte Risikoselektion zu reduzieren, müssen die Zahlungen absolut höher ausfallen.[8]

Folgerung 7.5 *Die RSA-Zahlungen zur Vermeidung direkter und indirekter Risikoselektion stimmen überein, wenn sich die Risikotypen selbst beobachten lassen. Sind die vom Regulator beobachtbaren Eigenschaften der Indi-*

---

[8] GLAZER UND MCGUIRE (2000a) betrachten nur indirekte Risikoselektion und vergleichen die „optimalen" RSA-Zahlungen z_s^* mit den „konventionellen" Zahlungen $\hat{z}_s$. Bei direkter Risikoselektion müssen erstere jedoch nicht optimal sein. Trotzdem bleibt ihre Kritik am konventionellen Ansatz begründet solange Versicherer indirekte Risikoselektion betreiben.

viduen jedoch nur ein unvollkommenes Signal für den Risikotyp und können Versicherungen auf Basis dieses Signals direkte Risikoselektion betreiben, dann sind die RSA-Zahlungen zur Vermeidung indirekter Risikoselektion absolut höher als diejenigen zur Vermeidung direkter Risikoselektion. In diesem Fall ist nur eine „Second-best"-Lösung möglich, in der die beiden Ziele gegeneinander abgewogen werden.

7.2.2.3 Risikoselektion über die Leistungsstruktur

Bislang sind wir nur von einer Leistung ausgegangen. In der Realität bieten Krankenversicherungen jedoch verschiedene Leistungen an, die für die Risikotypen von unterschiedlicher Bedeutung sind. So sehen sich zwar alle Personen ungefähr dem gleichen Risiko einer akuten Erkrankung wie einer Erkältung oder einer Grippe ausgesetzt. Im Bezug auf chronische Krankheiten jedoch unterscheiden sich die Menschen in ihrer Krankheitswahrscheinlichkeit. Risikoselektion lässt sich dann auch über die Struktur des Leistungspakets erreichen, indem relativ viele akutmedizinische Leistungen und relativ wenige Leistungen für chronisch Kranke angeboten werden.

Diese Form der Risikoselektion stellen wir im Folgenden anhand des Modells von GLAZER UND MCGUIRE (2000b) dar, das die Analyse im vorgehenden Abschnitt erweitert. Wir gehen dabei erneut von zwei möglichen Risikotypen aus. Beide Typen bekommen mit der gleichen Wahrscheinlichkeit $0 < \rho \leq 1$ eine akute Erkrankung.[9] Ihnen kann durch akutmedizinische Leistungen M_a geholfen werden, die zu einem Nutzen von $v_a(M_a)$ führen, wobei $v_a < 0$, $v_a' > 0$ und $v_a'' < 0$ sowie $v_a'(0) > 1$. Mit der Wahrscheinlichkeit π_i, $i = l, h$, $0 < \pi_l < \pi_h \leq 1$, tritt bei den Individuen eine chronische Krankheit auf. In diesem Fall führen spezifische medizinische Leistungen M_c zu einem Nutzen von $v_c(M_c)$ mit $v_c < 0$, $v_c' > 0$, $v_c'' < 0$ und $v_c'(0) > 1$. Der Erwartungsnutzen eines Individuums vom Typ i beträgt

$$EU_i(C, M_a, M_c) = C + \rho v_a(M_a) + \pi_i v_c(M_c). \tag{7.31}$$

Die Leistungen M_a und M_c werden von den Krankenversicherungen gegen Zahlung einer Prämie P_i angeboten. Bei einem Budget von $Y = C + P_i$ erhalten wir für den Erwartungsnutzen eines Individuums in Abhängigkeit von Y, P_i, M_a und M_c

$$EU_i(Y, P_i, M_a, M_c) = Y - P_i + \rho v_a(M_a) + \pi_i v_c(M_c). \tag{7.32}$$

Auf dem Krankenversicherungsmarkt herrsche vollkommene Konkurrenz. Neben der erwarteten Versicherungsleistung entstehen den Versicherungen keine Kosten. Jedes Individuum erwirbt genau einen Vertrag. Zunächst untersuchen wir die Referenzsituation, in der die Versicherungen risikoabhängige Prämien verlangen. Anschließend betrachten wir das Marktgleichgewicht bei einem Diskriminierungsverbot und einer festgesetzten Prämie.

---

[9] GLAZER UND MCGUIRE (2000b) gehen von $\rho = 1$ aus.

Gleichgewicht auf einem unregulierten Versicherungsmarkt

Die aktuarisch faire Prämie beträgt

$$P_i = \rho M_a + \pi_i M_c. \tag{7.33}$$

Durch Einsetzen in (7.32) erhalten wir die Erwartungsnutzenfunktion des Individuums in Abhängigkeit von M_a und M_c. Ein Individuum vom Typ i steht somit vor dem Entscheidungsproblem

$$\max_{M_a, M_c} EU_i(Y, M_a, M_c) = Y - \rho M_a - \pi_i M_c + \rho v_a(M_a) + \pi_i v_c(M_c). \tag{7.34}$$

Das Einkommen des Individuums sei so hoch, dass im Optimum die Menge an Konsumgütern C positiv ist. Die Bedingungen erster Ordnung lauten dann

$$\frac{\partial EU_i}{\partial M_a} = -\rho + \rho v_a'[M_a^*] = 0 \quad \Leftrightarrow \quad v_a'[M_a^*] = 1 \tag{7.35}$$

$$\frac{\partial EU_i}{\partial M_c} = -\pi_i + \pi_i v_c'[M_c^*] = 0 \quad \Leftrightarrow \quad v_c'[M_c^*] = 1. \tag{7.36}$$

Die effizienten Mengen M_a^* und M_c^* sind somit unabhängig vom Risikotyp. Desweiteren ist die Bedingung zweiter Ordnung erfüllt, da $v_a'' < 0$ und $v_c'' < 0$.

In Abbildung 7.5 werden die optimalen Verträge für beide Risikotypen dargestellt. Die Geraden l^* und h^* beschreiben dabei für jeden Risikotyp die Kombinationen von M_a und M_c, deren erwarteter Wert den Ausgaben im Optimum entsprechen:

$$\rho M_a + \pi_i M_c = P_i^* \equiv \rho M_a^* + \pi_i M_c^* \quad \Leftrightarrow \quad M_c = \frac{P_i^*}{\pi_i} - \frac{\rho}{\pi_i} M_a. \tag{7.37}$$

Die Steigung der Budgetgeraden i^* beträgt folglich $\mathrm{d}M_c/\mathrm{d}M_a = -\rho/\pi_i$. Am Schnittpunkt mit der Abszisse ist $M_c = 0$ und somit $M_a = P_i^*/\rho$. Die Eigenschaften der Indifferenzkurven der Individuen erhalten wir aus Gleichung (7.32)

$$\left.\frac{\mathrm{d}M_c}{\mathrm{d}M_a}\right|_{dEU_i=0} = -\frac{\rho v_a'(M_a)}{\pi_i v_c'(M_c)} < 0 \tag{7.38}$$

und

$$\left.\frac{\mathrm{d}^2 M_c}{\mathrm{d}M_a^2}\right|_{dEU_i=0} = -\frac{\rho}{\pi_i} \frac{v_a''(M_a)v_c'(M_c) - v_a'(M_a)v_c''(M_c)\left.\frac{\mathrm{d}M_c}{\mathrm{d}M_a}\right|_{dEU_i=0}}{[v_c'(M_c)]^2} < 0. \tag{7.39}$$

Die Indifferenzkurven verlaufen somit fallend und sind streng konvex zum Ursprung. Zudem impliziert Gleichung (7.38), dass die absolute Steigung für die niedrigen Risiken bei gleichen Leistungsmengen M_a und M_c höher ist.

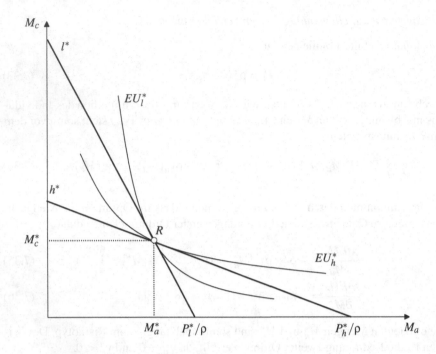

Abb. 7.5. Gleichgewicht auf einem unregulierten Versicherungsmarkt

Im Optimum tangiert die Indifferenzkurve der hohen Risiken die Budgetgerade h^*. Analog gilt dies auch für niedrige Risiken bezogen auf die Budgetgerade l^*. Für beide Risikotypen ist daher in Abbildung 7.5 die optimale Lösung durch den Punkt R charakterisiert, den Schnittpunkt der Geraden h^* und l^*. Hier ist allerdings zu beachten, dass Gleichung (7.33)

$$P_h^* = \rho M_a^* + \pi_h M_c^* > P_l^* = \rho M_a^* + \pi_l M_c^*$$

impliziert, d.h. hohe Risiken zahlen eine höhere Prämie für diesen Krankenversicherungsschutz.

Gleichgewicht auf einem Versicherungsmarkt mit Diskriminierungsverbot

Erneut untersuchen wir, ob durch ein Diskriminierungsverbot ein Ausgleich zwischen hohen und niedrigen Risiken erreicht werden kann. Beide Risikotypen sollen dabei die effizienten Mengen M_a^* und M_c^* erhalten und die Durchschnittsprämie in Höhe von

$$\overline{P}^* = \rho M_a^* + \overline{\pi} M_c^* \tag{7.40}$$

bezahlen.

Kasten 7.5. Risikoselektion über die Leistungsstruktur

$$EU_i(Y, P_i, M_a, M_c) = Y - P_i + \rho v_a(M_a) + \pi_i v_c(M_c) \tag{7.32}$$

$$P_i = \rho M_a + \pi_i M_c \tag{7.33}$$

$$\left.\frac{dM_c}{dM_a}\right|_{dEU_i=0} = -\frac{\rho v_a'(M_a)}{\pi_i v_c'(M_c)} < 0 \tag{7.38}$$

$$\left.\frac{d^2 M_c}{dM_a^2}\right|_{dEU_i=0} = -\frac{\rho}{\pi_i} \frac{v_a''(M_a) v_c'(M_c) - v_a'(M_a) v_c''(M_c) \left.\frac{dM_c}{dM_a}\right|_{dEU_i=0}}{[v_c'(M_c)]^2} > 0 \tag{7.39}$$

$$\overline{P}^* = \rho M_a^* + \overline{\pi} M_c^* \tag{7.40}$$

Y:	Bruttoeinkommen
M_a:	Medizinische Leistungen zur Behandlung akuter Erkrankung
M_c:	Medizinische Leistungen zur Behandlung chronischer Krankheit
M_j^*:	Effiziente Menge an medizinischen Leistungen, $j = a, c$
ρ:	Wahrscheinlichkeit für akute Erkrankung
π_i:	Wahrscheinlichkeit für chronische Krankheit, $i = l, h$, $0 < \pi_l < \pi_h \leq 1$
$\overline{\pi}$:	Durchschnittswahrscheinlichkeit für chronische Krankheit
$v_a(M_a)$:	Nutzenzuwachs durch medizinische Leistungen bei akuter Erkrankung
$v_c(M_c)$:	Nutzenzuwachs durch medizinische Leistungen bei chronischer Krankheit
EU_i:	Erwartungsnutzen
P_i:	Versicherungsprämie
$\overline{P}^*$	Durchschnittliche Prämie für M_a^* und M_c^*

Um Risikoselektion über den Leistungsumfang auszuschließen, treffen wir im Folgenden die Annahme, dass die Prämie auf das Niveau $\overline{P}^*$ festgesetzt wird. Dann lautet die Nullgewinnbedingung für die Versicherungen in Abhängigkeit vom Risikotyp $i = h, l$:

$$\overline{P}^* = \rho M_a + \pi_l M_c \Leftrightarrow M_c = \frac{\overline{P}^*}{\pi_i} - \frac{\rho}{\pi_i} M_a. \tag{7.41}$$

In Abbildung 7.6 stellen die Geraden h' and l' diese Funktionen für die beiden Risikotypen dar. Sie verlaufen parallel zu den Nullgewinngeraden (7.33) bei optimalem Versicherungsschutz P_i^* in Abwesenheit eines Diskriminierungsverbots. Durch die Vorgabe der Prämie $\overline{P}^*$ verläuft die Nullgewinngerade h' für hohe Risiken links von h^*, während die Gerade l' für niedrige Risiken rechts von l^* liegt. Bei $M_c = 0$ schneiden sich die Geraden nach (7.41) bei dem Wert $M_a = (\overline{P}^*/\rho)$.

Wie im Modell des vorangehenden Abschnitts lässt sich zeigen, dass nur ein trennendes Gleichgewicht existieren kann und dass hierfür der Anteil der niedrigen Risiken hinreichend klein sein muss. Wir gehen im Folgenden davon aus, dass dies der

Fall ist und untersuchen die Eigenschaften dieses trennenden Gleichgewichts. In diesem Gleichgewicht erhalten hohe Risiken den optimalen Vertrag für ihren Risikotyp unter der Bedingung (7.41). In Abbildung 7.6 ist dieser Vertrag mit A gekennzeichnet. Dort tangiert die Indifferenzkurve der hohen Risiken die Nullgewinngerade h'. Daraus ergibt sich, dass der beste Vertrag, der niedrigen Risiken angeboten werden kann, zu erwarteten Gewinnen in Höhe von Null führt und nicht von hohen Risiken gewählt wird, durch Punkt B erfasst wird. Das trennende Gleichgewicht wird somit durch die Verträge A und B beschrieben.

Im Vergleich zur Situation ohne ein Diskriminierungsverbot und festgeschriebener Prämie stellen sich beide Risikotypen schlechter: Hohe Risiken erhalten suboptimalen Versicherungsschutz $M_j^h < M_j^*$, $j = a, c$. Sie würden gerne ihre Ausgaben für Krankenversicherung erhöhen. Niedrige Risiken sind schlechter gestellt, weil sie höhere Ausgaben für Krankenversicherung haben und weil die Struktur der Leistungen verzerrt ist. Wie aus Abbildung 7.6 ersichtlich, ist $M_a^l > M_a^*$ und $M_c^l < M_c^*$, d.h. sie erhalten mehr akutmedizinische Leistungen und weniger Leistungen für chronische Krankheiten. Risikoselektion äußert sich folglich in der Struktur des Leistungspakets. Eine Festlegung der Prämienhöhe reicht nicht aus, um sie zu verhindern. Sie ist im Gegenteil sogar kontraproduktiv, denn bei einer unregulierten Prämienhöhe könnten zumindest die hohen Risiken das von ihnen bevorzugte Leistungspaket mit M_j^*, $j = a, c$ zu einem Preis P_h^* erwerben.[10]

Folgerung 7.6 *Bieten Krankenversicherungen zwei Leistungen an, von denen eine von beiden Risikotypen mit gleicher Wahrscheinlichkeit, die andere aber mit unterschiedlicher Wahrscheinlichkeit nachgefragt wird, dann führt die Festsetzung der Prämienhöhe nicht zur erwünschten Umverteilung zwischen hohen und niedrigen Risiken. Die Versicherungen betreiben stattdessen Risikoselektion über die Leistungsstruktur.*

Nachdem sich die Festsetzung der Prämienhöhe als kontraproduktiv erwiesen hat, stehen noch folgende Alternativen zur Verfügung, um die gewünschte Umverteilung zu erreichen:

(1) *Regulierung des Leistungspakets:* Wenn der Regulator in der Lage wäre, die Menge M_a^* and M_c^* der einzelnen Leistungen vorzugeben und zu kontrollieren, ließe sich indirekte Risikoselektion ausschließen. Dies dürfte aber vielfach schwierig sein. Insbesondere könnten Versicherungen akutmedizinische Leistungen als Leistungen für chronisch Kranke deklarieren.

---

[10] Dann bieten Versicherer grundsätzlich die effiziente Leistungsmenge M_a^* an. Die Leistungen für chronische Krankheiten werden aber zur Risikoselektion eingesetzt. Wie in dem Modell im vorangehenden Abschnitt erhalten niedrige Risiken in einem trennenden Gleichgewicht einen Vertrag mit $M_c^l < M_c^*$, während hohe Risiken die effiziente Menge M_c^* erhalten [vgl. GLAZER UND MCGUIRE (2000b, S.1069)]. Die hohen Risiken müssen für ihre Leistungen eine risikoäquivalente Prämie bezahlen. Die erwünschte Umverteilung zwischen den Risikotypen wird deshalb nicht erreicht.

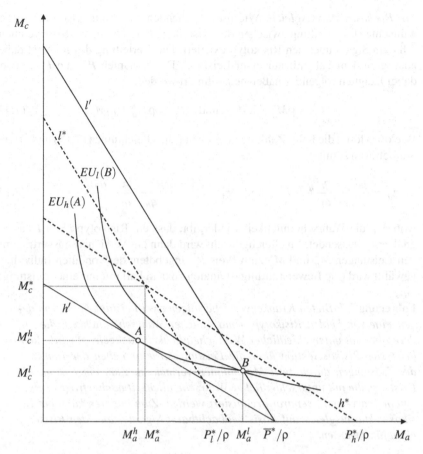

Abb. 7.6. Risikoselektion über die Leistungsstruktur

(2) *Institutionelle Trennung der Leistungen:* Durch einen *carve-out*, d.h. einer separaten Organisation von Leistungen für chronisch Kranke, lässt sich die gewünschte Umverteilung grundsätzlich erreichen. Der Regulator müsste dann lediglich für die chronischen Leistungen die Prämienhöhe festsetzen und es würde, wie in dem Modell mit einer Leistung, die effiziente Leistungsmenge M_c^* zum Preis $\bar{\pi} M_c^*$ angeboten. Allerdings setzt diese Lösung voraus, dass keine Vorteile aus dem gemeinsamen Angebot von akutmedizinischen Leistungen und Leistungen für chronische Krankheiten bestehen. Zumindest wäre damit zu rechnen, dass der Verwaltungsaufwand zunimmt. Außerdem muss der Versicherte durchsetzen können, dass die zuständige Versicherung die Ausgaben für eine bestimmte medizinische Behandlung trägt und nicht erklärt, die andere Versicherung sei dafür zuständig.

(3) *Ein Risikostrukturausgleich:* Wie im vorgehenden Abschnitt lässt sich die gewünschte Umverteilung zwischen den Risikotypen durch einen RSA erreichen,
falls ein Signal über den Risikotyp existiert. Die Herleitung des RSA ist dabei
analog zu dem Fall mit nur einer Leistung. Die Variablen $\overline{P}^*$ und P_i^* müssen
dabei lediglich folgendermaßen neu definiert werden

$$\overline{P}^* = \rho M_a^* + \overline{\pi} M_c^* \quad \text{und} \quad P_i^* = \rho M_a^* + \pi_i M_c^*. \tag{7.42}$$

Wie oben lösen die RSA-Zahlungen z_0 und z_1 die Gleichungen (7.15) und (7.16).
Sie betragen somit

$$z_0^* = \frac{q_h P_l^* - q_l P_h^*}{q_h - q_l} - \overline{P}^* \quad \text{und} \quad z_1^* = \frac{(1 - q_l)P_h^* - (1 - q_h)P_l^*}{q_h - q_l} - \overline{P}^*, \tag{7.17}$$

wobei q_i die Wahrscheinlichkeit wiedergibt, dass ein Risikotyp $i = h, l$ das Signal $s = 1$ aussendet. Im Gleichgewicht wird dann ein Versicherungsvertrag mit
den Leistungen M_a^* und M_c^* zum Preis $\overline{P}^*$ angeboten, der von allen Individuen
gewählt wird (die Beweisführung ist analog zu dem Fall mit nur einer Leistung).

Folgerung 7.7 *Bieten Krankenversicherungen zwei Leistungen an, von denen eine von beiden Risikotypen mit gleicher Wahrscheinlichkeit, die andere aber mit unterschiedlicher Wahrscheinlichkeit nachgefragt wird, dann
lässt sich Risikoselektion über die Leistungsstruktur neben der Kontrolle
der Leistungen durch zwei Maßnahmen vermeiden. Zum einen kann die
Leistung, die mit unterschiedlicher Wahrscheinlichkeit nachgefragt wird, in
einem „carve-out" separat organisiert werden. Zum anderen kann ein Risikostrukturausgleich auf Basis beobachtbarer Signale über den Risikotyp
eingeführt werden.*

Das in diesem Abschnitt vorgestellte Modell mit zwei Leistungen ist immer noch
eine grobe Vereinfachung der Realität. In der Praxis besteht das Angebot einer Krankenversicherung aus weit mehr als nur zwei Leistungen. Dies wird in den Arbeiten
von FRANK ET AL. (2000) und GLAZER UND MCGUIRE (2002) berücksichtigt, die
das hier vorgestellte Modell erweitern.

7.3 Weitere Argumente für einen finanziellen Ausgleich zwischen Krankenversicherungen

Drei weitere Gründe werden neben der Vermeidung von Risikoselektion für die
Einführung eines Finanzausgleichs zwischen Krankenversicherungen angeführt. Erstens sollen Prämienunterschiede zwischen Versicherungen aus Gerechtigkeitsgrün-
den vermieden werden. Zweitens kann ein Finanzausgleichssystem zur Chancen-

gleichheit auf dem Krankenversicherungsmarkt beitragen, wenn sich die Versicherungen bei Übergang zu einem Wettbewerbssystem in ihrer Risikostruktur unterscheiden. Drittens soll ein Finanzausgleichssystem vermeiden, dass es sich für neue Versicherungen allein deshalb lohnt, in den Markt einzutreten, weil niedrige Risiken eher zum Versicherungswechsel neigen.

7.3.1 Vermeidung von Prämienunterschieden

In Deutschland hatten vor Einführung des umfassenden Kassenwettbewerbs in der gesetzlichen Krankenversicherung die meisten Versicherten keine oder nur eine geringe Wahl zwischen Krankenkassen. In der Regel wurden sie aufgrund ihres Berufs einer Kasse zugewiesen. Da sich die Einkommens- und Risikostruktur der einzelnen Versicherungsgruppen stark unterschied, kam es zu entsprechenden Beitragssatzdifferenzen. So betrug vor Einführung des Risikostrukturausgleichs am 1. Januar 1994 die Relation zwischen dem niedrigsten und dem höchsten Beitragssatz etwa 1:2. Die Einführung des Risikostrukturausgleichs sollte nicht zuletzt diese Ungleichbehandlung der Versicherten beseitigen.

Diese Begründung des Risikostrukturausgleichs ist allerdings nur stichhaltig, solange die Versicherten keine Wahl zwischen den Krankenversicherungen besitzen. Entsprechend ist sie mit der Eröffnung der freien Wahl- und Wechselmöglichkeiten im Jahr 1996 obsolet geworden. Niemand ist seitdem mehr gezwungen, in einer Kasse mit einem hohen Beitragssatz zu verbleiben.

7.3.2 Chancengleichheit auf dem Krankenversicherungsmarkt

Unterscheidet sich aus historischen Gründen die Risikostruktur der Krankenversicherungen bei einem Übergang zum Kassenwettbewerb, so sind ohne einen Finanzausgleich die Kassen mit der zufällig besten Startposition eindeutig im Vorteil. Dies wäre nicht nur aus Gründen der Fairness zwischen Kassen bedenklich, sondern auch deshalb, weil sich nicht unbedingt die Kassen durchsetzen würden, die am wirtschaftlichsten mit den Beiträgen der Versicherten umgehen. Ein wichtiger Grund für die Einführung des RSA in Deutschland bereits zwei Jahre vor der Ausdehnung des Kassenwettbewerbs war deshalb das Ziel, die Beitragssatzdifferenzen aufgrund unterschiedlicher beitragspflichtiger Einnahmen und Risikostruktur zu beseitigen und so Chancengleichheit im Kassenwettbewerb zu schaffen.

7.3.3 Stabilisierung des Krankenversicherungsmarktes

Eine weitere von Risikoselektion unabhängige Begründung für einen Finanzausgleich besteht dann, wenn niedrige Risiken eher zu einem Versicherungswechsel neigen als hohe Risiken.[11] Dies schafft den Anreiz für Versicherungen, allein schon deshalb mit einem günstigen Angebot in den Markt einzutreten, weil sich durch die Versicherung hauptsächlich niedriger Risiken Gewinne erzielen lassen. Etablierte Versicherungen müssen dann die Beiträge erhöhen oder sogar in Konkurs gehen, weil bei ihnen nur hohe Risiken verbleiben. Zu erwarten ist letztlich ein dynamisch instabiler Markt, in der Versicherungen oder Versicherungstarife nur relativ kurze Zeit Bestand haben.

Dieses Szenario ist insbesondere deshalb negativ, weil es sich für eine Versicherung kaum lohnen dürfte, in diesem Umfeld in effiziente Versorgungsstrukturen zu investieren. Schon nach kurzer Zeit könnte die Versicherung durch das Angebot eines Konkurrenten ihre niedrigen Risiken verlieren. Die Folge wären Verluste oder eine Beitragserhöhung, die zur Abwanderung weiterer niedriger Risiken führen dürfte.

Dass die Sorge um einen instabilen Krankenversicherungsmarkt in Deutschland begründet ist, zeigen empirische Studien. So stellen LAUTERBACH UND WILLE (2000) bei einem Vergleich der Leistungsausgaben von Wechslern und Nichtwechslern von mehr als einem Drittel aller Versicherten der Gesetzlichen Krankenversicherung in Deutschland fest, dass die Wechsler im Jahr vor dem Wechsel je nach Altersgruppe durchschnittlich 45% bis 85% geringere Leistungsausgaben verursachen als vergleichbare Nichtwechsler. Insbesondere bei den erwachsenen Wechslern war der Unterschied markant. Die Studie von NUSCHELER UND KNAUS (2005) auf Grundlage von Daten des Sozio-Ökonomischen Panels (SOEP) kommt zu einem ähnlichen Ergebnis. Sie finden, dass Nichtwechsler einen signifikant schlechteren Gesundheitszustand aufweisen als Wechsler.

Um eine Destabilisierung des Krankenversicherungsmarktes zu vermeiden, bietet es sich insbesondere an, das Kriterium, ob eine Person die Krankenversicherung gewechselt hat, mit in den RSA einzubeziehen. Auch ein teilweiser Ausgabenausgleich kann zur Stabilisierung des Krankenversicherungsmarktes beitragen.

Folgerung 7.8 *Die Vermeidung von Prämienunterschieden stellt keine Begründung für ein Finanzausgleichssystem dar, wenn die Individuen zwischen Versicherungen frei wählen können. In diesem Fall kann ein Finanzausgleich jedoch zur Sicherung von Chancengleichheit im Versicherungswettbewerb und zur Stabilisierung des Versicherungswettbewerbs beitragen. Ohne ein Finanzausgleichssystem besteht jeweils die Gefahr, dass sich nicht die Versicherungen am Markt durchsetzen, die am wirtschaftlichsten mit den Beiträgen der Versicherten umgehen.*

---

[11] NUSCHELER (2004) bezeichnet dieses Phänomen als „passive Risikoselektion", die unabhängig davon auftritt, ob sich eine Krankenkasse aktiv in Form direkter oder indirekter Risikoselektion um einen guten Risikopool bemüht („aktive Risikoselektion").

7.4 Zur Ausgestaltung des Risikostrukturausgleichs

7.4.1 Zur Auswahl der Ausgleichsvariablen

Grundlage eines RSA sind Ausgleichsvariablen, die auf beobachtbaren Eigenschaften der Individuen beruhen. Diese Ausgleichsvariablen sollten dabei in der Lage sein, die Leistungsausgaben vorherzusagen. Folgende Variablen haben sich dabei als geeignet gezeigt:

(1) *Soziodemographische Variablen:* Die am häufigsten verwendeten demographischen Variablen sind das Alter und das Geschlecht, da sie zu einem Teil die Unterschiede in den Leistungsausgaben erklären. Allerdings ist die Erklärungskraft dieser beiden Größen für sich genommen relativ gering [vgl. z.B. NEWHOUSE ET AL. (1989), VAN DE VEN UND VAN VLIET (1992) und CHANG UND WEINER (2010)]. Weitere soziodemographische Variablen, die sich zur Erklärung der Leistungsausgaben eignen, sind der Familienstand, der Rentnerstatus, das Bildungsniveau oder das Einkommen. So zeigen BREYER ET AL. (2003) und BEHREND ET AL. (2004) in empirischen Studien auf Basis von Daten aus der GKV, dass Erwerbs- und Berufsunfähigkeitsrentner signifikant höhere Ausgaben haben. BREYER ET AL. (2003) finden zusätzlich, dass allein stehende Rentner und Personen mit geringem Einkommen höhere Leistungsausgaben verursachen.

(2) *Die Leistungsausgaben in der Vorperiode:* Ein nahe liegender Indikator für die Morbidität, also das Risiko, medizinische Behandlung zu benötigen, ist die durch Leistungsausgaben gemessene Inanspruchnahme in der Vergangenheit. In den Untersuchungen von NEWHOUSE ET AL. (1989), VAN DE VEN UND VAN VLIET (1992) und ASH ET AL. (1998) zeigt sich, dass ein Anstieg der Leistungsausgaben um eine Geldeinheit zu höheren Ausgaben zwischen 0,2 und 0,3 Geldeinheiten in der Folgeperiode führt. Insbesondere führt die Hinzunahme der Vorjahresausgaben zu einem Modell mit nur Alter und Geschlecht zu einer substantiell besseren Erklärung der Varianz der Leistungsausgaben. Bei der Verwendung der Vorjahresausgaben in einem RSA ist jedoch zu beachten, dass sie die Anreize schwächen, sich wirtschaftlich zu verhalten, da höhere Leistungsausgaben der Versicherung in der nächsten Periode teilweise ersetzt werden. Stehen jedoch nicht genügend andere Ausgleichsvariablen zur Verfügung, dann können sie eine sinnvolle Ergänzung des RSA darstellen [siehe hierzu MARCHAND ET AL. (2003)]. Ein den Vorjahresausgaben verwandter Indikator ist der *Arzneimittelverbrauch* in den Vorperioden. Er ist ebenfalls gut geeignet, die Leistungsausgaben zu prognostizieren [vgl. z.B. CLARK ET AL. (1995)].

(3) *Diagnostische Information:* Eine weitere Möglichkeit, die Morbidität zu messen, besteht in der Verwendung vorhandener oder der Erhebung neuer diagnostischer Information mit dem Ziel, vor allem chronisch Kranke zu erfassen und nach ihrem voraussichtlichen Leistungsbedarf zu klassifizieren. Mehrere Verfahren sind dabei entwickelt worden, um die meist umfangreichen diagnostischen Daten in

Diagnosegruppen zusammenzufassen.[12] Empirische Studien [vgl. GREENWALD ET AL. (1998), LAMERS (1999), CHANG UND WEINER (2010), DRÖSLER ET AL. (2011)] zeigen, dass diagnostische Information die Vorhersage der Leistungsausgaben substantiell verbessert. Zu beachten sind allerdings der hohe Erhebungsaufwand und die mögliche Manipulierbarkeit. So besteht die Gefahr, dass Versicherungen versuchen, möglichst lukrative Diagnosen für ihre Versicherten zu erhalten (das sogenannte „upcoding"). Diagnostische Information verliert dann an Aussagekraft, weil die einzelnen Kategorien heterogener und damit uninformativer werden. Unnötige Gesundheitsausgaben können entstehen, wenn Versicherungen zu regelmäßigen Arztbesuchen auffordern, damit möglichst viele Diagnosen erfasst werden. Für die Verwendung diagnostischer Information spricht allerdings, dass sie im Krankenhausbereich bereits zur Berechnung von DRGs zur Verfügung steht und nur noch für den RSA aufbereitet werden muss (siehe Abschnitt 9.2.3).

(4) *Subjektiv wahrgenommener Gesundheitszustand:* Aus Befragungen lässt sich die Selbsteinschätzung des Gesundheitszustands einer Person gewinnen, die sich in empirischen Studien als signifikante Erklärungsgröße für die Leistungsausgaben erwiesen hat [vgl. z.B. NEWHOUSE ET AL. (1989), VAN DE VEN UND VAN VLIET (1992) und FLEISHMAN ET AL. (2006)]. Ein offensichtliches Problem dieser Methode ist jedoch der relativ hohe Aufwand einer Erhebung. Ebenso besteht die Gefahr der Manipulation, falls die Befragungsergebnisse von der Versicherung beeinflusst werden können.

(5) *Mortalität:* Vielfach fällt ein beachtlicher Prozentsatz aller Krankheitskosten eines Menschen in den letzten Monaten des Lebens an. Dies bestätigen empirische Studien, die zeigen, dass der Tod einer Person ein signifikanter Erklärungsfaktor für die Leistungsausgaben ist [siehe z.B. VAN VLIET UND LAMERS (1998) und BECK UND ZWEIFEL (1998)]. Ein pauschalierter Ausgleich für sterbebedingte Kosten könnte deshalb geeignet sein, indirekte Risikoselektion über eine schlechte Versorgung in der Sterbephase zu verhindern.

(6) *Das Wechselverhalten:* Wie bereits erwähnt, kann auch die Neigung, die Versicherung zu wechseln, ein Indikator für den Risikotyp des Versicherten sein. Hier haben LAUTERBACH UND WILLE (2000), NUSCHELER UND KNAUS (2005) und VAN VLIET (2006) gezeigt, dass Wechsler in jeder Altersgruppe wesentlich geringere Leistungsausgaben verursachen als vergleichbare Nichtwechsler.

(7) *Regionale Unterschiede:* Der Wohnort eines Versicherten hat sich ebenfalls als signifikanter Erklärungsfaktor für seine Leistungsausgaben erwiesen [siehe z.B. VAN DE VEN ET AL. (2000)]. Teilweise lässt sich dies durch Unterschiede in den Preisen für medizinische Leistungen erklären [VAN DE VEN UND ELLIS (2000a)]. Des Weiteren kann sich auch die Morbidität regional unterscheiden. Es ist aber auch möglich, dass Unterschiede in der Versorgungsdichte für die unterschiedlichen regionalen Ausgabenniveaus verantwortlich sind. In diesem Fall erscheint eine Differenzierung des RSA nach Regionen kaum erstrebenswert,

---

[12] Siehe VAN DE VEN UND ELLIS (2000a, S.798ff.) für einen Überblick.

da dies dazu beiträgt, dass Individuen den gleichen Beitrag bezahlen, obgleich Versicherte in Regionen mit hoher Versorgungsdichte mehr Leistungen erhalten.

Eine Vielzahl von empirischen Studien ist durchgeführt worden, um zu ermitteln, inwieweit es die genannten Größen erlauben, die Leistungsausgaben einer Person vorherzusagen. Grundlage ist dabei eine Regressionsanalyse, die die Varianz in den Leistungsausgaben für einzelne Versicherte auf die verwendeten Erklärungsfaktoren zurückführt.

Zunächst stellt sich die grundsätzliche Frage, welcher Anteil der Gesamtvarianz überhaupt vorhersagbar ist, da Schwankungen in den Leistungsausgaben vielfach auf Zufallsfaktoren zurückzuführen sind. Dieser vorhersagbare Anteil der Gesamtvarianz lässt sich dabei aufschlüsseln in die *Inter-Personen-Varianz*, die auf Unterschiede zwischen den Personen beruht (z.B. dem Geschlecht), und den erklärbaren Teil der *Intra-Personen-Varianz*, die durch Schwankungen der Leistungsausgaben bei ein und derselben Person entsteht und sich teilweise durch vorhersagbare Größen wie z.B. das Alter erklären lässt. Empirische Analysen zeigen, dass die Inter-Personen-Varianz ca. 15 bis 20% der Gesamtvarianz beträgt.[13] Ungefähr weitere 4 bis 5% der Varianz lassen sich auf den vorhersagbaren Teil der Intra-Personen-Varianz zurückführen, so dass insgesamt maximal zwischen 20 und 25% der Gesamtvarianz vorhersagbar sind [siehe NEWHOUSE (1996, S. 1256).].

Ein vielfach bestätigtes Ergebnis empirischer Studien ist, dass mit soziodemographischen Variablen allein nur ein recht geringer Teil selbst der grundsätzlich vorhersagbaren Varianz erklärt werden kann. Die Zahlen bewegen sich im Bereich zwischen 1 und 5% der Gesamtvarianz.[14] Die Berücksichtigung der Vorjahresausgaben hingegen führt in der Regel zu einem sprunghaften Anstieg der Erklärungskraft. So erhöht sich der Anteil der erklärten Varianz von 1,6% auf 6,4% bei NEWHOUSE ET AL. (1989) und von 2,4% auf 7,2% in der Studie von VAN DE VEN UND VAN VLIET (1992). Ähnlich verhält es sich mit dem subjektiv wahrgenommenen Gesundheitszustand. Auch er erhöht die Erklärungskraft substantiell [z.B. von 1,6 auf 2,8% bei NEWHOUSE ET AL. (1989) im Vergleich zum soziodemographischen Modell und von 3,7 auf bis zu 7,1% bei VAN DE VEN UND VAN VLIET (1992) im Vergleich zu einem erweiterten soziodemographischen Modell, siehe auch VAN DE VEN UND ELLIS (2000a, S. 805) für eine Übersicht].

Der Trend geht zur Einbeziehung diagnostischer Information. Sie erhöht die Erklärungskraft substantiell. In Deutschland ist 2009 mit dem „Morbi-RSA" ein diagnosebasierter RSA eingeführt worden (siehe Kasten 7.6). Im Vergleich zu dem vorherigen RSA auf Grundlage von Alter, Geschlecht, Bezug von Erwerbsminderungsrenten sowie der Einschreibung in ein strukturiertes Behandlungsprogramm steigt die erklärte Varianz hierdurch von 5,8% auf 19,6%.[15]

---

[13] Vgl. z.B. NEWHOUSE ET AL. (1989) und VAN VLIET (1992a).

[14] Vgl. z.B. NEWHOUSE ET AL. (1989), VAN DE VEN UND VAN VLIET (1992), VAN BARNEVELD ET AL. (1998), GREENWALD ET AL. (1998), CHANG UND WEINER (2010).

[15] Vgl. DRÖSLER ET AL. (2011, S. 45)

Folgerung 7.9 *Empirische Studien zeigen, dass ein Großteil der Ausgabenvarianz grundsätzlich nicht prognostizierbar ist. Im Bezug auf den erklärbaren Anteil hat sich gezeigt, dass demographische Variablen wie das Alter und das Geschlecht nur einen geringen Erklärungsbeitrag leisten. Besser schneiden insbesondere die Vorjahresausgaben, der subjektiv wahrgenommene Gesundheitszustand und diagnostische Information ab. Allerdings sind die ersten beiden Größen nur begrenzt als Ausgleichsvariablen geeignet, da sie die Anreize der Kassen falsch setzen. Bei diagnostischer Information ist das „upcoding"-Phänomen zu beachten.*

7.4.2 Kosten und Zahlungsströme

Neben der Auswahl der Ausgleichsvariablen gilt es zu bestimmen, welche Leistungsausgaben berücksichtigt werden und wie die Zahlungsströme organsiert werden. Insbesondere drei Fragen sind dabei zu beantworten:

(1) Soll der RSA auf Basis tatsächlicher Leistungsausgaben (*Ist-Kosten-Ansatz*) ermittelt werden oder sollen Ausgaben ermittelt werden, die für unterschiedliche Personengruppen für angemessen erachtet werden (*Soll-Kosten-Ansatz*)?

(2) Soll der RSA *prospektiv* berechnet werden, d.h. werden die RSA-Zahlungen am Anfang der Periode festgelegt, oder werden sie *retrospektiv*, d.h. nach Ablauf der Periode auf Basis der während der Periode angefallenen Leistungsausgaben, bestimmt?

(3) Wie werden die Zahlungsströme zwischen Versicherten, Versicherung und Regulator organisiert?

Ad 1.: Konzeptionell ist der Soll-Kosten-Ansatz zu bevorzugen. Allerdings ist eine Bestimmung der Soll-Kosten häufig sehr aufwändig. Deshalb werden in der Praxis fast immer Ist-Kosten bei der Berechnung der Ausgleichszahlungen zu Grunde gelegt. Dieser Ansatz birgt jedoch die Gefahr, dass Über- bzw. Unterversorgungen fortgeschrieben werden.

Ad 2.: Für das prospektive Verfahren wird angeführt, dass die Krankenversicherungen Risikoselektion auf Basis der Information treffen, die ihnen am Anfang der Periode vorliegt [vgl. VAN DE VEN UND ELLIS (2000a, S. 786)]. Ein möglicher Vorteil des retrospektiven Verfahrens ist, dass es eine Rückversicherungskomponente in den RSA einführt. Fallen z.B. die Ausgaben für eine Versichertengruppe wegen einer medizinischen Innovation höher als erwartet aus, dann erhalten Versicherungen, die einen relativ hohen Anteil dieser Personen versichern, höhere Zahlungen aus dem RSA. Dem steht jedoch die Gefahr gegenüber, dass eine Kasse bei einem retrospektiven Ausgleich die RSA-Zahlungen zu ihren Gunsten beeinflussen kann. Diesen Punkt erörtern wir in Abschnitt 7.4.3.

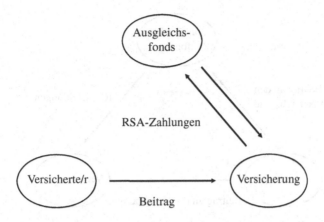

Abb. 7.7. Zahlungsströme ohne Beiträge an den Ausgleichsfonds (interner RSA)
Quelle: VAN DE VEN UND ELLIS (2000a, Figure 2)

Ad 3.: Die Organisation der Zahlungsströme zwischen Versicherten, Versicherung und Regulator kann unterschiedlich erfolgen [vgl. VAN DE VEN UND ELLIS (2000a, Abschnitt 2.1.4)]. Um dies darzustellen, seien die Ausprägungen aller Ausgleichsvariablen für eine Person i in einem Vektor e_i zusammengefasst. Bei Verwendung der Ausgleichsvariablen Alter und Geschlecht würde z.B. einer vierzigjährigen Frau der Vektor $(40, F)$ zugeordnet. Die Ausgleichszahlung für Person i, z_i, ist eine Funktion von e_i:

$$z_i = z(e_i). \tag{7.43}$$

In ihrer Summe müssen die Ausgleichszahlungen eine Budgetbeschränkung

$$\sum_i z(e_i) = B \tag{7.44}$$

erfüllen, die von der Ausgestaltung des RSA abhängt.

Abbildung 7.7 zeigt den Fall eines „internen Risikostrukturausgleichs". Die Versicherten zahlen wie in der Schweiz ihre gesamten Beiträge direkt an die Versicherung. Die Transferzahlungen erfolgen zwischen den Versicherungen und müssen sich zu null addieren ($B = 0$). Auf diese Weise funktionierte auch der RSA in Deutschland bis 2008. In Abbildung 7.8 hingegen leisten die Versicherten auch Beiträge direkt an den Ausgleichsfonds, der die Einnahmen entsprechend der Risikostruktur an die einzelnen Versicherungen verteilt („externer Risikostrukturausgleich"). In diesem Fall ist das Budget B positiv. Dieses System wird z.B. in den Niederlanden und seit der Einführung des Gesundheitsfonds in Deutschland angewendet.

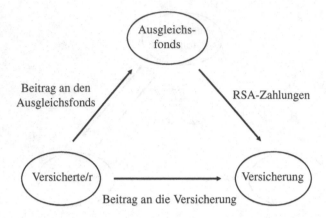

Abb. 7.8. Zahlungsströme mit Beiträgen an den Ausgleichsfonds (externer RSA)
Quelle: VAN DE VEN UND ELLIS (2000a, Figure 1)

Folgerung 7.10 *Ein RSA kann auf Basis von Ist-Kosten oder Soll-Kosten sowie prospektiv oder retrospektiv berechnet werden. Ein RSA kann als reines Transfersystem zwischen Versicherungen oder mit Hilfe eines zentralen Fonds organisiert werden, der ein Budget entsprechend der Risikostruktur an die einzelnen Versicherungen verteilt.*

Ein positives Budget B bewirkt, dass die Ausgleichszahlungen für jeden Versicherten um den gleichen Betrag zunehmen. Die Organisationsform hat deshalb keine Folge für die absoluten Unterschiede in den Zahlungen für verschiedene Versicherte. Auf der Ebene der Versicherten hingegen kann die Organisationsform die Entscheidungen für eine Krankenversicherung beeinflussen [BUCHMUELLER UND FELDSTEIN (1997)]. Betrachtet sei z.B. eine Krankenversicherung, deren Kosten 10% unterhalb der Durchschnittskosten aller Versicherungen liegt. Zahlen die Versicherten ihre Beiträge direkt an die Versicherung, dann kann diese einen Beitrag anbieten, der ebenfalls 10% unterhalb des Durchschnittsbeitrags liegt. Wird jedoch die Hälfte der Leistungsausgaben aus einem zentralen Fonds finanziert, dann kann der Beitrag sogar um 20% reduziert werden, was die Nachfrage nach dieser Versicherung erheblich steigern dürfte.

7.4.3 Die Berechnung der Ausgleichszahlungen

Schließlich gilt es festzulegen, wie die RSA-Zahlungen auf Grundlage der Ausgleichsvariablen berechnet werden. Hier können zwei Ansätze unterschieden werden. Der *statistische Ansatz* beruht auf einem Regressionsmodell zur Vorhersage der Leistungsausgaben. Er baut direkt auf den Studien auf, die in Abschnitt 7.4.1 vorgestellt wurden und wird in der Regel angewendet. Aus diesem Grund kennzeichnen ihn GLAZER UND MCGUIRE (2000a) ihn als „konventionellen" Ansatz. Der *anreiz-orientierte Ansatz* hingegen geht von der Prämisse aus, dass ein RSA den Versicherungen Anreize geben soll, sich gemäß der Ziele des Regulators zu verhalten. Er wird von GLAZER UND MCGUIRE (2000a) als „optimaler" Ansatz bezeichnet.

7.4.3.1 Der statistische Ansatz

Bei diesem Ansatz ergeben sich die RSA-Zahlungen aus den vorhergesagten Leistungsausgaben eines Regressionsmodells. Grundlage bilden dabei die Werte der Ausgleichsvariablen eines Versicherten. Mit dieser Methode kann eine Vielzahl von stetigen und diskreten Ausgleichsvariablen berücksichtigt werden. Dies ist insbesondere dann wichtig, wenn diagnostische Information im RSA verwendet werden soll. Im Gegenzug muss eine funktionale Form für die Regressionsgleichung unterstellt werden. Das einfachste und am häufigsten verwendete Modell ist linear und verwendet die Methode der kleinsten Quadrate. Zur Verfügung stehen auch nicht-lineare Modelle, die von DUAN (1983) und MANNING ET AL. (1987) entwickelt wurden. Sie berücksichtigen explizit, dass die Leistungsausgaben keine negativen Werte annehmen können.[16]

Ein Spezialfall des statistischen Ansatzes ist der *Zell-Ansatz* (auch als *Matrix-Ansatz* bezeichnet). Hierbei werden für jede Ausgleichsvariable Gruppen gebildet, beim Alter z.B. die 0 – 10jährigen, 11 – 20jährigen usw.. In ihrer Kombination definieren die Gruppen der verschiedenen Ausgleichsvariablen die RSA-Zellen. Jedes Individuum lässt sich genau einer Zelle zuordnen. Die Anzahl der Zellen ergibt sich als Produkt der Anzahl der Gruppen in den einzelnen Kategorien. Gibt es beispielsweise 10 Altersgruppen, 2 Geschlechtsgruppen und 5 Einkommensgruppen, dann definieren diese $10 \times 2 \times 5 = 100$ RSA-Zellen. Grundlage der RSA-Ausgleichszahlungen für einen Versicherten bilden die Durchschnittsausgaben „seiner" Zelle. Der Zell-Ansatz ist ein Spezialfall des statistischen Ansatzes, denn er stimmt mit den Vorhersagen eines linearen Regressionsmodells überein, wenn Dummy-Variablen für jede Gruppe (außer einer Referenzgruppe für jede Ausgleichsvariable) verwendet und die Dummy-Variablen interagiert werden. Mit den geschätzten Koeffizienten können die durchschnittlichen Leistungsausgaben für jede Zelle berechnet werden.

Der Zell-Ansatz zeichnet sich durch seine Einfachheit aus. Allerdings erhält man bei einer feinen Untergliederung der Ausgleichsvariablen eine hohe Anzahl von RSA-Zellen und entsprechend Zellen, die relativ wenige Personen enthalten und deren Durchschnittskosten kaum aussagekräftig sind. Zellen mit wenigen Personen können zudem bei einem retrospektiven RSA zu einer indirekten Erstattung der Kosten führen. Ist z.B. nur eine Person in einer Zelle enthalten, dann entsprechen deren

---

[16] Eine ausführliche Darstellung findet sich in JONES (2000, Section 4). Allerdings müssen hierzu die Leistungsausgaben transformiert und retransformiert werden. Hier kann Heteroskedastizität zu Verzerrungen bei den retransformierten Werte führen [siehe MANNING (1998) und MULLAHY (1998)].

tatsächliche Kosten den Durchschnittskosten dieser Zelle. Folglich wird einer Kasse eine zusätzliche Geldeinheit Leistungsausgaben für diese Person vollumfänglich aus dem RSA ersetzt.[17]

Bei der Beurteilung einer RSA-Formel ist maßgeblich, inwieweit sie hilft, die Ziele des RSA zu erfüllen. Insbesondere sollten die Anreize zur Risikoselektion gesenkt werden. Zur Vermeidung direkter Risikoselektion ist es deshalb sinnvoll, die RSA-Formel soweit wie möglich an das Modell anzunähern, das von den Versicherern zur Vorhersage der Leistungsausgaben verwendet wird. Unterteilen die Versicherer die Individuen z.B. in vier Gruppen nach Geschlecht und Alter unter bzw. über 30 Jahren, dann kann ein entsprechend gestalteter Zell-Ansatz die Anreize zur direkten Risikoselektion vollkommen neutralisieren. Verwenden die Versicherer jedoch ein Regressionsmodell mit Alter als stetiger Variable, dann kann der Zell-Ansatz die Anreize zur Risikoselektion nicht gänzlich beseitigen. Aus diesem Grund muss auch das Regressionsmodell, das den höchsten Anteil der Varianz erklärt, nicht zielführend sein, denn ein wichtiger Versicherer kann ein anderes Regressionsmodell bevorzugen oder den Zell-Ansatz verwenden.

Ein weiteres Problem stellen Variablen dar, die von Versicherern manipuliert werden können und deshalb als Ausgleichsvariablen ausfallen. Beispielsweise können Versicherer Ärzte dazu ermutigen, bestimmte Diagnosen nur deshalb zu stellen, um zusätzliche RSA-Zahlungen auszulösen. Darüber hinaus lässt sich argumentieren, dass Variablen des Gesundheitsverhaltens wie Rauchen und Trinken nicht in einer RSA-Formel verwendet werden sollten. Die Versicherer könnten sonst den Anreiz verlieren, Präventionsmaßnahmen zu fördern.[18]

7.4.3.2 Der anreizorientierte Ansatz

Der anreizorientierte Ansatz sieht den RSA als Methode, um Versicherer zu einem Verhalten im Sinne des Regulators zu bewegen. Ausgangspunkt ist eine Analyse der Probleme, die durch einen RSA gelöst werden sollen. Dies sind neben der Vermeidung direkter und indirekter Risikoselektion auch die Herstellung von Chancengleichheit auf dem Versicherungsmarkt und dessen Stabilisierung. Dabei gilt es auch zu prüfen, inwieweit andere Formen der Regulierung zur Verfügung stehen. Beispielsweise kann ein Kontrahierungszwang schon ausreichen, um direkte Risikoselektion zu verhindern.

Grundlage des RSA ist ein Modell, welches das Verhalten der Versicherer im Wettbewerb beschreibt. Mit den vorhandenen Daten kann dann ein RSA gestaltet

---

[17] Auch bei einem prospektiven RSA kann dieses Problem zeitversetzt auftreten, falls die Person nicht in der Folgeperiode einer anderen Zelle zugeordnet wird. Dann kommt es in der Folgeperiode zu einer Erstattung der Kosten.
[18] Diese Variablen tragen jedoch üblicherweise zur Erklärung der Leistungsausgaben bei. Sind sie mit anderen Variablen korreliert, z.B. falls Frauen seltener rauchen, dann ist die Schätzung verzerrt, wenn sie nicht in der Regression verwendet werden [vgl. SCHOKKAERT UND VAN DE VOORDE (2004)].

Kasten 7.6. Der Risikostrukturausgleich in Deutschland und der Schweiz

Im Jahr 2009 wurde in Deutschland der „morbiditätsorientierte Risikostrukturausgleich", kurz „Morbi-RSA" eingeführt. Aus dem Gesundheitsfonds erhalten Kassen dabei Zuweisungen, die neben dem Alter, Geschlecht, dem Bezug einer Erwerbsminderungsrente auch von der Morbidität der Versicherten abhängen. Für 80 ausgewählte Krankheiten wurden hierzu 106 „hierarchisierte Morbiditätsgruppen" definiert. Für einen Versicherten, die mehreren Diagnosegruppen derselben Hierarchie zugeordnet wird, wird dabei nur die hierarchisch höchste Morbitätsgruppe berücksichtigt. Grundlage der Morbiditätseinordnung sind Arzt- und Krankenhausdiagnosen. Die Zuschläge werden mit einem Regressionsansatz berechnet. Für die Zuschlagshöhen sind dabei die Ausgaben maßgeblich, die ein Versicherter im Jahr nach der Diagnosestellung verursacht und die ursächlich auf die Krankheit zurückführbar sind. Der RSA könnte ohne Weiteres weitere Krankheiten berücksichtigen; die Beschränkung auf 80 Krankheiten ist Folge eines politischen Kompromisses.

Der „Risikoausgleich" in der Schweiz verwendet den Zellansatz und erfolgt budgetneutral. Bis Ende 2011 bestand er aus 30 Zellen, die nach Geschlecht und Alter (15 Gruppen) differenziert werden. Für jeden Kanton wird er separat durchgeführt. Im Jahr 2012 wurde der „revidierte Risikoausgleich" eingeführt, der als weiteres Kriterium den Aufenthalt in einem Spital oder Pflegeheim im Vorjahr, der mehr als drei Tage dauerte, berücksichtigt. Diese Erweiterung ist zunächst auf fünf Jahre befristet.

Quellen: BUNDESVERSICHERUNGSAMT (2008),
             GEMEINSAME EINRICHTUNG KVG (2011).

werden, der die Rahmenbedingungen der Versicherer so beeinflusst, dass sie ihr Verhalten geeignet ändern. Im Allgemeinen wird dieser RSA sich von demjenigen unterscheiden, der auf einem Regressionsmodell beruht. So haben wir in Abschnitt 7.2.2 festgestellt, dass die RSA-Zahlungen auf Grundlage beobachtbarer Eigenschaften der Versicherten absolut höher sein müssen, wenn diese Eigenschaften nur unvollkommene Indikatoren für den Risikotyp sind (vgl. Folgerung 7.4). Eine lineare Regression würde jedoch die optimalen RSA-Zahlungen nur dann implizieren, wenn es sich um vollkommene Indikatoren handelt.

Aus konzeptioneller Sicht ist der anreizorientierte dem statistischen Ansatz überlegen. Allerdings benötigt er ein Modell, welches das Verhalten der Versicherungen hinreichend gut abbildet. Für Versicherungen, die indirekte Risikoselektion durch Rationierung in einzelnen Leistungsbereichen betreiben, haben FRANK ET AL. (2000) und GLAZER UND MCGUIRE (2002) einen Ansatz entwickelt. Alternativ geht JACK (2006) davon aus, dass die Versicherer in der Lage sind, Leistungen für jedes einzelne Individuum zu rationieren. Direkte Risikoselektion in Form von explizitem „Dumping" wird durch ein Modell von SHEN UND ELLIS (2002) erfasst. Auf Grundlage der Analyse des Verhaltens der Versicherungen leiten diese Modelle optimale RSA-Formeln her, die sich erheblich von einem statistischen Modell unterscheiden. Dabei kann der anreizorientierte Ansatz zu erheblichen Wohlfahrtsgewinnen führen. Der optimale RSA nach SHEN UND ELLIS (2002) senkt z.B. die Kosten des Regulators um 25,6% im Vergleich zu einem regressionsbasierten RSA.

Der anreizorientierte Ansatz befindet sich noch in der Entwicklungsphase. Es ist deshalb nicht überraschend, dass der statistische Ansatz dominiert. Der Trend ist hierbei die Verwendung diagnostischer Information. Die Kosten, die bei der Erhebung und Kontrolle dieser Daten entstehen, sind jedoch erheblich. Ein anreizorientierter RSA könnte hingegen leicht verfügbare Daten effizienter nutzen, um die Ziele des RSA zu verwirklichen.

Folgerung 7.11 *Der statistische Ansatz für einen Risikostrukturausgleich beruht auf Regressionsmodellen zur Vorhersage der Leistungsausgaben, während der anreizorientierte Ansatz eine Methode darstellt, um Versicherer zu einem Verhalten im Sinne des Regulators zu bewegen. Aus konzeptioneller Sicht ist der anreizorientierte Ansatz überlegen. Er benötigt jedoch ein sorgfältig spezifiziertes Modell des Versicherungsverhaltens. Im Allgemeinen kommen beide Ansätze zu unterschiedlichen Empfehlungen.*

7.5 Zur Ausgestaltung des Ausgabenausgleichs

Ein Ausgabenausgleich kann grundsätzlich alle Ziele – Vermeidung von Risikoselektion, Herstellung von Chancengleichheit und Stabilisierung des Krankenversicherungsmarktes – erreichen. Dies zeigt sich bei einem vollständigen Ausgabenausgleich. Dann bestehen keine Anreize zur Risikoselektion und weder die Chancengleichheit noch die Stabilität des Krankenversicherungsmarktes sind beeinträchtigt. Allerdings gibt es auch keinerlei Anreize mehr, die Versorgung kosteneffektiv zu gestalten. Der Wettbewerb auf dem Krankenversicherungsmarkt dürfte deshalb kaum positive Wirkungen entfalten.[19] Darüber hinaus kann ein Ausgabenausgleich Versicherungen von Risiko entlasten. Insofern diese risikoavers sind, kann dies sinnvoll sein.

Grundsätzlich müssen die mögliche Vorteile eines Ausgabenausgleich gegen geringere Anreize zu kosteneffektivem Verhalten abgewogen werden. Dabei ist neben dem Umfang der Ausgabenerstattung die Bemessungsgrundlage von entscheidender Bedeutung. Des Weiteren muss über die Form des Ausgabenausgleichs entschieden werden. Die möglichen Gestaltungsoptionen werden im Folgenden dargestellt.

7.5.1 Die Bemessungsgrundlage des Ausgabenausgleichs

Bei der Bemessungsgrundlage des Ausgabenausgleichs lassen sich drei Möglichkeiten unterscheiden:

---

[19] Ein Ausgabenausgleich kann auch sinnvoll sein, wenn die Qualität der Versorgung aus Kostengründen vernachlässigt wird. In Abschnitt 10.3.3 wird dies für die Vergütung von Leistungserbringern gezeigt, die ein Eigeninteresse an hoher Qualität haben. Inwieweit sich diese Überlegungen auch auf Versicherungen anwenden lassen, ist jedoch ungeklärt.

(1) Die gesamten Leistungsausgaben einer Kasse

Bei dieser Form ist die Gesamtsumme aller Leistungsausgaben Basis für den Ausgabenausgleich. Man spricht von einer *Stop-Loss Ausgabenteilung*, wenn sämtliche Leistungsausgaben oberhalb eines Selbstbehalts durch den Ausgabenausgleich finanziert werden.

(2) Die individuellen Leistungsausgaben

Bei dieser Bemessungsgrundlage bestimmt sich die Ausgabenerstattung nach den Leistungsausgaben jedes einzelnen Versicherten. Zum Beispiel kann ein Anteil der individuellen Leistungsausgaben oberhalb eines Schwellenwerts vom Ausgabenausgleich übernommen werden. Der Ausgabenausgleich kann auch nur auf ausgewählte Mitglieder einer Kasse angewendet werden.

(3) Selektive Leistungsbereiche

Der Ausgabenausgleich kann auch nur für selektive Leistungsbereiche, wie etwa den Ausgaben für Dialyse, angewendet werden, die sich besonders für Risikoselektion eignen.

Ein Ausgabenausgleich, der auf individuellen Leistungsausgaben oder auf Ausgaben in einzelnen Leistungsbereichen beruht, stellt höhere Anforderungen an den Regulator, falls der Anreiz für die Versicherungen besteht, Ausgaben anderen Personen oder anderen Leistungsbereichen zuzuordnen. Bei der Erstattung der individuellen Ausgaben über einem Schwellenwert lassen sich beispielsweise die Zahlungen aus dem Ausgabenausgleich erhöhen, wenn die Ausgaben möglichst wenigen Versicherten zugeschrieben werden.

7.5.2 Die Form des Ausgabenausgleichs

Ist die Bemessungsgrundlage festgelegt, muss als nächstes entschieden werden, welcher Teil der Ausgaben für den Ausgabenausgleich berücksichtigt wird. Hierzu sind verschiedene Vorschläge unterbreitet worden, die sich in der Regel auf die Erstattung individueller Leistungsausgaben beziehen. Zwei Ansätze lassen sich unterscheiden:

(1) Prospektive Auswahl der Versicherten, deren Ausgaben erstattet werden

Hier haben VAN DE VEN UND VAN VLIET (1992) das Konzept des *risk sharing for high risks* entwickelt. Die Versicherer weisen dabei einen bestimmten Prozentsatz ihrer Versicherten zu Beginn eines Jahres einem *prospektiven Hochrisiko-Pool* zu. Sämtliche Ausgaben dieser Personen werden erstattet.

(2) Retrospektive Auswahl der Versicherten, deren Ausgaben erstattet werden

Bei diesem Ansatz ist die Höhe der Ausgaben entscheidend dafür, ob und in welchem Umfang Ausgaben erstattet werden. Auch hier lassen sich zwei Varianten unterscheiden:

(a) Die Erstattung aller Ausgaben der Versicherten mit den höchsten Kosten

Dieses Konzept des *risk sharing for high costs* wurde von VAN BARNEVELD
ET AL. (2001) vorgeschlagen. Dabei werden sämtliche Kosten der Personen
mit den höchsten Kosten erstattet. Die Anzahl dieser Individuen ist dabei
vorgegeben.

(b) Die Erstattung der Ausgaben gemäß einer allgemeinen Erstattungsfunktion

Hier werden häufig Gestaltungsprinzipien aus der *Rückversicherung* verwendet, die in der Regel einen Selbstbehalt und bei Überschreitung des
Selbstbehaltes eine teilweise Selbstbeteiligung vorsehen. Theoretisch werden diese Prinzipien durch die Analyse von ARROW (1974) gestützt (vgl.
Abschnitt 6.3). Überträgt man dieses Prinzip auf den Ausgabenausgleich,
dann sollte entsprechend nur ein Teil der Ausgaben einer Person erstattet
werden, die einen Schwellenwert überschreiten. Dieses *outlier risk sharing*
[VAN DE VEN UND ELLIS (2000b)] wurde z.B. für den „Risikopool" verwendet, der von 2002 bis 2008 den Risikostrukturausgleich in Deutschland
ergänzt hat.

Eine grundsätzliche Frage ist, inwieweit sich Rückversicherungsprinzipien auf
das Problem der Vermeidung von Risikoselektion anwenden lassen. Die Versicherungstheorie begründet Verträge, die einen Teil der Ausgaben über einem Selbstbehalt erstatten mit konvexen Kostenfunktionen und Risikoaversion auf Seiten der
Versicherer. Das Problem der Risikoselektion ist jedoch anderer Natur. Hier versuchen Versicherer, Personen mit geringen zu erwartenden Ausgaben anzuziehen und
teure Fälle abzuschrecken. Zum Beispiel finden KIFMANN UND LORENZ (2011) in
einer theoretischen Analyse, dass grundsätzlich alle funktionalen Formen optimal
sein können, um direkte Risikoselektion zu vermeiden. Der optimale Funktionsver-
lauf wird dabei durch die Verteilung der Ausgaben für jeden Risikotyp geprägt.

Folgerung 7.12 *Ein Ausgabenausgleich kann auf den gesamten Leistungsausgaben einer Kasse oder den individuellen Leistungsausgaben beruhen.
Er lässt sich auch auf selektive Leistungsbereiche anwenden. Bei einem Ausgabenausgleich auf Grundlage individueller Leistungsausgaben können die
Versicherten, deren Ausgaben erstattet werden, prospektiv oder retrospektiv
festgelegt werden. Rückversicherungsprinzipien lassen sich nicht ohne Weiteres auf die Gestaltung einer allgemeinen Erstattungsfunktion übertragen.
Grundsätzlich können auch andere funktionale Formen optimal sein.*

7.5.3 Ergebnisse von empirischen Studien zum Ausgabenausgleich

Hierzu liegen bislang Studien von VAN BARNEVELD ET AL. (1996,1998,2001) an
niederländischen Daten und von KIFMANN UND LORENZ (2011) an schweizerischen Daten vor. In den Studien von VAN BARNEVELD ET AL. standen dabei zwei
Aspekte im Mittelpunkt:

(1) *Risk sharing for high risks.*

In der ersten Studie mit 69.000 Versicherten verursachten die 1% Versicherten mit den höchsten Ausgaben 1992 gut 10% aller Ausgaben 1993, bei Einbeziehung der 4% „teuersten" Versicherten waren es sogar knapp 25% der 1993er Ausgaben [vgl. VAN BARNEVELD ET AL. (1996)]. Dies bestätigte sich auch bei der zweiten Studie, die die 1992er Ausgaben von 245.000 Mitgliedern einer niederländischen Krankenkasse verglich [VAN BARNEVELD ET AL. (1998)]. So entfielen 14% der Ausgaben auf die 2% Versicherten mit den höchsten Ausgaben im Vorjahr. Die Autoren deuten dieses Ergebnis als Argument für den Vorschlag „risk sharing for high risks".

(2) Der Vergleich unterschiedlicher Formen des Ausgabenausgleichs

In der Studie von VAN BARNEVELD ET AL. (1998) wird „risk sharing for high risks" mit einer allgemeinen proportionalen Ausgabenerstattung sowie mit der Ausgabenerstattung über einem Schwellenwert verglichen. In VAN BARNEVELD ET AL. (2001) wird zusätzlich noch das Konzept „risk sharing for high costs" untersucht. Anhand unterschiedlicher Indikatoren messen die Autoren, wie die Anreize zur Risikoselektion und zur Wirtschaftlichkeit verändert werden. Sie kommen zu dem Ergebnis, dass „risk sharing for high risks" und „risk sharing for high costs" der proportionalen Ausgabenerstattung und der Ausgabenerstattung über einem Schwellenwert überlegen sind und effektiver die Kosten hoher Risiken erstatten.

KIFMANN UND LORENZ (2011) verwenden für ihre Studie den Datensatz einer schweizerischen Krankenversicherung, der die Leistungsausgaben von 104.000 erwachsenen Versicherten enthält. Sie gehen davon aus, dass Krankenkassen danach Risikoselektion betreiben, ob eine Person im Vorjahr in das Krankenhaus eingewiesen wurde. Des Weiteren nehmen sie an, dass die Krankenkassen durch Kostenkontrolle die Leistungsausgaben proportional für alle Versicherten senken können. Bei der Bestimmung des optimalen Ausgabenausgleichs werden sowohl die Anreize zur Risikoselektion als auch zur Kostenkontrolle berücksichtigt. Der Ausgabenausgleich vermindert Risikoselektion dann am effektivsten, wenn die Ausgaben zwischen einer Unter- und einer Obergrenze erstattet werden. Ein Ausgabenausgleich mit teilweiser Erstattung der Ausgaben über einen Schwellenwert schneidet wesentlich schlechter ab. Es ist sogar möglich, dass er die Anreize zur Risikoselektion noch verstärkt.

Folgerung 7.13 *Empirische Studien zeigen, dass ein Ausgabenausgleich grundsätzlich geeignet ist, Risikoselektion zu vermeiden. Besonders gut schnitten bislang die Konzepte „risk sharing for high risks", „risk sharing for high costs" und ein Ausgabenausgleich ab, der die Ausgaben zwischen einer Unter- und einer Obergrenze erstattet.*

7.6 Zusammenfassung des Kapitels

(1) Direkte Risikoselektion lässt sich bis zu einem gewissen Grad vermeiden, indem Selektionsmaßnahmen wie die Vermittlung von Zusatzleistungen oder Geldzahlungen per Gesetz verboten werden. Des Weiteren können ein Risikostrukturausgleich, der auf den von den Versicherungen beobachteten Eigenschaften der Personen beruht, und ein Ausgabenausgleich den Anreiz zur direkten Risikoselektion reduzieren. Im Gegensatz zum Ausgabenausgleich kann ein Risikostrukturausgleich jedoch die Anreize zu kosteneffizientem Verhalten wahren, falls der Regulator die gleichen Eigenschaften beobachten kann wie die Versicherungen. Unter Umständen kann ein Ausgabenausgleich sogar die Anreize zur Risikoselektion erhöhen.

(2) Indirekte Risikoselektion lässt sich durch eine direkte Regulierung des Leistungspakets vermeiden. Dabei sollte sowohl ein Mindest- als auch ein Höchstleistungspaket festgelegt werden. Es ist jedoch fraglich, ob diese Maßnahmen auch ausreichend durchgesetzt werden können.

(3) In einem Modell, in dem Versicherungen nur eine Leistung in variabler Höhe anbieten, und das Gleichgewicht durch die Definition 7.1 beschrieben wird, kann nur ein trennendes Gleichgewicht vorliegen. In diesem Gleichgewicht wird Risikoselektion über den Leistungsumfang betrieben. Ein Ausgleich zwischen den Risikotypen wird nicht erreicht. Es werden lediglich die niedrigen Risiken schlechter gestellt, während hohe Risiken den gleichen Vertrag erhalten wie auf einem unregulierten Versicherungsmarkt.

(4) Bieten Krankenversicherungen nur eine Leistung in variabler Höhe an, dann lässt sich Risikoselektion über den Leistungsumfang neben der Kontrolle des Leistungsumfangs durch zwei Maßnahmen vermeiden. Erstens kann die Prämie auf die Durchschnittsprämie bei dem effizienten Leistungsniveau festgelegt werden. Zweitens kann ein Risikostrukturausgleich auf Basis beobachtbarer Signale über den Risikotyp eingeführt werden. Je unvollkommener die Signale über den Risikotyp sind, desto höher sind absolut die RSA-Zahlungen, um indirekte Risikoselektion zu vermeiden.

(5) Die RSA-Zahlungen zur Vermeidung direkter und indirekter Risikoselektion stimmen überein, wenn sich die Risikotypen selbst beobachten lassen. Sind die vom Regulator beobachtbaren Eigenschaften der Individuen jedoch nur ein unvollkommenes Signal für den Risikotyp und können Versicherungen auf Basis dieses Signals direkte Risikoselektion betreiben, dann sind die RSA-Zahlungen zur Vermeidung indirekter Risikoselektion absolut höher als diejenigen zur Vermeidung direkter Risikoselektion. In diesem Fall ist nur eine „Second-best"-Lösung möglich, in der die beiden Ziele gegeneinander abgewogen werden.

(6) Bieten Krankenversicherungen zwei Leistungen an, von denen eine von beiden Risikotypen mit gleicher Wahrscheinlichkeit, die andere aber mit unterschiedlicher Wahrscheinlichkeit nachgefragt wird, dann führt die Festsetzung der Prämienhöhe nicht zur erwünschten Umverteilung zwischen hohen und nied-

rigen Risiken. Die Versicherungen betreiben stattdessen Risikoselektion über die Leistungsstruktur. Dies lässt sich neben der Kontrolle der Leistungen durch zwei Maßnahmen vermeiden. Zum einen kann die Leistung, die mit unterschiedlicher Wahrscheinlichkeit nachgefragt wird, in einem „carve-out" separat organisiert werden. Zum anderen kann ein Risikostrukturausgleich auf Basis beobachtbarer Signale über den Risikotyp eingeführt werden.

(7) Die Vermeidung von Prämienunterschieden stellt keine Begründung für ein Finanzausgleichssystem dar, wenn die Individuen zwischen Versicherungen frei wählen können. In diesem Fall kann ein Finanzausgleich jedoch zur Sicherung von Chancengleichheit im Versicherungswettbewerb und zur Stabilisierung des Versicherungswettbewerbs beitragen. Ohne ein Finanzausgleichssystem besteht jeweils die Gefahr, dass sich nicht die Versicherungen am Markt durchsetzen, die am wirtschaftlichsten mit den Beiträgen der Versicherten umgehen.

(8) Empirische Studien zeigen, dass ein Großteil der Ausgabenvarianz grundsätzlich nicht prognostizierbar ist. Im Bezug auf den erklärbaren Anteil hat sich gezeigt, dass demographische Variablen wie das Alter und das Geschlecht nur einen geringen Erklärungsbeitrag leisten. Besser schneiden insbesondere die Vorjahresausgaben, der subjektiv wahrgenommene Gesundheitszustand und diagnostische Information ab. Allerdings sind die ersten beiden Größen nur begrenzt als Ausgleichsvariablen geeignet, da sie die Anreize der Kassen falsch setzen. Bei diagnostischer Information ist das „upcoding"-Phänomen zu beachten.

(9) Ein RSA kann auf Basis von Ist-Kosten oder Soll-Kosten sowie prospektiv oder retrospektiv berechnet werden. Ein RSA kann als reines Transfersystem zwischen Versicherungen oder mit Hilfe eines zentralen Fonds organisiert werden, der ein Budget entsprechend der Risikostruktur an die einzelnen Versicherungen verteilt.

(10) Der statistische Ansatz für einen Risikostrukturausgleich beruht auf Regressionsmodellen zur Vorhersage der Leistungsausgaben, während der anreizorientierte Ansatz eine Methode darstellt, um Versicherer zu einem Verhalten im Sinne des Regulators zu bewegen. Aus konzeptioneller Sicht ist der anreizorientierte Ansatz überlegen. Er benötigt jedoch ein sorgfältig spezifiziertes Modell des Versicherungsverhaltens. Im Allgemeinen kommen beide Ansätze zu unterschiedlichen Empfehlungen.

(11) Ein Ausgabenausgleich kann auf den gesamten Leistungsausgaben einer Kasse oder den individuellen Leistungsausgaben beruhen. Er lässt sich auch auf selektive Leistungsbereiche anwenden. Bei einem Ausgabenausgleich auf Grundlage individueller Leistungsausgaben können die Versicherten, deren Ausgaben erstattet werden, prospektiv oder retrospektiv festgelegt werden. Rückversicherungsprinzipien lassen sich nicht ohne Weiteres auf die Gestaltung einer allgemeinen Erstattungsfunktion übertragen. Grundsätzlich können auch andere funktionale Formen optimal sein.

(12) Empirische Studien zeigen, dass ein Ausgabenausgleich grundsätzlich geeignet ist, Risikoselektion zu vermeiden. Besonders gut schnitten bislang die Konzepte „risk sharing for high risks", „risk sharing for high costs" und ein Ausgabenausgleich ab, der die Ausgaben zwischen einer Unter- und einer Obergrenze erstattet.

7.7 Lektürevorschläge

Für eine vertiefte Beschäftigung mit den Themen dieses Kapitels empfehlen wir die Überblicksartikel von VAN DE VEN UND ELLIS (2000a) und ELLIS (2008). Der anreizorientierte Ansatz für den Risikostrukturausgleich wird von GLAZER UND MC-GUIRE (2006) ausführlich vorgestellt.

7.Ü Übungsaufgaben

7.1. Wodurch entsteht der Anreiz zur Risikoselektion auf Krankenversicherungsmärkten?

7.2. Definieren Sie direkte und indirekte Risikoselektion. Über welche Information müssen Versicherungen und Versicherte jeweils verfügen, damit diese Formen der Risikoselektion auftreten können?

7.3. Mit welchen Maßnahmen lässt sich direkte Risikoselektion grundsätzlich vermindern? Was hilft gegen indirekte Risikoselektion?

7.4. Die Krankenversicherungen können auf Basis des Signals $s = 0,1$ direkte Risikoselektion betreiben. Dem Regulator stehe lediglich ein Ausgabenausgleich zur Verfügung, der den Kassen einen Anteil a der Kosten ersetzt. Die durchschnittlichen Kosten einer Person mit dem Signal s lauten

$$M_0(\gamma) = 110 + \alpha\gamma \quad \text{und} \quad M_1(\gamma) = 120 + \beta\gamma.$$

Die Anreize zur Risikoselektion nehmen mit der Ausgabendifferenz aus Sicht der Versicherer $\Delta M_A = (1 - \gamma)(M_1(\gamma) - M_0(\gamma))$ zu.

(a) Gehen Sie von $\alpha = \beta = 10$ aus. Bestimmen Sie die Ausgabendifferenz in Abhängigkeit von γ. Welches Problem besteht bei einer Erhöhung von γ?

(b) Unterstellen Sie $\alpha = 10$ und $\beta = 30$. Bestimmen und zeichnen Sie den Zusammenhang von ΔM_A und γ. Ab welchem Wert von γ sinken die Anreize zur Risikoselektion? Wie hoch muss a mindestens sein, damit die Anreize zur Risikoselektion geringer sind als bei $\gamma = 0$? Erläutern Sie Ihre Ergebnisse.

(c) Gehen Sie von $\alpha = 30$ und $\beta = 10$. Bestimmen und zeichnen Sie hierfür den Zusammenhang von ΔM_A und γ. Ab welchem Wert von γ bestehen keine Anreize zur Risikoselektion mehr? Warum?

7.5. Gehen Sie von dem Risikoselektionsmodell aus Abschnitt 7.2.2.2 mit einer Leistung aus. Die Nutzenfunktion sei

$$V_i(M, C) = C + \pi_i(4M^{0.5} - 8).$$

Die Krankheitswahrscheinlichkeiten seien $\pi_h = 0,5$ und $\pi_l = 0,2$. Jeweils 50% der Individuen seien hohe bzw. niedrige Risiken. Bestimmen Sie

(a) die effiziente Höhe von M^* und die Prämien P_i in Abwesenheit von Regulierung,

(b) die Verträge in einem trennenden Gleichgewicht, wenn der Regulator lediglich ein Diskriminierungsverbot vorgibt und Kontrahierungszwang vorschreibt. Veranschaulichen Sie Ihr Ergebnis in einer Graphik.

(c) Wie kann es der Regulator erreichen, dass beide Risikotypen die effiziente Menge M^* an medizinischen Leistungen erhalten und dass ihre Prämie dabei nicht von ihrem Risikotyp abhängt? Wie hoch ist diese Prämie?

7.6. Betrachten Sie nun das Risikoselektionsmodell aus Abschnitt 7.2.2.3 mit zwei Leistungen. Die Nutzenfunktion sei

$$V_i(M_a, M_c, C) = C + (2M_a^{0.5} - 2) + \pi_i(4M_c^{0.5} - 8).$$

Die Krankheitswahrscheinlichkeiten und der Anteil der hohen Risiken in der Bevölkerung seien wie oben. Bestimmen Sie

(a) die effiziente Höhe von M_a und M_c,

(b) die Prämien P_i in Abwesenheit von Regulierung,

(c) die Verträge in einem trennenden Gleichgewicht, wenn der Regulator ein Diskriminierungsverbot vorgibt, Kontrahierungszwang vorschreibt und die Prämie auf das Niveau $\overline{P}^* = M_a^* + \overline{\pi}M_c^*$ festsetzt (der Vertrag für niedrige Risiken lässt sich durch Simulation mit einem Tabellenkalkulationsprogramm oder mit einem Mathematik-Programm ermitteln). Interpretieren Sie Ihr Ergebnis und veranschaulichen Sie es in einer Graphik.

7.7. Nehmen Sie an, jeweils 50% der Individuen seien hohe bzw. niedrige Risiken. Bei einer effizienten Versorgung werden für ein hohes Risiko 3.000 Geldeinheiten (*GE*) und für ein niedriges Risiko 1.800 *GE* ausgegeben. Der Regulator könne nur beobachten, ob ein Individuum alt oder jung ist. 30% der hohen Risiken und 20% niedrigen Risiken seien alt.

(a) Welche Zahlungen würde ein RSA vorsehen, der die Durchschnittskosten der Altersgruppen bei einer effizienten Versorgung ausgleicht?

(b) Wie hoch müssen die RSA-Zahlungen in Abhängigkeit des Alters sein, wenn der Anreiz zur indirekten Risikoselektion neutralisiert werden soll?

Erläutern Sie den Unterschied zwischen Ihren Ergebnissen.

Der Arzt als Anbieter medizinischer Leistungen

8.1 Problemstellung

Eine Schlüsselposition bei der Erstellung und Verteilung von Gesundheitsleistungen nimmt der ambulant tätige Arzt ein. Ihn suchen die meisten Menschen als ersten auf, wenn sie ein gesundheitliches Problem haben, das sie nicht mehr allein bewältigen zu können glauben. Daher entscheidet er auch meist als erster über Diagnose, Therapie, Verschreibung und Überweisung an andere Anbieter medizinischer Leistungen (Fachärzte anderer Spezialgebiete, Krankenhäuser, Apotheker etc.). Er wird folglich von vielen als „Türhüter" des Gesundheitswesens angesehen.

In diesem Kapitel interessieren wir uns zunächst für die Leistungen, die der niedergelassene Arzt selbst in seiner Praxis unter Einsatz seiner Mitarbeiter und seiner medizinisch-technischen Einrichtung erbringt.[1] Wir untersuchen, ob man erwarten kann, dass bei der Erstellung und Verteilung ambulanter Arztleistungen das Grundprinzip der Wirtschaftlichkeit – die Erzielung eines gegebenen Heilerfolgs mit geringstmöglichem volkswirtschaftlichen Ressourcenverbrauch – erfüllt sein wird. Zweifel daran gründen sich vor allem auf die *Doppelrolle*, die der Arzt dem Patienten gegenüber spielt: zum einen als Anbieter von Leistungen, zum anderen aber als Berater bei der Entscheidung, welche Leistung der Patient nachfragen sollte.

Diese Besonderheit (die allerdings nicht ausschließlich auf Ärzte zutrifft, sondern auch auf Rechtsanwälte und eine Reihe anderer Berufe), hat unter Ökonomen zu einer heftigen Diskussion darüber geführt, ob Ärzte die Macht haben und diese ausnutzen, für ihre eigene Auslastung zu sorgen – auch dort, wo man aufgrund einer hohen Ärztedichte Leerkapazitäten vermuten würde. Diese These von der „angebotsinduzierten Nachfrage" auf dem Markt für ambulante ärztliche Leistungen wird im Folgenden ausführlich diskutiert werden. Dabei stellen wir zunächst in Abschnitt 8.2 den empirischen Zusammenhang zwischen der Ärztedichte und der Inanspruchnahme medizinischer Leistungen dar. In Abschnitt 8.3 erläutern wir die These von der

---

[1] Die von ihm veranlassten Leistungen anderer Bereiche werden Gegenstand späterer Kapitel sein (vor allem Kapitel 9 und 12).

angebotsinduzierten Nachfrage. Um diese These überprüfen zu können, entwickeln wir in Abschnitt 8.4 ein formales Modell des Arztverhaltens. Abschnitt 8.5 untersucht, ob der Zusammenhang zwischen der Ärztedichte und der Inanspruchnahme medizinischer Leistungen auch alternative Erklärungen haben könnte. In Abschnitt 8.6 werden schließlich Ergebnisse empirischer Studien dargestellt. Insgesamt zeigt sich, dass das Verhalten der Ärzte maßgeblich von den Anreizen geprägt ist, die durch die Form der Vergütung ihrer Leistungen vermittelt werden. Diesem Fragenkomplex ist das Kapitel 10 gewidmet.

8.2 Der Zusammenhang von Ärztedichte und Inanspruchnahme ärztlicher Leistungen

Mehr noch als andere akademische Berufe erfreut sich derjenige des Arztes in den meisten Industrieländern großer Beliebtheit, vereinen sich hier doch das für viele junge Menschen charakteristische Verlangen, anderen Menschen zu helfen, mit der Erwartung, dafür auch noch ein weit überdurchschnittliches Einkommen erzielen zu können. Der Ansturm auf die medizinischen Fakultäten sorgte dafür, dass die Zahl der Ärzte – absolut und in Relation zur Bevölkerungszahl – in den vergangenen Jahrzehnten stark zunahm und weiter wächst. So erhöhte sich in der Bundesrepublik Deutschland im Zeitraum von 1970 bis 2010 die Anzahl aller berufstätigen Ärzte je 10.000 Einwohner von 16 auf 40 und die der Ärzte in der ambulanten Versorgung von 8 auf 17.[2] In der Schweiz stieg die Zahl der Ärzte in der ambulanten Versorgung im selben Zeitraum von 9 auf 20 je 10.000 Einwohner.[3]

Allerdings bedeutete die ständig wachsende Dichte ärztlicher Praxen keineswegs, dass sich die Ärzte über Mangel an Beschäftigung beklagen mussten, denn auch die Inanspruchnahme ambulanter ärztlicher Leistungen wuchs von Jahr zu Jahr. So stieg die Anzahl der Behandlungsfälle pro Einwohner im Zeitraum von 2000 bis 2009 in Deutschland jährlich um 1,5% und damit schneller als die der Ärzte pro Einwohner, bei denen nur eine Zunahme von 1,0% zu verzeichnen war.[4] Aus dieser Beobachtung wurden weit reichende Schlussfolgerungen für die Gesundheitspolitik gezogen, etwa die, dass der Markt für ärztliche Leistungen „nicht funktioniere" und dass das Gesundheitswesen nur dann „bezahlbar" bleibe, wenn man die „Ärzteschwemme" durch Zulassungsbeschränkungen eindämme.

Nun ist eine mit der Anbieterzahl steigende Inanspruchnahme ärztlicher Leistungen für sich genommen keineswegs erstaunlich. Sieht man nämlich den Markt für ambulante ärztliche Leistungen cum grano salis als einen Wettbewerbsmarkt an, so würde man bei einer Zunahme der Zahl der Anbieter eine Rechtsverschiebung der Marktangebotsfunktion und folglich – falls die nachgefragte Menge an Leistungen

---

[2] Vgl. BUNDESMINISTERIUM FÜR GESUNDHEIT, Daten des Gesundheitswesens, div. Jahrgänge.
[3] Vgl. VERBINDUNG DER SCHWEIZER ÄRZTINNEN UND ÄRZTE (2012).
[4] Vgl. OECD (2011, S. 63, 81).

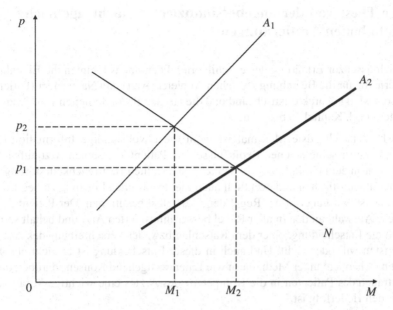

Abb. 8.1. Auswirkungen einer Zunahme des Ärzteangebots im „Normalfall"

mit steigendem Preis abnimmt – eine *Ausweitung der Gleichgewichtsmenge M* und ein *Fallen des Gleichgewichtspreises p* erwarten (vgl. Abbildung 8.1). Die Auswirkung auf die Gesamtausgaben *pM* ist a priori unbestimmt und hängt von der Preiselastizität der Nachfrage ab.

Das Besondere an den bisher vorliegenden empirischen Beobachtungen auf den Märkten für Arztleistungen in mehreren Ländern ist jedoch, dass bei einer Ausweitung der Ärztedichte die Inanspruchnahme ärztlicher Leistungen pro Kopf stieg, ohne dass eine *Gebührensenkung* die Nachfrage stimuliert hätte. So fand FUCHS (1978) bei einem Vergleich verschiedener Regionen in den USA anhand von Daten aus den Jahren 1963 und 1970, dass eine um 10% höhere Chirurgendichte ceteris paribus mit 3% mehr Operationen pro Kopf der Bevölkerung und *höheren Gebührensätzen* für Operationen einherging. Eine positive Korrelation zwischen der Ärztedichte und der Pro-Kopf-Inanspruchnahme ärztlicher Leistungen findet man zudem auch in Ländern wie Deutschland, in denen die Gebührenordnung in allen Regionen einheitlich festgesetzt ist und somit eine Preissenkung als Folge einer Angebotsausdehnung ausgeschlossen werden kann. In allen diesen Fällen steigen natürlich auch die Gesamtausgaben nach einer Erhöhung der Ärztedichte.

8.3 Die These von der angebotsinduzierten Nachfrage nach ambulanten Arztleistungen

Einen Schlüssel zur Erklärung des geschilderten Phänomens könnten die Eigenheiten liefern, die für die Beziehung zwischen Anbieter (Arzt) und Nachfrager (Patient) auf diesem Markt charakteristisch sind und die auf den Besonderheiten von Gesundheitsgütern (vgl. Kapitel 5) beruhen.

Das hervorstechendste Merkmal ist wohl die unvollständige Information des Nachfragers über seine eigenen Bedürfnisse. Ein Patient, der seinen Arzt aufsucht, tut dies zwar in dem Gefühl, aufgrund einer festgestellten Befindlichkeitsstörung irgendeiner diagnostischen und eventuell auch therapeutischen Leistung zu bedürfen; welche das ist, wird aber in der Regel der Arzt selbst bestimmen. Der Patient delegiert diese Auswahl an den in aller Regel besser informierten Arzt und behält selbst lediglich die Entscheidung, ob er dem Ratschlag bzw. der Verschreibung des Arztes Folge leisten will oder nicht. Und auch in dieser Entscheidung ist er nicht absolut frei, denn es herrscht unter Medizinern wie Laien weitgehend Konsens darüber, dass das Vertrauen des Patienten in die Kompetenz des Arztes eine wichtige Voraussetzung für den Heilerfolg ist.

Da es somit für den einzelnen Behandlungsfall plausibel ist, dass der Arzt und nicht der Patient die Nachfragemenge determiniert, lässt sich diese Beziehung auf den Markt als Ganzes übertragen: Die Nachfragekurve, die das geplante Volumen der Inanspruchnahme ärztlicher Leistungen bei alternativen Preisen angibt, spiegelt demnach in überwiegendem Maße *Entscheidungen der Anbieter* und nicht der Nachfrager wider; insofern ist es gerechtfertigt zu sagen, die Nachfrage nach ärztlichen Leistungen sei anbieterdeterminiert.

Diese Tatsache bleibt so lange ohne weitergehende Konsequenzen, wie sich der Arzt bei dieser ihm überlassenen Nachfrageentscheidung wie ein *perfekter Sachwalter* des Patienten verhält und sie so trifft, wie sie der Patient selbst treffen würde, wenn er die notwendige medizinische Fachkenntnis hätte. Kritisch wird es erst, wenn der Arzt in die Entscheidung, die er stellvertretend für den Patienten trifft, seine eigenen Interessen einfließen lässt. Variieren etwa die Ärzte bei einem Anstieg der Ärztedichte die Informationen, die sie an die Patienten geben, systematisch mit dem Ziel, ihre eigene Auslastung sicherzustellen, so wird aus der anbieter*determinierten* eine angebots*induzierte* Nachfrage.

Dieser Fall ist in Abbildung 8.2 illustriert, die unter der Annahme gezeichnet ist, dass die Patienten vollversichert sind und somit die Nachfrage nicht preisabhängig ist. Dabei bezeichnet N_0 die „*Primärnachfrage*". Hierunter verstehen wir die Nachfragemenge, die bei gegebener Patientenzahl, gegebenem Krankheitsspektrum und gegebenen Entscheidungen der Patienten, Kontakt mit dem Arzt aufzunehmen, erbracht werden muss, um den gültigen Regeln der medizinischen Kunst in idealer Weise zu genügen. Ferner sei der Preis pro Leistungseinheit durch staatliche Regulierung der Gebührenordnung auf $\bar{p}_0$ fixiert, und es sei angenommen, dass dieses Preisniveau bei der in der Ausgangssituation vorhandenen Ärztedichte und dem da-

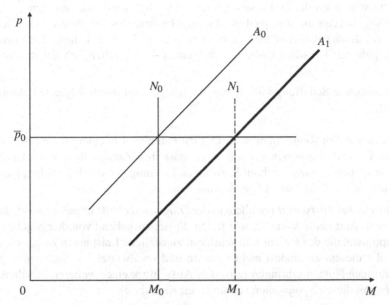

Abb. 8.2. Angebotsinduzierte Nachfrage als Reaktion auf eine Angebotszunahme

mit verbundenen Leistungsangebot (Kurve A_0) gerade so hoch ist, dass es das Angebot mit der Primärnachfrage in Übereinstimmung bringt.

Es sei nun angenommen, dass die Angebotskurve durch Hinzukommen weiterer Ärzte nach außen auf die Lage A_1 verschoben wird. Hätten die Anbieter keinerlei direkten Einfluss auf die Gestaltung der Nachfrage oder würden sie die ihnen delegierte Auswahl einer Behandlungsstrategie einzig und allein nach den Interessen der Patienten ausüben, so bliebe die Nachfragekurve stabil, und die bei dem regulierten Preis tatsächlich gehandelte Leistungsmenge bliebe konstant bei $N_0 = M_0$. Die Anbieter würden allerdings rationiert, denn die realisierte Menge M_0 wäre geringer als diejenige, die sie zu erbringen wünschten (M_1).

Nehmen wir dagegen an, dass die Anbieter die Sachwalter-Rolle *nicht perfekt* ausüben, sondern bei der Beratung der Patienten ihre eigenen Interessen verfolgen. Dann würden Ärzte den Patienten über das medizinisch indizierte Maß hinaus weitere, nur marginal wirksame oder gar gänzlich wertlose Leistungen empfehlen. Damit können sie erreichen, dass die von ihnen gewünschte Angebotsmenge $M_1 = A_1(\bar{p}_0)$ auch „nachgefragt" wird. Graphisch bedeutet das, dass sie die Nachfragekurve parallel so weit nach rechts verschieben, bis die nachgefragte Menge (zu jedem Preis, also auch zum regulierten Preisniveau $\bar{p}_0$) gleich $A_1(\bar{p}_0)$ ist.

Ist es den Ärzten auf diese Weise möglich, die Nachfrage nach ihren eigenen Leistungen nach Belieben auszudehnen, so *verliert die Unterscheidung* zwischen dem „Angebot" und der „Nachfrage" jenseits des Niveaus der „Primärnachfrage" jegliche Bedeutung. Die auf dem Markt tatsächlich realisierte Menge an ärztlichen

Leistungen wird nach dieser These dann ausschließlich durch das von den Ärzten geplante Angebot determiniert, da diese die zur Abnahme des Angebots erforderliche „Nachfrage" durch entsprechende Empfehlungen an die Patienten, die in ihre Praxen kommen, jederzeit künstlich herbeiführen können – ob medizinisch geboten oder nicht.

Die behauptete Schaffung künstlicher Nachfrage wird durch folgende Faktoren erleichtert:

(1) *Umfassende Krankenversicherung*: Die Patienten sind in einem hohen Ausmaß gegen Behandlungskosten *versichert*, so dass ihre Zahlungsbereitschaft keine wirksame Begrenzung für ihren Konsum an Leistungen darstellt, sondern lediglich die Zeit, die sie dazu aufwenden müssen.

(2) *Medizinischer Fortschritt* vor allem in der *Diagnosetechnik*: Dieser bewirkt, dass es einem Arzt heute kaum schwer fallen dürfte, ausgehend von den gegebenen Symptomen, die der Patient ihm schildert, zusätzliche Leistungen zu verschreiben, die diesem zumindest nicht schaden und im Zweifelsfall noch einen geringfügigen Nutzen erbringen (z.B. den Ausschluss einer weiteren in seltenen Fällen mit diesen Symptomen verbundenen Krankheit).

Folgerung 8.1 *Aufgrund seines Informationsvorsprungs übt der Arzt faktisch einen erheblichen Einfluss auf die Gestaltung der „Nachfrage" nach seinen Leistungen aus. Von „Angebotsinduzierung" spricht man aber nur dann, wenn er sich dabei nicht wie ein perfekter Sachwalter des Patienten verhält, sondern auch seine eigenen Interessen einfließen lässt, insbesondere wenn Ärzte bei einem Anstieg der Ärztedichte die Informationen, die sie an die Patienten geben, systematisch ändern, um ihre eigene Auslastung sicherzustellen.*

Für eine Gesundheitspolitik, die sich zum einen der Vollversicherung verschrieben hat, zum anderen aber den Anstieg der Ausgaben im Gesundheitswesen drosseln möchte (wie es in Deutschland der Fall ist), hätte das Vorliegen eines derart massiven Abweichens von der Sachwalter-Rolle erhebliche Konsequenzen, vor allem im Hinblick auf den Zutritt zum Beruf des Kassenarztes und die Gestaltung der Arztvergütung. Daher muss geprüft werden, welche empirischen Fakten zweifelsfrei darüber Aufschluss geben können, ob die These von der angebotsinduzierten Nachfrage nach ärztlichen Leistungen zutrifft oder nicht. Zu diesem Zweck wird im folgenden Abschnitt 8.4 ein formales Modell des Arztverhaltens entwickelt, das es erlaubt, empirisch testbare Hypothesen über den Zusammenhang zwischen der Ärztedichte und der Pro-Kopf-Inanspruchnahme ärztlicher Leistungen bei Gültigkeit der Induzierungs-These abzuleiten. In Abschnitt 8.5 wird untersucht, ob die fraglichen Phänomene prinzipiell auch andere Erklärungen haben könnten, und in Abschnitt 8.6 werden Ergebnisse von Versuchen der empirischen Überprüfung der These vorgestellt.

8.4 Nutzenmaximierung des Arztes und angebotsinduzierte Nachfrage

8.4.1 Ein Modell des ärztlichen Verhaltens

Wir betrachten im Folgenden ein einfaches Modell der Entscheidung eines nutzenmaximierenden Arztes über die Menge an ärztlichen Leistungen, die er seinen Patienten verabreichen will. Ärztliche Behandlung sei dabei ein homogenes Gut. Ferner
gebe es nur ein weiteres Konsumgut, dessen Preis auf 1 normiert ist. Der Preis der
ärztlichen Behandlung ist durch die Gebührenordnung geregelt und beträgt p. Es gebe a identische Ärzte, und das Symbol t bezeichne die vom einzelnen Arzt geleistete
Arbeitszeit als *Anteil* an seiner insgesamt verfügbaren Zeit ($0 \leq t \leq 1$). Die Region
habe n Einwohner, so dass die Ärztedichte durch

$$\delta = a/n \qquad (8.1)$$

gegeben ist. Die Inanspruchnahme ärztlicher Behandlung jedes Einwohners in Abwesenheit von Nachfrageinduzierung sei durch M beschrieben, so dass die „Primärnachfrage" je Arzt $nM/a = M/\delta$ beträgt. Wir gehen im Folgenden davon aus, dass
ein Arzt diese Nachfrage auf jeden Fall befriedigt, sofern sie nicht mehr als seine
verfügbare Zeit in Anspruch nimmt. Diese Annahme ist insbesondere dann erfüllt,
wenn ein Arzt mit haftungsrechtlichen Konsequenzen rechnen muss, wenn er Patienten abweist, obwohl er nicht ausgelastet ist.

Zusätzlich zur Primärnachfrage kann jeder Arzt „künstliche" Nachfrage induzieren, die wir mit s bezeichnen, so dass die gesamte Nachfrage nach den Leistungen
eines Arztes (als Anteil seiner verfügbaren Arbeitszeit) durch

$$g(\delta,s) = M/\delta + s, \quad s \geq 0 \qquad (8.2)$$

gegeben ist. Seine tatsächliche Arbeitszeit t wird ebenfalls als Anteil seiner verfügbaren Zeit ausgedrückt. Deshalb gilt $t \leq 1$.

Das verfügbare Einkommen des Arztes, y, ergibt sich als Differenz zwischen
seinen Honorareinnahmen, pt, und den Praxiskosten einschließlich Steuern. Wenn
die Praxiskosten ein fester Anteil der Einnahmen sind und der Steuertarif progressiv
ist, so ist y eine monoton steigende und konkave Funktion seiner Einnahmen:

$$y = y(pt) \quad \text{mit} \quad y' > 0, \, y'' < 0. \qquad (8.3)$$

Wegen der Normierung des Preises des einzigen Konsumguts auf 1 bezeichnet y
gleichzeitig den *Konsum* des Arztes. Argumente der Nutzenfunktion des Arztes sei-
en neben dem Konsum y, den er positiv bewertet, seine Arbeitszeit t, die er negativ
bewertet, und das Ausmaß, in dem er künstliche Nachfrage schafft, s. Auch dies
verursacht ihm psychische Kosten, da es seinem Berufsethos oder zumindest seiner Verpflichtung zur wirtschaftlichen Verordnung von Leistungen widerspricht, nur
marginal wirksame oder gar unnütze Leistungen zu erbringen.

Die Nutzenfunktion des Arztes lautet daher:

$$u = u(y,t,s) \quad \text{mit} \quad u_y > 0, u_{yy} < 0, u_t < 0, u_{tt} \leq 0, u_s < 0, u_{ss} \leq 0 \tag{8.4}$$

(mit u_y für $\partial u/\partial y$ usw.). Zusätzlich nehmen wir an, dass

$$u_{yt} \leq 0, u_{ys} \leq 0, u_{st} = 0. \tag{8.5}$$

Die erste Ungleichung sagt aus, dass Konsum und Freizeit Komplementärgüter sind, während die zweite besagt, dass die psychischen Kosten der Nachfrageinduzierung umso größer sind, je höher sein Einkommen ist. Schließlich unterstellen wir, dass die Auslastung t als solche keinen Einfluss auf die psychischen Kosten hat.

Der Arzt wählt also seine Arbeitszeit t und seine Nachfrageinduzierung s so, dass er seinen Nutzen in (8.4) unter den Nebenbedingungen (8.2) und (8.3) maximiert. Hierbei sind die Einschränkungen $s > 0$ und $0 \leq t \leq 1$ zu beachten. Im Folgenden sei $t > 0$ unterstellt.

Es gibt vier Typen von Lösungen, je nach Marktgegebenheiten und Präferenzen des Arztes. Bei $M/\delta \geq 1$ bestimmt die hohe Primärnachfrage, die Ärzte erfüllen müssen, die Lösung. Wir erhalten

(a) eine doppelte Randlösung mit $s = 0$ und $t = 1$, die immer zustande kommt, wenn die Ärztedichte so gering ist, dass nicht einmal die Primärnachfrage gedeckt ist, auch wenn alle Ärzte ihre gesamte verfügbare Arbeitszeit ausschöpfen.

Bei $M/\delta < 1$ hingegen hat der Arzt Wahlmöglichkeiten. Hier bestehen drei Typen von Optima,

(b) ein Optimum mit $s^* = 0$ und $t^* < 1$, das gewählt wird, wenn psychische Kosten oder Freizeitpräferenz des Arztes so groß sind, dass er es vorzieht, nur die Primärnachfrage zu bedienen, auch ohne voll ausgelastet zu sein;

(c) ein inneres Optimum mit $s^* > 0$ und $t^* < 1$, das dann eintritt, wenn die Ärztedichte so groß ist, dass die Ärzte trotz Nachfrageinduzierung (im optimalen Ausmaß) nicht ausgelastet sind;

(d) ein Optimum mit $s^* > 0$ aber $t^* = 1$, das gewählt wird, wenn das Einkommensmotiv des Arztes so stark ist (bzw. seine psychischen Kosten und seine Freizeitpräferenz so schwach sind), dass er Nachfrageinduzierung bis zu seiner Vollauslastung betreibt.

Die Fälle (b) bis (d), bei denen $M/\delta < 1$ gilt, kann man analysieren, indem man folgendes Nutzenmaximierungsproblem löst:

$$\max_{t,s} u[y(pt),t,s] \tag{8.6}$$

u. d. Nb.   (i) $t \leq 1$

(ii) $s \geq 0$

(iii) $t = g(\delta,s) = M/\delta + s$

Die Bedingung (iii) gibt hierbei wieder, dass die Arbeitszeit im Fall $M/\delta < 1$ der gesamten Nachfrage entsprechen $g(\delta, s)$ muss.

Die Lagrange-Funktion lautet:

$$Z(t, s, \lambda) = u[y(pt), t, s] + \lambda[t - M/\delta - s]. \tag{8.7}$$

Die notwendigen Bedingungen 1. Ordnung sind

$$\frac{\partial Z}{\partial t} = py'u_y + u_t + \lambda^* \geq 0, \quad t^* \leq 1, \quad (1 - t^*)\frac{\partial Z}{\partial t} = 0, \tag{8.8}$$

$$\frac{\partial Z}{\partial s} = u_s - \lambda^* \leq 0, \quad s^* \geq 0, \quad s^*\frac{\partial Z}{\partial s} = 0, \tag{8.9}$$

$$\frac{\partial Z}{\partial \lambda} = t^* - M/\delta - s^* = 0. \tag{8.10}$$

Die Annahmen (8.4) und (8.5) stellen sicher, dass die notwendigen Bedingungen 2. Ordnung erfüllt sind. Es sind drei Lösungen möglich – die Fälle (b) bis (d), weil der Fall $s^* = 0$ und $t^* = 1$ bei $M/\delta < 1$ ausgeschlossen ist. Es lassen sich folgende Ergebnisse herleiten:

- Im Optimum vom Typ (b) mit $s^* = 0$ und $t^* < 1$ erhalten wir $t^* = M/\delta < 1$.

- In einem Optimum vom Typ (c) mit $s^* > 0$ und $t^* < 1$ folgt aus den Bedingungen 1. Ordnung (8.8) und (8.9):

$$F(s^*, t^*, \delta, p, M) = py'u_y + u_t + u_s = 0. \tag{8.11}$$

Diese Gleichung definiert s^* implizit als Funktion der exogenen Variablen δ, p und M, d.h. $s(\delta, p, M)$. Diese Bedingung ist leicht zu interpretieren: Nachfrage wird so lange induziert, bis der Grenznutzen aus dem zusätzlichen Konsum des Arztes dem Grenzleid aus der zusätzlichen Arbeitszeit plus den psychischen Kosten der Nachfrageschaffung entspricht.

- In einem Optimum vom Typ (d) mit $s^* > 0$ aber $t^* = 1$ erhalten wir $s^* = 1 - M/\delta$.

Aufbauend auf diesem Modell der „angebotsinduzierten Nachfrage" lassen sich Hypothesen über die Reaktion von Ärzten auf Änderungen der Ärztedichte und der Höhe der regulierten Gebühren ableiten. Hierfür untersuchen wir im Folgenden die komparative Statik des Modells bezüglich dieser beiden Größen.

8.4.2 Steigende Ärztedichte

Zunächst ist zu untersuchen, wie sich eine Erhöhung der Ärztedichte δ auf die Leistungsmenge je Einwohner auswirkt. Dazu nehmen wir die oben unterschiedenen vier Typen von Optima in den Blick:

Optima vom Typ (a) oder (d) (t = 1)

Falls die Ärztedichte so gering ist, dass $M/\delta \geq 1$ gilt, so übersteigt die Primärnachfrage die Arbeitskapazität der Ärzte und die Restriktion $t \leq 1$ ist bindend. Das gleiche gilt auch im Falle $M/\delta < 1$, falls Ärzte ein so starkes Einkommensmotiv haben, dass sie immer bis zu ihrer Vollauslastung künstliche Nachfrage induzieren. Da ärztliche Leistungen in Einheiten ihrer Arbeitszeit gemessen werden und in beiden Fällen $t = 1$ gilt, beträgt die Gesamtmenge an erbrachten Leistungen in beiden Fällen $a \times 1$. Entsprechend beträgt die Leistungsmenge pro Einwohner

$$q = \frac{a}{n} = \delta \qquad (8.12)$$

und folglich gilt

$$\frac{dq}{d\delta} = 1, \qquad (8.13)$$

d.h. die Leistungsmenge je Einwohner steigen proportional mit der Ärztedichte an, solange alle Ärzte voll ausgelastet sind.

Optima vom Typ (b) ($s^* = 0, t^* = M/\delta, t^* < 1$)

In diesem Gleichgewicht induzieren Ärzte wegen ihrer Freizeitpräferenz oder der damit verbundenen psychischen Kosten keine Nachfrage. Daher entspricht die Leistungsmenge pro Einwohner gerade der Primärnachfrage,

$$q = M, \qquad (8.14)$$

und es gilt

$$\frac{dq}{d\delta} = 0, \qquad (8.15)$$

d.h. in diesem Bereich der Ärztedichte δ hängen die Leistungsmenge je Einwohner nicht von der Ärztedichte ab.

Optimum vom Typ (c) ($s^* > 0, t^* < 1, t^* = M/\delta + s^*$)

In diesem Fall haben Ärzte auch dann noch freie Kapazitäten, wenn sie im für sie optimalen Ausmaß $s(\delta, p, M)$ Nachfrage induzieren, das implizit durch die Bedingung (8.11) charakterisiert ist. Hier beträgt die Leistungsmenge je Einwohner

$$q(\delta, s^*) = M + \frac{as^*(\delta, p, M)}{n} = M + s(\delta, p, M) \times \delta. \qquad (8.16)$$

Ableitung von (8.16) ergibt

$$\frac{dq}{d\delta} = s^* + \delta \frac{ds^*}{d\delta}. \qquad (8.17)$$

Die Reaktion der beobachteten Inanspruchnahme auf einen Anstieg der Ärztedichte lässt sich somit in einen direkten und einen indirekten Effekt zerlegen. Der direkte Effekt ist positiv, sofern der einzelne Arzt Nachfrageinduzierung betreibt. Der indirekte Effekt hängt davon ab, wie sich der Anstieg der Ärztedichte auf das Ausmaß

Kasten 8.1. Ein Modell des ärztlichen Verhaltens

$$\delta = a/n \tag{8.1}$$

$$g(\delta,s) = M/\delta + s \tag{8.2}$$

$$y = y(pt) \quad \text{mit} \quad y' > 0,\, y'' < 0 \tag{8.3}$$

$$u = u(y,t,s) \quad \text{mit} \quad u_y > 0, u_{yy} < 0, u_t < 0, u_{tt} \leq 0, u_s < 0, u_{ss} \leq 0 \tag{8.4}$$

$$u_{yt} \leq 0, u_{ys} \leq 0, u_{st} = 0 \tag{8.5}$$

$$F(s^*,t^*,\delta,p,M) = py'u_y + u_t + u_s = 0 \tag{8.11}$$

n: Bevölkerungszahl
a: Ärztezahl
δ: Ärztedichte
M: Primärnachfrage pro Kopf der Bevölkerung
y: Verfügbares Einkommen (Konsum) des Arztes
p: Regulierte Gebühr je Leistungseinheit
t: Ärztliche Arbeitszeit
s: Nachfrageinduzierung durch den Arzt
u: Nutzen des Arztes
g: Gesamtnachfrage nach den Leistungen des Arztes
q: Leistungsmenge je Einwohner

der Nachfrageinduzierung beim einzelnen Arzt auswirkt: $ds^*/d\delta$. Eine hinreichende Bedingung für einen positiven Gesamteffekt lautet, dass dieser zweite Effekt positiv ist. Da die notwendige Bedingung 1. Ordnung für ein Nutzenmaximum, (8.11), vor und nach der exogenen Änderung erfüllt sein muss, folgt aus dem Theorem der impliziten Funktionen

$$\frac{ds^*}{d\delta} = -\frac{\dfrac{\partial F(s,\delta,p,M)}{\partial \delta}}{\dfrac{\partial F(s,\delta,p,M)}{\partial s}}. \tag{8.18}$$

Der Nenner von (8.18) ist negativ, da die Bedingung 2. Ordnung für ein Nutzenmaximum erfüllt sein muss. Der gesamte Ausdruck $ds/d\delta$ hat daher das gleiche Vorzeichen wie die partielle Ableitung von $F(s,\delta,p,M)$ nach δ. Unter den Annahmen (8.4) und (8.5) ist diese partielle Ableitung und damit der indirekte Effekt positiv. Um dies zu zeigen, schreiben wir (8.11) explizit als Funktion von δ, wobei wir verwenden:

$$F(s,\delta,p,M) = py'[pt^*]u_y[y(pt^*),M/\delta + s^*,s^*]$$
$$+ u_t[y(pt^*),t^*,s^*] + u_s[y(pt^*),t^*,s^*] = 0. \tag{8.19}$$

mit $t^* = M/\delta + s^*$.

Die partielle Ableitung von (8.19) nach δ ergibt

$$\frac{\partial F(s,\delta,p,M)}{\partial \delta} = -M\delta^{-2}\left(p^2 y'' u_y + p^2 (y')^2 u_{yy} + 2py' u_{yt} + u_{tt} + py' u_{ys} + u_{st}\right) > 0,$$

wobei das positive Vorzeichen aus den Annahmen (8.4) und (8.5) an die Nutzenfunktion folgt. Die ökonomische Interpretation dieses Ausdrucks lautet wie folgt: Der Anstieg der Ärztedichte übt auf die ärztlichen Entscheidungsgrößen einen Einkommenseffekt aus. Bei unverändertem Wert der Nachfrageinduzierung s fallen Bruttoeinnahmen pt und Konsum y. Dadurch steigen sowohl das marginale verfügbare Einkommen bei einer Umsatzsteigerung (y' nimmt zu wegen strenger Konkavität) als auch der Grenznutzen des Konsums (u_y nimmt zu, ebenfalls wegen strenger Konkavität), während sowohl das Arbeitsleid als auch die psychischen Kosten der Nachfrageinduzierung im Absolutwert fallen (u_t und u_s, die beide negativ sind, bewegen sich in Richtung null).

Zusammenfassend generiert das hier betrachtete ökonomische Modell des ärztlichen Verhaltens die Hypothese der Nachfrageinduzierung in Form einer monotonen Beziehung zwischen den Ausgaben je Einwohner und der Ärztedichte, sofern diese genügend hoch ist. Denn eine weiter steigende Ärztedichte lässt das Einkommen des einzelnen Arztes fallen. Solange die Ärzte keine gravierenden Bedenken gegen Nachfrageinduzierung haben, ist es wahrscheinlich, dass der Grenznutzen des dadurch ermöglichten zusätzlichen Konsums das Arbeitsleid und die psychischen Kosten der Nachfrageinduzierung übersteigt, so dass der Umsatz je Einwohner steigt. Wichtig für dieses Ergebnis ist allerdings die Annahme, dass alle Patienten voll versichert sind. Bei nur teilweiser Versicherung sind sie mit den finanziellen Konsequenzen der Nachfrageinduzierung konfrontiert und würden dieser vermutlich Widerstand entgegensetzen. Zudem hängt der Effekt auch vom Vergütungssystem ab, bei dem Einzelleistungsvergütung vorausgesetzt wurde. Dagegen vermitteln andere Vergütungsformen wie Pauschalhonorare keine Anreize zur Nachfrageinduzierung.[5]

Auf der anderen Seite ist die Nachfrageseite bei sehr geringer Ärztedichte rationiert und die Ausgaben je Einwohner verhalten sich proportional zur Ärztedichte. Zwischen diesen Extremen könnte es einen mittleren Bereich der Ärztedichte geben, in dem keine Nachfrageinduzierung stattfindet und die Ausgaben je Einwohner somit auf einen Anstieg der Ärztedichte nicht reagieren.

Die theoretischen Voraussagen dieses Modells sind graphisch in Abbildung 8.3 dargestellt. Im Fall (i) existiert ein mittlerer Bereich der Ärztedichte oberhalb von M mit einem Optimum vom Typ (b), in dem keine Nachfrageinduzierung stattfindet. Hingegen tritt im Fall (ii) Nachfrageinduzierung auf, sobald genügend Ärzte da sind, um die Primärnachfrage zu befriedigen.

---

[5] Im strengen Sinn gilt dies nur, wenn der Arzt durch weitere Leistungen kein weiteres Einkommen erzielen kann wie bei einer Honorierung auf Basis der eingeschriebenen Patienten. Bei quartalsbezogenen Behandlungspauschalen hingegen kann weiteres Einkommen erzielt werden, wenn der Patient im nächsten Quartal wieder einbestellt wird.

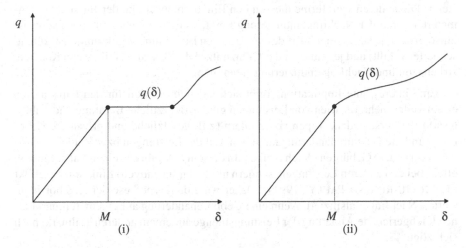

Abb. 8.3. Ärztedichte und Ausgaben für ärztliche Leistungen je Einwohner

Folgerung 8.2 *In einem Modell, in der die Bevölkerung voll versichert ist und die Gebührensätze exogen festgesetzt sind, werden rational handelnde Ärzte, deren Nutzen von Einkommen und Freizeit abhängt und denen künstliche Nachfrageinduzierung psychische Kosten verursacht, bei hoher Ärztedichte Nachfrage induzieren. Dies impliziert einen positiven Zusammenhang zwischen Ärztedichte und Leistungsmenge je Einwohner. Im Grenzfall einer sehr geringen Ärztedichte tritt der gleiche Effekt auf Grund einer Lockerung der Rationierung der Nachfrageseite ein: Hier verhält sich die Leistungsmenge je Einwohner strikt proportional zur Ärztedichte.*

8.4.3 Anstieg des Gebührensatzes

Nun wird untersucht, wie das Ausmaß der Nachfrageinduzierung in einem inneren Optimum auf eine Änderung des regulierten Gebührensatzes reagiert. Analog zum Ergebnis im vorangegangenen Abschnitt ist das Vorzeichen der partiellen Ableitung $\mathrm{d}s^*/\mathrm{d}p$ identisch mit dem Vorzeichen des Ausdrucks

$$\frac{\partial F(s,\delta,p,M)}{\partial p} = y'u_y + py''tu_y + p(y')^2u_{yy} + y'tu_{yt} + y'tu_{ys}. \tag{8.20}$$

Das Vorzeichen dieses Ausdrucks ist nicht eindeutig, da der erste Term positiv ist, die restlichen vier Terme jedoch auf Grund der Annahmen an die Nutzenfunktion (8.4) und (8.5) negativ sind. Der erste Term misst den Substitutionseffekt einer Gebührenanhebung, der es für den Arzt lohnender macht, mehr (unnötige) Leistungen zu erbringen. Die Größe dieses Effekts hängt von der Stärke des Einkommensmotivs und dem Ausmaß ab, in dem das verfügbare Einkommen mit dem Umsatz steigt. Die anderen vier Terme messen den Einkommenseffekt, der für sich genommen den Grad der Nachfrageinduzierung senkt, wenn die Gebühr steigt. Dieser ist umso größer, je stärker der Tarif des verfügbaren Einkommens gekrümmt ist (d.h. je schneller y' fällt) und je schneller der Grenznutzen des Konsums fällt, wenn Konsum, Arbeitszeit und Nachfrageinduzierung zunehmen.

Eine interessante Implikation ergibt sich aus dem Modell für den Fall, in dem es entweder mehrere Arten von Leistungen gibt (z.B. ärztliche Beratung und Labortests) oder verschiedene Typen von Zahlern (z.B. gesetzliche und private Versicherung) und die Gebührenänderung nur einen Teil der Leistungen bzw. Zahler betrifft, während andere Gebühren gleich bleiben. In diesem Fall gibt es keinen Substitutionseffekt bei den anderen Leistungen, sondern nur einen (negativen) Einkommenseffekt [T. McGuire und Pauly (1991)]. Daher wäre die Hypothese der angebotsinduzierten Nachfrage falsifiziert, wenn eine Gebührenänderung auf einem Teilmarkt eine gleichgerichtete Änderung der Leistungsmenge auf einem anderen Teilmarkt nach sich zöge.

Folgerung 8.3 *Der Einfluss des Gebührenniveaus auf die Leistungsmenge pro Einwohner ist nicht eindeutig bestimmbar, weil der Substitutionseffekt einer Gebührenerhöhung einen Anstieg der Leistungsmenge erwarten lässt, der Einkommenseffekt jedoch deren Rückgang.*

8.5 Ärztedichte und Inanspruchnahme ärztlicher Leistungen: alternative Erklärungen

Unter „angebotsinduzierter Nachfrage" nach ärztlichen Leistungen versteht man eine spezifische Erklärung für das empirisch beobachtete Phänomen, dass mit steigender Ärztedichte die Inanspruchnahme ärztlicher Leistungen pro Kopf der Bevölkerung ebenfalls zunimmt, obwohl die Preise für die Leistungen konstant bleiben. Diese Erklärung beruht auf der im vorangegangenen Abschnitt dargestellten Hypothese, dass Ärzte ihre eigenen Ziele im Hinblick auf Einkommen und Freizeit verfolgen und die ihnen von den Patienten delegierte Entscheidungskompetenz zu deren Erreichung ausnutzen. Hierzu verordnen sie medizinisch unnütze und unwirtschaftliche Leistungen soweit sie das mit ihrem Berufsethos vereinbaren können. Das gleiche empirische Phänomen kann aber auch *andere Hintergründe* haben, von denen der zuerst genannte im Modell des Abschnitts 8.4 bereits explizit auftrat:

(1) *Permanenter Nachfrageüberhang:* Der beobachtete Zusammenhang zwischen Ärztedichte und Inanspruchnahme ärztlicher Leistungen kann darauf zurückgehen, dass auf dem Markt für ärztliche Leistungen infolge der Preisregulierung ein permanenter Nachfrageüberhang herrscht. Da in diesem Falle alle Ärzte bis an die Grenze ihrer physischen Kapazität ausgelastet sind, aber dennoch Patienten abweisen müssen, steigt das realisierte Leistungsvolumen insgesamt in

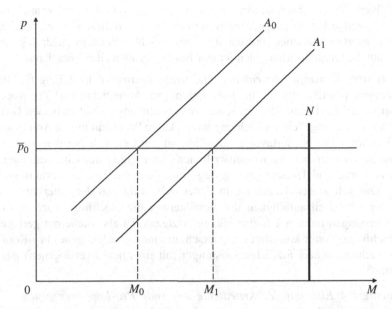

Abb. 8.4. Auswirkungen einer Angebotsausweitung bei reguliertem Preis und Nachfrageüberhang

demselben Maße wie die Ärztezahl. Im Preis-Mengen-Diagramm lässt sich dies so deuten, dass infolge der Rationierung der Nachfrage jeweils ein Punkt auf der (sich verschiebenden) Angebotskurve und nicht auf der (stabilen) Nachfragekurve beobachtet wird (vgl. Abbildung 8.4). Dies entspricht einem Optimum vom Typ (a) im Modell des Abschnitts 8.4.1.

(2) *Rückgang der indirekten Kosten, Zunahme der Qualität der Behandlung:* Ferner könnte die Zunahme der Leistungsmenge bei steigender Ärztedichte auch auf rationale Nachfrageentscheidungen der Patienten zurückgehen. So kann sich die Nachfragekurve nach außen verschieben, wenn man bedenkt, dass die Inanspruchnahme medizinischer Leistungen für den Patienten mit *indirekten Kosten* verbunden ist und diese im Allgemeinen sinken, wenn die Ärztedichte steigt. Zum einen werden mit der Eröffnung neuer Arztpraxen vor allem im ländlichen Raum die Zeit- und Wegekosten des Aufsuchens einer Arztpraxis im Mittel zurückgehen. Zum anderen wird auch die durchschnittliche Wartezeit im Wartezimmer verkürzt, wenn die Auslastung der Ärzte abnimmt. Obendrein sinkt die Zeitspanne, die man im Durchschnitt auf einen Bestelltermin warten muss. Da viele Krankheiten nach einer gewissen Zeit auch ohne ärztliche Konsultation vorübergehen, wächst somit die Wahrscheinlichkeit, dass die Befindlichkeitsstörung bei Erreichen des Termins noch anhält und es somit zu einer Behandlung kommt.

Schließlich wird bei abnehmender Auslastung des Arztes üblicherweise auch die Beratungszeit je Patient ausgedehnt. Sofern die Patienten diese als wesentliches *Qualitätsmerkmal* ansehen, dürften sie – bei gleichbleibendem Geldpreis von null – auf die Qualitätserhöhung mit einer Nachfrageausweitung reagieren.

(3) *Umgekehrter Kausalzusammenhang:* Die dritte alternative Erklärung für die beobachtete positive statistische Korrelation von Ärztedichte und Pro-Kopf-Inanspruchnahme lautet, dass der Kausalzusammenhang zwischen beiden Größen auch in der umgekehrten Richtung laufen kann: Wenn ein junger Arzt einen Standort für seine Niederlassung auswählt, so wird er sich bei den ansässigen Kollegen oder bei der Kassenärztlichen Vereinigung danach erkundigen, ob Auslastung und Umsatz groß genug sind, dass eine weitere Praxis sich lohnt. Dadurch ziehen Regionen, in denen z.B. aufgrund der Altersstruktur oder der Krankheitsanfälligkeit der Bevölkerung die Nachfrage nach ärztlichen Leistungen intensiv ist, eine höhere Ärztezahl an als solche mit geringerer Nachfrage. Somit korreliert im Querschnitt eine hohe (exogene) Pro-Kopf-Inanspruchnahme nach ärztlichen Leistungen mit einer hohen (endogenen) Ärztedichte.[6]

Folgerung 8.4 *Eine mit der Ärztedichte steigende Pro-Kopf-Inanspruchnahme ärztlicher Leistungen beweist noch nicht das Vorliegen einer künstlichen Nachfrageschaffung durch die Ärzte, da es für dasselbe Phänomen alternative Erklärungen gibt. So könnte durch die steigende Ärztedichte ein bestehender Nachfrageüberhang abgebaut worden oder die indirekten Kosten für die Patienten abgesunken sein. Ferner könnten Unterschiede in der Ärztedichte ihrerseits die Folge unterschiedlichen Bedarfs an Ärzten sein.*

8.6 Angebotsinduzierte Nachfrage: Empirische Überprüfung

8.6.1 Ärztedichte und Leistungsmenge

Das empirisch beobachtbare Phänomen, dass mit einer Zunahme der Ärztedichte die Inanspruchnahme ärztlicher Leistungen pro Versicherten steigt, kann also eine Reihe verschiedener Gründe haben. Welche davon zutreffen, lässt sich im günstigsten Fall durch sorgfältige empirische Studien entscheiden, die jedoch so angelegt sein müssen, dass alle vier genannten Gründe voneinander separiert werden können:

(a) So verlangt die Erklärung mittels eines *Nachfrageüberhangs*, dass ein positiver (und proportionaler) Zusammenhang zwischen Ärztedichte und Leistungsmenge bei geringer Ärztedichte besteht und von einem gewissen Niveau an *verschwindet*, während

(b) bei *Nachfrageinduzierung* dieser Zusammenhang vor allem bei hoher Ärztedichte bestehen sollte.

---

[6] Im Gegensatz zur Erklärung (1) handelt es sich hierbei in jeder der Regionen um Gleichgewichts-Situationen.

(c) Ferner müssen die *Niederlassungsentscheidungen* der Ärzte in die empirische Analyse mit aufgenommen werden, um eine „umgekehrte" Kausalität auszuschließen, und

(d) Maße für die *Zeitkosten* der Patienten sind möglichst einzubeziehen.

FUCHS (1978) berücksichtigte in seiner klassischen Querschnitts-Studie für die USA in den Jahren 1963 und 1970 den Aspekt (c), indem er mit seiner zweistufigen Schätzung (2SLS, siehe Kasten 4.2) sowohl das Angebot an Chirurgen als auch die Operationshäufigkeit erklärte. Ferner wies er nach, dass die durchschnittliche Auslastung der Chirurgen in seiner Beobachtungsmenge relativ gering war, so dass Grund (a) auszuschließen ist. Schließlich werden Operationen überwiegend auf Termin durchgeführt, so dass Unterschiede in den Zeitkosten gering sind und somit Erklärung (d) nicht anwendbar ist. Daher lässt sein Ergebnis, dass eine um 10% höhere Chirurgendichte ceteris paribus eine um 3% größere Operationshäufigkeit nach sich zieht, nur den Schluss auf *Nachfrageinduzierung* zu.

Die von Fuchs verwendete Methodologie wurde später von DRANOVE UND WEHNER (1994) kritisiert, die mit einem 2SLS-Ansatz ein ähnliches Resultat für den Markt für Geburtshilfe erhielten, in dem angebotsinduzierte Nachfrage mit Sicherheit nicht existiert. In ihrer Stichprobe auf der Basis US-amerikanischer Landkreise („Counties") aus dem Jahr 1988 war die Zahl der Geburten mit der (geschätzten) Zahl der Geburtshelfer signifikant positiv verbunden. Die Autoren finden für diese scheinbar absurde Korrelation zwei mögliche Erklärungen: (i) die Nachfragegleichung ist nicht korrekt identifiziert, oder (ii) es könnte Patientenwanderungen in Landkreise mit einem großen Angebot von Geburtshelfern gegeben haben.

Eine überzeugendere Evidenz für angebotsinduzierte Nachfrage kann in Fällen gefunden werden, in denen Ärzte auf einen plötzlichen Rückgang der Nachfrage mit einem Anstieg der Leistungsintensität reagiert haben. Ein solches natürliches Experiment bildete der drastische Einbruch der Geburtenzahlen in den USA während der 1970er Jahre, der von einem starken Anstieg des Anteils der am besten vergüteten Form der Entbindung, des Kaiserschnitts, begleitet war. Insbesondere konnten GRUBER UND OWINGS (1996) zeigen, dass diese Entbindungsform in den Staaten häufiger gewählt wurde, in denen die Fertilität am geringsten und die Geburtshelferdichte am größten war, obwohl die gefundene Stärke des Effekts zu gering war, um die Einkommensverluste auf Grund der gesunkenen Geburtenzahl dadurch auszugleichen.

Eine Studie von CARLSEN UND GRYTTEN (1998) mit norwegischen Daten aus dem Jahr 1995 fand einen ziemlich starken Effekt der Ärztedichte auf die Zahl der Arztbesuche und Labortests pro Einwohner, aber der Anstieg der Leistungsmenge mit der Ärztedichte war in dem Teil des Datensatzes mit geringer Ärztedichte signifikant steiler als anderswo, so dass der gefundene Effekt plausibler als das Ergebnis von Rationierung (oder zumindest der Verfügbarkeit von Ärzten) erklärt werden kann als mit der Hypothese der angebotsinduzierten Nachfrage.

8.6.2 Gebührensätze und Leistungsmenge

Eine Reihe weiterer Studien untersuchte die Reaktion der Inanspruchnahme auf Änderungen der regulierten Gebührensätze. RICE (1983) analysierte Daten aus einem natürlichen Experiment, das sich im Jahr 1977 im US-Bundesstaat Colorado abspielte, als Medicare seine Vergütungssätze in ländlichen Gebieten relativ zu städtischen stark anhob. Der Autor fand einen signifikant negativen Zusammenhang zwischen der Änderung der Leistungsintensität und der Gebührenänderung, was die Existenz eines starken Einkommenseffekts nahelegt, der eine notwendige Bedingung für Nachfrageinduzierung ist. Später untersuchte YIP (1998) die Auswirkungen der Medicare-Gebührenreform von 1988, in der die Vergütungssätze für bestimmte Leistungen von Thoraxchirurgen drastisch reduziert wurden, und fand große und hoch signifikante Einkommenseffekte auf das Volumen an Bypass-Operationen sowohl an Medicare- als auch an Privatpatienten, so dass die Chirurgen 70 Prozent der Einkommenseinbuße auf Grund der Gebührensenkung durch eine Mengenausweitung wettmachen konnten.

> **Folgerung 8.5** *Empirische Studien aus den USA und aus Europa weisen eine statistisch signifikante Korrelation zwischen der Ärztedichte und den Pro-Kopf-Ausgaben für ärztliche Leistungen nach. In den meisten Fällen kann allerdings die Alternativ-Hypothese einer umgekehrten Kausalität oder einer Rationierung nicht definitiv ausgeschlossen werden. Untersuchungen des Zusammenhangs zwischen Gebührensätzen und ärztlicher Leistungsmenge zeigen jedoch starke Einkommenseffekte auf, die eine notwendige Bedingung für das Vorliegen von Nachfrageinduzierung darstellen.*

Abschließend muss nochmals eine wichtige Voraussetzung für Nachfrageinduzierung in der ambulanten ärztlichen Versorgung betont werden, die in der Vergeudung knapper Ressourcen mündet: Die Einnahmen der Ärzte müssen mit der erbrachten Leistungsmenge stark genug steigen – eine Voraussetzung, die bei Einzelleistungsvergütung erfüllt ist. Dies deutet darauf hin, dass nicht die Bekämpfung der angebotsinduzierten Nachfrage als solcher der Schlüssel zu einer effizienten Nutzung knapper Ressourcen ist, sondern vielmehr die Wahl des Vergütungssystems. Das Effizienzproblem könnte gelöst werden, wenn alle Ärzte in einer Weise entlohnt würden, die sie dazu veranlasste, die Ressourcen unter ihrer Kontrolle effizient zu nutzen. Kapitel 10 wird sich daher mit dem Einfluss des Vergütungssystems auf das Arztverhalten befassen und die Auswirkungen für eine effiziente Ressourcennutzung in der ambulanten Versorgung beleuchten.

8.7 Zusammenfassung des Kapitels

(1) Aufgrund seines Informationsvorsprungs übt der Arzt faktisch einen erheblichen Einfluss auf die Gestaltung der „Nachfrage" nach seinen Leistungen aus. Von „Angebotsinduzierung" spricht man aber nur dann, wenn er sich dabei nicht wie ein perfekter Sachwalter des Patienten verhält, sondern auch seine eigenen Interessen einfließen lässt, insbesondere wenn Ärzte bei einem Anstieg der Ärztedichte die Informationen, die sie an die Patienten geben, systematisch ändern, um ihre eigene Auslastung sicherzustellen.

(2) In einem Modell, in der die Bevölkerung voll versichert ist und die Gebührensätze exogen festgesetzt sind, werden rational handelnde Ärzte, deren Nutzen von Einkommen und Freizeit abhängt und denen künstliche Nachfrageinduzierung psychische Kosten verursacht, bei hoher Ärztedichte Nachfrage induzieren. Dies impliziert einen positiven Zusammenhang zwischen Ärztedichte und Leistungsmenge je Einwohner. Im Grenzfall einer sehr geringen Ärztedichte tritt der gleiche Effekt auf Grund einer Lockerung der Rationierung der Nachfrageseite ein: Hier verhält sich die Leistungsmenge je Einwohner strikt proportional zur Ärztedichte. Der Einfluss des Gebührenniveaus auf die Leistungsmenge pro Einwohner ist nicht eindeutig bestimmbar, weil der Substitutionseffekt einer Gebührenerhöhung einen Anstieg der Leistungsmenge erwarten lässt, der Einkommenseffekt jedoch deren Rückgang.

(3) Eine mit der Ärztedichte steigende Pro-Kopf-Inanspruchnahme ärztlicher Leistungen beweist noch nicht das Vorliegen einer künstlichen Nachfrageschaffung durch die Ärzte, da es für dasselbe Phänomen alternative Erklärungen gibt. So könnte durch die steigende Ärztedichte ein bestehender Nachfrageüberhang abgebaut worden oder die indirekten Kosten für die Patienten abgesunken sein. Ferner könnten Unterschiede in der Ärztedichte ihrerseits die Folge unterschiedlichen Bedarfs an Ärzten sein.

(4) Empirische Studien aus den USA und aus Europa weisen eine statistisch signifikante Korrelation zwischen der Ärztedichte und den Pro-Kopf-Ausgaben für ärztliche Leistungen nach. In den meisten Fällen kann allerdings die Alternativ-Hypothese einer umgekehrten Kausalität oder einer Rationierung nicht definitiv ausgeschlossen werden. Untersuchungen des Zusammenhangs zwischen Gebührensätzen und ärztlicher Leistungsmenge zeigen jedoch starke Einkommenseffekte auf, die eine notwendige Bedingung für das Vorliegen von Nachfrageinduzierung darstellen.

8.8 Lektürevorschläge

Die These der angebotsinduzierten Nachfrage wurde als erstes von R. EVANS (1974) untersucht. Ein Überblick über die darauf folgende Debatte geben LABELLE ET AL. (1994) und PAULY (1994). Empfehlenswert ist des Weiteren der Beitrag von T. MCGUIRE (2000) im HANDBOOK OF HEALTH ECONOMICS.

8.Ü Übungsaufgaben

8.1. Diskutieren Sie den Unterschied zwischen einer anbieterdeterminierten und einer angebotsinduzierten Nachfrage.

8.2. Erläutern Sie die unterschiedlichen Erklärungen für das empirisch beobachtete Phänomen, dass mit steigender Ärztedichte die Inanspruchnahme ärztlicher Leistungen pro Kopf der Bevölkerung zunimmt. Wie kann anhand empirischer Studien zwischen den verschiedenen Erklärungen unterschieden werden?

8.3. Ein Arzt habe die Nutzenfunktion $u(y,t,s) = \alpha y^{3/4} - t - s$ und sein verfügbares Einkommen sei $y(t) = t^{2/3}$, wobei t seine Arbeitszeit misst ($0 \leq t \leq 1$). Die Nachfrage nach seinen Leistungen sei durch $M/\delta + s$ beschrieben, wobei δ die Ärztedichte und $M = 0{,}02$ die „Primärnachfrage" bezeichnet. s sei die künstlich induzierte Nachfrage.

(a) Gehen Sie von $\alpha = 3{,}2$ aus. Beschreiben Sie den Zusammenhang zwischen der Ärztedichte δ und der Leistungsmenge je Einwohner, $q = t^* \delta$. Für welche Werte von δ induziert der Arzt Nachfrage? Hinweis: Zeigen Sie zunächst, dass $t^* < 1$, falls $M/\delta < 1$. Untersuchen Sie dann die Implikation der Annahmen $s^* = 0$ bzw. $s^* > 0$.

(b) Nehmen Sie jetzt $\alpha = 4{,}8$ an. Zeigen sie, dass $t^* = 1$. Beschreiben Sie erneut den Zusammenhang zwischen der Ärztedichte und der Leistungsmenge je Einwohner und erläutern Sie Ihr Ergebnis.

9

Krankenhausleistungen und ihre Effizienz

9.1 Problemstellung

In der Diskussion über wirtschaftliche Probleme des Gesundheitswesens nimmt regelmäßig das Krankenhaus eine zentrale Rolle ein. Dies liegt vordergründig zunächst an der quantitativen Bedeutung des Krankenhaussektors. Im Jahr 2010 entfielen in den meisten OECD-Staaten mehr als ein Drittel der Gesundheitsausgaben auf Krankenhausleistungen. Auch in der Bundesrepublik Deutschland ist das Krankenhaus der weitaus größte Ausgabenposten der Gesetzlichen Krankenversicherung.[1] Zudem ist sein Anteil an den gesamten Gesundheitsausgaben in den letzten beiden Jahrzehnten beträchtlich gewachsen.

Nun gibt es im Zuge der wirtschaftlichen Entwicklung immer überproportional wachsende Wirtschaftszweige. Zudem ist das Krankenhaus Teil des Dienstleistungssektors, dessen relative Bedeutungszunahme ganz allgemein als Spiegelbild einer gewissen Sättigung des Bedarfs an materiellen Konsumgütern angesehen werden kann. Warum sollte diese Entwicklung also mit Skepsis oder Besorgnis betrachtet werden, und warum sollte es als Aufgabe für Wirtschaftswissenschaftler angesehen werden, sich mit ihr zu beschäftigen?

Zunächst ist auf die allgemeine, bereits in Kapitel 1 getroffene Feststellung zu verweisen, dass im Gesundheitswesen *nicht Ausgabengrößen* per se das eigentliche Interesse von Ökonomen beanspruchen sollten, sondern die *Regeln*, nach denen die Mittelverteilung erfolgt. Wirtschaftlichkeit hat etwas damit zu tun, ob die „richtige" Menge von Gesundheitsgütern dem „richtigen" Konsumenten in der „richtigen" Zusammensetzung angeboten und zu geringstmöglichen volkswirtschaftlichen Kosten hergestellt wird. Somit kann ein stark expandierender Teilbereich des Gesundheits-

---

[1] Dies ist allerdings auch durch die Abgrenzung der Sektoren bedingt. Würde man in den „ambulanten Sektor" neben der ärztlichen Behandlung auch Arznei-, Heil- und Hilfsmittel einbeziehen, so wäre dieser mit 41,1% aller Leistungsausgaben der GKV (2010) größer als der Krankenhaussektor mit 35,2% [vgl. BUNDESMINISTERIUM FÜR GESUNDHEIT (2011, Tabelle 9.6)].

wesens – bei entsprechender Entwicklung der Nachfrage oder der medizinischen Technologie – durchaus wirtschaftlich arbeiten, während ein schrumpfender auch unwirtschaftlich sein kann.

Im Krankenhausbereich ist aus wirtschaftswissenschaftlicher Perspektive insbesondere ein Aspekt von Interesse: Krankenhäuser sind in der weit überwiegenden Mehrzahl *nicht gewinnorientiert* und haben demzufolge – zumindest prima facie – kein Eigeninteresse an einer kostenminimalen Produktion. Diese Eigenheit deutet darauf hin, dass die vereinbarte Leistungsmenge in der Regel nicht mit dem geringstmöglichen Einsatz volkswirtschaftlicher Ressourcen erstellt wird.

Aus diesem Grund sind Methoden der Effizienzmessung im Krankenhaussektor entwickelt worden. Diese Verfahren versuchen anhand eines Krankenhausbetriebsvergleichs festzustellen, ob einzelne Krankenhäuser wirtschaftlich arbeiten. In Deutschland ist dieses Vorgehen sogar in der Bundespflegesatzverordnung (BPflV) gesetzlich verankert. So sieht §5 BPflV vor: „Zur Unterstützung der Vertragsparteien bei der Ermittlung vergleichbarer Krankenhäuser oder Abteilungen und der Bemessung von medizinisch leistungsgerechten Budgets und tagesgleichen Pflegesätzen erstellen die Deutsche Krankenhausgesellschaft oder die Bundesverbände der Krankenhausträger gemeinsam und der Spitzenverband Bund der Krankenkassen einen Krankenhausvergleich." Allerdings ist die Frage, wie der Krankenhausbetriebsvergleich durchgeführt werden soll, noch nicht definitiv geklärt.

Voraussetzung jeder Effizienzmessung ist eine Erfassung des Aufwands und des Ertrags der ökonomischen Aktivität. Während man unter „Aufwand" bei jeder wirtschaftlichen Tätigkeit den Verbrauch produktiver Ressourcen (menschliche Arbeit, Energie, Rohstoffe) mit alternativen Verwendungsmöglichkeiten versteht, ist der „Ertrag" im Gesundheitswesen und insbesondere im Krankenhaus nicht von selbst evident. Schwierigkeiten ergeben sich sowohl bei der Definition dessen, was als Leistung des Krankenhauses verstanden werden soll, als auch bei der Operationalisierung eines gewählten Leistungsbegriffs zum Zwecke der konkreten Messung. Diese grundlegenden Probleme erörtern wir in Abschnitt 9.2. Anschließend widmen wir uns in Abschnitt 9.3 dem Krankenhausbetriebsvergleich. Wir stellen dabei sowohl mit der Schätzung von Krankenhaus-Kostenfunktionen und der Data Envelopment Analysis (DEA) sowohl ein parametrisches als auch ein nichtparametrisches Verfahren vor.

Neben dem Krankenhausbetriebsvergleich spielt die Ausgestaltung von *Vergütungssystemen* eine zentrale Rolle für die Effizienz im Krankenhaussektor. Sie steuern im entscheidenden Maße, wer im Krankenhaus mit welchem Aufwand behandelt wird. Da Fragen der Vergütung allgemein von großer Bedeutung im Gesundheitswesen sind, behandeln wir diese gemeinsam in Kapitel 10. Dort stellen wir in Abschnitt 10.2 zunächst die ökonomische Theorie der Vergütung vor. In Abschnitt 10.5.3 diskutieren wir dann konkret die Wirkungen von alternativen Vergütungssystemen im Krankenhausbereich.

9.2 Das Krankenhaus als Produktionsbetrieb

9.2.1 Der Krankenhaus-Output: Gesundheit als latente Größe

Will man die „Leistung" von Krankenhäusern erfassen, so genügt es nicht, die Verrichtungen zu beschreiben, die dort vorgenommen werden (Operationen, Bestrahlungen, Medikationen, Wundversorgung, Unterbringung und Beköstigung etc.), oder daraus zusammengesetzte Komplexe wie „medizinische Leistung", „Pflegeleistung", „Hotelleistung", denn diese können immer nur Mittel zum Ziel sein. Der eigentlichen Leistung im Sinne des Ziels – der Tätigkeit – kommt man näher, wenn man sich die Frage stellt, was die Patienten (oder die in ihrem Interesse handelnden einweisenden Ärzte) nachfragen, was sie sich von dem Aufenthalt im Krankenhaus versprechen und was die Steuerzahler für ihren Beitrag zur Finanzierung des Krankenhauses erwarten.[2]

In der weitaus größten Zahl der Fälle ist die Erwartung ganz allgemein auf die positive *Beeinflussung des Gesundheitszustands* der Patienten gerichtet, d.h. auf die Heilung bzw. Eindämmung einer Krankheit und die Linderung von Schmerzen. Auch wenn über diese Ziele an sich wenig Uneinigkeit bestehen dürfte, kann der Grad der Zielerreichung dennoch kaum als Grundlage der Vergütung der Krankenhausleistung dienen. Die Schwierigkeiten liegen hierbei sowohl auf der Ebene der Messung als auch der Zurechnung der Leistung.

Um das Ausmaß der „Gesundung" zu erfassen, müsste der Gesundheitszustand des Patienten sowohl bei Beginn als auch bei Ende der Krankenhausbehandlung und oft noch Jahre danach nach objektiven Kriterien gemessen werden können, und das ist – abgesehen von einigen offensichtlichen Indikatoren wie der Überlebensrate und der Komplikationsrate bei Operationen – ein ziemlich aussichtsloses Unterfangen, weil Gesundheit zum einen mehrdimensional ist und zum anderen eine erhebliche subjektive Komponente aufweist.

Doch selbst wenn dies gelänge, dürfte man die Entlohnung für das Krankenhaus nicht einfach an die gemessene Änderung des Gesundheitszustands (über den Zeitraum des Aufenthalts) binden. Denn der relevante Vergleichsmaßstab für das Ergebnis der Tätigkeit des Krankenhauses ist nicht der tatsächliche Zustand des Patienten vor der Einlieferung, sondern der (fiktive) Zustand, der sich *ohne die Krankenhausbehandlung* am Ende des betrachteten Zeitraums *eingestellt hätte*. Die Wichtigkeit dieser Unterscheidung erkennt man insbesondere bei den Fällen, in denen die stationäre Behandlung den progressiven Verlauf einer unheilbaren Krankheit eindämmen soll. Das Ausmaß der „verhinderten Verschlechterung" des Gesundheitszustands entzieht sich jedoch einer Messung. Auch Prognosen anhand von „vergleichbaren" Fällen sind nicht sehr zuverlässig, da niemals zwei Fälle vollkommen gleich sind.

Neben dem Wunsch nach der „Gesundung" spielt noch eine weitere Erwartung der Nachfrager eine Rolle: Das körperliche und seelische Wohlbefinden des Pati-

---

[2] In Deutschland werden die Investitionskosten der Krankenhäuser von den Bundesländern getragen, in der Schweiz ihre Defizite von Gemeinden, Gemeindeverbänden und Kantonen.

enten *während des Aufenthalts* selbst ist so weit zu mehren, wie es seine Krankheit zulässt. Denn das Leben beginnt nicht erst wieder nach der Entlassung aus dem Krankenhaus. Dieser Gesichtspunkt gewinnt vor allem dann an Bedeutung, wenn die Krankheit selbst nicht mehr einzudämmen ist, sondern nur noch das Leiden verringert werden kann, also vor allem bei der Begleitung von unheilbar Kranken und von Sterbenden. Aber das subjektive Wohlbefinden ist genauso wenig verlässlich und objektiv messbar wie der Einfluss des Krankenhaus-Aufenthalts auf den Gesundheitszustand des Patienten.

Schließlich umfasst die Gruppe der „Nachfrager" nicht nur diejenigen Menschen, die tatsächlich als Patienten im Krankenhaus behandelt werden, sondern die gesamte Einwohnerschaft des Einzugsbereichs: Die *Existenz* des Krankenhauses gibt ihnen die Sicherheit, bei einem Unfall oder einer schweren Erkrankung eine stationäre Behandlung erhalten zu können. Diese sogenannte „Optionsnachfrage" wird durch die Vorhaltung von Krankenhausbetten einschließlich der zugehörigen Ausstattung mit Personal und Geräten befriedigt.

Folgerung 9.1 *Der „Output" eines Krankenhauses besteht zum einen in einer positiven Beeinflussung des Gesundheitszustandes der Patienten und zum anderen in der Bereithaltung von Kapazitäten zur Befriedigung einer Optionsnachfrage. Besonders der erste ist jedoch nur schwer operationalisierbar und lässt sich nur unvollkommen dem Krankenhaus zurechnen.*

9.2.2 Der mehrstufige Charakter der Produktion im Krankenhaus

Da sich das schließliche Ergebnis der Tätigkeit des Krankenhauses, insbesondere der Zuwachs an Gesundheit beim Patienten, nur unvollkommen messen lässt, müssen zum Zwecke einer operationalen Definition des Begriffs der Wirtschaftlichkeit andere, beobachtbare Größen identifiziert werden, die als Indikatoren des Outputs geeignet sind. In diesem Zusammenhang bietet es sich an, verschiedene Indikatoren der Aktivität eines Krankenhauses aufzulisten und in ein mehrstufiges Schema einzuordnen, das der Beschreibung der Krankenhaus-Aktivität aus der Sicht des Ökonomen dient.

Die gebräuchlichsten Indikatoren sind:

- die Mengen der eingesetzten *Produktionsfaktoren* (Arbeitszeit der Ärzte, des Pflegepersonals und der sonstigen Beschäftigten, medizinischer Bedarf, etc.),
- die Mengen der erbrachten medizinischen bzw. pflegerischen *Einzelleistungen* (Untersuchungen, Operationen, Medikationen, Injektionen, Krankengymnastik, Fiebermessungen, Mahlzeiten etc.),
- die *Anzahl der Patienten* bzw. *Behandlungsfälle*, eventuell differenziert nach den verschiedenen Krankheitsarten (siehe die Abschnitt 9.2.3 vorgestellten Klassifikationssysteme),
- die *Anzahl der Pflegetage*, eventuell differenziert nach der Intensität der Pflege.

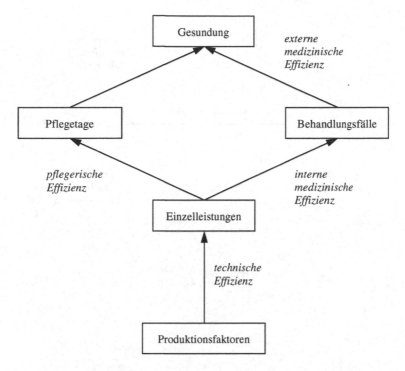

Abb. 9.1. Pflegetage und Behandlungsfälle als Zwischenprodukte des Krankenhauses

Ein Stufenschema der Produktion im Krankenhaus könnte wie folgt aussehen (vgl. Abbildung 9.1 bzw. 9.2): Auf der untersten Ebene stehen die Produktionsfaktoren, die man als primäre Inputs auffassen kann. Mit ihrer Hilfe lassen sich die verschiedenen Einzelleistungen erstellen, die daher auf der zweiten Ebene angesiedelt werden können (sekundäre Inputs). Das Konzept der Minimierung des Faktoreinsatzes bei der Erstellung eines gegebenen Bündels von Einzelleistungen kann man dann als „technische Effizienz" bezeichnen.

Bezüglich der beiden restlichen Indikatoren – Behandlungsfälle und Pflegetage – lassen sich zwei unterschiedliche Auffassungen vertreten:

(1) In Abbildung 9.1 werden Behandlungsfälle und Pflegetage als Indikatoren verschiedener, aber prinzipiell *gleichrangiger Zwischenprodukte* angesehen, die unmittelbar unterhalb des eigentlichen Outputs „Gesundung" anzusiedeln sind. Danach spiegeln die Behandlungsfälle die medizinische und die Pflegetage die pflegerische Komponente der Leistung eines Krankenhauses wider. Beiden können daher jeweils unterschiedliche Arten von Einzelleistungen als (unmittelbare) Inputs zugeordnet werden, und entsprechend ergeben sich zwei verschiedene Arten von Effizienz, nämlich der Einsatz möglichst geringer Pflegeleistungen je Tag („pflegerische Effizienz") und möglichst geringer medizinischer

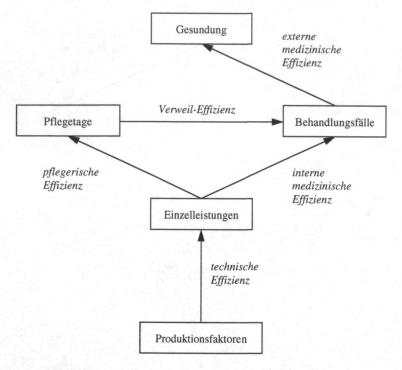

Abb. 9.2. Pflegetage als Input des Behandlungsprozesses

Einzelleistungen je Fall („interne medizinische Effizienz"), jeweils bei gegebener medizinischer Qualität. Daneben ist es die Aufgabe des Gesundheitssystems insgesamt, ein gegebenes Maß an Gesundung mit möglichst geringen Kosten (für Krankenhausaufenthalte und andere Leistungen) zu erreichen. Dies ist in der Abbildung als „externe medizinische Effizienz" bezeichnet.

(2) Andererseits kann man aber auch argumentieren, dass der Aufenthalt im Krankenhaus per se weder direkt Nutzen stiftet (weil der Patient ja aus seiner gewohnten Umgebung gerissen ist) noch den Gesundheitszustand bereits verbessert, sondern dass im Gegenteil die *Pflegetage ihrerseits als ein Input* in die Gesamtbehandlung eines Patienten angesehen werden können. Diese Sichtweise wird in Abbildung 9.2 dargestellt. In diesem Sinne wäre dann die Minimierung der Verweildauer bei gegebenem Krankheitsspektrum ein eigenständiger Typ von Effizienz („Verweil-Effizienz").

Die zweite Auffassung setzt offensichtlich voraus, dass für den Gesundheitszustand bei der Entlassung eines Patienten verbindliche Normen gelten, denn andernfalls wäre es möglich, die Verweil-Effizienz beliebig zu steigern, indem einfach die Patienten früher und damit wohl auch „kränker" nach Hause geschickt werden.

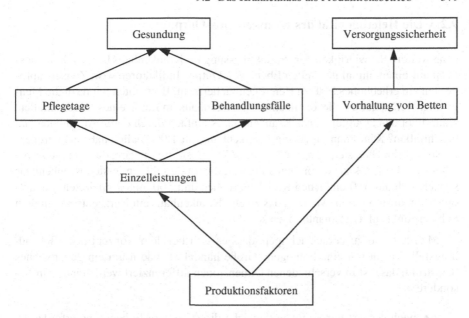

Abb. 9.3. Die Vorhaltung von Betten als zusätzlicher Output des Krankenhauses

In diesem Zusammenhang tritt auch die Frage auf, welchen Charakter man in einem solchen Produktionsschema des Krankenhauses dem „*Bett*" zuordnen soll. Auf den ersten Blick scheint das Bett einen Input zu verkörpern, weil ohne Betten wohl ein Krankenhaus nicht betrieben werden kann. Dieser „Input" hätte jedoch die ganz spezifische Eigenschaft der Limitationalität in Bezug auf den Output Pflegetage: Bei gegebener (maximaler) Anzahl gleichzeitig im Krankenhaus behandelter Patienten liegt der Bedarf am Faktor „Betten" eindeutig fest, und zusätzliche Betten haben eine Grenzproduktivität von null. Ein weiteres Problem bei dieser Sichtweise ist auch, dass mit dem Faktor selbst keine (laufenden) Kosten verbunden sind. Allenfalls könnte man die Abschreibung auf die Anschaffungskosten des Bettes als Kosten des Faktors „Bettennutzung" ansehen.

Im Sinne der in Abschnitt 9.2.1 beschriebenen „Optionsnachfrage" verkörpert demgegenüber auch ein *leeres Krankenhausbett eine „Leistung"* des betreffenden Krankenhauses. Dies gilt zumindest so lange, wie die Zahl der leeren oder mit im Prinzip entlassungsfähigen Patienten belegten Betten sich im Rahmen des (z.B. im Katastrophenfall) vorstellbaren Bedarfs bewegt. Folgt man dieser Sichtweise, so kann man den Teil der Faktorausstattung eines Krankenhauses, der von der Patientenzahl völlig unabhängig vorhanden sein muss, der Erstellung dieser Vorhalteleistung zuordnen, und die Bettenzahl wird zu einem eigenständigen Indikator des „Outputs" eines Krankenhauses (Abbildung 9.3).

Folgerung 9.2 *Die „Produktion" im Krankenhaus lässt sich als ein mehrstufiger Prozess beschreiben, wobei jeder Stufe ein spezielles Konzept der Effizienz zugeordnet werden kann.*

9.2.3 Die Heterogenität des Krankenhaus-Outputs

Eine weitere Schwierigkeit der Produktmessung im Krankenhaus besteht darin, dass auch auf einer einmal gewählten Ebene von Output-Indikatoren bzw. Zwischenprodukten ein erhebliches Maß an Heterogenität herrscht. Betrachten wir dazu die Menge aller Behandlungsfälle, die in einem Krankenhaus im Laufe eines Jahres anfallen. Kann man den „Output" eines Krankenhauses einfach durch deren Anzahl adäquat beschreiben? Kann man sagen, ein Krankenhaus mit 1.000 Fällen habe eine größere Leistung erbracht als eines mit 995 Fällen? Wie unsinnig es wäre, diese Frage zu bejahen, wird sofort klar, wenn man annimmt, die 1.000 Fälle im ersten Krankenhaus setzten sich aus 500 einfachen Knochenbrüchen und 500 unkomplizierten Mandeloperationen zusammen, während das zweite Krankenhaus ein Herzzentrum mit dem Schwerpunkt auf Transplantationen sei.

Man hat also zu berücksichtigen, dass es sich bei dem Konzept des „Behandlungsfalls" nicht um eine homogene Größe handelt, sondern um ein gedankliches Konstrukt, das erst in verschiedenen Dimensionen differenziert werden muss, insbesondere

- nach der *Art der Krankheit*, welche die stationäre Behandlung erforderlich gemacht hat (Hauptdiagnose),

- nach der *Schwere* der Krankheit bzw. den während der Behandlung auftretenden Komplikationen,

- gegebenenfalls (z.B. bei Krebs) auch nach dem *Stadium* der Erkrankung,

- nach etwaigen *weiteren* Krankheiten (Nebendiagnosen),

- nach *Eigenschaften des Patienten*, welche seinen Beitrag zur „Produktion der Gesundung" widerspiegeln, wie beispielsweise seinem Alter und evtl. auch Geschlecht.

In Anbetracht dieser und weiterer möglicher Unterscheidungsmerkmale müssen Puristen zu dem Schluss kommen, der Heterogenität des Patientenspektrums könne nur dadurch adäquat Rechnung getragen werden, dass jeder Patient für sich als eine gesonderte Produktart angesehen wird. Folgte man jedoch diesem Vorschlag, so gäbe es keinerlei Möglichkeit, die Outputvektoren zweier oder mehrerer Krankenhäuser miteinander zu vergleichen. Dadurch würde die ökonomische Analyse des Krankenhauses, z.B. die Messung der Wirtschaftlichkeit oder die Bestimmung einer „leistungsgerechten" Vergütung, jedoch faktisch verhindert.

Als sinnvoller Kompromiss zwischen dem eben beschriebenen rigorosen Vorgehen und dem völligen Verzicht auf eine Differenzierung der Patientenschaft bietet es sich an, die Patienten durch Anwendung der genannten Unterscheidungsmerkmale in eine überschaubare Anzahl von Gruppen einzuteilen. Diesen Einteilungsvorgang nennt man *„Patienten-Klassifikation"*, und sein Ziel ist es, zu Gruppen zu gelangen, die in sich „möglichst" homogen sind. Ferner sollte natürlich die Zuordnung eindeutig und nach objektiven Kriterien überprüfbar sein. Es liegt auf der Hand, dass

Kasten 9.1. Das deutsche DRG-System

Das G-DRG-System 2012 besteht aus 1.193 DRGs. Neben der Hauptdiagnose erfolgt die Zuordnung eines Patienten zu einer Gruppe nach mehreren Kriterien, wie der durchgeführten Prozedur, den eingetretenen Komplikationen, den Nebendiagnosen, der Beatmungszeit, patientenbezogenen Faktoren (Alter, Geschlecht, Geburts- oder Aufnahmegewicht bei Frühgeburten) und der Verweildauer. Eine DRG-Bezeichnung hat drei Bestandteile:

(1) Ein Buchstabe (A bis Z) gibt das betroffene Organsystem oder die Ursache der Hauptdiagnose an (z.B. C: Krankheiten und Störungen des Auges). A bezeichnet Sonderfälle, nicht gruppierbare Fälle werden durch eine 9 erfasst.

(2) Eine zweistellige Zahl (01 bis 99) erfasst die erbrachte Prozedur, wobei eine Zahl zwischen 01 und 39 einen chirurgisch-operativen, eine Zahl zwischen 40 und 59 einen invasiven und eine Zahl zwischen 60 und 99 einen konservativen Eingriff kennzeichnet.

(3) Ein Buchstabe gibt die Schwere der Erkrankung an, wobei A den höchsten Schwergrad darstellt. Z wird angegeben, wenn eine Gruppe keine Schweregradunterteilung hat.

Beispielsweise bezeichnet die Gruppe C10B Eingriffe an den Augenmuskeln ohne erhöhten Aufwand bei einem Patienten, der jünger als 6 Jahre ist. Details zum G-DRG-System finden sich auf der Homepage des INSTITUTS FÜR DAS ENTGELTSYSTEM IM KRANKENHAUS (InEK) unter http://www.g-drg.de.

zwischen den Gesichtspunkten „überschaubare Anzahl" und „Homogenität innerhalb jeder Gruppe" ein Konflikt besteht, der nur durch Abwägung der möglichen Nachteile bei ihrer Verletzung entschieden werden kann.

Grundlage von Patientenklassifikationssystemen bilden die *„International Classification of Diseases"* (ICD), die ursprünglich als Basis einer Todesursachen-Statistik entwickelt wurde und sich daher ausschließlich auf die (Haupt-)Diagnose bezieht. Die im Jahr 2012 gültige Version ICD-10 besteht aus 22 Krankheitskapiteln (z.B. J: Krankheiten des Atmungssystems) und 2.037 groben Krankheitsklassen (z.B. J20: Akute Bronchitis). Darüber hinaus gibt es 12.161 genauer spezifizierte Krankheitsklassen (z.B. J20.1: Akute Bronchitis durch Haemophilus). Die ICD-Klassifikation ist weltweit verbreitet und dient als Grundlage für Statistiken und für Abrechnungszwecke.

Das mit Abstand bekannteste Patientenklassifikationssystem sind die in den siebziger Jahren an der Yale University entwickelten *„Diagnosis Related Groups"* (DRGs). Sie berücksichtigen neben der Hauptdiagnose auch weitere Aspekte wie das Vorliegen von Nebenerkrankungen und Komplikationen, das Alter des Patienten sowie die Behandlungsart. Die Gruppen werden dabei so gebildet, dass unter Berücksichtigung medizinischer Kriterien die Kosten innerhalb der Gruppe möglichst homogen sind. Seit Mitte der 1980er werden DRGs in verschiedenen Ländern zur Vergütung von Krankenhausleistungen verwendet (siehe Abschnitt 10.5.3.3). In Deutschland wurde eine DRG-basierte Vergütung 2004 flächendeckend eingeführt. Das G(erman)-DRG-System wird in Kasten 9.1 näher beschrieben.

Folgerung 9.3 *Ein Patienten-Klassifikationssystem stellt den Versuch dar, der Heterogenität des Krankenhaus-Outputs indirekt zu erfassen und dadurch Vergleiche zwischen den Krankenhäusern zu ermöglichen. Allen Systemen gemeinsam ist die Idee, den Output eines Krankenhauses nach der Schwierigkeit der Aufgabenstellung näher zu beschreiben. Das Ergebnis der Behandlung, den Gesundheitszuwachs, erfassen sie jedoch nicht.*

9.3 Der Krankenhausbetriebsvergleich

9.3.1 Regulierung bei asymmetrischer Information

In einem perfekten Wettbewerbsmarkt gibt es keinen Grund, die Effizienz von Unternehmen zu messen, denn nur effiziente Anbieter können sich auf dem Markt behaupten. Der Markt für Krankenhausleistungen wird auf absehbare Zeit diesem Ideal nicht entsprechen. Zwar sind die Krankenversicherer in mehreren Ländern (so insbesondere in Deutschland, den Niederlanden und der Schweiz) vermehrt dem Wettbewerb ausgesetzt und versuchen, die Kosten der eingekauften Leistungen niedrig zu halten, doch die Krankenhäuser erhalten nach wie vor Subventionen von der öffentlichen Hand, was den Anreiz zur Erhaltung und Steigerung der Effizienz abschwächt. Außerdem erschweren Auflagen der öffentlichen Regulierung (beispielsweise Teilnahme an der Krankenhausplanung, Beitrag zum Notfalldienst, Vorhalten von Betten) den Marktzutritt, so dass mit wenig potentiellem Wettbewerb zu rechnen ist. Umgekehrt bedingt der Marktaustritt zumindest bei den öffentlichen Krankenhäusern oft eine politische Entscheidung, die nicht leicht herbeizuführen ist. Insofern entfällt für die Mehrzahl der Krankenhäuser der Marktmechanismus als sanktionierende Instanz, welcher Effizienz gewährleisten würde.

Die Frage stellt sich, wie die Akteure im Krankenhaussektor trotzdem dazu angehalten werden können, die Krankenhausleistungen wirtschaftlich bereitzustellen. Dies wäre einfach, wenn man die Leistungserbringung im Krankenhaus einfach auf ihre Effizienz überprüfen könnte. Allerdings ist davon auszugehen, dass Krankenhäuser einen erheblichen Informationsvorsprung besitzen. Dies betrifft sowohl die erbrachten Anstrengungen („hidden action") als auch die tatsächliche Fallschwere („hidden information"). Mit dieser Problemstellung befasst sich die Neue Theorie der Regulierung [vgl. LAFFONT UND TIROLE (1993)]. Eine zentrale Erkenntnis ist, dass effiziente Leistungserbringer den Anreize besitzen, die ineffizienten zu imitieren, um so eine *Informationsrente* zu erzielen.

Informationsrenten sind kostspielig und sollten nach Möglichkeit vermieden werden. Hierfür können Vergütungsverträge geeignet gestaltet werden (vgl. hierzu genauer Abschnitt 10.2.3) und Maßnahmen getroffen werden, die den Informationsvorsprung abbauen. Letzteres kann durch einen Betriebsvergleich erreicht werden. In der Ökonomik haben sich in Anlehnung an die Produktionstheorie im Wesentlichen die parametrischen (vgl. Abschnitt 9.3.2) sowie die nichtparametrischen Methoden (vgl. Abschnitt 9.3.3) zur Messung der Wirtschaftlichkeit bzw. der Effizienz durchgesetzt.

9.3.2 Parametrische Krankenhaus-Kostenfunktionen

Eines der zentralen und auch empirisch aussagekräftigsten Konzepte der Produktionstheorie ist das der Kostenfunktion. Sie ordnet *jedem Outputbündel die minimalen Kosten* der Erstellung dieser Ausbringungsmengen zu. Die Kostenfunktion enthält die gleiche Information wie die Produktionsfunktion,[3] ist auch für Mehrproduktunternehmen definiert und ist ökonometrisch leicht zugänglich: Die Größen auf der rechten Seite der Produktionsfunktion – die Inputmengen – werden von den Unternehmen selbst gewählt und können somit nicht als exogen angesehen werden. Demgegenüber stehen auf der rechten Seite der Kostenfunktion neben den Outputmengen die Faktor*preise* – sowie im Falle einer kurzfristigen Kostenfunktion die Mengen der fixen Faktoren –, die bei vollkommener Konkurrenz auf den Faktormärkten als *exogen* gegeben vorausgesetzt werden können.

Die empirische Ermittlung von Kostenfunktionen kann der Beantwortung einer Reihe von wichtigen ökonomischen Fragestellungen dienen:

(1) Im Zusammenhang mit dem Bedürfnis nach Informationen der Regulierungsbehörde zur Bewertung der Wirtschaftlichkeit können aus der Höhe der Residuen einer Kostenschätzung, also der Differenz zwischen tatsächlichen und geschätzten Kosten für die verschiedenen Krankenhäuser, Aussagen über deren *relative Wirtschaftlichkeit* gewonnen werden. Diese erleichtern bzw. ermöglichen erst die Kontrolle der Wirtschaftlichkeit von Krankenhäusern in einem System der Kostenerstattung, wie dies der Krankenhausbetriebsvergleich nach der BPflV vorsieht.

(2) Aus dem Verlauf der Kostenfunktion kann man die Art der *Skalenerträge* feststellen und Aussagen über die optimale Betriebsgröße ableiten. Dies ist von wirtschaftspolitischer Bedeutung, da der Krankenhaussektor in Deutschland und einigen anderen Ländern staatlich reguliert ist und die Krankenhäuser ihre eigene Bettenzahl nicht selbst festlegen dürfen.

(3) Aus der Ableitung der Kostenfunktion nach der Anzahl der Patienten eines bestimmten Falltyps lassen sich die *Grenzkosten der Behandlung* dieses Patiententyps ableiten. Diese Information kann zur Berechnung von Preisen im Rahmen leistungsorientierter Vergütungsformen verwendet werden. Auch dies ist im Sinne der BPflV, die eine leistungsgerechte Abgeltung, d.h. leistungsgerechte Pflegesätze, anstrebt.

Wie bereits erwähnt, darf eine mikroökonomische Kostenfunktion nur von drei Typen erklärender Variablen abhängen: den Outputmengen, den Faktorpreisen und (im kurzfristigen Fall) den Mengen fixer Produktionsfaktoren. Außerdem setzt ihre Schätzung voraus, dass alle Unternehmen, deren Daten in der Stichprobe enthalten sind, das Ziel der Kostenminimierung verfolgten und Abweichungen davon zufällig sind. Diese Annahme ist allerdings bei Krankenhäusern wegen des Übergewichts

---

[3] Dies ist ein zentrales Ergebnis der Dualitätstheorie [vgl. etwa VARIAN (1992, Kapitel 6)].

öffentlicher und gemeinnütziger Träger kaum aufrechtzuerhalten, da bei fehlendem Gewinnstreben auch der Zwang zur Kostenminimierung entfällt.

Um mit dem Problem nicht-kostenminimierender Firmen umzugehen, wurde die Methode der *Stochastic Frontier-Schätzung* entwickelt. Bei diesem Ansatz lautet die Schätzgleichung

$$C_i = C(Y_i, W_i) + V_i + U_i, \tag{9.1}$$

wobei C_i die Gesamtkosten des Krankenhauses i bezeichnet, Y_i den Vektor der Outputmengen, W_i den Vektor der Faktorpreise, V_i einen normalverteilten Fehlerterm, der zufällige Abweichungen z.B. durch ungenau gemessene Kosten misst, und U_i ein positiver Term, der Fehler in den Entscheidungen des Krankenhauses misst, die zu Ineffizienzen und damit höheren als den minimalen Kosten führt. Eine Schätzung der Gleichung (9.1) erfordert eine Annahme über die Verteilung des positiven Fehlerterms (etwa als halb-normal, trunkiert-normal oder exponentiell), so dass die Gleichung mit der Maximum Likelihood Methode geschätzt werden kann. [4]

In einem zweiten Schritt kann man versuchen, den Ursachen für Ineffizienz im Krankenhaus auf den Grund zu gehen. Dazu wird das Ineffizienz-Maß, das aus den Residuen dieser Schätzung gewonnen wird, auf verschiedene Eigenschaften des Krankenhauses und seines Marktes regressiert, z.B. die Rechtsform, den Status als Lehrkrankenhaus oder die Zahl konkurrierender Krankenhäuser im Versorgungsgebiet.

Bei der Schätzung der Kostenfunktion (9.1) müssen eine Reihe ökonometrischer Probleme gelöst werden:

(1) Wenn die Gesamtkosten die abhängige Variable sind, so liegt Heteroskedastizität vor, da der Fehlerterm mit der Output-Variablen korreliert ist. Überdies kann Multikollinearität zwischen den Output-Variablen auftreten, wenn diese mit der Größe des Krankenhauses variieren. Um diese Probleme zu vermeiden, dividiert man beide Seiten der Gleichung durch ein geeignetes Outputmaß, so dass die *Durchschnittskosten* die abhängige Variable sind. Dadurch erscheint jedoch der Output auf beiden Seiten der Schätzgleichung, so dass die Schätzung verzerrt sein könnte. Da zudem Krankenhäuser Mehrproduktunternehmen sind, ist es nicht klar, welche Outputkategorie verwendet werden sollte.

(2) Für die Funktion $C(Y_i, W_i)$ muss eine geeignete parametrische Funktionsform gewählt werden. In Frage kommen die Translog und die homothetische Form, die beide flexible funktionale Formen sind. [5] Ein Nachteil der Translog-Funktion ist allerdings, dass sie keine Null bei den Outputvariablen zulässt und daher nur für grobe Outputkategorien verwendet werden kann.

(3) Krankenhäuser sind Mehrproduktbetriebe und weisen bereits mehrere hundert Outputs auf, wenn Patienten nach DRGs klassifiziert werden. Insbesondere bei

---

[4] Ein klassischer Artikel, der diesen Ansatz verwendet, ist ZUCKERMANN ET AL. (1994).

[5] Siehe VARIAN (1992, S. 210) für die Translog-Kostenfunktion. Die homothetische Kostenfunktion verwenden FOLLAND UND HOFLER (2001), die ihre Ergebnisse auch mit denen bei Verwendung der Translog-Kostenfunktion vergleichen.

der Verwendung flexibler funktionaler Formen kann die Zahl der Regressoren (die bei n Outputs von der Größenordnung n^2 sind) leicht die Zahl der Beobachtungen übersteigen. Daher wurde in früheren Studien die verfügbare Information über die Outputmengen häufig zu einer kleinen Zahl von Outputkategorien verdichtet, etwa der Zahl von Fällen in den einzelnen Krankenhausabteilungen oder sogar nur die Zahl der stationären und ambulanten Behandlungsfälle. Im zuletzt genannten Fall wird oft noch ein skalarer Index für die Fallmischung (z.B. das durchschnittliche DRG-Gewicht) einbezogen, der die Fallschwere messen soll.

(4) Ein weiteres Problem besteht in der Verfügbarkeit von Informationen über die Faktorpreise, die in der Schätzung einer Kostenfunktion berücksichtigt werden sollten. Im Gesundheitssektor ist diese Information häufig nicht vorhanden, und man behilft sich mit dem Quotienten aus den Faktorausgaben und der Faktormenge. Dadurch könnte sich eine weitere Verzerrung ergeben.

HOLLINGSWORTH (2003) gibt einen umfassenden Überblick über die bis dahin durchgeführten Stochastic Frontier-Studien zur Messung der Effizienz von Krankenhäusern und anderen Gesundheitsdiensten. Die geschätzten Indizes der mittleren Ineffizienz variieren stark zwischen 13 Prozent in einigen Studien und 28 Prozent und mehr in anderen. Diese Ergebnisse wecken Zweifel, dass die geschätzten positiven Fehlerterme wirklich als Maße der „Ineffizienz" interpretiert werden können. Da vor allem nur sehr wenige Studien gute Maße für die Outputqualität (Fallschwere innerhalb von Diagnosegruppen) enthalten, besteht die Gefahr, dass Kostenunterschiede auf Grund höherer Qualität als Ineffizienzen fehlinterpretiert werden. Die gleiche Einschränkung muss man bezüglich der Kosten der Kapazitätsvorhaltung (leere Krankenhausbetten) machen. Diese Kosten können als reine Verschwendung angesehen werden, es sei denn die freie Kapazität wird vorgehalten, um eine stochastische Nachfrage in Notfällen zu befriedigen. Daher warnt NEWHOUSE (1994) davor, die Vergütung von Krankenhäusern an die Durchschnittskosten-Schätzungen aus Stochastic Frontier-Studien zu knüpfen. Dagegen vertreten HADLEY UND ZUCKERMANN (1994) die Ansicht, dass diese Studien zumindest dazu herangezogen werden können, die 10 bis 25 Prozent der Krankenhäuser zu identifizieren, die am wenigsten effizient sind, damit deren Kosten nicht in die Berechnung von Vergütungssätzen einbezogen werden.

Folgerung 9.4 *Der Ansatz der Stochastic Frontier-Schätzung eignet sich zur Messung der Effizienz im Krankenhaus, falls die Daten lediglich Messfehlern und stochastischen Einflüssen ausgesetzt sind. Da jedoch im Krankenhaus sowohl Output als auch Qualität schwer zu messen sind, ist es problematisch, den Fehlerterm der Schätzung einfach mit Ineffizienz gleichzusetzen.*

9.3.3 Nichtparametrische Krankenhaus-Produktionskorrespondenz

9.3.3.1 Data Envelopment Analysis

Ein alternatives Verfahren zur Effizienzmessung von Produktionsprozessen, das weder ein kostenminimierendes Verhalten noch Kenntnisse bezüglich der Faktorpreise voraussetzt, ist die von CHARNES ET AL. (1978) entwickelte *Data Envelopment Analysis* (DEA). Bei diesem nichtparametrischen Verfahren bilden die Input- und Output*mengen* die Grundlage. Diese können in der Regel zuverlässig ermittelt werden. Zudem sind Produktionskorrespondenzen mit mehreren Inputs und Outputs zulässig, wobei nicht alle Unternehmungen alle Inputs verwenden bzw. alle Outputs produzieren müssen.

Das Verfahren der DEA ermittelt eine *empirische Grenze* der Produktionsmöglichkeiten auf Grundlage der effizientesten Input-Output-Kombinationen (in diesem Kontext die effizientesten Krankenhäuser). Die relative Effizienz des Krankenhauses $i = 1, \ldots, n$ lässt sich dann durch den Vergleich seiner Input-Output-Kombination mit der Grenze bestimmen. Dieses Vorgehen lässt sich als Konstruktion eines „virtuellen Krankenhauses" als linearer Kombination aller n Krankenhäuser auffassen, das mindestens den Output von Krankenhaus i herstellt und so wenige Inputs wie möglich verwendet. Nimmt man an, dass die Krankenhäuser m Inputs verwenden, um k Outputs zu produzieren und bezeichnet man das Verhältnis der Inputs des virtuellen Krankenhauses zu den tatsächlichen Inputs des Krankenhauses i mit θ_i, dann lautet das input-orientierte lineare Programm im Falle konstanter Skalenerträge (*CRS:* constant returns to scale):

$$\min_{\theta_i, \lambda} \theta_i \qquad (9.2)$$

unter den Nebenbedingungen

$$\sum_{j=1}^{n} \lambda_j y_{rj} \geq y_{ri}, \; r = 1, \ldots, k \qquad\qquad \mathbf{Y}\lambda \geq Y_i$$

$$\theta_i x_{zi} \geq \sum_{j=1}^{n} \lambda_j x_{zj}, \; z = 1, \ldots, m \qquad\qquad \theta_i X_i \geq \mathbf{X}\lambda$$

$$\lambda_j \geq 0, \; j = 1, \ldots, n \qquad\qquad \lambda \geq 0.$$

bzw. in

Matrixschreibweise

Für Krankenhaus i enthält der Vektor Y_i die k Outputs y_{ri}. X_i ist der Vektor für die m Inputs x_{zi} ($\mathbf{X}$ und $\mathbf{Y}$ sind entsprechend die Input- und Outputmatrizen, welche die n Input- und Outputvektoren aller Krankenhäuser enthalten). λ_j entspricht dem Gewichtungsfaktor mit dem Krankenhaus j in dem virtuellen Krankenhaus berücksichtigt wird (λ ist der Vektor, der alle λ_j enthält). Je größer λ_j, umso stärker ist das virtuelle Krankenhaus durch das Krankenhaus j geprägt.

Die erste Nebenbedingung im Programm (9.2) stellt sicher, dass das virtuelle Krankenhaus von jedem Output mindestens die gleiche Menge wie das Krankenhaus

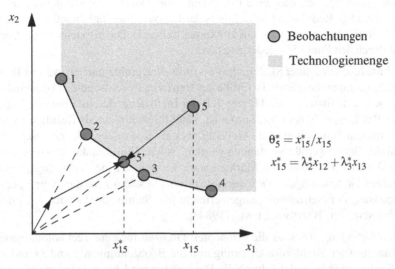

Abb. 9.4. DEA bei konstanten Skalenerträgen

i herstellt. Die rechte Seite der zweiten Nebenbedingung entspricht den Inputmengen des virtuellen Krankenhauses, die nicht den Anteil θ_i der Inputmengen des Krankenhauses *i* überschreiten sollen. Deshalb lässt sich $1 - \theta_i$ als Faktor interpretieren, mit dem alle Inputmengen des Krankenhauses *i* gesenkt werden können, ohne dass der Output davon betroffen ist.[6] Die letzte Nebenbedingung besagt, dass die Gewichte, die einem Krankenhaus im virtuellen Krankenhaus zugeordnet werden, nicht negativ sein dürfen.

Das Problem (9.2) verlangt, dass θ_i und alle λ_j so gewählt werden, dass das virtuelle Krankenhaus den kleinstmöglichen Anteil θ_i der Inputmengen des Krankenhauses *i* verwendet. Bei einem effizienten Krankenhaus ist $\lambda_i = 1, \lambda_{j \neq i} = 0$ und folglich $\theta_i = 1$ eine optimale Lösung, da die Inputs bei gegebenem Output nicht mehr verringert werden können. Bei einem ineffizienten Krankenhaus hingegen ist $\theta_i < 1$. In diesem Fall ist es möglich, ein virtuelles Krankenhaus zu konstruieren, das nur $\theta_i X_i < X_i$ Inputmengen benötigt, um den gleichen Output wie das Krankenhaus *i* zu erstellen.

Abbildung 9.4 illustriert die Vorgehensweise. Es sind fünf Krankenhäuser eingetragen, die mit zwei Inputs denselben Output produzieren. Die effiziente Grenze wird durch die Beobachtungen 1 bis 4 definiert, d.h. die optimale Lösung zum Linearen Programm in (9.2) nimmt für diese Beobachtungen jeweils den Wert eins an und die schraffierte Fläche stellt die Technologiemenge, d.h. die Menge der zulässigen Input-Output-Kombinationen dar. Die Beobachtung 5 ist offensichtlich ineffizient, wäre es doch auch möglich, denselben Output mit weniger Inputs zu produzieren.

---

[6] Alternativ lässt sich eine output-orientierte DEA durchführen, welche die Menge an Outputs für vorgegebene Inputmengen maximiert [siehe SEIFORD UND THRALL (1990)].

Die DEA würde ergeben, dass eine Linearkombination der Beobachtungen 2 und 3 eine 45-prozentige Reduktion beider Inputs der Beobachtung fünf zuließe, da $\theta_5 < 1$ ist (siehe Übungsaufgabe 9.3 für ein konkretes Beispiel). Die effizienten Inputmengen sind durch den Punkt 5' wiedergegeben.

Die Annahme konstanter Skalenerträge ist zuweilen problematisch, wenn z.B. die Entscheidungsträger nicht über die Größe des Betriebes frei entscheiden können. Das Ausmaß der Skaleninineffizienz, d.h. der Teil der Ineffizienz, der auf eine ungünstige Wahl der Betriebsgröße zurückzuführen ist, kann folglich nicht als Resultat der unternehmerischen Tätigkeit an sich, viel eher aber als Konsequenz der eingeschränkten Wahl der Betriebsgröße verstanden werden. Solche Einschränkungen bzw. Auflagen sind gerade in regulierten Märkten stark verbreitet. Eine Technologiemenge mit variablen Skalenerträgen (*VRS*: variable returns to scale) wird durch eine geeignete Anpassung der Nebenbedingungen erreicht [die Summe der Gewichte λ_j muss gleich eins sein, vgl. BANKER ET AL. (1984)].

In der Abbildung 9.5 sind die effizienten Grenzen für eine Technologiemenge mit konstanten (der Strahl vom Ursprung und die Beobachtungen 2 und 3) und variablen Skalenerträgen, welche durch die Beobachtungen 1 bis 4 definiert wird, eingezeichnet. Durch den Vergleich der beiden Lösungen (θ_i mit konstanten und variablen Skalenerträgen) lässt sich neben der rein technischen Effizienz auch die Skaleneffizienz bestimmen. In Abbildung 9.5 sind für die Beobachtungen 2 und 3 die optimalen Lösungen bei den Technologiemengen mit variablen und konstanten Skalenerträgen identisch, da die Abschnitte der beiden effizienten Grenzen deckungsgleich sind (zwischen $x_{i=2}$ und $x_{i=3}$). Dies bedeutet, dass diese Beobachtungen im Bereich der optimalen Betriebsgröße produzieren. Die Beobachtung 5 dagegen operiert im Bereich der abnehmenden Skalenerträge und arbeitet überdies ineffizient. Die rein technische Ineffizienz besteht darin, dass der gleiche Output mit weniger Input hergestellt werden könnte. Dies äußerst sich in einem Grad der technischen Effizienz $x'_{i=5}/x_{i=5}$ unter 100%. Analog wird der Grad der Skaleneffizienz von Krankenhaus 5 durch das Verhältnis $x''_{i=5}/x'_{i=5}$ erfasst. Er liegt ebenfalls unter 100%, d.h. das Krankenhaus ist zu groß. Selbst wenn das Krankenhaus effizient produzieren würde und nur den Input $x'_{i=5}$ verwenden würde, ließe sich der gleiche Output durch zwei kleinere Krankenhäuser erreichen und es würde nur der Input $x''_{i=5}$ benötigt (siehe Übungsaufgabe 9.4). Solche Informationen sind z.B. für die Krankenhausplanung von Bedeutung.

Folgerung 9.5 *Die Data Envelopment Analysis (DEA) ist ein Verfahren zur Analyse der Effizienz von Krankenhäusern, das ohne die Annahme der Kostenminimierung auskommt, multiple Outputs auch mit Nullwerten zulässt und keine Inputpreise erfordert, die in aller Regel nicht oder nur ungenau gemessen vorliegen.*

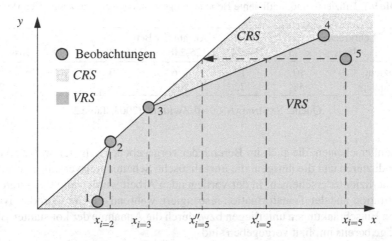

Abb. 9.5. Skaleninefffizienz und reine technische Ineffizienz

9.3.3.2 Effizienzvergleich schweizerischer Krankenhäuser

STEINMANN UND ZWEIFEL (2003) untersuchen die Effizienz von 89 schweizerischen Krankenhäusern für die Jahre 1993–96. Insgesamt liegen ihnen 310 Beobachtungen vor. In einem ersten Schritt wird eine DEA gemäß dem Linearen Programm (9.2) durchgeführt, dann wird die Ineffizienz ökonometrisch ausgewertet (sog. „Two-Stage Approach").

In der vorliegenden Untersuchung werden die Beschäftigten dreier Personalkategorien (akademisches Personal, Pflegepersonal sowie administrative und technische Dienste) als Inputs unterschieden. Als weiterer Input dient der Sachaufwand (zu Preisen von 1990), welcher die Inputmengen gut wiedergibt, weil die Krankenhäuser für Medikamente und Hilfsmittel landesweit grundsätzlich die gleichen Marktpreise bezahlen. In Übereinstimmung mit der Argumentation der vorhergehenden Abschnitte gehören schließlich die Pflegetage seitens der Patienten zu den Inputs.

Auf der Seite der Outputs werden nur stationäre Leistungen erfasst, obschon Krankenhäuser durch ihre Ambulatorien auch ambulante Leistungen erbringen. Insbesondere für Krankenhäuser in Städten wird damit der Output unterschätzt. Dafür dürfen die Behandlungsfälle als einigermaßen homogen gelten, werden doch fünf Kategorien unterschieden: (1) medizinische, (2) pädiatrische, (3) chirurgische, (4) der Intensivpflege zugeordnete und (5) gynäkologische Behandlungsfälle.

Die DEA ordnet den Inputs und Outputs implizit Schattenpreise zu (die Steigung der Isoquante in Abbildung 9.4 entspricht dem Schattenpreisverhältnis bzw. der Grenzrate der Substitution). Obwohl keine genauen Preise für die Inputs und Outputs im schweizerischen Krankenhaussektor vorliegen, ist es unter Umständen sinnvoll, den Bereich der zulässigen Schattenpreisverhältnisse auf vernünftige Werte einzuschränken. Diese Vorgehensweise führt dazu, dass lediglich Beobachtungen

Tabelle 9.1. Effiziente und ineffiziente Beobachtungen, Schweizer Krankenhäuser 1993-1996

Lehrkranken-haus		< 75	75-124	Anzahl der Betten 125-248	249-499	> 499	Insgesamt
Effizient	3	10	13	6	0	2	34
Ineffizient	3	58	72	101	33	9	276

Quelle: STEINMANN UND ZWEIFEL (2003, Table 2)

effizient erscheinen, die auch im Bereich der vorgegebenen Schattenpreisverhältnisse produzieren und die übrigen, die unrealistische Schattenpreisverhältnisse aufweisen, ineffizienter erscheinen. In der vorliegenden Arbeit wurden alle Grenzraten der Substitution und der Transformation restringiert, während die Grenzproduktivitäten keinen Einschränkungen unterliegen bzw. durch die Annahme der konstanten Skalenerträge bereits implizit vorgegeben sind.

Die DEA ergibt, dass von den 310 Beobachtungen 34 als effizient bezeichnet werden können, d.h. eine ausgewiesene DEA-Ineffizienz von null haben. Diese Beobachtungen stammen von 11 Krankenhäusern. Die Tabelle 9.1 zeigt die Verteilung nach dem Krankenhaustyp. Effiziente Beobachtungen finden sich bei den kleinsten und größten Krankenhäusern. In der Kategorie mit 249 bis 499 Betten findet sich jedoch keine als effizient eingestufte Beobachtung. Dies legt nahe, dass konstante Skalenerträge über einen größeren Bereich vorliegen, zumindest für die fünf betrachteten Outputkategorien. Global sind zunehmende Skalenerträge möglich.

Ein Nachteil der DEA im Vergleich zu den parametrischen Methoden ist, dass heterogene Rahmenbedingungen kaum in der DEA selbst berücksichtigt werden können. Die ausgewiesene Ineffizienz ist daher unter Umständen auch durch besonders günstige bzw. ungünstige Rahmenbedingungen verfälscht. Um diesen Nachteil auszugleichen analysieren STEINMANN UND ZWEIFEL (2003) die geschätzte DEA-Effizienz mit einer Random-Effects-Regression (zur verwendeten Schätzmethode siehe Kasten 9.2).

Einerseits lassen sich so um die Rahmenbedingungen bereinigte Ineffizienzwerte berechnen, die für den Betriebsvergleich relevant sind. Andererseits kann die Wirkung der Rahmenbedingungen geprüft werden, was eine Optimierung des Krankenhaussystems ermöglicht. Falls z.B. die Art der Krankenhausfinanzierung einen Einfluss auf die Ineffizienz hat, kann dies ein Indiz für die Regulierungsbehörde sein, grundsätzlich auf die Finanzierungsform umzustellen, die eine bessere Wirtschaftlichkeit ermöglicht.

Tabelle 9.2 zeigt die Ergebnisse der Random-Effects-Regression für die 276 Beobachtungen von 78 Krankenhäusern, die immer als ineffizient eingestuft werden. Ein positives Vorzeichen weist hierbei auf einer höhere Ineffizienz hin. Folgende Erkenntnisse lassen sich ableiten:

Tabelle 9.2. Random-Effects-Schätzung Ineffizienz Schweizer Krankenhäuser 1993-1996

	Erwartetes Vorzeichen	Koeffizient
Subventionierte Krankenhäuser	+	3,740*
Defizitdeckung	+	2,152
Subventionierung ohne Defizitdeckung	–	–1,376
Öffentlich-rechtliche Rechtsträger	+	1,015
Privatkrankenhäuser	?	0,735
Anteil Personal in Ausbildung	+	–0,451*
Anteil Personal in Ausbildung, quadriert	+	0,018*
Anteil Betten für Privatversicherte	+	0,134***
Notfallaufnahme	?	8,124**
Dummyvariable für das Jahr 1994	?	–3,008***
Dummyvariable für das Jahr 1995	?	–3,948***
Dummyvariable für das Jahr 1996	?	–5,527***
Krankenhäuser mit mehr als 500 Betten	?	–9,069
Krankenhäuser mit 250-499 Betten	?	–7,280
Krankenhäuser mit 125-249 Betten	?	–7,975
Krankenhäuser mit 75-124 Betten	?	–5,629
Krankenhäuser mit weniger als 75 Betten	?	–3,678
Konstante		14,599
n		276
$\hat{\sigma}_u$		10,120***
$\hat{\sigma}_\varepsilon$		4,235***
Log-likelihood		–912,798
Spezifikationstest nach Hausman		Prob $> \chi^2 = 0,300$

*, **, ***: Koeffizient mit einer Irrtumswahrscheinlichkeit von 10%, 5%, 1% verschieden von null.

Quelle: STEINMANN UND ZWEIFEL (2003, Table 5)

- Subventionierte Krankenhäuser sind statistisch signifikant ineffizienter.

- Die übrigen, die Anreizstruktur erfassenden Variablen (Defizitdeckung, Subventionierung ohne Defizitdeckung, öffentlich-rechtlicher Rechtsträger und Privatkrankenhäuser) haben das erwartete Vorzeichen, sind aber statistisch nicht signifikant von null verschieden.

- Krankenhäuser mit Notfallaufnahme sind signifikant ineffizienter. Dies mag damit zusammenhängen, dass die ambulanten Fälle nicht als Outputs in die DEA eingehen, der Betrieb einer Notfallaufnahme aber trotzdem Ressourcen absorbiert.

- Die Ineffizienz nahm im Vergleich zum Basisjahr 1993 kontinuierlich ab. Dies könnte auf die per Anfang 1995 in Kraft tretende Revision des Krankenversicherungsgesetzes zurückzuführen sein, die generell zu einer Zunahme des Kostenbewusstseins geführt haben dürfte.

- Der Anteil an Personal in Ausbildung erhöht die Ineffizienz signifikant mit einer abnehmenden Rate solange er nicht 12% überschreitet.

- Krankenhäuser mit mehr Betten für Privatversicherte sind signifikant weniger effizient.

- Der Hauptteil der Ineffizienzunterschiede kann nicht durch die Anreizstrukturen bzw. die Rahmenbedingungen erklärt werden. Dies gibt Anlass zur Vermutung, dass die Anreizstrukturen im schweizerischen Krankenhaussektor derart schwach sind, dass sich die Akteure kaum gezwungen sehen, die Leistungen effizient zu erbringen. Dies unterstreicht die Notwendigkeit der Betriebsvergleiche aber zusätzlich.

Folgerung 9.6 *Bei einem Effizienzvergleich schweizerischer Krankenhäuser mit der DEA-Methode sind subventionierte Krankenhäuser sowie Krankenhäuser mit Notfallaufnahme signifikant ineffizienter. Die Ineffizienz der Krankenhäuser nahm im untersuchten Zeitraum von 1993 bis 1996 ab.*

Zum Abschluss dieses Abschnittes soll auf mögliche Probleme der DEA hingewiesen werden. So können Messfehler und stochastische Einflüsse, die zu Ausreißern führen, die effiziente Grenze und somit die Resultate der zu evaluierenden Beobachtungen empfindlich beeinflussen. Auch ist das Verhältnis der Anzahl Inputs und Outputs zur Stichprobengröße relevant. Je kleiner die Stichprobe ist, desto höher fällt ceteris paribus die durchschnittliche Effizienz aus. Somit ist es für die zu bewertenden Krankenhäuser im Rahmen eines Betriebsvergleiches von Interesse, eine (zu) hohe Zahl von Inputs und Outputs zu fordern.

9.3.4 Abschließende Bemerkungen zum Krankenhausbetriebsvergleich

Der Betriebsvergleich im Krankenhaussektor ist infolge der Heterogenität und Komplexität des Krankenhaus-Outputs eine anspruchsvolle Aufgabe. Die hier vorgestellten Methoden leisten hierzu einen Beitrag, indem sie *relative Effizienzmaße* liefern. Die Krankenhäuser werden dabei in Relation zu den „besten" Beobachtungen in der entsprechenden Stichprobe bewertet. Eine Aussage über die absolute Effizienz ist daher nicht möglich. Ebenso ist eine Vergleichbarkeit der Resultate in Bezug auf die relative Wirtschaftlichkeit zwischen verschiedenen Studien nicht gegeben.

Bei der Interpretation der Ergebnisse ist auch zu berücksichtigen, dass die Faktoren, die in den Produktionsprozess eingehen bzw. die Güter und Dienstleistungen, die am Ende dieses Prozesses bereitstehen, vielfach als homogen angenommen werden müssen. Dies ist allerdings oft eine notwendige Vereinfachung, um entweder die Anzahl der Inputs und Outputs auf ein für die Methode angemessenen Ausmaß zu halten oder weil die Heterogenität mangels detaillierter Informationen nicht berücksichtigt werden kann. Schließlich bleibt zu beachten, dass die ermittelte Wirtschaftlichkeit in der Regel eine Momentaufnahme darstellt. Für die Regulierungsbehörden sind aber auch die zeitlichen Entwicklungen interessant. In einem dynamischen Kontext können z.B. Innovationen, auch wenn sie in der kurzen Frist eine Zunahme der Ineffizienz nach sich ziehen, die Wirtschaftlichkeit in der mittleren und langen Frist positiv beeinflussen.

Kasten 9.2. Schätzmethoden bei kombinierten Längs- und Querschnittsdaten

Paneldaten: Kombinierte Längs- und Querschnittsdaten werden als Panel bezeichnet. Bei einem Panel liegen für jede der n Beobachtungseinheiten (in diesem Kontext Krankenhäuser) bis zu T Beobachtungen (z.B. pro Jahr eine Beobachtung) vor. Jede Beobachtungseinheit ist mehrmals im Panel vertreten und es ist wahrscheinlich, dass die einzelnen Daten einer Beobachtungseinheit über die Zeit korreliert sind. Bei der ökonometrischen Auswertung von Paneldaten besteht somit die Gefahr, dass die Annahme, wonach die Beobachtungen der Stichprobe unabhängig sein müssen, verletzt wird. Aus diesem Grund wird bei den Panel-Schätzmethoden eine spezifische Variable für jede Beobachtungseinheit in die Schätzgleichung eingeführt. So wird verhindert, dass die unbeobachtete spezifische Heterogenität der Beobachtungseinheiten den systematischen Zusammenhängen, d.h. den Regressoren zugeordnet wird und diese verzerrt. Grundsätzlich bestehen zwei Methoden, spezifische Variablen für die Beobachtungseinheiten in eine Schätzgleichung zu integrieren:

- **Fixed-Effects:** Bei dieser Methode wird für jede Beobachtungseinheit i eine Dummyvariable eingeführt (α_i, zur Vermeidung von perfekter Kollinearität wird gleichzeitig die Konstante aus der Schätzgleichung entfernt). Die unbeobachtete spezifische Heterogenität der Beobachtungseinheiten wird durch diese Dummyvariablen aufgefangen, wodurch die geschätzten Koeffizienten unverzerrt sind. Der Vorteil der Fixed-Effects-Regression besteht darin, dass keine Annahmen bezüglich der Verteilung der geschätzten Dummyvariablen nötig sind. Ein Nachteil ist allerdings, dass nur die Wirkung von erklärenden Variablen geschätzt werden kann, die über die Zeit variieren, da sonst perfekte Kollinearität mit den spezifischen Konstanten für die Beobachtungseinheiten besteht. Die Schätzgleichung lautet:

$$y_{it} = \alpha_i + x_{it}\beta + \varepsilon_{it}, \quad i = 1,\ldots,n, \quad t = 1,\ldots,T.$$

- **Random-Effects:** Hier wird die Heterogenität durch einen zusätzlichen, spezifischen Störterm für die Beobachtungseinheiten mit einem Erwartungswert von null erfasst:

$$y_{it} = \alpha + x_{it}\beta + u_i + \varepsilon_{it}.$$

Der Nachteil dieses Verfahrens besteht darin, dass unterstellt wird, dass der spezifische Störterm für die Beobachtungseinheiten nicht mit den Regressoren korreliert ist. Diese Annahme kann nicht ohne Weiteres als erfüllt betrachtet werden.

Vergleich der Methoden: Welche der beiden Methoden besser geeignet ist, ist in der Literatur Gegenstand einer breit geführten Debatte (vgl. GREENE (2011, Kapitel 11)). Ein Vorteil der Random-Effects-Regression ist, dass nur ein zusätzlicher Parameter geschätzt werden muss, während bei der Fixed-Effects-Regression $(n-1)$ zusätzliche Parameter in die Schätzgleichung integriert werden. Dagegen wird bei der Fixed-Effects-Regression keine Annahme bezüglich der Korrelation der spezifischen Komponente für die Beobachtungseinheiten und den Regressoren gemacht. Diesbezüglich sind die Fixed-Effects robust und die geschätzten Koeffizienten sind unabhängig von Korrelationen unverzerrt.

Festzuhalten bleibt aber, dass die hier vorgestellten Verfahren zum Krankenhausbetriebsvergleich wertvolle Anhaltspunkte für die Beurteilung der Effizienz von Krankenhäusern liefern. In jedem Fall sollte bei einem Krankenhaus, das im Betriebsvergleich schlecht abschneidet, überprüft werden, ob die genannten Einschränkungen zutreffen oder ob es seine Leistungen ineffizient erbringt.

9.4 Zusammenfassung des Kapitels

(1) Der „Output" eines Krankenhauses besteht zum einen in der Verbesserung des
Gesundheitszustandes der Patienten und zum anderen in der Bereithaltung von
Kapazitäten zur Befriedigung einer Optionsnachfrage. Besonders der erste ist jedoch nur schwer operationalisierbar und lässt sich nur unvollkommen dem Krankenhaus zurechnen.

(2) Die „Produktion" im Krankenhaus lässt sich als ein mehrstufiger Prozess beschreiben, wobei jeder Stufe ein spezielles Konzept der Effizienz zugeordnet
werden kann.

(3) Ein Patienten-Klassifikationssystem stellt den Versuch dar, der Heterogenität des
Krankenhaus-Outputs indirekt zu erfassen und dadurch Vergleiche zwischen den
Krankenhäusern zu ermöglichen. Allen Systemen gemeinsam ist die Idee, den
Output eines Krankenhauses nach der Schwierigkeit der Aufgabenstellung näher
zu beschreiben. Das Ergebnis der Behandlung, den Gesundheitszuwachs, erfas-
sen sie jedoch nicht.

(4) Der Ansatz der Stochastic Frontier-Schätzung eignet sich zur Messung der Effizienz im Krankenhaus, falls die Daten lediglich Messfehlern und stochastischen Einflüssen ausgesetzt sind. Da jedoch im Krankenhaus sowohl Output als
auch Qualität schwer zu messen sind, ist es problematisch, den Fehlerterm der
Schätzung einfach mit Ineffizienz gleichzusetzen.

(5) Die Data Envelopment Analysis (DEA) ist ein Verfahren zur Analyse der Effizienz von Krankenhäusern, das ohne die Annahme der Kostenminimierung auskommt, multiple Outputs auch mit Nullwerten zulässt und keine Inputpreise erfordert, die in aller Regel nicht oder nur ungenau gemessen vorliegen.

(6) Bei einem Effizienzvergleich schweizerischer Krankenhäuser mit der DEA-
Methode sind subventionierte Krankenhäuser sowie Krankenhäuser mit Notfall-
laufnahme signifikant ineffizienter. Die Ineffizienz der Krankenhäuser nahm im
untersuchten Zeitraum von 1993 bis 1996 ab.

9.5 Lektürevorschläge

Im HANDBOOK OF HEALTH ECONOMICS befassen sich die Beiträge von SLOAN
(2000) und SALKEVER (2000) mit Krankenhausleistungen. Eine Einführung in die
parametrischen wie auch nichtparametrischen Methoden der Effizienzmessung findet
sich in COELLI ET AL. (1998). Eine detaillierte Übersicht zu den parametrischen
Frontieransätzen bieten KUMBHAKAR UND LOVELL (2000), während COOPER ET
AL. (2006) die nichtparametrischen Methoden diskutieren. Ergebnisse einer Vielzahl
von Studien beider Typen werden in HOLLINGSWORTH (2003) zusammengefasst.

9.Ü Übungsaufgaben

9.1. Nennen Sie die Probleme, die bei der Messung des Krankenhaus-Outputs auftreten, und erläutern Sie mögliche Lösungsansätze.

9.2. Vergleichen Sie die Vor- und Nachteile der vorgestellten parametrischen und nichtparametrischen Verfahren der Effizienzmessung. Nennen Sie dabei jeweils Bedingungen, unter denen eine Methode der anderen eindeutig vorzuziehen ist.

9.3. Die Beobachtungen aus Abbildung 9.4 für 5 Krankenhäuser mit gleichem Output sind in folgender Tabelle zusammengefasst:

Krankenhaus	1	2	3	4	5
x_1	7	13	26	42	39
x_2	37	23	13	10	30

Bestimmen Sie θ_5 sowie die zugehörigen Werte für λ_j.

9.4. Die Beobachtungen aus Abbildung 9.5 für 5 Krankenhäuser mit unterschiedlichem Output y sind in folgender Tabelle zusammengefasst:

Krankenhaus	1	2	3	4	5
x	14	16	26	66	70
y	2	16	26	41	35

Bestimmen Sie den Grad der technischen Effizienz sowie den Grad der Skaleneffizienz von Krankenhaus 5. Was würden Sie einer Planungskommission vorschlagen, wenn Krankenhaus 5 ersetzt und der gleiche Output wie bisher erzielt werden soll?

9.5. Die Technologie im Krankenhausbereich sei durch konstante Skalenerträge gekennzeichnet. Zur Erstellung des Outputs verwenden die Krankenhäuser zwei Inputs mit den Mengen x_1 und x_2.

(a) Sie beobachten fünf Krankenhäuser mit identischem Output und folgenden Inputmengen:

Krankenhaus	1	2	3	4	5
x_1	4	1	6	2	9
x_2	2	6	3	4	9

Welche Krankenhäuser produzieren effizient? Bestimmen Sie den Wert von θ_i (siehe das Optimierungsproblem (9.2) auf Seite 386) für jedes Krankenhaus.

(b) Ihnen liegen zusätzlich noch Daten von zwei weiteren Krankenhäusern mit dem doppelten Output vor. Sie verwenden die Inputmengen (14;3,5) bzw. (16;2). Handelt es sich um effiziente Krankenhäuser? Wie würde Ihr Urteil ausfallen, wenn Sie nur das Krankenhaus mit den Inputmengen (14;3,5) beobachten würden?

10

Optimale Vergütung von Leistungserbringern

10.1 Problemstellung

Im Mittelpunkt der „Ökonomik des Gesundheitswesens" steht die Frage, wie die Anreize für die Empfänger und Erbringer medizinischer Leistungen gestaltet werden sollten. Für die Bezieher von medizinischen Leistungen konnten wir in Kapitel 6 einige wichtige Ergebnisse ableiten. Insbesondere sprechen mehrere Argumente für eine Selbstbeteiligung der Versicherten an den von ihnen verursachten Ausgaben. In diesem Kapitel richten wir das Augenmerk auf die Anreize für Leistungserbringer. Die Brücke zu den Anreizen auf der Nachfrageseite bildet das *Ex-post Moral Hazard Problem*. Es führt dazu, dass versicherte Individuen den Anreiz haben, eine zu hohe Menge an medizinischen Leistungen nachzufragen. Wie wir gezeigt haben, sollten die Versicherten dann einen Teil der Kosten selbst tragen (vgl. Folgerung 6.10). Eine zentrale Rolle bei dieser Entscheidung spielen jedoch auch die Erbringer der Leistungen und die Anreize, denen sie sich gegenübersehen. Werden sie für jede Leistung einzeln vergütet, dann sind ihre Interessen im Einklang mit denjenigen der Versicherten bei Ex-post Moral Hazard. Dies wirft die Frage auf, ob nicht nur die Nachfrager, sondern auch die Anbieter der medizinischen Leistungen an den Kosten beteiligt werden sollen. Zudem stellt das Problem der *angebotsinduzierten Nachfrage* einen weiteren Grund dafür dar, sich mit den Anreizen von Leistungserbringer näher zu beschäftigen (vgl. Kapitel 8). Jene lohnt sich für einen Leistungserbringer nur dann, wenn er für eine höhere Leistungsmenge auch ausreichend belohnt wird.

Die Ausgangshypothese dieses Kapitels ist, dass Vergütungssysteme wesentlich die Anreize für Leistungserbringer prägen.[1] Eine wichtige Unterscheidung ist hierbei das Begriffspaar *prospektiv* und *retrospektiv*. Ein retrospektives System berücksichtigt rückblickend den tatsächlichen Ressourcenverbrauch und verlagert dadurch die Kostenverantwortung auf die Institution, die die Vergütung leistet. Hierunter fällt

---

[1] Dies bedeutet nicht, dass die Berufsethik nicht auch von Bedeutung ist. Wie wir im Folgenden sehen werden, spielt sie eine wichtige Rolle für die Qualität medizinischer Leistungen und für die Entscheidung, wer behandelt wird.

insbesondere die Einzelleistungsvergütung, bei der nur ein geringer Anreiz zur Kostenkontrolle besteht. Ein prospektives System legt die Vergütung im vorneherein fest und verlagert so die Kostenverantwortung auf den Leistungserbringer. Im Extremfall wird eine fixe Gesamtvergütung vereinbart. Auch Fallpauschalen stellen ein prospektives Element dar, weil die tatsächlichen Kosten für einen Fall vom Leistungserbringer zu tragen sind. Allerdings ist ein Fallpauschalensystem nicht rein prospektiv, denn die Anzahl der Fälle ist für die Vergütung maßgeblich.

Der Anstieg der Ausgaben für medizinische Leistungen hat in den letzten Jahrzehnten einen Trend zu prospektiv ausgerichteten Vergütungssystemen ausgelöst. Insbesondere wird im Krankenhausbereich das früher vorherrschende Kostendeckungsprinzip immer mehr durch pauschale Vergütungen ersetzt. Ein Vorreiter hierfür war Medicare, die staatliche Krankenversicherung für Rentner in den USA, die 1984 ein Vergütungssystem auf der Grundlage von Diagnosis Related Groups (DRGs) einführte. Hierbei spielt die Diagnose des Patienten eine zentrale Rolle für die Höhe der Vergütung. Dadurch wird das Kostenrisiko in erheblichem Maße auf die Krankenhäuser übertragen.

Von einer verstärkten prospektiven Ausrichtung der Vergütungssysteme erhofft man sich vor allem ein besseres Kostenmanagement im Gesundheitswesen. Aus ökonomischer Perspektive sind jedoch weniger die Kosten per se von Interesse als die Frage, ob die Leistungserbringer den Anreiz haben, unter Berücksichtigung wirtschaftlicher Aspekte die Patienten optimal zu behandeln. Hierbei spielen neben der Höhe der Ausgaben auch die *Qualität der Behandlung* und die Anreize zu einer *Selektion der Patienten* eine wichtige Rolle. Zu starke Anreize, die Kosten niedrig zu halten, können eine Senkung der Qualität oder eine unerwünschte Selektion der Patienten zur Folge haben. Diese Probleme treten dann auf, wenn der Sachwalter der Patienten diese Entscheidungen der Leistungserbringer nicht überwachen oder sanktionieren kann. Davon ist vielfach auszugehen, denn die Leistungserbringer besitzen häufig einen Informationsvorsprung.

Des Weiteren besteht die Gefahr, dass den Leistungserbringern ein zu hohes *Kostenrisiko* aufgebürdet wird, das in Form einer Risikoprämie entlohnt werden muss. Schließlich sollte bei der Vergütung auch der Informationsvorsprung der Leistungserbringer über die Schwere der Fallmischung nicht vernachlässigt werden. Aus der ökonomischen Theorie der Auftragsvergabe ist bekannt, dass dann eine vollständig prospektive Entlohnung nicht optimal ist, da sie dem Leistungserbringer eine zu hohe *Informationsrente* gewährt.

In diesem Kapitel untersuchen wir, wie ein Vergütungssystem unter Berücksichtigung dieser Gesichtspunkte optimal ausgestaltet werden sollte. Wir nehmen hierzu die Sichtweise eines risikoneutralen *Sachwalters* ein, der die Wohlfahrt der Patienten unter Berücksichtigung der Kosten maximiert. Einen solchen Sachwalter braucht es deshalb, weil die Leistungserbringer ihre eigenen Ziele verfolgen und deshalb kaum als perfekte Agenten der Patienten handeln. Insbesondere Ärzte sind in fast allen Ländern in Verbänden organisiert (vgl. Kapitel 13). In Deutschland beispielsweise verhandelt die Kassenärztliche Vereinigung die Honorarsätze mit den Krankenkassen und verteilt die Honorarsumme unter die niedergelassenen Ärzte der Region. In den Niederlanden , der Schweiz und den USA erhalten die Leistungserbringer ihr Geld direkt von Krankenversicherern, die ähnlich wie in Deutschland dem Wettbewerb um Mitglieder ausgesetzt sind. In Großbritannien hingegen werden sie vom Staat angestellt und honoriert. Welcher ergänzende Sachwalter in den Verhandlungen mit dem jeweiligen Ärzteverband für die Bürger das günstigste Ergebnis im Sinne eines hohen Qualität-Preis-Verhältnisses herausholt, ist eine offene Frage [vgl. ZWEIFEL ET AL. (2002)]. In Kapitel 11 erörtern wir die Vor- und Nachteile der möglichen Sachwalter ausführlich. In diesem Kapitel nehmen wir an, dass sich ein ergänzender Sachwalter durchgesetzt hat, der die Wohlfahrt der Patienten maximiert.

Im folgenden Abschnitt 10.2 steht zunächst der Aspekt der Kostenkontrolle im Mittelpunkt. Wir stellen in Abschnitt 10.2.1 ein einfaches Grundmodell vor, aus dem wir das *Prinzip der vollständigen Kostenverantwortung* ableiten. Dieses besagt, dass der Leistungserbringer die Kosten der Behandlung im vollen Umfang tragen sollte. In Abschnitt 10.2.2 betrachten wir risikoaverse Leistungserbringer; dies kann bereits ein Abweichen vom Prinzip der vollständigen Kostenverantwortung motivieren. Die Folgen von asymmetrischer Information über die Mischung der vom Leistungser-bringer behandelten Fälle untersuchen wir in Abschnitt 10.2.3.

Im Anschluss widmen wir uns mit der Behandlungsqualität und der Patien-tenselektion weiteren wichtigen Aspekten für die Gestaltung eines Vergütungssys-tems. Im Mittelpunkt von Abschnitt 10.3 steht die Frage, wie die Ausgestaltung des Vergütungssystems die Behandlungsqualität beeinflusst. Hier ist von zentraler Be-deutung, ob die Behandlungsqualität vor Gericht verifizierbar ist. In Abschnitt 10.4 diskutieren wir den Fall, dass der Leistungserbringer entscheidet, welche Patienten behandelt werden.

Im Abschnitt 10.5 diskutieren wir die Folgerungen für die Ausgestaltung von Vergütungssystemen. Zunächst fasst Abschnitt 10.5.1 die Ergebnisse aus den theo-retischen Überlegungen zusammen. Daran schließen sich in den Abschnitten 10.5.2 bzw. 10.5.3 Empfehlungen für die Vergütung von Ärzten bzw. Krankenhäusern. Wir stellen jeweils vor, wie sich die Vergütungssysteme grundsätzlich ausgestalten las-sen. Im Anschluss erörtern wir, welche Empfehlungen sich aus der theoretischen Analyse für die Vergütung von Ärzten und Krankenhäusern ableiten lassen. Die Er-gebnisse dieses Kapitels werden schließlich in Abschnitt 10.6 zusammengefasst.

10.2 Optimale Vergütung und Kostenkontrolle

10.2.1 Das Prinzip der vollständigen Kostenverantwortung

10.2.1.1 Das Grundmodell

Wir betrachten einen risikoneutralen Sachwalter, der die Patientenwohlfahrt abzüglich der erwarteten Zahlung an den Leistungserbringer maximiert.[2] Im Grundmodell möchte der Sachwalter, dass eine bestimmte Patientengruppe behandelt wird. Daraus entsteht die Wohlfahrt

$$W = B - P. \tag{10.1}$$

Darin entspricht B dem Nutzen aus der Behandlung der Patientengruppe in Geldeinheiten. P ist die Vergütung des Leistungserbringers. In diesem und im folgenden Abschnitt 10.3 sei B so groß, dass sich die Behandlung der Patientengruppe unter Berücksichtigung der Vergütung immer lohnt.

Der Leistungserbringer sei zunächst risikoneutral und habe die Nutzenfunktion

$$u(P,e) = P - C(e) - V(e) \quad \text{mit} \quad e \geq 0, V(0) = 0, V'(e) > 0, V''(e) > 0. \tag{10.2}$$

Die monetären Kosten der Behandlung sind $C(e)$; sie umfassen die *tatsächlich getätigten Aufwendungen* für die Versorgung der Patienten, d.h. die Kosten für Arbeitszeit, Hilfsmittel, Geräte usw.;[3] e misst die Anstrengungen des Leistungserbringers, diese Kosten zu senken, $V(e)$ stellt den Nutzenverlust aus dieser Anstrengung dar und ist streng konvex in e. Wenn der Leistungserbringer den Vertrag nicht annimmt, beträgt der Reservationsnutzen $\bar{u}$. Des Weiteren seien die Kosten C unsicher, so dass sich aus den realisierten Kosten nicht die Anstrengung des Leistungserbringers ablesen lässt. Die erwarteten Kosten $EC(e)$ hängen folgendermaßen von der Anstrengung ab:

$$EC(e) \equiv E(C(e)) \quad \text{mit} \quad EC'(e) < 0, EC''(e) \geq 0, \tag{10.3}$$

d.h. die Anstrengung senkt den Erwartungswert der Kosten, aber eine höhere Anstrengung erreicht immer geringere Senkungen der erwarteten Kosten.

---

[2] Diese Annahme vernachlässigt, dass auch der Nutzen der Leistungserbringer in die Wohlfahrt eingeht wie bei LAFFONT UND TIROLE (1993) und CHALKLEY UND MALCOMSON (2000). Für die folgende Analyse ist dies jedoch irrelevant, weil in diesen Modellen die Leistungserbringer nach Möglichkeit keine Rente gewährt wird, da staatliche Ausgaben mit Zusatzkosten verbunden sind.

[3] Der hier verwendete Kostenbegriff unterscheidet sich somit von dem in der herkömmlichen mikroökonomischen Theorie verwendeten Begriff, der die Minimalkosten der Erstellung eines Leistungsbündels bezeichnet.

Kasten 10.1. Das Grundmodell der Vergütung

$$W = B - P \tag{10.1}$$

$$U(P,e) = P - C(e) - V(e), \text{ mit}$$
$$e \geq 0, V(0) = 0, V'(e) > 0, V''(e) > 0 \tag{10.2}$$

$$EC(e) \equiv E(C(e)), \; EC'(e) < 0, EC''(e) \geq 0 \tag{10.3}$$

$$P = F + np + \gamma C \tag{10.4}$$

$$V'[e_{FB}] = -EC'[e_{FB}] \tag{10.8}$$

$$EP = \bar{u} + V[e_{FB}] + EC[e_{FB}] \tag{10.9}$$

W:	Nutzen des Sachwalters
B:	Nutzen aus Behandlung der Patientengruppe
P:	Vergütung des Leistungserbringers
u:	Nutzen des Leistungserbringers
e:	Anstrengung des Leistungserbringers zur Kostenvermeidung
$C(e)$:	Monetäre Kosten der Behandlung der Patientengruppe
$EC(e)$:	Erwartete monetäre Kosten der Behandlung der Patientengruppe
$V(e)$:	Nutzenverlust aus der Anstrengung, Kosten zu vermeiden
$\bar{u}$:	Reservationsnutzen des Sachwalters
F:	Grundvergütung
n:	Anzahl der behandelten Patienten
p:	Fallpauschale
γ:	Grad der Kostenübernahme durch den Sachwalter
FB:	First-best

Der Sachwalter möchte ein Vergütungssystem gestalten, das die Wohlfahrt maximiert. Der Einfachheit halber gehen wir von einem linearen Vergütungssystem der Form

$$P = F + np + \gamma C \tag{10.4}$$

aus. Die Vergütung P für die Behandlung von n Patienten setzt sich dabei zusammen aus einer Grundvergütung F, einer Fallpauschale p und einer Kostenerstattung in Höhe von γC. Bei $\gamma = 0$ trägt der Leistungserbringer die volle Kostenverantwortung, d.h. es handelt sich um ein vollständig prospektives Vergütungssystem. Bei $\gamma = 1$ erstattet der Sachwalter hingegen sämtliche Kosten und das Vergütungssystem ist vollständig retrospektiv. Im Fall $0 < \gamma < 1$ liegt ein gemischtes System vor. Bis zum Ende von Abschnitt 10.3.3 soll die Zahl der zu versorgenden Patienten eine feste Größe sein, so dass die Fallpauschale p (die einen Anreiz zur Behandlung zusätzlicher Patienten vermittelt) vernachlässigt werden kann. Eine Übersicht über das Grundmodell gibt Kasten 10.1.

10.2.1.2 Das first-best Vergütungssystem

Das optimale Vergütungssystem aus Sicht des Sachwalters erhalten wir, indem wir die erwartete Wohlfahrt

$$EW = B - EP \tag{10.5}$$

maximieren. Dieses Problem ist äquivalent zu einer Minimierung der erwarteten Vergütung EP. Dabei muss sichergestellt werden, dass der Leistungserbringer den Vertrag auch freiwillig annimmt. Hierzu muss der Erwartungsnutzen des Leistungserbringers

$$EU = E(u(P,e)) = EP - EC(e) - V(e) \tag{10.6}$$

mindestens dessen Reservationsnutzen $\bar{u}$ entsprechen. Löst man die Gleichung (10.6) nach EP auf, dann lässt sich das Problem des Sachwalters vereinfachen zu

$$\min_{e,EU} EP = EC(e) + V(e) + EU \quad \text{u.d.Nb.} \quad EU \geq \bar{u}. \tag{10.7}$$

Im Optimum bindet die Nebenbedingung und es gilt $EU = \bar{u}$. Die Bedingung erster Ordnung bezüglich e bestimmt das optimale Anstrengungsniveau:

$$V'[e_{FB}] = -EC'[e_{FB}], \tag{10.8}$$

d.h. die marginalen Anstrengungskosten der Kostenvermeidung $V'(e)$ entsprechen der marginalen Kostenersparnis $-EC'(e)$ (siehe Abbildung 10.1). Für die erwartete first-best (FB) Vergütung erhalten wir aus der Bedingung $EU = \bar{u}$:

$$EP = EC[e_{FB}] + V[e_{FB}] + \bar{u}. \tag{10.9}$$

10.2.1.3 Implementierung der first-best Lösung

Ein Vertrag, der die first-best Lösung implementiert, verpflichtet den Leistungserbringer die Patientengruppe zu behandeln, garantiert ihm einen Erwartungsnutzen in Höhe von $EU = \bar{u}$ und gibt den Anreiz, das Anstrengungsniveau e_{FB} zu wählen. Hier kommen grundsätzlich zwei Vertragstypen in Frage.

(1) *Vertragsstrafe bei zu geringer Anstrengung zur Kostenvermeidung*

Der erste Vertragstyp bezieht sich direkt auf das Anstrengungsniveau e und sieht eine Vergütung in Höhe von

$$P = \begin{cases} \bar{u} + V[e_{FB}] + C & \text{falls } e \geq e_{FB} \\ -z & \text{falls } e < e_{FB} \end{cases} \tag{10.10}$$

vor. Die Vertragsstrafe z ist dabei so hoch, dass sich eine zu geringe Anstrengung nicht lohnt. Die Kosten der Behandlung werden vom Sachwalter getragen. Das Problem dieses Vertrags besteht allerdings darin, dass sich die Anstrengung e vielfach nur schlecht beobachten oder nur ungenügend in Verträgen beschreiben lässt.

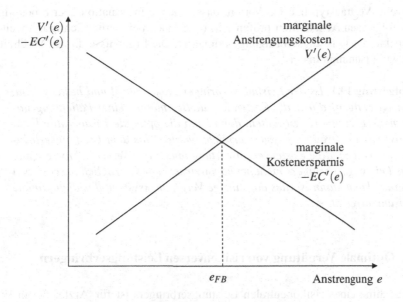

Abb. 10.1. Optimales Anstrengungsniveau des Leistungserbringers

(2) *Vollständige Kostenverantwortung*

Der zweite Vertragstyp beruht auf dem *Prinzip der vollständigen Kostenverantwortung*. Er verwendet die pauschale Grundvergütung

$$P = F_{FB} = EC[e_{FB}] + V[e_{FB}] + \bar{u}. \tag{10.11}$$

Der Leistungserbringer trägt dann die volle Kostenverantwortung. Sein Erwartungsnutzen ist

$$EU(P,e) = EP - EC(e) - V(e)$$
$$= F_{FB} - EC(e) - V(e).$$

Somit lautet sein Problem

$$\max_e EU = F_{FB} - EC(e) - V(e).$$

Die Bedingung erster Ordnung ist

$$-EC'(e) - V'(e) = 0 \Leftrightarrow e = e_{FB}, \tag{10.12}$$

d.h. der Leistungserbringer wählt bei vollständiger Kostenverantwortung selbst das optimale Anstrengungsniveau. Sein Erwartungsnutzen beträgt dann

$$EU(P,e) = F_{FB} - EC[e_{FB}] - V[e_{FB}] = \bar{u},$$

und das First-best wird implementiert.

Der zweite Vertragstyp hat den Vorteil, dass er keine Information über e benötigt. In den folgenden Abschnitten prüfen wir, ob er auch bei Berücksichtigung weiterer Aspekte der Leistungserbringung optimal ist. Die Ergebnisse dieses Abschnitts fassen wir zusammen in der

Folgerung 10.1 *Ist der Leistungserbringer risikoneutral und besteht seine einzige Aufgabe darin, die Kosten für die Behandlung einer Patientengruppe möglichst niedrig zu halten, dann kann die optimale Lösung durch ein prospektives Vergütungssystem erreicht werden, das dem Leistungserbringer die vollständige Kostenverantwortung überträgt. Wenn die Anstrengung des Leistungserbringers nicht beobachtbar ist oder vertraglich beschrieben werden kann, dann ist dies das einzige Vergütungssystem, das die optimale Lösung erreicht.*

10.2.2 Optimale Vergütung von risikoaversen Leistungserbringern

Die Annahme eines risikoneutralen Leistungserbringers ist für Ärzte, die in Einzelpraxen oder kleinen Gemeinschaftspraxen tätig sind, wenig plausibel. Auch für Krankenhäuser, die nicht Teil eines größeren Verbundes sind, kann sie kaum unterstellt werden. Wir gehen deshalb in diesem Abschnitt von risikoaversen Leistungserbringern aus. Dies äußert sich in der streng konkaven Nutzenfunktion des Leistungserbringers

$$u(P,e) = u(P - C(e) - V(e)) \quad \text{mit} \quad u' > 0, u'' < 0. \tag{10.13}$$

Wenn der Leistungserbringer keinen Vertrag mit dem Sachwalter schließt, soll er eine alternative Beschäftigung zur Verfügung haben. Diese stellt ihn so gut, als ob er das Nettoeinkommen s erhalten würde. Dieses Sicherheitsäquivalent s definiert seinen Reservationsnutzen

$$\bar{u} \equiv u[s]. \tag{10.14}$$

Wir untersuchen zunächst den Fall, dass der Sachwalter die Anstrengung des Leistungserbringers beobachten und zum Gegenstand einer Vertragsvereinbarung machen kann.

10.2.2.1 Beobachtbare Anstrengung

Wie oben lautet das Optimierungsproblem des Sachwalters

$$\max EW = B - EP \quad \Leftrightarrow \quad \min EP \tag{10.15}$$

unter der Nebenbedingung

$$EU(P,e) \geq \bar{u} = u[s]. \tag{10.16}$$

Erneut bindet die Nebenbedingung im Optimum. Bei einem risikoaversen Leistungserbringer ist es zudem für jedes mögliche Anstrengungsniveau optimal, dass der Leistungserbringer seine unsicheren monetären Kosten voll ersetzt bekommt. Ansonsten müsste der Sachwalter ihm eine Risikoprämie zahlen, die seine erwarteten Ausgaben unnötig erhöhen würde. Die Entlohnung des Nutzenverlusts aus Anstrengung erfolgt über die Grundvergütung, so dass das Vergütungssystem die Form

$$P = F + C. \tag{10.17}$$

annimmt. Unter Verwendung von (10.13), (10.14) und (10.17) lässt sich die Nebenbedingung (10.16) vereinfachen zu

$$u(F - V(e)) = u[s].$$

Folglich erhalten wir

$$F = V(e) + s. \tag{10.18}$$

Gleichung (10.17) impliziert $EP = F + EC(e)$. Setzt man dies und Gleichung (10.18) in die Zielfunktion (10.15) des Sachwalters ein, dann lautet dessen Optimierungsproblem

$$\min_e EP = EC(e) + V(e) + s. \tag{10.19}$$

Aus der Bedingung erster Ordnung folgt die Bedingung für das first-best Anstrengungsniveau

$$V'[e_{FB}] = -EC'[e_{FB}]. \tag{10.20}$$

Entsprechend ergibt sich mit Hilfe von (10.18) die folgende Grundvergütung des Leistungserbringers

$$F_{FB} = V[e_{FB}] + s. \tag{10.21}$$

Einsetzen in (10.17) führt zur erwarteten Vergütung im First-best

$$EP = EC[e_{FB}] + V[e_{FB}] + s. \tag{10.22}$$

Die Bedingungen (10.20) und (10.22) entsprechen den Gleichungen (10.8) und (10.9). Wir erhalten somit die gleiche Lösung wie im Grundmodell. Wegen der Risikoaversion des Leistungserbringers lässt sich die first-best Lösung aber nicht durch eine Übertragung der Kostenverantwortung auf den Leistungserbringer erreichen, sondern der Vertrag muss direkt auf das Anstrengungsniveau e Bezug nehmen. Analog zu Gleichung (10.10) sieht dieser Vertrag eine Erstattung der Kosten und eine Grundvergütung F_{FB} vor, falls $e \geq e_{FB}$. Falls $e < e_{FB}$, muss der Leistungserbringer eine Vertragsstrafe in Höhe von z leisten:

$$P = \begin{cases} V[e_{FB}] + s + C & \text{falls } e \geq e_{FB} \\ -z & \text{falls } e < e_{FB}. \end{cases}$$

Es ist jedoch fraglich, ob sich ein derartiger Vertrag durchsetzen lässt. Insbesondere dürfte der Sachwalter das Anstrengungsniveau nur unzureichend beobachten können. Darüber hinaus kann das Anstrengungsniveau nicht „verifizierbar" sein, d.h. der Sachwalter kann vor Gericht nicht nachweisen, dass die Leistung des Leistungs-erbringers unzulänglich war. Unter diesen Umständen muss er den Vertrag an die beobachtbaren Kosten knüpfen. Dies führt jedoch zu einem Zielkonflikt zwischen effizienten Anreizen zur Kostenvermeidung und einer effizienten Risikoteilung, den wir im folgenden Abschnitt diskutieren.

10.2.2.2 Nicht beobachtbare Anstrengung

Um diesen Fall zu analysieren, machen wir einige vereinfachende Annahmen (ein Überblick über das Modell findet sich in Kasten 10.2).

(1) Für die Kosten unterstellen wir

$$C(e) = a - e + \sigma\varepsilon \quad \text{mit} \quad a > 0, E\varepsilon = 0, \text{Var}(\varepsilon) = 1.^4 \qquad (10.23)$$

Hierbei ist ε eine Zufallsvariable und $\sigma > 0$ die Standardabweichung der Kosten. Für die erwarteten Kosten gilt

$$EC(e) = a - e. \qquad (10.24)$$

Jede Einheit e senkt demnach die Kosten im Erwartungswert um eine Geldein-heit ausgehend von ihrem maximalen Betrag a.

(2) Der Nutzenverlust in Folge der Anstrengung e nehme folgende Form an:

$$V(e) = \frac{1}{2}e^2. \qquad (10.25)$$

Gemeinsam mit (10.24) folgt aus der first-best Bedingung $V'[e_{FB}] = -EC'[e_{FB}]$ somit $e_{FB} = 1$.

(3) Zur Bestimmung des Erwartungsnutzens des Leistungserbringers definieren wir y, das Einkommen des Leistungserbringers abzüglich der Anstrengungskosten,

$$y \equiv P - C(e) - V(e). \qquad (10.26)$$

Der Erwartungsnutzen des Leistungserbringers sei allein eine Funktion des Er-wartungswerts μ_y und der Varianz σ_y^2 von y.[5] Konkret nehmen wir an, dass

$$EU = \mu_y - \frac{r}{2}\sigma_y^2. \qquad (10.27)$$

Hierbei ist r ein Maß der Risikoaversion: Bei $r = 0$ ist der Leistungserbringer risikoneutral, bei $r > 0$ risikoavers.

Kasten 10.2. Optimale Vergütung von risikoaversen Leistungserbringern bei nicht beobachtbarer Anstrengung

$$u(P,e) = u(P - C(e) - V(e)) \quad \text{mit} \quad u' > 0, u'' < 0 \tag{10.13}$$

$$\bar{u} = u[s] \tag{10.14}$$

$$EW = B - EP \tag{10.15}$$

$$C(e) = a - e + \sigma\varepsilon \quad \text{mit} \quad a > 0, E\varepsilon = 0, Var(\varepsilon) = 1 \tag{10.23}$$

$$V(e) = \frac{1}{2}e^2 \tag{10.25}$$

$$y \equiv P - C(e) - V(e) \tag{10.26}$$

$$EU = \mu_y - \frac{r}{2}\sigma_y^2 \tag{10.27}$$

$$P = F + \gamma C \tag{10.28}$$

$$\gamma^* = \frac{r\sigma^2}{1 + r\sigma^2} \tag{10.39}$$

$$e^* = \frac{1}{1 + r\sigma^2} \tag{10.40}$$

$$F^* = s + \frac{a}{1 + r\sigma^2} + \frac{r\sigma^2 - 1}{2(1 + r\sigma^2)^2} \tag{10.2.2.2}$$

EW:	Erwartungsnutzen des Sachwalters
EU:	Erwartungsnutzen des Leistungserbringers
s:	Sicherheitsäquivalent bei alternativer Tätigkeit
σ:	Standardabweichung der Kosten
y:	Einkommen des Leistungserbringers abzüglich der Anstrengungskosten
μ_y:	Erwartungswert von y
σ_y^2:	Varianz von y
r:	Maß der Risikoaversion
γ^*:	Optimaler Grad der Kostenübernahme durch den Sachwalter
e^*:	Optimale Anstrengung des Leistungserbringers
F^*:	Optimale Grundvergütung

Der Sachwalter sucht die optimalen Werte für die Grundvergütung F und den
Grad der Kostenübernahme γ für das Vergütungssystem

$$P = F + \gamma C. \tag{10.28}$$

Um diesen Problem zu lösen, bestimmen wir zunächst den Erwartungsnutzen des
Leistungserbringers in Abhängigkeit von F und γ.

---

[4] Unter der Annahme, dass die Zufallsvariable nach unten beschränkt ist, treten keine negative Kosten auf, wenn a hinreichend groß ist.

[5] Bei der Kostenfunktion (10.23) und einem linearen Vergütungssystem bedeutet diese Annahme keinen Verlust an Allgemeinheit [vgl. SINN (1983) und J. MEYER (1987)].

Das Problem des Leistungserbringers

Durch Einsetzen von (10.28) in (10.26) erhält man für das *Einkommen des Leistungserbringers* abzüglich den Anstrengungskosten

$$y = F - (1-\gamma)C(e) - V(e).$$

Folglich gilt für den Erwartungswert des Einkommens

$$\mu_y = F - (1-\gamma)EC(e) - V(e). \tag{10.29}$$

Für die Varianz des Einkommens ergibt sich mit (10.23)

$$\sigma_y^2 = (1-\gamma)^2\sigma^2. \tag{10.30}$$

Durch Einsetzen in (10.27) erhalten wir den Erwartungsnutzen des Leistungserbringers in Abhängigkeit von seiner Anstrengung e:

$$EU(e) = F - (1-\gamma)EC(e) - V(e) - \rho(\gamma) \tag{10.31}$$

mit

$$\rho(\gamma) \equiv \frac{r}{2}(1-\gamma)^2\sigma^2. \tag{10.32}$$

Diese Funktion beschreibt die *Risikokosten*. Sie sind umso größer, je höher die Kostenverantwortung des Leistungserbringers und je höher die Varianz der Kosten σ^2 ist.

Die Bedingung erster Ordnung für das optimale Anstrengungsniveau e^* lautet $V'(e^*) = (1-\gamma)EC'(e^*)$. Mit (10.24) und (10.25) folgt

$$e^*(\gamma) = 1 - \gamma. \tag{10.33}$$

Einsetzen in (10.31) führt zum Erwartungsnutzen des Leistungserbringers in Abhängigkeit von der Grundvergütung F und dem Grad der Kostenübernahme γ des Sachwalters

$$EU(F,\gamma) = F - (1-\gamma)EC(e^*(\gamma)) - V(e^*(\gamma)) - \rho(\gamma). \tag{10.34}$$

Das Problem des Sachwalters

Der Sachwalter will die erwarteten Ausgaben

$$EP(F,\gamma) = F + \gamma EC(e^*(\gamma)) \tag{10.35}$$

minimieren. Die Teilnahmebedingung für den Leistungserbringer lautet bei der Erwartungsnutzenfunktion (10.27) und dem Sicherheitsäquivalent s für die beste alternative Tätigkeit $EU(F,\gamma) \geq s$. Das Ziel des Sachwalters ist es, $EP(F,\gamma)$ unter dieser Nebenbedingung zu minimieren.

Im Optimum bindet die Teilnahmebedingung $EU = s$. Gemäß Gleichung (10.34) wird F deshalb so gewählt, dass

$$F = (1 - \gamma)EC(e^*(\gamma)) + V(e^*(\gamma)) + \rho(\gamma) + s. \tag{10.36}$$

Einsetzen in (10.35) reduziert das Problem des Sachwalters auf die Bestimmung des optimalen Grades der Kostenübernahme γ. Wir erhalten

$$EP(\gamma) = EC(e^*(\gamma)) + V(e^*(\gamma)) + \rho(\gamma) + s. \tag{10.37}$$

Der Sachwalter muss daher nicht nur die erwarteten monetären Kosten der Versorgung $EC(e^*(\gamma))$, den Nutzenverlust durch Anstrengung $V(e(\gamma))$ und den Reservationsnutzen des Leistungserbringers $\bar{u}$ finanzieren, sondern dem Leistungserbringer auch die *Risikoprämie* $\rho(\gamma)$ zahlen.

Einsetzen von (10.24), (10.25), (10.32) sowie (10.33) in (10.37) führt zu dem Problem

$$\min_\gamma EP(\gamma) = a - (1 - \gamma) + \frac{(1 - \gamma)^2}{2} + \frac{r}{2}(1 - \gamma)^2\sigma^2 + s. \tag{10.38}$$

Aus der Bedingung erster Ordnung folgt

$$\gamma^* = \frac{r\sigma^2}{1 + r\sigma^2} \tag{10.39}$$

und, da $e^* = 1 - \gamma^*$,

$$e^* = \frac{1}{1 + r\sigma^2} \tag{10.40}$$

Diese Ergebnisse lassen sich folgendermaßen interpretieren.

- *Nur teilweise Kostenverantwortung:* Für risikoaverse Leistungserbringer ($r > 0$) folgt bei unsicheren Kosten ($\sigma^2 > 0$), dass $\gamma^* > 0$. Dabei ist die optimale Kostenübernahme seitens des Sachwalters umso größer, je unsicherer die Kosten $[\partial\gamma^*/\partial\sigma^2 = r/(1 + r\sigma^2)^2 > 0]$ und je höher die Risikoaversion r $[\partial\gamma^*/\partial r = \sigma^2/(1 + r\sigma^2)^2 > 0]$.

- *Anstrengung unter dem first-best Niveau:* Die Anstrengung von risikoaversen Leistungserbringern ist geringer als $e_{FB} = 1$. Dieser Moral Hazard Effekt ist eine Folge der teilweisen Kostenübernahme. Entsprechend senken höhere Kostenunsicherheit und Risikoaversion die optimale Anstrengung, weil weniger Kostenverantwortung optimal ist.

Der Sachwalter ist bereit, diese Verzerrungen in Kauf zu nehmen, weil er dadurch die Risikoprämie $\rho(\gamma)$ für den Leistungserbringer senken kann. Man beachte, dass γ^* zwischen null und eins liegen muss; damit ist ein *gemischtes Vergütungssystem* optimal.

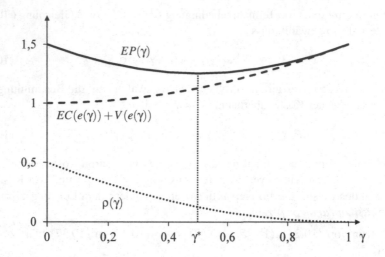

Abb. 10.2. Optimale Kostenbeteiligung bei risikoaversem Leistungserbringer und nicht beobachtbarer Anstrengung

Setzt man γ^* aus (10.39) in Gleichung (10.36) ein, so erhält man die optimale Grundvergütung

$$F^* = s + \frac{a}{1 + r\sigma^2} + \frac{r\sigma^2 - 1}{2(1 + r\sigma^2)^2}.$$

Sie hängt von der Vergütung der alternativen Beschäftigung s des Leistungserbringers und dem Kostenniveau, gemessen durch a, ab. Des Weiteren wird F^* durch die Risikoaversion und die Kostenunsicherheit beeinflusst.

Folgerung 10.2 *Ist der Leistungserbringer risikoavers und sind die Kosten der Behandlung unsicher, dann lässt sich das first-best Optimum durch einen Vertrag implementieren, der direkt auf das Anstrengungsniveau Bezug nimmt. Ist das Anstrengungsniveau nicht beobachtbar, dann ist das first-best Optimum nicht erreichbar. Eine teilweise Kostenübernahme durch den Sachwalter ist optimal, um die Risikoprämie für den Leistungserbringer zu senken.*

Abbildung 10.2 zeigt ein Beispiel.[6] Die gepunktete Linie stellt die Risikoprämie $\rho(\gamma)$ dar, die mit höherer Kostenübernahme durch den Sachwalter zurückgeht. Die gestrichelte Kurve sind die gesamten erwarteten Kosten der Leistungserbringung $EC(e(\gamma)) + V(e(\gamma))$. Die Krümmung folgt aus der Konvexität der Funktion $V(e)$. Der Einfachheit halber wird $s = 0$ unterstellt, so dass sich die gesamte Vergütung EP aus der Summe der Risikoprämie $\rho(\gamma)$ und $EC(e(\gamma)) + V(e(\gamma))$ zusammensetzt. Dann ergibt sich die optimale Lösung γ^*, welche die Senkung der Risikoprämie und die Zunahme der erwarteten Kosten der Leistungserbringung durch Kostenerstattung optimal ausbalanciert.

---

[6] Abbildung 10.3 beruht auf den Annahmen $a = 1{,}5$, $r = 1$, $\sigma = 1$ und $s = 0$.

10.2.3 Fallmischung und Informationsrente

Bei der Begründung des Prinzips der vollständigen Kostenverantwortung sind wir davon ausgegangen, dass der Sachwalter weiß, wie die erwarteten Kosten für die Behandlung der Patientengruppe von der Anstrengung des Leistungserbringers abhängen. In der Praxis dürfte jedoch der Leistungserbringer vielfach besser über diesen Zusammenhang informiert sein. Insbesondere kann er in der Regel besser die so genannte *Fallmischung* (englisch „case-mix") beurteilen, die den Behandlungsaufwand für eine Patientengruppe bestimmt. Diese Form der asymmetrischen Information untersuchen wir in diesem Abschnitt.[7] Dabei betrachten wir die Gruppe der zu behandelnden Patienten erneut als gegeben. Kasten 10.3 stellt die wichtigsten Gleichungen des Modells dar.

Die erwarteten Kosten des Leistungserbringers nehmen die parametrische Form

$$EC(\beta, e) = \beta - e \tag{10.41}$$

an. Der Parameter β kann dabei verschiedene Werte in dem Intervall $[\underline{\beta}, \overline{\beta}]$ annehmen, wobei $\overline{\beta}$ eine kostspielige Fallmischung anzeigt. Für alle β sei $EC(\beta, e) > 0$.

10.2.3.1 Symmetrische Information über die Fallmischung

Bei symmetrischer Information über die Fallmischung kann der Sachwalter wie im Grundmodell die first-best Lösung durch volle Kostenübernahme des Leistungserbringers erreichen. Analog zur Bedingung (10.11) erhalten wir für die optimale Höhe der Grundvergütung

$$F(\beta) = EC[\beta, e_{FB}] + V[e_{FB}] + u \tag{10.42}$$

Die first-best Grundvergütung ist von β abhängig, weil der Leistungserbringer für die erwarteten Kosten kompensiert werden muss.

10.2.3.2 Asymmetrische Information über die Fallmischung

Kann der Sachwalter das Anstrengungsniveau e beobachten, dann ist eine Umsetzung der first-best Lösung auch bei asymmetrischer Information über β möglich. In diesem Fall kann das first-best Anstrengungsniveau mit Hilfe einer Vertragsstrafe implementiert werden. Die Kosten der Versorgung werden vom Sachwalter erstattet [siehe Gleichung (10.10)]. Bei asymmetrischer Information über β und e kann das First-best jedoch nicht mehr erreicht werden. Dann muss der Sachwalter Anreize zur Kostenkontrolle über eine Kostenbeteiligung des Leistungserbringers setzen. Da er

---

[7] In Abschnitt 10.4 betrachten wir den Fall, dass der Leistungserbringer über jeden einzelnen Patienten besser informiert ist als der Sachwalter und über die Behandlung entscheiden kann.

Kasten 10.3. Optimale Vergütung bei asymmetrischer Information über die Fallmischung

$$EC(\beta, e) = \beta - e \tag{10.41}$$

$$F(\bar{\beta}, \gamma) = (1 - \gamma)EC(\bar{\beta}, e) + V(e(\gamma)) + \bar{u} \tag{10.48}$$

$$EP(\gamma) = EC(\beta, e(\gamma)) + V(e(\gamma)) + \bar{u} + EI(\gamma) \tag{10.49}$$

$$EI(\gamma) = (1 - \gamma)(\bar{\beta} - E\beta) \tag{10.50}$$

$$\gamma^* = \min\left\{\frac{\bar{\beta} - E\beta}{-e'[\gamma^*]}; 1\right\} \tag{10.52}$$

$\beta \in [\underline{\beta}, \bar{\beta}]$:	Fallmischung des Leistungserbringers
$E\beta$:	Durchschnittliche Fallmischung
$F(\gamma)$:	Grundvergütung des Leistungserbringers in Abhängigkeit von γ
$EI(\gamma)$:	Erwartete Informationsrente des Leistungserbringers in Abhängigkeit von γ
$e(\gamma)$:	Optimale Anstrengung des Leistungserbringers in Abhängigkeit von γ
γ^*:	Optimaler Grad der Kostenübernahme durch den Sachwalter

β nicht kennt, kann er jedoch nicht die optimale Grundvergütung wählen. Der Leistungserbringer wird grundsätzlich behaupten, dass β den höchsten Wert $\bar{\beta}$ annimmt, um die höchstmögliche Grundvergütung zu erhalten. Will der Sachwalter sicherstellen, dass der Leistungserbringer den Versorgungsvertrag annimmt, und gleichzeitig effiziente Kostenvermeidungsanreize geben, dann müsste er eine Grundvergütung in Höhe von $F(\bar{\beta})$ leisten. Für alle $\beta < \bar{\beta}$ erhält der Leistungserbringer dann jedoch eine *Informationsrente I*, die zu Lasten des Sachwalters geht. Sie entspricht der Differenz aus dem Erwartungsnutzen des Leistungserbringers

$$EU(F[\bar{\beta}], \beta, e_{FB}) = F[\bar{\beta}] - EC[\beta, e_{FB}] - V[e_{FB}]$$

und dessen Reservationsnutzen $\bar{u}$. Aus Sicht des Sachwalters beträgt sie im Erwartungswert

$$EI = E[EU(F[\bar{\beta}], \beta, e_{FB}) - \bar{u}]$$

$$= F[\bar{\beta}] - EC[\beta, e_{FB}] - V[e_{FB}] - \bar{u}.$$

Unter Berücksichtigung der Kostenfunktion (10.41) und (10.42) vereinfacht sich dies zu

$$EI = EC[\bar{\beta}, e_{FB}] - EC[\beta, e_{FB}]$$

$$= \bar{\beta} - E\beta \tag{10.43}$$

mit der durchschnittlichen Fallmischung $E\beta$.

Als Alternative zu dieser Lösung betrachten wir im Folgenden eine teilweise Übernahme der Kosten durch den Sachwalter. Zwar schwächt diese die Anreize zur

Kostenvermeidung, dafür vermindert sie die erwartete Informationsrente des Leistungserbringers. Um dies zu zeigen, gehen wir von einer Vergütung $P = F + \gamma C$ aus. Im ersten Schritt behandeln wir γ als exogenen Parameter und lösen das Problem des Leistungserbringers. Im Anschluss widmen wir uns der Wahl des optimalen Werts von γ durch den Sachwalter.

Das Problem des Leistungserbringers

Bei dem linearen Vergütungssystem $P(C) = F + \gamma C$ stellt sich das Optimierungsproblem des Leistungserbringers wie folgt dar:

$$\max_e EU = F - (1 - \gamma)EC(\beta, e) - V(e) \tag{10.44}$$

Mit der Kostenfunktion (10.41) folgt die Bedingung erster Ordnung

$$V'[e] = 1 - \gamma. \tag{10.45}$$

Diese Gleichung definiert $e(\gamma)$. Die Annahme $V''(e) > 0$ impliziert $e'(\gamma) > 0$. In Abhängigkeit von den Vergütungsparametern F und γ sowie dem Kostenparameter β beträgt der Erwartungsnutzen des Leistungserbringers

$$EU(F, \gamma, \beta) = F - (1 - \gamma)EC(\overline{\beta}, e(\gamma)) - V(e(\gamma)). \tag{10.46}$$

Das Problem des Sachwalters

Der Sachwalter maximiert die erwartete Wohlfahrt $EW = B - EP$ durch Minimierung von EP, wobei der Erwartungswertoperator jetzt zusätzlich über $\beta \in [\underline{\beta}, \overline{\beta}]$ definiert ist. Damit die Teilnahmebedingung $EU \geq \overline{u}$ auch für $\overline{\beta}$ erfüllt ist, muss gelten

$$EU(F, \gamma, \overline{\beta}) = F(\overline{\beta}, \gamma) - (1 - \gamma)EC(\overline{\beta}, e(\gamma)) - V(e(\gamma)) \geq \overline{u}. \tag{10.47}$$

Im Optimum bindet diese Bedingung, so dass

$$F(\overline{\beta}, \gamma) = (1 - \gamma)EC(\overline{\beta}, e) + V(e(\gamma)) + \overline{u} \tag{10.48}$$

garantiert, dass der Leistungserbringer den Vertrag annehmen wird. Somit erhalten wir für die Höhe der erwarteten Vergütung in Abhängigkeit von γ

$$\begin{aligned} EP(\gamma) &= E[F(\overline{\beta}, \gamma) + \gamma EC(\beta, e(\gamma))] \\ &= (1 - \gamma)EC(\overline{\beta}, e(\gamma)) + V(e(\gamma)) + \overline{u} + \gamma EC(\beta, e(\gamma)) \\ &= EC(\beta, e(\gamma)) + V(e(\gamma)) + \overline{u} + FI(\gamma) \end{aligned} \tag{10.49}$$

Die ersten drei Terme erfassen die erwarteten monetären Kosten der Versorgung $EC(\beta, e(\gamma))$, den Nutzenverlust durch Anstrengung $V(e(\gamma))$ und den Reservationsnutzen des Leistungserbringers $\overline{u}$.

Der letzte Term in Gleichung (10.49),

$$EI(\gamma) = (1 - \gamma)\big(EC(\overline{\beta}, e(\gamma)) - EC(\beta, e(\gamma))\big) = (1 - \gamma)\big(E\overline{\beta} - E\beta\big), \quad (10.50)$$

entspricht der erwarteten Informationsrente unter Berücksichtigung der Kostenfunktion (10.41). Sie lässt sich durch $\gamma > 0$ senken. Dies liegt daran, dass die Informationsrente nur für den Anteil $(1 - \gamma)$ der Kosten anfällt, die der Leistungserbringer selbst trägt. Mit der Kostenfunktion (10.41) vereinfacht sich das Problem des Sachwalters zu

$$\min_{\gamma} EP(\gamma) = \beta - e(\gamma) + V(e(\gamma)) + \overline{u} + (1 - \gamma)(E\overline{\beta} - E\beta).$$

Hierbei ist die Beschränkung $\gamma \leq 1$ zu beachten. Die Bedingung erster Ordnung für den optimalen Kostenbeteiligungsgrad γ^* lautet daher:[8]

$$\frac{dEP}{d\gamma} = -e'[\gamma^*] + V'(e[\gamma^*])e'[\gamma^*] - (\overline{\beta} - E\beta) \leq 0, \quad \gamma^* \leq 1, \quad (1 - \gamma^*)\frac{dEP}{d\gamma} = 0.$$

Für eine innere Lösung erhalten wir

$$\overline{\beta} - E\beta = -e'[\gamma^*] + V'(e[\gamma^*])e'[\gamma^*]. \quad (10.51)$$

Auf der linken Seite der Gleichung (10.51) steht die marginale Senkung der Informationsrente bei einer Erhöhung von γ. Die rechte Seite entspricht den marginalen Kosten für den Sachwalter, die durch geringere Anreize zur Kostenvermeidung verursacht werden: $-e'[\gamma^*] > 0$ ist die Zunahme der erwarteten monetären Kosten der Versorgung, $V'(e[\gamma^*])e'[\gamma^*] < 0$ steht für den Rückgang der Vergütung durch die Anstrengungen des Leistungserbringers.

Aus (10.45) folgt $V'(e[\gamma^*]) = 1 - \gamma^*$. Deshalb betragen die marginalen Kosten bei einer Erhöhung von γ [rechte Seite von (10.51)]

$$-e'[\gamma^*] + V'(e[\gamma^*])e'[\gamma^*] = -\gamma^* e'[\gamma^*] > 0.$$

Durch Einsetzen in (10.51) und Auflösen erhält man den Wert von γ^* für eine innere Lösung. Unter Berücksichtigung der Beschränkung $\gamma \leq 1$ erhalten wir

$$\gamma^* = \min\left\{\frac{\overline{\beta} - E\beta}{-e'[\gamma^*]}; 1\right\}. \quad (10.52)$$

Aus $e'[\gamma^*] < 0$ und $\overline{\beta} > E\beta$ folgt $\gamma^* > 0$, d.h. es ist für den Sachwalter optimal, die Vergütung mit den Kosten ansteigen zu lassen. Ursache hierfür ist die Möglichkeit, die Rente aus dem Informationsvorsprung des Leistungserbringers zu senken. Der Zusammenhang zwischen Vergütung und Kosten ist umso ausgeprägter,

- je größer die Differenz $\overline{\beta} - E\beta$ und damit die erwartete Informationsrente des Leistungserbringer ohne Kostenerstattung ist, und

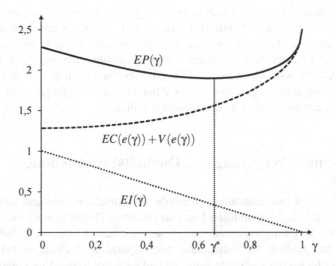

Abb. 10.3. Optimale Kostenbeteiligung bei asymmetrischer Information über die Fallmischung

- je kleiner $|e'[\gamma^*]|$, d.h. je weniger der Leistungserbringer seine Anstrengung senkt, wenn ein Teil der Kosten übernommen wird.

Abbildung 10.3 zeigt ein Beispiel.[9] Die gepunktete Linie stellt die erwartete Informationsrente EI dar. Sie geht linear mit der Kostenbeteiligung γ zurück; bei $\gamma = 1$ entsteht keine Informationsrente mehr. Die gestrichelte Kurve sind die gesamten erwarteten Kosten der Leistungserbringung $EC(e(\gamma)) + V(e(\gamma))$. Die Krümmung folgt aus der Konvexität der Funktion $V(e)$. Der Einfachheit halber sei $\bar{u} = 0$ unterstellt, so dass sich die gesamte Vergütung EP aus der Summe der erwarteten Informationsrente und $EC(e(\gamma)) + V(e(\gamma))$ zusammensetzt. Dann ergibt sich die optimale Lösung γ^*, welche die Senkung der erwarteten Informationsrente und die Zunahme der erwarteten Kosten der Leistungserbringung durch Kostenerstattung optimal ausbalanciert.

Folgerung 10.3 *Bei asymmetrischer Information über die Mischung der vom Leistungserbringer behandelten Fälle ist es für den Sachwalter optimal, die Vergütung mit den Kosten ansteigen zu lassen, um die erwartete Informationsrente des Leistungserbringers zu verringern.*

Das Problem der asymmetrischen Information über die Kostenfunktion des Leistungserbringers ist im Detail von LAFFONT UND TIROLE (1993) untersucht worden. Dabei zeigt sich, dass die hier untersuchte proportionale Kostenteilung noch nicht die optimale Lösung darstellt. Der Erwartungsnutzen des Sachwalters lässt

---

[8] Eine hinreichende, aber nicht notwendige Bedingung für ein Maximum ist $e^{*\prime\prime}(\gamma) \leq 0 \Leftrightarrow V'''(e) \geq 0$.

[9] Abbildung 10.3 beruht auf den Annahmen $\bar{\beta} = 3{,}5$, $E\beta = 2{,}5$, $\bar{u} = 0$ und $V(e) = 0{,}1e^3$.

sich noch erhöhen, wenn dem Leistungserbringer ein Menü von Verträgen der Form $P(\beta) = F(\beta) + \gamma(\beta)C$ angeboten wird. Ein Leistungserbringer mit der Fallmischung β wählt dann aus diesem Menü die für ihn optimale Kombination aus Grundvergütung und Kostenteilung. Stehen mehrere Leistungserbringer zur Verfügung, kann schließlich noch die Rente der Leistungserbringer durch eine Versteigerung des Versorgungsauftrags gesenkt werden. Aber auch dann bleibt generell ein Vertrag optimal, der den Sachwalter an den Kosten beteiligt.

10.3 Optimale Vergütung und Qualitätsbereitstellung

Bislang haben wir uns ausschließlich mit der Kostenseite befasst und dabei gedanklich die Qualität der Behandlung konstant gehalten. Dieser Ansatz ist insofern zu eng, als dass Vergütungssysteme eben diese beeinflussen können. Dabei verstehen wir unter der *Qualität* der Behandlung alle Aspekte der Leistungserbringung, die zum Wohlbefinden des Patienten während und nach der Behandlung beitragen. Insbesondere gehören hierzu die Intensität bzw. die Sorgfalt der Behandlung, die helfen, Komplikationen oder gar Todesfälle zu vermeiden.

Idealerweise würde der Vertrag eines Sachwalters mit einem Leistungserbringer sämtliche Aspekte der Qualität festlegen. Bei Nichteinhaltung der Qualität müsste der Leistungserbringer mit Sanktionen rechnen. In diesem Fall soll das Vergütungssystem allein die Kosten für den Sachwalter möglichst gering halten. Dies setzt voraus, dass Qualität *verifizierbar* ist, d.h. dass mangelnde Qualität vor Gericht nachgewiesen werden kann. Die direkte Qualitätsbeschreibung ist jedoch schwierig und aufwändig nachzuprüfen. Auch indirekt lässt sich Qualität häufig nur unzureichend erfassen. So können Komplikationen nach Operationen sowohl auf mangelnde Qualität als auch auf ein nicht reduzierbares Risiko zurückzuführen sein.

Vielfach wird deshalb die Qualität nicht verifizierbar sein. Verträge mit Leistungserbringern sind dann „unvollständig" und Vergütungssystemen kommt eine wichtige Rolle zu. Mit ihnen können Anreize gesetzt werden, Qualität bereitzustellen. Gleichzeitig sollen sie jedoch Anreize geben, auf die Kosten zu achten. Auch hier liegt ein Problem unvollständiger Verträge vor, da die Anstrengung zur Kostenkontrolle ebenfalls kaum verifizierbar ist. Der Sachwalter steht vor einem sog. *Multitasking Problem* [HOLMSTRÖM UND MILGROM (1991)].

10.3.1 Das Modell

Wir erweitern das Grundmodell aus Abschnitt 10.2.1 um ein eindimensionales Maß für Qualität q. Der Nutzen des Sachwalters aus der Behandlung einer bestimmten Anzahl von Patienten, $B(q)$, nimmt mit der Behandlungsqualität zu. Es gilt $B'(q) = B_q > 0$ und $B''(q) = B_{qq} \leq 0$. Die erwarteten Kosten der Leistung hängen von q und der Anstrengung des Leistungserbringers e ab und betragen $EC(q,e)$. Es gilt

$EC_q > 0$ und $EC_e < 0$ für alle (q,e).[10] Der Leistungserbringer wird mit P vergütet. Die Zielfunktion des Sachwalters lautet[11]

$$EW = B(q) - EP. \qquad (10.53)$$

Dem Leistungserbringer entsteht ein Nutzenverlust in Höhe von $V(q,e)$. Es gilt $V_e > 0$ und $V_{ee} > 0$ für alle (q,e). Bezüglich V_q sind im Prinzip alle Fälle möglich: Bei $V_q > 0$ senkt Qualitätsbereitstellung den Nutzen des Leistungserbringers. Bei $V_q = 0$ ist er indifferent bezüglich Qualität. Ist $V_q < 0$, dann hat der Leistungserbringer ein Eigeninteresse an Qualität. Der Leistungserbringer ist wie der Sachwalter risikoneutral.

Der Erwartungsnutzen des Leistungserbringers beträgt

$$EU = EP - EC(q,e) - V(q,e). \qquad (10.54)$$

Sein Reservationsnutzen ist erneut $\bar{u}$.

Das Problem des Sachwalters ist es, die Zielfunktion (10.53) unter den Nebenbedingungen (10.54) und $EU \geq \bar{u}$ zu maximieren. Auflösen von (10.54) nach EP und Einsetzen in (10.53) ergibt das Problem

$$\max_{q,e,EU} EW = B(q) - EC(q,e) - V(q,e) - EU \quad \text{u.d.Nb.} \quad EU \geq \bar{u}. \qquad (10.55)$$

Dies führt zu $EU = \bar{u}$ sowie zu den Bedingungen erster Ordnung

$$B_q[q_{FB}] - EC_q[q_{FB}, e_{FB}] - V_q[q_{FB}, e_{FB}] = 0 \qquad (10.56)$$

$$-EC_e[q_{FB}, e_{FB}] - V_e[q_{FB}, e_{FB}] = 0. \qquad (10.57)$$

Wir nehmen an, dass die Bedingungen zweiter Ordnung erfüllt sind. Hinreichend hierfür ist, dass die Funktion $f(q,e) \equiv EC(q,e) + V(q,e)$ streng konvex in (q,e) ist.

Im folgenden Abschnitt 10.3.2 gehen wir zunächst davon aus, dass die Behandlungsqualität oder der Behandlungserfolg verifizierbar sind. Anschließend betrachten wir in Abschnitt 10.3.3 den Fall, dass weder die Qualität noch der Behandlungserfolg explizit in Vergütungsverträgen berücksichtigt werden können. Einen Überblick über das Modell gibt Kasten 10.4.

---

[10] Es ist auch der Fall denkbar, dass höhere Qualität die Kosten senkt, z.B. wenn höhere Sorgfalt Komplikationen vermeidet. Ein Leistungserbringer mit voller Kostenverantwortung, der die Kosten dieser Komplikationen selbst tragen muss, wird dann auf Qualität achten. Bei Qualitätsaspekten, die primär das Wohlbefinden des Patienten betreffen, ist jedoch davon auszugehen, dass höhere Qualität die Kosten erhöht.

[11] Ein vergleichbares Modell für den Fall eines utilitaristischen Sachwalters findet sich in CHALKLEY UND MALCOMSON (2000).

Kasten 10.4. Optimale Vergütung und Qualitätsbereitstellung

$$EW = B(q) - EP, \; B_q > 0, B_{qq} \le 0 \tag{10.53}$$

$$EU = EP - EC(q,e) - V(q,e) \tag{10.54}$$

$$B_q[q_{FB}] - EC_q[q_{FB}, e_{FB}] - V_q[q_{FB}, e_{FB}] = 0 \tag{10.56}$$

$$-EC_e[q_{FB}, e_{FB}] - V_e[q_{FB}, e_{FB}] = 0 \tag{10.57}$$

$$EU = F - (1 - \gamma)EC(q,e) - V(q,e) \tag{10.63}$$

$$\left. \frac{\mathrm{d}EW}{\mathrm{d}\gamma} \right|_{\gamma=0} = B_q q_\gamma \tag{10.71}$$

$$p_{FB} = \frac{B_q[q_{FB}]}{n_q[q_{FB}]} \tag{10.77}$$

q:	Maß für die Qualität der Behandlung
$B(q)$:	Behandlungsnutzen in Abhängigkeit von der Behandlungsqualität
$n(q)$:	Nachfrage nach Behandlung in Abhängigkeit von der Behandlungsqualität
p_{FB}:	Optimale Fallpauschale bei qualitätsabhängiger Nachfrage
γ:	Grad der Kostenübernahme durch den Sachwalter

10.3.2 Verifizierbare Qualität oder verifizierbarer Behandlungserfolg und Pay for Performance

Ist die Qualität q oder der Behandlungserfolg $B(q)$ verifizierbar (jedoch nicht die Anstrengung e zur Kostenkontrolle), dann gibt es mehrere Möglichkeiten, das First-best zu implementieren. Bei verifizierbarer Qualität sind dies:

(1) *Festschreiben des Qualitätsniveaus*

Ist Qualität verifizierbar, so kann ein Vertrag das Qualitätsniveau q_{FB} vorschreiben und darüber hinaus dem Leistungserbringer vollständige Kostenverantwortung übertragen. Bei Unterschreitung des Qualitätsniveaus muss der Leistungserbringer eine ausreichend hohe Vertragsstrafe leisten.

Bei einer Grundvergütung F steht der Leistungserbringer dann vor folgendem Problem:

$$\max_e EU = F - EC(q_{FB}, e) - V(q_{FB}, e). \tag{10.58}$$

Die Bedingung erster Ordnung lautet

$$-EC_e[q_{FB}, e_{FB}] - V_e[q_{FB}, e_{FB}] = 0$$

und ist mit derjenigen im first-best Vertrag identisch [vgl. Gleichung (10.57)], d.h. der Leistungserbringer wählt den optimalen Wert e_{FB}. Beträgt die Grundvergütung

$$F = EC[q_{FB}, e_{FB}] + V[q_{FB}, e_{FB}] + \bar{u}, \tag{10.59}$$

dann kann vollständige Kostenverantwortung bei gleichzeitiger Qualitätskontrolle die first-best Lösung implementieren.

(2) *Direkte Vergütung von Qualität*

Bei verifizierbarer Qualität lässt sich Qualität auch entlohnen, z.B. das regelmäßige Messen des Blutdrucks bei Bluthochdruckpatienten. Sei z die Vergütung pro Qualitätseinheit q. Mit dem Vergütungssystem

$$P = F + zq \qquad (10.60)$$

und

$$z_{FB} = B_q[q_{FB}] \quad \text{und} \quad F = EC[q_{FB}, e_{FB}] + V[q_{FB}, e_{FB}] + \bar{u} - zq_{FB} \qquad (10.61)$$

lässt sich das First-best erreichen. Der Leistungserbringer erhält die optimalen marginalen Anreize zur Qualitätsbereitstellung (vgl. Übungsaufgabe 10.7).

Bei verifizierbarem Behandlungserfolg B bestehen analog folgende Strategien:

(1) *Festschreibung des Behandlungserfolgs*

Hier schreibt der Vertrag den optimalen Behandlungserfolg $B[q_{FB}]$ vor. Ein geringerer Behandlungserfolg wird durch Vertragsstrafen sanktioniert. Die Grundvergütung entspricht (10.59) und gewährleistet, dass der Leistungserbringer seinen Reservationsnutzen erhält.

(2) *Direkte Vergütung des Behandlungserfolgs*

Ein vom Behandlungserfolg abhängiges Vergütungssystem der Form

$$P = F + B \quad \text{mit} \quad F = EC[q_{FB}, e_{FB}] + V[q_{FB}, e_{FB}] + \bar{u} - B[q_{FB}] \qquad (10.62)$$

führt dazu, dass der Leistungserbringer die Ziele des Sachwalters vollständig internalisiert. Wie sich leicht zeigen lässt, wählt der Leistungserbringer dann die optimalen Werte von q_{FB} und e_{FB} und erhält seinen Reservationsnutzen $\bar{u}$.

Die direkte Vergütung erbrachter Qualität bzw. des Behandlungserfolgs ist Grundlage von „Pay for Performance" (P4P) Programmen, die in den letzten Jahren vor allem in Großbritannien und in den USA eingeführt wurden (siehe Kasten 10.5). Bei der Beurteilung dieser Programme ist allerdings zu beachten, dass die Belohnung verifizierbarer Qualitäts- und Behandlungserfolgsmerkmale auf Kosten nicht verifizierbarer Qualität gehen kann. Dies lässt sich im Rahmen eines Modells mit zwei Qualitätsdimensionen zeigen [siehe EGGLESTON (2005) und KAARBØE UND SICILIANI (2011)].

Bei einem risikoneutralen Leistungserbringer führen sowohl Verträge, die auf das Qualitätsniveau, als auch solche, die auf den Behandlungserfolg abstellen, zum identischen Ergebnis. Ist der Leistungserbringer allerdings risikoavers, dann trifft dies nur zu, wenn ein deterministischer Zusammenhang zwischen B und q vorliegt. Bei einem stochastischen Behandlungserfolg, der durch Qualität nur in seinem Erwartungswert gesteuert werden kann, muss der Sachwalter einem risikoaversen Leistungserbringer eine Risikoprämie zahlen. In diesem Fall ist deshalb ein Vertrag, der eine Qualitätskontrolle vorsieht, besser. Die first-best Lösung lässt sich dann aber nur erreichen,

Kasten 10.5. Pay for Performance (P4P)

Pay for Performance Programme führen leistungsorientierte Elemente in die Vergütung von Ärzten und Krankenhäusern ein. Sie sind in den letzten Jahren vor allem in den USA und Großbritannien entwickelt worden. Üblicherweise wird das Erreichen bestimmter Zielgrößen mit Bonuszahlungen belohnt. Die Zielgrößen können sich direkt auf den Behandlungserfolg beziehen, z.B. auf die Komplikationsraten bei bestimmten Operationen. Da der Behandlungserfolg häufig nur schlecht messbar ist und der Leistungserbringer zudem einem Risiko ausgesetzt wird, orientiert man sich jedoch meist an Prozessindikatoren, wie

- der Zahl der durchgeführten Früherkennungsuntersuchungen.
- dem Prozentsatz von Bluthochdruckpatienten, deren Blutdruck regelmäßig kontrolliert wird oder
- dem Prozentsatz von Diabetespatienten, bei denen die Augen regelmäßig untersucht werden.

Medicare in den USA belohnt beispielsweise Krankenhäuser, die hohe Raten beim Screening für Gebärmutterhalskrebs und bei Hämoglobintests für Diabetespatienten aufweisen [ROSENTHAL ET AL. (2005)]. In Großbritannien wurde 2004 mit dem Quality and Outcomes Framework (QOF) ein umfangreiches P4P Programm für Allgemeinmediziner eingeführt. Es hat 80 Zielgrößen für die Behandlung von Asthma, Diabetes und Herzerkrankungen. Die Bonuszahlungen können bis zu 30 Prozent des Praxiseinkommens ausmachen [DRANOVE (2012, S. 682)].

P4P Programme müssen sich auf verifizierbare Größen stützen. Nicht verifierbare Qualitätsaspekte werden nicht belohnt. Deshalb besteht die Sorge, dass die einseitige Belohnung verifizierbarer Qualitätsaspekte auf Kosten der nicht verifizierbaren Qualität geht. Dieses Multitasking Problem wurde von EGGLESTON (2005) und KAARBØE UND SICILIANI (2011) theoretisch untersucht. Dabei zeigt sich, dass Vorsicht geboten ist. Unter Umständen kann der Verzicht auf die Belohnung verifizierbarer Qualität sinnvoll sein. Auch sollte die Stärke der Anreize richtig dosiert werden. Ein gemischtes Vergütungssystem kann sinnvoll sein. Ein weiteres Problem ist das als „Gaming" bezeichnete Manipulieren der belohnten Zielgrößen.

Empirische Studien zeichnen noch kein einheitliches Bild. In einer Auswertung von 128 Studien stellen VAN HERCK ET AL. (2010) fest, dass P4P-Programme spezifische Zielgrößen positiv beeinflussen können. Dies betrifft vor allem die Einhaltung minimaler Standards. Einige Studien deuten auch auf Gaming-Verhalten und Vernachlässigung von nicht belohnten Qualitätsaspekten hin.

wenn auch die Anstrengung e beobachtbar ist. Falls nicht, lässt sich nur die in Abschnitt 10.2.2 abgeleitete second-best Lösung umsetzen.

Folgerung 10.4 *Ist Qualität oder der Behandlungserfolg verifizierbar, dann lässt sich das First-best bei einem risikoneutralen Leistungserbringer durch Übertragung der vollständigen Kostenverantwortung auf den Leistungserbringer erreichen. Bei stochastischem Behandlungserfolg und risikoaversem Leistungserbringer ist eine Qualitätskontrolle einer Kopplung der Vergütung an den Behandlungserfolg vorzuziehen.*

Schließlich soll noch auf ein Problem hingewiesen werden, das bei der direkten Vergütung von Qualität oder des Behandlungserfolgs auftreten kann. Die Grundvergütung kann negativ werden, denn es wird der Betrag zq_{FB} bzw. $B[q_{FB}]$ abgezogen [siehe (10.61) und (10.62)]. Der Leistungserbringer müsste daher zunächst etwas dafür zahlen, dass er den Versorgungsauftrag übernimmt. Solche Verträge sind zwar theoretisch möglich, aber im Gesundheitswesen unüblich. Stattdessen findet man rein aktivitätsbasierte Vergütungssysteme mit $F = 0$. In diesem Fall führen Anreize, die q_{FB} implementieren, zu einer *Rente des Leistungserbringers*, welche die Wohlfahrt des Sachwalters senkt. Durch geringere Qualitätsanreize kann allerdings die Rente gesenkt werden.

Dieses *Rentenentzugsproblem*, das generell bei einer rein aktivitätsbasierten Vergütung auftreten kann [MOUGEOT UND NAEGELEN (2005)], sei im Folgenden anhand der direkten Vergütung von Qualität dargestellt. Bei $F = 0$ und der Vergütung z pro Qualitätseinheit q steht der Leistungserbringer vor dem Problem

$$\max_{q,e} EU = zq - EC(q,e) - V(q,e).$$

Die Bedingungen erster Ordnung sind

$$z - EC_q(q,e) - V_q(q,e) = 0,$$
$$-EC_e(q,e) - V_e(q,e) = 0.$$

und definieren $q(z)$ und $e(z)$. Aus unserer Annahme, dass die Funktion $f(q,e) \equiv EC(q,e) + V(q,e)$ streng konvex in (q,e) ist, folgt $q'(z) > 0$, d.h. eine höhere Vergütung induziert mehr Qualität.

Das Problem des Sachwalter lautet

$$\max_z EW = B(q(z)) - zq(z).$$

Er muss die Nebenbedingung

$$EU = zq(z) - EC(q(z),e(z)) - V(q(z),e(z)) \geq \bar{u}$$

beachten. Bei der first-best Lösung $z_{FB} = B_q[q_{FB}]$ bindet diese per Annahme nicht. Auswertung der Ableitung an dieser Stelle führt zu

$$\left. \frac{dEW}{dz} \right|_{z=z_{FB}=B_q[q_{FB}]} = B_q[q_{FB}]q'[z_{FB}] - z_{FB}q'[z_{FB}] - q_{FB} = -q_{FB} < 0.$$

Damit lohnt es sich, die Vergütung pro Qualitätseinheit zu senken, um die Rente des Leistungserbringers zu verringern. Es kann optimal sein, die Vergütung so weit zu senken, dass keine Rente mehr beim Leistungserbringer anfällt (siehe Übungsaufgabe 10.7).

Folgerung 10.5 *Soll das First-best durch eine direkte Vergütung von Qualität erreicht werden, dann kann dies eine negative Grundvergütung erfordern. Ist dies nicht möglich, dann ist bei diesem Vergütungssystem eine geringere Vergütung optimal, bei der die Qualität geringer als im First-best ist.*

10.3.3 Nicht verifizierbare Qualität und nicht verifizierbarer Behandlungserfolg

Wir gehen jetzt davon aus, dass weder die Qualität noch der Behandlungserfolg verifizierbar sind. Ein Vergütungssystem, das die Kostenverantwortung vollständig auf
den Leistungserbringer überträgt, wird dann dazu führen, dass der Leistungserbringer geringere Qualität als im First-best anbietet. Aus diesem Grund untersuchen wir,
ob ein Vergütungssystem $P = F + \gamma C$ sinnvoll sein kann. Der Sachwalter trägt dann
einen Teil der Kosten für höhere Qualität. Ob der Leistungserbringer deshalb höhere
Qualität anbietet, hängt von seinen Präferenzen ab, konkret von dem Vorzeichen von
V_q, dem Nutzenverlust ($V_q > 0$) bzw. -gewinn ($V_q < 0$) durch Qualität beim Leistungserbringer. Im Allgemeinen ist nur eine second-best Lösung möglich.[12] Es lassen sich
drei Fälle unterscheiden.

(1) *Nutzenverlust durch Behandlungsqualität ($V_q > 0$)*

In diesem Fall fällt die Antwort leicht: Der Leistungserbringer sollte volle Kostenverantwortung tragen, da er bei $\gamma \leq 1$ sowieso die minimal vertretbare Qualität $\underline{q}$
anbieten wird.[13]

(2) *Indifferenz bezüglich der Qualitätsbereitstellung ($V_q = 0$)*

Hier sind zwei Lösungen möglich. Zum einen kann es optimal sein, dass der Leistungserbringer keine Kostenverantwortung trägt ($\gamma = 1$). Der Leistungserbringer
wählt dann zwar $e = 0$. Da für ihn Qualitätsbereitstellung mit keinem Aufwand verbunden ist, kann jedoch davon ausgegangen werden, dass er im Sinne des Sachwalters handelt und das optimale Niveau von q bei $e = 0$ wählt. Zum anderen kann es optimal sein, dem Leistungserbringer volle Kostenverantwortung zu geben. Dann wählt
er zwar das minimale Qualitätsniveau $\underline{q}$, handelt jedoch kosteneffizient. Ein Wert von
γ zwischen Null und Eins kann jedoch nicht optimal sein, da der Leistungserbringer
dann ebenfalls die minimale Qualität $\underline{q}$ bereitstellt, aber nur ein suboptimales Anstrengungsniveau e wählt.[14]

---

[12] In dem von ELLIS UND MCGUIRE (1986) untersuchten Spezialfall, der von $V_q < 0$ und
$V_e = 0$ ausgeht, d.h. der Leistungserbringer hat ein Eigeninteresse an Qualität und Kostenvermeidung verursacht ihm keinen Nutzenverlust, lässt sich das First-best durch ein
gemischtes Vergütungssystem umsetzen. Allerdings ist die Annahme $V_e = 0$ wenig rea-
listisch.

[13] Grundsätzlich wäre eine Lösung mit $\gamma > 1$ denkbar, bei der höhere Kosten und damit höhere Qualität indirekt belohnt werden, während auf Anreize zur Kostenkontrolle verzichtet
wird. Allerdings entsteht dann der Anreiz, Kosten künstlich aufzublähen, was diese Lösung
wenig attraktiv macht.

[14] Ist das Anstrengungsniveau e beobachtbar, dann kann ein Vertrag, der bei zu geringer
Anstrengung eine Vertragsstrafe vorsieht und die Kosten voll erstattet [siehe Gleichung
(10.10)], sogar das First-best bei $V_q = 0$ erreichen. Der Leistungserbringer wählt dann wegen der Vertragsstrafe die first-best Anstrengung und, da er die Kosten nicht trägt, außerdem die optimale Qualität. Bei $V_q < 0$ führt diese Lösung allerdings nicht zum First-best,
da dann zu viel Qualität bereitgestellt würde.

(3) *Eigeninteresse an Qualität* ($V_q < 0$)

Dieser Fall steht im Einklang mit berufsethischem Handeln der Leistungserbringer. Um die optimale Lösung zu charakterisieren, gehen wir erneut davon aus, dass der Sachwalter einen Teil γ der Kosten trägt. Das Problem des Leistungserbringers lautet dann

$$\max_{q,e} EU = F - (1 - \gamma)EC(q,e) - V(q,e). \tag{10.63}$$

Die Bedingungen erster Ordnung sind

$$-(1 - \gamma)EC_q(q,e) - V_q(q,e) = 0, \tag{10.64}$$

$$-(1 - \gamma)EC_e(q,e) - V_e(q,e) = 0. \tag{10.65}$$

Sie definieren bei Erfüllung der Bedingung zweiter Ordnung die Funktionen $q(\gamma)$ und $e(\gamma)$. Die Vorzeichen von $dq/d\gamma$ und $de/d\gamma$ lassen sich nicht allgemein bestimmen. Eine plausible Hypothese ist jedoch, dass $dq/d\gamma > 0$ and $de/d\gamma < 0$, d.h. dass eine höhere Kostenübernahme durch den Sachwalter zu höherer Qualitätsbereitstellung, aber geringerer Kostenvermeidung führt.

Die erwartete Wohlfahrt des Sachwalters ist

$$EW = B(q(\gamma)) - \gamma EC(q(\gamma),e(\gamma)) - F. \tag{10.66}$$

Im Optimum wird F so gewählt, dass die Teilnahmebedingung des Leistungserbringers bindet, d.h.

$$EU = F - (1 - \gamma)EC(q(\gamma),e(\gamma)) - V(q(\gamma),e(\gamma)) = \bar{u}. \tag{10.67}$$

Löst man diese Gleichung nach F auf und setzt sie in (10.66) ein, so ist der erwartete Nutzen des Sachwalters

$$EW(\gamma) = B(q(\gamma)) - EC(q(\gamma),e(\gamma)) - V(q(\gamma),e(\gamma)) - \bar{u}. \tag{10.68}$$

Die Ableitung nach γ ergibt

$$\frac{dEW}{d\gamma} = B_q\frac{dq}{d\gamma} - EC_q\frac{dq}{d\gamma} - EC_e\frac{de}{d\gamma} - V_q\frac{dq}{d\gamma} - V_e\frac{de}{d\gamma}. \tag{10.69}$$

Unter Verwendung von (10.64) und (10.65) lassen sich die letzten beiden Terme substituieren und man erhält

$$\frac{dEW}{d\gamma} = B_q\frac{dq}{d\gamma} - \gamma EC_q\frac{dq}{d\gamma} - \gamma EC_e\frac{de}{d\gamma}. \tag{10.70}$$

An der Stelle γ = 0 ist folglich

$$\left.\frac{dEW}{d\gamma}\right|_{\gamma=0} = B_q\frac{dq}{d\gamma}. \tag{10.71}$$

Eine volle Kostenverantwortung des Leistungserbringers ist somit unter der Annahme $dq/d\gamma > 0$ nicht optimal, da sie zu einer zu hohen Qualitätseinbuße führt. Die

Intuition dieses Ergebnisses besteht darin, dass ausgehend von einer vollen Kostenverantwortung des Leistungserbringers die Verluste durch eine Verringerung der Kostenanreize vernachlässigbar sind, so dass nur der Qualitätseffekt wirkt [vgl. auch CHALKLEY UND MALCOMSON (1998a)].

Folgerung 10.6 *Ist weder der Behandlungserfolg noch die Behandlungsqualität verifizierbar, so ist im Allgemeinen nur eine second-best Lösung möglich. Besitzt der Leistungserbringer kein Eigeninteresse an Qualität, dann ist entweder vollständige oder keine Kostenverantwortung optimal. Liegt hingegen ein Eigeninteresse an Qualität vor, dann kann eine Kostenübernahme des Sachwalters optimal sein.*

Schließlich wollen wir noch auf den Fall eingehen, dass die Nachfrage nach medizinischen Leistungen qualitätsabhängig ist. Hier hat MA (1994) gezeigt, dass sich auch bei nicht verifizierbarer Qualität Anreize zur Qualitätsbereitstellung schaffen lassen, wenn der Leistungserbringer eine Fallpauschale pro Patient erhält. Mit der Anzahl der behandelten Patienten n und einer Fallpauschale in Höhe von p nimmt das Vergütungssystem dann folgende Form an:

$$P = F + pn. \tag{10.72}$$

Der Leistungserbringer trägt somit die volle Kostenverantwortung. Die Nachfrage nach medizinischen Leistungen sei

$$n(q) \quad \text{mit} \quad n_q(q) > 0. \tag{10.73}$$

Das Problem des Leistungserbringers lautet folglich

$$\max_{q,e} EU = F + pn(q) - EC(q,e) - V(q,e) \tag{10.74}$$

mit den Bedingungen erster Ordnung

$$pn_q - EC_q(q,e) - V_q(q,e) = 0, \tag{10.75}$$

$$-EC_e(q,e) - V_e(q,e) = 0. \tag{10.76}$$

Setzt man die Fallpauschale

$$p_{FB} = \frac{B_q[q_{FB}]}{n_q[q_{FB}]}, \tag{10.77}$$

dann wählt der Leistungserbringer $[q_{FB}, e_{FB}]$: Nach Einsetzen von (10.77) in (10.75) entsprechen die Bedingungen (10.75) und (10.76) den first-best Bedingungen (10.56) and (10.57).

Allerdings ist auch diese Lösung von MA (1994) mit Problemen behaftet. Einerseits ist es fraglich, ob Individuen die Qualität z.B. eines Krankenhauses richtig beurteilen können. Machen die Patienten zum Beispiel die Qualität hauptsächlich an äußerlichen Faktoren wie dem Hotelservice fest, dann kann es in diesem Bereich zu einer Überinvestition seitens des Leistungserbringers auf Kosten anderer Qualitätsdimensionen kommen [vgl. CHALKLEY UND MALCOMSON (1998b)]. Gerade aus diesem Grund hat der Sachwalter (neben der hier nicht betrachteten Versicherungsfunktion) die Aufgabe, durch die Gestaltung des Vergütungssystems die richtigen Anreize zu schaffen.

Andererseits gibt es Situationen, in denen die Nachfrage unabhängig von der Qualität ist. Dieser Fall wird insbesondere dann eintreten, wenn die Patienten nur von einem Leistungserbringer, etwa einem regionalen Krankenhaus, behandelt werden können. Erst bei mehreren Leistungserbringern ist mit einer qualitätsabhängigen Nachfrage und deshalb mit einem Qualitätswettbewerb zu rechnen.[15] Mit Problemen bei der Bereitstellung von Qualität, die von den Patienten beurteilt werden kann, ist deshalb vor allem in Monopolsituationen zu rechnen. In diesem Fall hilft allerdings auch die Lösung von MA (1994) kaum weiter. Dem Sachwalter bleibt dann nur übrig, in einer second-best Lösung Kosten- und Qualitätsanreize gegeneinander abzuwägen.

Folgerung 10.7 *Ist die Nachfrage qualitätsabhängig, dann kann die Fallpauschale unter Umständen das first-best Vergütungssystem sein. Der zu Grunde liegende Mechanismus wirkt vor allem dann, wenn die Patienten die Qualität richtig beurteilen und auf andere Leistungserbringer ausweichen können. Vermögen die Patienten die Qualität nicht richtig einschätzen oder gibt es nur einen Leistungserbringer, dann muss der Sachwalter im Rahmen einer second-best Lösung Kosten- und Qualitätsanreize gegeneinander abwägen.*

10.4 Selektion von Patienten

Bisher haben wir nicht berücksichtigt, dass Leistungserbringer häufig die Möglichkeit besitzen, Patienten auszuwählen. Bei einer fixen Gesamtvergütung besteht deshalb die Gefahr, dass sie sich auf leicht behandelbare Patienten konzentrieren (sogenanntes „Creaming" oder „Cream Skimming"). Schwerere Fälle könnten mit der Begründung abgewiesen werden, dass eine Behandlung nur wenig Aussicht auf Erfolg habe („Dumping").[16]

---

[15] Der Qualitätswettbewerb zwischen verschiedenen Leistungserbringern wurde von POPE (1989) untersucht. In einem Modell, in dem zwar die Gesamtnachfrage nach medizinischen Leistungen vorgegeben ist, der Marktanteil eines Leistungserbringers aber von seinem Qualitätsniveau bestimmt wird, zeigt er, dass das Qualitätsniveau mit der Wettbewerbsintensität zunimmt.

[16] Eine erste theoretische Untersuchung des „Dumping"-Verhaltens des Leistungserbringers findet sich in DRANOVE (1987). ALLEN UND GERTLER (1991), MA (1994, Abschnitt 5) und ELLIS (1998) untersuchen, wie der Leistungserbringer durch Qualitätsdiskriminierung Patienten selektieren kann. Dies lässt sich sowohl durch eine Qualitätsreduktion bei teuren Patienten (das sogenannte „Skimping") als auch durch eine überhöhte Qualitätsbereitstellung bei günstigen Patienten (ein Beispiel für „Creaming") erreichen.

Will der Sachwalter unerwünschte Selektion vermeiden, dann muss er den Anreiz geben, dass jeder einzelne behandlungswürdige Patient auch behandelt wird. Um dies zu erreichen, bietet es sich an, den Leistungserbringer für jeden Patienten in Form einer *Fallpauschale* zu vergüten. In diesem Abschnitt untersuchen wir, inwieweit hierdurch die Anreize zur Patientenselektion gesteuert werden können. Wir stellen zunächst in Abschnitt 10.4.1 das Modell vor. Anschließend betrachten wir in Abschnitt 10.4.2 den Fall, dass symmetrische Information über den Kostentyp des Patienten vorliegt. In diesem Fall lässt sich das Selektionsverhalten des Leistungserbringers perfekt mit einer Fallpauschale steuern. Die Anreize zu kosteneffizientem Verhalten bleiben dabei gewahrt. In Abschnitt 10.4.3 untersuchen wir, wie sich die Selektionsentscheidung des Leistungserbringers beeinflussen lässt, wenn nur dieser den Kostentyp des Patienten kennt. Wir zeigen, dass eine Vergütung des Leistungserbringers, die mit den Kosten ansteigt, sinnvoll sein kann, um eine unerwünschte Patientenselektion zu vermeiden. In Abschnitt 10.4.4 erörtern wir schließlich die Höhe der Fallpauschale, falls eine Grundvergütung des Leistungserbringers nicht möglich ist. Kasten 10.6 fasst die wichtigsten Gleichungen des Modells zusammen.

10.4.1 Das Modell

Die Patienten sind durch die Parameter b und θ charakterisiert. Hierbei ist b der *individuelle Behandlungsnutzen*. Für ihn gilt

$$b \in [\underline{b}, \overline{b}], \quad \text{mit} \quad \underline{b} < \overline{b}. \tag{10.78}$$

Die erwarteten Behandlungskosten eines Patieten betragen

$$Ec(\theta, e) = \theta - e, \tag{10.79}$$

so dass der Parameter θ den Kostentyp des Patienten erfasst. Im Unterschied zur bisherigen Analyse handelt es sich hierbei um die *individuellen Behandlungskosten c* einer Person und nicht um die Kosten der Behandlung einer vorgegebenen Patientengruppe. Für θ nehmen wir an

$$\theta \in [\underline{\theta}, \overline{\theta}], \quad \text{mit} \quad \underline{\theta} < \overline{\theta}. \tag{10.80}$$

Wir gehen im Folgenden davon aus, dass die Parameter b und θ gemäß der Verteilungsfunktionen $H(b)$ und $F(\theta)$ unabhängig voneinander in der Bevölkerung verteilt sind. Für b unterstellen wir eine Gleichverteilung, so dass die zugehörige Dichtefunktion $h(b)$ im Intervall $[\underline{b}, \overline{b}]$ konstant ist.

In den Nutzen des Leistungserbringers gehe auch der Behandlungsnutzen eines Patienten in Höhe von αb ein, wobei der Parameter $\alpha > 0$ den Altruismus des Leistungserbringers erfasst.[17] Bei der Behandlung eines Patienten entstehen ihm Anstrengungskosten von $v(e)$ mit $v'(e) > 0$ und $v''(e) > 0$. Der Sachwalter maximiere eine utilitaristische Wohlfahrtsfunktion. Er wünscht deshalb die Behandlung eines Patienten, wenn der Gesamtnutzen, d.h. der Nutzen des Sachwalters und des

---

[17] In der Übungsaufgabe 10.9 können Sie den Fall $\alpha = 0$ untersuchen, in dem der Leistungserbringer keinen Nutzen aus der Behandlung von Patienten zieht.

Kasten 10.6. Optimale Vergütung und Selektion von Patienten

$$Ec(\theta, e) = \theta - e \qquad (10.79)$$

$$\tilde{b}_{FB}(\theta) = \frac{\theta - e_{FB} + v[e_{FB}]}{1 + \alpha} \qquad (10.82)$$

$$p_{FB}(\theta) = \frac{\theta - e_{FB} + v[e_{FB}]}{1 + \alpha} = \tilde{b}^{FB}(\theta) \qquad (10.86)$$

$$EW(p, \gamma) = \int_{\underline{\theta}}^{\overline{\theta}} \int_{\tilde{b}^P(\theta, p(\gamma), \gamma)}^{\overline{b}} \left\{ (1 + \alpha)b - (\theta - e(\gamma)) - v[e(\gamma)] \right\} \mathrm{d}H(b)\mathrm{d}F(\theta) \qquad (10.90)$$

$$p^*(\gamma) = \frac{((1 + \alpha)(1 - \gamma) - \alpha)(E\theta - e(\gamma)) + v[e(\gamma)]}{1 + \alpha} \qquad (10.91)$$

$$\left. \frac{\mathrm{d}\tilde{b}^P}{\mathrm{d}\gamma} \right|_{\gamma=0} = \frac{E\theta - \theta}{\alpha} \qquad (10.96)$$

$$\left. \frac{\partial EW}{\partial \gamma} \right|_{\gamma=0} = \frac{h[\tilde{b}^P]}{\alpha^2} \sigma_\theta^2 > 0 \qquad (10.97)$$

$\theta \in [\underline{\theta}, \overline{\theta}]$:	Kostentyp des Patienten
$E\theta$:	Durchschnittlicher Kostentyp
$F(\theta)$:	Verteilungsfunktion von θ
$b \in [\underline{b}, \overline{b}]$:	Behandlungsnutzen des Patienten
$H(b), h(b)$:	Verteilungs-, Dichtefunktion von b
$Ec(\theta, e)$:	Erwartete monetäre Behandlungskosten eines Patienten
$v(e)$:	Nutzenverlust aus der Anstrengung, die Kosten des Patienten zu senken
αb:	Nutzen des Leistungserbringers aus Behandlung
$\tilde{b}_{FB}$:	Behandlungsgrenze des Sachwalters
$\tilde{b}_L$:	Behandlungsgrenze des Leistungserbringers
p_{FB}:	Optimale Fallpauschale bei symmetrischer Information
p^*:	Optimale Fallpauschale bei asymmetrischer Information

Leistungserbringers $b + \alpha b$, höher ist als die Opportunitätskosten der Behandlung.[18] Wenn wir davon ausgehen, dass der Leistungserbringer den Patienten kosteneffizient behandelt ($e = e_{FB}$), dann sollte ein Patient folglich genau dann behandelt werden, wenn

$$(1 + \alpha)b \geq Ec[\theta, e_{FB}] + v[e_{FB}]. \qquad (10.81)$$

---

[18] An dieser Nutzenaggregation lässt sich kritisieren, dass der Behandlungsnutzen doppelt gezählt wird. Alternativ ließe sich die Wohlfahrt auf b beschränken. Für den Zielkonflikt, den wir im Folgenden erörtern, hat dies keine Relevanz, solange $\alpha < 1$ ist. Bei $\alpha = 1$ wäre der Leistungserbringer jedoch ein „perfekter Agent" und würde ebenfalls b maximieren. Dann kann das First-best sogar bei asymmetrischer Information erreicht werden. Siehe hierzu Übungsaufgabe 10.10.

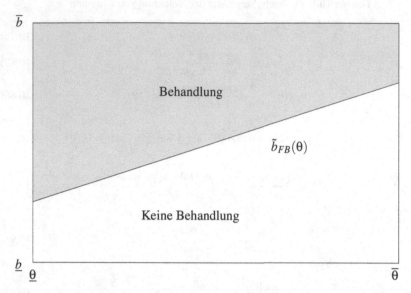

Abb. 10.4. Die kritische Behandlungsgrenze des Sachwalters

Verwendet man (10.79), so lässt sich die Behandlungsgrenze $\tilde{b}_{FB}(\theta)$ aus Sicht des Sachwalters bestimmen, bei der eine Behandlung gerade noch sinnvoll ist:

$$\tilde{b}_{FB}(\theta) = \frac{\theta - e_{FB} + v[e_{FB}]}{1 + \alpha}. \tag{10.82}$$

Ein Patient mit den erwarteten Kosten $\theta - e$ sollte folglich behandelt werden, falls $b \geq \tilde{b}_{FB}(\theta)$. Eine Behandlung sollte unterbleiben, falls $b < \tilde{b}_{FB}(\theta)$. Es gilt

$$\frac{\partial \tilde{b}_{FB}(\theta)}{\partial \theta} = \frac{1}{1 + \alpha} > 0, \tag{10.83}$$

d.h. je höher die erwarteten Kosten eines Patienten, desto höher muss auch der Behandlungsnutzen sein, damit sich eine Behandlung lohnt. Dieser Zusammenhang wird in Abbildung 10.4 dargestellt. Dabei wird davon ausgegangen, dass es für alle Werte des Kostenparameters θ Patienten gibt, die behandelt bzw. nicht behandelt werden sollten. Diese Situation betrachten wir im Folgenden.

Wie kann der Sachwalter den Leistungserbringer dazu veranlassen, nur die Patienten mit $b \geq \tilde{b}_{FB}(\theta)$ zu behandeln? Würde er sowohl b als auch θ beobachten, könnte er selbst die Behandlungsentscheidung treffen. Allerdings ist dies unrealistisch. Insbesondere wird in der Regel nur der Leistungserbringer den Behandlungsnutzen b beobachten können. Wir gehen im Folgenden von dieser Situation der asymmetrischen Information über b aus und zeigen zunächst, dass der Sachwalter bei Kenntnis des Kostentyps θ durch eine geeignete Ausgestaltung einer Fallpauschale eine optimale Behandlungsentscheidung für jeden Patienten erreichen kann. Liegt allerdings auch asymmetrische Information über den Kostentyp vor, dann ist dies nicht mehr generell möglich. Wie wir in Abschnitt 10.4.3 zeigen, ist dann erneut eine teilweise Vergütung höherer Kosten durch den Sachwalter sinnvoll.

10.4.2 Optimale Vergütung bei symmetrischer Information über den Kostentyp des Patienten

Wir gehen von einem Vergütungssystem mit einer Grundvergütung F sowie einer Fallpauschale p aus, die vom Kostentyp abhängig sein kann. Derer Leistungserbringer trägt dann die Kosten der Behandlung und wählt somit ein optimales Anstrengungsniveau $e = e_{FB}$, das durch die Bedingung $-Ec_e[\theta, e_{FB}] = v'[e_{FB}]$ charakterisiert ist. Behandelt er einen Patienten mit den Eigenschaften (b, θ), erhöht sich sein Erwartungsnutzen um

$$\Delta EU = p - Ec[\theta, e_{FB}] - v[e_{FB}] + \alpha b$$
$$= p - (\theta - e_{FB}) - v[e_{FB}] + \alpha b.$$

Eine Behandlung erfolgt, falls

$$\Delta EU \geq 0 \quad \Leftrightarrow \quad p + \alpha b \geq \theta - e_{FB} + v[e_{FB}]. \tag{10.84}$$

Die Behandlungsgrenze des Leistungserbringers $\tilde{b}_L(\theta)$ beträgt damit

$$\tilde{b}_L(\theta) = \frac{\theta - e_{FB} + v[e_{FB}] - p}{\alpha}. \tag{10.85}$$

Sie ist umso höher, je größer der Kostenparameter θ ist, kann aber durch p gesenkt werden. Setzt man $\tilde{b}_L(\theta)$ gleich der Behandlungsgrenze des Sachwalters $\tilde{b}_{FB}(\theta)$ aus Gleichung (10.82) und löst nach der Fallpauschale p auf, so erhält man

$$p_{FB}(\theta) = \frac{\theta - e_{FB} + v[e_{FB}]}{1 + \alpha} = \tilde{b}_{FB}(\theta). \tag{10.86}$$

Mit dieser den *erwarteten Kosten angepassten Fallpauschale* lässt sich die optimale Behandlungsentscheidung für alle Patienten erreichen und es gilt $\tilde{b}_L(\theta) = \tilde{b}_{FB}(\theta)$. Bei $p_{FB}(\theta)$ internalisiert der Leistungserbringer die Präferenzen des Sachwalters. Sie nimmt mit dem Kostenparameter zu und fällt geringer aus, je altruistischer der Leistungserbringer orientiert ist.

Damit schließlich der Leistungserbringer auch bereit ist, den Versorgungsauftrag anzunehmen, muss noch seine Teilnahmebedingung $EU \geq \bar{u}$ erfüllt sein. Sei n die Anzahl der potentiellen Patienten und C_{fix} die Fixkosten der Versorgung. Dann impliziert $EU = \bar{u}$ für die Grundvergütung

$$F_{FB} = C_{fix} + \bar{u} - n \int_{\underline{\theta}}^{\overline{\theta}} \int_{\tilde{b}_L(\theta)}^{\overline{b}} \left(p_{FB}(\theta) - (\theta - e_{FB}) - v[e_{FB}] + \alpha b \right) \mathrm{d}H(b)\mathrm{d}F(\theta). \tag{10.87}$$

Das Integral entspricht dem Nutzen des Leistungserbringers aus der Behandlung. Er muss wegen der Bedingung (10.84) positiv sein. Deshalb kann die Grundvergütung grundsätzlich auch negativ sein.

Folgerung 10.8 *Bei symmetrischer Information über den Kostentyp kann eine an den erwarteten Kosten angepasste Fallpauschale die gewünschte Selektion der Patienten durch den Leistungserbringer erreichen.*

10.4.3 Optimale Vergütung bei asymmetrischer Information über den Kostentyp des Patienten

Können die erwarteten Kosten nur vom Leistungserbringer beobachtet werden, dann kann die first-best Lösung nicht mehr erreicht werden. Der Sachwalter steht vor einem Zielkonflikt zwischen Creaming und Dumping, d.h. zwischen der unerwünschten Behandlung günstiger Patienten und der erwünschten Behandlung teurer Patienten: Eine zu hohe Fallpauschale gibt Anreize, zu viele günstige, aber nicht behandlungsbedürftige Patienten zu behandeln. Wird z.B. die Fallpauschale $p = p_{FB}(\bar{\theta})$ gewählt, dann werden zwar die Patienten mit den höchsten Kosten adäquat behandelt. Jedoch ist diese Pauschale so hoch, dass die Leistungserbringer auch einige Patienten mit den Kostenparameter $\theta < \bar{\theta}$ annehmen, obwohl $b < \tilde{b}_{FB}$. Eine geringere Fallpauschale führt hingegen dazu, dass manche teure Patienten nicht behandelt werden, obgleich $b \geq \tilde{b}_{FB}$. Im Folgenden wollen wir untersuchen, ob dieser Zielkonflikt durch eine Kostenübernahme durch den Sachwalter gemildert werden kann. Wir betrachten ein gemischtes Vergütungssystem der Form

$$P = F + np + \gamma C, \tag{10.88}$$

wobei C den gesamten Kosten des Leistungserbringers entspricht. Die Grundvergütung F wird dazu verwendet, mögliche Renten ex ante abzuschöpfen, so dass $EU = \bar{u}$.

Zunächst geht es um die Rationierungsentscheidung des Leistungserbringers bei einem derartigen Vergütungssystem. Er trägt nur einen Anteil $(1-\gamma)$ der Kosten und behandelt einen Patienten mit den Eigenschaften (b,θ) folglich genau dann, wenn

$$\Delta EU = p - (1-\gamma)(\theta - e(\gamma)) - v(e(\gamma)) + \alpha b \geq 0.$$

Dabei ist $e(\gamma)$ definiert durch die Kostenminimierungsbedingung $v'[e] = 1-\gamma$. Somit beträgt die Behandlungsgrenze des Leistungserbringers

$$\tilde{b}_L(\theta,p,\gamma) = \frac{(1-\gamma)(\theta - e(\gamma)) + v[e(\gamma)] - p}{\alpha}, \tag{10.89}$$

mit

$$\frac{\partial \tilde{b}_L}{\partial \theta} = \frac{1-\gamma}{\alpha} > 0, \quad \frac{\partial \tilde{b}_L}{\partial p} = -\frac{1}{\alpha} < 0, \quad \frac{\partial \tilde{b}_L}{\partial \gamma} = -\frac{\theta - e(\gamma)}{\alpha} < 0.$$

Wir treffen im Folgenden die Annahme, dass $\tilde{b}_L(\underline{\theta}, p, \gamma) > \underline{b}$ und $\tilde{b}_L(\overline{\theta}, p, \gamma) < \overline{b}$ für $\gamma \in [0,1]$. D.h. aus Sicht des Leistungserbringers gibt es für alle Werte des Kostenparameters θ Patienten, die behandelt bzw. nicht behandelt werden sollten. [19]

In Abhängigkeit von der Fallpauschale p und dem Grad der Kostenübernahme γ beträgt die erwartete Wohlfahrt des Sachwalters

$$EW(p,\gamma) = \int_{\underline{\theta}}^{\overline{\theta}} \int_{\tilde{b}_L(\theta, p(\gamma), \gamma)}^{\overline{b}} \Big\{(1+\alpha)b - (\theta - e(\gamma)) - v[e(\gamma)]\Big\} dH(b) dF(\theta). \quad (10.90)$$

Der Sachwalter steht vor dem Problem, die Fallpauschale p und den Grad der Kostenübernahme γ optimal zu wählen, so dass der Leistungserbringer eine Behandlungsentscheidung im Sinne des Sachwalters trifft. Um dieses Problem zu lösen, bestimmen wir zunächst die optimale Fallpauschale p^* für einen vorgegebenen Wert von γ. Wie im Anhang zu diesem Kapitel gezeigt wird, erhalten wir

$$p^*(\gamma) = \frac{((1+\alpha)(1-\gamma) - \alpha)(E\theta - e(\gamma)) + v[e(\gamma)]}{1+\alpha}. \quad (10.91)$$

Setzen wir $p^*(\gamma)$ in Gleichung (10.89) ein, so ergibt sich die Behandlungsgrenze $\tilde{b}_L(\theta, p^*(\gamma), \gamma)$ des Leistungserbringers, wenn die Fallpauschale für einen vorgegebenen Grad der Kostenübernahme γ optimal gewählt wird:

$$\tilde{b}_L(\theta, p^*(\gamma), \gamma) = \frac{(1+\alpha)(1-\gamma)\theta - ((1+\alpha)(1-\gamma) - \alpha)E\theta - \alpha e(\gamma) + \alpha v[e(\gamma)]}{\alpha(1+\alpha)}$$

$$= \frac{(1+\alpha)(1-\gamma)(\theta - E\theta) + \alpha(E\theta - e(\gamma) + v[e(\gamma)])}{\alpha(1+\alpha)}. \quad (10.92)$$

Für $\gamma = 0$ vereinfacht sich dies zu

$$\tilde{b}_L[\theta, p^*[0], 0] = \frac{(1+\alpha)\theta - E\theta - \alpha e_{FB} + \alpha v[e_{FB}]}{\alpha(1+\alpha)}$$

$$= \frac{\frac{1+\alpha}{\alpha}\theta - \frac{E\theta}{\alpha} - e_{FB} + v[e_{FB}]}{1+\alpha}. \quad (10.93)$$

Der Vergleich mit dem first-best Schwellenwert des Sachwalters $\tilde{b}_{FB}(\theta)$ [vgl. Bedingung (10.82)] zeigt:

$$\tilde{b}_L(\theta, p^*[0], 0) \begin{cases} < \tilde{b}_{FB}(\theta) \text{ falls } \theta < E\theta \\ = \tilde{b}_{FB}(\theta) \text{ falls } \theta - E0 \\ > \tilde{b}_{FB}(\theta) \text{ falls } \theta > E\theta \end{cases}. \quad (10.94)$$

---

[19] Diese Annahme setzt einen hinreichend hohen Wert des Altruismusparameters α voraus. Ist sie nicht erfüllt, dann ändern sich die Ergebnisse bezüglich der optimalen Fallpauschale (siehe Übungsaufgabe 10.9). Sie spielt jedoch keine Rolle für die Aussage, dass eine teilweise Vergütung der Kosten durch den Sachwalter optimal ist.

Die optimale Fallpauschale bei $\gamma = 0$ löst demnach den Zielkonflikt zwischen unerwünschter Behandlung günstiger Patienten und erwünschter Behandlung teurer Patienten so, dass der Leistungserbringer beim durchschnittlichen Kostentyp im Sinne des Sachwalters entscheidet. Günstigere Personen werden zu häufig behandelt, teurere Personen zu selten. Dies wird in Abbildung 10.5 dargestellt. Die graue Fläche zeigt die Patienten, die behandelt werden. Die Fläche C (für Creaming) zwischen den Geraden $\tilde{b}_{FB}(\theta)$ und $\tilde{b}_L(\theta, p^*(0), 0)$ markiert dabei die Patienten, die behandelt werden, obwohl der Sachwalter eine Behandlung nicht für sinnvoll erachtet. Nicht behandelte, aber behandlungsbedürftige Patienten befinden sich im Bereich der Fläche D (für Dumping).

Wir wollen nun untersuchen, ob es für den Sachwalter sinnvoll sein kann, höhere Kosten mindestens teilweise zu vergüten. Dazu leiten wir $\tilde{b}_L(\theta, p^*(\gamma), \gamma)$ nach γ ab. Unter Verwendung von $v'[e] = 1 - \gamma$ erhalten wir

$$
\begin{aligned}
\frac{\partial \tilde{b}_L(\theta, p^*(\gamma), \gamma)}{\partial \gamma} &= \frac{-(1+\alpha)(\theta - E\theta) - \alpha e'(\gamma) + \alpha v'(e(\gamma))e'(\gamma)}{\alpha(1+\alpha)} \\
&= \frac{(1+\alpha)(E\theta - \theta) - \alpha\gamma e'(\gamma)}{\alpha(1+\alpha)} \\
&= \frac{E\theta - \theta}{\alpha} - \frac{\gamma e'(\gamma)}{1+\alpha}.
\end{aligned}
\tag{10.95}
$$

Diese beiden Terme lassen sich folgendermaßen interpretieren.

- Der erste Term der Gleichung (10.95) stellt einen *Struktureffekt* dar: Eine Übernahme höherer Kosten durch den Sachwalter senkt die Grenze für überdurchschnittlich teure Individuen ($\theta > E\theta$) und erhöht sie für unterdurchschnittlich teure Personen ($\theta < E\theta$).

- Der zweite Term beschreibt einen *Niveaueffekt*: Durch die Kostenübernahme des Sachwalters steigt die Behandlungsgrenze unabhängig von θ, da $e'(\gamma) < 0$. Während der erste Effekt im Sinne des Sachwalters ist, trifft dies auf den zweiten Effekt nicht zu. Da die Behandlungskosten durch die geringere Anstrengung des Leistungserbringers ansteigen, werden insgesamt weniger Patienten behandelt.

An der Stelle $\gamma = 0$ wirkt nur der Struktureffekt

$$
\left. \frac{d\tilde{b}_L}{d\gamma} \right|_{\gamma=0} = \frac{E\theta - \theta}{\alpha}.
\tag{10.96}
$$

Dies legt nahe, dass eine teilweise Vergütung der Behandlungskosten und somit für den Sachwalter sinnvoll sein kann. Wie im Anhang gezeigt wird, gilt

$$
\left. \frac{\partial EW}{\partial \gamma} \right|_{\gamma=0} = \frac{h[\tilde{b}_L]}{\alpha^2} \sigma_\theta^2 > 0.
\tag{10.97}
$$

Dabei ist $\sigma_\theta^2 > 0$ die Varianz von θ, d.h. eine marginale Kostenübernahme erhöht die Wohlfahrt des Sachwalters. Im second-best Optimum gilt deshalb $\gamma^* > 0$.

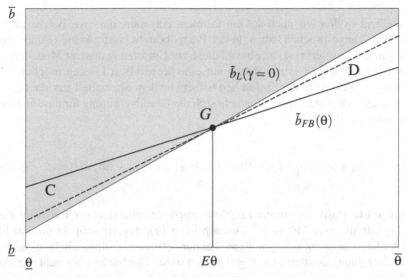

Abb. 10.5. Die Behandlungsentscheidung des Leistungserbringers

Verantwortlich für dieses Ergebnis ist der positive Struktureffekt, der nach Gleichung (10.96) durch eine marginale Kostenerstattung ausgelöst wird. Wie die gestrichelte Linie in Abbildung 10.5 zeigt, führt dies zu einer Drehung der Behandlungsgrenze um den Punkt G, d.h. es werden weniger nicht behandlungsbedürftige, aber mehr behandlungsbedürftige Patienten behandelt. Creaming und Dumping gehen gleichzeitig zurück. Bei höheren Werten von γ tritt neben dem Struktureffekt auch der Niveaueffekt $-\gamma e'(\gamma)/(1+\alpha)$ ein [vgl. Gleichung (10.95)], der dazu führt, dass insgesamt weniger Patienten behandelt werden. Der optimale Wert von γ hängt deshalb insbesondere von $e'(\gamma)$ und damit von den Anreizwirkungen der Kostenübernahme ab.

Folgerung 10.9 *Herrscht asymmetrische Information über den Kostentyp des Patienten und entscheidet der Leistungserbringer über die Behandlung, dann besteht ein Zielkonflikt zwischen der unerwünschten Behandlung günstiger Patienten und der erwünschten Behandlung teurer Patienten. Neben einer Fallpauschale ist eine teilweise Kostenübernahme durch den Sachwalter zur Steuerung des Selektionsverhaltens des Leistungserbringers optimal.*

SAPPINGTON UND LEWIS (1999) zeigen, dass eine einfache proportionale Kostenteilung nicht die optimale Lösung sein muss. Der Erwartungsnutzen des Sachwalters lässt sich noch erhöhen, wenn der Leistungserbringer selbst zwischen einer prospektiven Vergütung und einer Beteiligung an den Behandlungskosten wählen kann. Sappington und Lewis bezeichnen dies als „subjective risk adjustment".

10.4.4 Die optimale Fallpauschale ohne Grundvergütung

Abschließend wollen wir noch auf ein Problem eingehen, dass wir bereits in Abschnitt 10.3.2 angesprochen haben. In der Praxis besteht häufig keine Grundvergütung F von Leistungserbringern, obwohl diese zur Umsetzung unserer Modellergebnisse nötig ist. Dann ist grundsätzlich nur eine second-best Lösung möglich. Um dies zu zeigen, gehen wir der Einfachheit halber von dem Spezialfall aus, dass es nur einen Kostentyp θ gibt. Dann vereinfacht sich die Grundvergütung für das First-best aus Gleichung (10.87) zu

$$F_{FB} = C_{fix} + \bar{u} - n \int\limits_{\tilde{b}_L(\theta)}^{\bar{b}} \left(p_{FB}(\theta) - (\theta - e_{FB}) - v[e_{FB}] + \alpha b \right) dH(b). \qquad (10.98)$$

Das Integral ist positiv, denn der Leistungserbringer behandelt nur freiwillig Patienten [vgl. Bedingung (10.84)].[20] Deshalb kann F_{FB} negativ sein. In diesem Fall erhält der Leistungserbringer eine Rente bei der optimalen Fallpauschale, wenn keine Grundvergütung existiert (d.h. $F = 0$ gesetzt wird). Der Sachwalter steht dann vor dem *Rentenentzugsproblem*, das wir im Rahmen der Qualitätsvergütung in Abschnitt 10.3.2 kennen gelernt haben. Dort zeigte sich, dass der Sachwalter die Leistungsvergütung senken sollte. Analog gilt hier, dass eine Fallpauschale kleiner als p_{FB} optimal ist, weil sie die Rente des Leistungserbringers mindert. In dieser second-best Lösung weicht der Leistungserbringer allerdings von der first-best Behandlungsentscheidung ab und behandelt weniger Patienten.

Andererseits kann F_{FB} auch positiv sein, insbesondere bei hohen Fixkosten C_{fix}. Dies kann vor allem bei der Krankenhausvergütung zutreffen. Verzichtet man auf eine Grundvergütung, dann stellt sich das *Fixkostendeckungsproblem*: Es muss die Fallpauschale über das first-best Niveau gesetzt werden, damit die Teilnahmebedingung erfüllt ist. Hierzu betrachten wir den Erwartungsnutzen in Abhängigkeit von p für diesen Fall:

$$EU(p) = n \int\limits_{\tilde{b}_L(p)}^{\bar{b}} \left(p - (\theta - e_{FB}) - v[e_{FB}] + \alpha b \right) dH(b) - C_{fix}.$$

Unter Anwendung der Leibniz-Regel [vgl. SYDSÆTER ET AL. (2005, S. 60)] erhalten wir

$$\frac{dEU}{dp} = n \left[-\left(p - (\theta - e_{FB}) - v[e_{FB}] + \alpha \tilde{b}_L(p) \right) h[\tilde{b}_L] \frac{\partial \tilde{b}_L}{\partial p} + \int\limits_{\tilde{b}_L(p)}^{\bar{b}} 1 dH(b) \right].$$

---

[20] Dies trifft nicht mehr zwingend zu, wenn „Dumping" verhindert werden kann. Dann ist es weniger wahrscheinlich, dass der Leistungserbringer bei $F = 0$ eine Rente erzielt.

Einsetzen von $\tilde{b}_L(p) = (\theta - e_{FB} + v[e_{FB}] - p)/\alpha$ aus Gleichung (10.85) vereinfacht dies zu

$$\frac{dEU}{dp} = n \int\limits_{\tilde{b}_L(p)}^{\overline{b}} 1 dH(b) > 0.$$

D.h. der Erwartungsnutzen steigt genau um die höhere Vergütung bei den bereits behandelten Patienten.

Eine Fallpauschale $p > p_{FB}$ besitzt jedoch den offensichtlichen Nachteil, dass sie einen Anreiz zur übertriebenen Ausweitung der Fälle schafft. Dieser Anreiz ließe sich theoretisch durch eine Mengenbegrenzungen mindern. Sei m die Anzahl der behandelten Fälle im First-best. Dann kann eine Mengenbegrenzung auf m und eine Fallpauschale $p_{FB} + F_{FB}/m$ grundsätzlich zum gleichen Ergebnis führen wie die Grundvergütung F_{FB} und die Fallpauschale p_{FB}. In der Realität tritt jedoch das Problem auf, dass Unsicherheit über m herrscht und dass die Patienten sequentiell erscheinen. Deshalb kann es sich für den Leistungserbringer lohnen, auch leichtere Fälle als optimal zu behandeln, um frühzeitig Deckungsbeiträge für die Fixkosten zu erwirtschaften. Die Kehrseite dieses Verhaltens können mangelnde Anreize sein, am Ende der Abrechnungsperiode Fälle mit $b > \tilde{b}_{FB}(\theta)$ abzuweisen, weil die Mengenbegrenzung einsetzt.

Üblicherweise werden deshalb Mengen bzw. ein Erstattungsvolumina als Zielgrößen definiert, bei deren Überschreitung die Vergütung sinkt, aber zunächst noch positiv ist. Dies ist z.B. bei den Regelleistungsvolumina für Ärzten in der GKV oder den Erlösbudgets bei Krankenhäusern der Fall. Die Fixkosten werden dann durch eine hohe Vergütung der zuerst behandelten Patienten gedeckt und die Anreize zur Fallausweitung durch die geringe Vergütung bei Überschreitung der Zielgröße verringert.

Folgerung 10.10 *Ein Fallpauschalensystem ohne Grundvergütung kann eine first-best Lösung im Allgemeinen nicht umsetzen. Entweder es tritt das Rentenentzugsproblem auf, das eine Senkung der Fallpauschale unter das first-best Niveau erfordert. Oder es besteht die Problematik der Fixkostendeckung. Hier muss die Fallpauschale über das first-best Niveau gesetzt werden. Daraus entsteht der Anreiz zur unnötigen Mengenausweitung. Dieser kann durch eine abgesenkte Vergütung nach der Erreichung eines Erstattungsvolumens eingedämmt werden.*

10.5 Folgerungen für die Ausgestaltung von Vergütungssystemen

10.5.1 Allgemeine Überlegungen

Unsere theoretische Untersuchung hat einige Anhaltspunkte für die optimale Ausgestaltung von Vergütungssystemen ergeben. Ausgangspunkt unserer Überlegungen war das Prinzip der vollständigen Kostenverantwortung, nach dem der Leistungserbringer die Kosten der Behandlung im vollen Umfang tragen sollte. Dieses Prinzip trifft unter folgenden Bedingungen zu:

(1) Bei unsicheren Kosten der Behandlung ist der Leistungserbringer risikoneutral (Folgerung 10.1).

(2) Es besteht symmetrische Information über die Mischung der vom Leistungserbringer behandelten Fälle (Folgerung 10.3).

(3) Bei einem risikoneutralen Leistungserbringer sind entweder die Qualität oder der Behandlungserfolg verifizierbar; bei einem risikoaversen Leistungserbringer ist die Qualität verifizierbar (Folgerung 10.4). Diese Bedingungen entfallen lediglich dann, wenn die Nachfrage qualitätsabhängig ist (Folgerung 10.7).[21]

(4) Es herrscht symmetrische Information über die erwarteten Behandlungskosten eines Patienten, so dass sich die gewünschte Selektion der Patienten durch eine an die erwarteten Kosten angepasste Fallpauschale erreichen lässt (Folgerung 10.8).

Trifft eine dieser Bedingungen nicht zu, dann verliert das Prinzip der vollständigen Kostenverantwortung seine Gültigkeit. Unter Umständen kann dann ein Vertrag, der auf die Anstrengungen des Leistungserbringers zur Kostenvermeidung Bezug nimmt, die first-best Lösung erreichen.[22] In der Regel dürfte diese Anstrengung allerdings für den Sachwalter nicht beobachtbar sein. Dann lässt sich nur eine „secondbest Lösung" erreichen. Hier kann eine teilweise Kostenübernahme durch den Sachwalter zu besseren Ergebnissen führen. Sie ist in der Lage,

(1′) bei einem risikoaversen Leistungserbringer die Risikoprämie für den Leistungserbringer zu senken (Folgerung 10.2),

(2′) bei asymmetrischer Information über die Fallmischung die erwartete Informationsrente abzubauen (Folgerung 10.3),

(3′) bei nicht verifizierbarer Qualität und nicht verifizierbarem Behandlungserfolg die Qualität der Behandlung zu erhöhen (Folgerung 10.6),

---

[21] Ein Sonderfall tritt schließlich noch ein, falls der Leistungserbringer einen Nutzenverlust aus höherer Behandlungsqualität hat. Dann ist zwar keine first-best Lösung erreichbar. Das Prinzip der vollständigen Kostenverantwortung trifft aber trotzdem zu. Dieser Fall kann auch bei Indifferenz bezüglich der Behandlungsqualität vorliegen. Siehe hierzu Abschnitt 10.3.3

[22] Dies trifft zu bei einem risikoaversen Leistungserbringer, bei asymmetrischer Information über die Fallmischung und in einem Spezialfall bei nicht verifizierbarer Qualität (vgl. Fußnote 14).

(4′) bei asymmetrischer Information über den Kostentyp des Patienten die Behandlungsentscheidung im Sinne des Sachwalters zu steuern (Folgerung 10.9).

Bei der Gestaltung von Vergütungssystemen sollte deshalb überprüft werden, inwieweit die Bedingungen für das Prinzip der vollständigen Kostenverantwortung erfüllt sind. Dabei ist zu beachten, dass der Sachwalter bis zu einem gewissen Maße auch Einfluss auf die Bedingungen nehmen kann. So können die Anstrengungen zur Kostenvermeidung durch Wirtschaftlichkeitsprüfungen kontrolliert werden. Asymmetrische Information lässt sich durch Informationsbeschaffung abbauen. Des Weiteren können Qualitätssicherungsprogramme die Qualität beeinflussen. Aber selbst wenn sich alle oben genannten Bedingungen durch Maßnahmen seitens des Sachwalters erfüllen lassen, bleibt es fraglich, ob dies auch optimal ist, denn sie verursachen ebenfalls Kosten.

Kommt man zu dem Ergebnis, dass die Bedingungen für das Prinzip der vollständigen Kostenverantwortung verletzt sind bzw. dass ihre Erfüllung zu kostspielig ist, dann stellt sich die Frage, welchen Anteil der Kosten der Sachwalter übernehmen sollte. Einerseits hängt dies davon ab, wie viele und wie stark die Bedingungen für das Prinzip der vollständigen Kostenverantwortung verletzt sind. Zum anderen spielt der Einfluss des Leistungserbringers auf die Kosten eine Rolle. Je größer dieser ist, desto geringer sollte ceteris paribus der Anteil der Kosten sein, die vom Sachwalter übernommen werden. Auch weitere Parameter spielen eine Rolle wie die Risikoaversion des Leistungserbringers oder der Grad des Altruismus. Diese werden sich bei Leistungserbringern unterscheiden, was unterschiedliche Vergütungssysteme impliziert, insofern sich Information über die Parameter erheben lässt. Ansonsten wird man hier auf begründete Vermutungen über den „durchschnittlichen" Leistungserbringer und seine Präferenzen setzen müssen.

In unserer Modellanalyse sind wir davon ausgegangen, dass die Kosten für den Sachwalter beobachtbar sind. In der Praxis müssen diese jedoch beim Leistungserbringer erhoben werden. Eine wichtige Bedingung ist hierbei, dass diese Kostendaten *nicht manipulierbar* sind. Bei einer Kostenübernahme durch den Sachwalter hätte der Leistungserbringer sonst den Anreiz, die Kosten übertrieben hoch anzusetzen, um eine höhere Erstattung zu erhalten. Aus diesem Grund kann eine überprüfbare Kostenrechnung vielfach nicht an leicht manipulierbaren Faktormengen wie der Arbeitszeit oder dem Materialverbrauch anknüpfen. Statt dessen muss man sich auf nachprüfbare Einzelleistungen stützen, die mit Kostensätzen belegt werden. Ein Vorteil dieser Einzelleistungsvergütung besteht dabei darin, dass Ärzte und Krankenhäuser den Anreiz haben, ihre Einzelleistungen effizient zu produzieren. Allerdings ist nicht zu erwarten, dass sie eine Kombination von Einzelleistungen wählen, mit der sie den von ihnen gewünschten Behandlungserfolg kostenminimierend erreichen.

Als Fazit lässt sich ziehen, dass vielfach ein *gemischtes Vergütungssystem* optimal sein dürfte. Eine zentrale Rolle spielt dabei die Fallpauschale. Durch sie kann insbesondere die Selektionsentscheidung der Leistungserbringer gesteuert werden. Des Weiteren ist eine Grundvergütung optimal, welche die Teilnahmebedingung der Leistungserbringer sichert. Ansonsten stellt sich das Rentenentzugs- oder das Fixkostendeckungsproblem (vgl. die Abschnitte 10.3.2 und 10.4.4). Schließlich kann eine Beteiligung des Sachwalters an den Kosten wichtig sein. Dies ist dann der Fall, wenn die Bedingungen für das Prinzip der vollständigen Kostenverantwortung verletzt sind. Die Kosten der erbrachten Leistungen werden dabei an den verwendeten Faktormengen (soweit sie überprüfbar sind) und an den erbrachten Einzelleistungen bemessen.

Folgerung 10.11 *Im Allgemeinen dürfte ein optimales Vergütungssystem eine Fallpauschale und eine Grundvergütung enthalten. Sind die Bedingungen für das Prinzip der vollständigen Kostenverantwortung verletzt, dann ist zudem eine Beteiligung des Sachwalters an den Kosten empfehlenswert.*

10.5.2 Die Vergütung von Ärzten

10.5.2.1 Überblick über Honorierungssysteme

Bevor wir Empfehlungen für die Vergütung von Ärzten diskutieren, stellen wir zunächst vor, wie Ärzte für ihre Leistungen grundsätzlich vergütet werden können. Sind sie Angestellter einer Unternehmung beziehen sie ein festes Gehalt, zu dem gegebenenfalls noch eine Erfolgsbeteiligung hinzukommt. Die Vergütung frei praktizierender Ärzte erfolgt im Rahmen von Honorierungssystemen. Diese lassen sich durch drei Elemente charakterisieren, das Honorarverfahren, die Honorarform und den Honorartarif.

Das Honorarverfahren

Das Honorarverfahren regelt die institutionelle Abwicklung der Honorierung. Dies beinhaltet die Frage, *wer* das Honorar leistet. Quelle der Honorierung können sein

(a1) der Patient selbst oder

(a2) seine Krankenkasse bzw. -versicherung.

Im ersten Fall kann der Patient selbst wiederum (voll oder zum Teil) gegen Arztkosten versichert sein. Da ihm hier seine Ausgaben nachträglich von der Versicherung erstattet werden, spricht man vom *Kostenerstattungsprinzip*. Es kennzeichnet z.B. die private Krankenversicherung in Deutschland und in der Schweiz sowie die schweizerische soziale Krankenversicherung bei jenen Kassen, die nach dem „tiers garant"-Prinzip arbeiten. Im zweiten Fall, der für die Gesetzliche Krankenversicherung charakteristisch ist, erhält der Patient die ärztliche Leistung, ohne in den Zahlungsvorgang involviert zu sein, und man spricht vom *Sachleistungsprinzip*.

Eine weitere Unterscheidung betrifft die Frage, *in wie vielen Stufen* das Honorar zum Arzt gelangt. Hier unterscheidet man

(b1) einstufige Honorarverfahren, bei denen Patient oder Versicherung direkt an den Arzt zahlen, der die Leistung erbracht hat, von (b2) zweistufigen Verfahren, bei denen eine Clearingstelle wie die Kassenärztliche Vereinigung in Deutschland zwischengeschaltet ist, die u.U. das Geld nach einem anderen Schlüssel (d.h. nach einer anderen „Honorarform", vgl. den folgenden Abschnitt) an die einzelnen Ärzte verteilt, als sie selbst es von den Patienten oder deren Kassen erhalten hat.

Die Honorarform

Eine Honorarform wird durch die Maßstäbe definiert, nach denen sich die Höhe des Honorars in einer Rechnungsperiode richtet. Als derartige Maßstäbe kommen bei frei praktizierenden Ärzten in Frage:

(1) die vom Arzt eingesetzten *Faktormengen* (Arbeitszeit des Arztes selbst und seiner Praxis-Mitarbeiter, Abnutzung seiner Geräte, verabreichte Medikamente und medizinische Hilfsgüter, Miete, Heizung und Beleuchtung der Praxisräume etc.): die der Honorierung zugrundeliegende Idee ist hier die Erstattung der entstandenen Kosten;

(2) die Anzahl und Art der erbrachten *Einzelleistungen* (Beratungen, Injektionen, Bestrahlungen, Ultraschall-Untersuchungen etc.): dieser Einzelleistungsvergütung liegt meist eine Gebührenordnung zugrunde, die jede Leistungsart mit einem absoluten oder relativen Preis bewertet;

(3) die Zahl aller *Behandlungsepisoden*: hier läuft die Honorierung auf eine Fallpauschale hinaus;

(4) die Zahl der *behandelten Patienten*: hier richtet sich das Honorar lediglich nach der Zahl der in einer Rechnungsperiode erhaltenen Krankenscheine und nicht danach, wie oft und wie intensiv der einzelne Patient behandelt wurde;

(5) die Zahl der *potentiellen Patienten*: jeder Versicherte muss sich zu Beginn einer Rechnungsperiode durch Einschreibung darauf festlegen, welchen Arzt er im Krankheitsfall konsultieren will, und das Honorar jedes Arztes richtet sich nach der Zahl der Einschreibungen;[23]

(6) das Erreichen bestimmter *Qualitäts- und Behandlungsziele*: hier werden Indikatoren definiert, nach deren Erfüllung sich das Honorar des Arztes bemisst. Sie beziehen sich auf Struktur- und Prozessmerkmale der Qualität, z.B. der Ausbildung der Praxishelfer oder der Häufigkeit von Kontrolluntersuchungen bei chronischen kranken Patienten, und Ergebnisindikatoren, z.B. dem Anteil an Bluthochdruckpatienten ohne Folgeerkrankungen;[24]

(7) ein von allen diesen Größen unabhängiges *Perioden-Fixum*.[25]

---

[23] Diese Honorarform ähnelt dem im alten China praktizierten System, in welchem der Arzt von seinen Klienten nur so lange honoriert wurde, wie sie gesund waren.

[24] Diese Unterscheidung entspricht der bekannten Kategorisierung von DONABEDIAN (1966), die Qualität in die Komponenten Struktur-, der Prozess- und der Ergebnisqualität aufteilt.

[25] Der Unterschied zum fest angestellten Arzt besteht darin, dass der Arzt aus dem Fixum auch seine Praxiskosten decken muss.

Der Honorartarif

Unter einem Honorartarif versteht man den funktionalen Zusammenhang zwischen der Honorar-Höhe P und einem oder mehreren der unter den Honorarformen genannten Honorarmaßstäbe („Indikatoren") $Z_1, \ldots, Z_n$, der in der allgemeinen Form als

$$P = P(Z_1, \ldots, Z_n)$$

geschrieben werden kann. Bei der oben unter 1. genannten Honorarform umfasst der Vektor $Z = (Z_1, \ldots, Z_n)$ z.B. die Mengen aller eingesetzten Produktionsfaktoren. Die Funktionsform legt zum einen fest, ob das Honorar proportional, progressiv oder degressiv mit der jeweiligen Faktormenge variiert bzw. ob der Honorarsatz (das Honorar je Faktoreinheit) konstant, mit der Menge zunehmend oder abnehmend ist; zum anderen bestimmt sie auch die absolute Höhe des Honorarsatzes. Die Funktionsform (10.4), die wir in der theoretischen Analyse verwendet haben, ist ein Beispiel für eine lineare Variante der allgemeinen Funktion $P(\cdot)$.

Bei den Honorarmaßstäben $Z_1, \ldots, Z_n$ kann es sich um vorhergesagte oder um vergangene Werte handeln. Im ersten Fall trägt der Leistungserbringer das Risiko bei Abweichungen von den Vorhersagen, im zweiten Fall der Sachwalter.[26]

10.5.2.2 Optimale Vergütung von Ärzten

Um Aussagen über die allokativen Wirkungen verschiedener Vergütungssysteme für Ärzte zu treffen, prüfen wir die Bedingungen für das Prinzip der vollständigen Kostenverantwortung, die wir oben abgeleitet haben. Hier treten bei Ärzten folgende Probleme auf:

(1) Ein Arzt dürfte in der Regel risikoavers und die Kosten der Behandlung mit Unsicherheit behaftet sein. Eine Überprüfung der Anstrengungen zur Kostenvermeidung ist im Allgemeinen schwierig.

(2) Die Fallmischung des Arztes dürfte für den Sachwalter schwer zu beurteilen sein. Allerdings ist die Fallschwere insofern beschränkt, als dass schwere Fälle vielfach an Krankenhäuser überwiesen werden.

(3) Die Behandlungsqualität lässt sich zwar in Ansätzen messen, aber nicht vollständig erfassen. Die Beurteilung des Behandlungserfolgs ist schwierig, weil oft nur kleine Fallzahlen für bestimmte Krankheitsbilder bestehen und es schlecht beobachtbar ist, wie es dem Patient ohne Behandlung ergangen wäre.[27·]Eine begrenzte Qualitätssicherung kann davon ausgehen, dass die Nachfrage durch

---

[26] Eine Vergütung aufgrund vorhergesagter Werte wird häufig als prospektiv, aufgrund vergangener Werte als retrospektiv bezeichnet. Es handelt sich hierbei um eine andere Verwendung des Begriffspaars „prospektiv" und „retrospektiv" als bei der Frage der Kostenerstattung.

[27] Manchmal besteht ein Behandlungserfolg darin, die Verschlechterung des Gesundheitszustands zu verlangsamen.

„Mund-zu-Mund"-Propaganda vielfach von der Qualität des Arztes abhängig ist.

(4) Eine Patientenselektion dürfte einem Arzt relativ einfach fallen. Insbesondere teure Patienten kann er z.B. durch ungünstige Termine abschrecken. Der Sachwalter dürfte im ambulanten Bereich zudem kaum in der Lage sein, die erwarteten Kosten der Patienten zu ermitteln.

Bei *frei praktizierenden Ärzten* sprechen diese Gründe für ein gemischtes Honorierungssystem mit einer teilweisen Kostenübernahme durch den Sachwalter. Diese kann dabei durch die Berücksichtigung der verwendeten Faktormengen, der Einzelleistungen und der Behandlungsepisoden erfolgen. Die Qualitätsanreize des Arztes können grundsätzlich durch eine qualitätsabhängige Vergütung gestärkt werden, wobei hier die Evidenz noch nicht einheitlich ist (siehe Kasten 10.5). Auch eine Kopplung der Honorierung an die Patientenzahl oder die Anzahl der eingeschriebenen Patienten kann qualitätsfördernd sein. Schließlich kann die Honorierung noch durch ein Perioden-Fixum ergänzt werden. Grundsätzlich eignen sich damit alle in Abschnitt 10.5.2.1 genannten Honorarformen. Bei der Auswahl werden vor allem pragmatische Gründe eine Rolle spielen, insbesondere die Frage, inwieweit sich die einzelnen Größen nachprüfen lassen.

Bei der Bestimmung des Honorartarifs besteht die Aufgabe darin, die richtige Mischung der Honorarformen zu finden. Insbesondere ist die Frage zu beantworten, inwieweit die Faktormengen und Einzelleistungen vergütet werden sollen. Dies bestimmt die Anreize des Arztes, Kosten zu vermeiden. Des Weiteren ist festzulegen, wie das Honorar mit der Menge der einzelnen Honorarformen variieren soll. Neben einem proportionalen Verlauf, bei dem die Honorarsätze mengenunabhängig sind, ist an einen degressiven Verlauf des Honorartarifs zu denken, insbesondere dann, wenn auf ein Perioden-Fixum verzichtet wird (vgl. Abschnitt 10.4.4). In diesem Fall sinken die Honorarsätze mit zunehmender Menge und es tritt ein leistungsmindernder Effekt ein. Solche degressiven Elemente bestehen in der gesetzlichen Krankenversicherung in Form von Regelleistungsvolumina.

Aus den genannten Verletzungen des Prinzips der vollständigen Kostenverantwortung lässt sich auch ein Argument dafür ableiten, *Ärzte fest anzustellen*. Durch ein festes Gehalt trägt dabei der Arzt kein Kostenrisiko. Insofern der Sachwalter den Arzt durch das Angestelltenverhältnis besser kontrollieren kann, dürfte er zudem in der Lage sein, asymmetrische Information abzubauen und die Qualität der Behandlung zu sichern. Allerdings treffen derartige Bestrebungen zumeist auf energischen Widerstand der Ärzteverbände (vgl. Abschnitt 13.3.2). In Ländern ohne einen nationalen Gesundheitsdienst ist diese Vergütungsform lediglich in den USA in Form von Health Maintenance Organizations stärker verbreitet. Wir stellen diese Organistionsform in Abschnitt 11.4 genauer vor.

Folgerung 10.12 *Bei frei praktizierenden Ärzten sprechen mehrere Gründe für ein gemischtes Honorierungssystem. Die Kosten können dabei im Form der verwendeten Faktormengen und erbrachten Einzelleistungen berücksichtigt werden. Durch eine qualitätsabhängige Vergütung sowie eine Kopplung der Honorierung an die Patientenzahl oder die Anzahl der eingeschriebenen bzw. potentiellen Patienten können dem Arzt Qualitätsanreize gegeben werden. Vorteile bietet auch eine Festanstellung von Ärzten. Sie erlaubt es insbesondere, asymmetrische Information abzubauen und die Qualität der Behandlung zu sichern.*

10.5.3 Die Vergütung von Krankenhäusern

10.5.3.1 Ausgestaltungsformen von Vergütungssystemen

Analog zu den Honorierungssystemen für Ärzte setzen sich Vergütungssysteme für Krankenhäuser aus dem Vergütungsverfahren, der Vergütungsform und dem Vergütungstarif zusammen. Das Vergütungsverfahren ist dabei üblicherweise einstufig organisiert, d.h. der Patient oder dessen Versicherung bezahlt das Krankenhaus direkt. Bei der Vergütungsform stehen folgende Maßstäbe zur Verfügung:

(1) die vom Krankenhaus eingesetzten *Faktormengen* (Arbeitszeit der Ärzte und Pflegekräfte, Abnutzung der Geräte, verabreichte Medikamente und medizinische Hilfsgüter, Miete, Heizung und Instandhaltung des Krankenhauses etc.);

(2) die Anzahl der vorgehaltenen *Betten*;

(3) die Zahl aller Behandlungsepisoden, nach Diagnosen differenziert (siehe den folgenden Abschnitt 10.5.3.3);

(4) die *Anzahl und Art der erbrachten Einzelleistungen* medizinischer (Operationen, Injektionen, Medikationen usw.) oder pflegerischer Art;

(5) die Anzahl der erbrachten *Pflegetage*, eventuell differenziert nach der Art der Pflege (z.B. Basis- und Intensivpflege) oder nach der jeweiligen Abteilung: hier erfolgt die Vergütung über Tagespflegesätze;

(6) die Anzahl der *behandelten Patienten*, eventuell differenziert nach den verschiedenen Diagnosen oder Behandlungsarten in Form einer patientenbezogenen Fallpauschale;

(7) die Zahl der *potentiellen Patienten*;

(8) das Erreichen bestimmter *Qualitäts- und Behandlungsziele*, z.B. der Ausstattung des Krankenhauses, der Qualifikation der Ärzte und Pflegekräfte, der Vermeidung von Komplikationen und Todesfällen;

(9) ein von allen diesen Größen unabhängiges *Grundbudget*.

Der funktionale Zusammenhang zwischen der Vergütungshöhe und diesen Maßstäben wird durch den Vergütungstarif festgelegt [analog zu Gleichung (10.99) oben].

10.5.3.2 Optimale Vergütung von Krankenhäusern

Erneut prüfen wir die Bedingungen für das Prinzip der vollständigen Kostenverantwortung, um Aussagen über die optimale Vergütung von Krankenhäusern abzuleiten (vgl. Abschnitt 10.5.1):

(1) Inwieweit die Kosten eines Krankenhauses unsicher sind, hängt von seiner Größe und Struktur ab. Je größer das Krankenhaus und je ähnlicher die behandelten Fälle, desto sicherer dürften die Gesamtkosten sein. Ob ein Krankenhaus als „risikoavers" einzustufen ist, wird insbesondere vom Träger des Krankenhauses bestimmt. Je größer der Krankenhausträger, umso geringer dürfte die Notwendigkeit einer Risikoteilung mit dem Sachwalter sein.

(2) Ob ein Sachwalter die Fallmischung eines Krankenhauses einschätzen kann, hängt von seinem Zugang zu patientenbezogenen Informationen ab. Hier können die Angaben von einweisenden Ärzten genutzt werden. Hilfreich ist ein Krankenhausbetriebsvergleich mit Krankenhäusern, die ähnliche Rahmenbedingungen aufweisen. Hierfür können die Methoden aus Kapitel 9 genutzt werden.

(3) In einem Krankenhaus lassen sich grundsätzlich Qualitätssicherungsprogramme durchführen, die extern überwacht werden. Die Nachfrage der Patienten wird insbesondere dann von der Qualität abhängen, wenn diese die Wahl zwischen verschiedenen Krankenhäusern haben und die Qualität beurteilen können. Dies gilt besonders für planbare Eingriffe wie z.B. der Implantation von Hüftprothesen.

(4) Eine Selektion der Patienten ist grundsätzlich im Krankenhaus möglich. Teure Fälle können z.B. mit dem Hinweis auf ausgeschöpfte Kapazitäten abgewiesen werden. Stehen dem Sachwalter allerdings genaue diagnosebezogene Daten zur Verfügung, dann kann er diesen Selektionsanreiz durch diagnosebezogene Fallpauschalen steuern.

Im Vergleich zum Arzt scheint auf den ersten Blick das Argument für eine teilweise Übernahme der Kosten durch den Sachwalter schwächer zu sein. Allerdings sind die Kosten pro Patient im Krankenhaus üblicherweise um ein Vielfaches höher als im ambulanten Bereich. Entsprechend ist die Gefahr der Patientenselektion ausgeprägter. Für die Ausgestaltung eines Vergütungssystems ist deshalb entscheidend, inwieweit der Sachwalter in der Lage ist, die erwarteten Kosten der Patienten zu erfassen. Ist dies der Fall, dann ist ein Vergütungssystem optimal, das hauptsächlich aus *diagnosebezogenen Fallpauschalen* besteht. Eine teilweise Kostenerstattung, z.B. in Form einer Einzelleistungsvergütung oder von Pflegesätzen ist eventuell nur bei einem risikoaversen Krankenhaus und bei Schwierigkeiten bei der Qualitätssicherung nötig. Ein reines Budget hingegen ist nicht optimal, wenn das Krankenhaus in der Lage ist, Patienten zu selektieren. Es vermittelt dem Krankenhaus keine Anreize, schwierige Fälle zu behandeln.

Gelingt es dem Sachwalter nicht, verlässliche Daten über die Patienten zu erheben, dann ist neben der Fallpauschale noch eine teilweise Übernahme der Kosten geboten, um die Selektion der Patienten zu steuern. Bei einer Einzelleistungsvergütung besteht der Preis hierfür darin, dass das Krankenhaus in der Regel nicht den Anreiz besitzt, die Einzelleistungen so zu kombinieren, dass sie den von ihnen gewünschten Behandlungserfolg kostenminimierend erreichen. Bei einer Vergütung in Form von Tagespflegesätzen ist mit einer zu langen Verweildauer der Patienten zu rechnen.

Eine qualitäts- und erfolgsabhängige Vergütung kann grundsätzlich sinnvoll sein. Insbesondere sind Komplikations- und Mortalitätsraten gut verfügbar. Allerdings sind diese nur aussagekräftig, wenn verlässliche Daten über die Schwere der Fälle erhältlich sind, die das Krankenhaus behandelt. Ansonsten verstärkt sich der Anreiz zur Patientenselektion: Schwere Fälle werden nicht nur abgewiesen, weil sie teuer sind, sondern auch, weil die Vergütung durch eine Verschlechterung der Statistik sinken kann. Zudem besteht der Anreiz, Komplikationen nicht zu melden.

Beim Vergütungstarif ist besonders zu beachten, dass ein Krankenhaus erhebliche Fixkosten verursacht. Diese können über ein garantiertes Grundbudget gedeckt werden. Alternativ bietet sich ein degressiver Vergütungstarif an, bei dem Krankenhausleistungen zunächst hoch vergütet werden, dann aber gesenkt werden (siehe Abschnitt 10.4.4). Ein Beispiel hierfür sind die „Erlösbudgets" bei der Krankenhausvergütung in Deutschland, bei denen Mehrerlöse nur mit stark reduzierten Sätzen vergütet werden.

Schließlich kann es noch optimal sein, das Krankenhaus teilweise für seine vorgehaltenen Betten zu vergüten, wenn diese den Charakter eines Optionsguts haben (vgl. Abschnitt 5.2.2). Dieses Argument trifft insbesondere für Intensivbetten zu.

> **Folgerung 10.13** *Bei der Vergütung von Krankenhäusern sollte die Fallpauschale eine zentrale Rolle spielen. Stehen dem Sachwalter verlässliche Daten über die Diagnose der Patienten zur Verfügung, dann ist eine teilweise Kostenerstattung nur bei einem risikoaversen Krankenhaus und bei Schwierigkeiten bei der Qualitätssicherung nötig. Lassen sich verlässliche Daten über die Patienten nicht erheben, dann ist neben der Fallpauschale noch eine teilweise Übernahme der Kosten geboten, um die Selektion der Patienten zu steuern.*

10.5.3.3 DRG-Vergütung

In den letzten Jahrzehnten ist bei der Vergütung von Krankenhäusern weltweit ein Trend zu stärker prospektiv ausgerichteten Vergütungssystemen zu beobachten. Im Mittelpunkt stehen dabei die *Diagnosis Related Groups* (DRGs). Hierbei handelt es sich um ein Patientenklassifikationssystem, das ursprünglich entwickelt wurde, um

Kasten 10.7. Krankenhausvergütung auf Grundlage von DRGs in Deutschland

Die Vergütung für einen Patienten in einer Gruppe ist das Produkt der *Bewertungsrelation* der DRG und des *Landesbasisfallwerts*:

- Die Bewertungsrelation einer DRG soll den Ressourcenverbrauch eines Falls in dieser Gruppe im Verhältnis zum durchschnittlichen Ressourcenverbrauch angeben. Die Kalkulation dieser Werte erfolgt durch das INSTITUT FÜR DAS ENTGELTSYSTEM IM KRANKENHAUS (InEK). Im Jahr 2012 wurden hierfür Daten von 245 deutschen Krankenhäusern mit mehr als 3 Mio. Behandlungsfällen verwendet.

- Für jedes Bundesland wird ein einheitlicher Landesbasisfallwert ermittelt. Er legt die Vergütung für einen Fall mit durchschnittlichem Ressourcenverbrauchs in Euro fest. Der Landesbasisfallwert ergibt sich aus dem Erlösvolumen auf Landesebene (einer Planungsgröße für die Gesamtausgaben) geteilt durch das vereinbarte Case Mix Volumen eines Landes. Dieses entspricht der Summe aller Bewertungsrelationen und spiegelt das vereinbarte Spektrum an Behandlungsfällen wider.

Der Case Mix wird auch für einzelne Krankenhäuser berechnet. Er entspricht der Summe aller Bewertungsrelationen für alle Fälle, die vom Krankenhaus behandelt wurden. Zur Erfassung der Fallschwere eines Krankenhauses insgesamt wird häufig der Case Mix Index (CMI) herangezogen. Hierfür wird der Case Mix des Krankenhauses durch die Anzahl der Fälle geteilt.

Beispiel: Für die Gruppe C10B (Eingriffe an den Augenmuskeln ohne erhöhten Aufwand bei einem Patienten, der jünger als 6 Jahre ist) beträgt im Jahr 2012 die Bewertungsrelation 0,721. Eine Behandlung in dieser Gruppe liegt also unterhalb des durchschnittlichen Ressourcenverbrauchs (mit der Bewertungsrelation 1). Für die Gruppe I28A (komplexe Eingriffe am Bindegewebe) beträgt die Bewertungsrelation hingegen 2,253. Ein fiktives Krankenhaus, das 2012 je 100 Fälle beider Gruppen behandelt, hätte einen Case Mix von $100 \times 0{,}721 + 100 \times 2{,}253 = 297{,}4$ und würde bei einem fiktiven Landesbasisfallwert von 3000 € ein DRG-Erlös von $297{,}4 \times 3.000$ € $= 8{,}922$ Mio. Euro erzielen. Der CMI dieses Krankenhauses wäre $297{,}4/200 = 1{,}487$. An ihm lässt sich ablesen, dass in diesem Krankenhaus 48,7% mehr Ressourcen verbraucht wurden als im Durchschnitt.

Details zum G-DRG-System finden sich auf der Homepage des INSTITUTS FÜR DAS ENTGELTSYSTEM IM KRANKENHAUS (InEK) unter http://www.g-drg.de.

die Leistungen von Krankenhäusern besser definieren zu können (siehe Abschnitt 9.2). Mittlerweile finden sie vor allem bei der Vergütung von Krankenhäusern Anwendung. Erstmalig wurden sie hierfür 1984 von Medicare, der staatlichen Krankenversicherung für Rentner in den USA, eingesetzt. In Deutschland wurde eine DRG-basierte Vergütung 2004 flächendeckend eingeführt. Das G(erman)-DRG-System ist eine Adaptation des australischen DRG-Systems (siehe Kasten 9.1). Ausgenommen von der DRG-Einführung blieben dabei psychiatrische Einrichtungen, für die weiterhin tagesgleiche Pflegesätze gelten. Die Schweiz führte aufbauend auf dem G-DRG-System 2012 das SwissDRG-System ein. Kasten 10.7 beschreibt die Krankenhausvergütung in Deutschland näher.

Das Ziel der DRGs ist es, Patienten möglichst homogenen Kostengruppen zuzuweisen. Hierzu wird der Patient zunächst einer Hauptdiagnosegruppe (Major Diagnostic Category) zugeordnet, die sich in der Regel an den betroffenen Körperregionen orientieren. Innerhalb der Hauptdiagnosegruppe erfolgt dann die Bildung der DRGs nach dem Kriterium der Kostenhomogenität. Neben den Diagnosen des Patienten werden dabei auch Komplikationen während des Krankenhausaufenthalts sowie die erbrachten Prozeduren berücksichtigt. Bei den DRGs handelt es sich somit um kein diagnosebasiertes Patientenklassifikationssystem in Reinform.

Aus diesem Grund entspricht die Vergütung auf Grundlage von DRGs auch keinem reinen Fallpauschalensystem, obwohl der deutsche Gesetzgeber von einem „diagnose-orientierten Fallpauschalensystem" spricht. Dies trifft nur insoweit zu, wie allein die Diagnose des Patienten die Höhe der Vergütung bestimmt. Da aber auch die erbrachten Prozeduren in die Festlegung der DRG eingehen, enthält die Vergütung auf Grundlage von DRGs auch Elemente einer Einzelleistungsvergütung. Zum Beispiel wird eine Geburt mit Kaiserschnitt anders vergütet als eine herkömmliche Geburt. Des Weiteren sind Sonderzahlungen für besonders teure Leistungsfälle vorgesehen (sog. „outlier payments"). Deshalb können sich DRGs in der Praxis stark von einer reinen Fallpauschalenvergütung unterscheiden. So kommt MCCLELLAN (1997) in einer empirischen Studie von Medicare-Daten aus dem Jahr 1990 zu dem Ergebnis, dass trotz der DRG-Vergütung eine Kostenzunahme den Krankenhäusern zu 55% erstattet wurde. Ohne Berücksichtigung der Sonderzahlungen betrug dieser Anteil immer noch 32%.

Folgerung 10.14 *Eine Vergütung auf Grundlage von Diagnosis Related Groups (DRGs) ist kein reines Fallpauschalensystem. Sie entspricht einem gemischten Vergütungssystem aus Fallpauschale, Einzelleistungsvergütung und Kostenerstattung.*

Unsere Überlegungen im vorhergehenden Abschnitt sprechen grundsätzlich für die Verwendung von DRGs bei der Vergütung von Krankenhäusern. Die entscheidende Frage ist, wie genau sie die unterschiedlichen Kosten der Patienten erfassen können. Ein Problem stellt hier weniger die Gruppenunterteilung der DRGs dar, sondern die faktische Zuordnung, die in der Regel vom behandelnden Krankenhaus selbst vorgenommen wird. Hier besteht der Anreiz zum „upcoding", d.h. zur übertriebenen Darstellung der Fallschwere [siehe z.B. DAFNY (2005) für Evidenz aus den USA]. Dann verlieren DRGs an Aussagekraft. Insbesondere besteht die Gefahr, dass auch leichtere Fälle „teuren" DRGs zugewiesen werden und so die Kostenheterogenität innerhalb der DRGs wieder zunimmt. In diesem Fall entsteht entweder der Anreiz, zu viele Patienten zu behandeln, oder, falls aufgrund des Ausgabenanstiegs die Vergütung pro DRG gesenkt wird, der Anreiz zur Patientenselektion. Insofern die teilweise Einzelleistungsvergütung, die in den DRGs enthalten ist, nicht ausreichend ist, bietet sich in diesem Fall eine Ergänzung um eine teilweise Kostenerstattung, etwa in Form einer Einzelleistungsvergütung oder von Pflegesätzen an.

10.6 Zusammenfassung

(1) Vergütungssysteme prägen im entscheidenden Maße die Anreize für Leistungserbringer. Prospektive Vergütungssysteme legen dabei die Vergütung im vorneherein fest und übertragen so die Kostenverantwortung auf den Leistungserbringer. Ein retrospektives System hingegen berücksichtigt rückblickend den tatsächlichen Ressourcenverbrauch und verlagert dadurch die Kosten auf die Institution, die die Vergütung leistet.

(2) Das Prinzip der vollständigen Kostenverantwortung besagt, dass es optimal ist, dass der Leistungserbringer die Kosten der Behandlung voll trägt. Es trifft zu, falls

   (a) der Leistungserbringer risikoneutral ist;

   (b) symmetrische Information über die Mischung der vom Leistungserbringer behandelten Fälle besteht;

   (c) bei einem risikoneutralen Leistungserbringer entweder die Qualität oder der Behandlungserfolg verifizierbar sind; bei einem risikoaversen Leistungserbringer die Qualität verifizierbar ist. Diese Bedingungen entfallen lediglich dann, wenn die Nachfrage qualitätsabhängig ist. Dann können durch eine Fallpauschale Anreize zur optimalen Qualitätsbereitstellung gegeben werden;

   (d) symmetrische Information über die erwarteten Behandlungskosten eines Patienten herrscht, so dass sich die gewünschte Selektion der Patienten durch eine an die erwarteten Kosten angepasste Fallpauschale erreichen lässt.

(3) Treffen die Bedingungen des Prinzips der vollständigen Kostenverantwortung nicht zu, dann kann eine teilweise Kostenübernahme durch den Sachwalter in einer second-best Lösung zu besseren Ergebnissen führen. Dadurch lässt sich die

   (a) die Risikoprämie für risikoaverse Leistungserbringer senken,

   (b) die erwartete Informationsrente für besser informierte Leistungserbringer vermindern,

   (c) die Qualität der Behandlung erhöhen, falls weder diese noch der Erfolg der Behandlung nachweisbar ist

   (d) die Selektion der Patienten im Sinne des Sachwalters steuern, falls asymmetrische Informationen über die erwarteten Kosten der Behandlung vorliegen.

(4) Im Allgemeinen dürfte ein optimales Vergütungssystem eine Fallpauschale und eine Grundvergütung enthalten. Durch die Fallpauschale kann dabei insbesondere die Selektionsentscheidung der Leistungserbringer gesteuert werden. Sind die Bedingungen für das Prinzip der vollständigen Kostenverantwortung verletzt, dann ist zudem eine Beteiligung des Sachwalters an den Kosten empfehlenswert.

(5) Ein Fallpauschalensystem ohne Grundvergütung kann eine first-best Lösung im Allgemeinen nicht umsetzen. Entweder es tritt das Rentenentzugsproblem auf, das eine Senkung der Fallpauschale unter das first-best Niveau erfordert. Oder es besteht die Problematik der Fixkostendeckung. Hier muss die Fallpauschale über das first-best Niveau gesetzt werden. Daraus entsteht der Anreiz zur unnötigen Mengenausweitung. Dieser kann durch eine abgesenkte Vergütung nach der Erreichung eines Erstattungsvolumens eingedämmt werden.

(6) Bei frei praktizierenden Ärzten sprechen mehrere Gründe für ein gemischtes Honorierungssystem. Die Kosten können dabei im Form der verwendeten Faktormengen und erbrachten Einzelleistungen berücksichtigt werden. Durch eine qualitätsabhängige Vergütung sowie eine Kopplung der Honorierung an die Patientenzahl oder die Anzahl der eingeschriebenen bzw. potentiellen Patienten können dem Arzt Qualitätsanreize gegeben werden. Vorteile bietet auch eine Festanstellung von Ärzten. Sie erlaubt es insbesondere, asymmetrische Information abzubauen und die Qualität der Behandlung zu sichern.

(7) Bei der Vergütung von Krankenhäusern sollte die Fallpauschale eine zentrale Rolle spielen. Stehen dem Sachwalter verlässliche Daten über die Diagnose der Patienten zur Verfügung, dann ist eine teilweise Kostenerstattung nur bei einem risikoaversen Krankenhaus und bei Schwierigkeiten bei der Qualitätssicherung nötig. Lassen sich verlässliche Daten über die Patienten nicht erheben, dann ist neben der Fallpauschale noch eine teilweise Übernahme der Kosten geboten, um die Selektion der Patienten zu steuern. Hier bietet sich die Vergütung auf Grundlage von Diagnosis Related Groups (DRGs) an, die einem gemischten Vergütungssystem aus Fallpauschale, Einzelleistungsvergütung und Kostenerstattung entspricht.

10.7 Lektürevorschläge

Mit der Vergütung von Leistungserbringern befassen sich im HANDBOOK OF HEALTH ECONOMICS die Beiträge von CHALKLEY UND MALCOMSON (2000) und von DRANOVE UND SATTERTHWAITE (2000). Der Wettbewerb zwischen Leistungserbringern steht in Mittelpunkt von BARROS UND MARTINEZ-GIRALT (2012, Kapitel 12). Einen Überblick über empirische Studien zu Vergütungssystemen geben IVERSEN UND LURÅS (2006) und CHRISTIANSON UND CONRAD (2011). Empfehlenswert ist des Weiteren das Buch von LAFFONT UND TIROLE (1993), das allgemein die optimale Ausgestaltung von Vergütungsverträgen untersucht.

10.A Anhang

Herleitung der optimalen Fallpauschale aus Gleichung (10.91)

Ausgangspunkt ist Gleichung (10.90), die erwartete Wohlfahrt des Sachwalters

$$EW(p,\gamma) = \int\limits_{\underline{\theta}}^{\overline{\theta}} \int\limits_{\tilde{b}_L(\theta,p(\gamma),\gamma)}^{\overline{b}} \left\{ (1+\alpha)b - (\theta - e(\gamma)) - v[e(\gamma)] \right\} \mathrm{d}H(b)\mathrm{d}F(\theta).$$

Nach der Leibnitz-Regel [vgl. SYDSÆTER ET AL. (2005, S. 60)] gilt für eine integrierbare Funktion $g(\cdot)$ der Form

$$\frac{\mathrm{d}}{\mathrm{d}p} \int\limits_{\tilde{b}_L(p)}^{\overline{b}} g(p,b)\mathrm{d}b = -g(p,\tilde{b}_L(p))\frac{\partial \tilde{b}_L}{\partial p} + \int\limits_{\tilde{b}_L(p)}^{\overline{b}} g_p(p,b)\mathrm{d}b.$$

Im vorliegenden Fall ist $g(p,b) = [(1+\alpha)b - (\theta - e(\gamma)) - v(e(\gamma))]h(b)$. Somit ergibt sich

$$\frac{\mathrm{d}}{\mathrm{d}p} \int\limits_{\tilde{b}_L(p)}^{\overline{b}} g(p,b)\mathrm{d}b = -[(1+\alpha)\tilde{b}_L(p) - (\theta - e(\gamma)) - v(e(\gamma))]h[\tilde{b}_L]\frac{\partial \tilde{b}_L}{\partial p} + \int\limits_{\tilde{b}_L(p)}^{\overline{b}} 0\,\mathrm{d}b.$$

Demzufolge lautet die Bedingung erster Ordnung für ein Maximum

$$\frac{\partial EW}{\partial p} = -\int\limits_{\underline{\theta}}^{\overline{\theta}} [(1+\alpha)\tilde{b}_L(\theta,p,\gamma) - (\theta - e(\gamma)) - v[e(\gamma)]]h[\tilde{b}_L]\frac{\partial \tilde{b}_L}{\partial p}\mathrm{d}F(\theta) = 0.$$

Wegen der Gleichverteilung von b ($h[\tilde{b}_L(\theta,p,\gamma)]$ ist eine Konstante) und $\partial \tilde{b}_L/\partial p = -1/\alpha$ lässt sich dies vereinfachen zu

$$\int\limits_{\underline{\theta}}^{\overline{\theta}} [(1+\alpha)\tilde{b}_L(\theta,p,\gamma) - (\theta - e(\gamma)) - v[e(\gamma)]]\mathrm{d}F(\theta) = 0.$$

Einsetzen für $\tilde{b}_L$ aus (10.89) liefert

$$\int\limits_{\underline{\theta}}^{\overline{\theta}} [((1+\alpha)(1-\gamma) - \alpha)(\theta - e(\gamma)) + v[e(\gamma)] - (1+\alpha)p]\mathrm{d}F(\theta) = 0.$$

Löst man dies nach p auf, so ergibt sich die optimale Fallpauschale als eine Funktion von γ,

$$p^*(\gamma) = \frac{((1+\alpha)(1-\gamma) - \alpha)(E\theta - e(\gamma)) + v[e(\gamma)]}{1+\alpha} \qquad (10.91)$$

mit $E\theta = \int\limits_{\underline{\theta}}^{\overline{\theta}} \theta\,\mathrm{d}F(\theta)$ als durchschnittlichem Wert von θ.

Herleitung der Gleichung (10.97)

Setzt man die optimale Fallpauschale aus Gleichung (10.92) in die Wohlfahrtsfunktion des Sachwalters (10.90) ein, so liefert dies die erwartete Wohlfahrt als eine Funktion von γ:

$$EW(\gamma) = \int\limits_{\underline{\theta}}^{\overline{\theta}} \int\limits_{\tilde{b}_L(\theta,p(\gamma),\gamma)}^{\overline{b}} \Big\{ (1+\alpha)b - (\theta - e(\gamma)) - v[e(\gamma)] \Big\} dH(b) dF(\theta).$$

Ableiten nach γ unter Berücksichtigung der Bedingung $v'[e] = 1 - \gamma$ und der Leibniz-Formel führen zu

$$\frac{\partial EW}{\partial \gamma} = -\int\limits_{\underline{\theta}}^{\overline{\theta}} \Big\{ (1+\alpha)\tilde{b}_L(\theta, p^*(\gamma), \gamma) - (\theta - e(\gamma)) - v[e(\gamma)] \Big\} h[\tilde{b}_L] \frac{d\tilde{b}_L}{d\gamma} dF(\theta)$$

$$+ \int\limits_{\underline{\theta}}^{\overline{\theta}} \int\limits_{\tilde{b}_L}^{\overline{b}} \gamma e'(\gamma) dH(b) dF(\theta).$$

Einsetzen von (10.93) unter Berücksichtigung der Gleichverteilung von b liefert an der Stelle $\gamma = 0$

$$\frac{\partial EW}{\partial \gamma} \bigg|_{\gamma=0} = -\frac{h[\tilde{b}_L]}{\alpha} \int\limits_{\underline{\theta}}^{\overline{\theta}} (\theta - E\theta) \frac{d\tilde{b}_L}{d\gamma} dF(\theta).$$

Einsetzen von (10.96) ergibt

$$\frac{\partial EW}{\partial \gamma} \bigg|_{\gamma=0} = \frac{h[\tilde{b}_L]}{\alpha^2} \int\limits_{\underline{\theta}}^{\overline{\theta}} (\theta - E\theta)^2 dF(\theta) = \frac{h[\tilde{b}_L]}{\alpha^2} \sigma_\theta^2 > 0, \qquad (10.97)$$

mit $\sigma_\theta^2 > 0$ als Varianz von θ.

10.Ü Übungsaufgaben

10.1. Erläutern Sie das Prinzip der vollständigen Kostenverantwortung für die Entlohnung von Leistungserbringern. Unter welchen Umständen gilt es, falls

(a) der Leistungserbringer die Behandlungsqualität wählt?

(b) der Leistungserbringer entscheidet, ob ein Patient behandelt wird?

10.2. Diskutieren Sie die Bedeutung von asymmetrischer Information zwischen dem Sachwalter und dem Leistungserbringer für die Ausgestaltung von Vergütungssystemen.

10.3. Diskutieren Sie, inwiefern eine Kostenbeteiligung des Leistungserbringers dazu beitragen kann, Moral Hazard bei versicherten Individuen zu vermeiden.

10.4. Ein Sachwalter erziele durch die Versorgung einer Patientengruppe einen Nutzen von $B = 20$. Er maximiert die erwartete Wohlfahrt EW. Diese ergibt sich aus dem Nutzen der Behandlung abzüglich der erwarteten Vergütung des Leistungserbringers EP. Die erwarteten Kosten betragen

$$EC(\beta, e) = \beta - e.$$

Die Fallmischung β sei gleichverteilt in dem Intervall $[9{,}5; 10{,}5]$. Der Leistungserbringer habe einen Nutzenverlust von $V(e) = 0{,}5e^2$ durch die Anstrengung e. Er behandle die Patientengruppe nur dann, wenn sein erwarteter Nutzen mindestens Null ist.

(a) Bestimmen Sie die erwartete Wohlfahrt, wenn der Sachwalter die Fallmischung β beobachten kann und eine Pauschalvergütung $P = F$ wählt.

(b) Gehen Sie jetzt davon aus, allein der Leistungserbringer kenne β. Bestimmen Sie die maximalen erwartete Wohlfahrt des Sachwalters bei

  (i) einer Pauschalvergütung, die sicherstellt, dass der Leistungserbringer die Patientengruppe behandelt.

  (ii) einem gemischten System $P = F + \gamma C$ mit dem optimalen Kostenbeteiligungsgrad γ.

  Ermitteln Sie für beide Fälle die erwartete Informationsrente, die erwarteten monetären Kosten der Behandlungen und den Nutzenverlust des Leistungserbringers durch Anstrengungen zur Kostenvermeidung. Erläutern Sie Ihr Ergebnis.

10.5. Ein Sachwalter möchte, dass eine Gruppe von Patienten von einem Leistungs-erbringer behandelt wird. Durch die Behandlung erzielt der Sachwalter einen Nut-zen von $B = 5$. Der Sachwalter maximiert die erwartete Wohlfahrt EW. Dieser ergibt sich aus dem Nutzen der Behandlung abzüglich der erwarteten Vergütung des Leis-tungserbringers EP. Die Kosten der Behandlung C sind unsicher und hängen von der Anstrengung e des Leistungserbringers ab. Sie betragen

$$C(e) = 1 - e + \varepsilon, \; \mathrm{E}(\varepsilon) = 0, \; \mathrm{Var}(\varepsilon) = 1.$$

Der Nutzenverlust des Leistungserbringers durch die Anstrengung ist $V(e) = e^2$. Falls der Leistungserbringer nicht für den Sachwalter arbeitet, dann erzielt er ein sicheres Einkommen von 1 bei einem Anstrengungsniveau von $e = 0$.

(a) Nehmen Sie an, der Leistungserbringer sei risikoneutral. Seine Nutzenfunktion sei $u = P - C(e) - V(e)$.

   (i) Ermitteln Sie das optimale Anstrengungsniveau, die erwartete Wohlfahrt des Sachwalters sowie den Nutzen des Leistungserbringers im First-best.

   (ii) Bestimmen Sie zwei Verträge, mit denen das First-best bei beobachtbarem Anstrengungsniveau e implementiert werden kann.

   (iii) Bestimmen Sie einen Vertrag, mit dem das First-best implementiert werden kann, wenn der Sachwalter lediglich die Kosten der Behandlung C beobach-tet.

(b) Gehen Sie nun von einem risikoaversen Leistungserbringer aus. Sein Erwar-tungsnutzen könne als Funktion des Erwartungswerts μ_y und der Varianz σ_y^2 von y, seines Einkommens abzüglich der Nutzenminderung durch die Anstrengung $V(e)$, erfasst werden und betrage $EU = \mu_y - \sigma_y^2$.

   (i) Ermitteln Sie das optimale Anstrengungsniveau, den Nettonutzen des Sach-walters sowie den Nutzen des Leistungserbringers im First-best.

   (ii) Bestimmen Sie einen Vertrag, mit dem das First-best bei beobachtbarem Anstrengungsniveau e implementiert werden kann.

   (iii) Nehmen Sie an, der Sachwalter könne lediglich die Kosten der Behandlung C beobachten und biete dem Leistungserbringer eine Vergütung der Form $P = F + \gamma C$ an. Bestimmen Sie den optimalen Kostenbeteiligungsgrad γ sowie das Anstrengungsniveau e, den erwarteten Nutzen des Sachwalters sowie den Erwartungsnutzen des Leistungserbringers. Vergleichen Sie Ihr Ergebnis mit dem aus (a) und erläutern Sie die Unterschiede.

10.6. Ein Sachwalter erziele durch die Behandlung einer Patientengruppe einen Nut-zen von $B(q) = 5 + q^{1/2}$, wobei q der Behandlungsqualität entspricht. Die erwartete Wohlfahrt EW des Sachwalter ergibt sich somit aus $EW = B(q) - EP$ mit EP als erwartete Vergütung des Leistungserbringers. Die erwarteten Kosten $EC(q,e)$ der Versorgung hängen von der Behandlungsqualität q und der Anstrengung e des Leis-tungserbringers ab. Sie betragen $EC(q,e) = 3 + q - 2e$.

Der Leistungserbringer habe einen Nutzenverlust von $V(q,e) = \eta e^2 - \kappa q^{1/2}$, $\eta \geq 0$. Falls der Leistungserbringer nicht für den Sachwalter arbeitet, dann erzielt er ein sicheres Einkommen von 1 bei $e = q = 0$. Der Erwartungsnutzen des Leistungserbringers sei

$$EU = EP - EC(q,e) - V(q,e).$$

(a) Ermitteln Sie das optimale Qualitäts- und Anstrengungsniveau im First-best. Bestimmen Sie für $\kappa = \eta = 1$ auch die erwartete Wohlfahrt des Sachwalters sowie den Nutzen des Leistungserbringers im First-best.

(b) Wie kann das First-best realisiert werden, wenn die Qualität verifizierbar ist?

(c) Erläutern Sie das Problem des Sachwalters, wenn weder die Qualität noch der Behandlungserfolg verifizierbar sind. Bestimmen Sie die optimalen Verträge für die Fälle

(i) $\kappa < 0$ und $\eta = 1$;   (ii) $\kappa = 0$ und $\eta = 1$;   (iii) $\kappa = 1$ und $\eta = 0$.

Nehmen Sie an, dass das Anstrengungsniveau $0 \leq e \leq 1{,}5$ erfüllen muss. Die Qualität kann $\underline{q} = 0$ nicht unterschreiten. Erläutern Sie Ihr Ergebnis.

10.7. Ein Sachwalter erziele durch die Behandlung einer Patientengruppe einen Nutzen von $B(q) = 50 + 10q^{1/2}$, wobei q der Behandlungsqualität entspricht. Die erwartete Wohlfahrt EW des Sachwalter ergibt sich somit aus $EW = B(q) - EP$ mit EP als erwartete Vergütung des Leistungserbringers. Die erwarteten Kosten $EC(q,e)$ der Versorgung hängen von der Behandlungsqualität und der Anstrengung e des Leistungserbringers ab. Sie betragen

$$EC(q,e) = 10 + 10q - 10e.$$

Der Leistungserbringer habe einen Nutzenverlust von $V(q,e) = 4e^2 - 10q^{1/2}$, $\eta \geq 0$. Falls der Leistungserbringer nicht für den Sachwalter arbeitet, dann erzielt er ein sicheres Einkommen von 0 bei $e = q = 0$. Der Erwartungsnutzen des Leistungserbringers sei

$$EU = EP - EC(q,e) - V(q,e).$$

(a) Ermitteln Sie das optimale Qualitäts- und Anstrengungsniveau im First-best. Bestimmen Sie auch die erwartete Wohlfahrt des Sachwalters sowie den Nutzen des Leistungserbringers im First-best.

(b) Wie kann das First-best durch eine direkte Vergütung der Qualität erreicht werden? Berechnen Sie die optimalen Wert von F und z. Welches Problem tritt hier auf?

(c) Gehen Sie jetzt von $F = 0$ aus und bestimmen Sie den optimalen Wert von z bei einer rein qualitätsabhängigen Vergütung. Bestimmen Sie auch die erwartete Wohlfahrt des Sachwalters und vergleichen Sie diese mit derjenigen bei z_{FB}. Erläutern Sie Ihr Ergebnis.

10.8. Ein Sachwalter erziele durch die Behandlung einer Gruppe von 10 Patienten einen Nutzen von

$$B(q) = 10 + 3q,$$

wobei q der Behandlungsqualität entspricht. Die erwartete Wohlfahrt EW des Sachwalters ergibt sich aus dem Nutzen der Behandlung abzüglich der erwarteten Vergütung des Leistungserbringers EP. Die erwarteten Kosten der Versorgung $EC(q,e)$ hängen von der Behandlungsqualität q und der Anstrengung e des Leistungserbringers ab. Sie betragen

$$EC(q,e) = 7 + 2q - 2e.$$

Der Leistungserbringer habe einen Nutzenverlust von $V(q,e) = q^2 - 2q + e^2$. Falls er nicht für den Sachwalter arbeitet, dann erzielt er ein sicheres Einkommen von 1 bei $e = q = 0$. Der Erwartungsnutzen des Leistungserbringers sei

$$EU = EP - EC(q,e) - V(q,e).$$

(a) Bestimmen Sie das optimale Qualitäts- und Anstrengungsniveau im First-best. Ermitteln Sie auch die erwartete Wohlfahrt des Sachwalters sowie den Nutzen des Leistungserbringers im First-best.

(b) Welche Verträge können das First-best bei verifizierbarer Qualität bzw. bei verifizierbarem Behandlungserfolg, aber nicht beobachtbarer Anstrengung implementieren? Erläutern Sie diese Verträge.

(c) Gehen Sie jetzt davon aus, dass die Qualität und der Behandlungserfolg nicht verifizierbar sind. Die Anstrengung e ist nicht beobachtbar. Der Leistungserbringer erhält eine von den Kosten C abhängige Vergütung $P = F + \gamma C$. Bestimmen Sie die für den Sachwalter optimalen Werte von F und γ sowie die resultierende erwartete Wohlfahrt des Sachwalters.

(d) Nehmen Sie nun an, die Nachfrage sei von der Qualität abhängig und betrage

$$n(q) = \min\{4 + 4q; 10\}.$$

Gehen Sie von einem Vergütungssystem der Form $P = F + pn$ aus und bestimmen Sie die für den Sachwalter optimalen Werte von F und p. Erläutern Sie Ihr Ergebnis.

10.9. Gehen Sie von dem Modell der Patientenselektion aus Abschnitt 10.4 aus, nehmen Sie jedoch $\alpha = 0$ an, d.h. der Leistungserbringer ist nicht altruistisch. Solange ihm keine Kosten entstehen, handelt er aber im Sinne des Sachwalters.

(a) Zeigen Sie, dass die Fallpauschale $p_{FB}(\theta) = \theta - e_{FB} + v[e_{FB}]$ die first-best Lösung bei symmetrischer Information über den Kostentyp umsetzt.

(b) Gehen Sie von asymmetrischer Information über den Kostentyp aus. Zeigen Sie, dass

(i) der Sachwalter die Behandlungsentscheidung nur bezüglich des Kostenparameters θ, aber nicht bezüglich b beeinflussen kann;

(ii) eine Kostenbeteiligung des Sachwalters nicht optimal ist;

(iii) die optimale Fallpauschale $p^* = Eb$ beträgt, wobei $Eb = \int_{\underline{b}}^{\overline{b}} b\,dH(b)$ der durchschnittliche Behandlungsnutzen b ist.

Diskutieren Sie Ihre Ergebnisse.

10.10. Gehen Sie von dem Modell der Patientenselektion aus Abschnitt 10.4 aus, aber nehmen Sie an, dass der Sachwalter nur den Nutzen b in der utilitaristischen Wohlfahrtsfunktion berücksichtigt (nicht hingegen den Behandlungsnutzen αb des Leistungserbringers). Bestimmen Sie

(a) die Behandlungsgrenze $\tilde{b}_{FB}(\theta)$ des Sachwalters;

(b) die optimale Fallpauschale $p_{FB}(\theta)$ bei symmetrischer Information über den Kostentyp;

(c) die Behandlungsgrenze des Sachwalters $\tilde{b}_L[\theta, p^*[0],0]$ bei symmetrischer Information über den Kostentyp und keiner Kostenbeteiligung des Sachwalters.

Welche Rolle spielt der Altruismusparameter α in diesem Kontext?

Organisationsformen der medizinischen Versorgung

11.1 Problemstellung

Die Organisation der medizinischen Versorgung unterscheidet sich erheblich von Land zu Land. Diese Unterschiede spiegeln nicht zuletzt philosophische Grundhaltungen wider: Wo der Staat dem Bürger ein Recht auf Gesundheit zuspricht, ist er auch am ehesten für die Gesundheitsversorgung direkt verantwortlich. Beispiele dafür sind Großbritannien, Italien und die skandinavischen Länder mit ihren nationalen Gesundheitsdiensten. In den USA dagegen gehört die Gesundheit grundsätzlich in den Verantwortungsbereich des Einzelnen. Dennoch finanziert die öffentliche Hand auch in den USA über 40% der gesamten Gesundheitsaufwendungen, unterhält staatliche Krankenhäuser und betätigt sich im Rahmen der Programme Medicare (für Rentner) und Medicaid (für Arme) unmittelbar als Krankenversicherer. Kanada dagegen kennt zwar keinen nationalen Gesundheitsdienst, sondern eine nationale Krankenversicherung, während in Deutschland ca. 10% der Bevölkerung einer privaten Krankenkasse angehören. In Schweden spielt das von einem Landkreis getragene Krankenhaus in der medizinischen Versorgung eine Schlüsselrolle, während umgekehrt deutsche Krankenhäuser nur in Ausnahmefällen Polikliniken betreiben dürfen.

Diese Verschiedenheit der Organisationsformen ist in einem gewissen Sinn erstaunlich, steht doch im Mittelpunkt aller Systeme die besondere Beziehung des Patienten zu seinem Arzt. Von ihm wird erwartet, dass er seine Kenntnisse und Fähigkeiten stets für und nie gegen die gesundheitlichen Interessen seines Auftraggebers einsetzt. Diese sogenannte *Sachwalterbeziehung* wird aber nur im Idealfall sämtlichen Interessen des Patienten gerecht werden können – allein schon deshalb, weil der Patient lieber weniger als mehr für Krankenversicherungsbeiträge und ärztliche Leistungen aufwendet, während das Einkommensinteresse des Arztes in die entgegengesetzte Richtung zielt. Zur Lösung dieses Konflikts können beide Parteien die Hilfe von *ergänzenden Sachwaltern* in Anspruch nehmen. Im Folgenden betrachten wir nur jene ergänzenden Sachwalterbeziehungen, die für das Individuum als Versicherten und Patienten von Bedeutung sind. Es sind diese ergänzenden Beziehungen, die für die großen Unterschiede in der Organisation der medizinischen Versorgung verantwortlich zu sein scheinen.

Tabelle 11.1. Sachwalterbeziehungen als Organisationsmerkmal des Gesundheitswesens

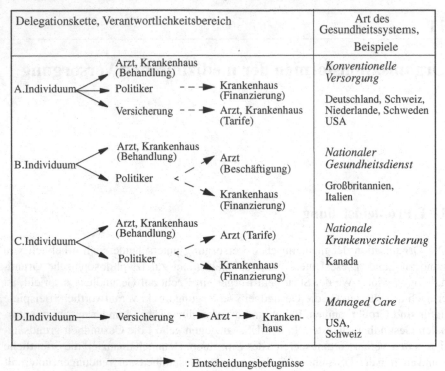

	: Entscheidungsbefugnisse
	: Verantwortlichkeitsbereich

Die Tabelle 11.1 gibt einen Überblick über mögliche Anordnungen von ergänzenden Sachwalterbeziehungen. In der *konventionellen medizinischen Versorgung*, wie sie in den westeuropäischen Ländern und in den USA die Regel bildet, wählt das Individuum einen Arzt als Sachwalter, ohne dass jener notwendigerweise auch gegenüber dem Krankenhaus die Interessen seines Patienten wahrnimmt. Ergänzend treten Politiker als Interessenwahrer im Gesundheitswesen auf, die z.B. über die Finanzierung der Krankenhäuser deren Betriebsbereitschaft sicherzustellen versprechen. Allgemein haben Maßnahmen, die das Gesundheitswesen betreffen, aus der Sicht eines Politikers, der ja Wählerstimmen gewinnen will, einen wichtigen Vorteil. Dank der zentralen Rolle der Krankenversicherung lassen sich Umverteilungen zugunsten bestimmter Wählergruppen besonders gut kaschieren. Jede Versicherung hat grundsätzlich die Aufgabe umzuverteilen, nämlich zwischen jenen, die einen Schaden erleiden, und jenen anderen, die von einem Schaden verschont bleiben. Für den einzelnen versicherten Stimmbürger ist es schwierig, zwischen dieser zufallsgesteuerten unsystematischen und einer versteckten systematischen Umverteilung zu unterscheiden. Aus diesem Grund verfügen die *Politiker als Sachwalter* bei der Gestaltung der übrigen Sachwalterbeziehungen im Gesundheitswesen über einen Freiraum, der sich in unterschiedlichen Organisationsformen schon im Bereich der konventionellen Versorgungssysteme niederschlägt.

Vergleichsweise große Kompetenzen haben beispielsweise Politiker im schwedischen Gesundheitswesen, in dem es 26 Bezirke gibt, die zur Finanzierung der Gesundheitsvorsorge eigene Steuern erheben können und Eigentümer der Krankenhäuser sind. Dort werden auch die meisten medizinischen Leistungen erbracht, während die niedergelassenen Ärzte in der Gesundheitsversorgung eine marginale Rolle spielen [vgl. STAHL (1990)]. Deutschland zeichnet sich durch eine *ausgeprägte Trennung zwischen ambulanter und stationärer Behandlung* aus. Der direkte Einfluss der politischen Sachwalter im Gesundheitswesen ist im Wesentlichen auf den Krankenhausbereich beschränkt. In Frankreich dagegen findet ein nicht unwesentlicher Teil der medizinischen Versorgung in privaten Krankenhäusern statt, die den Ärzten der Einzugsregion Zugang zu ihren Einrichtungen gewähren [vgl. ROSA UND LAUNOIS (1990)]. In der Schweiz gibt es auch von öffentlichen Trägern finanzierte Krankenhäuser, die dieses sog. Belegarztsystem anwenden; je nach Kanton haben die Stimmbürger ihren politischen Interessenvertretern im Gesundheitswesen unterschiedliche Befugnisse übertragen.

Die enge Verwandtschaft zwischen zufallsgesteuerter und systematischer *Umverteilung durch Versicherung* wird in den verschiedenen Ländern ebenfalls unterschiedlich genutzt. So werden beispielsweise in Deutschland die Träger der Gesetzlichen Krankenversicherung gezwungen, die Rentner zu subventionieren, weil sie für deren medizinische Versorgung von den deutschen Rentenversicherungen keinen kostendeckenden Beitrag erhalten. Eine andere Quelle der Umverteilung ist der Umstand, dass Leute mit niedrigem Einkommen nicht zwischen Gesetzlicher und Privater Krankenversicherung wählen können. In Frankreich ist sogar jede Person, auch Selbständige, Mitglied eines Trägers der sozialen Krankenversicherung, und die Kassen sind unmittelbar in den Staatshaushalt integriert [vgl. ROSA UND LAUNOIS (1990)]. In der Schweiz dagegen ging bis 1994 der Föderalismus so weit, dass es Sache der Kantone war, für Bezieher geringerer Einkommen eine Zwangsversicherung einzuführen; die Mehrzahl der Kantone überließ aber den Abschluss einer Krankenversicherung der individuellen Entscheidung. Trotzdem waren in den 1980er Jahren über 95 Prozent der schweizerischen Bevölkerung krankenversichert. Ein Grund dafür dürften wohl die staatliche Prämienverbilligung gewesen sein, welche auf einer pro-Kopf-Basis an den Krankenversicherer ausbezahlt wurden. Mit dem neuen Krankenversicherungsgesetz von 1994 (welches 1996 in Kraft trat, nachdem es im Dezember 1995 nur knapp einem Volksreferendum Stand gehalten hatte) wurde allerdings landesweit die Pflichtversicherung eingeführt, kombiniert mit einer einkommensabhängigen Prämiensubvention zu Gunsten armer Versicherter [siehe ZWEIFEL (2000)].

Ein sehr viel weitergehendes Mandat haben die politischen Sachwalter in Großbritannien und Italien, aber auch in Kanada erhalten (vgl. Tabelle 11.1). Abgesehen von privaten Zusatzversicherungen existiert in den beiden erstgenannten Ländern keine Krankenversicherung mehr, sondern ein *nationaler Gesundheitsdienst* wird unmittelbar aus dem Budget der Öffentlichen Hand finanziert. In Kanada treten Politiker als Sachwalter der Stimmbürger sowohl in Fragen der *nationalen Krankenversicherung* wie auch der Krankenhausfinanzierung auf.

Die Tabelle 11.1 zeigt schließlich eine vierte Sachwalterbeziehung, bei welcher der private Krankenversicherer zum vorrangigen Sachwalter des Individuums in gesundheitlichen Belangen wird. Es handelt sich dabei um den *Managed Care-Ansatz*, der in den USA in Form von *Health Maintenance Organizations* (HMOs), *Independent Practice Associations* (IPAs) und *Preferred Provider Organizations* (PPOs) weit verbreitet ist [vgl. Abschnitt 11.4.1]. Er besteht aus einem Bündel von Maßnahmen, die das Verhalten von Patienten und Leistungsanbietern mit dem Ziel steuern sollen, die Ausgaben zu beschränken und die Qualität zu sichern. Der Eindämmung der Ausgaben dient dabei die Einschränkung der Wahlfreiheit der Patienten. Sie müssen in der Regel einen für sie zuständigen Allgemeinpraktiker aufsuchen, und die Konsultierung von Fachärzten bedarf vielfach einer Genehmigung. Ebenso kann auch die Wahl des Krankenhauses eingeschränkt sein. Auf Seiten der Leistungsanbieter soll die Qualität durch Behandlungsleitlinien sichergestellt werden. Des Weiteren können Behandlungsentscheidungen einer Kontrolle unterworfen werden („Utilization Reviews"), die dafür sorgen sollen, dass nur notwendige Leistungen erbracht werden. Die Vergütung der Leistungen sieht insbesondere in den HMOs eine Beteiligung der Ärzte am finanziellen Risiko vor. Damit soll angebotsinduzierter Nachfrage, die eine Vergütung von Einzelleistungen voraussetzt, entgegen gesteuert werden (siehe Abschnitt 8.4). Darüber hinaus wird für die Ärzte der Anreiz geschaffen, ex-post Moral Hazard seitens der Patienten einzudämmen (siehe Abschnitt 6.4.2 sowie Kapitel 10). Besonders interessant im Rahmen des Managed Care-Ansatzes ist die HMO. In ihr werden alle genannten Maßnahmen verwirklicht, im Unterschied etwa zu den PPOs. Dort tragen die Ärzte kein finanzielles Risiko, was auch auf die IPAs zutrifft.

Weil offensichtlich alle Organisationsformen der medizinischen Versorgung ganz entscheidend davon abhängen, welche Sachwalterbeziehungen die Grundbeziehung zwischen Arzt und Patient ergänzen, soll diese zunächst im folgenden Abschnitt 11.2 beleuchtet werden. Dabei ergeben sich Anhaltspunkte dafür, dass sich Individuen nicht notwendigerweise für einen Arzt als alleinigen Sachwalter in Gesundheitsbelangen entscheiden, sondern es vorziehen, Arbeitgeber, Politiker („den Staat") oder Versicherer mit einzuschalten. Diese ergänzenden Sachwalter diskutieren wir in Abschnitt 11.3. Managed Care Organisationen sind schließlich Gegenstand von Abschnitt 11.4. Unsere bisherigen Ergebnisse fassen wir zusammen in

Folgerung 11.1 *Neben der Sachwalterbeziehung des Arztes zu seinem Patient bestehen üblicherweise ergänzende Sachwalterbeziehungen, die sich stark von Land zu Land unterscheiden. In Ländern mit einem nationalen Gesundheitsdienst oder einer nationalen Krankenversicherung organisiert der Staat die Versorgung grundsätzlich vollständig. In anderen Ländern hingegen treten private Krankenversicherer als ergänzende Interessenwahrer der Patienten auf. Dies ist insbesondere der Fall im Rahmen des Managed Care Ansatzes, bei dem der Versicherer auch zum Versorger des Patienten wird.*

11.2 Der Arzt als Sachwalter des Patienten

Wie in Abschnitt 5.2.4 diskutiert, sind Gesundheitleistungen häufig „Vertrauensgüter" [DARBY UND KARNI (1973)], denn der Patient weiß in der Regel nicht, wie seine Krankheit am besten zu behandeln ist. Er ist darauf angewiesen, dass sein Arzt ihn entsprechend informiert und behandelt.[1] In die Arzt-Patient-Beziehung kann er oftmals nur sein Vertrauen einbringen, in der Hoffnung, dass der Arzt alles unternimmt, ihn zu heilen. Ohne diesen Vertrauensvorschuss in den Arzt als Sachwalter ist es äußerst fraglich, ob die Beziehung zwischen Arzt und Patient überhaupt erfolgreich sein kann, denn es herrscht unter Medizinern und Laien weitgehend Einigkeit darüber, dass das Vertrauen des Patienten in den Arzt eine wichtige Voraussetzung für den Heilerfolg ist. Dies bedeutet jedoch nicht, dass die Arzt-Patient-Beziehung ausschließlich auf Vertrauen gründen muss. Nach dem Motto „Vertrauen ist gut, Kontrolle ist besser" hat der Patient insbesondere aus zwei Gründen Interesse an einem ergänzenden Sachwalter:

(1) *Qualitätssicherung*: Auch wenn der Patient grundsätzlich seinem Arzt vertraut, ist es in seinem Interesse, dass dessen Leistungen und seine Qualifikation von Fachleuten regelmäßig überprüft werden. Hierzu benötigt er ergänzende Sachwalter, die über das nötige Wissen verfügen.

(2) *Honorierung*: Vertrauen in gesundheitlichen Dingen bedeutet noch nicht, dass der Arzt auch die finanziellen Belange des Patienten ausreichend berücksichtigt, denn die Interessen von Arzt und Patient sind hier gegenläufig. Während der Arzt ein Interesse an einer möglichst hohen Honorierung hat, möchte der Patient nicht zu viel ausgeben. Weil der Patient im Krankheitsfall in keiner guten Verhandlungsposition ist und vielfach auch nicht beurteilen kann, ob eine Rechnung in ihrer Höhe gerechtfertigt ist, hat er Interesse an einem ergänzenden Sachwalter, der die Vergütung des Arztes regelt.

Die Nachfrage nach einem ergänzenden Sachwalter wird besonders deutlich, wenn man die Beziehung zwischen Arzt und Patient als *Principal-Agent Problem* auffasst. Asymmetrische Information zu Gunsten des Arztes macht eine Vertragsgestaltung für den potentiellen Patienten schwierig. Diese erfordert nicht nur Wissen über medizinische Zusammenhänge, sondern auch Kenntnisse über die optimale Lösung von Principal-Agent Problemen [vgl. z.B. MAS-COLELL ET AL. (1995, Kapitel 14)]. Dies wurde auch in Kapitel 10 deutlich, in dem wir gezeigt haben, dass optimale Vergütungssysteme eine Vielzahl von Aspekten berücksichtigen müssen, z.B. die Anreize auf die Behandlungsqualität und die Selektion von Patienten. Von daher gibt es einen Markt für die Funktion des ergänzenden Sachwalters, der dieses Marktversagen heilt oder zumindest lindert. Überhaupt scheint der Interessengegensatz zwischen Arzt und Patient auf den ersten Blick entschärft, wenn eine dritte Partei die Behandlungskosten trägt, z.B. ein Krankenversicherer. Diese Sicht lässt sich

---

[1] Siehe EMONS (1997) für eine Analyse der Anreize, Vertrauensgüter „ehrlich" bereitzustellen.

jedoch nicht aufrechterhalten, denn der Patient hat auch ein Interesse an niedrigen Krankenversicherungsbeiträgen. Sie trifft auch auf andere ergänzende Sachwalter nicht zu. So bieten in den USA größere Unternehmen ihren Angestellten Nebenleistungen in Form von Beiträgen zur Krankenversicherung. Damit jedoch das Unternehmen von der Anstellung eines Mitarbeiters profitiert, darf er insgesamt nicht mehr kosten als er zusätzlich erwirtschaftet. Der Arbeitgeber wird deshalb diese Nebenleistung mit einem entsprechend niedrigeren ausbezahlten Lohn ausgleichen, so dass die Kosten der Krankenversicherung letztlich von den Beschäftigten getragen werden. Darüber hinaus hat der Arbeitgeber ein großes Interesse daran, dass seine Beschäftigten gesund sind.[2] Der Interessenkonflikt zwischen Arzt und Patient wird so letztlich zu einem Konflikt über das optimale Gesundheitsverhalten zwischen dem Arbeitgeber und den Beschäftigten.

> **Folgerung 11.2** *Der Patient hat aus zwei Gründen Interesse an einem ergänzenden Sachwalter neben dem Arzt. Zum einen kann der ergänzende Sachwalter die Leistungen und Qualifikation des Arztes überprüfen. Zum anderen kann er die Kosten und Qualität der Behandlung durch die Ausgestaltung eines geeigneten Vergütungssystems beeinflussen.*

11.3 Ergänzende Sachwalterbeziehungen im Gesundheitswesen

Für die Funktion des ergänzenden Sachwalters kommen der Arbeitgeber, der Staat und private Krankenversicherer bzw. dem Wettbewerb ausgesetzte soziale Krankenversicherer wie etwa in Deutschland, den Niederlanden und der Schweiz in Frage. Grundsätzlich müsste für jede Alternative ein spieltheoretisches Modell formuliert werden, dessen Nash-Gleichgewichte die Ergebnisse der Verhandlungen mit dem Verband der Leistungserbringer (Ärzteverband) anzeigen. ZWEIFEL ET AL. (2002) haben diesen Versuch für den Fall der Regierung und der wettbewerblichen Krankenversicherung unternommen. Wenn die Krankenversicherer unter großem Wettbewerbsdruck stünden, würden sie (genau wie die Regierung auch) die Leistungserbringer auf ein minimales Honorar drücken, welches gerade noch die Teilnahmebedingung erfüllt (vgl. hierzu Kapitel 10). So könnten die beiden ergänzenden Sachwalter ein gleich hohes Qualitäts-Preis-Verhältnis zu Gunsten der Versicherten erzielen. Allerdings existieren im Falle der Regierung auch andere, ungünstigere Nash-Gleichgewichte. Es stellt sich auch die Frage, welcher ergänzende Sachwalter mit exogenen Veränderungen besser umgehen kann. Im Falle einer erhöhten Anbieterdichte sind es eher die wettbewerblichen Krankenversicherer, die zu Gunsten

---

[2] Im Rahmen des Modells von Abschnitt 3.4 bedeutet dies, dass er die Wahrscheinlichkeit $(1 - \pi)$ des gesunden Zustands möglichst gegen Eins erhöhen möchte (π ist die Wahrscheinlichkeit, während einer kurzen Periode krank zu sein). Im Gegensatz dazu werden die Beschäftigten eine Wahrscheinlichkeit $(1 - \pi^*) < 1$ anstreben, wobei π^* für die optimale Krankheitswahrscheinlichkeit steht. Sie nehmen demnach ein gewisses Krankheitsrisiko in Kauf.

ihrer Klientel günstigere Bedingungen herausholen; im Falle des technologischen Wandels in der Medizin könnte aber auch die Regierung besser abschneiden. Der Wettbewerb der Gesundheitssysteme scheint also nach wie vor offen zu sein. Nachstehend werden die Vor-und Nachteile der verschiedenen ergänzenden Sachwalter qualitativ diskutiert.

11.3.1 Der Arbeitgeber als ergänzender Sachwalter

Arbeitgeber verfügen vielfach über große Erfahrung bei der Gestaltung von Vertragsbeziehungen. Dieses Wissen könnte grundsätzlich dazu verwendet werden, für die Beschäftigten Verträge mit Ärzten und anderen Leistungsanbietern im Gesundheitswesen abzuschließen. Auf diese Weise ist in den USA die erste sog. *Health Maintenance Organization* entstanden (vgl. dazu Abschnitt 11.4).

Allerdings werden die Beschäftigten eines Unternehmens gegenüber einer Auswahl von Vertragsärzten und -krankenhäusern durch den Arbeitgeber gewisse Vorbehalte haben. In den Verhandlungen über Lohnhöhe und Beschäftigung haben zumindest risikoscheue Beschäftigte ein Interesse daran, Schwankungen ihrer Leistungsfähigkeit zu verheimlichen, um z.B. ihre Weiterbeschäftigung nicht zu gefährden. Weil solche Schwankungen viel mit dem Gesundheitszustand zu tun haben, kann der Arbeitgeber seinen Informationsstand durch eine Befragung der Ärzte verbessern. Dem steht an sich das ärztliche Berufsgeheimnis entgegen, doch je mehr die Vertragsärzte und -krankenhäuser vom Arbeitgeber abhängen, desto eher müssen auch sie als dessen Beauftragte auf seine Wünsche eingehen. Diese Überlegungen münden in die

Folgerung 11.3 *Die Arbeitgeber könnten zwar als ergänzende Sachwalter die Vertragsbeziehungen mit den Anbietern im Gesundheitswesen im Interesse ihrer Beschäftigten gestalten, weil sie sich aber dadurch auch einen Informationsvorteil bei Lohnverhandlungen verschaffen würden, kommt es in der Gesundheitsversorgung nur in Ausnahmefällen zu dieser Lösung.*

Diese Schlussfolgerung ist dafür ausschlaggebend, dass die Arbeitgeber in der Tabelle 11.1 über die Kombinationen von Sachwalterbeziehungen gar nicht aufgeführt sind. In bestimmten Situationen (abgelegene Baustellen, ausgedehnte Werkareale, Schichtbetrieb) kann allerdings die Einsparung von Transaktionskosten so groß werden, dass der Arbeitgeber doch die medizinische Versorgung, insbesondere durch Werkärzte, übernimmt. In aller Regel beschränkt sich aber seine Rolle auf das Bereitstellen eines Krankenversicherungsangebots, z.B. in Form der Betriebskrankenkassen in Deutschland, in der Schweiz und auch in den USA (wo die größeren Arbeitgeber dazu gesetzlich verpflichtet sind). Mehr und mehr greifen die Arbeitgeber auch in die Honorarverhandlungen mit den Leistungsanbietern im Gesundheitswesen ein. Im Fall der sog. *Preferred Provider Organizations* in den USA schließen Unternehmen mit Gruppen von Ärzten und Krankenhäusern Präferenzverträge ab und handeln dabei einen Preisnachlass auf die ortsüblichen Tarife heraus.

11.3.2 Der Staat als ergänzender Sachwalter

In Demokratien haben die Stimmbürger die Möglichkeit, markt- und verhandlungs-gesteuerte Allokationsmechanismen durch staatlich gesteuerte zu ersetzen, sei es un-mittelbar durch eine Volksinitiative wie in manchen Bundesstaaten der USA und in der Schweiz oder mittelbar durch die Wahl einer Regierung, die verspricht, ei-ne „Gesundheitsversorgung für alle Bürger" einzurichten. Dies kann auf zwei Arten geschehen:

(1) Der Staat organisiert die Versorgung mit medizinischen Leistungen in Form eines *nationalen Gesundheitsdienstes* unmittelbar selbst, wie beispielsweise in Großbritannien und Italien, oder

(2) der Staat tritt als monopolistischer *nationaler Krankenversicherer* auf, wie im Falle Kanadas.

11.3.2.1 Nationaler Gesundheitsdienst

Staatliche Instanzen übernehmen hier die Funktion des Auftraggebers und nehmen Ärzte und Krankenhäuser unter Vertrag. Durch eine optimale Ausgestaltung von Vergütungssystemen können sie Einsparungen im Gesundheitswesen durchsetzen, die sie dann in Form einer reduzierten Steuerbelastung oder zusätzlicher anderer öffentlicher Güter an die Stimmbürger weitergeben. Ob diese Weitergabe tatsächlich stattfindet, hängt wie auf den Märkten von der *Intensität des Wettbewerbs* ab, hier also von der Konkurrenz der Parteien um Stimmen. Auch die Tatsache, dass Länder mit nationalen Gesundheitsdiensten geringere Ausgaben aufweisen als vergleichbare Industrieländer (vgl. Tabelle 1.1 auf Seite 2), ist noch keine hinreichende Bedingung für eine Entlastung des Steuerzahlers; möglicherweise fließen die eingesparten Mit-tel in andere Sparten der öffentlichen Verwaltung.

Der Staat als ergänzender Sachwalter der Individuen scheint auf den ersten Blick die Machtmittel in der Hand zu haben, um die Gestaltung der Verträge im Gesund-heitswesen nach seinem Belieben zu beeinflussen. Als größter Nachfrager auf dem Markt für medizinische Leistungen ist er in der Lage, die Preise zu senken. Sei-ne Marktmacht gegenüber den Ärzten kann er sogar noch dadurch verstärken, dass er für sie eine Tätigkeit außerhalb des nationalen Gesundheitsdienstes durch Aufla-gen unattraktiv macht. Solche Zwangsmaßnahmen können sich aber längerfristig als kontraproduktiv erweisen. Innerhalb der Volkswirtschaft steht das Gesundheitswesen mit anderen Branchen im Wettbewerb um Ressourcen, insbesondere Arbeitskräfte. Weichen Lohnhöhe und -struktur allzu sehr von den Verhältnissen in anderen Berei-chen der Wirtschaft ab, kann das Gesundheitswesen seine Beschäftigten nicht hal-ten. Darüber hinaus spielt auch der internationale Wettbewerb eine wichtige Rolle, können doch gerade Ärzte ihre Fähigkeiten leicht in einem anderen Land einsetzen. Ist schließlich der von der Parteienkonkurrenz ausgehende Wettbewerbsdruck nur gering, dann sind die Politiker kaum dazu angehalten, die Vergütung der Anbieter so zu entwerfen, dass diese einen Anreiz für besonders weitgehende Bemühungen zugunsten des Patienten besitzen.

11.3.2.2 Nationale Krankenversicherung

Eine nationale Krankenversicherung stellt eine Lösung zwischen der staatlichen Gesundheitsversorgung und der im nachstehenden Teilabschnitt 11.3.3 untersuchten Einschaltung des im Wettbewerb stehenden Krankenversicherers als ergänzenden Sachwalter dar. Bei ihr greift der Staat in der Regel nicht so massiv in die Gesundheitsversorgung ein wie bei einem nationalen Gesundheitsdienst. Im Übrigen wird sich eine nationale Krankenversicherung als ergänzender Sachwalter ähnlich verhalten wie eine im Wettbewerb stehende Krankenversicherung, falls sie Kostendeckung erzielen muss, mit dem schwerwiegenden Unterschied, dass der *mangelnde Wettbewerb* sie nicht dazu zwingt, erzielte Vorteile aus der Vertragsgestaltung an die Versicherten weiterzugeben.

Folgerung 11.4 *Seine Machtposition erlaubt es dem Staat grundsätzlich, die Preise auf dem Markt für medizinische Leistungen zu senken. Auf dem Arbeitsmarkt ist seine Macht allerdings dadurch beschränkt, dass er in Konkurrenz mit anderen Branchen und den Gesundheitswesen anderer Länder steht. Ob sich der Staat auch als ergänzender Sachwalter der Bürger verhält, hängt insbesondere von der Intensität des Wettbewerbs der Parteien um Stimmen ab.*

11.3.3 Der Krankenversicherer im Wettbewerb als ergänzender Sachwalter

Die Möglichkeit, den Krankenversicherer als ergänzenden Sachwalter gegenüber dem Arzt und ganz allgemein gegenüber den Anbietern im Gesundheitswesen einzusetzen, erscheint als nahe liegende Alternative. Dies trifft insbesondere dann zu, wenn private oder soziale Krankenversicherer im Wettbewerb stehen. Dies begünstigt die Weitergabe erzielter Vorteile an die Versicherten. Allerdings kann der Wettbewerb zwischen Versicherungen auch zu negativen Wirkungen führen, falls ein Ausgleich zwischen hohen und niedrigen Risiken erreicht werden soll. Insbesondere haben Versicherungen bei einem Diskriminierungsverbot einen Anreiz zur Risikoselektion, der jedoch durch verschiedene Gegenmaßnahmen gemindert werden kann (siehe Kapitel 7).

Wie beim Arbeitgeber besteht auch bei Krankenversicherern das Problem des möglichen Datenmissbrauchs, denn Gesundheitsdaten sind grundsätzlich ökonomisch verwertbar, etwa durch Weitergabe an Lebensversicherer. Allerdings können Datenschutzgesetze und -kontrollen diese Gefahr eindämmen. Zudem droht Krankenversicherern, die bei der illegalen Datenweitergabe ertappt werden, ein erheblicher Reputationsverlust.

Die Möglichkeiten eines Krankenversicherers, als ergänzender Sachwalter des Versicherten zu handeln, sind stark eingeschränkt, solange er wie in der privaten

Krankenversicherung in Deutschland nur die Ausgaben im Rahmen einer Einzelleistungsvergütung der Leistungsanbieter erstattet. In diesem Fall kann er lediglich in Form von Selbstbeteiligungstarifen versuchen, das Verhalten des Patienten zu beeinflussen (vgl. Kapitel 6). Auch die gesetzlichen Krankenkassen in Deutschland haben nur stark eingeschränkte Möglichkeiten, selektive Verträge mit Leistungserbringern auszuhandeln. Zu einem ergänzenden Sachwalter wird der Krankenversicherer erst, wenn er die Leistungserbringung selbst beeinflussen kann. Hierzu gehören insbesondere die Entwicklung und das Aushandeln von Vergütungssystemen (vgl. Kapitel 10) sowie die direkte Steuerung des Verhaltens von Patient und Leistungserbringer. Ein Beispiel hierfür ist die aus den USA stammende Health Maintenance Organization, die wir im folgenden Abschnitt vorstellen. Unsere bisherigen Überlegungen münden in

Folgerung 11.5 *Private und soziale Krankenversicherer, die unter Wettbewerbsdruck stehen, haben den Anreiz, erzielte Vorteile an die Versicherten weiterzugeben. Zu einem ergänzenden Sachwalter werden sie erst, wenn sie die Leistungserbringung selbst beeinflussen können.*

11.4 Die Managed Care Organization als alternative Form der Versorgung

11.4.1 Die Managed Care Organization als ergänzender Sachwalter im Gesundheitswesen

Managed Care stellt eine Alternative zur konventionellen Einzelleistungsvergütung dar. Sie hat ihren Ursprung in den „group prepayment plans", die in den USA in den 20er und 30er Jahren des 20. Jahrhunderts entwickelt wurden. Zu den bekanntesten Einrichtungen gehört die „Kaiser Permanente", die von dem Industriellen Henry J. Kaiser und dem Arzt Sidney Garfield gegründet wurde. Sie entstand aus einem Versorgungssystem für Arbeiter auf einer weit abgelegenen Großbaustelle und für Werftarbeiter im zweiten Weltkrieg.

Heute umfassen die Managed Care Organizations (MCOs)

(1) die *Health Maintenance Organizations* (HMOs), in welchen Versicherung und Leistungserbringung völlig integriert sind,

(2) die *Independent Practice Associations* (IPAs), in welchen die Versicherten auf die freie Arztwahl verzichten, und

(3) die *Preferred Provider Organizations* (PPOs), in welcher sie zwar nicht gänzlich in der Wahl ihres Arztes eingeschränkt sind, jedoch Anreize haben, einen „präferierten" Arzt aufzusuchen.

MCOs setzen vertikale Bindungen durch [ZWEIFEL ET AL. (2007)] und entstehen meist durch die Initiative der Krankenversicherer. Sie basieren auf mindestens einem der folgenden Prinzipien [ENTHOVEN (1980)].

(a) Der Versicherte bezahlt eine *fixe Prämie* pro Monat oder Jahr im Voraus an die MCO.

(b) Dem Versicherten wird eine umfassende, *vom MCO-Arzt festgelegte Behandlung* im Krankheitsfall garantiert. Eine Kostenbeteiligung ist nur sehr eingeschränkt oder gar nicht vorgesehen.

(c) Der Patient muss bereit sein, sich von Ärzten der betreffenden MCO behandeln zu lassen, also auf die völlig *freie Arztwahl* zu verzichten.

(d) Der MCO-Arzt wird *nicht* nach den im Einzelfall erbrachten Leistungen honoriert; hingegen kann er am finanziellen Erfolg der MCO beteiligt sein.

Die Kaiser Permanente gehört noch heute zu den größten HMOs in den USA mit über 8 Mio. Versicherten. Mittlerweile ist Managed Care die dominante Versorgungsform in den USA. Diese Entwicklung wurde durch die HMO-Gesetze von 1973 gefördert, welche vom Arbeitgeber das Angebot mindestens einer HMO-Option verlangen.

Die Geschichte der HMOs ist geprägt durch die Auseinandersetzungen mit der American Medical Association (AMA). Einer der wichtigsten Gründe für die Gegnerschaft der AMA scheint dabei in der Honorierung zu liegen. Durch den Verzicht auf eine Einzelleistungsvergütung wird eine *Preisdifferenzierung nach der Zahlungsbereitschaft* des Versicherten erschwert. Eine solche Preisdiskriminierung eröffnet den Ärzten die Möglichkeit, ihr Nettoeinkommen zu steigern, was das Festhalten der AMA am Grundsatz der Einzelleistungsvergütung erklären würde [vgl. KESSEL (1958)].

11.4.2 Kostenvorteile von Managed Care

HMO-Ärzte erhalten in der Regel einen Teil ihres Einkommens als erfolgsabhängigen Bonus. Dadurch, dass sie diesen Bonus bei ungünstiger Kostenentwicklung verlieren, sind sie kostenbeteiligt. Der Anreiz, Drittleistungen kostengünstig zu beschaffen, wird dadurch verstärkt, dass der MCO-Arzt (in der Regel ein Allgemeinpraktiker) einen *Budgetbetrag für die bei ihm eingeschriebenen Versicherten* einhalten muss, aus welchem er auch die Aufwendungen für fremdbezogene Leistungen zu decken hat. Nach Schätzungen einer frühen Studie von MOORE (1979) machen diese Zukäufe über 70% des vom MCO-Arzt verwalteten Gesamtbetrages aus.

Immerhin ist aufgrund der Anreize und Entscheidungsbefugnisse der HMO- Ärzte zu erwarten, dass sie Ersparnisse vor allem im Bereich der Überweisungen an Fachärzte und Krankenhäuser zu erzielen suchen. Diese Erwartung wird bereits in der umfassenden Studie von LUFT (1981) bestätigt. Niedrige Hospitalisierungsraten könnten aber auch auf *Risikoselektion* zurückzuführen sein, indem MCOs gesündere Versicherte anziehen. Der Gesundheitszustand lässt sich dabei als eine latente Variable auffassen, die einerseits die Wahl des Versicherungsvertrages und andererseits die Inanspruchnahme von Leistungen nach Abschluss des Vertrages beeinflusst. Die Gesundheitsausgaben hängen aber auch von den veränderten Anreizen des MCO-Arztes ab. Das Problem besteht nun darin, die Effekte des Gesundheitszustandes (der auch "Risikoselektionseffekt" genannt werden kann) und jene der geänderten Anreize im MC-Vertrag (den "Innovationseffekt") zu unterscheiden.

LEHMANN UND ZWEIFEL (2004) versuchten diese beiden Effekte wie folgt zu entflechten. Für die Untersuchung stellte ein großer Schweizer Krankenversicherer seine Individualdaten zur Inanspruchnahme von Leistungen von 1997-2000 zur Verfügung. Dies erlaubte es den Autoren, den Selektionsprozess zu simulieren. Für die Jahre 1997-1999 schätzten sie drei vorausgesagte Werte der Gesundheitsausgaben, gegeben Alter, Geschlecht und Wohnregion eines Individuums und eine Dummy-Variable für erhaltene Prämiensubventionen (ein Indikator für geringes Einkommen). Einerseits sind dies diejenigen Informationen über die ein Krankenversicherer legal verfügt und mit denen er verifizieren kann, ob ein Individuum systematisch höhere Kosten aufweist als der Erwartungswert. Ist dies der Fall, besteht ein Hinweis auf einen ungünstigen latenten Gesundheitszustand, und der Versicherer würde wahrscheinlich versuchen, den Kunden zu einem Nicht-MC Vertrag verbunden mit einer höheren Prämie zu überreden. Andererseits können sich Versicherte mit durchschnittlichen Kosten über dem Erwartungswert auch selbst für einen konventionellen Vertrag anstelle der restriktiveren MC-Alternative entscheiden. Folglich bilden Abweichungen der Gesundheitsausgaben vom vorhergesagten Wert einen Indikator für den latenten Gesundheitszustand, welcher den Risikoselektionsprozess steuert.

In einem zweiten Schritt wurden die Gesundheitsausgaben des Jahres 2000 mit diesem Indikator sowie der Art des Vertrages (konventioneller Vertrag vs. HMO, PPO und IPA) in Verbindung gebracht. Da der latente Gesundheitszustand in dieser Schätzung für den Selektionseffekt korrigiert, müssten geschätzte Unterschiede in den Gesundheitsausgaben der Vertragsart vollumfänglich dem Innovationseffekt zuzuschreiben sein.

Die Resultate sind in Tabelle 11.2 wiedergegeben. Die größten Kostenersparnisse (im Vergleich zum konventionellen Vertrag) wurden durch die HMOs erzielt, gefolgt von den PPOs und den IPAs. Diese Rangfolge entspricht den in den USA gemachten Erfahrungen. Betrachtet man die Spalte für die HMO, so kann die gesamte Kostenreduktion von 62 Prozent (Zeile C) in eine Reduktion um 53 Prozent aufgrund geringerer Gesundheitsausgaben, gegeben dass solche vorlagen (Zeile A) und in eine Reduktion um 9 Prozent aufgrund geringerer Wahrscheinlichkeit positiver Kosten (Zeile B) aufgeteilt werden.

Für den Fall, dass positive Kosten auftraten, sind 37 Prozent der Kostenreduktion von 53 Prozent dem Innovationseffekt und 16 Prozent dem Risikoselektionseffekt zuzuschreiben. Diese Aufteilung fällt anders aus bei der Reduktion aufgrund gerin-

Tabelle 11.2. Innovations- und Risikoselektionskomponenten der Kostenreduktionen durch Managed Care, Schweiz 2000

	Kostenveränderung in Prozent								
	HMO			IPA			PPO		
	Total	Innov- ation	Risiko selek.	Total	Innov- ation	Risiko selek.	Total	Innov- ation	Risiko selek.
A	−53	−37	−16	−34	−10	−24	−39	−21	−18
B	−9	−3	−6	0	0	0	0	0	0
C	−62	−40	−22	−34	−10	−24	−39	−21	−18

A: Unterschied Gesundheitsausgaben, falls positiv
B: Unterschied Wahrscheinlichkeit positiver Gesundheitsausgaben
C: Unterschied Gesundheitsausgaben insgesamt

Quelle: LEHMANN UND ZWEIFEL (2004)

gerer Wahrscheinlichkeit positiver Kosten. Der Kostenrückgang von 9 Prozent lässt sich zu einem kleinen Teil dem Innovationseffekt (3 Prozent) und großteils dem Risikoselektionseffekt (6 Prozent) zuschreiben. Die gesamte Kostenreduktion der HMO von 62 Prozent beruht zu 40 Prozent auf Innovation und 22 Prozent auf Risikoselektion. Folglich können zwei Drittel der Kostenersparnisse in HMO-Verträgen nicht durch den latenten Gesundheitszustand erklärt werden und kommen somit wahren Kostenersparnissen durch Vertragsinnovation gleich. Für die IPAs machen Risikoselektionseffekte zwei Drittel der Kostenvorteile gegenüber dem konventionellen Vertrag aus; für die PPO wirken die beiden Effekte gleich stark.

Eine Schwäche dieses Ansatzes liegt darin, dass alle Unterschiede in den Gesundheitsausgaben, die nicht dem Risikoselektionseffekt zugeschrieben werden können, automatisch als Innovationseffekt gewertet werden. Es könnten aber auch andere Gründe für verändertes Verhalten der Versicherten und Ärzte geben, welche hier nicht berücksichtigt wurden.

Der Einfluss der Risikoselektion konnte durch das RAND Health Insurance Experiment sogar vollkommen ausgeschaltet werden [vgl. DUAN ET AL. (1984)]. Den Teilnehmern am Experiment wurde nämlich die Wahl der Versicherung genommen bzw. durch eine einmalige, feste Entschädigung „abgekauft" [vgl. MANNING ET AL. (1984)]. Aus der Tabelle 11.3 geht hervor, dass Personen, die im Rahmen des Experiments in eine HMO eintraten, eine ähnlich niedrige Zahl von Krankenhaustagen aufweisen wie die Kontrollgruppe mit permanenten HMO-Mitgliedern. Im Vergleich zu Personen mit konventionellen Versicherungsschutz ohne Selbstbehalt betragen die Krankenhaustage jedoch nur 49 statt 83 Tage je 100 Versicherte und Jahr. Die Differenz ist offensichtlich auf die um 40% geringere Einweisungsquote zurückzuführen.

Im Rahmen des RAND Health Insurance Experiments konnte auch untersucht werden, ob die günstigere Versorgung durch die HMOs auf Kosten der Gesundheit der Patienten stattfindet. Dabei zeigte sich, dass dies im Allgemeinen nicht zutrifft.

Tabelle 11.3. Medizinischen Leistungen und Ausgaben im Vergleich, USA 1983

Organisationsform	Krankenhaus-eintritte je 100 Personen	Krankenhaus-tage je 100 Personen	Arztkon-sultationen je Person	Ausgaben pro Kopf in US$
HMO				
Experimentteilnehmer	8,4	49	4,3	439
Kontrollgruppe	8,3	38	4,7	469
Konventionelle Versicherung				
Ohne Selbstbehalte	13,8	83	4,2	609

Quelle: MANNING ET AL. (1984)

Eine Ausnahme bilden hier allerdings die wirtschaftlich Schwachen mit schlechtem Gesundheitszustand zu Beginn des Experiments. Sie erzielten in einer HMO eine geringere Besserung als die Vergleichsgruppe mit konventioneller Versorgung [vgl. WARE ET AL. (1986)].

Aus Sicht der Versicherten ist entscheidend, dass die Kostenvorteile der HMOs auch zu geringeren Prämien führen. In hart umkämpften Märkten scheint dies im hohen Maße der Fall zu sein. Tritt dagegen eine HMO als einzige Alternative zur konventionellen Versorgung in einem Markt auf, liegt ihre Prämie ceteris paribus höher [vgl. M. SCHLESINGER ET AL. (1986)].

Folgerung 11.6 *Managed Care Organizations (MCOs) führen im Vergleich zu einer konventionellen Versorgung zu substantiellen Kostenersparnissen. Im Allgemeinen geht dies nicht zu Lasten der Gesundheit der Versicherten. Eine Ausnahme bilden allerdings die wirtschaftlich Schwachen mit schlechtem Gesundheitszustand. Auf hart umkämpften Märkten werden die Kostenvorteile der MCOs an die Versicherten weitergegeben.*

11.4.3 Kostenwirkungen der HMOs auf der Ebene des Gesamtsystems

Wenn es einem Anbieter in der Wirtschaft gelingt, dank einer Innovation seine Leistung zu geringeren Kosten herzustellen, kann man üblicherweise annehmen, dass die Produktionskosten der gesamten Branche und letztlich auch der Gesamtwirtschaft zurückgehen. Diese Regel scheint im Gesundheitswesen nicht zu gelten. Kritische Beobachter weisen auf die Möglichkeit von Kostenverschiebungen (engl. „cost-shifting") zwischen Versicherungsträgern und Versorgungsalternativen hin:

- Der Staat als Einkäufer medizinischer Leistungen mag zwar günstigere Tarife für sich durchsetzen, doch die Anbieter belasten dafür *andere Abnehmer* zusätzlich. So sparen zwar die deutschen Rentenversicherer Milliarden, indem sie den Trägern der Gesetzlichen Krankenversicherung nicht die vollen Kosten für die

Gesundheitsversorgung der Rentner vergüten; zum Ausgleich dafür werden die Beitragssätze der Erwerbstätigen zur Krankenversicherung angehoben. Ebenso rechnet die Schweizerische Unfallversicherungs-Anstalt (SUVA) mit den Ärzten für die Versorgung der Opfer von Unfällen am Arbeitsplatz zu einem höheren Tarif ab, der dann den Krankenkassen wieder zu Gute kommt. Die Einführung von Fallpauschalen nach Diagnosegruppen (DRGs, vgl. Abschnitt 10.5.3.3) für die Vergütung der Krankenhäuser durch die Medicare-Verwaltung der USA hat vermutlich ebenfalls zur Mehrbelastung anderer Gruppen geführt: höhere Kosten für Privatversicherte, Abbau der Gratisleistungen an Arme ohne Krankenversicherung.

- Auch der private Träger eines neuen Versorgungskonzeptes ist dem Verdacht ausgesetzt, mittels Druck auf die Preise von fremdbezogenen Leistungen *Kosten zu verschieben statt zu reduzieren*. Im vorhergehenden Abschnitt war vom Vertragsnetz-Typ der HMOs die Rede, der den teilnehmenden Ärzten Gelegenheit bietet, mit der HMO ausgehandelte Tarifreduktionen bei der Behandlung anderer Patientengruppen wettzumachen. Ebenso könnte ein Krankenhaus dem Großabnehmer HMO günstigere Tarife einräumen und dafür konventionell versicherte Patienten höher belasten.

Da die Frage der Kostenverschiebung zwischen Anbietern unterschiedlicher Versicherungsverträge und Versorgungskonzepte im Gesundheitswesen offensichtlich von großer Bedeutung ist, sollen in diesem Teilabschnitt mit Hilfe eines von DRANOVE (1988) entwickelten Modells die *Bedingungen* untersucht werden, unter denen es zu solchen Kostenverschiebungen kommen kann. Dabei sei beispielhaft der Fall eines Krankenhauses herausgegriffen, das einerseits HMO-Patienten zu festen, vorher ausgehandelten Tarifen behandelt, andererseits aber auch privat versicherte Patienten hat. Wird ein typisches Krankenhaus diesem Patienten tatsächlich höhere Preise für seine Leistungen verrechnen, wenn die HMO für ihre Versicherten niedrigere Preise aushandeln kann?

Zur Beantwortung dieser Frage wird eine Zielfunktion für das Krankenhaus angenommen, die zwei Gruppen von Argumenten enthält. Einerseits soll die Leitung des Hauses am Gewinn aus dem Verkauf von Leistungen interessiert sein. Dieser wird durch die Behandlung von konventionell Versicherten (Π_K) und von HMO-Mitgliedern (Π_H) erzielt, so dass der Gesamtgewinn $\Pi = \Pi_K + \Pi_H$ beträgt. Andererseits geht aber auch die Menge erbrachter Leistungen (verrechnete Pflegetage Y_K und Y_H) in die Zielfunktion u ein.

$$u = u[\Pi_K(p_K, C_K) + \Pi_H(p_H, C_H); Y_K(p_K), Y_H(p_H)]$$

$$\text{mit} \quad \frac{\partial u}{\partial \Pi} = \frac{\partial u}{\partial \Pi_K} = \frac{\partial u}{\partial \Pi_H} > 0, \quad \frac{\partial u}{\partial Y_K} > 0, \quad \frac{\partial u}{\partial Y_H} > 0,$$

$$\frac{\partial^2 u}{\partial \Pi^2} = \frac{\partial^2 u}{\partial \Pi_K \partial \Pi_K} = \frac{\partial^2 u}{\partial \Pi_H \partial \Pi_K} < 0. \tag{11.1}$$

Die Gleichheitsrestriktionen vor der ersten Vorzeichenangabe leiten sich aus dem Umstand her, dass die *Summe* der Gewinne das erste Argument der Zielfunktion bil-

Kasten 11.1. Verschiebung der Kosten durch das Krankenhaus

Zielfunktion des Krankenhauses:

$$u = u[\Pi_K(p_K,C_K)+\Pi_H(p_H,C_H);Y_K(p_K),Y_H(p_H)]$$

$$\text{mit } \frac{\partial u}{\partial \Pi_K} = \frac{\partial u}{\partial \Pi_H} = \frac{\partial u}{\partial \Pi} > 0, \frac{\partial u}{\partial Y_K} > 0, \frac{\partial u}{\partial Y_H} > 0, \frac{\partial^2 u}{\partial \Pi_K \partial \Pi_K} = \frac{\partial^2 u}{\partial \Pi_H \partial \Pi_K} = \frac{\partial^2 u}{\partial \Pi^2} < 0$$

$$\tag{11.1}$$

Eigenschaften der Leistungserstellung für konventionelle Versicherte:

$$\frac{\partial \Pi_K}{\partial C_K} < 0, \frac{\partial^2 \Pi_K}{\partial p_K \partial C_K} > 0; \frac{\partial \Pi_K}{\partial p_K} > 0, \frac{\partial^2 \Pi_K}{\partial p_K^2} < 0 \tag{11.2}$$

Eigenschaften des Marktes für HMO-Versicherte:

$$C_K = C_H, p_H = \overline{p}_H, Y_H = \overline{Y}_H \tag{11.3}$$

Π_K: Gewinn aus der Behandlung von Patienten mit konventionellen Versicherungen

Π_H: Gewinn aus der Behandlung von HMO-Patienten

p_K, p_H: Preise, die für Angehörige der beiden Gruppen in Rechnung gestellt werden können

C_K, C_H: Grenzkosten (= Durchschnittskosten), die für die Behandlung der jeweiligen Patientengruppe aufgewendet werden

Y_K, Y_H: Zahl der verrechneten Pflegetage

---

det: Der Krankenhausleitung ist gleichgültig, ob ein zusätzlicher Gewinn aus Leistungen stammt, die an konventionell versicherten (Π_K) oder HMO-Patienten (Π_H) erbracht werden. Die Gleichheit der zweiten Ableitungen der Zielfunktion folgen ebenfalls aus $\Pi = \Pi_K + \Pi_H$. Das negative Vorzeichen ergibt sich aus der Annahme der Risikoaversion der Krankenhausleitung.

Die Zahl der verrechneten Pflegetage (Y_K, Y_H) soll grundsätzlich negativ vom *geforderten Preis* abhängen [vgl. aber die Annahmen (11.3)]. Bei konventionell versicherten Patienten ist dies angesichts fühlbarer Kostenbeteiligungen für stationäre Behandlung in den USA eine plausible Annahme. Auch bei HMOs dürften die Ärzte als Einkäufer von Drittleistungen auf einen hohen Preis mit einer Reduktion der bestellten Pflegetage reagieren. Der Einfachheit halber wird eine lineare Nachfragefunktion angenommen, so dass $\partial^2 Y_K/\partial p_K^2 = 0$.

Die nachstehenden Vorzeichenvorgaben charakterisieren den „Markt" der konventionell Versicherten aus der Sicht des Krankenhauses (vgl. auch Kasten 11.1):

$$\frac{\partial \Pi_K}{\partial C_K} < 0, \quad \frac{\partial^2 \Pi_K}{\partial p_K \partial C_K} > 0, \quad \frac{\partial \Pi_K}{\partial p_K} > 0, \quad \frac{\partial^2 \Pi_K}{\partial p_K^2} < 0. \tag{11.2}$$

Nach (11.2) wird der Gewinnbeitrag aus diesem Marktsegment durch Kostenstei-gerungen geschmälert; der Effekt fällt allerdings weniger stark aus, wenn zugleich der Preis angehoben werden kann $(\partial^2\Pi/\partial p_K\partial C_K > 0)$. Das in der Funktion (11.1) zum Ausdruck gebrachte *Abrücken vom Ziel der Gewinnmaximierung* $(\partial u/\partial Y_K > 0,$ $\partial u/\partial Y_H > 0)$ hat zur Konsequenz, dass ein erhöhter Leistungspreis den Beitrag zum Gewinn immer noch steigern würde $(\partial \Pi_K/\partial p_K > 0)$, wenn auch mit abnehmender Wirkung $(\partial \Pi_K^2/\partial p_K^2 < 0)$.

Zusätzliche Annahmen legen die *Eigenschaften des HMO-Marktsegments* aus der Sicht des Krankenhauses fest:

$$C_K = C_H, \quad p_H = \overline{p}_H, \quad Y_H = \overline{Y}_H. \tag{11.3}$$

Die erste Annahme besagt, dass die Behandlung eines HMO-Patienten gleich viel kostet wie jene eines konventionell versicherten Patienten. Damit werden *Kosten-unterschiede* als Grund einer Verschiebung zwischen den beiden Patientengruppen *ausgeschlossen*. Einfachheitshalber wird zweitens der Preis für die HMO-Patienten $\overline{p}_H$ als exogen gegeben betrachtet, obschon er – im Gegensatz zu den Vergütungen für Medicaid- und Medicare-Patienten, die von einer öffentlichen Instanz festgelegt werden – das Ergebnis eines Verhandlungsprozesses wiedergibt. Aufgrund des ver-einbarten Preises verpflichtet sich schließlich die HMO, eine *feste Anzahl Pflegetage* $\overline{Y}_H$ zu übernehmen.

Aufgrund dieser zusätzlichen Annahmen verbleibt dem Krankenhaus nur noch p_K als Entscheidungsgröße. Somit lautet die notwendige Bedingung für ein (inneres) Optimum

$$\frac{\partial u}{\partial p_K} = \frac{\partial u}{\partial \Pi_K}\frac{\partial \Pi_K}{\partial p_K} + \frac{\partial u}{\partial Y_K}\frac{\partial Y_K}{\partial p_K} = 0. \tag{11.4}$$
$$\text{(+)} \quad \text{(+)} \quad \text{(+)} \quad \text{(–)}$$

Ein Anheben des Preises für konventionell Versicherte hätte einerseits einen positiven Effekt auf den Gewinn, andererseits aber einen negativen Effekt auf die Versorgungszielsetzung, werden doch Patienten wegen der Kostenbeteiligung vom erhöhten Preis abgeschreckt.

Wird nun das Optimum z.B. durch eine *Reduktion des Vergütungsansatzes* für HMO-Patienten gestört, so muss die Auswirkung auf die Bedingung $\partial u/\partial p_K = 0$ durch die Veränderung der Entscheidungsvariablen p_K so ausgeglichen werden, dass die Optimalbedingung nach der Anpassung wieder erfüllt ist. Dies verlangt

$$\frac{\partial^2 u}{\partial p_K^2}\mathrm{d}p_K + \frac{\partial^2 u}{\partial p_K\partial p_H}\mathrm{d}\overline{p}_H = 0. \tag{11.5}$$

Die Auflösung von (11.5) nach dem interessierenden Differential $dp_K/d\overline{p}_H$ ergibt unmittelbar

$$\frac{dp_K}{d\overline{p}_H} = \frac{(-1)}{\dfrac{\partial^2 u}{\partial p_K^2}} \frac{\partial^2 u}{\partial p_K \partial p_H}$$

$$= \frac{(-1)}{\dfrac{\partial^2 u}{\partial p_K^2}} \left[\frac{\partial^2 u}{\partial \Pi_H \partial \Pi_K} \frac{\partial \Pi_H}{\partial \overline{p}_H} \frac{\partial \Pi_K}{\partial p_K} + \frac{\partial^2 u}{\partial Y_K \partial \Pi_H} \frac{\partial \Pi_H}{\partial \overline{p}_H} \frac{\partial Y_K}{\partial p_K} \right]. \qquad (11.6)$$

$$\quad\quad (+) \qquad\quad (-) \qquad (+) \quad (+) \qquad (+/-) \qquad (+) \quad (-)$$

In einem Maximum muss $\partial^2 u/\partial p_K^2 < 0$ gelten, was hier ohne weiteren Nachweis als erfüllt gelten soll. Bei der Interpretation der Gleichung (11.6) lassen sich drei Fälle unterscheiden.

(1) *Gleichgerichtete Preisbewegung:* $dp_K/d\overline{p}_H > 0$. Wenn der HMO ein Preisnachlass gewährt werden muss, kommen auch konventionell versicherte Patienten in den Genuss einer Tarifreduktion. Dieser Fall ist nur denkbar, wenn $\partial^2 u/\partial Y_K \partial \Pi_H < 0$, d.h., wenn der Grenznutzen zusätzlichen Gewinns aus der Behandlung von HMO-Patienten für die Leitung des Krankenhauses umso kleiner ist, je mehr Leistungen sie den konventionell versicherten Patienten zukommen lassen kann.

(2) *Unabhängigkeit der Preise, keine Kostenverschiebung:* $dp_K/d\overline{p}_H = 0$. Eine hinreichende Bedingung für diesen Fall ist

$$\frac{\partial u}{\partial Y_K} = 0, \qquad (11.7)$$

denn damit wird wegen der Gleichung (11.4) $\partial \Pi_K/\partial p_K = 0$ (so dass der erste Summand in (11.6) entfällt) sowie unmittelbar $\partial^2 u/\partial Y_K \partial \Pi_K = 0$ (so dass der zweite Summand in (11.6) entfällt). Mit anderen Worten, sobald das Krankenhaus nur das Ziel der Gewinnmaximierung und nicht auch ein Versorgungsziel ($\partial u/\partial Y_K > 0$) verfolgen würde, kann Kostenverschiebung ($dp_K/dp_H \neq 0$) ausgeschlossen werden. Dies stimmt mit dem allgemeinen Resultat "Keine Subventionen zwischen profitorientierten, im Wettbewerb stehenden Anbietern" überein.

(3) *Gegenläufigkeit der Preise, Kostenverschiebung:* $dp_K/d\overline{p}_H < 0$. Ein Preisnachlass gegenüber HMO-Versicherten wird durch einen Preisaufschlag gegenüber den konventionell Versicherten ausgeglichen. Gemäß Gleichung (11.6) tritt dieser Fall bereits dann ein, wenn

- der Grenznutzen zusätzlicher Gewinne aus der Hereinnahme von HMO-Versicherten $\partial u/\partial \Pi_H$ *nicht vom Umfang der Leistungen* Y_K abhängt, die an konventionell versicherten Patienten erbracht werden ($\partial^2 u/\partial \Pi_H \partial Y_K = 0$, so dass der zweite Summand in (11.6) entfällt), oder

- der Grenznutzen zusätzlicher Gewinne aus der Hereinnahme von HMO-Versicherten $\partial u/\partial \Pi_H$ umso größer ist, je größer der Umfang an Leistungen Y_K, die an konventionell Versicherten erbracht werden ($\partial^2 u/\partial \Pi_H \partial Y_K > 0$, so dass der zweite Summand in (11.6) so wie der erste negativ ist). Diese Bedingung würde der üblichen Auffassung entsprechen, dass mit zunehmender Ausrichtung auf konventionell (d.h. insbesondere auch privat) Versicherte eines Krankenhauses eine gewisse *Erwerbsorientierung* einhergeht.

Folgerung 11.7 *Wären die Leistungsanbieter im Gesundheitswesen ausschließlich gewinnorientiert, so gäbe es keinen Grund, mit Kostenverschiebungen (z.B. von HMO-Patienten zu konventionell versicherten Patienten) zu rechnen. Dieses Phänomen ist hingegen dann zu erwarten, wenn sich die Gewinnorientierung des Leistungsanbieters mit zunehmender Ausrichtung auf Patienten mit konventioneller Versicherung zumindest nicht abschwächt.*

Die empirische Relevanz der Kostenverschiebung wurde von DRANOVE (1988) überprüft. Er präsentiert empirische Evidenz von Krankenhäusern im US-Bundesstaat Illinois, die auf eine kompensierende Verteuerung der Leistungen an konventionell versicherten Patienten im Umfang von etwa 0,5 Dollar je Dollar Einbuße bei der Vergütung der Behandlung von Medicaid- und Medicare-Patienten schließen lässt. Damit trifft Fall (3) mit $\mathrm{d}p_K/\mathrm{d}\overline{p}_H = -0,5$ zu.

11.4.4 Abschließende Würdigung der MCOs

Die Einschaltung einer MCO als ergänzenden Sachwalter verspricht Vorteile für den Einzelnen. Er erhält eine umfassende Gesundheitsversorgung zu geringeren Kosten als ein konventionell Versicherter, in der Regel ohne Abstriche beim erreichten Gesundheitszustand. Daraus könnte man schließen, dass MCOs einen Effizienzgewinn im Gesundheitswesen bewirken. Wenn aber Einsparungen bei der MCO an anderer Stelle zu erhöhten Kosten führen, kann der Beitrag der MCOs zur Steigerung der Effizienz im Gesundheitswesen nicht abschließend beurteilt werden. Aber auch wenn MCOs zu Kostenverschiebungen im Gesundheitswesen führen sollten, tragen sie zur Wohlfahrtssteigerung der Konsumenten insofern bei, als sie die Auswahl an ergänzenden Sachwaltern im Gesundheitswesen vergrößern. Dieser Vorteil geht auch nicht zu Lasten der Ärzte und Krankenhäuser, insofern diese *freiwillig* auf die von den MCOs angebotenen Verträge eingehen.

Trotz dieser Vorteile ist fraglich, ob sich MCOs außerhalb der USA durchsetzen werden. In jenen Ländern, wo die Bevölkerung einem nationalen Gesundheitsdienst oder aber sozialen Krankenversicherungen ohne Wahlfreiheit zugeordnet ist, fehlt der Anreiz für die Versicherer, sich als ergänzende Sachwalter im Gesundheitswesen anzubieten. Aber sogar in Ländern wie Deutschland, den Niederlanden oder der Schweiz, wo zwischen den Krankenversicherern ein gewisser Wettbewerb herrscht, dürfte es MCOs schwer fallen, einen größeren Marktanteil zu erringen.

Solange nämlich auch in diesen Ländern die *Krankenhäuser durch den Staat sub-ventioniert* werden und im Gegenzug den Krankenversicherern weit weniger als die tatsächlichen Kosten in Rechnung stellen, können MCOs durch Einsparungen bei Krankenhauseinweisungen und Pflegetagen einen weit geringeren Kostenvorteil erwirtschaften als in den USA. So kommt es, dass die MCOs, welche seit den 1990er Jahren in der Schweiz ihren Betrieb aufnahmen, den Versicherten im Vergleich zu konventionellen Krankenkassen im Durchschnitt rd. 15% günstigere Beiträge (und nicht bis zu 30% günstigere wie in den USA) anbieten konnten. Aber auch wenn MCOs immer nur eine Minderheit von Ärzten und Krankenhäusern in ein Versorgungssystem einbinden sollten, beweisen sie durch ihre Funktionsfähigkeit, dass die Leistungsanbieter im Gesundheitswesen mit finanziellen Anreizen zu einem sparsamen Umgang mit den Ressourcen gebracht werden können, ohne notwendigerweise auf minderwertige Medizin auszuweichen.

11.5 Zusammenfassung des Kapitels

(1) Neben der Sachwalterbeziehung des Arztes zu seinem Patient bestehen üblicherweise ergänzende Sachwalterbeziehungen, die sich stark von Land zu Land unterscheiden. In Ländern mit einem nationalen Gesundheitsdienst oder einer nationalen Krankenversicherung organisiert der Staat die Versorgung grundsätzlich vollständig. In anderen Ländern hingegen treten private Krankenversicherer als ergänzende Interessenwahrer der Patienten auf. Dies ist insbesondere der Fall im Rahmen des Managed Care Ansatzes, bei dem der Versicherer auch zum Versorger des Patienten wird.

(2) Der Patient hat aus zwei Gründen Interesse an einem ergänzenden Sachwalter neben dem Arzt. Zum einen kann der ergänzende Sachwalter die Leistungen und Qualifikation des Arztes überprüfen. Zum anderen kann er die Kosten und die Qualität der Behandlung durch die Ausgestaltung eines geeigneten Vergütungssystems beeinflussen.

(3) Die Arbeitgeber könnten zwar als ergänzende Sachwalter die Vertragsbeziehungen mit den Anbietern im Gesundheitswesen im Interesse ihrer Beschäftigten gestalten, weil sie sich aber dadurch auch einen Informationsvorteil bei Lohnverhandlungen verschaffen würden, kommt es in der Gesundheitsversorgung nur in Ausnahmefällen zu dieser Lösung.

(4) Seine Machtposition erlaubt es dem Staat grundsätzlich, die Preise auf dem Markt für medizinische Leistungen zu senken. Auf dem Arbeitsmarkt ist seine Macht allerdings dadurch beschränkt, dass er in Konkurrenz mit anderen Branchen und den Gesundheitswesen anderer Länder steht. Ob sich der Staat auch als ergänzender Sachwalter der Bürger verhält, hängt insbesondere von der Intensität des Wettbewerbs der Parteien um Stimmen ab.

(5) Private und soziale Krankenversicherer, die unter Wettbewerbsdruck stehen, haben den Anreiz, erzielte Vorteile an die Versicherten weiterzugeben. Zu einem ergänzenden Sachwalter werden sie erst, wenn sie die Leistungserbringung selbst beeinflussen können.

(6) Managed Care Organizations (MCOs) führen im Vergleich zu einer konventionellen Versorgung zu substantiellen Kostenersparnissen. Im Allgemeinen geht dies nicht zu Lasten der Gesundheit der Versicherten. Eine Ausnahme bilden allerdings die wirtschaftlich Schwachen mit schlechtem Gesundheitszustand. Auf hart umkämpften Märkten werden die Kostenvorteile der MCOs an die Versicherten weitergegeben.

(7) Wären die Leistungsanbieter im Gesundheitswesen ausschließlich gewinnorientiert, so gäbe es keinen Grund, mit Kostenverschiebungen (z.B. von MCO-Patienten zu konventionell versicherten Patienten) zu rechnen. Dieses Phänomen ist hingegen dann zu erwarten, wenn sich die Gewinnorientierung des Leistungsanbieters mit zunehmender Ausrichtung auf Patienten mit konventioneller Versicherung zumindest nicht abschwächt.

11.6 Lektürevorschläge

Im HANDBOOK OF HEALTH ECONOMICS befassen sich die Beiträge von DRANOVE UND SATTERTHWAITE (2000) und GLIED (2000) mit Organisationsformen im Gesundheitswesen.

11.Ü Übungsaufgaben

11.1. Diskutieren Sie, mit welchen Schwierigkeiten bei der Gründung einer MCO in Ihrem Land zu rechnen ist.

11.2. Unter „Kostenverschiebung" könnte man auch eine Situation verstehen, die dadurch gekennzeichnet ist, dass eine Kostenerhöhung in der Behandlung der MCO-Patienten zu einer Preiserhöhung gegenüber den Patienten mit konventioneller Versicherung führt. Wovon hängt es ab, ob es zu einer solchen Kostenverschiebung kommt? [Hinweis: Gleichheit der Kosten $C_K = C_H$ in der Gleichung (11.3) aufheben und statt $d\overline{p}_H$ in der Gleichung (11.5) $d\overline{C}_H$ verwenden.]

12

Der Arzneimittelmarkt

12.1 Problemstellung

Arzneimittel sind aus der modernen Gesundheitsversorgung nicht wegzudenken und zwar aus mindestens drei Gründen:

(1) Sie stellen eine *nicht-invasive* Therapieform dar, die in einigen Fällen eine kausale (und nicht nur symptombekämpfende) Behandlung ermöglicht. Die medikamentöse Therapie der Tuberkulose ist ein historisches Beispiel, die Impfung gegen das Aids-Virus könnte ein zukünftiges Beispiel sein.

(2) Das Arzneimittel lässt sich in der Regel *dosiert einsetzen* und beim Auftreten von Nachteilen durch ein anderes ersetzen. Von den Organtransplantationen abgesehen, lässt sich dagegen ein chirurgischer Fehler nicht mehr gutmachen: Eine einmal entfernte Gebärmutter kann nicht wieder eingesetzt werden.

(3) Das Arzneimittel wird im Gegensatz zu Pflegeleistungen industriell hergestellt und enthält deshalb ein besonders großes *Rationalisierungspotential* für das Gesundheitswesen. Sein Einsatz bedeutet nicht nur für Arzt und Pflegepersonal, sondern ebenso sehr für den Patienten selbst eine erhebliche Zeitersparnis.

Im Jahr 2010 machten im Durchschnitt der OECD-Länder die Arzneimittelausgaben 16,6% der gesamten Gesundheitsaufwendungen aus [vgl. OECD (2012)]. Diesen Ausgaben stehen messbare Vorteile gegenüber. So fand LICHTENBERG (2005) in einer 50 Länder umfassenden Studie heraus, dass der Anstieg der Lebenserwartung von HIV-Patienten vor allem pharmazeutischen Innovationen zuzuschreiben ist. Vor diesem Hintergrund scheint es überraschend, dass der Arzneimittelmarkt in den westlichen Industrieländern stark unter Kritik steht. Es lassen sich zur Hauptsache vier Kritikpunkte unterscheiden:

(1) Viele Arzneimittel werden als *unnütz, ja sogar schädlich* gebrandmarkt. So werden von den neu in den deutschen Markt eingeführten Wirkstoffen nur gerade durchschnittlich 30% als neuartig und therapeutisch relevant eingestuft [vgl.

SCHWABE UND PAFFRATH (2001, S. 22)]. M.a.W., etwa 70% der ohnehin nicht sehr zahlreichen Neueinführungen gelten als marginale Veränderungen bereits bekannter Wirkstoffe, als sog. "me too"-Präparate.

(2) Die *Werbeaufwendungen* werden weithin als übertrieben angesehen. Tatsächlich machten „Werbung und Information" in den späten achtziger Jahren etwa 26% der Gesamtkosten in der pharmazeutischen Industrie Deutschlands aus [vgl. HOFFMEYER UND MCCARTHY (1994, S. 460)]. In der Schweiz beträgt der Anteil für Marketing und Vertrieb etwa 20 bis 30% [vgl. PHARMA INFORMATION (2001, S. 35)]. Der Werbeaufwand der Automobilhersteller in Deutschland liegt demgegenüber bei etwa 6% des Umsatzes [vgl. TERPORTEN (1999, S. 132)].

(3) Auch die Produktionsverfahren der pharmazeutischen Industrie geraten immer wieder unter Beschuss, insbesondere die *Tierversuche* bei der Erprobung neuer Wirkstoffe sowie – als Teil der chemischen Industrie – die Belastung der Umwelt mit *Sondermüll*.

(4) Als Ergebnis hoher Umsätze aufgrund *überhöhter Absatzpreise* werden die Gewinne als ungerechtfertigt hoch angeprangert. So weist die Pharmabranche in den OECD-Ländern Nettoumsatzrenditen von ca. 7% aus [vgl. LICHTBLAU (1999)]. Im Vergleich dazu weist die Automobilindustrie eine Nettoumsatzrendite von knapp 2% aus [vgl. TERPORTEN (1999, S. 463)].

Ökonomische Überlegungen können zur Klärung der meisten dieser Kritikpunkte beitragen. Abschließende Handlungsanweisungen werden aus ihnen jedoch nur in Ausnahmefällen folgen, dies zur Hauptsache deshalb, weil das traditionelle Kriterium „Preis gleich Grenzkosten" nicht unmittelbar zur Anwendung kommen kann. Die Anbieter stehen miteinander nicht so sehr im Wettbewerb mit einer festen Produktpalette. Sie versuchen vielmehr, mit *Innovationen* ihr wirtschaftliches Überleben zu sichern – bis zu jenem schwer bestimmbaren Punkt, wo der erwartete Grenzertrag einer zusätzlichen Innovation ihre erwarteten Grenzkosten noch deckt.

Im Folgenden soll deshalb der Werdegang eines neuen Arzneimittels – von der Planung seiner gewünschten Eigenschaften über die Markteinführung bis zur Verdrängung vom Markt – nachvollzogen werden. Den Ausgangspunkt des Abschnitts 12.2 bilden die pharmakologischen Anforderungen an eine neue Substanz, die im System der geltenden staatlichen Regulierung des Marktzutritts weitgehend darüber entscheiden, ob die Innovation weiterentwickelt wird oder nicht. Erst wenn berechtigte Hoffnung besteht, am Markt zugelassen zu werden, kann die Innovation zu einer lohnenden Investition werden.

Die Rendite einer pharmazeutischen Innovation wird im Abschnitt 12.3 untersucht. Sie hängt aber nicht zuletzt von der Ausgestaltung des Patentschutzes ab. Der Frage der optimalen Patentschutzdauer ist darum ein eigener Abschnitt 12.4 gewidmet. Der Patentschutz gewährt den Arzneimittelherstellern zeitlich befristet eine gewisse Monopolmacht, was zu höheren Preisen führt. Um die Ausgaben für Arzneimittel kontrollieren zu können, werden deshalb in den meisten Ländern die Arzneimittelpreise reguliert. Die verschiedenen Formen der Preisregulierung werden in Abschnitt 12.5 behandelt. Spätestens nach Ablauf des Patentschutzes wird Preiswettbewerb zwischen Arzneimitteln der gleichen Diagnosegruppe möglich. Ob und wie er stattfindet, soll zum Abschluss im Abschnitt 12.6 untersucht werden.

12.2 Die Entwicklung eines neuen Arzneimittels

Die herkömmliche mikroökonomische Theorie der Nachfrage geht von einem bestehenden Gut mit festgelegten Qualitätsmerkmalen als Analyseeinheit aus. Sie eignet sich deshalb vergleichsweise schlecht zur Beschreibung von sog. Produktinnovationen. Im Gegensatz zu Prozessinnovationen, die darauf abzielen, die Produktion eines bereits existierenden Gutes zu verbilligen, schaffen Produktinnovationen Güter mit veränderten, ja sogar gänzlich neuen Qualitätsmerkmalen. Im Zusammenhang mit der Entwicklung eines Arzneimittels spricht deshalb viel dafür, das Qualitätsmerkmal zum grundlegenden Element der Analyse zu machen, so wie dies in der sog. *Neuen Nachfragetheorie* [vgl. LANCASTER (1971,1971); BECKER (1965)] geschieht.

12.2.1 Die Konsumtechnologie eines Arzneimittels

Im Falle eines Arzneimittels lassen sich mindestens die folgenden Qualitätsdimensionen unterscheiden:

- Erwünschte Hauptwirkung (je standardisierte Tagesdosis)
- Erwünschte Nebenwirkung
- Unerwunschte Nebenwirkung
- Wirkungsdauer im Organismus, Regelmäßigkeit des Abbaus
- Einfachheit der Handhabung (z.B. Tablette statt Spritze)
- Haltbarkeit des Arzneimittels.

Zur Konkretisierung sei ein Arzneimittel gegen Rheuma herausgegriffen. Es sei angenommen, dass die herkömmlichen Präparate zwar den Schmerz lindern (Eigenschaft b_1), ohne jedoch die Degeneration der Gelenke aufzuhalten und damit ihre Beweglichkeit wiederherstellen zu können (Eigenschaft b_2). Auf dem Markt befinde sich bereits das Produkt A, das je standardisierter Dosis Schmerzfreiheit während vier Stunden gewährleisten soll; seine sog. *Konsumtechnologie* ist durch den Punkt $1A$ der Abbildung 12.1 beschrieben. Ein Konkurrenzunternehmen sehe die Möglichkeit, mit seinem neuen Präparat die Wirkungsdauer bei gleicher Dosierung auf sieben Stunden (Punkt $1N$ der Abbildung 12.1) zu steigern. Auf einem Markt mit vollständig informierten und vollumfänglich versicherten Patienten würde sich der Produzent von N durchsetzen können. Denn für vollversicherte Patienten (und deren Ärzte) spielen nur die Qualitätsmerkmale des Arzneimittels, nicht aber sein Preis eine Rolle.

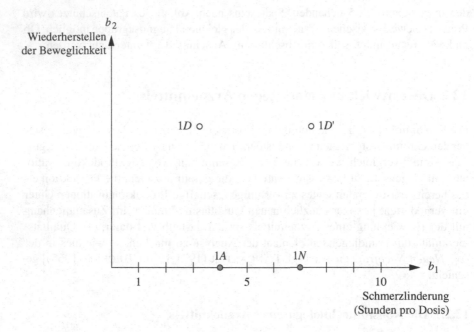

Abb. 12.1. Konsumtechnologie von drei Rheumamitteln

12.2.2 Regulierung des Marktzutritts durch die Zulassungsbehörde

Die bisher betrachtete Innovation N war insofern marginal, als sie lediglich mehr vom gleichen Qualitätsmerkmal b_1 „Schmerzfreiheit" bot. Ein Rheumatiker dürfte jedoch erhebliches Interesse an einem kausal wirkenden Arzneimittel haben, das gleichzeitig die Beweglichkeit der Gelenke (b_2) wiederherstellen würde. In die Nutzenfunktion der Nachfrager gehen demnach beide Charakteristika ein. Allgemein wird eine Innovation, die ein Gut oder eine Leistung mit *zusätzlichen nachfragerelevanten Charakteristika* ausstattet, eine *Durchbruch-Innovation* genannt. Die Konsumtechnologie einer solchen bahnbrechenden Neuerung ist durch den Punkt $1D$ in der Abbildung 12.1 repräsentiert.

Obschon D einen Durchbruch darstellt, ist ihm der Marktzugang nicht gewiss. Denn in den westlichen Industrieländern entscheiden Behörden (in der EU die European Medicines Agency EMEA, in der Schweiz Swissmedic, in den USA die Food and Drug Administration FDA) über die Marktzulassung einer neuen Substanz. Die Behörde könnte im Beispiel der Abbildung 12.1 geltend machen, dass das Produkt D nicht einmal die schmerzlindernde Wirkung von A, geschweige denn von N erreiche. Sie müsste die Wiederherstellung der Beweglichkeit gegen die Schmerzlinderung abwägen, und ob sie dabei die Präferenzen der Patienten richtig wiedergibt, ist eine offene Frage.

Der Marktzugang ist dem Innovator erst garantiert, wenn es ihm gelingt, *technologische Dominanz* zu erzielen (Punkt $1D'$ in Abbildung 12.1), indem sein Produkt gegenüber den bestehenden Alternativen mehr von mindestens einem und nicht weniger von allen anderen Qualitätsmerkmalen bietet. Da für vollversicherte Patienten der Preis des Arzneimittels keine Rolle spielt, ist dem Innovator auch gerade der Markterfolg garantiert. Diese Gedankengänge führen zur

Folgerung 12.1 *Neben marginalen („me-too") Innovationen, die mehr von bereits vorhandenen Qualitätsmerkmalen enthalten, haben nur jene Durchbruch-Innovationen, die technologische Dominanz erzielen, einen gesicherten Marktzugang, dafür aber in einem vollversicherten Markt auch einen gesicherten Markterfolg.*

12.2.3 Einfluss einer Kostenbeteiligung des Patienten

Sobald die Versicherungsdeckung der Patienten nicht vollständig ist, indem eine prozentuale Kostenbeteiligung verlangt wird (wie in der Schweiz) oder aber eine Zuzahlung über den Festbetrag hinaus, falls der Preis höher als der Festbetrag liegt (wie in Deutschland für Medikamente in Festbetragsgruppen, siehe Abschnitt 12.5.3.2), spielen neben den Qualitätsmerkmalen die Produktpreise eine Rolle. Unter dem Preis soll im Folgenden der Nettobetrag verstanden werden, der vom Versicherten je standardisierter Tagesdosis aufgewendet werden muss.

Die Entscheidungssituation des Patienten ist in der Abbildung 12.2 dargestellt unter der Annahme, dass er für die medikamentöse Behandlung den festen Betrag von 12 Geldeinheiten (GE) budgetiert hat. Wenn das herkömmliche Rheumamittel A je Dosis 3 GE kostet, so reicht dieser Betrag für 4 Dosen. Ist die Konsumtechnologie linear, geben diese 4 Dosen das Vierfache an Leistung einer einzigen Dosis ab; entsprechend wird in Abbildung 12.2 aus dem Punkt $1A$ der Konsumtechnologie der *wirtschaftlich relevante* Punkt $4A$. Diese Linearitätsannahme ist in vielen Fällen nicht unproblematisch: Einerseits entfaltet vielleicht ein Arzneimittel seine Wirkung erst bei wiederholtem Gebrauch in vollem Umfang; andererseits machen manche Substanzen abhängig, so dass dieselbe Wirkung nur bei gesteigerter Dosis erzielt werden kann [vgl. STIGLER UND BECKER (1977)]. Im ersten Fall kann man von einer Konsumtechnologie mit steigenden Skalenerträgen, im zweiten von einer mit fallenden Skalenerträgen (bezüglich der gewünschten Qualitätsmerkmale) sprechen.

Das Produkt N ist wirksamer als A; wäre es gleich teuer wie A, so würde sich seine pharmakologische Überlegenheit ohne Einschränkung in eine wirtschaftliche verwandeln. In der Regel wird jedoch der Hersteller die höhere Zahlungsbereitschaft der Nachfrager für das *bessere Produkt mit einem höheren Preis* teilweise abschöpfen. Dieser Preis soll 4 GE je Dosis betragen, so dass das Budget von 12 GE für 3 Dosen ausreicht. Auch so dominiert das Produkt N das Produkt A auf dem Markt; vgl. die Punkte $3N$ und $4A$ der Abbildung 12.2.

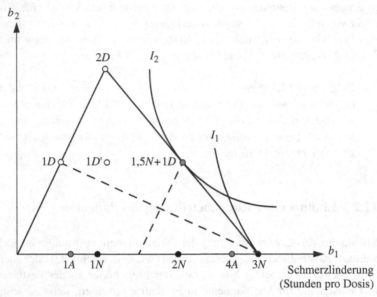

Abb. 12.2. Pharmakologische und wirtschaftliche Aspekte einer pharmazeutischen Innovation

Die Durchbruch-Innovation soll mit 6 GE je Dosis noch teurer sein. Wenn annahmegemäß doppelte Dosis nach wie vor doppelte Leistung (also auch doppelte Beweglichkeit der Gelenke) zur Folge hat, kann der Patient mit diesem Präparat den Punkt $2D$ erreichen. Ob er bzw. sein Arzt diesen Punkt auch wirklich wählt, hängt wie in der klassischen Nachfragetheorie von den *subjektiven Präferenzen* ab. Die Indifferenzkurve I_1 der Abbildung 12.2 steht für einen Patienten, dem die Schmerzlinderung so wichtig ist, dass er sich für die marginale Innovation (Punkt $3N$) entscheidet. Aus dem Vergleich der Punkte $3N$ und $4A$ der Abbildung 12.2 geht auch hervor, dass diese Art der Innovation (eingangs als „me too"-Präparat qualifiziert) den Nachfragern durchaus einen Vorteil bieten kann.

Von anderen Patienten kann man annehmen, dass sie an der Wiederherstellung der Beweglichkeit (b_2) genügend interessiert sind, um aufgrund einer Indifferenzkurve wie I_2 zumindest eine Mischung der Arzneimittel D und N anzustreben. Das eingezeichnete Optimum ($1,5N + 1D$) kann jedoch dann nicht erreicht werden, wenn die Dosiszahl ganzzahlig sein muss (z.B. weil das Medikament in Ampullenform dargeboten wird) oder wenn eine kombinierte Einnahme negative Interaktionswirkungen zeitigen würde (z.B. wegen Unverträglichkeit der Trägersubstanzen). Sind die Nachfrager vom Typ I_2 genügend zahlreich, so könnte es sich offenbar für einen Hersteller lohnen, die Qualitätsmerkmale b_1 und b_2 *neu zu mischen* und den Preis so anzusetzen, dass sein Produkt auf die effiziente Grenze $2D3N$ zu liegen kommt. Auch wenn er damit „nur" eine marginale Produktdifferenzierung vornimmt, trägt er zur besseren Versorgung der Nachfrager bei. Dieser Vorteil ist allerdings abzuwägen gegen die *Kosten der Produktdifferenzierung* (z.B. kleinere Losgrößen in der Produktion einer gegebenen Produktvariante). Das eingangs angesprochene Problem der „übermäßigen" Produktdifferenzierung lässt sich somit auf die Tatsache zurückführen, dass der versicherte Nachfrager nur einen Teil der Kosten solcher Produktdifferenzierung zu tragen hat.

Aus der Abbildung 12.2 geht schließlich auch hervor, dass unabhängig vom Typ der Produktinnovation die nachgefragte Menge mit dem Preis variiert. Könnte der Hersteller von A den Preis um 50% senken, so dass der Punkt $4A$ zum Punkt $6A$ würde und damit rechts von $3N$ zu liegen käme, würde er die Patienten vom Typ der Indifferenzkurve I_1 an sich ziehen. Sollte umgekehrt der Innovator den (Netto-)Preis von D z.B. verdoppeln, so würde sich das Optimum auch für einen Patienten vom Typ I_2 in Richtung $3N$ entlang der Budgetgerade $1D3N$ verschieben. In einem Markt mit nur teilweise versicherten Nachfragern kann sich auch die technologisch dominante Durchbruch-Innovation als Flop erweisen. Das Produkt muss nur teuer genug sein, wie in Abbildung 12.2, wo angenommen wird, dass eine Dosis von D' gerade das ganze Budget von 12 GE beanspruchen würde. Damit liegt D' innerhalb der effizienten Grenze, die von Kombinationen von N und D gebildet wird. Eine Preisreduktion könnte allerdings D' nicht nur zum technologisch, sondern auch ökonomisch dominanten Produkt machen.

Folgerung 12.2 *Nicht nur die Anbieter herkömmlicher Produktvarianten, sondern auch diejenigen von Durchbruch-Innovationen sehen sich einer fallenden Nachfragekurve gegenüber.*

12.3 Die Innovation als Investition

Auf den ersten Blick mag die Entwicklung eines neuen Arzneimittels kaum etwas mit Investitionen in Grundstücke, Gebäude oder Maschinen zu tun haben. Entscheidungen in beiden Bereichen haben jedoch eine wichtige Gemeinsamkeit: Die Aufwendungen fallen in der Gegenwart an, während die Erträge unsicher sind und in der Zukunft liegen. In diesem Abschnitt werden diese Gemeinsamkeiten herangezogen, um die Arzneimittelinnovation aus wirtschaftlicher Sicht zu charakterisieren.

12.3.1 Der zeitliche Ablauf einer Arzneimittelinnovation

Die Entwicklung eines neuen Arzneimittels dauert zurzeit im Durchschnitt über zehn Jahre, vom Zeitpunkt an gerechnet, wo nach Tausenden von Synthetisierungsversuchen etwa zwanzig erfolgversprechende Substanzen vorliegen (vgl. Abbildung 12.3). Etwa zwei Jahre nimmt die vorklinische Phase in Anspruch, in deren Verlauf aufgrund von Wochen oder Monaten dauernden Tierversuchen abgeklärt wird, ob die

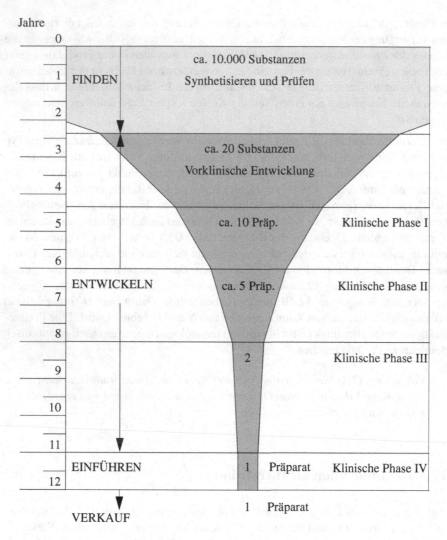

Jahre

Jahre			
0			
1	FINDEN	ca. 10.000 Substanzen	
		Synthetisieren und Prüfen	
2			
3		ca. 20 Substanzen	
		Vorklinische Entwicklung	
4			
5		ca. 10 Präp.	Klinische Phase I
6			
7	ENTWICKELN	ca. 5 Präp.	Klinische Phase II
8			
9		2	Klinische Phase III
10			
11			
12	EINFÜHREN	1 Präparat	Klinische Phase IV

VERKAUF   1   Präparat

Abb. 12.3. Der Werdegang eines Arzneimittels
Quelle: PHARMA INFORMATION (2001)

Substanzen für eine Anwendung am Menschen überhaupt in Frage kommen. Nun
folgt eine vergleichsweise kurze Phase, an deren Ende die Eigenschaften der erfolgreichen Substanzen soweit festgelegt sind, dass eine vorläufige Anmeldung beim Ge-
sundheitsamt erfolgen kann (Antrag beim Bundesinstitut für Arzneimittel und Medizinprodukte BfArM oder bei der EMEA, New Drug Application NDA bei der Food
and Drug Administration FDA im Falle der USA). Mehrere Jahre nimmt sodann die
klinische Entwicklung in Anspruch, die dazu dient, einerseits die Wirksamkeit, andererseits die Unbedenklichkeit des Arzneimittels auch bei längerfristigem Gebrauch
nachzuweisen. Man kann sie in vier Phasen aufteilen (vgl. wieder Abbildung 12.3).

In der klinischen Phase I geht man dazu über, die Wirkstoffe, die nach der vorklinischen Phase übrig geblieben sind, an Menschen zu testen. Dazu werden die Substanzen an gesunden Freiwilligen getestet und die Wirkstoffe werden zum ersten Mal in großen Mengen hergestellt. Ungefähr die Hälfte der Wirkstoffe scheidet in dieser Phase des Prozesses aus. In der klinischen Phase II wird anschließend die Wirkung der verbleibenden Substanzen an einer kleineren Zahl von ausgewählten Patienten getestet. Außerdem wird die längerfristige Verträglichkeit am Tier überprüft. Dabei scheiden wieder etwa 50% der Wirkstoffe aus. In der klinischen Phase III wird die Wirkung an einer größeren Anzahl Patienten unter praxisnahen Bedingungen untersucht. Die endgültigen Darreichungsformen werden entwickelt. Nach Abschluss dieser Phase wird bei der zuständigen Arzneimittelbehörde eine Dokumentation für die Zulassung eingereicht. Wird die Zulassung erteilt, beginnt die klinische Phase IV mit Studien an Patienten, um allfällige Nebenwirkungen bei länger andauernder Verwendung des Arzneimittels erkennen zu können.

Dieser Prozess hat sich *im Verlaufe der siebziger Jahre massiv verlängert* [vgl. WALKER UND PARRISH (1988)]. Insgesamt nimmt er zurzeit etwa zwölf Jahre in Anspruch, gegenüber knapp vier Jahren anfangs der 1960er-Jahre. Diese Verlängerung lässt sich auf die Verschärfung der Zulassungsbedingungen zurückführen, wobei die USA den Vorreiter spielten [vgl. GRABOWSKI UND VERNON (2000)]. Sie stellte eine Reaktion auf die Thalidomid-Tragödie dar (Contergan in Deutschland): Hunderte von Kindern kamen mit Missbildungen zur Welt, weil ihre Mütter dieses Schlafmittel verwendet hatten. Es ist eine Paradoxie dieser Verschärfung der Zulassungsbedingungen, dass sie wahrscheinlich *mehr Leben gekostet als gerettet* hat, weil auch wirksame neue Arzneimittel erst mit Verspätung verfügbar wurden und in der Zwischenzeit viele Menschen an (bereits behandelbaren) Krankheiten starben [vgl. PELTZMAN (1973)].

12.3.2 Erfolgswahrscheinlichkeiten und Innovationsausgaben

Bis aus einer Substanz ein neues, auf dem Markt zugelassenes Arzneimittel wird, vergehen nicht nur viele Jahre, sondern es müssen auch viele Irrwege in Kauf genommen werden. Nach Schätzungen von WARDELL ET AL. (1980) für die USA braucht es die Synthetisierung von nicht weniger als 10.000 Substanzen, um ein marktfähiges Arzneimittel zu entwickeln. Von 10.000 synthetisierten Substanzen werden nämlich bereits nur 15 bis 40 überhaupt auf Toxizität geprüft, wovon nach der langen Phase der klinischen Prüfungen wiederum nur zwei bis drei überleben. Im Zuge der Untersuchungen zur längerfristigen Toxizität geht dann diese Zahl auf eins zurück (vgl. Abbildung 12.3). Eine Erfolgswahrscheinlichkeit von gegen 1:10.000 wird auch für Deutschland und die Schweiz geschätzt [vgl. BARTLING UND HADAMIT (1982); PHARMA INFORMATION (2001, S. 39)].

Die gleichzeitige Abnahme der Erfolgswahrscheinlichkeit und Verlängerung der Entwicklungsphase ließen die mittleren, zu 8% diskontierten Kosten der Entwicklung eines neuen Produktes von 7,5 Mio. US$ in den 1950er-Jahren [vgl. BAILY (1972)] zu laufenden Preisen auf 54 Mio. in den 1970er-Jahren [vgl. HANSEN

(1979)] und auf sogar 125 Mio. um 1980 [vgl. WIGGINS (1987)] ansteigen.[1] Eine weitere Schätzungen betrug rund 200 Mio. US\$ [vgl. DIMASI ET AL. (1991)]; sie bezieht sich auf neue Substanzen, die in den Jahren 1970–1982 getestet wurden und deren Kosten mit 8% auf das Jahr 1987 aufgezinst wurden. Die neueste verfügbare Schätzung kommt auf 800 Mio. US\$ zu Preisen von 2000 [vgl. DIMASI ET AL. (2003)], basierend auf 68 zufällig ausgewählten Substanzen, die in den Jahren 1990–1999 zugelassen wurden. Die Autoren finden, dass von 10 Präparaten, welche die Klinische Phase I erreichen, immerhin drei bis zur Phase III vorstoßen – gegenüber zwei in der Abbildung 12.3, was auf einen Fortschritt bei der F & E hinweist. Andererseits wurde eine Verzinsung von real 11% p.a. gewählt, um den erhöhten Renditen auf dem Eigenkapitalmarkt zu entsprechen. Die erhöhten F & E-Aufwendungen scheinen jedoch durch eine Zunahme der Verkäufe in den 1990er Jahren aufgefangen worden zu sein, v.a. aufgrund von Durchbruch-Innovationen [vgl. GRABOWSKI UND VERNON (2000)].

> **Folgerung 12.3** *Die Arzneimittelinnovation kann als eine Investition aufgefasst werden. Seit den frühen 1960er-Jahren nahmen die damit verbundenen Aufwendungen rasch zu, seit den 1990er Jahren jedoch auch die Verkaufserlöse.*

12.3.3 Lohnen sich pharmazeutische Innovationen?

Da es sich bei Innovationen um Investitionen handelt, eignet sich das Barwertkriterium zur Abschätzung ihrer Wirtschaftlichkeit:

$$B = \sum_{t=0}^{T} \frac{R_t}{(1+r)^t} - \sum_{t=0}^{T} \frac{C_t}{(1+r)^t}. \tag{12.1}$$

In dieser Formel steht R_t für einen Einnahmestrom, der im Durchschnitt erst nach zwölf Jahren einsetzt. Der Ausgabenstrom C_t dagegen nimmt am Anfang der Forschungs- und Entwicklungsphase hohe Werte an und sinkt gegen Ende der Produktlebensdauer auf die variablen Kosten der Produktion. Ist B positiv, so trägt das Projekt zur Mehrung des Vermögens des Investors bei. Beide Ströme wie auch der für die Diskontierung zu verwendende Zinssatz r können im Moment der Entscheidung nur geschätzt werden.

Während das Barwertkriterium wegen seiner Eindeutigkeit das theoretisch vorzuziehende Maß darstellt, ist der interne Ertragssatz populärer. Der *interne Ertragssatz* ist jener Zinssatz r^* in Gleichung (12.1), mit welchem das Investitionsprojekt „belastet" werden kann, so dass gerade noch ein Barwert $B = 0$ resultiert.

JOGLEKAR UND PATERSON (1986) errechneten zu erwartende interne Ertragssätze von pharmazeutischen Innovationen in den USA, die 1976 begonnen wurden und damit 1988 Marktreife erreichten. Aufgrund von Trendextrapolationen

---

[1] Die Kosten bis zur Markteinführung werden dabei auf den Barwert im Zeitpunkt der Entscheidung, d.h. 10 Jahre zuvor, abgezinst.

bezüglich der wahrscheinlichen Umsatzentwicklung kamen sie auf eine reale interne Rendite von 6,1% nach Steuern für die durchschnittliche Innovation. Dies stimmt gut überein mit den 5,5%, die ZWEIFEL UND PEDRONI (1985) nach gewissen Ergänzungen an einer früheren amerikanischen Schätzung von VIRTS UND WESTON (1981) errechneten. GRABOWSKI UND VERNON (1990) stellten fest, dass der interne Ertragssatz gegen Ende der 1970er-Jahre angestiegen ist. So erhielten sie in ihrer Studie für den Zeitraum von 1970–1974 einen Wert von 7,1%, während für die Jahre 1975–1979 ein Ertragssatz von 10% resultierte. Dieser Trend scheint sich in den 1980er-Jahren fortgesetzt zu haben. So stellten die gleichen Autoren in einer späteren Studie fest, dass der interne Ertragssatz Mitte der 1980er-Jahre etwa bei 11,1% lag; er hat sich seither kaum verändert und entspricht der risikoadjustierten Rendite auf dem Kapitalmarkt [vgl. GRABOWSKI UND VERNON (1994); DIMASI ET AL. (2003,)].

JOGLEKAR UND PATERSON (1986) geben zusätzlich einen Eindruck von der *Unsicherheit*, mit der ein Investor Mitte der 1970er-Jahre rechnen musste. Da das arithmetische Mittel von einigen wenigen sehr erfolgreichen Arzneimittel beeinflusst ist, liegt der Medianwert des internen Ertragssatzes weit unter dem Mittelwert von 6,1%, nämlich bei −5,5%. Die Hälfte der 218 Innovationen, die im Zeitraum 1962-1977 in den USA eingeführt wurden, werden den Autoren zufolge ihre Entwicklungskosten auch nach 36 Jahren nicht hereingeholt haben. Die extreme Schiefe der Verteilung der Barwerte konnten auch GRABOWSKI UND VERNON (1994) bestätigen. Bei einem durchschnittlichen Barwert von 22,2 Mio US$ (zu Preisen von 1990) erreichte das oberste Dezentil einen Wert von einer Milliarde US$, während die untersten sieben Dezentile die durchschnittlichen Entwicklungskosten nicht deckten.

Auch wenn sich die Entwicklung eines neuen Arzneimittels für den Investor nicht lohnt, kann die gesamtwirtschaftliche (soziale) Rendite positiv sein. Zu den Verkaufserlösen ist zur Ermittlung der sozialen Rendite die *Konsumentenrente* dazuzuschlagen, jener Teil der durch die Innovation geschaffenen Zahlungsbereitschaft der Nachfrager, die vom Produzenten nicht mit dem Preis abgeschöpft werden kann. So errechnet WU (1984) für drei pharmazeutische Innovationen interne gesamtwirtschaftliche Ertragssätze von über 25%. Dabei handelt es sich allerdings um eine Überschätzung, weil die bezahlten Arzneimittelpreise eine zu hohe Zahlungsbereitschaft des Patienten anzeigen. Dies geht aus der Abbildung 12.4 hervor. Die wahre marginale Zahlungsbereitschaft des Patienten für ein Arzneimittel sei durch die Nachfragefunktion $p^m M^m$ gegeben. Bei einer prozentualen Kostenbeteiligung von 50% ($c = 0,5$) am Preis verläuft die auf dem Markt beobachtete Nachfragefunktion $P^m M^m$ doppelt so steil. Ist beispielsweise die wahre maximale Zahlungsbereitschaft eines Patienten $p^m = 5$ GE, so darf der Preis beim Kauf eines Arzneimittels für ihn maximal $P^m = 10$ GE betragen. Aufgrund der Gleichsetzung von Grenzerlös und Grenzkosten durch den (monopolistischen) Innovator liegt der effektiv bezahlte Preis bei P^0.[2]

---

[2] Von der Möglichkeit von Preisverhandlungen zwischen Krankenversicherern und Arzneimittelherstellern bzw. von sog. Festbeträgen (vgl. Abschnitt 12.5.3.2) wird zur Vereinfachung abgesehen.

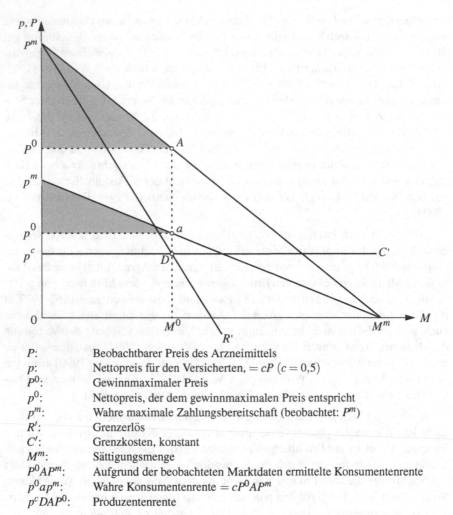

P:	Beobachtbarer Preis des Arzneimittels
p:	Nettopreis für den Versicherten, $= cP$ ($c = 0{,}5$)
P^0:	Gewinnmaximaler Preis
p^0:	Nettopreis, der dem gewinnmaximalen Preis entspricht
p^m:	Wahre maximale Zahlungsbereitschaft (beobachtet: P^m)
R':	Grenzerlös
C':	Grenzkosten, konstant
M^m:	Sättigungsmenge
P^0AP^m:	Aufgrund der beobachteten Marktdaten ermittelte Konsumentenrente
p^0ap^m:	Wahre Konsumentenrente $= cP^0AP^m$
p^cDAP^0:	Produzentenrente

Abb. 12.4. Wahre und beobachtbare Zahlungsbereitschaft (Kostenbeteiligung 50%)

Aufgrund der Preis-Mengen-Beobachtungen wird die Nachfragefunktion P^mM^m geschätzt und die Konsumentenrente mit der Fläche P^0AP^m identifiziert. Die Summe von Periodenerlös und Konsumentenrente (d.h. die Fläche $0M^0AP^m$) entspricht einem typischen Summanden R_t in Gleichung (12.1), wenn es um die Berechnung eines sozialen internen Ertragssatzes geht. Der Subtrahend C_t wird durch die Fläche $0M^0Dp^c$ unter der Grenzkostenfunktion symbolisiert; er kann aus der einzelwirtschaftlich orientierten Kalkulation übernommen werden.

Die *wahre aggregierte Zahlungsbereitschaft* für eine Arzneimittelversorgung im Umfang von M^0 ist jedoch aufgrund des Strahlensatzes nur halb so groß, nämlich $0M^0ap^m$. Während die Kosten unverändert bleiben, halbiert sich offensichtlich die

Konsumentenrente. Wenn also WU (1984) die sozialen Renditen pharmazeutischer Innovationen auf etwa 200% der privaten schätzt, so müsste dieses Verhältnis bei einer Kostenbeteiligung von 50% (die in den USA auf Arzneimittel nicht unüblich ist) wenigstens auf 150% reduziert werden. Die Skepsis gegenüber dem sozialen Nutzen pharmazeutischer Innovationen könnte nicht zuletzt mit dieser Diskrepanz zwischen marktwirksamer und tatsächlicher Zahlungsbereitschaft zu tun haben [vgl. ZWEIFEL (1984)]. Insgesamt ergibt sich die

Folgerung 12.4 *Niedrigen realen internen Ertragssätzen von durchschnittlich etwa 5 bis 10% für den Innovator stehen höhere soziale Renditen pharmazeutischer Innovationen gegenüber. Die Konsumentenrenten sind allerdings infolge des Versicherungsschutzes überschätzt.*

12.4 Die Rolle des Patentschutzes

12.4.1 Wozu Patentschutz?

Der Patentschutz gewährt dem Erfinder eines Produktes oder Verfahrens ein Monopol bezüglich der wirtschaftlichen Nutzung seiner Innovation. Dieses Monopol ist zwar von beschränkter zeitlicher Dauer – zurzeit 20 Jahre in den meisten westlichen Industrieländern[3] – passt aber dennoch schlecht zur Richtschnur der *vollständigen Konkurrenz*. Vollständige Konkurrenz gewährleistet, dass die relativen Güterpreise gleichzeitig die relativen Grenznutzen der Güter auf Seiten der Nachfrager und die relativen Grenzkosten der Herstellung dieser Güter auf Seiten der Anbieter widerspiegeln, sich die Wirtschaft also in einem Pareto-Optimum befindet. Diese Gleichheit wird durch das Auftreten von Monopolen gestört, indem die relativen Güterpreise in der Regel von den relativen Grenzkosten abweichen. Die Vergabe von Patenten ist aus dieser Sicht für länger andauernde Abweichungen von einem optimalen Zustand der Wirtschaft verantwortlich.

Diese Sichtweise erweist sich als zu eng, sobald in die Menge der Güter nicht nur die in einem Zeitpunkt bereits vorhandenen, sondern die in Zukunft *noch zu erfindenden* Güter aufgenommen werden. Dann muss abgewogen werden zwischen dem teilweisen Verzicht auf Konsum von bereits verfügbaren Gütern und der Chance, in Zukunft ein neu entwickeltes Gut verwenden zu können. Diese Zahlungsbereitschaft für Innovationen müsste sich entsprechend in einem Zuschlag zu jenem Preis niederschlagen, der lediglich die Grenzkosten der laufenden Produktion deckt.

---

[3] Seit dem Patent Restoration Act von 1984 sind die Industrieländer dem Beispiel der USA gefolgt und haben die Patentschutzdauer um bis zu fünf Jahre verlängert, falls das Zulassungsverfahren übermäßig lange dauert.

Der Patentschutz macht aus dem Innovator einen *Monopolisten auf Zeit*, der einen solchen Zuschlag am Markt durchsetzen kann. Dieser Zuschlag wird im Allgemeinen nicht gesamtwirtschaftlich optimal ausfallen, ist doch der gewinnmaximale Preis p^* aufgrund der Gleichheit von Grenzerlös und Grenzkosten (der laufenden Produktion) gegeben durch

$$p^* \left(1 - \frac{1}{|\eta|} \right) = C', \quad \text{und damit} \quad \frac{p^* - C'}{p^*} = \frac{1}{|\eta|}. \tag{12.2}$$

Darin stellt $|\eta|$ den Absolutwert der Preiselastizität der Nachfrage dar. Der prozentuale Zuschlag zu den Grenzkosten (der sogenannte Lerner-Index) ist umgekehrt proportional zu $|\eta|$. Zur Finanzierung der Innovationskosten wäre hingegen ein *fester*, vom Produktionsvolumen unabhängiger Zuschlag optimal.

Der Patentschutz stellt also mit Bestimmtheit eine *zweitbeste Lösung* des Problems der Innovation dar. Das Problem rührt daher, dass eine Innovation zur Hauptsache auf Information beruht. In der pharmazeutischen Industrie geht es um die Suche nach dem Wissen, das die Auswahl einer Wirksubstanz mit wünschbaren Eigenschaften ermöglicht. Liegt dieses Wissen, konkretisiert in einem Arzneimittel, erst einmal vor, so lässt sich durch eine chemische Analyse zu vergleichsweise geringen Kosten herausfinden, welche Wirkstoffe vorhanden sind. Das Wissen, das die Innovation ermöglicht, wird so zum öffentlichen Gut.

Weil für den Nachahmer die Innovationskosten entfallen, sind seine Durchschnittskosten bei einem niedrigeren Preis als beim Originalhersteller noch gedeckt. Er kann deshalb durch eine Preissenkung seinen Marktanteil zu Lasten des Originalherstellers ausweiten. Dem Innovator steht es zwar frei, seinen Preis beizubehalten, z.B. um bei der nächstfolgenden Innovation gegenüber seinen Verhandlungspartnern in Krankenversicherung und staatlichen Behörden weniger Schwierigkeiten mit der Preisbegründung zu haben. Dann wird er aber früher oder später aus dem Markt für dieses Arzneimittel verdrängt. Dies war die Erfahrung in Deutschland, als 1989/90 Festbeträge eingeführt wurden. Die Patienten hatten nun für die Differenz zwischen dem Festbetrag und Verkaufspreis selbst aufzukommen. Um ihre Marktanteile zu halten, wählten die Hersteller von Originalpräparaten die zweite Alternative und senkten den Preis auf das Niveau des Nachahmers, d.h. auf die Grenzkosten der Herstellung [vgl. die Fallstudien in ZWEIFEL UND CRIVELLI (1996)]. Eine Deckung der Forschungsaufwendungen ist so allerdings nicht möglich. Der Innovator wird in beiden Fällen zum Schluss kommen, dass sich Innovation ohne den Schutz des Patents nicht lohnt. Der Patentschutz hat demnach die zentrale Aufgabe, den Anreiz zur Innovation aufrechtzuerhalten.

12.4.2 Die Entscheidungssituation des Innovators

Wenn offenbar Patentschutz mindestens eine gangbare Lösung zur Gewährleistung des technologischen Wandels darstellt, so bleibt immer noch die Frage nach seinem Umfang und seiner Zeitdauer. Ein Arzneimittel untersteht dem Stoffschutz, d.h. patentiert wird die Wirksubstanz und nicht etwa ein Verfahren zu seiner Herstellung

(Verfahrensschutz). Damit kommt der Erfinder auch in den Genuss der Mehrerträge, die sich aus neuen Anwendungsgebieten für bereits bestehende Wirkstoffe ergeben. Bei solch umfassendem Patentschutz stellt sich die Frage nach seiner *zeitlichen Dauer* umso akuter. Im Folgenden soll deshalb die optimale Patentschutzdauer in einem sehr einfachen Modell hergeleitet werden.

In der frühen Literatur [vgl. ARROW (1962); NORDHAUS (1969)] wird unterstellt, dass der Innovator seine Erfindung bereits gemacht und dafür einen bestimmten Betrag aufgewendet hat. Er stellt die Erfindung einem Unternehmen zur Verfügung, dessen Kosten der Produktion durch die Erfindung zurückgehen. Die abzuklärende Frage bestand darin, wie lange der Benutzer für die Verwendung der Erfindung bezahlen soll. Der Patentschutz wird in diesen Modellen also erst dann gewährt, wenn das neue Produkt fertig entwickelt ist. Zumindest in der pharmazeutischen Industrie werden aber Patente früh angemeldet, um von Anfang an vom Stoffschutz profitieren zu können. Zu diesem Zeitpunkt ist der *Investitionsbetrag noch nicht festgelegt*, so dass der Patentschutz seine Wirkung voll entfalten kann, die ja gerade darin besteht, die Investitionen zu Gunsten von Innovationen zu ermutigen.

Diese Tatsachen werden in einem von DEBROCK (1985) entwickelten Modell berücksichtigt, das im Folgenden dargestellt werden soll. Aus dem Barwertkriterium der Gleichung (12.1) geht hervor, dass eine Verlängerung des Lebenszyklus (eine Erhöhung von T) die Innovation lohnender macht. Andererseits hat eine Erhöhung der Forschungsanstrengungen (I) keinen eindeutigen Einfluss auf den Barwert der Gewinne B. Vermehrte Forschung verspricht zwar einen größeren Erfolg nach der Markteinführung und damit einen höheren Barwert der Erlöse (R). Aber auch die Kosten (C) der Entwicklung und vermutlich auch später der Produktion werden im allgemeinen mit I zunehmen. Insgesamt ergibt sich demnach für den Barwert des Gewinns aus der Innovation

$$\text{NPV} = R(I,T) - C(I).\tag{12.3}$$

Dabei steht R für den Barwert der Erlöse und C für den Barwert der Kosten. Es sollen die folgenden Annahmen gelten:

Annahme 12.1 *Die Grenzerlöse einer Innovation sind stets positiv und nehmen zuerst sogar zu, weil die Innovationsanstrengungen eine gewisse Schwelle überschreiten müssen, um genügend Erlöse zu generieren.*

$$\frac{\partial R}{\partial I} > 0; \quad \frac{\partial^2 R}{\partial I^2} \begin{cases} > 0 \ \text{für kleine Werte von } I \\ < 0 \ \text{für große Werte von } I. \end{cases}$$

Annahme 12.2 *Zusätzliche Innovationsanstrengungen kosten progressiv mehr, weil sie hochspezialisierte Ressourcen benötigen.*

$$\frac{\partial C}{\partial I} > 0; \quad \frac{\partial^2 C}{\partial I^2} > 0; \quad \frac{\partial^3 C}{\partial I^3} > 0.$$

Kasten 12.1. Innovationsaufwand und Patentschutzdauer als simultan zu bestimmende Entscheidungsvariablen

Ziel des Innovators:
$$\max \Pi = R(I,T) - C(I)$$

Ziel des Patentamtes:
$$\max W = S(I,T) + P(I,T)$$

Π: Barwert der Gewinne aus Innovationen

I: Innovationsanstrengungen; Entscheidungsvariable des Innovators

C: Barwert der Kosten von Innovationen R

R: Barwert der Einnahmen aus Innovationen

P: Barwert der (privaten) Produzentenrente nach der Markteinführung

S: Barwert der (sozialen) Konsumentenrente nach der Markteinführung

T: Patentschutzdauer; Entscheidungsvariable des Patentamtes

W: Gesamtwirtschaftlicher Wohlfahrtsgewinn aus der Innovation

Annahme 12.3 *Der Barwert der Erlöse nimmt mit der effektiven Patentschutzdauer zu, und zusätzliche Innovationsanstrengungen machen sich besser bezahlt, wenn die Patentschutzdauer verlängert wird. Anders gesagt: Eine Verlängerung der Patentschutzdauer macht dann mehr aus, wenn der Grenzertrag zusätzlicher Innovationsanstrengungen hoch ist.*

$$\frac{\partial R}{\partial T} > 0; \quad \frac{\partial^2 R}{\partial I \partial T} = \frac{\partial^2 R}{\partial T \partial I} > 0.$$

Eine Verstärkung der Innovationsanstrengungen (I) hat also keine eindeutige Wirkung auf den Barwert der Gewinne. Einerseits versprechen zusätzliche Innovationen I mehr Erlöse R, doch auch die Kosten C nehmen mit I zu.

Die *Entscheidungsvariable* des Innovators ist die Innovationsanstrengung I, während die Patentbehörde die Patentschutzdauer T festlegen wird (vgl. auch Kasten 12.1). Der erste Schritt besteht nun darin, eine Reaktionsfunktion des Innovators herzuleiten, die anzeigt, wie er optimal mit seinem I auf Veränderungen von T reagieren wird. Zu diesem Zweck wird zuerst die notwendige Optimalbedingung bezüglich I hergeleitet:

$$\frac{\partial \text{NPV}}{\partial I} = \frac{\partial R}{\partial I}(I,T) - \frac{\partial C}{\partial I}(I) = 0. \tag{12.4}$$

Dieses Optimum soll nun durch eine Veränderung der Patentschutzdauer dT gestört werden. Damit nach dieser Störung die notwendige Optimalbedingung wieder erfüllt ist, muss die optimale Anpassung des Innovators der Bedingung

$$\frac{\partial^2 R}{\partial I^2}\mathrm{d}I + \frac{\partial^2 R}{\partial I \partial T}\mathrm{d}T - \frac{\partial^2 C}{\partial I^2}\mathrm{d}I = 0. \tag{12.5}$$

genügen.

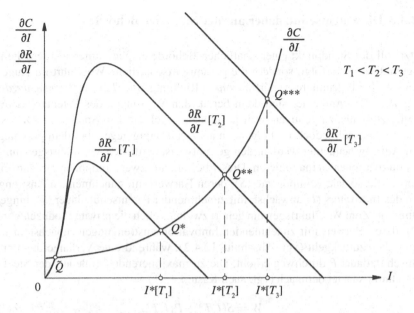

Abb. 12.5. Iso-Gewinnkurve, Grenzkosten der Innovationsanstrengungen und Herleitung der Reaktionsfunktion des Innovators

Indem man nach dI/dT auflöst, erhält man die Steigung der Reaktionsfunktion des Innovators:

$$\frac{dI}{dT} = -\frac{\overset{(+)}{\dfrac{\partial^2 R}{\partial I \partial T}}}{\underset{(-)}{\dfrac{\partial^2 R}{\partial I^2} - \dfrac{\partial^2 C}{\partial I^2}}} > 0. \tag{12.6}$$

Das positive Vorzeichen von Gleichung (12.6) folgt aus der Annahme 12.3 und der hinreichenden Bedingung für ein Gewinnmaximum, $\partial^2 \mathrm{NPV}/\partial I^2 = \partial^2 R/\partial I^2 - \partial^2 C/\partial I^2 < 0$. Die Reaktionsfunktion des Innovators wird in der Abbildung 12.5 graphisch hergeleitet. Die drei Grenzerlösfunktionen ($\partial R/\partial I$) gelten für drei Patentschutzdauern $T_1 < T_2 < T_3$; sie steigen mit I zuerst an und fallen dann ab (vgl. Annahme 12.1). Die Kurve $\partial C/\partial I$ zeigt progressiv zunehmende Grenzkosten. Der Punkt $\tilde{Q}$ kommt als Optimum nicht in Frage, weil dort die Bedingung $\mathrm{NPV} = \partial^2 R/\partial I^2 - \partial^2 C/\partial I^2 < 0$ noch nicht erfüllt ist. Wegen der Konvexität der Grenzkostenfunktion ($\partial^3 C/\partial I^3 > 0$, vgl. Annahme 12.2) legt die Folge von Optima $\{Q^*, Q^{**}, Q^{***}\}$ eine Folge von Werten der Innovationsanstrengungen $\{I^*[T_1], I^*[T_2], I^*[T_3]\}$ fest, die in T zunimmt, doch mit einer abnehmenden Zuwachsrate. Dieser Expansionspfad erscheint als $g(T)$ in der Abbildung 12.6.

12.4.3 Die Patentschutzdauer aus der Sicht der Behörde

Jetzt soll der Standpunkt einer staatlichen Behörde eingenommen werden, die kein Eigeninteresse verfolgt, sondern die gesamtwirtschaftliche Wohlfahrt im Auge haben soll. Ihr Eigeninteresse dürfte wohl in Richtung einer *langen Patentschutzdauer T* gehen: Die Anmelder sind dann bereit, den Weisungen des Patentamtes bis in die Einzelheiten zu genügen, weil ja für sie so viel auf dem Spiel steht. Dieses Eigeninteresse soll jedoch im Folgenden als zweitrangig gegenüber dem grundlegenden Auftrag betrachtet werden, den gesamtwirtschaftlichen Wohlfahrtsgewinn (W) aus Innovationen zu maximieren. Dieser besteht aus zwei Komponenten: Zum einen gibt es die soziale Komponente (S), deren Barwert mit zunehmenden Anstrengungen des Innovators (I) anwächst, mit zunehmender Patentschutzdauer (T) hingegen abnimmt. Zum Wohlfahrtsgewinn gehört zweitens auch die private Produzentenrente (P), deren Barwert mit zunehmenden Innovationsanstrengungen zunächst ansteigt, dann aber zurückgeht (vgl. Abschnitt 12.4.2), während eine Verlängerung der Patentschutzdauer P durchweg erhöht. Die zu maximierende Größe aus der Sicht des Patentamtes lautet demnach (vgl. auch Kasten 12.1)

$$W = S(I,T) + P(I,T). \qquad (12.7)$$

Die oben genannten Ausführungen lassen sich in zwei weiteren Annahmen festhalten:

Annahme 12.4 *Der Barwert der sozialen Komponente des Wohlfahrtsgewinns nimmt mit den Innovationsanstrengungen zu, doch mit der effektiven Patentschutzdauer ab:* $\partial S/\partial I > 0$; $\partial S/\partial T < 0$.

Annahme 12.5 *Der Barwert der privaten Komponente des Wohlfahrtsgewinns nimmt zunächst mit zusätzlichen Innovationsanstrengungen zu, dann aber ab. Hingegen nimmt er mit der effektiven Patentschutzdauer stets zu:*

$$\frac{\partial P}{\partial I} \begin{cases} > 0 \ \textit{für kleine Werte von I} \\ < 0 \ \textit{für große Werte von I} \end{cases} \quad \textit{und} \quad \frac{\partial P}{\partial T} > 0.$$

Aus der Zielfunktion (12.7) lässt sich eine Iso-Wohlfahrtskurve durch totale Differenzierung herleiten:

$$dW = \frac{\partial S}{\partial I}dI + \frac{\partial S}{\partial T}dT + \frac{\partial P}{\partial I}dI + \frac{\partial P}{\partial T}dT = 0, \quad \text{so dass}$$

$$\left. \frac{dI}{dT} \right|_{dW=0} = -\frac{\dfrac{\partial S}{\partial T} + \dfrac{\partial P}{\partial T}}{\dfrac{\partial S}{\partial I} + \dfrac{\partial P}{\partial I}}, \quad \text{mit} \quad \frac{\partial S}{\partial T} + \frac{\partial P}{\partial T} < 0. \qquad (12.8)$$

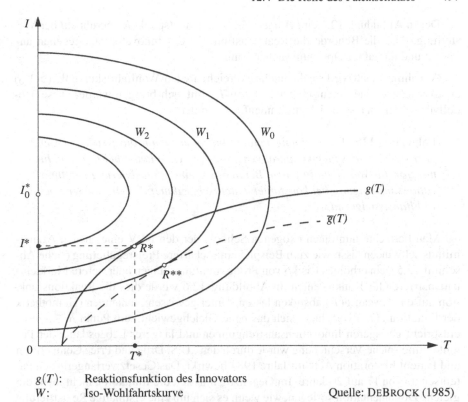

$g(T)$:   Reaktionsfunktion des Innovators
W: Iso-Wohlfahrtskurve   Quelle: DEBROCK (1985)

Abb. 12.6. Optimale Patentschutzdauer im Gleichgewicht

Die letzte Vorzeichenbedingung folgt aus dem Argument, dass eine Zunahme von T die sog. *tote Last* (engl. *deadweight loss*) erhöht, indem der Verlust an Konsumentenrente nie vollumfänglich in zusätzliche Produzentenrente überführt werden kann. Die Steigung der Iso-Wohlfahrtskurve ist nicht eindeutig. Bei kleinem Innovationsaufwand ist der marginale Effekt von I sowohl auf die Konsumenten- wie auch die Produzentenrente positiv. In diesem Bereich verlaufen die Iso-Wohlfahrtskurven in der Abbildung 12.6 steigend. Wie schon für den Gewinn des Innovators, so gilt auch für die Produzentenrente, dass zusätzliche Innovationsanstrengungen früher oder später kontraproduktiv wirken. Die Kurve biegt dort zurück, wo der Verlust an Produzentenrente durch den Zugewinn an Konsumentenrente gerade aufgewogen wird.

Könnte die Patentbehörde T frei wählen, ohne die Reaktion der Innovatoren berücksichtigen zu müssen, so würde sie einen Punkt wie I_0^* als *absolutes Optimum* anstreben, um die tote Last auf Null zu senken. Positive Innovationsanstrengungen trotz Entfallen des Patentschutzes sind aber nicht realisierbar, wie in Teilabschnitt 12.4.1 dargelegt wurde. In der Abbildung 12.6 liegt deshalb der Punkt I_0^* nicht auf der Reaktionsfunktion $g(T)$ des Innovators, kann also von der Patentbehörde nicht erreicht werden.

Der in Abbildung 12.6 eingetragene Gleichgewichtspunkt R^* beruht auf der Vorstellung, dass die Behörde die Reaktionsfunktion des Innovators als gegeben annimmt und darauf ihr Optimum suchen kann.[4]

Annahmegemäß wird sie die höchste erreichbare Iso-Wohlfahrtskurve $W_2 (> W_0)$ anstreben, was eine Patentschutzdauer von T^* mit sich bringen würde. Diese Modellvorstellungen lassen sich zusammenfassen in der

Folgerung 12.5 *Die optimale Patentschutzdauer kann dargestellt werden als Ergebnis eines nichtkooperativen Spiels zwischen Patentbehörde und Innovator. Ihr Wert liegt in einem Bereich, wo eine Intensivierung der Innovationsanstrengung bei konstanter Patentschutzdauer T netto immer noch wohlfahrtssteigernd wäre.*

Man betrachte nun einen exogenen Schock, der den NPV eines neuen Arzneimittels schwinden lässt, wie zum Beispiel eine schärfere Preisregulierung (siehe Abschnitt 12.5), ein erhöhtes Risiko von Produkthaftungsklagen oder tiefere Markteintrittsbarrieren für Konkurrenten. In Abbildung 12.6 würde dies die Reaktionsfunktion auf das Niveau $\bar{g}(T)$ absinken lassen. Unter gewissen Annahmen (Homothetik der Funktion $g(T)$) verschiebt sich das neue Gleichgewicht zum Punkt R^{**}. Dieser entspricht geringeren Innovationsanstrengungen und längerer Lebensdauer der Patente. Eine solche Verschiebung wurde durch den „U.S. Drug and Price Competition and Patient Restoration Act" im Jahre 1984 bewirkt. Das Gesetz verlängerte den Patentschutz von 17 auf 20 Jahre. Im Gegenzug mussten die Imitatoren nicht mehr die gleiche Dokumentation vorlegen, wie wenn es sich um eine erstmalige Registrierung handeln würde.

12.5 Preisregulierung der Arzneimittel

12.5.1 Gründe für eine Preisregulierung

Die Preise von Arzneimitteln werden in vielen Ländern vom Staat reguliert. Aus ökonomischer Sichtweise lässt sich eine solche Preisregulierung nicht mit der Existenz eines natürlichen Monopols rechtfertigen, wie dies in anderen regulierten Bereichen (z.B. Elektrizitätswirtschaft, Telekommunikation) der Fall ist. Im pharmazeutischen Bereich bestehen zwar auch Monopole, diese sind aber nicht natürlich, sondern der Staat „induziert" die Monopolmacht der Pharmafirmen durch den Patentschutz, den er auf ihren Produkten garantiert, um Anreize für Innovationen zu schaffen (vgl. Abschnitt 12.4.1).

---

[4] Dieses Gleichgewicht entspricht der Duopollösung von Stackelberg mit einem unabhängigen und einem abhängigen Anbieter. Die Rolle des unabhängigen Entscheidungsträgers fällt hier der Patentbehörde zu [vgl. BREYER (2011, Abschnitt 3.4)].

Der Hauptgrund für eine staatliche Preisregulierung liegt vielmehr in der *Beschränkung der Arzneimittelausgaben* der sozialen Krankenversicherer bzw. des Staates selbst. Durch die Versicherungsdeckung der Arzneimittel besteht das Problem von Moral Hazard (vgl. Kapitel 6), denn die Versicherten müssen nicht für die real anfallenden Kosten aufkommen und „konsumieren" dementsprechend zu viele Medikamente. Dasselbe gilt für die Leistungsanbieter, welche (zumindest bei Einzelleistungsvergütung) die Tendenz haben, „des Guten zu viel zu tun".

Eine staatliche Preisregulierung von Arzneimitteln soll diese Moral-Hazard-Problematik abschwächen. Ist keine Kostenbeteiligung vorgesehen (wie dies z.B. in Deutschland bis 1989 der Fall war), wird ein unregulierter monopolistischer Innovator einen unendlich hohen Preis setzen wollen. ZWEIFEL UND CRIVELLI (1996) zeigen jedoch, dass bereits die Drohung einer Preisregulierung einen endlichen Preis bewirken kann. Aus ökonomischer Sicht können Strategien zur Eindämmung von Moral Hazard durchaus wünschenswert sein, denn die Versicherten müssen schließlich mit höheren Prämien die zu hohen Arzneimittelausgaben finanzieren.

Für eine staatliche Preisregulierung sind allerdings weitere Aspekte zu berücksichtigen. Erstens besteht immer die Möglichkeit, Moral Hazard mittels einer Kostenbeteiligung einzudämmen (siehe Kapitel 6). Zweitens können nationale Preisregulierungen leicht globale Effizienzverluste nach sich ziehen. Drittens weisen alle existierenden Varianten der Preisregulierung negative Nebeneffekte auf Innovationen und Wettbewerb auf. Diese müssen gegen ihre Vorteile abgewogen werden. Viertens kann die Marktmacht des Innovators so rasch dahinschwinden, dass sich eine Preisregulierung von vornherein kaum rechtfertigen lässt.

12.5.2 Nationale Regulierungen im Konflikt mit globaler Optimierung

Die meisten Arzneimittel sind weltweit handelbar. Die Ausgaben für Forschung und Entwicklung sind dementsprechend *globale Fixkosten*, die unabhängig von der Anzahl der Konsumenten und der Anzahl der Länder, in denen das Medikament vertrieben wird anfallen. Die Kosten für Forschung und Entwicklung können somit keiner bestimmten Patientengruppe und keinem bestimmten Land zugerechnet werden. Zudem sind die Kosten normalerweise versunken, sobald das Produkt auf den Markt gebracht und über die Preise verhandelt wird. Die kurzfristigen Grenzkosten für Produktion, Verpackung, Werbung und Vertrieb machen denn auch nur 30% der Gesamtkosten aus [vgl. DANZON (1997b)].

Bei gegebenen Fixkosten führt die Preissetzung auf der Höhe der kurzfristigen Grenzkosten zu einer optimalen Menge des Medikamentenkonsums.[5] Allerdings würde bei einer solchen Preisregulierung beim Anbieter ein Defizit entstehen, welches über verzerrende Steuern finanziert werden müsste [vgl. LAFFONT UND TIROLE (1993, S. 24)]. Eine alternative Lösung ist in diesem Fall das Zulassen

---

[5] Dabei werden Probleme durch Versicherungsdeckung und unvollständige Information außer Acht gelassen.

von Preisdiskriminierung durch den Monopolisten mittels der sogenannten *Ramsey-Preissetzung* [vgl. RAMSEY (1927); BAUMOL UND BRADFORD (1970)]. Sie resultiert aus einer Optimierung, bei welcher der Anbieter gerade seine Kosten decken darf, so dass kein Verlust und kein Gewinn entsteht. Ramsey-Preise sind normalerweise höher als die kurzfristigen Grenzkosten. Im Einprodukt-Monopolfall sollte der prozentuale Zuschlag zu den Grenzkosten (der sogenannte Lerner-Index) für verschiedene Konsumentengruppen umgekehrt proportional zum Absolutwert der Preiselastizitäten sein:[6]

$$\frac{p_i - C_i'}{p_i} = \rho \left[\frac{1}{|\eta_i|} \right],$$ (12.9)

wobei p für den Preis und C' für die Grenzkosten des Arzneimittels steht. Der Index i bezeichnet die verschiedenen Konsumentengruppen, die bedient werden und η_i deren Preiselastizität der Nachfrage. Der Faktor ρ steht schließlich für eine Ramsey-Zahl zwischen null und eins. Falls $\rho = 1$ gilt, resultieren aus Gleichung (12.9) die gewinnmaximierenden Preise, die ein preisdiskriminierender Monopolist von sich aus setzen würde [vgl. Gleichung (12.2)]. Bei $\rho = 0$ folgt andererseits die Grenzkostentarifierung $p_i = C_i'$ für ein bestehendes Produkt. Eine Ramsey-Zahl zwischen null und eins entspricht einem gewissen Grad von Monopolpreissetzung, der nötig ist, damit der Anbieter seine Kosten für Forschung und Entwicklung decken kann. Es ist erwähnenswert, dass ein Wert der Preiselastizität η_i nahe Null häufig bedeutet, dass der Patient aus medizinischen Gründen auf das Produkt dringend angewiesen ist. Dies sind genau jene Patienten, welche laut Gleichung (12.9) aus Effizienzgründen einen höheren Preis bezahlen sollten. Diese Folgerung wird in der Gesellschaft jedoch kaum Akzeptanz finden. Immerhin besteht die Möglichkeit, dass ein Krankenversicherer zwar für die Kosten aufkommt, zugleich aber versucht, das Arzneimittel gezielt den schwer kranken Patienten zukommen zu lassen (indem er z.B. im Rahmen von Managed Care dem Leistungserbringer entsprechende Auflagen macht).

Das Hauptproblem bei der beschriebenen Preisregulierung nach Ramsey liegt im Pharmabereich in der bereits angesprochenen Globalität der Produkte, die dank niedriger Transportkosten weltweit handelbar sind. Eine Preisdiskriminierung nach Gleichung (12.9) können deshalb leicht durch Arbitrage unterlaufen werden (sog. Parallelimporte). Paralleler Handel ist besonders einfach innerhalb eines Landes. In einer empirischen Untersuchung kommt DANZON (1997b) zum Schluss, dass die tatsächlich bestehenden Preisnachlässe von Arzneimitteln zu Gunsten von Managed Care-Versicherte in den USA in etwa optimalen Ramsey-Differentialen entsprechen. Für die Arzneimittelpreise in der EU scheint dies nicht zu gelten. Hier sieht die Europäische Kommission einheitliche Preise innerhalb der EU als Beleg für offene Wettbewerbsmärkte, in denen das Gesetz eines Preises herrscht. Deshalb, und weil die Mitgliedsstaaten die öffentlichen Ausgaben für Gesundheit im Allgemeinen und Arzneimittel im Speziellen senken möchten, werden Parallelimporte gefördert. Ein Unternehmen, welches Preisdifferenzierung zwischen EU-Ländern betreibt, muss mit Sanktionen rechnen.

---

[6] Siehe DANZON (1997b) für ein Modell mit monopolistischer Konkurrenz und positiven Kreuzpreiselastizitäten zwischen den Anbietern.

Die Ramsey-Regel besagt, dass durch Preisdifferenzierung größere Wohlfahrtsgewinne erzielt werden können als bei einem Einheitspreis. Sind die Grenzkosten über die verschiedenen Märkte hinweg dieselben (was für die EU der Fall sein dürfte) verlangt dies, dass die Gesamtmenge an gehandelten Arzneimitteln aufgrund der Preisdiskriminierung zunimmt. Für lineare Nachfragefunktionen kann gezeigt werden, dass eine höhere gehandelte Gesamtmenge auch hinreichend für eine erhöhte soziale Wohlfahrt ist [vgl. VARIAN (1992), Abschnitt 14.8]. Insgesamt kann die Lösung durchaus darin bestehen, den Innovator gewinnmaximierende differenzierende Preise setzen zu lassen, dabei aber Preisnachlässe entsprechend der Ramsey-Zahl ρ zu verlangen. Je stärker die Restriktion bindet, dass die Verkaufserlöse über die Produktionskosten hinaus die Forschungsausgaben decken müssen, desto höher ist ρ. Bei hohen Forschungsausgaben wird die Ramsey-Zahl demnach hoch ausfallen.

Diese Betrachtung nimmt aber an, dass der Monopolist die Märkte perfekt separieren kann. Da sich ein Arzneimittel zu geringen Kosten von einem Land zum anderen verschieben lässt, ist Arbitrage (in der Form von Parallelimporten) wahrscheinlich. Die Aufgabe des Innovators wird es dann sein, seine Preisstruktur zusammen mit der Menge der Parallelimporte zu optimieren. Das übliche Instrument dafür sind vertikale Bindungen gegenüber den Händlern.

Diese Optimierung wird insbesondere durch zwei Regulierungen innerhalb der EU erschwert. Erstens strebt, wie oben erwähnt, das EU-Wettbewerbsrecht einen einheitlichen Preis an. Folglich werden vertikale Restriktionen wie die Preisbindung zweiter Hand oder die Schaffung von regionalen Alleinvertretungen ungern gesehen [vgl. ZWEIFEL UND ZAECH (2003)]. Zweitens sind die einzelnen Staaten im Sinne des Subsidiaritätsprinzips der EU für die Gesundheitspolitik zuständig. Dies beinhaltet auch die Regulierung der Arzneimittelpreise. Wenn nun der regulierte Preis zu weit vom Optimum des Innovators abweicht, könnte dieser damit drohen, das Arzneimittel vom Markt zu nehmen. Dieser Schritt wäre allerdings mit erheblichen versunkenen Kosten verbunden, d.h. Investitionen, die bei einem Marktaustritt abgeschrieben werden müssen. Meist ist es für den Innovator günstiger, die heimische Regierung dazu zu bringen, ein Parallelimport-Verbot zu erlassen; an die Stelle seiner privaten Anstrengung tritt dann die staatliche Intervention. In dieser Situation haben einzelne Länder jedoch den Anreiz, sich als *Trittbrettfahrer* zu verhalten, indem sie Preise im eigenen Land durch eine strenge Regulierung niedrig halten und Länder mit schwacher oder gar keiner Preisregulierung die Fixkosten von Forschung und Entwicklung tragen zu lassen. Letztlich läuft dies auf eine Quersubventionierung von Konsumenten in trittbrettfahrenden Ländern hinaus.

Die geltende, ineffiziente Lösung von regulierten Preisen kombiniert mit eingeschränkten Parallelimporten wurde von VALLETTI (2006) untersucht. Für bereits bestehende Innovationen kam er zum Schluss, dass es für die Konsumenten der EU insgesamt wohlfahrtssteigernd sein kann, einen einheitlichen Preis durchzusetzen und Parallelimporte zu erleichtern, da sich die gesamte gehandelte Menge erhöhen würde. Es ist jedoch genau diese Kombination, welche eine massive Reduktion des NPV eines neuen Arzneimittels zur Folge hat. Es kommt demnach zur Abwägung zwischen statischer und dynamischer Effizienz, wie zu Beginn dieses Kapitels erläutert. Es sei darauf hingewiesen, dass eine Profitmaximierung der Arzneimittelhersteller (und Leistungserbringer im Allgemeinen) in einem Wettbewerbsmarkt für Krankenversicherung kein Problem darstellt. Mit Millionen von Mitgliedern haben die Krankenversicherer die nötigen Ressourcen und das Know-how, Preise auszuhandeln. Es kann vielmehr als eine ihrer Aufgaben gesehen werden, als geschickte Einkäufer von Gütern und Dienstleistungen zu fungieren (wie dies in Managed Care-Optionen gefördert wird). Für die Regierungen stellt dies ebenfalls kein Problem dar, da sie den Umgang mit Monopolisten gewohnt sind (zum Beispiel in der Rüstungsindustrie oder im öffentlichen Verkehr).

Folgerung 12.6 *Die Hauptmotivation für Regulierungen von Arzneimittelpreisen liegt im Interesse der Regierungen, die öffentlichen Ausgaben für Arzneimittel zu reduzieren. Dies führt zu einer Verletzung der Ramsey-Regel für die Allokation der Fixkosten für Forschung und Entwicklung auf Konsumenten und Länder.*

12.5.3 Arten der Preisregulierung und ihre Nebenwirkungen

Um die die öffentlichen Ausgaben für Arzneimittel einzudämmen, ist ein großes Instrumentarium an Regulierungsformen entstanden, welche unterschiedliche Auswirkungen auf Effizienz und Innovationen haben. Im Folgenden soll ein kurzer Überblick über die wichtigsten Formen der Regulierung und ihre Wirkungsweisen gegeben werden [vgl. DANZON (1997a, S. 15-29)].

12.5.3.1 Direkte Preisregulierung

Bei dieser Form der Regulierung müssen Preise von neuen und Preisänderungen von bestehenden Produkten genehmigt werden, wenn sie von der Sozialversicherung vergütet werden sollen. Inflationsanpassungen werden nur selten gewährt. Zusätzlich sind die Margen im Groß- und Einzelhandel reguliert, so dass die Regierungen Kontrolle über die Einzelhandelspreise haben, die den Patienten berechnet werden.

Frankreich, Italien und Spanien sind die Hauptvertreter dieser Art der Regulierung. Kanada, die Schweiz und die USA kennen etwas weniger restriktive Formen der direkten Preisregulierung. Für alle Länder gilt aber, dass die Regulierungskriterien zur Preissetzung sich *nicht an einem kohärenten Modell orientieren*, welches das Problem der globalen und substantiellen Fixkosten bei der Entwicklung von Arzneimitteln berücksichtigt. Traditionell wurden die Preise in Verhandlungen festgelegt, und das Ergebnis war abhängig von den politischen Machtverhältnissen. Zunehmend dienen internationale Vergleiche als Grundlage für die Preisregulierung. Dies scheint zwar objektiver zu sein, aber die Methode solcher Vergleiche lässt einen beträchtlichen Ermessensspielraum offen, da sich die Arzneimittel in den verschiedenen Ländern durch Dosierungsformen und -stärke unterscheiden [vgl. DANZON UND CHAO (2000)].

Es sind drei negative Konsequenzen der direkten Preisregulierung zu unterscheiden. Erstens reflektieren regulierte Preise typischerweise nicht die Zahlungsbereitschaft der Konsumenten für die Innovationen. Zweitens besteht bei einer Verhandlung der Preise immer Unsicherheit bezüglich deren Ergebnis. Dies dürfte insbesondere kleinere, risikoaverse Innovatoren abhalten weil sie ihr Risiko für einen allfälligen Fehlerfolg nicht durch den Erfolg anderer Produkte ausgleichen können. Schließlich können Preisverhandlungen Verzögerungen in der Markteinführung neuer Produkte bewirken, was Wohlfahrtsverluste nicht nur für die Pharmaunternehmen aber auch für die Patienten bedeuten kann.

12.5.3.2 Referenzpreise

Referenzpreis- bzw. Festbetragssysteme sind in Deutschland, den Niederlanden, Dänemark, Neuseeland und in Teilen Kanadas eingeführt worden. Bei dieser Regulierungsart werden Arzneimittel in Gruppen mit ähnlichen therapeutischen Eigenschaften zusammengefasst. Anschließend wird ein einzelner Referenzpreis bzw. Festbetrag für jede Gruppe festgelegt. Der Anbieter kann dann theoretisch einen beliebigen Preis auch oberhalb des Referenzpreises setzen. Der Patient zahlt in einem solchen Fall die Differenz zwischen Referenzpreis und Verkaufspreis aus eigener Tasche. In der Wirklichkeit verlangen Pharmafirmen selten mehr als den Referenzpreis. Dies ist wahrscheinlich deshalb so, weil die Nachfrage im Bereich oberhalb des Referenzpreises durch die hundertprozentige Selbstbeteiligung stark preiselastisch wird [vgl. ZWEIFEL UND CRIVELLI (1996) für eine Untersuchung im Falle Deutschlands].

Das Referenzpreissystem induziert zwar *Wettbewerb* zwischen Arzneimitteln innerhalb einer therapeutischen Gruppe im Preisbereich *oberhalb des Referenzpreises*, im Bereich darunter kann es allerdings den Wettbewerb verringern, da dort die Nachfrage preisunelastisch bleibt. Der Effekt auf die Arzneimittelausgaben hängt davon ab, wie weit die therapeutischen Gruppen gefasst sind und wie hoch der Referenzpreis gesetzt wird. Das deutsche Referenzpreissystem hat es bisher nicht geschafft, die gewünschte Verlangsamung im Anstieg der Arzneimittelausgaben zu erreichen [vgl. DANZON (1997a, S. 20-21)].

12.5.3.3 Renditeregulierung

Einen anderen Weg ging die Preisregulierung von Arzneimitteln bisher in Großbritannien. Im Rahmen des „Pharmaceutical Price Regulation Scheme" werden die Renditen der Anbieterfirmen reguliert. Unter diesem System können die Pharmafirmen beliebige Preise für neue Produkte festsetzen unter der Bedingung, dass die gesamte Kapitalrendite der Arzneimittel, die vom National Health Service (NHS) vergütet werden, eine bestimmte Grenze nicht überschreitet. Jede Firma verhandelt mit der Regierung eine individuelle *maximale Kapitalrendite* im Bereich von 17 bis 21% aus. Liegt die Kapitalrendite einer Firma oberhalb der zulässigen Grenze, muss der Überschuss entweder direkt oder über eine Preissenkung zurückgegeben werden. Andererseits kann eine Firma, welche die zulässige Kapitalrendite nicht erreicht hat, eine Preiserhöhung beantragen.

Obwohl dieses System der Gewinnregulierung im Gegensatz zu den meisten anderen Regulierungsarten explizit die Notwendigkeit anerkennt, dass die Pharmafirmen eine vernünftige Rendite auf ihre Ausgaben für Forschung und Entwicklung erwirtschaften können müssen, hat es andere potentielle Verzerrungen zur Folge. Es schafft insbesondere Anreize, relativ mehr Kapital einzusetzen, falls die maximale Kapitalrendite höher ist als die Kapitalkosten [vgl. AVERCH UND JOHNSON (1962); oder LAFFONT UND TIROLE (1993, S. 33–34)]. Im Großen und Ganzen scheint das System der Renditeregulierung in Großbritannien aber nicht erfolgreicher in der Beschränkung der Arzneimittelausgaben gewesen zu sein als die Regulierungssysteme der anderen OECD-Länder. Bei den Ausgaben für Arzneimittel als Anteil am Bruttoinlandsprodukt liegt Großbritannien im Mittelfeld [vgl. OECD (2012)].

12.5.3.4 Value-based Pricing

Beim „Value-based Pricing" werden Preisobergrenzen auf Grundlage von Nutzen-Bewertungen festgelegt. Dies geschieht bisher in Australien, Kanada und Schweden [HUGHES (2011)]. In Großbritannien soll dieser Regulierungsansatz 2014 das „Pharmaceutical Price Regulation Scheme" ablösen. Das Vorgehen orientiert sich dabei an Kosten-Nutzwert-Analysen [CLAXTON (2007), CLAXTON ET AL. (2008)]. Konkret soll der Preis nur so hoch sein dürfen, dass ein gewonnenes QALY nicht mehr als einen vorgegebenen Geldbetrag kosten darf (vgl. Abschnitt 2.3.2 für die Definition und Messung von Quality-Adjusted Life Years). Hierzu wird die in Abschnitt 2.2 vorgestellte *inkrementelle Kosten-Nutzwert-Relation* (engl. „incremental cost-utility ratio", ICUR) verwendet, die das Verhältnis der zusätzlichen Kosten und Erträge im Vergleich zum nächstbesten Medikament angibt.

Von entscheidender Bedeutung ist die Höhe des Geldbetrags für zusätzliche QALYs. Hierzu ließen sich die Empfehlungen des National Institute for Clinical Excellence (NICE) nutzbar machen (vgl. Abschnitt 2.2). Es verwendet einen Schwellenwert von maximal 30.000 £ je gewonnenes QALY. Dann wäre der Innovator gezwungen, den Preis des neuen Produkts so zu setzen, dass sein ICUR nicht mehr als 30.000 £ je QALY beträgt; sonst sieht er sich mit der „wahren" Zahlungsbereitschaft der Patienten vor Versicherungsschutz statt ihrer viel größeren „beobachteten" Zahlungsbereitschaft nach Versicherungsschutz konfrontiert (vgl. Abbildung 12.4).

Ein Medikament kann für verschiedene Patientengruppen anwendbar sein und bei diesen Gruppen unterschiedliche inkrementelle Kosten-Nutzwert-Relationen aufweisen. Für diesen Fall schlägt CLAXTON (2007) vor, die Gruppen nach den ICUR-Werten absteigend zu ordnen und hierdurch eine NHS-Nachfragekurve zu bilden. Abbildung 12.7 zeigt dies für drei Patientengruppen. Dem Arzneimittelhersteller bleibt es dann überlassen, den Preis zu wählen. Setzt er ihn auf den höchsten ICUR-Wert, dann wird sein Medikament nur bei Anwendung für diese Patientengruppe er-

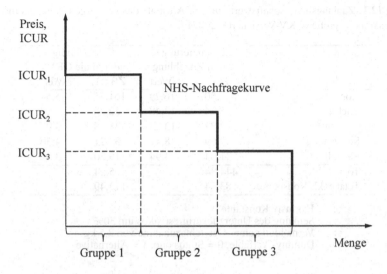

Abb. 12.7. NHS-Nachfrage bei drei Patientengruppen
Quelle: Nach CLAXTON (2007, Fig. 1(b)).

stattet. Bei einem Preis in Höhe des zweithöchsten ICUR-Werts kann er die nächste Gruppe versorgen, usw.

Aus ökonomischer Sicht spricht für Value-based Pricing, dass die so gebildete Nachfrage nicht mehr durch den Versicherungsschutz verzerrt ist. Allerdings kann eine Folge sein, dass aus Sicht des NHS keine Konsumentenrente mehr übrig bleibt. Dies ist dann der Fall, wenn der Arzneimittelhersteller den Preis auf den höchsten ICUR-Wert setzt.

Von grundlegender Bedeutung für die Bewertung von Value-based Pricing ist, ob die NHS-Nachfrage hinreichend die Präferenzen der Versicherten (bzw. in einem steuerfinanzierten System der Steuerzahler) widerspiegelt; schließlich tragen sie die Kosten des Gesundheitswesens. Das NICE berücksichtigt bei seiner Bewertung neuer Therapien lediglich die gewonnenen QALYs. Aus Abschnitt 12.2 geht jedoch hervor, dass die Nachfrage der Patienten nach einem Arzneimittel wesentlich von zwei Dingen abhängt:

- von den Eigenschaften des Präparats und insbesondere davon, ob es ein sog. Alleinstellungsmerkmal (engl. „unique selling proposition") aufweist oder nicht;
- von der subjektiven Wertung dieser Eigenschaften durch die Patienten.

Die gewonnenen QALYs erfassen jedoch möglicherweise nicht alle Vorteile eines Arzneimittels aus Sicht der (potentiellen) Patienten. Diese dürften auch Präferenzen bezüglich anderer Eigenschaften (auch Attribute genannt) haben, beispielsweise bezüglich der Bequemlichkeit bei der Verwendung das Präparats.

Tabelle 12.1. Zahlungsbereitschaftswerte für die Attribute des neuartigen Präparats in € pro Jahr, Gesamtstichprobe (GKV-Versicherte, 2007)

Attribut	Finanzierung durch Zuzahlung		Finanzierung durch die GKV	
	ZB	z-Wert	ZB π^*	z-Wert
Konstante	261,50	16,29	161,75	5,54
Zucker[1]	35,74	13,48	22,20	4,87
Gewicht[2]	62,87	13,23	38,88	5,05
Schwenken[3]	53,69	8,47	33,21	4,50
Flexibilität[3]	31,04	4,94	19,20	3,54
Total	444,84		275,24	
Total exkl. Konstante	183,34		113,49	

* :   Exklusiv Konstante
[1] :   Senkung des Unterzuckerungsrisikos um 30%
[2] :   Vermeidung einer Gewichtszunahme von 2,5 kg
[3] :   Dummy- Variable, 0 = Status quo, 1 = Alternative

Da die Versicherten seit Ende des letzten Jahrhunderts in den meisten Ländern der EU einer Kostenbeteiligung bei Medikamenten unterworfen sind [KANAVOS (2001)], trifft die in Abschnitt 12.2.3 vorgenommene Analyse für den Fall der Kostenbeteiligung weitgehend zu. Im Beispiel der Abbildung 12.2 entscheidet die Steigung der Indifferenzkurve im Charakteristikaraum zusammen mit dem Nettopreis je Dosis darüber, ob nur das innovative oder aber auch das bisher verfügbare Präparat nachgefragt wird. Die Steigung der Indifferenzkurve zeigt jedoch die relative Wertung der Attribute durch den Patienten an. Diese relative Wertung wird durch das QALY-Maß nur sehr bedingt wiedergegeben.

Erste Evidenz für das Auseinanderklaffen von QALYs und Patientenpräferenzen ergibt sich aus den in Kapitel 2.4.5.3 beschriebenen Discrete-Choice-Experimenten (DCE). Sie erlauben, Präferenzen als Zahlungsbereitschaftswerte (ZB-Werte) für die einzelnen Attribute darzustellen und diese Werte dann zu einer ZB für das Produkt insgesamt zu summieren. Das Vorgehen lässt sich an einem neuartigen Diabetes-Präparat illustrieren [SENNHAUSER UND ZWEIFEL (2012)]. Im Jahre 2007 nahmen rd. 1.100 deutsche Mitglieder der Gesetzlichen Krankenversichung (GKV) an einem DCE teil, davon rd. 600, die nicht an Diabetes litten, aber gebeten wurden, sich in die Situation eine Diabetikers zu versetzen. Die Teilnehmer am DCE wählten wiederholt zwischen dem Status quo-Produkt und einer Alternative, die nicht nur eine Senkung des Risikos der Blutunterzuckerung um 30% versprach („Zucker" in Tabelle 12.1), sondern auch Stabilisierung des Gewichts („Gewicht"), keine Notwendigkeit, das Präparat vor der Injektion zu schwenken („Schwenken") sowie größere Flexibilität bezüglich des Zeitpunkts der Injektion („Flexibilität"). Das DCE hatte zwei Preisattribute, die Zuzahlung aus eigener Tasche sowie eine Erhöhung des eigenen GKV-Beitrags (ohne den Anteil der Arbeitgeber).

In der Tabelle 12.1 lässt die positive Konstante auf eine grundsätzliche Präferenz für die Alternative (und nicht wie sonst üblich für den Status quo) schließen. Zur ZB insgesamt tragen entgegen gängigen Erwartungen „medizinisch irrelevante" Attribute für die GKV-Mitglieder wesentlich zur Wertung des neuen Präparats bei. Dies gilt nicht nur für die Diabetiker, sondern auch für die gesunden Versicherten als potentielle Diabetiker (hier nicht gezeigt). So geht die Netto-ZB von 183,34 € jährlich im Falle der Zuzahlung nur zu knapp 20% (= 35,74/183,34) auf die Senkung des Unterzuckerungsrisikos zurück, zu rd. 29% (= 53,69/183,34) dagegen auf den scheinbar banalen Vorteil, das Präparat nicht zuerst schwenken zu müssen. Im Falle der Finanzierung durch einen erhöhten eigenen Beitrag zur GKV wird die ZB in Übereinstimmung mit der Erwartungsnutzen-Theorie mit der durchschnittlichen Wahrscheinlichkeit gewichtet, zum Diabetiker zu werden. Auf die Netto-ZB von diesmal 113 € entfallen einmal mehr knapp 20% auf „Zucker" und 29% auf „Schwenken". Im Nachhinein leuchtet ein, dass das Entfallen der Notwendigkeit, das Präparat vor der Injektion zu schwenken (nicht schütteln), für Diabetiker von einiger Bedeutung ist: eine falsche Handhabung könnte seine Wirksamkeit erheblich beeinträchtigen. Auch andere „banale" Attribute sind mit einer signifikant positiven ZB verbunden, ganz ähnlich wie im DCE zur Messung der ZB für sog. Hüftprotektoren [TELSER UND ZWEIFEL (2002)].

Da bei den Gesunden die Finanzierung durch Zuzahlung zur Attraktivität des neuen Produkts beiträgt, bei den Diabetikern dagegen die Finanzierung durch (leicht) erhöhte GKV-Beiträge, müssten sich Unterschiede in den Präferenzen der beiden Gruppen in unterschiedlichen ZB-Werten je nach Finanzierungsart niederschlagen. In Kapitel 3.4.3.4 wurde jedoch gezeigt, dass sich die oft beobachtete Zustandsabhängigkeit der Wertungen nicht auf eine Instabilität der Präferenzen, sondern auf die Zustandsabhängigkeit der individuellen Produktionsmöglichkeiten zurückführen lässt. Diese Behauptung wird durch die Tabelle 12.1 insofern gestützt, als die relative Wertung der Attribute nicht von der Art der Finanzierung (und damit den unterschiedlichen Interessen von Gesunden und Kranken) abhängt.

Folgerung 12.7 *Für den National Health Service ist geplant, die inkrementelle Kosten-Nutzwert-Relation (engl. ICUR, gemessen in Geldeinheiten/QALY) als Kriterium für die Aufnahme neuer Arzneimittel in den Leistungskatalog einführen. Die Innovatoren werden so zum Value-based Pricing angehalten, um einen bestimmten ICUR-Schwellenwert nicht zu überschreiten. Allerdings lassen erste experimentelle Studien vermuten, dass QALYs die Präferenzen der (potentiellen) Patienten ungenügend abbilden.*

12.5.3.5 Arzneimittelbudgets für Ärzte

Eine weitere Möglichkeit zur Eindämmung der Arzneimittelausgaben stellen Arzneimittelbudgets für Ärzte dar. So wurde z.B. in Deutschland im Gesundheitsstrukturgesetz von 1993 ein Zielbudget von 12,27 Mrd. Euro für die Arzneimittelverschreibungen der niedergelassenen Ärzte eingeführt. Falls das Budget überschritten würde, sollten die ersten 143 Mio. Euro der Überschreitung von den Ärzten aus dem Budget des folgenden Jahres bezahlt werden. Die nächsten 143 Mio. Euro sollten zu Lasten der pharmazeutischen Industrie mittels eines Preisstopps gehen [vgl. HOFF-MEYER UND MCCARTHY (1994, S. 467)]. Nach anfänglichen Erfolgen [vgl. DAN-ZON (1997a, S. 24)] erfüllte das Arzneimittelbudget die Erwartungen aber nicht. In den neun Jahren seit seiner Einführung mussten die Ärzte trotz mehrfacher und zum Teil erheblicher Überschreitungen in keinem einzigen Fall eine Kürzung ihrer Honorare hinnehmen. Selten war ein gesetzliches Sanktionsverfahren in der Praxis derart folgenlos. Es wurde Anfang 2002 rückwirkend außer Kraft gesetzt. Der Hauptgrund des Scheiterns war der Widerstand der Ärzteschaft und der Pharmaindustrie, die sich schließlich politisch durchsetzen konnten.

12.6 Der Preiswettbewerb bei Arzneimitteln

Im Gefolge der Thalidomid-Katastrophe wurde die pharmazeutische Industrie in den USA von der Kefauver-Kommission des Senats untersucht. Dabei stellte sich heraus, dass die Produktionskosten in vielen Fällen nicht mehr als 15% des Verkaufspreises ausmachten. Setzt man diese Produktionskosten den Grenzkosten in der Gleichung (12.2) gleich, so lässt die Diskrepanz auf einen beträchtlichen Monopolgrad (gemessen am *Lerner-Index* $1/|\eta|$) schließen [vgl. STEELE (1962)]. Der Lerner-Index eignet sich allerdings nur für eine Branche mit stabiler Technologie. Sobald eine Produktionsausweitung infolge von Produktinnovationen mit einer neuen Technologie zustandekommt, gehören die Aufwendungen für die Entwicklung und Einführung dieser neuen Technologie mit zu den Grenzkosten. In diesem Zusammenhang ist auch an die Tatsache zu erinnern, dass das erfolgreiche Präparat (und nur solche können auf dem Markt beobachtet werden) nicht typisch ist für die Produktpalette eines Unternehmens; man läuft Gefahr, die vergleichsweise seltenen Gewinner einer Lotterie herauszugreifen [vgl. COMANOR (1986)].

Deshalb muss der Preiswettbewerb nicht als statisches Phänomen (was bei einer gegebenen Produktauswahl korrekt wäre), sondern als dynamische Entwicklung untersucht werden, bei der ein neues Arzneimittel über die Zeit verfolgt wird.

Diese Entwicklung hängt von der Geschwindigkeit ab, mit welcher "me-too"-Präparate und Generika in den Markt eindringen können. Generika sind Imitationen von Markenarzneimitteln, welche dieselben Substanzen wie das Originalpräparat beinhalten. Die Anbieter müssen diese zu einem geringeren Preis verkaufen, um Marktanteile zu erlangen. Die Existenz einer Versicherung hat jedoch eine dämpfende Wirkung auf den Preiswettbewerb. In Abschnitt 12.2.2 wurde gezeigt, dass ein voll versicherter Patient lediglich an den Qualitätseigenschaften eines Arzneimittels interessiert ist. Der Preis spielt nur dann eine Rolle, wenn eine Zuzahlung (ein positiver Selbstbehalt) vorgesehen ist. Aber selbst wenn der Preis eine Rolle spielt, kann ein günstigerer Konkurrent nicht ohne Weiteres in den Markt eindringen. Die wichtigste Hürde dabei ist der Patentschutz. Mit der Zeit setzen sich jedoch die Pharmaunternehmen selbst einem Preiswettbewerb aus, da sie für geschützte Produkte in gewissen Ländern einen niedrigeren zugelassenen Preis akzeptieren. Dieses Potential für Preiswettbewerb wird allerdings von manchen Regierungen (darunter Deutschland, die Schweiz und die USA) mit einem Verbot von Parallelimporten abgeblockt. Dies bedeutet eine Marktschließung für patentierte Arzneimittel. Seit jedoch die Europäische Kommission im Jahre 2003 Parallelimporte grundsätzlich als zulässig erklärt hat, nimmt deren Bedeutung stetig zu. Im Jahr 1995 war zudem die European Medicines Evaluation Agency (EMEA) gegründet worden, welche das Registrierungsverfahren für Arzneimittel vereinheitlichte [vgl. DARBÀ UND ROVIRA (1998)].

In den USA sind Parallelimporte verboten. Es gibt aber durchaus Aspekte, welche den Preiswettbewerb begünstigen. So betragen die Zuzahlungen nicht selten bis zu 30 Prozent und mehr. Durch eine Gesetzesänderung von 1984, dem sogenannten „Drug Price Competition and Patent Term Restoration Act", wurde es deutlich leichter, Generika von Originalprodukten anzubieten, deren Patente abgelaufen waren. Eine Studie des Congress Budget Office of the United States [COMANOR (1998)] untersuchte den Zeitraum 1983-1995. Die Autoren fanden ein *starkes Wachstum der Generika-Verkäufe*. Während 1984 lediglich 19% aller verschriebenen Medikamente Generika waren, lag ihr Marktanteil 12 Jahre später bereits bei 43%. Die Studie untersucht drei Arten von Wettbewerb:

(1) den Wettbewerb zwischen Original- und sogenannten „me too"-Präparaten;

(2) den Wettbewerb zwischen Originalpräparaten und Generika; und

(3) den Wettbewerb zwischen Generika.

Die erste Art des Wettbewerbs zeichnet sich dadurch aus, dass das Originalpräparat, noch während es vom Patentschutz profitiert, Konkurrenz durch „me too"-Präparate erhält, welche ihrerseits ebenfalls unter Patentschutz stehen. Normalerweise geht es ein bis sechs Jahre, bis ein Originalpräparat Konkurrenz von therapeutisch ähnlichen Nachahmerpräparaten bekommt. Es zeigte sich, dass die Preise der Originalpräparate auch nach der Einführung von Nachahmern stärker als die Inflation stiegen. Allerdings war der Anstieg umso kleiner, je größer die Konkurrenz war. Es scheint, als ob Innovator und Imitator ein gewisses Maß an Preiswettbewerb betreiben. Diese Einschätzung, die auf der Analyse von Listenpreisen beruht, wird dadurch bestätigt, dass Hersteller von Originalpräparaten größere Preisnachlässe für bestimmte Nachfragergruppen gewähren, wenn sie der Konkurrenz durch Nachahmer ausgesetzt sind.

Die zweite Art des Wettbewerbs ergibt sich erst nach Auslauf des Patentschutzes, wenn der Markt für Generika geöffnet wird, welche den identischen Wirkstoff wie das Originalpräparat enthalten. Die meisten Originalpräparate erhielten innerhalb des ersten Jahres nach Ablauf des Patentschutzes Konkurrenz durch Generika. Die Preise der Generika lagen im Durchschnitt etwa ein Viertel unter denen der Originalpräparate, was zur Folge hatte, dass letztere im ersten vollen Kalenderjahr 44% Marktanteil an die Generika verloren. Allerdings scheint die *Konkurrenz durch Ge-*

nerika keinen großen Einfluss auf die Preise der Originalpräparate zu haben, welche weiterhin stärker als die Inflation anstiegen. Ähnlich wie im vorigen Fall, scheinen aber auch hier stärkere Preisnachlässe an spezielle Nachfragergruppen gewährt zu werden, wenn die Konkurrenz zunimmt.

Im dritten Fall konkurrieren verschiedene Generika-Anbieter untereinander. Es zeigte sich, dass auf diesem Gebiet ein starker Preiswettbewerb vorherrscht. Bei einer Zunahme der Anzahl von Generika-Anbietern von einem auf zehn sank der durchschnittliche Preis der Generika um beinahe 50%, bei zwanzig Anbietern sogar um zwei Drittel.

Im Großen und Ganzen hat die Konkurrenz durch Generika seit 1984 in den USA dramatisch zugenommen. Die verstärkte Konkurrenz trug dazu bei, dass der Durchschnittspreis bei Medikamenten mit mehreren Anbietern niedrig gehalten werden konnte. Im Jahr 1994 sparten die Konsumenten mittels Substitution von Originalpräparaten durch billigere Generika acht bis zehn Milliarden US$ ein.

Hersteller von Generika stehen in einem stärkeren Preiswettbewerb als die Innovatoren, welche eher auf der Basis von Qualitätsmerkmalen mit anderen Produkten konkurrieren. Auf selektiver Basis gewähren die Hersteller von Originalpräparaten allerdings größere Preisnachlässe für spezifische Nachfragergruppen, wenn sie sich stärkerer Konkurrenz ausgesetzt fühlen.

Folgerung 12.8 *Pharmazeutische Innovationen werden zu Preisen lanciert, die ein Vielfaches über dem Preisniveau bestehender Präparate liegen. Durch das Auftreten von Generika findet ein Preiswettbewerb vor allem bei den Nachahmerpräparaten statt, welcher zu substantiellen Einsparungen auf der Konsumentenseite führt.*

Eine frühe Studie zur Konvergenz der Preise von Originalpräparaten und Generika förderte wichtige internationale Unterschiede zu Tage [REEKIE (1996)]. So trat eine Konvergenz in den USA viel schneller auf als in den Niederlanden. In Hinblick auf die Theorie aus den Kapiteln 12.2.2 und 12.2.3 dürfte eine wahrscheinliche Erklärung im unterschiedlichen Ausmaß der Versicherungsdeckung in den beiden Ländern liegen. In den USA tragen die Versicherten eine bedeutende *Kostenbeteiligung*, während die Arzneimittel in den Niederlanden (so wie in den meisten europäischen Ländern) zum Leistungspaket der Krankenversicherung gehören. So kamen DANZON UND CHAO (2000) in einem internationalen Preisvergleich zum Schluss, dass der Preiswettbewerb mittels Generika in Ländern mit weniger stark regulierten Märkten wirksamer ist als in Ländern mit starker Regulierung. Die Preiselastizität der Nachfrage war in den stark regulierten Ländern (in Absolutwerten) deutlich niedriger. Dies ist wenig überraschend, schränken doch Preis- und Produktregulierungen die Produktvielfalt ein. Für die Konsumenten bedeutet dies, dass sich die Suche nach einer Alternative mit hoher Qualität oder niedrigem Preis weniger lohnt.

12.7 Zusammenfassung des Kapitels

(1) Neben marginalen („me-too") Innovationen, die mehr von bereits vorhandenen Qualitätsmerkmalen enthalten, haben nur jene Durchbruch-Innovationen, die technologische Dominanz erzielen, einen gesicherten Marktzugang, dafür aber in einem vollversicherten Markt auch einen gesicherten Markterfolg. Nicht nur die Anbieter herkömmlicher Produktvarianten, sondern auch von Durchbruch-Innovationen sehen sich einer fallenden Nachfragekurve gegenüber.

(2) Die Arzneimittelinnovation kann als eine Investition aufgefasst werden. Seit den frühen 1960er-Jahren nahmen die damit verbundenen Aufwendungen rasch zu, seit den 1990er Jahren jedoch auch die Verkaufserlöse.

(3) Niedrigen realen internen Ertragssätzen von durchschnittlich etwa 5 bis 10% für den Innovator stehen höhere soziale Renditen pharmazeutischer Innovationen gegenüber. Die Konsumentenrenten sind allerdings infolge des Versicherungsschutzes überschätzt.

(4) Die optimale Patentschutzdauer kann dargestellt werden als Ergebnis eines nichtkooperativen Spiels zwischen Patentbehörde und Innovator. Ihr Wert liegt in einem Bereich, wo eine Intensivierung der Innovationsanstrengung bei konstanter Patentschutzdauer T netto immer noch wohlfahrtssteigernd wäre.

(5) Die Hauptmotivation für Regulierungen von Arzneimittelpreisen liegt im Interesse der Regierungen, die öffentlichen Ausgaben für Arzneimittel zu reduzieren. Dies führt zu einer Verletzung der Ramsey-Regel für die Allokation der Fixkosten für Forschung und Entwicklung auf Konsumenten und Länder.

(6) Für den National Health Service ist geplant, die inkrementelle Kosten-Nutzwert-Relation (engl. ICUR, gemessen in Geldeinheiten/QALY) als Kriterium für die Aufnahme neuer Arzneimittel in den Leistungskatalog einführen. Die Innovatoren werden so zum Value-based Pricing angehalten, um einen bestimmten ICUR-Schwellenwert nicht zu überschreiten. Allerdings lassen erste experimentelle Studien vermuten, dass QALYs die Präferenzen der (potentiellen) Patienten ungenügend abbilden.

(7) Pharmazeutische Innovationen werden zu Preisen lanciert, die ein Vielfaches über dem Preisniveau bestehender Präparate liegen. Durch das Auftreten von Generika findet ein Preiswettbewerb vor allem bei den Nachahmerpräparaten statt, welcher zu substantiellen Einsparungen auf der Konsumentenseite führt.

12.8 Lektürevorschläge

Empfehlenswerte Überblicksartikel zur pharmazeutischen Industrie sind die Beiträge von SCHERER (2000) und DANZON (2011). Neben der Industriestruktur und Forschung und Entwicklung für neue Arzneimittel werden auch Themen wie Patente, Preisregulierung und -wettbewerb behandelt. Für eine ausführliche Übersicht zu Theorie und Praxis der Preisregulierung sei das Buch von DANZON (1997a) empfohlen.

12.Ü Übungsaufgaben

12.1. Zeigen Sie, dass die Messung der sozialen Rendite anhand der Konsumentenrente diese überschätzt. Nehmen Sie hierzu an, dass die „wahre" Nachfrage M nach einem Medikament $M(p) = 20 - 4p$ entspricht. Die konstanten Grenzkosten C' für eine Einheit des Medikaments betragen 2. Es gebe nur einen monopolistischen Anbieter für das Medikament, und die Kosten für das Medikament werden zu 75% von der Krankenversicherung übernommen.

12.2. Gehen Sie erneut von der Nachfragefunktion $M(p) = 20 - 4p$ aus. Bestimmen Sie den Monopolpreis für (i) keine Selbstbeteiligung, (ii) eine Selbstbeteiligung von 80%, (iii) von 50% und (iv) von 25%. Erläutern Sie Ihr Ergebnis.

12.3. Ein Pharmaunternehmen kann ein Arzneimittel zu konstanten Grenzkosten c herstellen. Daneben entstehen dem Unternehmen bei der Entwicklung des Arzneimittels einmalig Fixkosten in Höhe von F (zu interpretieren als Ausgaben für Forschung & Entwicklung). Über die gesamte Zeit entstehen dem Unternehmen so Kosten von:

$$K = F + \sum_{t=1}^{\infty} cx_t$$

wobei x_t die Produktionsmenge des Arzneimittels im Jahr t beschreibt. Wir gehen im Folgenden von einem Zinssatz $r = 0$ aus, d.h. Zinseffekte werden nicht berücksichtigt.

(a) Nehmen Sie an, dem Unternehmen wird für den Zeitraum von T Perioden ein Patentschutz auf das neu entwickelte Arzneimittel eingeräumt. Dieser erlaubt es dem Unternehmen Monopolgewinne zu erwirtschaften. In diesem Fall ist der Preis des Arzneimittels durch folgende lineare Nachfragefunktion gegeben: $p_t = a - bx_t$. Nach Ablauf des Patentschutzes treten Wettbewerber in den Markt ein und es gilt: $p_t = c$. Berechnen Sie die optimale Patentdauer T^*, bei der das Unternehmen gerade indifferent ist, ob es das Arzneimittel entwickeln soll.

(b) Wie ändern sich die Ergebnisse in a) wenn zusätzlich eine Preisregulierung stattfindet, bei welcher der Preis für das Arzneimittel auf $\bar{p}$ ($c < \bar{p} < p_t$) festgeschrieben wird.

(c) Berechnen Sie die optimale Patentdauer unter a) und b) für folgende gegebene Werte: $a = 5$; $b = 1$; $c = 1$. Setzen Sie für den Fall b) unterschiedliche Werte für $\bar{p}$ ein. Vergleichen und interpretieren Sie Ihre Ergebnisse.

12.4. Statt wie in Abschnitt 12.4.3 angenommen, könnte sich die Patentbehörde wie der Innovator passiv verhalten und ihrerseits mit der Patentschutzdauer auf die Innovationsanstrengungen reagieren. Versuchen Sie, eine Reaktionsfunktion $h(I)$ für die Behörde herzuleiten; beachten Sie dabei, dass $\partial P/\partial T + \partial S/\partial T < 0$ für alle Werte von T gilt. Bestimmen Sie das sog. Cournot-Gleichgewicht als Schnittpunkt der beiden Reaktionsfunktionen $g(T)$ und $h(T)$. Was für eine Auswirkung hat die Verteuerung der Innovation in diesem Modell?

13

Die Politische Ökonomie des Gesundheitswesens

13.1 Problemstellung

Die Perspektive in den Kapiteln 5 bis 12 war durchgängig eine wohlfahrtsökonomische: Es wurde nach einer „optimalen" Gestaltung eines Gesundheitssystems gefragt. In diesem Kapitel wird eine gänzlich andere Perspektive eingenommen. Wir untersuchen, wie Entscheidungen über das Gesundheitswesen im politischen Prozess getroffen werden. Hierzu verwenden wir das Instrumentarium der „Politischen Ökonomie" (engl. „political economy" oder „public choice").[1] In diesem Forschungsgebiet werden theoretische Konzepte und empirische Methoden der Volkswirtschaftslehre zur Erklärung politischer Entscheidungen verwendet.

Ausgangspunkt einer polit-ökonomischen Analyse sind die Interessen und Möglichkeiten der Akteure, die politischen Einfluss haben. In einer Demokratie sind hier zuerst die wahlberechtigten Bürger und die Politiker zu betrachten. Ihr Einfluss hängt von der Form der Demokratie ab. In einer direkten Demokratie wie in der Schweiz können die Bürger direkt Gesetze beeinflussen. Auch können sie die Legislative zwingen, sich mit einer bestimmten Frage zu befassen. In einer indirekten bzw. repräsentativen Demokratie besitzen die Bürger hingegen nur einen indirekten Einfluss. Sie können für Kandidaten oder Parteien stimmen, die bestimmte Wahlversprechen abgeben. Neben den Bürgern und Politiker spielen auch Interessengruppen eine maßgebliche Rolle. Sie versuchen sowohl über die Bürger als auch über die Politiker auf den politischen Prozess einzuwirken. Für das Gesundheitswesen lassen sich folgende Aussagen für die drei Gruppen treffen:

(1) *Die Bürger*: Die Interessen der Bürger werden vielfach davon geprägt sein, welchen individuellen Beitrag sie für die Gesundheitsversorgung leisten müssen. Insbesondere stellt sich aus ihrer Sicht die Frage, ob sie durch eine kollektive Versorgung eine bessere oder günstigere Versorgung erhalten als auf dem privaten Markt.

---

[1] Einen kurzen Überblick geben ROWLEY UND SCHNEIDER (2003). Zur Vertiefung empfehlen wir MUELLER (2003) und PERSSON UND TABELLINI (2000).

(2) *Die Politiker*: Sie wollen gewählt werden und müssen deshalb die Bürger über-zeugen. Das Versprechen, eine sichere und hochwertige Gesundheitsversorgung zu gewährleisten, war hier bislang eine erfolgreiche Strategie. Allerdings beste-hen auch erhebliche Interessenkonflikte innerhalb der Bevölkerung, die von Po-litikern aufgegriffen werden können. Mit der Alterung der Gesellschaft besteht insbesondere der Anreiz, für eine weniger großzügige Gesundheitsversorgung einzutreten, wenn man die Stimmen der jungen Bürger gewinnen möchte. Aller-dings steht dem gegenüber eine immer stärker wachsende alte Bevölkerung, die genau das entgegengesetzte Interesse besitzt.

(3) *Interessengruppen*: Viele unterschiedliche Gruppen verdienen ihr Einkommen im Gesundheitswesen: Ärzte, Pflegepersonal, Eigentümer von Krankenhäusern, Krankenversicherer, Pharmaunternehmen und die Hersteller von medizinischen Geräten und Hilfsmitteln. Sie alle haben ein Interesse daran, dass ihre Leistun-gen möglichst gut bezahlt und von vielen Personen nachgefragt werden. Hierfür lohnt sich der Versuch, auf die politischen Entscheidungsträger Einfluss zu neh-men. Bei der Erstattung von neuen Arzneimitteln geht es z. B. um Summen in Milliardenhöhe, die durch Maßnahmen wie Zwangsrabatte auf dem Spiel stehen.

Ergänzend zu diesen drei Gruppen kann die *staatliche Bürokratie* genannt wer-den, die vor allem in Ländern mit einem nationalen Gesundheitsdienst erheblichen Einfluss auf das Gesundheitswesen ausübt. In Deutschland spielt sie allerdings eher eine untergeordnete Rolle, da viele Aufgaben von der „Selbstverwaltung" übernom-men werden, d. h. an organisierte Interessengruppen übertragen sind (dies wird auch als „Korporatismus" bezeichnet). Schließlich sind noch *internationale Organisatio-nen* wie die World Health Organization (WHO) von Bedeutung. Ihre Maßnahmen gegen ansteckende Krankenheiten wie Tuberkulose, AIDS/HIV und Grippe hatten vielfach großen Erfolg. Auch Entscheidungen der World Trade Organization (WTO) und der Europäischen Union zur freien Handelbarkeit von Gütern können Auswir-kungen auf die Gesundheitspolitik haben. Einerseits können gehandelte Güter einen Einfluss auf die Gesundheit haben (z. B. gentechnisch veränderte Nahrungsmittel). Andererseits sind Gesundheitsgüter wie Arzneimittel handelbar mit möglichen Fol-gen für die Sicherheit der Güter und das Preisniveau in den einzelnen Ländern.

In diesem Kapitel wollen wir uns auf zwei Aspekte konzentrieren, die wir mit dem theoretischen Instrumentarium der Politischen Ökonomie analysieren. In Ab-schnitt 13.2 verwenden wir mit der direkten Demokratie ein stark vereinfachtes Mo-dell der politischen Entscheidungsfindung, um das Ausmaß und die Existenz eines kollektiv finanzierten Systems der Gesundheitsversorgung zu erklären. Auch wenn dieses Modell nur wenige Entsprechungen in der Realität hat (eine davon ist die Schweiz), kann man wichtige Erkenntnisse gewinnen, die auch in anderen demo-kratischen Staatsformen gültig sind. In Abschnitt 13.3 untersuchen wir den Ein-fluss der Interessengruppen im Gesundheitswesen. Wir erörtern die Voraussetzun-gen, die für die Bildung von organisierten Interessengruppen bedeutsam sind, und die Einflussmöglichkeiten von Interessengruppen. Insbesondere betrachten wir Be-rufsverbände, die im Gesundheitswesen eine maßgebliche Rolle spielen.

13.2 Kollektiv finanzierte Gesundheitsversorgung in einer Demokratie

In vielen der reichen Nationen Westeuropas sind im Verlaufe des 19. und 20. Jahrhunderts kollektiv finanzierte Gesundheitssysteme eingerichtet worden, die dafür gesorgt haben, dass medizinische Leistungen wesentlich gleichmäßiger auf die Gesellschaftsmitglieder verteilt werden als der Konsum anderer Güter oder Dienstleistungen. „Kollektive Finanzierung" kann dabei im Wesentlichen in zwei Varianten auftreten:

(a) in Form eines *Nationalen Gesundheitsdienstes*, der aus allgemeinen Steuern finanziert wird und die medizinische Behandlung mehr oder weniger gebührenfrei an alle Bevölkerungsmitglieder abgibt, wie es z. B. im Vereinigten Königreich und in den skandinavischen Ländern der Fall ist, oder

(b) in Form einer *Sozialen Krankenversicherung* mit Zwangsmitgliedschaft, die ihre Mitglieder gegen die Kosten medizinischer Behandlung versichert und dafür Versicherungsbeiträge erhebt, die – im Unterschied zu einer Privatversicherung – nicht risikoäquivalent kalkuliert sind. Mögliche Beitragsformen sind einheitliche Kopfpauschalen (wie in der Schweiz) oder einkommensproportionale Beiträge (wie in Deutschland, hier allerdings nur auf das Arbeitseinkommen bis zu einer Beitragsbemessungsgrenze und evtl. ergänzt durch Zusatzbeiträge).

Wir werden uns im Folgenden wegen der Relevanz für Deutschland und die Schweiz mit dem Typ (b) von Kollektivsystemen beschäftigen. Die Aussagen gelten jedoch sinngemäß auch für den Typ (a).

Eine wichtige Unterscheidung betrifft die Frage, ob es neben dem kollektiv finanzierten Gesundheitssystem noch einen freien Markt gibt, auf dem die Konsumenten zusätzlichen Versicherungsschutz oder zusätzliche Gesundheitsleistungen kaufen können, die vom erstgenannten System nicht abgedeckt sind. Es ist offensichtlich, dass sich die Existenz eines solchen Marktes auf das Wahlverhalten der Individuen bei der Abstimmung über den Umfang des kollektiv finanzierten Systems auswirkt: Insbesondere werden die Nettozahler im Kollektivsystem – das sind die Haushalte mit unterdurchschnittlichem Leistungsbedarf und/oder überdurchschnittlichem Finanzierungsbeitrag – für eine geringere Größe des Systems votieren, wenn privater Zukauf erlaubt ist. Da jedoch in einem freiheitlichen Staat die Existenz solcher Märkte nur schwer verboten werden kann – schon gar nicht, wenn die Nachfrager dazu ins Ausland reisen können – wird im Folgenden generell unterstellt, dass privater Zukauf möglich ist.

Mit Hilfe eines Modells untersuchen wir, für welchen Umfang des kollektiven Versicherungsschutzes die Bürger in einer direkten Demokratie mit Mehrheitsentscheidungen stimmen. Dabei betrachten wir zwei Finanzierungsformen einer Sozialen Krankenversicherung:

(i) Versicherungsbeiträge werden in Form von *Kopfpauschalen* geleistet (Regime *K*).

(ii) Versicherungsbeiträge werden in Form von *einkommensproportionalen Beiträgen* erhoben (Regime *E*).

Für beide Varianten wird das Ergebnis der Abstimmung durch die Präferenzen des *Medianwählers* bestimmt. Dieser ist dadurch gekennzeichnet, dass die Anzahl der Wähler, die eine geringere Versorgung wünschen, genau so groß ist wie die Anzahl der Wähler, die eine größere Versorgung wünschen.

Darüber hinaus befassen wir uns mit der übergeordneten oder Regime-Entscheidung, ob die Versicherungsbeiträge in Form von Kopfpauschalen oder einkommensproportional erhoben werden. Wir nehmen an, dass diese Entscheidung hinter dem Schleier des Nichtwissens getroffen werden, d. h. in einer Situation, in der die Individuen ihr persönliches Krankheitsrisiko noch nicht kennen, wohingegen Entscheidungen innerhalb eines Regimes bei voller Kenntnis persönlicher Eigenschaften vorgenommen werden.

Wir untersuchen diese Fragen im Rahmen einer vereinfachten Version des Modells von GOUVEIA (1997), das von vielen Aspekten der realen Welt wie dem Bestehen einer Versicherungspflichtgrenze sowie sonstiger Ausnahmen von der Pflichtmitgliedschaft absieht. In Abschnitt 13.2.1 stellen wir die Modellannahmen vor. Abschnitt 13.2.2 befasst sich mit der Entscheidung bei Kenntnis des Risikotyps innerhalb einer Finanzierungsform. In Abschnitt 13.2.3 erörtern wir, welche Finanzierungsform gewählt wird, wenn der Risikotyp noch nicht bekannt ist.

13.2.1 Modellannahmen

Die Gesellschaftsmitglieder (Wähler) können sich in zwei Charakteristika unterscheiden: ihrem Markteinkommen y und ihrer Erkrankungswahrscheinlichkeit π. Beide Charakteristika sind exogen und beobachtbar, d. h. von Anreizwirkungen der Besteuerung sowie Moral Hazard und Adverse Selection in der Versicherung wird abgesehen.

Jeder Parameter kann genau zwei Werte annehmen: ein Anteil θ der Bevölkerung ist „arm" und bezieht ein geringes Markteinkommen y_a, während der Rest „reich" ist und ein hohes Einkommen y_r (mit $y_a < y_r$) erwirtschaftet. Daraus errechnet sich ein Durchschnittseinkommen von

$$\bar{y} = \theta y_a + (1-\theta)y_r. \tag{13.1}$$

Im Folgenden wird unterstellt, dass $\theta > 1/2$ gilt, so dass das Medianeinkommen y_a beträgt und somit unter dem Durchschnittseinkommen $\bar{y}$ liegt.

Die Erkrankungswahrscheinlichkeit kann die Werte π_l („niedriges Risiko") und π_h („hohes Risiko") annehmen (mit $0 < \pi_l < \pi_h < 1$). Der Anteil der Niedrigrisiko-

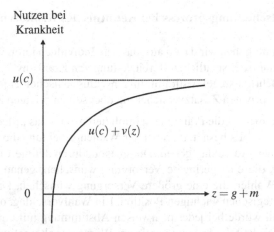

Abb. 13.1. Nutzen bei Krankheit (bei konstantem Konsumnutzen $u(c)$)

typen sei bei Armen und Reichen gleich hoch und betrage λ.[2] Es ist mit der empirischen Verteilung von Gesundheitsausgaben vereinbar, dass λ größer ist als 50%, was wiederum impliziert, dass der „Medianrisikotyp" eine geringere Erkrankungswahrscheinlichkeit hat als der Bevölkerungsdurchschnitt, der sich als

$$\bar{\pi} = \lambda \pi_l + (1 - \lambda)\pi_h \tag{13.2}$$

errechnet.

Es gibt nur zwei homogene Güter, Krankenbehandlung und (allgemeinen) Konsum, deren konsumierte Mengen mit z bzw. c bezeichnet werden. Die Menge z setzt sich additiv aus der staatlich bereit gestellten Menge g und dem privaten Zukauf m zusammen.[3] Das Preisverhältnis (Menge des Konsumguts je Einheit Krankenbehandlung) sei exogen und wird der Einfachheit halber gleich 1 gesetzt.

Der Nutzen eines jeden Konsumenten entspricht der Summe des in c zunehmenden und streng konkaven „Konsumnutzen" $u(c)$ und der in z zunehmenden und streng konkaven Komponente $v(z) < 0$, die allerdings nur im Zustand der Krankheit relevant wird. Sie ist negativ, weil bei Krankheit der Nutzen geringer ist. Durch Krankenbehandlung lässt sich dieser Nutzenverlust verringern, was durch $v'(z) > 0$ erfasst wird. Abbildung 13.1 zeigt den Zusammenhang.

---

[2] Das Modell lässt sich leicht um die realistischere Annahme erweitern, dass der Anteil der Kranken bei den Armen höher ist [vgl. KIFMANN (2006)].

[3] EPPLE UND ROMANO (1996a) und GLOMM UND RAVIKUMAR (1998) untersuchen den Fall, in dem sich staatlich bereit gestellte und private gekaufte Krankenbehandlung gegenseitig ausschließen.

13.2.2 Der Entscheidungsprozess bei Kenntnis des Risikotyps

In diesem Abschnitt gehen wir davon aus, dass die Individuen ihren Risikotyp bereits kennen. Der Umfang der staatlichen Bereitstellung von Krankenversicherungsschutz g wird mit der Mehrheitsregel bestimmt. Im Anschluss entscheidet jedes Individuum im Rahmen einer privaten Zusatzversicherung über seinen privaten Zukauf m.

Unsere Annahmen an die Präferenzen implizieren, dass das „Medianwählertheorem" anwendbar ist.[4] Es besagt, dass bei der Wahlentscheidung die Präferenzen des *Medianwählers* den Ausschlag geben. Dieser ist dadurch definiert ist, dass die Anzahl der Wähler, die eine geringere Versorgung wünschen, genau so groß ist wie die Anzahl der Wähler, die eine größere Versorgung wünschen. Damit befindet er sich in einer strategischen wichtigen Position. Ein Wahlvorschlag, der seinen Präferenzen entspricht, würde bei jeder paarweisen Abstimmung mit einem alternativen Vorschlag die Mehrheit der Stimmen erzielen. Würde der alternative Vorschlag z. B. ein höheres Versorgungsniveau vorsehen, dann wären nicht nur der Medianwähler und alle Personen, die ein geringeres Niveau wünschen, dagegen (50% der Wähler), sondern zusätzlich noch diejenigen, die zwar eine höhere Versorgung als der Medianwähler wünschen, denen aber im Vergleich dazu der alternative Wahlvorschlag zu umfangreich ist.

13.2.2.1 Entscheidungen über staatlichen Versicherungsschutz bei gegebener Finanzierungsform

Bei ihrer Wahlentscheidung müssen sich die Bürger Gedanken machen, welcher Zukauf von privaten Gesundheitsleistungen m für sie optimal ist, wenn sie für eine bestimmte staatliche Menge g votieren. Nur dann können sie ihre optimale staatliche Behandlungsmenge bestimmen. Deshalb untersuchen wir zunächst diese Entscheidung. Wir gehen dabei davon aus, dass für den privaten Zukauf eine Zusatzversicherung abgeschlossen werden kann.

Die Nachfrage nach Zusatzversicherung

Als Referenzpunkt wählen wir zunächst die Situation, in der das mehrheitlich beschlossene Niveau des kollektiv finanzierten Gesundheitssystems null ist ($g = 0$). Auf dem Markt für privat angebotenen Krankenversicherungsverträge herrscht vollkommene Konkurrenz. Wir sehen von Verwaltungskosten ab, so dass aktuarisch faire

---

[4] In einem eindimensionalen Politikraum setzen sich die Interessen des Medianwählers durch, falls die Präferenzen aller Wähler eingipflig sind [BLACK (1948)]. Diese Eigenschaft besagt, dass aus der Sicht des Wählers von zwei Vorschlägen mit geringerer (höherer) Versorgung als der bevorzugte Vorschlag derjenige mit der größeren (niedrigeren) Versorgung vorgezogen wird. Eingipfligkeit ist bei der angenommenen konkaven Nutzenfunktion stets erfüllt. Vgl. dazu BERNHOLZ UND BREYER (1994, Kapitel 11) und MUELLER (2003, Kapitel 5).

Kasten 13.1. Ein Modell der direkten Demokratie

$$\bar{y} = \theta y_a + (1 - \theta) y_r \qquad (13.1)$$

$$\bar{\pi} = \lambda \pi_l + (1 - \lambda) \pi_h \qquad (13.2)$$

$$P_{ij} = \pi_j m_{ij}, \quad i = p, r; \; j = h, l \qquad (13.4)$$

$$EU_{ij}^{g=0} = u(y_i - \pi_j m_{ij}) + \pi_j v(m_{ij}) \qquad (13.3)$$

$$EU_{ij}^K = u(y_i - \kappa - \pi_j m_{ij}) + \pi_j v(g^K + m_{ij}) \qquad (13.10)$$

$$\kappa = \bar{\pi} g^K \qquad (13.11)$$

$$EU_{ij}^E = u((1 - b)y_i - \pi_j m_{ij}) + \pi_j v(g^E + m_{ij}) \qquad (13.12)$$

$$b\bar{y} = \bar{\pi} g^E \qquad (13.13)$$

$i = a, r$:	Index für „arm" und „reich"
$j = h, l$:	Index für hohes und niedriges Risiko
$\theta > 0.5$:	Anteil an armen Personen
$y_a < y_r$:	Einkommen der „Armen" und „Reichen"
$\bar{y}$:	Durchschnittseinkommen
$\lambda > 0.5$:	Anteil der Niedrigrisikotypen
$\pi_l < \pi_h$:	Erkrankungswahrscheinlichkeit bei niedrigem und hohem Risiko
$\bar{\pi}$:	Durchschnittliche Wahrscheinlichkeit
m_{ij}:	Zukauf von Gesundheitsleistungen am Markt
P_{ij}:	Krankenversicherungsprämie
g:	Öffentliche Gesundheitsleistungen
κ:	Kopfpauschale
b:	Beitragssatz
K:	Regime mit Kopfpauschale
E:	Regime mit einkommensproportionalen Beiträgen

Prämien verlangt werden [vgl. hierzu Abschnitt 6.3.1]. Da die Risikotypen beobachtbar sind, muss ein Individuum vom Typ ij für eine Behandlungsmenge m_{ij} im Krankheitsfall eine Prämie in Höhe von

$$P_{ij} = \pi_j m_{ij}, \quad i = a, r; \; j = h, l. \qquad (13.3)$$

leisten. Die Versicherungsdeckung m_{ij} wird vom Individuum so gewählt, dass sein Erwartungsnutzen

$$EU_{ij}^{g=0} = u(y_i - P_{ij}) + \pi_j v(m_{ij}) = u(y_i - \pi_j m_{ij}) + \pi_j v(m_{ij}) \qquad (13.4)$$

maximal ist. Wir nehmen an, dass sich ohne staatliche Versorgung immer der Kauf einer Versicherung lohnt. Die optimale Menge $m_{ij}^* > 0$ wird dann durch die notwendige Bedingung 1. Ordnung für ein inneres Maximum beschrieben:

$$u'[y_i - \pi_j m_{ij}^*] = v'[m_{ij}^*]. \qquad (13.5)$$

Bei aktuarisch fairer Prämie wird somit so viel Versicherungsschutz gekauft, dass der Grenznutzen des Konsums mit dem Grenznutzen der Gesundheitsleistungen übereinstimmt.

Mit den Annahmen $u''(c) < 0$ und $v''(z) < 0$ lässt sich leicht aus der Bedingung (13.5) ableiten, dass die gewünschte Versicherungsdeckung bei reichen Individuen höher ist als bei armen, d.h.

$$m^*_{rj} > m^*_{aj}, \qquad j = h, l. \tag{13.6}$$

Darüber hinaus fragen niedrige Risiken aufgrund des geringeren Preises mehr Versicherungsschutz nach:

$$m^*_{il} > m^*_{ih}, \qquad i = a, r. \tag{13.7}$$

Aus (13.5), (13.7) und der strikten Konkavität von $v(.)$ folgt:

$$u'[y_i - \pi_h m^*_{ih}] = v'[m^*_{ih}] > v'[m^*_{il}] = u'[y_i - \pi_l m^*_{il}], \tag{13.8}$$

d.h. der Grenznutzen des Konsums beider Güter ist bei hohen Risiken größer als bei niedrigen, und folglich ist der Nutzen selbst kleiner. Hohe Risiken kaufen damit zwar weniger Gesundheitsleistungen, zahlen aber hierfür auf dem Markt insgesamt eine höhere Prämie. Dies ist eine Folge der Risikotarifierung.

Die Gültigkeit der Bedingung (13.5) ist nicht auf den Fall der Abwesenheit einer kollektiv finanzierten Versicherung beschränkt, sondern muss in modifizierter Form auch dann erfüllt sein, wenn ein staatliches System einen Beitrag T_i von jedem Individuum zur Finanzierung erhebt und dafür jedem Kranken medizinische Leistungen im Umfang von g zur Verfügung stellt. Im Fall eines inneren Optimums gilt dann

$$u'[y_i - T_i - \pi_j m^*_{ij}] = v'[g + m^*_{ij}]. \tag{13.9}$$

Wegen der Risikoaversion wird privater Zukauf zu aktuarisch fairen Prämien immer so lange vorgenommen, bis die Grenznutzen der beiden Güter übereinstimmen. Allerdings kann bei einem staatlichen System eine Randlösung eintreten. Dies ist der Fall, wenn die staatliche bereitgestellte Menge so hoch ist, dass der Versicherte die Leistung am liebsten wieder auf dem Markt verkaufen würde (was jedoch ausgeschlossen ist). Es gilt dann $u'[y_i - T_i - \pi_j m^*_{ij}] > v'[g + m^*_{ij}]$ und $m^*_{ij} = 0$.

Folgerung 13.1 *Auf den Markt für privaten Versicherungsschutz kauft ein Individuum so viel an privater Versicherung, dass im Krankheitsfall der Grenznutzen des Konsums mit dem Grenznutzen der Gesundheitsleistungen insgesamt übereinstimmt, außer es liegt eine staatliche Überversorgung vor.*

Aufbauend auf diesem Ergebnis können wir die Mehrheitsentscheidung über das Niveau des kollektiv finanzierten Versicherungsschutzes für beide Finanzierungsformen analysieren.

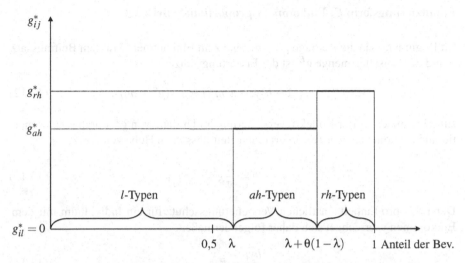

Abb. 13.2. Verteilung der präferierten Mengen bei der Finanzierungsform K

Finanzierungsform K: Einheitliche Kopfpauschale

Zunächst betrachten wir eine mit einheitlichen Pro-Kopf-Beiträgen κ finanzierte staatliche Versicherung. Bei der Behandlungsmenge g^K beträgt der Erwartungsnutzen

$$EU_{ij}^K = u(y_i - \kappa - \pi_j m_{ij}) + \pi_j v(g^K + m_{ij}). \qquad (13.10)$$

Der kostendeckende Beitrag pro Versichertem wird neben der Leistungsmenge durch die durchschnittliche Erkrankungswahrscheinlichkeit bestimmt, da die kollektive Versicherung alle Risiken zusammenfasst:

$$\kappa = \bar{\pi} g^K. \qquad (13.11)$$

Für jedes Individuum beträgt der Preis einer Einheit staatlichen Versicherungsschutzes somit $\bar{\pi}$, während privater Versicherungsschutz π_j $(j = l, h)$ kostet. Wegen der Annahme $\lambda > 1/2$ ist die Gruppe in der Mehrheit, für die staatlicher Versicherungsschutz teurer ist als privater. Der Medianwähler ist demnach ein niedriges Risiko, das einen staatlichen Versicherungsschutz in Höhe von null wünscht. Darum wird in diesem Regime die Mehrheitsentscheidung bei $g^K = 0$ liegen. Wir halten also fest:

Folgerung 13.2 *Bei einheitlichen Kopfpauschalen ist ein positives Niveau kollektiv finanzierten Versicherungsschutzes nicht mehrheitsfähig.*

Abbildung 13.2 zeigt die Verteilung der Präferenzen, die nach der Höhe der gewünschten staatlichen Versorgung g_{ij}^* angeordnet sind. Zunächst sind die Niedrigrisiken mit $g_{il}^* = 0$ dargestellt. Unter ihnen befindet sich an der Stelle 0,5 der Medianwähler. Eine positive Menge wünschen die hohen Risiken. Wie sich leicht zeigen lässt, wünschen die reichen unter ihnen eine höhere Menge.

Finanzierungsform E: Einkommensproportionale Beiträge

Im Regime E sind die Beiträge proportional zum Einkommen. Mit dem Beitragssatz b und der Leistungsmenge g^E ist der Erwartungsnutzen

$$EU_{ij}^E = u\left((1-b)y_i - \pi_j m_{ij}\right) + \pi_j v(g^E + m_{ij}). \qquad (13.12)$$

Eine Finanzierung der Kollektivversicherung im Umfang von g^E durch eine proportionale Einkommensteuer erfordert einen Beitragssatz in Höhe von

$$b = \frac{\bar{\pi}}{\bar{y}} g^E. \qquad (13.13)$$

Der Preis pro Einheit staatlichen Versicherungsschutz für ein Individuum mit dem Einkommen y_i errechnet sich daher folgendermaßen:

$$\frac{by_i}{g^E} = \bar{\pi}\frac{y_i}{\bar{y}}. \qquad (13.14)$$

Vergleicht man diesen Preis mit demjenigen auf dem privaten Markt π_j, dann werden nur diejenigen Wähler für ein positives Niveau staatlichen Versicherungsschutzes stimmen, für welche die Bedingung

$$\bar{\pi}\frac{y_i}{\bar{y}} < \pi_j \quad \Leftrightarrow \quad \frac{\pi_j}{\bar{\pi}} > \frac{y_i}{\bar{y}} \qquad (13.15)$$

erfüllt ist.

Aus (13.15) geht unmittelbar hervor, dass Individuen vom Typ ah immer für einen positiven Wert von g^E stimmen werden und solche vom Typ rl stets für $g^E = 0$. Entscheidend für das Resultat ist das Abstimmungsverhalten der Gruppe al, also der „armen Niedrigrisiken", die wegen $\theta, \lambda > 1/2$ sowohl gemeinsam mit der Gruppe ah als auch gemeinsam mit der Gruppe rl jeweils eine Mehrheit bilden. Ein Mitglied der Gruppe al ist daher der *Medianwähler*. Er wird für eine positive staatliche Versicherung stimmen, falls die Bedingung (13.15) für ihn erfüllt ist, d.h. falls

$$\frac{\pi_l}{\bar{\pi}} > \frac{y_a}{\bar{y}}. \qquad (13.16)$$

Diese Ungleichheit trifft umso eher zu,

- je größer die Ungleichheit im Einkommen, gemessen durch einen geringen Wert des Verhältnisses y_a/y_r;
- je geringer der Anteil der „Armen" θ, [vgl. Gleichung (13.1)];
- je geringer die Ungleichheit im Krankheitsrisiko, d.h. je größer π_l im Vergleich zu π_h;
- je größer der Anteil der Niedrigrisiken λ [vgl. Gleichung (13.2)].

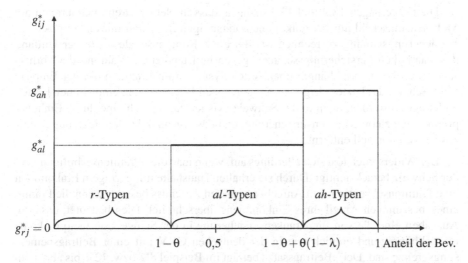

Abb. 13.3. Mögliche Verteilung der präferierten Mengen bei der Finanzierungsform E

Falls Gleichung (13.16) erfüllt ist, ergibt sich das mehrheitlich gewählte Niveau des staatlichen Versicherungsschutzes durch die Lösung des folgenden Optimierungsproblems

$$\max_{g^E, b} EU_{al} = u\big((1-b)y_a\big) + \pi_l v(g^E) \quad \text{u.d.Nb.} \quad b\bar{y} = \bar{\pi}g^E. \tag{13.17}$$

Man beachte, dass wir nicht berücksichtigen müssen, dass al-Typen Zusatzversicherung kaufen, denn die Bedingung (13.16) impliziert, dass diese teurer ist als die staatlichen Leistungen. Aus den Bedingungen erster Ordnung lässt sich die Gleichung

$$u'\left[\left(1 - \frac{\bar{\pi}}{\bar{y}}g^E\right)y_a\right]\frac{y_a}{\bar{y}} = \frac{\pi_l}{\bar{\pi}}v'[g^E] \tag{13.18}$$

herleiten. Sie charakterisiert die optimale Menge und damit das Ergebnis der Mehrheitswahl, wenn die Bedingung (13.16) erfüllt ist.

Folgerung 13.3 *Bei einkommensproportionalen Beiträgen entspricht das Niveau kollektiv finanzierter Krankenversicherung dem Optimum aus Sicht eines „armen Niedrigrisikos". Ein positives Niveau ist mehrheitsfähig, wenn die Ungleichheit im Einkommen groß, die im Krankheitsrisiko jedoch gering ist.*

Abbildung 13.3 zeigt eine mögliche Verteilung der Präferenzen bei der Finanzierungsform E. In diesem Fall sind alle reichen Personen gegen eine staatliche Versorgung ($g^*_{rj} = 0$), während von den armen eine positive Menge gewünscht wird. Die hohen Risiken bevorzugen hierbei eine höhere Menge. Der Medianwähler ist der al-Typ an der Stelle 0,5.

Die Folgerungen 13.2 und 13.3 besagen, dass in plebiszitären Demokratien mit Mehrheitsentscheid nur bei einkommensabhängigen Beiträgen mit einem positiven Versicherungsumfang zu rechnen ist. Bei einer Kopfpauschale sollte der Umfang des staatlichen Versicherungsschutzes gegen null tendieren. Während die Vorhersage zu einkommensabhängig finanzierten Systemen im Einklang mit der Empirie steht, scheint das letztere Ergebnis auf den ersten Blick von den empirischen Fakten widerlegt zu werden, denn in der Schweiz existiert tatsächlich eine durch Einheitsprämie finanzierte Krankenversicherung, und das Ausmaß des Versicherungsschutzes ist weit von null entfernt.

Der Widerspruch löst sich allerdings auf, wenn man die „Prämienverbilligung" in der Schweiz berücksichtigt. Durch sie erhalten Haushalte mit geringem Einkommen eine Prämiensubvention. Ein Anrecht auf diesen Zuschuss besteht, wenn die Prämie einen bestimmten Anteil ihres Einkommens überschreitet. Dies bedeutet, dass die Ausgaben einer Person für Krankenversicherung in der Schweiz de facto einkommensabhängig und ähnlich wie in der deutschen GKV mit einer Beitragsbemessungsgrenze sind. Der „Beitragssatz" beträgt im Beispiel 8% bzw. 12% bis ab einem bestimmten Einkommen keine Subventionen mehr gezahlt werden. Im Unterschied zur GKV werden die Subventionen jedoch aus dem allgemeinen Steueraufkommen finanziert und stammen nicht wie in der GKV zum großen Teil aus den Beiträgen der besserverdienenden Versicherten. Zudem ist die Grundlage für den Transfer das Haushaltseinkommen und nicht das Arbeitseinkommen des Mitglieds.

Unsere Ergebnisse lassen sich auch in einem Modell der repräsentativen Demokratie mit zwei Parteien herleiten, die ideologische Zielsetzungen verfolgen. Eine Partei würde hierbei für einen möglichst kleines, die andere für ein möglichst großes staatliches Gesundheitssystem eintreten. Ihre Nebenbedingung lautet, dass sie ihr Programm nur umsetzen können, wenn sie eine Mehrheit der Stimmen erhalten. In einem politischen Gleichgewicht bieten beide dann ein Programm an, das den Präferenzen des Medianwählers entspricht, weil sie ansonsten nicht gewählt würden.[5] Das Medianwählertheorem trifft allerdings in anderen Modellerweiterungen nicht mehr zu, z.B. in Mehrparteien-Modellen. Dennoch gibt es allgemein eine Tendenz zur „Mitte", die durch die Mehrheitsregel ausgelöst wird [vgl. MUELLER (2003, S. 301)].

Schließlich wollen wir auf die normativen Implikationen des Modells eingehen. Hier fällt auf, dass bei einer positiven staatlichen Bereitstellung der Grenznutzen des Konsums nicht mit dem Grenznutzen der Gesundheitsleistungen übereinstimmen muss. Ist z.B. die Bedingung (13.16) streng erfüllt, dann lässt sich aus der Bedingung (13.18) herleiten, dass für al-Typen die Ungleichung gilt:

$$u'\left[\left(1 - \frac{\pi}{y}g^E\right)y_a\right] > v'[g^E].$$

---

[5] Siehe BREYER UND KOLMAR (2010, Abschnitt 6.7) für ein Modell des Zwei-Parteien-Wettbewerbs, das sich auf die hier untersuchte Fragestellung übertragen lässt.

Sie besagt, dass für alle armen Individuen der Grenznutzen aus Gesundheit geringer ist als der aus Konsum. Ursache ist der aus ihrer Sicht günstige Preis der Sozialversicherung. Dies weist auf eine ineffiziente Allokation von Gesundheitsleistungen hin. Dem entgegen steht jedoch die mögliche Umverteilung von niedrigen zu hohen Risiken. Wie wir im folgenden Abschnitt zeigen, kann diese aus einer ex-ante Sicht den Ausschlag für die Wahl der Finanzierungsform geben.

13.2.3 Die Wahl der Finanzierungsform

Der Risikotyp einer Person ist Veränderungen unterworfen. Nicht vollständig auskurierte Krankheiten können z. B. dazu führen, dass man in Zukunft mit höherer Wahrscheinlichkeit erneut erkrankt. Diese Unsicherheit führt auf privaten Krankenversicherungsmärkten zu einem *Prämienrisiko*. Wie wir in Abschnitt 5.3.4 ausgeführt haben, sind reine Marktlösungen für die Versicherung dieses Risikos mit Problemen behaftet [vgl. Folgerung 5.7]. Eine Alternative stellt eine staatliche Versicherung dar. Aus diesem Grund untersuchen wir, ob die Versicherten hinter dem Schleier des Nichtwissens über den eigenen Risikotyp die Einführung einer Krankenversicherung mit einkommensproportionalen Beiträgen befürworten. Wir unterstellen hierfür, dass Bedingung (13.16) erfüllt und g^E daher positiv ist. Andernfalls führt Regime E zu dem identischen Resultat wie Regime K bzw. dem Verzicht auf eine staatliche Krankenversicherung. Des Weiteren gehen wir davon aus, dass eine private Versicherung des Prämienrisikos nicht möglich ist.

Bei der Mehrheitsregel ist die Vorhersage dann einfach. Alle „armen" Individuen und damit die Mehrheit wird Regime E einem Regime ohne staatliche Krankenversicherung vorziehen, da sie zumindest einen Teil ihres Versicherungsschutzes zu einem subventionierten Preis erhalten:

- Dies ist für Individuen vom Typ *ah* offensichtlich, da für sie in Bedingung (13.15) die linke Seite größer und die rechte Seite kleiner ist als 1.

- Für Individuen vom Typ *al* ist (13.16) gerade die Bedingung für einen subventionierten Preis.

Ex ante weiß ein ärmerer Wähler also, dass er ex post, also nach Aufdeckung seines Risikotyps, unter Finanzierungsform E nicht schlechter gestellt sein kann als unter Regime K, so dass er sich auf jeden Fall für Regime E aussprechen wird. Wegen $\theta > 1/2$ verfügen die Armen über eine Mehrheit und können bei der erstmaligen Wahl der Finanzierungsform Regime E gegenüber K durchsetzen.

Interessanterweise kann die Zustimmung für das Regime E bei Nichtkenntnis des Risikotyps noch größer sein. Wie KIFMANN (2006) zeigt, werden unter bestimmten Voraussetzungen (insbesondere muss der Anteil der Reichen größer sein als der Anteil der Hochrisiken) sogar die Reichen für einkommensproportionale Beiträge votieren, so dass bei der Regimewahl *Einstimmigkeit* erreicht würde (siehe hierzu auch Übungsaufgabe 13.3). Eine notwendige Bedingung hierfür ist, dass die Bedingung (13.15) für ein positives Niveau staatlichen Versicherungsschutzes für reiche Hochrisiken erfüllt ist, d. h.

$$\frac{\pi_l}{\pi} > \frac{y_r}{\bar{y}}.$$

Der Schlüssel zu diesem Ergebnis liegt in der Versicherung gegen das Prämienrisiko, die auf dem Markt annahmegemäß nicht verfügbar ist. Eine Krankenversicherung mit einkommensproportionalen Beiträgen erreicht dies im Gegensatz zu einem System mit Kopfpauschalen. Der Aufschlag, den reiche Personen für diese Versicherung zahlen, kann im Vergleich zum Gewinn an Sicherheit klein sein.

Folgerung 13.4 *Bei Abstimmung mit der Mehrheitsregel unter Unkenntnis des Risikotyps setzt sich das Regime E (einkommensproportionale Beiträge) gegen das Regime K (einheitliche Kopfpauschale) durch. Sogar reiche Individuen können für das Regime E stimmen, weil sie dadurch ihr Prämienrisiko versichern können.*

Das Modell leistet somit eine mögliche Erklärung für die Existenz von sozialen Krankenversicherungen, die einkommensabhängig finanziert werden. Sie garantieren eine Versicherung des Prämienrisikos, das auf dem Markt nur unvollständig versichert werden kann. Dies könnte theoretisch auch eine einheitliche Kopfpauschale leisten. Sie ist aber im Gegensatz zur einkommensabhängigen Finanzierung nicht politisch stabil. Der Nachteil dieses Systems liegt allerdings in einer Verzerrung der Versicherungsnachfrage für einen Teil der Bevölkerung.

13.3 Der Einfluss von Interessengruppen im Gesundheitswesen

Mit dem Modell aus Abschnitt 13.2 lässt sich die allgemeine Tendenz zur Mitte in Demokratien gut erklären. Allerdings hat es von wichtigen Aspekten abstrahiert. Insbesondere wurde die Komplexität des Gesundheitswesens stark reduziert, indem Gesundheitsleistungen als homogenes Gut angenommen wurden, über deren Produktivität die Wähler vollständig informiert sind. Hebt man diese Annahme auf, so ergibt sich ein weiter Spielraum für die Beeinflussung der politischen Entscheidungen durch öffentliche oder private Organisationen und besonders durch Interessengruppen. Diese spielen im Gesundheitswesen eine prominente Rolle. Fast alle Akteure, die ihr Einkommen zum großen Teil im Gesundheitswesen verdienen, insbesondere Ärzte, Zahnärzte, Krankenkassen und Pharmaunternehmen, sind gut organisiert und versuchen, ihre Interessen im politischen Prozess zur Geltung bringen.

Der Einfluss von Interessengruppen wird besonders deutlich, wenn eine Regierung versucht, ausgabendämpfende Maßnahmen auf den Weg zu bringen. Jede Gruppe wird behaupten, dass gerade ihre Leistungen zur Erhaltung der Gesundheit besonders wichtig sind und mit einer Mangelversorgung drohen, falls Mittel gestrichen werden. Beliebt ist auch das Argument, dass viele Arbeitsplätze verloren gehen, wenn an der „Gesundheit gespart wird". Dem Wähler wird es vielfach schwerfallen, derartige Behauptungen einzuschätzen. Ist die Sorge, dass er schlechter versorgt wird oder dass sein Arbeitsplatz in Gefahr ist, erst einmal geweckt, dann kann sein Vertrauen in die Regierung verloren gehen. Politiker, die wiedergewählt werden wollen, haben deshalb den Anreiz, mit Interessengruppen ein gutes Verhältnis zu pflegen. Dann läuft die Gesundheitspolitik jedoch Gefahr, den Weg des geringsten Widerstands zu wählen und dort zu sparen, wo die Interessen am schlechtesten organisiert sind.

Im Folgenden wollen wir zunächst in Abschnitt 13.3.1 die Voraussetzungen, die für die Bildung von organisierten Interessengruppen bedeutsam sind, und die Einflussmöglichkeiten von Interessengruppen näher untersuchen. Abschnitt 13.3.2 ist den Berufsverbänden gewidmet, die im Gesundheitswesen eine maßgebliche Rolle spielen.

13.3.1 Theorie der Interessengruppen

13.3.1.1 Voraussetzungen für die Bildung von Interessengruppen

In seinem grundlegenden Werk „Die Logik des kollektiven Handelns" argumentiert MANCUR OLSON (1968), dass es sich bei den Vorteilen, die eine organisierte Interessengruppe durch politischen Druck bei Regierung und Parlament erzielen kann, um *öffentliche Güter* handelt. Erreicht ein derartiger Verband z. B. eine Honorarerhöhung oder eine Zulassungserleichterung für Medizinprodukte, so werden davon notwendigerweise außer den Mitgliedern des Verbands auch Nichtmitglieder begünstigt. Diese brauchen jedoch weder Zeit für den Verband zu opfern noch einen Beitrag zu zahlen. Aus diesem Grund lohnt sich *Trittbrettfahren*, d. h. nicht Mitglied zu werden, da der Beitritt oder Austritt eines Einzelnen bei einer großen tatsächlichen oder potentiellen Mitgliederzahl faktisch keinen Einfluss darauf hat, ob das öffentliche Gut erbracht wird oder nicht. Deshalb werden sich in vielen Fällen auch dann keine Verbände bilden, wenn größere Bevölkerungsteile durch deren Tätigkeit Vorteile erringen würden. Es überrascht somit nicht, dass es keine gut organisierte und effektive Interessengruppe der Versicherten gibt.[6]

Allerdings können nach OLSON auch große latente Gruppen der Bevölkerung sich in Verbänden organisieren, wenn es ihnen gelingt, *besondere und selektive Anreize* für die Mitgliedschaft zu schaffen. Dabei handelt es sich um teilbare, private Güter, deren Preis über den Mitgliederbeitrag bezahlt wird und die auf dem Markt nicht oder nur zu einem höheren Preis erhältlich sind. Eine weitere Möglichkeit besteht darin, einen Zwang zur Mitgliedschaft zu erreichen. So müssen Ärzte, die Leistungen für Versicherte mit der deutschen Gesetzlichen Krankenversicherung abrechnen möchten, einer Kassenärztlichen Vereinigung beitreten.

---

[6] Dies kann allerdings auch daran liegen, dass im Wettbewerb stehende Versicherungen als Sachwalter der Interessen der Versicherten wirken (vgl. Abschnitt 11.3.3).

Anders liegen die Dinge nur bei kleineren Personenkreisen mit gleichen Interessen, da hier das Verhalten des Einzelnen sehr wohl Einfluss auf die Erlangung des politischen oder sonstigen kollektiven Vorteils hat, macht doch in diesem Fall der einzelne Beitrag einen spürbaren Anteil der vom Verband benötigten Mittel aus. Zusätzlich können Faktoren wirksam werden, welche die Soziologie als bedeutsam für den Zusammenhalt von kleinen Gruppen erkannt hat. Deshalb ist damit zu rechnen, dass sich bevorzugt die Interessen kleiner Gruppen durchsetzen. OLSON spricht von der „systematischen Tendenz zur „Ausbeutung" der Großen durch die Kleinen" [OLSON (1968, S. 28)]. Doch bevor diese Schlussfolgerung gezogen werden kann, muss gezeigt werden, wie Verbände einen Einfluss auf die politische Willensbildung in der Demokratie ausüben können.

Folgerung 13.5 *Bei den Vorteilen, die eine organisierte Interessengruppe durch politischen Druck bei Regierung und Parlament erzielen kann, handelt es sich um öffentliche Güter. Große Gruppen können sich deshalb nur in Verbänden organisieren, wenn es ihnen gelingt, Trittbrettfahrerverhalten durch besondere und selektive Anreize zu verhindern. Kleinere Personenkreise mit gleichen Interessen hingegen haben kaum Schwierigkeiten, einen Verband zu bilden. Deshalb ist damit zu rechnen, dass sich bevorzugt die Interessen kleiner Gruppen durchsetzen.*

13.3.1.2 Einflussmöglichkeiten von Interessengruppen

In Demokratien findet ein Wettbewerb der Parteien um die Regierungsgewalt statt. Um politischen Einfluss zu gewinnen, müssen Interessengruppen daher in der Lage sein, den Regierungsparteien mehr Wählerstimmen zuzuführen oder abspenstig zu machen, als diese ihrer Ansicht nach ohne das Vorhandensein von Verbänden gewinnen oder verlieren würden. Hierfür bieten sich den Verbänden drei Möglichkeiten:

- Die Finanzierung von Parteien und Kandidaten
- Die Ausnutzung eines Informationsvorsprungs
- Die Ausbeutung von Marktmacht

Finanzierung von Parteien und Kandidaten: Als erste Ursache für den Einfluss der Verbände auf den politischen Prozess kommt die Finanzierung von Parteien und Politikern in Frage. Dieser Einfluss ist dann besonders groß, wenn es – wie in den USA – keine starke Parteiorganisation gibt, sondern jeder einzelne Kandidat bereits in den parteiinternen Vorwahlen und erst recht bei den Parlamentswahlen selbst seinen eigenen Wahlkampf finanzieren muss. Verfügen die Parteien hingegen über ausreichende Beitragseinnahmen, so werden sie nicht aus Finanzierungsgründen den Wünschen der Verbände nachkommen müssen. Auch eine Finanzierung der Parteien durch Steuergelder wie in Deutschland mildert ihre Abhängigkeit von Interessenverbänden. So werden in Deutschland keine nennenswerten Parteispenden von Interessenverbänden des Gesundheitswesens geleistet.[7]

---

[7] Siehe hierzu die Politische Datenbank unter http://www.parteispenden.unklarheiten.de.

Ausnutzung eines Informationsvorsprungs: Eine weitere Ursache für die Macht der Interessenverbände ist dadurch gegeben, dass Wähler, Parteien und Regierungen Entscheidungen unter Unsicherheit zu treffen haben und die Interessenorganisationen fähig sind, wichtige Informationen über bestimmte Bereiche von Wirtschaft und Gesellschaft zu liefern und in ihrem Sinne zu beeinflussen. Die mangelhaften Informationen bei Entscheidungen kommen für den politischen Prozess im Wesentlichen auf drei verschiedene Weisen zustande:

(1) Parteien und Regierung wissen nicht (genau), wie sich bestimmte Maßnahmen auswirken werden oder wie gegebene Ziele erreicht werden können. Beispielsweise ist es für sie schwer einzuschätzen, welche negativen Folgen eine Preisregulierung bei Arzneimitteln auf die Verfügbarkeit innovativer Arzneimittel in der Zukunft hat.

(2) Die Regierung bzw. die Parteien wissen nicht, was die Wähler wollen, d.h. ob und wie stark sie sich durch bestimmte Maßnahmen in ihrem Wohlergehen beeinträchtigt oder gefördert fühlen. Eine Politik, die auf den Ersatz von Originalpräparaten durch Generika setzt, läuft z.B. Gefahr, von den Patienten nicht akzeptiert zu werden.

(3) Die Wähler wissen oft nicht, dass die Regierung verschiedene sie betreffende Maßnahmen ergriffen hat oder welche Folgen bestimmte staatliche Aktionen für sie haben. Dieser Aspekt ist insbesondere bei Sparprogrammen relevant. Der Wähler erfährt die Einschränkungen unmittelbar und lässt leicht außer Acht, dass die Beiträge sonst hätten steigen müssen.

Verbände haben hingegen den Vorteil, dass ihre Mitglieder spezielle Informationen besitzen, die der Regierung und erst recht der Masse der Wähler fehlen und nur bei großem und daher oft nicht lohnendem Aufwand beschafft werden könnten. Diese können mit vergleichsweise geringen Kosten an Politiker weitergeleitet werden. Darüber hinaus sind die Verbände in der Lage, die Öffentlichkeit über staatliche Eingriffe oder Unterlassungen und ihre Auswirkungen zu informieren. Auf diese Weise mag mancher von einem Verband einseitig informierter Wähler sich zu einem anderen Verhalten bei den nächsten Wahlen entschließen. Zum Beispiel können Interessengruppen notwendige Leistungskürzungen als willkürliche Maßnahmen der Politiker darstellen.

Natürlich wäre die Regierung imstande, sich Informationen durch eigene Erhebungen zu verschaffen, doch ist dieses Verfahren nicht nur kostspieliger, sondern vermutlich weniger zuverlässig. Interessenorganisationen werden hingegen ihre Kenntnisse nur für entsprechende Gegenleistungen „verkaufen" und vor allem nur Informationen weiterleiten, die den von ihnen angestrebten Zielen nicht hinderlich werden können. Informationen, die nicht vorteilhaft für den Verband sind, können mit Verweis auf den „Datenschutz" zurückgehalten werden.[8] Bei den veröffentlichten Daten

---

[8] Dies zeigt, wie wichtig unabhängige wissenschaftliche Forschung und ein öffentlicher Zugang zu Daten ist.

und Studien kann zwar erwartet werden, dass sie die Fakten zugunsten des Verbandes interpretieren. Es ist jedoch nicht damit zu rechnen, dass sie generell unwahr sind, denn Verbände, die auf die Dauer unwahre Informationen verbreiten, würden sonst bald unglaubwürdig.

Im engen Zusammenhang mit der Weitergabe von Informationen an Politiker steht der „Lobbyismus" seitens der Verbände. Im Rahmen dieser Strategie versuchen Interessengruppen enge Beziehungen zu Politikern aufzubauen und setzen dabei vor allem auf persönliche Kontakte. Der Vorteil für den Politiker ist, dass er einen persönlichen Ansprechpartner hat, der ihn schnell mit Information versorgen kann. Umgekehrt erhalten die Lobbyisten einen einfachen Zugang zu Politikern. Inwieweit dadurch Entscheidungen zugunsten der Interessengruppe beeinflusst werden, ist schwer zu beurteilen. Der erhebliche Aufwand, der hierfür betrieben wird, spricht jedoch dafür, dass diese Strategie mit Erfolg verbunden ist.

Ausbeutung von Marktmacht: Eine dritte Ursache für den Einfluss von Interessenverbänden auf den politischen Prozess beruht auf der Ausnutzung einer Machtstellung. Besitzt ein Interessenverband – der in diesem Zusammenhang auch aus einer einzelnen Unternehmung bestehen könnte – als Monopolist, Kartell oder Oligopolist beträchtlichen Einfluss auf einem oder mehreren Märkten, so ist er in der Lage, durch seine Aktionen bestimmte Wählergruppen zu beeinflussen. Zum Beispiel kann ein pharmazeutisches Großunternehmen mit der Schließung eines Produktions- oder Forschungsstandorts drohen, wenn die Preise für Arzneimittel gesenkt werden sollen. Dies kann Politiker aus der betroffenen Region dazu bewegen, gegen die Preissenkung zu stimmen. Eine beliebte Maßnahme von Ärzteverbänden sind vorübergehende Praxisschließungen, um ihren Interessen Nachdruck zu verleihen. Gelingt es, die dabei auftretenden Nachteile für die Betroffenen der staatlichen Politik zuzuschieben, so kann ein zusätzliches Wählerpotential gegen die Regierungsparteien mobilisiert werden. Ist das aber der Fall, so wird vielfach schon die Androhung einer entsprechenden Verwendung der Marktmacht genügen, um die staatlichen Stellen zum Einlenken gegenüber den politischen Wünschen des Verbandes zu bewegen.

Folgerung 13.6 *Verbände können den politischen Prozess beeinflussen, indem sie Parteien und Kandidaten finanzieren. Darüber hinaus können sie ihren Informationsvorsprung gegenüber Politikern und Wählern ausnutzen oder ihre Marktmacht geltend machen.*

13.3.2 Die Rolle von Berufsverbänden im Gesundheitswesen

13.3.2.1 Gründe für die Bildung von Berufsverbänden

Nachdem wir den Einfluss von Interessengruppen allgemein erörtert haben, betrachten wir im Folgenden Berufsverbände und insbesondere Ärzteverbände näher. Sie spielen eine maßgebliche Rolle im Gesundheitswesen aller Industrieländer. Man kann diese Beobachtung als das Ergebnis eines besonders großen gemeinsamen Interesses der Leistungserbringer deuten [vgl. ZWEIFEL UND EICHENBERGER

(1992)]. Zu den Zielen, die im Berufsverband angestrebt werden, gehören insbesondere

(1) *Schutz vor Wettbewerb*: Verbände haben der ökonomischen Kartelltheorie zufolge die Aufgabe, die Preis- und Qualitätskonkurrenz zwischen ihren Mitgliedern einzuschränken, um ihre Einkommen hochzuhalten. Die Chancen, dieses Ziel zu erreichen, stehen für Berufsverbände im Gesundheitswesen besser als in anderen Branchen, weil die Nachfrager infolge ihres Versicherungsschutzes ohnehin wenig Anreiz haben, einen preisgünstigen Außenseiter ausfindig zu machen. Selbst wenn sie sich auf die Suche machen wollten, ist ihnen ein Kostenvergleich durch die Aufspaltung des Leistungsnachweises in die Tausende von Positionen der Tarifwerke erschwert, die von einem Arzt eher pauschal, vom anderen dagegen in allen Einzelheiten abgerechnet werden.

(2) *Zugang zu öffentlichen Mitteln*: Ärzteverbände dienen als Verhandlungspartner nicht nur gegenüber den Krankenversicherern, sondern auch gegenüber politischen Instanzen. Da das Gesundheitswesen acht und mehr Prozent des Bruttosozialprodukts bindet (vgl. Tabelle 1.1) und in den meisten Industrieländern zu zwei Dritteln oder mehr durch öffentliche Mittel finanziert wird [vgl. OECD (2012)], eröffnen Ärzteverbände den Zugang zu einem weit größeren öffentlichen „Auftragsvolumen" als beispielsweise Anwaltsverbände.

(3) *Durchsetzbarkeit von Preisdifferenzen*: Ärzte haben ein Interesse an einer Preisdiskriminierung nach dem Einkommen der Patienten. Damit diese nicht von anderen Ärzten unterlaufen werden, bieten sich verbindliche Preislisten an. In Deutschland werden z. B. Rechnungen für Privatpatienten nach der Gebührenordnung für Ärzte (GOÄ) erstellt, die in der Regel höhere Erstattungssätze als für Kassenpatienten vorsieht.[9]

(4) *Leichte Kontrolle des Marktzutritts*: Der Zugang zum Markt für medizinische Leistungen kann durch den Verband zu geringen Kosten eingeschränkt werden. Träger des Leistungsangebots ist das medizinisch ausgebildete Individuum, so dass ein Unternehmen aus einer anderen Branche zuerst einmal eine größere Anzahl von Ärzten einstellen müsste, um den Markteintritt zu schaffen. Sobald es überdies gelingt, die staatlichen Instanzen von der Notwendigkeit eines Numerus clausus im Medizinstudium zu überzeugen, ist auch der Zugang zum Beruf abgeschottet.

Diese Überlegungen treffen auch auf die andere Leistungsanbieter im Gesundheitswesen zu, insbesondere Zahnärzte und teilweise Apotheker. Demgegenüber sind die Pflegepersonalverbände und andere nichtärztliche Berufsverbände insofern benachteiligt, als sie nicht Verhandlungspartner der Krankenkassen sind oder durch Gesetz besondere Aufgaben wahrnehmen. Für diese nichtärztlichen Berufsverbände gilt die nachstehende Folgerung nur in beschränktem Maße.

---

[9] Nach der Studie von WALENDZIK ET AL. (2009) erhalten Ärzte für eine medizinisch im Grundsatz gleiche Leistung eine rd. 2,28fach höhere Vergütung für Privat- als für Kassenpatienten.

Wie wir oben anhand der Theorie von OLSON (1968) diskutiert haben, sind gemeinsame Interessen eine notwendige, aber keine hinreichende Bedingung für die Existenz eines Berufsverbandes. Zudem muss das Problem des Trittbrettfahrens der Nichtmitglieder auf Kosten der Mitglieder gelöst werden. Für einzelne Regionen und in überschaubaren Fachrichtungen dürfte die Bildung eines Berufsverbandes dabei kein Problem darstellen, weil die potentielle Mitgliederzahl überschaubar ist. Ein nationaler übergreifender Berufsverband muss jedoch weitere Anreize bieten. Eine Möglichkeit ist, den Mitgliedern exklusive Dienstleistungen wie Standortberatung, Buchhaltung, Steuerberatung und Haftpflichtversicherung anzubieten und so die Grundlagen für den Fortbestand des Verbandes zu schaffen. In Deutschland hat der Gesetzgeber das Problem der Verbandsbildung gelöst. Alle Ärzte, die eine Kassenzulassung besitzen, sind automatisch Mitglied einer Kassenärztlichen Vereinigung.

Folgerung 13.7 *Die Leistungserbringer im Gesundheitswesen haben starke gemeinsame Interessen. Das Problem des Trittbrettfahrens lässt sich durch exklusive Dienstleistungen oder einen Mitgliedszwang vermeiden. Dies erklärt die wichtige Rolle von Berufsverbänden im Gesundheitswesen.*

Wie in jeder Organisation besteht auch bei einem Berufsverband die Möglichkeit, dass die Führung nicht im Sinne seiner Mitglieder handelt. Obschon das einzelne Mitglied die Anstrengungen des Verbandes nicht überwachen kann, bleibt diese Gefahr jedoch relativ gering, da die Verbandsleitung üblicherweise in den Händen von Berufskollegen bleibt, die nach einer beschränkten Amtsdauer wieder zu ihrer ursprünglichen Tätigkeit zurückkehren. Auf diese Weise wird verhindert, dass sich die Interessen der Verbandsspitze von denjenigen der Mitgliedschaft wesentlich unterscheiden. Nicht auszuschließen ist jedoch, dass die Verbandsleitung die Interessen einzelner Mitgliedergruppen, z. B. der Fachärzte, stärker vertritt als die der anderen Gruppen.

13.3.2.2 Funktionen der Berufsverbände

Die Berufsverbände im Gesundheitswesen haben es hauptsächlich mit drei Gruppen zu tun: ihren eigenen Mitgliedern, mit den Versicherten und Patienten und mit Politikern. Bei jeder dieser Gruppen steht jeweils eine Funktion des Verbandes im Vordergrund:

- Die Sicherung der Einkommenschancen der Mitglieder,
- Die Sicherung der Behandlungsqualität,
- Die Wahrnehmung von Aufgaben im Interesse politischer Entscheidungsträger.

Sicherung der Einkommenschancen der Mitglieder

Falls die Berufsverbände im Gesundheitswesen vor allem dazu da sind, ihre Mitglieder vor Konkurrenz zu schützen, müsste es ihnen ein Anliegen sein, einen Anstieg der Anbieterdichte zu verhindern. Im internationalen Vergleich dürfte ihnen dies in einem Land wie der Bundesrepublik Deutschland besonders gut gelingen, denn die Zwangsmitgliedschaft der Kassenärzte in den Kassenärztlichen Vereinigungen sorgt für einen besonders hohen Organisationsgrad. Dauerhaft kann die Anbieterdichte insbesondere durch einen hohen Numerus clausus für das Medizinstudium-und hohe Anforderungen für Ärzte aus Nicht-EU-Ländern beschränkt werden.

Ein weiteres Bestreben des Berufsverbandes dürfte es sein, die Liste der vergüteten Leistungen zu erweitern, um damit die Nachfrage zu steigern. Gleichzeitig gilt es zu verhindern, dass Leistungen konkurrierender Leistungserbringer wie z. B. von Heilpraktikern in den Leistungskatalog aufgenommen werden. Falls die Nachfrage nach diesen alternativen Heilverfahren hoch ist, gilt es vielmehr, sie exklusiv für die eigene Gruppe erstattungsfähig zu machen. [10]

Sicherung der Behandlungsqualität

Auf Seiten des Patienten besteht eine Nachfrage nach ergänzenden Sachwalterbeziehungen, weil der Umfang seiner Stichprobe häufig für eine Beurteilung der Behandlungsqualität zu gering ist. Verbände im Gesundheitswesen begründen ihre Existenz gegenüber Dritten daher auch gerne mit dem Hinweis auf ihren Beitrag zur Durchsetzung einer Berufsethik, die der Qualitätssicherung dient.

Es bestehen jedoch erhebliche Zweifel, dass dieser Anspruch auch in die Tat umgesetzt wird. So haben ROOS ET AL. (1977) Unterschiede im Praxisstil kanadischer Ärzte innerhalb jeweils eng begrenzten Regionen gefunden, die sich nur schwer mit der Vorstellung eines vom lokalen Ärzteverband durchgesetzten Qualitätsstandards vereinbaren lassen. BENHAM (1991) zitiert eine Reihe von Fällen, in denen amerikanische Ärztekammern davor zurückschreckten, eindeutig als unfähig erkannten Ärzten die Approbation (Zulassung zur Berufstätigkeit) zu entziehen. Der Grund dafür scheint in einer falsch verstandenen Sorge um den Ruf des Berufsstandes und in der oben genannten starken Bindung der Verbandsleitung an die Interessen der Mitglieder zu liegen: Wenn ein Mitglied der Verbandsleitung nach wenigen Jahren wieder ein Arzt wie jeder andere sein wird, muss es damit rechnen, für unpopuläre, während seiner Amtszeit getroffene Entscheidungen büßen zu müssen. Ein bewährtes Mittel der Qualitätssicherung ist schließlich die periodisch wiederkehrende Zulassungsprüfung. Sie wird von den Fluggesellschaften gegenüber ihren Piloten eingesetzt, denen ebenfalls das Leben vieler Menschen anvertraut wird, nicht aber von den Ärzteverbänden gegenüber ihren Mitgliedern.

Wahrnehmung von Aufgaben im Interesse politischer Entscheidungsträger

Neben den Patienten könnte eine andere Gruppe ein Interesse an der Existenz der Verbände haben: die Politiker. In einer Demokratie sind Politiker darauf angewie-

---

[10] Diese Überlegungen deuten auch auf Interessenkonflikte innerhalb eines Berufsverbandes hin. So stehen Haus- und Fachärzte in Konkurrenz um die Mittel für die ambulante Versorgung. Etablierte Ärzte besitzen z. B. den Anreiz, hohe Standards im Medizinstudium zu fordern, gleichzeitig aber die Weiterbildungsanforderungen gering zu halten, um die Konkurrenz durch junge Ärzte zu verringern [vgl. SELDER (2006)].

sen, Wählerstimmen zu gewinnen, und die Berufsverbände im Gesundheitswesen könnten ihnen dabei helfen. Zieht man wiederum die Ärzteverbände als wichtigstes Beispiel heran, so ist ihre Wahlempfehlung, verbreitet in Zehntausenden von Praxen, für einen Politiker Gold wert. Aber auch längerfristig können die Ärzteverbände zur Gewinnung von Wählerstimmen beitragen, indem sie den Fortbestand der bestehenden Einkommensumverteilung im Gesundheitswesen gewährleisten. Diese Umverteilung erfolgt nicht zuletzt dadurch, dass für die Behandlung von Mitgliedern der Gesetzlichen Krankenversicherung niedrigere Honoraransätze gelten als für privat Versicherte. Zugleich ist eine derartige Tarifabstufung im Interesse der Mehrzahl der Ärzte, entspricht sie doch im Wesentlichen der Preisdifferenzierung eines gewinnmaximierenden Monopolisten [vgl. KESSEL (1958)].

Einer Regierung, die sich auf das Ziel einer Stabilisierung der Gesundheitsquote am Sozialprodukt festgelegt hat, können Ärzteverbände ebenfalls Hilfestellung leisten. Vorab benötigt jede Steuerung Informationen, die vielfach nur von den Berufsverbänden zur Verfügung gestellt werden können. Dies gilt insbesondere bei der Durchführung eines Numerus clausus im Medizinstudium. Dieser hält die Kosten des Gesundheitswesens wenigstens kurzfristig niedrig. Darüber hinaus können sie sich verpflichten, eine Zeit lang die Tarifverhandlungen zurückhaltend zu führen, damit die Stabilisierung der Leistungsmengen nicht durch erhöhte Preise aufgewogen wird. Längerfristig werden sie jedoch ihre erhöhte Marktmacht zur Geltung bringen müssen, um den oben geschilderten Aufgaben der Einkommenssicherung und -mehrung im Interesse ihrer Mitglieder zu genügen.

Folgerung 13.8 *Die Berufsverbände im Gesundheitswesen können Aufgaben zugunsten der Patienten, der politischen Entscheidungsträger und ihrer eigenen Mitglieder wahrnehmen. Ihr Verhalten lässt allerdings vermuten, dass im Mittelpunkt ihrer Tätigkeit Beiträge zur (Wieder-)Wahl von Politikern und zur Sicherung der Einkommenschancen ihrer Mitglieder stehen. Es bestehen Zweifel daran, dass sie sich ausreichend für eine Gewährleistung der Leistungsqualität einsetzen.*

Empirische Evidenz

Falls ärztliche Berufsverbände vor allem im Interesse ihrer Mitglieder handeln, dann sollte die Ärztedichte in Ländern mit starken Berufsverbänden schwächer ansteigen. Darüber hinaus sollte zu beobachten sein, dass gut organisierte Berufsverbände in der Lage sind, mögliche negative Effekte auf die Ärzteeinkommen bei einer nicht vermeidbaren Zunahme der Ärztedichte abzumildern.

Diese Hypothesen wurden von ZWEIFEL UND GRANDCHAMP (2002) untersucht, die hierfür die Entwicklung der Ärztedichte und der Ärzteeinkommen in Deutschland, Frankreich, Großbritannien, Schweden, der Schweiz und den USA von 1960 bis 1998 betrachteten. Sie stellten fest, dass in allen Ländern die Ärztedichte signifikant anstieg. Der höchste Zuwachs fand in Deutschland, Frankreich und Schweden statt, der geringste in Großbritannien (wo nur Allgemeinärzte betrachtet wurden). Dies steht in Einklang mit der Beobachtung, dass die Kassenärztlichen

Vereinigungen in Deutschland seit den 60er Jahren Einfluss auf die Politik eingebüßt haben. Im Gegensatz hierzu ist die Macht der ärztlichen Berufsverbände in den USA und vor allem in Großbritannien ungebrochen. In Großbritannien hat die British Medical Association erheblichen Einfluss auf den Nationalen Gesundheitsdienst. Die American Medical Association in den USA konnte bis vor kurzem über die Akkreditierung von Krankenhäusern entscheiden und damit die Kapazität an medizinischen Studienplätzen kontrollieren. Aus dem Rahmen fällt jedoch die Schweiz. Hier ist der Zuwachs an Ärztedichte geringer als in Deutschland, obgleich der Einfluss der Berufsverbände vergleichbar ist.

Zunehmende Ärztedichte und das Ärzteeinkommen (im Vergleich zum durchschnittlichen Einkommen der Erwerbstätigen) sind in Deutschland, Frankreich und Schweden eindeutig negativ korreliert. Schwächer fällt dieser Effekt in Großbritannien aus. In den USA war die Korrelation in dem betrachteten Zeitraum sogar positiv, was auf eine starke Position des dortigen Berufsverbandes deutet.

13.3.2.3 Wettbewerb der Leistungsanbieter, Wettbewerb der Verbände

Auf den ersten Blick erscheint ein uneingeschränkter Preis- und Qualitätswettbewerb zwischen den einzelnen Leistungsanbietern im Gesundheitswesen im Sinne der Versicherten und Patienten zu sein. Die Patienten besitzen dabei ein Interesse an im Voraus vertraglich festgelegten Tarifen, da sie im Krankheitsfall die erbrachten Leistungen und Preise nur schwer beurteilen können. Für das Aushandeln der häufig komplexen Tarifwerke werden sie in der Regel einen Krankenversicherer als ergänzenden Sachwalter wählen. Sobald jedoch dieser Krankenversicherer allein oder im Verbund mit anderen einen bedeutenden Anteil der Klientel eines Arztes vertritt, stellt er aus dessen Sicht eine Bedrohung dar. Er könnte versuchen, den Vertragsabschluss von einem Entgegenkommen bei den Tarifen abhängig zu machen. Ein Berufsverband bietet vor dieser Bedrohung Schutz; hat er sich einmal in Tarifverhandlungen bewährt, so besteht für den einzelnen Arzt ein besonders starker Anreiz, dem Verband beizutreten.

Wenn also nicht mit einem Wettbewerb der einzelnen Leistungsanbieter zu rechnen ist, wie stehen dann die Chancen für einen Wettbewerb der Verbände, und was für Auswirkungen könnte er haben? Für die Versicherten und Patienten wäre dieser Wettbewerb von erheblichem Vorteil. Dabei steht nicht einmal die Möglichkeit der Krankenversicherer im Vordergrund, die Preise der Leistungsanbieter zu drücken. Vielmehr würde ein Wettbewerb der Ärzteverbände das Entstehen neuer Organisationsformen der medizinischen Versorgung begünstigen. Erst wenn Ärzte einzeln oder in Gruppen aus einem Verband ausscheren können, der sich auf die Einzelleistungshonorierung festgelegt hat, lässt sich z. B. die im Abschnitt 11.4 dargestellte Health Maintenance Organization verwirklichen. Allgemein könnten unterschiedliche Präferenzen der Ärzte (insbesondere bzgl. der berufsethischen Orientierung, oder auch im Abwägen zwischen Einkommen und geregelter Arbeitszeit) durch konkurrierende Berufsverbände zum Ausdruck gebracht werden, die dann auch im

Rahmen verschiedener Organisationsformen Verhandlungen über die Honorierung führen würden.

Aus der Sicht der Ärzte selber ist die freie Verbandswahl ein zweischneidiges Schwert. Einerseits beschert die Kassenärztliche Vereinigung ihren Mitgliedern gegenüber den Trägern der Gesetzlichen Krankenkassen ein Kollektivmonopol und insofern Preise für ihre Leistungen, die höher als bei einem Wettbewerb der Verbände sein dürften. Dieser Vorteil würde durch Ärzteverbände, die miteinander um Vertragsabschlüsse konkurrieren, verloren gehen. Andererseits ermöglicht ein Wettbewerb der Verbände auch einen Wettbewerb der Versorgungssysteme im gleichen Land, der insbesondere jüngeren Ärzten zu neuen Beschäftigungsmöglichkeiten verhelfen könnte.

Folgerung 13.9 *Ein Wettbewerb der Verbände im Gesundheitswesen würde den Weg zu neuen Organisationsformen der Gesundheitsversorgung ebnen und käme deshalb den Interessen der Patienten und Versicherten entgegen. Für die Mehrheit der Ärzteschaft ist Wettbewerb dagegen eher mit Nachteilen verbunden.*

Längerfristig stehen die Zwangsverbände im Gesundheitswesen in einem grundsätzlichen Widerspruch zur angestrebten Öffnung der Arbeitsmärkte innerhalb der Europäischen Union. Anstrengungen in diese Richtung führten z.B. bereits zur gegenseitigen Anerkennung der Diplome. Solange sich ein zugezogener Arzt, Zahnarzt oder Apotheker gezwungen sieht, einem Einheitsverband beizutreten, nur um im neuen Wohnsitzland Vertragspartner der Sozialversicherung werden zu können, verpuffen sie allerdings noch weitgehend.

13.4 Zusammenfassung des Kapitels

(1) Auf den Markt für privaten Versicherungsschutz kauft ein Individuum so viel an privater Versicherung, dass im Krankheitsfall der Grenznutzen des Konsums mit dem Grenznutzen der Gesundheitsleistungen insgesamt übereinstimmt, außer es liegt eine staatliche Überversorgung vor.

(2) Bei einheitlichen Kopfpauschalen ist ein positives Niveau kollektiv finanzierten Versicherungsschutzes nicht mehrheitsfähig.

(3) Bei einkommensproportionalen Beiträgen entspricht das Niveau kollektiv finanzierter Krankenversicherung dem Optimum aus Sicht eines „armen Niedrigrisikos". Ein positives Niveau ist mehrheitsfähig, wenn die Ungleichheit im Einkommen groß, die im Krankheitsrisiko jedoch gering ist.

(4) Bei Abstimmung mit der Mehrheitsregel unter Unkenntnis des Risikotyps setzt sich das Regime E (einkommensproportionale Beiträge) gegen das Regime K (einheitliche Kopfpauschale) durch. Sogar reiche Individuen können für das Regime E stimmen, weil sie dadurch ihr Prämienrisiko versichern können.

(5) Bei den Vorteilen, die eine organisierte Interessengruppe durch politischen Druck bei Regierung und Parlament erzielen kann, handelt es sich um öffentliche Güter. Große Gruppen können sich deshalb nur in Verbänden organisieren, wenn es ihnen gelingt, Trittbrettfahrerverhalten durch besondere und selektive Anreize zu verhindern. Kleinere Personenkreise mit gleichen Interessen hingegen haben kaum Schwierigkeiten, einen Verband zu bilden. Deshalb ist damit zu rechnen, dass sich bevorzugt die Interessen kleiner Gruppen durchsetzen.

(6) Verbände können den politischen Prozess beeinflussen, indem sie Parteien und Kandidaten finanzieren. Darüber hinaus können sie ihren Informationsvorsprung gegenüber Politikern und Wählern ausnutzen oder ihre Marktmacht geltend machen.

(7) Die Leistungserbringer im Gesundheitswesen haben starke gemeinsame Interessen. Das Problem des Trittbrettfahrens lässt sich durch exklusive Dienstleistungen oder einen Mitgliedszwang vermeiden. Dies erklärt die wichtige Rolle von Berufsverbänden im Gesundheitswesen.

(8) Die Berufsverbände im Gesundheitswesen können Aufgaben zugunsten der Patienten, der politischen Entscheidungsträger und ihrer eigenen Mitglieder wahrnehmen. Ihr Verhalten lässt allerdings vermuten, dass im Mittelpunkt ihrer Tätigkeit Beiträge zur (Wieder-)Wahl von Politikern und zur Sicherung der Einkommenschancen ihrer Mitglieder stehen. Es bestehen Zweifel daran, dass sie sich ausreichend für eine Gewährleistung der Leistungsqualität einsetzen.

(9) Ein Wettbewerb der Verbände im Gesundheitswesen würde den Weg zu neuen Organisationsformen der Gesundheitsversorgung ebnen und käme deshalb den Interessen der Patienten und Versicherten entgegen. Für die Mehrheit der Ärzteschaft ist Wettbewerb dagegen eher mit Nachteilen verbunden.

13.5 Lektürevorschläge

In der theoretisch-finanzwissenschaftlichen Literatur wird die in Abschnitt 13.2 untersuchte Problematik unter dem Titel der „öffentlichen Bereitstellung privater Güter" behandelt. Als maßgebliche Beiträge zu dieser Literatur aus politisch-ökonomischer Perspektive sind vor allem BESLEY UND COATE (1991), EPPLE UND ROMANO (1996b), GOUVEIA (1997) und BLOMQUIST UND CHRISTIANSEN (1999) zu nennen, ein einschlägiger Beitrag findet sich auch in BREYER (1995). Das in Abschnitt 13.2 untersuchte Modell orientiert sich an GOUVEIA (1997) und KIFMANN (2006). EPPLE UND ROMANO (1996a) und GLOMM UND RAVIKUMAR (1998) untersuchen den in diesem Kapitel nicht betrachteten Fall, in dem sich staatlich bereit gestellte und private gekaufte Krankenbehandlung gegenseitig ausschließen. JACOB UND LUNDIN (2005) erweitert die Analyse um Moral Hazard und analysieren, welcher Selbsbeteiligungssatz im politischen Prozess gewählt wird. Der Einfluss von Interessengruppen auf die Gesetzgebung in den USA wird in FELDSTEIN (2012, Chapter 3) und FELDSTEIN (2006) untersucht.

13.Ü Übungsaufgaben

13.1. Zeigen Sie, dass

(a) bei der einheitlichen Kopfpauschale reiche hohe Risiken eine höhere Menge an staatlicher Versorgung als arme hohe Risiken wünschen.

(b) bei einkommensproportionalen Beiträgen arme hohe Risiken eine höhere Menge an staatlicher Versorgung als arme niedrige Risiken wünschen.

Erläutern Sie ihre Ergebnisse.

13.2. Gehen Sie von dem Modell aus Abschnitt 13.2 aus. Die Parameter seien: $\pi_l = 0{,}2, \pi_h = 0{,}8, \lambda = 0{,}8, y_a = 600, y_r = 2.200$ und $\theta = 0{,}75$. Die Nutzenfunktionen lauten $u(c) = -e^{-0{,}1c}$ und $v(z) = -e^{-0{,}1z}$.

(a) Bestimmen Sie das Niveau des staatlichen Krankenversicherungssystems bei den Finanzierungsformen K und E und Mehrheitswahl. Zeichnen Sie hierfür jeweils die Verteilung der präferierten Mengen [vgl. Abbildungen 13.2 und 13.3]. Diskutieren Sie Ihr Ergebnis.

(b) Bestimmen Sie auch für (i) $y_a = 400, y_r = 2.800$ und (ii) $y_a = 800, y_r = 1.600$ das Niveau des staatlichen Krankenversicherungssystems bei der Finanzierungsform E. Zeichnen Sie die Verteilung der präferierten Mengen für beide Fälle und diskutieren Sie Ihr Ergebnis.

13.3. Gehen Sie von den Angaben aus Aufgabe 13.2 aus. Bestimmen Sie für die Einkommensverteilung $y_a = 600, y_r = 2.200$

(a) den Zukauf von privater Versicherung bei den Finanzierungsformen K und E.

(b) den Erwartungsnutzen für arme und reiche Individuen

$$EU_i = \lambda EU_{il} + (1 - \lambda)EU_{ih}, \quad i = a, r,$$

hinter dem Schleier des Nichtwissens über den eigenen Risikotyp. Interpretieren Sie Ihr Ergebnis.

Diskutieren Sie, wie sich Ihr Ergebnis bei den Einkommensverteilungen (i) $y_a = 400, y_r = 2.800$ und (ii) $y_a = 800, y_r = 1.600$ ändern würde.

13.4. Erläutern Sie, wann sich nach OLSON ein Interessenverband bildet und wann nicht. Überprüfen Sie seine Hypothesen anhand von drei Interessenverbänden aus dem Gesundheitswesen.

13.5. Wie können Interessenverbände Politiker und Wähler beeinflussen? Nennen Sie Beispiele aus dem Gesundheitswesen.

13.6. Erläutern Sie, warum Berufsverbände eine maßgebliche Rolle im Gesundheitswesen aller Industrieländer einnehmen.

13.7. Diskutieren Sie, in wessen Interesse ein Ärzteverband mit Zwangsmitgliedschaft ist. Welche Gruppen würden eine freie Verbandswahl befürworten?

14

Herausforderungen an das Gesundheitswesen

14.1 Problemstellung

Die Akteure auf den verschiedenen Märkten stehen immer wieder unter Anpassungsdruck: Geschmacksänderungen der Konsumenten führen zu Nachfrageeinbrüchen, neue Technologien verschaffen Konkurrenten Wettbewerbsvorteile, Wirtschaftsbeziehungen mit Partnern aus bestimmten Ländern werden vom Staat behindert oder sogar verboten. Dieser Anpassungsdruck äußert sich zu einem beträchtlichen Teil in veränderten Preissignalen auf der Absatz- wie der Beschaffungsseite von Unternehmen, die sie zu Umstellungen im Vertrieb und der Produktion ihrer Leistungen veranlassen. Im Gesundheitswesen dagegen kommen fluktuierende Marktpreise z.B. für medizinische Leistungen von vorneherein nicht in Betracht, weil sie sich mit der zentralen Sachwalterbeziehung zwischen Patient und Arzt schlecht vereinbaren lassen (vgl. dazu das 11. Kapitel). Eine Möglichkeit, fluktuierende Preise zu vermeiden, besteht im Aushandeln von Tarifwerken, womit dem Einfluss von Verbänden und staatlichen Instanzen das Feld bereitet wird. Die Starrheit der Preise wird in vielen Fällen durch Importschranken verstärkt, die die heimischen Märkte (z.B. für Arzneimittel) von ausländischer Konkurrenz abschotten.

Diese Abkehr vom preisgesteuerten Allokationsmechanismus vermindert aber die *Reaktionsgeschwindigkeit* des Systems; so dauern strukturelle Anpassungen eines Tarifwerks wie der Gebührenordnung für Ärzte (GOÄ) und des Einheitlichen Bewertungsmaßstabs (EBM) in Deutschland oder eines kantonalen Krankenkassentarifes in der Schweiz jeweils Jahre. Diese Trägheit verhindert zwar, dass Ärzte, Zahnärzte und Krankenhäuser auf Grund eines vorübergehenden Preisvorteils mit einem bestimmten Krankenversicherer Vertragsbeziehungen aufnehmen und dann nach kurzer Zeit wieder aufkündigen, was für viele Kranke von Nachteil wäre. Andererseits hat sie jedoch zur Folge, dass Veränderungen im Umfeld des Gesundheitswesens nur mit erheblichen Verzögerungen zu Anpassungen führen. So kommt es immer wieder zu Entwicklungen, die als Herausforderungen an das Gesundheitswesen empfunden werden. Am Anfang des 21. Jahrhunderts zeichnen sich auf vier verschiedenen Gebieten solche Herausforderungen ab.

(1) *Die technologische Herausforderung*: Die folgende Schilderung gibt einen Eindruck von der Geschwindigkeit des technischen Fortschritts in der Medizin vor bereits 30 Jahren (und nichts deutet auf eine Verlangsamung hin):

> „Allein im Jahr 1980 stellte das Nachrichtenmagazin Newsweek die folgenden medizinischen Neuerungen vor: Ein neues und in seiner Bedeutung dem Computertomographen vergleichbares Gerät zur Sichtbarmachung von Gehirnströmen, revolutionäre chirurgische Techniken zur Beseitigung von Kurzsichtigkeit und Unfruchtbarkeit bei Frauen, neue Drogen gegen Gelbsucht, Geschlechtskrankheiten und Gicht, verschiedene neue Krebstherapien, eine Operation zum problemlosen Einpflanzen eines künstlichen Busens nach der Amputation der weiblichen Brust, neue lebensrettende Techniken der Herzoperation bei Säuglingen und eine neuartige Elektroschockbehandlung zur Regeneration von Muskel- und auch Nervengewebe. Sogar Querschnittsgelähmte sollen eines Tages dadurch wieder laufen können"
> [KRÄMER (1982, S. 37/38)].

Diese Neuerungen sind fast alle Produktinnovationen, d.h. sie retten Leben oder tragen zur Verbesserung der Lebensqualität bei, allerdings zu (viel) höheren Kosten: „Als Christiaan Barnard am 3. Dezember 1967 das erste menschliche Herz verpflanzte, stiegen im gleichen Augenblick die Kosten einer derartigen Therapie von Null auf 200.000 Mark" [KRÄMER (1982, S. 92)]. Prozessinnovationen, die es erlauben, eine bestimmte Leistung zu niedrigeren Kosten herzustellen, sind demgegenüber selten. Noch seltener scheinen organisatorische Innovationen zu sein, die Produktionsprozesse neu bündeln und über Synergieeffekte Kostensenkungen ermöglichen. So droht technologischer Wandel in der Medizin zum Motor zukünftiger „Kostenexplosionen" zu werden.

(2) *Die demographische Herausforderung*: Sie scheint insbesondere darin zu bestehen, dass immer mehr Menschen immer älter werden. So betrug in Deutschland der Anteil der über 65-Jährigen im Jahr 2008 rund 20% und derjenige der über 80-Jährigen nur 5%; diese Anteile werden aber bis zum Jahr 2060 auf 34% bzw. 14% ansteigen [STATISTISCHES BUNDESAMT DEUTSCHLAND (2009, S.16)]. Gemeinhin wird höheres Alter mit einer verstärkten Nachfrage nach medizinischen und insbesondere pflegerischen Leistungen in Verbindung gebracht, und es stellt sich die Frage, zu welchen Bedingungen diese Nachfrage gedeckt werden kann. Bei genauerem Hinsehen scheint jedoch weniger das kalendarische Alter eine Rolle zu spielen als vielmehr die Nähe zum Tod [ZWEIFEL ET AL. (1999), ZWEIFEL ET AL. (2004), WERBLOW ET AL. (2005)]. Dies könnte bedeuten, dass das teure letzte Lebensjahr in Zukunft nicht mit 75 Jahren erreicht wird, sondern erst mit 85. Daneben erweist sich aber auch eine andere demographische Veränderung von erheblicher Bedeutung. Seit 1960 hat sich der Anteil von *Ein-Personen-Haushalten* in Deutschland von 21% auf 40% fast verdoppelt [STATISTISCHES BUNDESAMT DEUTSCHLAND (2011, S.46)]. Allein lebende Personen können im Krankheitsfall weniger auf Unterstützung und Pflege durch

Angehörige zurückgreifen und nehmen deshalb eher Leistungen des Gesundheitswesens in Anspruch.

(3) *Die Herausforderung durch das sog. Sisyphus-Syndrom*: Die Erfolge der modernen Medizin erinnern an den Helden der griechischen Sagenwelt, der dazu verdammt war, einen Felsbrocken den Berg hinaufzurollen, wobei ihm der Brocken kurz vor Erreichen des Gipfels jedesmal entglitt. Insofern der technologische Wandel in der Medizin die Lebenserwartung der Menschen verlängert, erhöht er die Zahl derjenigen, die das Gesundheitswesen überdurchschnittlich beanspruchen. Auf Grund ihres erhöhten politischen Gewichts ist aber die Altersbevölkerung immer mehr in der Lage, ihre Wünsche im öffentlichen Gesundheitswesen durchzusetzen, insbesondere die Finanzierung weiterer kostspieliger medizinischer Innovationen durch Steuergelder. Infolge dieses Prozesses würden sich demnach die Erfolge der Medizin in eine zunehmende Belastung von Wirtschaft und Gesellschaft verwandeln.

(4) *Die Herausforderung durch den internationalen Wettbewerb*: Diese oft übersehene Herausforderung an das Gesundheitswesen hat ihren Ursprung in der zunehmenden wirtschaftlichen Integration der Länder. Seit die Arbeitskräfte innerhalb der Europäischen Union frei wandern können, sind sie in der Lage nicht nur das erzielbare Arbeitseinkommen, sondern unter anderem auch das Kosten-Leistungsverhältnis der Gesundheitsversorgung in ihren Vergleich mit einzubeziehen. Ärzte und medizinisches Hilfspersonal können ebenfalls leichter wandern, und schließlich wird vermehrt mit internationalen Direktinvestitionen in private Krankenhäuser zu rechnen sein. Insgesamt wird sich das nationale Gesundheitswesen von einem hochgradig geschützten in einen nur teilweise geschützten Sektor verwandeln.

Diese vier Herausforderungen sollen in den folgenden Abschnitten der Reihe nach zur Sprache kommen.

14.2 Die technologische Herausforderung

14.2.1 Die drei Arten von Innovation

In der ökonomischen Literatur werden die folgenden Arten von Innovation unterschieden:

- *Prozessinnovationen:* Sie erlauben es, ein in der Art gleichbleibendes Produkt zu geringeren Kosten herzustellen. Ein Beispiel im Gesundheitswesen sind Analyseautomaten, die in der gleichen Zeit eine Blutprobe auf die doppelte Zahl von Parametern im Vergleich zu früher untersuchen.

- *Produktinnovationen:* Sie erlauben es, ein Produkt mit neuen Eigenschaften oder zumindest neuen Kombinationen bisheriger Eigenschaften zu versehen, allerdings in der Regel zu erhöhten Produktionskosten. Neue Arzneimittel, aber auch Therapien für bisher nicht behandelbare Krankheiten sind Beispiele dafür.

- *Organisatorische Innovationen:* Sie stehen für die Möglichkeit, mit neuartigen Kombinationen von Produktionsprozessen oder auch von ganzen Unternehmen Kostenvorteile zu erzielen. Beispiele im Gesundheitswesen sind Gruppenpraxen, die Ausgliederung der Geriatriepflege aus der Abteilung für Innere Medizin eines Krankenhauses, oder der Aufbau einer Health Maintenance Organization.

In diesem Abschnitt soll die optimale Allokation dieser drei Innovationsarten im Gesundheitswesen aus der Sicht des Einzelnen untersucht werden. Dem repräsentativen Individuum soll es durch einen Verzicht auf Konsum in der laufenden Periode möglich sein, Innovationsanstrengungen zu finanzieren, die in der Folgeperiode seinen Gesundheitszustand verbessern.

Um die Untersuchung möglichst einfach zu gestalten, wird eine „langfristige, durchschnittliche" Nutzenfunktion für jede Periode unterstellt, deren Form nicht vom jeweiligen Gesundheitszustand abhängig sein soll. Zwischen Konsumleistungen und Konsumgütern wird (im Gegensatz zum 3. Kapitel) ebenfalls nicht unterschieden, so dass die Nutzenfunktion unmittelbar die Konsumausgaben (X_1, X_2) und Gesundheit (H_1, H_2) der beiden Perioden als Argumente enthält. Einfachheitshalber sollen die beiden Periodennutzen (u_1, u_2) additiv sein, und von einer Diskontierung wird abgesehen [vgl. LYTTKENS (1999) für eine analoge makroökonomische Formulierung]:

$$u = u_1(X_1, H_1) + u_2(X_2, H_2). \tag{14.1}$$

Im Folgenden werden schrittweise die drei Innovationsarten in die Produktionsfunktion für Gesundheit aufgenommen.

Nur Prozessinnovation: Die Aufwendungen zugunsten von Prozessinnovationen erfolgen in der ersten Periode, werden aber einfachheitshalber durch R^Z ohne Subskript für die Periode symbolisiert. Sie sollen sich in der zweiten Periode so auswirken, wie wenn ein Vielfaches g^Z an medizinischen Leistungen zur Verfügung stehen würde. Dieser Multiplikator ist Eins, wenn keine Prozessinnovation vorgenommen wird $(g^Z[0] = 1)$, und steigt mit zunehmenden Werten von R^Z an. Die Grenzerträge der Innovationsaufwendungen seien abnehmend. Die Produktionsfunktion für Gesundheit lautet entsprechend wie folgt:

$$H_2 = h_2(\tilde{m}_2) \quad \text{mit} \quad \tilde{m}_2 = g^Z(R^Z)M_2, \ g^Z[0] = 1, \ \frac{\partial g^Z}{\partial R^Z} > 0, \ \frac{\partial^2 g^Z}{\partial (R^Z)^2} < 0. \tag{14.2}$$

Dank Prozessinnovation entfalten demnach die M_2 Einheiten medizinischer Leistungen eine Wirkung, für die es sonst $\tilde{m}_2$ Einheiten gebraucht hätte. Der Input von M_2 selbst kann so einen niedrigeren Wert annehmen. Ein bestimmter Gesundheitszustand lässt sich also dank Prozessinnovation kostengünstiger erreichen. Einen zusätzlichen Multiplikatoreffekt hat die organisatorische Innovation R^O; sobald er berücksichtigt ist, wird $\tilde{m}_2$ durch m_2 ersetzt (s.u.).

Prozess- und Produktinnovation: Eine erfolgreiche Produktinnovation im Gesundheitswesen soll es den Individuen ermöglichen, einen mit den übrigen Mitteln erreichbaren Gesundheitszustand $H_2(\cdot)$ noch zu übertreffen. Diese Verbesserung wird analog zur Gleichung (14.2) mit einem Multiplikator g^D ausgedrückt, dessen Wert von den Aufwendungen für Produktinnovation R^D in der ersten Periode abhängt. Die entsprechend ergänzte Produktionsfunktion lautet damit

$$H_2 = g^D(R^D)h_2(\tilde{m}_2), \quad \text{mit} \quad g^D[0] = 1, \; \frac{\partial g^D}{\partial R^D} > 0, \; \frac{\partial^2 g^D}{\partial (R^D)^2} < 0. \qquad (14.3)$$

Prozess-, Produkt- und organisatorische Innovation: Für organisatorische Innovationen sind Synergieeffekte charakteristisch. Statt um Synergieeffekte zwischen Produktionsprozessen oder Unternehmen soll es sich hier um Synergieeffekte zwischen den Perioden handeln.[1] Dieser Definition zufolge bewirkt organisatorische Innovation, dass medizinische Leistungen nicht erst in der zweiten, sondern bereits in der ersten Periode einen größeren Beitrag zur Gesundheit leisten. Außerdem fallen organisatorische Innovationen umso mehr ins Gewicht, je größer der Ressourceneinsatz ist. Die Produktionsfunktionen könnten dementsprechend lauten

$$H_1 = h_1(m_1), \qquad \text{mit} \; m_1 = g^O(R^O)M_1$$

$$H_2 = g^D(R^D)h_2(m_2), \; \text{mit} \; m_2 = g^O(R^O)\tilde{m}_2 = g^O(R^O)g^Z(R^Z)M_2, \qquad (14.4)$$

$$\text{und} \; g^O[0] = 1, \quad \frac{\partial g^O}{\partial R^O} > 0, \quad \frac{\partial^2 g^O}{\partial (R^O)^2} < 0.$$

Das Einkommen für die beiden Perioden zusammen sei mit $\overline{Y}$ fest vorgegeben. Es muss für den Kauf von Konsumgütern (X_1, X_2) und medizinischen Leistungen (M_1, M_2), aber auch für die verschiedenen medizinischen Innovationen $(R^Z, R^D$ und $R^O)$ ausreichen. Die *Budgetrestriktion* lässt sich mithin schreiben als

$$X_1 + M_1 + R^Z + R^D + R^O + X_2 + M_2 = \overline{Y}. \qquad (14.5)$$

Die Gleichungen (14.1) bis (14.5) beschreiben zusammen ein Optimierungsproblem, das mit Hilfe der nachstehenden Lagrange-Funktion untersucht werden kann (vgl. Kasten 14.1):

$$\mathcal{L} = u_1\left(X_1, h_1[g^O(R^O)M_1]\right)$$
$$+u_2\left(X_2, g^D(R^D)h_2[g^O(R^O)g^Z(R^Z)M_2]\right)$$
$$-\lambda\left\{X_1 + M_1 + R^Z + R^D + R^O + X_2 + M_2 - \overline{Y}\right\}. \qquad (14.6)$$

Das Individuum stehe in Periode 1 vor der Aufgabe, durch die Wahl von X_1, M_1 und insbesondere R^Z, R^D und R^O diese Funktion zu maximieren.

---

[1] Statt einer Betrachtung von Synergieeffekten durch die Unterteilung von Arbeit in „Produktionseinheit Nr. 1" (z.B. ambulante Behandlung) und „Produktionseinheit Nr. 2" (z.B. stationäre Behandlung) wird die Effektivität von „Behandlung in Periode 1" und „Behandlung in Periode 2" erhöht. Damit erspart man sich die Erweiterung des Modells um eine räumliche Dimension, die viel zusätzliche Notation, aber kaum zusätzliche Einsichten mit sich bringen würde.

14.2.2 Kriterien für eine optimale Allokation der Innovationen

In diesem Teilabschnitt sollen messbare Kriterien hergeleitet werden, die einen optimalen Umfang der Innovationsanstrengungen aus der Sicht des Individuums anzeigen. Diese Kriterien laufen auf eine geforderte marginale Verbesserung des Gesundheitszustandes in der zweiten Periode hinaus. Vorab kann mit einer Differenzierung der Funktion (14.6) bezüglich der Konsumausgaben X_1 der Wert des Lagrange-Multiplikators λ bestimmt werden:

$$\frac{\partial \mathcal{L}}{\partial X_1} = \frac{\partial u_1}{\partial X_1} - \lambda = 0 \quad \Rightarrow \quad \lambda = \frac{\partial u_1}{\partial X_1}. \tag{14.7}$$

Der optimale Umfang der Aufwendungen für *Prozessinnovationen* R^Z muss demnach der Bedingung genügen

$$\begin{aligned} \frac{\partial \mathcal{L}}{\partial R^Z} &= \frac{\partial u_2}{\partial H_2} \frac{\partial H_2}{\partial h_2} \frac{\partial h_2}{\partial m_2} \frac{\partial m_2}{\partial g^Z} \frac{\partial g^Z}{\partial R^Z} - \lambda \\ &= \frac{\partial u_2}{\partial H_2} g^D \frac{\partial h_2}{\partial m_2} g^O M_2 \frac{\partial g^Z}{\partial R^Z} - \frac{\partial u_1}{\partial X_1} = 0 \quad \text{[vgl. Gleichung (14.4)]}. \end{aligned} \tag{14.8}$$

Die zusätzlichen gesundheitlichen Vorteile, die in der 2. Periode dank der Innovation erzielt werden können, müssen offensichtlich die Opportunitätskosten decken, die ihrerseits durch den Nutzen gegeben sind, der aus zusätzlichem Konsum in der 1. Periode gezogen werden könnte.

Die notwendige Optimalbedingung für den Fall der *Produktinnovation* R^D lautet auf Grund der Gleichungen (14.6) und (14.7)

$$\frac{\partial \mathcal{L}}{\partial R^D} = \frac{\partial u_2}{\partial H_2} h_2 \frac{\partial g^D}{\partial R^D} - \frac{\partial u_1}{\partial X_1} = 0. \tag{14.9}$$

Durch eine Steigerung der Aufwendungen zugunsten der Produktinnovationen kann der Gesundheitszustand h_2, der mit Hilfe medizinischer Leistungen und ggf. anderer Innovationen erreicht würde, verbessert werden. Dieser Vorteil muss im Optimum wiederum den Opportunitätskosten entsprechen, die sich aus dem Konsumverzicht ergeben.

Aus der Funktion (14.6) lässt sich schließlich für die *organisatorische Innovation* die Bedingung herleiten

$$\begin{aligned} \frac{\partial \mathcal{L}}{\partial R^O} &= \frac{\partial u_1}{\partial H_1} \frac{\partial H_1}{\partial h_1} \frac{\partial h_1}{\partial m_1} \frac{\partial m_1}{\partial g^O} \frac{\partial g^O}{\partial R^O} + \frac{\partial u_2}{\partial H_2} \frac{\partial H_2}{\partial h_2} \frac{\partial h_2}{\partial m_2} \frac{\partial m_2}{\partial g^O} \frac{\partial g^O}{\partial R^O} - \frac{\partial u_1}{\partial X_1} \\ &= \frac{\partial u_1}{\partial H_1} \frac{\partial h_1}{\partial m_1} M_1 \frac{\partial g^O}{\partial R^O} + \frac{\partial u_2}{\partial H_2} g^D \frac{\partial h_2}{\partial m_2} g^Z M_2 \frac{\partial g^O}{\partial R^O} - \frac{\partial u_1}{\partial X_1} = 0. \end{aligned} \tag{14.10}$$

Der Vergleich der Bedingungen (14.8) bis (14.10) erfolgt so, dass jedes Mal die für ein Optimum erforderliche marginale Wirksamkeit der jeweiligen Innovationsaufwendung in Bezug auf den Gesundheitszustand festgestellt wird. Eine kurze Umformung der Gleichungen (14.8), (14.9) und (14.10) ergibt

Kasten 14.1. Die drei Innovationsarten in einem Zwei-Perioden-Modell

$u = u_1(X_1, H_1) + u_2(X_2, H_2)$.	Nutzenfunktion	(14.1)

$H_2 = h_2(\tilde{m}_2)$ mit $\tilde{m}_2 = g^Z(R^Z)M_2$, Gesundheitsproduktion (14.2)
mit Prozessinnovation

$$g^Z[0] = 1, \; \frac{\partial g^Z}{\partial R^Z} > 0, \; \frac{\partial^2 g^Z}{\partial (R^Z)^2} < 0.$$

$H_2 = g^D(R^D)h_2(\tilde{m}_2)$, Gesundheitsproduktion (14.3)
mit Prozess- und
mit $g^D[0] = 1, \; \frac{\partial g^D}{\partial R^D} > 0 \; \frac{\partial^2 g^Z}{\partial (R^Z)^2} < 0.$ Produktinnovation

$H_1 = h_1(m_1)$, mit $m_1 = g^O(R^O)M_1$ Gesundheitsproduktion (14.4)
mit Prozess-, Produkt-
$H_2 = g^D(R^D)h_2(m_2)$, und organisatorischer
Innovation
mit $m_2 = g^O(R^O)\tilde{m}_2 = g^O(R^O)g^Z(R^Z)M_2$

$$g^O[0] = 1, \; \frac{\partial g^O}{\partial R^O} > 0, \; \frac{\partial^2 g^O}{\partial (R^O)^2} < 0.$$

$X_1 + M_1 + R^Z + R^D + R^O + X_2 + M_2 = \overline{Y}$ Budgetrestriktion (14.5)

$L = u_1\left(X_1, h_1[g^O(R^O)M_1]\right)$ Zu maximierende (14.6)
Lagrange-Funktion
$\quad + u_2\left(X_2, g^D(R^D)h_2[g^O(R^O)g^Z(R^Z)M_2]\right)$

$\quad - \lambda\left\{X_1 + M_1 + R^Z + R^D + R^O + X_2 + M_2 - \overline{Y}\right\}.$

X_1:	Konsumausgaben in der 1. Periode (X_2: in der 2. Periode)
H_1:	Gesundheitszustand in der 1. Periode (H_2: in der 2. Periode)
λ:	Lagrange-Multiplikator zur Budgetrestriktion
M_1:	Medizinische Aufwendungen in der 1. Periode (M_2: in der 2. Periode)
R^Z:	Aufwendungen für Prozessinnovation, nur in der 1. Periode
R^D:	Aufwendungen für Produktinnovation, nur in der 1. Periode
R^O:	Aufwendungen für organisatorische Innovation, nur in der 1. Periode
$\overline{Y}$:	Gesamtes Einkommen der Perioden 1 und 2

$$\frac{\partial h_2}{\partial m_2} \frac{\partial g^Z}{\partial R^Z} g^D g^O M_2 = \frac{\partial u_1/\partial X_1}{\partial u_2/\partial H_2} \quad \text{(Prozessinnovation)} \quad (14.11a)$$

$$\frac{\partial g^D}{\partial R^D} h_2 = \frac{\partial u_1/\partial X_1}{\partial u_2/\partial H_2} \quad \text{(Produktinnovation)} \quad (14.11b)$$

$$\frac{\partial h_2}{\partial m_2} \frac{\partial g^O}{\partial R^O} g^Z g^D M_2 = \frac{\partial u_1/\partial X_1}{\partial u_2/\partial H_2} - \frac{\partial u_1/\partial H_1}{\partial u_2/\partial H_2} \frac{\partial h_1}{\partial m_1} \frac{\partial g^O}{\partial R^O} M_1 \quad (14.11c)$$

(organisatorische Innovation).

Die Bedingungen (14.11a) bis (14.11c) lassen sich wie folgt interpretieren:

- Die drei Kriterien haben ein gemeinsames erstes Element. Es besagt, dass die in der zweiten Periode zu erzielende Verbesserung des Gesundheitszustandes unabhängig von der Art der Innovation umso größer sein muss, je schwerer der durch den Konsumverzicht herbeigeführte *Nutzenverlust* in der ersten Periode wiegt ($\partial u_1/\partial X_1$ groß). Umgekehrt genügt eine geringe Verbesserung des Gesundheitszustandes, wenn sie nutzenmäßig stark ins Gewicht fällt ($\partial u_2/\partial H_2$ groß).

- Je zusätzlich aufgewendeter Geldeinheit müssten Prozessinnovation und Produktinnovation die gleiche Wirkung auf die Gesundheit haben [die linke Seite von (14.11a) ist gleich der linken Seite von (14.11b)].

- Der Unterschied ist umso größer, je höher die medizinischen Aufwendungen in der ersten Periode (M_1) sind. Er existiert aber nur dann, wenn die organisatorische Innovation bereits in der ersten Periode Wirkung zeigt [$(\partial h_1)/(\partial m_1) \times (\partial g^O)/(\partial R^O) > 0$ in der Gleichung (14.11c)].

- Die Anforderung an die Prozessinnovation in der Gleichung (14.11a) hängt u.a. vom (optimalen) Umfang der Produktinnovation g^D ab. Der Wert von g^D liegt aber wegen des Auftretens von $\partial g^D/\partial R^D$ in der Gleichung (14.11b) erst dann fest, wenn h_2, der Gesundheitszustand nach den Beiträgen von Prozessinnovation und organisatorischer Innovation, feststeht. Damit wird die *Interdependenz* der drei Kriterien unterstrichen.

Folgerung 14.1 *Die Anforderungen an die drei Innovationsarten im Gesundheitswesen können als messbare Beiträge zur Verbesserung des Gesundheitszustands ausgedrückt werden. Aus der Sicht eines (nicht versicherten) Individuums liegen diese Anforderungen grundsätzlich gleich hoch für Prozess- und Produktinnovationen, jedoch niedriger für organisatorische Innovationen.*

Die Folgerung 14.1 macht keine unmittelbare Aussagen über die *Höhe von R^Z, R^D und R^O*. Dies ist nicht zufällig, sondern kommt daher, dass der Rückschluss von den in den Gleichungen (14.11a) bis (14.11c) bestimmten Grenzproduktivitäten auf die jeweiligen Innovationsaufwendungen nur bedingt möglich ist. Insbesondere folgt aus einem hohen geforderten Grenzprodukt der Produktinnovation nicht zwingend, dass das Individuum den Umfang der Produktinnovation unter denjenigen z.B. der Prozessinnovation senken möchte. Dies würde nur dann zutreffen, wenn der funktionale Zusammenhang zwischen den Ausdrücken auf der linken Seite der Gleichungen (14.11a) bis (14.11c) und R^Z, R^D und R^O dreimal derselbe wäre. Die Gleichungen (14.2) bis (14.4) enthalten aber keine Gleichheitsbedingungen von der Art $\partial g^Z/\partial R^Z = \partial g^D/\partial R^D = \partial g^O/\partial R^O$.

14.2.3 Verzerrungen der Kriterien auf aggregierter Ebene

Im vorhergehenden Teilabschnitt wurden Kriterien hergeleitet, die ein „durchschnittliches" Individuum an verschiedene Arten der Innovation im Gesundheitswesen anlegen würde, wenn es z.B. als Käufer eines (patentgeschützten) Medikaments oder als Steuerzahler für Innovationsaufwendungen aufzukommen hätte. Die in den Gleichungen (14.11a) bis (14.11c) präsentierten Ergebnisse lassen vermuten, dass ein

Tabelle 14.1. Kosten pro gewonnene QALY in £, verschiedene Innovationen

Therapie bzw. Innovation	Typ der Innovation[a]	Kosten/QALY[b] (£ 1990)
Nichtraucherkampagne	Z	270
Therapie gegen Bluthochdruck um Hirnschlag zu vermeiden	Z	940
Schrittmacherimplantation	Z	1.100
Hüftgelenkprothese	D	1.180
Bypass bei schwerer Angina pectoris	D	2.090
Nierentransplantation	Z	4.710
Brustkrebs-Reihenuntersuchung	Z	5.780
Herztransplantation	D	7.840
Bypass bei leichter Angina pectoris	D	18.830
Dialyse im Krankenhaus	D	21.970
Neurochirurgischer Eingriff bei bösartigen Hirntumoren	D	107.780

a) *D*: Produktinnovation, *Z*: Prozessinnovation. Unter einer Produktinnovation werden insbesondere lebensrettende Therapien verstanden, zu denen es im Zeitpunkt ihrer Einführung keine Alternativen gab.
b) Barwert aller zukünftigen Kosten.

Quelle: DRUMMOND ET AL. (1993)

solches Individuum je zusätzlich ausgegebener Geldeinheit (*GE*) jeweils eine Verbesserung der Gesundheit in ungefähr gleichem Ausmaß fordern würde.

Die z.B. im britischen Gesundheitsdienst erzielten Gesundheitsverbesserungen je *GE* entsprechen diesen Erwartungen jedoch *nicht*. Misst man die Gesundheitswirkung in qualitätsbereinigten Lebensjahren (QALYs, vgl. Abschnitt 2.3.2), so gehen die Schätzungen von 270 £ pro QALY bis zu 107.780 £ pro QALY (vgl. Tabelle 14.1). Die Entscheidungen im britischen Gesundheitsdienst fallen offensichtlich so, dass von der Dialyse im Krankenhaus nur gerade 0,009 QALYs je 1.000 £ (= 1.000/107.780) verlangt werden, während von einer Nichtraucherkampagne (die zwar von außerhalb des Gesundheitswesens kommt, aber dennoch medizinische Leistungen einspart und deshalb in Tabelle 14.1 als Prozessinnovation eingetragen ist) hohe 3,70 QALYs je 1.000 £ (= 1.000/270) gefordert werden.

Zudem scheint es, dass allgemein *Prozessinnovationen schärferen Kriterien* genügen müssen als Produktinnovationen. Jedenfalls stellen diese Diskrepanzen ein Indiz dafür dar, dass individuelle Präferenzen bezüglich Innovationen im Gesundheitswesen auf der Ebene der Aggregate verfälscht werden könnten. Drei mögliche Gründe stehen im Vordergrund: der Einfluss der Krankenversicherung (Moral Hazard), ein medizinischer Imperativ auf der Ebene der Ziele und ein Imperativ auf der Ebene der Mittel.[2]

---

[2] Der Begriff des „technologischen Imperativs in der Medizin" ist von FUCHS (1968) geprägt worden. Er beschreibt die rasante Verbreitung von Produktinnovationen nicht nur im Gesundheitswesen der USA sondern der Industrieländer überhaupt, die auf ärztliche, vom Rest der Gesellschaft übernommene Normen zurückgehen.

(1) *Auswirkungen der Krankenversicherung*

Wenn jemand durch eine soziale Krankenversicherung gedeckt ist, muss er für Innovationen im Gesundheitswesen nicht gesondert bezahlen. Der Krankenhausaufenthalt kostet gleich viel (bzw. gar nichts) unabhängig davon, ob das Haus einen neu eingerichteten Operationssaal hat oder nicht, und wenn das soeben auf den Markt gekommene Arzneimittel doppelt so teuer ist wie die herkömmlichen, ist auch das Mitglied einer schweizerischen Krankenkasse nur mit höchstens 10% an der Kostendifferenz beteiligt. Sobald also das Individuum als betroffener Kranker entscheidet, muss es nicht mehr die vollen Opportunitätskosten der Innovationsaufwendungen tragen. Sein Opfer an Konsumgütern X_1 (und mithin seine Nutzeneinbuße $\partial u_1/\partial X_1$ zugunsten des verbesserten Gesundheitszustandes) werden durch die Krankenversicherung reduziert.

Dies wirkt sich auf die an die Innovationen gestellten Anforderungen aus: Der gemeinsame erste Term $(\partial u_1/\partial X_1)/(\partial u_2/\partial H_2)$ in den Gleichungen (14.11a) bis (14.11c) geht zurück, und *alle drei Arten* von Innovationen werden *begünstigt*. Der Einfluss des ex-post Moral Hazard beschränkt sich also nicht darauf, dass in der laufenden Periode mehr medizinische Leistungen nachgefragt werden (vgl. Abschnitt 6.4.2), sondern bewirkt auch eine Beschleunigung des technologischen Wandels in der Medizin.

Die Krankenversicherung verzerrt darüber hinaus das Verhältnis zwischen gewünschter Prozessinnovation und Produktinnovation, indem sie auch die Inanspruchnahme medizinischer Leistungen verbilligt. Für jeden einzelnen Versicherten werden die Gesundheitsausgaben durch die Versicherung im Zeitpunkt der Inanspruchnahme gesenkt. Damit geht in der Gleichung (14.11a) der Wert von M_2 (das sind Ausgaben zum Preis von 1) zurück, und $\partial g^Z/\partial R^Z$ müsste ceteris paribus einen höheren Wert annehmen.[3] Bei abnehmenden Grenzerträgen der Innovation bedingt dies einen niedrigeren Wert von R^Z. Insofern wird die Prozessinnovation von der Krankenversicherung nicht im gleichen Umfang begünstigt wie die *Produktinnovation*.

(2) *Medizinischer Imperativ auf der Zielebene*

Dieser Imperativ bedeutet, dass es unter dem Einfluss der Ärzte zur gesellschaftlichen Norm wird, Krankheiten soweit wie möglich zu bekämpfen. Bei ihren Entscheidungen könnten sich die Ärzte auf den Grundsatz berufen, dass der Gesundheitszustand eines (behandlungsbedürftigen) Menschen auf einen bestimmten Wert gebracht werden müsse.[4] Wenn also H_2 einen bestimmten Wert mindestens erreichen

---

[3] Die ceteris paribus-Klausel wird in der Regel verletzt, weil die Krankenversicherung über die Gleichung (14.11b) einen Rückgang von $\partial g^D/\partial R^D$ und damit eine Zunahme von g^D in der Gleichung (14.11a) bewirkt – es sei denn, der Gesundheitszustand vor Produktinnovation h_2 verbessere sich.

[4] Die Vorgabe quantifizierter Gesundheitsziele (z.B. Reduktion der Sterblichkeit infolge von Herz-Kreislauf-Erkrankungen um 50% bis zum Jahr 2000) wie sie im Rahmen der Annual Health Reports in den USA üblich geworden ist, kann als Ausfluss eines Imperativs auf der Zielebene gedeutet werden.

soll, so lässt sich dieser Imperativ im vorliegenden Zusammenhang am besten durch die Bedingung

$$\partial u_2/\partial H_2 \leq \bar{u}_2', \qquad (14.12)$$

wiedergeben, d.h der Grenznutzen der Gesundheit darf einen Grenzwert $\bar{u}_2'$ nicht überschreiten. Auf Grund der Gleichungen (14.11a)-(14.11c) scheint diese Bedingung die Anforderungen an alle drei Arten der Innovation zu erhöhen, weil der Nenner $\partial u_2/\partial H_2$ des ersten Terms reduziert wird. Dabei ist jedoch zu berücksichtigen, dass ein erhöhter Wert von H_2 erreicht werden soll, was gemäß Gleichung (14.4) *erhöhte Werte* von g^D, g^Z, M_2 und auch g^O nach sich zieht. Deshalb dürfte letztlich von einem medizinischen Imperativ auf Zielebene eine *beschleunigende Wirkung* auf die Rate der Innovation im Gesundheitswesen ausgehen.

(3) *Medizinischer Imperativ auf der Mittelebene*

Eine solche imperative Norm würde verlangen, dass medizinische Leistungen in genügendem Umfang zur Verfügung stehen, d.h. bis zu einem Punkt, an dem ihre Grenzproduktivität nicht mehr sehr groß ist, also z.B. unter dem Grenzwert $\bar{H}_2'$ bleibt. Beschränkt man sich einfachheitshalber auf die Betrachtung der zweiten Periode, so lautet dieser Imperativ auf Grund der Gleichung (14.4)

$$\partial H_2/\partial M_2 = (\partial h_2/\partial m_2)g^D h^C g^O \leq \bar{H}_2'. \qquad (14.13)$$

Die Implikationen eines solchen Imperativs sind bedenklich. Je mehr nämlich medizinische Leistungen M_2 eingesetzt werden, desto geringer ist bei gegebenem Wert von g^Z die Grenzproduktivität $\partial h_2/\partial m_2$ und desto höhere Werte können g^D, g^Z und g^O (und damit R^D, R^Z und R^O) annehmen, ohne die Restriktion (14.13) zu verletzen. Der medizinische Imperativ auf der Ebene der Mittel begünstigt also nicht nur den Mehreinsatz medizinischer Leistungen während der laufenden Periode, sondern auch Aufwendungen zugunsten aller drei Innovationsarten [wohingegen nach den Gleichungen (14.11a) bis (14.11c) die organisatorischen Innovationen gefördert werden sollten].

Folgerung 14.2 *Beim Übergang von der individuellen zur aggregierten Ebene werden die Anforderungen an Innovationsaufwendungen für alle drei Innovationsarten im Gesundheitswesen nach unten verzerrt. Versicherungsinduzierter Moral Hazard und medizinische Imperative auf der Ziel- und Mittelebene begünstigen durchweg die Produktinnovation, jedoch nur bedingt die Prozessinnovation und die organisatorische Innovation.*

14.3 Die demographische Herausforderung

14.3.1 Alterung der Bevölkerung

14.3.1.1 Verbesserte Kontrolle über den Gesundheitszustand als Aufgabe der Medizin?

Eine populäre These besagt, dass die moderne Medizin mit *sinkenden Grenzerträgen* zu kämpfen habe, sogar zu dem Punkt gelangt sei, an dem der marginale Beitrag zur Medizin gegen null gehe [„flat-of-the-curve medicine", vgl. ENTHOVEN (1978), FUCHS (2004)]. Angenommen, dies treffe zu, dann müsste die marginale Zahlungsbereitschaft für einen solchen Faktor, der mit abnehmender Grenzproduktivität zur Gesundheit beiträgt, zurückgehen. Gerade in Ländern, in denen sich die individuelle Zahlungsbereitschaft für medizinische Leistungen am ehesten durchsetzen kann (etwa die USA, die Niederlande oder die Schweiz), bleibt jedoch der Anteil der Gesundheitsausgaben am Sozialprodukt unverändert hoch. Um diesen Widerspruch aufzulösen, nehmen viele Beobachter zur Hypothese der angebotsinduzierten Nachfrage Zuflucht (vgl. Abschnitt 8.2).

Eine alternative Erklärung dafür, dass medizinische Leistungen unverändert stark nachgefragt werden, könnte in der *Risikoaversion der Menschen in Bezug auf ihre Gesundheit* liegen. Für ein risikoaverses Individuum besteht die Leistung der Medizin möglicherweise nicht so sehr in einer Steigerung der Lebenserwartung oder der QALYs (vgl. Abschnitt 2.3.2), sondern in einer Reduktion der Schwankungen dieser Größen. Die Medizin hätte in dieser Sicht die Wirkung einer Versicherung, die statt des Risikos von Vermögensschwankungen das Risiko von Schwankungen des Gesundheitszustandes mindert. Diese Risikominderung ist risikoaversen Individuen eine Prämie wert. Sie würden im Extremfall eine vollkommene Kontrolle über ihren Lebenslauf anstreben, um bis in ein hohes Alter vollkommen gesund zu bleiben und dann sozusagen tot umzufallen.

Würde eine ganze Bevölkerung mit Erfolg eine solche Kontrolle über ihren Gesundheitszustand anstreben, so müsste auf aggregierter Ebene eine „Rektangularisierung der Überlebenskurve" zu beobachten sein: Im Verlauf der Zeit würden die Kohorten bis in ein fortgeschrittenes Alter immer weniger ihrer Mitglieder durch vorzeitigen Tod verlieren. Dafür würden die Todesfälle sehr konzentriert in der Umgebung einer biologisch bestimmten Lebenserwartung auftreten, deren Wert sich kaum mehr nach oben verschiebt [vgl. FRIES (1980)].

Auf der Ebene der Gesamtbevölkerung, die sich in jedem Zeitpunkt aus verschiedenen Kohorten zusammensetzt, kann man eine durchschnittlich gültige Überlebenskurve konstruieren, indem man das erreichte Alter der Verstorbenen ermittelt. Diese Überlebenskurve müsste im Verlauf der Jahre wegen des zunehmenden Gewichts von Kohorten mit günstiger Absterbeordnung immer mehr einen *rechteckigen Verlauf* nehmen, d.h. immer mehr waagerecht verlaufen und dann sehr steil auf null fallen.

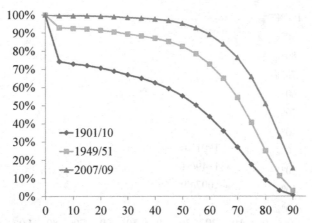

Überlebende in Prozent bei Alter X; Deutsches Reich 1901/10, Bundesgebiet 1949/51, Bundesrepublik Deutschland 2007/2009

Abb. 14.1. Veränderung der Überlebenskurve am Beispiel Deutschlands (Männer)
Quelle: STATISTISCHES BUNDESAMT DEUTSCHLAND (2011, S.59)

Tatsächlich hat sich auch in Deutschland die Überlebenskurve seit 1900 diesem Ideal angenähert (vgl. Abbildungen 14.1 und 14.2). Während die zu Beginn des 20. Jahrhunderts Verstorbenen noch einer Kohorte ähnelten, deren Mitglieder im Alter von 30 zu über 30 Prozent verstorben waren, erinnern die Verstorbenen der Jahre 2007/2009 an eine Kohorte, die im Verlauf der ersten fünfzig Jahre weniger als fünf Prozent ihrer Mitglieder verloren hat. Die Rektangularisierung scheint also im Bereich der ersten 50 Lebensjahre bei beiden Geschlechtern weitgehend abgeschlossen zu sein, mit einem leichten Vorsprung der Frauen. Es gibt Anzeichen dafür, dass sie sich auch im Bereich zwischen 50 und 70 Jahre mehr und mehr durchsetzt. So weist die senkrechte Distanz zwischen den Überlebenskurven der Abbildungen 14.1 und 14.2 darauf hin, dass von 1949/50 bis 2007/2009 die größten Gewinne an Überlebenswahrscheinlichkeit in den Altersgruppen um 75 bis 85 Jahre erreicht wurden. Eine Verbesserung der Kontrolle über den Gesundheitszustand scheint demnach immer noch möglich und könnte sich in ein fortgeschrittenes Alter erstrecken.

Folgerung 14.3 *Die fortschreitende Rektangularisierung der Überlebens-kurve lässt sich als Ergebnis von Anstrengungen interpretieren, den Gesundheitszustand besser unter Kontrolle zu halten. Insofern als medizinische Leistungen zum Erfolg dieser Anstrengungen besonders beitragen, wird eine hohe Zahlungsbereitschaft für solche Leistungen aus der Risikoaversion der Menschen erklärbar.*

Die Frage, ob die moderne Medizin tatsächlich zur Rektangularisierung der Überlebenskurve beigetragen hat, wird in Abschnitt 14.4.2 genauer untersucht. An dieser Stelle sei nur auf die Konsequenz der Folgerung 14.3 in einem Extremfall hingewiesen. Ein erheblicher Anteil der medizinischen Aufwendungen scheint

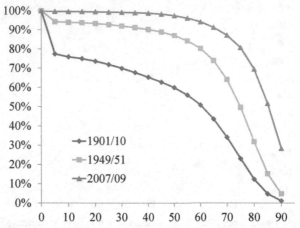

Überlebende in Prozent bei Alter X; Deutsches Reich 1901/10, Bundesgebiet 1949/51,
Bundesrepublik Deutschland 2007/2009

Abb. 14.2. Veränderung der Überlebenskurve am Beispiel Deutschlands (Frauen)
Quelle: STATISTISCHES BUNDESAMT DEUTSCHLAND (2011, S.59)

nämlich Menschen zugute zu kommen, deren restliche Lebenserwartung ein Jahr
oder weniger beträgt. So haben LUBITZ UND RILEY (1993) anhand von Daten der
Medicare-Verwaltung der USA herausgefunden, dass 27-30 Prozent der Medicare-
Aufwendungen eines Jahres an Personen erbracht wurden, die ein Jahr später nicht
mehr am Leben waren.[5] Offenbar kommen in hohem Maße Menschen in den Genuss
der Aufwendungen im Gesundheitswesen, bei denen in der Mehrzahl der Fälle vermutet werden konnte, dass sich ihre restliche Lebenserwartung auf Monate und nicht
Jahre beziffern würde. Würde man die Grenzproduktivität dieser Aufwendungen lediglich an der Verlängerung der Zeit messen, die in „guter" bzw. „besserer" Gesundheit verbracht wird (wie dies vereinfachend in Abschnitt 3.6 erfolgte), so wäre
man versucht, von einer *Verschwendung der Mittel* zu sprechen, von der höchstens
die Ärzte im Krankenhaus aufgrund ihrer Forschungsinteressen etwas haben, nicht
aber die Patienten selbst [vgl. ZWEIFEL (1990)]. Die Folgerung 14.3 erinnert demgegenüber daran, dass auch sehr betagte Patienten eine erhebliche Zahlungsbereitschaft
für medizinische Leistungen aufweisen könnten, die ihnen zwar keine Verbesserung
des durchschnittlichen Gesundheitszustandes, doch immerhin eine verringerte Varianz ihres Gesundheitszustandes versprechen.

---

[5] Dieser Anteil liegt allerdings auch deshalb so hoch, weil Medicare die Krankenversicherung der Rentner ist. In dieser Bevölkerungsgruppe liegt der Anteil derer, die sich in ihrem
letzten Lebensjahr befinden, weit über dem Durchschnitt.

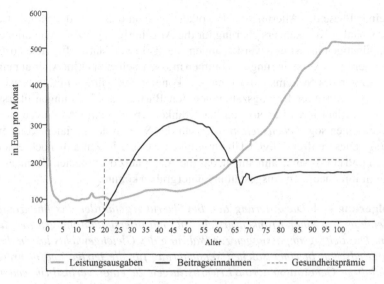

Abb. 14.3. Beiträge und Leistungen GKV nach Alter
Quelle: RAFFELHÜSCHEN UND MOOG (2010, S. 14)

14.3.1.2 Auswirkungen der Alterung auf die Finanzierung der Krankenversicherung

Das Finanzierungssystem der Krankenversicherung in Deutschland ist nach dem Umlagesystem organisiert und enthält in erheblichem Maße eine implizite Umverteilung zwischen verschiedenen Generationen, vergleichbar mit einer umlagefinanzierten Rentenversicherung [vgl. BREYER UND BUCHHOLZ (2009, Kapitel 5)]. Hier wie dort entrichtet die Generation der Erwerbstätigen Beiträge, welche die empfangenen Leistungen mehr als decken. Dieser Überschuss wird in der deutschen Gesetzlichen Krankenversicherung dazu verwendet, das Defizit aus der Versorgung der Kinder und Rentner auszugleichen (vgl. Abbildung 14.3).

Nimmt nun auf Grund eines anhaltenden Geburtenrückgangs der Altersquotient, also die Zahl der Versicherten im Rentenalter dividiert durch die Zahl der Versicherten im Erwerbsalter, zu, so erhöht sich das Defizit, und die Beiträge der Erwerbstätigen müssen angehoben werden, um das finanzielle Gleichgewicht der Gesetzlichen Krankenversicherung zu wahren. Die Wahrung des finanziellen Gleichgewichts bedingt also bei einer Alterung der Bevölkerung eine *sich verschärfende Umverteilung* von den Erwerbstätigen zu den Rentnern. Wie Abbildung 14.3 zeigt, ist das Ausmaß dieser Umverteilung in einem System mit einkommensabhängigen Beiträgen größer als in einem System mit „Kopfpauschalen" (also einkommensunabhängigen Beiträgen), da das Einkommen der Rentner geringer ist und diese daher im ersten Fall in stärkerem Maße von der Umverteilung auf der Beitragsseite profitieren als im zweiten. Damit stellt sich das genannte Problem in der Schweiz, einem Land mit Kopfpauschalen, in etwas geringerem Maße als in Deutschland. Hinzu kommt, dass in der Schweiz von Kindern ein eigener Beitrag erhoben wird.

In einer Phase der Alterung der Bevölkerung kann demnach die Mitgliedschaft in einer sozialen Krankenversicherung für die Angehörigen ganzer Generationen zu einer ungünstigen Investition werden, indem sie als Erwerbstätige für viele kostspielige Rentner in der Versicherung aufkommen müssen, selber aber im Alter nur einmal die Leistungen des Systems „konsumieren" können. Sie würden mithin feststellen, dass der Barwert ihrer Beitragszahlungen den Barwert der Leistungen übersteigt, die sie im Verlauf ihres Lebens von der Krankenversicherung empfangen werden. Sie leisten einen sog. *Lebensnettotransfer* an das System der sozialen Krankenversicherung. Diese unfreiwilligen Übertragungen werden in Zukunft noch erheblich ansteigen und ein Ausmaß annehmen, das die Akzeptanz der sozialen Krankenversicherung in ihrer heutigen Ausgestaltung untergraben könnte.

Folgerung 14.4 *Die Alterung der Bevölkerung gefährdet das finanzielle Gleichgewicht einer Krankenversicherung mit altersunabhängigen Beiträgen. Die Beitragsanpassungen zur Wahrung des Gleichgewichts lassen die Mitgliedschaft in einer solchen Versicherung für die jetzige und mehrere zukünftige Generationen von Erwerbstätigen zu einer verlustbringenden Investition werden.*

Andererseits gibt es aus dem beschriebenen Dilemma keinen sinnvollen Ausweg. Eine Abschaffung der umlagefinanzierten Krankenversicherung und ein Übergang zu einem kapitalgedeckten System (vgl. Abschnitt 14.4.3.1) würde Generationen von Rentnern hinterlassen, die in ihrem eigenen Erwerbsleben hohe Nettotransfers an frühere Generationen geleistet haben und nun im Alter mit ihren eigenen Beiträgen nicht in der Lage sind, ihre Gesundheitsversorgung allein zu finanzieren. So betrugen in der deutschen Krankenversicherung der Rentner im Jahr 2008 die Leistungsausgaben 79 Mrd. Euro, von denen nur 35 Mrd. Euro, also 44 Prozent, durch Beiträge der Rentner selbst, der Rest durch Beiträge der Aktiven finanziert wurden. Diese Rentnergenerationen wären also die Verlierer einer solchen Umstellung des Finanzierungssystems. Ebenso wie in der Rentenversicherung [vgl. BREYER (1989a)] gilt also auch in der Krankenversicherung die Erkenntnis, dass eine Abschaffung des Umlagesystems nicht Pareto-verbessernd möglich ist.

14.3.2 Veränderte Familienstruktur

Nicht nur die Altersstruktur der Bevölkerung ist im Begriff, sich zu verändern, sondern auch die Familienstruktur hat sich in den Industrieländern erheblich gewandelt. Während noch zu Beginn der 1960er Jahre Ein-Personen-Haushalte die Ausnahmeerscheinung darstellten, lebten im Jahr 2010 in Deutschland 19 Prozent der Menschen allein. In der EU wies nur Schweden mit 24% einen noch höheren Wert auf; der EU-Durchschnitt lag bei 13% [STATISTISCHES BUNDESAMT DEUTSCHLAND (2012, S. 10)]. Zum einen Teil ist diese Zunahme eine Folge gesunkener Eheschließungsraten sowie erhöhter Scheidungsquoten, die nicht von einer Zunahme der Wiederverheiratungen begleitet waren.

Zum anderen Teil hat sich auch die Lebenserwartung nach Geschlechtern unterschiedlich entwickelt. Um 1960 konnte eine 65-jährige Frau in Westdeutschland mit

14,2 zusätzlichen Lebensjahren rechnen, ihr gleichaltriger Mann mit 12,2 Jahren. Im Jahr 2010 dagegen betrug ihre restliche Lebenserwartung 20,9 Jahre, seine 17,8 Jahre [vgl. OECD (2012)]. Rechnet man den mittleren Altersabstand zwischen Mann und Frau laut Mikrozensus 2009 von 4 Jahren hinzu, so muss die Frau im Mittel die letzten 7 Jahre ihres Lebens allein auskommen, und diese Zeitspanne hat im letzten halben Jahrhundert sogar noch zugenommen.

Die Relevanz dieser Tendenz zum Ein-Personen-Haushalt kann an einem einfachen Wahrscheinlichkeitsargument illustriert werden. Mit einer Wahrscheinlichkeit $\pi(A)$ werde eine bestimmte Person A krank und nehme damit auch Leistungen des Gesundheitswesens in Anspruch. Lebt sie hingegen mit einer anderen Person B zusammen, so soll der gesunde Partner jeweils den kranken pflegen. Es kommt also in Zwei-Personen-Haushalten nur dann zu einer Inanspruchnahme von Leistungen des Gesundheitswesens, wenn beide Mitglieder des Haushalts krank sind.

Diese Wahrscheinlichkeit der Inanspruchnahme medizinischer Leistungen ist auf Grund der Formel für die bedingte Wahrscheinlichkeit gegeben durch

$$\pi(A,B) = \pi(A|B)\pi(B) = \pi(B|A)\pi(A). \tag{14.14}$$

$\pi(A,B)$:   Wahrscheinlichkeit, dass A und B gleichzeitig krank sind (und deshalb Leistungen des Gesundheitswesens in Anspruch nehmen).

$\pi(A|B)$:   Wahrscheinlichkeit, dass A krank ist, gegeben, dass B krank ist.

Aus dieser Gleichung geht unmittelbar hervor, dass $\pi(A,B) \leq \pi(A)$ und $\pi(A,B) \leq \pi(B)$, weil die bedingten Wahrscheinlichkeiten $\pi(A|B)$ und $\pi(B|A)$ höchstens den Wert Eins annehmen können. Die Wahrscheinlichkeit, dass beide Mitglieder eines *Zwei-Personen-Haushaltes* gleichzeitig krank sind, liegt deshalb in aller Regel unter dem Krankheitsrisiko des einzelnen Mitglieds für sich genommen. Das Zusammenleben in einem Familienverband kann demnach zu einer Entlastung des Gesundheitswesens führen.

Wie groß dieser Entlastungseffekt ausfällt, hängt Gleichung (14.14) zufolge von den bedingten Wahrscheinlichkeiten $\pi(A|B)$ bzw. $\pi(B|A)$ ab, die sich als Ausdruck der Ansteckungsgefahr interpretieren lassen. Gehen diese Wahrscheinlichkeiten gegen Eins, so bedingt die Erkrankung des einen Partners fast zwangsläufig die Erkrankung des anderen.

Wenn also ein Land von Epidemien heimgesucht wird, ist das Zusammenleben in Haushalten kaum von Vorteil für das Gesundheitswesen. Seitdem jedoch die Infektionskrankheiten ganz erheblich an Bedeutung verloren haben, sind diese Effekte zumindest für die heutigen Industrieländer nicht mehr ausschlaggebend.

Folgerung 14.5 *Die Ausbreitung von Ein-Personen-Haushalten verstärkt ceteris paribus die Tendenz, bei Gesundheitsstörungen Leistungen Dritter in Anspruch zu nehmen. Ihr Beitrag zur Eindämmung von Epidemien fällt in der heutigen Zeit, in der ansteckende Krankheiten auf dem Rückzug sind, weniger ins Gewicht.*

14.4 Gesundheitsausgaben, Alter und medizinischer Fortschritt

Die in den beiden vorhergehenden Abschnitten 14.2 und 14.3 beschriebenen Herausforderungen tragen nicht nur jede für sich zu einem Anstieg der Gesundheitsausgaben bei, sondern können sich auch gegenseitig verstärken. Im Folgenden soll diese These, das sog. Sisyphus-Syndrom im Gesundheitswesen, dargestellt und geprüft werden. Anschließend wird die vergangene Entwicklung der Gesundheitsausgaben empirisch analysiert. Der Abschnitt schließt mit der Diskussion eines prominenten Lösungsvorschlags, dem Übergang zur Kapitaldeckung als Finanzierungsverfahren für zukünftige Gesundheitsausgaben.

14.4.1 Das „Sisyphus-Syndrom"

Im Abschnitt 14.3 wurde einerseits die Rektangularisierung der Überlebenskurve vorgestellt und dabei auf die Gewinne an Lebenserwartung in den oberen Altersklassen hingewiesen. Andererseits ergab sich im Abschnitt 14.2 ein Überwiegen von Produktinnovationen im Gesundheitswesen, die in der Regel mit erhöhten Behandlungskosten verbunden sind. Aus dem Zusammenspiel dieser beiden Sachverhalte könnte sich ein Prozess ergeben, der an ein „Sisyphus-Syndrom im Gesundheitswesen" erinnert: Fortschritte in der Medizin verbessern als Produktinnovationen die Überlebenschancen vor allem im fortgeschrittenen Alter. Damit steigt die Bedeutung der Altersbevölkerung bei der Bestimmung der Gesundheitsausgaben. Von den zusätzlichen Mitteln zugunsten des Gesundheitswesens profitieren besonders die Produktinnovationen. Damit werden die Grundlagen für weitere Erfolge der modernen Medizin geschaffen, die jedoch zu einer weiter wachsenden Altersbevölkerung und zunehmender Hypertrophie des Gesundheitswesens führen. Das Ergebnis ist ein stetig zunehmender Anteil des Sozialproduktes, der ins Gesundheitswesen fließt, wodurch der Handlungsspielraum der Politiker mehr und mehr eingeschränkt wird.

14.4.1.1 Ein einfaches dynamisches Modell

Das Sisyphus-Syndrom soll im Folgenden anhand eines Systems zweier dynamischer Beziehungen dargestellt werden. Dabei wird die Zeit in Perioden von etwa 30 Jahren gemessen, was einerseits einer Generation und andererseits ungefähr der maximalen Restlebensdauer eines Rentners entspricht. Der mittlere Bestand der Altersbevölkerung B_t^a in einer so definierten Periode t ist dann gegeben durch den Bestand an Erwerbstätigen in der Vorperiode B_{t-1}^e, fortgeschrieben mit der Überlebenswahrscheinlichkeit $(1 - \pi_t)$, wobei die Sterblichkeit π_t vom Einsatz medizinischer Leistungen in der Vorperiode M_{t-1} abhängig gemacht wird (vgl. auch Kasten 14.2 für eine Übersicht):

$$B_t^a = [1 - \pi_t(M_{t-1})]B_{t-1}^e, \qquad \frac{\partial \pi_t}{\partial M_{t-1}} < 0. \qquad (14.15)$$

Kasten 14.2. Modell des Sisyphus-Syndroms im Gesundheitswesen

$$B_t^a = [1 - \pi_t(M_{t-1})]B_{t-1}^e, \quad \frac{\partial \pi_t}{\partial M_{t-1}} < 0. \tag{14.15}$$

$$M_t = M_t(\beta_t), \quad \text{mit} \quad \frac{\partial M_t}{\partial \beta_t} > 0 \quad \text{und} \quad \beta_t \equiv \frac{B_t^a}{B_t^e} \tag{14.16}$$

$$\mathrm{d}B_t^a = \left[-\frac{\partial \pi_t}{\partial M_{t-1}} \right] B_{t-1}^e \mathrm{d}M_{t-1}. \tag{14.17}$$

$$\mathrm{d}M_t = \frac{\partial M_t}{\partial \beta_t} \frac{\partial \beta_t}{\partial B_t^a} \mathrm{d}B_t^a = \frac{\partial M_t}{\partial \beta_t} \frac{1}{B_t^e} \mathrm{d}B_t^a. \tag{14.18}$$

$$\mathrm{d}M_t = \underbrace{\left[-\frac{\partial \pi_t}{\partial M_{t-1}} \right]}_{(+)} \underbrace{\left[\frac{\partial M_t}{\partial \beta_t} \right]}_{(+)} \underbrace{\left[\frac{B_{t-1}^e}{B_t^e} \right]}_{(+)} \mathrm{d}M_{t-1} \tag{14.19}$$

B_t^a: Altersbevölkerung in der laufenden Periode
B_t^e: Erwerbstätige Bevölkerung in der gleichen Periode, vorgegeben
β_t: Alterskoeffizient, Verhältnis zwischen Altersbevölkerung und erwerbsfähiger Bevölkerung
M_t: Aufwand an medizinischen Leistungen, Gesundheitsausgaben
π_t: Mortalitätsrate

Die zweite Gleichung des Systems soll in einfachster Weise das Argument wiedergeben, dass der Umfang der medizinischen Leistungen positiv vom *Alterskoeffizienten* β_t, d.h. dem Verhältnis der Altersbevölkerung zur erwerbstätigen Bevölkerung in der gleichen Periode, abhängen dürfte. Für einen solchen Zusammenhang spricht zum einen das in Abbildung 14.3 gezeigte Altersprofil der Inanspruchnahme medizinischer Leistungen. Der Alterskoeffizient spiegelt zum anderen auch den Stimmenanteil der Altersbevölkerung wider und damit ihre Macht im politischen Prozess, in dem über die Aufteilung der öffentlichen Mittel entschieden wird. Je größer der Alterskoeffizient, desto mehr Steuer- und Beitragsgelder fließen dieser Hypothese zufolge in die medizinische Forschung und die Infrastruktur des Gesundheitswesens, mit der Folge, dass die Gesundheitsausgaben zunehmen:

$$M_t = M_t(\beta_t), \quad \text{mit} \quad \frac{\partial M_t}{\partial \beta_t} > 0 \quad \text{und} \quad \beta_t \equiv \frac{B_t^a}{B_t^e} : \text{Alterskoeffizient.} \tag{14.16}$$

Um die *dynamischen Eigenschaften* dieses interdependenten Modells zu untersuchen, wird es einem exogenen Anstoß ausgesetzt: Aus irgendeinem Grund sollen in der Vorperiode die medizinischen Leistungen um den Betrag $\mathrm{d}M_{t-1} > 0$ zugenommen haben. Gemäß der Gleichung (14.15) ist eine Zunahme der Altersbevölkerung in der Periode t die Folge:

$$\mathrm{d}B_t^a = \left[-\frac{\partial \pi_t}{\partial M_{t-1}} \right] B_{t-1}^e \mathrm{d}M_{t-1}. \tag{14.17}$$

Die Zunahme der Altersbevölkerung bewirkt aber gemäß Gleichung (14.16) eine Zunahme der Gesamtaufwendungen für medizinische Leistungen. Da die erwerbstätige Bevölkerung nach wie vor als exogen betrachtet wird, ergibt die Differenzierung der Gleichung (14.16)

$$dM_t = \frac{\partial M_t}{\partial \beta_t} \frac{\partial \beta_t}{\partial B_t^a} dB_t^a = \frac{\partial M_t}{\partial \beta_t} \frac{1}{B_t^e} dB_t^a. \tag{14.18}$$

Wird schließlich der Ausdruck (14.17) in die Gleichung (14.18) eingesetzt, so folgt nach einer kleinen Umstellung der Faktoren die folgende Bewegungsgleichung für den Aufwand an medizinischen Leistungen:

$$dM_t = \underbrace{\left[-\frac{\partial \pi_t}{\partial M_{t-1}}\right]}_{(+)} \underbrace{\left[\frac{\partial M_t}{\partial \beta_t}\right]}_{(+)} \underbrace{\left[\frac{B_{t-1}^e}{B_t^e}\right]}_{(+)} dM_{t-1}. \tag{14.19}$$

Da alle drei Ausdrücke in Klammern ein positives Vorzeichen aufweisen, induziert eine Zunahme der medizinischen Aufwendungen in der Vergangenheit zusätzliche Aufwendungen in der Gegenwart, und erhöhte Aufwendungen in der Gegenwart pflanzen sich in der Zukunft fort, ganz im Sinne des Sisyphus-Syndroms. Jeder Ausdruck lässt sich als einer von drei Faktoren interpretieren, welche die Stärke dieser Übertragung bestimmen.

(1) *Der Erfolg der Medizin:* Je mehr die Sterblichkeit in der Altersbevölkerung π_t dank zusätzlicher medizinischer Aufwendungen in der Vorperiode M_{t-1} zurückgeht, desto eher kommt es zum Sisyphus-Syndrom.

(2) *Der Einfluss der Altersbevölkerung auf die Gesundheitsausgaben:* Dieser Faktor erscheint in der Gleichung (14.19) an zweiter Stelle. Je mehr die politischen Institutionen eines Landes dafür sorgen, dass sich eine Zunahme des Alterskoeffizienten in einer Zunahme der Gesundheitsausgaben niederschlägt, desto ausgeprägter ist das Sisyphus-Syndrom.

(3) *Die Veränderung der Erwerbsbevölkerung:* Der dritte Faktor der Gleichung (14.19) gibt die Zahl der Erwerbsfähigen in der Vorperiode im Vergleich zur Zahl der Erwerbsfähigen in der laufenden Periode an. Je weniger die Erwerbsbevölkerung wächst (bzw. je stärker sie schrumpft), desto größer ist dieser Faktor, und desto stärker pflanzt sich eine Zunahme der Gesundheitsausgaben in die Zukunft fort.

Folgerung 14.6 *In demokratisch organisierten Ländern ist mit einem sog. Sisyphus-Syndrom zu rechnen, indem die gegenwärtigen Erfolge der Medizin in der Zukunft das Gesundheitswesen mit Mehrausgaben belasten. Die Stärke des Syndroms hängt davon ab, wie sehr medizinische Leistungen lebensverlängernd wirken, wie stark die Altersbevölkerung ihren politischen Einfluss geltend machen kann und wie rasch die Erwerbsbevölkerung schrumpft (bzw. wie langsam sie zunimmt).*

14.4.1.2 Zur empirischen Relevanz des Sisyphus-Syndroms

Die Bewegungsgleichung (14.19) enthält drei Faktoren, die alle positiv sein müssen, damit es zu einem Sisyphus-Syndrom im Gesundheitswesen kommt. Der dritte Faktor, die Veränderung der Erwerbsbevölkerung, kann auf Eins gesetzt und damit vernachlässigt werden, weil zumindest in den OECD-Ländern die Zahl der Erwerbsfähigen nur sehr langsam ändert.

Ein erster Versuch zur Überprüfung des Sisyphus-Syndroms wurde von ZWEIFEL UND FERRARI (1992) unternommen. Tatsächlich fanden sie, dass zusätzliche Gesundheitsausgaben die Restlebenserwartung zehn Jahre später ansteigen lassen. Eine Zunahme der Pro-Kopf-Ausgaben um 10% z.B. im Jahre 1970 geht 1980 mit einer Verlängerung der Restlebenserwartung um 1% einher, das sind 1,5 Monate für eine 65-jährige Person. Damit war eine der beiden Bedingungen für die Existenz des Sisyphus-Syndroms erfüllt ($\partial \pi_t / \partial M_{t-1} < 0$).

Der zweite entscheidende Faktor besagt, dass ein höherer Anteil alter Personen an der Bevölkerung die Gesundheitsausgaben steigen lässt (vgl. Gleichung (14.16)). Einfachheitshalber verwendeten die Autoren gerade die Restlebenserwartung von Frauen und Männern im Alter von 65 Jahren statt des Alterskoeffizienten β_t. Überraschenderweise konnten sie keine Rückwirkung von der Restlebenserwartung im Alter von 65 Jahren auf die Gesundheitsausgaben erkennen.

In einem zweiten Versuch verwendeten ZWEIFEL ET AL. (2005) bessere Daten und ökonometrische Methoden. Die Datenbasis umfasste 30 OECD-Länder über den Zeitraum 1970-2002. Was die theoretische Begründung betrifft, so wurden bei der Rückkoppelung von der Altersbevölkerung auf die Gesundheitsausgaben [$\partial M_t / \partial \beta_t$ in Gleichung (14.19)] zwei Tatsachen berücksichtigt:

(1) Es gibt Anzeichen dafür, dass die Nähe zum Tod und nicht so sehr das Alter die Gesundheitsausgaben hochtreibt [vgl. ZWEIFEL ET AL. (1999), ZWEIFEL ET AL. (2004), WERBLOW ET AL. (2005)]. Besonders im letzten Lebensjahr sind die Gesundheitsausgaben sehr hoch. Um diesen Effekt abzubilden, wird der Anteil der Bevölkerung im letzten Lebenjahr herangezogen. Dies ist aber nichts anderes als die Mortalitätsrate ($MORT$).

(2) Die Restlebenserwartung im Alter 60 spiegelt die erwartete Rückzahlungsdauer einer Investition in die Gesundheit für ältere Menschen wider. Ihr Interesse an (öffentlichen) Gesundheitsausgaben hat aber nur dann politisches Gewicht, wenn die älteren Menschen einen hohen Anteil an der Bevölkerung stellen. Dieser Anteil dient als Gewichtung der Restlebenserwartung [vgl. die neue erklärende Variable $\widetilde{SISYPH}$ für die genaue Definition, vgl. Gleichung (14.21)].

Schließlich wurden die ökonometrischen Verfahren verfeinert. Hausman-Spezifikationstests [HAUSMAN (1978)] zeigten, dass die Gesundheitsproduktionsfunktion am besten mit sogenannten Random Effects geschätzt und die Lebensstilvariablen (Kalorienaufnahme CAL und Alkoholkonsum ALC) um zehn Jahre verzögert eingeführt werden sollten. Demgegenüber geht das Bruttoinlandsprodukt (GDP) ohne

Tabelle 14.2. Restlebenserwartung im Alter 65, 1970–2000

RLE	Frauen			Männer		
	Koeffizient	z	$P > z$	Koeffizient	z	$P > z$
GDP	0,122	5,43	0,000	0,077	4,90	0,000
GDP2	–0,002	–3,91	0,000	–0,001	–2,95	0,003
HCE_{-10}	2,045	4,82	0,000	2,022	4,49	0,000
$HCE2_{-10}$	–0,565	–3,60	0,000	–0,491	–2,95	0,003
ALC_{-10}	–0,043	–0,70	0,484	0,022	0,23	0,822
$ALC2_{-10}$	0,002	1,02	0,307	–0,001	–0,22	0,827
CAL_{-10}	0,786	0,65	0,515	–0,723	–1,08	0,281
$CAL2_{-10}$	–0,083	–0,50	0,614	–0,135	1,53	0,125
Konstante	18,572	9,11	0,000	16,883	13,94	0,000
Wald $\chi^2(8)$:	210,640			338,330		
Prob $> \chi^2$:	0,000			0,000		
$1 - \dfrac{\mathrm{Var}(\varepsilon_{it})}{\mathrm{Var}(RLEF)}$:	0,601			0,559		
N	303			303		

Anmerkung: Die folgenden Länder sind im Datensatz vertreten (Häufigkeit): Australien (29), Belgien (22), Kanada (12), Dänemark (18), Finnland (17), Deutschland (13), Irland (15), Japan (2), Luxemburg (4), Neuseeland (19), Norwegen (29), Portugal (15), Spanien (13), Schweden (16), Schweiz (25), Vereinigtes Königreich (15).
Quelle: ZWEIFEL ET AL. (2005, S. 137)

Verzögerung in die Funktion ein, weil es eine Budgetrestriktion und nicht den Lebensstil abbilden soll. Mögliche Nichtlinearitäten wurden dadurch berücksichtigt, dass alle erklärenden Variablen auch in quadrierter Form erscheinen.

ZWEIFEL ET AL. (2005) ermitteln zuerst den Einfluss dieser Variablen auf die Restlebenserwartung von Frauen und Männern im Alter von 60 Jahren (*RLEF*, *RLEM*), den Anteil von über 65-Jährigen an der Bevölkerung (*POP*65) und der Mortalität (*MORT*). Zusammen ergibt sich ein System von vier Gleichungen:

$$\begin{bmatrix} RLEF \\ RLEM \\ POP65 \\ MORT \end{bmatrix} \cdot = \begin{array}{l} \alpha + \beta_1 GDP + \beta_2 GDP2 + \beta_3 HCE_{-10} + \beta_4 HCE2_{-10} \\ + \beta_5 ALC_{-10} + \beta_6 ALC2_{-10} + \beta_7 CAL_{-10} + \beta_8 CAL2_{-10} \\ + \upsilon_i + \varepsilon_{it}. \end{array} \quad (14.20)$$

Die Schätzergebnisse erscheinen in der Tabelle 14.2. Danach bewirkt ein höheres Bruttoinlandsprodukt (GDP in US$) eine höhere Restlebenserwartung für beide Geschlechter, doch mit abnehmendem Grenzertrag. Dies bestätigt Ergebnisse von ZWEIFEL UND FERRARI (1992) und FRECH UND MILLER (1999). Ebenso wird bestätigt, dass frühere Gesundheitsausgaben (HCE_{-10}) die Restlebenserwartung beider Geschlechter verlängern. Da die quadrierte erklärende Variable hochsignifikant ausfällt, kann man eine kritische Schwelle berechnen, jenseits derer Gesundheitsausgaben einen negativen Effekt haben (engl. „flat-of-the-curve-medicine"). [6] Bei den Frauen beträgt dieser Wert ungefähr 1.800 US$, bei den Männern 2.060 US$, wobei im Jahr 2000 der Mittelwert der Stichprobe 1.375 US$ betrug. Was die Lebensstilvariablen betrifft, so scheinen weder die Kalorienaufnahme noch der Alkoholkonsum die Restlebenserwartung systematisch zu beeinflussen.

Die neue Variable $\widehat{SISYPH}$ besteht aus zwei Komponenten. Die erste repräsentiert den Mittelwert der beiden geschätzten Werte der Restlebenserwartung ($\widehat{RLEM}$ und $\widehat{RLEF}$), die zweite den geschätzten Bevölkerungsanteil der über 65-Jährigen:

$$\widehat{SISYPH} = (\widehat{RLEF} + \widehat{RLEM})/2 \times \widehat{POP65}. \tag{14.21}$$

Diese Variable ist Teil des Rückkopplungsprozesses, der von den vier in der Gleichung (14.20) aufgeführten Variablen, dem *GDP* und weiteren Bestimmungsgrößen den Anteil der Gesundheitsausgaben am Bruttoinlandsprodukt (*HCE/GDP*) führt. Dieser Anteil und nicht *HCE* selbst wird verwendet, damit die abhängige Variable keinen Zeittrend mehr aufweist. Einmal mehr wurden Hausman-Tests durchgeführt um herauszufinden, ob eine Spezifikation mit fixen oder stochastischen Effekten zu bevorzugen sei (siehe Kasten 9.2). Diesmal erwiesen sich die Fixed Effects (abgebildet durch Länder-Dummies) als besser mit den Daten vereinbar. Dies lässt sich dadurch erklären, dass *HCE/GDP* von institutionellen Gegebenheiten abhängt, die durch eine Komponente in der Fehlervariablen schlecht abgebildet werden können:

$$HCE/GDP = \alpha' + \beta_1' GDP + \beta_2' RPH + \beta_3' \widehat{MORT} \tag{14.22}$$
$$+ \beta_4' \widehat{SISYPH} + \beta_5' D_i + \mu_{i,t}.$$

D_i sind Dummy-Variablen, welche die fixen Effekte von 29 Ländern abbilden. Die Regressionsergebnisse sind in der Tabelle 14.3 aufgeführt.

Im Vergleich zu den Vereinigten Staaten weisen die meisten OECD-Länder einen signifikant niedrigeren Anteil der Gesundheitsausgaben am Bruttoinlandsprodukt auf, wobei die Differenz im Falle Luxemburgs, Spaniens und des Vereinigten Königreichs 4 Prozentpunkte ausmacht. Demgegenüber hat *GDP* keinen signifikanten Koeffizienten. Dieses Ergebnis steht im Widerspruch zur politischen Debatte in wichtigen Industrieländern, die sich um den unaufhaltsamen Anstieg der Gesundheitsquoten dreht. Es bedeutet auch, dass die Einkommenselastizität von *HCE* ungefähr eins beträgt (vom Effekt des Sisyphus-Syndroms abgesehen). [7]

---

[6] Auch dann können zusätzliche Gesundheitsausgaben gerechtfertigt sein, sofern die Menschen genügend risikoavers sind und deshalb medizinische Leistungen einsetzen, um ihren Gesundheitszustand besser kontrollieren zu können [vgl. SCHODER UND ZWEIFEL (2011)].

[7] Die Einkommenselastizität von *HCE* lässt sich wie folgt berechnen. Ausgehend von $HCE \equiv (HCE/GDP) \cdot GDP$, erhält man $\frac{\partial HCE}{\partial GDP} = \frac{\partial (HCE/GDP)}{\partial GDP} \cdot GDP + \frac{HCE}{GDP}$. Der erste Ausdruck ist gleich $\beta_1' + \beta_3' \frac{\partial \widehat{MORT}}{\partial GDP} + \beta_4' \frac{\partial \widehat{SISYPH}}{\partial GDP}$ von Gleichung (14.22); deshalb ist die Elastizität $e(HCE, GDP) = (\beta_1' + \beta_3' \frac{\partial \widehat{MORT}}{\partial GDP} + \beta_4' \frac{\partial \widehat{SISYPH}}{\partial GDP}) \times (GDP)^2/HCE + 1 = 1,14$ an den Stichprobenmittelwerten [vgl. ZWEIFEL ET AL. (2005)].

Tabelle 14.3. Anteil der Gesundheitsausgaben am Bruttoinlandsprodukt in %, 1970-2000

HCE/GDP	n	Koeffizient	z	$P > z$
Dum_Australien	19	–3,057	–7,90	0,000
Dum_Österreich	26	–3,167	–8,62	0,000
Dum_Kanada	12	–2,179	–5,35	0,000
Dum_Dänemark	16	–2,466	–6,26	0,000
Dum_Finnland	15	–3,238	–8,21	0,000
Dum_Deutschland	11	–1,640	–3,89	0,000
Dum_Irland	15	–2,706	–6,27	0,000
Dum_Luxemburg	4	–4,375	–8,45	0,000
Dum_Neuseeland	16	–3,679	–9,29	0,000
Dum_Norwegen	28	–3,515	–9,64	0,000
Dum_Portugal	8	–2,890	–6,33	0,000
Dum_Spanien	10	–4,001	–8,83	0,000
Dum_Schweiz	21	–3,081	–8,14	0,000
Dum_Grossbritannien	17	–3,906	–9,89	0,000
GDP		–0,020	–1,13	0,260
RPH		0,012	2,03	0,042
$\widehat{MORT}$		0,010	1,72	0,085
$\widehat{SISYPH}$		0,069	2,98	0,003
Konstante		–18,092	–1,59	0,112
Wald $\chi^2(18)$		524,260		
Prob $> \chi^2$		0,000		
$1 - \dfrac{var(\varepsilon_{it})}{var(HCE/GDP)}$		0,847		
N		232		

n ist die Zahl der länderspezifischen Beobachtungen, wobei die USA
14 mal vorkommen.

Quelle: ZWEIFEL ET AL. (2005, S. 141)

Dieser Schätzwert liegt unter den meisten Elastizitäten in GERDTHAM ET AL. (1992), aber höher als jene in GERDTHAM ET AL. (1998). Was den relativen Preis der Gesundheitsleistungen *RPH* betrifft, so sagt die Theorie voraus, dass sowohl öffentliche wie private Entscheidungsträger die Gesundheitsleistungen durch andere Güter (aggregiert *GDP*) substituieren, wenn *RPH* hoch ist. Der positive Koeffizient von *RPH* zeigt, dass die implizierte Preiselastizität etwas unter eins liegt. [8]

Die Voraussage, dass die höhere Mortalitätsrate in einem gegebenen Jahr (die ja eine größere Zahl von Individuen in ihrem letzten Lebensjahr widerspiegelt) *HCE*

---

[8] Da HCE/GDP aufgrund nomineller Zahlen berechnet wird, enthält die Variable *RPH*. Es gilt $RPA = PH/PGDP$ (das Verhältnis des Gesundheitsdeflators zum GDP-Deflator). Verwendet man kleine Buchstaben für reale Größen, kann man schreiben $(hce/gdp) \cdot RPH = \ldots + \beta_2' \cdot RPH + \ldots$, bzw. $hce \cdot RPH = \ldots \beta_2' \cdot RPH \cdot gdp$. Differenzierung mit Bezug auf *RPH* ergibt $hce \cdot (1 + \beta) = \beta_2^1 \cdot gdp$, wobei η die Preiselastizität der Nachfrage nach Gesundheitsleistungen darstellt. Wenn man für η löst, erhält man $\eta = \beta_2 \cdot (hce/gdp)^{-1} - 1$. Ausgewertet an den Stichprobenmittelwerten beträgt dies $-0,90$.

ceteris paribus erhöht, wird nur schwach bestätigt: Der Koeffizient von $\widehat{MORT}$ ist zwar positiv, aber lediglich auf dem 10%-Niveau signifikant. Die Variable von zentraler Bedeutung ist $\widehat{SISYPH}$, die Restlebenserwartung im Alter 60 gewichtet mit dem Anteil von Individuen im Rentenalter. Diese Variable hat einen hochsignifikanten Koeffizienten, was für die vermutete Rückkoppelung von der Altersbevölkerung auf die Gesundheitsausgaben spricht.

Dieses Ergebnis könnte zur Befürchtung Anlass geben, dass eine alternde Bevölkerung die Sisyphus-Spirale auf immer in Bewegung halten könnte. Dieser Verdacht kann wie folgt geprüft werden. Von der Identität

$$HCE \equiv (HCE/GDP) \times GDP \tag{14.23}$$

lässt sich die Wirkung einer Zunahme von HCE eine Dekade zuvor ermitteln durch

$$
\begin{aligned}
\frac{\partial HCE}{\partial HCE_{-10}} &= \frac{\partial((HCE/GDP) \times GDP)}{\partial HCE_{-10}} \\
&= \frac{\partial(HCE/GDP)}{\partial HCE_{-10}} \times GDP + (HCE/GDP) \times \frac{\partial GDP}{\partial HCE_{-10}} \\
&= \frac{\partial(HCE/GDP)}{\partial HCE_{-10}} \times GDP.
\end{aligned}
\tag{14.24}
$$

Die letzte Gleichheit beruht auf der Annahme $\partial GDP/\partial HCE_{-10} = 0$ wegen der langen Zeitverzögerung [vgl. ZWEIFEL ET AL. (2005)].[9]

Jetzt gilt es zu berücksichtigen, dass HCE_{-10} den laufenden Wert von HCE über $\widehat{SISYPH}$ beeinflusst. Durch implizite Differenzierung und Verwendung der Gleichung (14.21) erhält man den folgenden Ausdruck für $\partial(HCE/GDP)/\partial HCE_{-10}$:

$$
\begin{aligned}
\frac{\partial(HCE/GDP)}{\partial HCE_{-10}} &= \frac{\partial(HCE/GDP)}{\partial SISYPH} \times \frac{\partial SISYPH}{\partial HCE_{-10}} \\
&= \frac{\partial(HCE/GDP)}{\partial SISYPH} \frac{1}{2} \left[\frac{\partial RLEF}{\partial HCE_{-10}} + \frac{\partial RLEM}{\partial HCE_{-10}} \right] POP65.
\end{aligned}
\tag{14.25}
$$

In dieser Gleichung wird die Tatsache ausgenützt, dass $\partial POP65/\partial HCE_{-10} = 0$ gesetzt werden darf, begründet durch Schätzresultate, die hier nicht gezeigt werden. Da HCE in Tausend US$ gemessen wird im Gegensatz zu GDP, muss die Gleichung (14.24) wie folgt ausgewertet werden.

$$
\frac{\partial HCE}{\partial HCE_{-10}} = \tag{14.26}
$$

$$
= \underbrace{\frac{1}{2}}_{} \times \underbrace{\frac{\partial(HCE/GDP)}{\partial SISYPH}}_{} \times \underbrace{\left[\frac{\partial RLEF}{\partial HCE_{-10}} + \frac{\partial RLEM}{\partial HCE_{-10}} \right]}_{} \times \underbrace{POP65}_{} \times \underbrace{GDP}_{} \times \frac{1}{1000}
$$

$$
= 0{,}5 \times \quad 0{,}069 \quad \times \quad [1{,}46 + 1{,}51] \quad \times \ 13{,}60 \ \times 15{,}76 \times 0{,}001 \approx 0{,}021.
$$

---

[9] Allerdings gibt es Forschungsergebnisse, die eine signifikante Wirkung von (gleichzeitigen) Gesundheitsausgaben auf die Wachstumsrate des Bruttoinlandsprodukts nachweisen [vgl. z.B. DEVARAJAN ET AL. (1996) oder BERALDO ET AL. (2007)].

Die Werte für die Ableitungen entstammen den Tabellen 14.2 und 14.3, wobei zu beachten ist, dass die Regressoren nicht nur in linearer, sondern auch in quadratischer Form erscheinen. Vernachlässigt man nicht signifikante Schätzkoeffizienten und verwendet die Stichprobenmittelwerte, so kommt man zu folgendem Schluss: Wenn sich die Politiker entscheiden 1 US$ zusätzlich für das Gesundheitswesen aufzuwenden, müssen sie damit rechnen, noch zehn Jahre später 0,02 US$ mehr für das Gesundheitswesen budgetieren zu müssen. Dies ist die Dynamik des Sisyphus-Syndroms; sie erinnert an den sprichwörtlichen „Ritt auf dem Tiger".

Folgerung 14.7 *Eine empirische Analyse mit Daten von OECD-Ländern legt die Vermutung nahe, dass zusätzliche Gesundheitsausgaben zu einer höheren Restlebenserwartung in höheren Altersklassen beitragen, was wiederum zu höheren Ausgaben zugunsten der Gesundheit führt. Ein solches Sisyphus-Syndrom dürfte zumindest gegen Ende des vergangenen Jahrhunderts existiert haben, indem sich eine einmalige Zunahme von 1 US$ auf 0,02 US$ noch zehn Jahre später überträgt. Immerhin erweist sich das Syndrom als nicht explosiv.*

14.4.2 Demographische Alterung und Gesundheitsausgaben

Wie im vorangegangenen Abschnitt dargestellt, ist der Zusammenhang zwischen der Alterung der Bevölkerung und der Höhe der Gesundheitsausgaben pro Kopf keineswegs gesichert. Wie in Tabelle 14.2 angedeutet, könnte die Kausalität auch von den Gesundheitsausgaben zur Langlebigkeit verlaufen. Aber selbst wenn man von dieser Komplikation absieht, ist es nicht klar, ob eine Alterung der Bevölkerung, die durch eine Verlängerung der Lebenserwartung zustande kommt, für sich genommen die Gesundheitsausgaben erhöht oder senkt. Denn es gibt drei konkurrierende Hypothesen über die Auswirkungen eines Anstiegs der Lebenserwartung bei gegebenem Stand der Medizintechnik:

(1) Die *Status-quo-Hypothese*: Sie geht davon aus, dass die altersspezifischen Pro-Kopf-Ausgaben nur vom Stand der Medizintechnik abhängen und daher bei dessen Konstanz gleich bleiben. Den Einfluss der Lebenserwartung erhält man demnach, wenn man die heutigen Alters-Ausgabenprofile auf die geänderte Altersverteilung der Bevölkerung anwendet (vgl. etwa PROGNOS 1998).

(2) Die *Medikalisierungs-Hypothese* [vgl. etwa KRÄMER (1982), OLHANSKY ET AL. (1991)]: Sie basiert auf der vielfach beobachteten Multimorbidität älterer Patienten und sagt aus, dass neu gefundene Möglichkeiten der Bekämpfung einer Krankheitsart (z.B. Herz-Kreislauf-Erkrankung) das Leben des Patienten zwar verlängern, ihn aber nicht gesund machen. Es tritt schon bald ein anderes Leiden (z.B. Krebs) auf, das wieder neue Behandlungen erfordert. Nach dieser These besteht die Hauptwirkung des medizinisch-technischen Fortschritts darin, das Leben von Personen zu verlängern, die so krank sind, dass sie ohne ihn sterben würden. Die Folge dieser Senkung der Überlebensschwelle sei, dass der

durchschnittliche Gesundheitszustand sinke. KRÄMER (1993, S. 31) drückt dies folgendermaßen aus: „Die Extrajahre verbringen wir zum größten Teil im Krankenbett".

(3) Die *Hypothese der Nähe zum Tod*: Sie beruht auf der Annahme, dass die in Querschnittsdaten beobachtbare Differenz in den Gesundheitsausgaben zwischen älteren und jüngeren Versicherten nicht primär die Konsequenz des Lebensalters sei. Vielmehr hänge sie mit der unterschiedlichen zeitlichen Entfernung zum Tod zusammen [FUCHS (1984b)]: In höheren Altersgruppen befindet sich ein größerer Anteil von Versicherten im letzten Lebensjahr, und bei dem werde – in einem vergeblichen Versuch, den Tod noch abzuwenden – überproportional mehr für die Behandlung aufgewendet als in anderen Jahren. Steigt nun – sei es durch medizinischen Fortschritt oder durch gesündere Lebensweise – die Lebenserwartung, so sinken die Sterbeziffern, und in jeder Altersgruppe befinden sich damit weniger Personen in ihrem letzten Lebensjahr.

Eine Schlussfolgerung aus der zuletzt genannten Hypothese ist die sog. *Kompressions-Hypothese*, die wiederum in zwei Varianten formuliert worden ist. Die *schwache Kompressions-Hypothese* besagt, dass mit steigender Lebenserwartung nur die Zahl der gesund verbrachten Jahre steigt, die Zahl der in Krankheit verbrachten Jahre am Ende des Lebens jedoch konstant bleibt. Damit sinkt der Anteil der Krankheitsjahre an der gesamten Lebenszeit, und die Pro-Kopf-Ausgaben nehmen leicht ab. Nach der *starken Kompressions-Hypothese* hingegen steigt die Zahl der gesund verbrachten Lebensjahre stärker als die Lebenserwartung insgesamt, so dass die Zeiten hoher Ausgaben am Lebensende nicht nur relativ, sondern sogar absolut komprimiert werden [vgl. FRIES (1980)].

Während also gemäß der Medikalisierungs-Hypothese eine Hochrechnung der heutigen altersspezifischen Ausgaben auf eine längerlebige zukünftige Bevölkerung den tatsächlichen Ausgabenanstieg (auch bei konstanter Medizintechnik) unterschätzt, besagt die Nähe-zum-Tod-These genau das Gegenteil. Beide Varianten der Kompressionsthese würden darüber hinaus behaupten, dass mit einem Anstieg der Lebenserwartung aufgrund des Rückgangs der Sterberate sogar ein Sinken der Pro-Kopf-Ausgaben verbunden sei.

Für die Medikalisierungs-Hypothese gibt es kaum empirische Evidenz. Im Gegenteil: DINKEL (1999) findet in Daten aus dem Mikrozensus, dass jüngere Geburtskohorten (der Jahrgänge 1913 und 1919) in jeder Lebensphase nach Vollendung des 60. Lebensjahres gegenüber älteren Kohorten (Jahrgang 1907) nicht nur einen Zugewinn an Lebensjahren hatten, sondern einen noch weitaus größeren Zugewinn an gesund verbrachten Lebensjahren. Umgekehrt steht die Nähe-zum-Tod-Hypothese auf einer soliden Datengrundlage: Die Steigerung der Behandlungskosten vor dem Tod ist in vielen Studien mit Daten aus verschiedenen Ländern überzeugend belegt [z.B. LUBITZ UND RILEY (1993), ZWEIFEL ET AL. (1996, 1999), STEARNS UND NORTON (2004), SESHAMANI UND GRAY (2004a, 2004b)].

Ein weiterer Effekt könnte die Kompressionsthese bestärken, nämlich die vielfach als „Altersrationierung" gedeutete Neigung von Ärzten, lebensbedrohlich erkrankte Patienten in sehr hohem Alter nicht mehr so aggressiv zu therapieren wie jüngere Patienten mit vergleichbarem Krankheitsbild. Falls dadurch die Sterbekosten mit dem Alter sinken, wäre die Überschätzung der Ausgabenentwicklung durch die Status-quo-Hochrechnung noch extremer.

Die empirische Evidenz zum Rückgang der Sterbekosten im hohen Alter ist eindeutig. Zwar finden ZWEIFEL ET AL. (1996, 1999) unter den Versterbenden in der Schweiz keinen signifikanten Einfluss des Alters auf die Behandlungsausgaben, jedoch für die über 65-Jährigen stellen sie genau wie FELDER ET AL. (2000) und SCHELLHORN ET AL. (2000) einen Rückgang der Sterbekosten fest. LUBITZ ET AL. (1995) zeigen, dass die Medicare-Ausgaben in den letzten zwei Lebensjahren für 70-jährige Verstorbene um 50% höher lagen als für 90-jährige Verstorbene. Ähnlich finden BUSSE ET AL. (2000) für eine Stichprobe aus Deutschland, dass die Anzahl von Krankenhaustagen im letzten Lebensjahr bei 55–64-jährigen Patienten am größten ist und mit höherem Sterbealter kontinuierlich abfällt.

Während es also nicht mehr strittig ist, dass die Status-quo-Hypothese den Effekt der Alterung auf die Pro-Kopf-Gesundheitsausgaben überschätzt, ist es dennoch von Interesse, das Ausmaß des Fehlers festzustellen. Dies wurde von BREYER UND FELDER (2006) an Hand eines Datensatzes einer Schweizerischen Krankenkasse mit über 90.000 Versicherten versucht, von denen im Beobachtungszeitraum von 3,5 Jahren 4 Prozent starben.

Die Autoren schätzten die Alters-Ausgabenprofile für Männer und Frauen, jeweils getrennt nach Gestorbenen und Überlebenden. Letztere wurden definiert als die Personen, die am Ende des Beobachtungszeitraums noch lebten. Diese Alters-Ausgabenprofile wurden dann auf die Bevölkerungszusammensetzung angewendet, die das Statistische Bundesamt für Deutschland in der Zukunft bis 2050 vorhersagt. Dabei werden verschiedene Szenarien unterschieden:

Szenario 1:   Hier werden die altersspezifischen Pro-Kopf-Ausgaben des Jahres 2002 unverändert – gemäß der Status-quo-Hypothese – auf die zukünftige Altersverteilung der Bevölkerung angewendet.

Szenario 2:   Hier wird gemäß der Hypothese der Nähe zum Tod zwischen Personen in den letzten 4 Lebensjahren und solchen, die länger überlebt haben, unterschieden.

Szenario 3:   Hier werden die Gesundheitsausgaben um so viele Jahre nach rechts verschoben, wie die Rest-Lebenserwartung (nach den Projektionen) steigt. Steigt z.B. die Rest-Lebenserwartung eines 65-Jährigen bis zum Jahr 2050 um 4 Jahre, so werden einem 65-Jährigen des Jahres 2050 die Ausgaben eines 61-Jährigen des Jahres 2002 zuerkannt. Dies reflektiert die schwache Kompressions-Hypothese.

Tabelle 14.4. Projektion des Ausgabenanstiegs für Deutschland

	Szenario 1		Szenario 2		Szenario 3		Fehler von Szenario 1 in Prozent, verglichen mit	
Jahr	in €	2002=100	in €	2002=100	in €	2002=100	Sz. 2	Sz. 3
2002	2,596	100,00	2.596	100,00	2.596	100,00	0	0
2010	2.691	103,66	2.674	103,00	2.642	101,77	18,0	51,7
2020	2.827	108,91	2.788	107,38	2.745	105,73	17,2	35,7
2030	2.961	114,05	2.894	111,45	2.798	107,78	18,5	44,7
2040	3.094	119,19	3.007	115,83	2.885	111,11	17,6	42,1
2050	3.217	123,92	3.102	119,49	2.959	113,96	18,5	41,6
2050[a)]	5.688	219,08	5.485	211,25	5.232	201,51	6,6	14,7

[a)]: Wachstum der Ausgaben um 1 Prozent pro Jahr durch technischen Fortschritt in der Medizin.

Quelle: BREYER UND FELDER (2006)

Tabelle 14.4 zeigt die hypothetischen Entwicklungen der jährlichen Pro-Kopf-Gesundheitsausgaben in Deutschland bis 2050 bei konstanter Medizintechnik und konstanten Preisen des Jahres 2002. In Szenario 1 steigen die Pro-Kopf-Ausgaben bis 2050 um 24 Prozent, in Szenario 2 um 19 Prozent und in Szenario 3 nur um 14 Prozent. Demzufolge muss man die auf der Basis der Status-quo-Hypothese (Szenario 1) erhaltenen Ergebnisse um 21 Prozent [= (24 − 19)/24] bzw. um 42 Prozent [= (24 − 14)/24] nach unten korrigieren, je nachdem ob Szenario 2 oder 3 die „wahre" Entwicklung am besten widerspiegelt.

Wenn man den technischen Fortschritt in der Medizin in Form eines autonomen Wachstums der altersspezifischen Pro-Kopf-Ausgaben um 1 Prozent pro Jahr einbezieht, erhält man die Werte in der letzten Zeile der Tabelle 14.4. Dahinter steht die implizite Annahme, dass die zukünftigen Qualitätsfortschritte in der Medizin die Produktivitätsfortschritte in der Ökonomie insgesamt jährlich um 1 Prozent übersteigen.[10] Dadurch würden sich die realen Pro-Kopf-Ausgaben bis zum Jahr 2050 mehr als verdoppeln. Mit der Status-quo-Hypothese würde man den Ausgabenanstieg immer noch überschätzen, aber der Korrekturfaktor beträgt nur noch 14,7 Prozent gegenüber Szenario 2 bzw. 6,6 Prozent, wenn Szenario 3 das zutreffende ist.

---

[10] So fanden BREYER UND ULRICH (2000), dass die Pro-Kopf-Ausgaben der GKV im Zeitraum 1970 bis 1995 um 1% pro Jahr schneller stiegen, als es auf Grund der Entwicklung des Volkseinkommens und der Altersstruktur der Versicherten zu erwarten gewesen wäre.

Ähnliche Ergebnisse fanden TELSER ET AL. (2007), die die Gesundheitsausgaben in zwei Komponenten zerlegten, eine „reguläre" und eine „Sterbekosten"-Komponente, und technischen Fortschritt in der Medizin auf beide Komponenten anwendeten. Beide Studien erlauben es, eine Reihe von Schlussfolgerungen bezüglich der zu erwartenden Wirkungen der Alterung im Vergleich zum technischen Fortschritt auf die Entwicklung der Gesundheitsausgaben zu ziehen:

- Die Auswirkungen der Alterung allein – bei konstanter Medizintechnik – sind nicht dramatisch.

- Wenn man berücksichtigt, dass Gesundheitsausgaben primär eine Funktion der Nähe zum Tod sind und nicht eine Funktion des kalendarischen Alters, so muss man das alterungsbedingte Ausgabenwachstum nach unten korrigieren. Allerdings macht der in einer Status-quo-Hochrechnung enthaltene Fehler nur gut zwei Fünftel des geschätzten demographischen Effekts aus.

- Der Einfluss des medizinischen Fortschritts auf die Gesundheitsausgaben ist deutlich größer als der Einfluss der Alterung, so dass unter seiner Berücksichtigung naturgemäß auch der relative Fehler einer Status-quo-Hochrechnung des demographischen Effekts noch weiter schrumpft. Dieses Ergebnis wird auch von der historischen Evidenz gestützt [vgl. NEWHOUSE (1992)].

- Die Hypothese, die Zunahme der Lebenserwartung bliebe ohne Einfluss auf die Gesundheitsausgaben pro Kopf oder wirke sich sogar ausgabendämpfend aus, wird jedoch nicht bestätigt: Selbst wenn man unterstellt, dass sich das gesamte Alters-Ausgabenprofil um den Zuwachs an Lebenserwartung nach rechts verschiebt, bleibt dennoch ein erheblicher Ausgabenanstieg übrig, wenn man die heutigen altersspezifischen Ausgaben auf die demographischen Verhältnisse der Zukunft anwendet.

Folgerung 14.8 *Die demographische Alterung, die durch einen Anstieg der Lebenserwartung verursacht wird, hat einen steigernden Effekt auf die Gesundheitsausgaben pro Kopf. Dieser ist jedoch weitaus geringer als die Auswirkungen des technischen Fortschritts in der Medizin.*

Wenn man aus dieser Analyse wirtschaftspolitische Schlussfolgerungen ziehen will, so muss man berücksichtigen, dass hierbei nur die Ausgabenseite der Krankenversicherung betrachtet wurde. Die Auswirkungen der Alterung auf die Lohnsumme wurden vernachlässigt. Diese sind jedoch von großer Relevanz, vor allem in einer sozialen Krankenversicherung, die mit lohnbezogenen Beiträgen finanziert wird (wie in Deutschland und Österreich). Solange das Renteneintrittsalter sich nicht erhöht, führt demographische Alterung zu einem Absinken des Anteils der (normalen) Beitragszahler. Dieses Problem wird im nächsten Abschnitt aufgegriffen.

14.4.3 Kapitaldeckung in der Krankenversicherung

14.4.3.1 Kapitaldeckung und Nachhaltigkeit

Die in Abschnitt 14.4.2 beschriebenen Prognosen der Ausgabenentwicklung im Gesundheitswesen bis zur Mitte des 21. Jahrhunderts werfen die Frage auf, ob es nicht in diesem Bereich – ähnlich wie in der Altersvorsorge – angebracht ist, in stärkerem Maße auf Kapitaldeckung als Finanzierungsprinzip zu setzen.[11] Dadurch könnten Beitragszahler, die sich heute im jungen oder mittleren Lebensalter befinden, ihre Abhängigkeit von der zahlenmäßig schwächeren kommenden Generation mildern und sich eine bessere Gesundheitsversorgung leisten als im reinen Umlageverfahren. Da in Deutschland innerhalb der Privaten Krankenversicherung (PKV) Kapitaldeckung betrieben wird, wird weiter argumentiert, die in Kapitel 5 angesprochene Einbeziehung der gesamten Bevölkerung in die Gesetzliche Krankenversicherung (GKV), die momentan noch rein umlagefinanziert ist, werde das Ausmaß der Kapitaldeckung im Gesundheitswesen reduzieren und damit die Nachhaltigkeit gefährden.

Auf der anderen Seite muss man sich jedoch die Frage stellen, ob die Kapitalbildung innerhalb des Finanzierungssystems für das Gesundheitswesen wirklich der Nachhaltigkeit dient bzw. ob es gleichwertige Alternativen zu ihr gibt. Da ferner sowohl junge als auch alte Versicherte Gesundheitsleistungen in Anspruch nehmen und diese – anders als in der Rentenversicherung – nicht zur Finanzierung des Lebensunterhalts dienen, ist die Abgrenzung zwischen Umlagefinanzierung und Kapitaldeckung hier nicht gleichbedeutend mit der Frage, ob intergenerative Transfers vorliegen:

- Umlagefinanzierung bedeutet, dass in jedem Zeitraum (z.B. von einem Jahr) die Leistungsausgaben durch die Beitragseinnahmen finanziert werden und der Versicherungsträger über keine nennenswerten Kapitalreserven verfügt.
- Intergenerative Transfers fließen, wenn in jedem Zeitraum die Leistungsausgaben der älteren Versicherten aus den Beitragseinnahmen der jüngeren Versicherten subventioniert werden.

Die Unterscheidung macht deutlich, dass man sich in der Krankenversicherung durchaus eine Umlagefinanzierung ohne intergenerative Transfers vorstellen könnte: Dabei würde für jede Alterskohorte in jedem Zeitraum ein eigener kostendeckender Beitrag (als Absolutbetrag oder Prozentsatz einer Bemessungsgrundlage, etwa des Einkommens) kalkuliert. Dieser würde mit dem Alter der Versicherten steigen, wäre aber nicht zwischen den Mitgliedern der Kohorte (z.B. nach dem individuellen Risiko) differenziert.

Im Folgenden diskutieren wir zunächst die Rolle der Kapitaldeckung in der Privaten Krankenversicherung in Deutschland. Anschließend nehmen wir den Vorschlag,

---

[11] Siehe z.B. CASSEL (2003), FELDER (2003) und HENKE ET AL. (2002).

Kapitaldeckung auch in der GKV einzuführen, unter die Lupe. Unsere Ausführungen hierzu lassen sich analog auch auf das schweizerische Krankenversicherungssystem anwenden, das wie die GKV vollständig umlagefinanziert ist.

14.4.3.2 Kapitaldeckung in der Privaten Krankenversicherung in Deutschland

Die Private Krankenversicherung in Deutschland beruht auf dem Prinzip der „Garantierten Vertragsverlängerung" von PAULY ET AL. (1995b), das wir in Abschnitt 5.3.4.1 vorgestellt haben: Gegen Leistung einer Vorauszahlung verzichtet die Versicherung auf ihr Kündigungsrecht und gibt dem Versicherten eine Prämiengarantie. Konkret wird seine lebenslang konstante Prämie so berechnet, dass sie ausreicht, um zum bei Vertragsabschluss geltenden Stand der Medizintechnik seine gesamten erwarteten Gesundheitsausgaben bis ans Lebensende zu finanzieren, ohne dass sie zwischenzeitlich erhöht werden muss. Vorauszahlungen entstehen, weil die Prämie höher festgelegt wird, als es den erwarteten Ausgaben in den ersten Jahrzehnten nach Vertragsabschluss entspricht, aber niedriger als in den letzten Jahrzehnten des Lebens erforderlich.

Die Vorauszahlungen werden als sog. „Alterungsrückstellungen" (ARS) für die erhöhten Ausgaben im Alter für jede Versichertenkohorte zurückgelegt. Dies sind Passivposten der Bilanz des Unternehmens, die die Differenz zwischen dem Barwert der erwarteten zukünftigen Ausgaben und dem Barwert aller zukünftigen Prämieneinnahmen bei konstanter Prämie widerspiegeln. Diese ARS sind bei Vertragsabschluss gleich null und steigen mit der Laufzeit zunächst an, weil der Barwert der zukünftigen Ausgaben zunächst langsamer zurückgeht als der Barwert der zukünftigen Prämieneinnahmen. Bei kaufmännisch korrektem Wirtschaften stehen diesen ARS Ersparnisse, also Aktiva des Unternehmens, in gleicher Höhe gegenüber.

Falls sich die Verhältnisse niemals ändern, reichen diese Ersparnisse aus, um die in der zweiten Lebenshälfte des Versicherten über den laufenden Prämieneinnahmen liegenden Ausgaben abzudecken, und die Prämie kann konstant gehalten werden. Empirische Evidenz zeigt jedoch, dass die PKV unter ihrer heutigen Regulierung nicht in der Lage ist, dieses Prinzip zu verwirklichen:

(1) Zum einen dürfen in den Alterungsrückstellungen nur diejenigen Ausgabensteigerungen einkalkuliert werden, die den Anstieg der Gesundheitsausgaben mit dem Lebensalter bei konstanter Medizintechnik widerspiegeln. Der in der Realität deutlich stärkere Ausgabenzuwachs auf Grund des medizinischen Fortschritts führt dagegen trotz Kapitalbildung zu laufenden Prämienerhöhungen.

(2) Zum anderen bestimmt §12a, Abs. 3 Versicherungsaufsichtsgesetz, dass die PKV-Unternehmen die Tarife der über 65-jährigen Versicherten in erheblichem Umfang aus den Überzinsen auf das Sparkapital aus den Prämienzahlungen der Jüngeren subventionieren müssen. Damit organisiert auch die PKV einen intergenerativen Transfer und ist damit – wenn auch in geringerem Maße als die GKV – durch den demographischen Wandel (d.h. die geringere Größe der nachrückenden Alterskohorten) negativ betroffen.

(3) Schließlich behindert das System der ARS, so wie es in Deutschland bis 2008 gehandhabt wurde, trotz jederzeitigem Kündigungsrecht des Versicherten den Wettbewerb um Bestandskunden, denn beim Wechsel eines Versicherungsnehmers von Versicherer A zu Versicherer B verblieben die ARS beim Versicherer A. Dies bedeutete, dass Versicherer B, wenn er die lebenslang konstante Prämie neu berechnete, eine höhere Prämie berechnen musste als Versicherer A, der bei seiner Kalkulation die bereits vorhandenen ARS berücksichtigen konnte. Daher lohnte sich ein Wechsel des Versicherers schon nach wenigen Jahren Vertragslaufzeit nicht mehr, auch wenn es sich herausstellte, dass andere Anbieter – bei gleichem Eintrittsalter – günstigere Prämien verlangten.

Es sind verschiedene Modelle der „Übertragung" von ARS bei einem Versichererwechsel, d.h. der Ausgleichszahlung von Versicherer A an B bzw. an den Versicherten, vorgeschlagen worden [vgl. etwa BAUMANN ET AL. (2008) und NELL UND ROSENBROCK (2008)]. Die Frage nach der „richtigen" Höhe dieser Ausgleichszahlungen ist jedoch in der Praxis nicht ganz einfach zu beantworten. Insbesondere wäre die nahe liegende Vermutung, die Ausgleichszahlung müsse der gesamten für den Versicherten gebildeten ARS entsprechen, nicht richtig. Denn analytisch lässt sich die ARS in zwei Komponenten zerlegen [vgl. U. MEYER (1992)]:

(1) eine Rückstellung für den „reinen" Alterungseffekt, die den Anstieg der erwarteten Ausgaben mit dem Alter innerhalb jeder Risikogruppe widerspiegelt.

(2) eine weitere Rückstellung, die das *Prämienrisiko* abdeckt, welches darin besteht, dass der betrachtete Versicherte im Laufe des Lebens mit einer bestimmten Wahrscheinlichkeit seine Risikoklasse wechselt und dann bei einem Versicherungswechsel höhere Prämien zahlen müsste, da er im Erwartungswert höhere Ausgaben verursacht [vgl. Abschnitt 5.3.4.1].

Die Funktion der unter (2) genannten Rückstellung kann man sich am besten an einem Zwei-Perioden-Modell verdeutlichen, in dem alle Personen zu Beginn der Periode 1 einen Versicherungsvertrag abschließen, in der sie noch keine unterscheidbaren Merkmale für das Erkrankungsrisiko aufweisen. Dieses Risiko sei in Periode 1 gleich null und in Periode 2 im Durchschnitt gleich $\bar{\pi}$; die (effizienten) Behandlungskosten im Krankheitsfall seien auf 1 normiert.[12] Nimmt man zudem der Einfachheit halber an, dass sowohl die Verwaltungskosten der Versicherung als auch der Zinssatz null betragen, so lässt sich die gesamte Kohorte kostendeckend zu einer einheitlichen Prämie von $\bar{\pi}/2$ pro Kopf und Periode versichern, und bei vollständigem Wettbewerb auf dem Versicherungsmarkt würde sich die Prämie aller Versicherer im Gleichgewicht auf diesen Wert einpendeln. Die Versicherer würden dann bei ordnungsgemäßer Buchführung in Periode 1 „Alterungsrückstellungen" in Höhe von $\bar{\pi}/2$ je Versicherten bilden.

---

[12] In Abschnitt 5.3.4.1 hatten wir angenommen, dass das Risiko in der ersten Periode π_L beträgt. In diesem Fall kann durch konstante Prämien keine garantierte Vertragsverlängerung erreicht werden, weil die Vorauszahlungen zu gering sind. Steigt aber das Risiko im Zeitablauf an, dann gilt dies nicht mehr. Siehe hierzu Übungsaufgabe 5.4.

Es sei ferner angenommen, dass jeder Versicherte zu Beginn der Periode 2 eine objektiv nachprüfbare Information erhält, die es ihm ermöglicht, sein Erkrankungsrisiko genauer zu bestimmen, und zwar betrage die Wahrscheinlichkeit für die Hälfte der Versicherten („niedrige Risiken") π_L und für die andere Hälfte („hohe Risiken") π_H mit $\pi_H > \pi_L$ und $\bar{\pi} = (\pi_H + \pi_L)/2$. Dies bedeutet, dass die Unternehmen zusätzlich zu den bestehenden Verträgen, die sie einhalten müssen, in der zweiten Periode Ein-Perioden-Verträge anbieten können, die nach Risikoklasse differenziert sein werden. Ein Versicherungsnachfrager, der – z.B. durch eine Einstufungsuntersuchung – nachweist, ein niedriges Risiko zu sein, wird im Marktgleichgewicht zur Prämie π_L versichert, alle anderen zur Prämie π_H.

Müssten nun beim Wechsel eines Versicherten von Versicherer A zu Versicherer B die gesamten ARS in Höhe von $\bar{\pi}/2$ an den Versicherten ausgezahlt werden, so würde es sich für alle niedrigen Risiken lohnen, einen solchen Wechsel vorzunehmen, da auf Grund unserer oben getroffenen Annahmen $\pi_L - \bar{\pi}/2 < \bar{\pi}/2$ gilt. Alle hohen Risiken würden dagegen wegen $\pi_H - \bar{\pi}/2 > \bar{\pi}/2$ bei ihrem Versicherer bleiben. Die Folge wäre, dass die Versicherungsunternehmen in Periode 2 jedes niedrige Risiko in ihrem Portfolio mit einem Gewinn von null versichern, für jedes hohe Risiko jedoch entweder einen Verlust in Höhe von $\pi_H - \bar{\pi}$ erleiden oder – wenn der Zwei-Perioden-Vertrag diese Möglichkeit vorsieht – ihre Prämie für die zweite Periode auf den neuen kostendeckenden Wert $\pi_H - \bar{\pi}/2$ anheben. Beides hätte die Konsequenz, dass die Versicherung gegen das Prämienrisiko nicht erreicht wird: Im ersten Fall würden rationale Versicherungen in der ersten Periode keinen Vertrag zur konstanten Prämie $\bar{\pi}/2$ anbieten. Im zweiten Fall würde jeder Versicherungsnehmer in der Summe über beide Perioden genau die Prämie zahlen, die seinem erst in der 2. Periode offenbarten Erkrankungsrisiko π_i ($i = L, H$) entspricht.

Sieht man die Abdeckung des Prämienrisikos dagegen als elementare Versicherungsleistung an, so dürfte der Teil der Prämie aus Periode 1, der hierfür gezahlt worden ist, nicht als „Alterungs"-Rückstellung behandelt und beim Versichererwechsel ausgezahlt werden. Der vom Risikotyp abhängige übertragbare Teil Z_i muss dagegen so bemessen sein, dass Versicherer A gerade für den Weggang kompensiert wird, also dem Saldo aus erwarteten typenabhängigen Kosten und Prämieneinnahmen entsprechen. Es gilt daher

$$Z_H = \pi_H - \bar{\pi}/2 \quad \text{und} \quad Z_L = \pi_L - \bar{\pi}/2 \tag{14.27}$$

bzw. mit $\bar{\pi} = (\pi_H + \pi_L)/2$

$$Z_H = \frac{3\pi_H - \pi_L}{4} \quad \text{und} \quad Z_L = \frac{3\pi_L - \pi_H}{4}. \tag{14.28}$$

Subtrahiert man diese Ausgleichszahlungen von der an Versicherer B zu zahlenden Prämie der 2. Periode, π_L bzw. π_H, so ist der Saldo für beide Risikotypen gleich hoch und entspricht $\bar{\pi}/2$. Dies bedeutet, dass die Versicherung gegen das Prämienrisiko gewährleistet ist. Diese Lösung entspricht dem Konzept der Prämienversicherung von COCHRANE (1995) [vgl. Abschnitt 5.3.4.1].[13]

---

[13] Möglicherweise ist $Z_L < 0$, d.h. niedrige Risiken müssten einen Geldbetrag leisten.

In der Realität existieren mehr als zwei Risikotypen und es bestehen Probleme bei der Messbarkeit der Risikotypen. Bei vielen Gesundheitszuständen ist es schwierig, sie in einem Vertrag gerichtsfest zu beschreiben und ex post zu verifizieren. Dies erschwert es, die Aufteilung der ARS im konkreten Fall vorzunehmen. Unter diesen Umständen spricht jedoch ein gewichtiges Argument dafür, die ARS in der PKV nicht übertragbar zu machen, denn die Verträge können das Prinzip der „Garantierten Vertragsverlängerung" erfüllen. In der zweiten Periode ist dann die Prämie aufgrund der Vorauszahlung so niedrig, dass niedrige Risiken nicht den Anreiz haben, in der zweiten Periode zu wechseln. In unserem Beispiel liegt dieser Fall vor falls $\pi_L > \bar{\pi}/2$. Dann können Versicherungen in der ersten Periode garantieren, dass alle Versicherten zur Gesamtprämie von $\bar{\pi}$ versichert werden. Das Prämienrisiko ist versichert, allerdings mit der Einschränkung, dass ein kostenloser Versicherungswechsel nicht möglich ist.

Seit 1.1.2009 gilt für die Neukunden der PKV eine neue gesetzliche Regelung. Wechseln sie den Versicherer, so dürfen sie den Teil der ARS mitnehmen, der für den sog. Basistarif kalkuliert wurde, also den Versicherungsschutz, der dem GKV-Leistungspaket entspricht. Diese Regelung ist aus zwei Gründen unbefriedigend. Zum einen wird der Wechsel behindert, wenn der tatsächlich gewählte Versicherungsschutz den Basistarif übertrifft. Zum anderen werden die durchschnittlichen ARS der Versichertenkohorte mitgegeben, die für den einzelnen Versicherten nicht sein individuelles Risiko abbilden müssen.

Folgerung 14.9 *In der privaten Krankenversicherung in Deutschland ist es zweifelhaft, ob die Altersrückstellungen ausreichen, um die Prämien konstant zu halten. Die bisherige Nichtübertragbarkeit der Altersrückstellungen beschränkte den Wettbewerb auf Neukunden. Allerdings erlaubte sie auch eine Absicherung des Prämienrisikos. Würden die Altersrückstellungen nach Risikotypen differenziert, ließe sich der Wettbewerb auf bereits Versicherte ausweiten und gleichzeitig das Prämienrisiko versichern.*

14.4.3.3 Kapitaldeckung in der Gesetzlichen Krankenversicherung in Deutschland?

In der Gesetzlichen Krankenversicherung in Deutschland stellt sich die Notwendigkeit einer Kapitaldeckung ganz anders dar als in der PKV, da das Prämienrisiko durch ein Diskriminierungsverbot ausgeschlossen ist. Kapitaldeckung würde hier allein dazu dienen, die zahlenmäßig schwächeren zukünftigen Generationen zu entlasten. Dieses Ziel kann aber durchaus auch im Umlageverfahren erreicht werden – vorausgesetzt, es wird auf intergenerative Transfers verzichtet. Dies bedeutet, dass jede Versichertenkohorte in jeder Periode ihre Leistungsausgaben durch Beiträge decken muss. Da die Leistungsausgaben pro Kopf mit dem Lebensalter zunehmen, müssten also auch die Beiträge (oder Prämien) mit dem Lebensalter steigen, so dass der einzelne Versicherte in jüngeren Jahren private Ersparnisse bilden muss, um sich im Alter die steigenden Versicherungsbeiträge leisten zu können, ohne seinen sonstigen

Konsum drastisch senken zu müssen. Kapitalbildung erfolgt in diesem Fall nicht innerhalb der Versicherungsunternehmen, sondern beim älter werdenden Bürger selbst.

Ein weiterer polit-ökonomischer Grund spricht gegen die Ansammlung von Kapital bei öffentlich-rechtlichen Trägern einer gesetzlichen Krankenversicherung. Da hohe Beitragssätze – vor allem dann, wenn sie als Abgaben auf das Arbeitseinkommen erhoben werden – bei den Wählern als unerwünscht gelten, sind Politiker vor allem in Zeiten geringen Wirtschaftswachstums intensiv bemüht, durch rückläufige Beitragseinnahmen erforderliche Erhöhungen der Beitragssätze zu vermeiden. Ein einmal gebildetes Finanzpolster bei den Krankenkassen wäre also ständig in Gefahr, in einer wirtschaftlichen Krisensituation für die Verteidigung des aktuellen Beitrags geopfert zu werden.[14] Ein analoges Verhalten beim einzelnen Bürger hätte – mit Ausnahme derjenigen, deren Alterseinkünfte auf Sozialhilfeniveau liegen – zur Konsequenz, dass der zukünftigen Konsum sinken müsste, und dürfte daher von den meisten gemieden werden.

Die Einsicht, dass das Umlageverfahren in der Krankenversicherung nicht mit intergenerativen Transfers gleichzusetzen ist, hat auch Folgen für die Einbeziehung der gesamten Bevölkerung in die Gesetzliche Krankenversicherung, insbesondere im Rahmen einer „Bürgerversicherung" (siehe hierzu Abschnitt 5.6). Zwar trifft es zu, dass die Kapitaldeckung gesenkt wird, wenn mehr Bürger künftig von der GKV anstatt der PKV versichert werden. Werden jedoch gleichzeitig altersabhängige Beitragssätze eingeführt, lässt sich eine Zunahme der intergenerativen Umverteilung vermeiden. Wie FELDER UND KIFMANN (2004b) zeigen, müssten hierfür die Beitragssätze zu Gunsten der jüngeren Beitragszahler gesenkt werden.

> **Folgerung 14.10** *In der gesetzlichen Krankenversicherung ist eine Einführung von Kapitaldeckung nicht nötig, um zukünftige Generationen zu entlasten. Dieses Ziel kann ebenso durch altersabhängige Beitragssätze erreicht werden. Die Kapitaldeckung erfolgt dann beim Bürger selbst. Diese Lösung hat den Vorteil, dass der Kapitalbestand stärker vor politischen Eingriffen geschützt ist.*

14.5 Internationale Herausforderungen

14.5.1 Die Integration der Versicherungsmärkte

Von der Integration der Versicherungsmärkte in der Europäischen Union (EU) gehen wichtige Herausforderungen für die Krankenversicherer aus. Der Europäische Gerichtshof entschied bereits im Jahre 1987, dass die Versicherungen wie andere Branchen auch dem Kartellverbot der Römer Verträge, Art. 85 unterstehen und dass die Kompetenz zu ihrer Regulierung grundsätzlich bei den Organen der EU liegt.

---

[14] Ein anschauliches Beispiel dafür lieferte die im Jahr 2003 vom Bundesministerium für Gesundheit und Soziale Sicherung erlassene Erlaubnis an die Krankenkassen, ihre Defizite nicht durch Beitragserhöhungen, sondern mit Krediten zu decken.

Darüber hinaus bestimmt die Richtlinie 2004/38 die Gleichbehandlung aller EU-Bürger mit dauerhaftem Aufenthaltsrecht (das spätestens nach 5 Jahren gewährt werden muss) in Bezug auf Sozialleistungen. Gleichzeitig gestand der Europäische Gerichtshof im Bereich der Sozialversicherung den Mitgliedstaaten eine längere Übergangsfrist zu. Auch wenn also die Krankenkassen vom Vollzug dieses Grundsatzentscheids noch ausgenommen sind, werden manche von ihnen ihre Rolle neu definieren müssen. Für einen gewinnorientierten, multinational tätigen Versicherer wäre aus mehreren Gründen die Zusammenarbeit mit einer Krankenkasse von großem Vorteil:

- Die Krankenversicherung ist durch *häufige, vergleichsweise kleine Schäden* gekennzeichnet, vermittelt also häufige Kontakte zum Kunden zu vergleichsweise niedrigen Kosten.

- Die soziale Krankenversicherung umfasst in den OECD-Ländern *mindestens 85% der Bevölkerung* (Deutschland), in manchen bis zu 100% (Frankreich, Schweiz).

- Die Krankenversicherung verschafft dem Versicherungsunternehmen Informationen über den Gesundheitszustand, die bei der Risikoeinstufung eines Nachfragers in Bezug auf andere Versicherungsprodukte (Lebensversicherung, Baukreditversicherung) von Bedeutung sein können.

- Das Krankheitsrisiko ist mit den von der privaten Lebensversicherung und der Kraftfahrzeugversicherung gedeckten Risiken *negativ korreliert*: Die aufwändigen Behandlungen konzentrieren sich auf die Zeit nach dem 60. Lebensjahr, wenn die meisten Lebensversicherungsverträge bereits abgelaufen sind. Liegt jemand krank im Bett, kann er keinen Verkehrsunfall verursachen. Negativ korrelierte Schäden tragen aber entscheidend zur Reduktion der Varianz des Gesamtschadens eines Portfolios von Versicherungsverträgen bei mit offensichtlichen Vorteilen in Hinsicht auf die Kosten der Reservehaltung [vgl. ZWEIFEL UND EISEN (2012, Abschnitt 6.3)].

Aus diesen Gründen ist es für einen Kompositversicherer von großem Interesse, eine soziale Krankenversicherung mitzubetreiben. Diese Möglichkeit wurde z.B. in den Niederlanden und in der Schweiz bereits wahrgenommen, bisher allerdings nur von inländischen Versicherungsunternehmen [vgl. SCHUT ET AL. (1991)]. Sollte die Zusammenarbeit mit einem ausländischen Unternehmen von den Aufsichtsbehörden des Ziellandes untersagt werden, so könnte das Versicherungsunternehmen in Zukunft eine Verzerrung der Wettbewerbsverhältnisse geltend machen und auf Gleichbehandlung klagen. Die in der sozialen Krankenversicherung bisher praktizierte Lösung, auf Solidarität *innerhalb* einer Institution zu bauen [in Deutschland z.B. innerhalb der Gesetzlichen Krankenversicherung (GKV) oder auch innerhalb einer Allgemeinen Ortskrankenkasse (AOK)], wird sich dann kaum mehr aufrechterhalten lassen. Denn der gewinnorientierte Partner in dieser Zusammenarbeit wird darauf drängen, die instabilen Mischverträge durch stabile trennende Verträge abzulösen (vgl. dazu Abschnitt 5.3.3).

Eine weitere Herausforderung an die sozialen Krankenversicherungen geht von der erhöhten Mobilität der Beschäftigten im gemeinsamen EU-Arbeitsmarkt aus. Die EU-Verordnung Nr. 1408/71 verlangt nämlich, dass ein Arbeitnehmer seine Krankenversicherungsdeckung in ein anderes EU-Land „mitnehmen" kann. Einem Gastarbeiter aus Portugal steht es somit frei, nach einigen Jahren Aufenthalt in Deutschland Leistungen der deutschen GKV in Anspruch zu nehmen, auch wenn er seinen Wohnsitz nach Portugal zurückverlegt hat [vgl. HAILBRONNER (2005)].

Offensichtlich erhält hier das *Problem der Risikoselektion* (vgl. Kapitel 7) eine neue Dimension. Auf nationalem Niveau konnte es gelöst werden, indem alle Einwohner eines Landes dazu gezwungen wurden, der sozialen Krankenversicherung beizutreten. Zu einem Zwang, einer gesamteuropäischen Krankenversicherung beizutreten, wird es für die Bürger der EU-Länder so rasch nicht kommen. In der Zwischenzeit laufen jedoch die nationalen Krankenversicherungssysteme mit hohem Leistungsstandard Gefahr, schlechte Risiken aus anderen EU-Ländern an sich zu ziehen und dadurch ihr finanzielles Gleichgewicht zu verlieren [vgl. ZWEIFEL UND EUGSTER (2008)].

14.5.2 Migration von Beschäftigten des Gesundheitswesens

Für Ärzte und Zahnärzte ist der gemeinsame Arbeitsmarkt innerhalb der EU seit einigen Jahren Tatsache, indem ihre Abschlüsse gegenseitig anerkannt werden. Dass ein gewisser Anreiz zur Wanderung insbesondere der Ärzte gegeben ist, geht aus der Abbildung 14.4 hervor. Um 2004 erzielte ein Allgemeinpraktiker in Deutschland ein Einkommen von rund 112.000 US\$ auf Kaufkraftparitätenbasis umgerechnet. Sein Kollege in Tschechien dagegen musste sich mit etwa 39.000 US\$ begnügen; durch eine Übersiedlung ins Nachbarland hätte er sein Einkommen erheblich vergrößern können. Insbesondere sprachliche Hemmnisse werden aber wohl auch in Zukunft Wanderungen größeren Ausmaßes zwischen den EU-Ländern verhindern. Die Erfahrung Kanadas legt die Vermutung nahe, dass sogar bei einem gemeinsamen Sprachraum Einkommensunterschiede von mehreren Zehntausend Dollar nicht genügen, um die Ärzte zur Wanderung zu bewegen. Wie die Abbildung 14.4 zeigt, lag das Einkommen der Ärzte in den USA wesentlich höher, ohne dass es in nennenswertem Ausmaße zu einer Abwanderung kanadischer Ärzte gekommen wäre [vgl. OECD (2007)].

Eine Migrationsentscheidung wird sich jedoch kaum auf einen Vergleich von Jahreseinkommen stützen, sondern den Verlauf des Einkommens über die *ganze Dauer der Erwerbstätigkeit* berücksichtigen. Die eigentlich interessierende Größe ist also nicht so sehr das Jahreseinkommen, sondern das Lebenseinkommen einer Kohorte bereits ausgebildeter Ärzte. Trotz dieser Einschränkung geht man mit Blick auf die Abbildung 14.4 kaum fehl in der Annahme, dass Deutschland für tschechische Ärzte ein attraktives Land darstellt.

Beim *Pflegepersonal* handelt es sich aufgrund des niedrigeren Einkommens von vornherein um geringere Beträge, so dass sich durch einen Wechsel zu einem anderen Gesundheitswesen kaum große finanzielle Vorteile erzielen lassen. Im Ver-

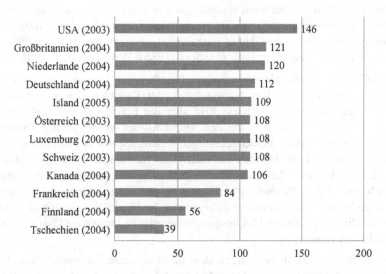

Abb. 14.4. Durchschnittseinkommen von Allgemeinpraktikern in ausgewählten OECD-Ländern in 1.000 US$, um 2004 (Kaufkraftparitäten)

Quelle: FUJISAWA UND LAFORTUNE (2008)

gleich zu vielen Entwicklungsländern dagegen fallen die Lohnunterschiede im Barwert groß genug aus, um auch Pflegepersonal zur Übersiedlung nach Deutschland und in die Schweiz zu veranlassen [GRAY UND PHILLIPS (1993)].

14.5.3 Internationale Direktinvestitionen in Krankenhäuser

Eine dritte internationale Herausforderung könnten in Zukunft „Krankenhausmultis" sein, die gezielt in Marktnischen vorstoßen, z.B. indem sie neueste, von den öffentlichen Krankenhäusern nicht angebotene Operationsverfahren einführen. Das Potential dafür ist vorhanden, verfügt doch der größte Krankenhauskonzern der USA, die Hospital Corporation of America, allein über 200 Krankenhäuser und 70 ambulante Chirurgiezentren [vgl. HOSPITAL CORPORATION OF AMERICA (2002)].

Um die Tragweite dieser möglichen Herausforderung abzuschätzen, ist es von Vorteil, sich die *ökonomische Theorie des multinationalen Unternehmens* kurz zu vergegenwärtigen. Grundsätzlich wird die Existenz von Unternehmen überhaupt, die ja auf Hierarchien statt Austauschbeziehungen zwischen Gleichgestellten in einem Markt beruhen, mit der *Rolle der Transaktionskosten* begründet. An die Stelle eines multilateralen, nur mit hohen Kosten durchzusetzenden Netzes von Verträgen zwischen den Mitgliedern einer produktiven Gruppe tritt je ein Vertrag zwischen dem Manager und dem jeweiligen Untergebenen. Multinationale Unternehmen verdanken dementsprechend ihre Existenz und ihren Erfolg dem Umstand, dass bei einem Austausch von Leistungen zwischen zwei Ländern die Transaktionskosten noch mehr als sonst ins Gewicht fallen, so dass durch interne Transaktionen, die in einem einheitlichen vertragsrechtlichen Rahmen abgewickelt werden, große Einsparungen möglich sind. Dies gilt insbesondere für den internationalen Transfer von Innovationen; multinationale Unternehmen sind darauf spezialisiert, eine Innovation in kürzester Frist in vielen Märkten einzuführen [vgl. CASSON (1985); WILLIAMSON (1981)].

Im Falle einer Krankenhausbehandlung bestehen die Transaktionskosten insbesondere in dem beträchtlichen Aufwand, den der Patient und sein behandelnder Arzt betreiben müssen, um sich ein Bild über die Erfolgschancen und allgemein die Qualität der Behandlung zu machen. Diese Kosten werden häufig dadurch gesenkt, dass ein multinationales Unternehmen weltweit einen bestimmten *Qualitätsstandard garantiert* (z.B. Holiday Inn oder Best Western im Falle der Hotelunterkunft). Es handelt sich dabei um eine organisatorische Innovation im Sinne des Teilabschnitts 14.2.1, die durch die Bündelung von Unternehmen unter einem gemeinsamen Standard eine Senkung nicht so sehr der Produktionskosten als vielmehr der Transaktionskosten erreicht. Diese organisatorische Innovation lässt sich auf die Krankenhäuser übertragen.

Längerfristig ist damit zu rechnen, dass multinationale Unternehmen dank ihrer Fähigkeit, Produktinnovationen besonders rasch aus einem Land in ein anderes zu übertragen, auch im Krankenhausbereich Marktanteile gewinnen werden. Die sozialen Krankenversicherungen werden ihrerseits versucht sein, diese neuen Anbieter zu berücksichtigen, falls sie ein günstiges Preis-Leistungsverhältnis für ihre Mitglieder anbieten. Die Herausforderung wird darin bestehen, die Vertragsbeziehungen zwischen Versicherern und Leistungsanbietern im Gesundheitswesen neu zu gestalten, um den Versicherten die Vorteile dieser Internationalisierung zukommen zu lassen. Dabei wird ein Abwägen zwischen den Effizienzvorteilen eines multinationalen gewinnorientierten Unternehmens und den Vorteilen einer berufsethischen Ausrichtung notwendig sein.

Folgerung 14.11 *Die Integration der Krankenversicherung sowie des Krankenhaussektors in die internationalen Märkte wird eine Neugestaltung der Vertragsbeziehungen im Gesundheitswesen der EU-Länder bedingen. Demgegenüber stellt die Migration von Ärzten und Pflegepersonal eine weniger drängende Herausforderung dar.*

14.6 Zusammenfassung des Kapitels

In diesem Kapitel haben wir die zukünftigen Herausforderungen an das Gesundheitswesen analysiert. Im Mittelpunkt standen dabei der technologische und demographische Wandel, das sog. Sisyphus-Syndrom und die zunehmende wirtschaftliche Integration der Länder. Unsere Hauptergebnisse sind:

(1) Die Anforderungen an die drei Innovationsarten im Gesundheitswesen können als messbare Beiträge an die Verbesserung des Gesundheitszustands ausgedrückt werden. Aus der Sicht eines (nicht versicherten) Individuums liegen diese Anforderungen grundsätzlich gleich hoch für Prozess- und Produktinnovationen, jedoch niedriger für organisatorische Innovationen.

(2) Beim Übergang von der individuellen zur aggregierten Ebene werden die Anforderungen an Innovationsaufwendungen für alle drei Innovationsarten im Gesundheitswesen nach unten verzerrt. Versicherungsinduzierter Moral Hazard und medizinische Imperative auf der Ziel- und Mittelebene begünstigen durchweg die Produktinnovation, jedoch nur bedingt die Prozessinnovation und die organisatorische Innovation.

(3) Die fortschreitende Rektangularisierung der Überlebenskurve lässt sich als Ergebnis von Anstrengungen interpretieren, den Gesundheitszustand besser unter Kontrolle zu halten. Insofern medizinische Leistungen zum Erfolg dieser Anstrengungen besonders beitragen, wird eine hohe Zahlungsbereitschaft für solche Leistungen aus der Risikoaversion der Menschen erklärbar.

(4) Die Alterung der Bevölkerung gefährdet das finanzielle Gleichgewicht einer Krankenversicherung mit altersunabhängigen Beiträgen. Die Beitragsanpassungen zur Wahrung des Gleichgewichts lassen die Mitgliedschaft in einer solchen Versicherung für die jetzige und mehrere zukünftige Generationen von Erwerbstätigen zu einer verlustbringenden Investition werden.

(5) Die Ausbreitung von Ein-Personen-Haushalten verstärkt ceteris paribus die Tendenz, bei Gesundheitsstörungen Leistungen Dritter in Anspruch zu nehmen. Ihr Beitrag zur Eindämmung von Epidemien fällt in der heutigen Zeit, in der ansteckende Krankheiten auf dem Rückzug sind, weniger ins Gewicht.

(6) In demokratisch organisierten Ländern ist mit einem sog. Sisyphus-Syndrom zu rechnen, indem die gegenwärtigen Erfolge der Medizin in der Zukunft das Gesundheitswesen mit Mehrausgaben belasten. Die Stärke des Syndroms hängt davon ab, wie sehr medizinische Leistungen lebensverlängernd wirken, wie stark die Altersbevölkerung ihren politischen Einfluss geltend machen kann und wie rasch die Erwerbsbevölkerung schrumpft (bzw. wie langsam sie zunimmt).

(7) Eine empirische Analyse mit Daten von OECD-Ländern legt die Vermutung nahe, dass zusätzliche Gesundheitsausgaben zu einer höheren Restlebenserwartung in höheren Altersklassen beitragen, was wiederum zu höheren Ausgaben zugunsten der Gesundheit führt. Ein solches Sisyphus-Syndrom dürfte zumindest gegen Ende des vergangenen Jahrhunderts existiert haben, indem sich eine einmalige Zunahme von 1 US\$ auf 0,02 US\$ noch zehn Jahre später überträgt. Immerhin erweist sich das Syndrom als nicht explosiv.

(8) Die demographische Alterung, die durch einen Anstieg der Lebenserwartung verursacht wird, hat einen steigernden Effekt auf die Gesundheitsausgaben pro Kopf. Dieser ist jedoch weitaus geringer als die Auswirkungen des technischen Fortschritts in der Medizin.

(9) In der privaten Krankenversicherung in Deutschland ist es zweifelhaft, ob die Altersrückstellungen ausreichen, um die Prämien konstant zu halten. Die bisherige Nichtübertragbarkeit der Altersrückstellungen beschränkte den Wettbewerb auf Neukunden. Allerdings erlaubte sie auch eine Absicherung des Prämienrisi-

kos. Würden die Altersrückstellungen nach Risikotypen differenziert, ließe sich der Wettbewerb auf bereits Versicherte ausweiten und gleichzeitig das Prämien-risiko versichern.

(10) In der gesetzlichen Krankenversicherung ist eine Einführung von Kapitalde-ckung nicht nötig, um zukünftige Generationen zu entlasten. Dieses Ziel kann ebenso durch altersabhängige Beitragssätze erreicht werden. Die Kapitalde-ckung erfolgt dann beim Bürger selbst. Diese Lösung hat den Vorteil, dass der Kapitalbestand stärker vor politischen Eingriffen geschützt ist.

(11) Die Integration der Krankenversicherung sowie des Krankenhaussektors in die internationalen Märkte wird eine Neugestaltung der Vertragsbeziehungen im Gesundheitswesen der EU-Länder bedingen. Demgegenüber stellt die Migration von Ärzten und Pflegepersonal eine weniger drängende Herausforderung dar.

14.7 Lektürevorschläge

Die Prognosen für die Gesundheitsausgaben, die in Abschnitt 14.4 referiert wurden, beruhen auf empirischen Studien der individuellen Nachfrage nach Gesundheitsleis-tungen. Die Methodik dieser Nachfrageschätzung wird in DEB UND TRIVEDI (2006) diskutiert. Einen Überblick über internationale Vergleiche der Gesundheitsausgaben geben GERDTHAM UND JÖNSSON (2000). R. SMITH (2006) enthält eine Einführung in Fragen des internationalen Handels mit Gesundheitsleistungen.

14.Ü Übungsaufgaben

14.1. Die im Modell in Abschnitt 14.2.1 eingeführte Annahme, dass die Summe der Einkommen Y exogen sei, erscheint einigermaßen restriktiv.

(a) Von welchen im Modell vorkommenden Größen könnte Y wie abhängen?

(b) Greifen Sie die Möglichkeit $Y = Y(R^D, \ldots), \partial Y/\partial R^D > 0$ heraus. Wie lässt sich z.B. im Hinblick auf den Außenhandel eine solche Annahme begründen?

(c) Welche Konsequenzen ergeben sich aus der in (b) eingeführten Ergänzung für die optimale Allokation der Innovation? [Hinweis: modifizierte Gleichung (14.6) zum Ausgangspunkt machen].

14.2. Für die Gesundheitspolitik ist die dynamische Stabilität der Bewegungsgleichung (14.19) von großer Bedeutung: Wird sich eine einmalige Zunahme der medizinischen Aufwendungen nach einiger Zeit wieder zurückbilden, oder ist im Gegenteil mit einem explosiven Prozess zu rechnen?

(a) Zur Abklärung dieser Frage ist es von Vorteil, die Faktoren der Gleichung (14.19) soweit wie möglich in Elastizitätsform zu bringen. Dividieren Sie durch M_t und formen Sie so um, dass die Elastizitäten

$$e(\pi_t, M_{t-1}) \equiv -\frac{\partial \pi_t}{\partial M_{t-1}} \frac{M_{t-1}}{\pi_t} \quad \text{und} \quad e(M_t, \beta_t) \equiv \frac{\partial M_t}{\partial \beta_t} \frac{\beta_t}{M_t}.$$

erscheinen.

(b) Interpretieren Sie die so erhaltene Gleichung.

(c) Die Gleichung kann zusammenfassend geschrieben werden als:

$$\dot{M}_t = c\dot{M}_{t-1}, \quad \text{mit} \quad \dot{M}_t \equiv \frac{dM_t}{M_t}. \tag{14.19'}$$

(i) Wofür steht c?

(ii) Verwenden Sie diese Formel, um $M_{t+1}, M_{t+2}, \ldots, M_{t+k}$ zu bestimmen. Weshalb ist es wichtig zu wissen, ob $c < 1$ oder $c > 1$ ist?

(iii) Versuchen Sie, anhand Ihres Wissens aus dem 4. Kapitel und Kenntnissen über die heutige Bevölkerungsstruktur c abzuschätzen: Ist mit $c > 1$ zu rechnen?

14.3. Gehen Sie von dem Zwei-Perioden-Modell aus Abschnitt 14.4.3.2 aus, in dem Versicherer A eine konstante Prämie von $\bar{\pi}/2$ erhebt. Versicherer B verlangt in der zweiten Periode risikoabhängige Prämien π_H bzw. π_L.

(a) Nehmen Sie für die Krankheitswahrscheinlichkeiten $\pi_H = 0{,}8$ und $\pi_L = 0{,}4$ an.

  (i) Bestimmen Sie die Ausgleichszahlungen Z_L und Z_H und erläutern Sie deren Funktion.

  (ii) Gehen Sie davon aus, die gesamten Altersrückstellungen seien nicht übertragbar. Untersuchen Sie den Anreiz für niedrige Risiken in der zweiten Periode die Versicherung zu wechseln, wenn die Prämie $\bar{\pi}/2$ beträgt.

(b) Unterstellen Sie nun $\pi_H = 0{,}8$ und $\pi_L = 0{,}2$.

  (i) Berechnen Sie Z_L und Z_H. Welches Problem könnte bei der Durchsetzung dieser Lösung auftreten?

  (ii) Welcher Anreiz besteht für niedrige Risiken in der zweiten Periode von Versicherer A zu Versicherer B zu wechseln, wenn die gesamten Altersrückstellungen nicht übertragbar sind? Welche Folgen hat dies für den privaten Krankenversicherungsmarkt in Periode 1?

  (iii) Wie müsste in diesem Fall ein Vertrag mit „Garantierter Vertragsverlängerung" gestaltet sein [siehe Abschnitt 5.3.4.1]? Inwiefern löst dieser Vertrag das Problem aus (i)?

Literaturverzeichnis

ALLAIS, M. (1953). Le Comportement de l'Homme Rationelle devant le Risque: Critique des Postulats et Axiomes de l'École Américaine. *Econometrica, 21,* 503-546.

ALLEN, R. UND GERTLER, P. (1991). Regulation and the Provision of Quality to Heterogenous Consumers: The Case of Prospective Pricing of Medical Services. *Journal of Regulatory Economics, 3,* 361-375.

ARNOTT, R. UND STIGLITZ, J. (1986). Moral Hazard and Optimal Commodity Taxation. *Journal of Public Economics, 29,* 1-24.

ARROW, K. (1951). Alternative Approaches to the Theory of Choice in Risk-Taking Situations. *Econometrica, 19,* 404-437.

ARROW, K. (1962). Economic Welfare and the Allocation of Resources for Invention. In K. Arrow (Hrsg.), *The Rate and Direction of Inventive Activity* (S. 609-625). Princeton, NJ: Princeton University Press.

ARROW, K. (1963). Uncertainty and the Welfare Economics of Medical Care. *American Economic Review, 53,* 941-973.

ARROW, K. (1974). Optimal Insurance and Generalized Deductibles. *Scandinavian Actuarial Journal, 57,* 1-42.

ASH, A., ELLIS, R. UND YU, W. (1998). *Risk Adjusted Payment Models for the Non-Elderly* (Final report). Washington, DC: Health Care Financing Administration.

AUSSCHUSS FÜR GESUNDHEITSÖKONOMIE IM VEREIN FÜR SOCIALPOLITIK UND DEUTSCHE GESELLSCHAFT FÜR GESUNDHEITSÖKONOMIE. (2009). Gemeinsame Stellungnahme zum IQWiG-Entwurf einer Methodik für die Bewertung von Verhältnissen zwischen Nutzen und Kosten im System der deutschen gesetzlichen Krankenversicherung, Version 2.0 [Software-Handbuch]. (http://www.dggoe.de/stellungnahme/20090416/iqwig/)

AUSTER, R., LEVESON, I. UND SARACHEK, D. (1969). The Production of Health, an Exploratory Study. *Journal of Human Resources, 4,* 411-436.

AVERCH, H. UND JOHNSON, L. (1962). Behavior of the Firm Under Regulatory Constraint. *American Economic Review, 52,* 1053-1069.

BAILY, M. (1972). Research and Development Costs and Returns: The U.S. Pharmaceutical Industry. *Journal of Political Economy*, *80*, 78-85.

BANKER, R. D., CHARNES, A. UND COOPER, W. (1984). Some Models for Estimating Technical and Scale Inefficiencies in Data Envelopment Analysis. *Management Science*, *30*, 1078-92.

BARROS, P. UND MARTINEZ-GIRALT, X. (2012). *Health Economics: An Industrial Organization Perspective*. London: Routledge.

BARTEL, A. UND TAUBMAN, P. (1979). Health and Labor Market Success: The Role of Various Diseases. *Review of Economics and Statistics*, *61*, 1-8.

BARTLING, D. UND HADAMIT, H. (1982). *Development of a Drug; It's a Long Way from Laboratory to Patient*. Darmstadt.

BAUMANN, F., MEIER, V. UND WERDING, M. (2008). Transferable Ageing Provisions in Individual Health Insurance Contracts. *German Economic Review*, *9*, 287-311.

BAUMOL, W. UND BRADFORD, D. (1970). Optimal Departures From Marginal Cost Pricing. *American Economic Review*, *60*, 265-283.

BECK, K. UND ZWEIFEL, P. (1998). Cream-Skimming in Deregulated Social Health Insurance: Evidence from Switzerland. In P. Zweifel (Hrsg.), *Health, the Medical Profession, and Regulation* (S. 211-227). Dordrecht: Kluwer.

BECKER, G. (1965). A Theory of the Allocation of Time. *Economic Journal*, *75*, 493-517.

BECKER, G. (1967). Human Capital and the Personal Distribution of Income: An Analytical Approach. In *Woytinsky Lecture No.1*. Ann Arbor: University of Michigan, Institute of Public Administration. (Reprinted in: G.S. Becker (1993), Human Capital, 3. Auflage, Chicago: University of Chicago Press, S. 102–158)

BEHREND, C., GRESS, S., HOLLE, R., REITMEIR, P., TOLKSDORFF, K. UND WASEM, J. (2004). Zur Erklärungskraft des heutigen soziodemografischen Risikostrukturausgleichsmodells – Ergebnisse empirischer Analysen an Prozessdaten einer ostdeutschen Regionalkasse. *Journal of Public Health – Zeitschrift für Gesundheitswissenschaften*, *12*, 20-31.

BENHAM, L. (1991). Licensure and Competition in Medical Markets. In H. Frech III (Hrsg.), *Regulating Doctors' Fees: Competition, Benefits and Controls under Medicare* (S. 75-90). Washington, DC: AEI Press.

BENNETT, J. UND BLAMEY, R. (2001). *The Choice Modelling Approach to Environmental Valuation*. Cheltenham UK, Northampton MA: Edward Elgar.

BEN-PORATH, Y. (1967). The Production of Human Capital and the Life Cycle of Earnings. *Journal of Political Economy*, *75*, 353-367.

BERALDO, S., MONTOLIO, D. UND TURATI, G. (2007). Healthy, Educated and Wealthy: Is the Welfare State Really Harmful for Growth? *Department d'Hisenda Publica. Universitat de Barcelona*.

BERNHOLZ, P. UND BREYER, F. (1994). *Grundlagen der Politischen Ökonomie Bd. 2.: Ökonomische Theorie der Politik*. Tübingen: Mohr Siebeck.

BESLEY, T. UND COATE, S. (1991). Public Provision of Private Goods and the Redistribution of Income. *American Economic Review*, *81*, 979-984.

BHATTACHARYYA, G. UND JOHNSON, R. (1977). *Statistical Concepts and Methods.* New York: J. Wiley & Sons.

BIRCH, S. UND GAFNI, A. (1992). Cost Effectiveness/Utility Analyses: Do Current Decision Rules Lead Us Where We Want to Be? *Journal of Health Economics, 11,* 279-296.

BIRCH, S. UND GAFNI, A. (2006a). Decision Rules in Economic Evaluation. In A. Jones (Hrsg.), *The Elgar Companion to Health Economics* (S. 492-502). Cheltenham: Edward Elgar.

BIRCH, S. UND GAFNI, A. (2006b). Information Created to Evade Reality (ICER). *PharmacoEconomics, 24,* 1121-1131.

BLACK, D. (1948). On the Rationale of Group Decision-Making. *Journal of Political Economy, 56,* 23-34.

BLACKORBY, C. UND DONALDSON, D. (1988). Cash versus Kind, Self-Selection, and Efficient Transfers. *American Economic Review, 78,* 691-700.

BLACKORBY, C. UND DONALDSON, D. (1990). The Case Against the Use of the Sum of Compensating Variations in Cost-Benefit Analysis. *Canadian Journal of Economics, 23,* 471-494.

BLAMEY, R., BENNETT, J. UND MORRISON, M. (1999). Yea-Saying in Contingent Valuation Survey. *Land Economics, 75,* 126-141.

BLEICHRODT, H. (2002). A New Explanation for the Difference Between Time-Tradeoff Utilities and Standard Gamble Utilities. *Health Economics, 11,* 447-456.

BLEICHRODT, H. UND JOHANNESSON, M. (1997). An Experimental Test of the Theoretical Foundation of Rating-Scale Valuations. *Medical Decision Making, 17,* 208-216.

BLEICHRODT, H. UND PINTO, J. (2005). The Volatility of QALYs Under Non-Expected Utility. *Economic Journal, 115,* 533-550.

BLEICHRODT, H. UND QUIGGIN, J. (1997). Characterizing QALYs Under a General Rank Dependent Utility Model. *Journal of Risk and Uncertainty, 15,* 151-165.

BLEICHRODT, H. UND QUIGGIN, J. (1999). Life-Cycle Preferences Over Consumption and Health: When Is Cost-Effectiveness Analysis Equivalent to Cost-Benefit Analysis? *Journal of Health Economics, 18,* 681-708.

BLEICHRODT, H., WAKKER, P. UND JOHANNESSON, M. (1997). Characterizing QALYs by Risk Neutrality. *Journal of Risk and Uncertainty, 15,* 107-114.

BLOMQUIST, S. UND CHRISTIANSEN, V. (1999). The Political Economy of Publicly Provided Private Goods. *Journal of Public Economics, 73,* 31-54.

BLOMQVIST, Å. (1997). Optimal Non-Linear Health Insurance. *Journal of Health Economics, 16,* 303-321.

BOADWAY, R. UND BRUCE, N. (1984). *Welfare Economics.* Oxford: Basil Blackwell.

BOLIN, K. (2011). Health Production. In S. Glied und P. Smith (Hrsg.), *The Oxford Handbook of Health Economics* (S. 95-123). Oxford: Oxford University Press.

BRENNER, H. (1979). Mortality and the National Economy: A Review and the Experience of England and Wales, 1936-76. *Lancet*, *314*, 568-573.

BRENNER, H. (1983). Mortality and Economic Instability: Detailed Analyses for Britain. In J. John (Hrsg.), *Influence of Economic Instability on Health* (S. 28-84). Berlin: Springer.

BREUER, M. (2006). Optimal Insurance Contracts without the Non-Negativity Constraint on Indemnities, Revisited. *Geneva Risk and Insurance Review*, *31*, 5-9.

BREYER, F. (1982). 'Rational' Purchase of Medical Care and Differential Insurance Coverage for Diagnostic Services. *Journal of Health Economics*, *1*, 147-156.

BREYER, F. (1989a). On the Intergenerational Pareto Efficiency of Pay-As-You-Go Financed Pension Systems. *Journal of Institutional and Theoretical Economics*, *145*, 643-658.

BREYER, F. (1989b). Verteilungswirkungen wahlweiser Selbstbeteiligung in der GKV – eine risikotheoretische Analyse. In P. Gäfgen G. und Oberender (Hrsg.), *Verteilungsziele und Verteilungswirkungen im Gesundheitswesen* (S. 93-109). Baden-Baden: Nomos.

BREYER, F. (1995). The Political Economy of Rationing in Social Health Insurance. *Journal of Population Economics*, *8*, 137-148.

BREYER, F. (2011). *Mikroökonomik – eine Einführung* (5. Aufl.). Berlin: Springer.

BREYER, F. UND BUCHHOLZ, W. (2009). *Ökonomie des Sozialstaats* (2. Aufl.). Heidelberg: Springer.

BREYER, F. UND FELDER, S. (2005). Mortality Risk and the Value of a Statistical Life: The Dead-Anyway Effect Revis(it)ed. *Geneva Risk and Insurance Review*, *30*, 14-55.

BREYER, F. UND FELDER, S. (2006). Life Expectancy and Health Care Expenditures in the 21st Century: A New Forecast for Germany Using the Costs of Dying. *Health Policy*, *75*, 178-186.

BREYER, F., FRANZ, W., HOMBURG, S., SCHNABEL, R. UND WILLE, E. (2004). *Reform der sozialen Sicherung*. Berlin: Springer.

BREYER, F., HEINECK, M. UND LORENZ, N. (2003). Determinants of Health Care Utilization by German Sickness Fund Members – With Application to Risk Adjustment. *Health Economics*, *12*, 367-376.

BREYER, F., KLIEMT, H. UND THIELE, F. (Hrsg.). (2001). *Rationing in Medicine: Ethical, Legal and Practical Aspects*. Berlin: Springer.

BREYER, F. UND KOLMAR, M. (2010). *Grundlagen der Wirtschaftspolitik* (3. Aufl.). Tübingen: Mohr Siebeck.

BREYER, F. UND SCHULTHEISS, C. (2002). "Primary" Rationing of Health Services in Ageing Societies – A Normative Analysis. *International Journal of Health Care Finance and Economics*, *2*, 247-264.

BREYER, F. UND ULRICH, V. (2000). Gesundheitsausgaben, Alter und medizinischer Fortschritt: Eine Regressionsanalyse. *Jahrbücher für Nationalökonomie und Statistik*, *220*, 1-17.

BROOK, R., WARE, J., JR., ROGERS, W., KEELER, E., DAVIES, A., DONALD, C., ... NEWHOUSE, J. (1983). Does Free Care Improve Adults' Health? Results from a Randomized Controlled Trial. *New England Journal of Medicine*, *309*, 1426-1434.

BROOME, J. (1982a). Trying to Value a Life. *Journal of Public Economics*, *9*, 91-100.

BROOME, J. (1982b). Uncertainty in Welfare Economics and the Value of Life. In M. Jones-Lee (Hrsg.), *The Value of Life and Safety* (S. 201-216). Amsterdam: North Holland.

BRYAN, S., GOLD, L., SHELDON, R. UND BUXTON, M. (2000). Preference Measurement Using Conjoint Methods: An Empirical Investigation of Reliability. *Health Economics*, *9*, 385-395.

BUCHMUELLER, T. UND FELDSTEIN, P. (1997). The Effect of Price on Switching Among Health Plans. *Journal of Health Economics*, *16*, 231-247.

BUNDESMINISTERIUM FÜR GESUNDHEIT. (2011). *Daten des Gesundheitswesens*. Zugriff auf http://www.bmg.bund.de/fileadmin/dateien/Publikationen/ Ministerium/Broschueren/Broschuere_Daten_Gesundheit_2011_Internet_ 110818.pdf

BUNDESMINISTERIUM FÜR GESUNDHEIT UND SOZIALE SICHERUNG. (2003). *Nachhaltigkeit in der Finanzierung der Sozialen Sicherungssysteme – Bericht der Kommission.* Berlin. (http://www.bmas.de/DE/Service/Publikationen/c318-ruerup-bericht.html)

BUNDESVERSICHERUNGSAMT. (2008). *So funktioniert der neue Risikostrukturausgleich im Gesundheitsfonds.* Bonn. (http://www.bundesversicherungsamt. de/nn_1046668/DE/Risikostrukturausgleich/Wie_funktioniert_Morbi_RSA, templateId=raw,property=publicationFile.pdf/Wie_funktioniert_Morbi_RSA. pdf)

BUSSE, R., KRAUTH, C. UND SCHWARTZ, F. (2000). Use of Acute Hospital Beds Does not Increase as the Population Ages: Results for a Seven Year Cohort Study in Germany. *Journal of Epidemiology and Community Health*, *56*, 289-293.

BUTLER, J. (1999). *The Ethics of Health Care Rationing*. London et al.: Cassell.

BYRNE, M., O'MALLEY, K. UND SUAREZ-ALMAZOR, M. (2005). Willingness to Pay Per Quality-Adjusted Life Year in a Study of Knee Osteoarthritis. *Medical Decision Making*, *25*, 655-666.

CAMERON, A., TRIVEDI, P., MILNE, F. UND PIGGOTT, J. (1988). A Microeconometric Model of the Demand for Health Care and Health Insurance in Australia. *Review of Economic Studies*, *55*, 85-106.

CARLSEN, F. UND GRYTTEN, J. (1998). More Physicians: Improved Availability or Induced Demand? *Health Economics*, *7*, 495-508.

CASSEL, D. (2003). Die Notwendigkeit ergänzender Alterungsreserven und höherer Rentner-Beiträge in der GKV. *Wirtschaftsdienst*, *83*, 75-80.

CASSON, M. (1985). Transaction Costs and the Theory of the Multinational Enterprise. In P. Buckley und M. Casson (Hrsg.), *The Economic Theory of the Multinational Enterprise* (S. 20-38). London: Macmillan.

CHALKLEY, M. UND MALCOMSON, J. (1998a). Contracting for Health Services when Patient Demand Does Not Reflect Quality. *Journal of Health Economics*,

17, 1-19.

CHALKLEY, M. UND MALCOMSON, J. (1998b). Contracting for Health Services with Unmonitored Quality. *Economic Journal*, *108*, 1093-1110.

CHALKLEY, M. UND MALCOMSON, J. (2000). Government Purchasing of Health Services. In A. Culyer und J. Newhouse (Hrsg.), *Handbook of Health Economics* (Bd. Band 1A, S. 847-890). Amsterdam: Elsevier.

CHANG, H.-Y. UND WEINER, J. (2010). An In-Depth Assessment of a Diagnosis-Based Risk Adjustment Model based on National Health Insurance Claims: the Application of the Johns Hopkins Adjusted Clinical Group Case-Mix System in Taiwan. *BMC Medicine*, *8:7*.

CHARNES, A., COOPER, W. UND RHODES, E. (1978). Measuring the Efficiency of Decision Making Units. *European Journal of Operational Research*, *2*, 429-444.

CHOI, J., LAIBSON, D. UND MADRIAN, B. (2004). Plan Design and 401(k) savings Outcomes. *National Tax Journal*, *57*, 275-298.

CHOLLET, D. UND LEWIS, M. (1997). Private Insurance: Principles and Practice. In G. J. Schieber (Hrsg.), *Innovations in Health Care Financing: Proceedings of a World Bank Conference* (S. 77-114). Washington, DC: World Bank.

CHRISTIANSON, J. UND CONRAD, D. (2011). Provider Payment and Icentives. In S. Glied und P. Smith (Hrsg.), *The Oxford Handbook of Health Economics* (S. 624-648). Oxford: Oxford University Press.

CLARK, D., KORFF, M. V., SANDERS, K., BALUCH, W. UND SIMON, G. (1995). A Chronic Disease Score with Empirically Derived Weights. *Medical Care*, *33*, 783-795.

CLAXTON, K. (2007). OFT, VBP: QED? *Health Economics*, *15*, 545-558.

CLAXTON, K., BRIGGS, A., BUXTON, M., CULYER, A., McCABE, C., WALKER, S. UND SCULPHER, M. (2008). Value Based Pricing for NHS Drugs: An Opportunity Not to Be Missed? *British Medical Journal*, *336*, 251-254.

COATE, S. (1995). Altruism, the Samaritan's Dilemma and Government Transfer Policy. *American Economic Review*, *85*, 46-57.

COCHRANE, J. (1995). Time-Consistent Health Insurance. *Journal of Political Economy*, *103*, 445-473.

COELLI, T., RAO, D. UND BATTESE, G. (1998). *An Introduction to Efficiency and Productivity Analysis*. Dordrecht: Kluwer.

COMANOR, W. (1986). The Political Economy of the Pharmaceutical Industry. *Journal of Economic Literature*, *24*, 1178-1217.

COMANOR, W. (1998). *How Increased Competition from Generic Drugs Has Affected Prices and Returns in the Pharmaceutical Industry*. (http://www.cbo.gov)

COMANOR, W., FRECH, H., III UND MILLER, R., JR. (2006). Is the United States an Outlier in Health Care and Health Outcomes? A Preliminary Analysis. *International Journal of Health Care Finance and Economics*, *6*, 3-23.

COOK, P. UND GRAHAM, D. (1977). The Demand for Insurance Protection: The Case of Irreplaceable Commodities. *Quarterly Journal of Economics*, *91*, 143-156.

COOPER, W., SEIFORD, L. UND TONE, K. (2006). *Data Envelopment Analysis: A Comprehensive Text with Models, Applications, References and DEA-Solver Software* (2. Aufl.). New York: Springer.

CORNEO, G. (2009). *Öffentliche Finanzen: Ausgabenpolitik* (3. Aufl.). Tübingen: Mohr Siebeck.

CREMER, H. UND PESTIEAU, P. (1996). Redistributive Taxation and Social Insurance. *International Tax and Public Finance, 3,* 281-295.

CROCKER, K. UND SNOW, A. (1985a). The Efficiency of Competitive Equilibria in Insurance Markets with Asymmetric Information. *Journal of Public Economics, 26,* 207-219.

CROCKER, K. UND SNOW, A. (1985b). A Simple Tax Structure for Competitive Equilibrium and Redistribution in Insurance Markets with Asymmetric Information. *Southern Economic Journal, 51,* 1142-50.

CULYER, A. (1971). The Nature of the Commodity 'Health Care' and its Efficient Allocation. *Oxford Economic Papers, 23,* 189-211.

CULYER, A. (1989). The Normative Economics of Health Care Finance and Provision. *Oxford Review of Economic Policy, 5,* 34-58.

CULYER, A. (1990). Commodities, Characteristics of Commodities, Characteristics of People, Utilities, and Quality of Life. In S. Baldwin, C. Godfrey und C. Propper (Hrsg.), *Quality of Life: Perspectives and Policies* (S. 9-27). London: Routledge.

CUTLER, D. UND ZECKHAUSER, R. (2000). The Anatomy of Health Insurance. In A. Culyer und J. Newhouse (Hrsg.), *Handbook of Health Economics* (Bd. 1A, S. 563-643). Amsterdam: Elsevier.

DAFNY, L. (2005). How Do Hospitals Respond to Price Changes? *American Economic Review, 95,* 1525-1547.

DAHLBY, B. (1981). Adverse Selection and Pareto Improvements Through Compulsory Insurance. *Public Choice, 37,* 547-558.

DANZON, P. (1997a). *Pharmaceutical Price Regulation – National Policies versus Global Interests.* Washington, DC: AEI Press.

DANZON, P. (1997b). Price Discrimination for Pharmaceuticals: Welfare Effects in the US and the EU. *International Journal of the Economics of Business, 4,* 301-321.

DANZON, P. (2011). The Economics of the Biopharmaceutical Industry. In S. Glied und P. Smith (Hrsg.), *The Oxford Handbook of Health Economics* (S. 520-554). Oxford: Oxford University Press.

DANZON, P. UND CHAO, L.-W. (2000). Cross-National Price Differences for Pharmaceuticals: How Large, and Why? *Journal of Health Economics, 19,* 159-195.

DARBÀ, J. UND ROVIRA, J. (1998). Parallel Imports of Pharmaceuticals in the European Union. *PharmacoEconomics, 14 (Suppl.1),* 129-136.

DARBY, M. UND KARNI, E. (1973). Free Competition and the Optimal Amount of Fraud. *Journal of Law & Economics, 16,* 67-88.

DASGUPTA, P. UND MASKIN, E. (1986). The Existence of Equilibrium in Discontinuous Economic Games. *Review of Economic Studies, 46,* 1-41.

DAVE, D. UND KAESTNER, R. (2009). Health Insurance and Ex Ante Moral Hazard: Evidence from Medicare. *International Journal of Health Care Finance and Economics*, *9*, 367-390.

DEB, P. UND TRIVEDI, P. (2006). Empirical Models of Health Care Use. In A. Jones (Hrsg.), *The Elgar Companion to Health Economics* (S. 147-155). Cheltenham: Edward Elgar.

DEBREU, G. (1959). *Theory of Value: An Axiomatic Analysis of Economic Equilibrium*. London: Wiley.

DEBROCK, L. (1985). Market Structure, Innovation and Optimal Patent Life. *Journal of Law and Economics*, *28*, 223-44.

DEVARAJAN, S., SWAROOP, V. UND ZOU, H.-F. (1996). The Composition of Public Expenditure and Economic Growth. *Journal of Monetary Economics*, *37*, 313-344.

DIAMOND, P. (1992). Organizing the Health Insurance Market. *Econometrica*, *60*, 1233-1254.

DIMASI, J., HANSEN, R. UND GRABOWSKI, H. (2003). The Price of Innovation: New Estimates of Drug Development Costs. *Journal of Health Economics*, *22*, 151-185.

DIMASI, J., HANSEN, R., GRABOWSKI, H. UND LASAGNA, L. (1991). Cost of Innovation in the Pharmaceutical Industry. *Journal of Health Economics*, *10*, 107-142.

DINKEL, R. (1999). Demographische Entwicklung und Gesundheitszustand: Eine empirische Kalkulation der Healthy Life Expectancy für die Bundesrepublik auf der Basis von Kohortendaten. In H. Häfner (Hrsg.), *Gesundheit – unser höchstes Gut?* (S. 61-83). Heidelberg: Springer.

DIONNE, G. (1992). *Contributions to Insurance Economics*. Dordrecht: Kluwer.

DIONNE, G. (2000). *Handbook of Insurance*. Dordrecht: Kluwer.

DIONNE, G. UND DOHERTY, N. (1992). Adverse Selection in Insurance Markets: A Selective Survey. In G. Dionne (Hrsg.), *Contributions to Insurance Economics* (S. 97-140). Dordrecht: Kluwer.

DOLAN, P. (2000). The Measurement of Health-Related Quality of Life for Use in Resource Allocation Decisions in Health Care. In A. Culyer und J. Newhouse (Hrsg.), *Handbook of Health Economics* (Bd. 1B, S. 1723-1760). Amsterdam: Elsevier.

DONABEDIAN. (1966). Evaluating the Quality of Medical Care. *Milbank Memorial Fund Quarterly*, *44*, 166-206.

DRANOVE, D. (1987). Rate-Setting by Diagnosis Related Groups and Hospital Specialization. *Rand Journal of Economics*, *18*, 417-427.

DRANOVE, D. (1988). Pricing by Non-Profit Institutions: Cost Shifting. *Journal of Health Economics*, *7*, 47-57.

DRANOVE, D. (2012). Health Care Markets, Regulators, and Certifiers. In M. Pauly, T. McGuire und P. Barros (Hrsg.), *Handbook of Health Economics* (Bd. 2, S. 639-690). Amsterdam: North-Holland.

DRANOVE, D. UND SATTERTHWAITE, M. (2000). The Industrial Organization of Health Care Markets. In A. Culyer und J. Newhouse (Hrsg.), *Handbook of*

Health Economics (Bd. 1B, S. 1093-1139). Amsterdam: Elsevier.

DRANOVE, D. UND WEHNER, P. (1994). Physician-Induced Demand for Childbirths. *Journal of Health Economics, 13,* 61-73.

DRÈZE, J. (1962). L'Utilité Sociale d'une Vie Humaine. *Revue Française de Recherche Opérationelle, 1,* 93-118.

DRÖSLER, S., HASFORD, J., KURTH, B.-M., SCHAEFER, M., WASEM, J. UND WILLE, E. (2011). *Evaluationsbericht zum Jahresausgleich 2009 im Risikostrukturausgleich.* Bonn. (https://www.bundesgesundheitsministerium. de/fileadmin/dateien/Publikationen/Gesundheit/Forschungsberichte/ Evaluationsbericht_zum_Jahresausgleich.pdf)

DRUMMOND, M., O'BRIEN, B., STODDART, G. UND TORRANCE, G. (1997). *Methods for the Economic Evaluation of Health Care Programmes* (2. Aufl.). Oxford: Oxford University Press.

DRUMMOND, M. UND RUTTEN, F. (2008, November). New Guidelines For Economic Evaluation in Germany and the United Kingdom: Are We Any Closer to Developing International Standards? *Office of Health Economics Briefing, 46,* 1-16.

DRUMMOND, M., SCULPHER, M., TORRANCE, G., O'BRIEN, B. UND STODDART, G. (2005). *Methods for the Economic Evaluation of Health Care Programmes* (3. Aufl.). Oxford: Oxford University Press.

DRUMMOND, M., TORRANCE, G. UND MASON, J. (1993). Cost-Effectiveness League Tables: More Harm than Good? *Social Science and Medicine, 37,* 33-40.

DUAN, N. (1983). Smearing Estimate: A Nonparametric Retransformation Method. *Journal of the American Statistical Association, 78,* 605-690.

DUAN, N., MANNING, W., MORRIS, C. UND NEWHOUSE, J. (1984). Choosing Between the Sample-Selection Model and the Multi-Part Model. *Journal of Business and Economic Statistics, 2,* 283-289.

EECKHOUDT, L., GOLLIER, C. UND SCHLESINGER, H. (2005). *Economic and Financial Decisions Under Risk.* Princeton: Princeton University Press.

EGGLESTON, K. (2005). Multitasking and Mixed Systems for Provider Payment. *Journal of Health Economics, 24,* 211-223.

EISNER, R. UND STROTZ, R. (1961). Flight Insurance and the Theory of Choice. *Journal of Political Economy, 69,* 355-368.

ELLIS, R. (1998). Creaming, Skimping and Dumping: Provider Competition on the Intensive and Extensive Margins. *Journal of Health Economics, 17,* 537-555.

ELLIS, R. (2008). Risk Adjustment in Health Care Markets: Concepts and Applications. In M. Lu und E. Jonsson (Hrsg.), *Financing Health Care: New Ideas for a Changing Society* (S. 177-222). Weinheim: Wiley-VCH.

ELLIS, R. UND MCGUIRE, T. (1986). Provider Behavior Under Prospective Reimbursement: Cost Sharing and Supply. *Journal of Health Economics, 5,* 129-151.

EMONS, W. (1997). Credence Goods Monopolists. *International Journal of Industrial Organization, 19,* 357-389.

ENCINOSA, W. (2001). A Comment on Neudeck and Podczeck's "Adverse Selection and Regulation in Health Insurance Markets". *Journal of Health Economics*, *20*, 667-673.

ENTHOVEN, A. (1978). Shattuck Lecture – Cutting Costs without Cutting the Quality of Care. *New England Journal of Medicine*, *298*, 1229-1238.

ENTHOVEN, A. (1980). *Health Plan: The Only Practical Solution to the Soaring Cost of Medical Care*. Reading, MA: Addison-Wesley.

ENTHOVEN, A. (1988). *Theory and Practice of Managed Competition in Health Care Finance*. Amsterdam: North Holland.

EPPLE, D. UND ROMANO, R. (1996a). Ends Against the Middle: Determining Public Service Provision when there are Private Alternatives. *Journal of Public Economics*, *62*, 297-325.

EPPLE, D. UND ROMANO, R. (1996b). Public Provision of Private Goods. *Journal of Political Economy*, *104*, 57-84.

EVANS, R. (1974). Supplier-Induced Demand: Some Empirical Evidence and Implications. In M. Perlman (Hrsg.), *The Economics of Health and Medical Care* (S. 162-173). New York: Macmillan.

EVANS, W. UND VISCUSI, W. (1991). Estimation of State-Dependent Utility Functions Using Survey Data. *Review of Economics and Statistics*, *73*, 94-104.

FAYISSA, B. UND GUTEMA, P. (2005). Estimating a Health Production Function for Sub-Saharan Africa (SSA). *Applied Economics*, *37*, 155-164.

FELDER, S. (2003). Kapitaldeckung in der gesetzlichen Krankenversicherung über den Risikostrukturausgleich. *Jahrbuch für Wirtschaftswissenschaften*, *54*, 60-72.

FELDER, S. UND KIFMANN, M. (2004a). Kurz- und langfristige Folgen einer Bürgerversicherung. In D. Cassel (Hrsg.), *Wettbewerb und Regulierung im Gesundheitswesen* (S. 9-32). Nomos.

FELDER, S. UND KIFMANN, M. (2004b). Kurz- und langfristige Folgen einer Bürgerversicherung. In D. Cassel (Hrsg.), *Wettbewerb und Regulierung im Gesundheitswesen* (S. 9-32). Baden-Baden: Nomos.

FELDER, S., MEIER, M. UND SCHMITT, H. (2000). Health Care Expenditure in the Last Months of Life. *Journal of Health Economics*, *19*, 679-695.

FELDER, S., WERBLOW, A. UND ZWEIFEL, P. (2010). Do Red Herrings Swim in Circles? Controlling for the Endogeneity of Time to Death. *Journal of Health Economics*, *29*, 205-212.

FELDSTEIN, P. (2006). *The Politics of Health Legislation: An Economic Perspective* (3. Aufl.). Chicago: Health Administration Press.

FELDSTEIN, P. (2012). *Health Care Economics* (7. Aufl.). Clifton Park, NY: Delmar.

FINKELSTEIN, A. (2004). Minimum Standards, Insurance Regulation and Adverse Selection: Evidence from the Medigap Market. *Journal of Public Economics*, *88*, 2515-2547.

FINKELSTEIN, A., LUTTMER, E. UND NOTOWIDIGDO, M. (2012). What Good is Wealth Without Health? The Effect of Health on the Marginal Utility of Consumption. *Journal of the European Economic Association*, im Erscheinen.

FLEISHMAN, J., COHEN, J., MANNING, W. UND KOSINSKI, M. (2006). Using the SF-12 Health Status Measure to Improve Predictions of Medical Expenditures. *Medical Care, 44*, I-54–I-63.

FOLLAND, S. UND HOFLER, R. (2001). How Reliable are Hospital Efficiency Estimates? Exploiting the Dual to Homothetic Production. *Health Economics, 10*, 683-698.

FRANK, R., GLAZER, J. UND MCGUIRE, T. (2000). Measuring Adverse Selection in Managed Health Care. *Journal of Health Economics, 19*, 829-854.

FRANKEL, M. (1979). *Hazard, Opportunity and the Valuation of Life* (Preliminary Report). Urbana-Champaign IL: Department of Economics, University of Illinois.

FRECH, H., III UND MILLER, R., JR. (1999). *The Productivity of Health Care and Pharmaceuticals: An International Analysis*. Washington, DC: The AEI Press.

FRICK, K. (1998). Consumer Capital Market Constraints and Guaranteed Renewable Insurance. *Journal of Risk and Uncertainty, 16*, 271-278.

FRIES, J. (1980). Aging, Natural Death, and the Compression of Morbidity. *New England Journal of Medicine, 303*, 130-135.

FUCHS, V. (1968). The Growing Demand for Medical Care. *New England Journal of Medicine, 179*, 190-195.

FUCHS, V. (1974). Some Economic Aspects of Mortality in Developed Countries. In M. Perlman (Hrsg.), *The Economics of Health and Medical Care* (S. 174-193). London: Macmillan.

FUCHS, V. (1978). The Supply of Surgeons and the Demand for Operations. *Journal of Human Resources, 13 (Suppl.)*, 35-56.

FUCHS, V. (1984a). The "Rationing" of Medical Care. *New England Journal of Medicine, 311*, 1572-1573.

FUCHS, V. (1984b). Though Much Is Taken: Reflections on Aging, Health and Medical Care. *Milbank Memorial Fund Quarterly/Health and Society, 61*, 143-166.

FUCHS, V. (2004). More Variations in Use of Cure, More Flat-Of-The-Curve Medicine. *Health Affairs Web Exclusive*, VAR104-VAR107.

FUJISAWA, R. UND LAFORTUNE, G. (2008). *The Renumeration of General Practitioners and Specialists in 14 OECD Countries: What are the Factors Influencing Variations across Countries* (Bericht Nr. 41). OECD.

GEGAX, D. UND STANLEY, L. (1997). Validating Conjoint and Hedonic Preference Measures: Evidence from Valuing Reductions in Risk. *Quarterly Journal of Business and Economics, 36*, 31-54.

GEMEINSAME EINRICHTUNG KVG . (2011). *Risikoausgleich*. Solothurn. (http://www.kvg.org/ra/)

GERDTHAM, U.-G. UND JÖNSSON, B. (2000). International Comparisons of Health Expenditure. In A. Culyer und J. Newhouse (Hrsg.), *Handbook of Health Economics* (Bd. Band 1A, S. 11-53). Amsterdam: Elsevier.

GERDTHAM, U.-G., JÖNSSON, B., MACFARLAN, M. UND OXLEY, H. (1998). The Determinants of Health Expenditure in the OECD Countries: A Pooled

Data Analysis. In P. Zweifel (Hrsg.), *Health, the Medical Profession, and Regulation. Developments in Health Economics and Public Policy* (S. 113-134). Boston: Kluwer Academic.

GERDTHAM, U.-G. UND RUHM, C. (2006). Death Rise in Good Economic Times – Evidence from OECD. *Economics and Human Biology, 4*, 298-316.

GERDTHAM, U.-G., SØGAARD, J., JÖNSSON, B. UND ANDERSSON, F. (1992). A Pooled Cross-Section Analysis of the Health Care Expenditures of the OECD Countries. In P. Zweifel und H. Frech III (Hrsg.), *Health Economics Worldwide* (S. 287-310). Boston: Kluwer Academic.

GERFIN, M. UND SCHELLHORN, M. (2006). Nonparametric Bounds on the Effect of Deductibles in Health Care Insurance on Doctor Visits – Swiss Evidence. *Health Economics, 15*, 1011-1020.

GERFIN, M., SPYCHER, S. UND LEU, R. (1992). The Validity of the MIMIC Health Index – Some Empirical Evidence. In P. Zweifel und H. Frech III (Hrsg.), *Health Economics Worldwide* (S. 109-142). Dordrecht: Kluwer.

GLAZER, J. UND MCGUIRE, T. (2000a). Optimal Risk Adjustment in Markets with Adverse Selection: An Application to Managed Care. *American Economic Review, 90*, 1055-1071.

GLAZER, J. UND MCGUIRE, T. (2000b). Optimal Risk Adjustment in Markets with Adverse Selection: An Application to Managed Care. *American Economic Review, 90*, 1055-1071.

GLAZER, J. UND MCGUIRE, T. (2002). Setting Health Plan Premiums to Ensure Efficient Quality in Health Care: Minimum Variance Optimal Risk Adjustment. *Journal of Public Economics, 84*, 153-173.

GLAZER, J. UND MCGUIRE, T. (2006). Optimal Risk Adjustment. In A. Jones (Hrsg.), *The Elgar Companion to Health Economics* (S. 279-285). Cheltenham: Edward Elgar.

GLIED, S. (2000). Managed Care. In A. Culyer und J. Newhouse (Hrsg.), *Handbook of Health Economics* (Bd. 1A, S. 707-753). Amsterdam: Elsevier.

GLOMM, G. UND RAVIKUMAR, B. (1998). Opting Out of Publicly Provided Services: A Majority Voting Result. *Social Choice and Welfare, 15*, 187-199.

GOLDBERGER, A. (1974). Unobservable Variables in Econometrics. In P. Zarembka (Hrsg.), *Frontiers in Econometrics* (S. 193-213). New York: Academic Press.

GOLLIER, C. (1987). The Design of Optimal Insurance Contracts without the Nonnegativity Constraint on Claims. *Journal of Risk and Insurance, 54*, 314-324.

GOLLIER, C. (2000). Optimal Insurance Design: What can We do With and Without Expected Utility? In G. Dionne (Hrsg.), *Handbook of Insurance* (S. 97-116). Dordrecht: Kluwer.

GOULD, J. (1969). The Expected Utility Hypothesis and the Selection of Optimal Deductibles for a Given Insurance Policy. *Journal of Business, 42*, 143-151.

GOUVEIA, M. (1997). Majority Rule and the Public Provision of a Private Good. *Public Choice, 93*, 221-244.

GRABOWSKI, H. UND VERNON, J. (1990). A New Look at the Returns and Risks to Pharmaceutical R&D. *Management Science, 36*, 804-821.

GRABOWSKI, H. UND VERNON, J. (1994). Returns to R&D on New Drug Introductions in the 1980s. *Journal of Health Economics*, *13*, 383-406.

GRABOWSKI, H. UND VERNON, J. (2000). The Determinants of Pharmaceutical Research and Development Expenditures. *Journal of Evolutionary Economics*, *10*, 201-215.

GRAVELLE, H. (1984). Editorial: Time Series Analysis of Mortality and Unemployment. *Journal of Health Economics*, *3*, 297-306.

GRAY, A. UND PHILLIPS, V. (1993). Nursing in a European Labour Market: An Economic Perspective. In C. Norman und J. Vaughan (Hrsg.), *Europe Without Frontiers. The Implications for Health* (S. 91-110). Chichester: J. Wiley & Sons.

GREENE, W. (2011). *Econometric Analysis* (7. Aufl.). Upper Saddle River, NJ: Prentice Hall.

GREENWALD, L., ESPOSITO, A., INGBER, M. UND LEVY, J. (1998). Risk Adjustment for the Medicare Program: Lessons Learned from Research and Demonstrations. *Inquiry*, *35*, 193-209.

GROSSMAN, M. (1972a). On the Concept of Health Capital and the Demand for Health. *Journal of Political Economy*, *80*, 223-250.

GROSSMAN, M. (1972b). *The Demand for Health: A Theoretical and Empirical Investigation*. New York: Columbia University Press of the National Bureau of Economic Research.

GROSSMAN, M. (2000). The Human Capital Model. In A. Culyer und J. Newhouse (Hrsg.), *Handbook of Health Economics* (Bd. 1A, S. 347-408). Amsterdam: Elsevier.

GRUBER, J. UND OWINGS, M. (1996). Physician Financial Incentives and Cesarean Section Delivery. *Rand Journal of Economics*, *27*, 99-123.

GYRD-HANSEN, D. (2003). Willingness to Pay for a QALY. *Health Economics*, *12*, 1049-1060.

HADLEY, J. (Hrsg.). (1982). *More Medical Care, Better Health?* Washington, DC: Urban Institute.

HADLEY, J. UND ZUCKERMANN, S. (1994). The Role of Efficiency Measurement in Hospital Rate Setting. *Journal of Health Economics*, *13*, 335-340.

HAILBRONNER, K. (2005). Union Citizenship and Access to Social Benefits. *Common Market Law Review*, *42*, 1245-1267.

HAMMITT, J. UND GRAHAM, J. (1999). Willingness to Pay for Health Protection: Inadequate Sensitivity to Probability? *Journal of Risk and Uncertainty*, *18*, 33-62.

HAMMITT, J. UND HANINGER, K. (2010). Valuing Fatal Risks to Children and Adults: Effects of Disease, Latency, and Risk Aversion. *Journal of Risk and Uncertainty*, *40*, 57-83.

HANSEN, R. (1979). The Pharmaceutical Development Process: Estimate of Current Development Cost and Times and the Effects of Regulatory Changes. In R. Chien (Hrsg.), *Issues in Pharmaceutical Economics* (S. 151-187). Lexington MA: Lexington Books.

HARSANYI, J. (1955). Cardinal Welfare, Individualistic Ethics, and Interpersonal Comparisons of Utility. *Journal of Political Economy*, *63*, 309-321.

HAUSMAN, J. (1978). Specification Tests in Econometrics. *Econometrica*, *52*, 1219-1240.

HELLWIG, M. (1987). Some Recent Developments in the Theory of Competition in Markets with Adverse Selection. *European Economic Review*, *31*, 319-325.

HENKE, K.-D., GRABKA, M. UND BORCHARDT, K. (2002). Kapitaldeckung auch im Gesundheitswesen? Auf dem Wege zu einer ordnungspolitischen Erneuerung der Krankenversicherung. *Zeitschrift für Gesundheitswissenschaften*, *10*, 196-210.

HENSHER, D. (1997). Stated Preference Analysis of Travel Choices: The State of Practice. In T. Oum, J. Dodgson und D. Hensher (Hrsg.), *Transport Economics: Selected Readings* (S. 81-109). Amsterdam: Harwood Academic in cooperation with the Korea Research Foundation for the 21st Century.

HOFFMEYER, U. UND MCCARTHY, T. (1994). *Financing Health Care* (Bd. I). Dordrecht: Kluwer.

HOLLINGSWORTH, B. (2003). Non-Parametric and Parametric Applications Measuring Efficiency in Health Care. *Health Care Management Science*, *6*, 203-218.

HOLMSTRÖM, B. UND MILGROM, P. (1991). Multitask Principal-Agent Analyses: Incentive Contracts, Asset Ownership, and Job Design. *Journal of Law, Economics and Organisation*, *7*, 24-52.

HOSPITAL CORPORATION OF AMERICA. (2002). http://hca.hcahealthcare.com.

HOUSTON, M. (1989). New Insights and New Approaches for the Treatment of Essential Hypertension: Selection of Therapy Based on Coronary Heart Disease Risk Factor Analysis, Hemodynamic Profiles, Quality of Life, and Subsets of Hypertension. *American Heart Journal*, *117*, 911-951.

HOY, M., LIVERNOIS, J., MCKENNA, C., REES, R. UND STENGOS, T. (2001). *Mathematics for Economics* (2. Aufl.). Cambridge, MA: MIT Press.

HUBERMAN, G., MAYERS, D. UND SMITH, C. W., JR. (1983). Optimal Insurance Policy Indemnity Schedules. *Bell Journal of Economics*, *14*, 415-426.

HUGHES, D. (2011). Value-Based Pricing: Incentive for Innovation or Zero Net Benefit? *PharmacoEconomics*, *29*, 731-735.

HURLEY, J. (2000). An Overview of the Normative Economics of the Health Sector. In A. Culyer und J. Newhouse (Hrsg.), *Handbook of Health Economics* (Bd. 1A, S. 55-118). Amsterdam: Elsevier.

IQWiG. (2008b). Methodik für die Bewertung von Verhältnissen zwischen Nutzen und Kosten im System der deutschen gesetzlichen Krankenversicherung. Version 1.1 vom 09. Oktober 2008 [Software-Handbuch]. Köln. Zugriff auf http://www.iqwig.de/download/08-10-14_Methoden_Kosten-Nutzen-Bewertung_Version_1_1.pdf

IQWiG. (2008c). Würdigung der Stellungnahmen zur „Methodik für die Bewertung von Verhältnissen zwischen Nutzen und Kosten im System der deutschen gesetzlichen Krankenversicherung" vom 09. Oktober 2008 [Software-Handbuch]. Köln. Zugriff auf http://www.iqwig.de/download/08-10-14_Wuerdigung_der_Stellungnahmen_KNB_Version_1_0.pdf

IQWiG. (2009b). Allgemeine Methoden zur Bewertung von Verhältnissen zwischen Nutzen und Kosten. Version 1.0 vom 12. Oktober 2009 [Software-Handbuch]. Köln. Zugriff auf http://www.iqwig.de/download/Methodik_fuer_ die_Bewertung_von_Verhaeltnissen_zwischen_Kosten_und_Nutzen.pdf

IVERSEN, T. UND LURÅS, H. (2006). Capitation and Icentives in Primary Care. In A. Jones (Hrsg.), *The Elgar Companion to Health Economics* (S. 269-278). Cheltenham: Edward Elgar.

JACK, W. (2006). Optimal Risk Adjustment with Adverse Selection and Spatial Competition. *Journal of Health Economics*, 25, 908-926.

JACOB, J. UND LUNDIN, D. (2005). A Median Voter Model of Health Insurance with Ex Post Moral Hazard. *Journal of Health Economics*, 24, 407-426.

JAYNES, G. (1978). Equilibria in Monopolistically Competitive Insurance Markets. *Journal of Economic Theory*, 19, 394-422.

JOGLEKAR, P. UND PATERSON, M. (1986). A Closer Look at the Returns and Risks of Pharmaceutical R&D. *Journal of Health Economics*, 5, 107-193.

JOHANNESSON, M. (1996). *Theory and Methods of Economic Evaluation of Health Care*. Dordrecht: Kluwer.

JOHANNESSON, M., PLISKIN, J. UND WEINSTEIN, M. (1994). A Note on QALYs, Time Tradeoff, and Discounting. *Medical Decision Making*, 14, 188-193.

JOHANSSON, P. UND PALME, M. (2005). Moral Hazard and Sickness Insurance. *Journal of Public Economics*, 89, 1879-1890.

JOHN, J. (2009). Neue Wege der Kosten-Nutzen-Bewertung in der Medizin? *Gesundheit und Gesellschaft: Wissenschaft*, 9, 7-14.

JONES, A. (2000). Health Econometrics. In A. Culyer und J. Newhouse (Hrsg.), *Handbook of Health Economics* (Bd. 1A, S. 265-344). Amsterdam: Elsevier.

JONES-LEE, M. (1974). The Value of Changes in the Probability of Death or Injury. *Journal of Political Economy*, 80, 623-648.

JONES-LEE, M., HAMMERTON, M. UND PHILLIPS, P. (1985). The Value of Safety: Results of a National Sample Survey. *Economic Journal*, 95, 49-72.

JÖRESKOG, K. (1973). A General Method for Estimating a Linear Structural Equation System. In A. Goldberger und O. Duncan (Hrsg.), *Structural Equation Models in the Social Sciences* (S. 85-112). New York: Seminar Press.

KAARBØE, O. UND SICILIANI, L. (2011). Multi-Tasking, Quality and Pay for Performance. *Health Economics*, 20, 225-238.

KAHNEMAN, D. UND TVERSKY, A. (1979). Prospect Theory: An Analysis of Decision Under Risk. *Econometrica*, 47, 263-291.

KANAVOS, P. (2001). *Overview of Pharmaceutical Pricing and Reimbursement Regulation in Europe* (Brief prepared for the European Commission). London: LSE Health.

KANNEL, W. UND THOM, T. (1984). Declining Cardiovascular Mortality. *Circulation*, 70, 331-336.

KEELER, E. (1987). *The Demand for Episodes of Treatment*. Santa Monica: Rand Corporation.

KEELER, E. UND ROLPH, J. (1983). How Cost Sharing Reduced Medical Spending of Participants in the Health Insurance Experiment. *Journal of the American*

Medical Association, 249, 2220-2222.

KEENEY, R. UND RAIFFA, H. (1976). *Decisions with Multiple Objectives: Preferences and Tradeoffs.* New York: Wiley.

KESSEL, R. (1958). Price Discrimination in Medicine. *Journal of Law and Economics, 1,* 20-53.

KEUSCHNIGG, C. (2005). *Öffentliche Finanzen: Einnahmenpolitik.* Tübingen: Mohr Siebeck.

KIFMANN, M. (1999). Community Rating and Choice Between Traditional Health Insurance and Managed Care. *Health Economics, 8,* 563-578.

KIFMANN, M. (2002). Community Rating in Health Insurance and Different Benefit Packages. *Journal of Health Economics, 21,* 719 - 737.

KIFMANN, M. (2003). Die Vorschläge der Kommission zur Finanzierung der Gesetzlichen Krankenkassen: Bürgerversicherung oder Kopfprämie? *ifo-Schnelldienst, 56* (10), 3-6.

KIFMANN, M. (2006). Health Insurance in a Democracy: Why Is It Public and Why Are Premiums Income-Related? *Public Choice, 124,* 283-308.

KIFMANN, M. (2010). Indikationsspezifische Kosten-Nutzen-Bewertung auf Grundlage eines sozialen Gesundheitsindexes. *PharmacoEconomics - German Research Articles, 8,* 5-19.

KIFMANN, M. UND LORENZ, N. (2011). Optimal Cost Reimbursement of Health Insurers to Reduce Risk Selection. *Health Economics, 20,* 532-552.

KIFMANN, M. UND ROEDER, K. (2011). Premium Subsidies and Social Health Insurance: Substitutes or Complements? *Journal of Health Economics, 30,* 1207-1218.

KING, J., TSEVAT, J., LAVE, J. UND ROBERTS, M. (2005). Willingness to Pay for a Quality-Adjusted Life Year: Implications for Societal Health Care Resource Allocation. *Medical Decision Making, 25,* 667-677.

KLARMAN, H., FRANCIS, J. UND ROSENTHAL, G. (1968). Cost-Effectiveness Analysis Applied to the Treatment of Chronic Renal Disease. *Medical Care, 6,* 48-54.

KLOSE, T. (1999). The Contingent Valuation Method in Health Care. *Health Policy, 47,* 97-123.

KLUVE, J. UND SCHAFFNER, S. (2008). The Value of Life in Europe – A Meta-Analysis of Estimates of the Value of a Statistical Life. *Sozialer Fortschritt, 57,* 279-287.

KNAPPE, E. UND ARNOLD, R. (2002). *Pauschalprämie in der Krankenversicherung. Ein Weg zu mehr Effizienz und Gerechtigkeit.* München: Vereinigung der bayerischen Wirtschaft.

KRÄMER, W. (1982). *Wer leben will, muß zahlen. Die Kostenexplosion im Gesundheitswesen und ihre möglichen Auswirkungen.* Düsseldorf: Econ.

KRÄMER, W. (1993). *Wir kurieren uns zu Tode. Die Zukunft der modernen Medizin.* Frankfurt am Main: Campus.

KUMBHAKAR, S. UND LOVELL, C. (2000). *Stochastic Frontier Analysis.* Cambridge: Cambridge University Press.

LABELLE, R., STODDART, G. UND RICE, T. (1994). A Re-Examination of the Meaning and Importance of Supplier-Induced Demand. *Journal of Health Economics, 13*, 347-368.

LAFFONT, J.-J. (1989). *The Economics of Uncertainty and Information.* Cambridge, MA: MIT Press.

LAFFONT, J.-J. UND TIROLE, J. (1993). *A Theory of Incentives in Procurement and Regulation.* Cambridge, MA: MIT Press.

LAIBSON, D. (1997). Golden Eggs and Hyperbolic Discounting. *Quarterly Journal of Economics, 62*, 443-477.

LAMERS, L. (1999). Risk Adjusted Capitation Based on the Diagnostic Group Model: An Empirical Evaluation with Health Survey in Formation. *Health Services Research, 33*, 1727-1744.

LANCASTER, K. (1966). A New Approach to Consumer Theory. *Journal of Political Economy, 74*, 132-57.

LANCASTER, K. (1971). *Consumer Demand: A New Approach.* New York: Columbia University Press.

LAUTERBACH, K. (2004). Das Prinzip der Bürgerversicherung: Alle Bürger und alle Einkommensarten tragen bei, dann sinken die Beitragssätze. In U. Engelen-Kefer (Hrsg.), *Reformoption Bürgerversicherung* (S. 48-63). Hamburg: VSA.

LAUTERBACH, K. UND WILLE, E. (2000). *Modell eines fairen Wettbewerbs durch den Risikostrukturausgleich.* (Gutachten im Auftrag des Verbandes der Angestellten-Krankenkassen e.V., des AEV-Arbeiter-Ersatzkassen-Verbandes e.V., dem AOK-Bundesverband und dem IKK-Bundesverband)

LAVE, L. UND SESKIN, E. (1977). *Air Pollution and Human Health.* Baltimore: Johns Hopkins University Press.

LEHMANN, H. UND ZWEIFEL, P. (2004). Innovation and Risk Selection in Deregulated Social Health Insurance. *Journal of Health Economics, 23*, 997-1012.

LEU, R. UND DOPPMANN, R. (1986). Gesundheitszustand und Nachfrage nach Gesundheitsleistungen. In E. Wille (Hrsg.), *Informations- und Planungsprobleme in öffentlichen Aufgabenbereichen* (S. 1-90). Bern: P. Lang.

LEU, R. UND GERFIN, M. (1992). Die Nachfrage nach Gesundheit – Ein empirischer Test des Grossman-Modells. In P. Oberender (Hrsg.), *Steuerungsprobleme im Gesundheitswesen* (S. 61-78). Baden-Baden: Nomos.

LICHTBLAU, K. (1999). Internationaler Vergleich der Umsatzrenditen in der Gewerblichen Wirtschaft (International Comparison of Rates of Return on Turnover). *IW-Trends, 26 (4)*, 28-38.

LICHTENBERG, F. (2005). The Impact of New Drug Launches on Longevity: Evidence from Longitudinal Disease-Level Data from 52 Countries, 1982-2001. *International Journal of Health Care Finance and Economics, 5*, 47-73.

LOPEZ, E., PHILLIPS, L. UND SILOS, M. (1992). Deaths from Gastro-Intestinal Cancer in Mexico: Probable Cause for Water Sampling. In P. Zweifel und H. Frech III (Hrsg.), *Health Economics Worldwide* (S. 331-347). Dordrecht: Kluwer.

LOUVIERE, J., HENSHER, D. UND SWAIT, J. (2000). *Stated Choice Methods – Analysis and Application.* Cambridge: Cambridge University Press.

LOUVIERE, J. UND LANCSAR, E. (2009). Choice Experiments in Health: the Good, the Bad, the Ugly and Toward a Brighter Future. *Health Economics, Policy and Law*, *4*, 527-546.

LUBITZ, J., BEEBE, F. UND BAKER, C. (1995). Longevity and Medicare Expenditure. *New England Journal of Medicine*, *332*, 999-1003.

LUBITZ, J. UND RILEY, G. (1993). Trends in Medicare Payments in the Last Year of Life. *New England Journal of Medicine*, *328*, 1092-1096.

LUCE, R. D. UND TUKEY, J. (1964). Simultaneous Conjoint Measurement – A New Type of Fundamental Measurement. *Journal of Mathematical Psychology*, *1*, 1-27.

LUFT, H. (1981). *Health Maintenance Organizations*. New York: J. Wiley.

LYTTKENS, C. (1999). Imperatives in Health Care. Implications for Social Welfare and Medical Technology. *Nordic Journal of Political Economy*, *25*, 95-114.

MA, C.-T. A. (1994). Health Care Payment Systems: Cost and Quality Incentives. *Journal of Economics and Management Strategy*, *3*, 93-112.

MAGNUS, J. (1979). Substitution Between Energy and Non-Energy Inputs in the Netherlands 1950-1976. *International Economic Review*, *20*, 465-483.

MALTHUS, T. (1798). *An Essay on the Principle of Population*. (Reprint by Random House, New York (1960))

MANNING, W. (1998). The Logged Dependent Variable, Heteroskedasticity, and the Retransformation Problem. *Journal of Health Economics*, *17*, 283-295.

MANNING, W., LEIBOWITZ, A., GOLDBERG, G., ROGERS, W. UND NEWHOUSE, J. (1984). A Controlled Trial on the Effect of a Prepaid Group Practice on Use of Services. *New England Journal of Medicine*, *310*, 1505-1510.

MANNING, W., NEWHOUSE, J., DUAN, N., KEELER, E., LEIBOWITZ, A. UND MARQUIS, M. (1987). Health Insurance and the Demand for Medical Care: Evidence from a Randomized Experiment. *American Economic Review*, *77*, 251-277.

MARCHAND, M., SATO, M. UND SCHOKKAERT, E. (2003). Prior Health Expenditures and Risk Sharing with Insurers Competing on Quality. *RAND Journal of Economics*, *34*, 647-669.

MAS-COLELL, A., WHINSTON, M. UND GREEN, J. (1995). *Microeconomic Theory*. Oxford: Oxford University Press.

MASON, H., JONES-LEE, M. UND DONALDSON, C. (2009). Modelling the Monetary Value of a QALY: A New Approach Based on UK Data. *Health Economics*, *18*, 933-950.

MAYNARD, A. (1991). Developing the Health Care Market. *Economic Journal*, *101*, 1277-1286.

MCCLELLAN, M. (1997). Hospital Reimbursement Incentives: An Empirical Analysis. *Journal of Economics and Management Strategy*, *6*, 91-128.

MCGUIRE, A., HENDERSON, J. UND MOONEY, G. (1988). *The Economics of Health Care: An Introductory Text*. London/New York: J. Wiley.

MCGUIRE, T. (2000). Physician Agency. In A. Culyer und J. Newhouse (Hrsg.), *Handbook of Health Economics* (Bd. 1A, S. 461-536). Amsterdam: Elsevier.

McGuire, T. (2012). Demand for Health Insurance. In M. Pauly, T. McGuire und P. Barros (Hrsg.), *Handbook of Health Economics* (Bd. 2, S. 317-396). Amsterdam: North-Holland.

McGuire, T. und Pauly, M. (1991). Physician Response to Fee Changes with Multiple Payers. *Journal of Health Economics, 10,* 385-410.

McKeown, T. (1976). *The Modern Rise of Population.* London: Edward Arnold.

McKinlay, J., McKinlay, S. und Beaglehole, R. (1989). A Review of the Evidence Concerning the Impact of Medical Measures on Recent Mortality and Morbidity in the United States. *International Journal of Health Services, 19,* 181-208.

McNeil, B., Pauker, S., Sox, H. und Tversky, A. (1982). On the Elicitation of Preferences for Alternative Therapies. *New England Journal of Medicine, 306,* 1259-1262.

Mehrez, A. und Gafni, A. (1989). Quality-Adjusted Life Years, Utility Theory, and Healthy-Years-Equivalents. *Medical Decision Making, 9,* 142-149.

Menzel, P. (1990). *Strong Medicine. The Ethical Rationing of Health Care.* New York et al.: Oxford University Press.

Meyer, J. (1987). Two Moment Decision Models and Expected Utility Maximization. *American Economic Review, 77,* 421-430.

Meyer, U. (1992). Zwei überflüssige Wettbewerbshemmnisse in der privaten Krankenversicherung. In D. V. für öffentliche und private Fürsorge (Hrsg.), *Sozialpolitik und Wissenschaft. Positionen zur Theorie und Praxis der sozialen Hilfen* (S. 182-202). Frankfurt am Main: Deutscher Verein für Öffentliche und Private Fürsorge.

Milkman, K., Beshears, J., Choi, J., Laibson, D. und Madrian, B. (2011). Using Implementation Intentions Prompts to enhance Influenza Vaccination Rates. *Proceedings of the National Academy of Sciences, 108,* 10415-10420.

Miller, R., Jr. und Frech, H., III. (2000). Is There a Link Between Pharmaceutical Consumption and Improved Health in OECD Countries? *PharmacoEconomics, 18,* 33-45.

Miller, R., Jr. und Frech, H., III. (2004). *Health Care Matters – Pharmaceuticals, Obesity, and the Quality of Life.* Washington, DC: AEI Press.

Mincer, J. (1974). *Schooling, Experience and Earnings.* New York: Columbia University Press for the National Bureau of Economic Research.

Mirrlees, J. (1971). An Exploration in the Theory of Optimum Income Taxation. *Review of Economic Studies, 38,* 175-208.

Mitchell, R. und Carson, R. (1989). *Using Surveys to Value Public Goods: The Contingent Valuation Method.* Washington, DC: Resources for the Future.

Miyamoto, J. (1999). Quality-Adjusted Life Years (QALY) Utility Models under Expected Utility and Rank Dependent Utility Assumptions. *Journal of Mathematical Psychology, 43,* 201-237.

Miyamoto, J., Wakker, P., Bleichrodt, H. und Peters, H. (1998). The Zero-Condition: A Simplifying Assumption in QALY Measurement and Multiattribute Utility. *Management Science, 44,* 839-849.

MIYAZAKI, H. (1977). The Rat Race and Internal Labor Markets. *Bell Journal of Economics*, 8, 394-418.

MOORE, S. (1979). Cost-Containment Through Risk Sharing by Primary Care Physicians. *New England Journal of Medicine*, 300, 1359-1362.

MOSSIN, J. (1968). Aspects of Rational Insurance Purchasing. *Journal of Political Economy*, 76, 553-568.

MOUGEOT, M. UND NAEGELEN, F. (2005). Hospital Price Regulation and Expenditure Cap Poliy. *Journal of Health Economics*, 24, 55-72.

MUELLER, D. (2003). *Public Choice III*. Cambridge: Cambridge University Press.

MULLAHY, J. (1998). Much Ado About Two: Reconsidering Retransformation and the Two-Part Model in Health Econometrics. *Journal of Health Economics*, 17, 247-282.

MULLAHY, J. UND PORTNEY, P. (1990). Air Pollution, Cigarette Smoking, and the Production of Respiratory Health. *Journal of Health Economics*, 9, 193-206.

MURRAY, C. (1994). Quantifying the Burden of Disease: The Technical Basis for Disability-Adjusted Life Years. *Bulletin of the World Health Organization*, 72, 429-445.

MUSHKIN, S. (1962). Health as an Investment. *Journal of Political Economy*, 70 (S5), 129-157.

MYLES, G. (1995). *Public Economics*. Cambridge: Cambridge University Press.

NATIONAL INSTITUTE FOR HEALTH AND CLINICAL EXCELLENCE. (2008). *Guide to the Methods of Technology Appraisal*. London: National Institute for Health and Clinical Excellence.

NATIONALER ETHIKRAT. (2007). *Die Zahl der Organspenden erhöhen – Zu einem drängenden Problem der Transplantationsmedizin in Deutschland*. Berlin: Autor. Zugriff auf http://www.ethikrat.org/dateien/pdf/Stellungnahme_Organmangel.pdf

NELL, M. UND ROSENBROCK, S. (2008). Wettbewerb in kapitalgedeckten Krankenversicherungssystemen: Ein risikogerechter Ansatz zur Übertragung von Alterungsrückstellungen in der Privaten Krankenversicherung. *Perspektiven der Wirtschaftspolitik*, 9, 173-195.

NELSON, P. (1970). Information and Consumer Behavior. *Journal of Political Economy*, 78 (2).

NEUDECK, W. UND PODCZECK, K. (1996). Adverse Selection and Regulation in Health Insurance Markets. *Journal of Health Economics*, 15, 387-408.

NEWHOUSE, J. (1992). Medical Care Costs: How Much Welfare Loss? *Journal of Economic Perspectives*, 6, 3-21.

NEWHOUSE, J. (1994). Frontier Estimation: How Useful a Tool for Health Economics? *Journal of Health Economics*, 13, 317-322.

NEWHOUSE, J. (1996). Reimbursing Health Plans and Health Providers: Efficiency in Production versus Selection. *Journal of Economic Literature*, 34, 1236-1263.

NEWHOUSE, J. UND FRIEDLANDER, L. (1980). The Relationship Between Medical Resources and Measures of Health: Some Additional Evidence. *Journal of Human Resources*, 15, 201-217.

NEWHOUSE, J., MANNING, W., KEELING, E. UND SLOSS, E. (1989). Adjusting Capitation Rates using Objective Health Measures and Prior Utilization. *Health Care Financing Review, 10*, 41-54.

NEWHOUSE, J. UND PHELPS, C. (1976). New Estimates of Price and Income Elasticities of Medical Care Services. In R. Rosett (Hrsg.), *The Role of Health Insurance in the Health Services Sector* (S. 261-312). New York: National Bureau of Economic Reseach.

NEWHOUSE, J., PHELPS, C. UND MARQUIS, M. (1980). On Having Your Cake and Eating It Too: Econometric Problems in Estimating the Demand for Health Services. *Journal of Econometrics, 13*, 365-390.

NICHOLS, A. UND ZECKHAUSER, R. (1982). Targeting Transfers Through Restrictions on Recipients. *American Economic Review, 72*, 372-377.

NOCERA, S., TELSER, H. UND BONATO, D. (2003). *The Contingent-Valuation Method in Health Care – An Economic Evaluation of Alzheimer's Disease.* Dordrecht: Kluwer.

NOCERA, S. UND ZWEIFEL, P. (1998). The Demand for Health: An Empirical Test of the Grossman Model Using Panel Data. In P. Zweifel (Hrsg.), *Health, the Medical Profession, and Regulation* (S. 35-49). Boston, MA.: Kluwer Academic Publishers.

NORD, E. (1992). Methods for Quality Adjustment of Life Years. *Social Science and Medicine, 34*, 559-569.

NORD, E. (1999). *Cost-Value Analysis in Health Care: Making Sense Out of QALYs.* Cambridge: Cambridge University Press.

NORDHAUS, W. (1969). *Invention, Growth, and Welfare.* Cambridge, MA: MIT Press.

NUSCHELER, R. (2004). Krankenkassenwettbewerb in der GKV: Evidenz für Risikoselektion? *Vierteljahreshefte für Wirtschaftsforschung, 73*, 528-538.

NUSCHELER, R. UND KNAUS, T. (2005). Risk Selection in the German Public Health Insurance System. *Health Economics, 14*, 1253-1271.

NYMAN, J. (1999a). The Economics of Moral Hazard Revisited. *Journal of Health Economics, 18*, 811-824.

NYMAN, J. (1999b). The Value of Health Insurance: The Access Motive. *Journal of Health Economics, 18*, 141-152.

NYMAN, J. (2001). The Income Transfer Effect, the Access Value of Insurance and the Rand Health Insurance Experiment. *Journal of Health Economics, 20*, 295-298.

OECD. (1987). *Financing and Delivering Health Care. A Comparative Analysis of OECD Countries.* Paris: OECD.

OECD. (2007). *Immigrant Health Workers in OECD Countries in the Broader Context of Highly Skilled Migration, Part III.* Paris: OECD.

OECD. (2011). *Health at a Glance 2011.* Paris: OECD.

OECD. (2012). *OECD Health Data.* Paris: OECD.

OLHANSKY, S., RUDBERG, M., CASSEL, C. UND BRODY, J. (1991). Trading Off Longer Life for Worsening Health: The Expansion of Morbidity Hypothesis. *Journal of Aging and Health, 3*, 194-216.

OLSON, M. (1968). *Die Logik des kollektiven Handelns.* Tübingen: Mohr Siebeck.

OSTRO, B. (1983). The Effects of Air Pollution on Work Loss and Morbidity. *Journal of Environmental Economics and Management, 10,* 371-382.

PAULY, M. (1974). Overinsurance and Public Provision of Insurance: The Role of Moral Hazard and Adverse Selection. *Quarterly Journal of Economics, 88,* 44-62.

PAULY, M. (1984). Is Cream-Skimming a Problem for the Competitive Medical Market? *Journal of Health Economics, 3,* 87-95.

PAULY, M. (1988). Is Medical Care Different? Old Questions, New Answers. *Journal of Health Politics, Policy and Law, 13,* 227-237.

PAULY, M. (1994). Editorial: A Re-Examination of the Meaning and Importance of Supplier-Induced Demand. *Journal of Health Economics, 13,* 369-372.

PAULY, M. (2000). Insurance Reimbursement. In A. Culyer und J. Newhouse (Hrsg.), *Handbook of Health Economics* (Bd. 1A, S. 537-560). Amsterdam: Elsevier.

PAULY, M., DANZON, P., FELDSTEIN, P. UND HOFF, J. (1992). *Responsible National Health Insurance.* AEI Press: Washington, DC.

PAULY, M., KUNREUTHER, H. UND HIRTH, R. (1995a). Guaranteed Renewability in Insurance. *Journal of Risk and Uncertainty, 10,* 143-156.

PAULY, M., KUNREUTHER, H. UND HIRTH, R. (1995b). Guaranteed Renewability in Insurance. *Journal of Risk and Uncertainty, 10,* 143-156.

PECKELMAN, D. UND SEN, S. (1979). Measurement and Estimation of Conjoint Utility Functions. *Journal of Consumer Research, 5,* 263-271.

PELTZMAN, S. (1973). An Evaluation of Consumer Protection Regulation: The 1962 Drug Amendment. *Journal of Political Economy, 81,* 1049-1091.

PERSSON, T. UND TABELLINI, G. (2000). *Political Economics.* Cambridge, MA: MIT Press.

PHARMA INFORMATION. (2001). *Pharma-Markt Schweiz.* Basel: Autor.

PHELPS, C. UND NEWHOUSE, J. (1972). Effects of Coinsurance: A Multivariate Analysis. *Social Security Bulletin, 35,* 20-28.

PLISKIN, J., SHEPARD, D. UND WEINSTEIN, M. (1980). Utility Functions for Life Years and Health Status. *Operations Research, 28,* 206-224.

POPE, G. (1989). Hospital Nonprice Competition and Medicare Reimbursement Policy. *Journal of Health Economics, 8,* 147-172.

RAFFELHÜSCHEN, B. UND MOOG, S. (2010). *Ehrbarer Staat? Die Generationenbilanz, Update 2010: Handlungsoptionen der Gesundheitspolitik* (Argumente zu Marktwirtschaft und Politik Nr. 111). Berlin: Stiftung Marktwirtschaft.

RAMSEY, F. (1927). A Contribution to the Theory of Taxation. *Economic Journal, 37,* 47-61.

RAVIV, A. (1979). The Design of an Optimal Insurance Policy. *American Economic Review, 69,* 84-96.

RAWLS, J. (1971). *A Theory of Justice.* Cambridge, MA: Harvard University Press.

REEKIE, W. (1996). *Medicine Prices and Innovations: An International Survey.* London: Institute of Economic Affairs (IEA).

RICE, T. (1983). The Impact of Changing Medicare Reimbursement Rates on Physician-Induced Demand. *Medical Care, 21*, 803-815.

RICHTER, W. (2005). Gesundheitsprämie oder Bürgerversicherung? Ein Kompromissvorschlag. *Wirtschaftsdienst, 85* (11), 693-697.

ROLL, K., STARGARDT, T. UND SCHREYÖGG, J. (2012). Effect of Type of Insurance and Income on Waiting Time for Outpatient Care. *The Geneva Papers on Risk and Insurance - Issues and Practice*, im Erscheinen.

ROOS, N., ROOS, L. UND HENTELEFF, P. (1977). Elective Surgical Rates – Do High Rates Mean Lower Standards? Tonsillectomy and Adenoidectomy in Manitoba. *New England Journal of Medicine, 297*, 360-365.

ROSA, J. UND LAUNOIS, R. (1990). Comparative Health Systems: France. *Advances in Health Economics and Health Services Research, 1 (Suppl.)*, 179-195.

ROSENTHAL, M., FRANK, R., LI, A. UND EPSTEIN, A. (2005). Early Experience with Pay-for-Performance. From Concept to Practice. *Journal of the American Medical Association, 394*, 1788-1793.

ROSENZWEIG, M. UND SCHULTZ, P. (1983). Estimating a Household Production Function: Heterogeneity, the Demand for Health Imputs, and Their Effects on Birth Weight. *Journal of Political Economy, 91*, 723-746.

ROTHSCHILD, M. UND STIGLITZ, J. (1976). Equilibrium in Competitive Insurance Markets: An Essay in the Economics of Incomplete Information. *Quarterly Journal of Economics, 90*, 629-649.

ROWLEY, C. UND SCHNEIDER, F. (Hrsg.). (2003). *The Encyclopedia of Public Choice*. Dordrecht: Kluwer.

RUHM, C. (2000). Are Recessions Good for Your Health? *Quarterly Journal of Economics, 115*, 617-650.

RYAN, M. (1995). *Economics and the Patient's Utility Function: An Application to Assisted Reproductive Techniques*. Unveröffentlichte Dissertation, University of Aberdeen, Aberdeen.

RYAN, M., GERARD, K. UND AMAYA-AMAYA, M. (Hrsg.). (2008). *Using Discrete Choice Experiments to Value Health and Health Care*. Dordrecht: Springer.

RYAN, M. UND HUGHES, J. (1997). Using Conjoint Analysis to Assess Women's Preferences for Miscarriage Management. *Health Economics, 6*, 261-73.

RYAN, M., MCINTOSH, E. UND SHACKLEY, P. (1998). Methodological Issues in the Application of Conjoint Analysis in Health Care. *Health Economics, 7*, 373-78.

RYAN, M., SCOTT, D., REEVES, C., BATE, A., VAN TEIJLINGEN, E., RUSSELL, E., ... ROBB, C. (2001). Eliciting Public Preferences for Healthcare: a Systematic Review of Techniques. *Health Technology Assessment, 5*, 1-186.

SALA-I-MARTIN, X. (2005). The Median Voter Model. In G. Lopez-Casasnovas, B. Rivera und L. Currais (Hrsg.), *Health and Economic Growth: Findings and Policy Implications* (S. 95-114). Cambridge, MA: MIT Press.

SALANIÉ, B. (2003). Testing Contract Theory. *CESifo Economic Studies, 49* (3), 461-477.

SALKEVER, D. (2000). Regulation of Prices and Investment in Hospitals in the U.S. In A. Culyer und J. Newhouse (Hrsg.), *Handbook of Health Economics*

(Bd. 1B, S. 1489-1535). Amsterdam: Elsevier.

SAPPINGTON, D. UND LEWIS, T. (1999). Using Subjective Risk Adjusting to Prevent Patient Dumping in the Health Care Industry. *Journal of Economics and Management Strategy, 8*, 351-382.

SCHELLHORN, M. (2001). The Effect of Variable Health Insurance Deductibles on the Demand for Physician Visits. *Health Economics, 10*, 441-456.

SCHELLHORN, M., STUCK, A., MINDER, C. UND BECK, J. (2000). Health Services Utilization of Elderly Swiss: Evidence from Panel Data. *Health Economics, 9*, 533-545.

SCHERER, F. (2000). The Pharmaceutical Industry. In A. Culyer und J. Newhouse (Hrsg.), *Handbook of Health Economics* (Bd. 1B, S. 1297-1338). Amsterdam: Elsevier.

SCHLANDER, M. (2007). *Health Technology Assessments by the National Institute for Health and Clinical Excellence: A Qualitative Study*. New York: Springer.

SCHLESINGER, H. (2000). The Theory of Insurance Demand. In G. Dionne (Hrsg.), *Handbook of Insurance* (S. 131-152). Dordrecht: Kluwer.

SCHLESINGER, M., BLUMENTHAL, D. UND SCHLESINGER, E. (1986). Profits under Pressure. The Economic Performance of Investor-Owned and Nonprofit Health Maintenance Organizations. *Medical Care, 24*, 615-627.

SCHODER, J. UND ZWEIFEL, P. (2011). Flat-of-the-curve Medicine: A new Perspective on the Production of Health. *Health Economics Review, 1:2*.

SCHÖFFSKI, O. UND SCHULENBURG, J.-M. GRAF V.D. (Hrsg.). (2012). *Gesundheitsökonomische Evaluationen* (4. Aufl.). Berlin: Springer.

SCHOKKAERT, E. UND VAN DE VOORDE, C. (2004). Risk Selection and the Specification of the Conventional Risk Adjustment Formula. *Journal of Health Economics, 23*, 1237-1259.

SCHULENBURG, J.-M. GRAF V.D. (1987a). *Selbstbeteiligung*. Tübingen: Mohr Siebeck.

SCHUT, F., GREENBERG, W. UND VAN DE VEN, W. (1991). Antitrust Policy in the Dutch Health Care System and the Relevance of EEC Competition Policy and U.S. Antitrust Practice. *Health Policy, 17*, 257-284.

SCHWABE, U. UND PAFFRATH, D. (2001). *Arzneiverordnungs-Report 2001*. Berlin: Springer.

SCHWARZBACH, C., KUHLMANN, A., VAUTH, C. UND SCHULENBURG, J.-M. GRAF V.D. (2009). Die Effizienzgrenze des IQWiG: Eine gelungene Adaption der Modelle von Markowitz und Koopmans? *Sozialer Fortschritt, 58* (7), 137-147.

SCITOVSKY, A. UND SNIDER, N. (1972). Effect of Coinsurance on Use of Physician Services. *Social Security Bulletin, 35*, 3-19.

SEHLEN, S., SCHRÄDER, W., SCHIFFHORST, G., HOFMANN, J. UND RESCHKE, P. (2004). *Bürgerversicherung Gesundheit – Grünes Modell – Simulationsrechnungen zu den Ausgestaltungsmöglichkeiten* (IGES-Papier Nr. 04-06). Berlin: IGES.

SEIFORD, L. UND THRALL, R. (1990). Recent Developments in DEA: The Mathematical Programming Approach to Frontier Analysis. *Journal of Economet-*

rics, *46*, 7-38.

SELDEN, T. (1998). Risk Adjustment for Health Insurance: Theory and Implications. *Journal of Risk and Uncertainty*, *17*, 167-180.

SELDER, A. (2006). Medical Associations, Medical Education and Training on the Job. *CESifo Economic Studies*, *52*, 548-564.

SENNHAUSER, M. UND ZWEIFEL, P. (2012). Ist ein neues Arzneimittel sein Geld wert? Wessen Geld? *PhamacoEconomics German Research Articles*, im Erscheinen.

SESHAMANI, M. UND GRAY, A. (2004a). Ageing and Health-Care Expenditure: The Red Herring Argument Revisited. *Health Economics*, *13*, 303-314.

SESHAMANI, M. UND GRAY, A. (2004b). A Longitudinal Study of the Effects of Age and Time to Death on Hospital Costs. *Journal of Health Economics*, *23*, 217-235.

SHEN, Y. UND ELLIS, R. (2002). Cost-Minimizing Risk Adjustment. *Journal of Health Economics*, *21*, 515-530.

SILVER, M. (1972). An Econometric Analysis of Spatial Variations in Mortality Rates. In V. Fuchs (Hrsg.), *Essays in the Economics of Health* (S. 161-227). Washington, DC: National Bureau of Economic Research.

SINN, H.-W. (1983). *Economic Decisions Under Uncertainty*. Amsterdam: North-Holland.

SLOAN, F. (2000). Non-For-Profit Ownership and Hospital Behavior. In A. Culyer und J. Newhouse (Hrsg.), *Handbook of Health Economics* (Bd. 1B, S. 1141-1174). Amsterdam: Elsevier.

SLOAN, F., VISCUSI, W., CHESSON, H., CONOVER, C. UND WHETTEN-GOLDSTEIN, K. (1998). Alternative Approaches to Valuing Intangible Health Losses: the Evidence for Multiple Sclerosis. *Journal of Health Economics*, *17*, 475-497.

SMITH, R. (2006). Trade in Health Services: Current Challenges and Future Prospects of Globalization. In A. Jones (Hrsg.), *The Elgar Companion to Health Economics* (S. 164-175). Cheltenham: Edward Elgar.

SMITH, V. (1968). Optimal Insurance Coverage. *Journal of Political Economy*, *76*, 68-77.

SMITH, V. UND DESVOUSGES, W. (1987). An Empirical Analysis of the Economic Value of Risk Changes. *Journal of Political Economy*, *95*, 89-114.

SPENCE, A. UND ZECKHAUSER, R. (1971). Insurance, Information, and Individual Action. *American Economic Review, Papers and Proceedings*, *61*, 380-387.

SPENCE, M. (1978). Product Differentiation and Performance in Insurance Markets. *Journal of Public Economics*, *10*, 427-447.

STAHL, I. (1990). Comparative Health Systems: Sweden. , *1 (Suppl.)*, 197-210.

STARMER, C. (2000). Developments in Non-Expected Utility Theory: The Hunt for a Descriptive Theory of Choice under Risk. *Journal of Economic Literature*, *38*, 332-382.

STATISTISCHES BUNDESAMT DEUTSCHLAND. (2009). *Bevölkerung Deutschlands bis 2060. Ergebnisse der 12. koordinierten Bevölkerungsvorausberechnung*. Wiesbaden: Autor.

STATISTISCHES BUNDESAMT DEUTSCHLAND. (2011). *Statistisches Jahrbuch*. Wiesbaden: Autor.

STATISTISCHES BUNDESAMT DEUTSCHLAND. (2012). *Alleinlebende in Deutschland. Ergebnisse des Mikrozensus 2011*. Wiesbaden: Autor.

STEARNS, S. UND NORTON, E. (2004). Time to Include Time to Death? The Future of Health Care Expenditure Predictions. *Health Economics, 13*, 315-327.

STEELE, H. (1962). Monopoly and Competition in the Ethical Drug Market. *Journal of Law and Economics, 5*, 131-163.

STEINMANN, L. UND ZWEIFEL, P. (2003). On the (In)Efficiency of Swiss Hospitals. *Applied Economics, 35*, 361-370.

STIGLER, G. UND BECKER, G. (1977). De Gustibus Non Est Disputandum. *American Economic Review, 67*, 76-90.

STROTZ, R. (1956). Myopia and Inconsistency in Dynamic Utility Maximization. *Review of Economic Studies, 23*, 165-180.

SYDSÆTER, K., STRØM, A. UND BERCK, P. (2005). *Economists' Mathematical Manual* (4. Aufl.). Heidelberg: Springer.

TELSER, H. (2002). *Nutzenmessung im Gesundheitswesen – Die Methode der Discrete-Choice-Experimente*. Hamburg: Verlag Dr. Kovač.

TELSER, H., STEINMANN, L. UND ZWEIFEL, P. (2007). The Impact of Ageing on Future Healthcare Expenditure. *Forum for Health Economics and Policy, 10* (2), Article 1. (http://www.bepress.com/fhep/10/2/1)

TELSER, H. UND ZWEIFEL, P. (2002). Measuring Willingness-to-Pay for Risk Reduction: An Application of Conjoint Analysis. *Health Economics, 11*, 129-139.

TELSER, H. UND ZWEIFEL, P. (2007). Validity of Discrete-Choice Experiments – Evidence for Health Risk Reduction. *Applied Economics, 39*, 69-78.

TERPORTEN, M. (1999). *Wettbewerb in der Automobilindustrie: eine industrieökonomische Untersuchung des deutschen PKW-Marktes unter besonderer Berücksichtigung der nationalen Hersteller*. Unveröffentlichte Dissertation, Universität Duisburg.

THALER, R. H. UND SUNSTEIN, C. R. (2008). *Nudge: Improving Decisions about Health, Wealth, and Happiness*. Yale University Press New Haven London.

THORNTON, J. (2002). Estimating a Health Production Function for the US: Some New Evidence. *Applied Economics, 34*, 59-62.

TOBIN, J. (1970). On Limiting the Domain of Inequality. *Journal of Law and Economics, 13*, 263-277.

TORRANCE, G. (1986). Measurement of Health State Utilities for Economic Appraisal. *Journal of Health Economics, 5*, 1-30.

TVERSKY, A. UND KAHNEMAN, D. (1973). Availability: A Heuristic for Judging Frequency and Probability. *Cognitive Psychology, 42*, 207-232.

UBEL, P. (2000). *Pricing Life: Why It's Time for Health Care Rationing*. Cambridge, MA: MIT Press.

VALLETTI, T. (2006). Differential Pricing, Parallel Trade, and the Incentive to Invest. *Journal of International Economics, 70*, 314-324.

VAN BARNEVELD, E., LAMERS, L., VAN VLIET, R. UND VAN DE VEN, W. (2001). Risk Sharing as a Supplement to Imperfect Capitation: A Tradeoff Between Selection and Efficiency. *Journal of Health Economics, 20*, 147-168.

VAN BARNEVELD, E., VAN VLIET, R. UND VAN DE VEN, W. (1996). Mandatory High-Risk Pooling: An Approach to Reducing Incentives for Cream Skimming. *Inquiry, 33*, 133-143.

VAN BARNEVELD, E., VAN VLIET, R. UND VAN DE VEN, W. (1998). Mandatory Pooling as a Supplement to Risk-Adjusted Capitation Payments in a Competitive Health Insurance Market. *Social Science and Medicine, 47*, 223-232.

VAN DE VEN, W. UND ELLIS, R. (2000a). Risk Adjustment in Competitive Health Plan Markets. In A. Culyer und J. Newhouse (Hrsg.), *Handbook of Health Economics* (Bd. 1A, S. 755-845). Amsterdam: Elsevier.

VAN DE VEN, W. UND ELLIS, R. (2000b). Risk Adjustment in Competitive Health Plan Markets. In A. Culyer und J. Newhouse (Hrsg.), *Handbook of Health Economics* (Bd. 1A, S. 755-845). Amsterdam: Elsevier.

VAN DE VEN, W. UND VAN VLIET, R. (1992). How Can We Prevent Cream Skimming in a Competitive Health Insurance Market? In P. Zweifel und H. Frech III (Hrsg.), *Health Economics Worldwide* (S. 23-46). Dordrecht: Kluwer.

VAN DE VEN, W., VAN VLIET, R., SCHUT, F. UND VAN BARNEVELD, E. (2000). Access to Coverage for High-Risks in a Competitive Individual Health Insurance Market: Via Premium Rate Restrictions or Risk-Adjusted Premium Subsidies? *Journal of Health Economics, 19*, 311-339.

VAN HERCK, P., DE SMEDT, D., ANNEMANS, L., REMMEN, R., ROSENTHAL, M. UND SERMEUS, W. (2010). Systematic Review: Effects, Design Choices, and Context of Pay-for-Performance in Health Care. *BMC Health Services Research, 20*, 247-259.

VAN VLIET, R. (1992a). Predictability of Individual Health Care Expenditures. *Journal of Risk and Insurance, 59*, 443-460.

VAN VLIET, R. (2006). Free Choice of Health Plan combined with Risk-Adjusted Capitation Payments: Are Switchers and New Enrolees Good Risks? *Health Economics, 15*, 763-774.

VAN VLIET, R. UND LAMERS, L. (1998). The High Costs of Death: Should Health Plans Get Higher Payments when Members Die? *Medical Care, 36*, 1451-1460.

VARIAN, H. (1992). *Microeconomic Analysis* (3. Aufl.). New York: W.W. Norton.

VERBINDUNG DER SCHWEIZER ÄRZTINNEN UND ÄRZTE. (2012). *Ärztestatistik.* Verbindung der Schweizer Ärztinnen und Ärzte (FMH). (http://www.fmh.ch/themen/aerztedemographie/aerztestatistik.html)

VERBRAUCHERZENTRALE HAMBURG. (2011). *Erfahrungen bei der Krankenkassen-Suche.* Hamburg. (http://www.vzhh.de/gesundheit/121570/erfahrungen-bei-der-krankenkassen-suche.aspx)

VERBRUGGE, L. (1984). Longer Life But Worsening Health? Trends in Health and Mortality of Middle-Aged and Older Persons. *Milbank Memorial Fund Quarterly, 62*, 475-519.

VIRTS, J. UND WESTON, J. (1981). Expectations and the Allocation of Research and Development Resources. In R. Helms (Hrsg.), *Drugs and Health* (S. 21-45). Washington, DC: Enterprise Institute.

VISCUSI, W. (1993). The Value of Risks to Life and Health. *Journal of Economic Literature, 31*, 1912-1946.

VISCUSI, W. (2010). The Heterogeneity of the Value of Statistical Life: Introduction and Overview. *Journal of Risk and Uncertainty, 40*, 1-13.

VISCUSI, W. UND ALDY, J. (2003). The Value of a Stastical Life: A Critical Review of Market Estimates Throughout the World. *Journal of Risk and Uncertainty, 27*, 5-76.

VISCUSI, W. UND EVANS, W. (1990). Utility Functions that Depend on Health Status: Estimates and Economic Implications. *American Economic Review, 80*, 353-374.

WAGSTAFF, A. (1986a). The Demand for Health: A Simplified Grossman Model. *Bulletin of Economic Research, 38*, 93-95.

WAGSTAFF, A. (1986b). The Demand for Health: Some New Empirical Evidence. *Journal of Health Economics, 5*, 195-233.

WAGSTAFF, A. (1991). QALYs and the Equity-Efficiency Trade-Off. *Journal of Health Economics, 10*, 21-41.

WAGSTAFF, A. (1993). The Demand for Health: An Empirical Reformulation of the Grossman Model. *Health Economics, 2*, 189-198.

WALENDZIK, A., MANOUGUIAN, M., GRESS, S. UND WASEM, J. (2009). Vergütungsunterschiede im ambulanten ärztlichen Bereich zwischen PKV und GKV und Modelle der Vergütungsangleichung. *Sozialer Fortschritt, 58*, 63-69.

WALKER, S. UND PARRISH, J. (1988). Innovation and New Drug Development. In B. Walker und S. Walker (Hrsg.), *Trends and Changes in Drug Research and Development* (S. 1-28). Dordrecht: Kluwer.

WALZER, M. (1983). *Spheres of Justice.* New York: Basic Books.

WARDELL, D., DIRADDO, J. UND TRIMBLE, A. (1980). Development of New Drugs Originated and Acquired by US-Owned Pharmaceutical Firms 1963–1976. *Clinical Pharmacology and Therapy, 28*, 270-277.

WARE, J., JR., BROOK, R., ROGERS, W., KEELER, E., DAVIES, A., SHERBOURNE, C., ... NEWHOUSE, J. (1986). Comparison of Health Outcomes at a Health Maintenance Organization with Those of Fee-For-Service Care. *Lancet, 326*, 1017-1022.

WEINSTEIN, M. (1990). Principles of Cost-Effective Resource Allocation in Health Care Organizations. *International Journal of Technology Assessment in Health Care, 6*, 93-103.

WEINSTEIN, M. (2006). Decision Rules for Incremental Cost-Effectiveness Analysis. In A. Jones (Hrsg.), *The Elgar Companion to Health Economics* (S. 469-478). Cheltenham: Edward Elgar.

WEISBROD, B. (1968). Income Redistribution Effects and Benefit-Cost Analysis. In S. Chase Jr. (Hrsg.), *Problems in Public Expenditure Analysis* (S. 177-209). Washington, DC: The Brookings Institution.

WELTBANK. (1993). *Weltentwicklungsbericht 1993, Investitionen in die Gesundheit.* Washington, DC.

WERBLOW, A. UND FELDER, S. (2003). Der Einfluss von freiwilligen Selbstbehalten in der gesetzlichen Krankenversicherung: Evidenz aus der Schweiz. *Schmollers Jahrbuch, 123,* 235-264.

WERBLOW, A., FELDER, S. UND ZWEIFEL, P. (2005). Population Ageing and Health Care Expenditure: A School of 'Red Herrings'? *Health Economics, 16,* 1109-1126.

WIGGINS, S. (1987). *The Cost of Developing a New Drug.* Washington, DC: Pharmaceutical Manufacturers' Association.

WILLIAMS, A. UND COOKSON, R. (2000). Equity in Health. In A. Culyer und J. Newhouse (Hrsg.), *Handbook of Health Economics* (Bd. 1B, S. 1863-1910). Amsterdam: Elsevier.

WILLIAMS, B. (1962). The Idea of Equality. In P. Laslett und W. G. Runciman (Hrsg.), *Philosophy, Politics, and Society, Series II* (S. 110-131). Oxford: Blackwell.

WILLIAMSON, O. (1981). The Modern Corporation: Origins, Evolution, Attributes. *Journal of Economic Literature, 19,* 1537-1568.

WILSON, C. (1977). A Model of Insurance Markets with Incomplete Information. *Journal of Economic Theory, 12,* 167-207.

WINTER, R. (2000). Optimal Insurance under Moral Hazard. In G. Dionne (Hrsg.), *Handbook of Insurance* (S. 155-184). Dordrecht: Kluwer.

WORLD BANK. (2008). *World Development Indicators.* Washington, DC: World Bank.

WU, S. (1984). Social and Private Returns Derived from Pharmaceutical Innovations: Some Empirical Findings. In B. Lindgren (Hrsg.), *Pharmaceutical Economics* (S. 217-254). Malmö: Liber.

YIP, W. (1998). Physician Responses to Medical Fee Reductions: Changes in Volume and Intensity of Supply of Coronary Artery Bypass Graft (CABG) Surgeries in the Medicare and Private Sectors. *Journal of Health Economics, 17,* 675-700.

ZECKHAUSER, R. (1970). Medical Insurance: A Case Study of the Tradeoff Between Risk Spreading and Appropriate Incentives. *Journal of Economic Theory, 2,* 10-26.

ZUCKERMANN, S., HADLEY, J. UND IEZZONI, L. (1994). Measuring Hospital Efficiency with Frontier Cost Functions. *Journal of Health Economics, 13,* 255-280.

ZWEIFEL, P. (1984). Technological Change in Health Care: Why Are Opinions So Divided? *Managerial and Decision Economics, 5,* 177-182.

ZWEIFEL, P. (1985). The Effect of Aging on the Demand and Utilization of Medical Care. In C. Tilquin (Hrsg.), *Systems Science in Health and Social Services for the Elderly and Disabled* (S. 313-318). Toronto: Pergamon Press.

ZWEIFEL, P. (1988). Hospital Finance in Switzerland. In E. Furubotn und R. Richter (Hrsg.), *Some Views on Hospital Finance: United States of America, West-*

612   Literaturverzeichnis

Germany and Switzerland (S. 80-120). Saarbrücken: Center for the Study of New Institutional Economics.

ZWEIFEL, P. (1990). Ageing: The Great Challenge to Health Care Reform. *European Economic Review, 34*, 646-658.

ZWEIFEL, P. (2000). Reconsidering the Role of Competition in Health Care Markets – Switzerland. *Journal of Health Politics, Policy and Law, 25*, 936-944.

ZWEIFEL, P. UND BREUER, M. (2006). The Case for Risk-Based Premiums in Public Health Insurance. *Health Economics, Policy and Law, 1*, 171-188.

ZWEIFEL, P. UND CRIVELLI, L. (1996). Price Regulation of Drugs: Lessons from Germany. *Journal of Regulatory Economics, 10*, 257-273.

ZWEIFEL, P. UND EICHENBERGER, R. (1992). The Political Economy of Corporatism in Medicine: Self-Regulation or Cartel Management? *Journal of Regulatory Economics, 4*, 89-108.

ZWEIFEL, P. UND EISEN, R. (2002). *Versicherungsökonomie* (2. Aufl.). Heidelberg: Springer.

ZWEIFEL, P. UND EISEN, R. (2012). *Insurance Economics*. Heidelberg/New York: Springer.

ZWEIFEL, P. UND EUGSTER, P. (2008). Life-Cycle Effects of Social Security in an Open Economy: A Theoretical and Empirical Survey. *Zeitschrift für die gesamte Versicherungswissenschaft – German Journal of Risk and Insurance, 97*, 61-77.

ZWEIFEL, P., FELDER, S. UND MEIER, M. (1996). Demographische Alterung und Gesundheitskosten: Eine Fehlinterpretation. In Obere (Hrsg.), *Alter und Gesundheit* (S. 29-46). Baden-Baden: Nomos.

ZWEIFEL, P., FELDER, S. UND MEIER, M. (1999). Ageing of Population and Health Care Expenditure: A Red Herring? *Health Economics, 8*, 485-496.

ZWEIFEL, P., FELDER, S. UND WERBLOW, A. (2004). Population Ageing and Health Care Expenditure: New Evidence on the 'Red Herring'. *Geneva Papers on Risk and Insurance: Issues and Practice, 29*, 652-666.

ZWEIFEL, P. UND FERRARI, M. (1992). Is There a Sisyphus Syndrome in Health Care? In P. Zweifel und H. Frech III (Hrsg.), *Health Economics Worldwide* (S. 311-330). Dordrecht, Boston, London: Kluwer Academic Publishers.

ZWEIFEL, P. UND GRANDCHAMP, C. (2002). Measuring the Effect of Cartelization in Medicine: An International Study. In D. Slottje (Hrsg.), *Measuring Market Power* (S. 47-66). Amsterdam: Elsevier-North Holland.

ZWEIFEL, P., KREY, B. UND TAGLI, M. (2007). Supply of Private Voluntary Health Insurance in Low-Income Countries. In A. Preker, R. Scheffler und M. Bassett (Hrsg.), *Private Voluntary Health Insurance in Development: Friend or Foe?* (S. 55-107). Washington, DC: World Bank.

ZWEIFEL, P., LEHMANN, H. UND STEINMANN, L. (2002). Patching Up the Physician-Patient Relationship – Insurers versus Governments as Complementary Agents. In B. Lindgren (Hrsg.), *Individual Decisions for Health* (S. 207-233). London: Routledge.

ZWEIFEL, P. UND MANNING, W. (2000). Moral Hazard and Consumer Incentives in Health Care. In A. Culyer und J. Newhouse (Hrsg.), *Handbook of Health*

Economics (Bd. 1A, S. 409-459). Amsterdam: Elsevier.

ZWEIFEL, P. UND PEDRONI, G. (1985). *Innovation und Imitation – Eine wirtschaftspolitische Gratwanderung (Innovation and Imitation - A Knife-Edge Issue)*. Basel: Pharma Information.

ZWEIFEL, P., STEINMANN, L. UND EUGSTER, P. (2005). The Sisyphus Syndrome in Health Revisited. *International Journal of Health Care Finance and Economics, 5*, 127-145.

ZWEIFEL, P., TELSER, H. UND VATERLAUS, S. (2006). Consumer Resistance Against Regulation: The Case of Health Care. *Journal of Regulatory Economics, 29*, 319-332.

ZWEIFEL, P. UND WASER, O. (1986). Bonus-Optionen in der Krankenversicherung: Eine mikroökonomische Untersuchung. In G. Gäfgen (Hrsg.), *Ökonomie des Gesundheitswesens* (S. 469-481). Berlin: Duncker & Humblot.

ZWEIFEL, P. UND WASER, O. (1992). *Bonus Options in Health Insurance.* Dordrecht: Kluwer.

ZWEIFEL, P. UND ZAECH, R. (2003). Vertical Restraints: The Case of Multinationals. *The Antitrust Bulletin, 48*, 271-298.

Autorenverzeichnis

Sachverzeichnis